2025~2026
감정평가사

법전 제6판

서울법학원 감정평가사연구회 편저

8년 연속

★ 전 체
수 석

합 격 자 배 출

박문각 감정평가사

브랜드만족
1위
박문각

머리말

본 교재는 2025년 3월 기준 감정평가 관련 법령 및 지침 내용들을 수록하였습니다.

1 감정평가 관련 3법의 법·시행령·시행규칙 : 2024년 9월 일부개정 내용 반영

2 공익사업을 위한 토지 등의 취득 및 보상에 관한 법률 3단비교표 수록

3 감정평가에 관한 규칙 : 2023년 9월 개정 내용 반영

4 감정평가 실무기준 : 2023년 9월 일부개정 내용 반영

5 헌법 및 행정기본법, 행정법 관련 법령 수록

6 부동산 공시지침 변경사항 내용 반영
- 표준지의 선정 및 관리지침 : 2023년 1월 개정 내용 반영
- 표준지공시지가 조사·평가기준 : 2023년 1월 개정 내용 반영
- 표준주택의 선정 및 관리지침 : 2023년 1월 개정 내용 반영

7 보상평가지침 변경사항 내용 반영
- 토지보상평가지침 : 2020년 2월 개정 내용 반영
- 영업손실보상평가지침 : 2018년 8월 개정 내용 반영
- 송전설비주변법 법·시행령·시행규칙 : 2024년 12월 개정 내용 반영

8 기타 감정평가 관련 지침 변경사항 내용 반영

소중한 시간을 내주어 법전 제작에 도움을 주신 박문각 서울법학원 교수진분들과 이 책이 보다 양질의 법전이 될 수 있도록 편집과 교정에 정성을 다해 준 박문각출판 직원분들께 감사의 말씀 드립니다. 앞으로도 더 좋은 법전을 만들어 사용하시는 모든 분들께 도움이 될 수 있도록 계속 발전해 나아가도록 하겠습니다.

2025년 3월
서울법학원 감정평가사연구회

※ 감정평가사 2차 수험 관련 자료 및 질의응답, 교재의 정오표는 아래 카페에서 확인하시기
바랍니다.

네이버 감정평가사 합격카페 | http://cafe.naver.com/propertyappraiser

기업홍보용 법전 대량주문 안내
본 법전을 기업 홍보물로 활용하고 싶은 업체가 있으시면 대량주문(100권 이상) 시 표지 앞,
뒷면에 해당 업체명을 스티커로 붙여 발간해 드리겠습니다.

문의 | 박문각출판 영업부 : 02-523-1497

🗂 감정평가사란?

감정평가란 토지 등의 경제적 가치를 판정하여 그 결과를 가액으로 표시하는 것을 말한다. 감정평가사(Certified Appraiser)는 부동산·동산을 포함하여 토지, 건물 등의 유무형의 재산에 대한 경제적 가치를 판정하여 그 결과를 가액으로 표시하는 전문직업인으로 국토교통부에서 주관, 산업인력관리공단에서 시행하는 감정평가사시험에 합격한 사람으로 일정기간의 수습과정을 거친 후 공인되는 직업이다.

🗂 시험과목 및 시험시간

가. 시험과목(감정평가 및 감정평가사에 관한 법률 시행령 제9조)

시험구분	시험과목
제1차 시험	**❶** 「민법」 중 총칙, 물권에 관한 규정 **❷** 경제학원론 **❸** 부동산학원론 **❹** 감정평가관계법규(「국토의 계획 및 이용에 관한 법률」, 「건축법」, 「공간정보의 구축 및 관리 등에 관한 법률」 중 지적에 관한 규정, 「국유재산법」, 「도시 및 주거환경정비법」, 「부동산등기법」, 「감정평가 및 감정평가사에 관한 법률」, 「부동산 가격공시에 관한 법률」 및 「동산·채권 등의 담보에 관한 법률」) **❺** 회계학 **❻** 영어(영어시험성적 제출로 대체)
제2차 시험	**❶** 감정평가실무 **❷** 감정평가이론 **❸** 감정평가 및 보상법규(「감정평가 및 감정평가사에 관한 법률」, 「공익사업을 위한 토지 등의 취득 및 보상에 관한 법률」, 「부동산 가격공시에 관한 법률」)

나. 과목별 시험시간

시험구분	교시	시험과목	입실완료	시험시간	시험방법
제1차 시험	1교시	**❶** 민법(총칙, 물권) **❷** 경제학원론 **❸** 부동산학원론	09:00	09:30~11:30(120분)	객관식 5지 택일형
	2교시	**❹** 감정평가관계법규 **❺** 회계학	11:50	12:00~13:20(80분)	

	1교시	❶ 감정평가실무	09:00	09:30~11:10(100분)	과목별
제2차 시험		중식시간 11:10 ~ 12:10(60분)			4문항
	2교시	❷ 감정평가이론	12:10	12:30~14:10(100분)	(주관식)
		휴식시간 14:10 ~ 14:30(20분)			
	3교시	❸ 감정평가 및 보상법규	14:30	14:40~16:20(100분)	

※ 시험과 관련하여 법률·회계처리기준 등을 적용하여 정답을 구하여야 하는 문제는 시험시행일 현재 시행 중인 법률·회계처리기준 등을 적용하여 그 정답을 구하여야 함

※ 회계학 과목의 경우 한국채택국제회계기준(K-IFRS)만 적용하여 출제

다. 출제영역 : 큐넷 감정평가사 홈페이지(www.Q-net.or.kr/site/value) 자료실 게재

㎛ 응시자격 및 결격사유

가. 응시자격 : 없음

※ 단, 최종 합격자 발표일 기준, 감정평가 및 감정평가사에 관한 법률 제12조의 결격사유에 해당하는 사람 또는 같은 법 제16조 제1항에 따른 처분을 받은 날부터 5년이 지나지 아니한 사람은 시험에 응시할 수 없음

나. 결격사유(감정평가 및 감정평가사에 관한 법률 제12조, 2023.8.10. 시행)

다음 각 호의 어느 하나에 해당하는 사람

1. 파산선고를 받은 사람으로서 복권되지 아니한 사람
2. 금고 이상의 실형을 선고받고 그 집행이 종료(집행이 종료된 것으로 보는 경우를 포함한다)되거나 그 집행이 면제된 날부터 3년이 지나지 아니한 사람
3. 금고 이상의 형의 집행유예를 받고 그 유예기간이 만료된 날부터 1년이 지나지 아니한 사람
4. 금고 이상의 형의 선고유예를 받고 그 선고유예기간 중에 있는 사람
5. 제13조에 따라 감정평가사 자격이 취소된 후 3년이 지나지 아니한 사람. 다만 제6호에 해당하는 사람은 제외한다.
6. 제39조 제1항 제11호 및 제12호에 따라 자격이 취소된 후 5년이 지나지 아니한 사람

합격자 결정

가. 합격자 결정(감정평가 및 감정평가사에 관한 법률 시행령 제10조)

- 제1차 시험

  영어 과목을 제외한 나머지 시험과목에서 과목당 100점을 만점으로 하여 모든 과목 40점 이상이고, 전 과목 평균 60점 이상인 사람

- 제2차 시험

  – 과목당 100점을 만점으로 하여 모든 과목 40점 이상, 전 과목 평균 60점 이상을 득점한 사람

  – 최소합격인원에 미달하는 경우 최소합격인원의 범위에서 모든 과목 40점 이상을 득점한 사람 중에서 전 과목 평균점수가 높은 순으로 합격자를 결정

  ※ 동점자로 인하여 최소합격인원을 초과하는 경우에는 동점자 모두를 합격자로 결정. 이 경우 동점자의 점수는 소수점 이하 둘째 자리까지만 계산하며, 반올림은 하지 아니함

나. 제2차 시험 최소합격인원 결정(감정평가 및 감정평가사에 관한 법률 시행령 제10조)

공인어학성적

가. 제1차 시험 영어 과목은 영어시험성적으로 대체

- 기준점수(감정평가 및 감정평가사에 관한 법률 시행령 별표 2)

시험명	토플		토익	텝스	지텔프	플렉스	토셀	아이엘츠
	PBT	IBT						
일반응시자	530	71	700	340	65 (level-2)	625	640 (Advanced)	4.5 (Overall Band Score)
청각장애인	352	–	350	204	43 (level-2)	375	145 (Advanced)	–

- 제1차 시험 응시원서 접수마감일부터 역산하여 2년이 되는 날 이후에 실시된 시험으로, 제1차 시험 원서 접수 마감일까지 성적발표 및 성적표가 교부된 경우에 한해 인정함

※ 이하 생략(공고문 참조)

차례

CONTENTS | PREFACE | GUIDE

차례

CONTENTS | PREFACE | GUIDE

PART

01

감정평가사 기본 법령

[시행 2024.9.20.] [법률 제20452호, 2024.9.20. 일부개정]

공익사업을 위한 토지 등의 취득 및 보상에 관한 법률(토지보상법)

공익사업을 위한 토지 등의 취득 및 보상에 관한 법률

제1장 총칙

제1조(목적) 이 법은 공익사업에 필요한 토지 등을 협의 또는 수용에 의하여 취득하거나 사용함에 따른 손실의 보상에 관한 사항을 규정함으로써 공익사업의 효율적인 수행을 통하여 공공복리의 증진과 재산권의 적정한 보호를 도모하는 것을 목적으로 한다.
[전문개정 2011.8.4.]

제2조(정의) 이 법에서 사용하는 용어의 뜻은 다음과 같다.
1. "토지등"이란 제3조 각 호에 해당하는 토지·물건 및 권리를 말한다.
2. "공익사업"이란 제4조 각 호의 어느 하나에 해당하는 사업을 말한다.
3. "사업시행자"란 공익사업을 수행하는 자를 말한다.
4. "토지소유자"란 공익사업에 필요한 토지의 소유자를 말한다.
5. "관계인"이란 사업시행자가 취득하거나 사용할 토지에 관하여 지상권·지역권·전세권·저당권·사용대차 또는 임대차에 따른 권리 또는 그 밖에 토지에 관한 소유권 외의 권리를 가진 자나 그 토지에 있는 물건에 관하여 소유권이나 그 밖의 권리를 가진 자를 말한다. 다만, 제22조에 따른 사업인정의 고시가 된 후에 권리를 취득한 자는 기존의 권리를 승계한 자를 제외하고는 관계인에 포함되지 아니한다.
6. "가격시점"이란 제67조제1항에 따른 보상액 산정(算定)의 기준이 되는 시점을 말한다.
7. "사업인정"이란 공익사업을 토지등을 수용하거나 사용할 사업으로 결정하는 것을 말한다.
[전문개정 2011.8.4.]

제3조(적용 대상) 사업시행자가 다음 각 호에 해당하는 토지·물건 및 권리를 취득하거나 사용하는 경우에는 이 법을 적용한다. 〈개정 2019.8.27.〉
1. 토지 및 이에 관한 소유권 외의 권리
2. 토지와 함께 공익사업을 위하여 필요한 입목(立木), 건물, 그 밖에 토지에 정착된 물건 및 이에 관한 소유권 외의 권리
3. 광업권·어업권·양식업권 또는 물의 사용에 관한 권리
4. 토지에 속한 흙·돌·모래 또는 자갈에 관한 권리
[전문개정 2011.8.4.]

제4조(공익사업) 이 법에 따라 토지등을 취득하거나 사용할 수 있는 사업은 다음 각 호의 어느 하나에 해당하는 사업이어야 한다. 〈개정 2014.3.18, 2015.12.29.〉
1. 국방·군사에 관한 사업
2. 관계 법률에 따라 허가·인가·승인·지정 등을 받아 공익을 목적으로 시행하는 철도·도로·공항·항만·주차장·공영차고지·화물터미널·궤도(軌道)·하천·제방·댐·운하·수도·하수도·하수종말처리·폐수처리·사방(砂防)·방풍(防風)·방화(防火)·방조(防潮)·방수(防水)·저수지·용수로·배수로·석유비축·송유·폐기물처리·전기·전기통신·방송·가스 및 기

상 관측에 관한 사업

3. 국가나 지방자치단체가 설치하는 청사·공장·연구소·시험소·보건시설·문화시설·공원·수목원·광장·운동장·시장·묘지·화장장·도축장 또는 그 밖의 공공용 시설에 관한 사업

4. 관계 법률에 따라 허가·인가·승인·지정 등을 받아 공익을 목적으로 시행하는 학교·도서관·박물관 및 미술관 건립에 관한 사업

5. 국가, 지방자치단체, 「공공기관의 운영에 관한 법률」 제4조에 따른 공공기관, 「지방공기업법」에 따른 지방공기업 또는 국가나 지방자치단체가 지정한 자가 임대나 양도의 목적으로 시행하는 주택 건설 또는 택지 및 산업단지 조성에 관한 사업

6. 제1호부터 제5호까지의 사업을 시행하기 위하여 필요한 통로, 교량, 전선로, 재료 적치장 또는 그 밖의 부속시설에 관한 사업

7. 제1호부터 제5호까지의 사업을 시행하기 위하여 필요한 주택, 공장 등의 이주단지 조성에 관한 사업

8. 그 밖에 별표에 규정된 법률에 따라 토지등을 수용하거나 사용할 수 있는 사업

[전문개정 2011.8.4.]

제4조의2(토지등의 수용·사용에 관한 특례의 제한) ① 이 법에 따라 토지등을 수용하거나 사용할 수 있는 사업은 제4조 또는 별표에 규정된 법률에 따르지 아니하고는 정할 수 없다.

② 별표는 이 법 외의 다른 법률로 개정할 수 없다.

③ 국토교통부장관은 제4조제8호에 따른 사업의 공공성, 수용의 필요성 등을 5년마다 재검토하여 폐지, 변경 또는 유지 등을 위한 조치를 하여야 한다. 〈신설 2021.4.13.〉

[본조신설 2015.12.29.]

제4조의3(공익사업 신설 등에 대한 개선요구 등) ① 제49조에 따른 중앙토지수용위원회는 제4조제8호에 따른 사업의 신설, 변경 및 폐지, 그 밖에 필요한 사항에 관하여 심의를 거쳐 관계 중앙행정기관의 장에게 개선을 요구하거나 의견을 제출할 수 있다.

② 제1항에 따라 개선요구나 의견제출을 받은 관계 중앙행정기관의 장은 정당한 사유가 없으면 이를 반영하여야 한다.

③ 제49조에 따른 중앙토지수용위원회는 제1항에 따른 개선요구·의견제출을 위하여 필요한 경우 관계 기관 소속 직원 또는 관계 전문기관이나 전문가로 하여금 위원회에 출석하여 그 의견을 진술하게 하거나 필요한 자료를 제출하게 할 수 있다.

[본조신설 2018.12.31.]

제5조(권리·의무 등의 승계) ① 이 법에 따른 사업시행자의 권리·의무는 그 사업을 승계한 자에게 이전한다.

② 이 법에 따라 이행한 절차와 그 밖의 행위는 사업시행자, 토지소유자 및 관계인의 승계인에게도 그 효력이 미친다.

[전문개정 2011.8.4.]

제6조(기간의 계산방법 등) 이 법에서 기간의 계산방법은 「민법」에 따르며, 통지 및 서류의 송달에 필요한 사항은 대통령령으로 정한다.
[전문개정 2011.8.4.]

제7조(대리인) 사업시행자, 토지소유자 또는 관계인은 사업인정의 신청, 재결(裁決)의 신청, 의견서 제출 등의 행위를 할 때 변호사나 그 밖의 자를 대리인으로 할 수 있다.
[전문개정 2011.8.4.]

제8조(서류의 발급신청) ① 사업시행자는 대통령령으로 정하는 바에 따라 해당 공익사업의 수행을 위하여 필요한 서류의 발급을 국가나 지방자치단체에 신청할 수 있으며, 국가나 지방자치단체는 해당 서류를 발급하여야 한다.
② 국가나 지방자치단체는 제1항에 따라 발급하는 서류에는 수수료를 부과하지 아니한다.
[전문개정 2011.8.4.]

제2장 공익사업의 준비

제9조(사업 준비를 위한 출입의 허가 등) ① 사업시행자는 공익사업을 준비하기 위하여 타인이 점유하는 토지에 출입하여 측량하거나 조사할 수 있다.
② 사업시행자(특별자치도, 시·군 또는 자치구가 사업시행자인 경우는 제외한다)는 제1항에 따라 측량이나 조사를 하려면 사업의 종류와 출입할 토지의 구역 및 기간을 정하여 특별자치도지사, 시장·군수 또는 구청장(자치구의 구청장을 말한다. 이하 같다)의 허가를 받아야 한다. 다만, 사업시행자가 국가일 때에는 그 사업을 시행할 관계 중앙행정기관의 장이 특별자치도지사, 시장·군수 또는 구청장에게 통지하고, 사업시행자가 특별시·광역시 또는 도일 때에는 특별시장·광역시장 또는 도지사가 시장·군수 또는 구청장에게 통지하여야 한다.
③ 특별자치도지사, 시장·군수 또는 구청장은 다음 각 호의 어느 하나에 해당할 때에는 사업시행자, 사업의 종류와 출입할 토지의 구역 및 기간을 공고하고 이를 토지점유자에게 통지하여야 한다.
    1. 제2항 본문에 따라 허가를 한 경우
    2. 제2항 단서에 따라 통지를 받은 경우
    3. 특별자치도, 시·군 또는 구(자치구를 말한다. 이하 같다)가 사업시행자인 경우로서 제1항에 따라 타인이 점유하는 토지에 출입하여 측량이나 조사를 하려는 경우
④ 사업시행자는 제1항에 따라 타인이 점유하는 토지에 출입하여 측량·조사함으로써 발생하는 손실을 보상하여야 한다.
⑤ 제4항에 따른 손실의 보상은 손실이 있음을 안 날부터 1년이 지났거나 손실이 발생한 날부터 3년이 지난 후에는 청구할 수 없다.
⑥ 제4항에 따른 손실의 보상은 사업시행자와 손실을 입은 자가 협의하여 결정한다.

⑦ 제6항에 따른 협의가 성립되지 아니하면 사업시행자나 손실을 입은 자는 대통령령으로 정하는 바에 따라 제51조에 따른 관할 토지수용위원회(이하 "관할 토지수용위원회"라 한다)에 재결을 신청할 수 있다.

[전문개정 2011.8.4.]

제10조(출입의 통지) ① 제9조제2항에 따라 타인이 점유하는 토지에 출입하려는 자는 출입하려는 날의 5일 전까지 그 일시 및 장소를 특별자치도지사, 시장·군수 또는 구청장에게 통지하여야 한다.

② 특별자치도지사, 시장·군수 또는 구청장은 제1항에 따른 통지를 받은 경우 또는 특별자치도, 시·군 또는 구가 사업시행자인 경우에 특별자치도지사, 시장·군수 또는 구청장이 타인이 점유하는 토지에 출입하려는 경우에는 지체 없이 이를 공고하고 그 토지점유자에게 통지하여야 한다.

③ 해가 뜨기 전이나 해가 진 후에는 토지점유자의 승낙 없이 그 주거(住居)나 경계표·담 등으로 둘러싸인 토지에 출입할 수 없다.

[전문개정 2011.8.4.]

제11조(토지점유자의 인용의무) 토지점유자는 정당한 사유 없이 사업시행자가 제10조에 따라 통지하고 출입·측량 또는 조사하는 행위를 방해하지 못한다.

[전문개정 2011.8.4.]

제12조(장해물 제거등) ① 사업시행자는 제9조에 따라 타인이 점유하는 토지에 출입하여 측량 또는 조사를 할 때 장해물을 제거하거나 토지를 파는 행위(이하 "장해물 제거등"이라 한다)를 하여야 할 부득이한 사유가 있는 경우에는 그 소유자 및 점유자의 동의를 받아야 한다. 다만, 그 소유자 및 점유자의 동의를 받지 못하였을 때에는 사업시행자(특별자치도, 시·군 또는 구가 사업시행자인 경우는 제외한다)는 특별자치도지사, 시장·군수 또는 구청장의 허가를 받아 장해물 제거등을 할 수 있으며, 특별자치도, 시·군 또는 구가 사업시행자인 경우에 특별자치도지사, 시장·군수 또는 구청장은 허가 없이 장해물 제거등을 할 수 있다.

② 특별자치도지사, 시장·군수 또는 구청장은 제1항 단서에 따라 허가를 하거나 장해물 제거등을 하려면 미리 그 소유자 및 점유자의 의견을 들어야 한다.

③ 제1항에 따라 장해물 제거등을 하려는 자는 장해물 제거등을 하려는 날의 3일 전까지 그 소유자 및 점유자에게 통지하여야 한다.

④ 사업시행자는 제1항에 따라 장해물 제거등을 함으로써 발생하는 손실을 보상하여야 한다.

⑤ 제4항에 따른 손실보상에 관하여는 제9조제5항부터 제7항까지의 규정을 준용한다.

[전문개정 2011.8.4.]

제13조(증표 등의 휴대) ① 제9조제2항 본문에 따라 특별자치도지사, 시장·군수 또는 구청장의 허가를 받고 타인이 점유하는 토지에 출입하려는 사람과 제12조에 따라 장해물 제거등을 하려는 사람(특별자치도, 시·군 또는 구가 사업시행자인 경우는 제외한다)은 그 신분을 표시하는 증표와 특별자치도지사, 시장·군수 또는 구청장의 허가증을 지녀야 한다.

② 제9조제2항 단서에 따라 특별자치도지사, 시장·군수 또는 구청장에게 통지하고 타인이 점유하는 토지에 출입하려는 사람과 사업시행자가 특별자치도, 시·군 또는 구인 경우로서 제9조제3항제3

호 또는 제12조제1항 단서에 따라 타인이 점유하는 토지에 출입하거나 장해물 제거등을 하려는 사람은 그 신분을 표시하는 증표를 지녀야 한다.

③ 제1항과 제2항에 따른 증표 및 허가증은 토지 또는 장해물의 소유자 및 점유자, 그 밖의 이해관계인에게 이를 보여주어야 한다.

④ 제1항과 제2항에 따른 증표 및 허가증의 서식에 관하여 필요한 사항은 국토교통부령으로 정한다.
〈개정 2013.3.23.〉
[전문개정 2011.8.4.]

제3장 협의에 의한 취득 또는 사용

제14조(토지조서 및 물건조서의 작성) ① 사업시행자는 공익사업의 수행을 위하여 제20조에 따른 사업인정 전에 협의에 의한 토지등의 취득 또는 사용이 필요할 때에는 토지조서와 물건조서를 작성하여 서명 또는 날인을 하고 토지소유자와 관계인의 서명 또는 날인을 받아야 한다. 다만, 다음 각 호의 어느 하나에 해당하는 경우에는 그러하지 아니하다. 이 경우 사업시행자는 해당 토지조서와 물건조서에 그 사유를 적어야 한다.

1. 토지소유자 및 관계인이 정당한 사유 없이 서명 또는 날인을 거부하는 경우
2. 토지소유자 및 관계인을 알 수 없거나 그 주소·거소를 알 수 없는 등의 사유로 서명 또는 날인을 받을 수 없는 경우

② 토지와 물건의 소재지, 토지소유자 및 관계인 등 토지조서 및 물건조서의 기재사항과 그 작성에 필요한 사항은 대통령령으로 정한다.
[전문개정 2011.8.4.]

제15조(보상계획의 열람 등) ① 사업시행자는 제14조에 따라 토지조서와 물건조서를 작성하였을 때에는 공익사업의 개요, 토지조서 및 물건조서의 내용과 보상의 시기·방법 및 절차 등이 포함된 보상계획을 전국을 보급지역으로 하는 일간신문에 공고하고, 토지소유자 및 관계인에게 각각 통지하여야 하며, 제2항 단서에 따라 열람을 의뢰하는 사업시행자를 제외하고는 특별자치도지사, 시장·군수 또는 구청장에게도 통지하여야 한다. 다만, 토지소유자와 관계인이 20인 이하인 경우에는 공고를 생략할 수 있다.

② 사업시행자는 제1항에 따른 공고나 통지를 하였을 때에는 그 내용을 14일 이상 일반인이 열람할 수 있도록 하여야 한다. 다만, 사업지역이 둘 이상의 시·군 또는 구에 걸쳐 있거나 사업시행자가 행정청이 아닌 경우에는 해당 특별자치도지사, 시장·군수 또는 구청장에게도 그 사본을 송부하여 열람을 의뢰하여야 한다.

③ 제1항에 따라 공고되거나 통지된 토지조서 및 물건조서의 내용에 대하여 이의(異議)가 있는 토지소유자 또는 관계인은 제2항에 따른 열람기간 이내에 사업시행자에게 서면으로 이의를 제기할 수 있다. 다만, 사업시행자가 고의 또는 과실로 토지소유자 또는 관계인에게 보상계획을 통지하지 아니한 경우 해당 토지소유자 또는 관계인은 제16조에 따른 협의가 완료되기 전까지 서면으로 이의를 제기할 수 있다. 〈개정 2018.12.31.〉

④ 사업시행자는 해당 토지조서 및 물건조서에 제3항에 따라 제기된 이의를 부기(附記)하고 그 이의가 이유 있다고 인정할 때에는 적절한 조치를 하여야 한다.

[전문개정 2011.8.4.]

제16조(협의) 사업시행자는 토지등에 대한 보상에 관하여 토지소유자 및 관계인과 성실하게 협의하여야 하며, 협의의 절차 및 방법 등 협의에 필요한 사항은 대통령령으로 정한다.

[전문개정 2011.8.4.]

제17조(계약의 체결) 사업시행자는 제16조에 따른 협의가 성립되었을 때에는 토지소유자 및 관계인과 계약을 체결하여야 한다.

[전문개정 2011.8.4.]

제18조 삭제 〈2007.10.17.〉

제4장 수용에 의한 취득 또는 사용

제1절 수용 또는 사용의 절차

제19조(토지등의 수용 또는 사용) ① 사업시행자는 공익사업의 수행을 위하여 필요하면 이 법에서 정하는 바에 따라 토지등을 수용하거나 사용할 수 있다.

② 공익사업에 수용되거나 사용되고 있는 토지등은 특별히 필요한 경우가 아니면 다른 공익사업을 위하여 수용하거나 사용할 수 없다.

[전문개정 2011.8.4.]

제20조(사업인정) ① 사업시행자는 제19조에 따라 토지등을 수용하거나 사용하려면 대통령령으로 정하는 바에 따라 국토교통부장관의 사업인정을 받아야 한다. 〈개정 2013.3.23.〉

② 제1항에 따른 사업인정을 신청하려는 자는 국토교통부령으로 정하는 수수료를 내야 한다. 〈개정 2013.3.23.〉

[전문개정 2011.8.4.]

제21조(협의 및 의견청취 등) ① 국토교통부장관은 사업인정을 하려면 관계 중앙행정기관의 장 및 특별시장·광역시장·도지사·특별자치도지사(이하 "시·도지사"라 한다) 및 제49조에 따른 중앙토지수용위원회와 협의하여야 하며, 대통령령으로 정하는 바에 따라 미리 사업인정에 이해관계가 있는 자의 의견을 들어야 한다. 〈개정 2013.3.23., 2015.12.29., 2018.12.31.〉

② 별표에 규정된 법률에 따라 사업인정이 있는 것으로 의제되는 공익사업의 허가·인가·승인권자 등은 사업인정이 의제되는 지구지정·사업계획승인 등을 하려는 경우 제1항에 따라 제49조에 따

른 중앙토지수용위원회와 협의하여야 하며, 대통령령으로 정하는 바에 따라 사업인정에 이해관계가 있는 자의 의견을 들어야 한다. 〈신설 2015.12.29, 2018.12.31.〉

③ 제49조에 따른 중앙토지수용위원회는 제1항 또는 제2항에 따라 협의를 요청받은 경우 사업인정에 이해관계가 있는 자에 대한 의견 수렴 절차 이행 여부, 허가·인가·승인대상 사업의 공공성, 수용의 필요성, 그 밖에 대통령령으로 정하는 사항을 검토하여야 한다. 〈신설 2015.12.29, 2018.12.31.〉

④ 제49조에 따른 중앙토지수용위원회는 제3항의 검토를 위하여 필요한 경우 관계 전문기관이나 전문가에게 현지조사를 의뢰하거나 그 의견을 들을 수 있고, 관계 행정기관의 장에게 관련 자료의 제출을 요청할 수 있다. 〈신설 2018.12.31.〉

⑤ 제49조에 따른 중앙토지수용위원회는 제1항 또는 제2항에 따라 협의를 요청받은 날부터 30일 이내에 의견을 제시하여야 한다. 다만, 그 기간 내에 의견을 제시하기 어려운 경우에는 한 차례만 30일의 범위에서 그 기간을 연장할 수 있다. 〈신설 2018.12.31.〉

⑥ 제49조에 따른 중앙토지수용위원회는 제3항의 사항을 검토한 결과 자료 등을 보완할 필요가 있는 경우에는 해당 허가·인가·승인권자에게 14일 이내의 기간을 정하여 보완을 요청할 수 있다. 이 경우 그 기간은 제5항의 기간에서 제외한다. 〈신설 2018.12.31, 2020.6.9.〉

⑦ 제49조에 따른 중앙토지수용위원회가 제5항에서 정한 기간 내에 의견을 제시하지 아니하는 경우에는 협의가 완료된 것으로 본다. 〈신설 2018.12.31.〉

⑧ 그 밖에 제1항 또는 제2항의 협의에 관하여 필요한 사항은 국토교통부령으로 정한다. 〈신설 2018.12.31.〉

[전문개정 2011.8.4.]
[제목개정 2018.12.31.]

제22조(사업인정의 고시) ① 국토교통부장관은 제20조에 따른 사업인정을 하였을 때에는 지체 없이 그 뜻을 사업시행자, 토지소유자 및 관계인, 관계 시·도지사에게 통지하고 사업시행자의 성명이나 명칭, 사업의 종류, 사업지역 및 수용하거나 사용할 토지의 세목을 관보에 고시하여야 한다. 〈개정 2013.3.23.〉

② 제1항에 따라 사업인정의 사실을 통지받은 시·도지사(특별자치도지사는 제외한다)는 관계 시장·군수 및 구청장에게 이를 통지하여야 한다.

③ 사업인정은 제1항에 따라 고시한 날부터 그 효력이 발생한다.

[전문개정 2011.8.4.]

제23조(사업인정의 실효) ① 사업시행자가 제22조제1항에 따른 사업인정의 고시(이하 "사업인정고시"라 한다)가 된 날부터 1년 이내에 제28조제1항에 따른 재결신청을 하지 아니한 경우에는 사업인정고시가 된 날부터 1년이 되는 날의 다음 날에 사업인정은 그 효력을 상실한다.

② 사업시행자는 제1항에 따라 사업인정이 실효됨으로 인하여 토지소유자나 관계인이 입은 손실을 보상하여야 한다.

③ 제2항에 따른 손실보상에 관하여는 제9조제5항부터 제7항까지의 규정을 준용한다.

[전문개정 2011.8.4.]

제24조(사업의 폐지 및 변경) ① 사업인정고시가 된 후 사업의 전부 또는 일부를 폐지하거나 변경함으로 인하여 토지등의 전부 또는 일부를 수용하거나 사용할 필요가 없게 되었을 때에는 사업시행자는 지체 없이 사업지역을 관할하는 시·도지사에게 신고하고, 토지소유자 및 관계인에게 이를 통지하여야 한다.

② 시·도지사는 제1항에 따른 신고를 받으면 사업의 전부 또는 일부가 폐지되거나 변경된 내용을 관보에 고시하여야 한다.

③ 시·도지사는 제1항에 따른 신고가 없는 경우에도 사업시행자가 사업의 전부 또는 일부를 폐지하거나 변경함으로 인하여 토지를 수용하거나 사용할 필요가 없게 된 것을 알았을 때에는 미리 사업시행자의 의견을 듣고 제2항에 따른 고시를 하여야 한다.

④ 시·도지사는 제2항 및 제3항에 따른 고시를 하였을 때에는 지체 없이 그 사실을 국토교통부장관에게 보고하여야 한다. 〈개정 2013.3.23.〉

⑤ 별표에 규정된 법률에 따라 제20조에 따른 사업인정이 있는 것으로 의제되는 사업이 해당 법률에서 정하는 바에 따라 해당 사업의 전부 또는 일부가 폐지되거나 변경된 내용이 고시·공고된 경우에는 제2항에 따른 고시가 있는 것으로 본다. 〈신설 2021.8.10.〉

⑥ 제2항 및 제3항에 따른 고시가 된 날부터 그 고시된 내용에 따라 사업인정의 전부 또는 일부는 그 효력을 상실한다. 〈개정 2021.8.10.〉

⑦ 사업시행자는 제1항에 따라 사업의 전부 또는 일부를 폐지·변경함으로 인하여 토지소유자 또는 관계인이 입은 손실을 보상하여야 한다. 〈개정 2021.8.10.〉

⑧ 제7항에 따른 손실보상에 관하여는 제9조제5항부터 제7항까지의 규정을 준용한다. 〈개정 2021.8.10.〉

[전문개정 2011.8.4.]

제24조의2(사업의 완료) ① 사업이 완료된 경우 사업시행자는 지체 없이 사업시행자의 성명이나 명칭, 사업의 종류, 사업지역, 사업인정고시일 및 취득한 토지의 세목을 사업지역을 관할하는 시·도지사에게 신고하여야 한다.

② 시·도지사는 제1항에 따른 신고를 받으면 사업시행자의 성명이나 명칭, 사업의 종류, 사업지역 및 사업인정고시일을 관보에 고시하여야 한다.

③ 시·도지사는 제1항에 따른 신고가 없는 경우에도 사업이 완료된 것을 알았을 때에는 미리 사업시행자의 의견을 듣고 제2항에 따른 고시를 하여야 한다.

④ 별표에 규정된 법률에 따라 제20조에 따른 사업인정이 있는 것으로 의제되는 사업이 해당 법률에서 정하는 바에 따라 해당 사업의 준공·완료·사용개시 등이 고시·공고된 경우에는 제2항에 따른 고시가 있는 것으로 본다.

[본조신설 2021.8.10.]

제25조(토지등의 보전) ① 사업인정고시가 된 후에는 누구든지 고시된 토지에 대하여 사업에 지장을 줄 우려가 있는 형질의 변경이나 제3조제2호 또는 제4호에 규정된 물건을 손괴하거나 수거하는 행위를 하지 못한다.

② 사업인정고시가 된 후에 고시된 토지에 건축물의 건축·대수선, 공작물(工作物)의 설치 또는 물건의 부가(附加)·증치(增置)를 하려는 자는 특별자치도지사, 시장·군수 또는 구청장의 허가를 받아야 한다. 이 경우 특별자치도지사, 시장·군수 또는 구청장은 미리 사업시행자의 의견을 들어야 한다.

③ 제2항을 위반하여 건축물의 건축·대수선, 공작물의 설치 또는 물건의 부가·증치를 한 토지소유자 또는 관계인은 해당 건축물·공작물 또는 물건을 원상으로 회복하여야 하며 이에 관한 손실의 보상을 청구할 수 없다.

[전문개정 2011.8.4.]

제26조(협의 등 절차의 준용) ① 제20조에 따른 사업인정을 받은 사업시행자는 토지조서 및 물건조서의 작성, 보상계획의 공고·통지 및 열람, 보상액의 산정과 토지소유자 및 관계인과의 협의 절차를 거쳐야 한다. 이 경우 제14조부터 제16조까지 및 제68조를 준용한다.

② 사업인정 이전에 제14조부터 제16조까지 및 제68조에 따른 절차를 거쳤으나 협의가 성립되지 아니하고 제20조에 따른 사업인정을 받은 사업으로서 토지조서 및 물건조서의 내용에 변동이 없을 때에는 제1항에도 불구하고 제14조부터 제16조까지의 절차를 거치지 아니할 수 있다. 다만, 사업시행자나 토지소유자 및 관계인이 제16조에 따른 협의를 요구할 때에는 협의하여야 한다.

[전문개정 2011.8.4.]

제27조(토지 및 물건에 관한 조사권 등) ① 사업인정의 고시가 된 후에는 사업시행자 또는 제68조에 따라 감정평가를 의뢰받은 감정평가법인등(「감정평가 및 감정평가사에 관한 법률」에 따른 감정평가사 또는 감정평가법인을 말한다. 이하 "감정평가법인등"이라 한다)은 다음 각 호에 해당하는 경우에는 제9조에도 불구하고 해당 토지나 물건에 출입하여 측량하거나 조사할 수 있다. 이 경우 사업시행자는 해당 토지나 물건에 출입하려는 날의 5일 전까지 그 일시 및 장소를 토지점유자에게 통지하여야 한다. 〈개정 2016.1.19, 2018.12.31, 2020.4.7.〉

1. 사업시행자가 사업의 준비나 토지조서 및 물건조서를 작성하기 위하여 필요한 경우
2. 감정평가법인등이 감정평가를 의뢰받은 토지등의 감정평가를 위하여 필요한 경우

② 제1항에 따른 출입·측량·조사에 관하여는 제10조제3항, 제11조 및 제13조를 준용한다. 〈신설 2018.12.31.〉

③ 사업인정고시가 된 후에는 제26조제1항에서 준용되는 제15조제3항에 따라 토지소유자나 관계인이 토지조서 및 물건조서의 내용에 대하여 이의를 제기하는 경우를 제외하고는 제26조제1항에서 준용되는 제14조에 따라 작성된 토지조서 및 물건조서의 내용에 대하여 이의를 제기할 수 없다. 다만, 토지조서 및 물건조서의 내용이 진실과 다르다는 것을 입증할 때에는 그러하지 아니하다. 〈개정 2018.12.31.〉

④ 사업시행자는 제1항에 따라 타인이 점유하는 토지에 출입하여 측량·조사함으로써 발생하는 손실(감정평가법인등이 제1항제2호에 따른 감정평가를 위하여 측량·조사함으로써 발생하는 손실을 포함한다)을 보상하여야 한다. 〈개정 2018.12.31, 2020.4.7.〉

⑤ 제4항에 따른 손실보상에 관하여는 제9조제5항부터 제7항까지의 규정을 준용한다. 〈개정 2018.12.31.〉

[전문개정 2011.8.4.]

제28조(재결의 신청) ① 제26조에 따른 협의가 성립되지 아니하거나 협의를 할 수 없을 때(제26조제2항 단서에 따른 협의 요구가 없을 때를 포함한다)에는 사업시행자는 사업인정고시가 된 날부터 1년 이내에 대통령령으로 정하는 바에 따라 관할 토지수용위원회에 재결을 신청할 수 있다.

② 제1항에 따라 재결을 신청하는 자는 국토교통부령으로 정하는 바에 따라 수수료를 내야 한다. 〈개정 2013.3.23.〉

[전문개정 2011.8.4.]

제29조(협의 성립의 확인) ① 사업시행자와 토지소유자 및 관계인 간에 제26조에 따른 절차를 거쳐 협의가 성립되었을 때에는 사업시행자는 제28조제1항에 따른 재결 신청기간 이내에 해당 토지소유자 및 관계인의 동의를 받아 대통령령으로 정하는 바에 따라 관할 토지수용위원회에 협의 성립의 확인을 신청할 수 있다.

② 제1항에 따른 협의 성립의 확인에 관하여는 제28조제2항, 제31조, 제32조, 제34조, 제35조, 제52조제7항, 제53조제5항, 제57조 및 제58조를 준용한다. 〈개정 2023.4.18.〉

③ 사업시행자가 협의가 성립된 토지의 소재지·지번·지목 및 면적 등 대통령령으로 정하는 사항에 대하여 「공증인법」에 따른 공증을 받아 제1항에 따른 협의 성립의 확인을 신청하였을 때에는 관할 토지수용위원회가 이를 수리함으로써 협의 성립이 확인된 것으로 본다.

④ 제1항 및 제3항에 따른 확인은 이 법에 따른 재결로 보며, 사업시행자, 토지소유자 및 관계인은 그 확인된 협의의 성립이나 내용을 다툴 수 없다.

[전문개정 2011.8.4.]

제30조(재결 신청의 청구) ① 사업인정고시가 된 후 협의가 성립되지 아니하였을 때에는 토지소유자와 관계인은 대통령령으로 정하는 바에 따라 서면으로 사업시행자에게 재결을 신청할 것을 청구할 수 있다.

② 사업시행자는 제1항에 따른 청구를 받았을 때에는 그 청구를 받은 날부터 60일 이내에 대통령령으로 정하는 바에 따라 관할 토지수용위원회에 재결을 신청하여야 한다. 이 경우 수수료에 관하여는 제28조제2항을 준용한다.

③ 사업시행자가 제2항에 따른 기간을 넘겨서 재결을 신청하였을 때에는 그 지연된 기간에 대하여 「소송촉진 등에 관한 특례법」 제3조에 따른 법정이율을 적용하여 산정한 금액을 관할 토지수용위원회에서 재결한 보상금에 가산(加算)하여 지급하여야 한다.

[전문개정 2011.8.4.]

제31조(열람) ① 제49조에 따른 중앙토지수용위원회 또는 지방토지수용위원회(이하 "토지수용위원회"라 한다)는 제28조제1항에 따라 재결신청서를 접수하였을 때에는 대통령령으로 정하는 바에 따라 지체 없이 이를 공고하고, 공고한 날부터 14일 이상 관계 서류의 사본을 일반인이 열람할 수 있도록 하여야 한다.

② 토지수용위원회가 제1항에 따른 공고를 하였을 때에는 관계 서류의 열람기간 중에 토지소유자 또는 관계인은 의견을 제시할 수 있다.

[전문개정 2011.8.4.]

제32조(심리) ① 토지수용위원회는 제31조제1항에 따른 열람기간이 지났을 때에는 지체 없이 해당 신청에 대한 조사 및 심리를 하여야 한다.

② 토지수용위원회는 심리를 할 때 필요하다고 인정하면 사업시행자, 토지소유자 및 관계인을 출석시켜 그 의견을 진술하게 할 수 있다.

③ 토지수용위원회는 제2항에 따라 사업시행자, 토지소유자 및 관계인을 출석하게 하는 경우에는 사업시행자, 토지소유자 및 관계인에게 미리 그 심리의 일시 및 장소를 통지하여야 한다.
[전문개정 2011.8.4.]

제33조(화해의 권고) ① 토지수용위원회는 그 재결이 있기 전에는 그 위원 3명으로 구성되는 소위원회로 하여금 사업시행자, 토지소유자 및 관계인에게 화해를 권고하게 할 수 있다. 이 경우 소위원회는 위원장이 지명하거나 위원회에서 선임한 위원으로 구성하며, 그 밖에 그 구성에 필요한 사항은 대통령령으로 정한다.

② 제1항에 따른 화해가 성립되었을 때에는 해당 토지수용위원회는 화해조서를 작성하여 화해에 참여한 위원, 사업시행자, 토지소유자 및 관계인이 서명 또는 날인을 하도록 하여야 한다.

③ 제2항에 따라 화해조서에 서명 또는 날인이 된 경우에는 당사자 간에 화해조서와 동일한 내용의 합의가 성립된 것으로 본다.
[전문개정 2011.8.4.]

제34조(재결) ① 토지수용위원회의 재결은 서면으로 한다.

② 제1항에 따른 재결서에는 주문 및 그 이유와 재결일을 적고, 위원장 및 회의에 참석한 위원이 기명날인한 후 그 정본(正本)을 사업시행자, 토지소유자 및 관계인에게 송달하여야 한다.
[전문개정 2011.8.4.]

제35조(재결기간) 토지수용위원회는 제32조에 따른 심리를 시작한 날부터 14일 이내에 재결을 하여야 한다. 다만, 특별한 사유가 있을 때에는 14일의 범위에서 한 차례만 연장할 수 있다.
[전문개정 2011.8.4.]

제36조(재결의 경정) ① 재결에 계산상 또는 기재상의 잘못이나 그 밖에 이와 비슷한 잘못이 있는 것이 명백할 때에는 토지수용위원회는 직권으로 또는 당사자의 신청에 의하여 경정재결(更正裁決)을 할 수 있다.

② 경정재결은 원재결서(原裁決書)의 원본과 정본에 부기하여야 한다. 다만, 정본에 부기할 수 없을 때에는 경정재결의 정본을 작성하여 당사자에게 송달하여야 한다.
[전문개정 2011.8.4.]

제37조(재결의 유탈) 토지수용위원회가 신청의 일부에 대한 재결을 빠뜨린 경우에 그 빠뜨린 부분의 신청은 계속하여 그 토지수용위원회에 계속(係屬)된다.
[전문개정 2011.8.4.]

제38조(천재지변 시의 토지의 사용) ① 천재지변이나 그 밖의 사변(事變)으로 인하여 공공의 안전을 유지하기 위한 공익사업을 긴급히 시행할 필요가 있을 때에는 사업시행자는 대통령령으로 정하는 바에 따라 특별자치도지사, 시장·군수 또는 구청장의 허가를 받아 즉시 타인의 토지를 사용할 수 있다.

다만, 사업시행자가 국가일 때에는 그 사업을 시행할 관계 중앙행정기관의 장이 특별자치도지사, 시장·군수 또는 구청장에게, 사업시행자가 특별시·광역시 또는 도일 때에는 특별시장·광역시장 또는 도지사가 시장·군수 또는 구청장에게 각각 통지하고 사용할 수 있으며, 사업시행자가 특별자치도, 시·군 또는 구일 때에는 특별자치도지사, 시장·군수 또는 구청장이 허가나 통지 없이 사용할 수 있다.

② 특별자치도지사, 시장·군수 또는 구청장은 제1항에 따라 허가를 하거나 통지를 받은 경우 또는 특별자치도지사, 시장·군수·구청장이 제1항 단서에 따라 타인의 토지를 사용하려는 경우에는 대통령령으로 정하는 사항을 즉시 토지소유자 및 토지점유자에게 통지하여야 한다.

③ 제1항에 따른 토지의 사용기간은 6개월을 넘지 못한다.

④ 사업시행자는 제1항에 따라 타인의 토지를 사용함으로써 발생하는 손실을 보상하여야 한다.

⑤ 제4항에 따른 손실보상에 관하여는 제9조제5항부터 제7항까지의 규정을 준용한다.

[전문개정 2011.8.4.]

제39조(시급한 토지 사용에 대한 허가) ① 제28조에 따른 재결신청을 받은 토지수용위원회는 그 재결을 기다려서는 재해를 방지하기 곤란하거나 그 밖에 공공의 이익에 현저한 지장을 줄 우려가 있다고 인정할 때에는 사업시행자의 신청을 받아 대통령령으로 정하는 바에 따라 담보를 제공하게 한 후 즉시 해당 토지의 사용을 허가할 수 있다. 다만, 국가나 지방자치단체가 사업시행자인 경우에는 담보를 제공하지 아니할 수 있다.

② 제1항에 따른 토지의 사용기간은 6개월을 넘지 못한다.

③ 토지수용위원회가 제1항에 따른 허가를 하였을 때에는 제38조제2항을 준용한다.

[전문개정 2011.8.4.]

제2절 수용 또는 사용의 효과

제40조(보상금의 지급 또는 공탁) ① 사업시행자는 제38조 또는 제39조에 따른 사용의 경우를 제외하고는 수용 또는 사용의 개시일(토지수용위원회가 재결로써 결정한 수용 또는 사용을 시작하는 날을 말한다. 이하 같다)까지 관할 토지수용위원회가 재결한 보상금을 지급하여야 한다.

② 사업시행자는 다음 각 호의 어느 하나에 해당할 때에는 수용 또는 사용의 개시일까지 수용하거나 사용하려는 토지등의 소재지의 공탁소에 보상금을 공탁(供託)할 수 있다.

1. 보상금을 받을 자가 그 수령을 거부하거나 보상금을 수령할 수 없을 때

2. 사업시행자의 과실 없이 보상금을 받을 자를 알 수 없을 때

3. 관할 토지수용위원회가 재결한 보상금에 대하여 사업시행자가 불복할 때

4. 압류나 가압류에 의하여 보상금의 지급이 금지되었을 때

③ 사업인정고시가 된 후 권리의 변동이 있을 때에는 그 권리를 승계한 자가 제1항에 따른 보상금 또는 제2항에 따른 공탁금을 받는다.

④ 사업시행자는 제2항제3호의 경우 보상금을 받을 자에게 자기가 산정한 보상금을 지급하고 그 금액과 토지수용위원회가 재결한 보상금과의 차액(差額)을 공탁하여야 한다. 이 경우 보상금을 받을 자는 그 불복의 절차가 종결될 때까지 공탁된 보상금을 수령할 수 없다.
[전문개정 2011.8.4.]

제41조(시급한 토지 사용에 대한 보상) ① 제39조에 따라 토지를 사용하는 경우 토지수용위원회의 재결이 있기 전에 토지소유자나 관계인이 청구할 때에는 사업시행자는 자기가 산정한 보상금을 토지소유자나 관계인에게 지급하여야 한다.

② 토지소유자나 관계인은 사업시행자가 토지수용위원회의 재결에 따른 보상금의 지급시기까지 보상금을 지급하지 아니하면 제39조에 따라 제공된 담보의 전부 또는 일부를 취득한다.
[전문개정 2011.8.4.]

제42조(재결의 실효) ① 사업시행자가 수용 또는 사용의 개시일까지 관할 토지수용위원회가 재결한 보상금을 지급하거나 공탁하지 아니하였을 때에는 해당 토지수용위원회의 재결은 효력을 상실한다.

② 사업시행자는 제1항에 따라 재결의 효력이 상실됨으로 인하여 토지소유자 또는 관계인이 입은 손실을 보상하여야 한다.

③ 제2항에 따른 손실보상에 관하여는 제9조제5항부터 제7항까지의 규정을 준용한다.
[전문개정 2011.8.4.]

제43조(토지 또는 물건의 인도 등) 토지소유자 및 관계인과 그 밖에 토지소유자나 관계인에 포함되지 아니하는 자로서 수용하거나 사용할 토지나 그 토지에 있는 물건에 관한 권리를 가진 자는 수용 또는 사용의 개시일까지 그 토지나 물건을 사업시행자에게 인도하거나 이전하여야 한다.
[전문개정 2011.8.4.]

제44조(인도 또는 이전의 대행) ① 특별자치도지사, 시장·군수 또는 구청장은 다음 각 호의 어느 하나에 해당할 때에는 사업시행자의 청구에 의하여 토지나 물건의 인도 또는 이전을 대행하여야 한다.
1. 토지나 물건을 인도하거나 이전하여야 할 자가 고의나 과실 없이 그 의무를 이행할 수 없을 때
2. 사업시행자가 과실 없이 토지나 물건을 인도하거나 이전하여야 할 의무가 있는 자를 알 수 없을 때

② 제1항에 따라 특별자치도지사, 시장·군수 또는 구청장이 토지나 물건의 인도 또는 이전을 대행하는 경우 그로 인한 비용은 그 의무자가 부담한다.
[전문개정 2011.8.4.]

제45조(권리의 취득·소멸 및 제한) ① 사업시행자는 수용의 개시일에 토지나 물건의 소유권을 취득하며, 그 토지나 물건에 관한 다른 권리는 이와 동시에 소멸한다.

② 사업시행자는 사용의 개시일에 토지나 물건의 사용권을 취득하며, 그 토지나 물건에 관한 다른 권리는 사용 기간 중에는 행사하지 못한다.

③ 토지수용위원회의 재결로 인정된 권리는 제1항 및 제2항에도 불구하고 소멸되거나 그 행사가 정지되지 아니한다.
[전문개정 2011.8.4.]

제46조(위험부담) 토지수용위원회의 재결이 있은 후 수용하거나 사용할 토지나 물건이 토지소유자 또는 관계인의 고의나 과실 없이 멸실되거나 훼손된 경우 그로 인한 손실은 사업시행자가 부담한다.
[전문개정 2011.8.4.]

제47조(담보물권과 보상금) 담보물권의 목적물이 수용되거나 사용된 경우 그 담보물권은 그 목적물의 수용 또는 사용으로 인하여 채무자가 받을 보상금에 대하여 행사할 수 있다. 다만, 그 보상금이 채무자에게 지급되기 전에 압류하여야 한다.
[전문개정 2011.8.4.]

제48조(반환 및 원상회복의 의무) ① 사업시행자는 토지나 물건의 사용기간이 끝났을 때나 사업의 폐지·변경 또는 그 밖의 사유로 사용할 필요가 없게 되었을 때에는 지체 없이 그 토지나 물건을 그 토지나 물건의 소유자 또는 그 승계인에게 반환하여야 한다.
② 제1항의 경우에 사업시행자는 토지소유자가 원상회복을 청구하면 미리 그 손실을 보상한 경우를 제외하고는 그 토지를 원상으로 회복하여 반환하여야 한다.
[전문개정 2011.8.4.]

제5장 토지수용위원회

제49조(설치) 토지등의 수용과 사용에 관한 재결을 하기 위하여 국토교통부에 중앙토지수용위원회를 두고, 특별시·광역시·도·특별자치도(이하 "시·도"라 한다)에 지방토지수용위원회를 둔다. 〈개정 2013.3.23.〉
[전문개정 2011.8.4.]

제50조(재결사항) ① 토지수용위원회의 재결사항은 다음 각 호와 같다.
　1. 수용하거나 사용할 토지의 구역 및 사용방법
　2. 손실보상
　3. 수용 또는 사용의 개시일과 기간
　4. 그 밖에 이 법 및 다른 법률에서 규정한 사항
② 토지수용위원회는 사업시행자, 토지소유자 또는 관계인이 신청한 범위에서 재결하여야 한다. 다만, 제1항제2호의 손실보상의 경우에는 증액재결(增額裁決)을 할 수 있다.
[전문개정 2011.8.4.]

제51조(관할) ① 제49조에 따른 중앙토지수용위원회(이하 "중앙토지수용위원회"라 한다)는 다음 각 호의 사업의 재결에 관한 사항을 관장한다.
　1. 국가 또는 시·도가 사업시행자인 사업
　2. 수용하거나 사용할 토지가 둘 이상의 시·도에 걸쳐 있는 사업

② 제49조에 따른 지방토지수용위원회(이하 "지방토지수용위원회"라 한다)는 제1항 각 호 외의 사업의 재결에 관한 사항을 관장한다.

[전문개정 2011.8.4.]

제52조(중앙토지수용위원회) ① 중앙토지수용위원회는 위원장 1명을 포함한 20명 이내의 위원으로 구성하며, 위원 중 대통령령으로 정하는 수의 위원은 상임(常任)으로 한다.

② 중앙토지수용위원회의 위원장은 국토교통부장관이 되며, 위원장이 부득이한 사유로 직무를 수행할 수 없을 때에는 위원장이 지명하는 위원이 그 직무를 대행한다. 〈개정 2013.3.23.〉

③ 중앙토지수용위원회의 위원장은 위원회를 대표하며, 위원회의 업무를 총괄한다.

④ 중앙토지수용위원회의 상임위원은 다음 각 호의 어느 하나에 해당하는 사람 중에서 국토교통부장관의 제청으로 대통령이 임명한다. 〈개정 2013.3.23.〉

1. 판사·검사 또는 변호사로 15년 이상 재직하였던 사람

2. 대학에서 법률학 또는 행정학을 가르치는 부교수 이상으로 5년 이상 재직하였던 사람

3. 행정기관의 3급 공무원 또는 고위공무원단에 속하는 일반직공무원으로 2년 이상 재직하였던 사람

⑤ 중앙토지수용위원회의 비상임위원은 토지 수용에 관한 학식과 경험이 풍부한 사람 중에서 국토교통부장관이 위촉한다. 〈개정 2013.3.23.〉

⑥ 중앙토지수용위원회의 회의는 위원장이 소집하며, 위원장 및 상임위원 1명과 위원장이 회의마다 지정하는 위원 7명으로 구성한다. 다만, 위원장이 필요하다고 인정하는 경우에는 위원장 및 상임위원을 포함하여 10명 이상 20명 이내로 구성할 수 있다. 〈개정 2018.12.31.〉

⑦ 중앙토지수용위원회의 회의는 제6항에 따른 구성원 과반수의 출석과 출석위원 과반수의 찬성으로 의결한다.

⑧ 중앙토지수용위원회의 사무를 처리하기 위하여 사무기구를 둔다.

⑨ 중앙토지수용위원회의 상임위원의 계급 등과 사무기구의 조직에 관한 사항은 대통령령으로 정한다.

[전문개정 2011.8.4.]

제53조(지방토지수용위원회) ① 지방토지수용위원회는 위원장 1명을 포함한 20명 이내의 위원으로 구성한다. 〈개정 2012.6.1.〉

② 지방토지수용위원회의 위원장은 시·도지사가 되며, 위원장이 부득이한 사유로 직무를 수행할 수 없을 때에는 위원장이 지명하는 위원이 그 직무를 대행한다.

③ 지방토지수용위원회의 위원은 시·도지사가 소속 공무원 중에서 임명하는 사람 1명을 포함하여 토지 수용에 관한 학식과 경험이 풍부한 사람 중에서 위촉한다. 〈개정 2012.6.1.〉

④ 지방토지수용위원회의 회의는 위원장이 소집하며, 위원장과 위원장이 회의마다 지정하는 위원 8명으로 구성한다. 다만, 위원장이 필요하다고 인정하는 경우에는 위원장을 포함하여 10명 이상 20명 이내로 구성할 수 있다. 〈개정 2012.6.1, 2018.12.31.〉

⑤ 지방토지수용위원회의 회의는 제4항에 따른 구성원 과반수의 출석과 출석위원 과반수의 찬성으로 의결한다. 〈신설 2012.6.1.〉

⑥ 지방토지수용위원회에 관하여는 제52조제3항을 준용한다. 〈개정 2012.6.1.〉

[전문개정 2011.8.4.]

제54조(위원의 결격사유) ① 다음 각 호의 어느 하나에 해당하는 사람은 토지수용위원회의 위원이 될 수 없다. 〈개정 2015.12.29.〉

1. 피성년후견인, 피한정후견인 또는 파산선고를 받고 복권되지 아니한 사람
2. 금고 이상의 실형을 선고받고 그 집행이 끝나거나(집행이 끝난 것으로 보는 경우를 포함한다) 집행이 면제된 날부터 2년이 지나지 아니한 사람
3. 금고 이상의 형의 집행유예를 선고받고 그 유예기간 중에 있는 사람
4. 벌금형을 선고받고 2년이 지나지 아니한 사람

② 위원이 제1항 각 호의 어느 하나에 해당하게 되면 당연히 퇴직한다.

[전문개정 2011.8.4.]

제55조(임기) 토지수용위원회의 상임위원 및 위촉위원의 임기는 각각 3년으로 하며, 연임할 수 있다.

제56조(신분 보장) 위촉위원은 해당 토지수용위원회의 의결로 다음 각 호의 어느 하나에 해당하는 사유가 있다고 인정된 경우를 제외하고는 재임 중 그 의사에 반하여 해임되지 아니한다.

1. 신체상 또는 정신상의 장해로 그 직무를 수행할 수 없을 때
2. 직무상의 의무를 위반하였을 때

[전문개정 2011.8.4.]

제57조(위원의 제척 · 기피 · 회피) ① 토지수용위원회의 위원으로서 다음 각 호의 어느 하나에 해당하는 사람은 그 토지수용위원회의 회의에 참석할 수 없다.

1. 사업시행자, 토지소유자 또는 관계인
2. 사업시행자, 토지소유자 또는 관계인의 배우자 · 친족 또는 대리인
3. 사업시행자, 토지소유자 및 관계인이 법인인 경우에는 그 법인의 임원 또는 그 직무를 수행하는 사람

② 사업시행자, 토지소유자 및 관계인은 위원에게 공정한 심리 · 의결을 기대하기 어려운 사정이 있는 경우에는 그 사유를 적어 기피(忌避) 신청을 할 수 있다. 이 경우 토지수용위원회의 위원장은 기피 신청에 대하여 위원회의 의결을 거치지 아니하고 기피 여부를 결정한다.

③ 위원이 제1항 또는 제2항의 사유에 해당할 때에는 스스로 그 사건의 심리 · 의결에서 회피할 수 있다.

④ 사건의 심리 · 의결에 관한 사무에 관여하는 위원 아닌 직원에 대하여는 제1항부터 제3항까지의 규정을 준용한다.

[전문개정 2011.8.4.]

제57조의2(벌칙 적용에서 공무원 의제) 토지수용위원회의 위원 중 공무원이 아닌 사람은 「형법」이나 그 밖의 법률에 따른 벌칙을 적용할 때에는 공무원으로 본다.

[본조신설 2017.3.21.]

제58조(심리조사상의 권한) ① 토지수용위원회는 심리에 필요하다고 인정할 때에는 다음 각 호의 행위를 할 수 있다. 〈개정 2020.4.7.〉

1. 사업시행자, 토지소유자, 관계인 또는 참고인에게 토지수용위원회에 출석하여 진술하게 하거나 그 의견서 또는 자료의 제출을 요구하는 것

2. 감정평가법인등이나 그 밖의 감정인에게 감정평가를 의뢰하거나 토지수용위원회에 출석하여 진술하게 하는 것

3. 토지수용위원회의 위원 또는 제52조제8항에 따른 사무기구의 직원이나 지방토지수용위원회의 업무를 담당하는 직원으로 하여금 실지조사를 하게 하는 것

② 제1항제3호에 따라 위원 또는 직원이 실지조사를 하는 경우에는 제13조를 준용한다.

③ 토지수용위원회는 제1항에 따른 참고인 또는 감정평가법인등이나 그 밖의 감정인에게는 국토교통부령으로 정하는 바에 따라 사업시행자의 부담으로 일당, 여비 및 감정수수료를 지급할 수 있다. 〈개정 2013.3.23, 2020.4.7.〉

[전문개정 2011.8.4.]

제59조(위원 등의 수당 및 여비) 토지수용위원회는 위원에게 국토교통부령으로 정하는 바에 따라 수당과 여비를 지급할 수 있다. 다만, 공무원인 위원이 그 직무와 직접 관련하여 출석한 경우에는 그러하지 아니하다. 〈개정 2013.3.23.〉

[전문개정 2011.8.4.]

제60조(운영세칙) 토지수용위원회의 운영 등에 필요한 사항은 대통령령으로 정한다.

[전문개정 2011.8.4.]

제60조의2(재결정보체계의 구축·운영 등) ① 국토교통부장관은 시·도지사와 협의하여 토지등의 수용과 사용에 관한 재결업무의 효율적인 수행과 관련 정보의 체계적인 관리를 위하여 재결정보체계를 구축·운영할 수 있다.

② 국토교통부장관은 제1항에 따른 재결정보체계의 구축·운영에 관한 업무를 대통령령으로 정하는 법인, 단체 또는 기관에 위탁할 수 있다. 이 경우 위탁관리에 드는 경비의 전부 또는 일부를 지원할 수 있다.

③ 재결정보체계의 구축 및 운영에 필요한 사항은 국토교통부령으로 정한다.

[본조신설 2017.3.21.]

제6장 손실보상 등

제1절 손실보상의 원칙

제61조(사업시행자 보상) 공익사업에 필요한 토지등의 취득 또는 사용으로 인하여 토지소유자나 관계인이 입은 손실은 사업시행자가 보상하여야 한다.

[전문개정 2011.8.4.]

제62조(사전보상) 사업시행자는 해당 공익사업을 위한 공사에 착수하기 이전에 토지소유자와 관계인에게 보상액 전액(全額)을 지급하여야 한다. 다만, 제38조에 따른 천재지변 시의 토지 사용과 제39조에 따

른 시급한 토지 사용의 경우 또는 토지소유자 및 관계인의 승낙이 있는 경우에는 그러하지 아니하다.
[전문개정 2011.8.4.]

제63조(현금보상 등) ① 손실보상은 다른 법률에 특별한 규정이 있는 경우를 제외하고는 현금으로 지급하여야 한다. 다만, 토지소유자가 원하는 경우로서 사업시행자가 해당 공익사업의 합리적인 토지이용계획과 사업계획 등을 고려하여 토지로 보상이 가능한 경우에는 토지소유자가 받을 보상금 중 본문에 따른 현금 또는 제7항 및 제8항에 따른 채권으로 보상받는 금액을 제외한 부분에 대하여 다음 각 호에서 정하는 기준과 절차에 따라 그 공익사업의 시행으로 조성한 토지로 보상할 수 있다. 〈개정 2022.2.3.〉

1. 토지로 보상받을 수 있는 자 : 토지의 보유기간 등 대통령령으로 정하는 요건을 갖춘 자로서 「건축법」 제57조제1항에 따른 대지의 분할 제한 면적 이상의 토지를 사업시행자에게 양도한 자(공익사업을 위한 관계 법령에 따른 고시 등이 있은 날 당시 다음 각 목의 어느 하나에 해당하는 기관에 종사하는 자 및 종사하였던 날부터 10년이 경과하지 아니한 자는 제외한다)가 된다. 이 경우 대상자가 경합(競合)할 때에는 제7항제2호에 따른 부재부동산(不在不動産) 소유자가 아닌 자 중 해당 공익사업지구 내 거주하는 자로서 토지 보유기간이 오래된 자 순으로 토지로 보상하며, 그 밖의 우선순위 및 대상자 결정방법 등은 사업시행자가 정하여 공고한다.
   가. 국토교통부
   나. 사업시행자
   다. 제21조제2항에 따라 협의하거나 의견을 들어야 하는 공익사업의 허가·인가·승인 등을 하는 기관
   라. 공익사업을 위한 관계 법령에 따른 고시 등이 있기 전에 관계 법령에 따라 실시한 협의, 의견청취 등의 대상인 중앙행정기관, 지방자치단체, 「공공기관의 운영에 관한 법률」 제4조에 따른 공공기관 및 「지방공기업법」에 따른 지방공기업
2. 보상하는 토지가격의 산정 기준금액 : 다른 법률에 특별한 규정이 있는 경우를 제외하고는 일반분양가격으로 한다.
3. 보상기준 등의 공고 : 제15조에 따라 보상계획을 공고할 때에 토지로 보상하는 기준을 포함하여 공고하거나 토지로 보상하는 기준을 따로 일간신문에 공고할 것이라는 내용을 포함하여 공고한다.

② 제1항 단서에 따라 토지소유자에게 토지로 보상하는 면적은 사업시행자가 그 공익사업의 토지이용계획과 사업계획 등을 고려하여 정한다. 이 경우 그 보상면적은 주택용지는 990제곱미터, 상업용지는 1천100제곱미터를 초과할 수 없다.

③ 제1항 단서에 따라 토지로 보상받기로 결정된 권리(제4항에 따라 현금으로 보상받을 권리를 포함한다)는 그 보상계약의 체결일부터 소유권이전등기를 마칠 때까지 전매(매매, 증여, 그 밖에 권리의 변동을 수반하는 모든 행위를 포함하되, 상속 및 「부동산투자회사법」에 따른 개발전문 부동산투자회사에 현물출자를 하는 경우는 제외한다)할 수 없으며, 이를 위반하거나 해당 공익사업과 관련하여 다음 각 호의 어느 하나에 해당하는 경우에 사업시행자는 토지로 보상하기로 한 보상금을 현금으로 보상하여야 한다. 이 경우 현금보상액에 대한 이자율은 제9항제1호가목에 따른 이자율의 2분의 1로 한다. 〈개정 2020.4.7., 2022.2.3.〉

1. 제93조, 제96조 및 제97조제2호의 어느 하나에 해당하는 위반행위를 한 경우

2. 「농지법」 제57조부터 제61조까지의 어느 하나에 해당하는 위반행위를 한 경우

3. 「산지관리법」 제53조, 제54조제1호・제2호・제3호의2・제4호부터 제8호까지 및 제55조제1호 ・제2호・제4호부터 제10호까지의 어느 하나에 해당하는 위반행위를 한 경우

4. 「공공주택 특별법」 제57조제1항 및 제58조제1항제1호의 어느 하나에 해당하는 위반행위를 한 경우

5. 「한국토지주택공사법」 제28조의 위반행위를 한 경우

④ 제1항 단서에 따라 토지소유자가 토지로 보상받기로 한 경우 그 보상계약 체결일부터 1년이 지나면 이를 현금으로 전환하여 보상하여 줄 것을 요청할 수 있다. 이 경우 현금보상액에 대한 이자율은 제9항제2호가목에 따른 이자율로 한다.

⑤ 사업시행자는 해당 사업계획의 변경 등 국토교통부령으로 정하는 사유로 보상하기로 한 토지의 전부 또는 일부를 토지로 보상할 수 없는 경우에는 현금으로 보상할 수 있다. 이 경우 현금보상액에 대한 이자율은 제9항제2호가목에 따른 이자율로 한다. 〈개정 2013.3.23.〉

⑥ 사업시행자는 토지소유자가 다음 각 호의 어느 하나에 해당하여 토지로 보상받기로 한 보상금에 대하여 현금보상을 요청한 경우에는 현금으로 보상하여야 한다. 이 경우 현금보상액에 대한 이자율은 제9항제2호가목에 따른 이자율로 한다. 〈개정 2013.3.23.〉

1. 국세 및 지방세의 체납처분 또는 강제집행을 받는 경우

2. 세대원 전원이 해외로 이주하거나 2년 이상 해외에 체류하려는 경우

3. 그 밖에 제1호・제2호와 유사한 경우로서 국토교통부령으로 정하는 경우

⑦ 사업시행자가 국가, 지방자치단체, 그 밖에 대통령령으로 정하는 「공공기관의 운영에 관한 법률」에 따라 지정・고시된 공공기관 및 공공단체인 경우로서 다음 각 호의 어느 하나에 해당되는 경우에는 제1항 본문에도 불구하고 해당 사업시행자가 발행하는 채권으로 지급할 수 있다.

1. 토지소유자나 관계인이 원하는 경우

2. 사업인정을 받은 사업의 경우에는 대통령령으로 정하는 부재부동산 소유자의 토지에 대한 보상금이 대통령령으로 정하는 일정 금액을 초과하는 경우로서 그 초과하는 금액에 대하여 보상하는 경우

⑧ 토지투기가 우려되는 지역으로서 대통령령으로 정하는 지역에서 다음 각 호의 어느 하나에 해당하는 공익사업을 시행하는 자 중 대통령령으로 정하는 「공공기관의 운영에 관한 법률」에 따라 지정・고시된 공공기관 및 공공단체는 제7항에도 불구하고 제7항제2호에 따른 부재부동산 소유자의 토지에 대한 보상금 중 대통령령으로 정하는 1억원 이상의 일정 금액을 초과하는 부분에 대하여는 해당 사업시행자가 발행하는 채권으로 지급하여야 한다.

1. 「택지개발촉진법」에 따른 택지개발사업

2. 「산업입지 및 개발에 관한 법률」에 따른 산업단지개발사업

3. 그 밖에 대규모 개발사업으로서 대통령령으로 정하는 사업

⑨ 제7항 및 제8항에 따라 채권으로 지급하는 경우 채권의 상환 기한은 5년을 넘지 아니하는 범위에서 정하여야 하며, 그 이자율은 다음 각 호와 같다.

1. 제7항제2호 및 제8항에 따라 부재부동산 소유자에게 채권으로 지급하는 경우

가. 상환기한이 3년 이하인 채권 : 3년 만기 정기예금 이자율(채권발행일 전달의 이자율로서, 「은행법」에 따라 설립된 은행 중 전국을 영업구역으로 하는 은행이 적용하는 이자율을 평균한 이자율로 한다)

나. 상환기한이 3년 초과 5년 이하인 채권 : 5년 만기 국고채 금리(채권발행일 전달의 국고채 평균 유통금리로 한다)

2. 부재부동산 소유자가 아닌 자가 원하여 채권으로 지급하는 경우

가. 상환기한이 3년 이하인 채권 : 3년 만기 국고채 금리(채권발행일 전달의 국고채 평균 유통금리로 한다)로 하되, 제1호가목에 따른 3년 만기 정기예금 이자율이 3년 만기 국고채 금리보다 높은 경우에는 3년 만기 정기예금 이자율을 적용한다.

나. 상환기한이 3년 초과 5년 이하인 채권 : 5년 만기 국고채 금리(채권발행일 전달의 국고채 평균 유통금리로 한다)

[전문개정 2011.8.4.]

제64조(개인별 보상) 손실보상은 토지소유자나 관계인에게 개인별로 하여야 한다. 다만, 개인별로 보상액을 산정할 수 없을 때에는 그러하지 아니하다.

[전문개정 2011.8.4.]

제65조(일괄보상) 사업시행자는 동일한 사업지역에 보상시기를 달리하는 동일인 소유의 토지등이 여러 개 있는 경우 토지소유자나 관계인이 요구할 때에는 한꺼번에 보상금을 지급하도록 하여야 한다.

[전문개정 2011.8.4.]

제66조(사업시행 이익과의 상계금지) 사업시행자는 동일한 소유자에게 속하는 일단(一團)의 토지의 일부를 취득하거나 사용하는 경우 해당 공익사업의 시행으로 인하여 잔여지(殘餘地)의 가격이 증가하거나 그 밖의 이익이 발생한 경우에도 그 이익을 그 취득 또는 사용으로 인한 손실과 상계(相計)할 수 없다.

[전문개정 2011.8.4.]

제67조(보상액의 가격시점 등) ① 보상액의 산정은 협의에 의한 경우에는 협의 성립 당시의 가격을, 재결에 의한 경우에는 수용 또는 사용의 재결 당시의 가격을 기준으로 한다.

② 보상액을 산정할 경우에 해당 공익사업으로 인하여 토지등의 가격이 변동되었을 때에는 이를 고려하지 아니한다.

[전문개정 2011.8.4.]

제68조(보상액의 산정) ① 사업시행자는 토지등에 대한 보상액을 산정하려는 경우에는 감정평가법인등 3인(제2항에 따라 시·도지사와 토지소유자가 모두 감정평가법인등을 추천하지 아니하거나 시·도지사 또는 토지소유자 어느 한쪽이 감정평가법인등을 추천하지 아니하는 경우에는 2인)을 선정하여 토지등의 평가를 의뢰하여야 한다. 다만, 사업시행자가 국토교통부령으로 정하는 기준에 따라 직접 보상액을 산정할 수 있을 때에는 그러하지 아니하다. 〈개정 2012.6.1, 2013.3.23, 2020.4.7.〉

② 제1항 본문에 따라 사업시행자가 감정평가법인등을 선정할 때 해당 토지를 관할하는 시·도지사와 토지소유자는 대통령령으로 정하는 바에 따라 감정평가법인등을 각 1인씩 추천할 수 있다. 이 경우 사업시행자는 추천된 감정평가법인등을 포함하여 선정하여야 한다. 〈개정 2012.6.1, 2020.4.7.〉

③ 제1항 및 제2항에 따른 평가 의뢰의 절차 및 방법, 보상액의 산정기준 등에 관하여 필요한 사항은 국토교통부령으로 정한다. 〈개정 2013.3.23.〉

[전문개정 2011.8.4.]

제69조(보상채권의 발행) ① 국가는 「도로법」에 따른 도로공사, 「산업입지 및 개발에 관한 법률」에 따른 산업단지개발사업, 「철도의 건설 및 철도시설 유지관리에 관한 법률」에 따른 철도의 건설사업, 「항만법」에 따른 항만개발사업, 그 밖에 대통령령으로 정하는 공익사업을 위한 토지 등의 취득 또는 사용으로 인하여 토지소유자 및 관계인이 입은 손실을 보상하기 위하여 제63조제7항에 따라 채권으로 지급하는 경우에는 다음 각 호의 회계의 부담으로 보상채권을 발행할 수 있다. 〈개정 2018.3.13, 2020.1.29.〉

　　1. 일반회계

　　2. 교통시설특별회계

② 보상채권은 제1항 각 호의 회계를 관리하는 관계 중앙행정기관의 장의 요청으로 기획재정부장관이 발행한다.

③ 기획재정부장관은 보상채권을 발행하려는 경우에는 회계별로 국회의 의결을 받아야 한다.

④ 보상채권은 토지소유자 및 관계인에게 지급함으로써 발행한다.

⑤ 보상채권은 양도하거나 담보로 제공할 수 있다.

⑥ 보상채권의 발행방법, 이자율의 결정방법, 상환방법, 그 밖에 보상채권 발행에 필요한 사항은 대통령령으로 정한다.

⑦ 보상채권의 발행에 관하여 이 법에 특별한 규정이 있는 경우를 제외하고는 「국채법」에서 정하는 바에 따른다.

[전문개정 2011.8.4.]

제2절　손실보상의 종류와 기준 등

제70조(취득하는 토지의 보상) ① 협의나 재결에 의하여 취득하는 토지에 대하여는 「부동산 가격공시에 관한 법률」에 따른 공시지가를 기준으로 하여 보상하되, 그 공시기준일부터 가격시점까지의 관계 법령에 따른 그 토지의 이용계획, 해당 공익사업으로 인한 지가의 영향을 받지 아니하는 지역의 대통령령으로 정하는 지가변동률, 생산자물가상승률(「한국은행법」 제86조에 따라 한국은행이 조사·발표하는 생산자물가지수에 따라 산정된 비율을 말한다)과 그 밖에 그 토지의 위치·형상·환경·이용상황 등을 고려하여 평가한 적정가격으로 보상하여야 한다. 〈개정 2016.1.19.〉

② 토지에 대한 보상액은 가격시점에서의 현실적인 이용상황과 일반적인 이용방법에 의한 객관적 상황을 고려하여 산정하되, 일시적인 이용상황과 토지소유자나 관계인이 갖는 주관적 가치 및 특별한 용도에 사용할 것을 전제로 한 경우 등은 고려하지 아니한다.

③ 사업인정 전 협의에 의한 취득의 경우에 제1항에 따른 공시지가는 해당 토지의 가격시점 당시 공시된 공시지가 중 가격시점과 가장 가까운 시점에 공시된 공시지가로 한다.

④ 사업인정 후의 취득의 경우에 제1항에 따른 공시지가는 사업인정고시일 전의 시점을 공시기준일로 하는 공시지가로서, 해당 토지에 관한 협의의 성립 또는 재결 당시 공시된 공시지가 중 그 사업인정고시일과 가장 가까운 시점에 공시된 공시지가로 한다.

⑤ 제3항 및 제4항에도 불구하고 공익사업의 계획 또는 시행이 공고되거나 고시됨으로 인하여 취득하여야 할 토지의 가격이 변동되었다고 인정되는 경우에는 제1항에 따른 공시지가는 해당 공고일 또는 고시일 전의 시점을 공시기준일로 하는 공시지가로서 그 토지의 가격시점 당시 공시된 공시지가 중 그 공익사업의 공고일 또는 고시일과 가장 가까운 시점에 공시된 공시지가로 한다.

⑥ 취득하는 토지와 이에 관한 소유권 외의 권리에 대한 구체적인 보상액 산정 및 평가방법은 투자비용, 예상수익 및 거래가격 등을 고려하여 국토교통부령으로 정한다. 〈개정 2013.3.23.〉
[전문개정 2011.8.4.]

제71조(사용하는 토지의 보상 등) ① 협의 또는 재결에 의하여 사용하는 토지에 대하여는 그 토지와 인근 유사토지의 지료(地料), 임대료, 사용방법, 사용기간 및 그 토지의 가격 등을 고려하여 평가한 적정가격으로 보상하여야 한다.

② 사용하는 토지와 그 지하 및 지상의 공간 사용에 대한 구체적인 보상액 산정 및 평가방법은 투자비용, 예상수익 및 거래가격 등을 고려하여 국토교통부령으로 정한다. 〈개정 2013.3.23.〉
[전문개정 2011.8.4.]

제72조(사용하는 토지의 매수청구 등) 사업인정고시가 된 후 다음 각 호의 어느 하나에 해당할 때에는 해당 토지소유자는 사업시행자에게 해당 토지의 매수를 청구하거나 관할 토지수용위원회에 그 토지의 수용을 청구할 수 있다. 이 경우 관계인은 사업시행자나 관할 토지수용위원회에 그 권리의 존속(存續)을 청구할 수 있다.

1. 토지를 사용하는 기간이 3년 이상인 경우
2. 토지의 사용으로 인하여 토지의 형질이 변경되는 경우
3. 사용하려는 토지에 그 토지소유자의 건축물이 있는 경우
[전문개정 2011.8.4.]

제73조(잔여지의 손실과 공사비 보상) ① 사업시행자는 동일한 소유자에게 속하는 일단의 토지의 일부가 취득되거나 사용됨으로 인하여 잔여지의 가격이 감소하거나 그 밖의 손실이 있을 때 또는 잔여지에 통로·도랑·담장 등의 신설이나 그 밖의 공사가 필요할 때에는 국토교통부령으로 정하는 바에 따라 그 손실이나 공사의 비용을 보상하여야 한다. 다만, 잔여지의 가격 감소분과 잔여지에 대한 공사의 비용을 합한 금액이 잔여지의 가격보다 큰 경우에는 사업시행자는 그 잔여지를 매수할 수 있다. 〈개정 2013.3.23.〉

② 제1항 본문에 따른 손실 또는 비용의 보상은 관계 법률에 따라 사업이 완료된 날 또는 제24조의2에 따른 사업완료의 고시가 있는 날(이하 "사업완료일"이라 한다)부터 1년이 지난 후에는 청구할 수 없다. 〈개정 2021.8.10.〉

③ 사업인정고시가 된 후 제1항 단서에 따라 사업시행자가 잔여지를 매수하는 경우 그 잔여지에 대하여는 제20조에 따른 사업인정 및 제22조에 따른 사업인정고시가 된 것으로 본다.

④ 제1항에 따른 손실 또는 비용의 보상이나 토지의 취득에 관하여는 제9조제6항 및 제7항을 준용한다.

⑤ 제1항 단서에 따라 매수하는 잔여지 및 잔여지에 있는 물건에 대한 구체적인 보상액 산정 및 평가 방법 등에 대하여는 제70조, 제75조, 제76조, 제77조, 제78조제4항, 같은 조 제6항 및 제7항을 준용한다. 〈개정 2022.2.3.〉

[전문개정 2011.8.4.]

제74조(잔여지 등의 매수 및 수용 청구) ① 동일한 소유자에게 속하는 일단의 토지의 일부가 협의에 의하여 매수되거나 수용됨으로 인하여 잔여지를 종래의 목적에 사용하는 것이 현저히 곤란할 때에는 해당 토지소유자는 사업시행자에게 잔여지를 매수하여 줄 것을 청구할 수 있으며, 사업인정 이후에는 관할 토지수용위원회에 수용을 청구할 수 있다. 이 경우 수용의 청구는 매수에 관한 협의가 성립되지 아니한 경우에만 할 수 있으며, 사업완료일까지 하여야 한다. 〈개정 2021.8.10.〉

② 제1항에 따라 매수 또는 수용의 청구가 있는 잔여지 및 잔여지에 있는 물건에 관하여 권리를 가진 자는 사업시행자나 관할 토지수용위원회에 그 권리의 존속을 청구할 수 있다.

③ 제1항에 따른 토지의 취득에 관하여는 제73조제3항을 준용한다.

④ 잔여지 및 잔여지에 있는 물건에 대한 구체적인 보상액 산정 및 평가방법 등에 대하여는 제70조, 제75조, 제76조, 제77조, 제78조제4항, 같은 조 제6항 및 제7항을 준용한다. 〈개정 2022.2.3.〉

[전문개정 2011.8.4.]

제75조(건축물등 물건에 대한 보상) ① 건축물·입목·공작물과 그 밖에 토지에 정착한 물건(이하 "건축물등"이라 한다)에 대하여는 이전에 필요한 비용(이하 "이전비"라 한다)으로 보상하여야 한다. 다만, 다음 각 호의 어느 하나에 해당하는 경우에는 해당 물건의 가격으로 보상하여야 한다.

1. 건축물등을 이전하기 어렵거나 그 이전으로 인하여 건축물등을 종래의 목적대로 사용할 수 없게 된 경우

2. 건축물등의 이전비가 그 물건의 가격을 넘는 경우

3. 사업시행자가 공익사업에 직접 사용할 목적으로 취득하는 경우

② 농작물에 대한 손실은 그 종류와 성장의 정도 등을 종합적으로 고려하여 보상하여야 한다.

③ 토지에 속한 흙·돌·모래 또는 자갈(흙·돌·모래 또는 자갈이 해당 토지와 별도로 취득 또는 사용의 대상이 되는 경우만 해당한다)에 대하여는 거래가격 등을 고려하여 평가한 적정가격으로 보상하여야 한다.

④ 분묘에 대하여는 이장(移葬)에 드는 비용 등을 산정하여 보상하여야 한다.

⑤ 사업시행자는 사업예정지에 있는 건축물등이 제1항제1호 또는 제2호에 해당하는 경우에는 관할 토지수용위원회에 그 물건의 수용 재결을 신청할 수 있다.

⑥ 제1항부터 제4항까지의 규정에 따른 물건 및 그 밖의 물건에 대한 보상액의 구체적인 산정 및 평가 방법과 보상기준은 국토교통부령으로 정한다. 〈개정 2013.3.23.〉

[전문개정 2011.8.4.]

제75조의2(잔여 건축물의 손실에 대한 보상 등) ① 사업시행자는 동일한 소유자에게 속하는 일단의 건축물의 일부가 취득되거나 사용됨으로 인하여 잔여 건축물의 가격이 감소하거나 그 밖의 손실이 있을 때에는 국토교통부령으로 정하는 바에 따라 그 손실을 보상하여야 한다. 다만, 잔여 건축물의 가격

감소분과 보수비(건축물의 나머지 부분을 종래의 목적대로 사용할 수 있도록 그 유용성을 동일하게 유지하는 데에 일반적으로 필요하다고 볼 수 있는 공사에 사용되는 비용을 말한다. 다만, 「건축법」 등 관계 법령에 따라 요구되는 시설 개선에 필요한 비용은 포함하지 아니한다)를 합한 금액이 잔여 건축물의 가격보다 큰 경우에는 사업시행자는 그 잔여 건축물을 매수할 수 있다. 〈개정 2013.3.23.〉

② 동일한 소유자에게 속하는 일단의 건축물의 일부가 협의에 의하여 매수되거나 수용됨으로 인하여 잔여 건축물을 종래의 목적에 사용하는 것이 현저히 곤란할 때에는 그 건축물소유자는 사업시행자에게 잔여 건축물을 매수하여 줄 것을 청구할 수 있으며, 사업인정 이후에는 관할 토지수용위원회에 수용을 청구할 수 있다. 이 경우 수용 청구는 매수에 관한 협의가 성립되지 아니한 경우에만 하되, 사업완료일까지 하여야 한다. 〈개정 2021.8.10.〉

③ 제1항에 따른 보상 및 잔여 건축물의 취득에 관하여는 제9조제6항 및 제7항을 준용한다.

④ 제1항 본문에 따른 보상에 관하여는 제73조제2항을 준용하고, 제1항 단서 및 제2항에 따른 잔여 건축물의 취득에 관하여는 제73조제3항을 준용한다.

⑤ 제1항 단서 및 제2항에 따라 취득하는 잔여 건축물에 대한 구체적인 보상액 산정 및 평가방법 등에 대하여는 제70조, 제75조, 제76조, 제77조, 제78조제4항, 같은 조 제6항 및 제7항을 준용한다. 〈개정 2022.2.3.〉

[전문개정 2011.8.4.]

제76조(권리의 보상) ① 광업권·어업권·양식업권 및 물(용수시설을 포함한다) 등의 사용에 관한 권리에 대하여는 투자비용, 예상 수익 및 거래가격 등을 고려하여 평가한 적정가격으로 보상하여야 한다. 〈개정 2019.8.27.〉

② 제1항에 따른 보상액의 구체적인 산정 및 평가방법은 국토교통부령으로 정한다. 〈개정 2013.3.23.〉

[전문개정 2011.8.4.]

제77조(영업의 손실 등에 대한 보상) ① 영업을 폐업하거나 휴업함에 따른 영업손실에 대하여는 영업이익과 시설의 이전비용 등을 고려하여 보상하여야 한다. 〈개정 2020.6.9.〉

② 농업의 손실에 대하여는 농지의 단위면적당 소득 등을 고려하여 실제 경작자에게 보상하여야 한다. 다만, 농지소유자가 해당 지역에 거주하는 농민인 경우에는 농지소유자와 실제 경작자가 협의하는 바에 따라 보상할 수 있다.

③ 휴직하거나 실직하는 근로자의 임금손실에 대하여는 「근로기준법」에 따른 평균임금 등을 고려하여 보상하여야 한다.

④ 제1항부터 제3항까지의 규정에 따른 보상액의 구체적인 산정 및 평가 방법과 보상기준, 제2항에 따른 실제 경작자 인정기준에 관한 사항은 국토교통부령으로 정한다. 〈개정 2013.3.23.〉

[전문개정 2011.8.4.]

제78조(이주대책의 수립 등) ① 사업시행자는 공익사업의 시행으로 인하여 주거용 건축물을 제공함에 따라 생활의 근거를 상실하게 되는 자(이하 "이주대책대상자"라 한다)를 위하여 대통령령으로 정하는 바에 따라 이주대책을 수립·실시하거나 이주정착금을 지급하여야 한다.

② 사업시행자는 제1항에 따라 이주대책을 수립하려면 미리 관할 지방자치단체의 장과 협의하여야 한다.

③ 국가나 지방자치단체는 이주대책의 실시에 따른 주택지의 조성 및 주택의 건설에 대하여는 「주택도시기금법」에 따른 주택도시기금을 우선적으로 지원하여야 한다. 〈개정 2015.1.6.〉

④ 이주대책의 내용에는 이주정착지(이주대책의 실시로 건설하는 주택단지를 포함한다)에 대한 도로, 급수시설, 배수시설, 그 밖의 공공시설 등 통상적인 수준의 생활기본시설이 포함되어야 하며, 이에 필요한 비용은 사업시행자가 부담한다. 다만, 행정청이 아닌 사업시행자가 이주대책을 수립·실시하는 경우에 지방자치단체는 비용의 일부를 보조할 수 있다.

⑤ 제1항에 따라 이주대책의 실시에 따른 주택지 또는 주택을 공급받기로 결정된 권리는 소유권이전등기를 마칠 때까지 전매(매매, 증여, 그 밖에 권리의 변동을 수반하는 모든 행위를 포함하되, 상속은 제외한다)할 수 없으며, 이를 위반하거나 해당 공익사업과 관련하여 다음 각 호의 어느 하나에 해당하는 경우에 사업시행자는 이주대책의 실시가 아닌 이주정착금으로 지급하여야 한다. 〈신설 2022.2.3.〉

   1. 제93조, 제96조 및 제97조제2호의 어느 하나에 해당하는 위반행위를 한 경우
   2. 「공공주택 특별법」 제57조제1항 및 제58조제1항제1호의 어느 하나에 해당하는 위반행위를 한 경우
   3. 「한국토지주택공사법」 제28조의 위반행위를 한 경우

⑥ 주거용 건물의 거주자에 대하여는 주거 이전에 필요한 비용과 가재도구 등 동산의 운반에 필요한 비용을 산정하여 보상하여야 한다. 〈개정 2022.2.3.〉

⑦ 공익사업의 시행으로 인하여 영위하던 농업·어업을 계속할 수 없게 되어 다른 지역으로 이주하는 농민·어민이 받을 보상금이 없거나 그 총액이 국토교통부령으로 정하는 금액에 미치지 못하는 경우에는 그 금액 또는 그 차액을 보상하여야 한다. 〈개정 2013.3.23, 2022.2.3.〉

⑧ 사업시행자는 해당 공익사업이 시행되는 지역에 거주하고 있는 「국민기초생활 보장법」 제2조제1호·제11호에 따른 수급권자 및 차상위계층이 취업을 희망하는 경우에는 그 공익사업과 관련된 업무에 우선적으로 고용할 수 있으며, 이들의 취업 알선을 위하여 노력하여야 한다. 〈개정 2022.2.3.〉

⑨ 제4항에 따른 생활기본시설에 필요한 비용의 기준은 대통령령으로 정한다. 〈개정 2022.2.3.〉

⑩ 제5항 및 제6항에 따른 보상에 대하여는 국토교통부령으로 정하는 기준에 따른다. 〈개정 2013.3.23, 2022.2.3.〉
[전문개정 2011.8.4.]

제78조의2(공장의 이주대책 수립 등) 사업시행자는 대통령령으로 정하는 공익사업의 시행으로 인하여 공장부지가 협의 양도되거나 수용됨에 따라 더 이상 해당 지역에서 공장(「산업집적활성화 및 공장설립에 관한 법률」 제2조제1호에 따른 공장을 말한다)을 가동할 수 없게 된 자가 희망하는 경우 「산업입지 및 개발에 관한 법률」에 따라 지정·개발된 인근 산업단지에 입주하게 하는 등 대통령령으로 정하는 이주대책에 관한 계획을 수립하여야 한다.
[전문개정 2011.8.4.]

제79조(그 밖의 토지에 관한 비용보상 등) ① 사업시행자는 공익사업의 시행으로 인하여 취득하거나 사용하는 토지(잔여지를 포함한다) 외의 토지에 통로·도랑·담장 등의 신설이나 그 밖의 공사가 필요할 때에는 그 비용의 전부 또는 일부를 보상하여야 한다. 다만, 그 토지에 대한 공사의 비용이 그 토지의 가격보다 큰 경우에는 사업시행자는 그 토지를 매수할 수 있다.

② 공익사업이 시행되는 지역 밖에 있는 토지등이 공익사업의 시행으로 인하여 본래의 기능을 다할 수 없게 되는 경우에는 국토교통부령으로 정하는 바에 따라 그 손실을 보상하여야 한다. 〈개정 2013.3.23.〉

③ 사업시행자는 제2항에 따른 보상이 필요하다고 인정하는 경우에는 제15조에 따라 보상계획을 공고할 때에 보상을 청구할 수 있다는 내용을 포함하여 공고하거나 대통령령으로 정하는 바에 따라 제2항에 따른 보상에 관한 계획을 공고하여야 한다.

④ 제1항부터 제3항까지에서 규정한 사항 외에 공익사업의 시행으로 인하여 발생하는 손실의 보상 등에 대하여는 국토교통부령으로 정하는 기준에 따른다. 〈개정 2013.3.23.〉

⑤ 제1항 본문 및 제2항에 따른 비용 또는 손실의 보상에 관하여는 제73조제2항을 준용한다.

⑥ 제1항 단서에 따른 토지의 취득에 관하여는 제73조제3항을 준용한다.

⑦ 제1항 단서에 따라 취득하는 토지에 대한 구체적인 보상액 산정 및 평가 방법 등에 대하여는 제70조, 제75조, 제76조, 제77조, 제78조제4항, 같은 조 제6항 및 제7항을 준용한다. 〈개정 2022.2.3.〉
[전문개정 2011.8.4.]

제80조(손실보상의 협의·재결) ① 제79조제1항 및 제2항에 따른 비용 또는 손실이나 토지의 취득에 대한 보상은 사업시행자와 손실을 입은 자가 협의하여 결정한다.

② 제1항에 따른 협의가 성립되지 아니하였을 때에는 사업시행자나 손실을 입은 자는 대통령령으로 정하는 바에 따라 관할 토지수용위원회에 재결을 신청할 수 있다.
[전문개정 2011.8.4.]

제81조(보상업무 등의 위탁) ① 사업시행자는 보상 또는 이주대책에 관한 업무를 다음 각 호의 기관에 위탁할 수 있다.

1. 지방자치단체

2. 보상실적이 있거나 보상업무에 관한 전문성이 있는 「공공기관의 운영에 관한 법률」 제4조에 따른 공공기관 또는 「지방공기업법」에 따른 지방공사로서 대통령령으로 정하는 기관

② 제1항에 따른 위탁 시 업무범위, 수수료 등에 관하여 필요한 사항은 대통령령으로 정한다.
[전문개정 2011.8.4.]

제82조(보상협의회) ① 공익사업이 시행되는 해당 지방자치단체의 장은 필요한 경우에는 다음 각 호의 사항을 협의하기 위하여 보상협의회를 둘 수 있다. 다만, 대통령령으로 정하는 규모 이상의 공익사업을 시행하는 경우에는 대통령령으로 정하는 바에 따라 보상협의회를 두어야 한다.

1. 보상액 평가를 위한 사전 의견수렴에 관한 사항

2. 잔여지의 범위 및 이주대책 수립에 관한 사항

3. 해당 사업지역 내 공공시설의 이전 등에 관한 사항

4. 토지소유자나 관계인 등이 요구하는 사항 중 지방자치단체의 장이 필요하다고 인정하는 사항

5. 그 밖에 지방자치단체의 장이 회의에 부치는 사항

② 보상협의회 위원은 다음 각 호의 사람 중에서 해당 지방자치단체의 장이 임명하거나 위촉한다. 다만, 제1항 각 호 외의 부분 단서에 따라 보상협의회를 설치하는 경우에는 대통령령으로 정하는 사람이 임명하거나 위촉한다.

1. 토지소유자 및 관계인
2. 법관, 변호사, 공증인 또는 감정평가나 보상업무에 5년 이상 종사한 경험이 있는 사람
3. 해당 지방자치단체의 공무원
4. 사업시행자

③ 보상협의회의 설치·구성 및 운영 등에 필요한 사항은 대통령령으로 정한다.
  [전문개정 2011.8.4.]

제7장 이의신청 등

제83조(이의의 신청) ① 중앙토지수용위원회의 제34조에 따른 재결에 이의가 있는 자는 중앙토지수용위원회에 이의를 신청할 수 있다.

② 지방토지수용위원회의 제34조에 따른 재결에 이의가 있는 자는 해당 지방토지수용위원회를 거쳐 중앙토지수용위원회에 이의를 신청할 수 있다.

③ 제1항 및 제2항에 따른 이의의 신청은 재결서의 정본을 받은 날부터 30일 이내에 하여야 한다.
  [전문개정 2011.8.4.]

제84조(이의신청에 대한 재결) ① 중앙토지수용위원회는 제83조에 따른 이의신청을 받은 경우 제34조에 따른 재결이 위법하거나 부당하다고 인정할 때에는 그 재결의 전부 또는 일부를 취소하거나 보상액을 변경할 수 있다.

② 제1항에 따라 보상금이 늘어난 경우 사업시행자는 재결의 취소 또는 변경의 재결서 정본을 받은 날부터 30일 이내에 보상금을 받을 자에게 그 늘어난 보상금을 지급하여야 한다. 다만, 제40조제2항제1호·제2호 또는 제4호에 해당할 때에는 그 금액을 공탁할 수 있다.
  [전문개정 2011.8.4.]

제85조(행정소송의 제기) ① 사업시행자, 토지소유자 또는 관계인은 제34조에 따른 재결에 불복할 때에는 재결서를 받은 날부터 90일 이내에, 이의신청을 거쳤을 때에는 이의신청에 대한 재결서를 받은 날부터 60일 이내에 각각 행정소송을 제기할 수 있다. 이 경우 사업시행자는 행정소송을 제기하기 전에 제84조에 따라 늘어난 보상금을 공탁하여야 하며, 보상금을 받을 자는 공탁된 보상금을 소송이 종결될 때까지 수령할 수 없다. 〈개정 2018.12.31.〉

② 제1항에 따라 제기하려는 행정소송이 보상금의 증감(增減)에 관한 소송인 경우 그 소송을 제기하는 자가 토지소유자 또는 관계인일 때에는 사업시행자를, 사업시행자일 때에는 토지소유자 또는 관계인을 각각 피고로 한다.
  [전문개정 2011.8.4.]

제86조(이의신청에 대한 재결의 효력) ① 제85조제1항에 따른 기간 이내에 소송이 제기되지 아니하거나 그 밖의 사유로 이의신청에 대한 재결이 확정된 때에는 「민사소송법」상의 확정판결이 있은 것으로 보며, 재결서 정본은 집행력 있는 판결의 정본과 동일한 효력을 가진다.

② 사업시행자, 토지소유자 또는 관계인은 이의신청에 대한 재결이 확정되었을 때에는 관할 토지수용위원회에 대통령령으로 정하는 바에 따라 재결확정증명서의 발급을 청구할 수 있다.
[전문개정 2011.8.4.]

제87조(법정이율에 따른 가산지급) 사업시행자는 제85조제1항에 따라 사업시행자가 제기한 행정소송이 각하·기각 또는 취하된 경우 다음 각 호의 어느 하나에 해당하는 날부터 판결일 또는 취하일까지의 기간에 대하여 「소송촉진 등에 관한 특례법」 제3조에 따른 법정이율을 적용하여 산정한 금액을 보상금에 가산하여 지급하여야 한다.

1. 재결이 있은 후 소송을 제기하였을 때에는 재결서 정본을 받은 날
2. 이의신청에 대한 재결이 있은 후 소송을 제기하였을 때에는 그 재결서 정본을 받은 날
[전문개정 2011.8.4.]

제88조(처분효력의 부정지) 제83조에 따른 이의의 신청이나 제85조에 따른 행정소송의 제기는 사업의 진행 및 토지의 수용 또는 사용을 정지시키지 아니한다.
[전문개정 2011.8.4.]

제89조(대집행) ① 이 법 또는 이 법에 따른 처분으로 인한 의무를 이행하여야 할 자가 그 정하여진 기간 이내에 의무를 이행하지 아니하거나 완료하기 어려운 경우 또는 그로 하여금 그 의무를 이행하게 하는 것이 현저히 공익을 해친다고 인정되는 사유가 있는 경우에는 사업시행자는 시·도지사나 시장·군수 또는 구청장에게 「행정대집행법」에서 정하는 바에 따라 대집행을 신청할 수 있다. 이 경우 신청을 받은 시·도지사나 시장·군수 또는 구청장은 정당한 사유가 없으면 이에 따라야 한다.

② 사업시행자가 국가나 지방자치단체인 경우에는 제1항에도 불구하고 「행정대집행법」에서 정하는 바에 따라 직접 대집행을 할 수 있다.

③ 사업시행자가 제1항에 따라 대집행을 신청하거나 제2항에 따라 직접 대집행을 하려는 경우에는 국가나 지방자치단체는 의무를 이행하여야 할 자를 보호하기 위하여 노력하여야 한다.
[전문개정 2011.8.4.]

제90조(강제징수) 특별자치도지사, 시장·군수 또는 구청장은 제44조제2항에 따른 의무자가 그 비용을 내지 아니할 때에는 지방세 체납처분의 예에 따라 징수할 수 있다.
[전문개정 2011.8.4.]

제8장 환매권

제91조(환매권) ① 공익사업의 폐지·변경 또는 그 밖의 사유로 취득한 토지의 전부 또는 일부가 필요 없게 된 경우 토지의 협의취득일 또는 수용의 개시일(이하 이 조에서 "취득일"이라 한다) 당시의 토지소유자 또는 그 포괄승계인(이하 "환매권자"라 한다)은 다음 각 호의 구분에 따른 날부터 10년 이내에 그 토지에 대하여 받은 보상금에 상당하는 금액을 사업시행자에게 지급하고 그 토지를 환매할 수 있다. 〈개정 2021.8.10.〉

1. 사업의 폐지·변경으로 취득한 토지의 전부 또는 일부가 필요 없게 된 경우 : 관계 법률에 따라 사업이 폐지·변경된 날 또는 제24조에 따른 사업의 폐지·변경 고시가 있는 날

2. 그 밖의 사유로 취득한 토지의 전부 또는 일부가 필요 없게 된 경우 : 사업완료일

② 취득일부터 5년 이내에 취득한 토지의 전부를 해당 사업에 이용하지 아니하였을 때에는 제1항을 준용한다. 이 경우 환매권은 취득일부터 6년 이내에 행사하여야 한다.

③ 제74조제1항에 따라 매수하거나 수용한 잔여지는 그 잔여지에 접한 일단의 토지가 필요 없게 된 경우가 아니면 환매할 수 없다.

④ 토지의 가격이 취득일 당시에 비하여 현저히 변동된 경우 사업시행자와 환매권자는 환매금액에 대하여 서로 협의하되, 협의가 성립되지 아니하면 그 금액의 증감을 법원에 청구할 수 있다.

⑤ 제1항부터 제3항까지의 규정에 따른 환매권은 「부동산등기법」에서 정하는 바에 따라 공익사업에 필요한 토지의 협의취득 또는 수용의 등기가 되었을 때에는 제3자에게 대항할 수 있다.

⑥ 국가, 지방자치단체 또는 「공공기관의 운영에 관한 법률」 제4조에 따른 공공기관 중 대통령령으로 정하는 공공기관이 사업인정을 받아 공익사업에 필요한 토지를 협의취득하거나 수용한 후 해당 공익사업이 제4조제1호부터 제5호까지에 규정된 다른 공익사업(별표에 따른 사업이 제4조제1호부터 제5호까지에 규정된 공익사업에 해당하는 경우를 포함한다)으로 변경된 경우 제1항 및 제2항에 따른 환매권 행사기간은 관보에 해당 공익사업의 변경을 고시한 날부터 기산(起算)한다. 이 경우 국가, 지방자치단체 또는 「공공기관의 운영에 관한 법률」 제4조에 따른 공공기관 중 대통령령으로 정하는 공공기관은 공익사업이 변경된 사실을 대통령령으로 정하는 바에 따라 환매권자에게 통지하여야 한다. 〈개정 2015.12.29.〉

[전문개정 2011.8.4.]

[2021.8.10. 법률 제18386호에 의하여 2020.11.26. 헌법재판소에서 헌법불합치 결정된 이 조 제1항을 개정함.]

제92조(환매권의 통지 등) ① 사업시행자는 제91조제1항 및 제2항에 따라 환매할 토지가 생겼을 때에는 지체 없이 그 사실을 환매권자에게 통지하여야 한다. 다만, 사업시행자가 과실 없이 환매권자를 알 수 없을 때에는 대통령령으로 정하는 바에 따라 공고하여야 한다.

② 환매권자는 제1항에 따른 통지를 받은 날 또는 공고를 한 날부터 6개월이 지난 후에는 제91조제1항 및 제2항에도 불구하고 환매권을 행사하지 못한다.

[전문개정 2011.8.4.]

제9장 벌칙

제93조(벌칙) ① 거짓이나 그 밖의 부정한 방법으로 보상금을 받은 자 또는 그 사실을 알면서 보상금을 지급한 자는 5년 이하의 징역 또는 3천만원 이하의 벌금에 처한다.

② 제1항에 규정된 죄의 미수범은 처벌한다.

[전문개정 2011.8.4.]

제93조의2(벌칙) 제63조제3항을 위반하여 토지로 보상받기로 결정된 권리(제63조제4항에 따라 현금으로 보상받을 권리를 포함한다)를 전매한 자는 3년 이하의 징역 또는 1억원 이하의 벌금에 처한다.

[본조신설 2020.4.7.]

제94조 삭제 〈2007.10.17.〉

제95조(벌칙) 제58조제1항제2호에 따라 감정평가를 의뢰받은 감정평가법인등이나 그 밖의 감정인으로서 거짓이나 그 밖의 부정한 방법으로 감정평가를 한 자는 2년 이하의 징역 또는 1천만원 이하의 벌금에 처한다. 〈개정 2020.4.7.〉

[전문개정 2011.8.4.]

제95조의2(벌칙) 다음 각 호의 어느 하나에 해당하는 자는 1년 이하의 징역 또는 1천만원 이하의 벌금에 처한다.

1. 제12조제1항을 위반하여 장해물 제거등을 한 자
2. 제43조를 위반하여 토지 또는 물건을 인도하거나 이전하지 아니한 자

[본조신설 2015.1.6.]

제96조(벌칙) 제25조제1항 또는 제2항 전단을 위반한 자는 1년 이하의 징역 또는 500만원 이하의 벌금에 처한다.

[전문개정 2011.8.4.]

제97조(벌칙) 다음 각 호의 어느 하나에 해당하는 자는 200만원 이하의 벌금에 처한다. 〈개정 2018.12.31, 2020.4.7.〉

1. 제9조제2항 본문을 위반하여 특별자치도지사, 시장·군수 또는 구청장의 허가를 받지 아니하고 타인이 점유하는 토지에 출입하거나 출입하게 한 사업시행자
2. 제11조(제27조제2항에 따라 준용되는 경우를 포함한다)를 위반하여 사업시행자 또는 감정평가법인등의 행위를 방해한 토지점유자
3. 삭제 〈2015.1.6.〉
4. 삭제 〈2015.1.6.〉

[전문개정 2011.8.4.]

제98조(양벌규정) 법인의 대표자나 법인 또는 개인의 대리인, 사용인, 그 밖의 종업원이 그 법인 또는 개인의 업무에 관하여 제93조, 제93조의2, 제95조, 제95조의2, 제96조 또는 제97조의 어느 하나

에 해당하는 위반행위를 하면 그 행위자를 벌하는 외에 그 법인 또는 개인에게도 해당 조문의 벌금형을 과(科)한다. 다만, 법인이나 개인이 그 위반행위를 방지하기 위하여 해당 업무에 관하여 상당한 주의와 감독을 게을리하지 아니한 경우에는 그러하지 아니하다. 〈개정 2015.1.6, 2022.2.3.〉
[전문개정 2011.8.4.]

제99조(과태료) ① 다음 각 호의 어느 하나에 해당하는 자에게는 200만원 이하의 과태료를 부과한다. 〈개정 2020.4.7.〉

1. 제58조제1항제1호에 규정된 자로서 정당한 사유 없이 출석이나 진술을 하지 아니하거나 거짓으로 진술한 자
2. 제58조제1항제1호에 따라 의견서 또는 자료 제출을 요구받고 정당한 사유 없이 이를 제출하지 아니하거나 거짓 의견서 또는 자료를 제출한 자
3. 제58조제1항제2호에 따라 감정평가를 의뢰받거나 출석 또는 진술을 요구받고 정당한 사유 없이 이에 따르지 아니한 감정평가법인등이나 그 밖의 감정인
4. 제58조제1항제3호에 따른 실지조사를 거부, 방해 또는 기피한 자

② 제1항에 따른 과태료는 대통령령으로 정하는 바에 따라 국토교통부장관이나 시·도지사가 부과·징수한다. 〈개정 2013.3.23.〉
[전문개정 2011.8.4.]

부칙 〈법률 제18828호, 2022.2.3.〉

제1조(시행일) 이 법은 공포 후 6개월이 경과한 날부터 시행한다.

제2조(토지로 보상받을 수 있는 자에 관한 적용례) ① 제63조제1항의 개정규정은 이 법 시행 후 최초로 제15조(제26조제1항에 따라 준용되는 경우를 포함한다)에 따라 보상계획을 공고하거나 토지소유자 및 관계인에게 보상계획을 통지하는 경우부터 적용한다.
② 제63조제3항의 개정규정은 이 법 시행 당시 보상계약을 체결하였으나 보상대상 토지가 확정되지 아니한 경우부터 적용한다.

제3조(이주대책에 관한 적용례) 제78조제5항의 개정규정은 이 법 시행 당시 이주대책의 실시에 따른 주택지 또는 주택을 공급받기로 결정되었으나 공급대상 주택지 또는 주택이 확정되지 아니한 경우부터 적용한다.

부칙 〈법률 제19370호, 2023.4.18.〉

이 법은 공포한 날부터 시행한다.

부칙 〈법률 제19765호, 2023.10.24.〉

이 법은 공포 후 6개월이 경과한 날부터 시행한다.

부칙 〈법률 제19969호, 2024.1.9.〉

이 법은 공포한 날부터 시행한다.

부칙 〈법률 제20452호, 2024.9.20.〉

이 법은 공포한 날부터 시행한다.

■ 공익사업을 위한 토지 등의 취득 및 보상에 관한 법률 [별표] 〈개정 2024.9.20.〉

그 밖에 별표에 규정된 법률에 따라 토지등을 수용하거나 사용할 수 있는 사업(제4조제8호 관련)

1. 법 제20조에 따라 사업인정을 받아야 하는 공익사업
  (1) 「공간정보의 구축 및 관리 등에 관한 법률」에 따른 기본측량의 실시
  (2) 「공공토지의 비축에 관한 법률」에 따라 한국토지주택공사가 공공개발용 토지의 비축사업계획을 승인받은 공공개발용 토지의 취득
  (3) 「국립대학법인 서울대학교 설립·운영에 관한 법률」에 따른 국립대학법인 서울대학교의 학교용지 확보
  (4) 「국립대학법인 인천대학교 설립·운영에 관한 법률」에 따른 국립대학법인 인천대학교의 학교용지 확보
  (5) 「규제자유특구 및 지역특화발전특구에 관한 규제특례법」에 따른 특화사업
  (6) 「농어업재해대책법」에 따른 응급조치
  (7) 「대기환경보전법」 제4조에 따라 고시된 측정망설치계획에 따른 환경부장관 또는 시·도지사의 측정망 설치
  (8) 「문화유산의 보존 및 활용에 관한 법률」, 「자연유산의 보존 및 활용에 관한 법률」에 따른 문화유산과 자연유산의 보존·관리
  (9) 「석면안전관리법」 제7조에 따른 실태조사, 제8조제2항에 따른 조사, 제13조에 따른 자연발생석면영향조사, 제25조에 따른 슬레이트 시설물 등에 대한 석면조사(환경부장관, 관계 중앙행정기관의 장, 시·도지사 또는 시장·군수·구청장이 실시하는 경우에 한정한다)
  (10) 「석탄산업법」 제23조제1항에 따른 연료단지 조성(특별시장·광역시장·도지사 또는 특별자치도지사가 실시하는 경우에 한정한다)
  (11) 「수목원·정원의 조성 및 진흥에 관한 법률」에 따른 국가 또는 지방자치단체의 수목원 및 정원의 조성
  (12) 「자동차관리법」에 따른 자동차서비스복합단지 개발사업
  (13) 「전기사업법」에 따른 전기사업용전기설비의 설치나 이를 위한 실지조사·측량 및 시공 또는 전기사업용전기설비의 유지·보수

(14) 「전기통신사업법」에 따른 전기통신업무에 제공되는 선로등의 설치

(15) 「지능형 로봇 개발 및 보급 촉진법」 제34조에 따른 공익시설의 조성사업

(16) 「지하수법」 제17조 및 제18조에 따른 지하수관측시설 및 수질측정망(국토교통부장관, 환경부장관 또는 시장·군수·구청장이 설치하는 경우에 한정한다) 설치

(17) 「집단에너지사업법」에 따른 공급시설의 설치나 이를 위한 실지조사·측량 및 시공 또는 공급시설의 유지·보수

(18) 「청소년활동 진흥법」 제11조제1항에 따른 수련시설의 설치

(19) 「한국석유공사법」에 따라 한국석유공사가 시행하는 석유의 탐사·개발·비축 및 수송사업

2. 법 제20조에 따른 사업인정이 의제되는 사업

(1) 「2018 평창 동계올림픽대회 및 동계패럴림픽대회 지원 등에 관한 특별법」에 따른 특구개발사업

(2) 「간선급행버스체계의 건설 및 운영에 관한 특별법」에 따른 체계건설사업

(3) 「간척지의 농어업적 이용 및 관리에 관한 법률」에 따른 간척지활용사업

(4) 「건설기계관리법」에 따른 공영주기장의 설치

(5) 「경제자유구역의 지정 및 운영에 관한 특별법」에 따른 경제자유구역에서 실시되는 개발사업

(6) 「고도 보존 및 육성에 관한 특별법」에 따른 고도보존육성사업 및 주민지원사업

(7) 「공공주택 특별법」 제2조제3호가목에 따른 공공주택지구조성사업, 같은 호 나목에 따른 공공주택건설사업 및 같은 호 마목에 따른 도심 공공주택 복합사업

(8) 「공사중단 장기방치 건축물의 정비 등에 관한 특별조치법」에 따른 정비사업

(9) 「공항시설법」에 따른 공항개발사업

(10) 「관광진흥법」 제55조에 따른 조성계획을 시행하기 위한 사업

(11) 「광산피해의 방지 및 복구에 관한 법률」에 따른 광해방지사업

(12) 「광업법」 제70조 각 호와 제71조 각 호의 목적을 위하여 광업권자나 조광권자가 산업통상자원부장관의 인정을 받은 행위

(13) 「국가통합교통체계효율화법」에 따른 복합환승센터 개발사업

(14) 「국방·군사시설 사업에 관한 법률」에 따른 국방·군사시설

(15) 「국제경기대회 지원법」에 따른 대회관련시설의 설치·이용 등에 관한 사업

(16) 「국토의 계획 및 이용에 관한 법률」에 따른 도시·군계획시설사업

(17) 「군 공항 이전 및 지원에 관한 특별법」에 따른 이전주변지역 지원사업

(18) 「금강수계 물관리 및 주민지원 등에 관한 법률」 제4조의3에 따른 수변생태벨트 조성사업 또는 제24조에 따른 수질개선사업

(19) 「급경사지 재해예방에 관한 법률」에 따른 붕괴위험지역의 정비사업

(20) 「기업도시개발 특별법」에 따른 기업도시개발사업

(21) 「낙동강수계 물관리 및 주민지원 등에 관한 법률」 제4조의3에 따른 수변생태벨트 조성사업 또는 제26조에 따른 수질개선사업

(22) 「농어촌도로 정비법」에 따른 농어촌도로 정비공사
(23) 「농어촌마을 주거환경 개선 및 리모델링 촉진을 위한 특별법」에 따른 정비사업
(24) 「농어촌정비법」에 따른 농어촌정비사업
(25) 「농업생산기반시설 및 주변지역 활용에 관한 특별법」에 따른 농업생산기반시설등활용사업
(26) 「댐건설·관리 및 주변지역지원 등에 관한 법률」에 따른 댐건설사업
(27) 「도로법」에 따른 도로공사
(28) 「도시개발법」에 따른 도시개발사업
(29) 「도시교통정비 촉진법」에 따른 중기계획의 단계적 시행에 필요한 연차별 시행계획
(30) 「도시 및 주거환경정비법」 제63조에 따라 토지등을 수용하거나 사용할 수 있는 사업
(31) 「도시철도법」에 따른 도시철도건설사업
(32) 「도청이전을 위한 도시건설 및 지원에 관한 특별법」에 따른 도청이전신도시 개발사업
(33) 「동·서·남해안 및 내륙권 발전 특별법」에 따른 해안권 또는 내륙권 개발사업
(34) 「마리나항만의 조성 및 관리 등에 관한 법률」에 따른 마리나항만의 개발사업
(35) 「물류시설의 개발 및 운영에 관한 법률」에 따른 물류터미널사업 및 물류단지개발사업
(36) 「물환경보전법」에 따른 공공폐수처리시설 설치
(37) 「민간임대주택에 관한 특별법」 제20조에 따라 토지등을 수용하거나 사용할 수 있는 사업
(38) 「빈집 및 소규모주택 정비에 관한 특례법」에 따른 빈집정비사업 및 같은 법 제35조의2에 따라 토지 등을 수용하거나 사용할 수 있는 사업
(39) 「사방사업법」에 따른 사방사업
(40) 「사회기반시설에 대한 민간투자법」에 따른 민간투자사업
(41) 「산림복지 진흥에 관한 법률」에 따른 산림복지단지의 조성
(42) 「산업입지 및 개발에 관한 법률」에 따른 산업단지개발사업 및 제39조에 따른 특수지역개발사업
(43) 「새만금사업 추진 및 지원에 관한 특별법」에 따른 새만금사업
(44) 「소규모 공공시설 안전관리 등에 관한 법률」에 따른 소규모 위험시설 정비사업
(45) 「소하천정비법」에 따른 소하천의 정비
(46) 「수도법」에 따른 수도사업
(47) 「수자원의 조사·계획 및 관리에 관한 법률」에 따른 수문조사시설 설치사업
(48) 「신항만건설 촉진법」에 따른 신항만건설사업
(49) 「신행정수도 후속대책을 위한 연기·공주지역 행정중심복합도시 건설을 위한 특별법」에 따른 행정중심복합도시건설사업
(50) 「어촌·어항법」에 따른 어항의 육역에 관한 개발사업
(51) 「어촌특화발전 지원 특별법」에 따른 어촌특화사업
(52) 「역세권의 개발 및 이용에 관한 법률」에 따른 역세권개발사업
(53) 「연구개발특구의 육성에 관한 특별법」에 따른 특구개발사업

(54) 「연안관리법」에 따른 연안정비사업

(55) 「영산강·섬진강수계 물관리 및 주민지원 등에 관한 법률」 제4조의3에 따른 수변생태벨트 조성사업 또는 제24조에 따른 수질개선사업

(56) 「온천법」에 따라 개발계획을 수립하거나 그 승인을 받은 시장·군수가 시행하는 개발계획에 따른 사업

(57) 「용산공원 조성 특별법」에 따른 공원조성사업

(58) 「자연공원법」에 따른 공원사업

(59) 「자연재해대책법」에 따른 자연재해위험개선지구 정비사업

(60) 「자연환경보전법」 제38조에 따른 자연환경보전·이용시설(국가 또는 지방자치단체가 설치하는 경우에 한정한다)

(61) 「재해위험 개선사업 및 이주대책에 관한 특별법」에 따른 재해위험 개선사업

(62) 「저수지·댐의 안전관리 및 재해예방에 관한 법률」에 따른 저수지·댐의 안전점검, 정밀안전진단, 정비계획의 수립, 정비사업

(63) 「전원개발촉진법」에 따른 전원개발사업

(64) 「접경지역 지원 특별법」 제13조제6항 및 제9항에 따라 고시된 사업시행계획에 포함되어 있는 사업

(65) 「제주특별자치도 설치 및 국제자유도시 조성을 위한 특별법」에 따른 개발사업

(66) 「주택법」에 따른 국가·지방자치단체·한국토지주택공사 및 지방공사인 사업주체가 국민주택을 건설하거나 국민주택을 건설하기 위한 대지 조성

(67) 「주한미군 공여구역주변지역 등 지원 특별법」 제9조에 따른 사업계획에 따른 사업

(68) 「주한미군기지 이전에 따른 평택시 등의 지원 등에 관한 특별법」에 따른 평택시개발사업과 국제화계획지구 개발사업

(69) 「중소기업진흥에 관한 법률」 제31조에 따라 중소벤처기업진흥공단이 시행하는 단지조성사업

(70) 「지방소도읍 육성 지원법」 제4조에 따라 수립하는 종합육성계획에 따른 사업

(71) 「지역 개발 및 지원에 관한 법률」에 따른 지역개발사업

(72) 「철도의 건설 및 철도시설 유지관리에 관한 법률」에 따른 철도건설사업

(73) 「친수구역 활용에 관한 특별법」에 따른 친수구역조성사업

(74) 「태권도 진흥 및 태권도공원 조성 등에 관한 법률」에 따른 공원조성사업

(75) 「택지개발촉진법」에 따른 택지개발사업

(76) 「토양환경보전법」 제7조제1항 각 호의 어느 하나에 해당하는 측정, 조사, 설치 및 토양정화(환경부장관, 시·도지사 또는 시장·군수·구청장이 실시하는 경우에 한정한다)

(77) 「폐기물처리시설 설치촉진 및 주변지역지원 등에 관한 법률」에 따른 폐기물처리시설의 설치 및 이주대책의 시행

(78) 「하수도법」에 따른 공공하수도 설치

(79) 「하천법」에 따른 하천공사

(80) 「학교시설사업 촉진법」에 따른 학교시설사업

(81) 「한강수계 상수원수질개선 및 주민지원 등에 관한 법률」 제4조의3에 따른 수변생태벨트 조성사업 또는 제13조에 따른 수질개선사업

(82) 「한국가스공사법」 제11조에 따른 사업 중 한국가스공사가 천연가스의 인수·저장·생산·공급 설비 및 그 부대시설을 설치하는 공사

(83) 「한국수자원공사법」 제9조제1항제1호·제2호·제5호·제5호의2·제7호부터 제11호까지의 사업

(84) 「한국환경공단법」 제17조제1항제1호부터 제19호까지 및 제22호의 사업

(85) 「항만공사법」 제8조제1항제1호, 제2호, 제2호의2, 제2호의3, 제3호부터 제8호까지에 따른 사업

(86) 「항만법」에 따른 항만개발사업 또는 항만배후단지개발사업

(87) 「항만 재개발 및 주변지역 발전에 관한 법률」에 따른 항만재개발사업

(88) 「해수욕장의 이용 및 관리에 관한 법률」에 따른 해수욕장시설사업

(89) 「해양산업클러스터의 지정 및 육성 등에 관한 특별법」에 따른 해양산업클러스터 개발사업

(90) 「해저광물자원 개발법」에 따라 해저조광권자가 실시하는 해저광물 탐사 또는 채취

(91) 「혁신도시 조성 및 발전에 관한 특별법」에 따른 혁신도시개발사업

(92) 「화물자동차 운수사업법」에 따른 공영차고지의 설치 및 화물자동차 휴게소의 건설

(93) 「도시재생 활성화 및 지원에 관한 특별법」 제55조의2에 따라 주거재생혁신지구(같은 조를 준용하는 국가시범지구를 포함한다)에서 시행하는 혁신지구재생사업

(94) 「도심융합특구 조성 및 육성에 관한 특별법」에 따른 도심융합특구개발사업

(95) 「가덕도신공항 건설을 위한 특별법」에 따른 신공항건설사업

Chapter 02

공익사업을 위한 토지 등의 취득 및 보상에 관한 법률 시행령[토지보상법 시행령]

공익사업을 위한 토지 등의 취득 및 보상에 관한 법률 시행령

제1장 총칙

제1조(목적) 이 영은 「공익사업을 위한 토지 등의 취득 및 보상에 관한 법률」에서 위임된 사항과 그 시행에 필요한 사항을 규정함을 목적으로 한다.

[전문개정 2013.5.28.]

제2조(개선요구 등에 관한 처리 결과의 확인) 「공익사업을 위한 토지 등의 취득 및 보상에 관한 법률」(이하 "법"이라 한다) 제49조에 따른 중앙토지수용위원회(이하 "중앙토지수용위원회"라 한다)는 관계 중앙행정기관의 장에게 법 제4조의3제1항에 따라 개선을 요구하거나 의견을 제출한 사항의 처리 결과를 확인하기 위해 관련 자료의 제출을 요청할 수 있다.

[본조신설 2019.6.25.]

제3조(통지) 법 제6조에 따른 통지는 서면으로 하여야 한다. 다만, 법 제12조제3항에 따른 통지는 말로 할 수 있다. 〈개정 2019.6.25.〉

[전문개정 2013.5.28.]

제4조(송달) ① 법 제6조에 따른 서류의 송달은 해당 서류를 송달받을 자에게 교부하거나 국토교통부령으로 정하는 방법으로 한다.

② 제1항에 따른 송달에 관하여는 「민사소송법」 제178조부터 제183조까지, 제186조, 제191조 및 제192조를 준용한다.

③ 제1항에 따라 서류를 송달할 때 다음 각 호의 어느 하나에 해당하는 경우에는 공시송달을 할 수 있다.

1. 송달받을 자를 알 수 없는 경우
2. 송달받을 자의 주소·거소 또는 그 밖에 송달할 장소를 알 수 없는 경우
3. 「민사소송법」 제191조에 따를 수 없는 경우

④ 제3항에 따라 공시송달을 하려는 자는 토지등의 소재지를 관할하는 시장[「제주특별자치도 설치 및 국제자유도시 조성을 위한 특별법」 제10조제2항에 따른 행정시(이하 "행정시"라 한다)의 시장을 포함한다. 이하 이 조에서 같다]·군수 또는 구청장(자치구가 아닌 구의 구청장을 포함한다. 이하 이 조에서 같다)에게 해당 서류를 송부하여야 한다. 〈개정 2016.1.22.〉

⑤ 시장·군수 또는 구청장은 제4항에 따라 송부된 서류를 받았을 때에는 그 서류의 사본을 해당 시(행정시를 포함한다)·군 또는 구(자치구가 아닌 구를 포함한다)의 게시판에 게시하여야 한다.

⑥ 제5항에 따라 서류의 사본을 게시한 경우 그 게시일부터 14일이 지난 날에 해당 서류가 송달받을 자에게 송달된 것으로 본다.

[전문개정 2013.5.28.]

제5조(대리인) 법 제7조에 따른 대리인은 서면으로 그 권한을 증명하여야 한다.

[전문개정 2013.5.28.]

제6조(서류의 발급신청) 법 제8조제1항에 따라 사업시행자가 공익사업의 수행을 위하여 필요한 서류의 발급을 국가나 지방자치단체에 신청할 때에는 다음 각 호의 사항을 적은 신청서(전자문서로 된 신청서를 포함한다)를 제출하여야 한다. 〈개정 2016.12.30.〉

1. 사업시행자의 성명 또는 명칭 및 주소
2. 공익사업의 종류 및 명칭
3. 대상 토지등의 표시
4. 발급이 필요한 서류의 종류 및 수량
5. 서류의 사용용도

[전문개정 2013.5.28.]

제6조의2(손실보상 재결의 신청) 법 제9조제7항에 따라 재결을 신청하려는 자는 국토교통부령으로 정하는 손실보상재결신청서에 다음 각 호의 사항을 적어 법 제51조에 따른 관할 토지수용위원회(이하 "관할 토지수용위원회"라 한다)에 제출하여야 한다.

1. 재결의 신청인과 상대방의 성명 또는 명칭 및 주소
2. 공익사업의 종류 및 명칭
3. 손실 발생사실
4. 손실보상액과 그 명세
5. 협의의 경위

[전문개정 2013.5.28.]

제2장 협의에 의한 취득 또는 사용

제7조(토지조서 및 물건조서 등의 작성) ① 사업시행자는 공익사업의 계획이 확정되었을 때에는 「공간정보의 구축 및 관리 등에 관한 법률」에 따른 지적도 또는 임야도에 대상 물건인 토지를 표시한 용지도(用地圖)와 토지등에 관한 공부(公簿)의 조사 결과 및 현장조사 결과를 적은 기본조사서를 작성해야 한다. 〈개정 2015.6.1, 2021.11.23.〉

② 사업시행자는 제1항에 따라 작성된 용지도와 기본조사서를 기본으로 하여 법 제14조제1항에 따른 토지조서(이하 "토지조서"라 한다) 및 물건조서(이하 "물건조서"라 한다)를 작성해야 한다. 〈개정 2021.11.23.〉

③ 토지조서에는 다음 각 호의 사항이 포함되어야 한다.

1. 토지의 소재지·지번·지목·전체면적 및 편입면적과 현실적인 이용상황
2. 토지소유자의 성명 또는 명칭 및 주소
3. 토지에 관하여 소유권 외의 권리를 가진 자의 성명 또는 명칭 및 주소와 그 권리의 종류 및 내용
4. 작성일
5. 그 밖에 토지에 관한 보상금 산정에 필요한 사항

④ 물건조서에는 다음 각 호의 사항이 포함되어야 한다. 〈개정 2020.8.26.〉

　1. 물건(광업권·어업권·양식업권 또는 물의 사용에 관한 권리를 포함한다. 이하 같다)이 있는 토지의 소재지 및 지번

　2. 물건의 종류·구조·규격 및 수량

　3. 물건소유자의 성명 또는 명칭 및 주소

　4. 물건에 관하여 소유권 외의 권리를 가진 자의 성명 또는 명칭 및 주소와 그 권리의 종류 및 내용

　5. 작성일

　6. 그 밖에 물건에 관한 보상금 산정에 필요한 사항

⑤ 물건조서를 작성할 때 그 물건이 건축물인 경우에는 제4항 각 호의 사항 외에 건축물의 연면적과 편입면적을 적고, 그 실측평면도를 첨부하여야 한다. 다만, 실측한 편입면적이 건축물대장에 첨부된 건축물현황도에 따른 편입면적과 일치하는 경우에는 건축물현황도로 실측평면도를 갈음할 수 있다.

⑥ 제1항에 따른 기본조사서의 작성에 관한 세부사항은 국토교통부장관이 정하여 고시한다. 〈신설 2021.11.23.〉

⑦ 토지조서와 물건조서의 서식은 국토교통부령으로 정한다. 〈개정 2021.11.23.〉

　[전문개정 2013.5.28.]

제8조(협의의 절차 및 방법 등) ① 사업시행자는 법 제16조에 따른 협의를 하려는 경우에는 국토교통부령으로 정하는 보상협의요청서에 다음 각 호의 사항을 적어 토지소유자 및 관계인에게 통지하여야 한다. 다만, 토지소유자 및 관계인을 알 수 없거나 그 주소·거소 또는 그 밖에 통지할 장소를 알 수 없을 때에는 제2항에 따른 공고로 통지를 갈음할 수 있다.

　1. 협의기간·협의장소 및 협의방법

　2. 보상의 시기·방법·절차 및 금액

　3. 계약체결에 필요한 구비서류

② 제1항 각 호 외의 부분 단서에 따른 공고는 사업시행자가 공고할 서류를 토지등의 소재지를 관할하는 시장(행정시의 시장을 포함한다)·군수 또는 구청장(자치구가 아닌 구의 구청장을 포함한다)에게 송부하여 해당 시(행정시를 포함한다)·군 또는 구(자치구가 아닌 구를 포함한다)의 게시판 및 홈페이지와 사업시행자의 홈페이지에 14일 이상 게시하는 방법으로 한다. 〈개정 2016.1.6.〉

③ 제1항제1호에 따른 협의기간은 특별한 사유가 없으면 30일 이상으로 하여야 한다.

④ 법 제17조에 따라 체결되는 계약의 내용에는 계약의 해지 또는 변경에 관한 사항과 이에 따르는 보상액의 환수 및 원상복구 등에 관한 사항이 포함되어야 한다.

⑤ 사업시행자는 제1항제1호에 따른 협의기간에 협의가 성립되지 아니한 경우에는 국토교통부령으로 정하는 협의경위서에 다음 각 호의 사항을 적어 토지소유자 및 관계인의 서명 또는 날인을 받아야 한다. 다만, 사업시행자는 토지소유자 및 관계인이 정당한 사유 없이 서명 또는 날인을 거부하거나 토지소유자 및 관계인을 알 수 없거나 그 주소·거소, 그 밖에 통지할 장소를 알 수 없는 등의 사유로 서명 또는 날인을 받을 수 없는 경우에는 서명 또는 날인을 받지 아니하되, 해당 협의경위서에 그 사유를 기재하여야 한다.

　1. 협의의 일시·장소 및 방법

2. 대상 토지의 소재지·지번·지목 및 면적과 토지에 있는 물건의 종류·구조 및 수량

3. 토지소유자 및 관계인의 성명 또는 명칭 및 주소

4. 토지소유자 및 관계인의 구체적인 주장내용과 이에 대한 사업시행자의 의견

5. 그 밖에 협의와 관련된 사항

[전문개정 2013.5.28.]

제9조 삭제〈2008.4.17.〉

제3장 수용에 의한 취득 또는 사용

제1절 수용 또는 사용의 절차

제10조(사업인정의 신청) ① 법 제20조제1항에 따른 사업인정(이하 "사업인정"이라 한다)을 받으려는 자는 국토교통부령으로 정하는 사업인정신청서(이하 "사업인정신청서"라 한다)에 다음 각 호의 사항을 적어 특별시장·광역시장·도지사 또는 특별자치도지사(이하 "시·도지사"라 한다)를 거쳐 국토교통부장관에게 제출하여야 한다. 다만, 사업시행자가 국가인 경우에는 해당 사업을 시행할 관계 중앙행정기관의 장이 직접 사업인정신청서를 국토교통부장관에게 제출할 수 있다.

1. 사업시행자의 성명 또는 명칭 및 주소

2. 사업의 종류 및 명칭

3. 사업예정지

4. 사업인정을 신청하는 사유

② 사업인정신청서에는 다음 각 호의 서류 및 도면을 첨부하여야 한다. 〈개정 2019.6.25.〉

1. 사업계획서

2. 사업예정지 및 사업계획을 표시한 도면

3. 사업예정지 안에 법 제19조제2항에 따른 토지등이 있는 경우에는 그 토지등에 관한 조서·도면 및 해당 토지등의 관리자의 의견서

4. 사업예정지 안에 있는 토지의 이용이 다른 법령에 따라 제한된 경우에는 해당 법령의 시행에 관하여 권한 있는 행정기관의 장의 의견서

5. 사업의 시행에 관하여 행정기관의 면허 또는 인가, 그 밖의 처분이 필요한 경우에는 그 처분사실을 증명하는 서류 또는 해당 행정기관의 장의 의견서

6. 토지소유자 또는 관계인과의 협의내용을 적은 서류(협의를 한 경우로 한정한다)

7. 수용 또는 사용할 토지의 세목(토지 외의 물건 또는 권리를 수용하거나 사용할 경우에는 해당 물건 또는 권리가 소재하는 토지의 세목을 말한다)을 적은 서류

8. 해당 공익사업의 공공성, 수용의 필요성 등에 대해 중앙토지수용위원회가 정하는 바에 따라 작성한 사업시행자의 의견서

[전문개정 2013.5.28.]

제11조(의견청취 등) ① 법 제21조제1항에 따라 국토교통부장관으로부터 사업인정에 관한 협의를 요청받은 관계 중앙행정기관의 장 또는 시·도지사는 특별한 사유가 없으면 협의를 요청받은 날부터 7일 이내에 국토교통부장관에게 의견을 제시하여야 한다. 〈개정 2018.4.17.〉

② 국토교통부장관 또는 법 별표에 규정된 법률에 따라 사업인정이 있는 것으로 의제되는 공익사업의 허가·인가·승인권자 등은 법 제21조제1항 및 제2항에 따라 사업인정에 관하여 이해관계가 있는 자의 의견을 들으려는 경우에는 사업인정신청서(법 별표에 규정된 법률에 따라 사업인정이 있는 것으로 의제되는 공익사업의 경우에는 허가·인가·승인 등 신청서를 말한다) 및 관계 서류의 사본을 토지등의 소재지를 관할하는 시장(행정시의 시장을 포함한다. 이하 이 조에서 같다)·군수 또는 구청장(자치구가 아닌 구의 구청장을 포함한다. 이하 이 조에서 같다)에게 송부(전자문서에 의한 송부를 포함한다. 이하 이 조에서 같다)하여야 한다. 〈개정 2018.4.17.〉

③ 시장·군수 또는 구청장은 제2항에 따라 송부된 서류를 받았을 때에는 지체 없이 다음 각 호의 사항을 시(행정시를 포함한다)·군 또는 구(자치구가 아닌 구를 포함한다)의 게시판에 공고하고, 공고한 날부터 14일 이상 그 서류를 일반인이 열람할 수 있도록 하여야 한다.
1. 사업시행자의 성명 또는 명칭 및 주소
2. 사업의 종류 및 명칭
3. 사업예정지

④ 시장·군수 또는 구청장은 제3항에 따른 공고를 한 경우에는 그 공고의 내용과 의견이 있으면 의견서를 제출할 수 있다는 뜻을 토지소유자 및 관계인에게 통지(토지소유자 및 관계인이 원하는 경우에는 전자문서에 의한 통지를 포함한다. 이하 이 항에서 같다)하여야 한다. 다만, 통지받을 자를 알 수 없거나 그 주소·거소 또는 그 밖에 통지할 장소를 알 수 없을 때에는 그러하지 아니하다.

⑤ 토지소유자 및 관계인, 그 밖에 사업인정에 관하여 이해관계가 있는 자는 제3항에 따른 열람기간에 해당 시장·군수 또는 구청장에게 의견서를 제출(전자문서에 의한 제출을 포함한다)할 수 있다.

⑥ 시장·군수 또는 구청장은 제3항에 따른 열람기간이 끝나면 제5항에 따라 제출된 의견서를 지체 없이 국토교통부장관 또는 법 별표에 규정된 법률에 따라 사업인정이 있는 것으로 의제되는 공익사업의 허가·인가·승인권자 등에게 송부하여야 하며, 제출된 의견서가 없는 경우에는 그 사실을 통지(전자문서에 의한 통지를 포함한다)하여야 한다. 〈개정 2018.4.17.〉
[전문개정 2013.5.28.]

제11조의2(검토사항) 법 제21조제3항에서 "대통령령으로 정하는 사항"이란 다음 각 호의 사항을 말한다.
1. 해당 공익사업이 근거 법률의 목적, 상위 계획 및 시행 절차 등에 부합하는지 여부
2. 사업시행자의 재원 및 해당 공익사업의 근거 법률에 따른 법적 지위 확보 등 사업수행능력 여부
[본조신설 2019.6.25.]

제11조의3(사업인정의 통지 등) ① 국토교통부장관은 법 제22조제1항에 따라 사업시행자에게 사업인정을 통지하는 경우 법 제21조제1항에 따른 중앙토지수용위원회와의 협의 결과와 중앙토지수용위원회의 의견서를 함께 통지해야 한다.

② 법 별표에 규정된 법률에 따라 사업인정이 있는 것으로 의제되는 공익사업의 허가·인가·승인권자 등은 사업인정이 의제되는 지구지정·사업계획승인 등을 할 때 법 제21조제2항에 따른 중앙토지수용위원회와의 협의 결과와 중앙토지수용위원회의 의견서를 함께 통지해야 한다.

[본조신설 2019.6.25.]

제12조(재결의 신청) 사업시행자는 법 제28조제1항 및 제30조제2항에 따라 재결을 신청하는 경우에는 국토교통부령으로 정하는 재결신청서에 다음 각 호의 사항을 적어 관할 토지수용위원회에 제출하여야 한다. 〈개정 2019.6.25.〉

1. 공익사업의 종류 및 명칭
2. 사업인정의 근거 및 고시일
3. 수용하거나 사용할 토지의 소재지·지번·지목 및 면적(물건의 경우에는 물건의 소재지·지번·종류·구조 및 수량)
4. 수용하거나 사용할 토지에 물건이 있는 경우에는 물건의 소재지·지번·종류·구조 및 수량
5. 토지를 사용하려는 경우에는 그 사용의 방법 및 기간
6. 토지소유자 및 관계인의 성명 또는 명칭 및 주소
7. 보상액 및 그 명세
8. 수용 또는 사용의 개시예정일
9. 청구인의 성명 또는 명칭 및 주소와 청구일(법 제30조제2항에 따라 재결을 신청하는 경우로 한정한다)
10. 법 제21조제1항 및 제2항에 따른 중앙토지수용위원회와의 협의 결과
11. 토지소유자 및 관계인과 협의가 성립된 토지나 물건에 관한 다음 각 목의 사항
    가. 토지의 소재지·지번·지목·면적 및 보상금 내역
    나. 물건의 소재지·지번·종류·구조·수량 및 보상금 내역

② 제1항의 재결신청서에는 다음 각 호의 서류 및 도면을 첨부하여야 한다. 〈개정 2019.6.25., 2024.9.4.〉

1. 제7조 제1항에 따른 기본조사서
2. 토지조서 또는 물건조서
3. 협의경위서
4. 사업계획서
5. 사업예정지 및 사업계획을 표시한 도면
6. 법 제21조제5항에 따른 중앙토지수용위원회의 의견서

③ 사업시행자는 법 제63조제7항에 따라 보상금을 채권으로 지급하려는 경우에는 제2항에 따른 서류 및 도면 외에 채권으로 보상금을 지급할 수 있는 경우에 해당함을 증명하는 서류와 다음 각 호의 사항을 적은 서류를 첨부하여야 한다.

1. 채권으로 보상하는 보상금의 금액
2. 채권원금의 상환방법 및 상환기일
3. 채권의 이자율과 이자의 지급방법 및 지급기일

[전문개정 2013.5.28.]

제13조(협의 성립 확인의 신청) ① 사업시행자는 법 제29조제1항에 따라 협의 성립의 확인을 신청하려는 경우에는 국토교통부령으로 정하는 협의성립확인신청서에 다음 각 호의 사항을 적어 관할 토지수용위원회에 제출하여야 한다.

1. 협의가 성립된 토지의 소재지·지번·지목 및 면적
2. 협의가 성립된 물건의 소재지·지번·종류·구조 및 수량
3. 토지 또는 물건을 사용하는 경우에는 그 방법 및 기간
4. 토지 또는 물건의 소유자 및 관계인의 성명 또는 명칭 및 주소
5. 협의에 의하여 취득하거나 소멸되는 권리의 내용과 그 권리의 취득 또는 소멸의 시기
6. 보상액 및 그 지급일

② 제1항의 협의성립확인신청서에는 다음 각 호의 서류를 첨부하여야 한다.

1. 토지소유자 및 관계인의 동의서
2. 계약서
3. 토지조서 및 물건조서
4. 사업계획서

③ 법 제29조제3항에서 "대통령령으로 정하는 사항"이란 제1항 각 호의 사항을 말한다.

[전문개정 2013.5.28.]

제14조(재결 신청의 청구 등) ① 토지소유자 및 관계인은 법 제30조제1항에 따라 재결 신청을 청구하려는 경우에는 제8조제1항제1호에 따른 협의기간이 지난 후 국토교통부령으로 정하는 바에 따라 다음 각 호의 사항을 적은 재결신청청구서를 사업시행자에게 제출하여야 한다.

1. 사업시행자의 성명 또는 명칭
2. 공익사업의 종류 및 명칭
3. 토지소유자 및 관계인의 성명 또는 명칭 및 주소
4. 대상 토지의 소재지·지번·지목 및 면적과 토지에 있는 물건의 종류·구조 및 수량
5. 협의가 성립되지 아니한 사유

② 법 제30조제3항에 따라 가산하여 지급하여야 하는 금액은 관할 토지수용위원회가 재결서에 적어야 하며, 사업시행자는 수용 또는 사용의 개시일까지 보상금과 함께 이를 지급하여야 한다.

[전문개정 2013.5.28.]

제15조(재결신청서의 열람 등) ① 관할 토지수용위원회는 법 제28조제1항에 따른 재결신청서를 접수하였을 때에는 법 제31조제1항에 따라 그 신청서 및 관계 서류의 사본을 토지등의 소재지를 관할하는 시장(행정시의 시장을 포함한다. 이하 이 조에서 같다)·군수 또는 구청장(자치구가 아닌 구의 구청장을 포함한다. 이하 이 조에서 같다)에게 송부하여 공고 및 열람을 의뢰하여야 한다.

② 시장·군수 또는 구청장은 제1항에 따라 송부된 서류를 받았을 때에는 지체 없이 재결신청 내용을 시(행정시를 포함한다)·군 또는 구(자치구가 아닌 구를 포함한다)의 게시판에 공고하고, 공고한 날부터 14일 이상 그 서류를 일반인이 열람할 수 있도록 하여야 한다. 다만, 시장·군수 또는 구청장이 천재지변이나 그 밖의 긴급한 사정으로 공고 및 열람 의뢰를 받은 날부터 14일 이내에 공고하지 못하거나 일반인이 열람할 수 있도록 하지 못하는 경우 관할 토지수용위원회는 직접 재결신청

내용을 공고(중앙토지수용위원회는 관보에, 지방토지수용위원회는 공보에 게재하는 방법으로 한다)하고, 재결신청서와 관계 서류의 사본을 일반인이 14일 이상 열람할 수 있도록 할 수 있다. 〈개정 2013.12.24, 2019.6.25.〉

③ 시장·군수·구청장 또는 관할 토지수용위원회는 제2항에 따른 공고를 한 경우에는 그 공고의 내용과 의견이 있으면 의견서를 제출할 수 있다는 뜻을 토지소유자 및 관계인에게 통지하여야 한다. 다만, 통지받을 자를 알 수 없거나 그 주소·거소 또는 그 밖에 통지할 장소를 알 수 없을 때에는 그러하지 아니하다. 〈개정 2013.12.24.〉

④ 토지소유자 또는 관계인은 제2항에 따른 열람기간에 해당 시장·군수·구청장 또는 관할 토지수용위원회(제2항 단서에 해당하는 경우로 한정한다)에 의견서를 제출할 수 있다. 〈개정 2013.12.24.〉

⑤ 시장·군수 또는 구청장은 제2항 본문에 따른 열람기간이 끝나면 제4항에 따라 제출된 의견서를 지체 없이 관할 토지수용위원회에 송부하여야 하며, 제출된 의견서가 없는 경우에는 그 사실을 통지하여야 한다. 〈개정 2013.12.24.〉

⑥ 관할 토지수용위원회는 상당한 이유가 있다고 인정하는 경우에는 제4항에도 불구하고 제2항에 따른 열람기간이 지난 후 제출된 의견서를 수리할 수 있다.

[전문개정 2013.5.28.]

제16조(소위원회의 구성) 법 제33조제1항에 따른 소위원회의 위원 중에는 중앙토지수용위원회에는 국토교통부, 지방토지수용위원회에는 특별시·광역시·도 또는 특별자치도(이하 "시·도"라 한다) 소속 공무원인 위원이 1명씩 포함되어야 한다.

[전문개정 2013.5.28.]

제17조(화해조서의 송달) 법 제49조에 따른 중앙토지수용위원회 또는 지방토지수용위원회(이하 "토지수용위원회"라 한다)는 법 제33조제1항에 따른 화해가 성립된 경우에는 법 제33조제2항에 따른 화해조서의 정본을 사업시행자·토지소유자 및 관계인에게 송달하여야 한다.

[전문개정 2013.5.28.]

제18조(사용의 허가와 통지) ① 사업시행자는 법 제38조제1항 본문에 따라 토지를 사용하려는 경우에는 공익사업의 종류 및 명칭, 사용하려는 토지의 구역과 사용의 방법 및 기간을 정하여 특별자치도지사, 시장·군수 또는 구청장(자치구의 구청장을 말한다)의 허가를 받아야 한다.

② 법 제38조제2항에서 "대통령령으로 정하는 사항"이란 제1항에 따른 사항을 말한다.

[전문개정 2013.5.28.]

제19조(담보의 제공) ① 법 제39조제1항에 따른 담보의 제공은 관할 토지수용위원회가 상당하다고 인정하는 금전 또는 유가증권을 공탁(供託)하는 방법으로 한다.

② 사업시행자는 제1항에 따라 금전 또는 유가증권을 공탁하였을 때에는 공탁서를 관할 토지수용위원회에 제출하여야 한다.

[전문개정 2013.5.28.]

제2절 수용 또는 사용의 효과

제20조(보상금의 공탁) ① 법 제40조제2항에 따른 공탁을 채권으로 하는 경우 그 금액은 법 제63조제7항에 따라 채권으로 지급할 수 있는 금액으로 한다.

② 사업시행자가 국가인 경우에는 법 제69조제1항에 따른 보상채권(이하 "보상채권"이라 한다)을 제34조제2항에 따른 보상채권취급기관으로부터 교부받아 공탁한다. 이 경우 보상채권의 발행일은 사업시행자가 제34조제2항에 따른 보상채권취급기관으로부터 보상채권을 교부받은 날이 속하는 달의 말일로 하며, 보상채권을 교부받은 날부터 보상채권 발행일의 전날까지의 이자는 현금으로 공탁하여야 한다.
[전문개정 2013.5.28.]

제21조(권리를 승계한 자의 보상금 수령) 법 제40조제3항에 따라 보상금(공탁된 경우에는 공탁금을 말한다. 이하 이 조에서 같다)을 받는 자는 보상금을 받을 권리를 승계한 사실을 증명하는 서류를 사업시행자(공탁된 경우에는 공탁공무원을 말한다)에게 제출하여야 한다.
[전문개정 2013.5.28.]

제22조(담보의 취득과 반환) ① 법 제41조제2항에 따라 토지소유자 또는 관계인이 담보를 취득하려는 경우에는 미리 관할 토지수용위원회의 확인을 받아야 한다.

② 관할 토지수용위원회는 제1항에 따른 확인을 한 경우에는 확인서를 토지소유자 또는 관계인에게 발급하여야 한다.

③ 제2항에 따른 확인서에는 다음 각 호의 사항을 적고, 관할 토지수용위원회의 위원장이 기명날인하여야 한다.

  1. 토지소유자 또는 관계인 및 사업시행자의 성명 또는 명칭 및 주소
  2. 기일 내에 손실을 보상하지 아니한 사실
  3. 취득할 담보의 금액
  4. 제19조제2항에 따른 공탁서의 공탁번호 및 공탁일

④ 사업시행자가 토지소유자 또는 관계인에게 손실을 보상한 후 법 제39조제1항에 따라 제공한 담보를 반환받으려는 경우에 관하여는 제1항부터 제3항까지의 규정을 준용한다.
[전문개정 2013.5.28.]

제4장 토지수용위원회

제23조(출석요구 등의 방법) 법 제58조제1항제1호 및 제2호에 따른 출석 또는 자료제출 등의 요구는 제4조제1항 및 제2항에 따른 송달의 방법으로 하여야 한다.
[전문개정 2013.5.28.]

제24조(운영 및 심의방법 등) ① 토지수용위원회에 토지수용위원회의 사무를 처리할 간사 1명 및 서기 몇 명을 둔다.

② 제1항에 따른 간사 및 서기는 중앙토지수용위원회의 경우에는 국토교통부 소속 공무원 중에서, 지방토지수용위원회의 경우에는 시·도 소속 공무원 중에서 해당 토지수용위원회의 위원장이 임명한다.

③ 위원장은 특히 필요하다고 인정하는 심의안건에 대해서는 위원 중에서 전담위원을 지정하여 예비심사를 하게 할 수 있다.

④ 이 영에서 규정한 사항 외에 토지수용위원회의 운영·문서처리·심의방법 및 기준 등에 관하여는 토지수용위원회가 따로 정할 수 있다.

[전문개정 2013.5.28.]

제24조의2(재결정보체계 구축·운영 업무의 위탁) ① 국토교통부장관은 법 제60조의2제2항 전단에 따라 재결정보체계의 구축·운영에 관한 업무를 다음 각 호의 어느 하나에 해당하는 기관에 위탁할 수 있다. 〈개정 2020.12.8.〉

1. 「한국부동산원법」에 따른 한국부동산원

2. 「감정평가 및 감정평가사에 관한 법률」 제33조에 따른 한국감정평가사협회

② 제1항에 따라 업무를 위탁받은 기관은 다음 각 호의 업무를 수행한다.

1. 재결정보체계의 개발·관리 및 보안

2. 재결정보체계와 관련된 컴퓨터·통신설비 등의 설치 및 관리

3. 재결정보체계와 관련된 정보의 수집 및 관리

4. 재결정보체계와 관련된 통계의 생산 및 관리

5. 재결정보체계의 운영을 위한 사용자교육

6. 그 밖에 재결정보체계의 구축 및 운영에 필요한 업무

③ 국토교통부장관은 제1항에 따라 업무를 위탁하는 경우 위탁받는 기관 및 위탁업무의 내용을 고시하여야 한다.

[본조신설 2017.6.20.]

제5장 손실보상 등

제24조의3(토지로 보상받을 수 있는 자) 법 제63조제1항제1호 각 목 외의 부분 전단에서 "토지의 보유기간 등 대통령령으로 정하는 요건을 갖춘 자"란 공익사업을 위한 관계 법령에 따른 고시 등이 있은 날의 1년 전부터 계약체결일 또는 수용재결일까지 계속하여 토지를 소유한 자를 말한다.

[본조신설 2022.5.9.]

제25조(채권을 발행할 수 있는 사업시행자) 법 제63조제7항 각 호 외의 부분에서 "대통령령으로 정하는 「공공기관의 운영에 관한 법률」에 따라 지정·고시된 공공기관 및 공공단체"란 다음 각 호의 기관 및 단체를 말한다. 〈개정 2020.9.10.〉

1. 「한국토지주택공사법」에 따른 한국토지주택공사
2. 「한국전력공사법」에 따른 한국전력공사
3. 「한국농어촌공사 및 농지관리기금법」에 따른 한국농어촌공사
4. 「한국수자원공사법」에 따른 한국수자원공사
5. 「한국도로공사법」에 따른 한국도로공사
6. 「한국관광공사법」에 따른 한국관광공사
7. 「공기업의 경영구조 개선 및 민영화에 관한 법률」에 따른 한국전기통신공사
8. 「한국가스공사법」에 따른 한국가스공사
9. 「국가철도공단법」에 따른 국가철도공단
10. 「인천국제공항공사법」에 따른 인천국제공항공사
11. 「한국환경공단법」에 따른 한국환경공단
12. 「지방공기업법」에 따른 지방공사
13. 「항만공사법」에 따른 항만공사
14. 「한국철도공사법」에 따른 한국철도공사
15. 「산업집적활성화 및 공장설립에 관한 법률」에 따른 한국산업단지공단

[전문개정 2013.5.28.]

제26조(부재부동산 소유자의 토지) ① 법 제63조제7항제2호에 따른 부재부동산 소유자의 토지는 사업인정고시일 1년 전부터 다음 각 호의 어느 하나의 지역에 계속하여 주민등록을 하지 아니한 사람이 소유하는 토지로 한다. 〈개정 2013.12.24.〉

1. 해당 토지의 소재지와 동일한 시(행정시를 포함한다. 이하 이 조에서 같다)·구(자치구를 말한다. 이하 이 조에서 같다)·읍·면(도농복합형태인 시의 읍·면을 포함한다. 이하 이 조에서 같다)
2. 제1호의 지역과 연접한 시·구·읍·면
3. 제1호 및 제2호 외의 지역으로서 해당 토지의 경계로부터 직선거리로 30킬로미터 이내의 지역

② 제1항 각 호의 어느 하나의 지역에 주민등록을 하였으나 해당 지역에 사실상 거주하고 있지 아니한 사람이 소유하는 토지는 제1항에 따른 부재부동산 소유자의 토지로 본다. 다만, 다음 각 호의 어느 하나에 해당하는 사유로 거주하고 있지 아니한 경우에는 그러하지 아니하다.

1. 질병으로 인한 요양
2. 징집으로 인한 입영
3. 공무(公務)
4. 취학(就學)
5. 그 밖에 제1호부터 제4호까지에 준하는 부득이한 사유

③ 제1항에도 불구하고 다음 각 호의 어느 하나에 해당하는 토지는 부재부동산 소유자의 토지로 보지 아니한다.

1. 상속에 의하여 취득한 경우로서 상속받은 날부터 1년이 지나지 아니한 토지
2. 사업인정고시일 1년 전부터 계속하여 제1항 각 호의 어느 하나의 지역에 사실상 거주하고 있음을 국토교통부령으로 정하는 바에 따라 증명하는 사람이 소유하는 토지

3. 사업인정고시일 1년 전부터 계속하여 제1항 각 호의 어느 하나의 지역에서 사실상 영업하고 있음을 국토교통부령으로 정하는 바에 따라 증명하는 사람이 해당 영업을 하기 위하여 소유하는 토지

[전문개정 2013.5.28.]

제27조(채권보상의 기준이 되는 보상금액 등) ① 법 제63조제7항제2호에서 "대통령령으로 정하는 일정 금액" 및 법 제63조제8항 각 호 외의 부분에서 "대통령령으로 정하는 1억원 이상의 일정 금액"이란 1억원을 말한다.

② 사업시행자는 부재부동산 소유자가 사업시행자에게 토지를 양도함으로써 또는 토지가 수용됨으로써 발생하는 소득에 대하여 납부하여야 하는 양도소득세(양도소득세에 부가하여 납부하여야 하는 주민세와 양도소득세를 감면받는 경우 납부하여야 하는 농어촌특별세를 포함한다. 이하 이 항에서 같다) 상당 금액을 세무사의 확인을 받아 현금으로 지급하여 줄 것을 요청할 때에는 양도소득세 상당 금액을 제1항의 금액에 더하여 현금으로 지급하여야 한다.

[전문개정 2013.5.28.]

제27조의2(토지투기가 우려되는 지역에서의 채권보상) ① 법 제63조제8항 각 호 외의 부분에서 "대통령령으로 정하는 지역"이란 다음 각 호의 어느 하나에 해당하는 지역을 말한다. 〈개정 2019.6.25.〉

1. 「부동산 거래신고 등에 관한 법률」 제10조에 따른 토지거래계약에 관한 허가구역이 속한 시(행정시를 포함한다. 이하 이 항에서 같다)·군 또는 구(자치구인 구를 말한다. 이하 이 항에서 같다)

2. 제1호의 지역과 연접한 시·군 또는 구

② 법 제63조제8항 각 호 외의 부분에서 "대통령령으로 정하는 「공공기관의 운영에 관한 법률」에 따라 지정·고시된 공공기관 및 공공단체"란 다음 각 호의 기관 및 단체를 말한다.

1. 「한국토지주택공사법」에 따른 한국토지주택공사

2. 「한국관광공사법」에 따른 한국관광공사

3. 「산업집적활성화 및 공장설립에 관한 법률」에 따른 한국산업단지공단

4. 「지방공기업법」에 따른 지방공사

③ 법 제63조제8항제3호에서 "대통령령으로 정하는 사업"이란 다음 각 호의 사업을 말한다. 〈개정 2014.4.29., 2015.12.28.〉

1. 「물류시설의 개발 및 운영에 관한 법률」에 따른 물류단지개발사업

2. 「관광진흥법」에 따른 관광단지조성사업

3. 「도시개발법」에 따른 도시개발사업

4. 「공공주택 특별법」에 따른 공공주택사업

5. 「신행정수도 후속대책을 위한 연기·공주지역 행정중심복합도시 건설을 위한 특별법」에 따른 행정중심복합도시건설사업

[전문개정 2013.5.28.]

제28조(시·도지사와 토지소유자의 감정평가법인등 추천) ① 사업시행자는 법 제15조제1항에 따른 보상계획을 공고할 때에는 시·도지사와 토지소유자가 감정평가법인등(「감정평가 및 감정평가사에 관한 법률」 제2조제4호의 감정평가법인등을 말하며, 이하 "감정평가법인등"이라 한다)을 추천할 수

있다는 내용을 포함하여 공고하고, 보상 대상 토지가 소재하는 시·도의 시·도지사와 토지소유자에게 이를 통지해야 한다. 〈개정 2016.8.31, 2021.11.23.〉

② 법 제68조제2항에 따라 시·도지사와 토지소유자는 법 제15조제2항에 따른 보상계획의 열람기간 만료일부터 30일 이내에 사업시행자에게 감정평가법인등을 추천할 수 있다. 〈개정 2021.11.23.〉

③ 제2항에 따라 시·도지사가 감정평가법인등을 추천하는 경우에는 다음 각 호의 사항을 지켜야 한다. 〈개정 2021.11.23.〉

1. 감정평가 수행능력, 소속 감정평가사의 수, 감정평가 실적, 징계 여부 등을 고려하여 추천대상 집단을 선정할 것
2. 추천대상 집단 중에서 추첨 등 객관적이고 투명한 절차에 따라 감정평가법인등을 선정할 것
3. 제1호의 추천대상 집단 및 추천 과정을 이해당사자에게 공개할 것
4. 보상 대상 토지가 둘 이상의 시·도에 걸쳐 있는 경우에는 관계 시·도지사가 협의하여 감정평 가법인등을 추천할 것

④ 제2항에 따라 감정평가법인등을 추천하려는 토지소유자는 보상 대상 토지면적의 2분의 1 이상에 해당하는 토지소유자와 보상 대상 토지의 토지소유자 총수의 과반수의 동의를 받은 사실을 증명하는 서류를 첨부하여 사업시행자에게 감정평가법인등을 추천해야 한다. 이 경우 토지소유자는 감정 평가법인등 1인에 대해서만 동의할 수 있다. 〈개정 2021.11.23.〉

⑤ 제2항에 따라 감정평가법인등을 추천하려는 토지소유자는 해당 시·도지사와 「감정평가 및 감정 평가사에 관한 법률」 제33조에 따른 한국감정평가사협회에 감정평가법인등을 추천하는 데 필요한 자료를 요청할 수 있다. 〈개정 2016.8.31, 2021.11.23.〉

⑥ 제4항 전단에 따라 보상 대상 토지면적과 토지소유자 총수를 계산할 때 제2항에 따라 감정평가법 인등 추천 의사표시를 하지 않은 국유지 또는 공유지는 보상 대상 토지면적과 토지소유자 총수에서 제외한다. 〈신설 2019.6.25, 2021.11.23.〉

⑦ 국토교통부장관은 제3항에 따른 시·도지사의 감정평가법인등 추천에 관한 사항에 관하여 표준지 침을 작성하여 보급할 수 있다. 〈개정 2019.6.25, 2021.11.23.〉

[전문개정 2013.5.28.]
[제목개정 2021.11.23.]

제29조(보상채권의 발행대상사업) 법 제69조제1항 각 호 외의 부분에서 "대통령령으로 정하는 공익사업" 이란 다음 각 호의 사업을 말한다. 〈개정 2017.3.29, 2022.6.14.〉

1. 「댐건설·관리 및 주변지역지원 등에 관한 법률」에 따른 댐건설사업
2. 「수도법」에 따른 수도사업
3. 「인천국제공항공사법」에 따른 공항건설사업
4. 「공항시설법」에 따른 공항개발사업

[전문개정 2013.5.28.]

제30조(보상채권의 발행절차) ① 법 제69조제1항 각 호의 회계를 관리하는 관계 중앙행정기관의 장은 보상채권의 발행이 필요한 경우에는 보상채권에 관한 다음 각 호의 사항을 명시하여 그 발행을 기 획재정부장관에게 요청하여야 한다.

1. 발행한도액
2. 발행요청액
3. 액면금액의 종류
4. 이자율
5. 원리금 상환의 방법 및 시기
6. 그 밖에 필요한 사항

② 기획재정부장관은 법 제69조제2항에 따라 보상채권을 발행하는 경우에는 이에 관한 사항을 관계 중앙행정기관의 장 및 한국은행 총재에게 각각 통보하여야 한다.

[전문개정 2013.5.28.]

제31조(보상채권의 발행방법 등) ① 보상채권은 무기명증권(無記名證券)으로 발행한다.

② 보상채권은 액면금액으로 발행하되, 최소액면금액은 10만원으로 하며, 보상금 중 10만원 미만인 끝수의 금액은 사업시행자가 보상금을 지급할 때 현금으로 지급한다.

③ 보상채권의 발행일은 제35조제1항에 따른 보상채권지급결정통지서를 발급한 날이 속하는 달의 말일로 한다.

④ 보상채권은 멸실 또는 도난 등의 사유로 분실한 경우에도 재발행하지 아니한다.

[전문개정 2013.5.28.]

제32조(보상채권의 이자율 및 상환) ① 보상채권의 이자율은 법 제63조제9항에 따른 이자율로 한다.

② 보상채권의 원리금은 상환일에 일시 상환한다.

③ 보상채권의 발행일부터 상환일 전날까지의 이자는 1년 단위의 복리로 계산한다.

④ 제35조제1항에 따른 보상채권지급결정통지서의 발급일부터 보상채권 발행일 전날까지의 보상채권으로 지급할 보상금에 대한 이자는 제1항에 따른 보상채권의 이자율과 같은 이자율로 산정한 금액을 사업시행자가 보상금을 지급할 때 지급한다.

[전문개정 2013.5.28.]

제33조(보상채권의 기재사항) 보상채권에는 다음 각 호의 사항을 적어야 한다.

1. 명칭
2. 번호
3. 제30조제1항제3호부터 제5호까지의 사항

[전문개정 2013.5.28.]

제34조(보상채권의 취급기관 등) ① 보상채권의 교부 및 상환에 관한 업무는 한국은행의 주된 사무소·지사무소 및 대리점이 이를 취급한다.

② 사업시행자는 제1항에 따른 한국은행의 주된 사무소·지사무소 및 대리점 중 해당 보상채권의 교부 및 상환 업무를 취급할 기관(이하 "보상채권취급기관"이라 한다)을 미리 지정하고, 보상채권취급기관에 사업시행자의 인감조서를 송부하여야 한다.

③ 보상채권취급기관은 보상채권을 교부할 때에는 그 보상채권에 다음 각 호의 사항을 적고, 해당 업무의 책임자가 기명날인하여야 한다.

1. 발행일 및 상환일
2. 교부일
3. 보상채권취급기관의 명칭

④ 한국은행 총재는 매월 20일까지 국토교통부령으로 정하는 보상채권의 교부 및 상환 현황 통지서를 기획재정부장관 및 관계 중앙행정기관의 장에게 각각 송부하여야 한다.
[전문개정 2013.5.28.]

제35조(보상채권의 사무취급절차 등) ① 사업시행자는 보상채권으로 보상하려는 경우에는 토지소유자 및 관계인에게 국토교통부령으로 정하는 보상채권지급결정통지서를 발급하고, 보상채권취급기관에 이에 관한 사항을 통지하여야 한다.

② 보상채권취급기관은 제1항에 따라 보상채권지급결정통지서를 발급받은 토지소유자 및 관계인이 해당 보상채권취급결정통지서를 제출하면 보상채권을 교부하여야 한다.
[전문개정 2013.5.28.]

제36조(보상채권교부대장의 비치·송부) 보상채권취급기관은 보상채권을 교부하였을 때에는 국토교통부령으로 정하는 보상채권교부대장을 2부 작성하여 1부는 비치하고, 나머지 1부는 다음 달 7일까지 사업시행자에게 송부하여야 한다.
[전문개정 2013.5.28.]

제37조(지가변동률) ① 법 제70조제1항에서 "대통령령으로 정하는 지가변동률"이란 「부동산 거래신고 등에 관한 법률 시행령」 제17조에 따라 국토교통부장관이 조사·발표하는 지가변동률로서 평가대상 토지와 가치형성요인이 같거나 비슷하여 해당 평가대상 토지와 유사한 이용가치를 지닌다고 인정되는 표준지(이하 "비교표준지"라 한다)가 소재하는 시(행정시를 포함한다. 이하 이 조에서 같다)·군 또는 구(자치구가 아닌 구를 포함한다. 이하 이 조에서 같다)의 용도지역별 지가변동률을 말한다. 다만, 비교표준지와 같은 용도지역의 지가변동률이 조사·발표되지 아니한 경우에는 비교표준지와 유사한 용도지역의 지가변동률, 비교표준지와 이용상황이 같은 토지의 지가변동률 또는 해당 시·군 또는 구의 평균지가변동률 중 어느 하나의 지가변동률을 말한다. 〈개정 2019.6.25.〉

② 제1항을 적용할 때 비교표준지가 소재하는 시·군 또는 구의 지가가 해당 공익사업으로 인하여 변동된 경우에는 해당 공익사업과 관계없는 인근 시·군 또는 구의 지가변동률을 적용한다. 다만, 비교표준지가 소재하는 시·군 또는 구의 지가변동률이 인근 시·군 또는 구의 지가변동률보다 작은 경우에는 그러하지 아니하다.

③ 제2항 본문에 따른 비교표준지가 소재하는 시·군 또는 구의 지가가 해당 공익사업으로 인하여 변동된 경우는 도로, 철도 또는 하천 관련 사업을 제외한 사업으로서 다음 각 호의 요건을 모두 충족하는 경우로 한다. 〈개정 2013.12.24.〉
1. 해당 공익사업의 면적이 20만 제곱미터 이상일 것
2. 비교표준지가 소재하는 시·군 또는 구의 사업인정고시일부터 가격시점까지의 지가변동률이 3퍼센트 이상일 것. 다만, 해당 공익사업의 계획 또는 시행이 공고되거나 고시됨으로 인하여 비교표준지의 가격이 변동되었다고 인정되는 경우에는 그 계획 또는 시행이 공고되거나 고시된 날부터 가격시점까지의 지가변동률이 5퍼센트 이상인 경우로 한다.

3. 사업인정고시일부터 가격시점까지 비교표준지가 소재하는 시·군 또는 구의 지가변동률이 비교표준지가 소재하는 시·도의 지가변동률보다 30퍼센트 이상 높거나 낮을 것

[전문개정 2013.5.28.]

제38조(일시적인 이용상황) 법 제70조제2항에 따른 일시적인 이용상황은 관계 법령에 따른 국가 또는 지방자치단체의 계획이나 명령 등에 따라 해당 토지를 본래의 용도로 이용하는 것이 일시적으로 금지되거나 제한되어 그 본래의 용도와 다른 용도로 이용되고 있거나 해당 토지의 주위환경의 사정으로 보아 현재의 이용방법이 임시적인 것으로 한다.

[전문개정 2013.5.28.]

제38조의2(공시지가) ① 법 제70조제5항에 따른 취득하여야 할 토지의 가격이 변동되었다고 인정되는 경우는 도로, 철도 또는 하천 관련 사업을 제외한 사업으로서 다음 각 호를 모두 충족하는 경우로 한다. 〈개정 2016.8.31.〉

1. 해당 공익사업의 면적이 20만 제곱미터 이상일 것
2. 해당 공익사업지구 안에 있는 「부동산 가격공시에 관한 법률」 제3조에 따른 표준지공시지가(해당 공익사업지구 안에 표준지가 없는 경우에는 비교표준지의 공시지가를 말하며, 이하 이 조에서 "표준지공시지가"라 한다)의 평균변동률과 평가대상토지가 소재하는 시(행정시를 포함한다. 이하 이 조에서 같다)·군 또는 구(자치구가 아닌 구를 포함한다. 이하 이 조에서 같다) 전체의 표준지공시지가 평균변동률과의 차이가 3퍼센트포인트 이상일 것
3. 해당 공익사업지구 안에 있는 표준지공시지가의 평균변동률이 평가대상토지가 소재하는 시·군 또는 구 전체의 표준지공시지가 평균변동률보다 30퍼센트 이상 높거나 낮을 것

② 제1항제2호 및 제3호에 따른 평균변동률은 해당 표준지별 변동률의 합을 표준지의 수로 나누어 산정하며, 공익사업지구가 둘 이상의 시·군 또는 구에 걸쳐 있는 경우 평가대상토지가 소재하는 시·군 또는 구 전체의 표준지공시지가 평균변동률은 시·군 또는 구별로 평균변동률을 산정한 후 이를 해당 시·군 또는 구에 속한 공익사업지구 면적 비율로 가중평균(加重平均)하여 산정한다. 이 경우 평균변동률의 산정기간은 해당 공익사업의 계획 또는 시행이 공고되거나 고시된 당시 공시된 표준지공시지가 중 그 공고일 또는 고시일에 가장 가까운 시점에 공시된 표준지공시지가의 공시기준일부터 법 제70조제3항 또는 제4항에 따른 표준지공시지가의 공시기준일까지의 기간으로 한다.

[본조신설 2013.5.28.]

제39조(잔여지의 판단) ① 법 제74조제1항에 따라 잔여지가 다음 각 호의 어느 하나에 해당하는 경우에는 해당 토지소유자는 사업시행자 또는 관할 토지수용위원회에 잔여지를 매수하거나 수용하여 줄 것을 청구할 수 있다.

1. 대지로서 면적이 너무 작거나 부정형(不定形) 등의 사유로 건축물을 건축할 수 없거나 건축물의 건축이 현저히 곤란한 경우
2. 농지로서 농기계의 진입과 회전이 곤란할 정도로 폭이 좁고 길게 남거나 부정형 등의 사유로 영농이 현저히 곤란한 경우

3. 공익사업의 시행으로 교통이 두절되어 사용이나 경작이 불가능하게 된 경우

4. 제1호부터 제3호까지에서 규정한 사항과 유사한 정도로 잔여지를 종래의 목적대로 사용하는 것이 현저히 곤란하다고 인정되는 경우

② 잔여지가 제1항 각 호의 어느 하나에 해당하는지를 판단할 때에는 다음 각 호의 사항을 종합적으로 고려하여야 한다.

1. 잔여지의 위치·형상·이용상황 및 용도지역

2. 공익사업 편입토지의 면적 및 잔여지의 면적

[전문개정 2013.5.28.]

제40조(이주대책의 수립·실시) ① 사업시행자가 법 제78조제1항에 따른 이주대책(이하 "이주대책"이라 한다)을 수립하려는 경우에는 미리 그 내용을 같은 항에 따른 이주대책대상자(이하 "이주대책대상자"라 한다)에게 통지하여야 한다.

② 이주대책은 국토교통부령으로 정하는 부득이한 사유가 있는 경우를 제외하고는 이주대책대상자 중 이주정착지에 이주를 희망하는 자의 가구 수가 10호(戶) 이상인 경우에 수립·실시한다. 다만, 사업시행자가 「택지개발촉진법」 또는 「주택법」 등 관계 법령에 따라 이주대책대상자에게 택지 또는 주택을 공급한 경우(사업시행자의 알선에 의하여 공급한 경우를 포함한다)에는 이주대책을 수립·실시한 것으로 본다.

③ 법 제4조제6호 및 제7호에 따른 사업(이하 이 조에서 "부수사업"이라 한다)의 사업시행자는 다음 각 호의 요건을 모두 갖춘 경우 부수사업의 원인이 되는 법 제4조제1호부터 제5호까지의 규정에 따른 사업(이하 이 조에서 "주된사업"이라 한다)의 이주대책에 부수사업의 이주대책을 포함하여 수립·실시하여 줄 것을 주된사업의 사업시행자에게 요청할 수 있다. 이 경우 부수사업 이주대책대상자의 이주대책을 위한 비용은 부수사업의 사업시행자가 부담한다. 〈신설 2018.4.17.〉

1. 부수사업의 사업시행자가 법 제78조제1항 및 이 조 제2항 본문에 따라 이주대책을 수립·실시하여야 하는 경우에 해당하지 아니할 것

2. 주된사업의 이주대책 수립이 완료되지 아니하였을 것

④ 제3항 각 호 외의 부분 전단에 따라 이주대책의 수립·실시 요청을 받은 주된사업의 사업시행자는 법 제78조제1항 및 이 조 제2항 본문에 따라 이주대책을 수립·실시하여야 하는 경우에 해당하지 아니하는 등 부득이한 사유가 없으면 이에 협조하여야 한다. 〈신설 2018.4.17.〉

⑤ 다음 각 호의 어느 하나에 해당하는 자는 이주대책대상자에서 제외한다. 〈개정 2016.1.6., 2018.4.17.〉

1. 허가를 받거나 신고를 하고 건축 또는 용도변경을 하여야 하는 건축물을 허가를 받지 아니하거나 신고를 하지 아니하고 건축 또는 용도변경을 한 건축물의 소유자

2. 해당 건축물에 공익사업을 위한 관계 법령에 따른 고시 등이 있은 날부터 계약체결일 또는 수용재결일까지 계속하여 거주하고 있지 아니한 건축물의 소유자. 다만, 다음 각 목의 어느 하나에 해당하는 사유로 거주하고 있지 아니한 경우에는 그러하지 아니하다.

가. 질병으로 인한 요양

나. 징집으로 인한 입영

다. 공무

라. 취학

     마. 해당 공익사업지구 내 타인이 소유하고 있는 건축물에의 거주

     바. 그 밖에 가목부터 라목까지에 준하는 부득이한 사유

  3. 타인이 소유하고 있는 건축물에 거주하는 세입자. 다만, 해당 공익사업지구에 주거용 건축물을 소유한 자로서 타인이 소유하고 있는 건축물에 거주하는 세입자는 제외한다.

⑥ 제2항 본문에 따른 이주정착지 안의 택지 또는 주택을 취득하거나 같은 항 단서에 따른 택지 또는 주택을 취득하는 데 드는 비용은 이주대책대상자의 희망에 따라 그가 지급받을 보상금과 상계(相計)할 수 있다. 〈개정 2018.4.17.〉

[전문개정 2013.5.28.]

제41조(이주정착금의 지급) 사업시행자는 법 제78조제1항에 따라 다음 각 호의 어느 하나에 해당하는 경우에는 이주대책대상자에게 국토교통부령으로 정하는 바에 따라 이주정착금을 지급해야 한다. 〈개정 2021.11.23.〉

  1. 이주대책을 수립·실시하지 아니하는 경우

  2. 이주대책대상자가 이주정착지가 아닌 다른 지역으로 이주하려는 경우

  3. 이주대책대상자가 공익사업을 위한 관계 법령에 따른 고시 등이 있은 날의 1년 전부터 계약체결일 또는 수용재결일까지 계속하여 해당 건축물에 거주하지 않은 경우

  4. 이주대책대상자가 공익사업을 위한 관계 법령에 따른 고시 등이 있은 날 당시 다음 각 목의 어느 하나에 해당하는 기관·업체에 소속(다른 기관·업체에 소속된 사람이 파견 등으로 각 목의 기관·업체에서 근무하는 경우를 포함한다)되어 있거나 퇴직한 날부터 3년이 경과하지 않은 경우

     가. 국토교통부

     나. 사업시행자

     다. 법 제21조제2항에 따라 협의하거나 의견을 들어야 하는 공익사업의 허가·인가·승인 등 기관

     라. 공익사업을 위한 관계 법령에 따른 고시 등이 있기 전에 관계 법령에 따라 실시한 협의, 의견청취 등의 대상자였던 중앙행정기관, 지방자치단체, 「공공기관의 운영에 관한 법률」 제4조에 따른 공공기관 및 「지방공기업법」에 따른 지방공기업

[전문개정 2013.5.28.]

제41조의2(생활기본시설의 범위 등) ① 법 제78조제4항 본문에 따른 통상적인 수준의 생활기본시설은 다음 각 호의 시설로 한다.

  1. 도로(가로등·교통신호기를 포함한다)

  2. 상수도 및 하수처리시설

  3. 전기시설

  4. 통신시설

  5. 가스시설

② 법 제78조제9항에 따라 사업시행자가 부담하는 생활기본시설에 필요한 비용(이하 이 조에서 "사업시행자가 부담하는 비용"이라 한다)은 다음 각 호의 구분에 따른 계산식에 따라 산정한다. 〈개정 2022.5.9.〉

1. 택지를 공급하는 경우

   사업시행자가 부담하는 비용 = 해당 공익사업지구 안에 설치하는 제1항에 따른 생활기본시설의
   설치비용 × (해당 이주대책대상자에게 유상으로 공급하는 택지면적 ÷ 해당 공익사업지구에서
   유상으로 공급하는 용지의 총면적)

2. 주택을 공급하는 경우

   사업시행자가 부담하는 비용 = 해당 공익사업지구 안에 설치하는 제1항에 따른 생활기본시설의
   설치비용 × (해당 이주대책대상자에게 유상으로 공급하는 주택의 대지면적 ÷ 해당 공익사업지
   구에서 유상으로 공급하는 용지의 총면적)

③ 제2항제1호 및 제2호에 따른 해당 공익사업지구 안에 설치하는 제1항에 따른 생활기본시설의 설치
비용은 해당 생활기본시설을 설치하는 데 드는 공사비, 용지비 및 해당 생활기본시설의 설치와 관
련하여 법령에 따라 부담하는 각종 부담금으로 한다.

[전문개정 2013.5.28.]

제41조의3(공장에 대한 이주대책에 관한 계획의 수립 등) ① 법 제78조의2에서 "대통령령으로 정하는 공
익사업"이란 다음 각 호의 사업을 말한다. 〈개정 2014.4.29, 2015.12.28.〉

1. 「택지개발촉진법」에 따른 택지개발사업
2. 「산업입지 및 개발에 관한 법률」에 따른 산업단지개발사업
3. 「물류시설의 개발 및 운영에 관한 법률」에 따른 물류단지개발사업
4. 「관광진흥법」에 따른 관광단지조성사업
5. 「도시개발법」에 따른 도시개발사업
6. 「공공주택 특별법」에 따른 공공주택사업

② 법 제78조의2에 따른 공장의 이주대책에 관한 계획에는 해당 공익사업 지역의 여건을 고려하여
다음 각 호의 내용이 포함되어야 한다.

1. 해당 공익사업 지역 인근 지역에 「산업입지 및 개발에 관한 법률」에 따라 지정·개발된 산업단
   지(이하 "산업단지"라 한다)가 있는 경우 해당 산업단지의 우선 분양 알선
2. 해당 공익사업 지역 인근 지역에 해당 사업시행자가 공장이주대책을 위한 별도의 산업단지를
   조성하는 경우 그 산업단지의 조성 및 입주계획
3. 해당 공익사업 지역에 조성되는 공장용지의 우선 분양
4. 그 밖에 원활한 공장 이주대책을 위한 행정적 지원방안

[전문개정 2013.5.28.]

제41조의4(그 밖의 토지에 관한 손실의 보상계획 공고) 법 제79조제3항에 따라 같은 조 제2항에 따른 보
상에 관한 계획을 공고할 때에는 전국을 보급지역으로 하는 일간신문에 공고하는 방법으로 한다.

[전문개정 2013.5.28.]

제42조(손실보상 또는 비용보상 재결의 신청 등) ① 법 제80조제2항에 따라 재결을 신청하려는 자는 국토
교통부령으로 정하는 손실보상재결신청서에 다음 각 호의 사항을 적어 관할 토지수용위원회에 제
출하여야 한다.

1. 재결의 신청인과 상대방의 성명 또는 명칭 및 주소

2. 공익사업의 종류 및 명칭

3. 손실 발생사실

4. 손실보상액과 그 명세

5. 협의의 내용

② 제1항의 신청에 따른 손실보상의 재결을 위한 심리에 관하여는 법 제32조제2항 및 제3항을 준용한다.

[전문개정 2013.5.28.]

제43조(보상전문기관 등) ① 법 제81조제1항제2호에서 "대통령령으로 정하는 기관"이란 다음 각 호의 기관을 말한다. 〈개정 2014.12.23, 2016.8.31, 2020.12.8.〉

1. 「한국토지주택공사법」에 따른 한국토지주택공사

2. 「한국수자원공사법」에 따른 한국수자원공사

3. 「한국도로공사법」에 따른 한국도로공사

4. 「한국농어촌공사 및 농지관리기금법」에 따른 한국농어촌공사

5. 「한국부동산원법」에 따른 한국부동산원

6. 「지방공기업법」 제49조에 따라 특별시, 광역시, 도 및 특별자치도가 택지개발 및 주택건설 등의 사업을 하기 위하여 설립한 지방공사

② 사업시행자는 법 제81조에 따라 다음 각 호의 업무를 법 제81조제1항 각 호의 기관(이하 "보상전문기관"이라 한다)에 위탁할 수 있다. 〈개정 2014.1.17.〉

1. 보상계획의 수립·공고 및 열람에 관한 업무

2. 토지대장 및 건축물대장 등 공부의 조사. 이 경우 토지대장 및 건축물대장은 부동산종합공부의 조사로 대신할 수 있다.

3. 토지등의 소유권 및 소유권 외의 권리 관련 사항의 조사

4. 분할측량 및 지적등록에 관한 업무

5. 토지조서 및 물건조서의 기재사항에 관한 조사

6. 잔여지 및 공익사업지구 밖의 토지등의 보상에 관한 조사

7. 영업·농업·어업 및 광업 손실에 관한 조사

8. 보상액의 산정(감정평가업무는 제외한다)

9. 보상협의, 계약체결 및 보상금의 지급

10. 보상 관련 민원처리 및 소송수행 관련 업무

11. 토지등의 등기 관련 업무

12. 이주대책의 수립·실시 또는 이주정착금의 지급

13. 그 밖에 보상과 관련된 부대업무

③ 사업시행자는 법 제81조에 따라 제2항 각 호의 업무를 보상전문기관에 위탁하려는 경우에는 미리 위탁내용과 위탁조건에 관하여 보상전문기관과 협의하여야 한다.

④ 사업시행자는 법 제81조에 따라 제2항 각 호의 업무를 보상전문기관에 위탁할 때에는 별표 1에 따른 위탁수수료를 보상전문기관에 지급하여야 한다. 다만, 사업시행자가 제2항 각 호의 업무 중

일부를 보상전문기관에 위탁하는 경우의 위탁수수료는 사업시행자와 보상전문기관이 협의하여 정한다.

⑤ 사업시행자는 보상전문기관이 통상적인 업무수행에 드는 경비가 아닌 평가수수료·측량수수료·등기수수료 및 변호사의 보수 등 특별한 비용을 지출하였을 때에는 이를 제4항에 따른 위탁수수료와는 별도로 보상전문기관에 지급하여야 한다.

[전문개정 2013.5.28.]

제44조(임의적 보상협의회의 설치·구성 및 운영 등) ① 법 제82조제1항 각 호 외의 부분 본문에 따른 보상협의회(이하 이 조에서 "보상협의회"라 한다)는 해당 사업지역을 관할하는 특별자치도, 시·군 또는 구(자치구를 말한다. 이하 이 조에서 같다)에 설치한다.

② 제1항의 경우 공익사업을 시행하는 지역이 둘 이상의 시·군 또는 구에 걸쳐 있는 경우에는 해당 시장·군수 또는 구청장(자치구의 구청장을 말한다. 이하 이 조에서 같다)이 협의하여 보상협의회를 설치할 시·군 또는 구를 결정하여야 한다.

③ 특별자치도지사·시장·군수 또는 구청장은 제1항 및 제2항에 따른 보상협의회를 설치할 필요가 있다고 인정하는 경우에는 특별한 사유가 있는 경우를 제외하고는 법 제15조제2항에 따른 보상계획의 열람기간 만료 후 30일 이내에 보상협의회를 설치하고 사업시행자에게 이를 통지하여야 한다.

④ 보상협의회는 위원장 1명을 포함하여 8명 이상 16명 이내의 위원으로 구성하되, 사업시행자를 위원에 포함시키고, 위원 중 3분의 1 이상은 토지소유자 또는 관계인으로 구성하여야 한다.

⑤ 보상협의회의 위원장은 해당 특별자치도·시·군 또는 구의 부지사·부시장·부군수 또는 부구청장이 되며, 위원장이 부득이한 사유로 직무를 수행할 수 없을 때에는 위원장이 지명하는 위원이 그 직무를 대행한다.

⑥ 보상협의회의 위원장은 보상협의회를 대표하며, 보상협의회의 업무를 총괄한다.

⑦ 보상협의회의 회의는 재적위원 과반수의 출석으로 개의(開議)한다.

⑧ 보상협의회의 위원장은 회의에서 협의된 사항을 해당 사업시행자에게 통보하여야 하며, 사업시행자는 정당하다고 인정되는 사항에 대해서는 이를 반영하여 사업을 수행하여야 한다.

⑨ 보상협의회에 보상협의회의 사무를 처리할 간사와 서기를 두며, 간사와 서기는 보상협의회의 위원장이 해당 특별자치도·시·군 또는 구의 소속 공무원 중에서 임명한다.

⑩ 사업시행자가 국가 또는 지방자치단체인 경우 사업시행자는 보상협의회에 출석한 공무원이 아닌 위원에게 수당을 지급할 수 있다.

⑪ 위원장은 사업시행자의 사업추진에 지장이 없도록 보상협의회를 운영하여야 하며, 보상협의회의 운영에 필요한 사항은 보상협의회의 회의를 거쳐 위원장이 정한다.

[전문개정 2013.5.28.]

제44조의2(의무적 보상협의회의 설치·구성 및 운영 등) ① 법 제82조제1항 각 호 외의 부분 단서에 따른 보상협의회(이하 이 조에서 "보상협의회"라 한다)는 제2항에 해당하는 공익사업에 대하여 해당 사업지역을 관할하는 특별자치도, 시·군 또는 구(자치구를 말한다. 이하 이 조에서 같다)에 설치한다. 다만, 다음 각 호의 어느 하나에 해당하는 경우에는 사업시행자가 설치하여야 한다.

1. 해당 사업지역을 관할하는 특별자치도, 시·군 또는 구의 부득이한 사정으로 보상협의회 설치가 곤란한 경우

2. 공익사업을 시행하는 지역이 둘 이상의 시·군 또는 구에 걸쳐 있는 경우로서 보상협의회 설치를 위한 해당 시장·군수 또는 구청장(자치구의 구청장을 말한다. 이하 이 조에서 같다) 간의 협의가 법 제15조제2항에 따른 보상계획의 열람기간 만료 후 30일 이내에 이루어지지 아니하는 경우

② 법 제82조제1항 각 호 외의 부분 단서에서 "대통령령으로 정하는 규모 이상의 공익사업"이란 해당 공익사업지구 면적이 10만 제곱미터 이상이고, 토지등의 소유자가 50인 이상인 공익사업을 말한다.

③ 특별자치도지사, 시장·군수 또는 구청장이 제1항 각 호 외의 부분 본문에 따른 보상협의회를 설치하려는 경우에는 특별한 사유가 있는 경우를 제외하고는 법 제15조제2항에 따른 보상계획의 열람기간 만료 후 30일 이내에 보상협의회를 설치하고, 사업시행자에게 이를 통지하여야 하며, 사업시행자가 제1항 각 호 외의 부분 단서에 따른 보상협의회를 설치하려는 경우에는 특별한 사유가 있는 경우를 제외하고는 지체 없이 보상협의회를 설치하고, 특별자치도지사, 시장·군수 또는 구청장에게 이를 통지하여야 한다.

④ 보상협의회의 위원장은 해당 특별자치도, 시·군 또는 구의 부지사, 부시장·부군수 또는 부구청장이 되며, 위원장이 부득이한 사유로 직무를 수행할 수 없을 때에는 위원장이 지명하는 위원이 그 직무를 대행한다. 다만, 제1항 각 호 외의 부분 단서에 따른 보상협의회의 경우 위원은 해당 사업시행자가 임명하거나 위촉하고, 위원장은 위원 중에서 호선(互選)한다.

⑤ 보상협의회에 보상협의회의 사무를 처리할 간사와 서기를 두며, 간사와 서기는 보상협의회의 위원장이 해당 특별자치도, 시·군 또는 구의 소속 공무원(제1항 각 호 외의 부분 단서에 따른 보상협의회의 경우에는 사업시행자 소속 임직원을 말한다) 중에서 임명한다.

⑥ 제1항에 따른 보상협의회의 설치·구성 및 운영 등에 관하여는 제44조제2항, 제4항, 제6항부터 제8항까지, 제10항 및 제11항을 준용한다.

[전문개정 2013.5.28.]

제6장　이의신청 등

제45조(이의의 신청) ① 법 제83조에 따라 이의신청을 하려는 자는 국토교통부령으로 정하는 이의신청서(이하 "이의신청서"라 한다)에 다음 각 호의 사항을 적고, 재결서 정본의 사본을 첨부하여 해당 토지수용위원회에 제출하여야 한다.

1. 당사자의 성명 또는 명칭 및 주소
2. 신청의 요지 및 이유

② 법 제83조제2항에 따라 지방토지수용위원회가 이의신청서를 접수하였을 때에는 그 이의신청서에 다음 각 호의 서류를 첨부하여 지체 없이 중앙토지수용위원회에 송부하여야 한다.

    1. 신청인이 재결서의 정본을 받은 날짜 등이 적힌 우편송달통지서 사본

    2. 지방토지수용위원회가 의뢰하여 행한 감정평가서 및 심의안건 사본

    3. 그 밖에 이의신청의 재결에 필요한 자료

③ 중앙토지수용위원회가 법 제83조에 따라 이의신청서를 접수하였을 때에는 신청인의 상대방에게 그 신청의 요지를 통지하여야 한다. 다만, 통지받을 자를 알 수 없거나 그 주소·거소 또는 그 밖에 통지할 장소를 알 수 없을 때에는 그러하지 아니하다.

[전문개정 2013.5.28.]

제46조(이의신청에 대한 재결서의 송달) 중앙토지수용위원회는 법 제84조에 따라 이의신청에 대한 재결을 한 경우에는 재결서의 정본을 사업시행자·토지소유자 및 관계인에게 송달하여야 한다.

[전문개정 2013.5.28.]

제47조(재결확정증명서) ① 사업시행자·토지소유자 또는 관계인은 법 제86조제2항에 따른 재결확정증명서(이하 이 조에서 "재결확정증명서"라 한다)의 발급을 청구하려는 경우에는 국토교통부령으로 정하는 재결확정증명청구서에 이의신청에 대한 재결서의 정본을 첨부하여 중앙토지수용위원회에 제출하여야 한다.

② 재결확정증명서는 재결서 정본의 끝에 「민사집행법」 제29조제2항에 준하여 집행문을 적고, 중앙토지수용위원회의 간사 또는 서기가 기명날인한 후 중앙토지수용위원회 위원장의 직인을 날인하여 발급한다.

③ 중앙토지수용위원회는 재결확정증명서를 발급하려는 경우에는 법 제85조제1항에 따른 행정소송의 제기 여부를 관할 법원에 조회하여야 한다.

[전문개정 2013.5.28.]

제7장   환매권

제48조(환매금액의 협의요건) 법 제91조제4항에 따른 토지의 가격이 취득일 당시에 비하여 현저히 변동된 경우는 환매권 행사 당시의 토지가격이 지급한 보상금에 환매 당시까지의 해당 사업과 관계없는 인근 유사토지의 지가변동률을 곱한 금액보다 높은 경우로 한다.

[전문개정 2013.5.28.]

제49조(공익사업의 변경 통지) ① 법 제91조제6항 전단 및 후단에서 "「공공기관의 운영에 관한 법률」 제4조에 따른 공공기관 중 대통령령으로 정하는 공공기관"이란 「공공기관의 운영에 관한 법률」 제5조제4항제1호의 공공기관을 말한다. 〈개정 2020.11.24.〉

② 사업시행자는 법 제91조제6항에 따라 변경된 공익사업의 내용을 관보에 고시할 때에는 그 고시 내용을 법 제91조제1항에 따른 환매권자(이하 이 조에서 "환매권자"라 한다)에게 통지하여야 한다. 다만, 환매권자를 알 수 없거나 그 주소·거소 또는 그 밖에 통지할 장소를 알 수 없을 때에는 제3항에 따른 공고로 통지를 갈음할 수 있다.

③ 제2항 단서에 따른 공고는 사업시행자가 공고할 서류를 해당 토지의 소재지를 관할하는 시장(행정시의 시장을 포함한다) · 군수 또는 구청장(자치구가 아닌 구의 구청장을 포함한다)에게 송부하여 해당 시(행정시를 포함한다) · 군 또는 구(자치구가 아닌 구를 포함한다)의 게시판에 14일 이상 게시하는 방법으로 한다.

[전문개정 2013.5.28.]

제50조(환매권의 공고) 법 제92조제1항 단서에 따른 공고는 전국을 보급지역으로 하는 일간신문에 공고하거나 해당 토지가 소재하는 시(행정시를 포함한다) · 군 또는 구(자치구가 아닌 구를 포함한다)의 게시판에 7일 이상 게시하는 방법으로 한다.

[전문개정 2013.5.28.]

제50조의2(고유식별정보의 처리) ① 사업시행자(법 제81조에 따라 보상 또는 이주대책에 관한 업무를 위탁받은 자를 포함한다)는 다음 각 호의 사무를 수행하기 위하여 불가피한 경우 「개인정보 보호법 시행령」 제19조제1호 또는 제4호에 따른 주민등록번호 또는 외국인등록번호가 포함된 자료를 처리할 수 있다.

1. 법 제8조제1항에 따른 공익사업의 수행을 위하여 필요한 서류의 발급 신청에 관한 사무
2. 법 제14조에 따른 토지조서 및 물건조서의 작성에 관한 사무
3. 법 제15조에 따른 보상계획의 공고 및 통지 등에 관한 사무
4. 법 제16조 및 제17조에 따른 토지등에 대한 보상에 관한 협의 및 계약의 체결에 관한 사무
5. 법 제28조제1항 및 제30조제2항에 따른 재결 신청에 관한 사무
6. 법 제29조에 따른 토지등에 대한 보상에 관한 협의 성립의 확인 신청에 관한 사무
7. 법 제38조에 따른 천재지변 시의 토지의 사용에 관한 사무
8. 법 제40조에 따른 보상금의 지급 또는 공탁에 관한 사무
9. 법 제63조제1항 단서에 따른 대토(代土)보상에 관한 사무 및 같은 조 제7항 · 제8항에 따른 채권보상에 관한 사무
10. 법 제70조에 따른 취득하는 토지의 보상에 관한 사무
11. 법 제71조에 따른 사용하는 토지의 보상에 관한 사무
12. 법 제76조에 따른 권리의 보상에 관한 사무
13. 법 제77조에 따른 영업손실, 농업손실, 휴직 또는 실직 근로자의 임금손실의 보상에 관한 사무
14. 법 제78조 및 제78조의2에 따른 이주대책의 수립 및 공장의 이주대책 수립 등에 관한 사무
15. 법 제79조제2항에 따른 공익사업이 시행되는 지역 밖의 토지등에 관한 손실보상에 관한 사무
16. 법 제91조 및 제92조에 따른 토지의 환매 및 환매권의 통지 등에 관한 사무

② 국토교통부장관 또는 시 · 도지사는 토지수용위원회 위원의 위촉과 관련하여 법 제54조에 따른 결격사유를 확인하기 위하여 불가피한 경우 「개인정보 보호법 시행령」 제19조제1호 또는 제4호에 따른 주민등록번호 또는 외국인등록번호가 포함된 자료를 처리할 수 있다.

[본조신설 2014.8.6.]

[종전 제50조의2는 제50조의3으로 이동 〈2014.8.6.〉]

제50조의3 삭제 〈2016.12.30.〉

제8장 벌칙

제51조(과태료의 부과기준) 법 제99조제1항에 따른 과태료의 부과기준은 별표 2와 같다.

[전문개정 2013.5.28.]

부칙 〈대통령령 제32638호, 2022.5.9.〉

제1조(시행일) 이 영은 2022년 8월 4일부터 시행한다.

제2조(다른 법령의 개정)
이하 생략

부칙 〈대통령령 제32697호, 2022.6.14.〉(댐건설·관리 및 주변지역지원 등에 관한 법률 시행령)

제1조(시행일) 이 영은 2022년 6월 16일부터 시행한다.

제2조(다른 법령의 개정) ① 및 ② 생략
③ 공익사업을 위한 토지 등의 취득 및 보상에 관한 법률 시행령 일부를 다음과 같이 개정한다.
　제29조제1호를 다음과 같이 한다.
　　1. 「댐건설·관리 및 주변지역지원 등에 관한 법률」에 따른 댐건설사업
④부터 ㉗까지 생략

제3조 생략

부칙 〈대통령령 제34400호, 2024.4.9.〉

제1조(시행일) 이 영은 공포한 날부터 시행한다.

제2조(재결신청에 관한 적용례) 제12조 제2항 제1호의 개정규정은 이 영 시행 이후 법 제15조 제1항(법 제26조 제1항에 따라 준용되는 경우를 포함한다)에 따라 보상계획을 공고하거나 토지소유자 및 관계인에게 각각 보상계획을 통지(법 제15조 제1항 단서에 따라 공고를 생략하는 경우만 해당한다)하는 공익사업부터 적용한다.

[별표 1] 〈개정 2016.1.6.〉

보상 또는 이주대책사업에 관한 위탁수수료의 기준(제43조제4항 관련)

보상액 또는 이주대책사업비	위탁수수료의 요율 (보상액 또는 이주대책사업비에 대한 수수료의 비율)
1. 30억원 이하	20/1,000
2. 30억원 초과 90억원 이하	6천만원 + 30억원을 초과하는 금액의 17/1,000
3. 90억원 초과 150억원 이하	1억6천2백만원 + 90억원을 초과하는 금액의 15/1,000
4. 150억원 초과 300억원 이하	2억5천2백만원 + 150억원을 초과하는 금액의 13/1,000
5. 300억원 초과	4억4천7백만원 + 300억원을 초과하는 금액의 10/1,000

[비고]
1. "이주대책사업비''란 이주정착지 안의 토지등의 매수에 따른 보상액, 법 제78조제4항에 따른 생활기본시설의 설치에 필요한 비용 및 이주정착지 안의 택지조성비용이나 주택건설비용 등의 합계액을 말한다.
2. 평가수수료·측량수수료·등기수수료 및 변호사의 보수 등 특별한 비용은 보상액 또는 이주대책사업비에 포함하지 않는다.
3. 위탁업무의 내용, 위탁사업의 성격, 지역적인 여건 등 특수한 사정이 있는 경우에는 위탁자와 보상전문기관이 협의하여 이 위탁수수료의 요율을 조정할 수 있다.
4. 사업기간 등이 변경되어 위탁수수료 요율을 조정할 필요가 있다고 판단되는 경우에는 위탁자와 보상전문기관이 협의하여 조정할 수 있다.

[별표 2] 〈개정 2021.11.23.〉

과태료의 부과기준(제51조 관련)

1. 일반기준
   가. 부과권자는 다음의 어느 하나에 해당하는 경우에는 제2호에 따른 과태료 부과금액의 2분의 1 범위에서 그 금액을 줄일 수 있다. 다만, 과태료를 체납하고 있는 위반행위자의 경우에는 그러하지 아니하다.
      1) 위반행위자가 「질서위반행위규제법 시행령」 제2조의2제1항 각 호의 어느 하나에 해당하는 경우
      2) 위반행위가 사소한 부주의나 오류로 인한 것으로 인정되는 경우
      3) 위반행위자가 법 위반상태를 해소하기 위하여 노력하였다고 인정되는 경우
      4) 그 밖에 위반행위의 정도, 위반행위의 동기와 그 결과 등을 고려하여 과태료 금액을 줄일 필요가 있다고 인정되는 경우
   나. 부과권자는 다음의 어느 하나에 해당하는 경우에는 제2호에 따른 과태료 부과금액의 2분의 1 범위에서 그 금액을 늘릴 수 있다. 다만, 그 사유가 여러 개인 경우라도 법 제99조제1항에 따른 과태료 금액의 상한을 넘을 수 없다.
      1) 위반의 내용 및 정도가 중대하여 토지소유자 또는 관계인 등에게 미치는 피해가 크다고 인정되는 경우
      2) 법 위반상태의 기간이 3개월 이상인 경우
      3) 그 밖에 위반행위의 정도, 위반행위의 동기와 그 결과 등을 고려하여 과태료 금액을 늘릴 필요가 있다고 인정되는 경우

2. 개별기준

위반행위	해당 법조문	과태료 금액
가. 법 제58조 제1항 제1호에 규정된 자로서 정당한 사유 없이 출석이나 진술을 하지 않는 경우	법 제99조 제1항 제1호	100만원
나. 법 제58조 제1항 제1호에 규정된 자로서 거짓으로 진술한 경우	법 제99조 제1항 제1호	200만원
다. 법 제58조 제1항 제1호에 따라 의견서 또는 자료 제출을 요구받고 정당한 사유 없이 이를 제출하지 않은 경우	법 제99조 제1항 제2호	100만원
라. 법 제58조 제1항 제1호에 따라 의견서 또는 자료 제출을 요구받고 거짓 의견서 또는 자료를 제출한 경우	법 제99조 제1항 제2호	200만원
마. 감정평가법인등이나 그 밖의 감정인이 법 제58조 제1항 제2호에 따라 감정평가를 의뢰받거나 출석 또는 진술을 요구받고 정당한 사유 없이 이에 따르지 않은 경우	법 제99조 제1항 제3호	200만원
바. 법 제58조제1항제3호에 따른 실지조사를 거부, 방해 또는 기피한 경우	법 제99조 제1항제4호	200만원

공익사업을 위한 토지 등의 취득 및 보상에 관한 법률 시행규칙[토지보상법 시행규칙]

공익사업을 위한 토지 등의 취득 및 보상에 관한 법률 시행규칙

제1장 총칙

제1조(목적) 이 규칙은 「공익사업을 위한 토지 등의 취득 및 보상에 관한 법률」 및 동법 시행령에서 위임된 사항과 그 시행에 관하여 필요한 사항을 규정함을 목적으로 한다. 〈개정 2005.2.5.〉

제2조(정의) 이 규칙에서 사용하는 용어의 정의는 다음 각호와 같다. 〈개정 2005.2.5.〉

1. "대상물건"이라 함은 「공익사업을 위한 토지 등의 취득 및 보상에 관한 법률」(이하 "법"이라 한다) 제2조제1호의 규정에 의한 토지·물건 및 권리로서 평가의 대상이 되는 것을 말한다.

2. "공익사업시행지구"라 함은 법 제2조제2호의 규정에 의한 공익사업이 시행되는 지역을 말한다.

3. "지장물"이라 함은 공익사업시행지구내의 토지에 정착한 건축물·공작물·시설·입목·죽목 및 농작물 그 밖의 물건 중에서 당해 공익사업의 수행을 위하여 직접 필요하지 아니한 물건을 말한다.

4. "이전비"라 함은 대상물건의 유용성을 동일하게 유지하면서 이를 당해 공익사업시행지구밖의 지역으로 이전·이설 또는 이식하는데 소요되는 비용(물건의 해체비, 건축허가에 일반적으로 소요되는 경비를 포함한 건축비와 적정거리까지의 운반비를 포함하며, 「건축법」 등 관계법령에 의하여 요구되는 시설의 개선에 필요한 비용을 제외한다)을 말한다.

5. "가격시점"이라 함은 법 제67조제1항의 규정에 의한 보상액 산정의 기준이 되는 시점을 말한다.

6. "거래사례비교법"이라 함은 대상물건과 동일성 또는 유사성이 있는 다른 물건의 거래사례와 비교(거래된 사정 및 시기 등에 따른 적정한 보완을 하여 비교하는 것을 말한다. 이하 같다)하여 대상물건에 대한 가격시점 현재의 가격을 구하는 방법을 말한다.

7. "임대사례비교법"이라 함은 대상물건과 동일성 또는 유사성이 있는 다른 물건의 임대사례와 비교하여 대상물건의 사용료를 구하는 방법을 말한다.

8. "적산법"이라 함은 가격시점에서 대상물건의 가격을 기대이율로 곱한 금액에 대상물건을 계속 사용하는데 필요한 제경비를 더하여 대상물건의 사용료를 구하는 방법을 말한다.

9. "원가법"이라 함은 가격시점에서 대상물건을 재조달하는데 소요되는 가격에서 감가수정을 하여 대상물건에 대한 가격시점 현재의 가격을 구하는 방법을 말한다.

제3조(송달) 「공익사업을 위한 토지 등의 취득 및 보상에 관한 법률 시행령」(이하 "영"이라 한다) 제4조 제1항의 규정에 의하여 법 제6조의 규정에 의한 서류의 송달은 「우편법 시행규칙」 제25조제1항제 6호의 규정에 의한 특별송달의 방법에 의하여 이를 할 수 있다. 〈개정 2005.2.5.〉

제4조(증표 및 허가증의 서식) 법 제13조제4항(법 제27조제1항 및 제58조제2항에서 준용하는 경우를 포함한다)의 규정에 의한 증표는 별지 제1호서식에 의하고, 동항의 규정에 의한 허가증은 별지 제2 호서식 및 별지 제3호서식에 의한다.

제2장 협의에 의한 취득 또는 사용

제5조(토지조서 및 물건조서의 서식) 영 제7조제6항의 규정에 의한 토지조서 및 물건조서는 각각 별지 제4호서식 및 별지 제5호서식에 의한다.

제6조(보상협의요청서 및 협의경위서의 서식) ① 영 제8조제1항의 규정에 의한 보상협의요청서는 별지 제6호서식에 의한다.

② 영 제8조제5항의 규정에 의한 협의경위서는 별지 제7호서식에 의한다.

제7조 삭제 〈2008.4.18.〉

제3장 수용에 의한 취득 또는 사용

제8조(사업인정신청서의 서식 등) ① 영 제10조제1항의 규정에 의한 사업인정신청서는 별지 제10호서식에 의한다.

② 영 제10조제2항제1호의 규정에 의한 사업계획서에는 다음 각호의 사항을 기재하여야 한다.

1. 사업의 개요 및 법적 근거
2. 사업의 착수 · 완공예정일
3. 소요경비와 재원조서
4. 사업에 필요한 토지와 물건의 세목
5. 사업의 필요성 및 그 효과

③ 영 제10조제2항제2호의 규정에 의한 도면은 다음 각 호에서 정하는 바에 따라 작성하여야 한다.

1. 사업예정지를 표시하는 도면 : 축척 5천분의 1 내지 2만5천분의 1의 지형도에 사업예정지를 담홍색으로 착색할 것
2. 사업계획을 표시하는 도면 : 축척 1백분의 1 내지 5천분의 1의 지도에 설치하고자 하는 시설물의 위치를 명시하고 그 시설물에 대한 평면도를 첨부할 것

④ 영 제10조제2항제3호의 규정에 의한 토지등에 관한 조서는 별지 제11호서식에 의하여 이를 작성하고, 동호의 규정에 의한 토지등에 관한 도면은 축척 1백분의 1 내지 1천2백분의 1의 지도에 토지등(법 제2조제1호의 규정에 의한 토지 · 물건 및 권리를 말한다. 이하 같다)의 위치를 표시하여 작성하여야 한다.

⑤ 영 제10조제2항제7호의 규정에 의한 수용 또는 사용할 토지의 세목을 기재한 서류는 별지 제12호서식에 의한다.

⑥ 사업시행자는 영 제10조제1항 및 같은 조 제2항에 따라 사업인정신청서 및 그 첨부서류 · 도면을 제출하는 때에는 정본 1통과 공익사업시행지구에 포함된 시(「제주특별자치도 설치 및 국제자유도시 조성을 위한 특별법」 제15조제2항에 따른 행정시를 포함한다. 이하 같다) · 군 또는 구(자치구

가 아닌 구를 포함한다. 이하 제10조제3항 및 제11조제3항에서 같다)의 수의 합계에 3을 더한 부수의 사본을 제출하여야 한다. 〈개정 2008.4.18.〉

제9조(수수료) ① 법 제20조제2항·제28조제2항·제29조제2항 및 제30조제2항의 규정에 의한 수수료는 별표 1과 같다.

② 제1항의 규정에 의한 수수료는 수입인지 또는 수입증지(법 제28조제1항·제29조제1항 및 제30조제2항의 규정에 의한 재결신청 및 협의성립확인신청을 지방토지수용위원회에 하는 경우에 한한다)로 납부하여야 한다. 다만, 국토교통부장관 또는 관할 토지수용위원회는 정보통신망을 이용하여 전자화폐·전자결제 등의 방법으로 이를 납부하게 할 수 있다. 〈개정 2004.11.29, 2008.3.14, 2013.3.23.〉

제9조의2(협의의 요청) ① 국토교통부장관 또는 법 별표에 규정된 법률에 따라 사업인정이 있는 것으로 의제되는 공익사업의 허가·인가·승인권자 등은 법 제21조제1항 및 제2항에 따라 법 제49조에 따른 중앙토지수용위원회(이하 "중앙토지수용위원회"라 한다)와 협의를 하려는 경우에는 다음 각 호의 자료를 중앙토지수용위원회에 제출해야 한다.

1. 영 제10조제1항 각 호의 사항을 적은 서면
2. 영 제10조제2항 각 호의 서류 및 도면
3. 영 제11조제6항에 따라 송부 또는 통지받은 토지소유자, 관계인 및 그 밖에 사업인정에 관하여 이해관계가 있는 자의 의견

② 제1항에 따른 자료의 작성과 제출에 관하여 필요한 사항은 중앙토지수용위원회가 정한다.
[본조신설 2019.7.1.]

제9조의3(재협의 요청) ① 국토교통부장관 또는 법 별표에 규정된 법률에 따라 사업인정이 있는 것으로 의제되는 공익사업의 허가·인가·승인권자 등은 법 제21조제1항 또는 제2항에 따라 중앙토지수용위원회가 사업인정 등에 동의하지 않은 경우에는 이를 보완하여 다시 협의를 요청할 수 있다.

② 제1항에 따른 재협의에 대해서는 법 제21조제3항부터 제8항까지의 규정에 따른다.
[본조신설 2019.7.1.]

제9조의4(협의 후 자료 제출 요청) 중앙토지수용위원회는 법 별표에 규정된 법률에 따라 사업인정이 있는 것으로 의제되는 공익사업의 허가·인가·승인권자 등에게 법 제21조제2항에 따라 협의를 완료한 지구지정·사업계획승인 등에 관한 다음 각 호의 자료 제출을 요청할 수 있다.

1. 사업인정이 의제되는 지구지정·사업계획승인 등의 여부
2. 협의 조건의 이행여부
3. 해당 공익사업에 대한 재결 신청현황
[본조신설 2019.7.1.]

제10조(재결신청서의 서식 등) ① 영 제12조제1항의 규정에 의한 재결신청서는 별지 제13호서식에 의한다.

② 제8조제2항 및 동조제3항의 규정은 영 제12조제2항제3호 및 제4호의 규정에 의한 사업계획서, 사업예정지 및 사업계획을 표시한 도면의 작성에 관하여 이를 준용한다.

③ 사업시행자는 영 제12조제1항 및 동조제2항의 규정에 의하여 재결신청서 및 그 첨부서류·도면을 제출하는 때에는 정본 1통과 공익사업시행지구에 포함된 시·군 또는 구의 수의 합계에 해당하는 부수의 사본을 제출하여야 한다.

제11조(협의성립확인신청서의 서식 등) ① 영 제13조제1항의 규정에 의한 협의성립확인신청서는 별지 제14호서식에 의한다.

② 제8조제2항의 규정은 영 제13조제2항제4호의 규정에 의한 사업계획서의 작성에 관하여 이를 준용한다.

③ 사업시행자는 영 제13조제1항 및 동조제2항의 규정에 의하여 협의성립확인신청서 및 그 첨부서류를 제출하는 때에는 정본 1통과 공익사업시행지구에 포함된 시·군 또는 구의 수의 합계에 해당하는 부수의 사본을 제출하여야 한다. 다만, 법 제29조제3항의 규정에 의한 협의성립확인신청의 경우에는 사본은 제출하지 아니한다.

제12조(재결신청청구서의 제출방법) 영 제14조제1항에 따른 재결신청청구서의 제출은 사업시행자에게 직접 제출하거나 「우편법 시행규칙」 제25조제1항제4호에 따른 증명취급의 방법으로 한다.

[전문개정 2020.12.11.]

제4장 　토지수용위원회

제13조(참고인 등의 일당·여비 및 감정수수료) 법 제58조 제3항의 규정에 의한 참고인과 감정인에 대한 일당·여비 및 감정수수료는 중앙토지수용위원회 또는 지방토지수용위원회가 정한다. 다만, 「감정평가 및 감정평가사에 관한 법률」에 따른 감정평가법인등(이하 "감정평가법인등"이라 한다)에 대한 감정수수료는 같은 법 제23조에 따라 국토교통부장관이 결정·공고한 수수료와 실비의 합계액으로 한다. 〈개정 2005.2.5, 2008.3.14, 2013.3.23, 2016.8.31, 2022.1.21.〉

제14조(위원의 수당 및 여비) 법 제59조의 규정에 의한 토지수용위원회의 위원에 대한 수당 및 여비는 예산의 범위안에서 중앙토지수용위원회 또는 지방토지수용위원회가 이를 정한다.

제14조의2(업무의 지도·감독) ① 국토교통부장관은 법 제60조의2제2항 전단에 따라 업무를 위탁하는 경우 위탁받은 기관 또는 단체의 장에게 재결정보체계의 구축·운영에 관한 사업계획을 수립·보고하게 할 수 있다.

② 국토교통부장관은 위탁업무를 보다 효율적으로 추진하기 위하여 필요하다고 인정하는 경우에는 위탁받은 기관 또는 단체의 장에게 제1항에 따른 사업계획을 보완하거나 변경할 것을 지시할 수 있다. 이 경우 위탁받은 기관 또는 단체의 장은 특별한 사유가 없으면 이에 따라야 한다.

③ 국토교통부장관은 위탁업무 수행의 적절성 등을 확인하기 위하여 위탁받은 기관 또는 단체의 장으로 하여금 필요한 보고를 하게 하거나 관련 자료를 제출하게 할 수 있다.

[본조신설 2017.6.20.]

제5장 손실보상평가의 기준 및 보상액의 산정 등

제1절 통칙

제15조(부재부동산 소유자의 거주사실 등에 대한 입증방법) ① 영 제26조제3항제2호에 따른 거주사실의 입증은 다음 각 호의 방법으로 한다. 〈개정 2005.2.5, 2008.4.18, 2009.11.13, 2020.12.11.〉

　1. 「주민등록법」 제2조에 따라 해당 지역의 주민등록에 관한 사무를 관장하는 특별자치도지사·시장·군수·구청장 또는 그 권한을 위임받은 읍·면·동장 또는 출장소장의 확인을 받아 입증하는 방법

　2. 다음의 어느 하나에 해당하는 자료로 입증하는 방법

　　가. 공공요금영수증

　　나. 국민연금보험료, 건강보험료 또는 고용보험료 납입증명서

　　다. 전화사용료, 케이블텔레비전 수신료 또는 인터넷 사용료 납부확인서

　　라. 신용카드 대중교통 이용명세서

　　마. 자녀의 재학증명서

　　바. 연말정산 등 납세 자료

　　사. 그 밖에 실제 거주사실을 증명하는 객관적 자료

② 영 제26조제3항제3호에 따른 사실상 영업행위의 입증은 다음 각 호의 자료를 모두 제출하는 방법에 의한다. 〈신설 2009.11.13, 2012.1.2, 2015.4.28.〉

　1. 「부가가치세법 시행령」 제11조에 따른 사업자등록증 및 관계법령에 따라 허가·면허·신고 등(이하 "허가등"이라 한다)을 필요로 하는 경우에는 허가등을 받았음을 입증하는 서류

　2. 해당 영업에 따른 납세증명서 또는 공공요금영수증 등 객관성이 있는 자료

　[제목개정 2020.12.11.]

제15조의2(사업시행자의 현금보상으로의 전환) 법 제63조제5항 전단에서 "국토교통부령으로 정하는 사유"란 해당 사업계획의 변경을 말한다. 〈개정 2012.1.2, 2013.3.23.〉

　[본조신설 2008.4.18.]

제15조의3(토지소유자의 현금보상으로의 전환) 법 제63조제6항제3호에서 "국토교통부령으로 정하는 경우"란 다음 각 호의 경우를 말한다. 〈개정 2012.1.2, 2013.3.23.〉

　1. 토지소유자의 채무변제를 위하여 현금보상이 부득이한 경우

　2. 그 밖에 부상이나 질병의 치료 등을 위하여 현금보상이 부득이하다고 명백히 인정되는 경우

　[본조신설 2008.4.18.]

제16조(보상평가의 의뢰 및 평가 등) ① 사업시행자는 법 제68조제1항에 따라 대상물건에 대한 평가를 의뢰하려는 때에는 별지 제15호서식의 보상평가의뢰서에 다음 각 호의 사항을 기재하여 감정평가법인등에게 평가를 의뢰해야 한다. 〈개정 2022.1.21, 2024.4.9.〉

　1. 대상물건의 표시

2. 대상물건의 가격시점

3. 평가서 제출기한

4. 대상물건의 취득 또는 사용의 구분

5. 건축물등 물건에 대하여는 그 이전 또는 취득의 구분

6. 영업손실을 보상하는 경우에는 폐업 또는 휴업의 구분

7. 법 제82조제1항제1호의 규정에 의한 보상액 평가를 위한 사전 의견수렴에 관한 사항

8. 그 밖의 평가조건 및 참고사항

② 제1항제3호의 규정에 의한 평가서 제출기한은 30일 이내로 하여야 한다. 다만, 대상물건이나 평가 내용이 특수한 경우에는 그러하지 아니하다.

③ 감정평가법인등은 제1항의 규정에 의하여 평가를 의뢰받은 때에는 대상물건 및 그 주변의 상황을 현지조사하고 평가를 하여야 한다. 이 경우 고도의 기술을 필요로 하는 등의 사유로 인하여 자기가 직접 평가할 수 없는 대상물건에 대하여는 사업시행자의 승낙을 얻어 전문기관의 자문 또는 용역을 거쳐 평가할 수 있다. 〈개정 2022.1.21.〉

④ 감정평가법인등은 평가를 한 후 별지 제16호서식의 보상평가서(이하 "보상평가서"라 한다)를 작성 하여 심사자(감정평가업에 종사하는 감정평가사를 말한다. 이하 이 조에서 같다) 1인 이상의 심사를 받고 보상평가서에 당해 심사자의 서명날인을 받은 후 제1항제3호의 규정에 의한 제출기한 내에 사업시행자에게 이를 제출하여야 한다. 〈개정 2022.1.21.〉

⑤ 제4항의 규정에 의한 심사자는 다음 각호의 사항을 성실하게 심사하여야 한다. 〈개정 2013.4.25.〉

1. 보상평가서의 위산·오기 여부

2. 법 제70조제1항 및 제76조제1항 등 관계 법령에서 정하는 바에 따라 대상물건이 적정하게 평가 되었는지 여부

3. 비교 대상이 되는 표준지의 적정성 등 대상물건에 대한 평가액의 타당성

⑥ 보상액의 산정은 각 감정평가법인등이 평가한 평가액의 산술평균치를 기준으로 한다. 〈개정 2022.1.21.〉

제17조(재평가 등) ① 사업시행자는 제16조제4항의 규정에 의하여 제출된 보상평가서를 검토한 결과 그 평가가 관계법령에 위반하여 평가되었거나 합리적 근거 없이 비교 대상이 되는 표준지의 공시지 가와 현저하게 차이가 나는 등 부당하게 평가되었다고 인정하는 경우에는 당해 감정평가법인등에 게 그 사유를 명시하여 다시 평가할 것을 요구하여야 한다. 이 경우 사업시행자는 필요하면 국토교 통부장관이 보상평가에 관한 전문성이 있는 것으로 인정하여 고시하는 기관에 해당 평가가 위법 또는 부당하게 이루어졌는지에 대한 검토를 의뢰할 수 있다. 〈개정 2013.4.25, 2022.1.21.〉

② 사업시행자는 다음 각 호의 어느 하나에 해당하는 경우에는 다른 2인 이상의 감정평가법인등에게 대상물건의 평가를 다시 의뢰하여야 한다. 〈개정 2006.3.17, 2007.4.12, 2013.4.25, 2022.1.21.〉

1. 제1항 전단의 사유에 해당하는 경우로서 당해 감정평가법인등에게 평가를 요구할 수 없는 특별 한 사유가 있는 경우

2. 대상물건의 평가액 중 최고평가액이 최저평가액의 110퍼센트를 초과하는 경우. 대상물건이 지 장물인 경우 최고평가액과 최저평가액의 비교는 소유자별로 지장물 전체 평가액의 합계액을 기 준으로 한다.

3. 평가를 한 후 1년이 경과할 때까지 보상계약이 체결되지 아니한 경우

③ 사업시행자는 제2항에 따른 재평가를 하여야 하는 경우로서 종전의 평가가 영 제28조에 따라 시·도지사와 토지소유자가 추천한 감정평가법인등을 선정하여 행하여진 경우에는 시·도지사와 토지소유자(보상계약을 체결하지 아니한 토지소유자를 말한다. 이하 이 항에서 같다)에게 영 제28조에 따라 다른 감정평가법인등을 추천하여 줄 것을 통지하여야 한다. 이 경우 시·도지사와 토지소유자가 통지를 받은 날부터 30일 이내에 추천하지 아니한 경우에는 추천이 없는 것으로 본다. 〈개정 2007.4.12, 2013.4.25, 2022.1.21.〉

④ 제1항 및 제2항의 규정에 의하여 평가를 행한 경우 보상액의 산정은 각 감정평가법인등이 다시 평가한 평가액의 산술평균치를 기준으로 한다. 〈개정 2022.1.21.〉

⑤ 제2항제2호에 해당하는 경우 사업시행자는 평가내역 및 당해 감정평가법인등을 국토교통부장관에게 통지하여야 하며, 국토교통부장관은 당해 감정평가가 관계법령이 정하는 바에 따라 적법하게 행하여졌는지 여부를 조사하여야 한다. 〈개정 2008.3.14, 2013.3.23, 2022.1.21.〉

제18조(평가방법 적용의 원칙) ① 대상물건의 평가는 이 규칙에서 정하는 방법에 의하되, 그 방법으로 구한 가격 또는 사용료(이하 "가격등"이라 한다)를 다른 방법으로 구한 가격등과 비교하여 그 합리성을 검토하여야 한다.

② 이 규칙에서 정하는 방법으로 평가하는 경우 평가가 크게 부적정하게 될 요인이 있는 경우에는 적정하다고 판단되는 다른 방법으로 평가할 수 있다. 이 경우 보상평가서에 그 사유를 기재하여야 한다.

③ 이 규칙에서 정하지 아니한 대상물건에 대하여는 이 규칙의 취지와 감정평가의 일반이론에 의하여 객관적으로 판단·평가하여야 한다.

제19조(대상물건의 변경에 따른 평가) ① 공익사업의 계획이 변경됨에 따라 추가되는 대상물건이 제16조의 규정에 의하여 이미 평가한 물건과 그 실체 및 이용상태 등이 동일하고 가격등에 변경이 없다고 인정되는 때에는 따로 평가하지 아니하고 이미 평가한 물건의 평가결과를 기준으로 하여 보상액을 산정할 수 있다.

② 공익사업의 계획이 변경됨에 따라 대상물건의 일부가 보상대상에서 제외되는 경우에는 그 내용을 지체 없이 그 대상물건의 소유자 등에게 통지하여야 한다. 이 경우 이미 보상계약이 체결된 때에는 지체 없이 그 계약을 해지하거나 변경하고 그에 따른 보상액의 환수 등 필요한 조치를 하여야 한다.

③ 제17조제2항제3호의 규정에 의하여 재평가를 하는 경우로서 재평가시점에서 물건의 수량 또는 내용이 변경된 경우에는 변경된 상태를 기준으로 평가하여야 한다.

제20조(구분평가 등) ① 취득할 토지에 건축물·입목·공작물 그 밖에 토지에 정착한 물건(이하 "건축물등"이라 한다)이 있는 경우에는 토지와 그 건축물등을 각각 평가하여야 한다. 다만, 건축물등이 토지와 함께 거래되는 사례나 관행이 있는 경우에는 그 건축물등과 토지를 일괄하여 평가하여야 하며, 이 경우 보상평가서에 그 내용을 기재하여야 한다.

② 건축물등의 면적 또는 규모의 산정은 「건축법」 등 관계법령이 정하는 바에 의한다. 〈개정 2005.2.5.〉

제21조(보상채권의 교부 및 상환현황통지서 등의 서식) ① 영 제34조제4항의 규정에 의한 보상채권의 교부 및 상환현황통지서는 별지 제17호서식에 의한다.

② 영 제35조제1항의 규정에 의한 보상채권지급결정통지서는 별지 제18호서식에 의한다.

③ 영 제36조의 규정에 의한 보상채권교부대장은 별지 제19호서식에 의한다.

제2절 토지의 평가

제22조(취득하는 토지의 평가) ① 취득하는 토지를 평가함에 있어서는 평가대상토지와 유사한 이용가치를 지닌다고 인정되는 하나 이상의 표준지의 공시지가를 기준으로 한다.

② 토지에 건축물등이 있는 때에는 그 건축물등이 없는 상태를 상정하여 토지를 평가한다.

③ 제1항에 따른 표준지는 특별한 사유가 있는 경우를 제외하고는 다음 각 호의 기준에 따른 토지로 한다. 〈신설 2013.4.25.〉

1. 「국토의 계획 및 이용에 관한 법률」 제36조부터 제38조까지, 제38조의2 및 제39조부터 제42조까지에서 정한 용도지역, 용도지구, 용도구역 등 공법상 제한이 같거나 유사할 것

2. 평가대상 토지와 실제 이용상황이 같거나 유사할 것

3. 평가대상 토지와 주위 환경 등이 같거나 유사할 것

4. 평가대상 토지와 지리적으로 가까울 것

제23조(공법상 제한을 받는 토지의 평가) ① 공법상 제한을 받는 토지에 대하여는 제한받는 상태대로 평가한다. 다만, 그 공법상 제한이 당해 공익사업의 시행을 직접 목적으로 하여 가하여진 경우에는 제한이 없는 상태를 상정하여 평가한다.

② 당해 공익사업의 시행을 직접 목적으로 하여 용도지역 또는 용도지구 등이 변경된 토지에 대하여는 변경되기 전의 용도지역 또는 용도지구 등을 기준으로 평가한다.

제24조(무허가건축물 등의 부지 또는 불법형질변경된 토지의 평가) 「건축법」 등 관계법령에 의하여 허가를 받거나 신고를 하고 건축 또는 용도변경을 하여야 하는 건축물을 허가를 받지 아니하거나 신고를 하지 아니하고 건축 또는 용도변경한 건축물(이하 "무허가건축물등"이라 한다)의 부지 또는 「국토의 계획 및 이용에 관한 법률」 등 관계법령에 의하여 허가를 받거나 신고를 하고 형질변경을 하여야 하는 토지를 허가를 받지 아니하거나 신고를 하지 아니하고 형질변경한 토지(이하 "불법형질변경토지"라 한다)에 대하여는 무허가건축물등이 건축 또는 용도변경될 당시 또는 토지가 형질변경될 당시의 이용상황을 상정하여 평가한다. 〈개정 2005.2.5, 2012.1.2.〉

제25조(미지급용지의 평가) ① 종전에 시행된 공익사업의 부지로서 보상금이 지급되지 아니한 토지(이하 이 조에서 "미지급용지"라 한다)에 대하여는 종전의 공익사업에 편입될 당시의 이용상황을 상정하여 평가한다. 다만, 종전의 공익사업에 편입될 당시의 이용상황을 알 수 없는 경우에는 편입될 당시의 지목과 인근토지의 이용상황 등을 참작하여 평가한다. 〈개정 2015.4.28.〉

② 사업시행자는 제1항의 규정에 의한 미지급용지의 평가를 의뢰하는 때에는 제16조제1항의 규정에 의한 보상평가의뢰서에 미지급용지임을 표시하여야 한다. 〈개정 2015.4.28.〉

[제목개정 2015.4.28.]

제26조(도로 및 구거부지의 평가) ① 도로부지에 대한 평가는 다음 각 호에서 정하는 바에 의한다. 〈개정 2005.2.5.〉

1. 「사도법」에 의한 사도의 부지는 인근토지에 대한 평가액의 5분의 1 이내

2. 사실상의 사도의 부지는 인근토지에 대한 평가액의 3분의 1 이내

3. 제1호 또는 제2호 외의 도로의 부지는 제22조의 규정에서 정하는 방법

② 제1항제2호에서 "사실상의 사도"라 함은 「사도법」에 의한 사도외의 도로(「국토의 계획 및 이용에 관한 법률」에 의한 도시・군관리계획에 의하여 도로로 결정된 후부터 도로로 사용되고 있는 것을 제외한다)로서 다음 각 호의 1에 해당하는 도로를 말한다. 〈개정 2005.2.5, 2012.1.2, 2012.4.13.〉

1. 도로개설 당시의 토지소유자가 자기 토지의 편익을 위하여 스스로 설치한 도로

2. 토지소유자가 그 의사에 의하여 타인의 통행을 제한할 수 없는 도로

3. 「건축법」 제45조에 따라 건축허가권자가 그 위치를 지정・공고한 도로

4. 도로개설 당시의 토지소유자가 대지 또는 공장용지 등을 조성하기 위하여 설치한 도로

③ 구거부지에 대하여는 인근토지에 대한 평가액의 3분의 1 이내로 평가한다. 다만, 용수를 위한 도수로부지(개설당시의 토지소유자가 자기 토지의 편익을 위하여 스스로 설치한 도수로부지를 제외한다)에 대하여는 제22조의 규정에 의하여 평가한다.

④ 제1항 및 제3항에서 "인근토지"라 함은 당해 도로부지 또는 구거부지가 도로 또는 구거로 이용되지 아니하였을 경우에 예상되는 표준적인 이용상황과 유사한 토지로서 당해 토지와 위치상 가까운 토지를 말한다.

제27조(개간비의 평가 등) ① 국유지 또는 공유지를 관계법령에 의하여 적법하게 개간(매립 및 간척을 포함한다. 이하 같다)한 자가 개간 당시부터 보상 당시까지 계속하여 적법하게 당해 토지를 점유하고 있는 경우(개간한 자가 사망한 경우에는 그 상속인이 개간한 자가 사망한 때부터 계속하여 적법하게 당해 토지를 점유하고 있는 경우를 포함한다) 개간에 소요된 비용(이하 "개간비"라 한다)은 이를 평가하여 보상하여야 한다. 이 경우 보상액은 개간 후의 토지가격에서 개간 전의 토지가격을 뺀 금액을 초과하지 못한다. 〈개정 2007.4.12.〉

② 제1항의 규정에 의한 개간비를 평가함에 있어서는 개간 전과 개간 후의 토지의 지세・지질・비옥도・이용상황 및 개간의 난이도 등을 종합적으로 고려하여야 한다.

③ 제1항의 규정에 의하여 개간비를 보상하는 경우 취득하는 토지의 보상액은 개간 후의 토지가격에서 개간비를 뺀 금액으로 한다.

제28조(토지에 관한 소유권외의 권리의 평가) ① 취득하는 토지에 설정된 소유권외의 권리에 대하여는 당해 권리의 종류, 존속기간 및 기대이익 등을 종합적으로 고려하여 평가한다. 이 경우 점유는 권리로 보지 아니한다.

② 제1항의 규정에 의한 토지에 관한 소유권외의 권리에 대하여는 거래사례비교법에 의하여 평가함을 원칙으로 하되, 일반적으로 양도성이 없는 경우에는 당해 권리의 유무에 따른 토지의 가격차액 또는 권리설정계약을 기준으로 평가한다.

제29조(소유권외의 권리의 목적이 되고 있는 토지의 평가) 취득하는 토지에 설정된 소유권외의 권리의 목적이 되고 있는 토지에 대하여는 당해 권리가 없는 것으로 하여 제22조 내지 제27조의 규정에 의하여 평가한 금액에서 제28조의 규정에 의하여 평가한 소유권외의 권리의 가액을 뺀 금액으로 평가한다.

제30조(토지의 사용에 대한 평가) 토지의 사용료는 임대사례비교법으로 평가한다. 다만, 적정한 임대사례가 없거나 대상토지의 특성으로 보아 임대사례비교법으로 평가하는 것이 적정하지 아니한 경우에는 적산법으로 평가할 수 있다.

제31조(토지의 지하·지상공간의 사용에 대한 평가) ① 토지의 지하 또는 지상공간을 사실상 영구적으로 사용하는 경우 당해 공간에 대한 사용료는 제22조의 규정에 의하여 산정한 당해 토지의 가격에 당해 공간을 사용함으로 인하여 토지의 이용이 저해되는 정도에 따른 적정한 비율(이하 이 조에서 "입체이용저해율"이라 한다)을 곱하여 산정한 금액으로 평가한다.
② 토지의 지하 또는 지상공간을 일정한 기간동안 사용하는 경우 당해 공간에 대한 사용료는 제30조의 규정에 의하여 산정한 당해 토지의 사용료에 입체이용저해율을 곱하여 산정한 금액으로 평가한다.

제32조(잔여지의 손실 등에 대한 평가) ① 동일한 토지소유자에 속하는 일단의 토지의 일부가 취득됨으로 인하여 잔여지의 가격이 하락된 경우의 잔여지의 손실은 공익사업시행지구에 편입되기 전의 잔여지의 가격(당해 토지가 공익사업시행지구에 편입됨으로 인하여 잔여지의 가격이 변동된 경우에는 변동되기 전의 가격을 말한다)에서 공익사업시행지구에 편입된 후의 잔여지의 가격을 뺀 금액으로 평가한다.
② 동일한 토지소유자에 속하는 일단의 토지의 일부가 취득 또는 사용됨으로 인하여 잔여지에 통로·구거·담장 등의 신설 그 밖의 공사가 필요하게 된 경우의 손실은 그 시설의 설치나 공사에 필요한 비용으로 평가한다.
③ 동일한 토지소유자에 속하는 일단의 토지의 일부가 취득됨으로 인하여 종래의 목적에 사용하는 것이 현저히 곤란하게 된 잔여지에 대하여는 그 일단의 토지의 전체가격에서 공익사업시행지구에 편입되는 토지의 가격을 뺀 금액으로 평가한다.

제3절 건축물등 물건의 평가

제33조(건축물의 평가) ① 건축물(담장 및 우물 등의 부대시설을 포함한다. 이하 같다)에 대하여는 그 구조·이용상태·면적·내구연한·유용성 및 이전가능성 그 밖에 가격형성에 관련되는 제요인을 종합적으로 고려하여 평가한다.

② 건축물의 가격은 원가법으로 평가한다. 다만, 주거용 건축물에 있어서는 거래사례비교법에 의하여 평가한 금액(공익사업의 시행에 따라 이주대책을 수립·실시하거나 주택입주권 등을 당해 건축물의 소유자에게 주는 경우 또는 개발제한구역안에서 이전이 허용되는 경우에 있어서의 당해 사유로 인한 가격상승분은 제외하고 평가한 금액을 말한다)이 원가법에 의하여 평가한 금액보다 큰 경우와 「집합건물의 소유 및 관리에 관한 법률」에 의한 구분소유권의 대상이 되는 건물의 가격은 거래사례비교법으로 평가한다. 〈개정 2005.2.5.〉

③ 건축물의 사용료는 임대사례비교법으로 평가한다. 다만, 임대사례비교법으로 평가하는 것이 적정하지 아니한 경우에는 적산법으로 평가할 수 있다.

④ 물건의 가격으로 보상한 건축물의 철거비용은 사업시행자가 부담한다. 다만, 건축물의 소유자가 당해 건축물의 구성부분을 사용 또는 처분할 목적으로 철거하는 경우에는 건축물의 소유자가 부담한다.

제34조(건축물에 관한 소유권외의 권리 등의 평가) 제28조 및 제29조의 규정은 법 제75조제1항 단서의 규정에 의하여 물건의 가격으로 보상하여야 하는 건축물에 관한 소유권외의 권리의 평가 및 소유권외의 권리의 목적이 되고 있는 건축물의 평가에 관하여 각각 이를 준용한다. 이 경우 제29조 중 "제22조 내지 제27조"는 "제33조제1항·제2항 및 제4항"으로 본다.

제35조(잔여 건축물에 대한 평가) ① 동일한 건축물소유자에 속하는 일단의 건축물의 일부가 취득 또는 사용됨으로 인하여 잔여 건축물의 가격이 감소된 경우의 잔여 건축물의 손실은 공익사업시행지구에 편입되기 전의 잔여 건축물의 가격(해당 건축물이 공익사업시행지구에 편입됨으로 인하여 잔여 건축물의 가격이 변동된 경우에는 변동되기 전의 가격을 말한다)에서 공익사업시행지구에 편입된 후의 잔여 건축물의 가격을 뺀 금액으로 평가한다.

② 동일한 건축물소유자에 속하는 일단의 건축물의 일부가 취득 또는 사용됨으로 인하여 잔여 건축물에 보수가 필요한 경우의 보수비는 건축물의 잔여부분을 종래의 목적대로 사용할 수 있도록 그 유용성을 동일하게 유지하는데 통상 필요하다고 볼 수 있는 공사에 사용되는 비용(「건축법」 등 관계법령에 의하여 요구되는 시설의 개선에 필요한 비용은 포함하지 아니한다)으로 평가한다.

[전문개정 2008.4.18.]

제36조(공작물 등의 평가) ① 제33조 내지 제35조의 규정은 공작물 그 밖의 시설(이하 "공작물등"이라 한다)의 평가에 관하여 이를 준용한다.

② 다음 각 호의 1에 해당하는 공작물등은 이를 별도의 가치가 있는 것으로 평가하여서는 아니된다.

1. 공작물등의 용도가 폐지되었거나 기능이 상실되어 경제적 가치가 없는 경우
2. 공작물등의 가치가 보상이 되는 다른 토지등의 가치에 충분히 반영되어 토지등의 가격이 증가한 경우
3. 사업시행자가 공익사업에 편입되는 공작물등에 대한 대체시설을 하는 경우

제37조(과수 등의 평가) ① 과수 그 밖에 수익이 나는 나무(이하 이 조에서 "수익수"라 한다) 또는 관상수(묘목을 제외한다. 이하 이 조에서 같다)에 대하여는 수종·규격·수령·수량·식수면적·관리상태·수익성·이식가능성 및 이식의 난이도 그 밖에 가격형성에 관련되는 제요인을 종합적으로 고려하여 평가한다.

② 지장물인 과수에 대하여는 다음 각 호의 구분에 따라 평가한다. 이 경우 이식가능성·이식적기·고손율(枯損率) 및 감수율(減收率)에 관하여는 별표 2의 기준을 참작해야 한다. 〈개정 2021.8.27.〉

1. 이식이 가능한 과수
    가. 결실기에 있는 과수
        (1) 계절적으로 이식적기인 경우 : 이전비와 이식함으로써 예상되는 고손율·감수율을 고려하여 정한 고손액 및 감수액의 합계액
        (2) 계절적으로 이식적기가 아닌 경우 : 이전비와 (1)의 고손액의 2배 이내의 금액 및 감수액의 합계액
    나. 결실기에 이르지 아니한 과수
        (1) 계절적으로 이식적기인 경우 : 이전비와 가목(1)의 고손액의 합계액
        (2) 계절적으로 이식적기가 아닌 경우 : 이전비와 가목(1)의 고손액의 2배 이내의 금액의 합계액
2. 이식이 불가능한 과수
    가. 거래사례가 있는 경우 : 거래사례비교법에 의하여 평가한 금액
    나. 거래사례가 없는 경우
        (1) 결실기에 있는 과수 : 식재상황·수세(樹勢)·잔존수확가능연수 및 수익성 등을 고려하여 평가한 금액
        (2) 결실기에 이르지 아니한 과수 : 가격시점까지 소요된 비용을 현재의 가격으로 평가한 금액(이하 "현가액"이라 한다)

③ 법 제75조제1항 단서의 규정에 의하여 물건의 가격으로 보상하는 과수에 대하여는 제2항제2호 가목 및 나목의 예에 따라 평가한다.

④ 제2항 및 제3항의 규정은 과수외의 수익수 및 관상수에 대한 평가에 관하여 이를 준용하되, 관상수의 경우에는 감수액을 고려하지 아니한다. 이 경우 고손율은 당해 수익수 및 관상수 총수의 10퍼센트 이하의 범위안에서 정하되, 이식적기가 아닌 경우에는 20퍼센트까지로 할 수 있다.

⑤ 이식이 불가능한 수익수 또는 관상수의 벌채비용은 사업시행자가 부담한다. 다만, 수목의 소유자가 당해 수목을 처분할 목적으로 벌채하는 경우에는 수목의 소유자가 부담한다.

제38조(묘목의 평가) ① 묘목에 대하여는 상품화 가능여부, 이식에 따른 고손율, 성장정도 및 관리상태 등을 종합적으로 고려하여 평가한다.

② 상품화할 수 있는 묘목은 손실이 없는 것으로 본다. 다만 매각손실액(일시에 매각함으로 인하여 가격이 하락함에 따른 손실을 말한다. 이하 같다)이 있는 경우에는 그 손실을 평가하여 보상하여야 하며, 이 경우 보상액은 제3항의 규정에 따라 평가한 금액을 초과하지 못한다.

③ 시기적으로 상품화가 곤란하거나 상품화를 할 수 있는 시기에 이르지 않은 묘목에 대하여는 이전비와 고손율을 고려한 고손액의 합계액으로 평가한다. 이 경우 이전비는 임시로 옮겨 심는데 필요한 비용으로 평가하며, 고손율은 1퍼센트 이하의 범위안에서 정하되 주위의 환경 또는 계절적 사정 등 특별한 사유가 있는 경우에는 2퍼센트까지로 할 수 있다. 〈개정 2021.8.27.〉

④ 파종 또는 발아 중에 있는 묘목에 대하여는 가격시점까지 소요된 비용의 현가액으로 평가한다.

⑤ 법 제75조제1항 단서의 규정에 의하여 물건의 가격으로 보상하는 묘목에 대하여는 거래사례가 있는 경우에는 거래사례비교법에 의하여 평가하고, 거래사례가 없는 경우에는 가격시점까지 소요된 비용의 현가액으로 평가한다.

제39조(입목 등의 평가) ① 입목(죽목을 포함한다. 이하 이 조에서 같다)에 대하여는 벌기령(「산림자원의 조성 및 관리에 관한 법률 시행규칙」 별표 3에 따른 기준벌기령을 말한다. 이하 이 조에서 같다) · 수종 · 주수 · 면적 및 수익성 그 밖에 가격형성에 관련되는 제요인을 종합적으로 고려하여 평가한다. 〈개정 2005.2.5, 2007.4.12.〉

② 지장물인 조림된 용재림(用材林 : 재목을 이용할 목적으로 가꾸는 나무숲을 말한다) 중 벌기령에 달한 용재림은 손실이 없는 것으로 본다. 다만, 용재림을 일시에 벌채하게 되어 벌채 및 반출에 통상 소요되는 비용이 증가하거나 목재의 가격이 하락하는 경우에는 그 손실을 평가하여 보상해야 한다. 〈개정 2021.8.27.〉

③ 지장물인 조림된 용재림 중 벌기령에 달하지 아니한 용재림에 대하여는 다음 각 호에 구분에 따라 평가한다.

1. 당해 용재림의 목재가 인근시장에서 거래되는 경우 : 거래가격에서 벌채비용과 운반비를 뺀 금액. 이 경우 벌기령에 달하지 아니한 상태에서의 매각에 따른 손실액이 있는 경우에는 이를 포함한다.

2. 당해 용재림의 목재가 인근시장에서 거래되지 않는 경우 : 가격시점까지 소요된 비용의 현가액. 이 경우 보상액은 당해 용재림의 예상총수입의 현가액에서 장래 투하비용의 현가액을 뺀 금액을 초과하지 못한다.

④ 제2항 및 제3항에서 "조림된 용재림"이라 함은 「산림자원의 조성 및 관리에 관한 법률」 제13조에 따른 산림경영계획인가를 받아 시업하였거나 산림의 생산요소를 기업적으로 경영 · 관리하는 산림으로서 「입목에 관한 법률」 제8조에 따라 등록된 입목의 집단 또는 이에 준하는 산림을 말한다. 〈개정 2005.2.5, 2007.4.12.〉

⑤ 제2항 및 제3항의 규정을 적용함에 있어서 벌기령의 10분의 9 이상을 경과하였거나 그 입목의 성장 및 관리상태가 양호하여 벌기령에 달한 입목과 유사한 입목의 경우에는 벌기령에 달한 것으로 본다.

⑥ 제3항의 규정에 의한 입목의 벌채비용은 사업시행자가 부담한다.

⑦ 제2항 · 제3항 및 제6항의 규정은 자연림으로서 수종 · 수령 · 면적 · 주수 · 입목도 · 관리상태 · 성장정도 및 수익성 등이 조림된 용재림과 유사한 자연림의 평가에 관하여 이를 준용한다.

⑧ 제3항 및 제6항의 규정은 사업시행자가 취득하는 입목의 평가에 관하여 이를 준용한다.

제40조(수목의 수량 산정방법) ① 제37조 내지 제39조의 규정에 의한 수목의 수량은 평가의 대상이 되는 수목을 그루별로 조사하여 산정한다. 다만, 그루별로 조사할 수 없는 특별한 사유가 있는 경우에는 단위면적을 기준으로 하는 표본추출방식에 의한다.

② 수목의 손실에 대한 보상액은 정상식(경제적으로 식재목적에 부합되고 정상적인 생육이 가능한 수목의 식재상태를 말한다)을 기준으로 한 평가액을 초과하지 못한다.

제41조(농작물의 평가) ① 농작물을 수확하기 전에 토지를 사용하는 경우의 농작물의 손실은 농작물의 종류 및 성숙도 등을 종합적으로 고려하여 다음 각호의 구분에 따라 평가한다.

1. 파종 중 또는 발아기에 있거나 묘포에 있는 농작물 : 가격시점까지 소요된 비용의 현가액

2. 제1호의 농작물외의 농작물 : 예상총수입의 현가액에서 장래 투하비용의 현가액을 뺀 금액. 이 경우 보상 당시에 상품화가 가능한 풋고추·들깻잎 또는 호박 등의 농작물이 있는 경우에는 그 금액을 뺀다.

② 제1항제2호에서 "예상총수입"이라 함은 당해 농작물의 최근 3년간(풍흉작이 현저한 연도를 제외한다)의 평균총수입을 말한다.

제42조(분묘에 대한 보상액의 산정) ① 장사 등에 관한 법률」 제2조제16호에 따른 연고자(이하 이 조에서 "연고자"라 한다)가 있는 분묘에 대한 보상액은 다음 각 호의 합계액으로 산정한다. 다만, 사업시행자가 직접 산정하기 어려운 경우에는 감정평가법인등에게 평가를 의뢰할 수 있다. 〈개정 2005.2.5, 2007.4.12, 2008.4.18, 2012.1.2, 2021.8.27, 2022.1.21.〉

1. 분묘이전비 : 4분판 1매·마포 24미터 및 전지 5권의 가격, 제례비, 임금 5인분(합장인 경우에는 사체 1구당 각각의 비용의 50퍼센트를 가산한다) 및 운구차량비

2. 석물이전비 : 상석 및 비석 등의 이전실비(좌향이 표시되어 있거나 그 밖의 사유로 이전사용이 불가능한 경우에는 제작·운반비를 말한다)

3. 잡비 : 제1호 및 제2호에 의하여 산정한 금액의 30퍼센트에 해당하는 금액

4. 이전보조비 : 100만원

② 제1항제1호의 규정에 의한 운구차량비는 「여객자동차 운수사업법 시행령」 제3조제2호 나목의 특수여객자동차운송사업에 적용되는 운임·요금중 당해 지역에 적용되는 운임·요금을 기준으로 산정한다. 〈개정 2005.2.5.〉

③ 연고자가 없는 분묘에 대한 보상액은 제1항제1호 내지 제3호의 규정에 의하여 산정한 금액의 50퍼센트 이하의 범위안에서 산정한다.

제4절 권리의 평가

제43조(광업권의 평가) ① 광업권에 대한 손실의 평가는 「광업법 시행령」 제30조에 따른다. 〈개정 2005.2.5, 2007.9.27, 2024.4.9.〉

② 조업 중인 광산이 토지등의 사용으로 인하여 휴업하는 경우의 손실은 휴업기간에 해당하는 영업이익을 기준으로 평가한다. 이 경우 영업이익은 최근 3년간의 연평균 영업이익을 기준으로 한다.

③ 광물매장량의 부재(채광으로 채산이 맞지 아니하는 정도로 매장량이 소량이거나 이에 준하는 상태를 포함한다)로 인하여 휴업 중인 광산은 손실이 없는 것으로 본다.

제44조(어업권의 평가 등) ①공익사업의 시행으로 인하여 어업권이 제한·정지 또는 취소되거나 「수산업법」 제14조 또는 「내수면어업법」 제13조에 따른 어업면허의 유효기간의 연장이 허가되지 아

니하는 경우 해당 어업권 및 어선·어구 또는 시설물에 대한 손실의 평가는 「수산업법 시행령」 별표 10에 따른다. 〈개정 2005.2.5., 2008.4.18., 2012.1.2., 2024.4.9.〉

② 공익사업의 시행으로 인하여 어업권이 취소되거나 「수산업법」 제14조 또는 「내수면어업법」 제13조에 따른 어업면허의 유효기간의 연장이 허가되지 않는 경우로서 다른 어장에 시설을 이전하여 어업이 가능한 경우 해당 어업권에 대한 손실의 평가는 「수산업법 시행령」 별표 10 중 어업권이 정지된 경우의 손실액 산출방법 및 기준에 따른다. 〈개정 2005.2.5., 2008.4.18., 2012.1.2., 2024.4.9.〉

③ 법 제15조제1항 본문의 규정에 의한 보상계획의 공고(동항 단서의 규정에 의하는 경우에는 토지소유자 및 관계인에 대한 보상계획의 통지를 말한다) 또는 법 제22조의 규정에 의한 사업인정의 고시가 있은 날(이하 "사업인정고시일등"이라 한다) 이후에 어업권의 면허를 받은 자에 대하여는 제1항 및 제2항의 규정을 적용하지 아니한다.

④ 제1항 내지 제3항의 규정은 허가어업 및 신고어업(「내수면어업법」 제11조제2항의 규정에 의한 신고어업을 제외한다)에 대한 손실의 평가에 관하여 이를 준용한다. 〈개정 2005.2.5.〉

⑤ 제52조는 이 조의 어업에 대한 보상에 관하여 이를 준용한다. 〈개정 2007.4.12.〉

제5절 영업의 손실 등에 대한 평가

제45조(영업손실의 보상대상인 영업) 법 제77조제1항에 따라 영업손실을 보상하여야 하는 영업은 다음 각 호 모두에 해당하는 영업으로 한다. 〈개정 2007.4.12., 2009.11.13., 2015.4.28.〉

1. 사업인정고시일등 전부터 적법한 장소(무허가건축물등, 불법형질변경토지, 그 밖에 다른 법령에서 물건을 쌓아놓는 행위가 금지되는 장소가 아닌 곳을 말한다)에서 인적·물적시설을 갖추고 계속적으로 행하고 있는 영업. 다만, 무허가건축물등에서 임차인이 영업하는 경우에는 그 임차인이 사업인정고시일등 1년 이전부터 「부가가치세법」 제8조에 따른 사업자등록을 하고 행하고 있는 영업을 말한다.

2. 영업을 행함에 있어서 관계법령에 의한 허가등을 필요로 하는 경우에는 사업인정고시일등 전에 허가등을 받아 그 내용대로 행하고 있는 영업

제46조(영업의 폐업에 대한 손실의 평가 등) ① 공익사업의 시행으로 인하여 폐업하는 경우의 영업손실은 2년간의 영업이익(개인영업인 경우에는 소득을 말한다. 이하 같다)에 영업용 고정자산·원재료·제품 및 상품 등의 매각손실액을 더한 금액으로 평가한다. 〈개정 2024.4.9.〉

② 제1항에 따른 폐업은 다음 각 호의 어느 하나에 해당하는 경우로 한다. 〈개정 2007.4.12., 2008.4.18., 2024.4.9.〉

1. 영업장소 또는 배후지(당해 영업의 고객이 소재하는 지역을 말한다. 이하 같다)의 특수성으로 인하여 당해 영업소가 소재하고 있는 시·군·구(자치구를 말한다. 이하 같다) 또는 인접하고 있는 시·군·구의 지역 안의 다른 장소에 이전하여서는 당해 영업을 할 수 없는 경우

2. 당해 영업소가 소재하고 있는 시·군·구 또는 인접하고 있는 시·군·구의 지역 안의 다른 장소에서는 당해 영업의 허가등을 받을 수 없는 경우

3. 도축장 등 악취 등이 심하여 인근주민에게 혐오감을 주는 영업시설로서 해당 영업소가 소재하고 있는 시·군·구 또는 인접하고 있는 시·군·구의 지역 안의 다른 장소로 이전하는 것이 현저히 곤란하다고 특별자치도지사·시장·군수 또는 구청장(자치구의 구청장을 말한다)이 객관적인 사실에 근거하여 인정하는 경우

③ 제1항에 따른 영업이익은 해당 영업의 최근 3년간(특별한 사정으로 인하여 정상적인 영업이 이루어지지 않은 연도를 제외한다)의 평균 영업이익을 기준으로 하여 이를 평가하되, 공익사업의 계획 또는 시행이 공고 또는 고시됨으로 인하여 영업이익이 감소된 경우에는 해당 공고 또는 고시일전 3년간의 평균 영업이익을 기준으로 평가한다. 이 경우 개인영업으로서 최근 3년간의 평균 영업이익이 다음 산식에 의하여 산정한 연간 영업이익에 미달하는 경우에는 그 연간 영업이익을 최근 3년간의 평균 영업이익으로 본다. 〈개정 2005.2.5, 2008.4.18, 2021.8.27.〉

연간 영업이익 = 「통계법」 제3조제3호에 따른 통계작성기관이 같은 법 제18조에 따른 승인을 받아 작성·공표한 제조부문 보통인부의 임금단가 × 25(일) × 12(월)

④ 제2항에 불구하고 사업시행자는 영업자가 폐업 후 2년 이내에 해당 영업소가 소재하고 있는 시·군·구 또는 인접하고 있는 시·군·구의 지역 안에서 동일한 영업을 하는 경우에는 폐업에 대한 보상금을 환수하고 제47조에 따른 영업의 휴업 등에 대한 손실을 보상해야 한다. 〈신설 2007.4.12, 2024.4.9.〉

⑤ 제45조제1호 단서에 따른 임차인의 영업에 대한 보상액 중 영업용 고정자산·원재료·제품 및 상품 등의 매각손실액을 제외한 금액은 제1항에 불구하고 1천만원을 초과하지 못한다. 〈신설 2007.4.12, 2008.4.18.〉

[제목개정 2024.4.9.]

제47조(영업의 휴업 등에 대한 손실의 평가) ① 공익사업의 시행으로 인하여 영업장소를 이전하여야 하는 경우의 영업손실은 휴업기간에 해당하는 영업이익과 영업장소 이전 후 발생하는 영업이익감소액에 다음 각 호의 비용을 합한 금액으로 평가한다. 〈개정 2014.10.22.〉

1. 휴업기간 중의 영업용 자산에 대한 감가상각비·유지관리비와 휴업기간 중에도 정상적으로 근무하여야 하는 최소인원에 대한 인건비 등 고정적 비용
2. 영업시설·원재료·제품 및 상품의 이전에 소요되는 비용 및 그 이전에 따른 감손상당액
3. 이전광고비 및 개업비 등 영업장소를 이전함으로 인하여 소요되는 부대비용

② 제1항의 규정에 의한 휴업기간은 4개월 이내로 한다. 다만, 다음 각 호의 어느 하나에 해당하는 경우에는 실제 휴업기간으로 하되, 그 휴업기간은 2년을 초과할 수 없다. 〈개정 2014.10.22.〉

1. 당해 공익사업을 위한 영업의 금지 또는 제한으로 인하여 4개월 이상의 기간동안 영업을 할 수 없는 경우
2. 영업시설의 규모가 크거나 이전에 고도의 정밀성을 요구하는 등 당해 영업의 고유한 특수성으로 인하여 4개월 이내에 다른 장소로 이전하는 것이 어렵다고 객관적으로 인정되는 경우

③ 공익사업에 영업시설의 일부가 편입됨으로 인하여 잔여시설에 그 시설을 새로이 설치하거나 잔여시설을 보수하지 아니하고는 그 영업을 계속할 수 없는 경우의 영업손실 및 영업규모의 축소에 따른 영업손실은 다음 각 호에 해당하는 금액을 더한 금액으로 평가한다. 이 경우 보상액은 제1항에

따른 평가액을 초과하지 못한다. 〈개정 2007.4.12.〉

1. 해당 시설의 설치 등에 소요되는 기간의 영업이익

2. 해당 시설의 설치 등에 통상 소요되는 비용

3. 영업규모의 축소에 따른 영업용 고정자산·원재료·제품 및 상품 등의 매각손실액

④ 영업을 휴업하지 아니하고 임시영업소를 설치하여 영업을 계속하는 경우의 영업손실은 임시영업소의 설치비용으로 평가한다. 이 경우 보상액은 제1항의 규정에 의한 평가액을 초과하지 못한다.

⑤ 제46조제3항 전단은 이 조에 따른 영업이익의 평가에 관하여 이를 준용한다. 이 경우 개인영업으로서 휴업기간에 해당하는 영업이익이 「통계법」 제3조제3호에 따른 통계작성기관이 조사·발표하는 가계조사통계의 도시근로자가구 월평균 가계지출비를 기준으로 산정한 3인 가구의 휴업기간 동안의 가계지출비(휴업기간이 4개월을 초과하는 경우에는 4개월분의 가계지출비를 기준으로 한다)에 미달하는 경우에는 그 가계지출비를 휴업기간에 해당하는 영업이익으로 본다. 〈개정 2007.4.12, 2008.4.18, 2014.10.22.〉

⑥ 제45조제1호 단서에 따른 임차인의 영업에 대한 보상액 중 제1항제2호의 비용을 제외한 금액은 제1항에 불구하고 1천만원을 초과하지 못한다. 〈신설 2007.4.12, 2008.4.18.〉

⑦ 제1항 각 호 외의 부분에서 영업장소 이전 후 발생하는 영업이익 감소액은 제1항 각 호 외의 부분의 휴업기간에 해당하는 영업이익(제5항 후단에 따른 개인영업의 경우에는 가계지출비를 말한다)의 100분의 20으로 하되, 그 금액은 1천만원을 초과하지 못한다. 〈신설 2014.10.22.〉

제48조(농업의 손실에 대한 보상) ① 공익사업시행지구에 편입되는 농지(「농지법」 제2조제1호가목 및 같은 법 시행령 제2조제3항제2호가목에 해당하는 토지를 말한다. 이하 이 조와 제65조에서 같다)에 대하여는 그 면적에 「통계법」 제3조제3호에 따른 통계작성기관이 매년 조사·발표하는 농가경제조사통계의 도별 농업총수입 중 농작물수입을 도별 표본농가현황 중 경지면적으로 나누어 산정한 도별 연간 농가평균 단위경작면적당 농작물총수입(서울특별시·인천광역시는 경기도, 대전광역시는 충청남도, 광주광역시는 전라남도, 대구광역시는 경상북도, 부산광역시·울산광역시는 경상남도의 통계를 각각 적용한다)의 직전 3년간 평균의 2년분을 곱하여 산정한 금액을 영농손실액으로 보상한다. 〈개정 2005.2.5, 2007.4.12, 2008.4.18, 2013.4.25, 2015.4.28.〉

② 국토교통부장관이 농림축산식품부장관과의 협의를 거쳐 관보에 고시하는 농작물실제소득인정기준(이하 "농작물실제소득인정기준"이라 한다)에서 정하는 바에 따라 실제소득을 입증하는 자가 경작하는 편입농지에 대해서는 제1항에도 불구하고 그 면적에 단위경작면적당 3년간 실제소득 평균의 2년분을 곱하여 산정한 금액을 영농손실액으로 보상한다. 다만, 다음 각 호의 어느 하나에 해당하는 경우에는 각 호의 구분에 따라 산정한 금액을 영농손실액으로 보상한다. 〈개정 2008.3.14, 2013.3.23, 2013.4.25, 2014.10.22, 2020.12.11.〉

1. 단위경작면적당 실제소득이 「통계법」 제3조제3호에 따른 통계작성기관이 매년 조사·발표하는 농축산물소득자료집의 작목별 평균소득의 2배를 초과하는 경우 : 해당 작목별 단위경작면적당 평균생산량의 2배(단위경작면적당 실제소득이 현저히 높다고 농작물실제소득인정기준에서 따로 배수를 정하고 있는 경우에는 그에 따른다)를 판매한 금액을 단위경작면적당 실제소득으로 보아 이에 2년분을 곱하여 산정한 금액

2. 농작물실제소득인정기준에서 직접 해당 농지의 지력(地力)을 이용하지 아니하고 재배 중인 작물을 이전하여 해당 영농을 계속하는 것이 가능하다고 인정하는 경우 : 단위경작면적당 실제소득(제1호의 요건에 해당하는 경우에는 제1호에 따라 결정된 단위경작면적당 실제소득을 말한다)의 4개월분을 곱하여 산정한 금액

③ 다음 각 호의 어느 하나에 해당하는 토지는 이를 제1항 및 제2항의 규정에 의한 농지로 보지 아니한다. 〈개정 2005.2.5.〉

1. 사업인정고시일등 이후부터 농지로 이용되고 있는 토지

2. 토지이용계획·주위환경 등으로 보아 일시적으로 농지로 이용되고 있는 토지

3. 타인소유의 토지를 불법으로 점유하여 경작하고 있는 토지

4. 농민(「농지법」 제2조제3호의 규정에 의한 농업법인 또는 「농지법 시행령」 제3조제1호 및 동조 제2호의 규정에 의한 농업인을 말한다. 이하 이 조에서 같다)이 아닌 자가 경작하고 있는 토지

5. 토지의 취득에 대한 보상 이후에 사업시행자가 2년 이상 계속하여 경작하도록 허용하는 토지

④ 자경농지가 아닌 농지에 대한 영농손실액은 다음 각 호의 구분에 따라 보상한다. 〈개정 2008.4.18, 2013.4.25.〉

1. 농지의 소유자가 해당 지역(영 제26조제1항 각 호의 어느 하나의 지역을 말한다. 이하 이 조에서 같다)에 거주하는 농민인 경우

   가. 농지의 소유자와 제7항에 따른 실제 경작자(이하 "실제 경작자"라 한다)간에 협의가 성립된 경우 : 협의내용에 따라 보상

   나. 농지의 소유자와 실제 경작자 간에 협의가 성립되지 아니하는 경우에는 다음의 구분에 따라 보상

      1) 제1항에 따라 영농손실액이 결정된 경우 : 농지의 소유자와 실제 경작자에게 각각 영농손실액의 50퍼센트에 해당하는 금액을 보상

      2) 제2항에 따라 영농손실액이 결정된 경우 : 농지의 소유자에게는 제1항의 기준에 따라 결정된 영농손실액의 50퍼센트에 해당하는 금액을 보상하고, 실제 경작자에게는 제2항에 따라 결정된 영농손실액 중 농지의 소유자에게 지급한 금액을 제외한 나머지에 해당하는 금액을 보상

2. 농지의 소유자가 해당 지역에 거주하는 농민이 아닌 경우 : 실제 경작자에게 보상

⑤ 실제 경작자가 자의로 이농하는 등의 사유로 보상협의일 또는 수용재결일 당시에 경작을 하고 있지 않는 경우의 영농손실액은 제4항에도 불구하고 농지의 소유자가 해당 지역에 거주하는 농민인 경우에 한정하여 농지의 소유자에게 보상한다. 〈개정 2008.4.18, 2020.12.11.〉

⑥ 당해 지역에서 경작하고 있는 농지의 3분의 2 이상에 해당하는 면적이 공익사업시행지구에 편입됨으로 인하여 농기구를 이용하여 해당 지역에서 영농을 계속할 수 없게 된 경우(과수 등 특정한 작목의 영농에만 사용되는 특정한 농기구의 경우에는 공익사업시행지구에 편입되는 면적에 관계없이 해당 지역에서 해당 영농을 계속할 수 없게 된 경우를 말한다) 해당 농기구에 대해서는 매각손실액을 평가하여 보상하여야 한다. 다만, 매각손실액의 평가가 현실적으로 곤란한 경우에는 원가법에 의하여 산정한 가격의 60퍼센트 이내에서 매각손실액을 정할 수 있다. 〈개정 2007.4.12, 2013.4.25.〉

⑦ 법 제77조제2항에 따른 실제 경작자는 다음 각 호의 자료에 따라 사업인정고시일등 당시 타인소유의 농지를 임대차 등 적법한 원인으로 점유하고 자기소유의 농작물을 경작하는 것으로 인정된 자를 말한다. 이 경우 실제 경작자로 인정받으려는 자가 제5호의 자료만 제출한 경우 사업시행자는 해당 농지의 소유자에게 그 사실을 서면으로 통지할 수 있으며, 농지소유자가 통지받은 날부터 30일 이내에 이의를 제기하지 않는 경우에는 제2호의 자료가 제출된 것으로 본다. 〈신설 2008.4.18, 2009.11.13, 2015.4.28, 2020.12.11.〉

1. 농지의 임대차계약서
2. 농지소유자가 확인하는 경작사실확인서
3. 「농업·농촌 공익기능 증진 직접지불제도 운영에 관한 법률」에 따른 직접지불금의 수령 확인자료
4. 「농어업경영체 육성 및 지원에 관한 법률」 제4조에 따른 농어업경영체 등록 확인서
5. 해당 공익사업시행지구의 이장·통장이 확인하는 경작사실확인서
6. 그 밖에 실제 경작자임을 증명하는 객관적 자료

제49조(축산업의 손실에 대한 평가) ① 제45조부터 제47조(다음 각 호의 규정은 제외한다)까지의 규정은 축산업에 대한 손실의 평가에 관하여 이를 준용한다. 〈개정 2007.4.12, 2014.10.22.〉

1. 제46조제3항 후단
2. 제47조제1항 각 호 외의 부분(영업장소 이전 후 발생하는 영업이익감소액의 경우만 해당한다) 및 제7항
3. 제47조제5항 후단

② 제1항에 따른 손실보상의 대상이 되는 축산업은 다음 각 호의 어느 하나에 해당하는 경우로 한다. 〈개정 2005.2.5, 2007.4.12, 2008.4.18, 2015.4.28.〉

1. 「축산법」 제22조에 따라 허가를 받았거나 등록한 종축업·부화업·정액등처리업 또는 가축사육업
2. 별표 3에 규정된 가축별 기준마리수 이상의 가축을 기르는 경우
3. 별표 3에 규정된 가축별 기준마리수 미만의 가축을 기르는 경우로서 그 가축별 기준마리수에 대한 실제 사육마리수의 비율의 합계가 1 이상인 경우

③ 별표 3에 규정된 가축외에 이와 유사한 가축에 대하여는 제2항제2호 또는 제3호의 예에 따라 평가할 수 있다.

④ 제2항 및 제3항의 규정에 의한 손실보상의 대상이 되지 아니하는 가축에 대하여는 이전비로 평가하되, 이전으로 인하여 체중감소·산란율저하 및 유산 그 밖의 손실이 예상되는 경우에는 이를 포함하여 평가한다.

제50조(잠업의 손실에 대한 평가) 제45조부터 제47조(다음 각 호의 규정은 제외한다)까지의 규정은 잠업에 대한 손실의 평가에 관하여 이를 준용한다. 〈개정 2007.4.12, 2014.10.22.〉

1. 제46조제3항 후단
2. 제47조제1항 각 호 외의 부분(영업장소 이전 후 발생하는 영업이익감소액의 경우만 해당한다) 및 제7항
3. 제47조제5항 후단

제51조(휴직 또는 실직보상) 사업인정고시일등 당시 공익사업시행지구안의 사업장에서 3월 이상 근무한 근로자(「소득세법」에 의한 소득세가 원천징수된 자에 한한다)에 대하여는 다음 각 호의 구분에 따라 보상하여야 한다. 〈개정 2005.2.5, 2016.6.14.〉

1. 근로장소의 이전으로 인하여 일정기간 휴직을 하게 된 경우 : 휴직일수(휴직일수가 120일을 넘는 경우에는 120일로 본다)에 「근로기준법」에 의한 평균임금의 70퍼센트에 해당하는 금액을 곱한 금액. 다만, 평균임금의 70퍼센트에 해당하는 금액이 「근로기준법」에 의한 통상임금을 초과하는 경우에는 통상임금을 기준으로 한다.
2. 근로장소의 폐지 등으로 인하여 직업을 상실하게 된 경우 : 「근로기준법」에 의한 평균임금의 120일분에 해당하는 금액

제52조(허가등을 받지 아니한 영업의 손실보상에 관한 특례) 사업인정고시일등 전부터 허가등을 받아야 행할 수 있는 영업을 허가등이 없이 행하여 온 자가 공익사업의 시행으로 인하여 제45조제1호 본문에 따른 적법한 장소에서 영업을 계속할 수 없게 된 경우에는 제45조제2호에 불구하고 「통계법」 제3조 제3호에 따른 통계작성기관이 조사・발표하는 가계조사통계의 도시근로자가구 월평균 가계지출비를 기준으로 산정한 3인 가구 3개월분 가계지출비에 해당하는 금액을 영업손실에 대한 보상금으로 지급하되, 제47조제1항제2호에 따른 영업시설・원재료・제품 및 상품의 이전에 소요되는 비용 및 그 이전에 따른 감손상당액(이하 이 조에서 "영업시설등의 이전비용"이라 한다)은 별도로 보상한다. 다만, 본인 또는 생계를 같이 하는 동일 세대안의 직계존속・비속 및 배우자가 해당 공익사업으로 다른 영업에 대한 보상을 받은 경우에는 영업시설등의 이전비용만을 보상하여야 한다. 〈개정 2008.4.18.〉
[전문개정 2007.4.12.]

제6절 이주정착금 등의 보상

제53조(이주정착금 등) ① 영 제40조제2항 본문에서 "국토교통부령으로 정하는 부득이한 사유"란 다음 각 호의 어느 하나에 해당하는 경우를 말한다. 〈개정 2008.3.14, 2013.3.23, 2020.12.11.〉

1. 공익사업시행지구의 인근에 택지 조성에 적합한 토지가 없는 경우
2. 이주대책에 필요한 비용이 당해 공익사업의 본래의 목적을 위한 소요비용을 초과하는 등 이주대책의 수립・실시로 인하여 당해 공익사업의 시행이 사실상 곤란하게 되는 경우

② 영 제41조에 따른 이주정착금은 보상대상인 주거용 건축물에 대한 평가액의 30퍼센트에 해당하는 금액으로 하되, 그 금액이 1천2백만원 미만인 경우에는 1천2백만원으로 하고, 2천4백만원을 초과하는 경우에는 2천4백만원으로 한다. 〈개정 2012.1.2, 2020.12.11.〉

제54조(주거이전비의 보상) ① 공익사업시행지구에 편입되는 주거용 건축물의 소유자에 대하여는 해당 건축물에 대한 보상을 하는 때에 가구원수에 따라 2개월분의 주거이전비를 보상하여야 한다. 다만, 건축물의 소유자가 해당 건축물 또는 공익사업시행지구 내 타인의 건축물에 실제 거주하고 있지 아니하거나 해당 건축물이 무허가건축물등인 경우에는 그러하지 아니하다. 〈개정 2016.1.6.〉

② 공익사업의 시행으로 인하여 이주하게 되는 주거용 건축물의 세입자(무상으로 사용하는 거주자를 포함하되, 법 제78조제1항에 따른 이주대책대상자인 세입자는 제외한다)로서 사업인정고시일등 당시 또는 공익사업을 위한 관계 법령에 따른 고시 등이 있은 당시 해당 공익사업시행지구안에서 3개월 이상 거주한 자에 대해서는 가구원수에 따라 4개월분의 주거이전비를 보상해야 한다. 다만, 무허가건축물등에 입주한 세입자로서 사업인정고시일등 당시 또는 공익사업을 위한 관계 법령에 따른 고시 등이 있은 당시 그 공익사업지구 안에서 1년 이상 거주한 세입자에 대해서는 본문에 따라 주거이전비를 보상해야 한다. 〈개정 2007.4.12, 2016.1.6, 2020.12.11.〉

③ 제1항 및 제2항에 따른 거주사실의 입증은 제15조제1항 각 호의 방법으로 할 수 있다. 〈신설 2020.12.11.〉

④ 제1항 및 제2항에 따른 주거이전비는 「통계법」 제3조제3호에 따른 통계작성기관이 조사·발표하는 가계조사통계의 도시근로자가구의 가구원수별 월평균 명목 가계지출비(이하 이 항에서 "월평균 가계지출비"라 한다)를 기준으로 산정한다. 이 경우 가구원수가 5인 이상인 경우에는 다음 각 호의 구분에 따른 금액을 기준으로 산정한다. 〈개정 2023.4.17.〉

1. 가구원수가 5인인 경우 : 5인 이상 기준의 월평균 가계지출비에 해당하는 금액. 다만, 4인 기준의 월평균 가계지출비가 5인 이상 기준의 월평균 가계지출비를 초과하는 경우에는 4인 기준의 월평균 가계지출비에 해당하는 금액으로 한다.

2. 가구원수가 6인 이상인 경우 : 다음 산식에 따라 산정한 금액
   제1호에 따른 금액 + {5인을 초과하는 가구원수 × [(제1호에 따른 금액 - 2인 기준의 월평균 가계지출비) ÷ 3]}

제55조(동산의 이전비 보상 등) ① 토지등의 취득 또는 사용에 따라 이전하여야 하는 동산(제2항에 따른 이사비의 보상대상인 동산을 제외한다)에 대하여는 이전에 소요되는 비용 및 그 이전에 따른 감손 상당액을 보상하여야 한다. 〈개정 2007.4.12.〉

② 공익사업시행지구에 편입되는 주거용 건축물의 거주자가 해당 공익사업시행지구 밖으로 이사를 하거나 사업시행자가 지정하는 해당 공익사업시행지구 안의 장소로 이사를 하는 경우에는 별표 4의 기준에 의하여 산정한 이사비(가재도구 등 동산의 운반에 필요한 비용을 말한다. 이하 이 조에서 같다)를 보상하여야 한다. 〈개정 2012.1.2, 2023.4.17.〉

③ 이사비의 보상을 받은 자가 당해 공익사업시행지구 안의 지역으로 이사하는 경우에는 이사비를 보상하지 아니한다.

제56조(이농비 또는 이어비의 보상) ① 법 제78조제7항에서 "국토교통부령이 정하는 금액"이라 함은 「통계법」 제3조제3호에 따른 통계작성기관이 조사·발표하는 농가경제조사통계의 연간 전국평균 가계지출비 및 농업기본통계조사의 가구당 전국평균 농가인구를 기준으로 다음 산식에 의하여 산정한 가구원수에 따른 1년분의 평균생계비를 말한다. 〈개정 2005.2.5, 2007.4.12, 2008.3.14, 2008.4.18, 2013.3.23, 2023.4.17.〉

가구원수에 따른 1년분의 평균생계비 = 연간 전국평균 가계지출비 ÷ 가구당 전국평균 농가인구 × 이주가구원수

② 제1항에 따른 이농비 또는 이어비(離漁費)는 공익사업의 시행으로 인하여 영위하던 농·어업을 계속할 수 없게 되어 다음 각 호의 어느 하나 외의 지역으로 이주하는 농민(「농지법 시행령」 제3조제

1호에 따른 농업인으로서 농작물의 경작 또는 다년생식물의 재배에 상시 종사하거나 농작업의 2분의 1 이상을 자기의 노동력에 의하여 경작 또는 재배하는 자를 말한다) 또는 어민(연간 200일 이상 어업에 종사하는 자를 말한다)에게 보상한다. 〈신설 2007.4.12.〉

1. 공익사업에 편입되는 농지의 소재지(어민인 경우에는 주소지를 말한다)와 동일한 시·군 또는 구
2. 제1호의 지역과 인접한 시·군 또는 구

제57조(사업폐지 등에 대한 보상) 공익사업의 시행으로 인하여 건축물의 건축을 위한 건축허가 등 관계 법령에 의한 절차를 진행 중이던 사업 등이 폐지·변경 또는 중지되는 경우 그 사업 등에 소요된 법정수수료 그 밖의 비용 등의 손실에 대하여는 이를 보상하여야 한다.

제58조(주거용 건축물등의 보상에 대한 특례) ① 주거용 건축물로서 제33조에 따라 평가한 금액이 6백만원 미만인 경우 그 보상액은 6백만원으로 한다. 다만, 무허가건축물등에 대하여는 그러하지 아니하다. 〈개정 2007.4.12, 2014.10.22.〉

② 공익사업의 시행으로 인하여 주거용 건축물에 대한 보상을 받은 자가 그 후 당해 공익사업시행지구 밖의 지역에서 매입하거나 건축하여 소유하고 있는 주거용 건축물이 그 보상일부터 20년 이내에 다른 공익사업시행지구에 편입되는 경우 그 주거용 건축물 및 그 대지(보상을 받기 이전부터 소유하고 있던 대지 또는 다른 사람 소유의 대지위에 건축한 경우에는 주거용 건축물에 한한다)에 대하여는 당해 평가액의 30퍼센트를 가산하여 보상한다. 다만, 무허가건축물등을 매입 또는 건축한 경우와 다른 공익사업의 사업인정고시일등 또는 다른 공익사업을 위한 관계법령에 의한 고시 등이 있은 날 이후에 매입 또는 건축한 경우에는 그러하지 아니하다. 〈개정 2007.4.12.〉

③ 제2항의 규정에 의한 가산금이 1천만원을 초과하는 경우에는 1천만원으로 한다.

제7절 공익사업시행지구밖의 토지등의 보상

제59조(공익사업시행지구밖의 대지 등에 대한 보상) 공익사업시행지구밖의 대지(조성된 대지를 말한다)·건축물·분묘 또는 농지(계획적으로 조성된 유실수단지 및 죽림단지를 포함한다)가 공익사업의 시행으로 인하여 산지나 하천 등에 둘러싸여 교통이 두절되거나 경작이 불가능하게 된 경우에는 그 소유자의 청구에 의하여 이를 공익사업시행지구에 편입되는 것으로 보아 보상하여야 한다. 다만, 그 보상비가 도로 또는 도선시설의 설치비용을 초과하는 경우에는 도로 또는 도선시설을 설치함으로써 보상에 갈음할 수 있다.

제60조(공익사업시행지구밖의 건축물에 대한 보상) 소유농지의 대부분이 공익사업시행지구에 편입됨으로써 건축물(건축물의 대지 및 잔여농지를 포함한다. 이하 이 조에서 같다)만이 공익사업시행지구밖에 남게 되는 경우로서 그 건축물의 매매가 불가능하고 이주가 부득이한 경우에는 그 소유자의 청구에 의하여 이를 공익사업시행지구에 편입되는 것으로 보아 보상하여야 한다.

제61조(소수잔존자에 대한 보상) 공익사업의 시행으로 인하여 1개 마을의 주거용 건축물이 대부분 공익사업시행지구에 편입됨으로써 잔여 주거용 건축물 거주자의 생활환경이 현저히 불편하게 되어 이

주가 부득이한 경우에는 당해 건축물 소유자의 청구에 의하여 그 소유자의 토지등을 공익사업시행지구에 편입되는 것으로 보아 보상하여야 한다.

제62조(공익사업시행지구밖의 공작물등에 대한 보상) 공익사업시행지구밖에 있는 공작물등이 공익사업의 시행으로 인하여 그 본래의 기능을 다할 수 없게 되는 경우에는 그 소유자의 청구에 의하여 이를 공익사업시행지구에 편입되는 것으로 보아 보상하여야 한다.

제63조(공익사업시행지구밖의 어업의 피해에 대한 보상) ① 공익사업의 시행으로 인하여 해당 공익사업시행지구 인근에 있는 어업에 피해가 발생한 경우 사업시행자는 실제 피해액을 확인할 수 있는 때에 그 피해에 대하여 보상하여야 한다. 이 경우 실제 피해액은 감소된 어획량 및 「수산업법 시행령」 별표 10의 평년수익액 등을 참작하여 평가한다. 〈개정 2005.2.5, 2007.4.12, 2008.4.18, 2012.1.2, 2024.4.9.〉

② 제1항에 따른 보상액은 「수산업법 시행령」 별표 10에 따른 어업권·허가어업 또는 신고어업이 취소되거나 어업면허의 유효기간이 연장되지 않는 경우의 보상액을 초과하지 못한다. 〈신설 2007.4.12, 2008.4.18, 2012.1.2, 2024.4.9.〉

③ 사업인정고시일등 이후에 어업권의 면허를 받은 자 또는 어업의 허가를 받거나 신고를 한 자에 대하여는 제1항 및 제2항을 적용하지 아니한다. 〈신설 2007.4.12.〉

제64조(공익사업시행지구밖의 영업손실에 대한 보상) ① 공익사업시행지구밖에서 제45조에 따른 영업손실의 보상대상이 되는 영업을 하고 있는 자가 공익사업의 시행으로 인하여 다음 각 호의 어느 하나에 해당하는 경우에는 그 영업자의 청구에 의하여 당해 영업을 공익사업시행지구에 편입되는 것으로 보아 보상하여야 한다. 〈개정 2007.4.12.〉

1. 배후지의 3분의 2 이상이 상실되어 그 장소에서 영업을 계속할 수 없는 경우

2. 진출입로의 단절, 그 밖의 부득이한 사유로 인하여 일정한 기간 동안 휴업하는 것이 불가피한 경우

② 제1항에 불구하고 사업시행자는 영업자가 보상을 받은 이후에 그 영업장소에서 영업이익을 보상받은 기간 이내에 동일한 영업을 하는 경우에는 실제 휴업기간에 대한 보상금을 제외한 영업손실에 대한 보상금을 환수하여야 한다. 〈신설 2007.4.12.〉

제65조(공익사업시행지구밖의 농업의 손실에 대한 보상) 경작하고 있는 농지의 3분의 2 이상에 해당하는 면적이 공익사업시행지구에 편입됨으로 인하여 당해지역(영 제26조제1항 각 호의 1의 지역을 말한다)에서 영농을 계속할 수 없게 된 농민에 대하여는 공익사업시행지구밖에서 그가 경작하고 있는 농지에 대하여도 제48조제1항 내지 제3항 및 제4항제2호의 규정에 의한 영농손실액을 보상하여야 한다.

제6장 이의신청 등

제66조(손실보상재결신청서의 서식) 영 제6조의2 및 제42조제1항에 따른 손실보상재결신청서는 별지 제20호서식에 의한다. 〈개정 2008.4.18.〉

제67조(이의신청서의 서식) 영 제45조제1항의 규정에 의한 이의신청서는 별지 제21호서식에 의한다.

제68조(재결확정증명청구서의 서식) 영 제47조제1항의 규정에 의한 재결확정증명청구서는 별지 제22호서식에 의한다.

제69조(규제의 재검토) 국토교통부장관은 제48조에 따른 농업의 손실에 대한 보상 기준에 대하여 2017년 1월 1일을 기준으로 3년마다(매 3년이 되는 해의 기준일과 같은 날 전까지를 말한다) 그 타당성을 검토하여 개선 등의 조치를 하여야 한다.

[전문개정 2016.12.30.]

부칙 〈국토교통부령 제1099호, 2022.1.21.〉 (감정평가 및 감정평가사에 관한 법률 시행규칙)

제1조(시행일) 이 규칙은 2022년 1월 21일부터 시행한다.

제2조(다른 법령의 개정) ① 생략

② 공익사업을 위한 토지 등의 취득 및 보상에 관한 법률 시행규칙 일부를 다음과 같이 개정한다.

제13조 단서 중 "감정평가업자(이하 "감정평가업자"라 한다)를 "감정평가법인등(이하 "감정평가법인등"이라 한다)"으로 한다.

제16조 제1항 각 호 외의 부분 중 "감정평가업자"를 "감정평가법인등"으로 하고, 같은 조 제3항 전단 및 제4항 중 "감정평가업자는"을 각각 "감정평가법인등은"으로 하며, 같은 조 제6항 중 "감정평가업자가"를 "감정평가법인등이"로 한다.

제17조 제1항 전단, 같은 조 제2항 각 호 외의 부분 및 같은 항 제1호 중 "감정평가업자"를 각각 "감정평가법인등"으로 하고, 같은 조 제3항 전단 중 "감정평가업자를"을 각각 "감정평가법인등을"로 하며, 같은 조 제4항 중 "감정평가업자가"를 "감정평가법인등이"로 하고, 같은 조 제5항 중 "감정평가업자를"을 "감정평가법인등을"로 한다.

제42조제1항 각 호 외의 부분 단서 중 "감정평가업자"를 "감정평가법인등"으로 한다.

별지 제16호 서식 중 "감정평가업자"를 "감정평가법인등"으로 한다.

③부터 ⑫까지 생략

부칙 〈국토교통부령 제1203호, 2023.4.17.〉

제1조(시행일) 이 규칙은 공포한 날부터 시행한다.

제2조(주거이전비의 보상에 관한 적용례) 제54조제4항의 개정규정은 이 규칙 시행 이후 법 제15조제1항 (법 제26조제1항에 따라 준용되는 경우를 포함한다)에 따라 보상계획을 공고하고, 토지소유자 및 관계인에게 보상계획을 통지하는 경우부터 적용한다.

제3조(이사비에 관한 적용례) 제55조제2항의 개정규정은 이 규칙 시행 이후 사업시행자가 지정하는 공익사업시행지구 안의 장소로 이사하는 경우부터 적용한다.

부칙 〈국토교통부령 제1322호, 2024.4.9.〉

이 규칙은 공포한 날부터 시행한다.

별표 / 서식

[별표 1] 〈개정 2007.4.12.〉

재결신청 등의 수수료(제9조제1항 관련)

납부의무자	수수료
1. 법 제20조제1항의 규정에 의하여 사업 인정을 신청하는 자	5만원
2. 법 제28조제1항 및 법 제30조제2항의 규정에 의하여 재결을 신청하는 자 또는 법 제29조제1항의 규정에 의하여 협의성립의 확인을 신청하는 자	가. 보상예정액이 1천만원 이하인 경우 : 1만원 나. 보상예정액이 1천만원 초과 1억원 이하인 경우 : 2만원 다. 보상예정액이 1억원 초과 5억원 이하인 경우 : 3만원 라. 보상예정액이 5억원 초과 10억원 이하인 경우 : 4만원 마. 보상예정액이 10억원 초과 50억원 이하인 경우 : 6만원 바. 보상예정액이 50억원 초과 100억원 이하인 경우 : 8만원 사. 보상예정액이 100억원을 초과하는 경우 : 10만원
3. 삭제 〈2007.4.12.〉	

[별표 2]

수종별 이식가능수령 · 이식적기 · 고손율 및 감수율기준(제37조제2항 관련)

수종 \ 구분	이식가능수령	이식적기	고손율	감수율	비고
일반사과	5년 이하	2월 하순 ~ 3월 하순	15퍼센트 이하	이식 1차년 : 100퍼센트 이식 2차년 : 80퍼센트 이식 3차년 : 40퍼센트	그 밖의 수종은 유사수종에 준하여 적용한다.
왜성사과	3년 이하	2월 하순 ~ 3월 하순, 11월	20퍼센트 이하		
배	7년 이하	2월 하순 ~ 3월 하순, 11월	10퍼센트 이하		
복숭아	5년 이하	2월 하순 ~ 3월 하순, 11월	15퍼센트 이하		
포도	4년 이하	2월 하순 ~ 3월 하순, 11월	10퍼센트 이하		
감귤	8년 이하	6월장마기, 11월, 12월 ~ 3월 하순	10퍼센트 이하		
감	6년 이하	2월 하순 ~ 3월 하순, 11월	20퍼센트 이하		
밤	6년 이하	11월 상순 ~ 12월 상순	20퍼센트 이하		
자두	5년 이하	2월 하순 ~ 3월 하순, 11월	10퍼센트 이하		
호두	8년 이하	2월 하순 ~ 3월 하순, 11월	10퍼센트 이하		
살구	5년 이하	2월 하순 ~ 3월 하순, 11월	10퍼센트 이하		

[별표 3]

축산업의 가축별 기준마리수(제49조제2항 관련)

가축	기준마리수
닭	200마리
토끼	150마리
오리	150마리
돼지	20마리
소	5마리
사슴	15마리
염소 · 양	20마리
꿀벌	20군

[별표 4] 〈개정 2021.8.27.〉

이사비 기준(제55조제2항 관련)

주택연면적기준	이사비			비고
	임금	차량운임	포장비	
1. 33제곱미터 미만	3명분	1대분	(임금 + 차량운임) × 0.15	1. 임금은 「통계법」 제3조제3호에 따른 통계작성기관이 같은 법 제18조에 따른 승인을 받아 작성·공표한 공사부문 보통인부의 임금을 기준으로 한다. 2. 차량운임은 한국교통연구원이 발표하는 최대적재량이 5톤인 화물자동차의 1일 8시간 운임을 기준으로 한다. 3. 한 주택에서 여러 세대가 거주하는 경우 주택연면적기준은 세대별 점유면적에 따라 각 세대별로 계산·적용한다.
2. 33제곱미터 이상 49.5제곱미터 미만	4명분	2대분	(임금 + 차량운임) × 0.15	
3. 49.5제곱미터 이상 66제곱미터 미만	5명분	2.5대분	(임금 + 차량운임) × 0.15	
4. 66제곱미터 이상 99제곱미터 미만	6명분	3대분	(임금 + 차량운임) × 0.15	
5. 99제곱미터 이상	8명분	4대분	(임금 + 차량운임) × 0.15	

〈이하 내용 생략〉

공익사업을 위한 토지 등의 취득 및 보상에 관한 법률	공익사업을 위한 토지 등의 취득 및 보상에 관한 법률 시행령	공익사업을 위한 토지 등의 취득 및 보상에 관한 법률 시행규칙
제1장 총칙		
제1조(목적) 이 법은 공익사업에 필요한 토지 등을 협의 또는 수용에 의하여 취득하거나 사용함에 따른 손실의 보상에 관한 사항을 규정함으로써 공익사업의 효율적인 수행을 통하여 공공복리의 증진과 재산권의 적정한 보호를 도모하는 것을 목적으로 한다. [전문개정 2011.8.4.]	제1조(목적) 이 영은 「공익사업을 위한 토지 등의 취득 및 보상에 관한 법률」에서 위임된 사항과 그 시행에 필요한 사항을 구정함을 목적으로 한다. [전문개정 2013.5.28.]	제1조(목적) 이 규칙은 「공익사업을 위한 토지 등의 취득 및 보상에 관한 법률」 및 동법 시행령에서 위임된 사항과 그 시행에 관하여 필요한 사항을 구정함을 목적으로 한다. 〈개정 2005.2.5.〉
제2조(정의) 이 법에서 사용하는 용어의 뜻은 다음과 같다. 1. "토지등"이란 제3조 각 호에 해당하는 토지·물건 및 권리를 말한다. 2. "공익사업"이란 제4조 각 호의 어느 하나에 해당하는 사업을 말한다. 3. "사업시행자"란 공익사업을 수행하는 자를 말한다. 4. "토지소유자"란 공익사업에 필요한 토지의 소유자를 말한다. 5. "관계인"이란 사업시행자가 취득하거나 사용할 토지에 관하여 지상권·지역권·전세권·저당권·사용대차 또는 임대차에 따른 권리 또는 그 밖에 토지에 관한 소유권 외의 권리를 가진 자나 그 토지에 있는 물건에 관하여 소유권이나 그 밖의 권리를 가진 자를 말한다. 다만, 제22조에 따른 사업인정의 고시가 된 후에 권리를 취득한 자는 기존의 권리를 승계		제2조(정의) 이 규칙에서 사용하는 용어의 정의는 다음과 같다. 〈개정 2005.2.5.〉 1. "대상물건"이라 함은 「공익사업을 위한 토지 등의 취득 및 보상에 관한 법률」(이하 "법"이라 한다) 제2조제1호의 규정에 의한 토지·물건 및 권리로서 평가의 대상이 되는 것을 말한다. 2. "공익사업시행지구"라 함은 공익사업이 시행되는 지역을 말한다. 3. "지장물"이라 함은 공익사업시행지구내의 토지에 정착한 건축물·공작물·시설·입목·죽목 및 농작물 그 밖의 물건 중에서 당해 공익사업의 수행을 위하여 직접 필요하지 아니한 물건을 말한다. 4. "이전비"라 함은 대상물건의 유용성을 동일하게 유지하면서 이를 당해 공익사업시행지구밖의 지역으로 이전·이설 또는 이전하는데 소요되는 비용(물건의 해체비, 건축허가에 일반적으로 소요되는 경비를

포함한 건축비와 적정거리까지의 운반비를 포함하며, 「건축법」 등 관계법령에 의하여 요구되는 시설의 개선에 필요한 비용을 제외한다)을 말한다.

5. "가격시점"이란 함은 별 제67조제1항이 규정에 의한 보상액 산정의 기준이 되는 시점을 말한다.

6. "거래사례비교법"이란 함은 대상물건과 동일성 또는 유사성이 있는 다른 물건의 시기 등에 따른 거래사례와 비교(거래사정 및 시기 등에 따른 거래사례와 보정을 하여 비교하는 것을 말한다. 이하 같다)하여 대상물건에 대한 가격시점 현재의 가격을 구하는 방법을 말한다.

7. "임대사례비교법"이란 함은 다른 물건의 동일성 또는 유사성이 있는 다른 물건의 임대사례와 비교하여 대상물건의 사용료를 구하는 방법을 말한다.

8. "적산법"이라 함은 가격시점에서 대상물건의 가격을 기대이율로 곱한 금액에 대상물건을 계속해 사용하는데 필요한 제경비를 더하여 대상물건의 사용료를 구하는 방법을 말한다.

9. "원가법"이라 함은 가격시점에서 대상물건을 재조달하는데 소요되는 가격에서 감가수정을 하여 대상물건에 대한 가격시점 현재의 가격을 구하는 방법을 말한다.

한 자를 제외하고는 관계인에 포함되지 아니한다.

6. "가격시점"이란 제67조제1항에 따른 보상액 산정의 기준이 되는 시점을 말한다.

7. "사업인정"이란 공익사업을 토지등을 수용하거나 사용할 사업으로 결정하는 것을 말한다.

[전문개정 2011.8.4.]

제3조(적용 대상) 사업시행자가 다음 각 호에 해당하는 토지·물건 및 권리를 취득하거나 사용하는 경우에는 이 법을 적용한다. 〈개정 2019.8.27.〉

1. 토지 및 이에 관한 소유권 외의 권리

2. 토지와 함께 공익사업을 위하여 필요한 입목(立木), 건물, 그 밖에 토지에 정착된 물건 및 이에 관한 소유권 외의 권리

3. 광업권·어업권·양식업권 또는 물의 사용에 관한 권리

4. 토지에 속한 흙·돌·모래 또는 자갈에 관한 권리

[전문개정 2011.8.4.]

제4조(공익사업) 이 법에 따라 토지등을 취득하거나 사용할 수 있는 사업은 다음 각 호의 어느 하나에 해당하는 사업이어야 한다. 〈개정 2014.3.18, 2015.12.29.〉

1. 국방·군사에 관한 사업

2. 관계 법률에 따라 허가·인가·승인·지정 등을 받아 공익을 목적으로 시행하는 철도·도로·공항·항만·주차장·공영차고지·화물터미널·궤도(軌道)·하천·제방·댐·운하·수도·하수도·하수종말처리·폐수처리·사방(砂防)·방풍(防風)·방화(防火)·방조(防潮)·방수(防水)·저수지·용수로·배수로·석유비축·송유·폐기물처리·전기·전기통신·방송·가스 및 기상 관측에 관한 사업

3. 국가나 지방자치단체가 설치하는 청사·공장·연구소·시험소·보건시설·문화시설·공원·수목원·광장·운동장·시장·묘지·화장장·도축장 또는 그 밖의 공공용 시설에 관한 사업

4. 관계 법률에 따라 허가·인가·승인·지정 등을 받아 공익을 목적으로 시행하는 학교·도서관·박물관 및 미술관 건립에 관한 사업

5. 국가, 지방자치단체, 「공공기관의 운영에 관한 법률」 제4조에 따른 공공기관, 「지방공기업법」에 따른 지방공기업 또는 국가나 지방자치단체가 지정한 자가 임대나 양도의 목적으로 시행하는 주택 건설 또는 택지 및 산업단지 조성에 관한 사업

6. 제1호부터 제5호까지의 사업을 시행하기 위하여 필요한 통로, 교량, 전선로, 재료 적치장 또는 그 밖의 부속시설에 관한 사업

7. 제1호부터 제5호까지의 사업을 시행하기 위하여 필요한 주택, 공장 등이 이주단지 조성에 관한 사업

8. 그 밖에 별표에 규정된 법률에 따라 토지등을 수용하거나 사용할 수 있는 사업

[전문개정 2011.8.4.]

제4조의2(토지등의 수용·사용에 관한 특례의 제한) ① 이 법에 따라 토지등을 수용하거나 사용할 수 있는 사업은 제4조 또는 별표에 규정된 별률에 따르지 아니하고는 정할 수 없다.

② 별표는 이 법 외의 다른 별률로 개정할 수 없다.

③ 국토교통부장관은 제4조제8호에 따른 사업의 공공성, 수용의 필요성 등을 5년마다 재검토하여 폐지, 변경 또는 유지 등을 위한 조치를 하여야 한다.

〈신설 2021.4.13.〉

[본조신설 2015.12.29.]

제4조의3(공익사업 신설 등에 대한 개선요구 등) ① 제49조에 따른 중앙토지수용위원회는 제4조제8호에 따른 사업의 신설, 변경 및 폐지, 그 밖에 필요한 사항에 관하여 심의를 거쳐 관계 중앙행정기관의 장에게 개선을 요구하거나 의견을 제출할 수 있다.

② 제1항에 따라 개선요구나 의견제출을 받은 관계 중앙행정기관의 장은 정당한 사유가 없으면 이를 반영하여야 한다.

③ 제49조에 따른 중앙토지수용위원회는 제1항에 따른 개선요구·의견제출을 위하여 필요한 경우 관계

제2조(개선요구 등에 관한 처리 결과의 확인) 「공익사업을 위한 토지 등의 취득 및 보상에 관한 법률」(이하 "법"이라 한다) 제49조에 따른 중앙토지수용위원회(이하 "중앙토지수용위원회"라 한다)는 관계 중앙행정기관의 장에게 법 제4조의3제1항에 따라 개선을 요구하거나 의견을 제출한 사항의 처리결과를 확인하기 위해 관련 자료의 제출을 요청할 수 있다.

[본조신설 2019.6.25.]

기관 소속 직원 또는 관계 전문기관이나 전문가로 하여금 위원회에 출석하여 그 의견을 진술하게 하거나 필요한 자료를 제출하게 할 수 있다.
[본조신설 2018.12.31.]

제5조(권리ㆍ의무 등의 승계) ① 이 법에 따른 사업시행자의 권리ㆍ의무는 그 사업을 승계한 자에게 이전한다.
② 이 법에 따라 이행한 절차와 그 밖의 행위는 사업시행자, 토지소유자 및 관계인의 승계인에게도 그 효력이 미친다.
[전문개정 2011.8.4.]

제6조(기간의 계산방법 등) 이 법에서 기간의 계산방법은 「민법」에 따르며, 통지, 통지 및 서류의 송달에 필요한 사항은 대통령령으로 정한다.
[전문개정 2011.8.4.]

제3조(통지) 법 제6조에 따른 통지는 서면으로 하여야 한다. 다만, 법 제12조제3항에 따른 통지는 말로 할 수 있다. <개정 2019.6.25.>
[전문개정 2013.5.28.]

제4조(송달) ① 법 제6조에 따른 서류의 송달은 해당 서류를 송달받을 자에게 교부하거나 국토교통부령으로 정하는 방법으로 한다.
② 제1항에 따른 송달에 관하여는 「민사소송법」 제178조부터 제183조까지, 제186조, 제191조 및 제192조를 준용한다.
③ 제1항에 따라 서류를 송달할 때 다음 각 호의 어느 하나에 해당하는 경우에는 공시송달을 할 수 있다.
1. 송달받을 자를 알 수 없는 경우
2. 송달받을 자의 주소ㆍ거소 또는 그 밖에 송달할 장소를 알 수 없는 경우
3. 「민사소송법」 제191조에 따를 수 없는 경우

제3조(송달) 「공익사업을 위한 토지 등의 취득 및 보상에 관한 법률 시행령」(이하 "영"이라 한다) 제4조제1항의 규정에 의하여 법 제6조의 규정에 의한 서류의 송달은 「우편법 시행규칙」 제25조제1항제6호의 규정에 의한 특별송달의 방법에 의하여 이를 할 수 있다. <개정 2005.2.5.>

④ 제3항에 따라 공시송달을 하려는 자는 토지등의 소재지를 관할하는 시장[「제주특별자치도 설치 및 국제자유도시 조성을 위한 특별법」 제10조제2항에 따른 행정시(이하 이 조에서 같다)의 시장을 포함한다. 이하 이 조에서 같다]·군수 또는 구청장(자치구가 아닌 구의 구청장을 포함한다. 이하 이 조에서 같다)에게 해당 서류를 송부하여야 한다. 〈개정 2016.1.22.〉

⑤ 시장·군수 또는 구청장은 제4항에 따라 송부된 서류를 받았을 때에는 그 서류의 사본을 해당 시(행정시를 포함한다)·군 또는 구(자치구가 아닌 구를 포함한다)의 게시판에 게시하여야 한다.

⑥ 제5항에 따라 서류의 사본을 게시한 경우 그 게시일부터 14일이 지난 날에 해당 서류가 송달된 것으로 본다.

[전문개정 2013.5.28.]

제5조(대리인) 법 제7조에 따른 대리인은 서면으로 그 권한을 증명하여야 한다.

[전문개정 2013.5.28.]

제6조(서류의 발급신청) ① 사업시행자는 대통령령으로 정하는 바에 따라 해당 공익사업의 수행을 위하여 필요한 서류의 발급을 국가나 지방자치단체에 신청할 수 있으며, 국가나 지방자치단체는 해당 서류를 발급하여야 한다.

② 국가나 지방자치단체는 제1항에 따라 발급하는 서류에는 수수료를 부과하지 아니한다.

[전문개정 2011.8.4.]

제7조(대리인) 사업시행자, 토지소유자 또는 관계인은 사업인정의 신청, 재결(裁決)의 신청, 의견서 제출 등의 행위를 할 때 변호사나 그 밖의 자를 대리인으로 할 수 있다.

[전문개정 2011.8.4.]

제8조(서류의 발급신청) ① 사업시행자는 대통령령으로 정하는 바에 따라 해당 공익사업의 수행을 위하여 필요한 서류의 발급을 국가나 지방자치단체에 신청할 때에는 다음 각 호의 사항을 적은 신청서(전자문서로 된 신청서를 포함한다)를 제출하여야 한다. 〈개정 2016.12.30.〉

1. 사업시행자의 성명 또는 명칭 및 주소
2. 공익사업의 종류 및 명칭
3. 대상 토지등의 표시

4. 발급이 필요한 서류의 종류 및 수량
5. 서류의 사용용도
[전문개정 2013.5.28.]

제66조(손실보상재결신청서의 서식) 영 제6조의2 및 제42조제1항에 따른 손실보상재결신청서는 별지 제20호서식에 의한다. <개정 2008.4.18.>

제2장 공익사업의 준비

제9조(사업 준비를 위한 출입의 허가 등) ① 사업시행자는 공익사업을 준비하기 위하여 타인이 점유하는 토지에 출입하여 측량하거나 조사할 수 있다.

② 사업시행자(특별자치도, 시·군 또는 자치구가 사업시행자인 경우는 제외한다)는 제1항에 따라 측량이나 조사를 하려면 사업의 종류와 출입할 토지의 구역 및 기간을 정하여 특별자치도지사, 시장·군수 또는 구청장(자치구의 구청장을 말한다. 이하 같다)의 허가를 받아야 한다. 다만, 사업시행자가 국가일 때에는 그 사업을 시행할 관계 중앙행정기관의 장이 특별자치도지사, 시장·군수 또는 구청장에게 통지하고, 사업시행자가 특별시·광역시 또는 도일 때에는 특별시장·광역시장 또는 도지사가 시장·군수 또는 구청장에게 통지하여야 한다.

③ 특별자치도지사, 시장·군수 또는 구청장은 다음 각 호의 어느 하나에 해당할 때에는 사업시행자, 사업의 종류와 출입할 토지의 구역 및 기간을 공고하고 이를 토지점유자에게 통지하여야 한다.

1. 제2항 본문에 따라 허가를 한 경우
2. 제2항 단서에 따라 통지를 받은 경우
3. 특별자치도, 시·군 또는 구(자치구를 말한다. 이하 같다)가 사업시행자인 경우로서 제1항에 따라 타인이 점유하는 토지에 출입하여 측량이나 조사를 하려는 경우

제6조의2(손실보상 재결의 신청) 법 제9조제7항에 따라 재결을 신청하려는 자는 국토교통부령으로 정하는 손실보상재결신청서에 다음 각 호의 사항을 적어 법 제51조에 따른 관할 토지수용위원회(이하 "관할 토지수용위원회"라 한다)에 제출하여야 한다.

1. 재결의 신청인과 상대방의 성명 또는 명칭 및 주소
2. 공익사업의 종류 및 명칭
3. 손실 발생사실
4. 손실보상액과 그 명세
5. 협의의 경위
[전문개정 2013.5.28.]

④ 사업시행자는 제1항에 따라 타인이 점유하는 토지에 출입하여 측량·조사함으로써 발생하는 손실을 보상하여야 한다.

⑤ 제4항에 따른 손실의 보상은 손실이 있음을 안 날부터 1년이 지났거나 손실이 발생한 날부터 3년이 지난 후에는 청구할 수 없다.

⑥ 제4항에 따른 손실의 보상은 사업시행자와 손실을 입은 자가 협의하여 결정한다.

⑦ 제6항에 따른 협의가 성립되지 아니하면 사업시행자나 손실을 입은 자는 대통령령으로 정하는 바에 따라 제51조에 따른 관할 토지수용위원회(이하 "관할 토지수용위원회"라 한다)에 재결을 신청할 수 있다.

[전문개정 2011.8.4.]

제10조(출입의 통지) ① 제9조제2항에 따라 타인이 점유하는 토지에 출입하려는 자는 출입하려는 날의 5일 전까지 그 일시 및 장소를 특별자치도지사, 시장·군수 또는 구청장에게 통지하여야 한다.

② 특별자치도지사, 시장·군수 또는 구청장은 제1항에 따른 통지를 받은 경우 또는 특별자치도지사, 시장·군수 또는 구청장이 타인이 점유하는 토지에 출입하려는 경우에는 지체 없이 이를 공고하고 그 토지점유자에게 통지하여야 한다.

③ 해가 뜨기 전이나 해가 진 후에는 토지점유자의 승낙 없이 그 주거(住居)나 경계표·담 등으로 둘러싸인 토지에 출입할 수 없다.

[전문개정 2011.8.4.]

제11조(토지점유자의 인용의무) 토지점유자는 정당한 사유 없이 사업시행자가 제10조에 따라 통지하고 출입·측량 또는 조사하는 행위를 방해하지 못한다.
[전문개정 2011.8.4.]

제12조(장해물 제거등) ① 사업시행자는 제9조에 따라 타인이 점유하는 토지에 출입하여 측량 또는 조사를 할 때 장해물을 제거하거나 토지를 파는 행위(이하 "장해물 제거등"이라 한다)를 하여야 할 부득이한 사유가 있는 경우에는 그 소유자 및 점유자의 동의를 받아야 한다. 다만, 그 소유자 및 점유자의 동의를 받지 못하였을 때에는 사업시행자(특별자치도지사, 시·군 또는 구가 사업시행자인 경우는 제외한다)는 특별자치도지사, 시장·군수 또는 구청장의 허가를 받아 장해물 제거등을 할 수 있으며, 특별자치도지사, 시·군 또는 구가 사업시행자인 경우에 특별자치도지사, 시장·군수 또는 구청장은 허가 없이 장해물 제거등을 할 수 있다.

② 특별자치도지사, 시장·군수 또는 구청장은 제1항에 따라 허가를 하거나 장해물 제거등을 하려면 미리 그 소유자 및 점유자의 의견을 들어야 한다.

③ 제1항에 따라 장해물 제거등을 하려는 자는 장해물 제거등을 하려는 날의 3일 전까지 그 소유자 및 점유자에게 통지하여야 한다.

④ 사업시행자는 제1항에 따라 장해물 제거등을 함으로써 발생하는 손실을 보상하여야 한다.

⑤ 제4항에 따른 손실보상에 관하여는 제9조제5항부터 제7항까지의 규정을 준용한다.
[전문개정 2011.8.4.]

제13조(증표 등의 휴대) ① 제9조제2항 본문에 따라 특별자치도지사, 시장·군수 또는 구청장의 허가를 받고 타인이 점유하는 토지에 출입하려는 사람과 제12조에 따라 장해물 제거등을 하려는 사람(특별자치도, 시·군 또는 구가 사업시행자인 경우는 제외한다)은 그 신분을 표시하는 증표와 특별자치도지사, 시장·군수 또는 구청장의 허가증을 지녀야 한다. ② 제9조제2항 단서에 따라 특별자치도지사, 시장·군수 또는 구청장에게 통지하고 타인이 점유하는 토지에 출입하려는 사람과 제9조제3항에 따라 타인이 점유하거나 장해물 제거등을 하려는 사람은 그 신분을 표시하는 증표를 지녀야 한다. ③ 제1항과 제2항에 따른 증표 및 허가증은 토지 또는 장해물의 소유자 및 점유자, 그 밖의 이해관계인에게 이를 보여주어야 한다. ④ 제1항과 제2항에 따른 증표 및 허가증의 서식에 관하여 필요한 사항은 국토교통부령으로 정한다. 〈개정 2013.3.23.〉 [전문개정 2011.8.4.]	제4조(증표 및 허가증의 서식) 법 제13조제4항(법 제27조제1항 및 제58조제2항에서 준용하는 경우를 포함한다)의 규정에 의한 증표는 별지 제1호서식에 의하고, 동항의 규정에 의한 허가증은 별지 제2호서식 및 별지 제3호서식에 의한다.
제3장 협의에 의한 취득 또는 사용 제14조(토지조서 및 물건조서의 작성) ① 사업시행자는 공익사업의 수행을 위하여 제20조에 따른 사업인정 전에 협의에 의한 토지등의 취득 또는 사용이 필요할 때에는 토지조서와 물건조서를 작성하여 서명 또는 날인을 하고 토지소유자와 관계인의 서명 또는 날인을 받아야 한다. 다만, 다음 각 호의 어느 하나	제5조(토지조서 및 물건조서의 서식) 영 제7조제6항의 규정에 의한 토지조서 및 물건조서는 각각 별지 제4호서식 및 별지 제5호서식에 의한다. 제7조(토지조서 및 물건조서 등의 작성) ① 사업시행자는 「공간정보의 구축 및 관리 등에 관한 법률」에 따른 지적도 또는 임야도에 대상 물건인 토지를 표시한 용지도(用地圖)와 토지등에 관한 공부(公簿)의 조사 결과 및 현장조사 결과를 적은 기본조사서를 작성해야 한다. 〈개정

에 해당하는 경우에는 그러하지 아니하다. 이 경우 사업시행자는 해당 토지조서와 물건조서에 그 사유를 적어야 한다.

1. 토지소유자 및 관계인이 정당한 사유 없이 서명 또는 날인을 거부하는 경우

2. 토지소유자 및 관계인을 알 수 없거나 그 주소·거소를 알 수 없는 등의 사유로 서명 또는 날인을 받을 수 없는 경우

② 토지와 물건의 소재지, 토지소유자 및 관계인 등 토지조서 및 물건조서의 기재사항과 그 작성에 필요한 사항은 대통령령으로 정한다.

[전문개정 2011.8.4.]

2015.6.1, 2021.11.23.〉

② 사업시행자는 제1항에 따라 작성된 용지도와 기본조사서를 기본으로 하여 별 제14조 제3항에 따른 토지조서(이하 "토지조서"라 한다) 및 물건조서(이하 "물건조서"라 한다)를 작성해야 한다. 〈개정 2021.11.23.〉

③ 토지조서에는 다음 각 호의 사항이 포함되어야 한다.

1. 토지의 소재지·지번·지목·전체면적 및 편입면적과 현실적인 이용상황

2. 토지소유자의 성명 또는 명칭 및 주소

3. 토지에 관하여 소유권 외의 권리를 가진 자의 성명 또는 명칭 및 주소와 그 권리의 종류 및 내용

4. 작성일

5. 그 밖에 토지에 관한 보상금 산정에 필요한 사항

④ 물건조서에는 다음 각 호의 사항이 포함되어야 한다. 〈개정 2020.8.26.〉

1. 물건(광업권·어업권·양식권 또는 물의 사용에 관한 권리를 포함한다. 이하 같다)이 있는 토지의 소재지 및 지번

2. 물건의 종류·구조·규격 및 수량

3. 물건소유자의 성명 또는 명칭 및 주소

4. 물건에 관하여 소유권 외의 권리를 가진 자의 성명 또는 명칭 및 주소와 그 권리의 종류 및 내용

5. 작성일

6. 그 밖에 물건에 관한 보상금 산정에 필요한 사항

⑤ 물건조서를 작성할 때 그 물건이 건축물인 경우에는 제4항 각 호의 사항 외에 건축물의 연면적과 편입면적을 적고, 그 실측평면도를 첨부하여야 한다. 다

만, 실측한 편입면적이 건축물대장에 첨부된 건축물 현황도에 따른 편입면적과 일치하는 경우에는 건축물현황도로 실측평면도를 갈음할 수 있다.
⑥ 제1항에 따른 기본조사서의 작성에 관한 세부사항은 국토교통부장관이 정하여 고시한다. 〈신설 2021.11.23.〉
⑦ 토지조서와 물건조서의 서식은 국토교통부령으로 정한다. 〈개정 2021.11.23.〉
[전문개정 2013.5.28.]

제15조(보상계획의 열람 등) ① 사업시행자는 제14조에 따라 토지조서와 물건조서를 작성하였을 때에는 공익사업의 개요, 토지조서 및 물건조서의 내용과 보상의 시기·방법 및 절차 등이 포함된 보상계획을 전국을 보급지역으로 하는 일간신문에 공고하고, 토지소유자 및 관계인에게 각각 통지하여야 하며, 제2항 단서에 따라 열람을 의뢰하는 사업시행자를 제외하고는 특별자치도지사, 시장·군수 또는 구청장에게도 통지하여야 한다. 다만, 토지소유자와 관계인이 20인 이하인 경우에는 공고를 생략할 수 있다.
② 사업시행자는 제1항에 따른 공고나 통지를 하였을 때에는 그 내용을 14일 이상 일반인이 열람할 수 있도록 하여야 한다. 다만, 사업지역이 둘 이상의 시·군 또는 구에 걸쳐 있거나 사업시행자가 행정청이 아닌 경우에는 해당 특별자치도지사, 시장·군수 또는 구청장에게도 그 사본을 송부하여 열람을 의뢰하여야 한다.
③ 제1항에 따라 공고되거나 통지된 토지조서 및 물건조서의 내용에 대하여 이의(異議)가 있는 토지소유자 또는 관계인은 제2항에 따른 열람기간 이내에 사업시행자에게 서면으로 이의를 제기할 수 있다. 다만, 사업시행자가 고의 또는 과실로 토지소유자

또는 관계인에게 보상계획을 통지하지 아니한 경우 해당 토지소유자 또는 관계인은 제16조에 따른 협의가 완료되기 전까지 서면으로 이의를 제기할 수 있다. 〈개정 2018.12.31.〉

④ 사업시행자는 해당 토지조서 및 물건조서에 제3항에 따라 제기된 이의를 부기(附記)하고 그 이의가 이유 있다고 인정할 때에는 적절한 조치를 하여야 한다. [전문개정 2011.8.4.]

제16조(협의) 사업시행자는 토지등에 대한 보상에 관하여 토지소유자 및 관계인과 성실하게 협의하여야 하며, 협의의 절차 및 방법 등 협의에 필요한 사항은 대통령령으로 정한다. [전문개정 2011.8.4.]

제8조(협의의 절차 및 방법 등) ① 사업시행자는 법 제16조에 따른 협의를 하려는 경우에는 국토교통부령으로 정하는 보상협의요청서에 다음 각 호의 사항을 적어 토지소유자 및 관계인에게 통지하여야 한다. 다만, 토지소유자 및 관계인을 알 수 없거나 그 주소·거소 또는 그 밖에 통지할 장소를 알 수 없을 때에는 제28조에 따른 공고로 통지를 갈음할 수 있다.

1. 협의기간·협의장소 및 협의방법
2. 보상의 시기·방법·절차 및 금액
3. 계약체결에 필요한 구비서류

② 제1항 각 호 외의 부분 단서에 따른 공고는 사업시행자가 공고할 서류를 토지등의 소재지를 관할하는 시장(행정시의 시장을 포함한다)·군수 또는 구청장(자치구가 아닌 구의 구청장을 포함한다)에게 송부하여 해당 시(행정시를 포함한다)·군 또는 구(자치구가 아닌 구를 포함한다)의 게시판 및 홈페이지와 사업시행자의 홈페이지에 14일 이상 게시하는 방법으로 한다. 〈개정 2016.1.6.〉

③ 제1항제1호에 따른 협의기간은 특별한 사유가 없으면 30일 이상으로 하여야 한다.

④ 법 제17조에 따라 체결되는 계약의 내용에는 계

제6조(보상협의요청서 및 협의경위서의 서식) ① 영 제8조제1항의 규정에 의한 보상협의요청서는 별지 제6호서식에 의한다.

② 영 제8조제5항의 규정에 의한 협의경위서는 별지 제7호서식에 의한다.

약의 해지 또는 변경에 관한 사항과 이에 따르는 보상액의 환수 및 원상복구 등에 관한 사항이 포함되어야 한다.

⑤ 사업시행자는 제1항에 따른 협의가 성립되지 아니한 경우에는 국토교통부령으로 정하는 협의경위서에 다음 각 호의 사항을 적어 토지소유자 및 관계인의 서명 또는 날인을 받아야 한다. 다만, 사업시행자는 토지소유자 및 관계인이 정당한 사유 없이 서명 또는 날인을 거부하거나 거소·주소·그 밖에 통지할 장소를 알 수 없는 등의 사유로 서명 또는 날인을 받을 수 없는 경우에는 서명 또는 날인을 받지 아니하되, 해당 협의경위서에 그 사유를 기재하여야 한다.

1. 협의의 일시·장소 및 방법
2. 대상 토지의 소재지·지번·지목 및 면적과 토지에 있는 물건의 종류·구조 및 수량
3. 토지소유자 및 관계인의 성명 또는 명칭 및 주소
4. 토지소유자 및 관계인의 구체적인 주장내용과 이에 대한 사업시행자의 의견
5. 그 밖에 협의와 관련된 사항
[전문개정 2013.5.28.]

제17조(계약의 체결) 사업시행자는 제16조에 따른 협의가 성립되었을 때에는 토지소유자 및 관계인과 계약을 체결하여야 한다.
[전문개정 2011.8.4.]

제18조 삭제 <2007.10.17.>

제4장 수용에 의한 취득 또는 사용
제1절 수용 또는 사용의 절차

제19조(토지등의 수용 또는 사용) ① 사업시행자는 공익사업의 수행을 위하여 필요하면 이 법에서 정하는 바에 따라 토지등을 수용하거나 사용할 수 있다. ② 공익사업에 수용되거나 사용되고 있는 토지등은 특별히 필요한 경우가 아니면 다른 공익사업을 위하여 수용하거나 사용할 수 없다. [전문개정 2011.8.4.] 제20조(사업인정) ① 사업시행자는 제19조에 따라 토지등을 수용하거나 사용하려면 대통령령으로 정하는 바에 따라 국토교통부장관의 사업인정을 받아야 한다. 〈개정 2013.3.23.〉 ② 제1항에 따른 사업인정을 신청하려는 자는 국토교통부령으로 정하는 수수료를 내야 한다. 〈개정 2013.3.23.〉 [전문개정 2011.8.4.]	제10조(사업인정의 신청) ① 법 제20조제1항에 따른 사업인정(이하 "사업인정"이라 한다)을 받으려는 자는 국토교통부령으로 정하는 사업인정신청서(이하 "사업인정신청서"라 한다)에 다음 각 호의 사항을 적어 특별시장·광역시장·도지사 또는 특별자치도지사(이하 "시·도지사"라 한다)를 거쳐 국토교통부장관(이하 제출하여야 한다. 다만, 사업시행자가 국가인 경우에는 해당 사업을 시행할 관계 중앙행정기관의 장이 직접 국토교통부장관에게 사업인정신청서를 제출할 수 있다. 1. 사업시행자의 성명 또는 명칭 2. 사업의 종류 및 명칭 3. 사업예정지 4. 사업인정을 신청하는 사유 ② 사업인정신청서에는 다음 각 호의 서류 및 도면을 첨부하여야 한다. 〈개정 2019.6.25.〉 1. 사업계획서 2. 사업예정지 및 사업계획을 표시한 도면 3. 사업예정지 안에 법 제19조제2항에 따른 토지등이 있는 경우에는 그 토지등에 관한 조서·도면 및 해당 토지등의 관리자의 의견서	제8조(사업인정신청서의 서식 등) ① 영 제10조제1항의 규정에 의한 사업인정신청서는 별지 제10호서식에 의한다. ② 영 제10조제2항제1호의 규정에 의한 사업계획서에는 다음 각 호의 사항을 기재하여야 한다. 1. 사업의 개요 및 법적 근거 2. 사업의 착수·완공예정일 3. 소요경비와 재원조서 4. 사업에 필요한 토지와 물건의 세목 5. 사업의 필요성 및 그 효과 ③ 영 제10조제2항제2호의 규정에 의한 도면은 다음 각 호에서 정하는 바에 따라 작성하여야 한다. 1. 사업예정지를 표시하는 도면 : 축척 5천분의 1 내지 2만5천분의 1의 지형도에 사업예정지를 담홍색으로 작성할 것 2. 사업계획을 표시하는 도면 : 축척 1백분의 1 내지 5천분의 1의 지도에 설치하고자 하는 시설물의 위치를 명시하고 그 시설물에 대한 평면도를 첨부할 것 ④ 영 제10조제2항제3호의 규정에 의한 토지등에 관한 조서는 별지 제11호서식에 의하여 이를 작성하고, 동 호의 규정에 의한 도면은 축척 1백분

이 1 내지 1천2백분의 1의 지도에 토지등(법 제2조 제1호의 규정에 의한 토지·물건 및 권리를 말한다. 이하 같다)의 위치를 표시하여 작성하여야 한다.

⑤ 영 제10조제2항제7호의 구성에 의한 수용 또는 사용할 토지의 세목을 기재한 서류는 별지 제12호서식에 의한다.

⑥ 사업시행자는 영 제10조제1항 및 같은 조 제2항에 따라 사업인정신청서 및 그 첨부서류·도면을 제출하는 때에는 정본 1통과 공익사업시행지구에 포함되는 시(「제주특별자치도 설치 및 국제자유도시 조성을 위한 특별법」 제15조제2항에 따른 행정시를 포함한다. 이하 같다)·군 또는 구(자치구가 아닌 구를 포함한다. 이하 같다)의 수와 합계에 3을 더한 부수의 사본을 제출하여야 한다. 〈개정 2008.4.18.〉

제9조(수수료) ① 법 제20조제2항·제28조제2항·제29조제2항 및 제30조제2항의 규정에 의한 수수료는 별표 1과 같다.

② 제1항의 규정에 의한 수수료는 수입인지 또는 수입증지(법 제28조제1항·제29조제1항 및 제30조제2항의 규정에 의한 재결신청 및 협의성립확인신청을 지방토지수용위원회에 하는 경우에 한한다)로 납부하여야 한다. 다만, 국토교통부장관 또는 관할 토지수용위원회는 정보통신망을 이용하여 전자화폐·전자결제 등의 방법으로 이를 납부하게 할 수 있다. 〈개정 2004.11.29, 2008.3.14, 2013.3.23.〉

4. 사업예정지 안에 있는 토지의 이용이 다른 법령에 따라 제한된 경우에는 해당 법령의 시행에 관하여 권한 있는 행정기관의 장의 의견서
5. 사업의 시행에 관하여 행정기관의 면허 또는 인가, 그 밖의 처분이 필요한 경우에는 그 처분사실을 증명하는 서류 또는 해당 행정기관의 장의 의견서
6. 토지소유자 또는 관계인과의 협의내용을 적은 서류(협의를 한 경우로 한정한다)
7. 수용 또는 사용할 토지의 세목(토지 외의 물건 또는 권리를 수용하거나 사용할 경우에는 해당 물건 또는 권리가 소재하는 토지의 세목을 말한다)을 적은 서류
8. 해당 공익사업의 공공성, 수용의 필요성 등에 대해 중앙토지수용위원회가 정하는 바에 따라 작성한 사업시행자의 의견서
[전문개정 2013.5.28.]

제21조(협의 및 의견청취 등) ① 국토교통부장관은 사업인정을 하려면 관계 중앙행정기관의 장 및 특별시장·광역시장·도지사·특별자치도지사(이하 "시·도지사"라 한다) 및 제49조에 따른 중앙토지수용위원회와 협의하여야 하며, 대통령령으로 정하는 바에 따라 미리 사업인정에 이해관계가 있는 자의 의견을 들어야 한다. 〈개정 2013.3.23, 2015.12.29, 2018.12.31.〉

② 별표에 규정된 법률에 따라 사업인정이 있는 것으로 의제되는 공익사업의 허가·인가·승인권자 등은 사업인정이 의제되는 지구지정·사업계획승인 등을 하려는 경우 제1항에 따라 중앙토지수용위원회 및 사업인정에 이해관계가 있는 자의 의견을 들어야 한다. 〈개정 2015.12.29, 2018.12.31.〉

③ 제49조에 따른 중앙토지수용위원회는 제1항 또는 제2항에 따라 협의를 요청받는 경우 사업인정에 이해관계가 있는 자에 대한 의견 수렴 절차 이행 여부, 허가·인가·승인대상 사업의 공공성, 수용의 필요성, 그 밖에 대통령령으로 정하는 사항을 검토하여야 한다. 〈개정 2015.12.29, 2018.12.31.〉

④ 제49조에 따른 중앙토지수용위원회는 제3항의 검토를 위하여 필요한 경우 관계 전문기관이나 전문가에게 현지조사를 의뢰하거나 그 의견을 들을 수 있고, 관계 행정기관의 장에게 관련 자료의 제출을 요청할 수 있다. 〈신설 2018.12.31.〉

⑤ 제49조에 따른 중앙토지수용위원회는 제1항 또는 제2항에 따라 협의를 요청받은 날부터 30일 이내에 의견을 제시하여야 한다. 다만, 그 기간 내에 의견을

제11조(의견청취 등) ① 법 제21조제1항에 따라 국토교통부장관으로부터 사업인정에 관한 협의를 요청받은 관계 중앙행정기관의 장 또는 시·도지사는 특별한 사유가 없으면 협의를 요청받은 날부터 7일 이내에 국토교통부장관에게 의견을 제시하여야 한다. 〈개정 2018.4.17.〉

② 국토교통부장관 또는 법 별표에 규정된 법률에 따라 사업인정이 있는 것으로 의제되는 공익사업의 허가·인가·승인권자 등은 법 제21조제1항 및 제2항에 따라 사업인정에 관하여 이해관계가 있는 토지소유자 및 관계인의 의견을 들으려는 경우에는 사업인정신청서(법 별표에 규정된 법률에 따라 사업인정이 있는 것으로 의제되는 공익사업의 경우에는 허가·인가·승인 등 신청서를 말한다) 및 관계 서류의 사본을 토지등의 소재지를 관할하는 시장(행정시의 시장을 포함한다)·군수 또는 구청장(자치구가 아닌 구의 구청장을 포함한다. 이하 이 조에서 같다)에게 송부(전자문서에 의한 송부를 포함한다. 이하 이 조에서 같다)하여야 한다. 〈개정 2018.4.17.〉

③ 시장·군수 또는 구청장은 제2항에 따라 송부된 서류를 받았을 때에는 지체 없이 다음 각 호의 사항을 시(행정시를 포함한다)·군 또는 구(자치구가 아닌 구를 포함한다)의 게시판에 공고하고, 공고한 날부터 14일 이상 그 서류를 일반인이 열람할 수 있도록 하여야 한다.
1. 사업시행자의 성명 또는 명칭 및 주소
2. 사업의 종류 및 명칭
3. 사업예정지
④ 시장·군수 또는 구청장은 제3항에 따른 공고를

제9조의2(협의의 요청) ① 국토교통부장관 또는 법 별표에 규정된 법률에 따라 사업인정이 있는 것으로 의제되는 공익사업의 허가·인가·승인권자 등은 법 제21조제1항 및 제3항에 따라 법 제49조에 따른 중앙토지수용위원회(이하 "중앙토지수용위원회"라 한다)와 협의를 하려는 경우에는 다음 각 호의 자료를 중앙토지수용위원회에 제출해야 한다.
1. 영 제10조제1항 각 호의 사항을 적은 서면
2. 영 제10조제2항 각 호의 서류 및 도면
3. 영 제11조제6항에 따라 송부 또는 통지받은 토지소유자, 관계인 및 그 밖에 사업인정에 관하여 이해관계가 있는 자의 의견
② 제1항에 따른 자료의 작성과 제출에 관하여 필요한 사항은 중앙토지수용위원회가 정한다.
[본조신설 2019.7.1.]

제9조의3(재협의 요청) ① 국토교통부장관 또는 법 별표에 규정된 법률에 따라 사업인정이 있는 것으로 의제되는 공익사업의 허가·인가·승인권자 등은 법 제21조제1항 또는 제2항에 따라 중앙토지수용위원회가 사업인정에 동의하지 않은 경우에는 이를 보완하여 다시 협의를 요청할 수 있다.
② 제1항에 따른 재협의에 대해서는 법 제21조제3항부터 제8항까지의 규정에 따른다.
[본조신설 2019.7.1.]

제9조의4(협의의 후 자료 제출 요청) 중앙토지수용위원회는 법 별표에 규정된 법률에 따라 사업인정이 있는 것으로 의제되는 공익사업의 허가·인가·승인권자 등에게 법 제21조제2항에 따라 협의를 완료한 지구

지정·사업계획승인 등에 관한 다음 각 호의 자료 제출을 요청할 수 있다.

1. 사업인정이 의제되는 지구지정·사업계획승인 등의 여부
2. 협의 조건의 이행여부
3. 해당 공익사업에 대한 재결 신청현황

[본조신설 2019.7.1.]

한 경우에는 그 공고의 내용과 이전서류 등 관계서류를 제출할 수 있다는 뜻을 토지소유자 및 관계인에게 통지(토지소유자 및 관계인이 원하는 경우에는 전자문서에 의한 통지를 포함한다. 이하 이 항에서 같다)하여야 한다. 다만, 통지받을 자를 알 수 없거나 그 주소·거소 그 밖에 통지할 장소를 알 수 없을 때에는 그러하지 아니하다.

⑤ 토지소유자 및 관계인, 그 밖에 사업인정에 관하여 이해관계가 있는 자는 제3항에 따른 열람기간에 해당 시장·군수 또는 구청장에게 의견서를 제출(전자문서에 의한 제출을 포함한다)할 수 있다.

⑥ 시장·군수 또는 구청장은 제3항에 따른 열람기간이 끝나면 제5항에 따라 제출된 의견서를 지체 없이 국토교통부장관 또는 별표에 구성된 별표에 따라 사업인정이 있는 것으로 의제되는 공익사업의 허가·인가·승인권자 등에게 송부하여야 하며, 제출된 의견서가 없는 경우에는 그 사실을 통지(전자문서에 의한 통지를 포함한다)하여야 한다. 〈개정 2018.4.17.〉

[전문개정 2013.5.28.]

제11조의2(검토사항) 법 제21조제3항에서 "대통령령으로 정하는 사항"이란 다음 각 호의 사항을 말한다.

1. 해당 공익사업이 근거 법률의 목적, 상위 계획 및 시행 절차 등에 부합하는지 여부
2. 사업시행자의 재원 및 해당 공익사업의 근거 법률에 따른 법적 지위 확보 등 사업수행능력 여부

[본조신설 2019.6.25.]

제시하기 어려운 경우에는 한 차례만 30일의 범위에서 그 기간을 연장할 수 있다. 〈신설 2018.12.31.〉

⑥ 제49조에 따른 중앙토지수용위원회는 제3항의 사항을 검토한 결과 자료 등을 보완할 필요가 있는 경우에는 해당 허가·인가·승인권자에게 14일 이내의 기간을 정하여 보완을 요청할 수 있다. 이 경우 그 기간은 제28항의 협의 기간에서 제외한다. 〈신설 2018.12.31, 2020.6.9.〉

⑦ 제49조에 따른 중앙토지수용위원회가 제5항에서 정한 기간 내에 의견을 제시하지 아니하는 경우에는 협의가 완료된 것으로 본다. 〈신설 2018.12.31.〉

⑧ 그 밖에 제1항 또는 제2항의 협의에 관하여 필요한 사항은 국토교통부령으로 정한다.

[전문개정 2011.8.4.]
[제목개정 2018.12.31.]

제22조(사업인정의 고시) ① 국토교통부장관은 제20조에 따른 사업인정을 하였을 때에는 지체 없이 그 뜻

제11조의3(사업인정의 통지 등) ① 국토교통부장관은 법 제22조제1항에 따라 사업시행자에게 사업인정을

통지하는 경우 법 제21조제1항에 따른 중앙토지수용위원회와의 협의 결과와 중앙토지수용위원회의 의견서를 함께 통지해야 한다. ② 법 별표에 규정된 공익사업에 따라 사업인정이 있는 것으로 의제되는 공익사업의 허가·인가·승인권자 등은 사업인정이 의제되는 지구지정·사업계획승인 등을 할 때 법 제21조제2항에 따른 중앙토지수용위원회와의 협의 결과와 중앙토지수용위원회의 의견서를 함께 통지해야 한다. [본조신설 2019.6.25.]		
을 사업시행자, 토지소유자 및 관계인, 관계 시·도지사에게 통지하고 사업시행자의 성명이나 명칭, 사업의 종류, 사업지역 및 수용하거나 사용할 토지의 세목을 관보에 고시하여야 한다. <개정 2013.3.23.> ② 제1항에 따라 사업인정의 사실을 통지받은 시·도지사(특별자치도지사는 제외한다)는 관계 시장·군수 및 구청장에게 이를 통지하여야 한다. ③ 사업인정은 제1항에 따라 고시한 날부터 그 효력이 발생한다. [전문개정 2011.8.4.] 제23조(사업인정의 실효) ① 사업시행자가 제22조제1항에 따른 사업인정의 고시(이하 "사업인정고시"라 한다)가 된 날부터 1년 이내에 제28조제1항에 따른 재결신청을 하지 아니한 경우에는 사업인정고시가 된 날부터 1년이 되는 날의 다음 날에 사업인정은 그 효력을 상실한다. ② 사업시행자는 제1항에 따라 사업인정이 실효됨으로 인하여 토지소유자나 관계인이 입은 손실을 보상하여야 한다. ③ 제2항에 따른 손실보상에 관하여는 제9조제5항부터 제7항까지의 규정을 준용한다. [전문개정 2011.8.4.] 제24조(사업의 폐지 및 변경) ① 사업인정고시가 된 후 사업의 전부 또는 일부를 폐지하거나 변경함으로 인하여 토지등의 전부 또는 일부를 수용하거나 사용할 필요가 없게 되었을 때에는 사업시행자는 지체 없이 사업지역을 관할하는 시·도지사에게 신고하고, 토지소유자 및 관계인에게 이를 통지하여야 한다.		

② 시·도지사는 제1항에 따른 신고를 받으면 사업의 전부 또는 일부가 폐지되거나 변경된 내용을 관보에 고시하여야 한다.

③ 시·도지사는 제1항에 따른 신고가 없는 경우에도 사업시행자가 사업의 전부 또는 일부를 폐지하거나 변경함으로 인하여 토지를 수용하거나 사용할 필요가 없게 된 것을 알았을 때에는 미리 사업시행자의 의견을 듣고 제2항에 따른 고시를 하여야 한다.

④ 시·도지사는 제2항 및 제3항에 따른 고시를 하였을 때에는 지체 없이 그 사실을 국토교통부장관에게 보고하여야 한다. 〈개정 2013.3.23.〉

⑤ 별표에 규정된 법률에 따라 제20조에 따른 사업인정이 있는 것으로 의제되는 사업이 해당 법률에서 정하는 바에 따라 해당 사업의 전부 또는 일부가 폐지되거나 변경된 내용의 고시·공고된 경우에는 제2항에 따른 고시가 있는 것으로 본다. 〈신설 2021.8.10.〉

⑥ 제2항 및 제3항에 따른 고시가 된 날부터 그 고시된 내용에 따라 사업인정의 전부 또는 일부는 그 효력을 상실한다. 〈개정 2021.8.10.〉

⑦ 사업시행자는 제1항에 따라 사업의 전부 또는 일부를 폐지·변경함으로 인하여 토지소유자 또는 관계인이 입은 손실을 보상하여야 한다. 〈개정 2021.8.10.〉

⑧ 제7항에 따른 손실보상에 관하여는 제9조제5항부터 제7항까지의 규정을 준용한다. 〈개정 2021.8.10.〉
[전문개정 2011.8.4.]

제24조의2(사업의 완료) ① 사업이 완료된 경우 사업시행자는 지체 없이 사업시행자의 성명이나 명칭, 사업의 종류, 사업지역, 사업인정고시일 및 취득한 토

지의 세목을 사업지역을 관할하는 시·도지사에게 신고하여야 한다.

② 시·도지사는 제1항에 따른 신고를 받으면 사업시행자의 성명이나 명칭, 사업의 종류, 사업지역 및 사업인정고시일을 관보에 고시하여야 한다.

③ 시·도지사는 제1항에 따른 신고가 없는 경우에도 사업이 완료된 것을 알았을 때에는 미리 사업시행자의 의견을 듣고 제2항에 따른 고시를 하여야 한다.

④ 별표에 규정된 법률에 따라 제20조에 해당 사업인정이 있는 것으로 의제되는 사업이 해당 법률에서 정하는 바에 따라 해당 사업의 준공·완료·사용개시 등이 고시·공고된 경우에는 제2항에 따른 고시가 있는 것으로 본다.

[본조신설 2021.8.10.]

제25조(토지등의 보전) ① 사업인정고시가 된 후에는 누구든지 고시된 토지에 대하여 사업에 지장을 줄 우려가 있는 형질의 변경이나 제3조 제2호 또는 제4호에 규정된 물건을 손괴하거나 수거하는 행위를 하지 못한다.

② 사업인정고시가 된 후에 고시된 토지에 건축물의 건축·대수선, 공작물(工作物)의 설치 또는 물건의 부가(附加)·증치(增置)를 하려는 자는 특별자치도지사, 시장·군수 또는 구청장의 허가를 받아야 한다. 이 경우 특별자치도지사, 시장·군수 또는 구청장은 미리 사업시행자의 의견을 들어야 한다.

③ 제2항을 위반하여 건축물의 건축·대수선, 공작물의 설치 또는 물건의 부가·증치를 한 토지소유자 또는 관계인은 해당 건축물·공작물 또는 물건을 원

상으로 회복하여야 하며 이에 관한 손실의 보상을 청구할 수 없다.

[전문개정 2011.8.4.]

제26조(협의 등 절차의 준용) ① 제20조에 따른 사업인정을 받은 사업시행자는 토지조서 및 물건조서의 작성, 보상계획의 공고·통지 및 열람, 보상액의 산정과 토지소유자 및 관계인과의 협의 절차를 거쳐야 한다. 이 경우 제14조부터 제16조까지 및 제68조를 준용한다.

② 사업인정 이전에 제14조부터 제16조까지 및 제68조에 따른 절차를 거쳤으나 협의가 성립되지 아니하고 제20조에 따른 사업인정을 받은 사업으로서 토지조서 및 물건조서의 내용에 변동이 없을 때에는 제1항에도 불구하고 제14조부터 제16조까지의 절차를 거치지 아니할 수 있다. 다만, 사업시행자나 토지소유자 및 관계인이 제16조에 따른 협의를 요구할 때에는 협의하여야 한다.

[전문개정 2011.8.4.]

제27조(토지 및 물건에 관한 조사권 등) ① 사업인정의 고시가 된 후에는 사업시행자 또는 제68조에 따라 감정평가를 의뢰받은 감정평가법인등(「감정평가 및 감정평가사에 관한 법률에 따른 감정평가사 또는 감정평가법인등을 말한다. 이하 "감정평가법인등"이라 한다)은 다음 각 호에 해당하는 경우에는 제9조에도 불구하고 해당 토지나 물건에 출입하여 측량하거나 조사할 수 있다. 이 경우 사업시행자는 해당 토지나 물건에 출입하려는 날의 5일 전까지 그 일시 및 장소를 토지점유자에게 통지하여야 한다. 〈개정 2016.1.19, 2018.12.31, 2020.4.7.〉

1. 사업시행자가 사업의 준비나 토지조서 및 물건조서를 작성하기 위하여 필요한 경우
2. 감정평가법인등이 감정평가를 의뢰받은 토지등의 감정평가를 위하여 필요한 경우
② 제1항에 따른 출입·측량·조사에 관하여는 제10조제3항, 제11조 및 제13조를 준용한다. 〈개정 2018.12.31.〉
③ 사업인정고시가 된 후에는 제26조제1항에서 준용되는 제15조제3항에 따라 토지소유자나 관계인이 토지조서 및 물건조서의 내용에 대하여 이의를 제기하는 경우를 제외하고는 제26조제1항에서 작성된 토지조서 및 물건조서의 내용에 대하여 이의를 제기할 수 없다. 다만, 토지조서 및 물건조서의 내용이 진실과 다르다는 것을 입증할 때에는 그러하지 아니하다. 〈개정 2018.12.31.〉
④ 사업시행자는 제1항에 따라 타인이 점유하는 토지에 출입하여 측량·조사함으로써 발생하는 손실(감정평가법인등이 제1항제2호에 따른 감정평가를 위하여 측량·조사함으로써 발생하는 손실을 포함한다)을 보상하여야 한다. 〈개정 2018.12.31, 2020.4.7.〉
⑤ 제4항에 따른 손실보상에 관하여는 제9조제5항부터 제7항까지의 규정을 준용한다. 〈개정 2018.12.31.〉
[전문개정 2011.8.4.]

제28조(재결의 신청) ① 제26조에 따른 협의가 성립되지 아니하거나 협의를 할 수 없을 때(제26조제2항 단서에 따른 협의 요구가 없을 때를 포함한다)에는 사업시행자는 사업인정고시가 된 날부터 1년 이내에 대통령령으로 정하는 바에 따라 관할 토지수용위원회에 재결을 신청할 수 있다.

제12조(재결의 신청) ① 사업시행자는 법 제28조제1항 및 제30조제2항에 따라 재결을 신청하는 경우에는 국토교통부령으로 정하는 재결신청서에 다음 각 호의 사항을 적어 관할 토지수용위원회에 제출하여야 한다. 〈개정 2019.6.25.〉
1. 공익사업의 종류 및 명칭

제10조(재결신청청구의 서식 등) ① 영 제12조제1항이 규정에 의한 재결신청청구는 별지 제13호서식에 의한다.
② 제8조제2항 및 동조제3항의 규정은 영 제12조제2항제3조 및 제4호의 규정에 의한 사업계획서, 사업예정지 및 사업계획을 표시한 도면의 작성에 관하여 이를 준용한다.

② 제1항에 따라 재결을 신청하는 자는 국토교통부령으로 정하는 바에 따라 수수료를 내야 한다. 〈개정 2013.3.23.〉

[전문개정 2011.8.4.]

2. 사업인정의 근거 및 고시일
3. 수용하거나 사용할 토지의 소재지·지번·지목 및 면적(물건의 경우에는 물건의 소재지·지번·종류 및 수량)
4. 수용하거나 사용할 토지에 물건이 있는 경우에는 물건의 소재지·지번·종류·구조 및 수량
5. 토지를 사용하려는 경우에는 그 사용의 방법 및 기간
6. 토지소유자 및 관계인의 성명 또는 명칭 및 주소
7. 보상액 및 그 명세
8. 수용 또는 사용의 개시예정일
9. 청구인의 성명 또는 명칭 및 주소와 청구일(법 제30조제2항에 따라 재결을 신청하는 경우로 한정한다)
10. 법 제21조제1항 및 제2항에 따른 중앙토지수용위원회와의 협의 결과
11. 토지소유자 및 관계인과 협의가 성립된 토지나 물건에 관한 다음 각 목의 사항
  가. 토지의 소재지·지번·지목·면적 및 보상금 내역
  나. 물건의 소재지·지번·종류·구조·수량 및 보상금 내역

② 제1항의 재결신청서에는 다음 각 호의 서류 및 도면을 첨부하여야 한다. 〈개정 2019.6.25, 2024.4.9.〉
1. 제7조제1항에 따른 기본조사서
2. 토지조서 또는 물건조서
3. 협의경위서
4. 사업계획서
5. 사업예정지 및 사업계획을 표시한 도면
6. 법 제21조제5항에 따른 중앙토지수용위원회의 이

③ 사업시행자는 영 제12조제1항 및 동조제2항의 규정에 의하여 재결신청서 및 그 첨부서류·도면을 제출하는 때에는 정본 1통과 공익사업시행지구에 포함된 시·군 또는 구의 수의 합계에 해당하는 부수의 사본을 제출하여야 한다.

법률	시행령	시행규칙
	전시 ③ 사업시행자는 법 제63조제7항에 따라 보상금을 채권으로 지급하려는 경우에는 제2항에 따른 서류 외에 채권으로 보상금을 지급할 수 있는 경우 도면 외에 해당함을 증명하는 서류와 다음 각 호의 사항을 적은 서류를 첨부하여야 한다. 1. 채권으로 보상하는 금액 2. 채권원금의 상환방법 및 상환기일 3. 채권의 이자율과 이자의 지급방법 및 지급기일 [전문개정 2013.5.28.]	제11조(협의의성립확인신청서의 서식 등) ① 영 제13조제1항의 규정에 의한 협의성립확인신청서는 별지 제14호서식에 의한다. ② 제8조제2항의 구성은 영 제13조제2항제4호의 규정에 의한 사업계획서의 작성에 관하여 이를 준용한다. ③ 사업시행자는 영 제13조제1항 및 동조제2항의 규정에 의하여 협의성립확인신청서 및 그 첨부서류를 제출하는 때에는 정본 1통과 공익사업시행지구에 포함되는 시·군 또는 구의 수의 합계에 해당하는 부수의 사본을 제출하여야 한다. 다만, 법 제29조제3항의 규정에 의한 협의성립확인신청의 경우에는 사본은 제출하지 아니한다.
제29조(협의 성립의 확인) ① 사업시행자와 토지소유자 및 관계인 간에 제26조에 따른 절차를 거쳐 협의가 성립되었을 때에는 사업시행자는 제28조제1항에 따른 재결 신청기간 이내에 해당 토지소유자 및 관계인의 동의를 받아 대통령령으로 정하는 바에 따라 관할 토지수용위원회에 협의 성립의 확인을 신청할 수 있다. ② 제1항에 따른 협의 성립의 확인에 관하여는 제28조제2항, 제31조, 제32조, 제34조, 제35조, 제52조제7항, 제53조제5항, 제57조 및 제58조를 준용한다. 〈개정 2023.4.18.〉 ③ 사업시행자가 협의가 성립된 토지의 소재지·지번·지목 및 면적 등 대통령령으로 정하는 사항에 대하여 「공증인법」에 따른 공증을 받아 제1항에 따른 협의 성립의 확인을 신청하였을 때에는 관할 토지수용위원회가 이를 수리함으로써 협의 성립이 확인된 것으로 본다. ④ 제1항 및 제3항에 따른 확인은 이 법에 따른 제	제13조(협의 성립 확인의 신청) ① 사업시행자는 법 제29조제1항에 따라 협의 성립의 확인을 신청하려는 경우에는 국토교통부령으로 정하는 협의성립확인신청서에 다음 각 호의 사항을 적어 관할 토지수용위원회에 제출하여야 한다. 1. 협의가 성립된 토지의 소재지·지번·지목 및 면적 2. 협의가 성립된 물건의 소재지·지번·종류·구조 및 수량 3. 토지 또는 물건을 사용하는 경우에는 그 방법 및 기간 4. 토지 또는 물건의 소유자 및 관계인의 성명 또는 명칭 및 주소 5. 협의에 의하여 취득하거나 소멸되는 권리의 내용과 그 권리의 취득 또는 소멸의 시기 6. 보상액 및 그 지급일 ② 제1항의 협의성립확인신청서에는 다음 각 호의 서류를 첨부하여야 한다. 1. 토지소유자 및 관계인의 동의서	

결로 보며, 사업시행자, 토지소유자 및 관계인은 그 확인된 협의의 성립이나 내용을 다툴 수 없다.
[전문개정 2011.8.4.]

2. 제약서
3. 토지조서 및 물건조서
4. 사업계획서
③ 법 제29조제3항에서 "대통령령으로 정하는 사항" 이란 제1항 각 호의 사항을 말한다.
[전문개정 2013.5.28.]

제12조(재결신청청구서의 제출방법) 영 제14조제1항에 따른 재결신청청구서의 제출은 사업시행자에게 직접 제출하거나 「우편법」 시행규칙 제25조제1항제4호에 따른 증명취급의 방법으로 한다.
[전문개정 2020.12.11.]

제30조(재결 신청의 청구) ① 사업인정고시가 된 후 협의가 성립되지 아니하였을 때에는 토지소유자와 관계인은 대통령령으로 정하는 바에 따라 서면으로 사업시행자에게 재결을 신청할 것을 청구할 수 있다.
② 사업시행자는 제1항에 따른 청구를 받았을 때에는 그 청구를 받은 날부터 60일 이내에 대통령령으로 정하는 바에 따라 관할 토지수용위원회에 재결을 신청하여야 한다. 이 경우 수수료에 관하여는 제28조제2항을 준용한다.
③ 사업시행자가 제2항에 따른 기간을 넘겨서 재결을 신청하였을 때에는 그 지연된 기간에 대하여 「소송촉진 등에 관한 특례법」 제3조에 따른 법정이율을 적용하여 산정한 금액을 관할 토지수용위원회에서 재결한 보상금에 가산(加算)하여 지급하여야 한다.
[전문개정 2011.8.4.]

제14조(재결 신청의 청구 등) ① 토지소유자 및 관계인은 법 제30조제1항에 따라 재결 신청을 청구하려는 경우에는 제8조제1항제1호에 따른 협의기간이 지난 후 국토교통부령으로 정하는 바에 따라 다음 각 호의 사항을 적은 재결신청청구서를 사업시행자에게 제출하여야 한다.
1. 사업시행자의 성명 또는 명칭
2. 공익사업의 종류 및 명칭
3. 토지소유자 및 관계인의 성명 또는 명칭 및 주소
4. 대상 토지의 소재지·지번·지목 및 면적과 토지에 있는 물건의 종류·구조 및 수량
5. 협의가 성립되지 아니한 사유
② 법 제30조제3항에 따라 가산하여 지급하여야 하는 금액은 관할 토지수용위원회가 재결서에 적어야 하며, 사업시행자는 수용 또는 사용의 개시일까지 보상금과 함께 이를 지급하여야 한다.
[전문개정 2013.5.28.]

제31조(열람) ① 제49조에 따른 중앙토지수용위원회 또는 지방토지수용위원회(이하 "토지수용위원회"라 한다)는 제28조제1항에 따라 재결신청서를 접수하였을 때에는 대통령령으로 정하는 바에 따라 지체

제15조(재결신청서의 열람 등) ① 관할 토지수용위원회는 법 제28조제1항에 따른 재결신청서를 접수하였을 때에는 법 제31조제1항에 따라 그 신청서 및 관계 서류의 사본을 토지등의 소재지를 관할하는 시장(행정

시의 시장을 포함한다. 이하 이 조에서 같다)·군수 또는 구청장(자치구가 아닌 구의 구청장을 포함한다. 이하 이 조에서 같다)에게 송부하여 공고 및 열람을 의뢰하여야 한다.

② 시장·군수 또는 구청장은 제1항에 따라 송부된 서류를 받았을 때에는 지체 없이 제28조에 따라 재결신청이 있을 수 있다는 내용을 시(행정시를 포함한다)·군 또는 구(자치구가 아닌 구를 포함한다)의 게시판에 공고하고, 공고한 날부터 14일 이상 그 서류를 일반인이 열람할 수 있도록 하여야 한다. 다만, 시장·군수 또는 구청장이 천재지변이나 그 밖의 긴급한 사정으로 공고 및 열람 의뢰를 받은 날부터 14일 이내에 공고하거나 일반인이 열람할 수 있도록 하지 못하는 경우 관할 토지수용위원회는 직접 재결신청 내용을 공고(중앙토지수용위원회는 관보에, 지방토지수용위원회는 공보에 게재하는 방법으로 한다)하고, 재결신청서와 관계 서류의 사본을 일반인이 14일 이상 열람할 수 있도록 할 수 있다. 〈개정 2013.12.24, 2019.6.25.〉

③ 시장·군수 또는 구청장은 제2항에 따른 공고를 한 경우에는 그 공고의 내용과 의견이 있으면 의견서를 제출할 수 있다는 뜻을 토지소유자 및 관계인에게 통지하여야 한다. 다만, 통지받을 자를 알 수 없거나 그 주소·거소 또는 그 밖에 통지할 장소를 알 수 없을 때에는 그러하지 아니하다. 〈개정 2013.12.24.〉

④ 토지소유자 또는 관계인은 제2항에 따른 열람기간에 해당 시장·군수·구청장 또는 관할 토지수용위원회(제2항 단서에 해당하는 경우로 한정한다)에 의견서를 제출할 수 있다. 〈개정 2013.12.24.〉

없이 이름 공고하고, 공고한 날부터 14일 이상 관계 서류의 사본을 일반인이 열람할 수 있도록 하여야 한다.

② 토지수용위원회가 제1항에 따른 공고를 하였을 때에는 관계 서류의 열람기간 중에 토지소유자 또는 관계인은 의견을 제시할 수 있다.

[전문개정 2011.8.4.]

⑤ 시장·군수 또는 구청장은 제2항 본문에 따른 열람기간이 끝나면 제4항에 따라 제출된 의견서를 지체 없이 관할 토지수용위원회에 송부하여야 하며, 제출된 의견서가 없는 경우에는 그 사실을 통지하여야 한다. 〈개정 2013.12.24.〉

⑥ 관할 토지수용위원회는 상당한 이유가 있다고 인정하는 경우에는 제4항에도 불구하고 제2항에 따른 열람기간이 지난 후 제출된 의견서를 수리할 수 있다.

[전문개정 2013.5.28.]

제16조(소위원회의 구성) 법 제33조제1항에 따른 소위원회의 위원 중에는 중앙토지수용위원회에는 국토교통부, 지방토지수용위원회에는 특별시·광역시·도 또는 특별자치도(이하 "시·도"라 한다) 소속 공무원인 위원이 1명씩 포함되어야 한다.

[전문개정 2013.5.28.]

제17조(화해조서의 송달) 법 제49조에 따른 중앙토지수용위원회 또는 지방토지수용위원회(이하 "토지수용

제32조(심리) ① 토지수용위원회는 제31조제1항에 따른 열람기간이 지났을 때에는 지체 없이 해당 신청에 대한 조사 및 심리를 하여야 한다.

② 토지수용위원회는 심리를 할 때 필요하다고 인정하면 사업시행자, 토지소유자 및 관계인을 출석시켜 그 의견을 진술하게 할 수 있다.

③ 토지수용위원회는 제2항에 따라 사업시행자, 토지소유자 및 관계인을 출석하게 하는 경우에는 사업시행자, 토지소유자 및 관계인에게 미리 그 심리의 일시 및 장소를 통지하여야 한다.

[전문개정 2011.8.4.]

제33조(화해의 권고) ① 토지수용위원회는 그 재결이 있기 전에는 그 위원 3명으로 구성되는 소위원회로 하여금 사업시행자, 토지소유자 및 관계인에게 화해를 권고하게 할 수 있다. 이 경우 소위원회는 위원장이 지명하거나 위원회에서 선임한 위원으로 구성하며, 그 밖에 그 구성에 필요한 사항은 대통령령으로 정한다.

② 제1항에 따른 화해가 성립되었을 때에는 해당 토지수용위원회는 화해조서를 작성하여 화해에 참여

위원회"라 한다)는 법 제33조제1항에 따른 화해가 성립된 경우에는 법 제33조제2항에 따른 화해조서의 정본을 사업시행자·토지소유자 및 관계인에게 송달하여야 한다.
[전문개정 2013.5.28.]

한 위원, 사업시행자, 토지소유자 및 관계인이 서명 또는 날인을 하도록 하여야 한다.
③ 제2항에 따라 화해조서에 서명 또는 날인이 된 경우에는 당사자 간에 화해조서와 동일한 내용의 합의가 성립된 것으로 본다.
[전문개정 2011.8.4.]

제34조(재결) ① 토지수용위원회의 재결은 서면으로 한다.
② 제1항에 따른 재결서에는 주문 및 그 이유와 재결을 적고, 위원장 및 회의에 참석한 위원이 기명날인한 후 그 정본(正本)을 사업시행자, 토지소유자 및 관계인에게 송달하여야 한다.
[전문개정 2011.8.4.]

제35조(재결기간) 토지수용위원회는 제32조에 따른 심리를 시작한 날부터 14일 이내에 재결을 하여야 한다. 다만, 특별한 사유가 있을 때에는 14일의 범위에서 한 차례만 연장할 수 있다.
[전문개정 2011.8.4.]

제36조(재결의 경정) ① 재결에 계산상 또는 기재상의 잘못이나 그 밖에 이와 비슷한 잘못이 있는 것이 명백할 때에는 토지수용위원회는 직권으로 또는 당사자의 신청에 의하여 경정재결(更正裁決)을 할 수 있다.
② 경정재결은 원재결서(原裁決書)의 원본과 정본에 부기하여야 한다. 다만, 정본에 부기할 수 없을 때에는 경정재결의 정본을 작성하여 당사자에게 송달하여야 한다.
[전문개정 2011.8.4.]

제37조(제결의 유탈) 토지수용위원회는 신청의 일부에 대한 재결을 빠뜨린 경우에 그 빠뜨린 부분의 신청은 계속하여 그 토지수용위원회에 계속(係屬)된다.
[전문개정 2011.8.4.]

제38조(천재지변 시의 토지의 사용) ① 천재지변이나 그 밖의 사변(事變)으로 인하여 공공의 안전을 유지하기 위한 공익사업을 긴급히 시행할 필요가 있을 때에는 사업시행자는 대통령령으로 정하는 바에 따라 특별자치도지사, 시장·군수 또는 구청장의 허가를 받아 즉시 타인의 토지를 사용할 수 있다. 다만, 사업시행자가 국가일 때에는 그 사업을 시행할 관계 중앙행정기관의 장이 특별자치도지사, 시장·군수 또는 구청장에게, 사업시행자가 특별시·광역시 또는 도일 때에는 특별시장·광역시장 또는 도지사가 시장·군수 또는 구청장에게 각각 통지하고 사용할 수 있으며, 사업시행자가 특별자치도지사, 시·군 또는 구일 때에는 특별자치도지사, 시장·군수 또는 구청장이 허가나 통지 없이 사용할 수 있다.
② 특별자치도지사, 시장·군수 또는 구청장은 제1항에 따라 허가를 하거나 통지를 받은 경우 또는 특별자치도지사, 시장·군수 또는 구청장이 제1항 단서에 따라 타인의 토지를 사용하려는 경우에는 대통령령으로 정하는 사항을 즉시 토지소유자 및 토지점유자에게 통지하여야 한다.
③ 제1항에 따른 토지의 사용기간은 6개월을 넘지 못한다.
④ 사업시행자는 제1항에 따라 타인의 토지를 사용함으로써 발생하는 손실을 보상하여야 한다.

제18조(사용의 허가와 통지) ① 사업시행자는 법 제38조제1항 본문에 따라 토지를 사용하려는 경우에는 공익사업의 종류 및 명칭, 사용하려는 토지의 구역과 사용의 방법 및 기간을 정하여 특별자치도지사, 시장·군수 또는 구청장(자치구의 구청장을 말한다)의 허가를 받아야 한다.
② 법 제38조제2항에서 "대통령령으로 정하는 사항"이란 제1항에 따른 사용을 말한다.
[전문개정 2013.5.28.]

⑤ 제4항에 따른 손실보상에 관하여는 제9조제5항부터 제7항까지의 규정을 준용한다.
[전문개정 2011.8.4.]

제39조(사급신청 토지 사용에 대한 허가) ① 제28조에 따른 재결신청을 받은 토지수용위원회는 그 재결을 기다려서는 재해를 방지하기 곤란하거나 그 밖에 공공의 이익에 현저한 지장을 줄 우려가 있다고 인정할 때에는 사업시행자의 신청을 받아 대통령령으로 정하는 바에 따라 담보를 제공하게 한 후 즉시 해당 토지의 사용을 허가할 수 있다. 다만, 국가나 지방자치단체가 사업시행자인 경우에는 담보를 제공하지 아니할 수 있다.
② 제1항에 따른 토지의 사용기간은 6개월을 넘지 못한다.
③ 토지수용위원회가 제1항에 따른 허가를 하였을 때에는 제38조제2항을 준용한다.
[전문개정 2011.8.4.]

제2절 수용 또는 사용의 효과

제40조(보상금의 지급 또는 공탁) ① 사업시행자는 제38조 또는 제39조에 따른 사용의 경우를 제외하고는 수용 또는 사용의 개시일(토지수용위원회가 재결로써 결정한 수용 또는 사용을 시작하는 날을 말한다. 이하 같다)까지 관할 토지수용위원회가 재결한 보상금을 지급하여야 한다.
② 사업시행자는 다음 각 호의 어느 하나에 해당할 때에는 수용 또는 사용의 개시일까지 수용하거나 사용하려는 토지등의 소재지의 공탁소에 보상금을 공탁(供託)할 수 있다.

제19조(담보의 제공) ① 법 제39조제1항에 따른 담보의 제공은 관할 토지수용위원회가 상당하다고 인정하는 금전 또는 유가증권을 공탁(供託)하는 방법으로 한다.
② 사업시행자는 제1항에 따라 금전 또는 유가증권을 공탁하였을 때에는 공탁서를 관할 토지수용위원회에 제출하여야 한다.
[전문개정 2013.5.28.]

제20조(보상금의 공탁) ① 법 제40조제2항에 따른 공탁을 채권으로 하는 경우 그 금액은 법 제63조제7항에 따라 채권으로 지급할 수 있는 금액으로 한다.
② 사업시행자가 국가인 경우에는 법 제69조제1항에 따른 보상채권(이하 "보상채권"이라 한다)을 제34조제2항에 따른 보상채권취급기관으로부터 교부받아 공탁한다. 이 경우 보상채권의 발행일은 사업시행자가 제34조제2항에 따른 보상채권취급기관으로부터 보상채권을 교부받은 날이 속하는 달의 말일로 하며, 보상채권을 교부받은 날부터 보상채권 발행일의 전

1. 보상금을 받을 자가 그 수령을 거부하거나 보상금을 수령할 수 없을 때
2. 사업시행자의 과실 없이 보상금을 받을 자를 알 수 없을 때
3. 관할 토지수용위원회가 재결한 보상금에 대하여 사업시행자가 불복할 때
4. 압류나 가압류에 의하여 보상금의 지급이 금지되었을 때
③ 사업인정고시가 된 후 권리의 변동이 있을 때에는 그 권리를 승계한 자가 제1항에 따른 보상금 또는 제2항에 따른 공탁금을 받는다.
④ 사업시행자는 제2항제3호의 경우 보상금을 받을 자에게 자기가 산정한 보상금을 지급하고 그 금액과 차액에 대하여 토지수용위원회가 재결한 보상금과의 차액(差額)을 공탁하여야 한다. 이 경우 보상금을 받을 자는 그 불복의 절차가 종결될 때까지 공탁된 보상금을 수령할 수 없다.
[전문개정 2011.8.4.]

제41조(시급한 토지 사용에 대한 보상) ① 제39조에 따라 토지를 사용하는 경우 토지수용위원회의 재결이 있기 전에 토지소유자나 관계인이 청구할 때에는 사업시행자는 자기가 산정한 보상금을 토지소유자나 관계인에게 지급하여야 한다.
② 토지소유자나 관계인은 사업시행자가 토지수용위원회의 재결에 따른 보상금의 지급시기까지 보상금을 지급하지 아니하면 제39조에 따라 제공된 담보의 전부 또는 일부를 취득한다.
[전문개정 2011.8.4.]

날까지의 이자는 현금으로 공탁하여야 한다.
[전문개정 2013.5.28.]

제21조(권리를 승계한 자의 보상금 수령) 법 제40조제3항에 따라 보상금(공탁된 경우에는 공탁금을 말한다. 이하 이 조에서 같다)을 받는 자는 보상금을 받을 권리를 승계한 사실을 증명하는 서류를 사업시행자(공탁된 경우에는 공탁공무원을 말한다)에게 제출하여야 한다.
[전문개정 2013.5.28.]

제22조(담보의 취득과 반환) ① 법 제41조제2항에 따라 토지소유자 또는 관계인이 담보를 취득하려는 경우에는 관할 토지수용위원회의 확인을 받아야 한다.
② 관할 토지수용위원회는 제1항에 따른 확인을 한 경우에는 확인서를 토지소유자 또는 관계인에게 발급하여야 한다.
③ 제2항에 따른 확인서에는 다음 각 호의 사항을 적고, 관할 토지수용위원회의 위원장이 기명날인하여야 한다.

1. 토지소유자 또는 관계인 및 사업시행자의 성명 또는 명칭 및 주소 2. 기일 내에 손실을 보상하지 아니한 사실 3. 취득할 담보의 금액 4. 제19조제2항에 따른 공탁서의 공탁번호 및 공탁일 ④ 사업시행자가 토지소유자 또는 관계인에게 손실을 보상한 후 법 제39조제1항에 따라 제공한 담보를 반환받으려는 경우에 관하여는 제1항부터 제3항까지의 규정을 준용한다. [전문개정 2013.5.28.]		
제42조(재결의 실효) ① 사업시행자가 수용 또는 사용의 개시일까지 관할 토지수용위원회가 재결한 보상금을 지급하거나 공탁하지 아니하였을 때에는 해당 토지수용위원회의 재결은 효력을 상실한다. ② 사업시행자는 제1항에 따라 재결의 효력이 상실됨으로 인하여 토지소유자 또는 관계인이 입은 손실을 보상하여야 한다. ③ 제2항에 따른 손실보상에 관하여는 제9조제5항부터 제7항까지의 규정을 준용한다. [전문개정 2011.8.4.]		
제43조(토지 또는 물건의 인도 등) 토지소유자 및 관계인과 그 밖에 토지소유자나 관계인에 포함되지 아니하는 자로서 수용하거나 사용할 토지나 그 토지에 있는 물건에 관한 권리를 가진 자는 수용 또는 사용의 개시일까지 그 토지나 물건을 사업시행자에게 인도하거나 이전하여야 한다. [전문개정 2011.8.4.]		

제44조(인도 또는 이전의 대행) ① 특별자치도지사, 시장·군수 또는 구청장은 다음 각 호의 어느 하나에 해당할 때에는 사업시행자의 청구에 의하여 토지나 물건의 인도 또는 이전을 대행하여야 한다.

1. 토지나 물건을 인도하거나 이전하여야 할 자가 고의나 과실 없이 그 의무를 이행할 수 없을 때

2. 사업시행자가 과실 없이 토지나 물건을 인도하거나 이전하여야 할 의무가 있는 자를 알 수 없을 때

② 제1항에 따라 특별자치도지사, 시장·군수 또는 구청장이 토지나 물건의 인도 또는 이전을 대행하는 경우 그로 인한 비용은 그 의무자가 부담한다.

[전문개정 2011.8.4.]

제45조(권리의 취득·소멸 및 제한) ① 사업시행자는 수용의 개시일에 토지나 물건의 소유권을 취득하며, 그 토지나 물건에 관한 다른 권리는 이와 동시에 소멸한다.

② 사업시행자는 사용의 개시일에 토지나 물건의 사용권을 취득하며, 그 토지나 물건에 관한 다른 권리는 사용 기간 중에는 행사하지 못한다.

③ 토지수용위원회의 재결로 인정된 권리는 제1항 및 제2항에도 불구하고 소멸되거나 그 행사가 정지되지 아니한다.

[전문개정 2011.8.4.]

제46조(위험부담) 토지수용위원회의 재결이 있은 후 수용하거나 사용할 토지나 물건이 토지소유자 또는 관계인의 고의나 과실 없이 멸실되거나 훼손된 경우 그로 인한 손실은 사업시행자가 부담한다.

[전문개정 2011.8.4.]

제47조(담보물권과 보상금) 담보물권의 목적물이 수용되거나 사용된 경우 그 담보물권은 그 목적물의 수용 또는 사용으로 인하여 채무자가 받을 보상금에 대하여 행사할 수 있다. 다만, 그 보상금이 채무자에게 지급되기 전에 압류하여야 한다. [전문개정 2011.8.4.]			
제48조(반환 및 원상회복의 의무) ① 사업시행자는 토지나 물건의 사용기간이 끝났을 때나 사업의 폐지·변경 또는 그 밖의 사유로 사용할 필요가 없게 되었을 때에는 지체 없이 그 토지나 물건을 그 토지나 물건의 소유자 또는 그 승계인에게 반환하여야 한다. ② 제1항의 경우에 사업시행자는 토지소유자가 원상회복을 청구하면 미리 그 손실을 보상한 경우를 제외하고는 그 토지를 원상으로 회복하여 반환하여야 한다. [전문개정 2011.8.4.]			
제5장 토지수용위원회			
제49조(설치) 토지등의 수용과 사용에 관한 재결을 하기 위하여 국토교통부에 중앙토지수용위원회를 두고, 특별시·광역시·도·특별자치도(이하 "시·도"라 한다)에 지방토지수용위원회를 둔다. 〈개정 2013.3.23.〉 [전문개정 2011.8.4.]			
제50조(재결사항) ① 토지수용위원회의 재결사항은 다음 각 호와 같다. 1. 수용하거나 사용할 토지의 구역 및 사용방법 2. 손실보상 3. 수용 또는 사용의 개시일과 기간 4. 그 밖에 이 법 및 다른 법률에서 규정한 사항			

② 토지수용위원회는 사업시행자, 토지소유자 또는 관계인이 신청한 범위에서 재결하여야 한다. 다만, 제1항제2호의 손실보상의 경우에는 증액재결(增額裁決)을 할 수 있다.
[전문개정 2011.8.4.]

제51조(관할) ① 제49조에 따른 중앙토지수용위원회(이하 "중앙토지수용위원회"라 한다)는 다음 각 호의 사업의 재결에 관한 사항을 관장한다.
1. 국가 또는 시·도가 사업시행자인 사업
2. 수용하거나 사용할 토지가 둘 이상의 시·도에 걸쳐 있는 사업
② 제49조에 따른 지방토지수용위원회(이하 "지방토지수용위원회"라 한다)는 제1항 각 호 외의 사업의 재결에 관한 사항을 관장한다.
[전문개정 2011.8.4.]

제52조(중앙토지수용위원회) ① 중앙토지수용위원회는 위원장 1명을 포함한 20명 이내의 위원으로 구성하며, 위원 중 대통령령으로 정하는 수의 위원은 상임(常任)으로 한다.
② 중앙토지수용위원회의 위원장은 국토교통부장관이 되며, 위원장이 부득이한 사유로 직무를 수행할 수 없을 때에는 위원장이 지명하는 위원이 그 직무를 대행한다. 〈개정 2013.3.23.〉
③ 중앙토지수용위원회의 위원장은 위원회를 대표하며, 위원회의 업무를 총괄한다.
④ 중앙토지수용위원회의 상임위원은 다음 각 호의 어느 하나에 해당하는 사람 중에서 국토교통부장관의 제청으로 대통령이 임명한다. 〈개정 2013.3.23.〉

1. 판사·검사 또는 변호사로 15년 이상 재직하였던 사람

2. 대학에서 법률학 또는 행정학을 가르치는 부교수 이상으로 5년 이상 재직하였던 사람

3. 행정기관의 3급 공무원 또는 고위공무원단에 속하는 일반직공무원으로 2년 이상 재직하였던 사람

⑤ 중앙토지수용위원회의 비상임위원은 토지 수용에 관한 학식과 경험이 풍부한 사람 중에서 국토교통부장관이 위촉한다. 〈개정 2013.3.23.〉

⑥ 중앙토지수용위원회의 회의는 위원장이 소집하며, 위원장 및 상임위원 1명과 위원장이 회의마다 지정하는 위원 7명으로 구성한다. 다만, 위원장이 필요하다고 인정하는 경우에는 위원장 및 상임위원을 포함하여 10명 이상 20명 이내로 구성할 수 있다. 〈개정 2018.12.31.〉

⑦ 중앙토지수용위원회의 회의는 제6항에 따른 구성원 과반수의 출석과 출석위원 과반수의 찬성으로 의결한다.

⑧ 중앙토지수용위원회의 사무를 처리하기 위하여 사무기구를 둔다.

⑨ 중앙토지수용위원회의 상임위원의 제급 등과 사무기구의 조직에 관한 사항은 대통령령으로 정한다.

[전문개정 2011.8.4.]

제53조(지방토지수용위원회) ① 지방토지수용위원회는 위원장 1명을 포함한 20명 이내의 위원으로 구성한다. 〈개정 2012.6.1.〉

② 지방토지수용위원회의 위원장은 시·도지사가 되며, 위원장이 부득이한 사유로 직무를 수행할 수

없을 때에는 위원장이 지명하는 위원이 그 직무를 대행한다.

③ 지방토지수용위원회의 위원은 시·도지사가 소속 공무원 중에서 임명하는 사람 1명을 포함하여 토지 수용에 관한 학식과 경험이 풍부한 사람 중에서 위촉한다. 〈개정 2012.6.1.〉

④ 지방토지수용위원회의 회의는 위원장이 소집하며, 위원장과 위원장이 회의마다 지정하는 위원 8명으로 구성한다. 다만, 위원장이 필요하다고 인정하는 경우에는 위원장을 포함하여 10명 이상 20명 이내로 구성할 수 있다. 〈개정 2012.6.1. 2018.12.31.〉

⑤ 지방토지수용위원회의 회의는 제4항에 따른 구성원 과반수의 출석과 출석위원 과반수의 찬성으로 의결한다. 〈신설 2012.6.1.〉

⑥ 지방토지수용위원회에 관하여는 제52조제3항을 준용한다. 〈개정 2012.6.1.〉

[전문개정 2011.8.4.]

제54조(위원의 결격사유) ① 다음 각 호의 어느 하나에 해당하는 사람은 토지수용위원회의 위원이 될 수 없다. 〈개정 2015.12.29.〉

1. 피성년후견인, 피한정후견인 또는 파산선고를 받고 복권되지 아니한 사람

2. 금고 이상의 실형을 선고받고 그 집행이 끝나거나(집행이 끝난 것으로 보는 경우를 포함한다) 집행이 면제된 날부터 2년이 지나지 아니한 사람

3. 금고 이상의 형의 집행유예를 선고받고 그 유예기간 중에 있는 사람

4. 벌금형을 선고받고 2년이 지나지 아니한 사람

② 위원이 제1항 각 호의 어느 하나에 해당하게 되면 당연히 퇴직한다.

[전문개정 2011.8.4.]

제55조(임기) 토지수용위원회의 상임위원 및 위촉위원의 임기는 각각 3년으로 하며, 연임할 수 있다.

제56조(신분 보장) 위촉위원은 해당 토지수용위원회의 의결로 다음 각 호의 어느 하나에 해당하는 사유가 있다고 인정된 경우를 제외하고는 재임 중 그 의사에 반하여 해임되지 아니한다.

1. 신체상 또는 정신상의 장해로 그 직무를 수행할 수 없을 때

2. 직무상의 의무를 위반하였을 때

[전문개정 2011.8.4.]

제57조(위원의 제척·기피·회피) ① 토지수용위원회의 위원으로서 다음 각 호의 어느 하나에 해당하는 사람은 그 법인의 임원 또는 그 직무를 수행하는 사람은 그 토지수용위원회의 회의에 참석할 수 없다.

1. 사업시행자, 토지소유자 또는 관계인

2. 사업시행자, 토지소유자 또는 관계인의 배우자·친족 또는 대리인

3. 사업시행자, 토지소유자 및 관계인이 법인인 경우

② 사업시행자, 토지소유자 또는 관계인은 위원에게 공정한 심리·의결을 기대하기 어려운 사정이 있는 경우에는 그 사유를 적어 기피(忌避) 신청을 할 수 있다. 이 경우 토지수용위원회의 위원장은 기피 신청에 대하여 위원회의 의결을 거치지 아니하고 기피 여부를 결정한다.

③ 위원이 제1항 또는 제2항의 사유에 해당할 때에는

제13조(참고인 등의 일당·여비 및 감정수수료) 법 제58조 제3항의 규정에 의한 참고인과 감정인에 대한 일당·여비 및 감정수수료는 중앙토지수용위원회 또는 지방토지수용위원회가 정한다. 다만, 「감정평가 및 감정평가사에 관한 법률」에 따른 감정평가법인등(이하 "감정평가법인등"이라 한다)에 대한 감정수수료는 같은 법 제23조에 따라 국토교통부장관이 결정·공고한 수수료와 실비의 범위에서 함께의로 한다. <개정 2005.2.5, 2008.3.14, 2013.3.23, 2016.8.31, 2022.1.21.>

제23조(출석요구 등의 방법) 법 제58조 제1항 제1호 및 제2호에 따른 출석 또는 자료제출 등의 요구는 제4조 제1항 및 제2항에 따른 송달의 방법으로 하여야 한다.
[전문개정 2013.5.28.]

스스로 그 사건의 심리·의결에서 회피할 수 있다.
④ 사건의 심리·의결에 관한 사무에 관여하는 위원 아닌 직원에 대하여는 제1항부터 제3항까지의 규정을 준용한다.
[전문개정 2011.8.4.]

제57조의2(벌칙 적용에서 공무원 의제) 토지수용위원회의 위원 중 공무원이 아닌 사람은 「형법」이나 그 밖의 벌률에 따른 벌칙을 적용할 때에는 공무원으로 본다.
[본조신설 2017.3.21.]

제58조(심리조사상의 권한) ① 토지수용위원회는 심리에 필요하다고 인정할 때에는 다음 각 호의 행위를 할 수 있다. <개정 2020.4.7.>
1. 사업시행자, 토지소유자, 관계인 또는 참고인에게 토지수용위원회에 출석하여 진술하게 하거나 그 의견서 또는 자료의 제출을 요구하는 것
2. 감정평가법인등이나 그 밖의 감정인에게 감정평가를 의뢰하거나 토지수용위원회에 출석하여 진술하게 하는 것
3. 토지수용위원회의 위원 또는 제52조제8항에 따른 사무기구의 직원이나 지방토지수용위원회의 업무를 담당하는 직원으로 하여금 실지조사를 하게 하는 것
② 제1항제3호에 따라 위원 또는 직원이 실지조사를 하는 경우에는 제13조를 준용한다.
③ 토지수용위원회는 제1항에 따라 참고인 또는 감정평가법인등이나 그 밖의 감정인에게는 국토교통부령으로 정하는 바에 따라 사업시행자의 부담으로 일당·여비 및 감정수수료를 지급할 수 있다. <개정 2013.3.23, 2020.4.7.>
[전문개정 2011.8.4.]

제59조(위원 등의 수당 및 여비) 토지수용위원회는 위원에게 국토교통부령으로 정하는 바에 따라 수당과 여비를 지급할 수 있다. 다만, 공무원인 위원이 그 직무와 직접 관련하여 출석한 경우에는 그러하지 아니하다. 〈개정 2013.3.23.〉 [전문개정 2011.8.4.] 제60조(운영세칙) 토지수용위원회의 운영 등에 필요한 사항은 대통령령으로 정한다. [전문개정 2011.8.4.]		제14조(위원의 수당 및 여비) 법 제59조의 규정에 의한 토지수용위원회의 위원에 대한 수당 및 여비는 예산의 범위안에서 중앙토지수용위원회 또는 지방토지수용위원회가 이를 정한다.
제60조의2(재결정보체계의 구축·운영 등) ① 국토교통부장관은 시·도지사와 협의하여 토지등의 수용과 사용에 관한 재결업무의 효율적인 수행과 관련 정보의 체계적인 관리를 위하여 재결정보체계를 구축·운영할 수 있다.	제24조(운영 및 심의방법 등) ① 토지수용위원회에 토지수용위원회의 사무를 처리할 간사 1명 및 서기 몇 명을 둔다. ② 제1항에 따른 간사 및 서기는 중앙토지수용위원회의 경우에는 국토교통부 소속 공무원 중에서, 지방토지수용위원회의 경우에는 시·도 소속 공무원 중에서 해당 토지수용위원회의 위원장이 임명한다. ③ 위원장은 특히 필요하다고 인정하는 심의안건에 대해서는 위원 중에서 전담위원을 지정하여 예비심사를 하게 할 수 있다. ④ 이 영에서 규정한 사항 외에 토지수용위원회의 운영·문서처리·심의방법 및 기준 등에 관하여는 토지수용위원회가 따로 정할 수 있다. [전문개정 2013.5.28.] 제24조의2(재결정보체계 구축·운영 업무 위탁) ① 국토교통부장관은 법 제60조의2제2항 전단에 따라 재결정보체계의 구축·운영에 관한 업무를 다음 각 호의 어느 하나에 해당하는 기관에 위탁할 수 있다. 〈개정 2020.12.8.〉	제14조의2(업무의 지도·감독) ① 국토교통부장관은 법 제60조의2제2항 전단에 따라 업무를 위탁하는 경우 위탁받은 기관 또는 단체의 재결정보체계의 구축·운영에 관한 사업계획을 수립·보고하게 할 수 있다.

② 국토교통부장관은 위탁업무를 보다 효율적으로 추진하기 위하여 필요하다고 인정하는 경우에는 위탁받은 기관 또는 단체의 장에게 제1항에 따른 사업계획을 보완하거나 변경할 것을 지시할 수 있다. 이 경우 위탁받은 기관 또는 단체의 장은 특별한 사유가 없으면 이에 따라야 한다.

③ 국토교통부장관은 위탁업무 수행의 적절성 등을 확인하기 위하여 위탁받은 기관 또는 단체의 장으로 하여금 필요한 보고를 하게 하거나 관련 자료를 제출하게 할 수 있다.

[본조신설 2017.6.20.]

---

1. 「한국부동산원법」에 따른 한국부동산원
2. 「감정평가 및 감정평가사에 관한 법률」 제33조에 따른 한국감정평가사협회

② 제1항에 따라 업무를 위탁받은 기관은 다음 각 호의 업무를 수행한다.
1. 재결정보체계의 개발·관리 및 보안
2. 재결정보체계와 관련된 컴퓨터·통신설비 등의 설치 및 관리
3. 재결정보체계와 관련된 정보의 수집 및 관리
4. 재결정보체계와 관련된 통계의 생산 및 관리
5. 재결정보체계의 운영을 위한 사용자교육
6. 그 밖에 재결정보체계의 구축 및 운영에 필요한 업무

③ 국토교통부장관은 제1항에 따라 업무를 위탁하는 경우 위탁받는 기관 및 위탁업무의 내용을 고시하여야 한다.

[본조신설 2017.6.20.]

---

② 국토교통부장관은 제1항에 따른 재결정보체계의 구축·운영에 관한 업무를 대통령령으로 정하는 바에 따라 관계 기관에 위탁할 수 있다. 이 경우 위탁관리에 드는 경비의 전부 또는 일부를 지원할 수 있다.

③ 재결정보체계의 구축 및 운영에 필요한 사항은 국토교통부령으로 정한다.

[본조신설 2017.3.21.]

제6장 손실보상 등
제1절 손실보상의 원칙

제61조(사업시행자 보상) 공익사업에 필요한 토지등의 취득 또는 사용으로 인하여 토지소유자나 관계인이 입은 손실은 사업시행자가 보상하여야 한다.

[전문개정 2011.8.4.]

제62조(사전보상) 사업시행자는 해당 공익사업을 위한 공사에 착수하기 이전에 토지소유자와 관계인에게 보상액의 전액(全額)을 지급하여야 한다. 다만, 제38조에 따른 천재지변 시의 토지 사용과 제39조에 따른 시급한 토지 사용의 경우 또는 토지소유자 및 관

제3인의 승낙이 있는 경우에는 그러하지 아니하다.
[전문개정 2011.8.4.]

제63조(현금보상 등) ① 손실보상은 다른 법률에 특별한 규정이 있는 경우를 제외하고는 현금으로 지급하여야 한다. 다만, 토지소유자가 원하는 경우로서 사업시행자가 해당 공익사업의 합리적인 토지이용을 위해 필요한 경우 등으로서 대통령령으로 정하는 토지소유자가 받을 보상금 중 본문에 따른 현금 또는 제7항 및 제8항에 따른 채권으로 보상받는 금액을 제외한 부분에 대하여 다음 각 호에서 정하는 기준과 절차에 따라 그 공익사업의 시행으로 조성한 토지로 보상할 수 있다. <개정 2022.2.3.>
1. 토지로 보상받을 수 있는 자 : 토지의 보유기간 등 대통령령으로 정하는 요건을 갖춘 자로서 「건축법」 제57조제1항에 따른 대지의 분할 제한 면적 이상의 토지를 사업시행자에게 양도한 자(공익사업을 위한 관계 법령에 따른 고시 등이 있는 날 당시 다음 각 목의 어느 하나에 해당하는 기관에 종사하는 자 및 종사하였던 날부터 10년이 경과되지 아니한 자는 제외한다)가 된다. 이 경우 대상자가 경합(競合)할 때에는 제7항제2호에 따른 부재부동산(不在不動産) 소유자가 아닌 자 중 해당 공익사업지구 내 거주하는 자로서 토지 보유기간이 오래된 자 순으로 토지로 보상하며, 그 밖의 우선순위 및 대상자 결정방법 등은 사업시행자가 정하여 공고한다.
가. 국토교통부
나. 사업시행자
다. 제21조제2항에 따라 협의하거나 의견을 들어야

제24조의3(토지로 보상받을 수 있는 자) 법 제63조제1항제1호 각 목 외의 부분 전단에서 "토지의 보유기간 등 대통령령으로 정하는 요건을 갖춘 자"란 공익사업을 위한 관계 법령에 따른 고시 등이 있는 날의 1년 전부터 제9조제1항의 토지소유자 또는 수용재결일까지 계속하여 토지를 소유한 자를 말한다.
[본조신설 2022.5.9.]

제25조(채권을 발행할 수 있는 사업시행자) 법 제63조제7항 각 호 외의 부분에서 "대통령령으로 정하는 공공기관 및 공공단체"란 다음 각 호의 기관 및 단체를 말한다. <개정 2020.9.10.>
1. 「한국토지주택공사법」에 따른 한국토지주택공사
2. 「한국전력공사법」에 따른 한국전력공사
3. 「한국농어촌공사 및 농지관리기금법」에 따른 한국농어촌공사
4. 「한국수자원공사법」에 따른 한국수자원공사
5. 「한국도로공사법」에 따른 한국도로공사
6. 「한국관광공사법」에 따른 한국관광공사
7. 「공기업의 경영구조 개선 및 민영화에 관한 법률」에 따른 한국가스공사
8. 「한국가스공사법」에 따른 한국가스공사
9. 「국가철도공단법」에 따른 국가철도공단
10. 「인천국제공항공사법」에 따른 인천국제공항공사
11. 「한국환경공단법」에 따른 한국환경공단
12. 「지방공기업법」에 따른 지방공사

제15조(부재부동산 소유자의 거주시설 등에 대한 입증방법) ① 영 제26조제3항·제2호에 따른 거주시설의 입증은 다음 각 호의 방법으로 한다. <개정 2005.2.5, 2008.4.18, 2009.11.13, 2020.12.11.>

1. 「주민등록법」 제2조에 따라 해당 지역의 주민등록에 관한 사무를 관장하는 특별자치도지사·시장·군수·구청장 또는 그 권한을 위임받은 읍·면·동장 또는 출장소장의 확인을 받아 입증하는 방법

2. 다음의 어느 하나에 해당하는 자료로 입증하는 방법

가. 공공요금영수증
나. 국민연금보험료, 건강보험료 또는 고용보험료 납입증명서
다. 전화사용료, 케이블텔레비전 수신료 또는 인터넷 사용료 납부확인서
라. 신용카드 대중교통 이용명세서
마. 자녀의 재학증명서
바. 연말정산 등 납세 자료
사. 그 밖에 실제 거주시설을 증명하는 객관적 자료

② 영 제26조제3항·제3호에 따른 사실상 영업행위의 입증은 다음 각 호의 자료를 모두 제출하는 방법에 의한다. <신설 2009.11.13, 2012.1.2, 2015.4.28.>

1. 「부가가치세법 시행령」 제11조에 따른 사업자등록

제26조(부재부동산 소유자의 토지) ① 법 제63조제7항제2호에 따른 부재부동산 소유자의 토지는 사업인정고시일 1년 전부터 다음 각 호의 어느 하나의 지역에 계속하여 주민등록을 하지 아니한 사람이 소유하는 토지로 한다. <개정 2013.12.24.>

1. 해당 토지의 소재지와 동일한 시(행정시를 포함한다. 이하 이 조에서 같다)·구(자치구를 말한다. 이하 이 조에서 같다)·읍·면(도농복합형태인 시의 읍·면을 포함한다. 이하 이 조에서 같다)

2. 제1호의 지역과 연접한 시·구·읍·면

3. 제1호 및 제2호 외의 지역으로서 해당 토지의 경계로부터 직선거리로 30킬로미터 이내의 지역

② 제1항 각 호의 어느 하나의 지역에 주민등록을 하였으나 해당 지역에 사실상 거주하고 있지 아니하고 있는 사람이 소유하는 토지는 제1항에 따른 부재부동산 소유자의 토지로 본다. 다만, 다음 각 호의 어느 하나에 해당하는 사유로 거주하고 있지 아니한 경우에는 그러하지 아니하다.

1. 질병으로 인한 요양
2. 징집으로 인한 입영
3. 공무(公務)
4. 취학(就學)
5. 그 밖에 제1호부터 제4호까지에 준하는 부득이한

13. 「항만공사법」에 따른 항만공사
14. 「한국철도공사법」에 따른 한국철도공사
15. 「산업집적활성화 및 공장설립에 관한 법률」에 따른 한국산업단지공단

[전문개정 2013.5.28]

하는 공익사업의 허가·인가·승인 등을 하는 기관
다. 공익사업을 위한 관계 법령에 따른 고시 등이 있기 전에 관계 법령에 따라 실시한 협의, 의견청취 등의 대상인 중앙행정기관, 「공공기관의 운영에 관한 법률」 제4조에 따른 공공기관 및 「지방공기업법」에 따른 지방공기업

2. 보상하는 토지가격의 산정 기준금액 : 다른 법률에 특별한 규정이 있는 경우를 제외하고는 일반 분양가격으로 한다.

3. 보상기준 등의 공고 : 제15조에 따라 보상계획을 공고할 때에 토지로 보상하는 기준을 포함하여 공고하거나 토지로 보상하는 기준을 따로 일간신문에 공고하는 내용을 포함하여 공고한다.

② 제1항에 따라 토지소유자에게 토지로 보상하는 면적은 사업시행자가 그 공익사업의 토지이용계획과 사업계획 등을 고려하여 정한다. 이 경우 그 보상면적은 주택용지는 990제곱미터, 상업용지는 1천100제곱미터를 초과할 수 없다.

③ 제1항에 따라 토지로 보상받기로 결정된 권리(제4항에 따라 현금으로 보상받을 권리를 포함한다)는 그 보상계약의 체결일부터 소유권이전등기를 마칠 때까지 전매(매매, 증여, 그 밖에 권리의 변동을 수반하는 모든 행위를 포함하되, 상속 및 「부동산투자회사법」에 따른 개발전문 부동산투자회사에 현물출자를 하는 경우는 제외한다)할 수 없으며, 이를 위반하거나 해당 공익사업과 관련하여 다음 각 호의 어느 하나에 해당하는 경우에 사업시행자는 토지로 보상하기로 한 보상금을 현금으로 보상하여야 한다.

이 경우 현금보상액에 대한 이자율은 제9항의 2분의 1로 한다. 〈개정 2020.4.7., 2022.2.3.〉 1. 제93조, 제96조 및 제97조제2호의 어느 하나에 해당하는 위반행위를 한 경우 2. 「농지법」 제57조부터 제61조까지의 어느 하나에 해당하는 위반행위를 한 경우 3. 「산지관리법」 제53조, 제54조제1호·제2호·제3호·제3호의2부터 제55조제1호·제2호·제4호부터 제10호까지의 어느 하나에 해당하는 위반행위를 한 경우 4. 「공공주택 특별법」 제57조제1항 및 제58조제1항의 어느 하나에 해당하는 위반행위를 한 경우 5. 「한국토지주택공사법」 제28조의 위반행위를 한 경우 ④ 제1항에 따라 토지소유자가 토지로 보상받기로 한 경우 그 보상계약 체결일부터 1년이 지나면 이를 현금으로 전환하여 보상하여 줄 것을 요청할 수 있다. 이 경우 현금보상액에 대한 이자율은 제9항제2호가목에 따른 이자율로 한다. ⑤ 사업시행자는 해당 사업계획의 변경 등 국토교통부령으로 정하는 사유로 토지로 보상하기로 한 토지의 전부 또는 일부를 토지로 보상할 수 없는 경우에는 현금으로 보상할 수 있다. 이 경우 현금보상액에 대한 이자율은 제9항제2호가목에 따른 이자율로 한다. 〈개정 2013.3.23.〉 ⑥ 사업시행자는 토지소유자가 다음 각 호의 어느 하나에 해당하여 토지로 보상받기로 한 보상금에 대	사유 ③ 제1항에도 불구하고 다음 각 호의 어느 하나에 해당하는 토지는 부재부동산 소유자의 토지로 보지 아니한다. 1. 상속에 의하여 취득한 경우로서 상속받은 날부터 1년이 지나지 아니한 토지 2. 사업인정고시일 1년 전부터 계속하여 제1항 각 호의 어느 하나의 지역에 사실상 거주하고 있음을 국토교통부령으로 정하는 바에 따라 증명하는 사람이 소유하는 토지 3. 사업인정고시일 1년 전부터 계속하여 제1항 각 호의 어느 하나의 지역에서 사실상 영업하고 있음을 국토교통부령으로 정하는 바에 따라 증명하는 사람이 해당 영업을 하기 위하여 소유하는 토지 [전문개정 2013.5.28.] 제27조(재결보상의 기준이 되는 보상금액 등) ① 법 제63조제1항·제2항에서 "대통령령으로 정하는 일정 금액" 및 법 제63조제8항 각 호 외의 부분에서 "대통령령으로 정하는 1년 이상의 일정 금액"이란 1억원을 말한다. ② 사업시행자는 부재부동산 소유자가 사업시행자에게 토지를 양도함으로써 또는 토지가 수용됨으로써 발생하는 소득에 대하여 납부하여야 하는 양도소득세(양도소득세에 부가하여 납부하여야 하는 주민세와 양도소득세를 감면받는 경우 납부하여야 하는 농어촌특별세를 포함한다. 이하 이 항에서 같다) 상당 금액을 세무사의 확인을 받아 현금으로 지급하여야 할 것을 요청할 때에는 양도소득세 상당 금액을 제1항	종 및 관계법령에 따라 허가·면허·신고 등(이하 "허가등"이라 한다)을 필요로 하는 경우에는 허가등을 받았음을 입증하는 서류 2. 해당 영업에 따른 납세증명서 또는 공공요금영수증 등 객관성이 있는 자료 [제목개정 2020.12.11.]

하여 현금보상을 요청한 경우에는 현금으로 보상하여야 한다. 이 경우 현금보상액에 대한 이자율은 제9항제2호가목에 따른 이자율로 한다. 〈개정 2013.3.23.〉

1. 국세 및 지방세의 체납처분 또는 강제집행을 받는 경우
2. 세대원 전원이 해외로 이주하거나 2년 이상 해외에 체류하려는 경우
3. 그 밖에 제1호·제2호와 유사한 경우로서 국토교통부령으로 정하는 경우

⑦ 사업시행자가 국가, 지방자치단체, 그 밖에 대통령령으로 정하는 「공공기관의 운영에 관한 법률」에 따라 지정·고시된 공공기관 및 공공단체인 경우에는 제1항 본문에도 불구하고 해당 사업시행자가 발행하는 채권으로 지급할 수 있다.

1. 토지소유자나 관계인이 원하는 경우
2. 사업인정을 받은 사업의 경우에는 대통령령으로 정하는 부재부동산 소유자의 토지에 대한 보상금이 대통령령으로 정하는 일정 금액을 초과하는 경우로서 그 초과하는 금액에 대하여 보상하는 경우

⑧ 토지투기가 우려되는 지역으로서 대통령령으로 정하는 지역에서 다음 각 호의 어느 하나에 해당하는 공익사업을 시행하는 자 중 대통령령으로 정하는 「공공기관의 운영에 관한 법률」에 따른 공공기관 및 공공단체는 제7항제2호에 따른 부재부동산 소유자의 토지에 대한 보상금 중 대통령령으로 정하는 1억원 이상의 일정 금액을 초과하는 부분에 대하여는 해당 사업시행자가

이 금액에 대하여 현금으로 지급하여야 한다.
[전문개정 2013.5.28.]

제27조의2(토지투기가 우려되는 지역에서의 채권보상)
① 법 제63조제8항 각 호 외의 부분에서 "대통령령으로 정하는 지역"이란 다음 각 호의 어느 하나에 해당하는 지역을 말한다. 〈개정 2019.6.25.〉
1. 「부동산 거래신고 등에 관한 법률」 제10조에 따른 토지거래계약에 관한 허가구역이 속한 시(행정시를 포함한다. 이하 이 항에서 같다)·군 또는 구(자치구인 구를 말한다. 이하 이 항에서 같다)
2. 제1호의 지역과 연접한 시·군 또는 구
② 법 제63조제8항 각 호 외의 부분에서 "대통령령으로 정하는 「공공기관의 운영에 관한 법률」에 따라 지정·고시된 공공기관 및 공공단체"란 다음 각 호의 기관 및 단체를 말한다.
1. 「한국토지주택공사법」에 따른 한국토지주택공사
2. 「한국관광공사법」에 따른 한국관광공사
3. 「산업집적활성화 및 공장설립에 관한 법률」에 따른 한국산업단지공단
4. 「지방공기업법」에 따른 지방공사
③ 법 제63조제8항제3호에서 "대통령령으로 정하는 사업"이란 다음 각 호의 사업을 말한다. 〈개정 2014.4.29, 2015.12.28.〉
1. 「물류시설의 개발 및 운영에 관한 법률」에 따른 물류단지개발사업
2. 「관광진흥법」에 따른 관광단지조성사업
3. 「도시개발법」에 따른 도시개발사업
4. 「공공주택 특별법」에 따른 공공주택사업

	5. 「신행정수도 후속대책을 위한 연기·공주지역 행정중심복합도시 건설을 위한 특별법」에 따른 행정중심복합도시건설사업 [전문개정 2013.5.28.]	제15조의2(사업시행자의 현금보상으로의 전환) 법 제63조 제5항 전단에서 "국토교통부령으로 정하는 사유"란 해당 사업계획의 변경을 말한다. 〈개정 2012.1.2, 2013.3.23.〉 [본조신설 2008.4.18.] 제15조의3(토지소유자의 현금보상으로의 전환) 법 제63조 제6항·제3호에서 "국토교통부령으로 정하는 경우"란 다음 각 호의 경우를 말한다. 〈개정 2012.1.2, 2013.3.23.〉 1. 토지소유자의 채무변제를 위하여 현금보상이 부득이한 경우 2. 그 밖에 부상이나 질병의 치료 등을 위하여 현금보상이 부득이하다고 명백히 인정되는 경우 [본조신설 2008.4.18.]

가. 발행하는 채권으로 지급하여야 한다.

1. 「택지개발촉진법」에 따른 택지개발사업

2. 「산업입지 및 개발에 관한 법률」에 따른 산업단지개발사업

3. 그 밖에 대규모 개발사업으로서 대통령령으로 정하는 사업

⑨ 제7항 및 제8항에 따라 채권으로 지급하는 경우 채권의 상환 기한은 5년을 넘지 아니하는 범위에서 정하여야 하며, 그 이자율은 다음 각 호와 같다.

1. 제7항제2호 및 제8항에 따라 부재부동산 소유자에게 채권으로 지급하는 경우

가. 상환기한이 3년 이하인 채권 : 3년 만기 정기예금 이자율(채권발행일 전달의 이자율로서, 「은행법」에 따라 설립된 은행 중 전국을 영업구역으로 하는 은행이 적용하는 이자율을 평균한 이자율로 한다)

나. 상환기한이 3년 초과 5년 이하인 채권 : 5년 만기 국고채 금리(채권발행일 전달의 국고채 평균 유통금리로 한다)

2. 부재부동산 소유자가 아닌 자가 원하여 채권으로 지급하는 경우

가. 상환기한이 3년 이하인 채권 : 3년 만기 국고채 금리(채권발행일 전달의 국고채 평균 유통금리로 하되, 제1호가목에 따른 3년 만기 정기예금 이자율이 3년 만기 국고채 금리보다 높은 경우에는 3년 만기 정기예금 이자율을 적용한다.

나. 상환기한이 3년 초과 5년 이하인 채권 : 5년

만기 국고채 금리(채권평가회사 전달의 국고채 평균 유통금리로 한다)

[전문개정 2011.8.4.]

제64조(개인별 보상) 손실보상은 토지소유자나 관계인에게 개인별로 하여야 한다. 다만, 개인별로 보상액을 산정할 수 없을 때에는 그러하지 아니하다.

[전문개정 2011.8.4.]

제65조(일괄보상) 사업시행자는 동일한 사업지역에 보상시기를 달리하는 동일인 소유의 토지등이 여러 개 있는 경우 토지소유자나 관계인이 요구할 때에는 한꺼번에 보상금을 지급하도록 하여야 한다.

[전문개정 2011.8.4.]

제66조(사업시행 이익과의 상계금지) 사업시행자는 동일한 소유자에게 속하는 일단(一團)의 토지의 일부를 취득하거나 사용하는 경우 해당 공익사업의 시행으로 인하여 잔여지(殘餘地)의 가격이 증가하거나 그 밖의 이익이 발생한 경우에도 그 이익을 그 취득 또는 사용으로 인한 손실과 상계(相計)할 수 없다.

[전문개정 2011.8.4.]

제67조(보상액의 가격시점 등) ① 보상액의 산정은 협의에 의한 경우에는 협의 성립 당시의 가격을, 재결에 의한 경우에는 수용 또는 사용의 재결 당시의 가격을 기준으로 한다.

② 보상액을 산정할 경우에 해당 공익사업으로 인하여 토지등의 가격이 변동되었을 때에는 이를 고려하지 아니한다.

[전문개정 2011.8.4.]

제68조(보상액의 산정) ① 사업시행자는 토지등에 대한 보상액을 산정하려는 경우에는 감정평가법인등 3인(제2항에 따라 시·도지사와 토지소유자가 모두 감정평가법인등을 추천하지 아니하거나 시·도지사 또는 토지소유자 어느 한쪽이 감정평가법인등을 추천하지 아니하는 경우에는 2인)을 선정하여 토지등의 평가를 의뢰하여야 한다. 다만, 사업시행자가 국토교통부령으로 정하는 기준에 따라 직접 보상액을 산정할 수 있을 때에는 그러하지 아니하다. 〈개정 2012.6.1, 2013.3.23, 2020.4.7.〉

② 제1항 본문에 따라 사업시행자가 감정평가법인등을 선정할 때 해당 토지를 관할하는 시·도지사와 토지소유자는 대통령령으로 정하는 바에 따라 감정평가법인등을 각 1인씩 추천할 수 있다. 이 경우 사업시행자는 추천된 감정평가법인등을 포함하여 선정하여야 한다. 〈개정 2012.6.1, 2020.4.7.〉

③ 제1항 및 제2항에 따른 평가 의뢰의 절차 및 방법, 보상액의 산정기준 등에 관하여 필요한 사항은 국토교통부령으로 정한다. 〈개정 2013.3.23.〉
[전문개정 2011.8.4.]

제28조(시·도지사와 토지소유자의 감정평가법인등 추천)
① 사업시행자는 법 제15조제1항에 따른 보상계획을 공고할 때에는 시·도지사와 토지소유자가 감정평가법인등(「감정평가 및 감정평가사에 관한 법률」 제2조제4호의 감정평가법인등을 말하며, 이하 "감정평가법인등"이라 한다)을 추천할 수 있다는 내용을 포함하여 공고하고, 보상 대상 토지가 소재하는 시·도의 시·도지사와 토지소유자에게 이를 통지해야 한다. 〈개정 2016.8.31, 2021.11.23.〉

② 법 제68조제2항에 따라 시·도지사와 토지소유자는 법 제15조제2항에 따른 보상계획의 열람기간 만료일부터 30일 이내에 사업시행자에게 감정평가법인등을 추천할 수 있다. 〈개정 2021.11.23.〉

③ 제2항에 따라 시·도지사가 감정평가법인등을 추천하는 경우에는 다음 각 호의 사항을 지켜야 한다. 〈개정 2021.11.23.〉

1. 감정평가 수행능력, 소속 감정평가사의 수, 감정평가 실적, 징계 여부 등을 고려하여 추천대상 집단을 선정할 것

2. 추천대상 집단 중에서 감정평가법인등을 선정하는 절차에 따라 감정평가법인등의 추천 등 재보완적이고 투명한 절차에 따라 감정평가법인등을 선정할 것

3. 제1호의 추천대상 집단 및 추천 과정을 이해당사자에게 공개할 것

4. 보상 대상 토지가 둘 이상의 시·도에 걸쳐 있는 경우에는 관계 시·도지사가 협의하여 감정평가법인등을 추천할 것

④ 제2항에 따라 감정평가법인등을 추천하려는 토지소유자는 보상 대상 토지면적의 2분의 1 이상에 해당하는 토지소유자와 보상 대상 토지의 총

수의 과반수의 동의를 받은 사실을 증명하는 서류를 첨부하여 사업시행자에게 감정평가법인등을 추천해야 한다. 이 경우 토지소유자는 감정평가법인등 1인에 대해서만 동의할 수 있다. 〈개정 2021.11.23.〉

⑤ 제2항에 따라 감정평가법인등을 추천하려는 토지소유자는 해당 시·도지사와 「감정평가 및 감정평가사에 관한 법률」 제33조에 따른 한국감정평가사협회에 감정평가법인등을 추천하는 데 필요한 자료를 요청할 수 있다. 〈개정 2016.8.31, 2021.11.23.〉

⑥ 제4항 전단에 따라 보상 대상 토지면적과 토지소유자 총수를 계산할 때 제2항에 따라 감정평가법인등 추천 의사표시를 하지 않은 국유지 또는 공유지는 보상 대상 토지면적과 토지소유자 총수에서 제외한다. 〈신설 2019.6.25, 2021.11.23.〉

⑦ 국토교통부장관은 제3항에 따른 시·도지사의 감정평가법인등 추천에 관한 사항에 관하여 표준지침을 작성하여 보급할 수 있다. 〈개정 2019.6.25, 2021.11.23.〉

[전문개정 2013.5.28.]
[제목개정 2021.11.23.]

제16조(보상평가의 의뢰 및 평가 등) ① 사업시행자는 법 제68조 제1항에 따라 대상물건에 대한 평가를 의뢰하려는 때에는 별지 제15호서식의 보상평가의뢰서에 다음 각 호의 사항을 기재하여 감정평가법인등에게 평가를 의뢰하여야 한다. 〈개정 2022.1.21, 2024.4.9.〉

1. 대상물건의 표시
2. 대상물건의 가격시점
3. 평가서 제출기한
4. 대상물건의 취득 또는 사용의 구분
5. 건축물등 물건에 대하여는 그 이전 또는 취득의

구분

6. 영업손실을 보상하는 경우에는 폐업 또는 휴업의
구분

7. 법 제82조 제1항 제1호의 규정에 의한 보상에 평가를 위한 사전 의견수렴에 관한 사항

8. 그 밖의 평가조건 및 참고사항

② 제1항 제3호의 규정에 의한 평가서 제출기한은 30일 이내로 하여야 한다. 다만, 대상물건이나 평가내용이 특수한 경우에는 그러하지 아니하다.

③ 감정평가법인등은 제1항의 규정에 의하여 평가를 의뢰받은 때에는 대상물건 및 그 주변의 상황을 현지조사하고 평가를 하여야 한다. 이 경우 고도의 기술을 필요로 하는 등의 사유로 인하여 자기가 직접 평가할 수 없는 대상물건에 대하여는 사업시행자의 승낙을 얻어 전문기관의 자문 또는 용역을 거쳐 평가할 수 있다. 〈개정 2022.1.21.〉

④ 감정평가법인등은 평가를 한 후 별지 제16조서식의 보상평가서(이하 "보상평가서"라 한다)를 작성하여 심사자(감정평가업에 종사하는 감정평가사를 말한다. 이하 이 조에서 같다) 1인 이상의 심사를 받고 보상평가서에 당해 심사자의 서명날인을 받은 후 제1항 제3호의 규정에 의한 제출기한 내에 사업시행자에게 이를 제출하여야 한다. 〈개정 2022.1.21.〉

⑤ 제4항의 규정에 의한 심사자는 다음 각 호의 사항을 성실하게 심사하여야 한다. 〈개정 2013.4.25.〉

1. 보상평가서의 위산·오기 여부

2. 법 제70조 제1항 및 제76조 제1항 등 관계 법령에서 정하는 바에 따라 대상물건이 적정하게 평가되었는지 여부

3. 비교 대상이 되는 표준지의 적정성 등 대상물건에 대한 평가액의 타당성

⑥ 보상액의 산정은 각 감정평가법인등이 평가한 평가액의 산술평균치를 기준으로 한다. 〈개정 2022.1.21.〉

제17조(재평가 등) ① 사업시행자는 제16조 제4항의 규정에 의하여 제출된 보상평가서를 검토한 결과 그 평가가 관계법령에 위반하여 평가되었거나 합리적 근거 없이 비교 대상이 되는 표준지의 공시지가와 현저하게 차이가 나는 등 부당하게 평가되었다고 인정하는 경우에는 당해 감정평가법인등에게 그 사유를 명시하여 다시 평가할 것을 요구하여야 한다. 이 경우 사업시행자는 필요하면 국토교통부장관이 보상평가에 관한 전문성이 있는 것으로 인정하여 고시하는 기관에 해당 평가가 위법 또는 부당하게 이루어졌는지에 대한 검토를 의뢰할 수 있다. 〈개정 2013.4.25, 2022.1.21.〉

② 사업시행자는 다음 각 호의 어느 하나에 해당하는 경우에는 다른 2인 이상의 감정평가법인등에게 대상물건의 평가를 다시 의뢰하여야 한다. 〈개정 2006.3.17, 2007.4.12, 2013.4.25, 2022.1.21.〉

1. 제1항 전단의 사유에 해당하는 경우로서 당해 감정평가법인등에게 평가를 요구할 수 없는 특별한 사유가 있는 경우

2. 대상물건의 평가액 중 최고평가액이 최저평가액의 110퍼센트를 초과하는 경우. 대상물건의 지장물인 경우 최고평가액과 최저평가액의 비교는 소유자별로 지장물 전체 평가액의 합계액을 기준으로 한다.

3. 평가를 한 후 1년이 경과할 때까지 보상계약이 체결되지 아니한 경우

③ 사업시행자는 제2항에 따른 재평가를 하여야 하는 경우로서 종전의 평가가 영 제28조에 따라 시·도지사와 토지소유자가 추천한 감정평가법인등을 선정하여 행하여진 경우에는 시·도지사와 토지소유자가 다시 추천하여 행하여야 한다. 이하 이 항에서 같다)에게 영 제28조에 따라 다른 감정평가법인등을 추천하여 줄 것을 통지하여야 한다. 이 경우 시·도지사와 토지소유자가 통지를 받은 날부터 30일 이내에 추천하지 아니한 경우에는 추천이 없는 것으로 본다. 〈개정 2007.4.12, 2013.4.25, 2022.1.21.〉

④ 제1항 및 제2항의 규정에 의하여 평가를 행한 경우 보상액의 산정은 각 감정평가법인등이 다시 평가한 평가액의 산술평균치를 기준으로 한다. 〈개정 2022.1.21.〉

⑤ 제2항의 제2호에 해당하는 경우 사업시행자는 평가내역 및 당해 감정평가법인등을 국토교통부장관에게 통지하여야 하며, 국토교통부장관은 당해 감정평가가 관계법령이 정하는 바에 따라 적법하게 행하여졌는지 여부를 조사하여야 한다. 〈개정 2008.3.14, 2013.3.23, 2022.1.21.〉

제18조(평가방법 적용의 원칙) ① 대상물건의 평가는 이 규칙에서 정하는 방법에 의하되, 그 방법으로 구한 가격 또는 사용료(이하 "가격등"이라 한다)를 다른 방법으로 구한 가격등과 비교하여 그 합리성을 검토하여야 한다.

② 이 규칙에서 정하는 방법으로 평가하는 경우 평가가 크게 부적정하게 될 요인이 있는 경우에는 적정하다고 판단되는 다른 방법으로 평가할 수 있다. 이 경우

보상평가액에 그 사유를 기재하여야 한다.

③ 이 규정에서 정하지 아니한 대상물건에 대하여는 이 규정의 취지와 감정평가의 일반이론에 의하여 객관적으로 판단·평가하여야 한다.

제19조(대상물건의 변경에 따른 평가) ① 공익사업의 계획이 변경됨에 따라 추가되는 대상물건이 제16조의 규정에 의하여 이미 평가한 물건과 그 실제 및 이용상태 등이 동일하고 가격등에 변동이 없다고 인정되는 때에는 따로 평가하지 아니하고 이미 평가한 물건의 평가결과를 기준으로 하여 보상액을 산정할 수 있다.

② 공익사업의 계획이 변경되어 대상물건이 일부가 보상대상에서 제외되는 경우에는 그 내용을 지체 없이 그 대상물건의 소유자 등에게 통지하여야 한다. 이 경우 이미 보상계약이 체결된 때에는 지체 없이 그 계약을 해지하거나 변경하고 그에 따른 보상액의 환수 등 필요한 조치를 하여야 한다.

③ 제17조제2항·제3호의 규정에 의하여 재평가를 하는 경우로서 재평가시점에서 물건의 수량 또는 내용이 변경된 경우에는 변경된 상태를 기준으로 평가하여야 한다.

제20조(구분평가 등) ① 취득할 토지에 건축물·입목·공작물 그 밖에 토지에 정착한 물건(이하 "건축물등"이라 한다)이 있는 경우에는 토지와 그 건축물등을 각각 평가하여야 한다. 다만, 건축물등이 토지와 함께 거래되는 사례나 관행이 있는 경우에는 그 건축물등과 토지를 일괄하여 평가하여야 하며, 이 경우 보상평가액에 그 내용을 기재하여야 한다.

② 건축물등의 면적 또는 규모의 산정은 「건축법」 등 관계법령이 정하는 바에 의한다. 〈개정 2005.2.5.〉

제69조(보상채권의 발행) ① 국가는 「도로법」에 따른 도로공사, 「산업입지 및 개발에 관한 법률」에 따른 산업단지개발사업, 「철도의 건설 및 철도시설 유지관리에 관한 법률」에 따른 철도의 건설사업, 「항만법」에 따른 항만개발사업, 그 밖에 대통령령으로 정하는 공익사업을 위한 토지 등의 취득 또는 사용으로 인하여 토지소유자 및 관계인이 입은 손실을 보상하기 위하여 제63조제7항에 따라 채권으로 지급하는 경우에는 다음 각 호의 회계의 부담으로 보상채권을 발행할 수 있다. 〈개정 2018.3.13, 2020.1.29.〉
1. 일반회계
2. 교통시설특별회계
② 보상채권은 제1항 각 호의 회계를 관리하는 관계 중앙행정기관의 장의 요청으로 기획재정부장관이 발행한다.
③ 기획재정부장관은 보상채권을 발행하려는 경우에는 회계별로 국회의 의결을 받아야 한다.
④ 보상채권은 토지소유자 및 관계인에게 지급함으로써 발행한다.
⑤ 보상채권은 양도하거나 담보로 제공할 수 있다.
⑥ 보상채권의 발행방법, 이자율의 결정방법, 상환방법, 그 밖에 보상채권 발행에 필요한 사항은 대통령령으로 정한다.
⑦ 보상채권의 발행에 관하여 이 밖에 특별한 규정이 있는 경우를 제외하고는 「국채법」에서 정하는 바에 따른다.
[전문개정 2011.8.4.]

제29조(보상채권의 발행대상사업) 법 제69조제1항 각 호 외의 부분에서 "대통령령으로 정하는 공익사업"이란 다음 각 호의 사업을 말한다. 〈개정 2017.3.29.〉
1. 「댐건설 및 주변지역지원 등에 관한 법률」에 따른 댐건설사업
2. 「수도법」에 따른 수도사업
3. 「인천국제공항공사법」에 따른 공항건설사업
4. 「공항시설법」에 따른 공항개발사업
[전문개정 2013.5.28.]

제30조(보상채권의 발행절차) ① 법 제69조제1항 각 호의 회계를 관리하는 관계 중앙행정기관의 장은 보상채권의 발행이 필요한 경우에는 보상채권에 관한 다음 각 호의 사항을 명시하여 그 발행을 기획재정부장관에게 요청하여야 한다.
1. 발행한도액
2. 발행요청액
3. 액면금액의 종류
4. 이자율
5. 원리금 상환의 방법 및 시기
6. 그 밖에 필요한 사항
② 기획재정부장관은 법 제69조제2항에 따라 보상채권을 발행하는 경우에는 이에 관한 사항을 관계 중앙행정기관의 장 및 한국은행총재에게 각각 통보하여야 한다.
[전문개정 2013.5.28.]

제31조(보상채권의 발행방법 등) ① 보상채권은 무기명증권(無記名證券)으로 발행한다.

② 보상채권은 액면금액으로 발행하되, 최소액면금액은 10만원으로 하며, 보상금 중 10만원 미만인 끝수의 금액은 사업시행자가 보상금을 지급할 때 현금으로 지급한다.

③ 보상채권의 발행일은 제35조제1항에 따른 보상채권지급결정통지서를 발급한 날이 속하는 달의 말일로 한다.

④ 보상채권은 멸실 또는 도난 등의 사유로 분실한 경우에도 재발행하지 아니한다.

[전문개정 2013.5.28.]

제32조(보상채권의 이자율 및 상환) ① 보상채권의 이자율은 법 제63조제9항에 따른 이자율로 한다.

② 보상채권의 원리금은 상환일에 일시 상환한다.

③ 보상채권의 발행일부터 상환일 전날까지의 이자는 1년 단위의 복리로 계산한다.

④ 제35조제1항에 따른 보상채권지급결정통지서의 발송일부터 보상채권 발행일 전날까지의 보상채권의 이자는 보상금에 대한 이자로서 제1항에 따른 보상채권의 이자율과 같은 이자율로 산정한 금액을 사업시행자가 보상금을 지급할 때 지급한다.

[전문개정 2013.5.28.]

제33조(보상채권의 기재사항) 보상채권에는 다음 각 호의 사항을 적어야 한다.

1. 명칭

2. 번호

3. 제30조제1항제3호부터 제5호까지의 사항

[전문개정 2013.5.28.]

제34조(보상채권의 취급기관 등) ① 보상채권에 관한 업무는 한국은행 또는 한국은행이 주된 사무소·지사·지사무소 및 대리점이 이를 취급한다. ② 사업시행자는 제1항에 따른 한국은행의 주된 사무소·지사무소 및 대리점 중 해당 보상채권의 교부 및 생활 업무를 취급할 기관(이하 "보상채권취급기관"이라 한다)을 미리 지정하고, 보상채권취급기관에 사업시행자의 인감조서를 송부하여야 한다. ③ 보상채권취급기관은 보상채권을 교부할 때에는 그 보상채권취급기관에 다음 각 호의 사항을 적고, 해당 업무의 책임자가 기명날인하여야 한다. 1. 발행일 및 상환일 2. 교부일 3. 보상채권취급기관의 명칭 ④ 한국은행 총재는 보상채권의 교부 및 상환 현황 통지서를 국토교통부령으로 정하는 보상채권의 교부 및 관계 중앙행정기관의 장에게 각각 송부하여야 한다. [전문개정 2013.5.28.] 제35조(보상채권의 사무취급절차 등) ① 사업시행자는 보상채권으로 보상하려는 경우에는 토지소유자 및 관계인에게 국토교통부령으로 정하는 보상채권지급 결정통지서를 발급하고, 보상채권취급기관에 이에 관한 사항을 통지하여야 한다. ② 보상채권취급기관은 제1항에 따라 보상채권지급 결정통지서를 발급받은 토지소유자 및 관계인이 해당 보상채권지급결정통지서를 제출하면 보상채권을 교부하여야 한다. [전문개정 2013.5.28.]	제21조(보상채권의 교부 및 상환현황통지서 등의 서식) ① 영 제34조제4항의 구정에 의한 보상채권의 교부 및 상환현황통지서는 별지 제17호서식에 의한다. ② 영 제35조제1항의 규정에 의한 보상채권지급결정 통지서는 별지 제18호서식에 의한다. ③ 영 제36조의 규정에 의한 보상채권교부대장은 별지 제19호서식에 의한다.	제21조(보상채권의 교부 및 상환현황통지서 등의 서식) ① 영 제34조제4항의 구정에 의한 보상채권의 교부 및 상환현황통지서는 별지 제17호서식에 의한다. ② 영 제35조제1항의 규정에 의한 보상채권지급결정 통지서는 별지 제18호서식에 의한다. ③ 영 제36조의 규정에 의한 보상채권교부대장은 별지 제19호서식에 의한다.

제36조(보상채권교부대장의 비치·송부) 보상채권을 교부하였을 때에는 국토교통부령으로 정하는 보상채권교부대장을 2부 작성하여 1부는 비치하고, 나머지 1부는 다음 달 7일까지 사업시행자에게 송부하여야 한다. [전문개정 2013.5.28]	제21조(보상채권의 교부 및 상환현황통지서 등의 서식) ① 영 제34조제4항의 규정에 의한 보상채권의 교부 및 상환현황통지서에는 별지 제17호서식에 의한다. ② 영 제35조제1항의 규정에 의한 보상채권지급결정통지서는 별지 제18호서식에 의한다. ③ 영 제36조의 규정에 의한 보상채권교부대장은 별지 제19호서식에 의한다.

제2절 손실보상의 종류와 기준 등

제70조(취득하는 토지의 보상) ① 협의나 재결에 의하여 취득하는 토지에 대하여는 「부동산 가격공시에 관한 법률」에 따른 공시지가를 기준으로 하여 보상하되, 그 공시기준일부터 가격시점까지의 관계 법령에 따른 그 토지의 이용계획, 해당 공익사업으로 인한 지가의 영향을 받지 아니하는 지역의 대통령령으로 정하는 지가변동률, 생산자물가상승률(「한국은행법」 제86조에 따라 한국은행이 조사·발표하는 생산자물가지수에 따라 산정된 비율을 말한다)과 그 밖에 그 토지의 위치·형상·환경·이용상황 등을 고려하여 평가한 적정가격으로 보상하여야 한다. 〈개정 2016.1.19.〉 ② 토지에 대한 보상액은 가격시점에서의 현실적인 이용상황과 일반적인 이용방법에 의한 객관적 상황을 고려하여 산정하되, 일시적인 이용상황과 토지소유자나 관계인이 갖는 주관적 가치 및 특별한 용도에 사용할 것을 전제로 한 경우 등은 고려하지 아니한다. ③ 사업인정 전 협의에 의한 취득의 경우에 제1항에 따른 공시지가는 해당 토지의 가격시점 당시 공시된	제37조(지가변동률) ① 법 제70조제1항에서 "대통령령으로 정하는 지가변동률"이란 「부동산 거래신고 등에 관한 법률 시행령」 제17조에 따라 국토교통부장관이 조사·발표하는 지가변동률로서 평가대상 토지와 가치형성요인이 같거나 비슷하여 해당 평가대상 토지와 유사한 이용가치를 지닌다고 인정되는 시(행정시를 포함한다. 이하 이 조에서 같다)·군 또는 구(자치구가 아닌 구를 포함한다. 이하 이 조에서 같다)의 용도지역별 지가변동률을 말한다. 다만, 비교표준지와 같은 용도지역의 지가변동률이 조사·발표되지 아니한 경우에는 비교표준지와 유사한 용도지역의 지가변동률, 비교표준지와 이용상황이 같은 토지의 지가변동률 또는 해당 시·군 또는 구의 평균지가변동률 중 하나의 지가변동률을 말한다. 〈개정 2019.6.25.〉 ② 제1항을 적용할 때 비교표준지가 소재하는 시·군 또는 구의 지가가 해당 공익사업으로 인하여 변동된 경우에는 해당 공익사업과 관계없는 인근 시·군 또는 구의 지가변동률을 적용한다. 다만, 비교표준지가 소재하는 시·군 또는 구의 지가변동률이 인근 시

공시지가 중 가격시점과 가장 가까운 시점에 공시된 공시지가로 한다.

④ 사업인정 후의 취득의 경우에 제1항에 따른 공시지가는 사업인정고시일 전의 시점을 공시기준일로 하는 공시지가로서, 해당 토지에 관한 협의의 성립 또는 재결 당시 공시된 공시지가 중 그 사업인정고시일과 가장 가까운 시점에 공시된 공시지가로 한다.

⑤ 제3항 및 제4항에도 불구하고 공익사업의 계획 또는 시행이 공고되거나 고시됨으로 인하여 취득하여야 할 토지의 가격이 변동되었다고 인정되는 경우에는 제1항에 따른 공시지가는 해당 공고일 또는 고시일 전의 시점을 공시기준일로 하는 공시지가로서 그 토지의 가격시점 당시 공시된 공시지가 중 공익사업의 공고일 또는 고시일과 가장 가까운 시점에 공시된 공시지가로 한다.

⑥ 취득하는 토지와 이에 관한 소유권 외의 권리에 대한 구체적인 보상액 산정 및 평가방법은 투자비용, 예상수익 및 거래가격 등을 고려하여 국토교통부령으로 정한다. 〈개정 2013.3.23.〉
[전문개정 2011.8.4.]

· 군 또는 구의 지가변동률보다 작은 경우에는 그러하지 아니하다.

③ 제2항에 따른 비교표준지가 소재하는 시 · 군 또는 구의 지가가 해당 공익사업으로 인하여 변동된 경우에는 도로, 철도 또는 하천 관련 사업으로서 다음 각 호의 요건을 모두 충족하는 경우로 한다. 〈개정 2013.12.24.〉

1. 해당 공익사업의 면적이 20만 제곱미터 이상일 것
2. 비교표준지가 소재하는 시 · 군 또는 구의 사업인정고시일부터 가격시점까지의 지가변동률이 3퍼센트 이상일 것. 다만, 해당 공익사업의 계획 또는 시행으로 인하여 고시됨으로 인하여 비교표준지의 가격이 변동되었다고 인정되는 경우에는 그 계획 또는 시행이 공고되거나 고시된 날부터 가격시점까지의 지가변동률이 5퍼센트 이상인 경우로 한다.
3. 사업인정고시일부터 가격시점까지 비교표준지가 소재하는 시 · 군 또는 구의 지가변동률이 비교표준지가 소재하는 시 · 도의 지가변동률보다 30퍼센트 이상 높거나 낮을 것
[전문개정 2013.5.28.]

제38조(일시적인 이용상황) 법 제70조제2항에 따른 일시적인 이용상황은 관계 법령에 따른 국가 또는 지방자치단체의 계획이나 명령 등에 따라 해당 토지를 본래의 용도로 이용하는 것이 일시적으로 금지되거나 제한되어 그 본래의 용도와 다른 용도로 이용되고 있거나 해당 토지의 주위환경의 사정으로 보아 현재의 이용방법이 일시적인 것으로 한다.
[전문개정 2013.5.28.]

제38조의2(공시지가) ① 법 제70조제5항에 따른 취득하여야 할 토지의 가격이 변동되었다고 인정되는 경우는 도로, 철도 또는 하천 관련 사업을 제외한 사업의 공사 다음 각 호를 모두 충족하는 경우로 한다. 〈개정 2016.8.31.〉

1. 해당 공익사업의 면적이 20만 제곱미터 이상일 것

2. 해당 공익사업지구 안에 있는 「부동산 가격공시에 관한 법률」 제3조에 따른 표준지공시지가(해당 공익사업지구 안에 표준지가 없는 경우에는 비교표준지의 공시지가를 말하며, 이하 이 조에서 "표준지공시지가"라 한다)의 평균변동률과 평가대상토지가 소재하는 시(행정시를 포함한다. 이하 이 조에서 같다) · 군 또는 구(자치구가 아닌 구를 포함한다. 이하 이 조에서 같다) 전체의 표준지공시지가 평균변동률과의 차이가 3퍼센트포인트 이상일 것

3. 해당 공익사업지구 안에 있는 표준지공시지가의 평균변동률이 평가대상토지가 소재하는 시 · 군 또는 구 전체의 표준지공시지가 평균변동률보다 30퍼센트 이상 높거나 낮을 것

② 제1항제2호 및 제3호에 따른 평균변동률은 해당 표준지별 변동률의 합을 표준지의 수로 나누어 산정하며, 공익사업지구가 둘 이상의 시 · 군 또는 구에 걸쳐 있는 경우 평가대상토지가 소재하는 시 · 군 또는 구 전체의 표준지공시지가 평균변동률은 시 · 군 또는 구별로 평균변동률을 산정한 후 이를 해당 시 · 군 또는 구에 속한 공익사업지구 면적 비율로 가중평균(加重平均)하여 산정한다. 이 경우 평균변동률의 산정기간은 해당 공익사업의 계획 또는 시행이 공고

되거나 고시된 당시 공시된 표준지공시지가 중 그 공고일 또는 고시일에 가장 가까운 시점에 공시된 표준지공시지가의 공시기준일부터 법 제70조제3항 또는 제4항에 따른 표준지공시지가의 공시기준일까지의 기간으로 한다.
[본조신설 2013.5.28.]

제22조(취득하는 토지의 평가) ① 취득하는 토지를 평가함에 있어서는 평가대상토지와 유사한 이용가치를 지닌다고 인정되는 하나 이상의 표준지의 공시지가를 기준으로 한다.

② 토지에 건축물등이 있는 때에는 그 건축물등이 없는 상태를 상정하여 토지를 평가한다.

③ 제1항에 따른 표준지는 특별한 사유가 있는 경우를 제외하고는 다음 각 호의 기준에 따른 토지로 한다. <신설 2013.4.25.>

1. 「국토의 계획 및 이용에 관한 법률」 제36조부터 제38조까지, 제38조의2 및 제39조부터 제42조까지에서 정한 용도지역, 용도지구, 용도구역 등 공법상 제한이 같거나 유사할 것
2. 평가대상 토지와 실제 이용상황이 같거나 유사할 것
3. 평가대상 토지와 주위 환경 등이 같거나 유사할 것
4. 평가대상 토지와 지리적으로 가까울 것

제23조(공법상 제한을 받는 토지의 평가) ① 공법상 제한을 받는 토지에 대하여는 제한받는 상태대로 평가한다. 다만, 그 공법상 제한이 당해 공익사업의 시행을 직접 목적으로 하여 가하여진 경우에는 제한이 없는 상태를 상정하여 평가한다.

② 당해 공익사업의 시행을 직접 목적으로 하여 용도

지역 또는 용도지구 등이 변경된 토지에 대하여는 변경되기 전의 용도지역 또는 용도지구 등을 기준으로 평가한다.

제24조(무허가건축물 등의 부지 또는 불법형질변경된 토지의 평가) 「건축법」 등 관계법령에 의하여 허가를 받거나 신고를 하고 건축 또는 용도변경을 하여야 하는 건축물을 허가를 받지 아니하거나 신고를 하지 아니하고 건축 또는 용도변경한 건축물(이하 "무허가건축물등"이라 한다)의 부지 또는 「국토의 계획 및 이용에 관한 법률」 등 관계법령에 의하여 허가를 받거나 신고를 하고 형질변경을 하여야 하는 토지를 허가를 받지 아니하거나 신고를 하지 아니하고 형질변경한 토지(이하 "불법형질변경토지"라 한다)에 대하여는 무허가건축물등이 건축 또는 용도변경될 당시 또는 토지가 형질변경될 당시의 이용상황을 상정하여 평가한다. 〈개정 2005.2.5, 2012.1.2.〉

제25조(미지급용지의 평가) ① 종전에 시행된 공익사업의 부지로서 보상금이 지급되지 아니한 토지(이하 이 조에서 "미지급용지"라 한다)에 대하여는 종전의 공익사업에 편입될 당시의 이용상황을 상정하여 평가한다. 다만, 종전의 공익사업에 편입될 당시의 이용상황을 알 수 없는 경우에는 편입될 당시의 지목과 인근토지의 이용상황 등을 참작하여 평가한다. 〈개정 2015.4.28.〉

② 사업시행자는 제1항의 규정에 의한 미지급용지의 평가를 의뢰하는 때에는 제16조제1항의 규정에 의한 보상평가의뢰서에 미지급용지임을 표시하여야 한다. 〈개정 2015.4.28.〉

[제목개정 2015.4.28.]

제26조(도로 및 구거부지의 평가) ① 도로부지에 대한 평가는 다음 각 호에서 정하는 바에 의한다. 〈개정 2005.2.5.〉

1. 「사도법」에 의한 사도의 부지는 인근토지에 대한 평가액의 5분의 1 이내

2. 사실상의 사도의 부지는 인근토지에 대한 평가액의 3분의 1 이내

3. 제1호 또는 제2호 외의 도로의 부지는 제22조의 규정에서 정하는 방법

② 제1항제2호에서 "사실상의 사도"라 함은 「사도법」에 의한 사도 외의 도로(「국토의 계획 및 이용에 관한 법률」에 의한 도시·군관리계획에 의하여 도로로 결정된 후부터 도로로 사용되고 있는 것을 제외한다)로서 다음 각 호의 1에 해당하는 도로를 말한다. 〈개정 2005.2.5, 2012.1.2, 2012.4.13.〉

1. 도로개설 당시의 토지소유자가 자기 토지의 편익을 위하여 스스로 설치한 도로

2. 토지소유자가 그 의사에 의하여 타인의 통행을 제한할 수 없는 도로

3. 「건축법」제45조에 따라 건축허가권자가 그 위치를 지정·공고한 도로

4. 도로개설 당시의 토지소유자가 대지 또는 공장용지 등을 조성하기 위하여 설치한 도로

③ 구거부지에 대하여는 인근토지에 대한 평가액의 3분의 1 이내로 평가한다. 다만, 용수를 위한 도수로 부지(개설 당시의 토지소유자가 자기 토지의 편익을 위하여 스스로 설치한 도수로부지를 제외한다)에 대하여는 제22조의 규정에 의하여 평가한다.

④ 제1항 및 제3항에서 "인근토지"라 함은 당해 도로

부지 또는 구거부지가 도로 또는 구거로 이용되지 아니하였을 경우에 예상되는 표준적인 이용상황과 유사한 토지로서 당해 토지와 위치상 가까운 토지를 말한다.

제27조(개간비의 평가 등) ① 국유지 또는 공유지를 관계법령에 의하여 적법하게 개간(매립 및 간척을 포함한다. 이하 같다)한 자가 개간 당시부터 보상 당시까지 계속하여 적법하게 당해 토지를 점유하고 있는 경우(개간한 자가 사망한 경우에는 그 상속인이 개간한 자가 사망한 때부터 계속하여 적법하게 당해 토지를 점유하고 있는 경우를 포함한다) 개간에 소요된 비용(이하 "개간비"라 한다)은 이를 평가하여 보상하여야 한다. 이 경우 보상에는 개간후의 토지가격에서 개간전의 토지가격을 뺀 금액을 초과하지 못한다. 〈개정 2007.4.12.〉

② 제1항의 규정에 의한 개간비를 평가함에 있어서는 개간전과 개간후의 토지의 지세 · 지질 · 비옥도 · 이용상황 및 개간의 난이도 등을 종합적으로 고려하여야 한다.

③ 제1항의 규정에 의하여 개간비를 보상하는 경우 취득하는 토지의 보상액은 개간후의 토지가격에서 개간비를 뺀 금액으로 한다.

제28조(토지에 관한 소유권외의 권리의 평가) ① 취득하는 토지에 설정된 소유권외의 권리에 대하여는 당해 권리의 종류, 존속기간 및 기대이익 등을 종합적으로 고려하여 평가한다. 이 경우 점유는 권리로 보지 아니한다.

② 제1항의 규정에 의한 토지에 관한 소유권외의 권

리에 대하여는 거래사례비교법에 의하여 평가함을 원칙으로 하되, 일반적으로 양도성이 없는 경우에는 당해 권리의 유무에 따른 토지의 가격차이 또는 권리 설정계약을 기준으로 평가한다.

제29조(소유권외의 권리의 목적이 되고 있는 토지의 평가) 취득하는 토지에 설정된 소유권외의 권리의 목적이 되고 있는 토지에 대하여는 당해 권리가 없는 것으로 하여 제22조 내지 제27조의 규정에 의하여 평가한 금액에서 제28조의 규정에 의하여 평가한 소유권외의 권리의 가액을 뺀 금액으로 평가한다.

제30조(토지의 사용에 대한 평가) 토지의 사용료는 임대사례비교법으로 평가한다. 다만, 적정한 임대사례가 없거나 대상토지의 특성으로 보아 임대사례비교법으로 평가하는 것이 적정하지 아니한 경우에는 적산법으로 평가할 수 있다.

제31조(토지의 지하·지상공간의 사용에 대한 평가) ① 토지의 지하 또는 지상공간을 사실상 영구적으로 사용하는 경우 이하에 의하여 산정한 사용료 또는 제22조의 규정에 의하여 산정한 당해 토지의 가격에 당해 공간을 사용함으로 인하여 토지의 이용이 저해되는 정도에 따른 적정한 비율(이하 이 조에서 "입체이용저해율"이라 한다)을 곱하여 산정한 금액으로 평가한다.

② 토지의 지하 또는 지상공간을 일정한 기간동안 사용하는 경우 이하에 의하여 산정한 사용료 또는 제30조의 규정에 의하여 산정한 당해 토지의 사용료에 입체이용저해율을 곱하여 산정한 금액으로 평가한다.

제71조(사용하는 토지의 보상 등) ① 협의 또는 재결에 의하여 사용하는 토지에 대하여는 그 토지와 인근 유사토지의 지료(地料), 임대료, 사용방법, 사용기간 및 그 토지의 가격 등을 고려하여 평가한 적정가격으로 보상하여야 한다.

② 사용하는 토지와 그 지하 및 지상의 공간 사용에 대한 구체적인 보상액 산정 및 평가방법은 투자비용, 예상수익 및 거래가격 등을 고려하여 국토교통부령으로 정한다. 〈개정 2013.3.23.〉
[전문개정 2011.8.4.]

제72조(사용하는 토지의 매수청구 등) 사업인정고시가 된 후 다음 각 호의 어느 하나에 해당할 때에는 해당

토지소유자는 사업시행자에게 해당 토지의 매수를 청구하거나 관할 토지수용위원회에 그 토지의 수용을 청구할 수 있다. 이 경우 관계인은 사업시행자나 관할 토지수용위원회에 그 권리의 존속(存續)을 청구할 수 있다.

1. 토지를 사용하는 기간이 3년 이상인 경우
2. 토지의 사용으로 인하여 토지의 형질이 변경되는 경우
3. 사용하려는 토지에 그 토지소유자의 건축물이 있는 경우

[전문개정 2011.8.4.]

제73조(잔여지의 손실과 공사비 보상) ① 사업시행자는 동일한 토지소유자에게 속하는 일단의 토지의 일부가 취득되거나 사용됨으로 인하여 잔여지의 가격이 감소하거나 그 밖의 손실이 있을 때 또는 잔여지에 통로·담장 등의 신설이나 그 밖의 공사가 필요할 때에는 국토교통부령으로 정하는 바에 따라 그 손실이나 공사의 비용을 보상하여야 한다. 다만, 잔여지의 가격 감소분과 잔여지에 대한 공사의 비용을 합한 금액이 잔여지의 가격보다 큰 경우에는 사업시행자는 그 잔여지를 매수할 수 있다. <개정 2013.3.23.>
② 제1항 본문에 따른 손실 또는 비용의 보상은 관계 법률에 따라 사업이 완료된 날 또는 제24조의2에 따른 사업완료의 고시가 있는 날(이하 "사업완료일"이라 한다)부터 1년이 지난 후에는 청구할 수 없다. <개정 2021.8.10.>
③ 사업인정고시가 된 후 제1항 단서에 따라 사업시행자가 잔여지를 매수하는 경우 그 잔여지에 대하여는

제32조(잔여지의 손실 등에 대한 평가) ① 동일한 토지소유자에 속하는 일단의 토지의 일부가 취득됨으로 인하여 잔여지의 가격이 하락된 경우의 잔여지의 손실은 공익사업시행지구에 편입되기 전의 잔여지의 가격(당해 토지가 공익사업시행지구에 편입됨으로 인하여 잔여지의 가격이 변동된 경우에는 변동되기 전의 가격을 말한다)에서 공익사업시행지구에 편입된 후의 잔여지의 가격을 뺀 금액으로 평가한다.
② 동일한 토지소유자에 속하는 일단의 토지의 일부가 취득 또는 사용됨으로 인하여 잔여지에 통로·구거·담장 등의 신설이나 그 밖의 공사가 필요하게 된 경우의 손실은 그 시설의 설치나 공사에 필요한 비용으로 평가한다.
③ 동일한 토지소유자에 속하는 일단의 토지의 일부가 취득됨으로 인하여 잔여지의 종래의 목적에 사용하는 것이 현저히 곤란하게 된 잔여지에 대하여는 그 일단의 토지의 전체가격에서 공익사업시행지구에 편입되는 토지의 가격을 뺀 금액으로 평가한다.

는 제20조에 따른 사업인정 및 제22조에 따른 사업인정고시가 된 것으로 본다.

④ 제1항에 따른 손실 또는 비용의 보상이나 토지의 취득에 관하여는 제9조제6항 및 제7항을 준용한다.

⑤ 제3항 단서에 따라 매수하는 잔여지 및 잔여지에 있는 물건에 대한 구체적인 보상액 산정 및 평가방법 등에 대하여는 제70조, 제75조, 제76조, 제77조, 제78조제4항, 같은 조 제6항 및 제7항을 준용한다.
〈개정 2022.2.3.〉

[전문개정 2011.8.4.]

제74조(잔여지 등의 매수 및 수용 청구) ① 동일한 소유자에게 속하는 일단의 토지의 일부가 협의에 의하여 매수되거나 수용됨으로 인하여 잔여지를 종래의 목적에 사용하는 것이 현저히 곤란할 때에는 해당 토지소유자는 사업시행자에게 잔여지를 매수하여 줄 것을 청구할 수 있으며, 사업인정 이후에는 관할 토지수용위원회에 수용을 청구할 수 있다. 이 경우 수용의 청구는 매수에 관한 협의가 성립되지 아니한 경우에만 할 수 있으며, 사업완료일까지 하여야 한다. 〈개정 2021.8.10.〉

② 제1항에 따라 매수 또는 수용의 청구가 있는 잔여지 및 잔여지에 있는 물건에 관하여 권리를 가진 자는 사업시행자나 관할 토지수용위원회에 그 권리의 존속을 청구할 수 있다.

③ 제1항에 따른 토지의 취득에 관하여는 제73조제3항을 준용한다.

④ 잔여지 및 잔여지에 있는 물건에 대한 구체적인 보상액 산정 및 평가방법 등에 대하여는 제70조, 제

제39조(잔여지의 판단) ① 법 제74조제1항에 따라 잔여지가 다음 각 호의 어느 하나에 해당하는 경우에는 해당 토지소유자는 사업시행자 또는 관할 토지수용위원회에 잔여지를 매수하거나 수용하여 줄 것을 청구할 수 있다.

1. 대지로서 면적이 너무 작거나 부정형(不整形) 등의 사유로 건축물을 건축할 수 없거나 건축물의 건축이 현저히 곤란한 경우

2. 농지로서 농기계의 진입과 회전이 곤란할 정도로 폭이 좁고 길게 남거나 부정형 등의 사유로 영농이 현저히 곤란한 경우

3. 공익사업의 시행으로 교통이 두절되어 사용이나 경작이 불가능하게 된 경우

4. 제1호부터 제3호까지에서 규정한 사항과 유사한 정도로 잔여지를 종래의 목적대로 사용하는 것이 현저히 곤란하다고 인정되는 경우

② 잔여지가 제1항 각 호의 어느 하나에 해당하는지를 판단할 때에는 다음 각 호의 사항을 종합적으로

고려하여야 한다.
1. 잔여지의 위치·형상·이용상황 및 용도지역
2. 공익사업 편입토지의 면적 및 잔여지의 면적
[전문개정 2013.5.28.]

제33조(건축물의 평가) ① 건축물(담장 및 우물 등의 부대시설물을 포함한다. 이하 같다)에 대하여는 그 구조·이용상태·면적·내구연한·유용성 및 이전가능성과 그 밖에 가격형성에 관련되는 제요인을 종합적으로 고려하여 평가한다.

② 건축물의 가격은 원가법으로 평가한다. 다만, 주거용 건축물에 있어서는 거래사례비교법에 의하여 평가한 금액(공익사업의 시행에 따라 이주대책을 수립·실시하거나 주택입주권 등을 당해 건축물의 소유자에게 주는 경우 또는 개발제한구역안에서 이전이 허용되는 경우에 있어서의 당해 사유로 인한 가격상승분은 제외하고 평가한 금액을 말한다)이 원가법에 의하여 평가한 금액보다 큰 경우와 「집합건물의 소유 및 관리에 관한 법률」에 의한 구분소유권의 대상이 되는 건물의 가격은 거래사례비교법으로 평가한다. 〈개정 2005.2.5.〉

③ 건축물의 사용료는 임대사례비교법으로 평가한다. 다만, 임대사례비교법으로 평가하는 것이 적정하지 아니한 경우에는 적산법으로 평가할 수 있다.

④ 물건의 가격으로 보상한 건축물의 철거비용은 사업시행자가 부담한다. 다만, 건축물의 소유자가 당해 건축물의 구성부분을 사용 또는 처분할 목적으로 철거하는 경우에는 건축물의 소유자가 부담한다.

75조, 제76조, 제77조, 제78조제4항, 같은 조 제6항 및 제7항을 준용한다. 〈개정 2022.2.3.〉
[전문개정 2011.8.4.]

제75조(건축물등 물건에 대한 보상) ① 건축물·입목·공작물과 그 밖에 토지에 정착한 물건(이하 "건축물등"이라 한다)에 대하여는 이전에 필요한 비용(이하 "이전비"라 한다)으로 보상하여야 한다. 다만, 다음 각 호의 어느 하나에 해당하는 경우에는 해당 물건의 가격으로 보상하여야 한다.

1. 건축물등을 이전하기 어렵거나 그 이전으로 인하여 건축물등을 종래의 목적대로 사용할 수 없게 된 경우
2. 건축물등의 이전비가 그 물건의 가격을 넘는 경우
3. 사업시행자가 공익사업에 직접 사용할 목적으로 취득하는 경우

② 농작물에 대한 손실은 그 종류와 성장의 정도 등을 종합적으로 고려하여 보상하여야 한다.

③ 토지에 속한 흙·돌·모래 또는 자갈(흙·돌·모래 또는 자갈이 해당 토지와 별도로 취득 또는 사용의 대상이 되는 경우만 해당한다)에 대하여는 거래가격 등을 고려하여 평가한 적정가격으로 보상하여야 한다.

④ 분묘에 대하여는 이장(移葬)에 드는 비용 등을 산정하여 보상하여야 한다.

⑤ 사업시행자는 사업예정지에 있는 건축물등이 제1항제1호 또는 제2호에 해당하는 경우에는 관할 토지수용위원회에 그 물건의 수용 재결을 신청할 수 있다.

⑥ 제1항부터 제4항까지의 규정에 따른 물건 및 그 밖의 물건에 대한 보상액의 구체적인 산정 및 평가 방법과 보상기준은 국토교통부령으로 정한다. 〈개정 2013.3.23.〉
[전문개정 2011.8.4.]

제34조(건축물에 관한 소유권외의 권리 등의 평가) 제28조 및 제29조의 규정은 법 제75조제1항 단서의 규정에 의하여 물건의 가격으로 보상하여야 하는 건축물에 관한 소유권외의 권리의 평가 및 소유권외의 권리의 목적이 되고 있는 건축물의 평가에 관하여 각각 이를 준용한다. 이 경우 제29조 중 "제22조 내지 제27조"는 "제33조제1항·제2항 및 제4항"으로 본다.

제36조(공작물 등의 평가) ① 제33조 내지 제35조의 규정은 공작물 그 밖의 시설(이하 "공작물등"이라 한다)의 평가에 관하여 이를 준용한다.
② 다음 각 호의 1에 해당하는 공작물등은 이를 별도의 가치가 있는 것으로 평가하여서는 아니된다.
1. 공작물등의 용도가 폐지되었거나 기능이 상실되어 경제적 가치가 없는 경우
2. 공작물등의 가치가 보상이 되는 다른 토지등의 가치에 충분히 반영되어 토지등의 가격이 증가한 경우
3. 사업시행자가 공익사업에 편입되는 공작물등에 대한 대체시설을 하는 경우

제37조(과수 등의 평가) ① 과수 그 밖에 수익이 나는 나무(이하 이 조에서 "수익수"라 한다) 또는 관상수(묘목을 제외한다. 이하 이 조에서 같다)에 대하여는 수종·규격·수령·수량·식수면적·관리상태·수익성·이식가능성 및 이식의 난이도 그 밖에 가격형성에 관련되는 제요인을 종합적으로 고려하여 평가한다.
② 지장물인 과수에 대하여는 다음 각호의 구분에 따라 평가한다. 이 경우 이식가능성·이식적기·고손율(枯損率) 및 감수율(減收率)에 관하여는 별표 2의

기준을 참작해야 한다. 〈개정 2021.8.27.〉

1. 이식이 가능한 과수

가. 결실기에 있는 과수

(1) 계절적으로 이식적기인 경우 : 이전비와 이식함으로써 예상되는 고손율·감수율을 고려하여 정한 고손액 및 감수액의 합계액

(2) 계절적으로 이식적기가 아닌 경우 : 이전비와 (1)의 고손액의 2배 이내의 금액 및 감수액의 합계액

나. 결실기에 이르지 아니한 과수

(1) 계절적으로 이식적기인 경우 : 이전비와 가목(1)의 고손액의 합계액

(2) 계절적으로 이식적기가 아닌 경우 : 이전비와 가목(1)의 고손액의 2배 이내의 금액의 합계액

2. 이식이 불가능한 과수

가. 거래사례가 있는 경우 : 거래사례비교법에 의하여 평가한 금액

나. 거래사례가 없는 경우

(1) 결실기에 있는 과수 : 식재상황·수세(樹勢)·잔존수확가능연수 및 수익성 등을 고려하여 평가한 금액

(2) 결실기에 이르지 아니한 과수 : 가격시점까지 소요된 비용을 현재의 가격으로 평가한 금액(이하 "현가액"이라 한다)

③ 법 제75조제1항 단서의 규정에 의하여 물건의 가격으로 보상하는 과수에 대하여는 제2항·제2조 가목 및 나목의 예에 따라 평가한다.

④ 제2항 및 제3항의 규정은 과수외의 수익수 및 관상수에 대한 평가에 관하여 이를 준용하되, 관상수의 경우에는 감수액을 고려하지 아니한다. 이 경우 고손율은 당해 수익수 및 관상수 총수의 10퍼센트 이하의 범위안에서 정하되, 이식적기가 아닌 경우에는 20퍼센트까지로 할 수 있다.

⑤ 이식이 불가능한 수익수 또는 관상수의 벌채비용은 사업시행자가 부담한다. 다만, 수목의 소유자가 당해 수목을 처분할 목적으로 벌채하는 경우에는 수목의 소유자가 부담한다.

제38조(묘목의 평가) ① 묘목에 대하여는 상품화 가능여부, 이식에 따른 고손율, 성장정도 및 관리상태 등을 종합적으로 고려하여 평가한다.

② 상품화할 수 있는 묘목은 손실이 없는 것으로 본다. 다만 매각손실액(일시에 매각함으로 인하여 가격이 하락함에 따른 손실을 말한다. 이하 같다)이 있는 경우에는 그 손실을 평가하여 보상하여야 하며, 이 경우 보상액은 제3항의 규정에 따라 평가한 금액을 초과하지 못한다.

③ 시기적으로 상품화가 곤란하거나 상품화를 할 수 있는 시기에 이르지 않은 묘목에 대하여는 이전비와 고손율을 고려한 고손액의 합계액으로 평가한다. 이 경우 이전비는 임시로 옮겨 심는데 필요한 비용으로 평가하며, 고손율은 1퍼센트 이하의 범위안에서 정하되 주위의 환경 또는 계절적 사정 등 특별한 사유가 있는 경우에는 2퍼센트까지로 할 수 있다. 〈개정 2021.8.27.〉

④ 파종 또는 발아 중에 있는 묘목에 대하여는 가격시점까지 소요된 비용의 현가액으로 평가한다.

⑤ 법 제75조제1항 단서의 규정에 의하여 물건의 가격으로 보상하는 묘목에 대하여는 거래사례가 있는 경우에는 거래사례비교법에 의하여 평가하고, 거래사례가 없는 경우에는 가격시점까지 소요된 비용의 현가액으로 평가한다.

제39조(입목 등의 평가) ① 입목(죽목을 포함한다. 이하 이 조에서 같다)에 대하여는 별기령(「산림자원의 조성 및 관리에 관한 법률 시행규칙」 별표 3에 따른 기준별 기령을 말한다. 이하 이 조에서 같다)·수종·주수·면적 및 수익성 그 밖에 가격형성에 관련되는 제요인을 종합적으로 고려하여 평가한다. 〈개정 2005.2.5, 2007.4.12.〉

② 지장물인 조림된 용재림(用材林: 재목을 이용할 목적으로 가꾸는 나무숲을 말한다) 중 벌기령에 달한 용재림은 손실이 없는 것으로 본다. 다만, 용재림을 일시에 벌채하게 되어 벌채 및 반출에 통상 소요되는 비용이 증가하거나 목재의 가격이 하락하는 경우에는 그 손실을 평가하여 보상하여야 한다. 〈개정 2021.8.27.〉

③ 지장물인 조림된 용재림중 벌기령에 달하지 아니한 용재림에 대하여는 다음 각호에 구분에 따라 평가한다.

1. 당해 용재림의 목재가 인근시장에서 거래되는 경우: 거래가격에서 벌채비용과 운반비를 뺀 금액. 이 경우 벌기령에 달하지 아니한 상태에서의 매각에 따른 손실액이 있는 경우에는 이를 포함한다.

2. 당해 용재림의 목재가 인근시장에서 거래되지 않는 경우: 가격시점까지 소요된 비용의 현가액. 이 경우 보상액은 당해 용재림의 예상총수입의 현가액

에서 장래 투하비용의 현가액을 뺀 금액을 초과하지 못한다.

④ 제2항 및 제3항에서 "조림된 용재림"이라 함은 「산림자원의 조성 및 관리에 관한 법률」 제13조에 따른 산림경영계획인가를 받아 시업하였거나 산림의 생산요소를 기업적으로 경영·관리하는 산림으로서 「임목에 관한 법률」 제8조에 따라 등록된 임목의 집단 또는 이에 준하는 산림을 말한다. 〈개정 2005.2.5, 2007.4.12.〉

⑤ 제2항 및 제3항의 규정을 적용함에 있어서 벌기령이 10분의 9 이상을 경과하였거나 임목의 성장 및 관리상태가 양호하여 벌기령에 달한 임목과 유사한 임목의 경우에는 벌기령에 달한 것으로 본다.

⑥ 제3항의 규정에 의한 임목의 벌채비용은 사업시행자가 부담한다.

⑦ 제2항·제3항 및 제6항의 규정은 자연림으로서 수종·수령·면적·주수·임목도·관리상태·성장 정도 및 수익성 등이 조림된 용재림과 유사한 자연림의 평가에 관하여 이를 준용한다.

⑧ 제3항 및 제6항의 규정은 사업시행자가 취득하는 임목의 평가에 관하여 이를 준용한다.

제40조(수목의 수량 산정방법) ① 제37조 내지 제39조의 규정에 의한 수목의 수량은 평가의 대상이 되는 수목을 그루별로 조사하여 산정한다. 다만, 그루별로 수목을 조사할 수 없는 특별한 사유가 있는 경우에는 단위면적을 기준으로 하는 표본추출방식에 의한다.

② 수목의 손실에 대한 보상액은 정상식(경제적으로 식재목적에 부합되고 정상적인 생육이 가능한 수목

의 시세상태를 말한다)을 기준으로 한 평가액을 초과하지 못한다.

제41조(농작물의 평가) ① 농작물을 수확하기 전에 토지를 사용하는 경우의 농작물의 손실은 농작물의 종류 및 성숙도 등을 종합적으로 고려하여 다음 각 호의 구분에 따라 평가한다.
1. 파종 중 또는 발아기에 있거나 묘포에 있는 농작물 : 가격시점까지 소요된 비용의 현가액
2. 제1호의 농작물 외의 농작물 : 예상총수입의 현가액에서 장래 투하비용의 현가액을 뺀 금액. 이 경우 보상 당시에 상품화가 가능한 풋고추·들깻잎 또는 호박 등의 농작물이 있는 경우에는 그 금액을 뺀다.
② 제1항제2호에서 "예상총수입"이란 풍흉작의 현저한 영향을 받지 아니하고 당해 농작물의 최근 3년간(풍흉작이 현저한 연도를 제외한다)의 평균총수입을 말한다.

제42조(분묘에 대한 보상액의 산정) ① 「장사 등에 관한 법률」 제2조 제16호에 따른 연고자(이하 이 조에서 "연고자"라 한다)가 있는 분묘에 대한 보상액은 다음 각 호의 합계액으로 산정한다. 다만, 사업시행자가 직접 산정하기 어려운 경우에는 감정평가법인등에게 평가를 의뢰할 수 있다. 〈개정 2005.2.5, 2007.4.12, 2008.4.18, 2012.1.2, 2021.1.2, 2022.1.21.〉
1. 분묘이전비 : 4분판 1매·마포 24미터 및 전지 5권의 가격, 제례비, 임금 5인분(합장인 경우에는 사체 1구당 각각의 비용의 50퍼센트를 가산한다) 및 운구차량비
2. 석물이전비 : 상석 및 비석 등의 이전실비(좌향이 표시되어 있거나 그 밖의 사유로 이전사용이 불가능

한 경우에는 제작·운반비를 말한다)

3. 잡비 : 제1호 및 제2호에 의하여 산정한 금액의 30퍼센트에 해당하는 금액

4. 이전보조비 : 100만원

② 제1항제1호의 규정에 의한 운구자동차는 「여객자동차 운수사업법 시행령」 제3조제2호 나목의 특수여객자동차운송사업에 적용되는 운임·요금 중 당해 지역에 적용되는 운임·요금을 기준으로 산정한다. 〈개정 2005.2.5.〉

③ 연고자가 없는 분묘에 대한 보상액은 제1항제1호 내지 제3호의 규정에 의하여 산정한 금액의 50퍼센트 이하의 범위안에서 산정한다.

제35조(잔여 건축물에 대한 평가) ① 동일한 건축물소유자에 속하는 일단의 건축물의 일부가 취득 또는 사용됨으로 인하여 잔여 건축물의 가격이 감소된 경우의 잔여 건축물의 손실은 공익사업시행지구에 편입되기 전의 잔여 건축물의 가격(해당 건축물이 공익사업시행지구에 편입됨으로 인하여 잔여 건축물의 가격이 변동된 경우에는 변동되기 전의 가격을 말한다)에서 공익사업시행지구에 편입된 후의 잔여 건축물의 가격을 뺀 금액으로 평가한다.

② 동일한 건축물소유자에 속하는 일단의 건축물의 일부가 취득 또는 사용됨으로 인하여 잔여 건축물에 보수가 필요한 경우의 보수비는 건축물의 잔여부분을 종래의 목적대로 사용할 수 있도록 그 유용성을 동일하게 유지하는데 통상 필요하다고 볼 수 있는 공사에 사용되는 비용(「건축법」 등 관계법령에 의하여 요구되는 시설의 개선에 필요한 비용은 포함하지 아

제75조의2(잔여 건축물의 손실에 대한 보상 등) ① 사업시행자는 동일한 소유자에게 속하는 일단의 건축물의 일부가 취득되거나 사용됨으로 인하여 잔여 건축물의 가격이 감소하거나 그 밖의 손실이 있을 때에는 국토교통부령으로 정하는 바에 따라 그 손실을 보상하여야 한다. 다만, 잔여 건축물의 가격 감소분과 보수비(건축물의 나머지 부분을 종래의 목적대로 사용할 수 있도록 그 유용성을 동일하게 유지하는데에 일반적으로 필요한 것으로 볼 수 있는 공사에 사용되는 비용을 말한다. 다만, 「건축법」 등 관계법령에 따라 요구되는 시설 개선에 필요한 비용은 포함하지 아니한다)를 합한 금액이 잔여 건축물의 가격보다 큰 경우에는 사업시행자는 그 잔여 건축물을 매수할 수 있다. 〈개정 2013.3.23.〉

② 동일한 소유자에게 속하는 일단의 건축물의 일부가 협의에 의하여 매수되거나 수용됨으로 인하여 잔여 건

니한다)으로 평가한다.

[전문개정 2008.4.18.]

제43조(영업권리의 평가) ① 광업권에 대한 손실의 평가는 「광업법 시행령」 제30조에 따른다. <개정 2005.2.5, 2007.9.27, 2024.4.9.>

② 조업 중인 광산이 토지등의 사용으로 인하여 휴업하는 경우의 손실은 휴업기간에 해당하는 영업이익을 기준으로 평가한다. 이 경우 영업이익은 최근 3년간의 연평균 영업이익을 기준으로 한다.

③ 광물매장량의 부재(채광으로 채산이 맞지 아니하는 정도로 매장량이 소량이거나 이에 준하는 상태를 포함한다)로 인하여 휴업중인 광산은 손실이 없는 것으로 본다.

여 건축물을 종래의 목적에 사용하는 것이 현저히 곤란할 때에는 그 건축물소유자는 사업시행자에게 잔여 건축물을 매수하여 줄 것을 청구할 수 있으며, 사업인정 이후에는 관할 토지수용위원회에 수용을 청구할 수 있다. 이 경우 수용 청구는 매수에 관한 협의가 성립되지 아니한 경우에만 하되, 사업완료일까지 하여야 한다. <개정 2021.8.10.>

③ 제1항에 따른 보상 및 잔여 건축물의 취득에 관하여는 제9조제6항 및 제7항을 준용한다.

④ 제1항 본문에 따른 보상에 관하여는 제73조제2항을 준용하고, 제1항 단서 및 제2항에 따른 잔여 건축물의 취득에 관하여는 제73조제3항을 준용한다.

⑤ 제1항 및 제2항에 따라 취득하는 잔여 건축물에 대한 구체적인 보상액의 산정 및 평가방법 등에 대하여는 제70조, 제75조, 제76조, 제77조, 제78조제4항, 같은 조 제6항 및 제7항을 준용한다. <개정 2022.2.3.>

[전문개정 2011.8.4.]

제76조(권리의 보상) ① 광업권·어업권·양식업권 및 물(용수시설을 포함한다) 등의 사용에 관한 권리에 대하여는 투자비용, 예상 수익 및 거래가격 등을 고려하여 평가한 적정가격으로 보상하여야 한다. <개정 2019.8.27.>

② 제1항에 따른 보상액의 구체적인 산정 및 평가방법은 국토교통부령으로 정한다. <개정 2013.3.23.>

[전문개정 2011.8.4.]

제44조(어업권의 평가 등) ① 공익사업의 시행으로 인하여 어업권이 제한·정지 또는 취소되거나 「수산업법」 제14조 또는 「내수면어업법」 제13조에 따른 어업면허의 유효기간의 연장이 허가되지 아니하는 경우 해당 어업권 및 어선·어구 또는 시설물에 대한 손실의 평가는 「수산업법 시행령」 별표 10에 따른다. 〈개정 2005.2.5, 2008.4.18, 2012.1.2, 2024.4.9.〉

② 공익사업의 시행으로 인하여 어업권이 취소되거나 「수산업법」 제14조 또는 「내수면어업법」 제13조에 따른 어업면허의 유효기간의 연장이 허가되지 않는 경우로서 다른 어장에 시설을 이전하여 어업이 가능한 경우 해당 어업권에 대한 손실의 평가는 「수산업법 시행령」 별표 10 중 어업권이 정지된 경우의 손실액 산출방법 및 기준에 따른다. 〈개정 2005.2.5, 2008.4.18, 2012.1.2, 2024.4.9.〉

③ 법 제15조제1항 본문의 규정에 의한 보상계획의 공고(동항 단서의 규정에 의하는 경우에는 토지소유자 및 관계인에게 보상계획의 통지를 말한다) 또는 법 제22조의 규정에 의한 사업인정의 고시가 있은 날(이하 "사업인정고시일등"이라 한다) 이후에 어업권의 면허를 받은 자에 대하여는 제1항 및 제2항의 규정을 적용하지 아니한다.

④ 제1항 내지 제3항의 규정은 허가어업 및 신고어업(「내수면어업법」 제11조제2항의 규정에 의한 신고어업을 제외한다)에 대한 손실의 평가에 관하여 이를 준용한다. 〈개정 2005.2.5.〉

⑤ 제52조는 이 조의 어업에 대한 보상에 관하여 이를 준용한다. 〈개정 2007.4.12.〉

제45조(영업손실의 보상대상인 영업) 법 제77조제1항에 따라 영업손실을 보상하여야 하는 영업은 다음 각 호 모두에 해당하는 영업으로 한다. 〈개정 2007.4.12, 2009.11.13, 2015.4.28.〉

1. 사업인정고시일등 전부터 적법한 장소(무허가건축물등, 불법형질변경토지, 그 밖에 다른 법령에서 물건을 쌓아놓는 행위가 금지되는 장소가 아닌 곳을 말한다)에서 인적·물적시설을 갖추고 계속적으로 행하고 있는 영업. 다만, 무허가건축물등에서 임차인이 영업하는 경우에는 그 임차인이 사업인정고시일등 1년 이전부터 「부가가치세법」 제8조에 따른 사업자등록을 하고 행하고 있는 영업을 말한다.

2. 영업을 행함에 있어서 관계법령에 의한 허가등을 필요로 하는 경우에는 사업인정고시일등 전에 허가등을 받아 그 내용대로 행하고 있는 영업

제46조(영업의 폐업에 대한 손실의 평가 등) ① 공익사업의 시행으로 인하여 폐업하는 경우의 영업손실은 2년간의 영업이익(개인영업인 경우에는 소득을 말한다. 이하 같다)에 영업용 고정자산·원재료·제품 및 상품 등의 매각손실액을 더한 금액으로 평가한다. 〈개정 2024.4.9.〉

② 제1항에 따른 폐업은 다음 각 호의 어느 하나에 해당하는 경우로 한다. 〈개정 2007.4.12, 2008.4.18, 2024.4.9.〉

1. 영업장소 또는 배후지(당해 영업의 고객이 소재하는 지역을 말한다. 이하 같다)의 특수성으로 인하여 당해 영업소가 소재하고 있는 시·군·구(자치구를 말한다. 이하 같다) 또는 인접하고 있는 시·군·구의 지역 안의 다른 장소에 이전하여서는 당해 영업을

제77조(영업의 손실 등에 대한 보상) ① 영업을 폐업하거나 휴업함에 따른 영업손실에 대하여는 영업이익과 영업용 시설의 이전비용 등을 고려하여 보상하여야 한다. 〈개정 2020.6.9.〉

② 농업의 손실에 대하여는 농지의 단위면적당 소득 등을 고려하여 실제 경작자에게 보상하여야 한다. 다만, 농지소유자가 해당 지역에 거주하는 농민인 경우에는 농지소유자와 실제 경작자가 협의하는 바에 따라 보상할 수 있다.

③ 휴직하거나 실직하는 근로자의 임금손실에 대하여는 「근로기준법」에 따른 평균임금 등을 고려하여 보상하여야 한다.

④ 제1항부터 제3항까지의 규정에 따른 보상액의 구체적인 산정 및 평가 방법과 보상기준, 제2항에 따른 실제 경작자 인정기준에 관한 사항은 국토교통부령으로 정한다. 〈개정 2013.3.23.〉 [전문개정 2011.8.4.]

할 수 없는 경우

2. 당해 영업소가 소재하고 있는 시·군·구 또는 인접하고 있는 시·군·구의 지역 안의 다른 장소에서는 당해 영업의 허가등을 받을 수 없는 경우

3. 도축장 등 악취 등이 심하여 인근주민에게 혐오감을 주는 영업시설로서 해당 영업소가 소재하고 있는 시·군·구 또는 인접하고 있는 시·군·구의 지역 안의 다른 장소로 이전하는 것이 현저히 곤란하다고 특별자치도지사·시장·군수 또는 구청장(자치구의 구청장을 말한다)이 객관적인 사실에 근거하여 인정하는 경우

③ 제1항에 따른 영업이윤은 해당 영업의 최근 3년간(특별한 사정으로 인하여 정상적인 영업이 이루어지지 않은 연도를 제외한다)의 평균 영업이윤을 기준으로 하여 이를 평가하되, 공익사업의 계획 또는 시행이 공고 또는 고시됨으로 인하여 영업이윤이 감소된 경우에는 해당 공고 또는 고시일전 3년간의 평균 영업이윤을 기준으로 평가한다. 이 경우 개인영업으로서 최근 3년간의 평균 영업이윤이 다음 산식에 의하여 산정한 연간 영업이윤에 미달하는 경우에는 그 연간 영업이윤을 최근 3년간의 평균 영업이윤으로 본다. 〈개정 2005.2.5, 2008.4.18, 2021.8.27.〉

연간 영업이윤 = 「통계법」 제3조제3호에 따른 통계작성기관이 같은 법 제18조에 따른 승인을 받아 작성·공표한 제조부문 보통인부의 임금단가×25(일)×12(월)

④ 제2항에 불구하고 사업시행자는 영업자가 폐업후 2년 이내에 해당 영업소가 소재하고 있는 시·군

· 구 또는 인접하고 있는 시·군·구의 지역 안에서 동일한 영업을 하는 경우에는 폐업에 따른 보상금을 환수하고 제47조에 따른 영업의 휴업 등에 대한 손실을 보상해야 한다. 〈신설 2007.4.12, 2024.4.9.〉

⑤ 제45조제1호 단서에 따른 임차인의 영업에 대한 보상액 중 영업용 고정자산·원재료·제품 및 상품 등의 매각손실액을 제외한 금액은 제1항에 불구하고 1천만원을 초과하지 못한다. 〈신설 2007.4.12, 2008.4.18.〉 [제목개정 2024.4.9.]

제47조(영업의 휴업 등에 대한 손실의 평가) ① 공익사업의 시행으로 인하여 영업장소를 이전하여야 하는 경우의 영업손실은 휴업기간에 해당하는 영업이익과 영업장소 이전 후 발생하는 영업이익감소액에 다음 각 호의 비용을 합한 금액으로 평가한다. 〈개정 2014.10.22.〉

1. 휴업기간 중의 영업용 자산에 대한 감가상각비·유지관리비와 휴업기간 중에도 정상적으로 근무하여야 하는 최소인원에 대한 인건비 등 고정적 비용
2. 영업시설·원재료·제품 및 상품의 이전에 소요되는 비용 및 그 이전에 따른 감손상당액
3. 이전광고비 및 개업비 등 영업장소를 이전함으로 인하여 소요되는 부대비용

② 제1항의 규정에 의한 휴업기간은 4개월 이내로 한다. 다만, 다음 각 호의 어느 하나에 해당하는 경우에는 실제 휴업기간으로 하되, 그 휴업기간은 2년을 초과할 수 없다. 〈개정 2014.10.22.〉

1. 당해 공익사업을 위한 영업의 금지 또는 제한으로 인하여 4개월 이상의 기간동안 영업을 할 수 없는 경우
2. 영업시설의 규모가 크거나 이전에 고도의 정밀성

을 요구하는 등 당해 영업의 고유한 특수성으로 인하여 4개월 이내에 다른 장소로 이전하는 것이 어렵다고 객관적으로 인정되는 경우

③ 공익사업에 영업시설의 일부가 편입됨으로 인하여 잔여시설에 그 시설을 새로이 설치하거나 잔여시설을 보수하지 아니하고는 그 영업을 계속할 수 없는 경우의 영업손실 및 영업규모의 축소에 따른 영업손실은 다음 각 호에 해당하는 금액을 더한 금액으로 평가한다. 이 경우 보상액은 제1항에 따른 평가액을 초과하지 못한다. <개정 2007.4.12.>

1. 해당 시설의 설치 등에 소요되는 기간의 영업이익
2. 해당 시설의 설치 등에 통상 소요되는 비용
3. 영업규모의 축소에 따른 영업용 고정자산·원재료·제품 및 상품 등의 매각손실액

④ 영업을 휴업하지 아니하고 임시영업소를 설치하여 영업을 계속하는 경우의 영업손실은 임시영업소의 설치비용으로 평가한다. 이 경우 보상액은 제1항의 규정에 의한 평가액을 초과하지 못한다.

⑤ 제46조제3항 전단은 이 조에 따른 영업이익의 평가에 관하여 이를 준용한다. 이 경우 개인영업으로서 휴업기간에 해당하는 영업이익이 「통계법」 제3조제3호에 따른 통계작성기관이 조사·발표하는 가계조사통계의 도시근로자가구 월평균 가계지출비를 기준으로 산정한 3인 가구의 휴업기간 동안의 가계지출비(휴업기간이 4개월을 초과하는 경우에는 4개월분의 가계지출비를 기준으로 한다)에 미달하는 경우에는 그 가계지출비를 휴업기간에 해당하는 영업이익으로 본다. <개정 2007.4.12, 2008.4.18, 2014.10.22.>

⑥ 제45조제1호 단서에 따른 임차인의 영업에 대한 보상액 중 제1항·제2호의 비용을 제외한 금액은 제1항에 불구하고 1천만원을 초과하지 못한다. 〈신설 2007.4.12, 2008.4.18.〉

⑦ 제1항 각 호 외의 부분에서 영업장소 이전 후 발생하는 영업이익 감소에는 제1항 각 호 외의 부분의 휴업기간에 해당하는 영업이익(제5항 후단에 따른 개인영업의 경우에는 가계지출비를 말한다)의 100분의 20으로 하되, 그 금액은 1천만원을 초과하지 못한다. 〈신설 2014.10.22.〉

제48조(농업의 손실에 대한 보상) ① 공익사업시행지구에 편입되는 농지(「농지법」 제2조제1호가목 및 같은 법 시행령 제2조제3항제2호가목에 해당하는 토지를 말한다. 이하 이 조와 제65조에서 같다)에 대하여는 그 면적에 「통계법」 제3조제3호에 따른 통계작성기관이 매년 조사·발표하는 농가경제조사통계의 도별 농업총수입 중 농작물수입을 도별 표본농가현황 중 경지면적으로 나누어 산정한 도별 연간 농가평균 단위경작면적당 농작물총수입(서울특별시·인천광역시는 경기도, 대전광역시는 충청남도, 광주광역시는 전라남도, 대구광역시는 경상북도, 부산광역시·울산광역시는 경상남도의 통계를 각각 적용한다)의 직전 3년간 평균의 2년분을 곱하여 산정한 금액을 영농손실액으로 보상한다. 〈개정 2005.2.5, 2007.4.12, 2008.4.18, 2013.4.25, 2015.4.28.〉

② 국토교통부장관이 농림축산식품부장관과의 협의를 거쳐 관보에 고시하는 농작물실제소득인정기준(이하 "농작물실제소득인정기준"이라 한다)에서 정하

는 바에 따라 실제소득을 입증하는 자가 경작하는 편입농지에 대해서는 제1항에도 불구하고 그 면적에 단위경작면적당 3년간 실제소득 평균의 2년분을 곱하여 산정한 금액을 영농손실액으로 보상한다. 다만, 다음 각 호의 어느 하나에 해당하는 경우에는 각 호의 구분에 따라 산정한 금액을 영농손실액으로 보상한다. 〈개정 2008.3.14, 2013.3.23, 2013.4.25, 2014.10.22, 2020.12.11.〉

1. 단위경작면적당 실제소득이 「통계법」 제3조제3호에 따른 통계작성기관이 매년 조사·발표하는 농축산물소득자료집의 작목별 평균소득의 2배를 초과하는 경우 : 해당 작목별 단위경작면적당 평균생산량의 2배(단위경작면적당 실제소득이 현저히 높다고 농작물실제소득인정기준에서 따로 배수를 정하고 있는 경우에는 그에 따른다)를 판매한 금액을 단위경작면적당 실제소득으로 보아 이에 2년분을 곱하여 산정한 금액

2. 농작물실제소득인정기준에서 직접 해당 농지의 지력(地力)을 이용하지 아니하고 재배 중인 작물을 이전하여 해당 영농을 계속하는 것이 가능하다고 인정하는 경우 : 단위경작면적당 실제소득(제1호의 요건에 해당하는 경우에는 제1호에 따라 결정된 단위경작면적당 실제소득을 말한다)의 4개월분을 곱하여 산정한 금액

③ 다음 각 호의 어느 하나에 해당하는 토지는 이를 제1항 및 제2항의 규정에 의한 농지로 보지 아니한다. 〈개정 2005.2.5.〉

1. 사업인정고시일등 이후부터 농지로 이용되고 있는 토지

2. 토지이용제획·주위환경 등으로 보아 일시적으로 농지로 이용되고 있는 토지

3. 타인소유의 토지를 불법으로 점유하여 경작하고 있는 토지

4. 농민(「농지법」 제2조제3호의 규정에 의한 농업법인 또는 「농지법 시행령」 제3조제1호 및 동조제2호의 규정에 의한 농업인을 말한다. 이하 이 조에서 같다)이 아닌 자가 경작하고 있는 토지

5. 토지의 취득에 대한 보상 이후에 사업시행자가 2년 이상 계속하여 경작하도록 허용하는 토지

④ 자경농지가 아닌 농지에 대한 영농손실액은 다음 각 호의 구분에 따라 보상한다. 〈개정 2008.4.18, 2013.4.25.〉

1. 농지의 소유자가 해당 지역(영 제26조제1항 각 호의 어느 하나의 지역을 말한다. 이하 이 조에서 같다)에 거주하는 농민인 경우

가. 농지의 소유자와 제7항에 따른 실제 경작자(이하 "실제 경작자"라 한다)간에 협의가 성립된 경우 : 협의내용에 따라 보상

나. 농지의 소유자와 실제 경작자 간에 협의가 성립되지 아니하는 경우에는 다음의 구분에 따라 보상

1) 제1항에 따라 영농손실액이 결정된 경우 : 농지의 소유자와 실제 경작자에게 각각 영농손실액의 50퍼센트에 해당하는 금액을 보상

2) 제2항에 따라 영농손실액이 결정된 경우 : 농지의 소유자에게는 제1항의 기준에 따라 결정된 영농손실액의 50퍼센트에 해당하는 금액을

보상하고, 실제 경작자에게는 제2항에 따라 결정된 영농손실액 중 농지의 소유자에게 지급한 금액을 제외한 나머지에 해당하는 금액을 보상

2. 농지의 소유자가 해당 지역에 거주하는 농민이 아닌 경우 : 실제 경작자에게 보상

⑤ 실제 경작자가 자의로 이농하는 등의 사유로 보상협의일 또는 수용재결일 당시에 경작을 하고 있지 않는 경우의 영농손실액은 제4항에도 불구하고 농지의 소유자가 해당 지역에 거주하는 농민인 경우에 한정하여 농지의 소유자에게 보상한다. 〈개정 2008.4.18, 2020.12.11.〉

⑥ 당해 지역에서 경작하고 있는 농지의 3분의 2 이상에 해당하는 면적이 공익사업시행지구에 편입됨으로 인하여 농기구를 이용하여 해당 지역에서 영농을 계속할 수 없게 된 경우(과수 등 특정한 작목의 영농에만 사용되는 농기구의 경우에는 공익사업시행지구에 편입되는 면적에 관계없이 해당 지역에서 해당 영농을 계속할 수 없게 된 경우를 말한다) 해당 농기구에 대해서는 매각손실액을 평가하여 보상하여야 한다. 다만, 매각손실액의 평가가 현실적으로 곤란한 경우에는 원가법에 의하여 산정한 가격의 60퍼센트 이내에서 매각손실액을 정할 수 있다. 〈개정 2007.4.12, 2013.4.25.〉

⑦ 법 제77조제2항에 따른 실제 경작자는 다음 각 호의 자료에 따라 사업인정고시일등 당시 타인소유의 농지를 임대차 등 적법한 원인으로 점유하고 자기소유의 농작물을 경작하는 것으로 인정된 자를 말한다.

이 경우 실제 경작자로 인정받으려는 자가 제5호의 자료만 제출한 경우 사업시행자는 해당 농지의 소유자에게 그 사실을 서면으로 통지할 수 있으며, 농지소유자가 통지받은 날부터 30일 이내에 이를 제기하지 않는 경우에는 제2호의 자료가 제출된 것으로 본다. 〈신설 2008.4.18, 2009.11.13, 2015.4.28, 2020.12.11.〉

1. 농지의 임대차계약서
2. 농지소유자가 확인하는 경작사실확인서
3. 「농업·농촌 공익기능 증진 직접지불제도 운영에 관한 법률」에 따른 직접지불금의 수령 확인자료
4. 「농어업경영체 육성 및 지원에 관한 법률」 제4조에 따른 농어업경영체 등록 확인서
5. 해당 공익사업시행지구의 이장·통장이 확인하는 경작사실확인서
6. 그 밖에 실제 경작자임을 증명하는 객관적 자료

제49조(축산업의 손실에 대한 평가) ① 제45조부터 제47조(다음 각 호의 구성은 제외한다)까지의 규정은 축산업에 대한 손실의 평가에 관하여 이를 준용한다. 〈개정 2007.4.12, 2014.10.22.〉

1. 제46조제3항 후단
2. 제47조제1항 각 호 외의 부분(영업장소 이전 후 발생하는 영업이익감소액의 경우만 해당한다) 및 제7항
3. 제47조제5항 후단

② 제1항에 따른 손실보상의 대상이 되는 축산업은 다음 각 호의 어느 하나에 해당하는 경우로 한다. 〈개정 2005.2.5, 2007.4.12, 2008.4.18, 2015.4.28.〉

1. 「축산법」 제22조에 따라 허가를 받았거나 등록한 종축업·부화업·정액등처리업 또는 가축사육업

2. 별표 3에 구성된 가축별 기준마리수 이상의 가축을 기르는 경우

3. 별표 3에 구성된 가축별 기준마리수 미만의 가축을 기르는 경우로서 그 가축별 기준마리수에 대한 실제 사육마리수의 비율의 합계가 1 이상인 경우

③ 별표 3에 구성된 가축외에 이와 유사한 가축에 대하여는 제2항제2호 또는 제3호의 예에 따라 평가할 수 있다.

④ 제2항 및 제3항의 구성에 의한 손실보상의 대상이 되지 아니하는 가축에 대하여는 이전비로 평가하되, 이전으로 인하여 체중감소·산란율저하 및 유산 그 밖의 손실이 예상되는 경우에는 이를 포함하여 평가한다.

제50조(잠업의 손실에 대한 평가) 제45조부터 제47조(다음 각 호의 구성은 제외한다)까지의 구성은 잠업에 대한 손실의 평가에 관하여 이를 준용한다. 〈개정 2007.4.12, 2014.10.22.〉
1. 제46조제3항 후단
2. 제47조제1항 각 호 외의 부분(영업장소 이전 후 발생하는 영업이익감소액의 경우만 해당한다) 및 제47항
3. 제47조제5항 후단

제51조(휴직 또는 실직보상) 사업인정고시일등 당시 공익사업시행지구안의 사업장에서 3월 이상 근무한 근로자("소득세법에 의한 소득세가 원천징수된 자에 한한다)에 대하여는 다음 각 호의 구분에 따라 보상하여야 한다. 〈개정 2005.2.5, 2016.6.14.〉
1. 근로장소의 이전으로 인하여 일정기간 휴직을 하게 된 경우 : 휴직일수(휴직일수가 120일을 넘는 경

우에는 120일로 본다)에 「근로기준법」에 의한 평균임금의 70퍼센트에 해당하는 금액을 곱한 금액. 다만, 평균임금의 70퍼센트에 해당하는 금액이 「근로기준법」에 의한 통상임금을 초과하는 경우에는 통상임금을 기준으로 한다.

2. 근로장소의 폐지 등으로 인하여 직업을 상실하게 된 경우 : 「근로기준법」에 의한 평균임금의 120일분에 해당하는 금액

제52조(허가를 받지 아니한 영업의 손실보상에 관한 특례) 사업인정고시일등 전부터 허가등을 받아야 행할 수 있는 영업을 허가등이 없이 행하여 온 자가 공익사업의 시행으로 인하여 제45조제1호 본문에 따른 적법한 장소에서 영업을 계속할 수 없게 된 경우에는 제45조제2호에 불구하고 「통계법」 제3조제3호에 따른 통계작성기관이 조사·발표하는 가계조사통계의 도시근로자가구 월평균 가계지출비를 기준으로 산정한 3인 가구 3개월분 가계지출비에 해당하는 금액을 영업손실에 대한 보상금으로 지급하되, 제47조제1항제2호에 따른 영업시설·원재료·제품 및 상품의 이전에 소요되는 비용 및 그 이전에 따른 감손상당액(이하 이 조에서 "영업시설등의 이전비용"이라 한다)은 별도로 보상한다. 다만, 본인 또는 생계를 같이 하는 동일 세대안의 직계존속·비속 및 배우자가 해당 공익사업으로 다른 영업에 대한 보상을 받은 경우에는 영업시설등의 이전비용만을 보상하여야 한다. 〈개정 2008.4.18.〉
[전문개정 2007.4.12.]

제78조(이주대책의 수립 등) ① 사업시행자는 공익사업의 시행으로 인하여 주거용 건축물을 제공함에 따라 생활의 근거를 상실하게 되는 자(이하 "이주대책대상자"라 한다)를 위하여 대통령령으로 정하는 바에 따라 이주대책을 수립·실시하거나 이주정착금을 지급하여야 한다.

② 사업시행자는 제1항에 따라 이주대책을 수립하려면 미리 관할 지방자치단체의 장과 협의하여야 한다.

③ 국가나 지방자치단체는 이주대책의 실시에 따른 주택지의 조성 및 주택의 건설에 대하여는 「주택도시기금법」에 따른 주택도시기금을 우선적으로 지원하여야 한다. 〈개정 2015.1.6.〉

④ 이주대책의 내용에는 이주정착지(이주대책의 실시로 건설하는 주택단지를 포함한다)에 대한 도로, 급수시설, 배수시설, 그 밖의 공공시설 등 통상적인 수준의 생활기본시설이 포함되어야 하며, 이에 필요한 비용은 사업시행자가 부담한다. 다만, 행정청이 아닌 사업시행자가 이주대책을 수립·실시하는 경우에 지방자치단체는 비용의 일부를 보조할 수 있다.

⑤ 제1항에 따라 이주대책의 실시에 따른 주택지 또는 주택을 공급받기로 결정된 권리는 소유권이전등기를 마칠 때까지 전매(매매, 증여, 그 밖의 권리의 변동을 수반하는 모든 행위를 포함하되, 상속은 제외한다)할 수 없으며, 이를 위반하거나 해당 공익사업과 관련하여 다음 각 호의 어느 하나에 해당하는 경우에 사업시행자는 이주대책의 실시가 아닌 이주정착금으로 지급하여야 한다. 〈신설 2022.2.3.〉

1. 제93조, 제96조 및 제97조제2호의 어느 하나에

제40조(이주대책의 수립·실시) ① 사업시행자가 법 제78조제1항에 따라 이주대책(이하 "이주대책"이라 한다)을 수립하려는 경우에는 미리 그 내용을 같은 항에 따른 이주대책대상자(이하 "이주대책대상자"라 한다)에게 통지하여야 한다.

② 이주대책은 국토교통부령으로 정하는 부득이한 사유가 있는 경우를 제외하고는 이주대책대상자 중 이주정착지에 이주를 희망하는 자의 가구 수가 10호(戸) 이상인 경우에 수립·실시한다. 다만, 사업시행자가 「택지개발촉진법」 또는 「주택법」 등 관계 법령에 따라 이주대책대상자에게 택지 또는 주택을 공급한 경우(사업시행자의 알선에 의하여 공급한 경우를 포함한다)에는 이주대책을 수립·실시한 것으로 본다.

③ 법 제4조제6호 및 제7호에 따른 사업(이하 이 조에서 "부수사업"이라 한다)의 사업시행자는 다음 각 호의 요건을 모두 충족하는 경우 다음 각 호 외의 부분 본문에도 불구하고 부수사업의 원인이 되는 법 제4조제1호부터 제5호까지의 규정에 따른 사업(이하 이 조에서 "주된사업"이라 한다)의 이주대책에 부수사업의 이주대책을 포함하여 수립·실시하여 줄 것을 주된사업의 사업시행자에게 요청할 수 있다. 이 경우 부수사업 이주대책대상자의 이주대책을 위한 비용은 부수사업의 사업시행자가 부담한다. 〈신설 2018.4.17.〉

1. 부수사업의 사업시행자가 법 제78조제1항 및 이 조 제2항 본문에 따라 이주대책을 수립·실시하여야 하는 경우에 해당하지 아니할 것

2. 주된사업의 이주대책 수립이 완료되지 아니하였을 것

제53조(이주정착금 등) ① 영 제40조제2항 본문에서 "국토교통부령으로 정하는 부득이한 사유"란 다음 각 호의 어느 하나에 해당하는 경우를 말한다. 〈개정 2008.3.14, 2013.3.23, 2020.12.11.〉

1. 공익사업시행지구의 인근에 택지 조성에 적합한 토지가 없는 경우

2. 이주대책에 필요한 비용이 당해 공익사업의 본래의 목적을 위한 소요비용을 초과하는 등 이주대책의 수립·실시로 인하여 당해 공익사업의 시행이 곤란하게 되는 경우

② 제41조에 따른 이주정착금은 보상대상인 주거용 건축물에 대한 평가액의 30퍼센트에 해당하는 금액으로 하되, 그 금액이 1천2백만원 미만인 경우에는 1천2백만원으로 하고, 2천4백만원을 초과하는 경우에는 2천4백만원으로 한다. 〈개정 2012.1.2, 2020.12.11.〉

해당하는 위반행위를 한 경우

2. 「공공주택 특별법」 제57조제1항 및 제58조제1항제1호의 어느 하나에 해당하는 위반행위를 한 경우

3. 「한국토지주택공사법」 제28조의 위반행위를 한 경우

⑥ 주거용 건물의 거주자에 대하여는 주거 이전에 필요한 비용과 가재도구 등 동산의 운반에 필요한 비용을 산정하여 보상하여야 한다. 〈개정 2022.2.3.〉

⑦ 공익사업의 시행으로 인하여 영위하던 농업·어업을 계속할 수 없게 되어 다른 지역으로 이주하는 농민·어민이 받을 보상금이 없거나 그 총액이 국토교통부령으로 정하는 금액에 미치지 못하는 경우에는 그 금액 또는 그 차액을 보상하여야 한다. 〈개정 2013.3.23, 2022.2.3.〉

⑧ 사업시행자는 해당 공익사업이 시행되는 지역에 거주하고 있는 「국민기초생활 보장법」 제2조제1호·제11호에 따른 수급권자 및 차상위계층이 취업을 희망하는 경우에는 그 공익사업과 관련된 업무에 우선적으로 고용할 수 있으며, 이들의 취업 알선을 위하여 노력하여야 한다. 〈개정 2022.2.3.〉

⑨ 제4항에 따른 생활기본시설에 필요한 비용의 기준은 대통령령으로 정한다. 〈개정 2022.2.3.〉

⑩ 제5항 및 제6항에 따른 보상에 대하여는 국토교통부령으로 정하는 기준에 따른다. 〈개정 2013.3.23, 2022.2.3.〉

[전문개정 2011.8.4.]

④ 제3항 각 호 이외의 부분 전단에 따라 이주대책의 수립·실시 또는 이주정착금을 받은 주민이라도 사업시행자는 법 제78조제1항 및 이 조 제2항 본문에 따라 이주대책을 수립·실시하여야 하는 경우에 해당하지 아니하는 등 부득이한 사유가 없으면 이에 협조하여야 한다. 〈신설 2018.4.17.〉

⑤ 다음 각 호의 어느 하나에 해당하는 자는 이주대책대상자에서 제외한다. 〈개정 2016.1.6, 2018.4.17.〉

1. 허가를 받거나 신고를 하고 건축 또는 용도변경을 하여야 하는 건축물을 허가를 받지 아니하거나 신고를 하지 아니하고 건축 또는 용도변경을 한 건축물의 소유자

2. 해당 건축물에 공익사업을 위한 관계 법령에 따른 고시 등이 있은 날부터 계약체결일 또는 수용재결일까지 계속하여 거주하고 있지 아니한 건축물의 소유자. 다만, 다음 각 목의 어느 하나에 해당하는 사유로 거주하고 있지 아니한 경우에는 그러하지 아니하다.

가. 질병으로 인한 요양

나. 징집으로 인한 입영

다. 공무

라. 취학

마. 해당 공익사업지구 내 타인이 소유하고 있는 건축물에의 거주

바. 그 밖에 가목부터 라목까지에 준하는 부득이한 사유

3. 타인이 소유하고 있는 건축물에 거주하는 세입자. 다만, 해당 공익사업지구의 주거용 건축물을 소유한 자로서 타인이 소유하고 있는 건축물에 거주하는 세

임자는 제외한다.

⑥ 제2항 본문에 따른 이주정착지 안의 택지 또는 주택을 취득하거나 같은 항 단서에 따른 택지 또는 주택을 취득하는 데 드는 비용은 이주대책대상자의 희망에 따라 그가 지급받을 보상금과 상계(相計)할 수 있다. 〈개정 2018.4.17.〉

[전문개정 2013.5.28.]

제41조(이주정착금의 지급) 사업시행자는 법 제78조 제1항에 따라 다음 각 호의 어느 하나에 해당하는 경우에는 이주대책대상자에게 국토교통부령으로 정하는 바에 따라 이주정착금을 지급해야 한다. 〈개정 2021.11.23.〉

1. 이주대책을 수립·실시하지 아니하는 경우
2. 이주대책대상자가 이주정착지가 아닌 다른 지역으로 이주하려는 경우
3. 이주대책대상자가 공익사업을 위한 관계 법령에 따른 고시 등이 있은 날의 1년 전부터 계약체결일 또는 수용재결일까지 계속하여 해당 건축물에 거주하지 않은 경우
4. 이주대책대상자가 공익사업을 위한 관계 법령에 따른 고시 등이 있은 날 당시 다음 각 목의 어느 하나에 해당하는 기관·업체에 소속(다른 기관·업체에 소속된 사람이 파견 등으로 각 목의 기관·업체에서 근무하는 경우를 포함한다)되어 있거나 퇴직한 날부터 3년이 경과하지 않은 경우
   가. 국토교통부
   나. 사업시행자
   다. 법 제21조 제2항에 따라 공익사업의 허가·인가·승인 등을 협의하거나 의견을 들어야 하는 공익사업의 허가·인가·승인 등 기관

제53조(이주정착금 등) ① 영 제40조제2항 본문에서 "국토교통부령으로 정하는 부득이한 사유"란 다음 각 호의 어느 하나에 해당하는 경우를 말한다. 〈개정 2008.3.14, 2013.3.23, 2020.12.11.〉

1. 공익사업시행지구의 인근에 택지 조성에 적합한 토지가 없는 경우
2. 이주대책에 필요한 비용이 당해 공익사업의 본래의 목적을 위한 소요비용을 초과하는 등 이주대책의 수립·실시로 인하여 당해 공익사업의 시행이 사실상 곤란하게 되는 경우

② 제41조에 따른 이주정착금은 보상대상인 주거용 건축물에 대한 평가액의 30퍼센트에 해당하는 금액으로 하되, 그 금액이 1천2백만원 미만인 경우에는 1천2백만원으로 하고, 2천4백만원을 초과하는 경우에는 2천4백만원으로 한다. 〈개정 2012.1.2, 2020.12.11.〉

다. 공익사업을 위한 관계 법령에 따른 고시 등이 있기 전에 관계 법령에 따라 실시한 협의, 의견청취 등의 대상자였던 중앙행정기관, 지방자치단체, 「공공기관의 운영에 관한 법률」제4조에 따른 공공기관 및 「지방공기업법」에 따른 지방공기업
[전문개정 2013.5.28.]

제41조의2(생활기본시설의 범위 등) ① 법 제78조제4항 본문에 따른 통상적인 수준의 생활기본시설은 다음 각 호의 시설로 한다.
1. 도로(가로등ㆍ교통신호기를 포함한다)
2. 상수도 및 하수처리시설
3. 전기시설
4. 통신시설
5. 가스시설
② 법 제78조제9항에 따라 사업시행자가 부담하는 생활기본시설에 필요한 비용(이하 이 조에서 "사업시행자가 부담하는 비용"이라 한다)은 다음 각 호의 구분에 따른 계산식에 따라 산정한다. 〈개정 2022.5.9.〉
1. 택지를 공급하는 경우
사업시행자가 부담하는 비용 = 해당 공익사업지구 안에 설치하는 제1항에 따른 생활기본시설의 설치비용 × (해당 이주대책대상자에게 유상으로 공급하는 택지면적 ÷ 해당 공익사업지구에서 유상으로 공급하는 용지의 총면적)
2. 주택을 공급하는 경우
사업시행자가 부담하는 비용 = 해당 공익사업지구 안에 설치하는 제1항에 따른 생활기본시설의 설치비용 × (해당 이주대책대상자에게 유상으로 공급하는

제54조(주거이전비의 보상) ① 공익사업시행지구에 편입되는 주거용 건축물의 소유자에 대하여는 해당 건축물에 대한 보상을 하는 때에 가구원수에 따라 2개월분의 주거이전비를 보상하여야 한다. 다만, 건축물의 소유자가 해당 건축물 또는 공익사업시행지구 내 타인의 건축물에 실제 거주하고 있지 아니하거나 해당 건축물이 무허가건축물등인 경우에는 그러하지 아니하다. <개정 2016.1.6.>

② 공익사업의 시행으로 인하여 이주하게 되는 주거용 건축물의 세입자(무상으로 사용하는 거주자를 포함하되, 법 제78조제1항에 따른 이주대책대상자인 세입자는 제외한다)로서 사업인정고시일등 당시 또는 공익사업을 위한 관계 법령에 따른 고시 등이 있은 당시 해당 공익사업시행지구안에서 3개월 이상 거주한 자에 대해서는 가구원수에 따라 4개월분의 주거이전비를 보상해야 한다. 다만, 무허가건축물등에 입주한 세입자로서 사업인정고시일등 당시 또는 공익사업을 위한 관계 법령에 따른 고시 등이 있은 당시 그 공익사업시행지구 안에서 1년 이상 거주한 세입자에 대해서는 본문에 따라 주거이전비를 보상해야 한다. <개정 2007.4.12, 2016.1.6, 2020.12.11.>

주택의 대지면적 ÷ 해당 공익사업지구에서 유상으로 공급하는 용지의 총면적)

③ 제2항제1호 및 제2호에 따른 해당 공익사업지구 안에 설치하는 제1항에 따른 생활기본시설의 설치비용은 해당 생활기본시설을 설치하는 데 드는 공사비, 용지비 및 해당 생활기본시설의 설치와 관련하여 법령에 따라 부담하는 각종 부담금으로 한다.
[전문개정 2013.5.28.]

③ 제1항 및 제2항에 따른 거주사실의 입증은 제15조제1항 각 호의 방법으로 할 수 있다. 〈신설 2020.12.11.〉

④ 제1항 및 제2항에 따른 주거이전비는 「통계법」 제3조제3호에 따른 통계작성기관이 조사·발표하는 가계조사통계의 도시근로자가구의 가구원수별 월평균 가계지출비(이하 이 항에서 "월평균 가계지출비"라 한다)를 기준으로 산정한다. 이 경우 가구원수가 5인 이상인 경우에는 다음 각 호의 구분에 따른 금액을 기준으로 산정한다. 〈개정 2023.4.17.〉

1. 가구원수가 5인인 경우 : 5인 이상 기준의 월평균 가계지출비에 해당하는 금액. 다만, 4인 기준의 월평균 가계지출비가 5인 이상 기준의 월평균 가계지출비를 초과하는 경우에는 4인 기준의 월평균 가계지출비에 해당하는 금액으로 한다.

2. 가구원수가 6인 이상인 경우 : 다음 산식에 따라 산정한 금액

제1호에 따른 금액 + {5인을 초과하는 가구원수 × [(제1호에 따른 금액 − 2인 기준의 월평균 가계지출비) ÷ 3]}

제55조(동산의 이전비 보상 등) ① 토지등의 취득 또는 사용에 따라 이전하여야 하는 동산(제2항에 따른 이사비의 보상대상인 동산을 제외한다)에 대하여는 이전에 소요되는 비용 및 그 이전에 따른 감손상당액을 보상하여야 한다. 〈개정 2007.4.12.〉

② 공익사업시행지구에 편입되는 주거용 건축물의 거주자(공익사업시행지구 밖으로 이사를 하거나 사업시행자가 지정하는 해당 공익사업시행지구 안의 장소로 이사를 하는 경우에는 별표 4의 기준에 의하여 산정한 이사비(가재도구 등 동산의 운반에 필

요한 비용을 말한다. 이하 이 조에서 같다)를 보상하여야 한다. 〈개정 2012.1.2, 2023.4.17.〉

③ 이사비의 보상을 받은 자가 당해 공익사업시행지구안의 지역으로 이사하는 경우에는 이사비를 보상하지 아니한다.

제56조(이농비 또는 이어비의 보상) ① 법 제78조제7항에서 "국토교통부령이 정하는 금액"이라 함은 「통계법」 제3조제3호에 따른 통계작성기관이 조사·발표하는 농가경제조사통계의 연간 전국평균 가계지출비 및 농어임분통계조사의 가구당 전국평균 농가인구를 기준으로 다음 산식에 의하여 산정한 가구원수에 따른 1년분의 평균생계비를 말한다. 〈개정 2005.2.5, 2007.4.12, 2008.3.14, 2008.4.18, 2013.3.23, 2023.4.17.〉

가구원수에 따른 1년분의 평균생계비 = 연간 전국평균 가계지출비 ÷ 가구당 전국평균 농가인구 × 이주가구인수

② 제1항에 따른 이농비 또는 이어비(離漁費)는 공익사업의 시행으로 인하여 영위하던 농·어업을 계속할 수 없게 되어 다음 각 호의 어느 하나 외의 지역으로 이주하는 농민(「농지법 시행령」 제3조제1호에 따른 농업인으로서 농작물의 경작 또는 다년생식물의 재배에 상시 종사하거나 농작업의 2분의 1 이상을 자기의 노동력에 의하여 경작 또는 재배하는 자를 말한다) 또는 어민(연간 200일 이상 어업에 종사하는 자를 말한다)에게 보상한다. 〈신설 2007.4.12.〉

1. 공익사업에 편입되는 농지의 소재지(어민인 경우에는 주소지를 말한다)와 동일한 시·군 또는 구
2. 제1호의 지역과 인접한 시·군 또는 구

제57조(사업폐지 등에 대한 보상) 공익사업의 시행으로 인하여 건축물의 건축을 위한 건축허가 등 관계법령에 의한 절차를 진행 중이던 사업 등이 폐지·변경 또는 중지되는 경우 그 사업 등에 소요된 법정수수료 그 밖의 비용 등의 손실에 대하여는 이를 보상하여야 한다.

제58조(주거용 건축물등의 보상에 대한 특례) ① 주거용 건축물로서 제33조에 따라 평가한 금액이 6백만원 미만인 경우 그 보상액은 6백만원으로 한다. 다만, 무허가건축물등에 대하여는 그러하지 아니하다. 〈개정 2007.4.12, 2014.10.22.〉

② 공익사업의 시행으로 인하여 주거용 건축물에 대한 보상을 받은 자가 그 후 당해 공익사업시행지구밖의 지역에서 매입하거나 건축하여 소유하고 있는 주거용 건축물이 그 보상일부터 20년 이내에 다른 공익사업시행지구에 편입되는 경우 그 주거용 건축물 및 그 대지(보상을 받기 이전부터 소유하고 있던 대지 또는 다른 사람 소유의 대지위에 건축한 경우에는 주거용 건축물에 한한다)에 대하여는 당해 평가액의 30퍼센트를 가산하여 보상한다. 다만, 무허가건축물등을 매입 또는 건축한 경우와 다른 공익사업의 사업인정고시등 또는 다른 공익사업을 위한 관계법령에 의한 고시 등이 있은 날 이후에 매입 또는 건축한 경우에는 그러하지 아니하다. 〈개정 2007.4.12.〉

③ 제2항에 규정에 의한 가산금이 1천만원을 초과하는 경우에는 1천만원으로 한다.

제78조의2(공장의 이주대책 수립 등) 사업시행자는 대통령령으로 정하는 공익사업의 시행으로 인하여 공장부지가 협의 양도되거나 수용됨에 따라 더 이상

제41조의3(공장에 대한 이주대책에 관한 계획의 수립 등) ① 법 제78조의2에서 "대통령령으로 정하는 공익사업"이란 다음 각 호의 사업을 말한다. 〈개정 2014.4.29,

해당 지역에서 공장(「산업집적활성화 및 공장설립에 관한 법률」 제2조제1호에 따른 공장을 말한다)을 가동할 수 없게 된 자가 희망하는 경우 「산업입지 및 개발에 관한 법률」에 따라 지정·개발된 인근 산업단지에 입주하게 하는 등 대통령령으로 정하는 이주대책에 관한 계획을 수립하여야 한다.

[전문개정 2011.8.4.]

2015.12.28.〉

1. 「택지개발촉진법」에 따른 택지개발사업
2. 「산업입지 및 개발에 관한 법률」에 따른 산업단지개발사업
3. 「물류시설의 개발 및 운영에 관한 법률」에 따른 물류단지개발사업
4. 「관광진흥법」에 따른 관광단지조성사업
5. 「도시개발법」에 따른 도시개발사업
6. 「공공주택 특별법」에 따른 공공주택사업

② 법 제78조의2에 따른 공장의 이주대책에 관한 계획에는 해당 공익사업 지역의 여건을 고려하여 다음 각 호의 내용이 포함되어야 한다.

1. 해당 공익사업 지역 인근 지역에 「산업입지 및 개발에 관한 법률」에 따라 지정·개발된 산업단지(이하 "산업단지"라 한다)가 있는 경우 해당 산업단지의 우선 분양 알선
2. 해당 공익사업 지역 인근 지역에 해당 사업시행자가 공장이주대책을 위한 별도의 산업단지를 조성하는 경우 그 산업단지의 조성 및 입주계획
3. 해당 공익사업 지역에 조성되는 공장용지의 우선 분양
4. 그 밖에 원활한 공장 이주대책을 위한 행정적 지원 방안

[전문개정 2013.5.28.]

제41조의4(그 밖의 토지에 관한 손실의 보상계획 공고) 법 제79조제3항에 따라 같은 조 제2항에 따른 보상에 관한 계획을 공고할 때에는 전국을 보급지역으로 하는 일간신문에 공고하는 방법으로 한다.

[전문개정 2013.5.28.]

제79조(그 밖의 토지에 관한 비용보상 등) ① 사업시행자는 공익사업의 시행으로 인하여 취득하거나 사용하는 토지(잔여지를 포함한다) 외의 토지에 통로·도랑·담장 등의 신설이나 그 밖의 공사가 필요할 때에는 그 비용의 전부 또는 일부를 보상하여야 한

다. 다만, 그 토지에 대한 공사의 비용이 그 토지의 가격보다 큰 경우에는 사업시행자는 그 토지를 매수할 수 있다.

② 공익사업이 시행되는 지역 밖에 있는 토지등이 공익사업의 시행으로 인하여 본래의 기능을 다할 수 없게 되는 경우에는 국토교통부령으로 정하는 바에 따라 그 손실을 보상하여야 한다. <개정 2013.3.23.>

③ 사업시행자는 제2항에 따른 보상이 필요하다고 인정하는 경우에는 제15조에 따라 보상계획을 공고할 때에 보상을 청구할 수 있다는 내용을 포함하여 공고하거나 대통령령으로 정하는 바에 따라 제2항에 따른 보상에 관한 계획을 공고하여야 한다.

④ 제1항부터 제3항까지에서 규정한 사항 외에 공익사업의 시행으로 인하여 발생하는 손실의 보상 등에 대하여는 국토교통부령으로 정하는 기준에 따른다. <개정 2013.3.23.>

⑤ 제1항 본문 및 제3항에 따른 비용 또는 손실의 보상에 관하여는 제73조제2항을 준용한다.

⑥ 제1항 단서에 따른 토지의 취득에 관하여는 제73조제3항을 준용한다.

⑦ 제1항 단서에 따라 취득하는 토지에 대한 구체적인 보상액 산정 및 평가 방법 등에 대하여는 제70조, 제75조, 제76조, 제77조, 제78조제1항·제4항, 같은 조 제6항 및 제7항을 준용한다. <개정 2022.2.3.>

[전문개정 2011.8.4.]

제59조(공익사업시행지구밖의 대지 등에 대한 보상) 공익사업시행지구밖의 대지(조성된 대지를 말한다)·건축물·분묘 또는 농지(계획적으로 조성된 유실수단지 및 죽림단지를 포함한다)가 공익사업의 시행으로 인하여 산지나 하천 등에 둘러싸여 교통이 두절되거나 경작이 불가능하게 된 경우에는 그 소유자의 청구에 의하여 이를 공익사업시행지구에 편입되는 것으로 보아 보상하여야 한다. 다만, 그 보상비가 도로 또는 도선시설의 설치비용을 초과하는 경우에는 도로 또는 도선시설을 설치함으로써 보상에 갈음할 수 있다.

제60조(공익사업시행지구밖의 건축물에 대한 보상) 소유 농지의 대부분이 공익사업시행지구에 편입됨으로써 건축물(건축물의 대지 및 잔여농지를 포함한다. 이하 이 조에서 같다)만이 공익사업시행지구밖에 남게 되는 경우로서 그 건축물의 매매가 불가능하고 이주가 부득이한 경우에는 그 소유자의 청구에 의하여 이를 공익사업시행지구에 편입되는 것으로 보아 보상하여야 한다.

제61조(소수잔존자에 대한 보상) 공익사업의 시행으로 인하여 1개 마을의 주거용 건축물이 대부분 공익사업시행지구에 편입됨으로써 잔여 주거용 건축물 거주자의 생활환경이 현저히 불편하게 되어 이주가 부득이한 경우에는 당해 건축물 소유자의 청구에 의하여 그 소유자의 토지등을 공익사업시행지구에 편입되는 것으로 보아 보상하여야 한다.

제62조(공익사업시행지구밖의 공작물등에 대한 보상) 공익사업시행지구밖에 있는 공작물등이 공익사업의 시행으로 인하여 그 본래의 기능을 다할 수 없게 되는 경

우에는 그 소유자의 청구에 의하여 이를 공익사업시행지구에 편입되는 것으로 보아 보상하여야 한다.

제63조(공익사업시행지구밖의 어업의 피해에 대한 보상)
① 공익사업의 시행으로 인하여 해당 공익사업시행지구 인근에 있는 어업에 피해가 발생한 경우 사업시행자는 실제 피해액을 확인할 수 있는 때에 그 피해에 대하여 보상하여야 한다. 이 경우 실제 피해액은 감소된 어획량 등을 참작하여 「수산업법 시행령」 별표 10의 평년수익액 등을 참작하여 평가한다. 〈개정 2005.2.5, 2007.4.12, 2008.4.18, 2012.1.2, 2024.4.9.〉
② 제1항에 따른 보상액은 「수산업법 시행령」 별표 10에 따른 어업권·허가어업 또는 신고어업이 취소되거나 어업면허의 유효기간이 연장되지 않는 경우의 보상액을 초과하지 못한다. 〈신설 2007.4.12, 2008.4.18, 2012.1.2, 2024.4.9.〉
③ 사업인정고시일등 이후에 어업권의 면허를 받은 자 또는 어업의 허가를 받거나 신고를 한 자에 대하여는 제1항 및 제2항을 적용하지 아니한다. 〈신설 2007.4.12〉

제64조(공익사업시행지구밖의 영업손실에 대한 보상) ① 공익사업시행지구밖에서 제45조에 따른 영업손실의 보상대상이 되는 영업을 하고 있는 자가 공익사업의 시행으로 인하여 다음 각 호의 어느 하나에 해당하는 경우에는 그 영업자의 청구에 의하여 당해 영업을 공익사업시행지구에 편입되는 것으로 보아 보상하여야 한다. 〈개정 2007.4.12〉
1. 배후지의 3분의 2 이상이 상실되어 그 장소에서 영업을 계속할 수 없는 경우
2. 진출입로의 단절, 그 밖의 부득이한 사유로 인하

여 일정한 기간 동안 휴업하는 것이 불가피한 경우

② 제1항에 불구하고 사업시행자는 영업자가 보상을 받은 이후에 그 영업장소에서 영업이을 보상받은 기간 이내에 동일한 영업을 하는 경우에는 실제 휴업기간에 대한 보상금을 제외한 영업손실에 대한 보상금을 환수하여야 한다. 〈신설 2007.4.12.〉

제65조(공익사업시행지구밖의 농업의 손실에 대한 보상) 경작하고 있는 농지의 3분의 2 이상에 해당하는 면적이 공익사업시행지구에 편입됨으로 인하여 당해지역 (영 제26조제1항 각 호의 1의 지역을 말한다)에서 영농을 계속할 수 없게 된 농민에 대하여는 공익사업시행지구밖에서 경작하고 있는 농지에 대하여도 제48조제1항 내지 제3항 및 제4항제2호의 규정에 의한 영농손실액을 보상하여야 한다.

제66조(손실보상재결신청의 서식) 영 제6조의2 및 제42조제1항에 따른 손실보상재결신청서는 별지 제20호서식에 의한다. 〈개정 2008.4.18.〉

제80조(손실보상의 협의·재결) ① 제79조제1항 및 제2항에 따른 비용 또는 손실이나 토지의 취득에 대한 보상은 사업시행자와 손실을 입은 자가 협의하여 결정한다.
② 제1항에 따른 협의가 성립되지 아니하였을 때에는 사업시행자나 손실을 입은 자는 대통령령으로 정하는 바에 따라 관할 토지수용위원회에 재결을 신청할 수 있다.
[전문개정 2011.8.4.]

제42조(손실보상 또는 비용보상 재결의 신청 등) ① 법 제80조제2항에 따라 재결을 신청하려는 자는 국토교통부령으로 정하는 손실보상재결신청서에 다음 각 호의 사항을 적어 관할 토지수용위원회에 제출하여야 한다.
1. 재결의 신청인과 상대방의 성명 또는 명칭 및 주소
2. 공익사업의 종류 및 명칭
3. 손실 발생사실
4. 손실보상액과 그 명세
5. 협의의 내용
② 제1항의 신청에 따른 손실보상의 재결을 위한 심리에 관하여는 법 제32조제2항 및 제3항을 준용한다.
[전문개정 2013.5.28.]

제81조(보상업무 등의 위탁) ① 사업시행자는 보상 또는 이주대책에 관한 업무를 다음 각 호의 기관에 위탁할 수 있다.

1. 지방자치단체

2. 보상실적이 있거나 보상업무에 관한 전문성이 있는 「공공기관의 운영에 관한 법률」 제4조에 따른 공공기관 또는 「지방공기업법」에 따른 지방공사로서 대통령령으로 정하는 기관

② 제1항에 따라 위탁 시 업무범위, 수수료 등에 관하여 필요한 사항은 대통령령으로 정한다.

[전문개정 2011.8.4.]

제43조(보상전문기관 등) ① 법 제81조제1항제2호에서 "대통령령으로 정하는 기관"이란 다음 각 호의 기관을 말한다. 〈개정 2014.12.23, 2016.8.31, 2020.12.8.〉

1. 「한국토지주택공사법」에 따른 한국토지주택공사

2. 「한국수자원공사법」에 따른 한국수자원공사

3. 「한국도로공사법」에 따른 한국도로공사

4. 「한국농어촌공사 및 농지관리기금법」에 따른 한국농어촌공사

5. 「한국부동산원법」에 따른 한국부동산원

6. 「지방공기업법」 제49조에 따라 특별시, 광역시, 도 및 특별자치도가 택지개발 및 주택건설 등의 사업을 하기 위하여 설립한 지방공사

② 사업시행자는 법 제81조에 따라 다음 각 호의 업무를 법 제81조제1항 각 호의 기관(이하 "보상전문기관"이라 한다)에 위탁할 수 있다. 〈개정 2014.1.17.〉

1. 보상계획의 수립·공고 및 열람에 관한 업무

2. 토지대장 및 건축물대장 등 공부의 조사. 이 경우 토지대장 및 건축물대장은 부동산종합공부의 조사로 대신할 수 있다.

3. 토지등의 소유권 및 소유권 외의 권리 관련 사항의 조사

4. 분할측량 및 지적등록에 관한 업무

5. 토지조서 및 물건조서의 기재사항에 관한 조사

6. 잔여지 및 공익사업지구 밖의 토지등의 보상에 관한 조사

7. 영업·농업·어업 및 광업 손실에 관한 조사

8. 보상액의 산정(감정평가업무는 제외한다)

9. 보상협의, 계약체결 및 보상금의 지급

10. 보상 관련 민원처리 및 소송수행 관련 업무
11. 토지등의 등기 관련 업무
12. 이주대책의 수립·실시 또는 이주정착금의 지급
13. 그 밖에 보상과 관련된 부대업무

③ 사업시행자는 법 제81조에 따라 제2항 각 호의 업무를 보상전문기관에 위탁하려는 경우에는 미리 위탁내용과 위탁조건에 관하여 보상전문기관과 협의하여야 한다.

④ 사업시행자는 법 제81조에 따라 제2항 각 호의 업무를 보상전문기관에 위탁할 때에는 별표 1에 따른 위탁수수료를 보상전문기관에 지급하여야 한다. 다만, 사업시행자가 제2항 각 호의 업무 중 일부를 보상전문기관에 위탁하는 경우의 위탁수수료는 사업시행자와 보상전문기관이 협의하여 정한다.

⑤ 사업시행자는 보상전문기관이 통상적인 업무수행에 드는 경비가 아닌 평가수수료·측량수수료·등기수수료 및 변호사의 보수 등 특별한 비용을 지출하였을 때에는 이를 제4항에 따른 위탁수수료와는 별도로 보상전문기관에 지급하여야 한다.
[전문개정 2013.5.28.]

제44조(임의적 보상협의회의 설치·구성 및 운영 등) ① 법 제82조제1항 각 호 외의 부분 본문에 따른 보상협의회(이하 이 조에서 "보상협의회"라 한다)는 해당 사업지역을 관할하는 특별자치도지사, 시·군 또는 구(자치구를 말한다. 이하 이 조에서 같다)에 설치한다.

② 제1항의 경우 공익사업을 시행하는 지역이 둘 이상의 시·군 또는 구에 걸쳐 있는 경우에는 해당 시·

제82조(보상협의회) ① 공익사업이 시행되는 해당 지방자치단체의 장은 필요한 경우에는 다음 각 호의 사항을 협의하기 위하여 보상협의회를 둘 수 있다. 다만, 대통령령으로 정하는 규모 이상의 공익사업을 시행하는 경우에는 대통령령으로 정하는 바에 따라 보상협의회를 두어야 한다.
1. 보상액 평가를 위한 사전 의견수렴에 관한 사항
2. 잔여지의 범위 및 이주대책 수립에 관한 사항

군수 또는 구청장(자치구의 구청장을 말한다. 이하 이 조에서 같다)이 협의하여 보상협의회를 설치할 시·군 또는 구를 결정하여야 한다.

③ 특별자치도지사·시장·군수 또는 구청장은 제1항 및 제2항에 따른 보상협의회를 설치할 필요가 있다고 인정하는 경우에는 특별한 사유가 있는 경우를 제외하고는 법 제15조제2항에 따른 보상계획의 열람기간 만료 후 30일 이내에 보상협의회를 설치하고 사업시행자에게 이를 통지하여야 한다.

④ 보상협의회는 위원장 1명을 포함하여 8명 이상 16명 이내의 위원으로 구성하되, 사업시행자를 위원에 포함시키고, 위원 중 3분의 1 이상은 토지소유자 또는 관계인으로 구성하여야 한다.

⑤ 보상협의회의 위원장은 해당 특별자치도지사·시·군 또는 구의 부지사·부시장·부군수 또는 부구청장이 되며, 위원장이 부득이한 사유로 직무를 수행할 수 없을 때에는 위원장이 지명하는 위원이 그 직무를 대행한다.

⑥ 보상협의회의 위원장은 보상협의회를 대표하며, 보상협의회의 업무를 총괄한다.

⑦ 보상협의회의 회의는 재적위원 과반수의 출석으로 개의(開議)한다.

⑧ 보상협의회의 위원장은 회의에서 협의된 사항을 해당 사업시행자에게 통보하여야 하며, 사업시행자는 정당하다고 인정되는 사항에 대해서는 이를 반영하여 사업을 수행하여야 한다.

⑨ 보상협의회의 보상협의회 사무를 처리할 간사와 서기를 두며, 간사와 서기는 보상협의회의 위원장이 해당 특별자치도지사·시·군 또는 구의 소속 공무원

3. 해당 사업지역 내 공공시설의 이전 등에 관한 사항

4. 토지소유자나 관계인 등이 요구하는 사항 중 지방자치단체의 장이 필요하다고 인정하는 사항

5. 그 밖에 지방자치단체의 장이 회의에 부치는 사항

② 보상협의회 위원은 다음 각 호의 사람 중에서 해당 지방자치단체의 장이 임명하거나 위촉한다. 다만, 제1항 각 호 외의 부분 단서에 따라 보상협의회를 설치하는 경우에는 대통령령으로 정하는 사람이 임명하거나 위촉한다.

1. 토지소유자 및 관계인

2. 법관, 변호사, 공증인 또는 감정평가나 보상업무에 5년 이상 종사한 경험이 있는 사람

3. 해당 지방자치단체의 공무원

4. 사업시행자

③ 보상협의회의 설치·구성 및 운영 등에 필요한 사항은 대통령령으로 정한다.

[전문개정 2011.8.4.]

중에서 임명한다.

⑩ 사업시행자가 국가 또는 지방자치단체인 경우 사업시행자는 보상협의회에 출석한 공무원이 아닌 위원에게 수당을 지급할 수 있다.

⑪ 위원장은 사업시행자의 사업추진에 지장이 없도록 보상협의회를 운영하여야 하며, 보상협의회의 운영에 필요한 사항은 보상협의회의 회의를 거쳐 위원장이 정한다.

[전문개정 2013.5.28.]

제44조의2(의무적 보상협의회의 설치·구성 및 운영 등) ① 법 제82조제1항 각 호 외의 부분 단서에 따른 보상협의회(이하 이 조에서 "보상협의회"라 한다)는 제2항에 해당하는 공익사업에 대하여 해당 사업지역을 관할하는 특별자치도, 시·군 또는 구(자치구를 말한다. 이하 이 조에서 같다)에 설치한다. 다만, 다음 각 호의 어느 하나에 해당하는 경우에는 사업시행자가 설치하여야 한다.

1. 해당 사업지역을 관할하는 특별자치도, 시·군 또는 구가 부득이한 사정으로 보상협의회 설치가 곤란한 경우

2. 공익사업을 시행하는 지역이 둘 이상의 시·군 또는 구에 걸쳐 있는 경우로서 보상협의회 설치를 위한 해당 시장·군수 또는 구청장(자치구의 구청장을 말한다. 이하 이 조에서 같다) 간의 협의가 별 제15조제2항에 따른 보상계획의 열람기간 만료 후 30일 이내에 이루어지지 아니하는 경우

② 법 제82조제1항 각 호 외의 부분 단서에서 "대통령령으로 정하는 규모 이상의 공익사업"이란 해당 공

의사업지구 면적이 10만 제곱미터 이상이고, 토지등의 소유자가 50인 이상인 공익사업을 말한다.

③ 특별자치도지사, 시장·군수 또는 구청장이 제1항 각 호 외의 부분 본문에 따른 보상협의회를 설치하려는 경우에는 특별한 사유가 있는 경우를 제외하고는 별표 제15조제2항에 따른 보상계획의 열람기간 만료 후 30일 이내에 보상협의회를 설치하고, 사업시행자에게 이를 통지하여야 하며, 사업시행자가 제1항 각 호 외의 부분 단서에 따른 보상협의회를 설치하려는 경우에는 특별한 사유가 있는 경우를 제외하고는 지체 없이 보상협의회를 설치하고, 특별자치도지사, 시장·군수 또는 구청장에게 이를 통지하여야 한다.

④ 보상협의회의 위원장은 해당 특별자치도, 시·군 또는 구의 부지사, 부시장·부군수 또는 부구청장이 되며, 위원장이 부득이한 사유로 직무를 수행할 수 없을 때에는 위원장이 지명하는 위원이 그 직무를 대행한다. 다만, 제1항 각 호 외의 부분 단서에 따른 보상협의회의 경우 위원은 해당 사업시행자가 임명하거나 위촉하고, 위원장은 위원 중에서 호선(互選)한다.

⑤ 보상협의회는 보상협의회의 사무를 처리할 간사와 서기를 두며, 간사와 서기는 보상협의회의 위원장이 해당 특별자치도, 시·군 또는 구의 소속 공무원(제1항 각 호 외의 부분 단서에 따른 보상협의회의 경우에는 사업시행자 소속 임직원을 말한다) 중에서 임명한다.

⑥ 제1항에 따른 보상협의회의 설치·구성 및 운영 등에 관하여는 제44조제2항, 제4항, 제6항부터 제8항까지, 제10항 및 제11항을 준용한다.

[전문개정 2013.5.28.]

법	영	규칙
제83조(이의의 신청) ① 중앙토지수용위원회의 제34조에 따른 재결에 이의가 있는 자는 중앙토지수용위원회에 이의를 신청할 수 있다. ② 지방토지수용위원회의 제34조에 따른 재결에 이의가 있는 자는 해당 지방토지수용위원회를 거쳐 중앙토지수용위원회에 이의를 신청할 수 있다. ③ 제1항 및 제2항에 따른 이의의 신청은 재결서의 정본을 받은 날부터 30일 이내에 하여야 한다. [전문개정 2011.8.4.]	제45조(이의의 신청) ① 법 제83조에 따라 이의신청을 하려는 자는 국토교통부령으로 정하는 이의신청서(이하 "이의신청서"라 한다)에 다음 각 호의 사항을 적고, 재결서 정본의 사본을 첨부하여 해당 토지수용위원회에 제출하여야 한다. 1. 당사자의 성명 또는 명칭 및 주소 2. 신청의 요지 및 이유 ② 법 제83조제2항에 따라 지방토지수용위원회가 이의신청서를 접수하였을 때에는 그 이의신청서에 다음 각 호의 서류를 첨부하여 지체 없이 중앙토지수용위원회에 송부하여야 한다. 1. 신청인이 재결서의 정본을 받은 날짜 등이 적힌 우편송달통지서 사본 2. 지방토지수용위원회가 의뢰하여 행한 감정평가서 및 심의안건 사본 3. 그 밖에 이의신청의 재결에 필요한 자료 ③ 중앙토지수용위원회가 법 제83조에 따라 이의신청을 접수하였을 때에는 신청인의 상대방에게 그 신청의 요지를 통지하여야 한다. 다만, 통지받을 자를 알 수 없거나 그 주소·거소 또는 그 밖에 통지할 장소를 알 수 없을 때에는 그러하지 아니하다. [전문개정 2013.5.28.]	제67조(이의신청의 서식) 영 제45조제1항의 규정에 의한 이의신청서는 별지 제21호서식에 의한다.
제84조(이의신청에 대한 재결) ① 중앙토지수용위원회는 제83조에 따른 이의신청을 받은 경우 제34조에 따른 재결이 위법하거나 부당하다고 인정할 때에는 그 재결의 전부 또는 일부를 취소하거나 보상액을 변경할 수 있다.	제46조(이의신청에 대한 재결서의 송달) 중앙토지수용위원회는 법 제84조에 따라 이의신청에 대한 재결을 한 경우에는 재결서의 정본을 사업시행자·토지소유자 및 관계인에게 송달하여야 한다. [전문개정 2013.5.28.]	

② 제1항에 따라 보상금이 늘어난 경우 사업시행자는 재결의 취소 또는 변경의 재결을 받은 날부터 30일 이내에 보상금을 늘어난 자에게 그 늘어난 보상금을 지급하여야 한다. 다만, 제40조제2항제1호·제2호 또는 제4호에 해당할 때에는 그 금액을 공탁할 수 있다. [전문개정 2011.8.4.] 제85조(행정소송의 제기) ① 사업시행자, 토지소유자 또는 관계인은 제34조에 따른 재결에 불복할 때에는 재결서를 받은 날부터 90일 이내에, 이의신청을 거친 때에는 이의신청에 대한 재결서를 받은 날부터 60일 이내에 각각 행정소송을 제기할 수 있다. 이 경우 사업시행자는 행정소송을 제기하기 전에 제84조에 따라 늘어난 보상금을 공탁하여야 하며, 보상금을 받을 자는 공탁된 보상금을 소송이 종결될 때까지 수령할 수 없다. 〈개정 2018.12.31.〉 ② 제1항에 따라 제기하려는 행정소송이 보상금의 증감(增減)에 관한 소송인 경우 그 소송을 제기하는 자가 토지소유자 또는 관계인일 때에는 사업시행자를, 사업시행자일 때에는 토지소유자 또는 관계인을 각각 피고로 한다. [전문개정 2011.8.4.] 제86조(이의신청에 대한 재결의 효력) ① 제85조제1항에 따른 기간 이내에 소송이 제기되지 아니하거나 그 밖의 사유로 이의신청에 대한 재결이 확정된 때에는 「민사소송법」상의 확정판결이 있은 것으로 보며, 재결서 정본은 집행력 있는 판결의 정본과 동일한 효력을 가진다.	제47조(재결확정증명서) ① 사업시행자·토지소유자 또는 관계인은 법 제86조제2항에 따른 재결확정증명서(이하 이 조에서 "재결확정증명서"라 한다)의 발급을 청구하려는 경우에는 국토교통부령으로 정하는 재결확정증명청구서에 이의신청에 대한 재결서의 정본을 첨부하여 중앙토지수용위원회에 제출하여야 한다. 제68조(재결확정증명청구서의 서식) 영 제47조제1항의 규정에 의한 재결확정증명청구서는 별지 제22호서식에 의한다. 제69조(규제의 재검토) 국토교통부장관은 제48조에 따른 농업의 손실에 대한 보상 기준에 대하여 2017년 1월 1일을 기준으로 3년마다(매 3년이 되는 해의 기

② 제결화정증명서는 제15열서 정본의 끝에 「민사집행법」 제29조제2항에 준하여 집행문을 적고, 중앙토지수용위원회의 간사 또는 서기가 기명날인한 후 중앙토지수용위원회 위원장의 직인을 날인하여 발급한다.

③ 중앙토지수용위원회는 제결화정증명서를 발급하는 경우에는 법 제85조제1항에 따른 행정소송의 제기 여부를 관할 법원에 조회하여야 한다.

[전문개정 2013.5.28.]

준일과 같은 날 전까지를 말한다) 그 타당성을 검토하여 개선 등의 조치를 하여야 한다.

[전문개정 2016.12.30.]

② 사업시행자, 토지소유자 또는 관계인은 이의신청에 대한 재결이 확정되었을 때에는 관할 토지수용위원회에 대통령령으로 정하는 바에 따라 재결화정증명서의 발급을 청구할 수 있다.

[전문개정 2011.8.4.]

제87조(법정이율에 따른 가산지급) 사업시행자는 제85조제1항에 따라 사업시행자가 제기한 행정소송이 각하·기각 또는 취하된 경우 다음 각 호의 어느 하나에 해당하는 날부터 판결일 또는 취하일까지의 기간에 대하여 「소송촉진 등에 관한 특례법」 제3조에 따른 법정이율을 적용하여 산정한 금액을 보상금에 가산하여 지급하여야 한다.

1. 재결이 있은 후 소송을 제기하였을 때에는 재결서 정본을 받은 날

2. 이의신청에 대한 재결이 있은 후 소송을 제기하였을 때에는 그 재결서 정본을 받은 날

[전문개정 2011.8.4.]

제88조(처분효력의 부정지) 제83조에 따른 이의의 신청이나 제85조에 따른 행정소송의 제기는 사업의 진행 및 토지의 수용 또는 사용을 정지시키지 아니한다.

[전문개정 2011.8.4.]

제89조(대집행) ① 이 법 또는 이 법에 따른 처분으로 인한 의무를 이행하여야 할 자가 그 정하여진 기간 이내에 의무를 이행하지 아니하거나 완료하기 어려운 경우 또는 그로 하여금 그 의무를 이행하게 하는

것이 현저히 공익을 해친다고 인정되는 사유가 있는 경우에는 사업시행자는 시·도지사에게 시·도지사나 시장·군수 또는 구청장에게 「행정대집행법」에서 정하는 바에 따라 대집행을 신청할 수 있다. 이 경우 신청을 받은 시·도지사나 시장·군수 또는 구청장은 정당한 사유 없으면 이에 따라야 한다.

② 사업시행자가 국가나 지방자치단체인 경우에는 제1항에도 불구하고 「행정대집행법」에서 정하는 바에 따라 직접 대집행을 할 수 있다.

③ 사업시행자가 제1항에 따라 대집행을 신청하거나 제2항에 따라 직접 대집행을 하려는 경우에는 국가나 지방자치단체는 의무를 이행하여야 할 자를 보호하기 위하여 노력하여야 한다.

[전문개정 2011.8.4.]

제90조(강제징수) 특별자치도지사, 시장·군수 또는 구청장은 제44조제2항에 따른 의무를 그 비용을 내지 아니할 때에는 지방세 체납처분의 예에 따라 징수할 수 있다.

[전문개정 2011.8.4.]

제8장 환매권

제91조(환매권) ① 공익사업의 폐지·변경 또는 그 밖의 사유로 취득한 토지의 전부 또는 일부가 필요 없게 될 경우 토지의 협의취득일 또는 수용의 개시일(이하 이 조에서 "취득일"이라 한다) 당시의 토지소유자 또는 그 포괄승계인(이하 "환매권자"라 한다)은 다음 각 호의 구분에 따른 날부터 10년 이내에 그 토지에 대하여 받은 보상금에 상당하는 금액을 사업시행자에게 지급하고 그 토지를 환매할 수 있다.

제48조(환매금액의 협의요건) 법 제91조제4항에 따른 토지의 가격이 취득일 당시에 비하여 현저히 변동된 경우는 환매권 행사 당시의 토지가격이 지급한 보상금에 환매 당시까지의 해당 사업과 관계없는 인근 유사토지의 지가변동률을 곱한 금액보다 높은 경우로 한다.

[전문개정 2013.5.28.]

제49조(공익사업의 변경 통지) ① 법 제91조제6항 전단·후단에서 "공공기관의 운영에 관한 법률」 제4조에

따른 공공기관 중 대통령령으로 정하는 공공기관"이
란 「공공기관의 운영에 관한 법률」 제5조제4항제1호
의 공공기관을 말한다. 〈개정 2020.11.24.〉
② 사업시행자는 법 제91조제6항에 따라 변경된 공
익사업의 내용을 관보에 고시할 때에는 그 고시 내용
을 별 제91조제1항에 따른 환매권자(이하 이 조에서
"환매권자"라 한다)에게 통지하여야 한다. 다만, 환
매권자를 알 수 없거나 그 주소·거소 또는 그 밖에
통지할 장소를 알 수 없을 때에는 제3항에 따른 공고
로 통지를 갈음할 수 있다.
③ 제2항 단서에 따른 공고는 사업시행자가 공고할
서류를 해당 토지의 소재지를 관할하는 시장(행정시
의 시장을 포함한다)·군수 또는 구청장(자치구가 아
닌 구의 구청장을 포함한다)에게 송부하여 해당 시
(행정시를 포함한다)·군 또는 구(자치구가 아닌 구
를 포함한다)의 게시판에 14일 이상 게시하는 방법
으로 한다.
[전문개정 2013.5.28.]

〈개정 2021.8.10.〉
1. 사업의 폐지·변경으로 취득한 토지의 전부 또는
일부가 필요 없게 된 경우 : 관계 법률에 따라 사업
이 폐지·변경된 날 또는 제24조에 따른 사업의 폐
지·변경 고시가 있는 날
2. 그 밖의 사유로 취득한 토지의 전부 또는 일부가
필요 없게 된 경우 : 사업완료일
② 취득일부터 5년 이내에 취득한 토지의 전부를 해
당 사업에 이용하지 아니하였을 때에는 제1항을 준
용한다. 이 경우 환매권은 취득일부터 6년 이내에
행사하여야 한다.
③ 제74조제1항에 따라 매수하거나 수용한 잔여지
는 그 잔여지에 접한 일단의 토지가 필요 없게 된 경
우가 아니면 환매할 수 없다.
④ 토지의 가격이 취득일 당시에 비하여 현저히 변
동된 경우 사업시행자와 환매권자는 환매금액에 대
하여 서로 협의하되, 협의가 성립되지 아니하면 그
금액의 증감을 법원에 청구할 수 있다.
⑤ 제1항부터 제3항까지의 규정에 따른 환매권은
「부동산등기법」에서 정하는 바에 따라 공익사업을
필요한 토지의 협의취득 또는 수용의 등기가 되었을
때에는 제3자에게 대항할 수 있다.
⑥ 국가, 지방자치단체 또는 「공공기관의 운영에 관
한 법률」 제4조에 따른 공공기관 중 대통령령으로
정하는 공공기관이 사업인정을 받아 공익사업에 필
요한 토지를 협의취득하거나 수용한 후 해당 공익사
업이 제4조제1호부터 제5호까지에 규정된 다른 공
익사업(별표에 따른 사업이 제4조제1호부터 제5호

까지에 규정된 공익사업에 해당하는 경우를 포함한다)으로 변경된 경우 제2항에 따른 환매권 행사기간은 관보에 해당 공익사업의 변경을 고시한 날부터 기산(起算)한다. 이 경우 국가, 지방자치단체 또는 「공공기관의 운영에 관한 법률」 제4조에 따른 공공기관 중 대통령령으로 정하는 공공기관은 공익사업이 변경된 사실을 대통령령으로 정하는 바에 따라 환매권자에게 통지하여야 한다. 〈개정 2015.12.29.〉 [전문개정 2011.8.4.] 제92조(환매권의 통지 등) ① 사업시행자는 제91조제1항 및 제2항에 따라 환매할 토지가 생겼을 때에는 지체 없이 그 사실을 환매권자에게 통지하여야 한다. 다만, 사업시행자가 과실 없이 환매권자를 알 수 없을 때에는 대통령령으로 정하는 바에 따라 공고하여야 한다. ② 환매권자는 제1항에 따른 통지를 받은 날 또는 공고를 한 날부터 6개월이 지난 후에는 제91조제1항 및 제2항에도 불구하고 환매권을 행사하지 못한다. [전문개정 2011.8.4.]	제50조(환매권의 공고) 법 제92조제1항 단서에 따른 공고는 전국을 보급지역으로 하는 일간신문에 공고하거나 해당 토지가 소재하는 시(행정시를 포함한다)·군 또는 구(자치구가 아닌 구를 포함한다)의 게시판에 7일 이상 게시하는 방법으로 한다. [전문개정 2013.5.28.] 제50조의2(고유식별정보의 처리) ① 사업시행자(법 제81조에 따라 보상 또는 이주대책에 관한 업무를 위탁받은 자를 포함한다)는 다음 각 호의 사무를 수행하기 위하여 불가피한 경우 「개인정보 보호법 시행령」 제19조제1호 또는 제4호에 따른 주민등록번호 또는 외국인등록번호가 포함된 자료를 처리할 수 있다. 1. 법 제8조제1항에 따른 공익사업의 수행을 위하여 필요한 서류의 발급 신청에 관한 사무 2. 법 제14조에 따른 토지조서 및 물건조서의 작성에 관한 사무 3. 법 제15조에 따른 보상계획의 공고 및 통지 등에 관한 사무 4. 법 제16조 및 제17조에 따른 토지등에 대한 보상

에 관한 협의 및 계약의 체결에 관한 사무

5. 법 제28조제1항 및 제30조제2항에 따른 재결 신청에 관한 사무

6. 법 제29조에 따른 토지등에 대한 보상에 관한 협의 성립의 확인 신청에 관한 사무

7. 법 제38조에 따른 천재지변 시의 토지의 사용에 관한 사무

8. 법 제40조에 따른 보상금의 지급 또는 공탁에 관한 사무

9. 법 제63조제1항 단서에 따른 대토(代土)보상에 관한 사무 및 같은 조 제7항·제8항에 따른 채권보상에 관한 사무

10. 법 제70조에 따른 취득하는 토지의 보상에 관한 사무

11. 법 제71조에 따른 사용하는 토지의 보상에 관한 사무

12. 법 제76조에 따른 권리의 보상에 관한 사무

13. 법 제77조에 따른 영업손실, 농업손실, 휴직 또는 실직 근로자의 임금손실의 보상에 관한 사무

14. 법 제78조 및 제78조의2에 따른 이주대책의 수립 및 공장의 이주대책 수립 등에 관한 사무

15. 법 제79조제2항에 따른 공익사업이 시행되는 지역 밖의 토지등에 관한 손실보상에 관한 사무

16. 법 제91조 및 제92조에 따른 토지의 환매 및 환매권의 통지 등에 관한 사무

② 국토교통부장관 또는 시·도지사는 토지수용위원회 위원의 위촉과 관련하여 법 제54조에 따른 결격사유를 확인하기 위하여 불가피한 경우 「개인정보 보호법 시행령」 제19조제1호 또는 제4호에 따른 주민등

	제9장 벌칙
록번호 또는 외국인등록번호가 포함된 자료를 처리 할 수 있다. [본조신설 2014.8.6.]	
	제93조(벌칙) ① 거짓이나 그 밖의 부정한 방법으로 보 상금을 받은 자 또는 그 사실을 알면서 보상금을 지 급한 자는 5년 이하의 징역 또는 3천만원 이하의 벌 금에 처한다. ② 제1항에 규정된 죄의 미수범은 처벌한다. [전문개정 2011.8.4.]
	제93조의2(벌칙) 제63조제3항을 위반하여 토지로 보 상받기로 결정된 권리(제63조제4항에 따라 현금으 로 보상받을 권리를 포함한다)를 전매한 자는 3년 이하의 징역 또는 1억원 이하의 벌금에 처한다. [본조신설 2020.4.7.]
	제94조 삭제 〈2007.10.17.〉
	제95조(벌칙) 제58조제1항제2호에 따라 감정평가를 의뢰받은 감정평가법인등이나 그 밖의 감정인으로 서 거짓이나 그 밖의 부정한 방법으로 감정평가를 한 자는 2년 이하의 징역 또는 1천만원 이하의 벌금 에 처한다. 〈개정 2020.4.7.〉 [전문개정 2011.8.4.]
	제95조의2(벌칙) 다음 각 호의 어느 하나에 해당하는 자는 1년 이하의 징역 또는 1천만원 이하의 벌금에 처한다. 1. 제12조제1항을 위반하여 장해물 제거등을 한 자

2. 제43조를 위반하여 토지 또는 물건을 인도하거나 이전하지 아니한 자
[본조신설 2015.1.6.]

제96조(벌칙) 제25조제1항 또는 제2항 전단을 위반한 자는 1년 이하의 징역 또는 500만원 이하의 벌금에 처한다.
[전문개정 2011.8.4.]

제97조(벌칙) 다음 각 호의 어느 하나에 해당하는 자는 200만원 이하의 벌금에 처한다. 〈개정 2018.12.31, 2020.4.7.〉
1. 제9조제2항 본문을 위반하여 특별자치도지사, 시장·군수 또는 구청장의 허가를 받지 아니하고 타인이 점유하는 토지에 출입하거나 출입하게 한 사업시행자
2. 제11조(제27조제2항에 따라 준용되는 경우를 포함한다)를 위반하여 사업시행자 또는 감정평가법인의 등의 행위를 방해한 토지점유자
3. 삭제 〈2015.1.6.〉
4. 삭제 〈2015.1.6.〉
[전문개정 2011.8.4.]

제98조(양벌규정) 법인의 대표자나 법인 또는 개인의 대리인, 사용인, 그 밖의 종업원이 그 법인 또는 개인의 업무에 관하여 제93조, 제93조의2, 제95조, 제95조의2, 제96조 또는 제97조의 어느 하나에 해당하는 위반행위를 하면 그 행위자를 벌하는 외에 그 법인 또는 개인에게도 해당 조문의 벌금형을 과(科)한다. 다만, 법인이나 개인이 그 위반행위를 방지하기 위하여 해당 업무에 관하여 상당한 주의와

감독을 게을리하지 아니한 경우에는 그러하지 아니하다. <개정 2015.1.6., 2022.2.3.> [전문개정 2011.8.4.]	
제99조(과태료) ① 다음 각 호의 어느 하나에 해당하는 자에게는 200만원 이하의 과태료를 부과한다. <개정 2020.4.7.> 1. 제58조제1항제1호에 구정된 자료서 정당한 사유 없이 출석이나 진술을 하지 아니하거나 거짓으로 진술한 자 2. 제58조제1항제1호에 따라 의견서 또는 자료 제출을 요구받고 정당한 사유 없이 이를 제출하지 아니하거나 거짓 의견서 또는 자료를 제출한 자 3. 제58조제1항제2호에 따라 감정평가를 의뢰받거나 출석 또는 진술을 요구받고 정당한 사유 없이 이에 따르지 아니한 감정평가법인등이나 그 밖의 감정인 4. 제58조제1항제3호에 따른 실지조사를 거부, 방해 또는 기피한 자 ② 제1항에 따른 과태료는 대통령령으로 정하는 바에 따라 국토교통부장관이나 시·도지사가 부과·징수한다. <개정 2013.3.23.> [전문개정 2011.8.4.]	제51조(과태료의 부과기준) 법 제99조제1항에 따른 과태료의 부과기준은 별표 2와 같다. [전문개정 2013.5.28.]

부동산 가격공시에 관한 법률

제1장　총칙

제1조(목적) 이 법은 부동산의 적정가격(適正價格) 공시에 관한 기본적인 사항과 부동산 시장·동향의 조사·관리에 필요한 사항을 규정함으로써 부동산의 적정한 가격형성과 각종 조세·부담금 등의 형평성을 도모하고 국민경제의 발전에 이바지함을 목적으로 한다.

제2조(정의) 이 법에서 사용하는 용어의 뜻은 다음과 같다.

1. "주택"이란 「주택법」 제2조제1호에 따른 주택을 말한다.
2. "공동주택"이란 「주택법」 제2조제3호에 따른 공동주택을 말한다.
3. "단독주택"이란 공동주택을 제외한 주택을 말한다.
4. "비주거용 부동산"이란 주택을 제외한 건축물이나 건축물과 그 토지의 전부 또는 일부를 말하며 다음과 같이 구분한다.
   가. 비주거용 집합부동산 : 「집합건물의 소유 및 관리에 관한 법률」에 따라 구분소유되는 비주거용 부동산
   나. 비주거용 일반부동산 : 가목을 제외한 비주거용 부동산
5. "적정가격"이란 토지, 주택 및 비주거용 부동산에 대하여 통상적인 시장에서 정상적인 거래가 이루어지는 경우 성립될 가능성이 가장 높다고 인정되는 가격을 말한다.

02 장　지가의 공시

제3조(표준지공시지가의 조사·평가 및 공시 등) ① 국토교통부장관은 토지이용상황이나 주변 환경, 그 밖의 자연적·사회적 조건이 일반적으로 유사하다고 인정되는 일단의 토지 중에서 선정한 표준지에 대하여 매년 공시기준일 현재의 단위면적당 적정가격(이하 "표준지공시지가"라 한다)을 조사·평가하고, 제24조에 따른 중앙부동산가격공시위원회의 심의를 거쳐 이를 공시하여야 한다.

② 국토교통부장관은 표준지공시지가를 공시하기 위하여 표준지의 가격을 조사·평가할 때에는 대통령령으로 정하는 바에 따라 해당 토지 소유자의 의견을 들어야 한다.

③ 제1항에 따른 표준지의 선정, 공시기준일, 공시의 시기, 조사·평가 기준 및 공시절차 등에 필요한 사항은 대통령령으로 정한다.

④ 국토교통부장관이 제1항에 따라 표준지공시지가를 조사·평가하는 경우에는 인근 유사토지의 거래가격·임대료 및 해당 토지와 유사한 이용가치를 지닌다고 인정되는 토지의 조성에 필요한 비용추정액, 인근지역 및 다른 지역과의 형평성·특수성, 표준지공시지가 변동의 예측 가능성 등 제반 사항을 종합적으로 참작하여야 한다. 〈개정 2020.4.7.〉

⑤ 국토교통부장관이 제1항에 따라 표준지공시지가를 조사·평가할 때에는 업무실적, 신인도(信認度) 등을 고려하여 둘 이상의 「감정평가 및 감정평가사에 관한 법률」에 따른 감정평가법인등(이하 "감정평가법인등"이라 한다)에게 이를 의뢰하여야 한다. 다만, 지가 변동이 작은 경우 등 대통령령으

로 정하는 기준에 해당하는 표준지에 대해서는 하나의 감정평가법인등에 의뢰할 수 있다. 〈개정 2020.4.7.〉

⑥ 국토교통부장관은 제5항에 따라 표준지공시지가 조사·평가를 의뢰받은 감정평가업자가 공정하고 객관적으로 해당 업무를 수행할 수 있도록 하여야 한다. 〈신설 2020.4.7.〉

⑦ 제5항에 따른 감정평가법인등의 선정기준 및 업무범위는 대통령령으로 정한다. 〈개정 2020.4.7.〉

⑧ 국토교통부장관은 제10조에 따른 개별공시지가의 산정을 위하여 필요하다고 인정하는 경우에는 표준지와 산정대상 개별 토지의 가격형성요인에 관한 표준적인 비교표(이하 "토지가격비준표"라 한다)를 작성하여 시장·군수 또는 구청장에게 제공하여야 한다. 〈개정 2020.4.7.〉

제4조(표준지공시지가의 조사협조) 국토교통부장관은 표준지의 선정 또는 표준지공시지가의 조사·평가를 위하여 필요한 경우에는 관계 행정기관에 해당 토지의 인·허가 내용, 개별법에 따른 등록사항 등 대통령령으로 정하는 관련 자료의 열람 또는 제출을 요구할 수 있다. 이 경우 관계 행정기관은 정당한 사유가 없으면 그 요구를 따라야 한다. 〈개정 2020.6.9.〉

제5조(표준지공시지가의 공시사항) 제3조에 따른 공시에는 다음 각 호의 사항이 포함되어야 한다.
  1. 표준지의 지번
  2. 표준지의 단위면적당 가격
  3. 표준지의 면적 및 형상
  4. 표준지 및 주변토지의 이용상황
  5. 그 밖에 대통령령으로 정하는 사항

제6조(표준지공시지가의 열람 등) 국토교통부장관은 제3조에 따라 표준지공시지가를 공시한 때에는 그 내용을 특별시장·광역시장 또는 도지사를 거쳐 시장·군수 또는 구청장(지방자치단체인 구의 구청장에 한정한다. 이하 같다)에게 송부하여 일반인이 열람할 수 있게 하고, 대통령령으로 정하는 바에 따라 이를 도서·도표 등으로 작성하여 관계 행정기관 등에 공급하여야 한다.

제7조(표준지공시지가에 대한 이의신청) ① 표준지공시지가에 이의가 있는 자는 그 공시일부터 30일 이내에 서면(전자문서를 포함한다. 이하 같다)으로 국토교통부장관에게 이의를 신청할 수 있다.

② 국토교통부장관은 제1항에 따른 이의신청 기간이 만료된 날부터 30일 이내에 이의신청을 심사하여 그 결과를 신청인에게 서면으로 통지하여야 한다. 이 경우 국토교통부장관은 이의신청의 내용이 타당하다고 인정될 때에는 제3조에 따라 해당 표준지공시지가를 조정하여 다시 공시하여야 한다.

③ 제1항 및 제2항에서 규정한 것 외에 이의신청 및 처리절차 등에 필요한 사항은 대통령령으로 정한다.

제8조(표준지공시지가의 적용) 제1호 각 목의 자가 제2호 각 목의 목적을 위하여 지가를 산정할 때에는 그 토지와 이용가치가 비슷하다고 인정되는 하나 또는 둘 이상의 표준지의 공시지가를 기준으로 토지가격비준표를 사용하여 지가를 직접 산정하거나 감정평가법인등에 감정평가를 의뢰하여 산정할 수 있다. 다만, 필요하다고 인정할 때에는 산정된 지가를 제2호 각 목의 목적에 따라 가감(加減) 조정하여 적용할 수 있다. 〈개정 2020.4.7.〉
  1. 지가 산정의 주체

가. 국가 또는 지방자치단체

나. 「공공기관의 운영에 관한 법률」에 따른 공공기관

다. 그 밖에 대통령령으로 정하는 공공단체

2. 지가 산정의 목적

가. 공공용지의 매수 및 토지의 수용·사용에 대한 보상

나. 국유지·공유지의 취득 또는 처분

다. 그 밖에 대통령령으로 정하는 지가의 산정

제9조(표준지공시지가의 효력) 표준지공시지가는 토지시장에 지가정보를 제공하고 일반적인 토지거래의 지표가 되며, 국가·지방자치단체 등이 그 업무와 관련하여 지가를 산정하거나 감정평가법인등이 개별적으로 토지를 감정평가하는 경우에 기준이 된다. 〈개정 2020.4.7.〉

제10조(개별공시지가의 결정·공시 등) ① 시장·군수 또는 구청장은 국세·지방세 등 각종 세금의 부과, 그 밖의 다른 법령에서 정하는 목적을 위한 지가산정에 사용되도록 하기 위하여 제25조에 따른 시·군·구부동산가격공시위원회의 심의를 거쳐 매년 공시지가의 공시기준일 현재 관할 구역 안의 개별토지의 단위면적당 가격(이하 "개별공시지가"라 한다)을 결정·공시하고, 이를 관계 행정기관 등에 제공하여야 한다.

② 제1항에도 불구하고 표준지로 선정된 토지, 조세 또는 부담금 등의 부과대상이 아닌 토지, 그 밖에 대통령령으로 정하는 토지에 대하여는 개별공시지가를 결정·공시하지 아니할 수 있다. 이 경우 표준지로 선정된 토지에 대하여는 해당 토지의 표준지공시지가를 개별공시지가로 본다.

③ 시장·군수 또는 구청장은 공시기준일 이후에 분할·합병 등이 발생한 토지에 대하여는 대통령령으로 정하는 날을 기준으로 하여 개별공시지가를 결정·공시하여야 한다.

④ 시장·군수 또는 구청장이 개별공시지가를 결정·공시하는 경우에는 해당 토지와 유사한 이용가치를 지닌다고 인정되는 하나 또는 둘 이상의 표준지의 공시지가를 기준으로 토지가격비준표를 사용하여 지가를 산정하되, 해당 토지의 가격과 표준지공시지가가 균형을 유지하도록 하여야 한다.

⑤ 시장·군수 또는 구청장은 개별공시지가를 결정·공시하기 위하여 개별토지의 가격을 산정할 때에는 그 타당성에 대하여 감정평가법인등의 검증을 받고 토지소유자, 그 밖의 이해관계인의 의견을 들어야 한다. 다만, 시장·군수 또는 구청장은 감정평가법인등의 검증이 필요 없다고 인정되는 때에는 지가의 변동상황 등 대통령령으로 정하는 사항을 고려하여 감정평가법인등의 검증을 생략할 수 있다. 〈개정 2020.4.7.〉

⑥ 시장·군수 또는 구청장이 제5항에 따른 검증을 받으려는 때에는 해당 지역의 표준지의 공시지가를 조사·평가한 감정평가법인등 또는 대통령령으로 정하는 감정평가실적 등이 우수한 감정평가법인등에 의뢰하여야 한다. 〈개정 2020.4.7.〉

⑦ 국토교통부장관은 지가공시 행정의 합리적인 발전을 도모하고 표준지공시지가와 개별공시지가와의 균형유지 등 적정한 지가형성을 위하여 필요하다고 인정하는 경우에는 개별공시지가의 결정·공시 등에 관하여 시장·군수 또는 구청장을 지도·감독할 수 있다.

⑧ 제1항부터 제7항까지에서 규정한 것 외에 개별공시지가의 산정, 검증 및 결정, 공시기준일, 공시의 시기, 조사·산정의 기준, 이해관계인의 의견청취, 감정평가법인등의 지정 및 공시절차 등에 필요한 사항은 대통령령으로 정한다. 〈개정 2020.4.7.〉

제11조(개별공시지가에 대한 이의신청) ① 개별공시지가에 이의가 있는 자는 그 결정·공시일부터 30일 이내에 서면으로 시장·군수 또는 구청장에게 이의를 신청할 수 있다.

② 시장·군수 또는 구청장은 제1항에 따라 이의신청 기간이 만료된 날부터 30일 이내에 이의신청을 심사하여 그 결과를 신청인에게 서면으로 통지하여야 한다. 이 경우 시장·군수 또는 구청장은 이의신청의 내용이 타당하다고 인정될 때에는 제10조에 따라 해당 개별공시지가를 조정하여 다시 결정·공시하여야 한다.

③ 제1항 및 제2항에서 규정한 것 외에 이의신청 및 처리절차 등에 필요한 사항은 대통령령으로 정한다.

제12조(개별공시지가의 정정) 시장·군수 또는 구청장은 개별공시지가에 틀린 계산, 오기, 표준지 선정의 착오, 그 밖에 대통령령으로 정하는 명백한 오류가 있음을 발견한 때에는 지체 없이 이를 정정하여야 한다.

제13조(타인토지에의 출입 등) ① 관계 공무원 또는 부동산가격공시업무를 의뢰받은 자(이하 "관계공무원등"이라 한다)는 제3조제4항에 따른 표준지가격의 조사·평가 또는 제10조제4항에 따른 토지가격의 산정을 위하여 필요한 때에는 타인의 토지에 출입할 수 있다.

② 관계공무원등이 제1항에 따라 택지 또는 담장이나 울타리로 둘러싸인 타인의 토지에 출입하고자 할 때에는 시장·군수 또는 구청장의 허가(부동산가격공시업무를 의뢰 받은 자에 한정한다)를 받아 출입할 날의 3일 전에 그 점유자에게 일시와 장소를 통지하여야 한다. 다만, 점유자를 알 수 없거나 부득이한 사유가 있는 경우에는 그러하지 아니하다.

③ 일출 전·일몰 후에는 그 토지의 점유자의 승인 없이 택지 또는 담장이나 울타리로 둘러싸인 타인의 토지에 출입할 수 없다.

④ 제2항에 따라 출입을 하고자 하는 자는 그 권한을 표시하는 증표와 허가증을 지니고 이를 관계인에게 내보여야 한다.

⑤ 제4항에 따른 증표와 허가증에 필요한 사항은 국토교통부령으로 정한다.

제14조(개별공시지가의 결정·공시비용의 보조) 제10조에 따른 개별공시지가의 결정·공시에 소요되는 비용은 대통령령으로 정하는 바에 따라 그 일부를 국고에서 보조할 수 있다.

제15조(부동산 가격정보 등의 조사) ① 국토교통부장관은 부동산의 적정가격 조사 등 부동산 정책의 수립 및 집행을 위하여 부동산 시장동향, 수익률 등의 가격정보 및 관련 통계 등을 조사·관리하고, 이를 관계 행정기관 등에 제공할 수 있다.

② 제1항에 따른 부동산 가격정보 등의 조사의 대상, 절차 등에 필요한 사항은 대통령령으로 정한다.

③ 제1항에 따른 조사를 위하여 관계 행정기관에 국세, 지방세, 토지, 건물 등 관련 자료의 열람 또는 제출을 요구하거나 타인의 토지 등에 출입하는 경우에는 제4조 및 제13조를 각각 준용한다.

제3장 주택가격의 공시

제16조(표준주택가격의 조사ㆍ산정 및 공시 등) ① 국토교통부장관은 용도지역, 건물구조 등이 일반적으로 유사하다고 인정되는 일단의 단독주택 중에서 선정한 표준주택에 대하여 매년 공시기준일 현재의 적정가격(이하 "표준주택가격"이라 한다)을 조사ㆍ산정하고, 제24조에 따른 중앙부동산가격공시위원회의 심의를 거쳐 이를 공시하여야 한다.

② 제1항에 따른 공시에는 다음 각 호의 사항이 포함되어야 한다.

1. 표준주택의 지번

2. 표준주택가격

3. 표준주택의 대지면적 및 형상

4. 표준주택의 용도, 연면적, 구조 및 사용승인일(임시사용승인일을 포함한다)

5. 그 밖에 대통령령으로 정하는 사항

③ 제1항에 따른 표준주택의 선정, 공시기준일, 공시의 시기, 조사ㆍ산정 기준 및 공시절차 등에 필요한 사항은 대통령령으로 정한다.

④ 국토교통부장관은 제1항에 따라 표준주택가격을 조사ㆍ산정하고자 할 때에는 「한국부동산원법」에 따른 한국부동산원(이하 "부동산원"이라 한다)에 의뢰한다. 〈개정 2020.6.9.〉

⑤ 국토교통부장관이 제1항에 따라 표준주택가격을 조사ㆍ산정하는 경우에는 인근 유사 단독주택의 거래가격ㆍ임대료 및 해당 단독주택과 유사한 이용가치를 지닌다고 인정되는 단독주택의 건설에 필요한 비용추정액, 인근지역 및 다른 지역과의 형평성ㆍ특수성, 표준주택가격 변동의 예측 가능성 등 제반사항을 종합적으로 참작하여야 한다. 〈개정 2020.4.7.〉

⑥ 국토교통부장관은 제17조에 따른 개별주택가격의 산정을 위하여 필요하다고 인정하는 경우에는 표준주택과 산정대상 개별주택의 가격형성요인에 관한 표준적인 비교표(이하 "주택가격비준표"라 한다)를 작성하여 시장ㆍ군수 또는 구청장에게 제공하여야 한다.

⑦ 제3조제2항ㆍ제4조ㆍ제6조ㆍ제7조 및 제13조는 제1항에 따른 표준주택가격의 공시에 준용한다. 이 경우 제7조제2항 후단 중 "제3조"는 "제16조"로 본다.

제17조(개별주택가격의 결정ㆍ공시 등) ① 시장ㆍ군수 또는 구청장은 제25조에 따른 시ㆍ군ㆍ구부동산가격공시위원회의 심의를 거쳐 매년 표준주택가격의 공시기준일 현재 관할 구역 안의 개별주택의 가격(이하 "개별주택가격"이라 한다)을 결정ㆍ공시하고, 이를 관계 행정기관 등에 제공하여야 한다.

② 제1항에도 불구하고 표준주택으로 선정된 단독주택, 그 밖에 대통령령으로 정하는 단독주택에 대하여는 개별주택가격을 결정ㆍ공시하지 아니할 수 있다. 이 경우 표준주택으로 선정된 주택에 대하여는 해당 주택의 표준주택가격을 개별주택가격으로 본다.

③ 제1항에 따른 개별주택가격의 공시에는 다음 각 호의 사항이 포함되어야 한다.

1. 개별주택의 지번

2. 개별주택가격

3. 그 밖에 대통령령으로 정하는 사항

④ 시장·군수 또는 구청장은 공시기준일 이후에 토지의 분할·합병이나 건축물의 신축 등이 발생한 경우에는 대통령령으로 정하는 날을 기준으로 하여 개별주택가격을 결정·공시하여야 한다.

⑤ 시장·군수 또는 구청장이 개별주택가격을 결정·공시하는 경우에는 해당 주택과 유사한 이용가치를 지닌다고 인정되는 표준주택가격을 기준으로 주택가격비준표를 사용하여 가격을 산정하되, 해당 주택의 가격과 표준주택가격이 균형을 유지하도록 하여야 한다.

⑥ 시장·군수 또는 구청장은 개별주택가격을 결정·공시하기 위하여 개별주택의 가격을 산정할 때에는 표준주택가격과의 균형 등 그 타당성에 대하여 대통령령으로 정하는 바에 따라 부동산원의 검증을 받고 토지소유자, 그 밖의 이해관계인의 의견을 들어야 한다. 다만, 시장·군수 또는 구청장은 부동산원의 검증이 필요 없다고 인정되는 때에는 주택가격의 변동상황 등 대통령령으로 정하는 사항을 고려하여 부동산원의 검증을 생략할 수 있다. 〈개정 2020.6.9.〉

⑦ 국토교통부장관은 공시행정의 합리적인 발전을 도모하고 표준주택가격과 개별주택가격과의 균형 유지 등 적정한 가격형성을 위하여 필요하다고 인정하는 경우에는 개별주택가격의 결정·공시 등에 관하여 시장·군수 또는 구청장을 지도·감독할 수 있다.

⑧ 개별주택가격에 대한 이의신청 및 개별주택가격의 정정에 대하여는 제11조 및 제12조를 각각 준용한다. 이 경우 제11조제2항 후단 중 "제10조"는 "제17조"로 본다.

⑨ 제1항부터 제8항까지에서 규정한 것 외에 개별주택가격의 산정, 검증 및 결정, 공시기준일, 공시의 시기, 조사·산정의 기준, 이해관계인의 의견청취 및 공시절차 등에 필요한 사항은 대통령령으로 정한다.

제18조(공동주택가격의 조사·산정 및 공시 등) ① 국토교통부장관은 공동주택에 대하여 매년 공시기준일 현재의 적정가격(이하 "공동주택가격"이라 한다)을 조사·산정하여 제24조에 따른 중앙부동산가격공시위원회의 심의를 거쳐 공시하고, 이를 관계 행정기관 등에 제공하여야 한다. 다만, 대통령령으로 정하는 바에 따라 국세청장이 국토교통부장관과 협의하여 공동주택가격을 별도로 결정·고시하는 경우는 제외한다. 〈개정 2020.6.9.〉

② 국토교통부장관은 공동주택가격을 공시하기 위하여 그 가격을 산정할 때에는 대통령령으로 정하는 바에 따라 공동주택소유자와 그 밖의 이해관계인의 의견을 들어야 한다.

③ 제1항에 따른 공동주택의 조사대상의 선정, 공시기준일, 공시의 시기, 공시사항, 조사·산정 기준 및 공시절차 등에 필요한 사항은 대통령령으로 정한다.

④ 국토교통부장관은 공시기준일 이후에 토지의 분할·합병이나 건축물의 신축 등이 발생한 경우에는 대통령령으로 정하는 날을 기준으로 하여 공동주택가격을 결정·공시하여야 한다.

⑤ 국토교통부장관이 제1항에 따라 공동주택가격을 조사·산정하는 경우에는 인근 유사 공동주택의 거래가격·임대료 및 해당 공동주택과 유사한 이용가치를 지닌다고 인정되는 공동주택의 건설에 필요한 비용추정액, 인근지역 및 다른 지역과의 형평성·특수성, 공동주택가격 변동의 예측 가능성 등 제반사항을 종합적으로 참작하여야 한다. 〈개정 2020.4.7.〉

⑥ 국토교통부장관이 제1항에 따라 공동주택가격을 조사·산정하고자 할 때에는 부동산원에 의뢰한다. 〈개정 2020.6.9.〉

⑦ 국토교통부장관은 제1항 또는 제4항에 따라 공시한 가격에 틀린 계산, 오기, 그 밖에 대통령령으로 정하는 명백한 오류가 있음을 발견한 때에는 지체 없이 이를 정정하여야 한다.

⑧ 공동주택가격의 공시에 대하여는 제4조·제6조·제7조 및 제13조를 각각 준용한다. 이 경우 제7조제2항 후단 중 "제3조"는 "제18조"로 본다.

제19조(주택가격 공시의 효력) ① 표준주택가격은 국가·지방자치단체 등이 그 업무와 관련하여 개별주택가격을 산정하는 경우에 그 기준이 된다.

② 개별주택가격 및 공동주택가격은 주택시장의 가격정보를 제공하고, 국가·지방자치단체 등이 과세 등의 업무와 관련하여 주택의 가격을 산정하는 경우에 그 기준으로 활용될 수 있다.

제4장 비주거용 부동산가격의 공시

제20조(비주거용 표준부동산가격의 조사·산정 및 공시 등) ① 국토교통부장관은 용도지역, 이용상황, 건물구조 등이 일반적으로 유사하다고 인정되는 일단의 비주거용 일반부동산 중에서 선정한 비주거용 표준부동산에 대하여 매년 공시기준일 현재의 적정가격(이하 "비주거용 표준부동산가격"이라 한다)을 조사·산정하고, 제24조에 따른 중앙부동산가격공시위원회의 심의를 거쳐 이를 공시할 수 있다.

② 제1항에 따른 비주거용 표준부동산가격의 공시에는 다음 각 호의 사항이 포함되어야 한다.

1. 비주거용 표준부동산의 지번
2. 비주거용 표준부동산가격
3. 비주거용 표준부동산의 대지면적 및 형상
4. 비주거용 표준부동산의 용도, 연면적, 구조 및 사용승인일(임시사용승인일을 포함한다)
5. 그 밖에 대통령령으로 정하는 사항

③ 제1항에 따른 비주거용 표준부동산의 선정, 공시기준일, 공시의 시기, 조사·산정 기준 및 공시절차 등에 필요한 사항은 대통령령으로 정한다.

④ 국토교통부장관은 제1항에 따라 비주거용 표준부동산가격을 조사·산정하려는 경우 감정평가법인 등 또는 대통령령으로 정하는 부동산 가격의 조사·산정에 관한 전문성이 있는 자에게 의뢰한다. 〈개정 2020.4.7.〉

⑤ 국토교통부장관이 비주거용 표준부동산가격을 조사·산정하는 경우에는 인근 유사 비주거용 일반부동산의 거래가격·임대료 및 해당 비주거용 일반부동산과 유사한 이용가치를 지닌다고 인정되는 비주거용 일반부동산의 건설에 필요한 비용추정액 등을 종합적으로 참작하여야 한다.

⑥ 국토교통부장관은 제21조에 따른 비주거용 개별부동산가격의 산정을 위하여 필요하다고 인정하는 경우에는 비주거용 표준부동산과 산정대상 비주거용 개별부동산의 가격형성요인에 관한 표준적인 비교표(이하 "비주거용 부동산가격비준표"라 한다)를 작성하여 시장·군수 또는 구청장에게 제공하여야 한다.

⑦ 비주거용 표준부동산가격의 공시에 대하여는 제3조제2항·제4조·제6조·제7조 및 제13조를 각각 준용한다. 이 경우 제7조제2항 후단 중 "제3조"는 "제20조"로 본다.

제21조(비주거용 개별부동산가격의 결정·공시 등) ① 시장·군수 또는 구청장은 제25조에 따른 시·군·구부동산가격공시위원회의 심의를 거쳐 매년 비주거용 표준부동산가격의 공시기준일 현재 관할 구역 안의 비주거용 개별부동산의 가격(이하 "비주거용 개별부동산가격"이라 한다)을 결정·공시할 수 있다. 다만, 대통령령으로 정하는 바에 따라 행정안전부장관 또는 국세청장이 국토교통부장관과 협의하여 비주거용 개별부동산의 가격을 별도로 결정·고시하는 경우는 제외한다. 〈개정 2017.7.26.〉

② 제1항에도 불구하고 비주거용 표준부동산으로 선정된 비주거용 일반부동산 등 대통령령으로 정하는 비주거용 일반부동산에 대하여는 비주거용 개별부동산가격을 결정·공시하지 아니할 수 있다. 이 경우 비주거용 표준부동산으로 선정된 비주거용 일반부동산에 대하여는 해당 비주거용 표준부동산가격을 비주거용 개별부동산가격으로 본다.

③ 제1항에 따른 비주거용 개별부동산가격의 공시에는 다음 각 호의 사항이 포함되어야 한다.

　1. 비주거용 부동산의 지번

　2. 비주거용 부동산가격

　3. 그 밖에 대통령령으로 정하는 사항

④ 시장·군수 또는 구청장은 공시기준일 이후에 토지의 분할·합병이나 건축물의 신축 등이 발생한 경우에는 대통령령으로 정하는 날을 기준으로 하여 비주거용 개별부동산가격을 결정·공시하여야 한다.

⑤ 시장·군수 또는 구청장이 비주거용 개별부동산가격을 결정·공시하는 경우에는 해당 비주거용 일반부동산과 유사한 이용가치를 지닌다고 인정되는 비주거용 표준부동산가격을 기준으로 비주거용 부동산가격비준표를 사용하여 가격을 산정하되, 해당 비주거용 일반부동산의 가격과 비주거용 표준부동산가격이 균형을 유지하도록 하여야 한다.

⑥ 시장·군수 또는 구청장은 비주거용 개별부동산가격을 결정·공시하기 위하여 비주거용 일반부동산의 가격을 산정할 때에는 비주거용 표준부동산가격과의 균형 등 그 타당성에 대하여 제20조에 따른 비주거용 표준부동산가격의 조사·산정을 의뢰 받은 자 등 대통령령으로 정하는 자의 검증을 받고 비주거용 일반부동산의 소유자와 그 밖의 이해관계인의 의견을 들어야 한다. 다만, 시장·군수 또는 구청장은 비주거용 개별부동산가격에 대한 검증이 필요 없다고 인정하는 때에는 비주거용 부동산가격의 변동상황 등 대통령령으로 정하는 사항을 고려하여 검증을 생략할 수 있다.

⑦ 국토교통부장관은 공시행정의 합리적인 발전을 도모하고 비주거용 표준부동산가격과 비주거용 개별부동산가격과의 균형유지 등 적정한 가격형성을 위하여 필요하다고 인정하는 경우에는 비주거용 개별부동산가격의 결정·공시 등에 관하여 시장·군수 또는 구청장을 지도·감독할 수 있다.

⑧ 비주거용 개별부동산가격에 대한 이의신청 및 정정에 대하여는 제11조 및 제12를 각각 준용한다. 이 경우 제11조제2항 후단 중 "제10조"는 "제21조"로 본다.

⑨ 제1항부터 제8항까지에서 규정한 것 외에 비주거용 개별부동산가격의 산정, 검증 및 결정, 공시기준일, 공시의 시기, 조사·산정의 기준, 이해관계인의 의견청취 및 공시절차 등에 필요한 사항은 대통령령으로 정한다.

제22조(비주거용 집합부동산가격의 조사 · 산정 및 공시 등) ① 국토교통부장관은 비주거용 집합부동산에 대하여 매년 공시기준일 현재의 적정가격(이하 "비주거용 집합부동산가격"이라 한다)을 조사 · 산정하여 제24조에 따른 중앙부동산가격공시위원회의 심의를 거쳐 공시할 수 있다. 이 경우 시장 · 군수 또는 구청장은 비주거용 집합부동산가격을 결정 · 공시한 경우에는 이를 관계 행정기관 등에 제공하여야 한다.

② 제1항에도 불구하고 대통령령으로 정하는 바에 따라 행정안전부장관 또는 국세청장이 국토교통부장관과 협의하여 비주거용 집합부동산의 가격을 별도로 결정 · 고시하는 경우에는 해당 비주거용 집합부동산의 비주거용 개별부동산가격을 결정 · 공시하지 아니한다. 〈개정 2017.7.26.〉

③ 국토교통부장관은 비주거용 집합부동산가격을 공시하기 위하여 비주거용 집합부동산의 가격을 산정할 때에는 대통령령으로 정하는 바에 따라 비주거용 집합부동산의 소유자와 그 밖의 이해관계인의 의견을 들어야 한다.

④ 제1항에 따른 비주거용 집합부동산의 조사대상의 선정, 공시기준일, 공시의 시기, 공시사항, 조사 · 산정 기준 및 공시절차 등에 필요한 사항은 대통령령으로 정한다.

⑤ 국토교통부장관은 공시기준일 이후에 토지의 분할 · 합병이나 건축물의 신축 등이 발생한 경우에는 대통령령으로 정하는 날을 기준으로 하여 비주거용 집합부동산가격을 결정 · 공시하여야 한다.

⑥ 국토교통부장관이 제1항에 따라 비주거용 집합부동산가격을 조사 · 산정하는 경우에는 인근 유사 비주거용 집합부동산의 거래가격 · 임대료 및 해당 비주거용 집합부동산과 유사한 이용가치를 지닌다고 인정되는 비주거용 집합부동산의 건설에 필요한 비용추정액 등을 종합적으로 참작하여야 한다.

⑦ 국토교통부장관은 제1항에 따라 비주거용 집합부동산가격을 조사 · 산정할 때에는 부동산원 또는 대통령령으로 정하는 부동산 가격의 조사 · 산정에 관한 전문성이 있는 자에게 의뢰한다. 〈개정 2020.6.9.〉

⑧ 국토교통부장관은 제1항 또는 제4항에 따라 공시한 가격에 틀린 계산, 오기, 그 밖에 대통령령으로 정하는 명백한 오류가 있음을 발견한 때에는 지체 없이 이를 정정하여야 한다.

⑨ 비주거용 집합부동산가격의 공시에 대해서는 제4조 · 제6조 · 제7조 및 제13조를 각각 준용한다. 이 경우 제7조제2항 후단 중 "제3조"는 "제22조"로 본다.

제23조(비주거용 부동산가격공시의 효력) ① 제20조에 따른 비주거용 표준부동산가격은 국가 · 지방자치단체 등이 그 업무와 관련하여 비주거용 개별부동산가격을 산정하는 경우에 그 기준이 된다.

② 제21조 및 제22조에 따른 비주거용 개별부동산가격 및 비주거용 집합부동산가격은 비주거용 부동산시장에 가격정보를 제공하고, 국가 · 지방자치단체 등이 과세 등의 업무와 관련하여 비주거용 부동산의 가격을 산정하는 경우에 그 기준으로 활용될 수 있다.

제5장　부동산가격공시위원회

제24조(중앙부동산가격공시위원회) ① 다음 각 호의 사항을 심의하기 위하여 국토교통부장관 소속으로 중앙부동산가격공시위원회(이하 이 조에서 "위원회"라 한다)를 둔다. 〈개정 2020.4.7., 2020.6.9.〉

1. 부동산 가격공시 관계 법령의 제정·개정에 관한 사항 중 국토교통부장관이 심의에 부치는 사항
2. 제3조에 따른 표준지의 선정 및 관리지침
3. 제3조에 따라 조사·평가된 표준지공시지가
4. 제7조에 따른 표준지공시지가에 대한 이의신청에 관한 사항
5. 제16조에 따른 표준주택의 선정 및 관리지침
6. 제16조에 따라 조사·산정된 표준주택가격
7. 제16조에 따른 표준주택가격에 대한 이의신청에 관한 사항
8. 제18조에 따른 공동주택의 조사 및 산정지침
9. 제18조에 따라 조사·산정된 공동주택가격
10. 제18조에 따른 공동주택가격에 대한 이의신청에 관한 사항
11. 제20조에 따른 비주거용 표준부동산의 선정 및 관리지침
12. 제20조에 따라 조사·산정된 비주거용 표준부동산가격
13. 제20조에 따른 비주거용 표준부동산가격에 대한 이의신청에 관한 사항
14. 제22조에 따른 비주거용 집합부동산의 조사 및 산정 지침
15. 제22조에 따라 조사·산정된 비주거용 집합부동산가격
16. 제22조에 따른 비주거용 집합부동산가격에 대한 이의신청에 관한 사항
17. 제26조의2에 따른 계획 수립에 관한 사항
18. 그 밖에 부동산정책에 관한 사항 등 국토교통부장관이 심의에 부치는 사항

② 위원회는 위원장을 포함한 20명 이내의 위원으로 구성한다.

③ 위원회의 위원장은 국토교통부 제1차관이 된다.

④ 위원회의 위원은 대통령령으로 정하는 중앙행정기관의 장이 지명하는 6명 이내의 공무원과 다음 각 호의 어느 하나에 해당하는 사람 중 국토교통부장관이 위촉하는 사람이 된다.

1. 「고등교육법」에 따른 대학에서 토지·주택 등에 관한 이론을 가르치는 조교수 이상으로 재직하고 있거나 재직하였던 사람
2. 판사, 검사, 변호사 또는 감정평가사의 자격이 있는 사람
3. 부동산가격공시 또는 감정평가 관련 분야에서 10년 이상 연구 또는 실무경험이 있는 사람

⑤ 공무원이 아닌 위원의 임기는 2년으로 하되, 한차례 연임할 수 있다.

⑥ 국토교통부장관은 필요하다고 인정하면 위원회의 심의에 부치기 전에 미리 관계 전문가의 의견을 듣거나 조사·연구를 의뢰할 수 있다.

⑦ 제1항부터 제6항까지에서 규정한 사항 외에 위원회의 조직 및 운영에 필요한 사항은 대통령령으로 정한다.

제25조(시·군·구부동산가격공시위원회) ① 다음 각 호의 사항을 심의하기 위하여 시장·군수 또는 구청장 소속으로 시·군·구부동산가격공시위원회를 둔다. 〈개정 2020.6.9.〉

1. 제10조에 따른 개별공시지가의 결정에 관한 사항
2. 제11조에 따른 개별공시지가에 대한 이의신청에 관한 사항
3. 제17조에 따른 개별주택가격의 결정에 관한 사항

4. 제17조에 따른 개별주택가격에 대한 이의신청에 관한 사항

5. 제21조에 따른 비주거용 개별부동산가격의 결정에 관한 사항

6. 제21조에 따른 비주거용 개별부동산가격에 대한 이의신청에 관한 사항

7. 그 밖에 시장·군수 또는 구청장이 심의에 부치는 사항

② 제1항에 규정된 것 외에 시·군·구부동산가격공시위원회의 조직 및 운영에 필요한 사항은 대통령령으로 정한다.

제6장 보칙

제26조(공시보고서의 제출 등) ① 정부는 표준지공시지가, 표준주택가격 및 공동주택가격의 주요사항에 관한 보고서를 매년 정기국회의 개회 전까지 국회에 제출하여야 한다. 〈개정 2020.4.7.〉

② 국토교통부장관은 제3조에 따른 표준지공시지가, 제16조에 따른 표준주택가격, 제18조에 따른 공동주택가격, 제20조에 따른 비주거용 표준부동산가격 및 제22조에 따른 비주거용 집합부동산가격을 공시하는 때에는 부동산의 시세 반영률, 조사·평가 및 산정 근거 등의 자료를 국토교통부령으로 정하는 바에 따라 인터넷 홈페이지 등에 공개하여야 한다. 〈신설 2020.4.7.〉

[제목개정 2020.4.7.]

제26조의2(적정가격 반영을 위한 계획 수립 등) ① 국토교통부장관은 부동산공시가격이 적정가격을 반영하고 부동산의 유형·지역 등에 따른 균형성을 확보하기 위하여 부동산의 시세 반영률의 목표치를 설정하고, 이를 달성하기 위하여 대통령령으로 정하는 바에 따라 계획을 수립하여야 한다.

② 제1항에 따른 계획을 수립하는 때에는 부동산 가격의 변동 상황, 지역 간의 형평성, 해당 부동산의 특수성 등 제반사항을 종합적으로 고려하여야 한다.

③ 국토교통부장관이 제1항에 따른 계획을 수립하는 때에는 관계 행정기관과의 협의를 거쳐 공청회를 실시하고, 제24조에 따른 중앙부동산가격공시위원회의 심의를 거쳐야 한다.

④ 국토교통부장관, 시장·군수 또는 구청장은 부동산공시가격을 결정·공시하는 경우 제1항에 따른 계획에 부합하도록 하여야 한다.

[본조신설 2020.4.7.]

제27조(공시가격정보체계의 구축 및 관리) ① 국토교통부장관은 토지, 주택 및 비주거용 부동산의 공시가격과 관련된 정보를 효율적이고 체계적으로 관리하기 위하여 공시가격정보체계를 구축·운영할 수 있다.

② 국토교통부장관은 제1항에 따른 공시가격정보체계를 구축하기 위하여 필요한 경우 관계 기관에 자료를 요청할 수 있다. 이 경우 관계 기관은 정당한 사유가 없으면 그 요청을 따라야 한다. 〈개정 2020.6.9.〉

③ 제1항 및 제2항에 따른 정보 및 자료의 종류, 공시가격정보체계의 구축·운영방법 등에 필요한 사항은 대통령령으로 정한다.

제27조의2(회의록의 공개) 제24조에 따른 중앙부동산가격공시위원회 및 제25조에 따른 시·군·구부동산가격공시위원회 심의의 일시·장소·안건·내용·결과 등이 기록된 회의록은 3개월의 범위에서 대통령령으로 정하는 기간이 지난 후에는 대통령령으로 정하는 바에 따라 인터넷 홈페이지 등에 공개하여야 한다. 다만, 공익을 현저히 해할 우려가 있거나 심의의 공정성을 침해할 우려가 있다고 인정되는 이름, 주민등록번호 등 대통령령으로 정하는 개인 식별 정보에 관한 부분의 경우에는 그러하지 아니하다.

[본조신설 2020.4.7.]

제28조(업무위탁) ① 국토교통부장관은 다음 각 호의 업무를 부동산원 또는 국토교통부장관이 정하는 기관에 위탁할 수 있다. 〈개정 2020.4.7, 2020.6.9.〉

1. 다음 각 목의 업무 수행에 필요한 부대업무

　　가. 제3조에 따른 표준지공시지가의 조사·평가

　　나. 제16조에 따른 표준주택가격의 조사·산정

　　다. 제18조에 따른 공동주택가격의 조사·산정

　　라. 제20조에 따른 비주거용 표준부동산가격의 조사·산정

　　마. 제22조에 따른 비주거용 집합부동산가격의 조사·산정

2. 제6조에 따른 표준지공시지가, 제16조제7항에 따른 표준주택가격, 제18조제8항에 따른 공동주택가격, 제20조제7항에 따른 비주거용 표준부동산가격 및 제22조제9항에 따른 비주거용 집합부동산가격에 관한 도서·도표 등 작성·공급

3. 제3조제8항, 제16조제6항 및 제20조제6항에 따른 토지가격비준표, 주택가격비준표 및 비주거용 부동산가격비준표의 작성·제공

4. 제15조에 따른 부동산 가격정보 등의 조사

5. 제27조에 따른 공시가격정보체계의 구축 및 관리

6. 제1호부터 제5호까지의 업무와 관련된 업무로서 대통령령으로 정하는 업무

② 국토교통부장관은 제1항에 따라 그 업무를 위탁할 때에는 예산의 범위에서 필요한 경비를 보조할 수 있다.

제29조(수수료 등) ① 부동산원 및 감정평가법인등은 이 법에 따른 표준지공시지가의 조사·평가, 개별공시지가의 검증, 부동산 가격정보·통계 등의 조사, 표준주택가격의 조사·산정, 개별주택가격의 검증, 공동주택가격의 조사·산정, 비주거용 표준부동산가격의 조사·산정, 비주거용 개별부동산가격의 검증 및 비주거용 집합부동산가격의 조사·산정 등의 업무수행을 위한 수수료와 출장 또는 사실 확인 등에 소요된 실비를 받을 수 있다. 〈개정 2020.4.7, 2020.6.9.〉

② 제1항에 따른 수수료의 요율 및 실비의 범위는 국토교통부장관이 정하여 고시한다.

제30조(벌칙 적용에서 공무원 의제) 다음 각 호의 어느 하나에 해당하는 사람은 「형법」 제129조부터 제132조까지의 규정을 적용할 때에는 공무원으로 본다.

1. 제28조제1항에 따라 업무를 위탁받은 기관의 임직원

2. 중앙부동산가격공시위원회의 위원 중 공무원이 아닌 위원

부칙 〈법률 제17233호, 2020.4.7.〉

이 법은 공포 후 6개월이 경과한 날부터 시행한다. 다만, 제3조, 제16조, 제18조 및 제28조제1항제3호의 개정규정은 공포한 날부터 시행한다.

부칙 〈법률 제17453호, 2020.6.9.〉 (법률용어 정비를 위한 국토교통위원회 소관 78개 법률 일부개정을 위한 법률)

이 법은 공포한 날부터 시행한다. 〈단서 생략〉

부칙 〈법률 제17459호, 2020.6.9.〉 (한국부동산원법)

제1조(시행일) 이 법은 공포 후 6개월이 경과한 날부터 시행한다.

제2조 및 제3조 생략

제4조(다른 법률의 개정) ①부터 ③까지 생략

④ 부동산 가격공시에 관한 법률 일부를 다음과 같이 개정한다.

　　제16조제4항 중 "「한국감정원법」에 따른 한국감정원(이하 "감정원"이라 한다)"을 "「한국부동산원법」에 따른 한국부동산원(이하 "부동산원"이라 한다)"으로 한다.

　　제17조제6항 본문·단서, 제18조제6항, 제22조제7항, 제28조제1항 각 호 외의 부분 및 제29조제1항 중 "감정원"을 각각 "부동산원"으로 한다.

제5조 생략

[시행 2024.12.10.] [대통령령 제35058호, 2024.12.10. 일부개정]

부동산 가격공시에 관한 법률 시행령
[부동산공시법 시행령]

부동산 가격공시에 관한 법률 시행령

제1장 　총칙

제1조(목적) 이 영은 「부동산 가격공시에 관한 법률」에서 위임된 사항과 그 시행에 필요한 사항을 규정함을 목적으로 한다.

제2장 　지가의 공시

제2조(표준지의 선정) ① 국토교통부장관은 「부동산 가격공시에 관한 법률」(이하 "법"이라 한다) 제3조제1항에 따라 표준지를 선정할 때에는 일단(一團)의 토지 중에서 해당 일단의 토지를 대표할 수 있는 필지의 토지를 선정하여야 한다.

② 법 제3조제1항에 따른 표준지 선정 및 관리에 필요한 세부기준은 법 제24조에 따른 중앙부동산가격공시위원회(이하 "중앙부동산가격공시위원회"라 한다)의 심의를 거쳐 국토교통부장관이 정한다.

제3조(표준지공시지가의 공시기준일) 법 제3조제1항에 따른 표준지공시지가(이하 "표준지공시지가"라한다)의 공시기준일은 1월 1일로 한다. 다만, 국토교통부장관은 표준지공시지가 조사·평가인력 등을 고려하여 부득이하다고 인정하는 경우에는 일부 지역을 지정하여 해당 지역에 대한 공시기준일을 따로 정할 수 있다.

제4조(표준지공시지가의 공시방법) ① 국토교통부장관은 법 제3조제1항에 따라 표준지공시지가를 공시할 때에는 다음 각 호의 사항을 관보에 공고하고, 표준지공시지가를 국토교통부가 운영하는 부동산공시가격시스템(이하 "부동산공시가격시스템"이라 한다)에 게시하여야 한다.

1. 법 제5조 각 호의 사항의 개요
2. 표준지공시지가의 열람방법
3. 이의신청의 기간·절차 및 방법

② 국토교통부장관은 필요하다고 인정하는 경우에는 표준지공시지가와 이의신청의 기간·절차 및 방법을 표준지 소유자(소유자가 여러 명인 경우에는 각 소유자를 말한다. 이하 같다)에게 개별 통지할 수 있다. 〈개정 2020.6.2.〉

③ 국토교통부장관은 제2항에 따른 통지를 하지 아니하는 경우에는 제1항에 따른 공고 및 게시사실을 방송·신문 등을 통하여 알려 표준지 소유자가 표준지공시지가를 열람하고 필요한 경우에는 이의신청을 할 수 있도록 하여야 한다.

제5조(표준지 소유자의 의견청취절차) ① 국토교통부장관은 법 제3조제2항에 따라 표준지 소유자의 의견을 들으려는 경우에는 부동산공시가격시스템에 다음 각 호의 사항을 20일 이상 게시해야 한다. 〈개정 2020.10.8.〉

1. 공시대상, 열람기간 및 방법

2. 의견제출기간 및 의견제출방법

3. 법 제3조제5항에 따라 감정평가법인등(「감정평가 및 감정평가사에 관한 법률」 제2조제4호의 감정평가법인등을 말한다. 이하 같다)이 평가한 공시 예정가격

② 국토교통부장관은 제1항에 따른 게시사실을 표준지 소유자에게 개별 통지해야 한다. 다만, 표준지가 「집합건물의 소유 및 관리에 관한 법률」에 따른 건물의 대지인 경우 같은 법 제23조 또는 제24조에 따른 관리단 또는 관리인에게 통지하여 건물 내의 게시판 등 알리기 적합한 장소에 제1항에 따른 사항을 7일 이상 게시하게 할 수 있다. 〈개정 2020.6.2.〉

③ 제1항에 따라 게시된 가격에 이의가 있는 표준지 소유자는 의견제출기간에 의견을 제출할 수 있다.

제6조(표준지공시지가 조사·평가의 기준) ① 법 제3조제4항에 따라 국토교통부장관이 표준지공시지가를 조사·평가하는 경우 참작하여야 하는 사항의 기준은 다음 각 호와 같다.

1. 인근 유사토지의 거래가격 또는 임대료의 경우 : 해당 거래 또는 임대차가 당사자의 특수한 사정에 의하여 이루어지거나 토지거래 또는 임대차에 대한 지식의 부족으로 인하여 이루어진 경우에는 그러한 사정이 없었을 때에 이루어졌을 거래가격 또는 임대료를 기준으로 할 것

2. 해당 토지와 유사한 이용가치를 지닌다고 인정되는 토지의 조성에 필요한 비용추정액의 경우 : 공시기준일 현재 해당 토지를 조성하기 위한 표준적인 조성비와 일반적인 부대비용으로 할 것

② 표준지에 건물 또는 그 밖의 정착물이 있거나 지상권 또는 그 밖의 토지의 사용·수익을 제한하는 권리가 설정되어 있을 때에는 그 정착물 또는 권리가 존재하지 아니하는 것으로 보고 표준지공시지가를 평가하여야 한다.

③ 제1항 및 제2항에서 규정한 사항 외에 표준지공시지가의 조사·평가에 필요한 세부기준은 국토교통부장관이 정한다.

제7조(표준지공시지가 조사·평가의 의뢰) ① 국토교통부장관은 법 제3조제5항에 따라 다음 각 호의 요건을 모두 갖춘 감정평가법인등 중에서 표준지공시지가 조사·평가를 의뢰할 자를 선정해야 한다. 〈개정 2020.6.2, 2020.10.8.〉

1. 표준지공시지가 조사·평가 의뢰일부터 30일 이전이 되는 날(이하 "선정기준일"이라 한다)을 기준으로 하여 직전 1년간의 업무실적이 표준지 적정가격 조사·평가업무를 수행하기에 적정한 수준일 것

2. 회계감사절차 또는 감정평가서의 심사체계가 적정할 것

3. 「감정평가 및 감정평가사에 관한 법률」에 따른 업무정지처분, 과태료 또는 소속 감정평가사에 대한 징계처분 등이 다음 각 목의 기준 어느 하나에도 해당하지 아니할 것

    가. 선정기준일부터 직전 2년간 업무정지처분을 3회 이상 받은 경우

    나. 선정기준일부터 직전 1년간 과태료처분을 3회 이상 받은 경우

    다. 선정기준일부터 직전 1년간 징계를 받은 소속 감정평가사의 비율이 선정기준일 현재 소속 전체 감정평가사의 10퍼센트 이상인 경우

    라. 선정기준일 현재 업무정지기간이 만료된 날부터 1년이 지나지 아니한 경우

② 제1항 각 호의 요건에 관한 세부기준은 국토교통부장관이 정하여 고시한다.

③ 국토교통부장관은 제1항에 따라 선정한 감정평가법인등별로 조사·평가물량을 배정할 때에는 선정된 전체 감정평가법인등 소속 감정평가사(조사·평가에 참여할 수 있는 감정평가사를 말한다) 중 개별 감정평가법인등 소속 감정평가사(조사·평가에 참여할 수 있는 감정평가사를 말한다)가 차지하는 비율을 기준으로 비례적으로 배정해야 한다. 다만, 감정평가법인등의 신인도, 종전 표준지공시지가 조사·평가에서의 성실도 및 소속 감정평가사의 징계 여부에 따라 배정물량을 조정할 수 있다. 〈개정 2020.10.8.〉

④ 법 제3조제5항 단서에서 "지가 변동이 작은 경우 등 대통령령으로 정하는 기준에 해당하는 표준지"란 다음 각 호의 요건을 모두 갖춘 지역의 표준지를 말한다.

1. 최근 1년간 읍·면·동별 지가변동률이 전국 평균 지가변동률 이하인 지역
2. 개발사업이 시행되거나 「국토의 계획 및 이용에 관한 법률」 제2조제15호에 따른 용도지역(이하 "용도지역"이라 한다) 또는 같은 조제16호에 따른 용도지구(이하 "용도지구"라 한다)가 변경되는 등의 사유가 없는 지역

⑤ 제1항부터 제4항까지에서 규정한 사항 외에 감정평가법인등 선정 및 표준지 적정가격 조사·평가물량 배정 등에 필요한 세부기준은 국토교통부장관이 정하여 고시한다. 〈개정 2020.10.8.〉

제8조(표준지공시지가 조사·평가의 절차) ① 법 제3조제5항에 따라 표준지공시지가 조사·평가를 의뢰받은 감정평가법인등은 표준지공시지가 및 그 밖에 국토교통부령으로 정하는 사항을 조사·평가한 후 국토교통부령으로 정하는 바에 따라 조사·평가보고서를 작성하여 국토교통부장관에게 제출해야 한다. 〈개정 2020.10.8.〉

② 감정평가법인등은 제1항에 따라 조사·평가보고서를 작성하는 경우에는 미리 해당 표준지를 관할하는 특별시장·광역시장·특별자치시장·도지사 또는 특별자치도지사(이하 "시·도지사"라 한다) 및 시장·군수·구청장(자치구의 구청장을 말한다. 이하 같다)의 의견을 들어야 한다. 〈개정 2020.10.8.〉

③ 시·도지사 및 시장·군수·구청장은 제2항에 따라 의견 제시 요청을 받은 경우에는 요청받은 날부터 20일 이내에 의견을 제시해야 한다. 이 경우 시장·군수 또는 구청장은 법 제25조에 따른 시·군·구부동산가격공시위원회(이하 "시·군·구부동산가격공시위원회"라 한다)의 심의를 거쳐 의견을 제시해야 한다. 〈개정 2020.10.8.〉

④ 표준지공시지가는 제1항에 따라 제출된 보고서에 따른 조사·평가액의 산술평균치를 기준으로 한다.

⑤ 국토교통부장관은 제1항에 따라 제출된 보고서에 대하여 「부동산 거래신고 등에 관한 법률」 제3조에 따라 신고한 실제 매매가격(이하 "실거래신고가격"이라 한다) 및 「감정평가 및 감정평가사에 관한 법률」 제9조에 따른 감정평가 정보체계(이하 "감정평가 정보체계"라 한다) 등을 활용하여 그 적정성 여부를 검토할 수 있다. 〈개정 2017.1.17.〉

⑥ 국토교통부장관은 제5항에 따른 검토 결과 부적정하다고 판단되거나 조사·평가액 중 최고평가액이 최저평가액의 1.3배를 초과하는 경우에는 해당 감정평가법인등에게 보고서를 시정하여 다시 제출하게 할 수 있다. 〈개정 2020.10.8.〉

⑦ 국토교통부장관은 제1항에 따라 제출된 보고서의 조사·평가가 관계 법령을 위반하여 수행되었다고 인정되는 경우에는 해당 감정평가법인등에게 그 사유를 통보하고, 다른 감정평가법인등 2인에

게 대상 표준지공시지가의 조사·평가를 다시 의뢰해야 한다. 이 경우 표준지 적정가격은 다시 조사·평가한 가액의 산술평균치를 기준으로 한다. 〈개정 2020.6.2, 2020.10.8.〉

제9조(표준지 적정가격의 조사협조) 법 제4조 전단에서 "개별법에 따른 등록사항 등 대통령령으로 정하는 관련 자료"란 다음 각 호의 자료(해당 자료에 포함된 「주민등록법」 제7조의2제1항에 따른 주민등록번호 및 「출입국관리법」 제31조제5항에 따른 외국인등록번호는 제외한다)를 말한다. 〈개정 2020.10.8.〉

1. 「건축법」에 따른 건축물대장(현황도면을 포함한다)
2. 「공간정보의 구축 및 관리 등에 관한 법률」에 따른 지적도, 임야도, 정사영상지도(正射映像地圖), 토지대장 및 임야대장
3. 「토지이용규제 기본법」에 따른 토지이용계획확인서(확인도면을 포함한다)
4. 「국토의 계획 및 이용에 관한 법률」에 따른 도시·군관리계획 지형도면(전자지도를 포함한다)
5. 「부동산등기법」 제2조제1호에 따른 등기부
6. 「부동산 거래신고 등에 관한 법률」 제3조에 따라 신고한 실제 거래가격
7. 「감정평가 및 감정평가사에 관한 법률」 제9조제2항 본문에 따라 감정평가 정보체계에 등록된 정보 및 자료
8. 「상가건물 임대차보호법」 제4조제2항 전단에 따른 확정일자부 중 임대차계약에 관한 자료
9. 행정구역별 개발사업 인·허가 현황
10. 표준지 소유자의 성명 및 주소
11. 그 밖에 표준지의 선정 또는 표준지 적정가격의 조사·평가에 필요한 자료로서 국토교통부령으로 정하는 자료

제10조(표준지공시지가의 공시사항) ① 법 제5조제2호의 단위면적은 1제곱미터로 한다.
② 법 제5조제5호에서 "대통령령으로 정하는 사항"이란 표준지에 대한 다음 각 호의 사항을 말한다.
1. 지목
2. 용도지역
3. 도로 상황
4. 그 밖에 표준지공시지가 공시에 필요한 사항

제11조(표준지공시지가에 관한 도서 등의 작성·공급) ① 법 제6조에 따라 국토교통부장관이 관계 행정기관 등에 공급하는 도서·도표 등에는 법 제5조 각 호의 사항이 포함되어야 한다.
② 국토교통부장관은 제1항에 따른 도서·도표 등을 전자기록 등 특수매체기록으로 작성·공급할 수 있다.

제12조(표준지공시지가에 대한 이의신청) 법 제7조제1항에 따라 표준지공시지가에 대한 이의신청을 하려는 자는 이의신청서에 이의신청 사유를 증명하는 서류를 첨부하여 국토교통부장관에게 제출하여야 한다.

제13조(표준지공시지가의 적용) ① 법 제8조제1호다목에서 "대통령령으로 정하는 공공단체"란 다음 각 호의 기관 또는 단체를 말한다. 〈개정 2019.4.2.〉

1. 「산림조합법」에 따른 산림조합 및 산림조합중앙회
2. 「농업협동조합법」에 따른 조합 및 농업협동조합중앙회
3. 「수산업협동조합법」에 따른 수산업협동조합 및 수산업협동조합중앙회
4. 「한국농어촌공사 및 농지관리기금법」에 따른 한국농어촌공사
5. 「중소기업진흥에 관한 법률」에 따른 중소벤처기업진흥공단
6. 「산업집적활성화 및 공장설립에 관한 법률」에 따른 산업단지관리공단

② 법 제8조제2호다목에서 "대통령령으로 정하는 지가의 산정"이란 다음 각 호의 목적을 위한 지가의 산정을 말한다.

1. 「국토의 계획 및 이용에 관한 법률」 또는 그 밖의 법령에 따라 조성된 용지 등의 공급 또는 분양
2. 다음 각 목의 어느 하나에 해당하는 사업을 위한 환지·체비지(替費地)의 매각 또는 환지신청
   가. 「도시개발법」 제2조제1항제2호에 따른 도시개발사업
   나. 「도시 및 주거환경정비법」 제2조제2호에 따른 정비사업
   다. 「농어촌정비법」 제2조제5호에 따른 농업생산기반 정비사업
3. 토지의 관리·매입·매각·경매 또는 재평가

제14조(개별공시지가의 단위면적) 법 제10조제1항에 따른 단위면적은 1제곱미터로 한다.

제15조(개별공시지가를 공시하지 아니할 수 있는 토지) ① 시장·군수 또는 구청장은 법 제10조제2항 전단에 따라 다음 각 호의 어느 하나에 해당하는 토지에 대해서는 법 제10조제1항에 따른 개별공시지가(이하 "개별공시지가"라 한다)를 결정·공시하지 아니할 수 있다.

1. 표준지로 선정된 토지
2. 농지보전부담금 또는 개발부담금 등의 부과대상이 아닌 토지
3. 국세 또는 지방세 부과대상이 아닌 토지(국공유지의 경우에는 공공용 토지만 해당한다)

② 제1항에도 불구하고 시장·군수 또는 구청장은 다음 각 목의 어느 하나에 해당하는 토지에 대해서는 개별공시지가를 결정·공시하여야 한다.

1. 관계 법령에 따라 지가 산정 등에 개별공시지가를 적용하도록 규정되어 있는 토지
2. 시장·군수 또는 구청장이 관계 행정기관의 장과 협의하여 개별공시지가를 결정·공시하기로 한 토지

제16조(개별공시지가 공시기준일을 다르게 할 수 있는 토지) ① 법 제10조제3항에 따라 개별공시지가 공시기준일을 다르게 할 수 있는 토지는 다음 각 호의 어느 하나에 해당하는 토지로 한다.

1. 「공간정보의 구축 및 관리 등에 관한 법률」에 따라 분할 또는 합병된 토지
2. 공유수면 매립 등으로 「공간정보의 구축 및 관리 등에 관한 법률」에 따른 신규등록이 된 토지
3. 토지의 형질변경 또는 용도변경으로 「공간정보의 구축 및 관리 등에 관한 법률」에 따른 지목변경이 된 토지
4. 국유·공유에서 매각 등에 따라 사유(私有)로 된 토지로서 개별공시지가가 없는 토지

② 법 제10조제3항에서 "대통령령으로 정하는 날"이란 다음 각 호의 구분에 따른 날을 말한다.

1. 1월 1일부터 6월 30일까지의 사이에 제1항 각 호의 사유가 발생한 토지 : 그 해 7월 1일
2. 7월 1일부터 12월 31일까지의 사이에 제1항 각 호의 사유가 발생한 토지 : 다음 해 1월 1일

제17조(개별공시지가 조사·산정의 기준) ① 국토교통부장관은 법 제10조제4항에 따른 개별공시지가 조사·산정의 기준을 정하여 시장·군수 또는 구청장에게 통보하여야 하며, 시장·군수 또는 구청장은 그 기준에 따라 개별공시지가를 조사·산정하여야 한다.

② 제1항에 따른 기준에는 다음 각 호의 사항이 포함되어야 한다. 〈개정 2020.10.8〉

1. 지가형성에 영향을 미치는 토지 특성조사에 관한 사항
2. 개별공시지가의 산정기준이 되는 표준지(이하 "비교표준지"라 한다)의 선정에 관한 사항
3. 법 제3조제8항에 따른 토지가격비준표(이하 "토지가격비준표"라 한다)의 사용에 관한 사항
4. 그 밖에 개별공시지가의 조사·산정에 필요한 사항

제18조(개별공시지가의 검증) ① 시장·군수 또는 구청장은 법 제10조제5항 본문에 따라 개별토지가격의 타당성에 대한 검증을 의뢰하는 경우에는 같은 조 제4항에 따라 산정한 전체 개별토지가격에 대한 지가현황도면 및 지가조사자료를 제공하여야 한다.

② 법 제10조제5항 본문에 따라 검증을 의뢰받은 감정평가법인등은 다음 각 호의 사항을 검토·확인하고 의견을 제시해야 한다. 〈개정 2020.10.8〉

1. 비교표준지 선정의 적정성에 관한 사항
2. 개별토지 가격 산정의 적정성에 관한 사항
3. 산정한 개별토지가격과 표준지공시지가의 균형 유지에 관한 사항
4. 산정한 개별토지가격과 인근토지의 지가와의 균형 유지에 관한 사항
5. 표준주택가격, 개별주택가격, 비주거용 표준부동산가격 및 비주거용 개별부동산가격 산정 시 고려된 토지 특성과 일치하는지 여부
6. 개별토지가격 산정 시 적용된 용도지역, 토지이용상황 등 주요 특성이 공부(公簿)와 일치하는지 여부
7. 그 밖에 시장·군수 또는 구청장이 검토를 의뢰한 사항

③ 시장·군수 또는 구청장은 법 제10조제5항 단서에 따라 감정평가법인등의 검증을 생략할 때에는 개별토지의 지가변동률과 해당 토지가 있는 읍·면·동의 연평균 지가변동률(국토교통부장관이 조사·공표하는 연평균 지가변동률을 말한다) 간의 차이가 작은 순으로 대상 토지를 선정해야 한다. 다만, 개발사업이 시행되거나 용도지역·용도지구가 변경되는 등의 사유가 있는 토지는 검증 생략 대상 토지로 선정해서는 안 된다. 〈개정 2020.10.8〉

④ 제1항부터 제3항까지에서 규정한 사항 외에 개별토지 가격의 검증에 필요한 세부적인 사항은 국토교통부장관이 정한다. 이 경우 검증의 생략에 대해서는 관계 중앙행정기관의 장과 미리 협의하여야 한다.

제19조(개별토지 소유자 등의 의견청취) ① 시장·군수 또는 구청장은 법 제10조제5항에 따라 개별토지의 가격 산정에 관하여 토지소유자 및 그 밖의 이해관계인(이하 "개별토지소유자등"이라 한다)의 의견을 들으려는 경우에는 개별토지가격 열람부를 갖추어 놓고 해당 시·군 또는 구(자치구를 말

한다. 이하 같다)의 게시판 또는 인터넷 홈페이지에 다음 각 호의 사항을 20일 이상 게시하여 개별 토지소유자등이 개별토지가격을 열람할 수 있도록 하여야 한다.

1. 열람기간 및 열람장소

2. 의견제출기간 및 의견제출방법

② 제1항에 따라 열람한 개별토지가격에 의견이 있는 개별토지소유자등은 의견제출기간에 해당 시장·군수 또는 구청장에게 의견을 제출할 수 있다.

③ 시장·군수 또는 구청장은 제2항에 따라 의견을 제출받은 경우에는 의견제출기간 만료일부터 30일 이내에 심사하여 그 결과를 의견제출인에게 통지하여야 한다.

④ 시장·군수 또는 구청장은 제3항에 따라 심사를 할 때에는 현지조사와 검증을 할 수 있다.

제20조(검증을 실시하는 감정평가법인등) 법 제10조제6항에서 "대통령령으로 정하는 감정평가실적 등이 우수한 감정평가법인등"이란 제7조제1항 각 호의 요건을 모두 갖춘 감정평가법인등을 말한다. 〈개정 2020.10.8.〉

[제목개정 2020.10.8.]

제21조(개별공시지가의 결정 및 공시) ① 시장·군수 또는 구청장은 매년 5월 31일까지 개별공시지가를 결정·공시하여야 한다. 다만, 제16조제2항제1호의 경우에는 그 해 10월 31일까지, 같은 항 제2호의 경우에는 다음 해 5월 31일까지 결정·공시하여야 한다.

② 시장·군수 또는 구청장은 제1항에 따라 개별공시지가를 공시할 때에는 다음 각 호의 사항을 해당 시·군 또는 구의 게시판 또는 인터넷 홈페이지에 게시하여야 한다.

1. 조사기준일, 공시필지의 수 및 개별공시지가의 열람방법 등 개별공시지가의 결정에 관한 사항

2. 이의신청의 기간·절차 및 방법

③ 개별공시지가 및 이의신청기간 등의 통지에 관하여는 제4조제2항 및 제3항을 준용한다.

제22조(개별공시지가에 대한 이의신청) ① 법 제11조제1항에 따라 개별공시지가에 대하여 이의신청을 하려는 자는 이의신청서에 이의신청 사유를 증명하는 서류를 첨부하여 해당 시장·군수 또는 구청장에게 제출하여야 한다.

② 시장·군수 또는 구청장은 제1항에 따라 제출된 이의신청을 심사하기 위하여 필요할 때에는 감정평가법인등에게 검증을 의뢰할 수 있다. 〈개정 2020.10.8.〉

제23조(개별공시지가의 정정사유) ① 법 제12조에서 "대통령령으로 정하는 명백한 오류"란 다음 각 호의 어느 하나에 해당하는 경우를 말한다.

1. 법 제10조에 따른 공시절차를 완전하게 이행하지 아니한 경우

2. 용도지역·용도지구 등 토지가격에 영향을 미치는 주요 요인의 조사를 잘못한 경우

3. 토지가격비준표의 적용에 오류가 있는 경우

② 시장·군수 또는 구청장은 법 제12조에 따라 개별공시지가의 오류를 정정하려는 경우에는 시·군·구부동산가격공시위원회의 심의를 거쳐 정정사항을 결정·공시하여야 한다. 다만, 틀린 계산 또는 오기(誤記)의 경우에는 시·군·구부동산가격공시위원회의 심의를 거치지 아니할 수 있다.

제24조(개별공시지가 결정·공시비용의 보조) 법 제14조에 따라 국고에서 보조할 수 있는 비용은 개별공시지가의 결정·공시에 드는 비용의 50퍼센트 이내로 한다.

제25조(부동산 가격정보 등의 조사) 국토교통부장관은 법 제15조제1항에 따라 적정 주기별로 다음 각 호의 사항을 조사할 수 있다.

1. 토지·주택의 매매·임대 등 가격동향 조사
2. 비주거용 부동산의 임대료·관리비·권리금 등 임대차 관련 정보와 공실률(空室率)·투자수익률 등 임대시장 동향에 대한 조사

제3장　주택가격의 공시

제26조(표준주택의 선정) ① 국토교통부장관은 법 제16조제1항에 따라 표준주택을 선정할 때에는 일반적으로 유사하다고 인정되는 일단의 단독주택 중에서 해당 일단의 단독주택을 대표할 수 있는 주택을 선정하여야 한다.

② 법 제16조제1항에 따른 표준주택 선정 및 관리에 필요한 세부기준은 중앙부동산가격공시위원회의 심의를 거쳐 국토교통부장관이 정한다.

제27조(표준주택가격의 공시기준일) 법 제16조제1항에 따른 표준주택가격(이하 "표준주택가격"이라 한다)의 공시기준일은 1월 1일로 한다. 다만, 국토교통부장관은 표준주택가격 조사·산정인력 및 표준주택 수 등을 고려하여 부득이하다고 인정하는 경우에는 일부 지역을 지정하여 해당 지역에 대한 공시기준일을 따로 정할 수 있다.

제28조(표준주택가격의 공시방법) ① 국토교통부장관은 법 제16조제1항에 따라 표준주택가격을 공시할 때에는 다음 각 호의 사항을 관보에 공고하고, 표준주택가격을 부동산공시가격시스템에 게시하여야 한다.

1. 법 제16조제2항 각 호의 사항의 개요
2. 표준주택가격의 열람방법
3. 이의신청의 기간·절차 및 방법

② 표준주택가격 및 이의신청기간 등의 통지에 관하여는 제4조제2항 및 제3항을 준용한다.

제29조(표준주택가격의 공시사항) 법 제16조제2항제5호에서 "대통령령으로 정하는 사항"이란 다음 각 호의 사항을 말한다.

1. 지목
2. 용도지역
3. 도로 상황
4. 그 밖에 표준주택가격 공시에 필요한 사항

제30조(표준주택가격 조사·산정의 절차) ① 법 제16조제4항에 따라 표준주택가격 조사·산정을 의뢰받은 「한국부동산원법」에 따른 한국부동산원(이하 "부동산원"이라 한다)은 표준주택가격 및 그 밖에

국토교통부령으로 정하는 사항을 조사·산정한 후 국토교통부령으로 정하는 바에 따라 표준주택가격 조사·산정보고서를 작성하여 국토교통부장관에게 제출하여야 한다. 〈개정 2020.12.8.〉

② 부동산원은 제1항에 따라 조사·산정보고서를 작성하는 경우에는 미리 해당 표준주택 소재지를 관할하는 시·도지사 및 시장·군수·구청장의 의견을 들어야 한다. 〈개정 2020.10.8, 2020.12.8.〉

③ 시·도지사 및 시장·군수·구청장은 제2항에 따라 의견 제시 요청을 받은 경우에는 요청받은 날부터 20일 이내에 의견을 제시해야 한다. 이 경우 시장·군수 또는 구청장은 시·군·구부동산가격공시위원회의 심의를 거쳐 의견을 제시해야 한다. 〈개정 2020.10.8.〉

④ 국토교통부장관은 제1항에 따라 제출된 보고서에 대하여 실거래신고가격 및 감정평가 정보체계 등을 활용하여 그 적정성 여부를 검토할 수 있다.

⑤ 국토교통부장관은 제4항에 따른 검토 결과 부적정하다고 판단되거나 표준주택가격의 조사·산정이 관계 법령을 위반하여 수행되었다고 인정되는 경우에는 부동산원에 보고서를 시정하여 다시 제출하게 할 수 있다. 〈개정 2020.12.8.〉

제31조(표준주택가격 조사·산정의 기준) ① 법 제16조제5항에 따라 국토교통부장관이 표준주택가격을 조사·산정하는 경우 참작하여야 하는 사항의 기준은 다음 각 호와 같다.

1. 인근 유사 단독주택의 거래가격 또는 임대료의 경우 : 해당 거래 또는 임대차가 당사자의 특수한 사정에 의하여 이루어지거나 단독주택거래 또는 임대차에 대한 지식의 부족으로 인하여 이루어진 경우에는 그러한 사정이 없었을 때에 이루어졌을 거래가격 또는 임대료를 기준으로 할 것

2. 해당 단독주택과 유사한 이용가치를 지닌다고 인정되는 단독주택의 건축에 필요한 비용추정액의 경우 : 공시기준일 현재 해당 단독주택을 건축하기 위한 표준적인 건축비와 일반적인 부대비용으로 할 것

② 표준주택에 전세권 또는 그 밖에 단독주택의 사용·수익을 제한하는 권리가 설정되어 있을 때에는 그 권리가 존재하지 아니하는 것으로 보고 적정가격을 산정하여야 한다.

③ 제1항 및 제2항에서 규정한 사항 외에 표준주택가격의 조사·산정에 필요한 세부기준은 국토교통부장관이 정한다.

제32조(개별주택가격을 공시하지 아니할 수 있는 단독주택) ① 시장·군수 또는 구청장은 법 제17조제2항 전단에 따라 다음 각 호의 어느 하나에 해당하는 단독주택에 대해서는 개별주택가격(같은 조 제1항에 따른 개별주택가격을 말한다. 이하 같다)을 결정·공시하지 아니할 수 있다.

1. 표준주택으로 선정된 단독주택

2. 국세 또는 지방세 부과대상이 아닌 단독주택

② 제1항에도 불구하고 시장·군수 또는 구청장은 다음 각 호의 어느 하나에 해당하는 단독주택에 대해서는 개별주택가격을 결정·공시하여야 한다.

1. 관계 법령에 따라 단독주택의 가격 산정 등에 개별주택가격을 적용하도록 규정되어 있는 단독주택

2. 시장·군수 또는 구청장이 관계 행정기관의 장과 협의하여 개별주택가격을 결정·공시하기로 한 단독주택

제33조(개별주택가격의 공시사항) 법 제17조제3항제3호에서 "대통령령으로 정하는 사항"이란 다음 각 호의 사항을 말한다.

1. 개별주택의 용도 및 면적
2. 그 밖에 개별주택가격 공시에 필요한 사항

제34조(개별주택가격 공시기준일을 다르게 할 수 있는 단독주택) ① 법 제17조제4항에 따라 개별주택가격 공시기준일을 다르게 할 수 있는 단독주택은 다음 각 호의 어느 하나에 해당하는 단독주택으로 한다.

1. 「공간정보의 구축 및 관리 등에 관한 법률」에 따라 그 대지가 분할 또는 합병된 단독주택
2. 「건축법」에 따른 건축·대수선 또는 용도변경이 된 단독주택
3. 국유·공유에서 매각 등에 따라 사유로 된 단독주택으로서 개별주택가격이 없는 단독주택

② 법 제17조제4항에서 "대통령령으로 정하는 날"이란 다음 각 호의 구분에 따른 날을 말한다.

1. 1월 1일부터 5월 31일까지의 사이에 제1항 각 호의 사유가 발생한 단독주택 : 그 해 6월 1일
2. 6월 1일부터 12월 31일까지의 사이에 제1항 각 호의 사유가 발생한 단독주택 : 다음 해 1월 1일

제35조(개별주택가격 조사·산정의 절차) ① 국토교통부장관은 법 제17조제5항에 따른 개별주택가격 조사·산정의 기준을 정하여 시장·군수 또는 구청장에게 통보하여야 하며, 시장·군수 또는 구청장은 그 기준에 따라 개별주택가격을 조사·산정하여야 한다.

② 제1항에 따른 기준에는 다음 각 호의 사항이 포함되어야 한다.

1. 주택가격형성에 영향을 미치는 주택특성 조사에 관한 사항
2. 개별주택가격의 산정기준이 되는 표준주택(이하 "비교표준주택"이라 한다)의 선정에 관한 사항
3. 법 제16조제6항에 따른 주택가격비준표(이하 "주택가격비준표"라 한다)의 사용에 관한 사항
4. 그 밖에 개별주택가격의 조사·산정에 필요한 사항

제36조(개별주택가격의 검증) ① 시장·군수 또는 구청장은 법 제17조제6항 본문에 따라 부동산원에 개별주택가격의 타당성에 대한 검증을 의뢰하는 경우에는 같은 조 제1항에 따라 산정한 전체 개별주택가격에 대한 가격현황도면 및 가격조사자료를 제공하여야 한다. 〈개정 2020.12.8.〉

② 법 제17조제6항 본문에 따라 검증을 의뢰받은 부동산원은 다음 각 호의 사항을 검토·확인하고 의견을 제시해야 한다. 〈개정 2020.10.8, 2020.12.8.〉

1. 비교표준주택 선정의 적정성에 관한 사항
2. 개별주택가격 산정의 적정성에 관한 사항
3. 산정한 개별주택가격과 표준주택가격의 균형 유지에 관한 사항
4. 산정한 개별주택가격과 인근주택의 개별주택가격과의 균형 유지에 관한 사항
5. 표준지공시지가 및 개별공시지가 산정 시 고려된 토지 특성과 일치하는지 여부
6. 개별주택가격 산정 시 적용된 용도지역, 토지이용상황 등 주요 특성이 공부와 일치하는지 여부
7. 그 밖에 시장·군수 또는 구청장이 검토를 의뢰한 사항

③ 시장·군수 또는 구청장은 법 제17조제6항 단서에 따라 부동산원의 검증을 생략할 때에는 개별주택가격의 변동률과 해당 단독주택이 있는 시·군 또는 구의 연평균 주택가격변동률(국토교통부장관이 조사·공표하는 연평균 주택가격변동률을 말한다) 간의 차이가 작은 순으로 대상 주택을 선

정하여야 한다. 다만, 개발사업이 시행되거나 용도지역·용도지구가 변경되는 등의 사유가 있는 주택은 검증 생략 대상 주택으로 선정해서는 아니 된다. 〈개정 2020.12.8.〉

④ 제1항부터 제3항까지에서 규정한 사항 외에 개별주택가격의 검증에 필요한 세부적인 사항은 국토교통부장관이 정한다. 이 경우 검증의 생략에 대해서는 관계 중앙행정기관의 장과 미리 협의하여야 한다.

제37조(개별주택 소유자 등의 의견청취) 법 제17조제6항 본문에 따른 의견청취에 관하여는 제19조를 준용한다.

제38조(개별주택가격의 결정 및 공시) ① 시장·군수 또는 구청장은 매년 4월 30일까지 개별주택가격을 결정·공시하여야 한다. 다만, 제34조제2항제1호의 경우에는 그 해 9월 30일까지, 같은 항 제2호의 경우에는 다음 해 4월 30일까지 결정·공시하여야 한다.

② 시장·군수 또는 구청장은 제1항에 따라 개별주택가격을 공시할 때에는 다음 각 호의 사항을 해당 시·군 또는 구의 게시판 또는 인터넷 홈페이지에 게시하여야 한다.

  1. 조사기준일 및 개별주택가격의 열람방법 등 개별주택가격의 결정에 관한 사항
  2. 이의신청의 기간·절차 및 방법

③ 개별주택가격의 공시방법 및 통지에 관하여는 제4조제2항 및 제3항을 준용한다.

제39조(개별주택가격 결정·공시비용의 보조) 개별주택가격 결정·공시비용의 보조에 관하여는 제24조를 준용한다.

제40조(공동주택가격의 공시기준일) 법 제18조제1항 본문에 따른 공동주택가격(이하 "공동주택가격"이라 한다)의 공시기준일은 1월 1일로 한다. 다만, 국토교통부장관은 공동주택가격 조사·산정인력 및 공동주택의 수 등을 고려하여 부득이하다고 인정하는 경우에는 일부 지역을 지정하여 해당 지역에 대한 공시기준일을 따로 정할 수 있다.

제41조(국세청장이 별도로 공동주택가격을 고시하는 경우) 법 제18조제1항 단서에 따라 국세청장이 공동주택가격을 별도로 결정·고시하는 경우는 국세청장이 그 시기·대상 등에 대하여 국토교통부장관과의 협의를 거쳐 「소득세법」 제99조제1항제1호라목 단서 및 「상속세 및 증여세법」 제61조제1항제4호 각 목 외의 부분 단서에 따라 다음 각 호의 어느 하나에 해당하는 공동주택의 기준시가를 결정·고시하는 경우로 한다.

  1. 아파트
  2. 건축 연면적 165제곱미터 이상의 연립주택

제42조(공동주택소유자 등의 의견청취) 법 제18조제2항에 따른 의견청취에 관하여는 제5조제1항 및 제3항을 준용한다.

제43조(공동주택가격의 산정 및 공시) ① 국토교통부장관은 매년 4월 30일까지 공동주택가격을 산정·공시하여야 한다. 다만, 제44조제2항제1호의 경우에는 그 해 9월 30일까지, 같은 항 제2호의 경우에는 다음 해 4월 30일까지 공시하여야 한다.

② 법 제18조제1항에 따른 공동주택가격의 공시에는 다음 각 호의 사항이 포함되어야 한다.

1. 공동주택의 소재지·명칭·동·호수
2. 공동주택가격
3. 공동주택의 면적
4. 그 밖에 공동주택가격 공시에 필요한 사항

③ 국토교통부장관은 법 제18조제1항 본문에 따라 공동주택가격을 공시할 때에는 다음 각 호의 사항을 관보에 공고하고, 공동주택가격을 부동산공시가격시스템에 게시하여야 한다. 이 경우 공동주택가격의 통지에 관하여는 제4조제2항 및 제3항을 준용한다.

1. 제2항 각 호의 사항의 개요
2. 공동주택가격의 열람방법
3. 이의신청의 기간·절차 및 방법

④ 국토교통부장관은 법 제18조제1항 본문에 따라 공동주택가격 공시사항을 제3항에 따른 공고일부터 10일 이내에 다음 각 호의 자에게 제공하여야 한다. 〈개정 2017.7.26.〉

1. 행정안전부장관
2. 국세청장
3. 시장·군수 또는 구청장

제44조(공동주택가격 공시기준일을 다르게 할 수 있는 공동주택) ① 법 제18조제4항에 따라 공동주택가격 공시기준일을 다르게 할 수 있는 공동주택은 다음 각 호의 어느 하나에 해당하는 공동주택으로 한다.

1. 「공간정보의 구축 및 관리 등에 관한 법률」에 따라 그 대지가 분할 또는 합병된 공동주택
2. 「건축법」에 따른 건축·대수선 또는 용도변경이 된 공동주택
3. 국유·공유에서 매각 등에 따라 사유로 된 공동주택으로서 공동주택가격이 없는 주택

② 법 제18조제4항에서 "대통령령으로 정하는 날"이란 다음 각 호의 구분에 따른 날을 말한다.

1. 1월 1일부터 5월 31일까지의 사이에 제1항 각 호의 사유가 발생한 공동주택 : 그 해 6월 1일
2. 6월 1일부터 12월 31일까지의 사이에 제1항 각 호의 사유가 발생한 공동주택 : 다음 해 1월 1일

제45조(공동주택가격 조사·산정의 기준) ① 법 제18조제5항에 따라 국토교통부장관이 공동주택가격을 조사·산정하는 경우 참작하여야 하는 사항의 기준은 다음 각 호와 같다.

1. 인근 유사 공동주택의 거래가격 또는 임대료의 경우 : 해당 거래 또는 임대차가 당사자의 특수한 사정에 의하여 이루어지거나 공동주택거래 또는 임대차에 대한 지식의 부족으로 인하여 이루어진 경우에는 그러한 사정이 없었을 때에 이루어졌을 거래가격 또는 임대료를 기준으로 할 것
2. 해당 공동주택과 유사한 이용가치를 지닌다고 인정되는 공동주택의 건설에 필요한 비용추정액의 경우 : 공시기준일 현재 해당 공동주택을 건축하기 위한 표준적인 건축비와 일반적인 부대비용으로 할 것

② 공동주택에 전세권 또는 그 밖에 공동주택의 사용·수익을 제한하는 권리가 설정되어 있을 때에는 그 권리가 존재하지 아니하는 것으로 보고 적정가격을 산정하여야 한다.

③ 제1항 및 제2항에서 규정한 사항 외에 공동주택가격의 조사·산정에 필요한 세부기준은 국토교통부장관이 정한다.

제46조(공동주택가격 조사·산정의 절차) ① 법 제18조 제6항에 따라 공동주택가격 조사·산정을 의뢰받은 부동산원은 공동주택가격 및 그 밖에 국토교통부령으로 정하는 사항을 조사·산정한 후 국토교통부령으로 정하는 바에 따라 공동주택가격 조사·산정보고서를 작성하여 국토교통부장관에게 제출하여야 한다. 〈개정 2020.12.8.〉

② 부동산원은 제1항에 따라 조사·산정보고서를 작성하는 경우에는 미리 해당 공동주택 소재지를 관할하는 시·도지사 및 시장·군수·구청장의 의견을 들어야 한다. 〈신설 2024.8.20.〉

③ 시·도지사 및 시장·군수·구청장은 제2항에 따라 의견 제시 요청을 받은 경우에는 요청받은 날부터 20일 이내에 의견을 제시해야 한다. 이 경우 시장·군수 또는 구청장은 시·군·구부동산가격공시위원회의 심의를 거쳐 의견을 제시해야 한다. 〈신설 2024.8.20.〉

④ 국토교통부장관은 제1항에 따라 보고서를 제출받으면 다음 각 호의 자에게 해당 보고서를 제공해야 한다. 〈개정 2017.7.26, 2020.10.8, 2024.8.20.〉

1. 행정안전부장관
2. 국세청장
3. 시·도지사
4. 시장·군수 또는 구청장

⑤ 제4항에 따라 보고서를 제공받은 자는 국토교통부장관에게 보고서에 대한 적정성 검토를 요청할 수 있다. 〈개정 2024.8.20.〉

⑥ 제1항에 따라 제출된 보고서에 대한 적정성 여부 검토 및 보고서 시정에 관하여는 제30조 제4항 및 제5항을 준용한다. 〈개정 2024.8.20.〉

제47조(공동주택가격의 정정사유) ① 법 제18조제7항에서 "대통령령으로 정하는 명백한 오류"란 다음 각 호의 어느 하나에 해당하는 경우를 말한다.

1. 법 제18조에 따른 공시절차를 완전하게 이행하지 아니한 경우
2. 공동주택가격에 영향을 미치는 동·호수 및 층의 표시 등 주요 요인의 조사를 잘못한 경우

② 국토교통부장관은 법 제18조제7항에 따라 공동주택가격의 오류를 정정하려는 경우에는 중앙부동산가격공시위원회의 심의를 거쳐 정정사항을 결정·공시하여야 한다. 다만, 틀린 계산 또는 오기의 경우에는 중앙부동산가격공시위원회의 심의를 거치지 아니할 수 있다.

제4장 비주거용 부동산가격의 공시

제48조(비주거용 표준부동산의 선정) ① 국토교통부장관은 법 제20조제1항에 따라 비주거용 표준부동산을 선정할 때에는 일단의 비주거용 일반부동산 중에서 해당 일단의 비주거용 일반부동산을 대표할 수 있는 부동산을 선정하여야 한다. 이 경우 미리 해당 비주거용 표준부동산이 소재하는 시·도지사 및 시장·군수·구청장의 의견을 들어야 한다.

② 법 제20조제1항에 따른 비주거용 표준부동산의 선정 및 관리에 필요한 세부기준은 중앙부동산가격공시위원회의 심의를 거쳐 국토교통부장관이 정한다.

제49조(비주거용 표준부동산가격의 공시기준일) 법 제20조제1항에 따른 비주거용 표준부동산가격(이하 "비주거용 표준부동산가격"이라 한다)의 공시기준일은 1월 1일로 한다. 다만, 국토교통부장관은 비주거용 표준부동산가격 조사·산정인력 및 비주거용 표준부동산의 수 등을 고려하여 부득이하다고 인정하는 경우에는 일부 지역을 지정하여 해당 지역에 대한 공시기준일을 따로 정하여 고시할 수 있다.

제50조(비주거용 표준부동산가격의 공시방법) ① 국토교통부장관은 법 제20조제1항에 따라 비주거용 표준부동산가격을 공시할 때에는 다음 각 호의 사항을 관보에 공고하고, 비주거용 표준부동산가격을 부동산공시가격시스템에 게시하여야 한다.

1. 법 제20조제2항 각 호의 사항의 개요
2. 비주거용 표준부동산가격의 열람방법
3. 이의신청의 기간·절차 및 방법

② 비주거용 표준부동산가격 및 이의신청기간 등의 통지에 관하여는 제4조제2항 및 제3항을 준용한다.

제51조(비주거용 표준부동산가격의 공시사항) 법 제20조제2항제5호에서 "대통령령으로 정하는 사항"이란 다음 각 호의 사항을 말한다.

1. 지목
2. 용도지역
3. 도로 상황
4. 그 밖에 비주거용 표준부동산가격 공시에 필요한 사항

제52조(비주거용 표준부동산가격 조사·산정 의뢰기관) 법 제20조제4항에서 "대통령령으로 정하는 부동산 가격의 조사·산정에 관한 전문성이 있는 자"란 부동산원을 말한다. 〈개정 2020.12.8.〉

제53조(비주거용 표준부동산가격 조사·산정의 절차) ① 법 제20조제4항에 따라 비주거용 표준부동산가격의 조사·산정을 의뢰받은 자(이하 "비주거용 표준부동산가격 조사·산정기관"이라 한다)는 비주거용 표준부동산가격 및 그 밖에 국토교통부령으로 정하는 사항을 조사·산정한 후 국토교통부령으로 정하는 바에 따라 비주거용 표준부동산가격 조사·산정보고서를 작성하여 국토교통부장관에게 제출하여야 한다.

② 비주거용 표준부동산가격 조사·산정기관은 제1항에 따라 조사·산정보고서를 작성하는 경우에는 미리 해당 부동산 소재지를 관할하는 시·도지사 및 시장·군수·구청장의 의견을 들어야 한다.

③ 시·도지사 및 시장·군수·구청장은 제2항에 따라 의견 제시 요청을 받은 경우에는 요청받은 날부터 20일 이내에 의견을 제시하여야 한다. 이 경우 시장·군수 또는 구청장은 시·군·구부동산가격공시위원회의 심의를 거쳐 의견을 제시하여야 한다.

④ 제1항에 따른 비주거용 표준부동산가격 조사·산정보고서의 적정성 검토 및 보고서 시정에 관하여는 제30조제4항 및 제5항을 준용한다.

제54조(비주거용 표준부동산가격 조사·산정의 기준) ① 법 제20조제5항에 따라 국토교통부장관이 비주거용 표준부동산가격을 조사·산정하는 경우 참작하여야 하는 사항의 기준은 다음 각 호와 같다.

1. 인근 유사 비주거용 일반부동산의 거래가격 또는 임대료의 경우 : 해당 거래 또는 임대차가 당사자의 특수한 사정에 의하여 이루어지거나 비주거용 일반부동산거래 또는 임대차에 대한 지식의 부족으로 인하여 이루어진 경우에는 그러한 사정이 없었을 때에 이루어졌을 거래가격 또는 임대료를 기준으로 할 것

2. 해당 비주거용 일반부동산과 유사한 이용가치를 지닌다고 인정되는 비주거용 일반부동산의 건설에 필요한 비용추정액의 경우 : 공시기준일 현재 해당 비주거용 일반부동산을 건설하기 위한 표준적인 건설비와 일반적인 부대비용으로 할 것

② 비주거용 일반부동산에 전세권 또는 그 밖에 비주거용 일반부동산의 사용·수익을 제한하는 권리가 설정되어 있을 때에는 그 권리가 존재하지 아니하는 것으로 보고 적정가격을 조사·산정하여야 한다.

③ 제1항 및 제2항에서 규정한 사항 외에 비주거용 표준부동산가격의 조사·산정에 필요한 세부기준은 국토교통부장관이 정한다.

제55조(행정안전부장관 또는 국세청장이 비주거용 개별부동산가격을 결정·고시하는 경우) 법 제21조제1항 단서에 따라 행정안전부장관 또는 국세청장이 같은 항 본문에 따른 비주거용 개별부동산가격(이하 "비주거용 개별부동산가격"이라 한다)을 별도로 결정·고시하는 경우는 행정안전부장관 또는 국세청장이 그 대상·시기 등에 대하여 미리 국토교통부장관과 협의한 후 비주거용 개별부동산가격을 별도로 결정·고시하는 경우로 한다. 〈개정 2017.7.26.〉
[제목개정 2017.7.26.]

제56조(비주거용 개별부동산가격을 공시하지 아니할 수 있는 비주거용 일반부동산) ① 시장·군수 또는 구청장은 법 제21조제2항 전단에 따라 다음 각 호의 어느 하나에 해당하는 비주거용 일반부동산에 대해서는 비주거용 개별부동산가격을 결정·공시하지 아니할 수 있다.
1. 비주거용 표준부동산으로 선정된 비주거용 일반부동산
2. 국세 또는 지방세 부과대상이 아닌 비주거용 일반부동산
3. 그 밖에 국토교통부장관이 정하는 비주거용 일반부동산

② 제1항에도 불구하고 시장·군수 또는 구청장은 다음 각 호의 어느 하나에 해당하는 비주거용 일반부동산에 대해서는 비주거용 개별부동산가격을 공시한다.
1. 관계 법령에 따라 비주거용 일반부동산의 가격산정 등에 비주거용 개별부동산가격을 적용하도록 규정되어 있는 비주거용 일반부동산
2. 시장·군수 또는 구청장이 관계 행정기관의 장과 협의하여 비주거용 개별부동산가격을 결정·공시하기로 한 비주거용 일반부동산

제57조(비주거용 개별부동산가격의 공시사항) 법 제21조제3항제3호에서 "대통령령으로 정하는 사항"이란 다음 각 호의 사항을 말한다.
1. 비주거용 개별부동산의 용도 및 면적
2. 그 밖에 비주거용 개별부동산가격 공시에 필요한 사항

제58조(비주거용 개별부동산가격 공시기준일을 다르게 할 수 있는 비주거용 일반부동산) ① 법 제21조제4항에 따라 비주거용 개별부동산가격 공시기준일을 다르게 할 수 있는 비주거용 일반부동산은 다음

각 호의 어느 하나에 해당하는 부동산으로 한다.

1. 「공간정보의 구축 및 관리 등에 관한 법률」에 따라 그 대지가 분할 또는 합병된 비주거용 일반부동산

2. 「건축법」에 따른 건축·대수선 또는 용도변경이 된 비주거용 일반부동산

3. 국유·공유에서 매각 등에 따라 사유로 된 비주거용 일반부동산으로서 비주거용 개별부동산가격이 없는 비주거용 일반부동산

② 법 제21조제4항에서 "대통령령으로 정하는 날"이란 다음 각 호의 구분에 따른 날을 말한다.

1. 1월 1일부터 5월 31일까지의 사이에 제1항 각 호의 사유가 발생한 비주거용 일반부동산 : 그 해 6월 1일

2. 6월 1일부터 12월 31일까지의 사이에 제1항 각 호의 사유가 발생한 비주거용 일반부동산 : 다음 해 1월 1일

제59조(비주거용 개별부동산가격 조사·산정의 절차) ① 국토교통부장관은 법 제21조제5항에 따른 비주거용 개별부동산가격 조사·산정의 기준을 정하여 시장·군수 또는 구청장에게 통보하여야 하며, 시장·군수 또는 구청장은 그 기준에 따라 비주거용 개별부동산가격을 조사·산정하여야 한다.

② 제1항에 따른 기준에는 다음 각 호의 사항이 포함되어야 한다.

1. 비주거용 일반부동산가격의 형성에 영향을 미치는 비주거용 일반부동산 특성조사에 관한 사항

2. 비주거용 개별부동산가격의 산정기준이 되는 비주거용 표준부동산(이하 "비주거용 비교표준부동산"이라 한다)의 선정에 관한 사항

3. 법 제20조제6항에 따른 비주거용 부동산가격비준표의 사용에 관한 사항

4. 그 밖에 비주거용 개별부동산가격의 조사·산정에 필요한 사항

제60조(비주거용 개별부동산가격의 검증) ① 시장·군수 또는 구청장은 법 제21조제6항 본문에 따라 비주거용 개별부동산가격에 대한 검증을 의뢰할 때에는 같은 조 제1항에 따라 산정한 전체 비주거용 개별부동산가격에 대한 가격현황도면 및 가격조사자료를 제공하여야 한다.

② 법 제21조제6항 본문에서 "제20조에 따른 비주거용 표준부동산가격의 조사·산정을 의뢰 받은 자 등 대통령령으로 정하는 자"란 다음 각 호의 어느 하나에 해당하는 자를 말한다. 〈개정 2020.10.8, 2020.12.8.〉

1. 감정평가법인등

2. 부동산원

③ 법 제21조제6항 본문에 따라 검증을 의뢰받은 자는 다음 각 호의 사항을 검토·확인하고 의견을 제시해야 한다. 〈개정 2020.10.8.〉

1. 비주거용 비교표준부동산 선정의 적정성에 관한 사항

2. 비주거용 개별부동산가격 산정의 적정성에 관한 사항

3. 산정한 비주거용 개별부동산가격과 비주거용 표준부동산가격의 균형 유지에 관한 사항

4. 산정한 비주거용 개별부동산가격과 인근 비주거용 일반부동산의 비주거용 개별부동산가격과의 균형 유지에 관한 사항

5. 표준지공시지가 및 개별공시지가 산정 시 고려된 토지 특성과 일치하는지 여부

6. 비주거용 개별부동산가격 산정 시 적용된 용도지역, 토지이용상황 등 주요 특성이 공부와 일치하는지 여부

7. 그 밖에 시장·군수 또는 구청장이 검토를 의뢰한 사항

④ 시장·군수 또는 구청장은 법 제21조제6항 단서에 따라 검증을 생략할 때에는 비주거용 개별부동산가격의 변동률과 해당 비주거용 일반부동산이 있는 시·군 또는 구의 연평균 비주거용 개별부동산가격변동률(국토교통부장관이 조사·공표하는 연평균 비주거용 개별부동산가격변동률을 말한다)의 차이가 작은 순으로 대상 비주거용 일반부동산을 선정하여야 한다. 다만, 개발사업이 시행되거나 용도지역·용도지구가 변경되는 등의 사유가 있는 비주거용 일반부동산은 검증 생략 대상 부동산으로 선정해서는 아니 된다.

⑤ 제1항부터 제4항까지에서 규정한 사항 외에 비주거용 개별부동산가격의 검증에 필요한 세부적인 사항은 국토교통부장관이 정한다. 이 경우 검증의 생략에 대해서는 관계 중앙행정기관의 장과 미리 협의하여야 한다.

제61조(비주거용 일반부동산 소유자 등의 의견청취) 법 제21조제6항 본문에 따른 의견청취에 관하여는 제19조를 준용한다.

제62조(비주거용 개별부동산가격의 결정 및 공시) ① 시장·군수 또는 구청장은 비주거용 개별부동산가격을 결정·공시하려는 경우에는 매년 4월 30일까지 비주거용 개별부동산가격을 결정·공시하여야 한다. 다만, 제58조제2항제1호의 경우에는 그 해 9월 30일까지, 같은 항 제2호의 경우에는 다음 해 4월 30일까지 결정·공시하여야 한다.

② 제1항에 따라 비주거용 개별부동산가격을 공시하는 시장·군수 또는 구청장은 다음 각 호의 사항을 비주거용 개별부동산 소유자에게 개별 통지하여야 한다.

1. 조사기준일, 비주거용 개별부동산의 수 및 비주거용 개별부동산가격의 열람방법 등 비주거용 개별부동산가격의 결정에 관한 사항

2. 이의신청의 기간·절차 및 방법

제63조(비주거용 집합부동산가격의 공시기준일) 법 제22조제1항 전단에 따른 비주거용 집합부동산가격(이하 "비주거용 집합부동산가격"이라 한다)의 공시기준일은 1월 1일로 한다. 다만, 국토교통부장관은 비주거용 집합부동산가격 조사·산정인력 및 비주거용 집합부동산의 수 등을 고려하여 부득이하다고 인정하는 경우에는 일부 지역을 지정하여 해당 지역에 대한 공시기준일을 따로 정할 수 있다.

제64조(비주거용 집합부동산가격의 산정 및 공시) ① 국토교통부장관은 비주거용 집합부동산가격을 산정·공시하려는 경우에는 매년 4월 30일까지 비주거용 집합부동산가격을 산정·공시하여야 한다. 다만, 제67조제2항제1호의 경우에는 그 해 9월 30일까지, 같은 항 제2호의 경우에는 다음 해 4월 30일까지 산정·공시하여야 한다.

② 법 제22조제1항에 따른 비주거용 집합부동산가격의 공시에는 다음 각 호의 사항이 포함되어야 한다.

1. 비주거용 집합부동산의 소재지·명칭·동·호수

2. 비주거용 집합부동산가격

3. 비주거용 집합부동산의 면적

4. 그 밖에 비주거용 집합부동산가격 공시에 필요한 사항

③ 국토교통부장관은 법 제22조제1항 전단에 따라 비주거용 집합부동산가격을 공시할 때에는 다음 각 호의 사항을 관보에 공고하고, 비주거용 집합부동산가격을 부동산공시가격시스템에 게시하여야 하며, 비주거용 집합부동산 소유자에게 개별 통지하여야 한다.

1. 제2항 각 호의 사항의 개요

2. 비주거용 집합부동산가격의 열람방법

3. 이의신청의 기간·절차 및 방법

④ 국토교통부장관은 법 제22조제1항 후단에 따라 비주거용 집합부동산가격 공시사항을 제3항에 따른 공고일부터 10일 이내에 다음 각 호의 자에게 제공하여야 한다. 〈개정 2017.7.26.〉

1. 행정안전부장관

2. 국세청장

3. 시장·군수 또는 구청장

제65조(행정안전부장관 또는 국세청장이 비주거용 집합부동산가격을 결정·고시하는 경우) 법 제22조제2항에 따라 행정안전부장관 또는 국세청장이 비주거용 집합부동산가격을 별도로 결정·고시하는 경우는 행정안전부장관 또는 국세청장이 그 대상·시기 등에 대하여 미리 국토교통부장관과 협의한 후 비주거용 집합부동산가격을 별도로 결정·고시하는 경우로 한다. 〈개정 2017.7.26.〉

[제목개정 2017.7.26.]

제66조(비주거용 집합부동산 소유자 등의 의견청취) 법 제22조제3항에 따른 의견청취에 관하여는 제5조 제1항 및 제3항을 준용한다.

제67조(비주거용 집합부동산가격 공시기준일을 다르게 할 수 있는 비주거용 집합부동산) ① 법 제22조제5항에 따라 비주거용 집합부동산가격 공시기준일을 다르게 할 수 있는 비주거용 집합부동산은 다음 각 호의 어느 하나에 해당하는 부동산으로 한다.

1. 「공간정보의 구축 및 관리 등에 관한 법률」에 따라 그 대지가 분할 또는 합병된 비주거용 집합 부동산

2. 「건축법」에 따른 건축·대수선 또는 용도변경이 된 비주거용 집합부동산

3. 국유·공유에서 매각 등에 따라 사유로 된 비주거용 집합부동산으로서 비주거용 집합부동산가격이 없는 비주거용 집합부동산

② 법 제22조제5항에서 "대통령령으로 정하는 날"이란 다음 각 호의 구분에 따른 날을 말한다.

1. 1월 1일부터 5월 31일까지의 사이에 제1항 각 호의 사유가 발생한 비주거용 집합부동산 : 그 해 6월 1일

2. 6월 1일부터 12월 31일까지의 사이에 제1항 각 호의 사유가 발생한 비주거용 집합부동산 : 다음 해 1월 1일

제68조(비주거용 집합부동산가격 조사·산정의 기준) ① 국토교통부장관은 법 제22조제6항에 따라 비주거용 집합부동산가격을 조사·산정할 때 그 비주거용 집합부동산에 전세권 또는 그 밖에 비주거용 집합부동산의 사용·수익을 제한하는 권리가 설정되어 있는 경우에는 그 권리가 존재하지 아니하는 것으로 보고 적정가격을 산정하여야 한다.

② 법 제22조에 따른 비주거용 집합부동산가격 조사 및 산정의 세부기준은 중앙부동산가격공시위원회의 심의를 거쳐 국토교통부장관이 정한다.

제69조(비주거용 집합부동산가격 조사·산정의 절차) ① 법 제22조제7항에서 "대통령령으로 정하는 부동산 가격의 조사·산정에 관한 전문성이 있는 자"란 감정평가법인등을 말한다. 〈개정 2020.10.8.〉

② 법 제22조제7항에 따라 비주거용 집합부동산가격 조사·산정을 의뢰받은 자(이하 "비주거용 집합부동산가격 조사·산정기관"이라 한다)는 비주거용 집합부동산가격 및 그 밖에 국토교통부령으로 정하는 사항을 조사·산정한 후 국토교통부령으로 정하는 바에 따라 비주거용 집합부동산가격 조사·산정보고서를 작성하여 국토교통부장관에게 제출하여야 한다.

③ 국토교통부장관은 제2항에 따라 보고서를 제출받으면 다음 각 호의 자에게 해당 보고서를 제공하여야 한다. 〈개정 2017.7.26.〉
  1. 행정안전부장관
  2. 국세청장
  3. 시·도지사
  4. 시장·군수 또는 구청장

④ 제3항에 따라 보고서를 제공받은 자는 국토교통부장관에게 보고서에 대한 적정성 검토를 요청할 수 있다.

⑤ 국토교통부장관은 제2항에 따라 제출된 보고서에 대하여 실거래신고가격 및 감정평가 정보체계 등을 활용하여 그 적정성 여부를 검토할 수 있다.

⑥ 국토교통부장관은 제5항에 따른 적정성 여부 검토를 위하여 필요하다고 인정하는 경우에는 해당 비주거용 집합부동산가격 조사·산정기관 외에 부동산 가격의 조사·산정에 관한 전문성이 있는 자를 별도로 지정하여 의견을 들을 수 있다.

⑦ 국토교통부장관은 제5항에 따른 검토 결과 부적정하다고 판단되거나 비주거용 집합부동산가격 조사·산정이 관계 법령을 위반하여 수행되었다고 인정되는 경우에는 해당 비주거용 집합부동산가격 조사·산정기관에 보고서를 시정하여 다시 제출하게 할 수 있다.

제70조(비주거용 집합부동산가격의 정정사유) ① 법 제22조제8항에서 "대통령령으로 정하는 명백한 오류"란 다음 각 호의 어느 하나에 해당하는 경우를 말한다.
  1. 법 제22조에 따른 공시절차를 완전하게 이행하지 아니한 경우
  2. 비주거용 집합부동산가격에 영향을 미치는 동·호수 및 층의 표시 등 주요 요인의 조사를 잘못한 경우

② 국토교통부장관은 법 제22조제8항에 따라 비주거용 집합부동산가격의 오류를 정정하려는 경우에는 중앙부동산가격공시위원회의 심의를 거쳐 정정사항을 결정·공시하여야 한다. 다만, 틀린 계산 또는 오기의 경우에는 중앙부동산가격공시위원회의 심의를 거치지 아니할 수 있다.

제5장 부동산가격공시위원회

제71조(중앙부동산가격공시위원회) ① 법 제24조제2항에 따라 중앙부동산가격공시위원회를 구성할 때에는 성별을 고려하여야 한다.

② 법 제24조제4항 각 호 외의 부분에서 "대통령령으로 정하는 중앙행정기관"이란 다음 각 호의 중앙행정기관을 말한다. 〈개정 2017.7.26, 2020.6.2.〉

1. 기획재정부
2. 행정안전부
3. 농림축산식품부
3의2. 보건복지부
4. 국토교통부

③ 중앙부동산가격공시위원회의 위원장(이하 "위원장"이라 한다)은 중앙부동산가격공시위원회를 대표하고, 중앙부동산가격공시위원회의 업무를 총괄한다.

④ 위원장은 중앙부동산가격공시위원회의 회의를 소집하고 그 의장이 된다.

⑤ 중앙부동산가격공시위원회에 부위원장 1명을 두며, 부위원장은 위원 중 위원장이 지명하는 사람이 된다.

⑥ 부위원장은 위원장을 보좌하고 위원장이 부득이한 사유로 직무를 수행할 수 없을 때에 그 직무를 대행한다.

⑦ 위원장 및 부위원장이 모두 부득이한 사유로 직무를 수행할 수 없을 때에는 위원장이 미리 지명한 위원이 그 직무를 대행한다.

⑧ 위원장은 중앙부동산가격공시위원회의 회의를 소집할 때에는 개회 3일 전까지 의안을 첨부하여 위원에게 개별 통지하여야 한다.

⑨ 중앙부동산가격공시위원회의 회의는 재적위원 과반수의 출석으로 개의(開議)하고, 출석위원 과반수의 찬성으로 의결한다.

⑩ 중앙부동산가격공시위원회의 위원 중 공무원이 아닌 위원에게는 예산의 범위에서 수당과 여비를 지급할 수 있다.

⑪ 제1항부터 제10항까지에서 규정한 사항 외에 중앙부동산가격공시위원회의 운영에 필요한 세부적인 사항은 중앙부동산가격공시위원회의 의결을 거쳐 위원장이 정한다.

제72조(위원의 제척·기피·회피) ① 중앙부동산가격공시위원회 위원이 다음 각 호의 어느 하나에 해당하는 경우에는 중앙부동산가격공시위원회의 심의·의결에서 제척(除斥)된다.

1. 위원 또는 그 배우자나 배우자였던 사람이 해당 안건의 당사자(당사자가 법인·단체 등인 경우에는 그 임원을 포함한다. 이하 이 호 및 제2호에서 같다)가 되거나 그 안건의 당사자와 공동권리자 또는 공동의무자인 경우
2. 위원이 해당 안건의 당사자와 친족이거나 친족이었던 경우
3. 위원이 해당 안건에 대하여 증언, 진술, 자문, 조사, 연구, 용역 또는 감정을 한 경우

4. 위원이나 위원이 속한 법인·단체 등이 해당 안건의 당사자의 대리인이거나 대리인이었던 경우

5. 위원이 해당 안건의 당사자와 같은 감정평가법인 또는 감정평가사무소에 소속된 경우

② 당사자는 위원에게 공정한 심의·의결을 기대하기 어려운 사정이 있는 경우에는 중앙부동산가격공시위원회에 기피 신청을 할 수 있고, 중앙부동산가격공시위원회는 의결로 이를 결정한다. 이 경우 기피 신청의 대상인 위원은 그 의결에 참여하지 못한다.

③ 위원이 제1항 각 호에 따른 제척사유에 해당하는 경우에는 스스로 해당 안건의 심의·의결에서 회피(回避)하여야 한다.

제73조(위원의 해촉 등) ① 국토교통부장관은 중앙부동산가격공시위원회의 위촉위원이 다음 각 호의 어느 하나에 해당하는 경우에는 그 위촉위원을 해촉(解囑)할 수 있다.

1. 심신장애로 인하여 직무를 수행할 수 없게 된 경우

2. 직무와 관련된 비위사실이 있는 경우

3. 직무태만, 품위손상이나 그 밖의 사유로 인하여 위촉위원으로 적합하지 아니하다고 인정되는 경우

4. 위원 스스로 직무를 수행하는 것이 곤란하다고 의사를 밝히는 경우

5. 제72조제1항 각 호의 어느 하나에 해당하는 데에도 불구하고 회피하지 아니한 경우

② 법 제24조제4항에 따라 위원을 지명한 자는 해당 위원이 제1항 각 호의 어느 하나에 해당하는 경우에는 그 지명을 철회할 수 있다.

제74조(시·군·구부동산가격공시위원회) ① 시·군·구부동산가격공시위원회는 위원장 1명을 포함한 10명 이상 15명 이하의 위원으로 구성하며, 성별을 고려하여야 한다.

② 시·군·구부동산가격공시위원회 위원장은 부시장·부군수 또는 부구청장이 된다. 이 경우 부시장·부군수 또는 부구청장이 2명 이상이면 시장·군수 또는 구청장이 지명하는 부시장·부군수 또는 부구청장이 된다.

③ 시·군·구부동산가격공시위원회 위원은 시장·군수 또는 구청장이 지명하는 6명 이내의 공무원과 다음 각 호의 어느 하나에 해당하는 사람 중에서 시장·군수 또는 구청장이 위촉하는 사람이 된다. 〈개정 2018.12.18.〉

1. 부동산 가격공시 또는 감정평가에 관한 학식과 경험이 풍부하고 해당 지역의 사정에 정통한 사람

2. 시민단체(「비영리민간단체 지원법」 제2조에 따른 비영리민간단체를 말한다)에서 추천한 사람

④ 시·군·구부동산가격공시위원회 위원의 제척·기피·회피 및 해촉에 관하여는 제72조 및 제73조를 준용한다.

⑤ 제1항부터 제4항까지에서 규정한 사항 외에 시·군·구부동산가격공시위원회의 구성·운영에 필요한 사항은 해당 시·군·구의 조례로 정한다.

제6장 보칙

제74조의2(적정가격 반영을 위한 계획 수립) ① 국토교통부장관은 법 제26조의2제1항에 따른 계획을 수립하는 때에는 다음 각 호의 사항을 포함하여 수립해야 한다.

1. 부동산의 유형별 시세 반영률의 목표

2. 부동산의 유형별 시세 반영률의 목표 달성을 위하여 필요한 기간 및 연도별 달성계획

3. 부동산공시가격의 균형성 확보 방안

4. 부동산 가격의 변동 상황 및 유형·지역·가격대별 형평성과 특수성을 반영하기 위한 방안

② 국토교통부장관은 법 제26조의2제1항에 따른 계획을 수립하기 위하여 필요한 경우에는 국가기관, 지방자치단체, 부동산원, 그 밖의 기관·법인·단체에 대하여 필요한 자료의 제출 또는 열람을 요구하거나 의견의 제출을 요구할 수 있다. 〈개정 2020.12.8.〉

[본조신설 2020.10.8.]

제75조(공시가격정보체계의 구축·관리) ① 법 제27조제1항에 따른 공시가격정보체계(이하 "공시가격정보체계"라 한다)에는 다음 각 호의 정보가 포함되어야 한다.

1. 법에 따라 공시되는 가격에 관한 정보

2. 제1호에 따른 공시대상 부동산의 특성에 관한 정보

3. 그 밖에 부동산공시가격과 관련된 정보

② 국토교통부장관(법 제28조제1항제5호에 따라 공시가격정보체계의 구축 및 관리를 위탁받은 자를 포함한다)은 제1항 각 호의 정보를 다음 각 호의 자에게 제공할 수 있다. 다만, 개인정보 보호 등 정당한 사유가 있는 경우에는 제공하는 정보의 종류와 내용을 제한할 수 있다. 〈개정 2017.7.26.〉

1. 행정안전부장관

2. 국세청장

3. 시·도지사

4. 시장·군수 또는 구청장

제75조의2(회의록의 공개) ① 법 제27조의2 본문에서 "대통령령으로 정하는 기간"이란 3개월을 말한다.

② 국토교통부장관은 법 제27조의2에 따라 다음 각 호의 어느 하나에 해당하는 중앙부동산가격공시위원회 심의의 회의록을 부동산공시가격시스템에 게시해야 한다.

1. 법 제3조제1항에 따른 표준지공시지가의 공시를 위한 심의

2. 법 제16조제1항에 따른 표준주택가격의 공시를 위한 심의

3. 법 제18조제1항 본문에 따른 공동주택가격의 공시를 위한 심의

4. 법 제20조제1항에 따른 비주거용 표준부동산가격의 공시를 위한 심의

5. 법 제22조제1항 전단에 따른 비주거용 집합부동산가격의 공시를 위한 심의

③ 시장·군수 또는 구청장은 법 제27조의2에 따라 다음 각 호의 어느 하나에 해당하는 시·군·구부동산가격공시위원회 심의의 회의록을 해당 시·군 또는 구의 게시판 또는 인터넷 홈페이지에 게시하거나 국토교통부장관에게 부동산공시가격시스템에 게시하도록 요청해야 한다.

1. 법 제10조제1항에 따른 개별공시지가의 결정·공시를 위한 심의
2. 법 제17조제1항에 따른 개별주택가격의 결정·공시를 위한 심의
3. 법 제21조제1항 본문에 따른 비주거용 개별부동산가격의 결정·공시를 위한 심의

④ 법 제27조의2 단서에서 "이름·주민등록번호 등 대통령령으로 정하는 개인 식별 정보"란 이름·주민등록번호·주소 및 직위 등 특정인임을 식별할 수 있는 정보를 말한다.

[본조신설 2020.10.8.]

제76조(업무의 위탁) ① 법 제28조제1항제6호에서 "대통령령으로 정하는 업무"란 같은 항 제1호부터 제5호까지의 업무와 관련된 교육 및 연구를 말한다.

② 국토교통부장관은 법 제28조제1항 각 호의 업무를 부동산원에 위탁한다. 〈개정 2020.12.8.〉

제77조(고유식별정보의 처리) 법 제4조에 따라 국토교통부장관으로부터 자료의 열람 또는 제출을 요구받은 관계 행정기관의 장은 제9조 제10호에 따른 표준지 소유자의 성명 및 주소의 제출을 위해 불가피한 경우 「개인정보 보호법 시행령」 제19조 제1호 또는 제4호에 따른 주민등록번호 또는 외국인등록번호가 포함된 자료를 처리할 수 있다.

[본조신설 2024.12.10.]

부칙 〈대통령령 제31243호, 2020.12.8.〉 (한국부동산원법 시행령)

제1조(시행일) 이 영은 2020년 12월 10일부터 시행한다.

제2조(다른 법령의 개정) ①부터 ⑭까지 생략

⑮ 부동산 가격공시에 관한 법률 시행령 일부를 다음과 같이 개정한다.
제30조제1항 중 「한국감정원법」에 따른 한국감정원(이하 "감정원"이라 한다)"을 "「한국부동산원법」에 따른 한국부동산원(이하 "부동산원"이라 한다)"으로 한다.
제30조제2항, 제5항, 제36조제1항, 같은 조 제2항 각 호 외의 부분, 같은 조 제3항 본문, 제46조제1항, 제52조 중 "감정원"을 각각 "부동산원"으로 한다.
제60조제2항제2호를 다음과 같이 한다.
2. 부동산원
제74조의2제2항 및 제76조제2항 중 "감정원"을 각각 "부동산원"으로 한다.

⑯부터 ㉝까지 생략

부칙 〈대통령령 제34847호, 2024.8.20.〉

이 영은 공포한 날부터 시행한다.

부칙 〈대통령령 제35058호, 2024.12.10.〉

이 영은 공포한 날부터 시행한다.

Chapter 06

부동산 가격공시에 관한 법률 시행규칙
[부동산공시법 시행규칙]

부동산 가격공시에 관한 법률 시행규칙

제1장 　총칙

제1조(목적) 이 규칙은 「부동산 가격공시에 관한 법률」 및 같은 법 시행령에서 위임된 사항과 그 시행에 필요한 사항을 규정함을 목적으로 한다.

제2장 　지가의 공시

제2조(표준지 소유자의 의견제출) 「부동산 가격공시에 관한 법률 시행령」(이하 "영"이라 한다) 제5조제3항에 따른 의견제출은 별지 제1호서식에 따른다.

제3조(표준지공시지가 조사·평가보고서) ① 영 제8조제1항에서 "국토교통부령으로 정하는 사항"이란 다음 각 호의 사항을 말한다.
  1. 토지의 소재지, 면적 및 공부상 지목
  2. 지리적 위치
  3. 토지 이용 상황
  4. 「국토의 계획 및 이용에 관한 법률」 제2조제15호에 따른 용도지역(이하 "용도지역"이라 한다)
  5. 주위 환경
  6. 도로 및 교통 환경
  7. 토지 형상 및 지세(地勢)
② 「부동산 가격공시에 관한 법률」(이하 "법"이라 한다) 제3조제5항에 따라 표준지공시지가 조사·평가를 의뢰받은 감정평가법인등(「감정평가 및 감정평가사에 관한 법률」 제2조제4호에 따른 감정평가법인등을 말한다)은 영 제8조제1항에 따라 별지 제2호서식의 조사·평가보고서에 다음 각 호의 서류를 첨부하여 국토교통부장관에게 제출해야 한다. 〈개정 2020.6.24.〉
  1. 지역분석조서
  2. 별지 제3호서식에 따라 표준지별로 작성한 표준지 조사사항 및 가격평가의견서
  3. 별지 제4호서식에 따라 작성한 의견청취결과서[영 제8조제2항 및 제3항에 따라 시장·군수 또는 구청장(자치구의 구청장을 말한다. 이하 같다)의 의견을 들은 결과를 기재한다]
  4. 표준지의 위치를 표시한 도면
  5. 그 밖에 사실 확인에 필요한 서류

제4조(표준지공시지가 이의신청서) 영 제12조에 따른 이의신청서는 별지 제5호서식과 같다.

제5조(개별공시지가 확인서의 발급) ① 법 제10조에 따라 결정·공시된 개별공시지가의 확인을 받으려는 사람은 해당 시장·군수 또는 구청장에게 개별공시지가의 확인을 신청(전자문서에 의한 신청을 포함한다)할 수 있다. 〈개정 2020.6.24.〉

② 시장·군수 또는 구청장은 제1항에 따른 신청을 받은 경우에는 신청인에게 확인서를 발급하여야 한다.

③ 제1항에 따른 확인 신청 및 제2항에 따른 확인서는 별지 제6호서식에 따른다.

④ 시장·군수 또는 구청장은 제2항에 따라 확인서를 발급하는 경우에는 해당 시·군 또는 구(자치구인 구를 말한다)의 조례로 정하는 바에 따라 신청인으로부터 수수료를 받을 수 있다.

제6조(개별공시지가의 검증의뢰) ① 영 제18조제1항에서 "지가현황도면"이란 해당 연도의 산정지가, 전년도의 개별공시지가 및 해당 연도의 표준지공시지가가 필지별로 기재된 도면을 말한다.

② 영 제18조제1항에서 "지가조사자료"란 개별토지가격의 산정조서 및 그 밖에 토지이용계획에 관한 자료를 말한다.

제7조(개별토지 소유자 등의 의견제출) 영 제19조제2항에 따른 개별토지가격에 대한 의견제출은 별지 제7호서식에 따른다.

제8조(개별공시지가 이의신청서) 영 제22조제1항에 따른 이의신청서는 별지 제8호서식과 같다.

제9조(증표 및 허가증) ① 법 제13조제4항(법 제15조제3항, 제16조제7항, 제18조제8항, 제20조제7항 및 제22조제9항에 따라 준용하는 경우를 포함한다. 이하 이 조에서 같다)에 따른 증표는 공무원증, 「감정평가 및 감정평가사에 관한 법률」에 따른 감정평가사 자격증 또는 「한국부동산원법」에 따른 한국부동산원(이하 "부동산원"이라 한다)의 직원증으로 한다. 〈개정 2020.12.11.〉

② 법 제13조제4항에 따른 허가증은 별지 제9호서식과 같다.

제3장 주택가격의 공시

제10조(표준주택 소유자의 의견제출) 법 제16조제7항에서 준용하는 법 제3조제2항에 따른 표준주택가격에 대한 의견제출은 별지 제10호서식에 따른다.

제11조(표준주택가격 조사·산정보고서) ① 영 제30조제1항에서 "국토교통부령으로 정하는 사항"이란 다음 각 호의 사항을 말한다.

1. 주택의 소재지, 공부상 지목 및 대지면적
2. 주택 대지의 용도지역
3. 도로접면
4. 대지 형상
5. 주건물 구조 및 층수
6. 「건축법」 제22조에 따른 사용승인(이하 "사용승인"이라 한다)연도
7. 주위 환경

② 법 제16조제4항에 따라 표준주택가격 조사·산정을 의뢰받은 부동산원은 영 제30조제1항에 따라 별지 제11호서식의 조사·산정보고서에 다음 각 호의 서류를 첨부하여 국토교통부장관에게 제출해야 한다. 〈개정 2020.12.11.〉

1. 지역분석조서
2. 별지 제12호서식에 따라 표준주택별로 작성한 표준주택 조사사항 및 가격산정의견서
3. 별지 제13호서식에 따라 작성한 의견청취결과서(영 제30조제2항 및 제3항에 따라 시장·군수 또는 구청장의 의견을 들은 결과를 기재한다)
4. 표준주택의 위치를 표시한 도면
5. 그 밖에 사실 확인에 필요한 서류

제12조(표준주택가격에 대한 이의신청) 법 제16조제7항에서 준용하는 법 제7조에 따른 표준주택가격에 대한 이의신청은 별지 제14호서식에 따른다.

제13조(개별주택가격 확인서의 발급) 법 제17조에 따라 결정·공시된 개별주택가격의 확인에 관하여는 제5조를 준용한다. 이 경우 확인 신청 및 확인서는 별지 제15호서식에 따른다.

제14조(개별주택가격의 검증의뢰) ① 영 제36조제1항에서 "가격현황도면"이란 해당 연도에 산정된 개별주택가격, 전년도의 개별주택가격 및 해당 연도의 표준주택가격이 주택별로 기재된 도면을 말한다.
② 영 제36조제1항에서 "가격조사자료"란 개별주택가격의 산정조서 및 그 밖에 토지이용계획에 관한 자료를 말한다.

제15조(개별주택 소유자 등의 의견제출) 영 제37조에 따른 개별주택가격에 대한 의견제출은 별지 제16호서식에 따른다.

제16조(개별주택가격에 대한 이의신청) 법 제17조제8항에서 준용하는 법 제7조에 따른 개별주택가격에 대한 이의신청은 별지 제17호서식에 따른다.

제17조(공동주택가격 확인서의 발급) 법 제18조에 따라 결정·공시된 공동주택가격의 확인에 관하여는 제5조를 준용한다. 이 경우 확인 신청 및 확인서는 별지 제18호서식에 따른다.

제18조(공동주택소유자 등의 의견제출) 영 제42조에 따른 공동주택가격에 대한 의견제출은 별지 제19호서식에 따른다.

제19조(공동주택가격 조사·산정보고서) ① 영 제46조제1항에서 "국토교통부령으로 정하는 사항"이란 다음 각 호의 사항을 말한다.
1. 공동주택의 소재지, 단지명, 동명 및 호명
2. 공동주택의 면적 및 공시가격
3. 그 밖에 공동주택가격 조사·산정에 필요한 사항
② 법 제18조제6항에 따라 공동주택가격 조사·산정을 의뢰받은 부동산원은 영 제46조제1항에 따라 개별 공동주택가격 외에 다음 각 호의 사항이 포함된 조사·산정보고서를 책자 또는 전자정보의 형태로 국토교통부장관에게 제출해야 한다. 〈개정 2020.12.11.〉

1. 공동주택 분포현황
2. 공동주택가격 변동률
3. 공동주택가격 총액 및 면적당 단가·평균가격
4. 공동주택가격 상위·하위 현황
5. 의견제출 및 이의신청 접수현황 및 처리현황
6. 그 밖에 공동주택가격에 관한 사항

제20조(공동주택가격에 대한 이의신청) 법 제18조제8항에서 준용하는 법 제7조에 따른 공동주택가격에 대한 이의신청은 별지 제20호서식에 따른다.

제4장 비주거용 부동산가격의 공시

제21조(비주거용 표준부동산 소유자의 의견제출) 법 제20조제7항에서 준용하는 법 제3조제2항에 따른 비주거용 표준부동산가격에 대한 의견제출은 별지 제21호서식에 따른다.

제22조(비주거용 표준부동산가격 조사·산정보고서) ① 영 제53조제1항에서 "국토교통부령으로 정하는 사항"이란 다음 각 호의 사항을 말한다.
1. 부동산의 소재지, 공부상 지목 및 대지면적
2. 대지의 용도지역
3. 도로접면
4. 대지 형상
5. 건물 용도 및 연면적
6. 주건물 구조 및 층수
7. 사용승인연도
8. 주위 환경
② 법 제20조제4항에 따라 비주거용 표준부동산가격의 조사·산정을 의뢰받은 자는 영 제53조제1항에 따라 별지 제22호서식의 조사·산정보고서에 다음 각 호의 서류를 첨부하여 국토교통부장관에게 제출하여야 한다.
1. 지역분석조서
2. 별지 제23호서식에 따라 비주거용 표준부동산별로 작성한 비주거용 표준부동산 조사사항 및 가격산정의견서
3. 별지 제24호서식에 따라 작성한 의견청취결과서(영 제53조제2항 및 제3항에 따라 시장·군수 또는 구청장의 의견을 들은 결과를 기재한다)
4. 비주거용 표준부동산의 위치를 표시한 도면
5. 그 밖에 사실 확인에 필요한 서류

제23조(비주거용 표준부동산가격에 대한 이의신청) 법 제20조제7항에서 준용하는 법 제7조에 따른 비주거용 표준부동산가격에 대한 이의신청은 별지 제25호서식에 따른다.

제24조(비주거용 개별부동산가격 확인서의 발급) 법 제21조에 따라 결정·공시된 비주거용 개별부동산가격의 확인에 관하여는 제5조를 준용한다. 이 경우 확인 신청 및 확인서는 별지 제26호서식에 따른다.

제25조(비주거용 개별부동산가격의 검증의뢰) ① 영 제60조제1항에서 "가격현황도면"이란 해당 연도에 산정된 비주거용 개별부동산가격, 전년도의 비주거용 개별부동산가격 및 해당 연도의 비주거용 표준부동산가격이 비주거용 부동산별로 기재된 도면을 말한다.

② 영 제60조제1항에서 "가격조사자료"란 비주거용 개별부동산가격의 산정조서 및 그 밖에 토지이용계획에 관한 자료를 말한다.

제26조(비주거용 일반부동산 소유자 등의 의견제출) 영 제61조에 따른 비주거용 개별부동산가격에 대한 의견제출은 별지 제27호서식에 따른다.

제27조(비주거용 개별부동산가격에 대한 이의신청) 법 제21조제8항에서 준용하는 법 제11조에 따른 비주거용 개별부동산가격에 대한 이의신청은 별지 제28호서식에 따른다.

제28조(비주거용 집합부동산가격 확인서의 발급) 법 제22조에 따라 결정·공시된 비주거용 집합부동산가격의 확인에 관하여는 제5조를 준용한다. 이 경우 확인 신청 및 확인서는 별지 제29호서식에 따른다.

제29조(비주거용 집합부동산 소유자 등의 의견제출) 영 제66조에 따른 비주거용 집합부동산가격에 대한 의견제출은 별지 제30호서식에 따른다.

제30조(비주거용 집합부동산가격 조사·산정보고서) ① 영 제69조제2항에서 "국토교통부령으로 정하는 사항"이란 다음 각 호의 사항을 말한다.
1. 비주거용 집합부동산의 소재지, 동명 및 호명
2. 비주거용 집합부동산의 면적 및 공시가격
3. 그 밖에 비주거용 집합부동산의 조사·산정에 필요한 사항

② 법 제22조제7항에 따라 비주거용 집합부동산가격 조사·산정을 의뢰받은 자는 영 제69조제2항에 따라 개별 비주거용 집합부동산가격 외에 다음 각 호의 사항이 포함된 조사·산정보고서를 책자 또는 전자정보의 형태로 국토교통부장관에게 제출하여야 한다.
1. 비주거용 집합부동산 분포현황
2. 비주거용 집합부동산가격 변동률
3. 비주거용 집합부동산가격 총액 및 면적당 단가·평균가격
4. 비주거용 집합부동산가격 상위·하위 현황
5. 의견제출 및 이의신청 접수현황 및 처리현황
6. 밖에 비주거용 집합부동산가격에 관한 사항

제31조(비주거용 집합부동산가격에 대한 이의신청) 법 제22조제9항에서 준용하는 법 제7조에 따른 비주거용 집합부동산가격에 대한 이의신청은 별지 제31호서식에 따른다.

제32조(자료의 공개) 국토교통부장관은 법 제26조제1항에 따라 표준지공시지가, 표준주택가격 및 공동주택가격의 주요사항에 관한 보고서를 국회에 제출하는 때에 같은 조 제2항에 따라 다음 각 호의 자료를 영 제4조에 따른 부동산공시가격시스템에 게시해야 한다.

1. 부동산 유형별 종합적인 시세 반영률
2. 부동산 유형별 공시가격의 조사·산정 기준 및 절차
3. 부동산 공시가격 산정에 고려된 용도지역 또는 용도 등 주요 특성 및 현황
4. 부동산 공시가격 산정에 참고한 인근지역의 실거래가 및 시세자료 등 가격에 관한 자료

[본조신설 2020.10.8.]

부칙 〈국토교통부령 제787호, 2020.12.11.〉 (한국감정원 명칭 변경을 위한 6개 부령의 일부개정에 관한 국토교통부령)

이 규칙은 2020년 12월 10일부터 시행한다.

부칙 〈국토교통부령 제1099호, 2022.1.21.〉 (감정평가 및 감정평가사에 관한 법률 시행규칙)

제1조(시행일) 이 규칙은 2022년 1월 21일부터 시행한다.

제2조(다른 법령의 개정) ①부터 ⑧까지 생략

⑨ 부동산 가격공시에 관한 법률 시행규칙 일부를 다음과 같이 개정한다.

　별지 제7호서식의 처리절차란 중 "감정평가업자"를 "감정평가법인등"으로 한다.

　별지 제8호서식의 처리절차란 중 "감정평가업자"를 "감정평가법인등"으로 한다.

⑩부터 ⑫까지 생략

부칙 〈국토교통부령 제1118호, 2022.3.30.〉 (국민 편의를 높이는 서식 정비를 위한 17개 법령의 일부개정에 관한 국토교통부령)

이 규칙은 공포한 날부터 시행한다.

별표 / 서식

[별지 제1호서식] 표준지공시지가 의견서

[별지 제2호서식] 표준지공시지가 조사·평가보고서

[별지 제3호서식] 표준지 조사사항 및 가격평가의견서

[별지 제4호서식] 시장·군수·구청장의 표준지공시지가 의견청취결과서

[별지 제5호서식] 표준지공시지가 이의신청서

[별지 제6호서식] 개별공시지가 확인(신청)서

[별지 제7호서식] 개별공시지가 의견서

[별지 제8호서식] 개별공시지가 이의신청서

[별지 제9호서식] 허가증

[별지 제10호서식] 표준주택가격 의견서

[별지 제11호서식] 표준주택가격 조사·산정보고서

[별지 제12호서식] 표준주택 조사사항 및 가격산정의견서

[별지 제13호서식] 시장·군수·구청장의 표준주택가격 의견청취결과서

[별지 제14호서식] 표준주택가격 이의신청서

[별지 제15호서식] 개별주택가격 확인(신청)서

[별지 제16호서식] 개별주택가격 의견서

[별지 제17호서식] 개별주택가격 이의신청서

[별지 제18호서식] 공동주택가격 확인(신청)서

[별지 제19호서식] 공동주택가격 의견서

[별지 제20호서식] 공동주택가격 이의신청서

[별지 제21호서식] 비주거용 표준부동산가격 의견서

[별지 제22호서식] 비주거용 표준부동산가격 조사·산정보고서

[별지 제23호서식] 비주거용 표준부동산 조사사항 및 가격산정의견서

[별지 제24호서식] 시장·군수·구청장의 비주거용 표준부동산가격 의견청취결과서

[별지 제25호서식] 비주거용 표준부동산가격 이의신청서

[별지 제26호서식] 비주거용 개별부동산가격 확인(신청)서

[별지 제27호서식] 비주거용 개별부동산가격 의견서

[별지 제28호서식] 비주거용 개별부동산가격 이의신청서

[별지 제29호서식] 비주거용 집합부동산가격 확인(신청)서

[별지 제30호서식] 비주거용 집합부동산가격 의견서

[별지 제31호서식] 비주거용 집합부동산가격 이의신청서

[시행 2023.8.10.] [법률 제19403호, 2023.5.9, 일부개정]

감정평가 및 감정평가사에 관한 법률
[감정평가법]

감정평가 및 감정평가사에 관한 법률

제1장 총칙

제1조(목적) 이 법은 감정평가 및 감정평가사에 관한 제도를 확립하여 공정한 감정평가를 도모함으로써 국민의 재산권을 보호하고 국가경제 발전에 기여함을 목적으로 한다.

제2조(정의) 이 법에서 사용하는 용어의 뜻은 다음과 같다. 〈개정 2020.4.7, 2021.7.20.〉

1. "토지등"이란 토지 및 그 정착물, 동산, 그 밖에 대통령령으로 정하는 재산과 이들에 관한 소유권 외의 권리를 말한다.
2. "감정평가"란 토지등의 경제적 가치를 판정하여 그 결과를 가액(價額)으로 표시하는 것을 말한다.
3. "감정평가업"이란 타인의 의뢰에 따라 일정한 보수를 받고 토지등의 감정평가를 업(業)으로 행하는 것을 말한다.
4. "감정평가법인등"이란 제21조에 따라 사무소를 개설한 감정평가사와 제29조에 따라 인가를 받은 감정평가법인을 말한다.

제2장 감정평가

제3조(기준) ① 감정평가법인등이 토지를 감정평가하는 경우에는 그 토지와 이용가치가 비슷하다고 인정되는 「부동산 가격공시에 관한 법률」에 따른 표준지공시지가를 기준으로 하여야 한다. 다만, 적정한 실거래가가 있는 경우에는 이를 기준으로 할 수 있다. 〈개정 2020.4.7.〉

② 제1항에도 불구하고 감정평가법인등이 「주식회사 등의 외부감사에 관한 법률」에 따른 재무제표 작성 등 기업의 재무제표 작성에 필요한 감정평가와 담보권의 설정·경매 등 대통령령으로 정하는 감정평가를 할 때에는 해당 토지의 임대료, 조성비용 등을 고려하여 감정평가를 할 수 있다. 〈개정 2017.10.31, 2018.3.20, 2020.4.7.〉

③ 감정평가의 공정성과 합리성을 보장하기 위하여 감정평가법인등(소속 감정평가사를 포함한다. 이하 이 조에서 같다)이 준수하여야 할 원칙과 기준은 국토교통부령으로 정한다. 〈개정 2020.4.7, 2021.7.20.〉

④ 국토교통부장관은 감정평가법인등이 감정평가를 할 때 필요한 세부적인 기준(이하 "실무기준"이라한다)의 제정 등에 관한 업무를 수행하기 위하여 대통령령으로 정하는 바에 따라 전문성을 갖춘 민간법인 또는 단체(이하 "기준제정기관"이라 한다)를 지정할 수 있다. 〈신설 2021.7.20.〉

⑤ 국토교통부장관은 필요하다고 인정되는 경우 제40조에 따른 감정평가관리·징계위원회의 심의를 거쳐 기준제정기관에 실무기준의 내용을 변경하도록 요구할 수 있다. 이 경우 기준제정기관은 정당한 사유가 없으면 이에 따라야 한다. 〈신설 2021.7.20.〉

⑥ 국가는 기준제정기관의 설립 및 운영에 필요한 비용의 일부 또는 전부를 지원할 수 있다. 〈신설 2021.7.20.〉

제4조(직무) ① 감정평가사는 타인의 의뢰를 받아 토지등을 감정평가하는 것을 그 직무로 한다. 〈개정 2021.7.20.〉

② 감정평가사는 공공성을 지닌 가치평가 전문직으로서 공정하고 객관적으로 그 직무를 수행한다. 〈신설 2021.7.20.〉

제5조(감정평가의 의뢰) ① 국가, 지방자치단체, 「공공기관의 운영에 관한 법률」에 따른 공공기관 또는 그 밖에 대통령령으로 정하는 공공단체(이하 "국가등"이라 한다)가 토지등의 관리·매입·매각·경매·재평가 등을 위하여 토지등을 감정평가하려는 경우에는 감정평가법인등에 의뢰하여야 한다. 〈개정 2020.4.7.〉

② 금융기관·보험회사·신탁회사 또는 그 밖에 대통령령으로 정하는 기관이 대출, 자산의 매입·매각·관리 또는 「주식회사 등의 외부감사에 관한 법률」에 따른 재무제표 작성을 포함한 기업의 재무제표 작성 등과 관련하여 토지등의 감정평가를 하려는 경우에는 감정평가법인등에 의뢰하여야 한다. 〈개정 2017.10.31, 2018.3.20, 2020.4.7.〉

③ 제1항 또는 제2항에 따라 감정평가를 의뢰하려는 자는 제33조에 따른 한국감정평가사협회에 요청하여 추천받은 감정평가법인등에 감정평가를 의뢰할 수 있다. 〈개정 2020.4.7.〉

④ 제1항 및 제2항에 따른 의뢰의 절차와 방법 및 제3항에 따른 추천의 기준 등에 필요한 사항은 대통령령으로 정한다.

제6조(감정평가서) ① 감정평가법인등은 감정평가를 의뢰받은 때에는 지체 없이 감정평가를 실시한 후 국토교통부령으로 정하는 바에 따라 감정평가 의뢰인에게 감정평가서(「전자문서 및 전자거래기본법」 제2조에 따른 전자문서로 된 감정평가서를 포함한다)를 발급하여야 한다. 〈개정 2020.4.7, 2021.7.20.〉

② 감정평가서에는 감정평가법인등의 사무소 또는 법인의 명칭을 적고, 감정평가를 한 감정평가사가 그 자격을 표시한 후 서명과 날인을 하여야 한다. 이 경우 감정평가법인의 경우에는 그 대표사원 또는 대표이사도 서명이나 날인을 하여야 한다. 〈개정 2020.4.7.〉

③ 감정평가법인등은 감정평가서의 원본과 그 관련 서류를 국토교통부령으로 정하는 기간 이상 보존하여야 하며, 해산하거나 폐업하는 경우에도 대통령령으로 정하는 바에 따라 보존하여야 한다. 이 경우 감정평가법인등은 감정평가서의 원본과 그 관련 서류를 이동식 저장장치 등 전자적 기록매체에 수록하여 보존할 수 있다. 〈개정 2020.4.7, 2021.7.20.〉

제7조(감정평가서의 심사 등) 감정평가법인은 제6조에 따라 감정평가서를 의뢰인에게 발급하기 전에 감정평가를 한 소속 감정평가사가 작성한 감정평가서의 적정성을 같은 법인 소속의 다른 감정평가사에게 심사하게 하고, 그 적정성을 심사한 감정평가사로 하여금 감정평가서에 그 심사사실을 표시하고 서명과 날인을 하게 하여야 한다.

② 제1항에 따라 감정평가서의 적정성을 심사하는 감정평가사는 감정평가서가 제3조에 따른 원칙과 기준을 준수하여 작성되었는지 여부를 신의와 성실로써 공정하게 심사하여야 한다. 〈개정 2021.7.20.〉

③ 감정평가 의뢰인 및 관계 기관 등 대통령령으로 정하는 자는 발급된 감정평가서의 적정성에 대한 검토를 대통령령으로 정하는 기준을 충족하는 감정평가법인등(해당 감정평가서를 발급한 감정평가법인등은 제외한다)에게 의뢰할 수 있다. 〈신설 2021.7.20.〉

④ 제1항에 따른 심사대상·절차·기준 및 제3항에 따른 검토절차·기준 등에 관하여 필요한 사항은 대통령령으로 정한다. 〈신설 2021.7.20.〉

[제목개정 2021.7.20.]

제8조(감정평가 타당성조사 등) ① 국토교통부장관은 제6조에 따라 감정평가서가 발급된 후 해당 감정평가가 이 법 또는 다른 법률에서 정하는 절차와 방법 등에 따라 타당하게 이루어졌는지를 직권으로 또는 관계 기관 등의 요청에 따라 조사할 수 있다.

② 제1항에 따른 타당성조사를 할 경우에는 해당 감정평가법인등 및 대통령령으로 정하는 이해관계인에게 의견진술기회를 주어야 한다. 〈개정 2020.4.7.〉

③ 제1항 및 제2항에 따른 타당성조사의 절차 등에 필요한 사항은 대통령령으로 정한다.

④ 국토교통부장관은 감정평가 제도를 개선하기 위하여 대통령령으로 정하는 바에 따라 제6조제1항에 따라 발급된 감정평가서에 대한 표본조사를 실시할 수 있다. 〈신설 2021.7.20.〉

[제목개정 2021.7.20.]

제9조(감정평가 정보체계의 구축·운용 등) ① 국토교통부장관은 국가등이 의뢰하는 감정평가와 관련된 정보 및 자료를 효율적이고 체계적으로 관리하기 위하여 감정평가 정보체계(이하 "감정평가 정보체계"라 한다)를 구축·운영할 수 있다.

② 「공익사업을 위한 토지 등의 취득 및 보상에 관한 법률」에 따른 감정평가 등 국토교통부령으로 정하는 감정평가를 의뢰받은 감정평가법인등은 감정평가 결과를 감정평가 정보체계에 등록하여야 한다. 다만, 개인정보 보호 등 국토교통부장관이 정하는 정당한 사유가 있는 경우에는 그러하지 아니하다. 〈개정 2020.4.7.〉

③ 감정평가법인등은 제2항에 따른 감정평가 정보체계 등록 대상인 감정평가에 대해서는 제6조 제1항에 따른 감정평가서를 발급할 때 해당 의뢰인에게 그 등록에 대한 사실을 알려야 한다. 〈신설 2021.7.20.〉

④ 국토교통부장관은 감정평가 정보체계의 운용을 위하여 필요한 경우 관계 기관에 자료제공을 요청할 수 있다. 이 경우 이를 요청받은 기관은 정당한 사유가 없으면 그 요청을 따라야 한다. 〈개정 2020.6.9, 2021.7.20.〉

⑤ 제1항 및 제2항에 따른 정보 및 자료의 종류, 감정평가 정보체계의 구축·운영방법 등에 필요한 사항은 국토교통부령으로 정한다. 〈개정 2021.7.20.〉

제3장 감정평가사

제1절 업무와 자격

제10조(감정평가법인등의 업무) 감정평가법인등은 다음 각 호의 업무를 행한다. 〈개정 2020.4.7.〉

1. 「부동산 가격공시에 관한 법률」에 따라 감정평가법인등이 수행하는 업무
2. 「부동산 가격공시에 관한 법률」 제8조제2호에 따른 목적을 위한 토지등의 감정평가
3. 「자산재평가법」에 따른 토지등의 감정평가
4. 법원에 계속 중인 소송 또는 경매를 위한 토지등의 감정평가
5. 금융기관·보험회사·신탁회사 등 타인의 의뢰에 따른 토지등의 감정평가
6. 감정평가와 관련된 상담 및 자문
7. 토지등의 이용 및 개발 등에 대한 조언이나 정보 등의 제공
8. 다른 법령에 따라 감정평가법인등이 할 수 있는 토지등의 감정평가
9. 제1호부터 제8호까지의 업무에 부수되는 업무

[제목개정 2020.4.7.]

제11조(자격) 제14조에 따른 감정평가사시험에 합격한 사람은 감정평가사의 자격이 있다.

제12조(결격사유) ① 다음 각 호의 어느 하나에 해당하는 사람은 감정평가사가 될 수 없다. 〈개정 2020.6.9, 2021.7.20, 2023.5.9.〉

1. 삭제 〈2021.7.20.〉
2. 파산선고를 받은 사람으로서 복권되지 아니한 사람
3. 금고 이상의 실형을 선고받고 그 집행이 종료(집행이 종료된 것으로 보는 경우를 포함한다)되거나 그 집행이 면제된 날부터 3년이 지나지 아니한 사람
4. 금고 이상의 형의 집행유예를 받고 그 유예기간이 만료된 날부터 1년이 지나지 아니한 사람
5. 금고 이상의 형의 선고유예를 받고 그 선고유예기간 중에 있는 사람
6. 제13조에 따라 감정평가사 자격이 취소된 후 3년이 지나지 아니한 사람. 다만, 제7호에 해당하는 사람은 제외한다.
7. 제39조 제1항 제11호 및 제12호에 따라 자격이 취소된 후 5년이 지나지 아니한 사람

② 국토교통부장관은 감정평가사가 제1항 제2호부터 제5호까지의 어느 하나에 해당하는지 여부를 확인하기 위하여 관계 기관에 자료를 요청할 수 있다. 이 경우 관계 기관은 특별한 사정이 없으면 그 자료를 제공하여야 한다. 〈신설 2021.7.20.〉

제13조(자격의 취소) ① 국토교통부장관은 감정평가사가 다음 각 호의 어느 하나에 해당하는 경우에는 그 자격을 취소하여야 한다. 〈개정 2021.7.20.〉

1. 부정한 방법으로 감정평가사의 자격을 받은 경우
2. 제39조 제2항 제1호에 해당하는 징계를 받은 경우

② 국토교통부장관은 제1항에 따라 감정평가사의 자격을 취소한 경우에는 국토교통부령으로 정하는 바에 따라 그 사실을 공고하여야 한다.

③ 제1항에 따라 감정평가사의 자격이 취소된 사람은 자격증(제17조에 따라 등록한 경우에는 등록증을 포함한다)을 국토교통부장관에게 반납하여야 한다.

제2절 시험

제14조(감정평가사시험) ① 감정평가사시험(이하 "시험"이라 한다)은 국토교통부장관이 실시하며, 제1차 시험과 제2차 시험으로 이루어진다.

② 시험의 최종 합격 발표일을 기준으로 제12조에 따른 결격사유에 해당하는 사람은 시험에 응시할 수 없다.

③ 국토교통부장관은 제2항에 따라 시험에 응시할 수 없음에도 불구하고 시험에 응시하여 최종 합격한 사람에 대해서는 합격결정을 취소하여야 한다.

④ 시험과목, 시험공고 등 시험의 절차·방법 등에 필요한 사항은 대통령령으로 정한다.

⑤ 시험에 응시하려는 사람은 실비의 범위에서 대통령령으로 정하는 수수료를 내야 한다. 이 경우 수수료의 납부방법, 반환 등에 필요한 사항은 대통령령으로 정한다.

제15조(시험의 일부면제) ① 감정평가법인 등 대통령령으로 정하는 기관에서 5년 이상 감정평가와 관련된 업무에 종사한 사람에 대해서는 시험 중 제1차 시험을 면제한다.

② 제1차 시험에 합격한 사람에 대해서는 다음 회의 시험에 한정하여 제1차 시험을 면제한다.

제16조(부정행위자에 대한 제재) ① 국토교통부장관은 다음 각 호의 어느 하나에 해당하는 사람에 대해서는 해당 시험을 정지시키거나 무효로 한다.

  1. 부정한 방법으로 시험에 응시한 사람
  2. 시험에서 부정한 행위를 한 사람
  3. 제15조제1항에 따른 시험의 일부 면제를 위한 관련 서류를 거짓 또는 부정한 방법으로 제출한 사람

② 제1항에 따라 처분을 받은 사람은 그 처분을 받은 날부터 5년간 시험에 응시할 수 없다.

제3절 등록

제17조(등록 및 갱신등록) ① 제11조에 따른 감정평가사 자격이 있는 사람이 제10조에 따른 업무를 하려는 경우에는 대통령령으로 정하는 바에 따라 실무수습 또는 교육연수를 마치고 국토교통부장관에게 등록하여야 한다. 〈개정 2021.7.20.〉

② 제1항에 따라 등록한 감정평가사는 대통령령으로 정하는 바에 따라 등록을 갱신하여야 한다. 이 경우 갱신기간은 3년 이상으로 한다.

③ 제1항에 따른 실무수습 또는 교육연수는 제33조에 따른 한국감정평가사협회가 국토교통부장관의 승인을 받아 실시·관리한다. 〈개정 2021.7.20.〉

④ 제1항에 따른 실무수습·교육연수의 대상·방법·기간 등과 제1항에 따른 등록 및 제2항에 따른 갱신등록을 위하여 필요한 신청절차, 구비서류 및 그 밖에 필요한 사항은 대통령령으로 정한다. 〈개정 2021.7.20.〉

제18조(등록 및 갱신등록의 거부) ① 국토교통부장관은 제17조에 따른 등록 또는 갱신등록을 신청한 사람이 다음 각 호의 어느 하나에 해당하는 경우에는 그 등록을 거부하여야 한다. 〈개정 2021.7.20.〉

1. 제12조 각 호의 어느 하나에 해당하는 경우

2. 제17조 제1항에 따른 실무수습 또는 교육연수를 받지 아니한 경우

3. 제39조에 따라 등록이 취소된 후 3년이 지나지 아니한 경우

4. 제39조에 따라 업무가 정지된 감정평가사로서 그 업무정지 기간이 지나지 아니한 경우

5. 미성년자 또는 피성년후견인·피한정후견인

② 국토교통부장관은 제1항에 따라 등록 또는 갱신등록을 거부한 경우에는 그 사실을 관보에 공고하고, 정보통신망 등을 이용하여 일반인에게 알려야 한다.

③ 제2항에 따른 공고의 방법, 내용 및 그 밖에 필요한 사항은 국토교통부령으로 정한다.

④ 국토교통부장관은 감정평가사가 제1항 제1호 및 제5호에 해당하는지 여부를 확인하기 위하여 관계 기관에 관련 자료를 요청할 수 있다. 이 경우 관계 기관은 특별한 사정이 없으면 그 자료를 제공하여야 한다. 〈신설 2021.7.20.〉

제19조(등록의 취소) ① 국토교통부장관은 제17조에 따라 등록한 감정평가사가 다음 각 호의 어느 하나에 해당하는 경우에는 그 등록을 취소하여야 한다. 〈개정 2021.7.20.〉

1. 제12조 각 호의 어느 하나에 해당하는 경우

2. 사망한 경우

3. 등록취소를 신청한 경우

4. 제39조 제2항 제2호에 해당하는 징계를 받은 경우

② 국토교통부장관은 제1항에 따라 등록을 취소한 경우에는 그 사실을 관보에 공고하고, 정보통신망 등을 이용하여 일반인에게 알려야 한다.

③ 제1항에 따라 등록이 취소된 사람은 등록증을 국토교통부장관에게 반납하여야 한다.

④ 제2항에 따른 공고의 방법, 내용 및 그 밖에 필요한 사항은 국토교통부령으로 정한다.

⑤ 국토교통부장관은 감정평가사가 제1항 제1호에 해당하는지 여부를 확인하기 위하여 관계 기관에 관련 자료를 요청할 수 있다. 이 경우 관계 기관은 특별한 사정이 없으면 그 자료를 제공하여야 한다. 〈신설 2021.7.20.〉

제20조(외국감정평가사) ① 외국의 감정평가사 자격을 가진 사람으로서 제12조에 따른 결격사유에 해당하지 아니하는 사람은 그 본국에서 대한민국정부가 부여한 감정평가사 자격을 인정하는 경우에 한정하여 국토교통부장관의 인가를 받아 제10조 각 호의 업무를 수행할 수 있다.

② 국토교통부장관은 제1항에 따른 인가를 하는 경우 필요하다고 인정하는 때에는 그 업무의 일부를 제한할 수 있다.

③ 제1항 및 제2항에 규정된 것 외에 외국감정평가사에 필요한 사항은 대통령령으로 정한다.

제4절 권리와 의무

제21조(사무소 개설 등) ① 제17조에 따라 등록을 한 감정평가사가 감정평가업을 하려는 경우에는 감정 평가사사무소를 개설할 수 있다. 〈개정 2021.7.20.〉

② 다음 각 호의 어느 하나에 해당하는 사람은 제1항에 따른 개설을 할 수 없다. 〈개정 2021.7.20.〉

　1. 제18조 제1항 각 호의 어느 하나에 해당하는 사람

　2. 제32조 제1항(제1호, 제7호 및 제15호는 제외한다)에 따라 설립인가가 취소되거나 업무가 정 지된 감정평가법인의 설립인가가 취소된 후 1년이 지나지 아니하였거나 업무정지 기간이 지나 지 아니한 경우 그 감정평가법인의 사원 또는 이사였던 사람

　3. 제32조 제1항(제1호 및 제7호는 제외한다)에 따라 업무가 정지된 감정평가사로서 업무정지 기 간이 지나지 아니한 사람

③ 감정평가사는 그 업무를 효율적으로 수행하고 공신력을 높이기 위하여 합동사무소를 대통령령으로 정하는 바에 따라 설치할 수 있다. 이 경우 합동사무소는 대통령령으로 정하는 수 이상의 감정평가 사를 두어야 한다. 〈개정 2021.7.20.〉

④ 감정평가사는 감정평가업을 하기 위하여 1개의 사무소만을 설치할 수 있다.

⑤ 감정평가사사무소에는 소속 감정평가사를 둘 수 있다. 이 경우 소속 감정평가사는 제18조 제1항 각 호의 어느 하나에 해당하는 사람이 아니어야 하며, 감정평가사사무소를 개설한 감정평가사는 소속 감정평가사가 아닌 사람에게 제10조에 따른 업무를 하게 하여서는 아니 된다. 〈개정 2021.7.20.〉

⑥ 삭제 〈2021.7.20.〉

　[제목개정 2021.7.20.]

제21조의2(고용인의 신고) 감정평가법인등은 소속 감정평가사 또는 제24조에 따른 사무직원을 고용하 거나 고용관계가 종료된 때에는 국토교통부령으로 정하는 바에 따라 국토교통부장관에게 신고하여 야 한다. 〈개정 2020.4.7.〉

　[본조신설 2019.8.20.]

제22조(사무소의 명칭 등) ① 제21조에 따라 신고를 한 감정평가법인등은 그 사무소의 명칭에 "감정평 가사사무소"라는 용어를 사용하여야 하며, 제29조에 따른 법인은 그 명칭에 "감정평가법인"이라는 용어를 사용하여야 한다. 〈개정 2020.4.7, 2021.7.20.〉

② 이 법에 따른 감정평가사가 아닌 사람은 "감정평가사" 또는 이와 비슷한 명칭을 사용할 수 없으며, 이 법에 따른 감정평가법인등이 아닌 자는 "감정평가사사무소", "감정평가법인" 또는 이와 비슷한 명칭을 사용할 수 없다. 〈개정 2020.4.7.〉

제23조(수수료 등) ① 감정평가법인등은 의뢰인으로부터 업무수행에 따른 수수료와 그에 필요한 실비 를 받을 수 있다. 〈개정 2020.4.7.〉

② 제1항에 따른 수수료의 요율 및 실비의 범위는 국토교통부장관이 제40조에 따른 감정평가관리·징계위원회의 심의를 거쳐 결정한다.

③ 감정평가법인등과 의뢰인은 제2항에 따른 수수료의 요율 및 실비에 관한 기준을 준수하여야 한다. 〈개정 2020.4.7, 2021.7.20.〉

제24조(사무직원) ① 감정평가법인등은 그 직무의 수행을 보조하기 위하여 사무직원을 둘 수 있다. 다만, 다음 각 호의 어느 하나에 해당하는 사람은 사무직원이 될 수 없다. 〈개정 2019.8.20, 2020.4.7, 2023.5.9.〉

1. 미성년자 또는 피성년후견인·피한정후견인
2. 이 법 또는 「형법」 제129조부터 제132조까지, 「특정범죄 가중처벌 등에 관한 법률」 제2조 또는 제3조, 그 밖에 대통령령으로 정하는 법률에 따라 유죄 판결을 받은 사람으로서 다음 각 목의 어느 하나에 해당하는 사람
    가. 징역 이상의 형을 선고받고 그 집행이 끝나거나 그 집행을 받지 아니하기로 확정된 후 3년이 지나지 아니한 사람
    나. 징역형의 집행유예를 선고받고 그 유예기간이 지난 후 1년이 지나지 아니한 사람
    다. 징역형의 선고유예를 받고 그 유예기간 중에 있는 사람
3. 제13조에 따라 감정평가사 자격이 취소된 후 1년이 경과되지 아니한 사람. 다만, 제4호 또는 제5호에 해당하는 사람은 제외한다.
4. 제39조제1항제11호에 따라 자격이 취소된 후 5년이 경과되지 아니한 사람
5. 제39조제1항제12호에 따라 자격이 취소된 후 3년이 경과되지 아니한 사람
6. 제39조에 따라 업무가 정지된 감정평가사로서 그 업무정지 기간이 지나지 아니한 사람

② 감정평가법인등은 사무직원을 지도·감독할 책임이 있다. 〈개정 2020.4.7.〉
③ 국토교통부장관은 사무직원이 제1항 제1호부터 제6호까지의 어느 하나에 해당하는지 여부를 확인하기 위하여 관계 기관에 관련 자료를 요청할 수 있다. 이 경우 관계 기관은 특별한 사정이 없으면 그 자료를 제공하여야 한다. 〈신설 2021.7.20, 2023.5.9.〉

제25조(성실의무 등) ① 감정평가법인등(감정평가법인 또는 감정평가사사무소의 소속 감정평가사를 포함한다. 이하 이 조에서 같다)은 제10조에 따른 업무를 하는 경우 품위를 유지하여야 하고, 신의와 성실로써 공정하게 하여야 하며, 고의 또는 중대한 과실로 업무를 잘못하여서는 아니 된다. 〈개정 2020.4.7, 2021.7.20.〉
② 감정평가법인등은 자기 또는 친족 소유, 그 밖에 불공정하게 제10조에 따른 업무를 수행할 우려가 있다고 인정되는 토지등에 대해서는 그 업무를 수행하여서는 아니 된다. 〈개정 2020.4.7, 2021.7.20.〉
③ 감정평가법인등은 토지등의 매매업을 직접 하여서는 아니 된다. 〈개정 2020.4.7.〉
④ 감정평가법인등이나 그 사무직원은 제23조에 따른 수수료와 실비 외에는 어떠한 명목으로도 그 업무와 관련된 대가를 받아서는 아니 되며, 감정평가 수주의 대가로 금품 또는 재산상의 이익을 제공하거나 제공하기로 약속하여서는 아니 된다. 〈개정 2019.8.20, 2020.4.7.〉
⑤ 감정평가사, 감정평가사가 아닌 사원 또는 이사 및 사무직원은 둘 이상의 감정평가법인(같은 법인의 주·분사무소를 포함한다) 또는 감정평가사사무소에 소속될 수 없으며, 소속된 감정평가법인 이외의 다른 감정평가법인의 주식을 소유할 수 없다. 〈개정 2021.7.20.〉

⑥ 감정평가법인등이나 사무직원은 제28조의2에서 정하는 유도 또는 요구에 따라서는 아니 된다. 〈신설 2021.7.20.〉

제26조(비밀엄수) 감정평가법인등(감정평가법인 또는 감정평가사사무소의 소속 감정평가사를 포함한다. 이하 이 조에서 같다)이나 그 사무직원 또는 감정평가법인등이었거나 그 사무직원이었던 사람은 업무상 알게 된 비밀을 누설하여서는 아니 된다. 다만, 다른 법령에 특별한 규정이 있는 경우에는 그러하지 아니하다. 〈개정 2020.4.7.〉

제27조(명의대여 등의 금지) ① 감정평가사 또는 감정평가법인등은 다른 사람에게 자기의 성명 또는 상호를 사용하여 제10조에 따른 업무를 수행하게 하거나 자격증·등록증 또는 인가증을 양도·대여하거나 이를 부당하게 행사하여서는 아니 된다. 〈개정 2020.4.7.〉
② 누구든지 제1항의 행위를 알선해서는 아니 된다. 〈신설 2020.4.7.〉

제28조(손해배상책임) ① 감정평가법인등이 감정평가를 하면서 고의 또는 과실로 감정평가 당시의 적정가격과 현저한 차이가 있게 감정평가를 하거나 감정평가 서류에 거짓을 기록함으로써 감정평가 의뢰인이나 선의의 제3자에게 손해를 발생하게 하였을 때에는 감정평가법인등은 그 손해를 배상할 책임이 있다. 〈개정 2020.4.7.〉
② 감정평가법인등은 제1항에 따른 손해배상책임을 보장하기 위하여 대통령령으로 정하는 바에 따라 보험에 가입하거나 제33조에 따른 한국감정평가사협회가 운영하는 공제사업에 가입하는 등 필요한 조치를 하여야 한다. 〈개정 2020.4.7.〉
③ 감정평가법인등은 제1항에 따라 감정평가 의뢰인이나 선의의 제3자에게 법원의 확정판결을 통한 손해배상이 결정된 경우에는 국토교통부령으로 정하는 바에 따라 그 사실을 국토교통부장관에게 알려야 한다. 〈신설 2021.7.20.〉
④ 국토교통부장관은 감정평가 의뢰인이나 선의의 제3자를 보호하기 위하여 감정평가법인등이 갖추어야 하는 손해배상능력 등에 대한 기준을 국토교통부령으로 정할 수 있다. 〈신설 2021.7.20.〉

제28조의2(감정평가 유도·요구 금지) 누구든지 감정평가법인등(감정평가법인 또는 감정평가사사무소의 소속 감정평가사를 포함한다)과 그 사무직원에게 토지등에 대하여 특정한 가액으로 감정평가를 유도 또는 요구하는 행위를 하여서는 아니 된다.
[본조신설 2021.7.20.]

제5절 감정평가법인

제29조(설립 등) ① 감정평가사는 제10조에 따른 업무를 조직적으로 수행하기 위하여 감정평가법인을 설립할 수 있다.
② 감정평가법인은 전체 사원 또는 이사의 100분의 70이 넘는 범위에서 대통령령으로 정하는 비율 이상을 감정평가사로 두어야 한다. 이 경우 감정평가사가 아닌 사원 또는 이사는 토지등에 대한 전문성 등 대통령령으로 정하는 자격을 갖춘 자로서 제18조 제1항 제1호 또는 제5호에 해당하는 사람이 아니어야 한다. 〈개정 2021.7.20.〉

③ 감정평가법인의 대표사원 또는 대표이사는 감정평가사여야 한다. 〈신설 2021.7.20.〉

④ 감정평가법인과 그 주사무소(主事務所) 및 분사무소(分事務所)에는 대통령령으로 정하는 수 이상의 감정평가사를 두어야 한다. 이 경우 감정평가법인의 소속 감정평가사는 제18조제1항 각 호의 어느 하나 및 제21조 제2항 제2호에 해당하는 사람이 아니어야 한다. 〈개정 2021.7.20.〉

⑤ 감정평가법인을 설립하려는 경우에는 사원이 될 사람 또는 감정평가사인 발기인이 공동으로 다음 각 호의 사항을 포함한 정관을 작성하여 대통령령으로 정하는 바에 따라 국토교통부장관의 인가를 받아야 하며, 정관을 변경할 때에도 또한 같다. 다만, 대통령령으로 정하는 경미한 사항의 변경은 신고할 수 있다. 〈개정 2021.7.20.〉

1. 목적
2. 명칭
3. 주사무소 및 분사무소의 소재지
4. 사원(주식회사의 경우에는 발기인)의 성명, 주민등록번호 및 주소
5. 사원의 출자(주식회사의 경우에는 주식의 발행)에 관한 사항
6. 업무에 관한 사항

⑥ 국토교통부장관은 제5항에 따른 인가의 신청을 받은 날부터 20일 이내에 인가 여부를 신청인에게 통지하여야 한다. 〈신설 2018.3.20., 2021.7.20.〉

⑦ 국토교통부장관이 제6항에 따른 기간 내에 인가 여부를 통지할 수 없을 때에는 그 기간이 끝나는 날의 다음 날부터 기산(起算)하여 20일의 범위에서 기간을 연장할 수 있다. 이 경우 국토교통부장관은 연장된 사실과 연장 사유를 신청인에게 지체 없이 문서(전자문서를 포함한다)로 통지하여야 한다. 〈신설 2018.3.20., 2021.7.20.〉

⑧ 감정평가법인은 사원 전원의 동의 또는 주주총회의 의결이 있는 때에는 국토교통부장관의 인가를 받아 다른 감정평가법인과 합병할 수 있다. 〈개정 2018.3.20., 2021.7.20.〉

⑨ 감정평가법인은 해당 법인의 소속 감정평가사 외의 사람에게 제10조에 따른 업무를 하게 하여서는 아니 된다. 〈개정 2018.3.20., 2021.7.20.〉

⑩ 감정평가법인은 「주식회사 등의 외부감사에 관한 법률」 제5조에 따른 회계처리 기준에 따라 회계처리를 하여야 한다. 〈개정 2017.10.31., 2018.3.20., 2021.7.20.〉

⑪ 감정평가법인은 「주식회사 등의 외부감사에 관한 법률」 제2조제2호에 따른 재무제표를 작성하여 매 사업연도가 끝난 후 3개월 이내에 국토교통부장관이 정하는 바에 따라 국토교통부장관에게 제출하여야 한다. 〈개정 2017.10.31., 2018.3.20., 2021.7.20.〉

⑫ 국토교통부장관은 필요한 경우 제11항에 따른 재무제표가 적정하게 작성되었는지를 검사할 수 있다. 〈개정 2018.3.20., 2021.7.20.〉

⑬ 감정평가법인에 관하여 이 법에서 정한 사항을 제외하고는 「상법」 중 회사에 관한 규정을 준용한다. 〈개정 2018.3.20., 2020.6.9., 2021.7.20.〉

제30조(해산) ① 감정평가법인은 다음 각 호의 어느 하나에 해당하는 경우에는 해산한다.

1. 정관으로 정한 해산 사유의 발생
2. 사원총회 또는 주주총회의 결의

3. 합병

4. 설립인가의 취소

5. 파산

6. 법원의 명령 또는 판결

② 감정평가법인이 해산한 때에는 국토교통부령으로 정하는 바에 따라 이를 국토교통부장관에게 신고하여야 한다.

제31조(자본금 등) ① 감정평가법인의 자본금은 2억원 이상이어야 한다.

② 감정평가법인은 직전 사업연도 말 재무상태표의 자산총액에서 부채총액을 차감한 금액이 2억원에 미달하면 미달한 금액을 매 사업연도가 끝난 후 6개월 이내에 사원의 증여로 보전(補塡)하거나 증자(增資)하여야 한다.

③ 제2항에 따라 증여받은 금액은 특별이익으로 계상(計上)한다.

④ 삭제 〈2021.7.20.〉

제32조(인가취소 등) ① 국토교통부장관은 감정평가법인등이 다음 각 호의 어느 하나에 해당하는 경우에는 그 설립인가를 취소(제29조에 따른 감정평가법인에 한정한다)하거나 2년 이내의 범위에서 기간을 정하여 업무의 정지를 명할 수 있다. 다만, 제2호 또는 제7호에 해당하는 경우에는 그 설립인가를 취소하여야 한다. 〈개정 2018.3.20, 2019.8.20, 2020.4.7, 2021.7.20.〉

1. 감정평가법인이 설립인가의 취소를 신청한 경우

2. 감정평가법인등이 업무정지처분 기간 중에 제10조에 따른 업무를 한 경우

3. 감정평가법인등이 업무정지처분을 받은 소속 감정평가사에게 업무정지처분 기간 중에 제10조에 따른 업무를 하게 한 경우

4. 제3조 제1항을 위반하여 감정평가를 한 경우

5. 제3조 제3항에 따른 원칙과 기준을 위반하여 감정평가를 한 경우

6. 제6조에 따른 감정평가서의 작성·발급 등에 관한 사항을 위반한 경우

7. 감정평가법인등이 제21조 제3항이나 제29조 제4항에 따른 감정평가사의 수에 미달한 날부터 3개월 이내에 감정평가사를 보충하지 아니한 경우

8. 제21조 제4항을 위반하여 둘 이상의 감정평가사사무소를 설치한 경우

9. 제21조 제5항이나 제29조 제9항을 위반하여 해당 감정평가사 외의 사람에게 제10조에 따른 업무를 하게 한 경우

10. 제23조 제3항을 위반하여 수수료의 요율 및 실비에 관한 기준을 지키지 아니한 경우

11. 제25조, 제26조 또는 제27조를 위반한 경우. 다만, 소속 감정평가사나 그 사무직원이 제25조 제4항을 위반한 경우로서 그 위반행위를 방지하기 위하여 해당 업무에 관하여 상당한 주의와 감독을 게을리하지 아니한 경우는 제외한다.

12. 제28조 제2항을 위반하여 보험 또는 한국감정평가사협회가 운영하는 공제사업에 가입하지 아니한 경우

13. 정관을 거짓으로 작성하는 등 부정한 방법으로 제29조에 따른 인가를 받은 경우

14. 제29조 제10항에 따른 회계처리를 하지 아니하거나 같은 조 제11항에 따른 재무제표를 작성하여 제출하지 아니한 경우

15. 제31조 제2항에 따라 기간 내에 미달한 금액을 보전하거나 증자하지 아니한 경우

16. 제47조에 따른 지도와 감독 등에 관하여 다음 각 목의 어느 하나에 해당하는 경우

　　가. 업무에 관한 사항의 보고 또는 자료의 제출을 하지 아니하거나 거짓으로 보고 또는 제출한 경우

　　나. 장부나 서류 등의 검사를 거부, 방해 또는 기피한 경우

17. 제29조 제5항 각 호의 사항을 인가받은 정관에 따라 운영하지 아니하는 경우

② 제33조에 따른 한국감정평가사협회는 감정평가법인등에 제1항 각 호의 어느 하나에 해당하는 사유가 있다고 인정하는 경우에는 그 증거서류를 첨부하여 국토교통부장관에게 그 설립인가를 취소하거나 업무정지처분을 하여 줄 것을 요청할 수 있다. 〈개정 2020.4.7.〉

③ 국토교통부장관은 제1항에 따라 설립인가를 취소하거나 업무정지를 한 경우에는 그 사실을 관보에 공고하고, 정보통신망 등을 이용하여 일반인에게 알려야 한다.

④ 제1항에 따른 설립인가의 취소 및 업무정지처분은 위반 사유가 발생한 날부터 5년이 지나면 할 수 없다.

⑤ 제1항에 따른 설립인가의 취소와 업무정지에 관한 기준은 대통령령으로 정하고, 제3항에 따른 공고의 방법, 내용 및 그 밖에 필요한 사항은 국토교통부령으로 정한다.

제4장　한국감정평가사협회

제33조(목적 및 설립) ① 감정평가사의 품위 유지와 직무의 개선·발전을 도모하고, 회원의 관리 및 지도에 관한 사무를 하도록 하기 위하여 한국감정평가사협회(이하 "협회"라 한다)를 둔다.

② 협회는 법인으로 한다.

③ 협회는 국토교통부장관의 인가를 받아 주된 사무소의 소재지에서 설립등기를 함으로써 성립한다.

④ 협회는 회칙으로 정하는 바에 따라 공제사업을 운영할 수 있다.

⑤ 협회의 조직 및 그 밖에 필요한 사항은 대통령령으로 정한다.

⑥ 협회에 관하여 이 법에 규정된 것 외에는 「민법」 중 사단법인에 관한 규정을 준용한다.

제34조(회칙) ① 협회는 회칙을 정하여 국토교통부장관의 인가를 받아야 한다. 회칙을 변경할 때에도 또한 같다.

② 제1항에 따른 회칙에는 다음 각 호의 사항이 포함되어야 한다.

1. 명칭과 사무소 소재지

2. 회원가입 및 탈퇴에 관한 사항

3. 임원 구성에 관한 사항

4. 회원의 권리 및 의무에 관한 사항

5. 회원의 지도 및 관리에 관한 사항

6. 자산과 회계에 관한 사항

7. 그 밖에 필요한 사항

제35조(회원가입 의무 등) ① 감정평가법인등과 그 소속 감정평가사는 협회에 회원으로 가입하여야 하며, 그 밖의 감정평가사는 협회의 회원으로 가입할 수 있다. 〈개정 2020.4.7.〉

② 협회에 회원으로 가입한 감정평가법인등과 감정평가사는 제34조에 따른 회칙을 준수하여야 한다. 〈개정 2020.4.7.〉

제36조(윤리규정) ① 협회는 회원이 직무를 수행할 때 지켜야 할 직업윤리에 관한 규정을 제정하여야 한다.

② 회원은 제1항에 따른 직업윤리에 관한 규정을 준수하여야 한다.

제37조(자문 등) ① 국가등은 제4조에 따른 감정평가사의 직무에 관한 사항에 대하여 협회에 업무의 자문을 요청하거나 협회의 임원·회원 또는 직원을 전문분야에 위촉하기 위하여 추천을 요청할 수 있다. 〈개정 2021.7.20.〉

② 협회는 제1항에 따라 자문 또는 추천을 요청받은 경우 그 회원으로 하여금 요청받은 업무를 수행하게 할 수 있다. 〈개정 2021.7.20.〉

③ 협회는 국가등에 대하여 필요한 경우 감정평가의 관리·감독·의뢰 등과 관련한 업무의 개선을 건의할 수 있다.

제38조(회원에 대한 교육·연수 등) ① 협회는 다음 각 호의 사람에 대하여 교육·연수를 실시하고 회원의 자체적인 교육·연수활동을 지도·관리한다. 〈개정 2019.8.20.〉

1. 회원

2. 제17조에 따라 등록을 하려는 감정평가사

3. 제24조에 따른 사무직원

② 제1항에 따른 교육·연수를 실시하기 위하여 협회에 연수원을 둘 수 있다.

③ 제1항에 따른 교육·연수 및 지도·관리에 필요한 사항은 협회가 국토교통부장관의 승인을 얻어 정한다.

제5장 징계

제39조(징계) ① 국토교통부장관은 감정평가사가 다음 각 호의 어느 하나에 해당하는 경우에는 제40조에 따른 감정평가관리·징계위원회의 의결에 따라 제2항 각 호의 어느 하나에 해당하는 징계를 할 수 있다. 다만, 제2항제1호에 따른 징계는 제11호, 제12호에 해당하는 경우 및 제27조를 위반하여 다른 사람에게 자격증·등록증 또는 인가증을 양도 또는 대여한 경우에만 할 수 있다. 〈개정 2021.7.20, 2023.5.9.〉

1. 제3조제1항을 위반하여 감정평가를 한 경우
2. 제3조제3항에 따른 원칙과 기준을 위반하여 감정평가를 한 경우
3. 제6조에 따른 감정평가서의 작성·발급 등에 관한 사항을 위반한 경우
3의2. 제7조제2항을 위반하여 고의 또는 중대한 과실로 잘못 심사한 경우
4. 업무정지처분 기간에 제10조에 따른 업무를 하거나 업무정지처분을 받은 소속 감정평가사에게 업무정지처분 기간에 제10조에 따른 업무를 하게 한 경우
5. 제17조제1항 또는 제2항에 따른 등록이나 갱신등록을 하지 아니하고 제10조에 따른 업무를 수행한 경우
6. 구비서류를 거짓으로 작성하는 등 부정한 방법으로 제17조제1항 또는 제2항에 따른 등록이나 갱신등록을 한 경우
7. 제21조를 위반하여 감정평가업을 한 경우
8. 제23조제3항을 위반하여 수수료의 요율 및 실비에 관한 기준을 지키지 아니한 경우
9. 제25조, 제26조 또는 제27조를 위반한 경우
10. 제47조에 따른 지도와 감독 등에 관하여 다음 각 목의 어느 하나에 해당하는 경우
    가. 업무에 관한 사항의 보고 또는 자료의 제출을 하지 아니하거나 거짓으로 보고 또는 제출한 경우
    나. 장부나 서류 등의 검사를 거부 또는 방해하거나 기피한 경우
11. 감정평가사의 직무와 관련하여 금고 이상의 형을 선고받아(집행유예를 선고받은 경우를 포함한다) 그 형이 확정된 경우
12. 이 법에 따라 업무정지 1년 이상의 징계처분을 2회 이상 받은 후 다시 제1항에 따른 징계사유가 있는 사람으로서 감정평가사의 직무를 수행하는 것이 현저히 부적당하다고 인정되는 경우
② 감정평가사에 대한 징계의 종류는 다음과 같다.
    1. 자격의 취소
    2. 등록의 취소
    3. 2년 이하의 업무정지
    4. 견책
③ 협회는 감정평가사에게 제1항 각 호의 어느 하나에 해당하는 징계사유가 있다고 인정하는 경우에는 그 증거서류를 첨부하여 국토교통부장관에게 징계를 요청할 수 있다.
④ 제1항과 제2항에 따라 자격이 취소된 사람은 자격증과 등록증을 국토교통부장관에게 반납하여야 하며, 등록이 취소되거나 업무가 정지된 사람은 등록증을 국토교통부장관에게 반납하여야 한다.
⑤ 제1항 및 제2항에 따라 업무가 정지된 자로서 등록증을 국토교통부장관에게 반납한 자 중 제17조에 따른 교육연수 대상에 해당하는 자가 등록갱신기간이 도래하기 전에 업무정지기간이 도과하여 등록증을 다시 교부받으려는 경우 제17조제1항에 따른 교육연수를 이수하여야 한다. 〈신설 2021.7.20.〉
⑥ 제19조 제2항·제4항은 제1항과 제2항에 따라 자격 취소 또는 등록 취소를 하는 경우에 준용한다. 〈개정 2021.7.20.〉

⑦ 제1항에 따른 징계의결은 국토교통부장관의 요구에 따라 하며, 징계의결의 요구는 위반사유가 발생한 날부터 5년이 지나면 할 수 없다. 〈개정 2021.7.20.〉

제39조의2(징계의 공고) ① 국토교통부장관은 제39조 제1항 및 제2항에 따라 징계를 한 때에는 지체 없이 그 구체적인 사유를 해당 감정평가사, 감정평가법인등 및 협회에 각각 알리고, 그 내용을 대통령령으로 정하는 바에 따라 관보 또는 인터넷 홈페이지 등에 게시 또는 공고하여야 한다.

② 협회는 제1항에 따라 통보받은 내용을 협회가 운영하는 인터넷 홈페이지에 3개월 이상 게재하는 방법으로 공개하여야 한다.

③ 협회는 감정평가를 의뢰하려는 자가 해당 감정평가사에 대한 징계 사실을 확인하기 위하여 징계 정보의 열람을 신청하는 경우에는 그 정보를 제공하여야 한다.

④ 제1항부터 제3항까지에 따른 조치 또는 징계 정보의 공개 범위, 시행·열람의 방법 및 절차 등에 관하여 필요한 사항은 대통령령으로 정한다.

[본조신설 2021.7.20.]

제40조(감정평가관리·징계위원회) ① 다음 각 호의 사항을 심의 또는 의결하기 위하여 국토교통부에 감정평가관리·징계위원회(이하 "위원회"라 한다)를 둔다. 〈개정 2020.6.9, 2021.7.20.〉

1. 감정평가 관계 법령의 제정·개정에 관한 사항 중 국토교통부장관이 회의에 부치는 사항
1의2. 제3조 제5항에 따른 실무기준의 변경에 관한 사항
2. 제14조에 따른 감정평가사시험에 관한 사항
3. 제23조에 따른 수수료의 요율 및 실비의 범위에 관한 사항
4. 제39조에 따른 징계에 관한 사항
5. 그 밖에 감정평가와 관련하여 국토교통부장관이 회의에 부치는 사항

② 그 밖에 위원회의 구성과 운영 등에 필요한 사항은 대통령령으로 정한다.

제6장 **과징금**

제41조(과징금의 부과) ① 국토교통부장관은 감정평가법인등이 제32조제1항 각 호의 어느 하나에 해당하게 되어 업무정지처분을 하여야 하는 경우로서 그 업무정지처분이 「부동산 가격공시에 관한 법률」 제3조에 따른 표준지공시지가의 공시 등의 업무를 정상적으로 수행하는 데에 지장을 초래하는 등 공익을 해칠 우려가 있는 경우에는 업무정지처분을 갈음하여 5천만원(감정평가법인인 경우는 5억원) 이하의 과징금을 부과할 수 있다. 〈개정 2020.4.7.〉

② 국토교통부장관은 제1항에 따른 과징금을 부과하는 경우에는 다음 각 호의 사항을 고려하여야 한다.

1. 위반행위의 내용과 정도
2. 위반행위의 기간과 위반횟수
3. 위반행위로 취득한 이익의 규모

③ 국토교통부장관은 이 법을 위반한 감정평가법인이 합병을 하는 경우 그 감정평가법인이 행한 위반행위는 합병 후 존속하거나 합병으로 신설된 감정평가법인이 행한 행위로 보아 과징금을 부과·징수할 수 있다.

④ 제1항부터 제3항까지에 따른 과징금의 부과기준 등에 필요한 사항은 대통령령으로 정한다.

제42조(이의신청) ① 제41조에 따른 과징금의 부과에 이의가 있는 자는 이를 통보받은 날부터 30일 이내에 사유서를 갖추어 국토교통부장관에게 이의를 신청할 수 있다.

② 국토교통부장관은 제1항에 따른 이의신청에 대하여 30일 이내에 결정을 하여야 한다. 다만, 부득이한 사정으로 그 기간에 결정을 할 수 없을 때에는 30일의 범위에서 기간을 연장할 수 있다.

③ 제2항에 따른 결정에 이의가 있는 자는 「행정심판법」에 따라 행정심판을 청구할 수 있다.

제43조(과징금 납부기한의 연장과 분할납부) ① 국토교통부장관은 과징금을 부과받은 자(이하 "과징금납부의무자"라 한다)가 다음 각 호의 어느 하나에 해당하는 사유로 과징금의 전액을 일시에 납부하기 어렵다고 인정될 때에는 그 납부기한을 연장하거나 분할납부하게 할 수 있다. 이 경우 필요하다고 인정할 때에는 담보를 제공하게 할 수 있다.

1. 재해 등으로 재산에 큰 손실을 입은 경우
2. 과징금을 일시에 납부할 경우 자금사정에 큰 어려움이 예상되는 경우
3. 그 밖에 제1호나 제2호에 준하는 사유가 있는 경우

② 과징금납부의무자가 제1항에 따라 과징금 납부기한을 연장받거나 분할납부를 하려면 납부기한 10일 전까지 국토교통부장관에게 신청하여야 한다.

③ 국토교통부장관은 제1항에 따라 납부기한이 연장되거나 분할납부가 허용된 과징금납부의무자가 다음 각 호의 어느 하나에 해당할 때에는 납부기한 연장이나 분할납부 결정을 취소하고 과징금을 일시에 징수할 수 있다. 〈개정 2020.6.9.〉

1. 분할납부가 결정된 과징금을 그 납부기한까지 납부하지 아니하였을 때
2. 담보의 변경이나 담보 보전에 필요한 국토교통부장관의 명령을 이행하지 아니하였을 때
3. 강제집행, 경매의 개시, 파산선고, 법인의 해산, 국세나 지방세의 체납처분을 받는 등 과징금의 전부나 나머지를 징수할 수 없다고 인정될 때
4. 그 밖에 제1호부터 제3호까지에 준하는 사유가 있을 때

④ 제1항부터 제3항까지에 따른 과징금 납부기한의 연장, 분할납부, 담보의 제공 등에 필요한 사항은 대통령령으로 정한다.

제44조(과징금의 징수와 체납처분) ① 국토교통부장관은 과징금납부의무자가 납부기한까지 과징금을 납부하지 아니한 경우에는 납부기한의 다음 날부터 과징금을 납부한 날의 전날까지의 기간에 대하여 대통령령으로 정하는 가산금을 징수할 수 있다. 〈개정 2020.6.9.〉

② 국토교통부장관은 과징금납부의무자가 납부기한까지 과징금을 납부하지 아니하였을 때에는 기간을 정하여 독촉을 하고, 그 지정한 기간 내에 과징금이나 제1항에 따른 가산금을 납부하지 아니하였을 때에는 국세 체납처분의 예에 따라 징수할 수 있다. 〈개정 2020.6.9.〉

③ 제1항 및 제2항에 따른 과징금의 징수와 체납처분 절차 등에 필요한 사항은 대통령령으로 정한다.

제7장 보칙

제45조(청문) 국토교통부장관은 다음 각 호의 어느 하나에 해당하는 처분을 하려는 경우에는 청문을 실시하여야 한다. 〈개정 2021.7.20.〉

1. 제13조 제1항 제1호에 따른 감정평가사 자격의 취소
2. 제32조 제1항에 따른 감정평가법인의 설립인가 취소

제46조(업무의 위탁) ① 이 법에 따른 국토교통부장관의 업무 중 다음 각 호의 업무는 「한국부동산원법」에 따른 한국부동산원, 「한국산업인력공단법」에 따른 한국산업인력공단 또는 협회에 위탁할 수 있다. 다만, 제3호 및 제4호에 따른 업무는 협회에만 위탁할 수 있다. 〈개정 2019.8.20, 2020.6.9, 2021.7.20.〉

1. 제8조 제1항에 따른 감정평가 타당성조사 및 같은 조 제4항에 따른 감정평가서에 대한 표본조사와 관련하여 대통령령으로 정하는 업무
2. 제14조에 따른 감정평가사시험의 관리
3. 제17조에 따른 감정평가사 등록 및 등록 갱신
4. 제21조의2에 따른 소속 감정평가사 또는 사무직원의 신고
5. 그 밖에 대통령령으로 정하는 업무

② 제1항에 따라 그 업무를 위탁할 때에는 예산의 범위에서 필요한 경비를 보조할 수 있다.

제47조(지도 · 감독) ① 국토교통부장관은 감정평가법인등 및 협회를 감독하기 위하여 필요할 때에는 그 업무에 관한 보고 또는 자료의 제출, 그 밖에 필요한 명령을 할 수 있으며, 소속 공무원으로 하여금 그 사무소에 출입하여 장부 · 서류 등을 검사하게 할 수 있다. 〈개정 2020.4.7, 2020.6.9.〉

② 제1항에 따라 출입 · 검사를 하는 공무원은 그 권한을 표시하는 증표를 지니고 이를 관계인에게 내보여야 한다.

제48조(벌칙 적용에서 공무원 의제) 다음 각 호의 어느 하나에 해당하는 사람은 「형법」 제129조부터 제132조까지의 규정을 적용할 때에는 공무원으로 본다.

1. 제10조제1호 및 제2호의 업무를 수행하는 감정평가사
2. 제40조에 따른 위원회의 위원 중 공무원이 아닌 위원
3. 제46조에 따른 위탁업무에 종사하는 협회의 임직원

제8장 벌칙

제49조(벌칙) 다음 각 호의 어느 하나에 해당하는 자는 3년 이하의 징역 또는 3천만원 이하의 벌금에 처한다. 〈개정 2017.11.28, 2020.4.7, 2021.7.20.〉

1. 부정한 방법으로 감정평가사의 자격을 취득한 사람

2. 감정평가법인등이 아닌 자로서 감정평가업을 한 자

3. 구비서류를 거짓으로 작성하는 등 부정한 방법으로 제17조에 따른 등록이나 갱신등록을 한 사람

4. 제18조에 따라 등록 또는 갱신등록이 거부되거나 제13조, 제19조 또는 제39조에 따라 자격 또는 등록이 취소된 사람으로서 제10조의 업무를 한 사람

5. 제25조 제1항을 위반하여 고의로 업무를 잘못하거나 같은 조 제6항을 위반하여 제28조의2에서 정하는 유도 또는 요구에 따른 자

6. 제25조 제4항을 위반하여 업무와 관련된 대가를 받거나 감정평가 수주의 대가로 금품 또는 재산상의 이익을 제공하거나 제공하기로 약속한 자

6의2. 제28조의2를 위반하여 특정한 가액으로 감정평가를 유도 또는 요구하는 행위를 한 자

7. 정관을 거짓으로 작성하는 등 부정한 방법으로 제29조에 따른 인가를 받은 자

제50조(벌칙) 다음 각 호의 어느 하나에 해당하는 자는 1년 이하의 징역 또는 1천만원 이하의 벌금에 처한다. 〈개정 2018.3.20., 2020.4.7., 2021.7.20.〉

1. 제21조 제4항을 위반하여 둘 이상의 사무소를 설치한 사람

2. 제21조 제5항 또는 제29조 제9항을 위반하여 소속 감정평가사 외의 사람에게 제10조의 업무를 하게 한 자

3. 제25조 제3항, 제5항 또는 제26조를 위반한 자

4. 제27조 제1항을 위반하여 감정평가사의 자격증·등록증 또는 감정평가법인의 인가증을 다른 사람에게 양도 또는 대여한 자와 이를 양수 또는 대여받은 자

5. 제27조 제2항을 위반하여 같은 조 제1항의 행위를 알선한 자

제50조의2(몰수·추징) 제49조제6호 및 제50조제4호의 죄를 지은 자가 받은 금품이나 그 밖의 이익은 몰수한다. 이를 몰수할 수 없을 때에는 그 가액을 추징한다.

[본조신설 2018.3.20.]

제51조(양벌규정) 법인의 대표자나 법인 또는 개인의 대리인, 사용인, 그 밖의 종업원이 그 법인 또는 개인의 업무에 관하여 제49조 또는 제50조의 위반행위를 하면 그 행위자를 벌하는 외에 그 법인 또는 개인에게도 해당 조문의 벌금형을 부과한다. 다만, 법인 또는 개인이 그 위반행위를 방지하기 위하여 해당 업무에 상당한 주의와 감독을 게을리하지 아니한 경우에는 그러하지 아니하다.

제52조(과태료) ① 제24조 제1항을 위반하여 사무직원을 둔 자에게는 500만원 이하의 과태료를 부과한다. 〈신설 2021.7.20.〉

② 다음 각 호의 어느 하나에 해당하는 자에게는 400만원 이하의 과태료를 부과한다. 〈개정 2019.8.20., 2021.7.20.〉

1. 삭제 〈2021.7.20.〉

2. 삭제 〈2021.7.20.〉

3. 삭제 〈2021.7.20.〉

4. 삭제 〈2021.7.20.〉

5. 제28조 제2항을 위반하여 보험 또는 협회가 운영하는 공제사업에의 가입 등 필요한 조치를 하지 아니한 사람

6. 삭제 〈2021.7.20.〉

6의2. 삭제 〈2021.7.20.〉

7. 제47조에 따른 업무에 관한 보고, 자료 제출, 명령 또는 검사를 거부·방해 또는 기피하거나 국토교통부장관에게 거짓으로 보고한 자

③ 다음 각 호의 어느 하나에 해당하는 자에게는 300만원 이하의 과태료를 부과한다. 〈신설 2021.7.20.〉

1. 제6조 제3항을 위반하여 감정평가서의 원본과 그 관련 서류를 보존하지 아니한 자

2. 제22조 제1항을 위반하여 "감정평가사사무소" 또는 "감정평가법인"이라는 용어를 사용하지 아니하거나 같은 조 제2항을 위반하여 "감정평가사", "감정평가사사무소", "감정평가법인" 또는 이와 유사한 명칭을 사용한 자

④ 다음 각 호의 어느 하나에 해당하는 자에게는 150만원 이하의 과태료를 부과한다. 〈신설 2021.7.20.〉

1. 제9조 제2항을 위반하여 감정평가 결과를 감정평가 정보체계에 등록하지 아니한 자

2. 제13조 제3항, 제19조제3항 및 제39조제4항을 위반하여 자격증 또는 등록증을 반납하지 아니한 사람

3. 제28조 제3항을 위반하여 같은 조 제1항에 따른 손해배상사실을 국토교통부장관에게 알리지 아니한 자

⑤ 제1항부터 제4항까지에 따른 과태료는 대통령령으로 정하는 바에 따라 국토교통부장관이 부과·징수한다. 〈개정 2021.7.20.〉

부칙 〈법률 제18309호, 2021.7.20.〉

제1조(시행일) 이 법은 공포 후 6개월이 경과한 날부터 시행한다. 다만, 제25조 제5항의 개정규정은 이 법 공포 후 1년이 경과한 날부터 시행한다.

제2조(감정평가법인의 대표이사에 관한 적용례) 제29조 제3항의 개정규정은 이 법 시행 이후 대표사원 또는 대표이사를 정하거나 변경하는 경우부터 적용한다.

부칙 〈법률 제19403호, 2023.5.9.〉

제1조(시행일) 이 법은 공포 후 3개월이 경과한 날부터 시행한다.

제2조(사무직원의 결격사유에 관한 적용례) 제24조제1항제4호 및 제6호의 개정규정은 이 법 시행 이후 발생하는 사유로 제39조제1항제11호의 개정규정에 따라 자격취소의 징계처분을 받거나 제39조의 개정규정에 따라 업무정지의 징계처분을 받은 경우부터 적용한다.

제3조(징계에 관한 경과조치) 이 법 시행 전의 위반행위로 인한 징계에 관하여는 제39조제1항제11호의 개정규정에도 불구하고 종전의 규정에 따른다.

감정평가 및 감정평가사에 관한 법률 시행령

제1조(목적) 이 영은 「감정평가 및 감정평가사에 관한 법률」에서 위임된 사항과 그 시행에 필요한 사항을 규정함을 목적으로 한다.

제2조(기타 재산) 「감정평가 및 감정평가사에 관한 법률」(이하 "법"이라 한다) 제2조제1호에서 "대통령령으로 정하는 재산"이란 다음 각 호의 재산을 말한다. 〈개정 2020.8.26.〉

1. 저작권·산업재산권·어업권·양식업권·광업권 및 그 밖의 물권에 준하는 권리
2. 「공장 및 광업재단 저당법」에 따른 공장재단과 광업재단
3. 「입목에 관한 법률」에 따른 입목
4. 자동차·건설기계·선박·항공기 등 관계 법령에 따라 등기하거나 등록하는 재산
5. 유가증권

제3조(토지의 감정평가) 법 제3조제2항에서 "「주식회사 등의 외부감사에 관한 법률」에 따른 재무제표 작성 등 기업의 재무제표 작성에 필요한 감정평가와 담보권의 설정·경매 등 대통령령으로 정하는 감정평가"란 법 제10조제3호·제4호(법원에 계속 중인 소송을 위한 감정평가 중 보상과 관련된 감정평가는 제외한다) 및 제5호에 따른 감정평가를 말한다. 〈개정 2018.10.30.〉

제3조의2(기준제정기관의 지정) ① 국토교통부장관은 법 제3조 제4항에 따라 다음 각 호의 요건을 모두 갖춘 민간법인 또는 단체를 기준제정기관으로 지정한다.

1. 다음 각 목의 어느 하나에 해당하는 인력을 3명 이상 상시 고용하고 있을 것
   가. 법 제17조 제1항에 따라 등록한 감정평가사로서 5년 이상의 실무경력이 있는 사람
   나. 감정평가와 관련된 분야의 박사학위 취득자로서 해당 분야의 업무에 3년 이상 종사한 경력(박사학위를 취득하기 전의 경력을 포함한다)이 있는 사람
2. 법 제3조 제4항에 따른 실무기준(이하 "감정평가실무기준"이라 한다)의 제정·개정 및 연구 등의 업무를 수행하는 데 필요한 전담 조직과 관리 체계를 갖추고 있을 것
3. 투명한 회계기준이 마련되어 있을 것
4. 국토교통부장관이 정하여 고시하는 금액 이상의 자산을 보유하고 있을 것

② 기준제정기관으로 지정받으려는 민간법인 또는 단체는 국토교통부장관이 공고하는 지정신청서에 다음 각 호의 서류를 첨부하여 국토교통부장관에게 제출해야 한다.

1. 제1항 각 호의 요건을 갖추었음을 증명할 수 있는 서류
2. 민간법인 또는 단체의 정관 또는 규약
3. 사업계획서

③ 국토교통부장관은 기준제정기관을 지정하려면 법 제40조에 따른 감정평가관리·징계위원회(이하 "감정평가관리·징계위원회"라 한다)의 심의를 거쳐야 한다.

④ 국토교통부장관은 기준제정기관을 지정한 경우에는 지체 없이 그 사실을 관보에 공고하거나 국토교통부 홈페이지에 게시해야 한다.

[본조신설 2022.1.21.]

제3조의3(기준제정기관의 업무 등) ① 제3조의2 제4항에 따라 지정된 기준제정기관(이하 "기준제정기관"이라 한다)이 수행하는 업무는 다음 각 호와 같다.

1. 감정평가실무기준의 제정 및 개정

2. 감정평가실무기준에 대한 연구

3. 감정평가실무기준의 해석

4. 감정평가실무기준에 관한 질의에 대한 회신

5. 감정평가와 관련된 제도의 개선에 관한 연구

6. 그 밖에 감정평가실무기준의 운영과 관련하여 국토교통부장관이 정하는 업무

② 기준제정기관은 감정평가실무기준의 제정·개정 및 해석에 관한 중요 사항을 심의하기 위하여 기준제정기관에 국토교통부장관이 정하는 바에 따라 9명 이내의 위원으로 구성되는 감정평가실무기준심의위원회를 두어야 한다.

③ 제2항에 따른 감정평가실무기준심의위원회의 구성 및 운영에 필요한 사항은 국토교통부장관이 정한다.

[본조신설 2022.1.21.]

제4조(기타 평가의뢰기관의 범위) ① 법 제5조제1항에서 "대통령령으로 정하는 공공단체"란 「지방공기업법」 제49조에 따라 설립한 지방공사를 말한다.

② 법 제5조제2항에서 "대통령령으로 정하는 기관"이란 다음 각 호의 기관을 말한다.

1. 「신용협동조합법」에 따른 신용협동조합

2. 「새마을금고법」에 따른 새마을금고

제5조(감정평가법인등의 추천) ① 법 제33조 제1항에 따른 한국감정평가사협회(이하 "협회"라 한다)는 법 제5조제3항에 따라 감정평가법인등의 추천을 요청받은 경우에는 요청을 받은 날부터 7일 이내에 감정평가법인등을 추천해야 한다. 〈개정 2022.1.21, 2024.8.20.〉

② 협회는 법 제5조 제3항에 따른 감정평가법인등의 추천을 할 때에는 다음 각 호의 기준을 고려해야 한다. 〈개정 2022.1.21, 2024.8.20.〉

1. 감정평가 대상물건에 대한 전문성 및 업무실적

2. 감정평가 대상물건의 규모 등을 고려한 감정평가법인등의 조직규모 및 손해배상능력

3. 법 제39조에 따른 징계 건수 및 내용

4. 「부동산 가격공시에 관한 법률」 제3조에 따른 표준지공시지가 조사·평가 업무 수행 실적

5. 그 밖에 협회가 추천에 필요하다고 인정하는 사항

[제목개정 2024.8.20.]

제6조(감정평가서 등의 보존) ① 감정평가법인등은 해산하거나 폐업하는 경우 법 제6조 제3항에 따른 보존을 위하여 감정평가서의 원본과 그 관련 서류를 국토교통부장관에게 제출해야 한다. 이 경우 법 제6조 제3항 후단에 따라 감정평가서의 원본과 관련 서류를 전자적 기록매체에 수록하여 보존하고 있으면 감정평가서의 원본과 관련 서류의 제출을 갈음하여 그 전자적 기록매체를 제출할 수 있다. 〈개정 2022.1.21.〉

② 감정평가법인등은 제1항 전단에 따른 감정평가서의 원본과 관련 서류(같은 항 후단에 따라 전자적 기록매체를 제출하는 경우에는 전자적 기록매체로 한다. 이하 이 조에서 같다)를 해산하거나 폐업한 날부터 30일 이내에 제출해야 한다. 〈신설 2022.1.21.〉

③ 국토교통부장관은 제1항에 따라 제출받은 감정평가서의 원본과 관련 서류를 다음 각 호의 구분에 따른 기간 동안 보관해야 한다. 〈개정 2022.1.21.〉

1. 감정평가서 원본 : 발급일부터 5년
2. 감정평가서 관련 서류 : 발급일부터 2년

제7조(감정평가서의 심사대상 및 절차) ① 법 제7조제1항에 따른 감정평가서의 적정성 심사는 법 제3조제3항에 따른 원칙과 기준의 준수 여부를 그 내용으로 한다.

② 법 제7조제1항에 따라 감정평가서를 심사하는 감정평가사는 작성된 감정평가서의 수정·보완이 필요하다고 판단하는 경우에는 해당 감정평가서를 작성한 감정평가사에게 수정·보완 의견을 제시하고, 해당 감정평가서의 수정·보완을 확인한 후 감정평가서에 심사사실을 표시하고 서명과 날인을 하여야 한다.

제7조의2(감정평가서 적정성 검토의뢰인 등) ① 법 제7조 제3항에서 "감정평가 의뢰인 및 관계 기관 등 대통령령으로 정하는 자"란 다음 각 호의 자를 말한다. 다만, 「공익사업을 위한 토지 등의 취득 및 보상에 관한 법률」 등 관계 법령에 감정평가와 관련하여 권리구제 절차가 규정되어 있는 경우로서 권리구제 절차가 진행 중이거나 권리구제 절차를 이행할 수 있는 자(권리구제 절차의 이행이 완료된 자를 포함한다)는 제외한다.

1. 감정평가 의뢰인
2. 감정평가 의뢰인이 발급받은 감정평가서를 활용하는 거래나 계약 등의 상대방
3. 감정평가 결과를 고려하여 관계 법령에 따른 인가·허가·등록 등의 여부를 판단하거나 그 밖의 업무를 수행하려는 행정기관

② 법 제7조 제3항에서 "대통령령으로 정하는 기준을 충족하는 감정평가법인등"이란 소속된 감정평가사(감정평가사인 감정평가법인등의 대표사원, 대표이사 또는 대표자를 포함한다)가 둘 이상인 감정평가법인등을 말한다

[본조신설 2022.1.21.]

제7조의3(감정평가서 적정성 검토절차 등) ① 법 제7조 제3항에 따라 감정평가서의 적정성에 대한 검토를 의뢰하려는 자는 법 제6조제1항에 따라 발급받은 감정평가서(「전자문서 및 전자거래기본법」에 따른 전자문서로 된 감정평가서를 포함한다)의 사본을 첨부하여 제7조의2제2항에 따른 감정평가법인등에게 검토를 의뢰해야 한다.

② 제1항에 따른 검토 의뢰를 받은 감정평가법인등은 지체 없이 검토업무를 수행할 감정평가사를 지정해야 한다.

③ 제2항에 따라 검토업무를 수행할 감정평가사는 5년 이상 감정평가 업무를 수행한 사람으로서 감정평가실적이 100건 이상인 사람이어야 한다.

[본조신설 2022.1.21.]

제7조의4(적정성 검토결과의 통보 등) ① 제7조의3 제1항에 따른 검토 의뢰를 받은 감정평가법인등은 의뢰받은 감정평가서의 적정성 검토가 완료된 경우에는 적정성 검토 의뢰인에게 검토결과서(「전자문서 및 전자거래기본법」에 따른 전자문서로 된 검토결과서를 포함한다. 이하 이 조에서 같다)를 발급해야 한다.

② 제1항에 따른 검토결과서에는 감정평가법인등의 사무소 또는 법인의 명칭을 적고, 적정성 검토를 한 감정평가사가 그 자격을 표시한 후 서명과 날인을 해야 한다. 이 경우 감정평가사가 소속된 곳이 감정평가법인인 경우에는 그 대표사원 또는 대표이사도 서명이나 날인을 해야 한다.

[본조신설 2022.1.21.]

제8조(타당성조사의 절차 등) ① 국토교통부장관은 다음 각 호의 어느 하나에 해당하는 경우 법 제8조 제1항에 따른 타당성조사를 할 수 있다. 〈개정 2022.1.21.〉

1. 국토교통부장관이 법 제47조에 따른 지도·감독을 위한 감정평가법인등의 사무소 출입·검사 결과나 그 밖의 사유에 따라 조사가 필요하다고 인정하는 경우

2. 관계 기관 또는 제3항에 따른 이해관계인이 조사를 요청하는 경우

② 국토교통부장관은 법 제8조 제1항에 따른 타당성조사의 대상이 되는 감정평가가 다음 각 호의 어느 하나에 해당하는 경우에는 타당성조사를 하지 않거나 중지할 수 있다. 〈개정 2021.1.5.〉

1. 법원의 판결에 따라 확정된 경우

2. 재판이 계속 중이거나 수사기관에서 수사 중인 경우

3. 「공익사업을 위한 토지 등의 취득 및 보상에 관한 법률」 등 관계 법령에 감정평가와 관련하여 권리구제 절차가 규정되어 있는 경우로서 권리구제 절차가 진행 중이거나 권리구제 절차를 이행할 수 있는 경우(권리구제 절차를 이행하여 완료된 경우를 포함한다)

4. 징계처분, 제재처분, 형사처벌 등을 할 수 없어 타당성조사의 실익이 없는 경우

③ 법 제8조 제2항에서 "대통령령으로 정하는 이해관계인"이란 해당 감정평가를 의뢰한 자를 말한다.

④ 국토교통부장관은 법 제8조제1항에 따른 타당성조사에 착수한 경우에는 착수일부터 10일 이내에 해당 감정평가법인등과 제3항에 따른 이해관계인에게 다음 각 호의 사항을 알려야 한다. 〈개정 2022.1.21.〉

1. 타당성조사의 사유

2. 타당성조사에 대하여 의견을 제출할 수 있다는 것과 의견을 제출하지 아니하는 경우의 처리방법

3. 법 제46조제1항제1호에 따라 업무를 수탁한 기관의 명칭 및 주소

4. 그 밖에 국토교통부장관이 공정하고 효율적인 타당성조사를 위하여 필요하다고 인정하는 사항

⑤ 제4항에 따른 통지를 받은 감정평가법인등과 이해관계인은 통지를 받은 날부터 10일 이내에 국토교통부장관에게 의견을 제출할 수 있다. 〈개정 2022.1.21.〉

⑥ 국토교통부장관은 법 제8조 제1항에 따른 타당성조사를 완료한 경우에는 해당 감정평가법인등, 제3항에 따른 이해관계인 및 법 제8조 제1항에 따라 타당성조사를 요청한 관계 기관에 지체 없이 그 결과를 통지해야 한다. 〈개정 2022.1.21.〉

제8조의2(감정평가서에 대한 표본조사) ① 국토교통부장관은 법 제8조 제4항에 따라 다음 각 호의 표본조사를 할 수 있다.

1. 무작위추출방식의 표본조사
2. 우선추출방식의 표본조사

② 제1항 제2호의 표본조사는 다음 각 호의 분야에 대해 국토교통부장관이 정하는 바에 따라 실시한다.

    1. 최근 3년 이내에 실시한 제8조제1항에 따른 타당성조사 결과 감정평가의 원칙과 기준을 준수하지 않는 등 감정평가의 부실이 발생한 분야

    2. 제1항 제1호의 표본조사를 실시한 결과 법 또는 다른 법률에서 정하는 방법이나 절차 등을 위반한 사례가 다수 발생한 분야

    3. 그 밖에 감정평가의 부실을 방지하기 위하여 협회의 요청을 받아 국토교통부장관이 필요하다고 인정하는 분야

③ 국토교통부장관은 제1항 및 제2항에 따른 표본조사 결과 감정평가 제도의 개선이 필요하다고 인정되는 경우에는 기준제정기관에 감정평가의 방법과 절차 등에 관한 개선 의견을 요청할 수 있다.

④ 제1항 및 제2항에 따른 표본조사에 필요한 세부사항은 국토교통부장관이 정하여 고시한다.

[본조신설 2022.1.21.]

제9조(시험과목 및 방법) ① 법 제14조에 따른 감정평가사시험(이하 "시험"이라 한다)의 시험과목은 별표 1과 같다.

② 제1차 시험은 선택형으로 한다.

③ 제2차 시험은 논문형으로 하되, 기입형을 병행할 수 있다.

④ 제1항에 따른 제1차 시험의 과목 중 영어 과목은 제1차 시험 응시원서 접수마감일부터 역산(逆算)하여 5년이 되는 해의 1월 1일 이후에 실시된 다른 시험기관의 시험(이하 "영어시험"이라 한다)에서 취득한 성적(제1차 시험의 시험일 전까지 발표되는 성적으로서 제11조에 따른 공고에서 정하는 방법에 따라 확인된 성적으로 한정한다)으로 시험을 대체한다. 〈개정 2024.8.20.〉

⑤ 제4항에 따른 영어시험의 종류 및 합격에 필요한 점수는 별표 2와 같다.

⑥ 삭제 〈2024.8.20.〉

제10조(합격기준) ① 제1차 시험 과목 중 영어과목을 제외한 나머지 시험과목의 합격기준은 과목당 100점을 만점으로 하여 모든 과목 40점 이상, 전 과목 평균 60점 이상의 득점으로 한다.

② 국토교통부장관은 감정평가사의 수급 상황 등을 고려하여 제2차 시험의 최소합격인원을 정할 수 있다. 이 경우 감정평가관리·징계위원회의 심의를 거쳐야 한다. 〈개정 2022.1.21.〉

③ 제2차 시험과목의 합격기준은 과목당 100점을 만점으로 하여 모든 과목 40점 이상, 전 과목 평균 60점 이상의 득점으로 한다. 다만, 모든 과목 40점 이상, 전 과목 평균 60점 이상을 득점한 사람의 수가 제2항에 따른 최소합격인원에 미달하는 경우에는 모든 과목 40점 이상을 득점한 사람 중에서 전 과목 평균점수가 높은 순으로 최소합격인원의 범위에서 합격자를 결정한다.

④ 제3항 단서에 따라 합격자를 결정하는 경우 동점자로 인하여 최소합격인원을 초과하는 경우에는 그 동점자 모두를 합격자로 결정한다. 이 경우 동점자의 점수는 소수점 이하 둘째자리까지만 계산하며, 반올림은 하지 아니한다.

제11조(시험시행공고) 국토교통부장관은 시험을 시행하려는 경우에는 시험의 일시, 장소, 방법, 과목, 응시자격, 별표 2에서 정한 영어능력 검정시험의 합격에 필요한 기준점수의 확인방법, 제2차 시험의 최소합격인원, 응시절차 및 그 밖에 필요한 사항을 시험일 90일 전까지 인터넷 홈페이지 등에 공고하여야 한다. 〈개정 2018.10.23.〉

제12조(합격자의 공고 등) ① 국토교통부장관은 시험합격자가 결정된 경우에는 모든 응시자가 알 수 있는 방법으로 합격자 결정에 관한 사항과 실무수습신청기간 및 실무수습기간 등 실무수습에 필요한 사항을 관보 또는 인터넷 홈페이지에 공고하고, 합격자에게는 최종 합격 확인서를 발급해야 한다. 〈개정 2024.8.20.〉

② 국토교통부장관은 법 제11조에 해당하는 사람이 감정평가사 자격증의 발급을 신청하는 경우 법 제12조에 따른 결격사유에 해당하는 경우를 제외하고는 감정평가사 자격증을 발급하여야 한다.

제13조(응시수수료) ① 법 제14조 제5항 전단에서 "대통령령으로 정하는 수수료"란 다음 각 호의 구분에 따른 금액을 말한다. 〈신설 2022.1.21.〉

1. 제1차 시험: 4만원
2. 제2차 시험: 4만원

② 제1항에 따른 수수료(이하 "응시수수료"라 한다)는 현금이나 정보통신망을 이용한 전자화폐·전자결제 등의 방법으로 납부할 수 있다. 〈개정 2022.1.21.〉

③ 국토교통부장관은 응시수수료를 납부한 사람이 다음 각 호의 어느 하나에 해당하는 경우에는 국토교통부령으로 정하는 바에 따라 응시수수료의 전부 또는 일부를 반환해야 한다. 〈개정 2022.1.21, 2024.9.26.〉

1. 응시수수료를 과오납(過誤納)한 경우
2. 국토교통부장관의 귀책사유로 시험에 응시하지 못한 경우
3. 시험시행일 10일 전까지 응시원서 접수를 취소한 경우
4. 사고 또는 질병으로 입원(시험시행일이 입원기간에 포함되는 경우로 한정한다)하여 시험에 응시하지 못한 경우
5. 「감염병의 예방 및 관리에 관한 법률」에 따른 치료·입원 또는 격리(시험시행일이 치료·입원 또는 격리 기간에 포함되는 경우로 한정한다) 처분을 받아 시험에 응시하지 못한 경우
6. 본인이 사망하거나 다음 각 목의 사람이 시험시행일 7일 전부터 시험시행일까지의 기간에 사망하여 시험에 응시하지 못한 경우
   가. 응시수수료를 낸 사람의 배우자
   나. 응시수수료를 낸 사람 본인 및 배우자의 자녀
   다. 응시수수료를 낸 사람 본인 및 배우자의 부모
   라. 응시수수료를 낸 사람 본인 및 배우자의 조부모·외조부모
   마. 응시수수료를 낸 사람 본인 및 배우자의 형제자매

제14조(제1차 시험의 면제) ① 법 제15조제1항에서 "감정평가법인 등 대통령령으로 정하는 기관"이란 다음 각 호의 기관을 말한다. 〈개정 2020.12.8.〉

1. 감정평가법인
2. 감정평가사사무소
3. 협회
4. 「한국부동산원법」에 따른 한국부동산원(이하 "한국부동산원"이라 한다)
5. 감정평가업무를 지도하거나 감독하는 기관
6. 「부동산 가격공시에 관한 법률」에 따른 개별공시지가 · 개별주택가격 · 공동주택가격 또는 비주거용 부동산가격을 결정 · 공시하는 업무를 수행하거나 그 업무를 지도 · 감독하는 기관
7. 「부동산 가격공시에 관한 법률」에 따른 토지가격비준표, 주택가격비준표 및 비주거용 부동산가격비준표를 작성하는 업무를 수행하는 기관
8. 국유재산을 관리하는 기관
9. 과세시가표준액을 조사 · 결정하는 업무를 수행하거나 그 업무를 지도 · 감독하는 기관

② 법 제15조 제1항에 따른 업무종사기간을 산정할 때 기준일은 제2차 시험 시행일이 속한 연도의 3월 1일로 하며, 둘 이상의 기관에서 해당 업무에 종사한 사람에 대해서는 각 기관에서 종사한 기간을 합산한다. 〈개정 2022.1.21.〉

제15조(감정평가사 실무수습 기간) 법 제17조 제1항에 따른 실무수습의 기간은 다음 각 호의 구분에 따른다.

1. 법 제14조에 따른 감정평가사시험에 합격한 사람으로서 제2호에 해당하지 않는 사람 : 1년
2. 법 제15조 제1항에 따라 제1차 시험을 면제받고 법 제14조에 따른 감정평가사시험에 합격한 사람 : 4주

[전문개정 2022.1.21.]

제16조(감정평가사 실무수습사항) ① 법 제17조 제1항에 따른 실무수습(이하 "실무수습"이라 한다)을 받는 사람은 실무수습기간 중에 감정평가에 관한 이론 · 실무, 직업윤리 및 그 밖에 감정평가사의 업무수행에 필요한 사항을 습득해야 한다. 〈개정 2022.1.21.〉

② 국토교통부장관은 실무수습에 필요한 지시를 협회에 할 수 있다.

③ 협회는 실무수습계획을 수립하여 국토교통부장관의 승인을 받아야 하며, 실무수습이 종료되면 실무수습 종료일부터 10일 이내에 그 결과를 국토교통부장관에게 보고하여야 한다.

④ 실무수습의 내용 · 방법 · 절차 및 그 밖에 필요한 사항은 국토교통부령으로 정한다.

[제목개정 2022.1.21.]

제16조의2(감정평가사 교육연수) ① 법 제17조 제1항에 따른 교육연수의 대상자는 법 제39조 제2항 제2호 및 제3호의 징계를 받은 감정평가사로 한다.

② 제1항에 따른 교육연수의 시간은 25시간 이상으로 한다.

③ 감정평가사의 교육연수사항 등에 관하여는 제16조 제1항부터 제3항까지를 준용한다. 이 경우 "실무수습"은 "교육연수"로 본다.

④ 제1항부터 제3항까지에서 규정한 사항 외에 교육연수의 내용·방법 및 절차와 그 밖에 필요한 사항은 국토교통부령으로 정한다.

[본조신설 2022.1.21.]

제17조(등록) ① 법 제17조 제1항에 따라 등록을 하려는 사람은 등록신청서(전자문서로 된 신청서를 포함한다)에 감정평가사 자격을 증명하는 서류와 실무수습 및 교육연수의 종료를 증명하는 서류를 첨부하여 국토교통부장관에게 제출해야 한다. 〈개정 2022.1.21.〉

② 국토교통부장관은 제1항에 따른 등록신청을 받았을 때에는 신청인이 법 제18조제1항 각 호의 어느 하나에 해당하는 경우를 제외하고는 감정평가사 등록부에 등재하고, 신청인에게 등록증을 발급하여야 한다.

제18조(갱신등록) ① 법 제17조제1항에 따라 등록한 감정평가사는 같은 조 제2항에 따라 5년마다 그 등록을 갱신하여야 한다.

② 제1항에 따라 등록을 갱신하려는 감정평가사는 등록일부터 5년이 되는 날의 60일 전까지 갱신등록 신청서를 국토교통부장관에게 제출하여야 한다.

③ 국토교통부장관은 감정평가사 등록을 한 사람에게 감정평가사 등록을 갱신하려면 갱신등록 신청을 하여야 한다는 사실과 갱신등록신청절차를 등록일부터 5년이 되는 날의 120일 전까지 통지하여야 한다.

④ 제3항에 따른 통지는 문서, 팩스, 전자우편, 휴대전화에 의한 문자메시지 등의 방법으로 할 수 있다.

⑤ 국토교통부장관은 제2항에 따른 갱신등록 신청을 받은 경우 신청인이 법 제18조제1항 각 호의 어느 하나에 해당하는 경우를 제외하고는 감정평가사 등록부에 등재하고, 신청인에게 등록증을 갱신하여 발급하여야 한다.

제19조(외국감정평가사의 인가 등) ① 법 제20조제1항에 따른 본국은 외국감정평가사가 그 자격을 취득한 국가로 한다.

② 외국감정평가사는 법 제20조제1항에 따라 인가를 받으려는 경우에는 인가 신청서에 그 자격을 취득한 본국이 대한민국정부가 부여하는 감정평가사 자격을 인정함을 증명하는 서류를 첨부하여 국토교통부장관에게 제출하여야 한다. 이 경우 협회를 거쳐야 한다.

③ 법 제20조제1항에 따라 국토교통부장관이 외국감정평가사의 업무에 대하여 인가를 하는 경우 같은 조 제2항에 따라 제한할 수 있는 업무는 법 제10조제1호부터 제5호까지 및 제8호의 업무로 한다.

제20조 삭제 〈2022.1.21.〉

제21조(합동사무소의 개설) ① 법 제21조 제3항에 따라 감정평가사합동사무소를 개설한 감정평가사는 감정평가사합동사무소의 규약을 국토교통부장관에게 제출해야 한다. 〈개정 2022.1.21.〉

② 법 제21조제3항 후단에서 "대통령령으로 정하는 수"란 2명을 말한다. 〈개정 2022.1.21.〉

③ 제1항에 따른 규약에 정하여야 할 사항과 그 밖에 감정평가사합동사무소 관리 등에 필요한 사항은 국토교통부령으로 정한다.

[제목개정 2022.1.21.]

제22조(수수료 등의 공고) 국토교통부장관은 법 제23조 제2항에 따라 감정평가법인등의 업무수행에 관한 수수료의 요율 및 실비의 범위를 결정하거나 변경했을 때에는 일간신문, 관보, 인터넷 홈페이지나 그 밖의 효과적인 방법으로 공고해야 한다. 〈개정 2020.11.24, 2022.1.21.〉

제23조(손해배상을 위한 보험 가입 등) ① 감정평가법인등은 법 제28조제1항에 따른 손해배상책임을 보장하기 위하여 보증보험에 가입하거나 법 제33조 제4항에 따라 협회가 운영하는 공제사업에 가입해야 한다. 〈개정 2022.1.21.〉

② 감정평가법인등은 제1항에 따라 보증보험에 가입한 경우에는 국토교통부령으로 정하는 바에 따라 국토교통부장관에게 통보해야 한다. 〈개정 2022.1.21.〉

③ 감정평가법인등이 제1항에 따라 보증보험에 가입하는 경우 해당 보험의 보험 가입 금액은 감정평가사 1명당 1억원 이상으로 한다. 〈개정 2022.1.21.〉

④ 감정평가법인등은 제1항에 따른 보증보험금으로 손해배상을 하였을 때에는 10일 이내에 보험계약을 다시 체결해야 한다. 〈개정 2022.1.21.〉

제24조(감정평가법인의 구성) ① 법 제29조 제2항 전단에서 "대통령령으로 정하는 비율"이란 100분의 90을 말한다. 〈신설 2022.1.21.〉

② 법 제29조 제2항 후단에서 "토지등에 대한 전문성 등 대통령령으로 정하는 자격을 갖춘 자"란 다음 각 호의 사람을 말한다. 〈신설 2022.1.21.〉

1. 변호사·법무사·공인회계사·세무사·기술사·건축사 또는 변리사 자격이 있는 사람
2. 법학·회계학·세무학·건축학, 그 밖에 국토교통부장관이 정하여 고시하는 분야의 석사학위를 취득한 사람으로서 해당 분야에서 3년 이상 근무한 경력(석사학위를 취득하기 전의 근무 경력을 포함한다)이 있는 사람
3. 제2호에 따른 분야의 박사학위를 취득한 사람
4. 그 밖에 토지등 분야에 관한 학식과 업무경험이 풍부한 사람으로서 국토교통부장관이 정하여 고시하는 자격이나 경력이 있는 사람

③ 법 제29조 제4항 전단에서 "대통령령으로 정하는 수"란 5명을 말한다. 〈개정 2022.1.21.〉

④ 법 제29조 제4항에 따른 감정평가법인의 주사무소 및 분사무소에 주재하는 최소 감정평가사의 수는 다음 각 호와 같다. 〈개정 2022.1.21.〉

1. 주사무소 : 2명
2. 분사무소 : 2명

제25조(감정평가법인의 설립인가) ① 법 제29조 제5항 각 호 외의 부분 본문에 따라 감정평가법인 설립인가를 받으려는 자는 사원(社員)이 될 사람 또는 감정평가사인 발기인 전원이 서명하고 날인한 인가 신청서에 다음 각 호의 서류를 첨부하여 국토교통부장관에게 제출해야 한다. 〈개정 2022.1.21.〉

1. 정관
2. 사원 및 소속 감정평가사의 제17조 제2항 또는 제18조 제5항에 따른 등록증 사본(법 제20조에 따라 인가를 받은 외국감정평가사의 경우에는 인가서 사본을 말한다)

3. 감정평가사가 아닌 사원 또는 이사가 제24조 제2항 각 호의 어느 하나에 해당함을 증명하는 서류

4. 사무실 보유를 증명하는 서류

5. 그 밖에 국토교통부령으로 정하는 서류

② 국토교통부장관은 법 제29조 제5항 각 호 외의 부분 본문에 따른 감정평가법인의 설립인가를 할 때에는 다음 각 호의 사항을 심사·확인해야 한다. 〈개정 2022.1.21.〉

1. 설립하려는 감정평가법인이 법 제29조 제2항부터 제4항까지의 규정에 따른 요건을 갖추었는지 여부

2. 정관의 내용이 법령에 적합한지 여부

제26조(감정평가법인의 등기사실 통보) 법 제29조에 따라 감정평가법인 설립인가를 받은 자는 설립일부터 1개월 이내에 등기사실을 국토교통부장관에게 통보하여야 한다. 이 경우 국토교통부장관은 「전자정부법」 제36조제1항에 따른 행정정보의 공동이용을 통하여 해당 법인의 등기사항증명서를 확인하여야 한다.

제27조(합병 등의 인가신청) 법 제29조 제5항 각 호 외의 부분 본문 또는 같은 조 제8항에 따라 정관변경 또는 합병에 대한 인가를 받으려는 자는 사원 또는 이사 전원이 기명날인한 인가 신청서에 다음 각 호의 서류를 첨부하여 국토교통부장관에게 제출해야 한다. 〈개정 2022.1.21.〉

1. 이유서

2. 정관변경 또는 합병에 관한 사원총회 또는 주주총회의 의사록 사본

3. 신·구 정관

제28조(정관변경 등의 신고) 제29조 제5항 각 호 외의 부분 단서에서 "대통령령으로 정하는 경미한 사항의 변경"이란 법 제29조 제5항 제3호부터 제5호까지의 사항의 변경을 말한다. 〈개정 2022.1.21.〉

제29조(인가취소 등의 기준) 법 제32조 제1항에 따른 감정평가법인등의 설립인가 취소와 업무정지의 기준은 별표 3과 같다. 〈개정 2024.8.20.〉

제30조(한국감정평가사협회의 설립인가) ① 법 제33조 제3항에 따라 협회를 설립하려는 경우에는 법 제21조 제1항에 따라 사무소를 개설한 감정평가사나 감정평가법인등의 소속 감정평가사 30명 이상이 발기인이 되어 창립총회를 소집하고, 법 제21조 제1항에 따라 사무소를 개설한 감정평가사나 감정평가법인등의 소속 감정평가사 300명 이상이 출석한 창립총회에서 출석한 감정평가사의 과반수의 동의를 받아 회칙을 작성한 후 인가 신청서를 국토교통부장관에게 제출해야 한다. 〈개정 2022.1.21., 2024.8.20.〉

② 제1항에 따른 인가 신청서에는 다음 각 호의 사항이 포함되어야 한다.

1. 명칭

2. 목적

3. 사무소의 소재지

4. 임원과 이사회에 관한 사항

5. 사무국의 설치에 관한 사항

6. 회원의 가입 및 탈퇴에 관한 사항

7. 회원의 권리 및 의무에 관한 사항

8. 회원의 교육·훈련, 평가기법 개발에 관한 사항

9. 회원의 직무상 분쟁의 조정에 관한 사항

10. 공제사업의 운영에 관한 사항

11. 회의에 관한 사항

12. 회비에 관한 사항

13. 회계 및 재산에 관한 사항

제31조(공제사업 등) ① 감정평가법인등은 법 제33조 제4항에 따른 협회의 공제사업에 가입한 경우에는 협회 회칙으로 정하는 바에 따라 그가 받은 수수료의 100분의 1 이상을 공제사업에 출자해야 한다. 〈개정 2022.1.21.〉

② 제1항에도 불구하고 협회는 공제사고율, 공제금 지급실적 등을 고려하여 협회 회칙으로 출자금의 비율을 수수료의 100분의 1 미만으로 정할 수 있다.

제32조(부설기관) 협회는 부동산공시제도 및 감정평가에 관한 각종 연구사업을 추진하기 위하여 정관으로 정하는 바에 따라 부설기관을 둘 수 있다.

제33조(회원의 경력 등 관리) ① 협회는 법 제35조에 따라 회원으로 가입한 감정평가사의 경력 및 전문분야를 관리할 수 있다. 〈개정 2022.1.21.〉

② 국토교통부장관은 제1항에 따른 경력 및 전문분야의 구분이나 관리의 기준에 관하여 협회에 의견을 제시할 수 있다. 〈개정 2022.1.21.〉

[제목개정 2022.1.21.]

제34조(징계의결의 요구 등) ① 국토교통부장관은 감정평가사에게 법 제39조 제1항 각 호의 어느 하나에 따른 징계사유가 있다고 인정하는 경우에는 증명서류를 갖추어 감정평가관리·징계위원회에 징계의결을 요구해야 한다. 〈개정 2022.1.21.〉

② 감정평가관리·징계위원회는 제1항에 따른 징계의결의 요구를 받으면 지체 없이 징계요구 내용과 징계심의기일을 해당 감정평가사(이하 "당사자"라 한다)에게 통지해야 한다. 〈개정 2022.1.21.〉

제35조(징계의결기한) 감정평가관리·징계위원회는 징계의결을 요구받은 날부터 60일 이내에 징계에 관한 의결을 해야 한다. 다만, 부득이한 사유가 있을 때에는 감정평가관리·징계위원회의 의결로 30일의 범위에서 그 기간을 한 차례만 연장할 수 있다. 〈개정 2022.1.21.〉

제36조(징계사실의 통보 등) ① 국토교통부장관은 법 제39조의2 제1항에 따라 구체적인 징계 사유를 알리는 경우에는 징계의 종류와 사유를 명확히 기재하여 서면으로 알려야 한다.

② 국토교통부장관은 법 제39조의2 제1항에 따라 같은 항에 따른 징계사유 통보일부터 14일 이내에 다음 각 호의 사항을 관보에 공고해야 한다.

　　1. 징계를 받은 감정평가사의 성명, 생년월일, 소속된 감정평가법인등의 명칭 및 사무소 주소

　　2. 징계의 종류

　　3. 징계 사유(징계사유와 관련된 사실관계의 개요를 포함한다)

　　4. 징계의 효력발생일(징계의 종류가 업무정지인 경우에는 업무정지 시작일 및 종료일)

③ 국토교통부장관은 제2항 각 호의 사항을 법 제9조에 따른 감정평가 정보체계에도 게시해야 한다.

④ 제3항 및 법 제39조의2 제2항에 따른 징계내용 게시의 기간은 제2항에 따른 공고일부터 다음 각 호의 구분에 따른 기간까지로 한다.

　　1. 법 제39조 제2항 제1호 및 제2호의 자격의 취소 및 등록의 취소의 경우 : 3년

　　2. 법 제39조 제2항 제3호의 업무정지의 경우 : 업무정지 기간(업무정지 기간이 3개월 미만인 경우에는 3개월)

　　3. 법 제39조 제2항 제4호의 견책의 경우 : 3개월

　　[전문개정 2022.1.21.]

제36조의2(징계 정보의 열람 신청) ① 법 제39조의2 제3항에 따라 징계 정보의 열람을 신청하려는 자는 신청 취지를 적은 신청서에 다음 각 호의 서류를 첨부하여 협회에 제출해야 한다.

　　1. 주민등록증 사본 또는 법인 등기사항증명서 등 신청인의 신분을 확인할 수 있는 서류

　　2. 열람 대상 감정평가사에게 감정평가를 의뢰(감정평가사가 소속된 감정평가법인이나 감정평가사 사무소에 의뢰하는 것을 포함한다)하려는 의사와 징계 정보가 필요한 사유를 적은 서류

　　3. 대리인이 신청하는 경우에는 위임장 등 대리관계를 증명할 수 있는 서류

② 제1항에 따른 열람 신청은 신청인이 신청서 및 첨부서류를 협회에 직접 제출하거나 우편, 팩스 또는 전자우편 등 정보통신망을 이용한 방법으로 할 수 있다.

　　[본조신설 2022.1.21.]

제36조의3(징계 정보의 제공 방법 등) ① 협회는 제36조의2 제1항에 따른 신청을 받은 경우 10일 이내에 신청인이 징계 정보를 열람할 수 있게 해야 한다.

② 협회는 제1항에 따라 징계 정보를 열람하게 한 경우에는 지체 없이 해당 감정평가사에게 그 사실을 알려야 한다.

③ 법 제39조의2 제3항에 따른 제공 대상 정보는 제36조 제2항에 따라 관보에 공고하는 사항으로서 신청일부터 역산하여 다음 각 호의 구분에 따른 기간까지 공고된 정보로 한다.

　　1. 법 제39조 제2항 제1호 및 제2호의 자격의 취소 및 등록의 취소의 경우 : 10년

　　2. 법 제39조 제2항 제3호의 업무정지의 경우 : 5년

　　3. 법 제39조 제2항 제4호의 견책의 경우 : 1년

④ 협회는 제36조의2 제1항에 따라 열람을 신청한 자에게 열람에 드는 비용을 부담하게 할 수 있다.

⑤ 제1항부터 제4항까지에서 규정한 사항 외에 징계 정보의 열람에 필요한 세부사항은 국토교통부장관이 정하여 고시한다.

　　[본조신설 2022.1.21.]

제37조(감정평가관리ㆍ징계위원회의 구성) ① 위원회는 위원장 1명과 부위원장 1명을 포함하여 13명의 위원으로 구성하며, 성별을 고려하여야 한다.

② 위원회의 위원장은 제3항제2호 또는 제3호의 위원 중에서, 부위원장은 같은 항 제1호의 위원 중에서 국토교통부장관이 위촉하거나 지명하는 사람이 된다.

③ 위원회의 위원은 다음 각 호의 사람이 된다. 〈개정 2020.12.8.〉

1. 국토교통부의 4급 이상 공무원 중에서 국토교통부장관이 지명하는 사람 3명
2. 변호사 중에서 국토교통부장관이 위촉하는 사람 2명
3. 「고등교육법」에 따른 대학에서 토지ㆍ주택 등에 관한 이론을 가르치는 조교수 이상으로 재직하고 있거나 재직하였던 사람 중에서 국토교통부장관이 위촉하는 사람 4명
4. 협회의 장이 소속 상임임원 중에서 추천하여 국토교통부장관이 위촉하는 사람 1명
5. 한국부동산원장이 소속 상임이사 중에서 추천하여 국토교통부장관이 위촉하는 사람 1명
6. 감정평가사 자격을 취득한 날부터 10년 이상 지난 감정평가사 중에서 국토교통부장관이 위촉하는 사람 2명

④ 제3항제2호부터 제6호까지의 위원의 임기는 2년으로 하며, 한 차례만 연임할 수 있다.

제38조(위원의 제척ㆍ기피ㆍ회피) ① 감정평가관리ㆍ징계위원회 위원(이하 이 조에서 "위원"이라 한다)이 다음 각 호의 어느 하나에 해당하는 경우에는 위원회의 심의ㆍ의결에서 제척(除斥)된다. 〈개정 2022.1.21.〉

1. 위원 또는 그 배우자나 배우자였던 사람이 해당 안건의 당사자가 되거나 그 안건의 당사자와 공동권리자 또는 공동의무자인 경우
2. 위원이 해당 안건의 당사자와 친족이거나 친족이었던 경우
3. 위원이 해당 안건에 대하여 증언, 진술, 자문, 연구, 용역 또는 감정을 한 경우
4. 위원이나 위원이 속한 법인ㆍ단체 등이 해당 안건의 당사자의 대리인이거나 대리인이었던 경우
5. 위원이 해당 안건의 당사자와 같은 감정평가법인 또는 감정평가사사무소에 소속된 경우

② 해당 안건의 당사자는 위원에게 공정한 심의ㆍ의결을 기대하기 어려운 사정이 있는 경우에는 감정평가관리ㆍ징계위원회에 기피 신청을 할 수 있고, 감정평가관리ㆍ징계위원회는 의결로 기피 여부를 결정한다. 이 경우 기피 신청의 대상인 위원은 그 의결에 참여할 수 없다. 〈개정 2022.1.21.〉

③ 위원이 제1항 각 호의 제척 사유에 해당하는 경우에는 스스로 해당 안건의 심의ㆍ의결에서 회피(回避)하여야 한다.

제39조(위원의 지명철회ㆍ해촉) 국토교통부장관은 제37조 각 호의 위원이 다음 각 호의 어느 하나에 해당하는 경우에는 해당 위원에 대한 지명을 철회하거나 해당 위원을 해촉(解囑)할 수 있다.

1. 심신장애로 인하여 직무를 수행할 수 없게 된 경우
2. 직무와 관련된 비위사실이 있는 경우
3. 직무태만, 품위손상이나 그 밖의 사유로 인하여 위원으로 적합하지 아니하다고 인정되는 경우
4. 제38조제1항 각 호의 어느 하나에 해당하는 데에도 불구하고 회피하지 아니한 경우
5. 위원 스스로 직무를 수행하는 것이 곤란하다고 의사를 밝히는 경우

제40조(위원장의 직무) ① 감정평가관리·징계위원회의 위원장(이하 이 조에서 "위원장"이라 한다)은 위원회를 대표하고, 위원회의 업무를 총괄한다. 〈개정 2022.1.21.〉

② 위원장은 감정평가관리·징계위원회의 회의를 소집하고 그 의장이 된다. 〈개정 2022.1.21.〉

③ 위원장이 부득이한 사유로 직무를 수행할 수 없을 때에는 부위원장이 그 직무를 대행하며, 위원장 및 부위원장이 모두 부득이한 사유로 직무를 수행할 수 없는 때에는 위원장이 지명하는 위원이 그 직무를 대행한다. 다만, 불가피한 사유로 위원장이 직무를 대행할 위원을 지명하지 못할 경우에는 국토교통부장관이 지명하는 위원이 그 직무를 대행한다.

제40조의2(소위원회) ① 제34조 제1항에 따른 징계의결 요구 내용을 검토하기 위해 감정평가관리·징계위원회에 소위원회를 둘 수 있다. 〈개정 2022.1.21.〉

② 소위원회의 설치·운영에 필요한 사항은 감정평가관리·징계위원회의 의결을 거쳐 위원회의 위원장이 정한다. 〈개정 2022.1.21.〉

[본조신설 2020.2.18.]

제41조(당사자의 출석) 당사자는 감정평가관리·징계위원회에 출석하여 구술 또는 서면으로 자기에게 유리한 사실을 진술하거나 필요한 증거를 제출할 수 있다. 〈개정 2022.1.21.〉

제42조(감정평가관리·징계위원회의 의결) 감정평가관리·징계위원회의 회의는 재적위원 과반수의 출석으로 개의(開議)하고, 출석위원 과반수의 찬성으로 의결한다. 〈개정 2022.1.21.〉

[제목개정 2022.1.21.]

제43조(과징금의 부과기준 등) ① 법 제41조에 따른 과징금의 부과기준은 다음 각 호와 같다.

    1. 위반행위로 인한 별표 3 제2호의 개별기준에 따른 업무정지 기간이 1년 이상인 경우 : 법 제41조제1항에 따른 과징금최고액(이하 이 조에서 "과징금최고액"이라 한다)의 100분의 70 이상을 과징금으로 부과

    2. 위반행위로 인한 별표 3 제2호의 개별기준에 따른 업무정지 기간이 6개월 이상 1년 미만인 경우 : 과징금최고액의 100분의 50 이상 100분의 70 미만을 과징금으로 부과

    3. 위반행위로 인한 별표 3 제2호의 개별기준에 따른 업무정지 기간이 6개월 미만인 경우 : 과징금최고액의 100분의 20 이상 100분의 50 미만을 과징금으로 부과

② 제1항에 따라 산정한 과징금의 금액은 법 제41조제2항 각 호의 사항을 고려하여 그 금액의 2분의 1 범위에서 늘리거나 줄일 수 있다. 다만, 늘리는 경우에도 과징금의 총액은 과징금최고액을 초과할 수 없다.

③ 국토교통부장관은 법 제41조에 따라 과징금을 부과하는 경우에는 위반행위의 종류와 과징금의 금액을 명시하여 서면으로 통지하여야 한다.

④ 제3항에 따라 통지를 받은 자는 통지가 있은 날부터 60일 이내에 국토교통부장관이 정하는 수납기관에 과징금을 납부하여야 한다.

제44조(납부기한 연장 등) ① 법 제43조제1항에 따른 납부기한 연장은 납부기한의 다음 날부터 1년을 초과할 수 없다.

② 법 제43조제1항에 따라 분할납부를 하게 하는 경우 각 분할된 납부기한 간의 간격은 6개월 이내로 하며, 분할 횟수는 3회 이내로 한다.

제45조(가산금) 법 제44조제1항에서 "대통령령으로 정하는 가산금"이란 체납된 과징금액에 연 100분의 6을 곱하여 계산한 금액을 말한다. 이 경우 가산금을 징수하는 기간은 60개월을 초과할 수 없다.

제46조(독촉) ① 법 제44조제2항에 따른 독촉은 납부기한이 지난 후 15일 이내에 서면으로 하여야 한다.

② 제1항에 따라 독촉장을 발부하는 경우 체납된 과징금의 납부기한은 독촉장 발부일부터 10일 이내로 한다.

제47조(업무의 위탁) ① 국토교통부장관은 법 제46조 제1항에 따라 다음 각 호의 업무를 한국부동산원에 위탁한다. 〈개정 2020.12.8, 2022.1.21.〉

1. 제8조 제1항에 따른 타당성조사를 위한 기초자료 수집 및 감정평가 내용 분석
2. 제8조의2에 따른 감정평가서에 대한 표본조사
3. 법 제9조에 따른 감정평가 정보체계의 구축·운영

② 국토교통부장관은 법 제46조제1항에 따라 다음 각 호의 업무를 협회에 위탁한다. 〈개정 2020.2.18.〉

1. 법 제6조제3항 및 이 영 제6조에 따른 감정평가서의 원본과 관련 서류의 접수 및 보관
2. 법 제17조에 따른 감정평가사의 등록 신청과 갱신등록 신청의 접수 및 이 영 제18조에 따른 갱신등록의 사전통지
3. 삭제 〈2022.1.21〉

3의2. 법 제21조의2에 따른 소속 감정평가사 또는 사무직원의 고용 및 고용관계 종료 신고의 접수

4. 제23조제2항에 따른 보증보험 가입 통보의 접수

③ 국토교통부장관은 법 제46조제1항에 따라 법 제14조에 따른 감정평가사시험의 관리 업무를 「한국산업인력공단법」에 따른 한국산업인력공단에 위탁한다.

제48조(민감정보 및 고유식별정보의 처리) 국토교통부장관(법 제46조에 따라 국토교통부장관의 업무를 위탁받은 자를 포함한다)은 다음 각 호의 사무를 수행하기 위하여 불가피한 경우 「개인정보 보호법 시행령」 제18조 제2호의 범죄경력자료에 해당하는 정보나 같은 영 제19조 제1호 또는 제4호의 주민등록번호 또는 외국인등록번호가 포함된 자료를 처리할 수 있다. 〈개정 2020.2.18, 2022.1.21.〉

1. 법 제13조에 따른 감정평가사의 자격 취소에 관한 사무
2. 법 제14조에 따른 감정평가사시험에 관한 사무
3. 법 제17조에 따른 감정평가사의 실무수습, 교육연수, 등록 및 갱신등록에 관한 사무

3의2. 법 제18조에 따른 등록 및 갱신등록의 거부에 관한 사무

4. 법 제19조에 따른 감정평가사의 등록 취소에 관한 사무
5. 법 제20조에 따른 외국감정평가사의 인가에 관한 사무

5의2. 법 제21조의2에 따른 소속 감정평가사 또는 사무직원의 고용 및 고용관계 종료 신고에 관한 사무

6. 법 제29조 및 제30조에 따른 감정평가법인의 설립, 정관인가, 합병 및 해산에 관한 사무

7. 법 제33조에 따른 협회의 설립인가에 관한 사무

8. 법 제38조에 따른 감정평가사 교육·연수에 관한 사무

9. 법 제39조에 따른 징계에 관한 사무

9의2. 법 제39조의2 제1항에 따른 징계사유의 공고에 관한 사무

9의3. 법 제39조의2 제3항에 따른 징계 정보의 제공에 관한 사무

10. 제12조 제2항에 따른 감정평가사 자격증 발급에 관한 사무

제49조 삭제 〈2022.1.21〉

제50조(과태료의 부과·징수) 법 제52조제1항에 따른 과태료의 부과기준은 별표 4와 같다.

제51조(규제의 재검토) 국토교통부장관은 제24조에 따른 감정평가법인의 사무소에 두는 최소 감정평가사의 수에 대하여 2017년 1월 1일을 기준으로 3년마다(매 3년이 되는 해의 1월 1일 전까지를 말한다) 그 타당성을 검토하여 개선 등의 조치를 하여야 한다.

부칙 〈대통령령 제31380호, 2021.1.5.〉 (어려운 법령용어 정비를 위한 473개 법령의 일부개정에 관한 대통령령)

이 영은 공포한 날부터 시행한다. 〈단서 생략〉

부칙 〈대통령령 제32352호, 2022.1.21.〉

제1조(시행일) 이 영은 2022년 1월 21일부터 시행한다.

제2조(감정평가서 원본 등의 제출에 관한 적용례) 제6조제2항의 개정규정은 이 영 시행 이후 감정평가법인등이 해산하거나 폐업하는 경우부터 적용한다.

제3조(응시수수료에 관한 경과조치) 이 영 시행 전에 공고된 감정평가사시험에 응시하려는 사람이 내야 하는 응시수수료에 관하여는 제13조제1항의 개정규정에도 불구하고 종전의 규정에 따른다.

제4조(업무종사기간 산정 기준일에 관한 경과조치) 이 영 시행 전에 공고된 감정평가사시험에 응시하려는 사람의 제1차 시험 면제 여부를 결정하기 위한 법 제15조제1항에 따른 업무종사기간 산정 방법에 관하여는 제14조제2항의 개정규정에도 불구하고 종전의 규정에 따른다.

제5조(다른 법령의 개정)

이하 생략

부칙 〈대통령령 제34846호, 2024.8.20.〉

제1조(시행일) 이 영은 공포한 날부터 시행한다.

제2조(영어과목을 대체하는 영어시험 성적에 관한 적용례) 제9조 제4항의 개정규정은 토익 등 영어시험의 시행기관에서 정한 영어시험 성적의 유효기간이 이 영 시행 이후 만료되는 성적으로서 이 영 시행 이후 제11조에 따른 공고에서 정하는 방법에 따라 확인되는 성적부터 적용한다.

부칙 〈대통령령 제34921호, 2024.9.26.〉 (국가자격시험 응시수수료 부담 완화를 위한 7개 법령의 일부개정에 관한 대통령령)

제1조(시행일) 이 영은 공포한 날부터 시행한다.

제2조 및 제3조 생략

별표 / 서식

[별표 1]

시험과목(제9조제1항 관련)

구분	시험과목
1. 제1차 시험	가. 「민법」 중 총칙, 물권에 관한 규정 나. 경제학원론 다. 부동산학원론 라. 감정평가 관계 법규(「국토의 계획 및 이용에 관한 법률」, 「건축법」, 「공간정보의 구축 및 관리 등에 관한 법률」 중 지적에 관한 규정, 「국유재산법」, 「도시 및 주거환경정비법」, 「부동산등기법」, 「감정평가 및 감정평가사에 관한 법률」, 「부동산 가격공시에 관한 법률」 및 「동산·채권 등의 담보에 관한 법률」을 말한다) 마. 회계학 바. 영어
2. 제2차 시험	가. 감정평가 및 보상 법규(「감정평가 및 감정평가사에 관한 법률」, 「공익사업을 위한 토지 등의 취득 및 보상에 관한 법률」 및 「부동산 가격공시에 관한 법률」을 말한다) 나. 감정평가이론 다. 감정평가실무

[별표 2] 〈개정 2024.8.20.〉

영어 과목을 대체하는 영어능력 검정시험의 종류 및 기준 점수(제9조제5항 관련)

구분	내용	합격 기준 점수	
		일반응시자	청각장애인
토플 (TOEFL)	아메리카합중국 이.티.에스.(ETS : Educational Testing Service)에서 시행하는 시험(Test of English as a Foreign Language)으로서 그 실시방식에 따라 피.비.티.(PBT : Paper Based Test) 및 아이.비.티(IBT : Internet Based Test)로 구분한다.	PBT : 530점 이상 IBT : 71점 이상	PBT : 352점 이상 -
토익 (TOEIC)	아메리카합중국 이.티.에스.(ETS : Educational Testing Service)에서 시행하는 시험(Test of English for International Communication)을 말한다.	700점 이상	350점 이상
텝스 (TEPS)	서울대학교 영어능력 검정시험(Test of English Proficiency developed by Seoul National University)을 말한다.	340점 이상	204점 이상
지텔프 (G-TELP)	아메리카합중국 아이.티.에스.씨.(ITSC : International Testing Services Center)에서 주관하는 시험(General Tests of English Language Proficiency)을 말한다.	Level 2의 65점 이상	Level 2의 43점 이상
플렉스 (FLEX)	한국외국어대학교 어학능력 검정시험(Foreign Language Examination)을 말한다.	625점 이상	375점 이상
토셀 (TOSEL)	한국교육방송공사에서 주관하는 시험(Test of Skills in the English Language)을 말한다.	Advanced 640점 이상	Advanced 145점 이상
아이엘츠 (IELTS)	영국문화원(British Council)에서 시행하는 시험 (International English Language Testing System)을 말한다.	Overall Band Score 4.5 이상	

비고
1. 위 표에서 "청각장애인"이란 장애의 정도가 심한 청각장애인을 말한다.
2. 청각장애인의 합격 기준 점수는 해당 영어능력 검정시험에서 듣기부분을 제외한 나머지 부분의 합계 점수를 말한다.
3. 청각장애인의 합격 기준 점수를 적용받으려는 사람은 원서접수 마감일까지 장애의 정도가 심한 청각장애인으로 유효하게 등록되어 있어야 하며, 원서접수 마감일부터 4일 이내에 「장애인복지법」 제32조제1항에 따른 장애인등록증의 사본을 원서접수 기관에 제출하여야 한다.

[별표 3] 〈개정 2024.8.20.〉

감정평가법인등의 설립인가 취소와 업무정지의 기준(제29조 관련)

1. 일반기준
   가. 위반행위의 횟수에 따른 행정처분의 기준은 최근 1년간(제2호 하목의 경우에는 최근 3년간을 말한다) 같은 위반행위(근거 법조문 내에서 위반행위가 구분되어 있는 경우에는 그 구분된 위반행위를 말한다)로 행정처분을 받은 경우에 적용한다. 이 경우 위반횟수는 같은 위반행위에 대하여 행정처분을 받은 날과 그 처분 후에 다시 같은 위반행위를 하여 적발된 날을 각각 기준으로 하여 계산한다.
   나. 위반행위가 둘 이상인 경우에는 각 처분기준을 합산한 기간을 넘지 않는 범위에서 가장 무거운 처분기준의 2분의 1 범위에서 그 기간을 늘릴 수 있다. 다만, 늘리는 경우에도 총 업무정지기간은 2년을 넘을 수 없다.
   다. 국토교통부장관은 위반행위의 동기·내용 및 위반의 정도 등을 고려하여 처분기준의 2분의 1 범위에서 그 기간을 늘릴 수 있다. 다만, 늘리는 경우에도 총 업무정지기간은 2년을 넘을 수 없다.
   라. 국토교통부장관은 위반행위의 동기·내용 및 위반의 정도 등 다음의 사유를 고려하여 처분기준의 2분의 1 범위에서 그 처분기간을 줄일 수 있다. 이 경우 법을 위반한 자가 천재지변 등 부득이한 사유로 법에 따른 의무를 이행할 수 없었음을 입증한 경우에는 업무정지처분을 하지 않을 수 있다.
      1) 위반행위가 고의나 중대한 과실이 아닌 사소한 부주의나 오류로 인한 것으로 인정되는 경우
      2) 위반의 내용·정도가 경미하여 감정평가 의뢰인 등에게 미치는 피해가 적다고 인정되는 경우
      3) 위반행위자가 처음 위반행위를 한 경우로서 3년 이상 해당 사업을 모범적으로 해 온 사실이 인정된 경우
      4) 위반행위자가 해당 위반행위로 인하여 검사로부터 기소유예 처분을 받거나 법원으로부터 선고유예의 판결을 받은 경우
      5) 위반행위자가 부동산 가격공시 업무 등에 특히 이바지한 사실이 인정된 경우

2. 개별기준

위반행위	근거 법조문	행정처분기준		
		1차 위반	2차 위반	3차 이상 위반
가. 감정평가법인이 설립인가의 취소를 신청한 경우	법 제32조 제1항 제1호	설립인가 취소		
나. 감정평가법인등이 업무정지처분 기간 중에 법 제10조에 따른 업무를 한 경우	법 제32조 제1항 제2호	설립인가 취소		
다. 감정평가법인등이 업무정지처분을 받은 소속 감정평가사에게 업무정지처분 기간 중에 법 제10조에 따른 업무를 하게 한 경우	법 제32조 제1항 제3호	업무정지 1개월	설립인가 취소	
라. 법 제3조 제1항을 위반하여 감정평가를 한 경우	법 제32조 제1항 제4호	업무정지 1개월	업무정지 3개월	업무정지 6개월
마. 법 제3조 제3항에 따른 원칙과 기준을 위반하여 감정평가를 한 경우	법 제32조 제1항 제5호	업무정지 1개월	업무정지 2개월	업무정지 4개월
바. 법 제6조에 따른 감정평가서의 작성·발급 등에 관한 사항을 위반한 경우	법 제32조 제1항 제6호			
1) 정당한 이유 없이 타인이 의뢰하는 감정평가업무를 거부하거나 기피한 경우		업무정지 15일	업무정지 1개월	업무정지 2개월
2) 감정평가서의 발급을 정당한 이유 없이 지연한 경우		업무정지 15일	업무정지 1개월	업무정지 2개월
3) 타인이 작성한 감정평가서에 서명·날인한 경우		업무정지 6개월	업무정지 1년	업무정지 2년
4) 감정평가서의 기재사항에 중대한 하자가 있는 경우		업무정지 1개월	업무정지 2개월	업무정지 4개월
5) 감정평가서의 원본과 그 관련 서류를 보존기간 동안 보존하지 않은 경우		업무정지 1개월	업무정지 3개월	업무정지 6개월
사. 감정평가법인등이 법 제21조 제3항이나 법 제29조 제4항에 따른 감정평가사의 수에 미달한 날부터 3개월 이내에 감정평가사를 보충하지 않은 경우	법 제32조 제1항 제7호	설립인가 취소		

아. 법 제21조 제4항을 위반하여 둘 이상의 감정평가사사무소를 설치한 경우	법 제32조 제1항 제8호	업무정지 6개월	업무정지 1년	업무정지 2년
자. 법 제21조 제5항이나 법 제29조 제9항을 위반하여 해당 감정평가사 외의 사람에게 법 제10조에 따른 업무를 하게 한 경우	법 제32조 제1항 제9호	업무정지 3개월	업무정지 6개월	업무정지 1년
차. 법 제23조 제3항을 위반하여 수수료 요율 및 실비에 관한 기준을 지키지 않은 경우	법 제32조 제1항 제10호	업무정지 1개월	업무정지 2개월	업무정지 4개월
카. 법 제25조, 제26조 또는 제27조를 위반한 경우	법 제32조 제1항 제11호			
1) 법 제10조에 따른 업무를 하면서 고의로 잘못된 평가를 한 경우		업무정지 6개월	업무정지 1년	업무정지 2년
2) 법 제10조에 따른 업무를 하면서 중대한 과실로 잘못된 평가를 한 경우		업무정지 3개월	업무정지 6개월	업무정지 1년
3) 법 제10조에 따른 업무를 하면서 신의와 성실로써 공정하게 감정평가를 하지 않은 경우		업무정지 15일	업무정지 1개월	업무정지 2개월
4) 다른 사람에게 자격증·등록증 또는 인가증을 양도 또는 대여하거나 이를 부당하게 행사한 경우		업무정지 1년	업무정지 2년	설립인가 취소
5) 본인 또는 친족의 소유토지나 그 밖에 불공정한 감정평가를 할 우려가 있다고 인정되는 토지 등에 대해 감정평가를 한 경우		업무정지 1개월	업무정지 3개월	업무정지 6개월
6) 토지 등의 매매업을 직접 경영한 경우		업무정지 3개월	업무정지 6개월	업무정지 1년
7) 법 제23조에 따른 수수료 및 실비 외에 그 업무와 관련된 대가를 받은 경우		업무정지 6개월	업무정지 1년	업무정지 2년
8) 정당한 사유 없이 업무상 알게 된 비밀을 누설한 경우		업무정지 3개월	업무정지 6개월	업무정지 1년
타. 법 제28조 제2항을 위반하여 보험 또는 한국감정평가사협회가 운영하는 공제사업에 가입하지 않은 경우	법 제32조 제1항 제12호	설립인가 취소		
파. 정관을 거짓으로 작성하는 등 부정한 방법으로 법 제29조에 따른 인가를 받은 경우	법 제32조 제1항 제13호	설립인가 취소		
하. 법 제29조 제10항에 따른 회계처리를 하지 않거나 같은 조 제11항에 따른 재무제표를 작성하여 제출하지 않은 경우	법 제32조 제1항 제14호	업무정지 1개월	업무정지 2개월	업무정지 4개월
거. 법 제31조 제2항에 따라 기간 내에 미달한 금액을 보전하거나 증자하지 않은 경우	법 제32조 제1항 제15호	업무정지 15일	업무정지 1개월	업무정지 2개월
너. 법 제47조에 따른 지도와 감독 등에 관해 다음의 어느 하나에 해당하는 경우				
1) 업무에 관한 사항을 보고 또는 자료의 제출을 하지 않거나 거짓으로 보고 또는 제출한 경우	법 제32조 제1항 제16호 가목	업무정지 1개월	업무정지 3개월	업무정지 6개월
2) 장부나 서류 등의 검사를 거부, 방해 또는 기피한 경우	법 제32조 제1항 제16호 나목	업무정지 1개월	업무정지 3개월	업무정지 6개월

[별표 4] 〈개정 2022.1.21.〉

과태료의 부과기준(제50조 관련)

1. 일반기준

가. 위반행위의 횟수에 따른 과태료의 부과기준은 최근 1년간 같은 위반행위로 과태료를 부과받은 경우에 적용한다. 이 경우 위반 횟수는 같은 위반행위에 대하여 과태료를 부과받은 날과 그 부과처분 후에 다시 같은 위반행위로 적발된 날을 기준으로 하여 계산한다.

나. 국토교통부장관은 다음의 어느 하나에 해당하는 경우에는 제2호의 개별기준에 따른 과태료 금액의 2분의 1 범위에서 그 금액을 줄일 수 있다. 다만, 과태료를 체납하고 있는 위반행위자의 경우에는 그 금액을 줄일 수 없다.
  1) 위반행위자가 「질서위반행위규제법 시행령」 제2조의2제1항 각 호의 어느 하나에 해당하는 경우
  2) 위반행위가 사소한 부주의나 오류로 인한 것으로 인정되는 경우
  3) 위반행위자가 법 위반상태를 해소하기 위하여 노력하였다고 인정되는 경우
  4) 그 밖에 위반행위의 동기와 결과, 위반정도 등을 고려하여 과태료 금액을 줄일 필요가 있다고 인정되는 경우

다. 국토교통부장관은 다음의 어느 하나에 해당하는 경우에는 제2호의 개별기준에 따른 과태료 부과금액의 2분의 1 범위에서 그 금액을 늘릴 수 있다. 다만, 법 제52조제1항에 따른 과태료 금액의 상한을 넘을 수 없다.
  1) 위반의 내용·정도가 중대하다고 인정되는 경우
  2) 그 밖에 위반행위의 동기와 결과, 위반정도 등을 고려하여 과태료 금액을 늘릴 필요가 있다고 인정되는 경우

2. 개별기준

위반행위	해당 법조문	과태료 금액		
		1차 위반	2차 위반	3차 이상 위반
가. 법 제6조 제3항을 위반하여 감정평가서의 원본과 그 관련 서류를 보존하지 않은 경우	법 제52조 제3항제1호	100만원	200만원	300만원
나. 법 제9조 제2항을 위반하여 감정평가 결과를 감정평가 정보체계에 등록하지 않은 경우	법 제52조 제4항제1호	50만원	100만원	150만원
다. 법 제13조 제3항, 제19조 제3항 및 제39조 제4항을 위반하여 자격증 또는 등록증을 반납하지 않은 경우	법 제52조 제4항제2호			
1) 반납하지 않은 기간이 1개월 미만인 경우		50만원		
2) 반납하지 않은 기간이 1개월 이상 6개월 미만인 경우		100만원		
3) 반납하지 않은 기간이 6개월 이상인 경우		150만원		
라. 삭제 〈2022.1.21.〉				
마. 법 제28조 제2항을 위반하여 보험 또는 협회가 운영하는 공제사업에의 가입 등 필요한 조치를 하지 않은 경우	법 제52조 제2항제5호	200만원	300만원	400만원
바. 법 제22조 제1항을 위반하여 "감정평가사사무소" 또는 "감정평가법인"이라는 용어를 사용하지 않거나 같은 조 제2항을 위반하여 "감정평가사", "감정평가사사무소", "감정평가법인" 또는 이와 유사한 명칭을 사용한 경우	법 제52조 제3항제2호	300만원		
사. 법 제24조 제1항을 위반하여 사무직원을 둔 경우	법제52조 제1항제6호의2	300만원	400만원	500만원
아. 법 제47조에 따른 업무에 관한 보고, 자료 제출, 명령 또는 검사를 거부·방해 또는 기피하거나 국토교통부장관에게 거짓으로 보고한 경우	법 제52조 제2항제7호	200만원	300만원	400만원

감정평가 및 감정평가사에 관한 법률 시행규칙

제1조(목적) 이 규칙은 「감정평가 및 감정평가사에 관한 법률」 및 같은 법 시행령에서 위임된 사항과 그 시행에 필요한 사항을 규정함을 목적으로 한다.

제2조(감정평가서의 발급) ① 감정평가 및 감정평가사에 관한 법률」(이하 "법"이라 한다) 제6조 제1항에 따른 감정평가서(「전자문서 및 전자거래기본법」 제2조에 따른 전자문서로 된 감정평가서를 포함한 다. 이하 같다)는 해당 감정평가에 대한 수수료 등이 완납되는 즉시 감정평가 의뢰인에게 발급해야 한다. 다만, 감정평가 의뢰인이 국가·지방자치단체 또는 「공공기관의 운영에 관한 법률」에 따른 공공기관이거나 감정평가업자와 감정평가 의뢰인 간에 특약이 있는 경우에는 수수료 등을 완납하 기 전에 감정평가서를 발급할 수 있다. 〈개정 2022.1.21.〉

② 법 제6조제1항에 따른 감정평가가 금융기관·보험회사·신탁회사 또는 「감정평가 및 감정평가사 에 관한 법률 시행령」(이하 "영"이라 한다) 제4조제2항 각 호의 기관으로부터 대출을 받기 위하여 의뢰된 때에는 대출기관에 직접 감정평가서를 송부할 수 있다. 이 경우 감정평가 의뢰인에게는 그 사본을 송부하여야 한다.

③ 감정평가 의뢰인이 감정평가서를 분실하거나 훼손하여 감정평가서 재발급을 신청한 경우 감정평가 법인등은 정당한 사유가 있을 때를 제외하고는 감정평가서를 재발급해야 한다. 이 경우 감정평가법 인등은 재발급에 필요한 실비를 받을 수 있다. 〈개정 2022.1.21.〉

제3조(감정평가서 등의 보존) 법 제6조제3항에서 "국토교통부령으로 정하는 기간"이란 다음 각 호의 구 분에 따른 기간을 말한다.

1. 감정평가서의 원본 : 발급일부터 5년
2. 감정평가서의 관련 서류 : 발급일부터 2년

제4조(감정평가 정보체계의 구축·운영) 법 제9조제1항에 따라 구축·운영하는 감정평가 정보체계(이하 "감정평가 정보체계"라 한다)에 관리하는 정보 및 자료는 다음 각 호와 같다.

1. 제5조제1항에 따른 감정평가의 선례정보(평가기관·평가목적·기준시점·평가가액 및 대상 토지 ·건물의 소재지·지번·지목·용도지역 또는 용도 등을 말한다)
2. 토지 및 건물의 가격에 관한 정보(공시지가·지가변동률·임대정보·수익률·실거래가 등을 말한다) 및 자료
3. 그 밖에 감정평가에 필요한 정보 및 자료

제5조(감정평가 정보체계의 정보 등록) ① 법 제9조제2항 본문에서 "「공익사업을 위한 토지 등의 취득 및 보상에 관한 법률」에 따른 감정평가 등 국토교통부령으로 정하는 감정평가"란 국가, 지방자치단체, 「공공기관의 운영에 관한 법률」에 따른 공공기관 또는 「지방공기업법」 제49조에 따라 설립한 지방공 사가 다음 각 호의 어느 하나에 해당하는 목적을 위하여 의뢰한 감정평가를 말한다. 〈개정 2018.2.9.〉

1. 「공익사업을 위한 토지 등의 취득 및 보상에 관한 법률」에 따른 토지·물건 및 권리의 취득 또는 사용
2. 「국유재산법」, 「공유재산 및 물품 관리법」 또는 그 밖의 법령에 따른 국유·공유재산(토지와 건물만 해당한다)의 취득·처분 또는 사용·수익

3. 「국토의 계획 및 이용에 관한 법률」에 따른 도시·군계획시설부지 및 토지의 매수, 「개발제한
구역의 지정 및 관리에 관한 특별조치법」에 따른 토지의 매수

4. 「도시개발법」, 「도시 및 주거환경정비법」, 「산업입지 및 개발에 관한 법률」 또는 그 밖의 법령
에 따른 조성토지 등의 공급 또는 분양

5. 「도시개발법」, 「산업입지 및 개발에 관한 법률」 또는 그 밖의 법령에 따른 환지 및 체비지의 처분

6. 「민사소송법」, 「형사소송법」 등에 따른 소송

7. 「국세징수법」, 「지방세기본법」에 따른 공매

8. 「도시 및 주거환경정비법」 제24조 및 제26조에 따라 시장·군수등이 직접 시행하는 정비사업의
관리처분계획

9. 「공공주택 특별법」에 따른 토지 또는 건물의 매입 및 임대료 평가

② 법 제9조 제2항에 따라 감정평가법인등이 감정평가 정보체계에 등록해야 하는 감정평가 결과는
제4조제1호의 감정평가 선례정보로 한다. 〈개정 2022.1.21.〉

③ 법 제9조 제2항에 따라 감정평가법인등은 감정평가서 발급일부터 40일 이내에 감정평가 결과를
감정평가 정보체계에 등록해야 한다. 〈개정 2022.1.21.〉

④ 국토교통부장관은 필요한 경우에는 감정평가법인등에게 감정평가 정보체계에 등록된 감정평가 결
과의 수정·보완을 요청할 수 있다. 이 경우 요청을 받은 감정평가법인등은 요청일부터 10일 이내
에 수정·보완된 감정평가 결과를 감정평가 정보체계에 등록해야 한다. 〈개정 2022.1.21.〉

⑤ 법 제9조 제2항 단서에 따라 감정평가 결과를 감정평가 정보체계에 등록하지 않아도 되는 경우는
「개인정보 보호법」 제3조에 따라 개인정보 보호가 필요한 경우로 한다. 이 경우 보호가 필요한 개
인정보를 제외한 감정평가 결과는 등록해야 한다. 〈개정 2022.1.21.〉

⑥ 감정평가 정보체계에 정보를 등록하고 확인하는 세부적인 절차 및 그 밖의 사항은 국토교통부장관
이 정한다.

제6조(감정평가 정보체계의 이용) ① 「한국부동산원법」에 따른 한국부동산원(이하 "한국부동산원"이라
한다)은 감정평가 정보체계에 구축되어 있는 제4조 각 호의 정보 및 자료를 다음 각 호의 수요자에
게 제공할 수 있다. 〈개정 2020.12.11.〉

1. 감정평가법인등(소속 감정평가사 및 사무직원을 포함한다)

2. 한국부동산원 소속 직원

3. 법 제33조제1항에 따른 한국감정평가사협회(이하 "협회"라 한다)

② 감정평가 정보체계에 등록된 정보 또는 자료를 영리 목적으로 활용할 수 없다. 다만, 감정평가법인
등이 그 업무 범위 내에서 활용하는 경우는 예외로 한다. 〈개정 2022.1.21.〉

제7조(자격취소의 공고 등) ① 법 제13조제2항에 따른 감정평가사 자격취소 사실의 공고는 다음 각 호
의 사항을 관보에 공고하고, 국토교통부의 인터넷 홈페이지에 게시하는 방법으로 한다.

1. 감정평가사의 성명 및 생년월일

2. 자격취소 사실

3. 자격취소 사유

② 법 제13조제3항에 따라 감정평가사의 자격이 취소된 사람은 자격취소 처분일부터 7일 이내에 감정평가사 자격증을 반납하여야 한다.

제8조(응시원서 및 수수료 등) ① 법 제14조에 따른 감정평가사시험(이하 "시험"이라 한다)에 응시하려는 사람은 별지 제1호서식의 감정평가사시험 응시원서를 「한국산업인력공단법」에 따른 한국산업인력공단(이하 "한국산업인력공단"이라 한다)에 제출(정보통신망에 의한 제출을 포함한다)하여야 한다.

② 한국산업인력공단은 제1항에 따른 응시원서를 받았을 때에는 별지 제2호서식의 감정평가사시험 응시원서 접수부에 그 사실을 기재하고, 응시자에게 별지 제1호서식 중 수험표를 분리하여 발급하여야 한다.

③ 영 제13조 제3항에 따른 응시수수료의 반환 사유 및 기준은 다음 각 호와 같다. 〈개정 2023.12.8, 2024.9.26.〉

1. 응시수수료를 과오납(過誤納)한 경우 : 과오납한 금액 전부
2. 국토교통부장관의 귀책사유로 시험에 응시하지 못한 경우 : 납부한 수수료 전부
3. 원서 접수기간에 응시원서 접수를 취소한 경우 : 납부한 수수료 전부
4. 원서접수 마감일 다음 날부터 제1차 시험 또는 제2차 시험 시행일 20일 전까지 응시원서 접수를 취소한 경우 : 납부한 수수료의 100분의 60
5. 제1차 시험 또는 제2차 시험 시행일 19일 전부터 10일 전까지 응시원서 접수를 취소한 경우 : 납부한 수수료의 100분의 50
6. 사고 또는 질병으로 입원(시험시행일이 입원기간에 포함되는 경우로 한정한다)하여 시험에 응시하지 못한 경우 : 납부한 수수료 전부
7. 「감염병의 예방 및 관리에 관한 법률」에 따른 치료·입원 또는 격리(시험시행일이 치료·입원 또는 격리 기간에 포함되는 경우로 한정한다) 처분을 받아 시험에 응시하지 못한 경우 : 납부한 수수료 전부
8. 본인이 사망하거나 다음 각 목의 사람이 시험시행일 7일 전부터 시험시행일까지의 기간에 사망하여 시험에 응시하지 못한 경우 : 납부한 수수료 전부
   가. 응시수수료를 낸 사람의 배우자
   나. 응시수수료를 낸 사람 본인 및 배우자의 자녀
   다. 응시수수료를 낸 사람 본인 및 배우자의 부모
   라. 응시수수료를 낸 사람 본인 및 배우자의 조부모·외조부모
   마. 응시수수료를 낸 사람 본인 및 배우자의 형제자매

제9조(최종 합격 확인서의 발급) 영 제12조제1항에 따른 최종 합격 확인서는 별지 제3호서식과 같다.

제10조(감정평가사 자격증의 발급) ① 영 제12조제2항에 따라 감정평가사 자격증의 발급을 신청하려는 사람은 별지 제4호서식의 감정평가사 자격증 발급 신청서에 다음 각 호의 서류를 첨부하여 국토교통부장관에게 제출하여야 한다.

1. 사진(3.5cm × 4.5cm) 2장
2. 최종 합격 확인서 사본

3. 기본증명서

② 국토교통부장관은 제1항에 따른 신청서를 받았을 때에는 그 사실을 별지 제5호서식의 감정평가사 등록부에 기재하고, 별지 제6호서식의 감정평가사 자격증을 신청인에게 발급하여야 한다.

③ 감정평가사는 자격증의 기재사항이 변경되었을 때에는 14일 이내에 별지 제7호서식의 감정평가사 자격증 기재사항 변경 신고서에 다음 각 호의 서류를 첨부하여 국토교통부장관에게 제출하여야 한다.

1. 감정평가사 자격증
2. 사진(3.5cm × 4.5cm) 2장
3. 기재사항의 변경을 증명하는 서류

④ 감정평가사 자격증이 멸실되거나 훼손된 사유 등으로 인하여 재발급받으려는 사람은 별지 제8호서식의 감정평가사 자격증 재발급 신청서에 다음 각 호의 서류를 첨부하여 국토교통부장관에게 제출하여야 한다.

1. 사진(3.5cm × 4.5cm) 2장
2. 감정평가사 자격증(훼손된 경우만 해당한다)

⑤ 제2항의 감정평가사 등록부는 전자적 처리가 불가능한 특별한 사유가 없으면 전자적 처리가 가능한 방법으로 작성·관리하여야 한다.

제11조(실무수습 신청 등) ① 감정평가사 자격을 취득하고 실무수습을 받으려는 사람(이하 "실무수습자"라 한다)은 협회에서 정하는 바에 따라 실무수습 신청을 하여야 한다.

② 협회는 실무수습자가 성실히 실무수습을 받을 수 있도록 필요한 조치를 하여야 한다.

제12조(실무수습의 시행) ① 실무수습은 감정평가에 관한 이론과 직업윤리를 습득하는 이론교육과정 및 감정평가에 관한 실무를 습득하는 실무훈련과정으로 나누어 시행한다. 〈개정 2022.1.21.〉

② 이론교육과정은 4개월간, 실무훈련과정은 8개월간 시행하며, 실무훈련과정은 이론교육과정의 이수 후 시행한다. 다만, 이론교육과정과 실무훈련과정의 기간을 조정할 필요가 있을 때에는 협회에서 그 기간을 따로 정할 수 있다. 〈개정 2022.1.21.〉

③ 이론교육과정은 강의·논문제출 등의 방법으로 시행하며, 실무훈련과정은 현장실습근무의 방법으로 시행한다.

④ 제3항에 따른 현장실습근무지는 협회, 감정평가법인등의 사무소 및 한국부동산원으로 한다. 다만, 한국부동산원의 경우에는 「한국부동산원법」 제12조 및 같은 법 시행령 제13조에 따라 한국부동산원이 수행하는 업무 중 감정평가와 관련된 업무를 담당하는 부서로 한정한다. 〈개정 2023.12.8.〉

⑤ 제1항부터 제4항까지의 규정에도 불구하고 법 제15조제1항에 따라 제1차 시험을 면제받고 감정평가사 자격을 취득한 사람에 대해서는 4주간의 이론교육과정을 시행한다. 〈개정 2022.1.21.〉

⑥ 제1항부터 제5항까지에서 규정한 사항 외에 실무수습의 방법·절차 및 그 밖에 필요한 사항은 협회가 국토교통부장관의 승인을 받아 정한다.

제12조의2(교육연수의 시행) ① 법 제17조 제1항에 따른 교육연수를 받으려는 사람은 협회에서 정하는 바에 따라 교육연수를 신청해야 한다.

② 협회는 교육연수를 신청한 사람이 성실히 교육연수를 받을 수 있도록 필요한 조치를 해야 한다.

③ 협회는 법 제39조 제2항에 따른 징계의 종류, 감정평가업무를 수행하지 않은 기간 등을 고려하여 교육연수의 시간 및 내용을 정해야 한다.

④ 교육연수의 구체적인 시간 및 내용, 방법·절차와 그 밖에 필요한 사항은 협회가 국토교통부장관의 승인을 받아 정한다.

[본조신설 2022.1.21.]

제13조(등록 등) ① 영 제17조 및 제18조에 따른 감정평가사 등록·갱신등록 신청서 및 등록증의 서식은 다음 각 호와 같다.

1. 감정평가사 등록·갱신등록 신청서: 별지 제9호서식

2. 감정평가사 등록증 : 별지 제10호서식

② 제1항 제1호에 따른 신청서에는 다음 각 호의 구분에 따른 서류를 첨부해야 한다. 〈개정 2022.1.21.〉

1. 감정평가사 등록 신청의 경우

　가. 감정평가사 자격증 사본

　나. 실무수습의 종료를 증명하는 서류

　다. 사진(3.5cm × 4.5cm) 2장

2. 감정평가사 갱신등록 신청의 경우

　가. 교육연수의 종료를 증명하는 서류

　나. 사진(3.5cm × 4.5cm)

제14조(등록 및 갱신등록 거부의 공고) 법 제18조에 따른 등록 또는 갱신등록 거부사실의 공고는 다음 각 호의 사항을 관보에 공고하고, 국토교통부의 인터넷 홈페이지에 게시하는 방법으로 한다.

1. 감정평가사의 소속, 성명 및 생년월일

2. 등록 또는 갱신등록의 거부사유

제15조(등록 취소의 공고) 법 제19조에 따른 등록 취소사실의 공고는 다음 각 호의 사항을 관보에 공고하고, 국토교통부의 인터넷 홈페이지에 게시하는 방법으로 한다.

1. 감정평가사의 소속, 성명 및 생년월일

2. 등록의 취소사유

제16조(외국감정평가사 업무인가 신청 등) ① 영 제19조에 따라 외국감정평가사 업무인가를 받으려는 사람은 별지 제11호서식의 외국감정평가사 업무인가 신청서에 다음 각 호의 서류를 첨부하여 국토교통부장관에게 제출하여야 한다.

1. 한글 이력서

2. 입국사증 사본

3. 본국의 감정평가사 관계 법령 사본

4. 본국의 감정평가사 인가서류 사본

5. 사진(3.5cm × 4.5cm) 2장

② 국토교통부장관은 법 제20조제1항에 따라 외국감정평가사에 대한 업무인가를 하였을 때에는 별지 제12호서식의 외국감정평가사 업무인가서를 신청인에게 발급하여야 한다.

제17조 삭제 〈2022.1.21.〉

제18조(합동사무소의 규약) 영 제21조제1항에 따른 감정평가사합동사무소의 규약에는 다음 각 호의 사항이 포함되어야 한다.
1. 사무소의 명칭 및 소재지
2. 조직 및 운영에 관한 사항
3. 구성원의 가입 및 탈퇴에 관한 사항

제18조의2(감정평가법인등의 고용인 신고) ① 법 제21조의2에 따라 소속 감정평가사 또는 사무직원의 고용 신고를 하려는 감정평가법인등은 그 소속 감정평가사 또는 사무직원이 업무를 시작하기 전에 별지 제15호의2서식의 고용 신고서를 국토교통부장관에게 제출해야 한다. 〈개정 2022.1.21.〉
② 국토교통부장관은 제1항에 따라 신고서를 제출받은 경우 그 사무직원이 법 제24조 제1항에 따른 결격사유에 해당하는지 여부를 확인해야 한다.
③ 법 제21조의2에 따라 소속 감정평가사 또는 사무직원의 고용관계 종료 신고를 하려는 감정평가법인등은 별지 제15호의2서식의 고용관계 종료 신고서를 고용관계가 종료된 날부터 10일 이내에 국토교통부장관에게 제출해야 한다. 〈개정 2022.1.21.〉
[본조신설 2020.2.21.]
[제목개정 2022.1.21.]

제19조(보증보험 가입의 통보) ① 감정평가법인등은 영 제23조 제2항에 따라 법 제21조에 따른 감정평가사무소의 개설 또는 법 제29조에 따른 설립 등기를 한 날부터 10일 이내에 보증보험 가입을 증명하는 서류를 협회에 제출해야 한다. 〈개정 2022.1.21.〉
② 감정평가법인등은 보증기간의 만료 또는 보증보험금에 의한 손해배상 등으로 보증보험계약을 다시 체결한 경우에는 그 사실을 증명하는 서류를 지체 없이 협회에 제출해야 한다. 〈개정 2022.1.21.〉

제19조의2(손해배상 결정사실의 통지) 감정평가법인등은 법 제28조 제3항에 따라 법원의 확정판결을 통한 손해배상이 결정된 경우에는 지체 없이 다음 각 호의 사항을 국토교통부장관에게 서면으로 알려야 한다.
1. 감정평가법인등의 명칭 및 주소
2. 감정평가의 목적, 대상 및 감정평가액
3. 손해배상 청구인
4. 손해배상금액 및 손해배상사유
[본조신설 2022.1.21.]

제19조의3(손해배상능력 등에 관한 기준) 법 제28조 제4항에 따른 감정평가법인등이 갖춰야 하는 손해배상능력 등에 관한 기준은 다음 각 호와 같다. 이 경우 감정평가법인등이 각 호의 요건을 모두 갖춰야 손해배상능력 등에 관한 기준을 충족한 것으로 본다.

1. 전문인 배상책임보험 등 법 제28조 제2항에 따른 보험 가입이나 공제사업 가입으로 보장되지 않는 손해배생책임을 보장할 수 있는 다른 손해배상책임보험에 가입할 것
2. 「주식회사의 외부감사에 관한 법률」 제18조에 따른 감사보고서(적정하다는 감사의견이 표명된 것으로 한정한다)를 갖추거나 매 사업연도가 끝난 후 3개월 이내에 표준재무제표증명[법 제21조에 따라 사무소(합동사무소를 포함한다)를 개설한 감정평가사로서 최근 3년간 연속하여 결손이 발생하지 않은 경우로 한정한다]을 발급받을 것

[본조신설 2022.1.21.]

제20조(감정평가법인 설립인가 신청 등) ① 영 제25조에 따라 감정평가법인의 설립인가를 받으려는 자는 별지 제16호서식의 감정평가법인 설립인가 신청서에 다음 각 호의 서류를 첨부하여 국토교통부장관에게 제출해야 한다. 〈개정 2022.1.21.〉
1. 영 제25조 제1항 제1호부터 제4호까지의 서류
2. 사원이 될 사람 또는 이사 취임 예정자의 가입동의서 또는 취임승낙서
② 국토교통부장관은 법 제29조 제5항에 따라 감정평가법인의 설립인가를 한 때에는 별지 제17호서식의 감정평가법인 설립인가부에 그 사실을 적은 후 별지 제18호서식의 감정평가법인 설립인가서를 발급해야 한다. 〈개정 2022.1.21.〉
③ 제2항의 설립인가부는 전자적 처리가 불가능한 특별한 사유가 없으면 전자적 처리가 가능한 방법으로 작성·관리하여야 한다.

제21조(합병 등의 인가신청) 영 제27조에 따라 정관변경 또는 합병의 인가를 받으려는 자는 별지 제19호서식의 감정평가법인 정관변경(합병)인가 신청서에 영 제27조 각 호의 서류를 첨부하여 국토교통부장관에게 제출하여야 한다.

제22조(정관변경 등의 신고) 법 제29조 제5항 각 호 외의 부분 단서 또는 같은 법 제30조 제2항에 따라 정관의 신고나 해산의 신고를 하려는 자는 정관변경일 또는 해산일부터 14일 이내에 별지 제20호서식의 감정평가법인 정관변경(해산) 신고서에 다음 각 호의 서류를 첨부하여 국토교통부장관에게 제출해야 한다. 〈개정 2022.1.21.〉
1. 이유서
2. 정관변경 또는 해산에 관한 사원총회 또는 주주총회 의사록 사본
3. 신·구 정관(정관변경의 경우만 해당한다)

제23조(인가취소 등의 공고) 법 제32조 제1항에 따른 설립인가 취소 또는 업무정지 사실의 공고는 다음 각 호의 사항을 관보에 공고하고, 국토교통부의 인터넷 홈페이지에 게시하는 방법으로 한다. 〈개정 2022.1.21.〉
1. 감정평가법인등의 명칭
2. 처분내용
3. 처분사유

제24조(한국감정평가사협회의 설립인가 신청 등) ① 영 제30조에 따라 협회의 설립인가를 받으려는 자는 별지 제21호서식의 한국감정평가사협회 설립인가 신청서에 다음 각 호의 서류를 첨부하여 국토교통부장관에게 제출하여야 한다. 이 경우 국토교통부장관은 「전자정부법」 제36조제1항에 따른 행정정보의 공동이용을 통하여 토지(임야)대장 및 토지(건물)등기사항증명서(재산목록 중 부동산에 대한 증명서류만을 말한다)를 확인하여야 한다.

1. 설립취지서 및 회칙 각 2부
2. 창립총회 회의록 사본 2부
3. 임원 취임 예정자의 취임승낙서 2부
4. 재산목록 및 이를 증명하는 서류(예금의 경우에는 금융기관의 증명서를 말한다) 각 2부

② 국토교통부장관은 제1항의 신청이 적합하다고 인정하면 별지 제22호서식의 인가서를 발급하여야 한다.

제25조(징계의결의 요구 등) ① 영 제34조 및 제36조에 따른 징계의결의 요구 및 징계사실의 통보는 각각 별지 제23호서식 및 별지 제24호서식에 따른다.

② 제1항에 따른 징계의결 요구서에는 증거서류를 첨부하여야 한다.

제26조(과징금의 납부기한 연장 등) 법 제43조제2항에 따라 과징금 납부기한의 연장 또는 분할납부를 신청하려는 자는 별지 제25호서식의 과징금 납부기한연장(분할납부) 신청서에 과징금 납부기한 연장 또는 분할납부를 신청하는 사유를 입증하는 서류를 첨부하여 국토교통부장관에게 제출하여야 한다.

제27조(규제의 재검토) 국토교통부장관은 제12조에 따른 실무수습의 방법, 절차 등에 대하여 2017년 1월 1일을 기준으로 3년마다(매 3년이 되는 해의 기준일과 같은 날 전까지를 말한다) 그 타당성을 검토하여 개선 등의 조치를 하여야 한다. 〈개정 2016.12.30.〉

부칙 〈국토교통부령 제1099호, 2022.1.21.〉

제1조(시행일) 이 규칙은 2022년 1월 21일부터 시행한다.

제2조(다른 법령의 개정)

이하 생략

부칙 〈국토교통부령 제1118호, 2022.3.30.〉 〈국민 편의를 높이는 서식 정비를 위한 17개 법령의 일부개정에 관한 국토교통부령〉

이 규칙은 공포한 날부터 시행한다.

부칙 〈국토교통부령 제1281호, 2023.12.8.〉

이 규칙은 공포한 날부터 시행한다.

부칙 〈국토교통부령 제1390호, 2024.9.26.〉 (국가자격시험 응시수수료 부담 완화를 위한 감정평가 및 감정평가사에 관한 법률 시행규칙 등 3개 법령의 일부개정에 관한 국토교통부령)

제1조(시행일) 이 규칙은 공포한 날부터 시행한다.

제2조 및 제3조 생략

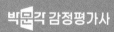

PART

02

감정평가에 관한 규칙 및 감정평가 실무기준

감정평가에 관한 규칙

[시행 2023.9.14.] [국토교통부령 제1253호, 2023.9.14, 일부개정]

감정평가에 관한 규칙

제1조(목적) 이 규칙은 「감정평가 및 감정평가사에 관한 법률」 제3조 제3항에 따라 감정평가법인등이 감정평가를 할 때 준수해야 할 원칙과 기준을 규정함을 목적으로 한다. 〈개정 2016.8.31, 2022.1.21.〉

제2조(정의) 이 규칙에서 사용하는 용어의 뜻은 다음 각 호와 같다. 〈개정 2014.1.2, 2016.8.31, 2022.1.21.〉

1. "시장가치"란 감정평가의 대상이 되는 토지등(이하 "대상물건"이라 한다)이 통상적인 시장에서 충분한 기간 동안 거래를 위하여 공개된 후 그 대상물건의 내용에 정통한 당사자 사이에 신중하고 자발적인 거래가 있을 경우 성립될 가능성이 가장 높다고 인정되는 대상물건의 가액(價額)을 말한다.

2. "기준시점"이란 대상물건의 감정평가액을 결정하는 기준이 되는 날짜를 말한다.

3. "기준가치"란 감정평가의 기준이 되는 가치를 말한다.

4. "가치형성요인"이란 대상물건의 경제적 가치에 영향을 미치는 일반요인, 지역요인 및 개별요인 등을 말한다.

5. "원가법"이란 대상물건의 재조달원가에 감가수정(減價修正)을 하여 대상물건의 가액을 산정하는 감정평가방법을 말한다.

6. "적산법(積算法)"이란 대상물건의 기초가액에 기대이율을 곱하여 산정된 기대수익에 대상물건을 계속하여 임대하는 데에 필요한 경비를 더하여 대상물건의 임대료[(賃貸料), 사용료를 포함한다. 이하 같다]를 산정하는 감정평가방법을 말한다.

7. "거래사례비교법"이란 대상물건과 가치형성요인이 같거나 비슷한 물건의 거래사례와 비교하여 대상물건의 현황에 맞게 사정보정(事情補正), 시점수정, 가치형성요인 비교 등의 과정을 거쳐 대상물건의 가액을 산정하는 감정평가방법을 말한다.

8. "임대사례비교법"이란 대상물건과 가치형성요인이 같거나 비슷한 물건의 임대사례와 비교하여 대상물건의 현황에 맞게 사정보정, 시점수정, 가치형성요인 비교 등의 과정을 거쳐 대상물건의 임대료를 산정하는 감정평가방법을 말한다.

9. "공시지가기준법"이란 「감정평가 및 감정평가사에 관한 법률」(이하 "법"이라 한다) 제3조제1항 본문에 따라 감정평가의 대상이 된 토지(이하 "대상토지"라 한다)와 가치형성요인이 같거나 비슷하여 유사한 이용가치를 지닌다고 인정되는 표준지(이하 "비교표준지"라 한다)의 공시지가를 기준으로 대상토지의 현황에 맞게 시점수정, 지역요인 및 개별요인 비교, 그 밖의 요인의 보정(補正)을 거쳐 대상토지의 가액을 산정하는 감정평가방법을 말한다.

10. "수익환원법(收益還元法)"이란 대상물건이 장래 산출할 것으로 기대되는 순수익이나 미래의 현금흐름을 환원하거나 할인하여 대상물건의 가액을 산정하는 감정평가방법을 말한다.

11. "수익분석법"이란 일반기업 경영에 의하여 산출된 총수익을 분석하여 대상물건이 일정한 기간에 산출할 것으로 기대되는 순수익에 대상물건을 계속하여 임대하는 데에 필요한 경비를 더하여 대상물건의 임대료를 산정하는 감정평가방법을 말한다.

12. "감가수정"이란 대상물건에 대한 재조달원가를 감액하여야 할 요인이 있는 경우에 물리적 감가, 기능적 감가 또는 경제적 감가 등을 고려하여 그에 해당하는 금액을 재조달원가에서 공제하여 기준시점에 있어서의 대상물건의 가액을 적정화하는 작업을 말한다.

12의2. "적정한 실거래가"란 「부동산 거래신고 등에 관한 법률」에 따라 신고된 실제 거래가격(이하 "거래가격"이라 한다)으로서 거래 시점이 도시지역(「국토의 계획 및 이용에 관한 법률」 제

36조제1항제1호에 따른 도시지역을 말한다)은 3년 이내, 그 밖의 지역은 5년 이내인 거래가격 중에서 감정평가법인등이 인근지역의 지가수준 등을 고려하여 감정평가의 기준으로 적용하기에 적정하다고 판단하는 거래가격을 말한다.

13. "인근지역"이란 감정평가의 대상이 된 부동산(이하 "대상부동산"이라 한다)이 속한 지역으로서 부동산의 이용이 동질적이고 가치형성요인 중 지역요인을 공유하는 지역을 말한다.

14. "유사지역"이란 대상부동산이 속하지 아니하는 지역으로서 인근지역과 유사한 특성을 갖는 지역을 말한다.

15. "동일수급권(同一需給圈)"이란 대상부동산과 대체·경쟁 관계가 성립하고 가치 형성에 서로 영향을 미치는 관계에 있는 다른 부동산이 존재하는 권역(圈域)을 말하며, 인근지역과 유사지역을 포함한다.

제3조(감정평가법인등의 의무) 감정평가법인등은 다음 각 호의 어느 하나에 해당하는 경우에는 감정평가를 해서는 안 된다. 〈개정 2022.1.21.〉

1. 자신의 능력으로 업무수행이 불가능하거나 매우 곤란한 경우

2. 이해관계 등의 이유로 자기가 감정평가하는 것이 타당하지 않다고 인정되는 경우

[제목개정 2022.1.21.]

제4조(적용범위) 감정평가법인등은 다른 법령에 특별한 규정이 있는 경우를 제외하고는 이 규칙으로 정하는 바에 따라 감정평가해야 한다. 〈개정 2022.1.21.〉

제5조(시장가치기준 원칙) ① 대상물건에 대한 감정평가액은 시장가치를 기준으로 결정한다.

② 감정평가법인등은 제1항에도 불구하고 다음 각 호의 어느 하나에 해당하는 경우에는 대상물건의 감정평가액을 시장가치 외의 가치를 기준으로 결정할 수 있다. 〈개정 2022.1.21.〉

1. 법령에 다른 규정이 있는 경우

2. 감정평가 의뢰인(이하 "의뢰인"이라 한다)이 요청하는 경우

3. 감정평가의 목적이나 대상물건의 특성에 비추어 사회통념상 필요하다고 인정되는 경우

③ 감정평가법인등은 제2항에 따라 시장가치 외의 가치를 기준으로 감정평가할 때에는 다음 각 호의 사항을 검토해야 한다. 다만, 제2항 제1호의 경우에는 그렇지 않다. 〈개정 2022.1.21.〉

1. 해당 시장가치 외의 가치의 성격과 특징

2. 시장가치 외의 가치를 기준으로 하는 감정평가의 합리성 및 적법성

④ 감정평가법인등은 시장가치 외의 가치를 기준으로 하는 감정평가의 합리성 및 적법성이 결여(缺如)되었다고 판단할 때에는 의뢰를 거부하거나 수임(受任)을 철회할 수 있다. 〈개정 2022.1.21.〉

제6조(현황기준 원칙) ① 감정평가는 기준시점에서의 대상물건의 이용상황(불법적이거나 일시적인 이용은 제외한다) 및 공법상 제한을 받는 상태를 기준으로 한다.

② 감정평가법인등은 제1항에도 불구하고 다음 각 호의 어느 하나에 해당하는 경우에는 기준시점의 가치형성요인 등을 실제와 다르게 가정하거나 특수한 경우로 한정하는 조건(이하 "감정평가조건"이라 한다)을 붙여 감정평가할 수 있다. 〈개정 2022.1.21.〉

1. 법령에 다른 규정이 있는 경우

2. 의뢰인이 요청하는 경우

3. 감정평가의 목적이나 대상물건의 특성에 비추어 사회통념상 필요하다고 인정되는 경우

③ 감정평가법인등은 제2항에 따라 감정평가조건을 붙일 때에는 감정평가조건의 합리성, 적법성 및 실현가능성을 검토해야 한다. 다만, 제2항 제1호의 경우에는 그렇지 않다. 〈개정 2022.1.21.〉

④ 감정평가법인등은 감정평가조건의 합리성, 적법성이 결여되거나 사실상 실현 불가능하다고 판단할 때에는 의뢰를 거부하거나 수임을 철회할 수 있다. 〈개정 2022.1.21.〉

제7조(개별물건기준 원칙 등) ① 감정평가는 대상물건마다 개별로 하여야 한다.

② 둘 이상의 대상물건이 일체로 거래되거나 대상물건 상호 간에 용도상 불가분의 관계가 있는 경우에는 일괄하여 감정평가할 수 있다.

③ 하나의 대상물건이라도 가치를 달리하는 부분은 이를 구분하여 감정평가할 수 있다.

④ 일체로 이용되고 있는 대상물건의 일부분에 대하여 감정평가하여야 할 특수한 목적이나 합리적인 이유가 있는 경우에는 그 부분에 대하여 감정평가할 수 있다.

제8조(감정평가의 절차) 감정평가법인등은 다음 각 호의 순서에 따라 감정평가를 해야 한다. 다만, 합리적이고 능률적인 감정평가를 위하여 필요할 때에는 순서를 조정할 수 있다. 〈개정 2022.1.21.〉

1. 기본적 사항의 확정

2. 처리계획 수립

3. 대상물건 확인

4. 자료수집 및 정리

5. 자료검토 및 가치형성요인의 분석

6. 감정평가방법의 선정 및 적용

7. 감정평가액의 결정 및 표시

제9조(기본적 사항의 확정) ① 감정평가법인등은 감정평가를 의뢰받았을 때에는 의뢰인과 협의하여 다음 각 호의 사항을 확정해야 한다. 〈개정 2022.1.21.〉

1. 의뢰인

2. 대상물건

3. 감정평가 목적

4. 기준시점

5. 감정평가조건

6. 기준가치

7. 관련 전문가에 대한 자문 또는 용역(이하 "자문등"이라 한다)에 관한 사항

8. 수수료 및 실비에 관한 사항

② 기준시점은 대상물건의 가격조사를 완료한 날짜로 한다. 다만, 기준시점을 미리 정하였을 때에는 그 날짜에 가격조사가 가능한 경우에만 기준시점으로 할 수 있다.

③ 감정평가법인등은 필요한 경우 관련 전문가에 대한 자문등을 거쳐 감정평가할 수 있다. 〈개정 2022.1.21.〉

제10조(대상물건의 확인) ① 감정평가법인등이 감정평가를 할 때에는 실지조사를 하여 대상물건을 확인해야 한다. 〈개정 2022.1.21.〉

② 감정평가법인등은 제1항에도 불구하고 다음 각 호의 어느 하나에 해당하는 경우로서 실지조사를 하지 않고도 객관적이고 신뢰할 수 있는 자료를 충분히 확보할 수 있는 경우에는 실지조사를 하지 않을 수 있다. 〈개정 2022.1.21.〉

  1. 천재지변, 전시·사변, 법령에 따른 제한 및 물리적인 접근 곤란 등으로 실지조사가 불가능하거나 매우 곤란한 경우

  2. 유가증권 등 대상물건의 특성상 실지조사가 불가능하거나 불필요한 경우

제11조(감정평가방식) 감정평가법인등은 다음 각 호의 감정평가방식에 따라 감정평가를 한다. 〈개정 2022.1.21.〉

  1. 원가방식 : 원가법 및 적산법 등 비용성의 원리에 기초한 감정평가방식

  2. 비교방식 : 거래사례비교법, 임대사례비교법 등 시장성의 원리에 기초한 감정평가방식 및 공시지가기준법

  3. 수익방식 : 수익환원법 및 수익분석법 등 수익성의 원리에 기초한 감정평가방식

제12조(감정평가방법의 적용 및 시산가액 조정) ① 감정평가법인등은 제14조부터 제26조까지의 규정에서 대상물건별로 정한 감정평가방법(이하 "주된 방법"이라 한다)을 적용하여 감정평가해야 한다. 다만, 주된 방법을 적용하는 것이 곤란하거나 부적절한 경우에는 다른 감정평가방법을 적용할 수 있다. 〈개정 2022.1.21.〉

② 감정평가법인등은 대상물건의 감정평가액을 결정하기 위하여 제1항에 따라 어느 하나의 감정평가방법을 적용하여 산정(算定)한 가액[이하 "시산가액(試算價額)"이라 한다]을 제11조 각 호의 감정평가방식 중 다른 감정평가방식에 속하는 하나 이상의 감정평가방법(이 경우 공시지가기준법과 그 밖의 비교방식에 속한 감정평가방법은 서로 다른 감정평가방식에 속한 것으로 본다)으로 산출한 시산가액과 비교하여 합리성을 검토해야 한다. 다만, 대상물건의 특성 등으로 인하여 다른 감정평가방법을 적용하는 것이 곤란하거나 불필요한 경우에는 그렇지 않다. 〈개정 2022.1.21.〉

③ 감정평가법인등은 제2항에 따른 검토 결과 제1항에 따라 산출한 시산가액의 합리성이 없다고 판단되는 경우에는 주된 방법 및 다른 감정평가방법으로 산출한 시산가액을 조정하여 감정평가액을 결정할 수 있다. 〈개정 2022.1.21.〉

제13조(감정평가서 작성) ① 감정평가법인등은 법 제6조에 따른 감정평가서(「전자문서 및 전자거래기본법」에 따른 전자문서로 된 감정평가서를 포함한다. 이하 같다)를 의뢰인과 이해관계자가 이해할 수 있도록 명확하고 일관성 있게 작성해야 한다. 〈개정 2016.8.31., 2022.1.21.〉

② 감정평가서에는 다음 각 호의 사항이 포함돼야 한다. 〈개정 2022.1.21.〉

  1. 감정평가법인등의 명칭

  2. 의뢰인의 성명 또는 명칭

  3. 대상물건(소재지, 종류, 수량, 그 밖에 필요한 사항)

  4. 대상물건 목록의 표시근거

  5. 감정평가 목적

6. 기준시점, 조사기간 및 감정평가서 작성일

7. 실지조사를 하지 않은 경우에는 그 이유

8. 시장가치 외의 가치를 기준으로 감정평가한 경우에는 제5조 제3항 각 호의 사항. 다만, 같은 조 제2항 제1호의 경우에는 해당 법령을 적는 것으로 갈음할 수 있다.

9. 감정평가조건을 붙인 경우에는 그 이유 및 제6조 제3항의 검토사항. 다만, 같은 조 제2항 제1호 의 경우에는 해당 법령을 적는 것으로 갈음할 수 있다.

10. 감정평가액

11. 감정평가액의 산출근거 및 결정 의견

12. 전문가의 자문등을 거쳐 감정평가한 경우 그 자문등의 내용

13. 그 밖에 이 규칙이나 다른 법령에 따른 기재사항

③ 제2항 제11호의 내용에는 다음 각 호의 사항을 포함해야 한다. 다만, 부득이한 경우에는 그 이유를 적고 일부를 포함하지 아니할 수 있다. 〈개정 2014.1.2, 2015.12.14, 2016.8.31, 2022.1.21, 2023.9.14.〉

1. 적용한 감정평가방법 및 시산가액 조정 등 감정평가액 결정 과정(제12조제1항 단서 또는 제2항 단서에 해당하는 경우 그 이유를 포함한다)

1의2. 거래사례비교법으로 감정평가한 경우 비교 거래사례의 선정 내용, 사정보정한 경우 그 내용 및 가치형성요인을 비교한 경우 그 내용

2. 공시지가기준법으로 토지를 감정평가한 경우 비교표준지의 선정 내용, 비교표준지와 대상토지 를 비교한 내용 및 제14조 제2항 제5호에 따라 그 밖의 요인을 보정한 경우 그 내용

3. 재조달원가 산정 및 감가수정 등의 내용

4. 적산법이나 수익환원법으로 감정평가한 경우 기대이율 또는 환원율(할인율)의 산출근거

5. 제7조 제2항부터 제4항까지의 규정에 따라 일괄감정평가, 구분감정평가 또는 부분감정평가를 한 경우 그 이유

6. 감정평가액 결정에 참고한 자료가 있는 경우 그 자료의 명칭, 출처와 내용

7. 대상물건 중 일부를 감정평가에서 제외한 경우 그 이유

④ 감정평가법인등은 법 제6조에 따라 감정평가서를 발급하는 경우 그 표지에 감정평가서라는 제목을 명확하게 적어야 한다. 〈개정 2022.1.21.〉

⑤ 감정평가법인등은 감정평가서를 작성하는 경우 법 제33조제1항에 따른 한국감정평가사협회가 정 하는 감정평가서 표준 서식을 사용할 수 있다. 〈개정 2022.1.21.〉

제13조의2(전자문서로 된 감정평가서의 발급 등) ① 감정평가법인등이 법 제6조 제1항에 따라 전자문서 로 된 감정평가서를 발급하는 경우 같은 조 제2항에 따른 감정평가사의 서명과 날인은 「전자서명 법」에 따른 전자서명의 방법으로 해야 한다.

② 감정평가법인등은 전자문서로 된 감정평가서의 위조·변조·훼손 등을 방지하기 위하여 감정평가 정보에 대한 접근 권한자 지정, 방화벽의 설치·운영 등의 조치를 해야 한다.

③ 감정평가법인등은 의뢰인이나 이해관계자가 전자문서로 된 감정평가서의 진본성(眞本性)에 대한 확인을 요청한 경우에는 이를 확인해 줘야 한다.

④ 제2항 및 제3항에 따른 전자문서로 된 감정평가서의 위조·변조·훼손 등의 방지조치와 진본성 확인에 필요한 세부사항은 국토교통부장관이 정하여 고시한다.

[본조신설 2022.1.21.]

제14조(토지의 감정평가) ① 감정평가법인등은 법 제3조 제1항 본문에 따라 토지를 감정평가할 때에는 공시지가기준법을 적용해야 한다. 〈개정 2016.8.31., 2022.1.21.〉

② 감정평가법인등은 공시지가기준법에 따라 토지를 감정평가할 때에 다음 각 호의 순서에 따라야 한다. 〈개정 2013.3.23., 2015.12.14., 2016.8.31., 2022.1.21., 2023.9.14.〉

1. 비교표준지 선정 : 인근지역에 있는 표준지 중에서 대상토지와 용도지역·이용상황·주변환경 등이 같거나 비슷한 표준지를 선정할 것. 다만, 인근지역에 적절한 표준지가 없는 경우에는 인근 지역과 유사한 지역적 특성을 갖는 동일수급권 안의 유사지역에 있는 표준지를 선정할 수 있다.

2. 시점수정 : 「부동산 거래신고 등에 관한 법률」 제19조에 따라 국토교통부장관이 조사·발표하 는 비교표준지가 있는 시·군·구의 같은 용도지역 지가변동률을 적용할 것. 다만, 다음 각 목 의 경우에는 그러하지 아니하다.

   가. 같은 용도지역의 지가변동률을 적용하는 것이 불가능하거나 적절하지 아니하다고 판단되는 경우에는 공법상 제한이 같거나 비슷한 용도지역의 지가변동률, 이용상황별 지가변동률 또 는 해당 시·군·구의 평균지가변동률을 적용할 것

   나. 지가변동률을 적용하는 것이 불가능하거나 적절하지 아니한 경우에는 「한국은행법」 제86 조에 따라 한국은행이 조사·발표하는 생산자물가지수에 따라 산정된 생산자물가상승률을 적용할 것

3. 지역요인 비교

4. 개별요인 비교

5. 그 밖의 요인 보정 : 대상토지의 인근지역 또는 동일수급권내 유사지역의 가치형성요인이 유사 한 정상적인 거래사례 또는 평가사례 등을 고려할 것

③ 감정평가법인등은 법 제3조 제1항 단서에 따라 적정한 실거래가를 기준으로 토지를 감정평가할 때에는 거래사례비교법을 적용해야 한다. 〈신설 2016.8.31., 2022.1.21.〉

④ 감정평가법인등은 법 제3조 제2항에 따라 토지를 감정평가할 때에는 제1항부터 제3항까지의 규정 을 적용하되, 해당 토지의 임대료, 조성비용 등을 고려하여 감정평가할 수 있다. 〈신설 2016.8.31., 2022.1.21.〉

제15조(건물의 감정평가) ① 감정평가법인등은 건물을 감정평가할 때에 원가법을 적용해야 한다. 〈개정 2022.1.21.〉

② 삭제 〈2016.8.31.〉

제16조(토지와 건물의 일괄감정평가) 감정평가법인등은 「집합건물의 소유 및 관리에 관한 법률」에 따른 구분소유권의 대상이 되는 건물부분과 그 대지사용권을 일괄하여 감정평가하는 경우 등 제7조 제2 항에 따라 토지와 건물을 일괄하여 감정평가할 때에는 거래사례비교법을 적용해야 한다. 이 경우 감정평가액은 합리적인 기준에 따라 토지가액과 건물가액으로 구분하여 표시할 수 있다. 〈개정 2022.1.21.〉

제17조(산림의 감정평가) ① 감정평가법인등은 산림을 감정평가할 때에 산지와 입목(立木)을 구분하여 감정평가해야 한다. 이 경우 입목은 거래사례비교법을 적용하되, 소경목림(小徑木林 : 지름이 작은 나무 · 숲)인 경우에는 원가법을 적용할 수 있다. 〈개정 2022.1.21.〉

② 감정평가법인등은 제7조 제2항에 따라 산지와 입목을 일괄하여 감정평가할 때에 거래사례비교법을 적용해야 한다. 〈개정 2022.1.21.〉

제18조(과수원의 감정평가) 감정평가법인등은 과수원을 감정평가할 때에 거래사례비교법을 적용해야 한다. 〈개정 2022.1.21.〉

제19조(공장재단 및 광업재단의 감정평가) ① 감정평가법인등은 공장재단을 감정평가할 때에 공장재단을 구성하는 개별 물건의 감정평가액을 합산하여 감정평가해야 한다. 다만, 계속적인 수익이 예상되는 경우 등 제7조 제2항에 따라 일괄하여 감정평가하는 경우에는 수익환원법을 적용할 수 있다. 〈개정 2022.1.21.〉

② 감정평가법인등은 광업재단을 감정평가할 때에 수익환원법을 적용해야 한다. 〈개정 2022.1.21.〉

제20조(자동차 등의 감정평가) ① 감정평가법인등은 자동차를 감정평가할 때에 거래사례비교법을 적용해야 한다. 〈개정 2022.1.21.〉

② 감정평가법인등은 건설기계를 감정평가할 때에 원가법을 적용해야 한다. 〈개정 2022.1.21.〉

③ 감정평가법인등은 선박을 감정평가할 때에 선체 · 기관 · 의장(艤裝)별로 구분하여 감정평가하되, 각각 원가법을 적용해야 한다. 〈개정 2022.1.21.〉

④ 감정평가법인등은 항공기를 감정평가할 때에 원가법을 적용해야 한다. 〈개정 2022.1.21.〉

⑤ 감정평가법인등은 제1항부터 제4항까지에도 불구하고 본래 용도의 효용가치가 없는 물건은 해체처분가액으로 감정평가할 수 있다. 〈개정 2022.1.21.〉

제21조(동산의 감정평가) ① 감정평가법인등은 동산을 감정평가할 때에는 거래사례비교법을 적용해야 한다. 다만, 본래 용도의 효용가치가 없는 물건은 해체처분가액으로 감정평가할 수 있다. 〈개정 2022.1.21., 2023.9.14.〉

② 제1항 본문에도 불구하고 기계 · 기구류를 감정평가할 때에는 원가법을 적용해야 한다. 〈신설 2023.9.14.〉

제22조(임대료의 감정평가) 감정평가법인등은 임대료를 감정평가할 때에 임대사례비교법을 적용해야 한다. 〈개정 2014.1.2., 2022.1.21.〉

제23조(무형자산의 감정평가) ① 감정평가법인등은 광업권을 감정평가할 때에 제19조제2항에 따른 광업재단의 감정평가액에서 해당 광산의 현존시설 가액을 빼고 감정평가해야 한다. 이 경우 광산의 현존시설 가액은 적정 생산규모와 가행조건(稼行條件) 등을 고려하여 산정하되 과잉유휴시설을 포함하여 산정하지 않는다. 〈개정 2022.1.21.〉

② 감정평가법인등은 어업권을 감정평가할 때에 어장 전체를 수익환원법에 따라 감정평가한 가액에서 해당 어장의 현존시설 가액을 빼고 감정평가해야 한다. 이 경우 어장의 현존시설 가액은 적정 생산규모와 어업권 존속기간 등을 고려하여 산정하되 과잉유휴시설을 포함하여 산정하지 않는다. 〈개정 2022.1.21.〉

③ 감정평가법인등은 영업권, 특허권, 실용신안권, 디자인권, 상표권, 저작권, 전용측선이용권(專用側線利用權), 그 밖의 무형자산을 감정평가할 때에 수익환원법을 적용해야 한다. 〈개정 2022.1.21.〉

제24조(유가증권 등의 감정평가) ① 감정평가법인등은 주식을 감정평가할 때에 다음 각 호의 구분에 따라야 한다. 〈개정 2014.1.2, 2022.1.21.〉

1. 상장주식[「자본시장과 금융투자업에 관한 법률」 제373조의2에 따라 허가를 받은 거래소(이하 "거래소"라 한다)에서 거래가 이루어지는 등 시세가 형성된 주식으로 한정한다] : 거래사례비교법을 적용할 것

2. 비상장주식(상장주식으로서 거래소에서 거래가 이루어지지 아니하는 등 형성된 시세가 없는 주식을 포함한다) : 해당 회사의 자산·부채 및 자본 항목을 평가하여 수정재무상태표를 작성한 후 기업체의 유·무형의 자산가치(이하 "기업가치"라 한다)에서 부채의 가치를 빼고 산정한 자기자본의 가치를 발행주식 수로 나눌 것

② 감정평가법인등은 채권을 감정평가할 때에 다음 각 호의 구분에 따라야 한다. 〈개정 2014.1.2, 2022.1.21.〉

1. 상장채권(거래소에서 거래가 이루어지는 등 시세가 형성된 채권을 말한다) : 거래사례비교법을 적용할 것

2. 비상장채권(거래소에서 거래가 이루어지지 아니하는 등 형성된 시세가 없는 채권을 말한다) : 수익환원법을 적용할 것

③ 감정평가법인등은 기업가치를 감정평가할 때에 수익환원법을 적용해야 한다. 〈개정 2022.1.21.〉

제25조(소음 등으로 인한 대상물건의 가치하락분에 대한 감정평가) 감정평가법인등은 소음·진동·일조침해 또는 환경오염 등(이하 "소음등"이라 한다)으로 대상물건에 직접적 또는 간접적인 피해가 발생하여 대상물건의 가치가 하락한 경우 그 가치하락분을 감정평가할 때에 소음등이 발생하기 전의 대상물건의 가액 및 원상회복비용 등을 고려해야 한다. 〈개정 2022.1.21.〉

제26조(그 밖의 물건의 감정평가) 감정평가법인등은 제14조부터 제25조까지에서 규정되지 아니한 대상물건을 감정평가할 때에 이와 비슷한 물건이나 권리 등의 경우에 준하여 감정평가해야 한다. 〈개정 2022.1.21.〉

제27조(조언·정보 등의 제공) 감정평가법인등이 법 제10조 제7호에 따른 토지등의 이용 및 개발 등에 대한 조언이나 정보 등의 제공에 관한 업무를 수행할 때에 이와 관련한 모든 분석은 합리적이어야 하며 객관적인 자료에 근거해야 한다. 〈개정 2016.8.31, 2022.1.21.〉

제28조(그 밖의 감정평가 기준) 이 규칙에서 규정하는 사항 외에 감정평가법인등이 감정평가를 할 때 지켜야 할 세부적인 기준은 국토교통부장관이 정하여 고시한다. 〈개정 2013.3.23, 2022.1.21.〉

제29조(규제의 재검토) 국토교통부장관은 제13조에 따른 감정평가서의 작성에 대하여 2024년 1월 1일을 기준으로 3년마다(매 3년이 되는 해의 기준일과 같은 날 전까지를 말한다) 그 타당성을 검토하여 개선 등의 조치를 해야 한다.

[본조신설 2023.9.14.]

부칙 〈국토교통부령 제1253호, 2023.9.14.〉

제1조(시행일) 이 규칙은 공포한 날부터 시행한다.

제2조(감정평가서의 작성에 관한 적용례) 제13조제3항제1호의2의 개정규정은 이 규칙 시행 이후 감정평가를 의뢰받은 경우부터 적용한다.

[시행 2023.9.13.] [국토교통부고시 제2023-522호, 2023.9.13, 일부개정]

감정평가 실무기준

감정평가 실무기준

100 총칙	700 목적별 감정평가
200 감정평가업자의 윤리	710 담보평가
300 감정평가 의뢰와 수임	720 경매평가
400 감정평가의 절차와 방법	730 도시정비평가
	740 재무보고평가
500 감정평가서	750 감정평가와 관련된 상담 및 자문 등
600 물건별 감정평가	800 보상평가
610 토지 및 그 정착물	810 취득하는 토지의 보상평가
620 공장재단과 광업재단	820 사용하는 토지의 보상평가
630 기계기구류	830 권리의 보상평가
640 의제부동산	840 영업손실의 보상평가
650 권리	
660 유가증권 등	900 행정사항
670 동산 등	

개 정 기 록 표			
개정차수	제개정일자	고시번호	개정사유 및 내용
제정	2013. 10. 21.	국토교통부고시 제2013-620호	
1차 개정	2014. 12. 12.	국토교통부고시 제2014-813호	• 토지보상법 시행규칙 개정사항('14. 10. 22) 반영 • 평가에 대한 심사자 역할 명시, 평가사의 재량 합리화 등 감정평가의 공정성 강화 • 그 밖의 현행규정상 미비점 보완 등
2차 개정	2015. 06. 11.	국토교통부고시 제2015-377호	상가임대차법 개정('15. 5. 13)에 따라 권리금에 대한 감정평가의 절차와 방법 등에 관한 기준 신설
3차 개정	2016. 09. 01.	국토교통부고시 제2016-600호	• 법령 제·개정에 따른 수정사항 반영 　- 감정평가법인의 심사 의무 및 심사사항·심사절차 등 규정 　- 적정한 실거래가 선정기준 마련 　- 서류 보존기간 수정 　- 인용 법령·조문 수정 • 토지보상법 시행규칙 개정사항 반영 • 일몰제를 주기적 재검토 방식으로 전환
4차 개정	2016. 12. 14.	국토교통부고시 제2016-895호	• 녹색건축물의 감정평가기준 신설 • 기대이율 산정방법에 대한 규정 신설 • 기계·기구류에 대한 감정평가 규정 분리 • 그 밖의 현행규정상 미비점 보완 등
5차 개정	2018. 01. 11.	국토교통부고시 제2018-36호	• 맹지의 감정평가 기준 보완 • 석산의 감정평가 규정 신설
6차 개정	2019. 10. 23.	국토교통부고시 제2019-594호	• 폐기물이 매립된 토지
7차 개정	2022. 11. 14.	국토교통부고시 제2022-653호	• 자동가치산정모형 사용 윤리 신설
8차 개정	2023. 09. 13.	국토교통부고시 제2023-522호	• 그 밖의 요인 보정 시 사례 선정기준 정비 등 • 물건별 평가방법 정비 • 보상평가

100 총칙

1. 목적

이 기준은 「감정평가 및 감정평가사에 관한 법률」 제3조제3항 및 「감정평가에 관한 규칙」 제28조에 따라 감정평가의 구체적인 기준을 정함으로써 감정평가업자(소속 감정평가사를 포함한다. 이하 같다)가 감정평가를 수행할 때 이 기준을 준수하도록 권장하여 감정평가의 공정성과 신뢰성을 제고하는 것을 목적으로 한다.

2. 정의

이 기준에서 사용하는 용어의 뜻은 다음 각 호와 같다.

1. "토지등"이란 다음 각 목의 재산과 이들에 관한 소유권 외의 권리를 말한다.

  가. 토지 및 그 정착물

  나. 동산

  다. 저작권·산업재산권·어업권·광업권 그 밖에 물권에 준하는 권리

  라. 「공장 및 광업재단 저당법」에 따른 공장재단과 광업재단

  마. 「입목에 관한 법률」에 따른 입목

  바. 자동차·건설기계·선박·항공기 등 관련 법령에 따라 등기하거나 등록하는 재산

  사. 유가증권

2. "감정평가"란 토지등의 경제적 가치를 판정하여 그 결과를 가액(價額)으로 표시하는 것을 말한다.

3. "시장가치"란 감정평가의 대상이 되는 「감정평가 및 감정평가사에 관한 법률」 제2조제1호에 따른 토지등(이하 "대상물건"이라 한다)이 통상적인 시장에서 충분한 기간 동안 거래를 위하여 공개된 후, 그 대상물건의 내용에 정통한 당사자 사이에 신중하고 자발적인 거래가 있을 경우 성립될 가능성이 가장 높다고 인정되는 대상물건의 가액을 말한다.

4. "감정평가업자"란 감정평가사사무소 개설신고를 한 감정평가사와 설립인가를 받은 감정평가법인을 말한다.

5. "기준시점"이란 대상물건의 감정평가액을 결정하는 기준이 되는 날짜를 말한다.

6. "기준가치"란 감정평가의 기준이 되는 가치를 말한다.

7. "시산가액"이란 대상물건의 감정평가액을 결정하기 위하여 각각의 감정평가방법을 적용하여 산정한 가액을 말한다.

8. "최유효이용"이란 객관적으로 보아 양식과 통상의 이용능력을 가진 사람이 부동산을 합법적이고 합리적이며 최고·최선의 방법으로 이용하는 것을 말한다.

9. "일시적인 이용"이란 관련 법령에 따라 국가나 지방자치단체의 계획이나 명령 등으로 부동산을 본래의 용도로 이용하는 것이 일시적으로 금지되거나 제한되어 다른 용도로 이용하고 있거나 부동산의 주위 환경 등으로 보아 현재의 이용이 임시적인 것으로 인정되는 이용을 말한다.

10. "가치형성요인"이란 대상물건의 경제적 가치에 영향을 미치는 일반요인, 지역요인, 개별요인 등을 말한다.

11. "인근지역"이란 감정평가의 대상이 된 부동산(이하 "대상부동산"이라 한다)이 속한 지역으로서 부동산의 이용이 동질적이고 가치형성요인 중 지역요인을 공유하는 지역을 말한다.

12. "유사지역"이란 대상부동산이 속하지 아니하는 지역으로서 인근지역과 유사한 특성을 갖는 지역을 말한다.

13. "동일수급권(同一需給圈)"이란 일반적으로 대상 부동산과 대체·경쟁관계가 성립하고 가치형성에 서로 영향을 미치는 관계에 있는 다른 부동산이 존재하는 권역을 말하며, 인근지역과 유사지역을 포함한다.

14. "제시 외 건물 등이 있는 토지"란 감정평가를 의뢰하는 자(이하 "의뢰인"이라 한다)가 의뢰하지 않은 건물·구축물 등 지상 정착물이 있는 토지를 말한다.

15. "감정평가관계법규"란 「감정평가 및 감정평가사에 관한 법률」(이하 "법"이라 한다), 같은 법 시행령 및 시행규칙, 「감정평가에 관한 규칙」(이하 "규칙"이라 한다) 및 감정평가에 관한 사항을 규정하고 있는 다른 법령 등을 말한다.

200 | 감정평가업자의 윤리

1. 개요
감정평가업자는 감정평가제도의 공공성과 사회성을 충분히 이해하고, 전문인으로서 부여된 책임과 역할을 인식하여 행동을 스스로 규율하여야 한다.

2. 윤리규정의 준수
감정평가업자는 감정평가관계법규 및 이 기준에서 정하는 윤리규정을 준수하여야 한다.

3. 기본윤리
3.1 품위유지
감정평가업자는 감정평가 업무를 수행할 때 전문인으로서 사회에서 요구하는 신뢰에 부응하여 품위 있게 행동하여야 한다.

3.2 신의성실
3.2.1 부당한 감정평가의 금지
감정평가업자는 신의를 좇아 성실히 업무를 수행하여야 하고, 고의나 중대한 과실로 부당한 감정평가를 해서는 아니 된다.

3.2.2 자기계발
감정평가업자는 전문인으로서 사회적 요구에 부응하고 감정평가에 관한 전문지식과 윤리성을 함양하기 위해 지속적으로 노력하여야 한다.

3.2.3 자격증 등의 부당한 사용의 금지
감정평가업자는 자격증·등록증이나 인가증을 타인에게 양도·대여하거나 이를 부당하게 행사해서는 아니 된다.

3.3 청렴

① 감정평가업자는 법 제23조에 따른 수수료와 실비 외에는 어떠한 명목으로도 그 업무와 관련된 대가를 받아서는 아니 된다.

② 감정평가업자는 감정평가 의뢰의 대가로 금품·향응, 보수의 부당한 할인, 그 밖의 이익을 제공하거나 제공하기로 약속하여서는 아니 된다.

3.4 보수기준 준수

감정평가업자는 법 제23조제2항에 따른 수수료의 요율 및 실비에 관한 기준을 준수하여야 한다.

4. 업무윤리

4.1 의뢰인에 대한 설명 등

① 감정평가업자는 감정평가 의뢰를 수임하기 전에 감정평가 목적·감정평가조건·기준시점 및 대상물건 등에 대하여 의뢰인의 의견을 충분히 듣고 의뢰인에게 다음 각 호의 사항을 설명하여야 한다.

1. 대상물건에 대한 감정평가 업무수행의 개요

2. 감정평가 수수료와 실비, 그 밖에 의뢰인에게 부담이 될 내용

② 감정평가업자는 대상물건에 대한 조사 과정에서 의뢰인이 제시한 사항과 다른 내용이 발견된 경우에는 의뢰인에게 이를 설명하고 적절한 조치를 취하여야 한다.

③ 감정평가업자가 감정평가서를 발급할 때나 발급이 이루어진 후 의뢰인의 요청이 있는 경우에는 다음 각 호의 사항을 의뢰인에게 설명하여야 한다.

1. 감정평가액의 산출 과정 및 산출 근거

2. 감정평가 수수료와 실비, 그 밖에 발생한 비용의 산출 근거

3. 감정평가 결과에 대한 이의제기 절차 및 방법

4. 그 밖에 의뢰인이 감정평가 결과에 관해 질의하는 사항

4.2 불공정한 감정평가 회피

① 감정평가업자는 객관적으로 보아 불공정한 감정평가를 할 우려가 있다고 인정되는 대상물건에 대해서는 감정평가를 해서는 아니 된다.

② 불공정한 감정평가의 내용에는 다음 각 호의 사항이 포함된다.

1. 대상물건이 담당 감정평가사 또는 친족의 소유이거나 그 밖에 불공정한 감정평가를 할 우려가 있는 경우

2. 이해관계 등의 이유로 자기가 감정평가하는 것이 타당하지 아니하다고 인정되는 경우

4.3 비밀준수 등 타인의 권리 보호

감정평가업자는 감정평가 업무를 수행하면서 알게 된 비밀을 정당한 이유 없이 누설하여서는 아니 된다.

5. 자동가치산정모형 사용 윤리

5.1 정의

"자동가치산정모형"이란 실거래자료, 부동산 가격공시자료 등을 활용하여 토지등 부동산의 가치를 자동으로 추정하는 컴퓨터 프로그램을 말한다.

5.2 감정평가와의 관계

　① 감정평가법인등은 감정평가의 효율성 제고를 목적으로 자동가치산정모형을 활용할 수 있으나 감정평가의 보조적 수단으로 활용하여야 한다.

　② 자동가치산정모형에 의한 추정가치는 감정평가액으로 볼 수 없다.

5.3 활용 시 유의사항

감정평가법인등은 자동가치산정모형을 활용할 경우 다음 각 호의 사항을 이해하고 검토하여야 한다.

1. 자동가치산정모형의 알고리즘

2. 자동가치산정모형에 사용되는 데이터의 종류 및 범위, 적합성

3. 자동가치산정모형을 통해 산출된 결과물의 적정 여부

300　감정평가 의뢰와 수임

1. 감정평가 수임계약의 성립

　① 감정평가업자는 의뢰인으로부터 업무 수행에 관한 구체적 사항과 보수에 관한 사항 등이 기재된 감정평가 의뢰서(전자문서를 포함한다. 이하 "의뢰서"라 한다)를 제출받아야 한다.

　② 감정평가업자는 감정평가 수임계약의 기본적인 사항의 일부나 전부가 누락된 경우에는 의뢰인에게 이를 보정할 것을 요구하여야 한다.

　③ 제1항에도 불구하고 감정평가업자와 의뢰인이 수임계약서나 업무협약서 등(이하 "계약서"라 한다)을 작성하는 경우에는 그 계약서를 의뢰서로 본다. 이 경우 계약서의 작성에 관해서는 제2항을 준용한다.

2. 수임제한 이유

감정평가업자는 다음 각 호의 어느 하나에 해당하는 경우에는 그 업무를 수임해서는 아니 된다. 이 경우 수임할 수 없는 이유를 의뢰인에게 지체 없이 알려야 한다.

1. [200－4.2－②]에 해당하는 경우

2. 감정평가의 적정성을 검증하기 위한 목적의 감정평가(쟁송, 토지수용위원회의 재결 등을 위한 감정평가)로서 당초 감정평가를 수행한 감정평가업자가 다시 의뢰받은 경우

3. 감정평가 의뢰의 내용이 감정평가관계법규나 이 기준에 위배되는 경우

4. 위법·부당한 목적으로 감정평가를 의뢰하는 것이 명백한 경우

5. 대상물건에 대한 조사가 불가능하거나 극히 곤란한 경우

6. 의뢰받은 감정평가 수행에 필요한 인력과 전문성을 보유하지 못한 경우

3. 감정평가 수임계약의 기본적 사항

　① 감정평가 수임계약에는 업무 범위를 확정하고 분쟁을 예방하기 위하여 다음 각 호의 사항을 포함하여야 한다.

1. 의뢰인
2. 대상물건
3. 감정평가 목적
4. 기준시점
5. 감정평가조건
6. 기준가치
7. 관련 전문가에 대한 자문 또는 용역(이하 "자문등"이라 한다)에 관한 사항
8. 감정평가 수수료 및 실비의 청구와 지급에 관한 사항

② 법 제33조에 따른 한국감정평가사협회는 제1항에 따른 표준적인 의뢰서 서식을 정하여 감정평가업자 및 의뢰인에게 사용을 권고할 수 있다.

4. 기준시점

① 기준시점은 대상물건의 가격조사를 완료한 날짜로 한다.

② 제1항에도 불구하고 기준시점을 미리 정하였을 때에는 그 날짜에 가격조사가 가능한 경우에만 그 날짜를 기준시점으로 할 수 있다.

③ 제2항에 따라 기준시점을 정한 경우에는 감정평가서에 그 이유를 기재하여야 한다.

5. 감정평가조건

5.1 감정평가조건의 부가

감정평가업자는 기준시점의 가치형성요인 등을 실제와 다르게 가정하거나 특수한 경우로 한정하는 조건(이하 "감정평가조건"이라 한다)을 붙여 감정평가할 수 있다.

5.2 감정평가조건의 부가요건 및 검토사항

① 감정평가조건은 다음 각 호의 어느 하나에 해당하는 경우에 한정하여 붙일 수 있다.

1. 감정평가관계법규에 감정평가조건의 부가에 관한 규정이 있는 경우
2. 의뢰인이 감정평가조건의 부가를 요청하는 경우
3. 감정평가의 목적이나 대상물건의 특성에 비추어 사회통념상 당연히 감정평가조건의 부가가 필요하다고 인정되는 경우

② 제1항에 따라 감정평가조건을 붙일 때에는 감정평가조건의 합리성, 적법성 및 실현가능성을 검토하여야 한다. 다만, 제1항제1호의 경우에는 그러하지 아니하다.

5.3 감정평가조건의 표시

감정평가조건이 부가된 감정평가를 할 때에는 다음 각 호의 사항을 감정평가서에 적어야 한다. 다만, [300-5.2-①-1]의 경우에는 해당 법령을 적는 것으로 갈음할 수 있다.

1. 감정평가조건의 내용
2. 감정평가조건을 부가한 이유
3. 감정평가조건의 합리성, 적법성 및 실현가능성의 검토사항
4. 해당 감정평가가 감정평가조건을 전제로 할 때에만 성립될 수 있다는 사실

6. 관련 전문가의 활용

① 감정평가를 수행할 때 필요한 경우에는 관련 전문가의 자문등을 거쳐 감정평가할 수 있다.

② 감정평가업자가 관련 전문가에게 자문등을 하려는 경우에는 필요성, 비용 및 기간 등에 관해 의뢰인에게 설명하고 동의를 얻어야 한다.

③ 감정평가업자는 자문등의 결과가 감정평가절차, 감정평가방법 등과 일관성이 있고 합리적인지를 충실히 검토하여야 한다. 이 경우 자문등의 결과가 적절하지 않다고 판단될 경우에는 해당 자문등의 결과를 감정평가에 고려하지 않거나, 수정하여 적용할 수 있다.

④ 제3항에 따라 자문등의 결과를 감정평가에 고려하지 않거나 수정하여 적용한 경우에는 그 이유를 감정평가서에 적어야 한다.

7. 감정평가 수임계약의 철회 등

① 감정평가업자는 감정평가 수임계약이 성립하였으나 감정평가서가 발송되기 전에 수임제한 이유에 해당하는 것을 알게 된 경우에는 수임계약을 철회하여야 한다.

② 감정평가업자는 의뢰서에 기재된 대상물건의 내용과 대상물건에 대한 실지조사 결과가 상호 동일성이 인정되지 아니한 경우에는 의뢰인에게 감정평가 수임계약의 기본적 사항을 보정할 것을 요구하고, 의뢰인이 보정하지 아니한 경우에는 수임계약을 철회할 수 있다.

③ 감정평가업자는 감정평가조건의 합리성, 적법성이 결여(缺如)되거나 실현이 사실상 불가능하다고 판단할 때에는 의뢰를 거부하거나 수임(受任)을 철회할 수 있다.

| 400 | 감정평가의 절차와 방법 |

---

1. 감정평가의 절차

① 감정평가업자는 다음 각 호의 순서에 따라 감정평가하여야 한다. 다만, 합리적이고 능률적인 감정평가를 위하여 필요할 때에는 순서를 조정할 수 있다.

1. 기본적 사항의 확정
2. 처리계획의 수립
3. 대상물건의 확인
4. 자료수집 및 정리
5. 자료검토 및 가치형성요인의 분석
6. 감정평가방법의 선정 및 적용
7. 감정평가액의 결정 및 표시

② "기본적 사항의 확정"이란 [300-3-①]의 각 호의 사항 등을 의뢰인과 협의하여 결정하는 절차를 말한다.

③ "처리계획의 수립"이란 대상물건의 확인에서 감정평가액의 결정 및 표시에 이르기까지 일련의 작업과정에 대한 계획을 수립하는 절차를 말한다.

④ "대상물건의 확인"이란 다음 각 호의 절차를 말하며, 대상물건을 감정평가할 때에는 실지조사를 하기 전에 사전조사를 통해 필요한 사항을 조사한다.

　1. 사전조사 : 실지조사 전에 감정평가 관련 구비서류의 완비 여부 등을 확인하고, 대상물건의 공부 등을 통해 토지등의 물리적 조건, 권리상태, 위치, 면적 및 공법상의 제한내용과 그 제한정도 등을 조사하는 절차

　2. 실지조사 : 대상물건이 있는 곳에서 대상물건의 현황 등을 직접 확인하는 절차

⑤ 감정평가업자가 감정평가를 할 때에는 대상물건의 확인을 위하여 실지조사를 하여야 한다. 다만, 다음 각 호의 어느 하나에 해당하는 경우로서 실지조사를 하지 아니하고도 객관적이고 신뢰할 수 있는 자료를 충분히 확보할 수 있는 경우에는 실지조사를 하지 아니할 수 있다.

　1. 천재지변, 전시·사변, 법령에 따른 제한 및 물리적인 접근 곤란 등으로 실지조사가 불가능하거나 매우 곤란한 경우

　2. 유가증권 등 대상물건의 특성상 실지조사가 불가능하거나 불필요한 경우

⑥ "자료수집 및 정리"란 대상물건의 물적사항·권리관계·이용상황에 대한 분석 및 감정평가액 산정을 위해 필요한 확인자료·요인자료·사례자료 등을 수집하고 정리하는 절차를 말한다.

⑦ "자료검토 및 가치형성요인의 분석"이란 자료의 신뢰성·충실성 등을 검증하고 다음 각 호의 가치형성요인을 분석하는 절차를 말한다.

　1. 일반요인 : 대상물건이 속한 전체 사회에서 대상물건의 이용과 가격수준 형성에 전반적으로 영향을 미치는 일반적인 요인

　2. 지역요인 : 대상물건이 속한 지역의 가격수준 형성에 영향을 미치는 자연적·사회적·경제적·행정적 요인

　3. 개별요인 : 대상물건의 구체적 가치에 영향을 미치는 대상물건의 고유한 개별적 요인

⑧ "감정평가방법의 선정 및 적용"이란 대상물건의 특성이나 감정평가 목적 등에 따라 적절한 하나 이상의 감정평가방법을 선정하고, 그 방법에 따라 가치형성요인 분석 결과 등을 토대로 시산가액을 산정하는 절차를 말한다.

⑨ "감정평가액의 결정 및 표시"란 감정평가방법의 적용을 통하여 산정된 시산가액을 합리적으로 조정하여 대상물건이 갖는 구체적인 가치를 최종적으로 결정하고 감정평가서에 그 가액을 표시하는 절차를 말한다.

2. 감정평가의 원칙

2.1 시장가치기준 원칙

① 대상물건에 대한 감정평가액은 시장가치를 기준으로 결정한다.

② 제1항에도 불구하고 다음 각 호의 어느 하나에 해당하는 경우에는 대상물건의 감정평가액을 시장가치 외의 가치를 기준으로 결정할 수 있다.

　1. 감정평가관계법규에 기준가치를 시장가치 외의 가치로 하는 것에 관한 규정이 있는 경우

　2. 의뢰인이 기준가치를 시장가치 외의 가치로 할 것을 요청한 경우

　3. 감정평가의 목적이나 대상물건의 특성에 비추어 사회통념상 기준가치를 시장가치 외의 가치로 하는 것이 필요하다고 인정되는 경우

③ 제2항에 따라 감정평가할 때에는 다음 각 호의 사항을 검토하여야 한다. 다만, 제2항제1호의 경우에는 그러하지 아니하다.

1. 해당 시장가치 외의 가치의 성격과 특징

2. 시장가치 외의 가치를 기준으로 하는 감정평가의 합리성 및 적법성

④ 감정평가업자는 시장가치 외의 가치를 기준으로 하는 감정평가의 합리성 및 적법성이 결여되었다고 판단될 때에는 의뢰를 거부하거나 수임을 철회할 수 있다.

2.2 현황기준 원칙

① 감정평가는 기준시점에서의 대상물건의 이용상황(불법적이거나 일시적인 이용을 제외한다) 및 공법상 제한 상태를 기준으로 한다.

② 제1항에도 불구하고 [300-5]에 따른 감정평가조건을 붙여 감정평가할 수 있다.

③ 대상물건의 이용상황이 불법적이거나 일시적인 경우에는 다음 각 호의 방법에 따라 감정평가한다.

1. 대상물건이 일시적인 이용 등 최유효이용에 미달되는 경우에는 최유효이용을 기준으로 감정평가하되, 최유효이용으로 전환하기 위해 수반되는 비용을 고려한다.

2. 대상물건이 불법적인 이용인 경우에는 합법적인 이용을 기준으로 감정평가하되, 합법적인 이용으로 전환하기 위해 수반되는 비용을 고려한다.

2.3 개별물건기준 원칙

감정평가는 대상물건마다 개별로 한다. 다만, 다음 각 호의 경우에는 그에 따른다.

1. 둘 이상의 대상물건이 일체로 거래되거나 대상물건 상호 간에 용도상 불가분의 관계가 있는 경우에는 둘 이상의 대상물건에 대하여 하나의 감정평가액을 산정하는 일괄감정평가를 할 수 있다.

2. 하나의 대상물건이라도 가치를 달리하는 부분이 있는 경우에는 각각의 감정평가액을 별도로 산정하는 구분감정평가를 할 수 있다.

3. 일체로 이용되고 있는 대상물건의 일부분에 대하여 감정평가하여야 할 특수한 목적이나 합리적인 이유가 있는 경우에는 부분감정평가를 할 수 있다.

3. 감정평가방식

3.1 감정평가의 3방식

감정평가는 다음 각 호의 감정평가 3방식에 따른다.

1. 원가방식 : 원가법, 적산법 등 비용성의 원리에 기초한 감정평가방식

2. 비교방식 : 거래사례비교법, 임대사례비교법 등 시장성의 원리에 기초한 감정평가방식 및 법 제3조제1항 본문에 따른 공시지가기준법

3. 수익방식 : 수익환원법, 수익분석법 등 수익성의 원리에 기초한 감정평가방식

3.2 원가방식의 주요 감정평가방법

3.2.1 원가법

3.2.1.1 정의

① 원가법이란 대상물건의 재조달원가에 감가수정(減價修正)을 하여 대상물건의 가액을

산정하는 감정평가방법을 말한다.

② 적산가액이란 원가법에 따라 산정된 가액을 말한다.

3.2.1.2 재조달원가

① 재조달원가란 대상물건을 기준시점에 재생산하거나 재취득하는 데 필요한 적정원가의 총액을 말한다.

② 재조달원가는 대상물건을 일반적인 방법으로 생산하거나 취득하는 데 드는 비용으로 하되, 제세공과금 등과 같은 일반적인 부대비용을 포함한다.

3.2.1.3 감가수정

① 감가수정은 대상물건에 대한 재조달원가를 감액하여야 할 요인이 있는 경우에 다음 각 호의 가치 하락요인 등(이하 "감가요인"이라 한다)을 고려하여 그에 해당하는 금액을 재조달원가에서 공제하여 기준시점에 대상물건의 가액을 적정화하는 작업을 말한다.

1. 물리적 감가요인 : 대상물건의 물리적 상태 변화에 따른 감가요인

2. 기능적 감가요인 : 대상물건의 기능적 효용 변화에 따른 감가요인

3. 경제적 감가요인 : 인근지역의 경제적 상태, 주위환경, 시장상황 등 대상물건의 가치에 영향을 미치는 경제적 요소들의 변화에 따른 감가요인

② 감가수정을 할 때에는 경제적 내용연수를 기준으로 한 정액법, 정률법 또는 상환기금법 중에서 대상물건에 가장 적합한 방법을 적용하여야 한다.

③ 제2항에 따른 감가수정이 적절하지 아니한 경우에는 물리적·기능적·경제적 감가요인을 고려하여 관찰감가 등으로 조정하거나 다른 방법에 따라 감가수정할 수 있다.

3.2.2 적산법

3.2.2.1 정의

① 적산법(積算法)이란 대상물건의 기초가액에 기대이율을 곱하여 산정된 기대수익에 대상물건을 계속하여 임대하는 데 필요한 경비를 더하여 대상물건의 임대료[(賃貸料), 사용료를 포함한다. 이하 같다]를 산정하는 감정평가방법을 말한다.

② 적산임료란 적산법에 따라 산정한 임대료를 말한다.

3.2.2.2 기초가액

① 기초가액이란 적산법으로 감정평가하는 데 기초가 되는 대상물건의 가치를 말한다.

② 기초가액은 비교방식이나 원가방식으로 감정평가한다. 이 경우 사용 조건·방법·범위 등을 고려할 수 있다.

3.2.2.3 기대이율

① 기대이율이란 기초가액에 대하여 기대되는 임대수익의 비율을 말한다.

② 기대이율은 시장추출법, 요소구성법, 투자결합법, CAPM을 활용한 방법, 그 밖의 대체·경쟁 자산의 수익률 등을 고려한 방법 등으로 산정한다.

③ 기초가액을 시장가치로 감정평가한 경우에는 해당 지역 및 대상물건의 특성을 반영하는 이율로 정하되, 한국감정평가사협회에서 발표한 '기대이율 적용기준율표', 「국유재산법 시행령」·「공유재산 및 물품관리법 시행령」에 따른 국·공유재산의 사용료율(대부료율) 등을 참고하여 실현가능한 율로 정할 수 있다.

3.2.2.4 필요제경비

① 필요제경비란 임차인이 사용·수익할 수 있도록 임대인이 대상물건을 적절하게 유지·관리하는 데에 필요한 비용을 말한다.

② 필요제경비에는 감가상각비, 유지관리비, 조세공과금, 손해보험료, 대손준비금, 공실손실상당액, 정상운영자금이자 등이 포함된다.

3.3 비교방식의 주요 감정평가방법

3.3.1 거래사례비교법

3.3.1.1 정의

① 거래사례비교법이란 대상물건과 가치형성요인이 같거나 비슷한 물건의 거래사례와 비교하여 대상물건의 현황에 맞게 사정보정(事情補正), 시점수정, 가치형성요인 비교 등의 과정을 거쳐 대상물건의 가액을 산정하는 감정평가방법을 말한다.

② 비준가액이란 거래사례비교법에 따라 산정된 가액을 말한다.

3.3.1.2 거래사례의 수집 및 선택

거래사례비교법으로 감정평가할 때에는 거래사례를 수집하여 적정성 여부를 검토한 후 다음 각 호의 요건을 모두 갖춘 하나 또는 둘 이상의 적절한 사례를 선택하여야 한다.

1. 거래사정이 정상이라고 인정되는 사례나 정상적인 것으로 보정이 가능한 사례

2. 기준시점으로 시점수정이 가능한 사례

3. 대상물건과 위치적 유사성이나 물적 유사성이 있어 지역요인·개별요인 등 가치형성요인의 비교가 가능한 사례

3.3.1.3 사정보정

거래사례에 특수한 사정이나 개별적 동기가 반영되어 있거나 거래 당사자가 시장에 정통하지 않은 등 수집된 거래사례의 가격이 적절하지 못한 경우에는 사정보정을 통해 그러한 사정이 없었을 경우의 적절한 가격수준으로 정상화하여야 한다.

3.3.1.4 시점수정

① 거래사례의 거래시점과 대상물건의 기준시점이 불일치하여 가격수준의 변동이 있을 경우에는 거래사례의 가격을 기준시점의 가격수준으로 시점수정하여야 한다.

② 시점수정은 사례물건의 가격 변동률로 한다. 다만, 사례물건의 가격 변동률을 구할 수 없거나 사례물건의 가격 변동률로 시점수정하는 것이 적절하지 않은 경우에는 지가변동률·건축비지수·임대료지수·생산자물가지수·주택가격동향지수 등을 고려하여 가격 변동률을 구할 수 있다.

3.3.1.5 가치형성요인의 비교

거래사례와 대상물건 간에 종별·유형별 특성에 따라 지역요인이나 개별요인 등 가치형성요인에 차이가 있는 경우에는 이를 각각 비교하여 대상물건의 가치를 개별화·구체화하여야 한다.

3.3.2 임대사례비교법

3.3.2.1 정의

① 임대사례비교법이란 대상물건과 가치형성요인이 같거나 비슷한 물건의 임대사례와 비교하여 대상물건의 현황에 맞게 사정보정, 시점수정, 가치형성요인 비교 등의 과정을 거쳐 대상물건의 임대료를 산정하는 감정평가방법을 말한다.

② 비준임료란 임대사례비교법에 따라 산정된 임대료를 말한다.

3.3.2.2 임대사례의 수집 및 선택

임대사례비교법으로 감정평가할 때에는 임대사례를 수집하여 적정성 여부를 검토한 후 다음 각 호의 요건을 모두 갖춘 하나 또는 둘 이상의 적절한 임대사례를 선택하여야 한다.

1. 임대차 등의 계약내용이 같거나 비슷한 사례
2. 임대차 사정이 정상이라고 인정되는 사례나 정상적인 것으로 보정이 가능한 사례
3. 기준시점으로 시점수정이 가능한 사례
4. 대상물건과 위치적 유사성이나 물적 유사성이 있어 지역요인·개별요인 등 가치형성요인의 비교가 가능한 사례

3.3.2.3 사정보정

임대사례에 특수한 사정이나 개별적 동기가 반영되어 있거나 임대차 당사자가 시장에 정통하지 않은 등 수집된 임대사례의 임대료가 적절하지 못한 경우에는 사정보정을 통해 그러한 사정이 없었을 경우의 적절한 임대료 수준으로 정상화하여야 한다.

3.3.2.4 시점수정

① 임대사례의 임대시점과 대상물건의 기준시점이 불일치하여 임대료 수준의 변동이 있을 경우에는 임대사례의 임대료를 기준시점의 임대료 수준으로 시점수정하여야 한다.

② 시점수정은 사례물건의 임대료 변동률로 한다. 다만, 사례물건의 임대료 변동률을 구할 수 없거나 사례물건의 임대료 변동률로 시점수정하는 것이 적절하지 않은 경우에는 사례물건의 가격 변동률·임대료지수·생산자물가지수 등을 고려하여 임대료 변동률을 구할 수 있다.

3.3.2.5 가치형성요인의 비교

임대사례와 대상물건 간에 종별·유형별 특성에 따라 지역요인이나 개별요인 등 임대료의 형성에 영향을 미치는 여러 요인에 차이가 있는 경우에는 이를 각각 비교하여 대상물건의 임대료를 개별화·구체화하여야 한다.

3.3.3 공시지가기준법

공시지가기준법이란 법 제3조제1항 본문에 따라 감정평가의 대상이 된 토지(이하 "대상토지"라 한다)와 가치형성요인이 같거나 비슷하여 유사한 이용가치를 지닌다고 인정되는 표준지(이하 "비교표준지"라 한다)의 공시지가를 기준으로 대상토지의 현황에 맞게 시점수정, 지역요인 및 개별요인 비교, 그 밖의 요인의 보정(補正)을 거쳐 대상토지의 가액을 산정하는 감정평가방법을 말한다.

3.4 수익방식의 주요 감정평가방법

3.4.1 수익환원법

3.4.1.1 정의

① 수익환원법이란 대상물건이 장래 산출할 것으로 기대되는 순수익이나 미래의 현금흐름을 환원하거나 할인하여 대상물건의 가액을 산정하는 감정평가방법을 말한다.

② 수익가액이란 수익환원법에 따라 산정된 가액을 말한다.

3.4.1.2 환원방법

① 직접환원법은 단일기간의 순수익을 적절한 환원율로 환원하여 대상물건의 가액을 산정하는 방법을 말한다.

② 할인현금흐름분석법은 대상물건의 보유기간에 발생하는 복수기간의 순수익(이하 "현금흐름"이라 한다)과 보유기간 말의 복귀가액에 적절한 할인율을 적용하여 현재가치로 할인한 후 더하여 대상물건의 가액을 산정하는 방법을 말한다.

③ 수익환원법으로 감정평가할 때에는 직접환원법이나 할인현금흐름분석법 중에서 감정평가 목적이나 대상물건에 적절한 방법을 선택하여 적용한다. 다만, 부동산의 증권화와 관련한 감정평가 등 매기의 순수익을 예상해야 하는 경우에는 할인현금흐름분석법을 원칙으로 하고 직접환원법으로 합리성을 검토한다.

3.4.1.3 순수익 등의 산정

① 순수익이란 대상물건에 귀속하는 적절한 수익으로서 유효총수익에서 운영경비를 공제하여 산정한다.

② 제1항의 유효총수익은 다음 각 호의 사항을 합산한 가능총수익에 공실손실상당액 및 대손충당금을 공제하여 산정한다.

  1. 보증금(전세금) 운용수익
  2. 연간 임대료
  3. 연간 관리비 수입
  4. 주차수입, 광고수입, 그 밖에 대상물건의 운용에 따른 주된 수입

③ 제1항의 운영경비는 다음 각 호의 사항을 더하여 산정한다.

  1. 용역인건비·직영인건비
  2. 수도광열비
  3. 수선유지비
  4. 세금·공과금
  5. 보험료
  6. 대체충당금
  7. 광고선전비 등 그 밖의 경비

④ 할인현금흐름분석법의 적용에 따른 복귀가액은 보유기간 경과 후 초년도의 순수익을 추정하여 최종환원율로 환원한 후 매도비용을 공제하여 산정한다.

3.4.1.4 환원율과 할인율의 산정

① 직접환원법에서 사용할 환원율은 시장추출법으로 구하는 것을 원칙으로 한다. 다만, 시장추출법의 적용이 적절하지 않은 때에는 요소구성법, 투자결합법, 유효총수익승수

에 의한 결정방법, 시장에서 발표된 환원율 등을 고려하여 적절한 방법으로 구할 수 있다.

② 할인현금흐름분석법에서 사용할 할인율은 투자자조사법(지분할인율), 투자결합법(종합할인율), 시장에서 발표된 할인율 등을 고려하여 대상물건의 위험이 적절히 반영되도록 결정하되 추정된 현금흐름에 맞는 할인율을 적용한다.

③ 복귀가액 산정을 위한 최종환원율은 환원율에 장기위험프리미엄·성장률·소비자물가상승률 등을 고려하여 결정한다.

3.4.2 수익분석법

3.4.2.1 정의

① 수익분석법은 일반기업 경영에 의하여 산출된 총수익을 분석하여 대상물건이 일정한 기간에 산출할 것으로 기대되는 순수익에 대상물건을 계속하여 임대하는 데 필요한 경비를 더하여 대상물건의 임대료를 산정하는 감정평가방법을 말한다.

② 수익임료란 수익분석법에 따라 산정된 임대료를 말한다.

3.4.2.2 순수익과 필요제경비

① 순수익은 대상물건의 총수익에서 그 수익을 발생시키는 데 드는 경비(매출원가, 판매비 및 일반관리비, 정상운전자금이자, 그 밖에 생산요소귀속 수익 등을 포함한다)를 공제하여 산정한 금액을 말한다.

② 필요제경비에는 대상물건에 귀속될 감가상각비, 유지관리비, 조세공과금, 손해보험료, 대손준비금 등이 포함된다.

4. 감정평가방법의 적용 및 시산가액 조정

① 감정평가를 할 때에는 이 기준에서 대상물건별로 정한 감정평가방법(이하 "주된 방법"이라 한다)을 적용하여야 한다. 다만, 주된 방법을 적용하는 것이 곤란하거나 부적절한 경우에는 다른 감정평가방법을 적용할 수 있다.

② 제1항에 따라 어느 하나의 감정평가방법을 적용하여 산정한 시산가액은 감정평가 3방식 중 다른 감정평가방식에 속하는 하나 이상의 감정평가방법(이 경우 공시지가기준법과 그 밖의 비교방식에 속한 감정평가방법은 서로 다른 감정평가방식에 속한 것으로 본다)으로 산정한 시산가액과 비교하여 합리성을 검토하여야 한다. 다만, 대상물건의 특성 등으로 인하여 다른 감정평가방법을 적용하는 것이 곤란하거나 불필요한 경우에는 그러하지 아니하되 그 사유를 감정평가서에 기재하여야 한다.

③ 제2항에 따른 검토 결과 제1항에 따라 산정한 시산가액의 합리성이 없다고 판단되는 경우에는 주된 방법 및 다른 감정평가방법으로 산정한 시산가액을 조정하여 감정평가액을 결정할 수 있다.

④ 시산가액을 조정할 때에는 감정평가 목적, 대상물건의 특성, 수집한 자료의 신뢰성, 시장상황 등을 종합적으로 고려하여 각 시산가액에 적절한 가중치를 부여하여 감정평가액을 결정(주된 방법이 아닌 다른 감정평가방법으로 산정한 가액 등으로 감정평가액을 결정하는 경우를 포함한다)하여야 한다.

500 | 감정평가서

1. 감정평가서의 작성원칙

① 감정평가업자는 감정평가절차에 따라 감정평가를 수행한 후 그 내용을 감정평가서에 적어 의뢰인에게 발급하여야 한다.

② 감정평가서는 의뢰인과 이해관계자(이하 "의뢰인등"이라 한다)가 이해할 수 있도록 명확하고 일관되게 작성하여야 한다.

③ 감정평가서에는 의뢰인등이 감정평가 결과를 이해할 수 있도록 충분한 정보가 포함되어야 한다.

2. 감정평가서의 형식과 제목

① 감정평가서는 감정평가관계법규와 이 기준에서 정하는 바에 따라 작성하여야 하며, 감정평가서에는 "감정평가서"라는 제목 외에 다른 제목을 사용해서는 아니 된다.

② 감정평가업자는 감정평가가 아닌 업무(법 제10조제6호에 따른 상담 및 자문, 같은 조 제7호에 따른 조언이나 정보 등의 제공을 포함한다)를 하는 경우에는 "감정평가서" 또는 감정평가로 잘못 인식될 수 있는 제목을 사용하여서는 아니 된다.

③ 감정평가서를 작성할 때에는 규칙 별지 제1호서식에 따라 작성하되, 규칙 별지 제1호서식에서 정한 사항 외에 필요한 사항이 있는 경우에는 이를 추가할 수 있다. 다만, 다음 각 호의 어느 하나에 해당하는 경우 감정평가서 표지는 규칙 별지 제2호서식에 따라야 한다.

1. [400-2.1-②-2]에 따라 시장가치 외의 가치를 기준으로 하는 경우
2. [300-5.2-①-2]에 따라 감정평가조건을 붙인 경우

④ 제3항에도 불구하고 국토교통부장관이 별도로 정하는 표준서식 또는 의뢰인이 요구하는 서식을 사용할 수 있다. 이 경우에도 [500-3]의 기재사항을 적어야 한다.

⑤ 제4항의 경우에도 표지에는 "감정평가서"라는 제목을 명확하게 기재하여야 하며, 제3항 단서에 따라야 한다.

3. 감정평가서의 기재사항

① 감정평가서에는 다음 각 호의 사항이 포함되어야 한다.

1. 감정평가업자의 명칭
2. 의뢰인의 성명 또는 명칭
3. 제출처
4. 대상물건(소재지, 종류, 수량, 그 밖에 필요한 사항)
5. 대상물건 목록의 표시근거
6. 감정평가 목적
7. 기준시점, 조사기간 및 감정평가서 작성일
8. 실지조사를 하지 않은 경우에는 그 이유
9. 시장가치 외의 가치를 기준으로 감정평가한 경우에는 [400-2.1-③] 각 호의 사항. 다만, [400-2.1-②-1]의 경우에는 해당 법령을 적는 것으로 갈음할 수 있다.

10. 감정평가조건을 붙인 경우에는 [300-5.3] 각 호의 사항. 다만, [300-5.2-①-1]의 경우에는 해당 법령을 적는 것으로 갈음할 수 있다.

11. 감정평가액

12. 감정평가액의 산출근거 및 결정 의견

13. 전문가의 자문등을 거쳐 감정평가한 경우 그 자문등의 내용

14. 그 밖에 이 기준이나 감정평가관계법규에 따른 기재사항

15. 자동가치산정모형을 활용한 경우 해당 모형의 종류와 활용결과 등의 내용

② 제1항제11호에 따라 감정평가액을 적을 때 대상물건이 둘 이상인 경우에는 대상물건 각각의 가치와 그 합을 함께 적는 것을 원칙으로 한다. 다만, 대상물건 각각의 가치를 따로 적는 것이 적절하지 아니한 경우에는 일괄하여 적을 수 있으며 그 이유를 명확히 적는다.

③ 제1항제12호에 따라 감정평가액의 산출근거 및 결정 의견을 적을 때에는 다음 각 호의 사항을 포함하여야 한다. 다만, 부득이한 경우에는 그 이유를 적고 일부를 포함하지 아니할 수 있다.

1. 적용한 감정평가방법, 감가수정 및 시산가액 조정 등 감정평가액 결정 과정

2. 공시지가기준법으로 토지를 감정평가한 경우 비교표준지의 선정 내용, 비교표준지와 대상토지를 비교한 내용 및 [610-1.5.2.5]에 따라 그 밖의 요인을 보정한 경우 그 내용

3. 적산법이나 수익환원법의 경우 기대이율 또는 환원율(할인율)의 산출근거

4. 일괄감정평가, 구분감정평가 또는 부분감정평가를 실시한 경우 그 이유

5. 감정평가액 결정에 참고한 자료가 있는 경우 그 자료의 명칭, 출처와 내용

6. 대상물건 중 일부를 감정평가에서 제외한 경우 그 이유

7. 그 밖에 이 기준이나 감정평가관계법규에서 감정평가액을 결정할 때 적도록 정한 사항

4. 감정평가서의 서명과 날인

① 감정평가서에는 다음 각 호의 서명과 날인을 하여야 한다.

1. 감정평가를 한 감정평가사의 서명과 날인

2. 감정평가법인의 경우 대표사원 또는 대표이사의 서명이나 날인

② 감정평가법인은 감정평가서를 의뢰인에게 발급하기 전에 감정평가를 한 소속 감정평가사가 작성한 감정평가서의 적정성을 같은 법인 소속의 다른 감정평가사에게 심사하게 하여야 한다.

③ 제2항에 따라 적정성을 심사하는 감정평가사는 다음 각 호의 사항을 성실하고 책임감 있게 심사하여야 한다.

1. 감정평가서의 위산·오기 여부

2. 감정평가관계법규에서 정하는 바에 따라 대상물건이 적정하게 감정평가 되었는지 여부

④ 감정평가서의 적정성을 심사하는 감정평가사는 작성된 감정평가서의 수정·보완이 필요하다고 판단하는 경우에는 해당 감정평가서를 작성한 감정평가사에게 수정·보완 의견을 제시하고, 해당 감정평가서의 수정·보완을 확인한 후 규칙 별지 제1호서식 감정평가표에 심사사실을 표시하고 서명과 날인을 하여야 한다.

5. 감정평가서의 발급 및 보존

① 감정평가업자는 감정평가서를 의뢰인에게 직접 발급하여야 한다. 다만, 의뢰인의 대리인이 감정평가서를 수령할 때에는 대리인의 신분을 확인하고 교부할 수 있다.

② 감정평가업자는 감정평가서 원본은 발급일로부터 5년 이상, 관련 서류는 2년 이상 보존하여야 한다.

600 물건별 감정평가

610 토지 및 그 정착물

1. 토지의 감정평가

1.1 정의

토지란 소유권의 대상이 되는 땅으로서 지하·공중 등 정당한 이익이 있는 범위에서 그 상하를 포함한다.

1.2 자료의 수집 및 정리

① 토지의 가액결정에 참고가 되는 자료(이하 "가격자료"라 한다)에는 거래사례, 조성사례, 임대사례, 수익자료, 시장자료 등이 있으며, 대상 토지의 특성에 맞는 적절한 자료를 수집하고 정리한다.

② 사례자료는 다음 각 호의 요건을 갖추어야 한다. 이 항은 토지가 아닌 다른 물건의 감정평가에 준용한다.

1. 인근지역에 존재하는 사례일 것. 다만, 인근지역에 적절한 사례가 없는 경우에는 동일수급권 안의 유사지역에 존재하는 사례를 사용할 수 있다.
2. 정상적이거나 정상적인 것으로 보정할 수 있는 사례일 것
3. 시점수정이 가능한 사례일 것
4. 대상토지와 지역요인·개별요인 비교가 가능한 사례일 것
5. 토지 및 그 지상 건물이 일체로 거래된 경우에는 합리적으로 가액을 배분할 수 있을 것

1.3 가치형성요인의 분석

대상토지에 대한 감정평가를 하기 위해 토지 이용의 동질성을 기준으로 인근지역의 범위를 확정하고 일반요인·지역요인·개별요인 등 가치형성요인을 분석한다.

1.4 면적사정

① 토지의 면적사정은 토지대장상의 면적을 기준으로 하되, 다음 각 호의 경우에는 실제면적을 기준으로 할 수 있다.

1. 현장조사 결과 실제면적과 토지대장상 면적이 현저하게 차이가 나는 경우
2. 의뢰인이 실제면적을 제시하여 그 면적을 기준으로 감정평가할 것을 요청한 경우

② 제1항제1호의 경우에는 의뢰인에게 그 사실을 알려야 하며, 의뢰인이 요청한 면적을 기준으로 감정평가할 수 있다.

1.5 토지의 감정평가방법

1.5.1 감정평가방법

① 법 제3조제1항 본문에 따라 토지를 감정평가할 때에는 공시지가기준법을 적용하여야 한다.

② 법 제3조제1항 단서에 따라 적정한 실거래가를 기준으로 감정평가할 때에는 거래사례비교법을 적용하여야 한다.

③ 법 제3조제2항에 따라 다음 각 호의 어느 하나에 해당하는 경우에는 제1항 및 제2항을 적용하되, 해당 토지의 임대료, 조성비용 등을 고려하여 감정평가할 수 있다.

　1. 「주식회사의 외부감사에 관한 법률」에 따른 재무제표 작성에 필요한 토지의 감정평가

　2. 「자산재평가법」에 따른 토지의 감정평가

　3. 법원에 계속 중인 소송(보상과 관련된 감정평가를 제외한다)이나 경매를 위한 토지의 감정평가

　4. 담보권의 설정 등을 위한 금융기관·보험회사·신탁회사 등 타인의 의뢰에 따른 토지의 감정평가

1.5.2 공시지가기준법의 적용

1.5.2.1 비교표준지의 선정

① 비교표준지는 다음 각 호의 선정기준을 충족하는 표준지 중에서 대상토지의 감정평가에 가장 적절하다고 인정되는 표준지를 선정한다. 다만, 한 필지의 토지가 둘 이상의 용도로 이용되고 있거나 적절한 감정평가액의 산정을 위하여 필요하다고 인정되는 경우에는 둘 이상의 비교표준지를 선정할 수 있다.

　1. 「국토의 계획 및 이용에 관한 법률」상의 용도지역·지구·구역 등(이하 "용도지역 등"이라 한다) 공법상 제한사항이 같거나 비슷할 것

　2. 이용상황이 같거나 비슷할 것

　3. 주변환경 등이 같거나 비슷할 것

　4. 인근지역에 위치하여 지리적으로 가능한 한 가까이 있을 것

② 제1항 각 호의 선정기준을 충족하는 표준지가 없는 경우에는 인근지역과 유사한 지역적 특성을 갖는 동일수급권 안의 유사지역에 위치하고 제1항제1호부터 제3호까지를 충족하는 표준지 중 가장 적절하다고 인정되는 표준지를 비교표준지로 선정할 수 있다.

③ 도로·구거 등 특수용도의 토지에 관한 감정평가로서 선정기준에 적합한 표준지가 인근지역에 없는 경우에는 인근지역의 표준적인 이용상황의 표준지를 비교표준지로 선정할 수 있다.

1.5.2.2 적용공시지가의 선택

공시지가기준법으로 토지를 감정평가할 때 적용할 공시지가는 기준시점에 공시되어 있는 표준지공시지가 중에서 기준시점에 가장 가까운 시점의 것을 선택한다. 다만, 감정평가시점이 공시지가 공고일 이후이고 기준시점이 공시기준일과 공시지가 공고일 사이인 경우에는 기준시점 해당 연도의 공시지가를 기준으로 한다.

1.5.2.3 시점수정

1.5.2.3.1 지가변동률의 적용

① 시점수정은 「부동산 거래신고 등에 관한 법률」 제19조에 따라 국토교통부장관이 월별로 조사・발표한 지가변동률로서 비교표준지가 있는 시・군・구의 같은 용도 지역의 지가변동률을 적용한다.

② 제1항에도 불구하고 다음 각 호의 경우에는 그 기준에 따른다.

  1. 비교표준지와 같은 용도지역의 지가변동률이 조사・발표되지 아니한 경우에는 공법상 제한이 비슷한 용도지역의 지가변동률, 이용상황별 지가변동률(지가변 동률의 조사・평가기준일이 1998년 1월 1일 이전인 경우에는 지목별 지가변동 률을 말한다. 이하 같다)이나 해당 시・군・구의 평균지가변동률을 적용할 수 있다.

  2. 비교표준지가 도시지역의 개발제한구역 안에 있는 경우 또는 도시지역 안에서 용도지역이 미지정된 경우에는 녹지지역의 지가변동률을 적용한다. 다만, 녹지 지역의 지가변동률이 조사・발표되지 아니한 경우에는 비교표준지와 비슷한 이용 상황의 지가변동률이나 해당 시・군・구의 평균지가변동률을 적용할 수 있다.

  3. 표준지공시지가의 공시기준일이 1997년 1월 1일 이전인 경우로서 비교표준지 가 도시지역 밖에 있는 경우, 도시지역의 개발제한구역 안에 있는 경우나 도시 지역 안의 용도지역이 미지정된 경우에는 이용상황별 지가변동률을 적용한다. 다만, 비교표준지와 같은 이용상황의 지가변동률이 조사・발표되지 아니한 경 우에는 비교표준지와 비슷한 이용상황의 지가변동률 또는 해당 시・군・구의 평균지가변동률을 적용할 수 있다.

③ 제2항에 따라 지가변동률을 적용하는 경우에는 감정평가서에 그 내용을 기재한다.

④ 감정평가를 할 때 조사・발표되지 아니한 월의 지가변동률 추정은 조사・발표된 월별 지가변동률 중 기준시점에 가장 가까운 월의 지가변동률을 기준으로 하되, 월 단위로 구분하지 아니하고 일괄 추정방식에 따른다. 다만, 지가변동 추이로 보아 조사・발표된 월별 지가변동률 중 기준시점에 가장 가까운 월의 지가변동률로 추 정하는 것이 적절하지 않다고 인정되는 경우에는 조사・발표된 최근 3개월의 지가 변동률을 기준으로 추정하거나 조사・발표되지 아니한 월의 지가변동 추이를 분석 ・검토한 후 지가변동률을 따로 추정할 수 있다.

⑤ 지가변동률의 산정은 기준시점 직전 월까지의 지가변동률 누계에 기준시점 해당 월 의 경과일수(해당 월의 첫날과 기준시점일을 포함한다. 이하 같다) 상당의 지가변 동률을 곱하는 방법으로 구하되, 백분율로서 소수점 이하 셋째 자리까지 표시하고 넷째 자리 이하는 반올림한다.

⑥ 해당 월의 경과일수 상당의 지가변동률 산정은 해당 월의 지가변동률이 조사・발 표된 경우에는 해당 월의 총일수를 기준으로 하고, 해당 월의 지가변동률이 조사・ 발표되지 아니하여 지가변동률을 추정하는 경우에는 추정의 기준이 되는 월의 총일 수를 기준으로 한다.

1.5.2.3.2 생산자물가상승률의 적용

① 다음 각 호의 어느 하나에 해당하는 경우에는 지가변동률을 적용하는 대신 「한국은행법」 제86조에 따라 한국은행이 조사·발표하는 생산자물가지수에 따라 산정된 생산자물가상승률을 적용하여 시점수정할 수 있다.

1. 조성비용 등을 기준으로 감정평가하는 경우

2. 그 밖에 특별한 이유가 있다고 인정되는 경우

② 제1항의 생산자물가상승률은 공시기준일과 기준시점의 각 직전 달의 생산자물가지수를 비교하여 산정한다. 다만, 기준시점이 그 달의 15일 이후이고, 감정평가시점 당시에 기준시점이 속한 달의 생산자물가지수가 조사·발표된 경우에는 기준시점이 속한 달의 지수로 비교한다.

1.5.2.4 지역요인과 개별요인의 비교

1.5.2.4.1 지역요인의 비교

지역요인 비교는 비교표준지가 있는 지역의 표준적인 획지의 최유효이용과 대상토지가 있는 지역의 표준적인 획지의 최유효이용을 판정·비교하여 산정한 격차율을 적용하되, 비교표준지가 있는 지역과 대상토지가 있는 지역 모두 기준시점을 기준으로 한다.

1.5.2.4.2 개별요인의 비교

개별요인 비교는 비교표준지의 최유효이용과 대상토지의 최유효이용을 판정·비교하여 산정한 격차율을 적용하되, 비교표준지의 개별요인은 공시기준일을 기준으로 하고 대상토지의 개별요인은 기준시점을 기준으로 한다.

1.5.2.5 그 밖의 요인 보정

① 시점수정, 지역요인 및 개별요인의 비교 외에 대상토지의 가치에 영향을 미치는 사항이 있는 경우에는 그 밖의 요인 보정을 할 수 있다.

② 그 밖의 요인을 보정하는 경우에는 대상토지의 인근지역 또는 동일수급권 안의 유사지역의 정상적인 거래사례나 평가사례 등을 참작할 수 있다.

③ 제2항의 거래사례 등은 다음 각 호의 선정기준을 모두 충족하는 사례 중에서 대상토지의 감정평가에 가장 적절하다고 인정되는 사례를 선정한다. 다만, 제1호, 제2호 및 제5호는 거래사례를 선정하는 경우에 적용하고, 제3호는 평가사례를 선정하는 경우에 적용한다.

1. 「부동산 거래신고 등에 관한 법률」에 따라 신고된 실제 거래가격일 것

2. 거래사정이 정상적이라고 인정되는 사례나 정상적인 것으로 보정이 가능한 사례일 것

3. 감정평가 목적, 감정평가조건 또는 기준가치 등이 해당 감정평가와 유사한 사례일 것

4. 기준시점으로부터 도시지역(「국토의 계획 및 이용에 관한 법률」 제36조제1항제1호에 따른 도시지역을 말한다)은 3년 이내, 그 밖의 지역은 5년 이내에 거래 또는 감정평가된 사례일 것. 다만, 특별한 사유가 있는 경우에는 그 기간을 초과할 수 있다.

5. 토지 및 그 지상건물이 일체로 거래된 경우에는 배분법의 적용이 합리적으로 가능한 사례일 것

6. [610-1.5.2.1]에 따른 비교표준지의 선정기준에 적합할 것

④ 제3항제4호 단서의 경우에는 그 근거를 감정평가서에 기재하여야 한다.

⑤ 그 밖의 요인 보정을 한 경우에는 그 근거를 감정평가서(감정평가액의 산출근거 및 결정 의견)에 구체적이고 명확하게 기재하여야 한다.

1.5.3 거래사례비교법의 적용

1.5.3.1 거래사례의 선정

① 거래사례는 다음 각 호의 선정기준을 모두 충족하는 거래가격 중에서 대상토지의 감정평가에 가장 적절하다고 인정되는 거래가격을 선정한다. 다만, 한 필지의 토지가 둘 이상의 용도로 이용되고 있거나 적절한 감정평가액의 산정을 위하여 필요하다고 인정되는 경우에는 둘 이상의 거래사례를 선정할 수 있다.

1. 「부동산 거래신고에 관한 법률」에 따라 신고된 실제 거래가격일 것

2. 거래사정이 정상적이라고 인정되는 사례나 정상적인 것으로 보정이 가능한 사례일 것

3. 기준시점으로부터 도시지역(「국토의 계획 및 이용에 관한 법률」 제36조제1항제1호에 따른 도시지역을 말한다)은 3년 이내, 그 밖의 지역은 5년 이내에 거래된 사례일 것. 다만, 특별한 사유가 있는 경우에는 그 기간을 초과할 수 있다.

4. 토지 및 그 지상건물이 일체로 거래된 경우에는 배분법의 적용이 합리적으로 가능한 사례일 것

5. [610-1.5.2.1]에 따른 비교표준지의 선정기준에 적합할 것

② 제1항제3호 단서의 경우에는 그 이유를 감정평가서에 기재하여야 한다.

1.5.3.2 사정보정

사정보정은 [400-3.3.1.3]을 준용한다.

1.5.3.3 시점수정

시점수정은 [610-1.5.2.3.1]을 준용한다.

1.5.3.4 가치형성요인 비교

1.5.3.4.1 지역요인 비교

지역요인 비교는 [610-1.5.2.4.1]을 준용한다.

1.5.3.4.2 개별요인 비교

개별요인 비교는 [610-1.5.2.4.2]를 준용한다.

1.5.4 토지단가의 결정

토지의 단위면적당 가액(이하 "토지단가"라 한다)은 산정된 제곱미터(m^2)당 가액이 100,000원 미만인 경우에는 유효숫자 둘째자리까지 표시하고, 100,000원 이상인 경우에는 유효숫자 셋째자리까지 표시하는 것을 원칙으로 하되 반올림한다. 다만, 의뢰인으로부터 다른 요청이 있는 경우 또는 가액의 구분이 필요한 경우에는 달리 적용할 수 있다.

1.6 용도별 토지의 감정평가

1.6.1 주거용지

주거용지(주상복합용지를 포함한다)는 주거의 쾌적성 및 편의성에 중점을 두어 다음 각 호의

사항 등을 고려하여 감정평가한다.

1. 도심과의 거리 및 교통시설의 상태
2. 상가와의 거리 및 배치상태
3. 학교·공원·병원 등의 배치상태
4. 조망·풍치·경관 등 지역의 자연적 환경
5. 변전소·폐수처리장 등 위험·혐오시설 등의 유무
6. 소음·대기오염 등 공해발생의 상태
7. 홍수·사태 등 재해발생의 위험성
8. 각 획지의 면적과 배치 및 이용 등의 상태

1.6.2 상업·업무용지

상업·업무용지는 수익성 및 업무의 효율성 등에 중점을 두고 다음 각 호의 사항 등을 고려하여 감정평가한다.

1. 배후지의 상태 및 고객의 질과 양
2. 영업의 종류 및 경쟁의 상태
3. 고객의 교통수단 상태 및 통행 패턴
4. 번영의 정도 및 성쇠의 상태
5. 번화가에의 접근성

1.6.3 공업용지

공업용지는 제품생산 및 수송·판매에 관한 경제성에 중점을 두고 다음 각 호의 사항 등을 고려하여 감정평가한다.

1. 제품의 판매시장 및 원재료 구입시장과의 위치관계
2. 항만, 철도, 간선도로 등 수송시설의 정비상태
3. 동력자원, 용수·배수 등 공급처리시설의 상태
4. 노동력 확보의 용이성
5. 관련 산업과의 위치관계
6. 수질오염, 대기오염 등 공해발생의 위험성
7. 온도, 습도, 강우 등 기상의 상태

1.6.4 농경지

농경지는 농산물의 생산성에 중점을 두고 다음 각 호의 사항 등을 고려하여 감정평가한다.

1. 토질의 종류
2. 관개·배수의 설비상태
3. 가뭄 피해나 홍수 피해의 유무와 그 정도
4. 관리의 편리성이나 경작의 편리성
5. 마을 및 출하지에의 접근성

1.6.5 임야지

임야지는 자연환경에 중점을 두고 다음 각 호의 사항 등을 고려하여 감정평가한다.

1. 표고, 지세 등의 자연상태
2. 지층의 상태
3. 일조, 온도, 습도 등의 상태
4. 임도 등의 상태

1.7 특수토지의 감정평가

1.7.1 광천지

지하에서 온수·약수·석유류 등이 솟아 나오는 용출구와 그 유지에 사용되는 부지(운송시설 부지를 제외한다. 이하 "광천지"라 한다)는 그 광천의 종류, 광천의 질과 양, 부근의 개발상태 및 편익시설의 종류와 규모, 사회적 명성, 그 밖에 수익성 등을 고려하여 감정평가하되, 토지에 화체되지 아니한 건물, 구축물, 기계·기구 등의 가액은 포함하지 아니 한다.

1.7.2 골프장용지 등

① 골프장용지는 해당 골프장의 등록된 면적 전체를 일단지로 보고 감정평가하되, 토지에 화체되지 아니한 건물, 구축물, 기계·기구 등(골프장 안의 클럽하우스·창고·오수처리시설 등을 포함한다)의 가액은 포함하지 아니한다. 이 경우 하나의 골프장이 회원제골프장과 대중골프장으로 구분되어 있을 때에는 각각 일단지로 구분하여 감정평가한다.

② 제1항은 경마장 및 스키장시설, 그 밖에 이와 비슷한 체육시설용지나 유원지의 감정평가에 준용한다.

1.7.3 공공용지

① 도로·공원·운동장·체육시설·철도·하천의 부지, 그 밖의 공공용지는 용도의 제한이나 거래제한 등을 고려하여 감정평가한다.

② 공공용지가 다른 용도로 전환하는 것을 전제로 의뢰된 경우에는 전환 이후의 상황을 고려하여 감정평가한다.

1.7.4 사도

① 사도가 인근 관련 토지와 함께 의뢰된 경우에는 인근 관련 토지와 사도부분의 감정평가액 총액을 전면적에 균등 배분하여 감정평가할 수 있으며 이 경우에는 그 내용을 감정평가서에 기재하여야 한다.

② 사도만 의뢰된 경우에는 다음 각 호의 사항을 고려하여 감정평가할 수 있다.
   1. 해당 토지로 인하여 효용이 증진되는 인접 토지와의 관계
   2. 용도의 제한이나 거래제한 등에 따른 적절한 감가율
   3. 「공익사업을 위한 토지 등의 취득 및 보상에 관한 법률 시행규칙」 제26조에 따른 도로의 감정평가방법

1.7.5 공법상 제한을 받는 토지

① 도시·군계획시설 저촉 등 공법상 제한을 받는 토지를 감정평가할 때(보상평가는 제외한다)에는 비슷한 공법상 제한상태의 표준지공시지가를 기준으로 감정평가한다. 다만, 그러한 표준지가 없는 경우에는 [610-1.5.2.1]의 선정기준을 충족하는 다른 표준지 공시지가를 기준으로 한 가액에서 공법상 제한의 정도를 고려하여 감정평가할 수 있다.

② 토지의 일부가 도시·군계획시설 저촉 등 공법상 제한을 받아 잔여부분의 단독이용가치가 희박한 경우에는 해당 토지 전부가 그 공법상 제한을 받는 것으로 감정평가할 수 있다.

③ 둘 이상의 용도지역에 걸쳐있는 토지는 각 용도지역 부분의 위치, 형상, 이용상황, 그 밖에 다른 용도지역 부분에 미치는 영향 등을 고려하여 면적 비율에 따른 평균가액으로 감정평가한다. 다만, 용도지역을 달리하는 부분의 면적비율이 현저하게 낮아 가치형성에 미치는 영향이 미미하거나 관련 법령에 따라 주된 용도지역을 기준으로 이용할 수 있는 경우에는 주된 용도지역의 가액을 기준으로 감정평가할 수 있다.

1.7.6 일단(一團)으로 이용 중인 토지

2필지 이상의 토지가 일단으로 이용 중이고 그 이용 상황이 사회적·경제적·행정적 측면에서 합리적이고 대상토지의 가치형성 측면에서 타당하다고 인정되는 등 용도상 불가분의 관계에 있는 경우에는 일괄감정평가를 할 수 있다.

1.7.7 지상 정착물과 소유자가 다른 토지

토지 소유자와 지상의 건물 등 정착물의 소유자가 다른 토지는 그 정착물이 토지에 미치는 영향을 고려하여 감정평가한다.

1.7.8 제시 외 건물 등이 있는 토지

의뢰인이 제시하지 않은 지상 정착물(종물과 부합물을 제외한다)이 있는 토지의 경우에는 소유자의 동일성 여부에 관계없이 [610-1.7.7]을 준용하여 감정평가한다. 다만, 타인의 정착물이 있는 국·공유지의 처분을 위한 감정평가의 경우에는 지상 정착물이 있는 것에 따른 영향을 고려하지 않고 감정평가한다.

1.7.9 공유지분 토지

① 1필지의 토지를 2인 이상이 공동으로 소유하고 있는 토지의 지분을 감정평가할 때에는 대상토지 전체의 가액에 지분비율을 적용하여 감정평가한다. 다만, 대상지분의 위치가 확인되는 경우에는 그 위치에 따라 감정평가할 수 있다.

② 공유지분 토지의 위치는 공유지분자 전원 또는 인근 공유자 2인 이상의 위치확인동의서를 받아 확인한다. 다만, 공유지분 토지가 건물이 있는 토지(이하 "건부지"라 한다)인 경우에는 다음 각 호의 방법에 따라 위치확인을 할 수 있으며 감정평가서에 그 내용을 기재한다.

1. 합법적인 건축허가도면이나 합법적으로 건축된 건물로 확인하는 방법

2. 상가·빌딩 관리사무소나 상가번영회 등에 비치된 위치도면으로 확인하는 방법

1.7.10 지상권이 설정된 토지

① 지상권이 설정된 토지는 지상권이 설정되지 않은 상태의 토지가액에서 해당 지상권에 따른 제한정도 등을 고려하여 감정평가한다.

② 저당권자가 채권확보를 위하여 설정한 지상권의 경우에는 이에 따른 제한 등을 고려하지 않고 감정평가한다.

1.7.11 규모가 과대하거나 과소한 토지

토지의 면적이 최유효이용 규모에 초과하거나 미달하는 토지는 대상물건의 면적과 비슷한 규모의 표준지공시지가를 기준으로 감정평가한다. 다만, 그러한 표준지공시지가가 없는 경

우에는 규모가 과대하거나 과소한 것에 따른 불리한 정도를 개별요인 비교 시 고려하여 감정 평가한다.

1.7.12 맹지

지적도상 도로에 접한 부분이 없는 토지(이하 "맹지"라 한다)는 「민법」 제219조에 따라 공로에 출입하기 위한 통로를 개설하기 위해 비용이 발생하는 경우에는 그 비용을 고려하여 감정평가한다. 다만, 다음 각 호의 어느 하나에 해당하는 경우에는 해당 도로에 접한 것으로 보고 감정평가할 수 있다.

1. 토지소유자가 그 의사에 의하여 타인의 통행을 제한할 수 없는 경우 등 관습상 도로가 있는 경우
2. 지역권(도로로 사용하기 위한 경우) 등이 설정되어 있는 경우

1.7.13 고압선등 통과 토지

① 송전선 또는 고압선(이하 "고압선등"이라 한다)이 통과하는 토지는 통과전압의 종별, 고압선등의 높이, 고압선등 통과부분의 면적 및 획지 안에서의 위치, 철탑 및 전선로의 이전 가능성, 지상권설정 여부 등에 따른 제한의 정도를 고려하여 감정평가할 수 있다.

② 고압선등 통과부분의 직접적인 이용저해율과 잔여부분에서의 심리적·환경적인 요인의 감가율을 파악할 수 있는 경우에는 이로 인한 감가율을 각각 정하고 고압선등이 통과하지 아니한 것을 상정한 토지가액에서 각각의 감가율에 의한 가치감소액을 공제하는 방식으로 감정평가한다.

1.7.14 택지 등 조성공사 중에 있는 토지

① 건물 등의 건축을 목적으로 농지전용허가나 산지전용허가를 받거나 토지의 형질변경허가를 받아 택지 등으로 조성 중에 있는 토지는 다음 각 호에 따라 감정평가한다.

1. 조성 중인 상태대로의 가격이 형성되어 있는 경우에는 그 가격을 기준으로 감정평가한다.
2. 조성 중인 상태대로의 가격이 형성되어 있지 아니한 경우에는 조성 전 토지의 소지가액, 기준시점까지 조성공사에 실제 든 비용상당액, 공사진행정도, 택지조성에 걸리는 예상기간 등을 종합적으로 고려하여 감정평가한다.

② 「도시개발법」에서 규정하는 환지방식에 따른 사업시행지구 안에 있는 토지는 다음과 같이 감정평가한다.

1. 환지처분 이전에 환지예정지로 지정된 경우에는 환지예정지의 위치, 확정예정지번(블록·롯트), 면적, 형상, 도로접면상태와 그 성숙도 등을 고려하여 감정평가한다. 다만, 환지면적이 권리면적보다 큰 경우로서 청산금이 납부되지 않은 경우에는 권리면적을 기준으로 한다.
2. 환지예정지로 지정 전인 경우에는 종전 토지의 위치, 지목, 면적, 형상, 이용상황 등을 기준으로 감정평가한다.

③ 「택지개발촉진법」에 따른 택지개발사업시행지구 안에 있는 토지는 그 공법상 제한사항 등을 고려하여 다음과 같이 감정평가한다.

1. 택지개발사업실시계획의 승인고시일 이후에 택지로서의 확정예정지번이 부여된 경우에는 제2항제1호 본문을 준용하되, 해당 택지의 지정용도 등을 고려하여 감정평가한다.
2. 택지로서의 확정예정지번이 부여되기 전인 경우에는 종전 토지의 이용상황 등을 기준으로 그 공사의 시행정도 등을 고려하여 감정평가하되, 「택지개발촉진법」 제11조제1항에 따라 용도지역이 변경된 경우에는 변경된 용도지역을 기준으로 한다.

1.7.15 석산

① 「산지관리법」에 따른 토석채취허가를 받거나 채석단지의 지정을 받은 토지, 「국토의 계획 및 이용에 관한 법률」에 따른 토석채취 개발행위허가를 받은 토지 또는 「골재채취법」에 따른 골재채취허가(육상골재에 한함)를 받은 토지(이하 "석산"이라 한다)를 감정평가할 때에는 수익환원법을 적용하여야 한다. 다만, 수익환원법으로 감정평가하는 것이 곤란하거나 적절하지 아니한 경우에는 토석의 시장성, 유사 석산의 거래사례, 평가사례 등을 고려하여 공시지가기준법 또는 거래사례비교법으로 감정평가할 수 있다.

② 수익환원법을 적용할 때에는 허가기간 동안의 순수익을 환원한 금액에서 장래 소요될 기업비를 현가화한 총액과 현존 시설의 가액을 공제하고 토석채취 완료시점의 토지가액을 현가화한 금액을 더하여 감정평가한다.

③ 제2항에서의 토석채취 완료시점의 토지가액을 현가화한 금액은 허가기간 말의 토지현황(관련 법령 또는 허가의 내용에 원상회복·원상복구 등이 포함되어 있는 경우는 그 내용을 고려한 것을 말한다)을 상정한 기준시점 당시의 토지 감정평가액으로 한다. 이 경우 [610-1.5.1]을 따른다.

④ 석산의 감정평가액은 합리적인 배분기준에 따라 토석(석재와 골재)의 가액과 토지가액으로 구분하여 표시할 수 있다.

2. 건물의 감정평가

2.1 정의

건물이란 토지에 정착하는 공작물 중 지붕과 기둥 또는 벽이 있는 것과 이에 부수되는 시설물, 지하 또는 고가(高架)의 공작물에 설치하는 사무소, 공연장, 점포, 차고, 창고, 그 밖에 「건축법」 시행령으로 정하는 것을 말한다.

2.2 자료의 수집 및 정리

건물의 가격자료에는 원가자료, 거래사례, 임대사례, 수익자료, 시장자료 등이 있으며, 대상 건물의 특성에 맞는 적절한 자료를 수집하고 정리한다.

2.3 면적사정

① 건물의 면적사정은 건축물대장상의 면적을 기준으로 하되, 다음 각 호의 경우에는 실제면적을 기준으로 할 수 있다.
1. 현장조사 결과 실제면적과 건축물대장상 면적이 현저하게 차이가 나는 경우
2. 의뢰인이 실제면적을 제시하여 그 면적을 기준으로 감정평가할 것을 요청한 경우
② 제1항제1호의 경우에는 의뢰인에게 그 사실을 알려야 하며, 의뢰인이 요청한 면적을 기준으로 감정평가할 수 있다.

③ 제1항의 실제면적은 바닥면적으로 하되 「건축법」 시행령 제119조제1항제3호에 따라 건축물의 각 층 또는 그 일부로서 벽, 기둥, 그 밖에 이와 비슷한 구획의 중심선으로 둘러싸인 부분의 수평투영면적을 실측에 의하여 산정한다.

2.4 건물의 감정평가방법

① 건물을 감정평가할 때에는 원가법을 적용하여야 한다. 이 경우 [400−4]를 따른다.

② 원가법으로 감정평가할 때 건물의 재조달원가는 직접법이나 간접법으로 산정하되, 직접법으로 구하는 경우에는 대상건물의 건축비를 기준으로 하고, 간접법으로 구하는 경우에는 건물 신축단가표와 비교하거나 비슷한 건물의 신축원가 사례를 조사한 후 사정보정 및 시점수정 등을 하여 대상 건물의 재조달원가를 산정할 수 있다.

③ 거래사례비교법으로 감정평가할 때에는 적절한 건물의 거래사례를 선정하여 사정보정, 시점수정, 개별요인비교를 하여 비준가액을 산정한다. 다만, 적절한 건물만의 거래사례가 없는 경우에는 토지와 건물을 일체로 한 거래사례를 선정하여 토지가액을 빼는 공제방식이나 토지와 건물의 가액구성비율을 적용하는 비율방식 등을 적용하여 건물가액을 배분할 수 있다.

④ 수익환원법으로 감정평가할 때에는 전체 순수익 중에서 공제방식이나 비율방식 등으로 건물 귀속순수익을 산정한 후 이를 건물의 환원율로 환원하여 건물의 수익가액을 산정한다.

⑤ 건물의 일반적인 효용을 위한 전기설비, 냉ㆍ난방설비, 승강기설비, 소화전설비 등 부대설비는 건물에 포함하여 감정평가한다. 다만, 특수한 목적의 경우에는 구분하여 감정평가할 수 있다.

2.5 특수한 경우의 건물

2.5.1 공법상 제한받는 건물

① 공법상 제한을 받는 건물이 제한을 받는 상태대로의 가격이 형성되어 있을 경우에는 그 가격을 기초로 하여 감정평가하여야 한다. 다만, 제한을 받는 상태대로의 가격이 형성되어 있지 아니한 경우에는 제한을 받지 않는 상태를 기준으로 하되 그 제한의 정도를 고려하여 감정평가한다.

② 건물의 일부가 도시ㆍ군계획시설에 저촉되어 저촉되지 않은 잔여부분이 건물로서 효용가치가 없는 경우에는 건물 전체가 저촉되는 것으로 감정평가하고, 잔여부분만으로도 독립 건물로서의 가치가 있다고 인정되는 경우에는 그 잔여부분의 벽체나 기둥 등의 보수에 드는 비용 등을 고려하여 감정평가한다.

③ 공법상 제한을 받는 건물로서 현재의 용도로 계속 사용할 수 있는 경우에는 이에 따른 제한 등을 고려하지 않고 감정평가한다.

2.5.2 기존 건물 상층부 등에 증축한 건물

증축부분의 경과연수는 기존 건물의 경과연수에 관계없이 증축부분의 실제경과연수를 기준하며 장래보존연수는 기존 건물의 장래보존연수 범위에서 적용하여 감가수정한다.

2.5.3 토지와 그 지상 건물의 소유자가 다른 건물

건물의 소유자와 그 건물이 소재하는 토지의 소유자가 다른 건물은 정상적인 사용ㆍ수익이 곤란할 경우에는 그 정도를 고려하여 감정평가한다. 다만, 다음 각 호의 경우에는 이에 따른 제한 등을 고려하지 않고 감정평가할 수 있다.

1. 건물의 사용·수익에 지장이 없다고 인정되는 경우

2. 사용·수익의 제한이 없는 상태로 감정평가할 것을 요청한 경우

2.5.4 공부상 미등재 건물

실지조사 시 의뢰되지 않은 공부상 미등재 건물이 있는 경우에는 의뢰인에게 감정평가 포함 여부를 확인하여 실측면적을 기준으로 감정평가할 수 있다.

2.5.5 건물 일부가 인접 토지상에 있는 건물

건물의 일부가 인접 토지상에 있는 건물은 그 건물의 사용·수익의 제한을 고려하여 감정평가한다. 다만, 그 건물의 사용·수익에 지장이 없다고 인정되는 경우에는 이에 따른 제한 등을 고려하지 않고 감정평가할 수 있다.

2.5.6 공부상 지번과 실제 지번이 다른 건물

건물의 실제 지번이 건축물대장상이나 제시목록상의 지번과 다를 때에는 감정평가하지 않는 것을 원칙으로 한다. 다만, 다음 각 호의 경우로서 해당 건물의 구조·용도·면적 등을 확인하여 건축물대장과의 동일성이 인정되면 감정평가할 수 있다.

1. 분할·합병 등으로 인하여 건물이 있는 토지의 지번이 변경되었으나 건축물대장상 지번 이 변경되지 아니한 경우

2. 건물이 있는 토지가 같은 소유자에 속하는 여러 필지로 구성된 일단지로 이용되고 있는 경우

3. 건축물대장상의 지번을 실제 지번으로 수정이 가능한 경우

2.5.7 녹색건축물

「녹색건축물 조성 지원법」 제2조제1호에 따른 녹색건축물은 온실가스 배출량 감축설비, 신·재생에너지 활용설비 등 친환경 설비 및 에너지효율화 설비에 따른 가치증가분을 포함하여 감정평가한다.

3. 토지와 건물의 일괄감정평가

3.1 구분소유 부동산의 감정평가

3.1.1 정의

구분소유 부동산이란 「집합건물의 소유 및 관리에 관한 법률」에 따라 구분소유권의 대상이 되는 건물부분과 그 대지사용권(대지 지분소유권을 의미한다. 이하 같다)을 말한다.

3.1.2 자료의 수집 및 정리

구분소유 부동산의 가격자료에는 거래사례, 원가자료, 임대사례, 수익자료, 시장자료 등이 있으며, 대상 구분소유 부동산의 특성에 맞는 적절한 자료를 수집하고 정리한다.

3.1.3 구분소유 부동산의 감정평가방법

① 구분소유 부동산을 감정평가할 때에는 건물(전유부분과 공유부분)과 대지사용권을 일체로 한 거래사례비교법을 적용하여야 한다. 이 경우 [400-4]를 따른다.

② 구분소유 부동산을 감정평가할 때에는 층별·위치별 효용요인을 반영하여야 한다.

③ 감정평가액은 합리적인 배분기준에 따라 토지가액과 건물가액으로 구분하여 표시할 수 있다.

3.1.4 대지사용권을 수반하지 않은 구분건물의 감정평가

대지사용권을 수반하지 않은 구분건물의 감정평가는 건물만의 가액으로 감정평가한다. 다만, 추후 토지의 적정지분이 정리될 것을 전제로 가격이 형성되는 경우에는 대지사용권을 포함한 가액으로 감정평가할 수 있다.

3.2 복합부동산의 감정평가

3.2.1 정의

복합부동산이란 토지와 건물이 결합되어 구성된 부동산을 말한다.

3.2.2 자료의 수집 및 정리

토지 및 건물의 자료의 수집 및 정리는 [610-1.2], [610-2.2]을 준용한다.

3.2.3 복합부동산의 감정평가방법

① 복합부동산은 토지와 건물을 개별로 감정평가하는 것을 원칙으로 한다. 다만, 토지와 건물이 일체로 거래되는 경우에는 일괄하여 감정평가할 수 있다.

② 제1항 단서에 따라 토지와 건물을 일괄하여 감정평가할 때에는 거래사례비교법을 적용하여야 한다. 이 경우 [400-4]를 따른다.

③ 토지와 건물을 일괄하여 감정평가한 경우의 감정평가액은 합리적인 배분기준에 따라 토지가액과 건물가액으로 구분하여 표시할 수 있다.

4. 산림의 감정평가

4.1 정의

산림이란 「산림자원의 조성 및 관리에 관한 법률」 제2조제1호에 따라 다음 각 호의 어느 하나에 해당하는 것을 말한다. 다만, 농지, 초지, 주택지, 도로, 그 밖의 「산림자원의 조성 및 관리에 관한 법률」 시행령 제2조제1항 각 호의 어느 하나에 해당하는 토지에 있는 입목·죽과 그 토지는 제외한다.

1. 집단적으로 자라고 있는 입목·죽과 그 토지
2. 집단적으로 자라고 있던 입목·죽이 일시적으로 없어지게 된 토지
3. 입목·죽을 집단적으로 키우는 데 사용하게 된 토지
4. 산림의 경영 및 관리를 위하여 설치한 도로(이하 "임도(林道)"라 한다)
5. 제1호부터 제3호까지의 토지에 있는 암석지(巖石地)와 소택지(沼澤地 : 늪과 연못으로 둘러싸인 습한 땅)

4.2 자료의 수집 및 정리

산림의 가격자료에는 거래사례, 조성사례, 시장자료 등이 있으며, 대상 산림의 특성에 맞는 적절한 자료를 수집하고 정리한다.

4.3 산림의 감정평가방법

4.3.1 산림의 감정평가 원칙

① 산림은 산지와 입목을 구분하여 감정평가한다. 다만, 입목의 경제적 가치가 없다고 판단되는 경우에는 입목을 감정평가에서 제외할 수 있다.

② 유실수 단지의 감정평가는 [610-5]를 준용한다.

4.3.2 산지의 감정평가

「산지관리법」에 따른 산지의 감정평가는 [610-1]에 따른다. 다만, 산지로서 산지개량사업이 실시되었거나 산지보호시설이 되어 있는 경우에는 원가 등을 고려하여 감정평가할 수 있다.

4.3.3 입목의 감정평가

① 입목을 감정평가할 때에는 거래사례비교법을 적용하여야 한다.

② 제1항에도 불구하고 거래사례비교법을 적용하는 것이 곤란하거나 적절하지 않은 경우에는 조림비용 등을 고려한 원가법 등을 적용할 수 있다.

4.3.4 임업부대시설의 감정평가

임업부대시설의 감정평가는 다음 각 호의 방법에 따른다.

1. 임도 및 방화선(防火線)을 감정평가할 때에는 원가법을 적용하여야 한다. 다만, 산지의 감정평가액에 임도가액을 포함시킨 경우에는 따로 감정평가를 하지 아니한다.

2. 건물 및 소방망대(消防望臺)를 감정평가할 때에는 원가법을 적용하여야 한다.

3. 임간묘포(林間苗圃)를 감정평가할 때에는 거래사례비교법을 적용하여야 한다. 다만, 거래사례비교법의 적용이 곤란하거나 적절하지 않은 경우에는 원가법을 적용할 수 있다.

4.3.5 산지와 입목의 일괄감정평가

산지와 입목을 일괄하여 감정평가할 때에는 거래사례비교법을 적용하여야 한다.

5. 과수원의 감정평가

5.1 정의

과수원이란 집단적으로 재배하는 사과·배·밤·호도·굴나무 등 과수류 및 그 토지와 이에 접속된 저장고 등 부속시설물의 부지(주거용 건물이 있는 부지는 제외)를 말한다.

5.2 자료의 수집 및 정리

과수원의 가격자료에는 거래사례, 조성사례, 임대사례, 수익자료 등이 있으며, 대상 과수원의 특성에 맞는 적절한 자료를 수집하고 정리한다.

5.3 과수원의 감정평가방법

과수원을 감정평가할 때에는 거래사례비교법을 적용하여야 한다.

6. 염전의 감정평가

6.1 정의

염전이란 「소금산업 진흥법」 제2조제3호에 따른 소금을 생산·제조하기 위하여 바닷물을 저장하는 저수지, 바닷물을 농축하는 자연증발지, 소금을 결정시키는 결정지 등을 지닌 지면을 말하며, 해주·소금창고, 용수로 및 배수로를 말한다.

6.2 자료의 수집 및 정리

염전의 가격자료에는 거래사례, 조성사례, 임대사례, 수익자료 등이 있으며, 대상 염전의 특성에 맞는 적절한 자료를 수집하고 정리한다.

6.3 염전의 감정평가방법

염전을 감정평가할 때에는 거래사례비교법을 적용하여야 한다.

7. 공사중단 건축물등의 감정평가

7.1 정의

1. "공사중단 건축물"이란 「건축법」 제21조에 따른 착공신고 후 건축 또는 대수선 중인 건축물이나 「주택법」 제16조제2항에 따라 공사착수 후 건축 또는 대수선 중인 건축물로서 공사의 중단이 확인된 건축물을 말한다.

2. "공사중단 건축물등"이란 공사중단 건축물 및 이에 관한 소유권 외의 권리와 공사중단 건축물의 대지, 대지에 정착된 입목, 건물, 그 밖의 물건 및 이에 관한 소유권 외의 권리를 말한다.

7.2 자료의 수집 및 정리

공사중단 건축물등의 가격자료에는 거래사례, 해당 건축물의 착공시점의 공사비용, 시장자료 등이 있으며, 대상 공사중단 건축물등의 특성에 맞는 적절한 자료를 수집하고 정리한다.

7.3 공사중단 건축물등의 감정평가방법

7.3.1 공사중단 건축물등의 감정평가 원칙

공사중단 건축물등의 감정평가는 기준시점의 현황을 기준으로 감정평가하되, 의뢰인과 협의하여 다음 각 호의 사항을 제시받아 감정평가하는 것을 원칙으로 한다.

1. 공사중단 건축물등의 목록, 내역 및 관련 자료
2. 공사중단 건축물의 철거, 용도변경, 공사 재개 및 완공 계획 여부
3. 기준시점에서의 공사중단 건축물의 공정률

7.3.2 공사중단 건축물등의 감정평가방법

① 공사중단 건축물을 감정평가할 때에는 [610-2.4]를 따르되, 다음 각 호의 사항 등을 고려하여 감정평가할 수 있다.
  1. 공사중단 건축물의 물리적 감가, 기능적 감가 또는 경제적 감가
  2. 공사중단 건축물의 구조, 규모, 공정률, 방치기간
  3. 공사중단 건축물의 용도 또는 거래 조건에 따른 제한

② 공사중단 건축물의 대지를 감정평가할 때에는 [610-1.5]를 따르되, 다음 각 호의 사항 등을 고려하여 감정평가할 수 있다.
  1. 공사중단 건축물의 대지 위치·형상·환경 및 이용 상황
  2. 공사중단 건축물의 구조, 규모, 공정률, 방치기간
  3. 공사중단 건축물의 용도 또는 거래 조건에 따른 제한

③ 「공사중단 장기방치 건축물의 정비 등에 관한 특별조치법」에 따른 공사중단 건축물등에 대한 감정평가는 같은 법 시행령 제9조의2제3항에 따른다.

---

620 공장재단과 광업재단

1. 공장재단의 감정평가

1.1 정의

공장재단이란 영업을 하기 위하여 물품 제조·가공 등의 목적에 사용하는 일단의 기업용 재산

(이하 "공장"이라 한다)으로서, 「공장 및 광업재단 저당법」에 따라 소유권과 저당권의 목적이 되는 것을 말한다.

1.2 자료의 수집 및 정리

공장의 가격자료에는 다음과 같은 자료가 있으며, 대상 공장의 특성에 맞는 적절한 자료를 수집하고 정리한다.

1. 토지, 건물, 기계·기구 등 공장을 구성하는 자산은 해당 물건의 자료의 수집 및 정리 규정을 준용한다.

2. 수익자료, 시장자료, 그 밖에 감정평가액 결정에 참고가 되는 자료

1.3 공장의 감정평가방법

1.3.1 공장의 감정평가 원칙

① 공장을 감정평가할 때에는 공장을 구성하는 개별 물건의 감정평가액을 합산하여 감정평가하여야 한다. 다만, 계속적인 수익이 예상되는 경우 등은 [400-2.3-1]에 따라 일괄하여 감정평가할 수 있다.

② 제1항 단서에 따라 일괄하여 감정평가할 때에는 수익환원법을 적용하여야 한다.

1.3.2 토지·건물의 감정평가

[610-1], [610-2]를 준용한다.

1.3.3 기계기구류의 감정평가

기계기구류의 감정평가는 [630-1]을 준용한다. 다만, 재조달원가는 기계기구류의 설치비용 등을 포함하여 산정한다.

1.3.4 구축물의 감정평가

① 구축물을 감정평가할 때에는 원가법을 적용하여야 한다.

② 구축물이 주된 물건의 부속물로 이용 중인 경우에는 주된 물건에 대한 기여도 및 상관관계 등을 고려하여 주된 물건에 포함하여 감정평가할 수 있다.

1.3.5 과잉유휴시설의 감정평가

과잉유휴시설의 감정평가는 [630-2]를 준용한다.

1.3.6 무형자산의 감정평가

무형자산의 감정평가는 [650-3], [650-4]를 준용한다.

2. 광업재단의 감정평가

2.1 광업재단의 정의

광업재단이란 광업권과 광업권을 바탕으로 광물을 채굴·취득하기 위한 각종 설비 및 이에 부속하는 사업의 설비로 구성되는 일단의 기업재산(이하 "광산"이라 한다)으로서, 「공장 및 광업재단 저당법」에 따라 소유권과 저당권의 목적이 되는 것을 말한다.

2.2 자료의 수집 및 정리

광산의 가격자료는 다음 각 호와 같고, 대상 광산의 특성에 맞는 적절한 자료를 수집하고 정리한다.

1. 토지, 건물, 기계·기구 등 광산을 구성하는 자산은 해당 물건의 자료의 수집 및 정리 규정을 준용한다.

2. 수익자료, 비용자료, 시장자료, 그 밖에 감정평가액 결정에 참고가 되는 자료

2.3 광산의 감정평가방법
① 광산을 감정평가할 때에는 수익환원법을 적용하여야 한다.
② 수익환원법을 적용할 때에는 대상 광산의 생산규모와 생산시설을 전제로 한 가행연수(稼行年數) 동안의 순수익을 환원한 금액에서 장래 소요될 기업비를 현가화한 총액을 공제하여 광산의 감정평가액을 산정한다.

630 기계기구류

1. 기계기구류의 감정평가
1.1 정의
① 기계란 동력을 받아 외부의 대상물에 작용을 하는 설비 및 수동식 구조물로 일정한 구속운행에 의하여 작용을 하는 설비를 말한다.
② 기구란 인력 또는 기계에 의하여 이루어지는 모든 노동을 보조하는 것 또는 작업에 간접적으로 사용되는 물건을 말한다.
③ 장치란 내부에 원료 등을 수용하여 이를 분해, 변형, 운동시키는 설비를 말한다.

1.2 자료의 수집 및 정리
기계기구류의 가격자료에는 거래사례, 제조원가, 시장자료 등이 있으며, 대상 기계기구류의 특성에 맞는 적정한 자료를 수집하고 정리한다.

1.3 기계기구류의 감정평가방법
① 기계기구류를 감정평가할 때에는 원가법을 적용하여야 한다.
② 제1항에도 불구하고 대상물건과 현상·성능 등이 비슷한 동종물건의 적절한 거래사례를 통해 시중시가를 파악할 수 있는 경우(외국으로부터의 도입기계기구류를 포함한다)에는 거래사례비교법으로 감정평가할 수 있다.

1.3.1 재조달원가의 산정
1.3.1.1 국산기계기구류의 재조달원가
국산기계기구류의 재조달원가는 기준시점 당시 같거나 비슷한 물건을 재취득하는 데에 드는 비용으로 하되, 명칭 및 규격이 같은 물건인 경우에도 제조기술, 제작자, 성능, 부대시설의 유무 등에 따른 가격의 차이가 있는 경우에는 이를 고려한다.

1.3.1.2 도입기계기구류의 재조달원가
① 도입기계기구류의 재조달원가는 수입가격에 적정한 부대비용을 포함한 금액으로 한다. 다만, 수입시차가 상당하여 이 방법에 따라 산정된 재조달원가가 부적정하다고 판단될 때에는 대상물건과 제작자·형식·성능 등이 같거나 비슷한 물건의 최근 수입가격에 적정한 부대비용을 더한 금액으로 한다.
② 제1항의 방법에 따라 재조달원가를 산정하는 것이 불합리하거나 불가능한 경우에는 같은 제작국의 동종기계기구류로서 가치형성요인이 비슷한 물건의 최근 수입가격 또

는 해당 기계기구류의 도입 당시 수입가격등을 기준으로 추정한 수입가격에 적정한
부대비용을 더하여 산정할 수 있다.

1.3.2 감가수정

① 기계기구류는 정률법으로 감가수정하는 것을 원칙으로 한다. 다만, 정률법으로 감가수정
하는 것이 적정하지 않은 경우에는 정액법 또는 다른 방법에 따라 감가수정할 수 있다.

② 내용연수는 경제적 내용연수로 한다.

③ 장래보존연수는 대상물건의 내용연수 범위에서 사용·수리의 정도, 관리상태 등을 고려
한 장래 사용가능한 기간으로 한다.

2. 과잉유휴시설의 감정평가

① 다른 사업으로 전용이 가능한 과잉유휴시설은 정상적으로 감정평가하되, 전환 후의 용도와 전
환에 드는 비용 및 시차 등을 고려하여야 한다.

② 다른 사업으로 전용이 불가능한 과잉유휴시설은 해체·철거 및 운반에 드는 비용 등을 고려하
여 처분이 가능한 금액으로 감정평가할 수 있다.

▲ 640 의제부동산

1. 자동차의 감정평가

1.1 정의

자동차란 「자동차관리법」 제2조제1호에 따른 원동기에 의하여 육상에서 이동할 목적으로 제작
한 용구 또는 이에 견인되어 육상을 이동할 목적으로 제작한 용구를 말한다.

1.2 자료의 수집 및 정리

자동차의 가격자료에는 거래사례, 제조원가, 시장자료 등이 있으며, 대상 자동차의 특성에 맞는
적정한 자료를 수집하고 정리한다.

1.3 자동차의 감정평가방법

① 자동차를 감정평가할 때에는 거래사례비교법을 적용하여야 한다.

② 제1항에도 불구하고 거래사례비교법으로 감정평가하는 것이 곤란하거나 부적절한 경우에는
원가법을 적용할 수 있다.

③ 원가법으로 감정평가할 때에는 정률법으로 감가수정한다. 다만, 필요하다고 인정되는 경우
사용정도·관리상태·수리여부 등을 고려하여 관찰감가 등으로 조정하거나 다른 방법에 따
라 감가수정할 수 있다.

④ 자동차로서 효용가치가 없는 것은 해체처분가액으로 감정평가할 수 있다.

2. 건설기계의 감정평가

2.1 정의

건설기계란 건설공사에 사용할 수 있는 기계로서 「건설기계관리법」 시행령 〈별표1〉에 해당하
는 물건을 말한다.

2.2 자료의 수집 및 정리

건설기계의 가격자료에는 거래사례, 제조원가, 시장자료 등이 있으며, 대상 건설기계의 특성에 맞는 적절한 자료를 수집하고 정리한다.

2.3 건설기계의 감정평가방법

① 건설기계를 감정평가할 때에는 원가법을 적용하여야 한다.

② 제1항에도 불구하고 원가법으로 감정평가하는 것이 곤란하거나 부적절한 경우에는 거래사례비교법으로 감정평가할 수 있다.

③ 건설기계를 원가법으로 감정평가할 때에는 정률법으로 감가수정한다. 다만, 필요하다고 인정되는 경우 사용정도·관리상태·수리여부 등을 고려하여 관찰감가 등으로 조정하거나 다른 방법에 따라 감가수정할 수 있다.

④ 건설기계로서 효용가치가 없는 것은 해체처분가액으로 감정평가할 수 있다.

3. 선박의 감정평가

3.1 정의

선박이란 「선박법」 제1조의2 제1항에 따른 수상 또는 수중에서 항행용으로 사용하거나 사용할 수 있는 배 종류를 말하며, 그 구분은 다음 각 호와 같다.

1. 기선 : 기관(機關)을 사용하여 추진하는 선박과 수면비행선박

2. 범선 : 돛을 사용하여 추진하는 선박

3. 부선 : 자력항행능력(自力航行能力)이 없어 다른 선박에 의하여 끌리거나 밀려서 항행되는 선박

3.2 자료의 수집 및 정리

선박의 가격자료에는 거래사례, 제조원가, 시장자료 등이 있으며, 대상 선박의 특성에 맞는 적절한 자료를 수집하고 정리한다.

3.3 선박의 감정평가방법

① 선박을 감정평가할 때에는 선체·기관·의장별로 구분하여 감정평가하되, 각각 원가법을 적용하여야 한다.

② 선박을 감정평가할 때에는 선체는 총 톤수, 기관은 엔진 출력을 기준으로 감정평가하는 것을 원칙으로 한다.

③ 선박의 감가수정은 선체·기관·의장별로 정률법을 적용한다. 다만, 필요하다고 인정되는 경우 사용정도·관리상태·수리여부 등을 고려하여 관찰감가 등으로 조정하거나 다른 방법에 따라 감가수정할 수 있다.

④ 제3항에 따라 감가수정을 하는 경우 「수산업법」 시행령 제69조에 따른 〈별표4〉를 적용하는 것을 원칙으로 한다.

⑤ 선박으로서 효용가치가 없는 것은 해체처분가액으로 감정평가할 수 있다.

4. 항공기의 감정평가

4.1 정의

항공기란 「항공법」 제2조제1호에 따른 비행기, 비행선, 활공기(滑空機), 회전익(回轉翼) 항공기, 그 밖에 「항공법」 시행령으로 정하는 것으로서 항공에 사용할 수 있는 기기를 말한다.

4.2 자료의 수집 및 정리

항공기의 가격자료에는 거래사례, 제조원가, 비용자료, 시장자료 등이 있으며, 대상 항공기의 특성에 맞는 적절한 자료를 수집하고 정리한다.

4.3 항공기의 감정평가방법

① 항공기를 감정평가할 때에는 원가법을 적용하여야 한다.

② 항공기를 원가법으로 감정평가할 때에는 정률법으로 감가수정한다. 다만, 필요하다고 인정되는 경우에는 관찰감가 등으로 조정하거나 다른 방법으로 감가수정할 수 있다.

③ 항공기의 정확한 비행시간 및 오버홀 비용을 확인할 수 있는 경우에는 주요 부분별 가격을 합산하여 항공기 전체의 감정평가액을 산정할 수 있다.

④ 항공기로서 효용가치가 없는 것은 해체처분가액으로 감정평가할 수 있다.

◀ 650 권리

1. 광업권의 감정평가

1.1 정의

광업권이란 「광업법」 제3조제3호에 따른 등록을 한 일정한 토지의 구역(이하 "광구"라 한다)에서 등록을 한 광물과 이와 같은 광상(鑛床)에 묻혀 있는 다른 광물을 탐사·채굴 및 취득하는 권리를 말한다.

1.2 자료의 수집 및 정리

이 기준 [620-2.2]을 준용한다.

1.3 광업권의 감정평가방법

① 광업권은 [620-2.3]에 따른 광산의 감정평가액에서 해당 광산의 현존시설의 가액을 빼고 감정평가하여야 한다.

② 현존시설의 가액은 적정 생산규모와 가행조건 등을 고려하되, 과잉유휴시설은 포함하지 아니한다.

③ 광업권의 존속기간은 20년을 초과하지 아니하는 범위에서 광상, 연장가능 여부 등을 고려하여 광업이 가능한 연한으로 결정한다.

2. 어업권의 감정평가

2.1 정의

어업권이란 「수산업법」 및 「내수면어업법」에 따라 면허를 받아 배타적으로 어업을 경영할 수 있는 권리를 말한다.

2.2 자료의 수집 및 정리

어업권의 가격자료에는 거래사례, 수익자료, 시장자료 등이 있으며, 대상 어업권의 특성에 맞는 적절한 자료를 수집하고 정리한다.

2.3 어업권의 감정평가방법

　2.3.1 어업권의 감정평가 원칙

　　① 어업권을 감정평가할 때에는 수익환원법을 적용하여야 한다.

　　② 제1항에도 불구하고 수익환원법으로 감정평가하는 것이 곤란하거나 적절하지 아니한 경우에는 거래사례비교법으로 감정평가할 수 있다.

　2.3.2 수익환원법의 적용

　　① 어업권을 수익환원법으로 감정평가할 때에는 어장 전체를 수익환원법으로 감정평가한 가액에서 해당 어장의 적정 시설가액을 뺀 금액으로 감정평가한다.

　　② 어장의 순수익을 산정하는 경우에는 장기간의 자료에 근거한 순수익을 산정하여야 한다.

　　③ 어업권의 존속기간은 어장의 상황, 어업권의 잔여기간 등을 고려하여 어업이 가능한 연한으로 결정한다.

　　④ 현존시설의 가액은 생산규모와 어업권 존속기간 등을 고려하여 감정평가하되, 과잉유휴시설은 제외한다.

　2.3.3 거래사례비교법의 적용

　　어업권을 거래사례비교법으로 감정평가할 때에는 어종, 어장의 규모, 존속기간 등이 비슷한 인근의 어업권 거래사례를 기준으로 어업권의 가치에 영향을 미치는 개별요인을 비교하여 감정평가한다.

3. 영업권의 감정평가

　3.1 정의

　　영업권이란 대상 기업이 경영상의 유리한 관계 등 배타적 영리기회를 보유하여 같은 업종의 다른 기업들에 비하여 초과수익을 확보할 수 있는 능력으로서 경제적 가치가 있다고 인정되는 권리를 말한다.

　3.2 자료의 수집 및 정리

　　영업권의 가격자료에는 거래사례, 수익자료, 시장자료 등이 있으며, 기업이 보유한 자산의 경우에는 해당 물건의 자료의 수집 및 정리 규정을 준용하여, 대상 영업권의 감정평가에 있어서 적절한 자료를 수집하고 정리한다.

　3.3 영업권의 감정평가방법

　3.3.1 영업권의 감정평가 원칙

　　① 영업권을 감정평가할 때에는 수익환원법을 적용하여야 한다.

　　② 제1항에도 불구하고 수익환원법으로 감정평가하는 것이 곤란하거나 적절하지 아니한 경우에는 거래사례비교법이나 원가법으로 감정평가할 수 있다.

　3.3.2 수익환원법의 적용

　　영업권을 수익환원법으로 감정평가할 때에는 다음 각 호의 어느 하나에 해당하는 방법으로 감정평가한다. 다만, 대상 영업권의 수익에 근거하여 합리적으로 감정평가할 수 있는 다른 방법이 있는 경우에는 그에 따라 감정평가할 수 있다.

　　1. 대상기업의 영업관련 기업가치에서 영업투하자본을 차감하는 방법

가. 영업관련 기업가치 : [660-3.3.2]를 준용하여 산정. 단, 비영업용자산은 제외
나. 영업투하자본 : 영업자산에서 영업부채를 차감하여 산정
2. 대상 기업이 달성할 것으로 예상되는 지속가능기간의 초과수익을 현재가치로 할인하거나 환원하는 방법

3.3.3 거래사례비교법의 적용

영업권을 거래사례비교법으로 감정평가할 때에는 다음 각 호의 어느 하나에 해당하는 방법으로 감정평가한다. 다만, 영업권의 거래사례에 근거하여 합리적으로 감정평가할 수 있는 다른 방법이 있는 경우에는 그에 따라 감정평가할 수 있다.
1. 영업권이 다른 자산과 독립하여 거래되는 관행이 있는 경우에는 같거나 비슷한 업종의 영업권만의 거래사례를 이용하여 대상 영업권과 비교하는 방법
2. 같거나 비슷한 업종의 기업 전체 거래가격에서 영업권을 제외한 순자산 가치를 차감한 가치를 영업권의 거래사례 가격으로 보아 대상 영업권과 비교하는 방법
3. 대상 기업이 유가증권시장이나 코스닥시장에 상장되어 있는 경우에는 발행주식수에 발행주식의 주당가격을 곱한 가치에서 영업권을 제외한 순자산가치를 차감하는 방법

3.3.4 원가법의 적용

영업권을 원가법으로 감정평가할 때에는 다음 각 호의 방법으로 감정평가할 수 있다. 다만, 대상 영업권의 원가에 근거하여 합리적으로 감정평가할 수 있는 다른 방법이 있는 경우에는 그에 따라 감정평가할 수 있다.
1. 기준시점에서 새로 취득하기 위해 필요한 예상비용에서 감가요인을 파악하고 그에 해당하는 금액을 공제하는 방법
2. 대상 무형자산의 취득에 든 비용을 물가변동률 등에 따라 기준시점으로 수정하는 방법

4. 지식재산권의 감정평가

4.1 정의

① "지식재산권"이란 특허권·실용신안권·디자인권·상표권 등 산업재산권 또는 저작권 등 지적창작물에 부여된 재산권에 준하는 권리를 말한다.
② "특허권"이란 「특허법」에 따라 발명 등에 관하여 독점적으로 이용할 수 있는 권리를 말한다.
③ "실용신안권"이란 「실용신안법」에 따라 실용적인 고안 등에 관하여 독점적으로 이용할 수 있는 권리를 말한다.
④ "디자인권"이란 「디자인보호법」에 따라 디자인 등에 관하여 독점적으로 이용할 수 있는 권리를 말한다.
⑤ "상표권"이란 「상표법」에 따라 지정상품에 등록된 상표를 독점적으로 사용할 수 있는 권리를 말한다.
⑥ "저작권"이란 「저작권법」 제4조의 저작물에 대하여 저작자가 가지는 권리를 말한다.

4.2 자료의 수집 및 정리

지식재산권의 가격자료에는 거래사례, 비용자료, 수익자료, 시장자료 등이 있으며, 대상 권리의 특성에 맞는 적절한 자료를 수집하고 정리한다.

4.3 지식재산권의 감정평가방법

　4.3.1 지식재산권의 감정평가 원칙

　　① 지식재산권을 감정평가할 때에는 수익환원법을 적용하여야 한다.

　　② 제1항에도 불구하고 수익환원법으로 감정평가하는 것이 곤란하거나 적절하지 아니한 경우에는 거래사례비교법이나 원가법으로 감정평가할 수 있다.

　4.3.2 수익환원법의 적용

　　① 지식재산권을 수익환원법으로 감정평가할 때에는 다음 각 호에 따른 방법으로 감정평가할 수 있다. 다만, 대상 지식재산권이 창출할 것으로 기대되는 적정 수익에 근거하여 합리적으로 감정평가할 수 있는 다른 방법이 있는 경우에는 그에 따라 감정평가할 수 있다.

　　　1. 해당 지식재산권으로 인한 현금흐름을 현재가치로 할인하거나 환원하여 산정하는 방법

　　　2. 기업전체에 대한 영업가치에 해당 지식재산권의 기술기여도를 곱하여 산정하는 방법

　　② 제1항제1호의 해당 지식재산권으로 인한 현금흐름은 다음 각 호의 방법에 따라 산정할 수 있다.

　　　1. 해당 지식재산권으로 인해 절감 가능한 사용료를 기준으로 산정하는 방법

　　　2. 해당 지식재산권으로 인해 증가된 현금흐름을 기준으로 산정하는 방법

　　　3. 기업의 총이익 중에서 해당 지식재산권에 일정비율을 배분하여 현금흐름을 산정하는 방법

　　③ 제1항제2호의 기술기여도는 기업의 경제적 이익 창출에 기여한 유·무형의 기업 자산 중에서 해당 지식재산권이 차지하는 상대적인 비율로서 다음 각 호의 방법 등으로 산정할 수 있다.

　　　1. 비슷한 지식재산권의 기술기여도를 해당 지식재산권에 적용하는 방법

　　　2. 산업기술요소·개별기술강도·기술비중 등을 고려한 기술요소법

　4.3.3 거래사례비교법의 적용

　　① 지식재산권을 거래사례비교법으로 감정평가할 때에는 다음 각 호의 방법으로 감정평가한다. 다만, 지식재산권의 거래사례에 근거하여 합리적으로 감정평가할 수 있는 다른 방법이 있는 경우에는 그에 따라 감정평가할 수 있다.

　　　1. 비슷한 지식재산권의 거래사례와 비교하는 방법

　　　2. 매출액이나 영업이익 등에 시장에서 형성되고 있는 실시료율을 곱하여 산정된 현금흐름을 할인하거나 환원하여 산정하는 방법

　　② 제1항제2호의 실시료율은 지식재산권을 배타적으로 사용하기 위해 제공하는 기술사용료의 산정을 위한 것으로, 사용기업의 매출액이나 영업이익 등에 대한 비율을 말한다. 이 경우 실시료율을 산정할 때에는 다음 각 호의 사항을 고려하여야 한다.

　　　1. 지식재산권의 개발비

　　　2. 지식재산권의 특성

　　　3. 지식재산권의 예상수익에 대한 기여도

　　　4. 실시의 난이도

5. 지식재산권의 사용기간

6. 그 밖에 실시료율에 영향을 미치는 요인

4.3.4 원가법의 적용

지식재산권을 원가법으로 감정평가할 때에는 다음 각 호의 방법으로 감정평가할 수 있다. 다만, 대상 지식재산권의 원가에 근거하여 합리적으로 감정평가할 수 있는 다른 방법이 있는 경우에는 그에 따라 감정평가할 수 있다.

1. 기준시점에서 새로 취득하기 위해 필요한 예상비용에서 감가요인을 파악하고 그에 해당하는 금액을 공제하는 방법

2. 대상 지식재산권을 제작하거나 취득하는 데 들어간 비용을 물가변동률 등에 따라 기준시점으로 수정하는 방법

660 유가증권 등

1. 주식의 감정평가

1.1 상장주식

1.1.1 정의

상장주식이란 「자본시장과 금융투자업에 관한 법률」에서 정하는 증권상장 규정에 따라 증권시장에 상장된 증권 중 주권을 말한다.

1.1.2 자료의 수집 및 정리

상장주식의 가격자료에는 거래사례 등의 자료가 있으며, 대상 상장주식의 특성에 맞는 적절한 자료를 수집하고 정리한다.

1.1.3 상장주식의 감정평가방법

① 상장주식을 감정평가할 때에는 거래사례비교법을 적용하여야 한다.

② 제1항에 따라 거래사례비교법을 적용할 때에는 대상 상장주식의 기준시점 이전 30일간 실제거래가액의 합계액을 30일간 실제 총 거래량으로 나누어 감정평가한다.

③ 기준시점 이전 30일간의 기간 중 증자·합병 또는 이익이나 이자의 배당 및 잔여재산의 분배청구권 또는 신주인수권에 관하여 「상법」에 따른 기준일의 경과 등의 이유가 발생한 상장주식은 그 이유가 발생한 다음 날부터 기준시점까지의 실제거래가액의 합계액을 해당 기간의 실제 총 거래량으로 나누어 감정평가한다.

④ 상장주식으로서 「자본시장과 금융투자업에 관한 법률」 제373조의2에 따라 허가를 받은 거래소(이하 "거래소"라 한다) 등의 시세가 없는 경우에는 [660-1.2.3]을 준용한다.

1.2 비상장주식

1.2.1 정의

비상장주식이란 주권비상장법인의 주권을 말한다.

1.2.2 자료의 수집 및 정리

① 비상장주식의 가격자료는 해당 기업과 관련된 거래사례, 수익자료, 시장자료 등이 있으

며, 해당 기업을 구성하는 자산은 해당 물건의 자료의 수집 및 정리 규정을 준용한다.

② 제1항 이외의 자료로써 관련 산업이나 대상 기업활동 등에 영향을 미치는 경제분석자료, 산업분석자료 및 내부현황분석자료를 수집 및 분석할 수 있다.

1.2.3 비상장주식의 감정평가방법

① 비상장주식은 기업가치에서 부채의 가치를 빼고 산정한 자기자본의 가치를 발행주식수로 나누어 감정평가한다. 다만, 비슷한 주식의 거래가격이나 시세 또는 시장배수 등을 기준으로 감정평가할 때에는 비상장주식의 주당가치를 직접 산정할 수 있다.

② 제1항의 기업가치를 감정평가할 때에는 [660-3]을 따른다.

2. 채권의 감정평가

2.1 정의

채권이란 국채증권, 지방채증권, 특수채증권, 사채권, 기업어음증권 그 밖에 이와 비슷한 것으로서 지급청구권이 표시된 것을 말한다.

2.2 자료의 수집 및 정리

채권의 가격자료에는 거래사례, 수익자료, 시장자료 등이 있으며, 대상 채권의 특성에 맞는 적절한 자료를 수집하고 정리한다.

2.3 채권의 감정평가방법

2.3.1 채권의 감정평가 원칙

2.3.1.1 상장채권

① 상장채권을 감정평가할 때에는 거래사례비교법을 적용하여야 한다.

② 제1항에도 불구하고 거래사례를 수집할 수 없거나 시세를 알 수 없는 경우에는 수익환원법으로 감정평가할 수 있다.

2.3.1.2 비상장채권

① 비상장채권을 감정평가할 때에는 수익환원법을 적용하여야 한다.

② 제1항에도 불구하고 수익환원법을 적용하는 것이 곤란하거나 부적절한 경우에는 거래사례비교법으로 감정평가할 수 있다.

2.3.2 거래사례비교법의 적용

채권을 거래사례비교법으로 감정평가할 때에는 동종 채권의 기준시점 이전 30일간 실제거래가액의 합계액을 30일간 실제 총 거래량으로 나누어 감정평가한다.

2.3.3 수익환원법의 적용

① 채권을 수익환원법으로 감정평가할 때에는 지급받을 원금과 이자를 기간에 따라 적정수익률로 할인하는 방법으로 감정평가한다.

② 적정수익률은 거래소에서 공표하는 동종채권(동종채권이 없을 경우에는 유사종류 채권)의 기준시점 이전 30일간 당일 결제거래 평균수익률의 산술평균치로 한다. 다만, 같은 기간에 당일 결제거래 평균수익률이 없는 경우에는 보통거래 평균수익률 등 다른 수익률을 적용할 수 있다.

3. 기업가치의 감정평가

3.1 정의

기업가치란 해당 기업체가 보유하고 있는 유·무형의 자산 가치를 말하며, 자기자본가치와 타인자본가치로 구성된다. 기업체의 유·무형의 자산가치는 영업 관련 기업가치와 비영업용 자산의 가치로 구분할 수 있다.

3.2 자료의 수집 및 정리

자료의 수집 및 정리는 [660-1.2.2]를 준용한다.

3.3 기업가치의 감정평가방법

3.3.1 기업가치의 감정평가방법

① 기업가치를 감정평가할 때에는 수익환원법을 적용하여야 한다.

② 제1항에도 불구하고 기업가치를 감정평가할 때에 수익환원법을 적용하는 것이 곤란하거나 적절하지 아니한 경우에는 원가법·거래사례비교법 등 다른 방법으로 감정평가할 수 있다.

3.3.2 수익환원법의 적용

기업가치를 수익환원법으로 감정평가할 경우에는 할인현금흐름분석법, 직접환원법, 옵션평가모형 등으로 감정평가한다.

3.3.3 거래사례비교법의 적용

기업가치를 거래사례비교법으로 감정평가할 경우에는 유사기업이용법, 유사거래이용법, 과거거래이용법 등으로 감정평가한다.

3.3.4 원가법의 적용

① 원가법을 적용할 때에는 대상 기업의 유·무형의 개별자산의 가치를 합산하여 감정평가한다.

② 계속기업을 전제로 하여 감정평가를 할 때에는 원가법만을 적용하여 감정평가해서는 아니 된다. 다만, 원가법 외의 방법을 적용하기 곤란한 경우에 한정하여 원가법만으로 감정평가할 수 있으며, 이 경우 정당한 근거를 감정평가서에 기재하여야 한다.

▲ 670 동산 등

1. 동산의 감정평가

1.1 정의

동산이란 상품, 원재료, 반제품, 재공품, 제품, 생산품 등 부동산 이외의 물건을 말한다.

1.2 자료의 수집 및 정리

동산의 가격자료에는 거래사례, 제조원가, 시장자료 등이 있으며 대상 동산의 특성에 맞는 적절한 자료를 수집하고 정리한다.

1.3 동산의 감정평가방법

① 동산을 감정평가할 때에는 거래사례비교법을 적용하여야 한다.

② 동산이 본래의 용도로 효용가치가 없는 경우에는 해체처분가액으로 감정평가할 수 있다.

2. 소음등으로 인한 대상물건의 가치하락분에 대한 감정평가

2.1 정의

"소음등으로 인한 대상물건의 가치하락분"이란 장기간 지속적으로 발생하는 소음·진동·일조침해 또는 환경오염 등(이하 "소음등"이라 한다)으로 대상물건에 직접적 또는 간접적인 피해가 발생하여 대상물건의 객관적 가치가 하락한 경우 소음등의 발생 전과 비교한 가치하락분을 말한다.

2.2 자료의 수집 및 정리

소음등으로 인한 가치하락분에 대한 감정평가에 참고가 되는 자료는 해당 물건의 자료의 수집 및 정리에 관한 규정을 준용하되, 소음등의 발생 전·후의 가격자료를 모두 수집하여야 한다.

2.3 소음등으로 인한 대상물건의 가치하락분에 대한 감정평가방법

① 소음등으로 인한 대상물건의 가치하락분을 감정평가할 때에는 소음등이 발생하기 전의 대상물건의 가액과 소음등이 발생한 후의 대상물건의 가액 및 원상회복비용 등을 고려하여야 한다.

② 가치하락분에는 관련 법령에 따른 소음등의 허용기준, 원상회복비용 및 스티그마(STIGMA) 등을 고려하되, 일시적인 소음등으로 인한 가치하락 및 정신적인 피해 등 주관적 가치 하락은 제외한다. 다만, 가축 등 생명체에 대한 피해는 가치하락분에 포함할 수 있다.

③ 제1항에서 소음등의 발생 전과 발생 후의 대상물건의 가액은 거래사례비교법에 의한 비준가액이나 수익환원법에 의한 수익가액으로 산정하되 소음등이 발생한 후의 대상물건의 가액은 다음 각 호와 같이 산정한다.

1. 비준가액 : 대상물건에 영향을 미치고 있는 소음등과 같거나 비슷한 형태의 소음등에 의해 가치가 하락한 상태로 거래된 사례를 선정하여 시점수정을 하고 가치형성요인을 비교하여 산정

2. 수익가액 : 소음등이 발생한 후의 순수익을 소음등으로 인한 위험이 반영된 환원율로 환원하여 산정

④ 가치하락분을 원가법에 의하여 직접 산정하는 경우에는 소음등을 복구하거나 관리하는 데 드는 비용 외에 원상회복 불가능한 가치하락분을 고려하여 감정평가한다.

3. 임대료의 감정평가

3.1 정의

임대료(사용료를 포함한다. 이하 같다)란 임대차 계약에 기초한 대상물건의 사용대가로서 지급하는 금액을 말한다.

3.2 자료의 수집 및 정리

임대료의 자료의 수집 및 정리는 해당 물건의 자료의 수집 및 정리 규정을 준용한다.

3.3 임대료의 감정평가방법

① 임대료를 감정평가할 때에는 임대사례비교법을 적용하여야 한다.

② 제1항에도 불구하고 임대사례비교법으로 감정평가하는 것이 곤란하거나 적절하지 아니한 경우에는 적산법 등 다른 감정평가방법을 적용할 수 있다.

③ 임대료의 산정기간은 1월이나 1년을 단위로 하는 것을 원칙으로 한다.

④ 임대료는 산정기간 동안에 임대인에게 귀속되는 모든 경제적 대가에 해당하는 실질임대료를 구하는 것을 원칙으로 한다. 다만, 의뢰인이 보증금 등을 포함한 계약 내용에 따라 지급임대료를 산정하도록 요청할 때에는 해당 계약 내용을 고려한 지급임대료를 구하되, 감정평가서에 그 내용을 적어야 한다.

4. 권리금의 감정평가

4.1 정의

① 권리금이란 임대차 목적물인 상가건물에서 영업을 하는 자 또는 영업을 하려는 자가 영업시설·비품, 거래처, 신용, 영업상의 노하우, 상가건물의 위치에 따른 영업상의 이점 등 유형·무형의 재산적 가치의 양도 또는 이용대가로서 임대인, 임차인에게 보증금과 차임 이외에 지급하는 금전 등의 대가를 말한다.

② 유형재산이란 영업을 하는 자 또는 영업을 하려고 하는 자가 영업활동에 사용하는 영업시설, 비품, 재고자산 등 물리적·구체적 형태를 갖춘 재산을 말한다.

③ 무형재산이란 영업을 하는 자 또는 영업을 하려고 하는 자가 영업활동에 사용하는 거래처, 신용, 영업상의 노하우, 건물의 위치에 따른 영업상의 이점 등 물리적·구체적 형태를 갖추지 않은 재산을 말한다.

4.2 자료의 수집 및 정리

권리금의 가격자료에는 거래사례, 수익자료, 시장자료 등이 있으며, 대상 권리금의 특성에 맞는 적절한 자료를 수집하고 정리한다. 유형재산의 경우에는 해당 물건의 자료의 수집 및 정리 규정을 준용한다.

4.3 권리금의 감정평가방법

4.3.1 권리금의 감정평가 원칙

① 권리금을 감정평가할 때에는 유형·무형의 재산마다 개별로 감정평가하는 것을 원칙으로 한다.

② 제1항에도 불구하고 권리금을 개별로 감정평가하는 것이 곤란하거나 적절하지 아니한 경우에는 일괄하여 감정평가할 수 있다. 이 경우 감정평가액은 합리적인 배분기준에 따라 유형재산가액과 무형재산가액으로 구분하여 표시할 수 있다.

4.3.2 유형재산의 감정평가

① 유형재산을 감정평가할 때에는 원가법을 적용하여야 한다.

② 제1항에도 불구하고 원가법을 적용하는 것이 곤란하거나 부적절한 경우에는 거래사례비교법 등으로 감정평가할 수 있다.

4.3.3 무형재산의 감정평가

4.3.3.1 무형재산의 감정평가방법

① 무형재산을 감정평가할 때에는 수익환원법을 적용하여야 한다.

② 제1항에도 불구하고 수익환원법을 적용하는 것이 곤란하거나 부적절한 경우에는 거래사례비교법이나 원가법 등으로 감정평가할 수 있다.

4.3.3.2 수익환원법의 적용

무형재산을 수익환원법으로 감정평가할 때에는 무형재산으로 인하여 발생할 것으로 예상되는 영업이익이나 현금흐름을 현재가치로 할인하거나 환원하는 방법으로 감정평가한다. 다만, 무형재산의 수익성에 근거하여 합리적으로 감정평가할 수 있는 다른 방법이 있는 경우에는 그에 따라 감정평가할 수 있다.

4.3.3.3 거래사례비교법의 적용

무형재산을 거래사례비교법으로 감정평가할 때에는 다음 각 호의 어느 하나에 해당하는 방법으로 감정평가한다. 다만, 무형재산의 거래사례에 근거하여 합리적으로 감정평가할 수 있는 다른 방법이 있는 경우에는 그에 따라 감정평가할 수 있다.

1. 동일 또는 유사 업종의 무형재산만의 거래사례와 대상의 무형재산을 비교하는 방법
2. 동일 또는 유사 업종의 권리금 일체 거래사례에서 유형의 재산적 가치를 차감한 가액을 대상의 무형재산과 비교하는 방법

4.3.3.4 원가법의 적용

무형재산을 원가법으로 감정평가할 때에는 대상 상가의 임대차 계약 당시 무형재산의 취득가액을 기준으로 취득 당시와 기준시점 당시의 수익 변화 등을 고려하여 감정평가한다. 다만, 무형재산의 원가에 근거하여 합리적으로 감정평가할 수 있는 다른 방법이 있는 경우에는 그에 따라 감정평가할 수 있다.

4.3.4 유형재산과 무형재산의 일괄감정평가

① 유형재산과 무형재산을 일괄하여 감정평가할 때에는 수익환원법을 적용하여야 한다.
② 제1항에도 불구하고 수익환원법을 적용하는 것이 곤란하거나 부적절한 경우에는 거래사례비교법 등으로 감정평가할 수 있다.

5. 그 밖의 물건의 감정평가

이 기준에서 규정되지 아니한 대상물건을 감정평가할 때에는 이와 비슷한 물건이나 권리 등의 경우에 준하여 감정평가하여야 한다.

700 목적별 감정평가

710 담보평가

① 담보평가란 담보를 제공받고 대출 등을 하는 은행·보험회사·신탁회사·일반기업체 등(이하 "금융기관등"이라 한다)이 대출을 하거나 채무자(담보를 제공하고 대출 등을 받아 채무상환의 의무를 지닌 자를 말한다)가 대출을 받기 위하여 의뢰하는 담보물건(채무자로부터 담보로 제공받는 물건을 말한다)에 대한 감정평가를 말한다.
② 감정평가업자가 담보평가를 수행할 때에는 감정평가관계법규에서 따로 정한 것을 제외하고는 [100 총칙]부터 [600 물건별 감정평가]까지의 규정을 적용한다.

③ 감정평가업자는 담보평가의 의뢰와 수임, 절차와 방법, 감정평가서 기재사항 등에 관한 세부사항을 금융기관등과의 협약을 통하여 따로 정할 수 있다. 다만, 이 경우에도 관계법규 및 이 기준에 어긋나서는 아니 된다.

720　경매평가

① 경매평가란 해당 집행법원(경매사건의 관할 법원을 말한다)이 경매의 대상이 되는 물건의 경매에서 최저 매각가격(물건의 매각을 허가하는 최저가격을 말한다)을 결정하기 위해 의뢰하는 감정평가를 말한다.
② 감정평가업자가 경매평가를 수행할 때에는 감정평가관계법규에서 따로 정한 것을 제외하고는 [100 총칙]부터 [600 물건별 감정평가]까지의 규정을 적용한다.

730　도시정비평가

1. 적용 및 정의

① 「도시 및 주거환경정비법」(이하 "도정법"이라 한다)에 따른 정비사업과 관련된 감정평가(이하 "도시정비평가"라 한다)를 수행할 때에는 감정평가관계법규에서 따로 정한 것을 제외하고는 이 절에서 정하는 바에 따르고, 이 절에서 정하지 않은 사항은 [100 총칙]부터 [600 물건별 감정평가]까지의 규정을 준용한다.

② 이 절에서 사용하는 용어의 뜻은 다음 각 호와 같다.

　　1. "재개발사업등"이란 도정법 제2조제2호나목의 주택재개발사업 및 라목의 도시환경정비사업을 말한다.
　　2. "재건축사업"이란 도정법 제2조제2호다목의 주택재건축사업을 말한다.
　　3. "종전자산"이란 도정법 제48조제1항제4호에 규정된 종전의 토지나 건물을 말한다.
　　4. "종후자산"이란 도정법 제48조제1항제3호에 규정된 분양예정인 대지나 건물을 말한다.
　　5. "국·공유재산의 처분"이란 도정법 제66조제4항부터 제6항까지에 따른 정비사업을 목적으로 우선매각하는 국·공유재산의 처분을 말한다.
　　6. "토지등의 수용등"이란 도정법 제38조에 따라 토지·물건이나 그 밖의 권리를 수용하거나 사용하는 것을 말한다.

2. 도시정비평가의 대상

도시정비평가의 대상은 사업시행자 등이 감정평가를 요청한 물건으로 한다.

3. 도시정비평가의 기준 및 방법

　3.1 종전자산의 감정평가

　　① 종전자산의 감정평가는 사업시행인가고시가 있는 날의 현황을 기준으로 감정평가하되, 다음 각 호의 사항을 준수하여야 한다.

1. 종전자산의 감정평가는 조합원별 조합출자 자산의 상대적 가치비율 산정의 기준이 되므로 대상물건의 유형·위치·규모 등에 따라 감정평가액의 균형이 유지되도록 하여야 한다.

2. 해당 정비구역의 지정에 따른 공법상 제한을 받지 아니한 상태를 기준으로 감정평가한다.

3. 해당 정비사업의 시행을 직접 목적으로 하여 용도지역이나 용도지구 등의 토지이용계획이 변경된 경우에는 변경되기 전의 용도지역이나 용도지구 등을 기준으로 감정평가한다.

② 비교표준지는 해당 정비구역 안에 있는 표준지 중에서 [610-1.5.2.1]의 비교표준지 선정기준에 적합한 표준지를 선정하는 것을 원칙으로 한다. 다만, 해당 정비구역 안에 적절한 표준지가 없거나 해당 정비구역 안 표준지를 선정하는 것이 적절하지 아니한 경우에는 해당 정비구역 밖의 표준지를 선정할 수 있다.

③ 적용 공시지가의 선택은 해당 정비구역의 사업시행인가고시일 이전 시점을 공시기준일로 하는 공시지가로서 사업시행인가고시일에 가장 가까운 시점에 공시된 공시지가를 기준으로 한다.

3.2 종후자산의 감정평가

① 종후자산의 감정평가는 분양신청기간 만료일이나 의뢰인이 제시하는 날을 기준으로 하며, 대상물건의 유형·위치·규모 등에 따라 감정평가액의 균형이 유지되도록 하여야 한다.

② 종후자산은 인근지역이나 동일수급권 안의 유사지역에 있는 유사물건의 분양사례·거래사례·평가선례 및 수요성, 총 사업비 원가 등을 고려하여 감정평가한다.

3.3 국·공유재산의 처분을 위한 감정평가

국·공유재산의 처분을 위한 감정평가는 사업시행인가고시가 있은 날의 현황을 기준으로 감정평가하되, 다음 각 호의 어느 하나에 해당하는 경우에는 그에 따를 수 있다.

1. 재개발사업등의 사업구역 안에 있는 국·공유지를 사업시행자에게 매각하는 경우로서 도로 등의 지목을 "대"로 변경하여 감정평가를 의뢰한 경우에는 "대"를 기준으로 그 국·공유지의 위치·형상·환경 등 토지의 객관적 가치형성에 영향을 미치는 개별적인 요인을 고려한 가액으로 감정평가한다.

2. 재건축사업구역 안에 있는 국·공유지는 공부상 지목에도 불구하고 "대"를 기준으로 그 국·공유지의 위치·형상·환경 등 토지의 객관적 가치형성에 영향을 미치는 개별적인 요인 등을 고려한 가액으로 감정평가한다.

3. 도정법 제66조제6항 단서에 따라 사업시행인가고시가 있은 날부터 3년이 지난 후에 매매계약을 체결하기 위한 국·공유재산의 감정평가는 가격조사 완료일의 현황을 기준으로 감정평가한다.

3.4 매도청구에 따른 감정평가

재건축사업구역 안의 토지등에 대한 도정법 제39조의 매도청구에 따른 감정평가는 법원에서 제시하는 날을 기준으로 한다. 다만, 기준시점에 현실화·구체화되지 아니한 개발이익이나 조합원의 비용부담을 전제로 한 개발이익은 배제하여 감정평가한다.

3.5 토지등의 수용등에 따른 감정평가

도시정비사업구역 안 토지등의 수용등에 따른 감정평가는 「공익사업을 위한 토지등의 취득 및 보상에 관한 법률」 및 [800 보상평가]에 따라 감정평가한다.

740   재무보고평가

1. 적용 및 정의

① 「주식회사의 외부감사에 관한 법률」(이하 "외감법"이라 한다) 제13조제3항의 회계처리기준에 따른 재무보고를 목적으로 하는 공정가치의 추정을 위한 감정평가(이하 "재무보고평가"라 한다)를 수행할 때에는 감정평가관계법규 및 한국채택국제회계기준(K-IFRS)에서 따로 정한 것을 제외하고는 이 절에서 정하는 바에 따르고, 이 절에서 정하지 않은 사항은 [100 총칙]부터 [600 물건별 감정평가]까지의 규정을 준용한다.

② 이 절은 국가·지방자치단체·공공기관의 자산과 시설에 대한 재평가 및 회계업무 등과 관련된 감정평가를 할 때에 준용한다.

2. 재무보고평가의 대상 및 확인사항

① 재무보고평가의 대상은 회사·국가·지방자치단체·공공기관의 재무제표에 계상되는 유형자산·무형자산·유가증권 등의 자산 및 관련 부채와 재평가를 위한 시설 등의 자산으로서 의뢰인이 감정평가를 요청한 물건으로 한다.

② 재무보고평가를 할 때에는 다음 각 호의 사항을 의뢰인과 협의하여 명확히 확인하여야 한다.

1. 의뢰인의 재무제표상의 자산분류 기준과 감정평가서에 표시될 감정평가 목록 분류의 기준의 일치 여부

2. 대상 자산에 대한 담보설정 등 소유권에 대한 제한사항의 내용

3. 기준가치

① 재무보고평가는 공정가치를 기준으로 감정평가한다.

② 제1항의 공정가치는 한국채택국제회계기준에 따라 자산 및 부채의 가치를 추정하기 위한 기본적 가치기준으로서 합리적인 판단력과 거래의사가 있는 독립된 당사자 사이의 거래에서 자산이 교환되거나 부채가 결제될 수 있는 금액을 말한다.

750   감정평가와 관련된 상담 및 자문 등

1. 적용

감정평가업자가 법 제10조제6호에 따른 감정평가와 관련된 상담 및 자문(이하 "상담자문등"이라 한다)이나 법 제10조제7호에 따른 토지등의 이용 및 개발 등에 대한 조언이나 정보 등의 제공(이하 "정보제공등"이라 한다) 등의 업무를 수행할 때에는 감정평가관계법규에서 따로 정한 것을 제외하고는 이 절에서 정하는 바에 따르고, 이 절에서 정하지 않은 사항은 [100 총칙]부터 [600 물건별 감정평가]까지의 규정을 준용한다.

2. 상담자문등

2.1 상담자문등의 수임

상담자문등을 수임하는 경우에는 다음 각 호의 사항을 의뢰인과 협의하여야 한다.

1. 상담자문등의 목적
2. 상담자문등의 업무범위 및 소요시간
3. 대상물건 및 자료수집의 범위
4. 상담자문등의 의뢰조건 및 시점
5. 상담자문등의 보고 형식
6. 상담자문등의 수수료 및 실비의 청구와 지급
7. 상담자문등의 책임범위

2.2 상담자문등의 보고

상담자문등의 보고서에는 다음 각 호의 사항이 포함되어야 한다.

1. 의뢰인에 관한 사항 및 이용제한
2. 상담자문등 업무의 목적, 부대조건, 자문 대상, 적용기준
3. 보고서 작성일
4. 보고서의 책임범위

3. 정보제공등

3.1 정보제공등의 접수

감정평가업자가 정보제공등을 수임할 때에는 다음 각 호의 사항을 의뢰인과 협의하여 계약내용에 포함하여야 한다.

1. 정보제공등의 목적 및 범위
2. 수행기간
3. 정보제공등의 보수
4. 결과보고서의 양식 및 성과품
5. 준수사항 및 비밀보장
6. 정보제공등의 중지 및 변경
7. 계약의 해제 등
8. 계약일자
9. 계약당사자
10. 그 밖의 업무특약사항

3.2 정보제공등의 수행 및 보고

① 감정평가업자가 정보제공등을 수행하는 경우에는 다음 각 호의 사항을 고려하여야 한다.

1. 정보제공등의 목적
2. 정보제공등의 업무범위
3. 대상물건 및 자료수집의 범위
4. 정보제공등의 의뢰조건 및 시점

② 감정평가업자는 정보제공등의 수행 시 객관적인 자료에 근거하여 합리적으로 분석하여야 한다.

③ 감정평가업자는 정보제공등의 보고서를 작성하는 경우 다음 각 호의 사항을 준수하여야 한다.

1. 조사 및 분석결과 객관적으로 입증된 사실에 대한 기술

2. 인용자료의 출처

3. 보고서의 목적에 맞지 않는 사실이나 자료 등의 기술 배제

4. 일반인이 이해하기 쉬운 용어 사용

800 보상평가

810 취득하는 토지의 보상평가

1. 목적

이 절은 「공익사업을 위한 토지 등의 취득 및 보상에 관한 법률」(이하 "토지보상법"이라 한다) 등 법령에 따라 공익사업을 목적으로 취득하는 토지에 대한 손실보상을 위한 감정평가를 수행할 때 준수하여야 할 구체적 기준을 정함으로써 감정평가의 공정성과 신뢰성을 제고하는 것을 목적으로 한다.

2. 적용

토지보상법 등 법령에 따라 공익사업을 목적으로 취득하는 토지에 대한 손실보상을 위한 감정평가(이하 "토지 보상평가"라 한다)를 수행할 때에는 토지보상법 등 감정평가관계법규에서 따로 정한 것을 제외하고는 이 절에서 정하는 바에 따르고, 이 절에서 정하지 않은 사항은 [100 총칙]부터 [600 물건별 감정평가]까지의 규정을 적용한다.

3. 정의

이 절에서 사용하는 용어의 뜻은 다음 각 호와 같다.

1. 〈삭제〉

2. "건축물 등"이란 건축물·입목·공작물 그 밖에 토지에 정착한 물건을 말한다.

3. "무허가 건축물 등"이란 「건축법」 등 관련 법령에 의하여 허가를 받거나 신고를 하고 건축 또는 용도변경을 하여야 하는 건축물을 허가를 받지 아니하거나 신고를 하지 아니하고 건축 또는 용도변경한 건축물을 말한다.

4. "불법형질변경 토지"란 「국토의 계획 및 이용에 관한 법률」 등 관련 법령에 따라 허가를 받거나 신고를 하고 형질변경을 하여야 하는 토지를 허가를 받지 아니하거나 신고를 하지 아니하고 형질변경한 토지를 말한다.

5. "미지급용지"란 종전에 시행된 공익사업의 부지로서 보상금이 지급되지 아니한 토지를 말한다.

6. "사실상의 사도"란 「사도법」에 따른 사도 외의 도로로서 다음 각 목의 어느 하나에 해당하는 도로(「국토의 계획 및 이용에 관한 법률」에 따른 도시·군관리계획에 따라 도로로 결정된 이후부터 도로로 사용되고 있는 것은 제외한다)를 말한다.

　가. 도로개설 당시의 토지소유자가 자기토지의 편익을 위하여 스스로 설치한 도로

　나. 토지소유자가 그 의사에 따라 타인의 통행을 제한할 수 없는 도로

다. 「건축법」 제45조에 따라 건축허가권자가 그 위치를 지정·공고한 도로

라. 도로개설 당시의 토지소유자가 대지 또는 공장용지 등을 조성하기 위하여 설치한 도로

4. 토지 보상평가의 대상

① 토지 보상평가의 대상은 공익사업의 시행으로 인하여 취득할 토지로서 사업시행자가 보상평가를 목적으로 제시한 것(이하 "대상토지"라 한다)으로 한다.

② 대상토지의 현실적인 이용상황 및 면적 등은 사업시행자가 제시한 내용에 따르되 다음 각 호의 어느 하나에 해당하는 경우에는 사업시행자에게 그 내용을 조회한 후 목록을 다시 제시받아 감정평가하는 것을 원칙으로 한다. 다만, 수정된 목록의 제시가 없을 때에는 당초 제시목록을 기준으로 감정평가하되, 감정평가서에 현실적인 이용상황을 기준으로 한 단위면적당 가액(이하 "단가"라 한다) 또는 면적을 따로 기재한다.

1. 실지조사 결과 제시목록상의 이용상황과 현실적인 이용상황이 다른 것으로 인정되는 경우

2. 한 필지의 토지가 둘 이상의 이용상황인 경우로서 이용상황별로 면적을 구분하지 아니하고 의뢰된 경우(다른 이용상황인 부분이 주된 이용상황과 가치가 비슷하거나 면적비율이 뚜렷하게 낮아 주된 이용상황의 가치를 기준으로 거래될 것으로 추정되는 경우는 제외한다)

3. 공부상 지목이 "대"(공장용지 등 비슷한 지목을 포함한다. 이하 같다)가 아닌 토지가 현실적인 이용상황에 따라 "대"로 의뢰된 경우로서 다음 각 목의 어느 하나에 해당하는 경우(형질변경허가 관계 서류 등 신빙성 있는 자료가 있거나 주위환경의 사정 등으로 보아 "대"로 인정될 수 있는 경우는 제외한다)

    가. 제시면적이 인근지역에 있는 "대"의 표준적인 획지면적을 현저하게 초과하거나 미달되는 경우

    나. 지상 건축물의 용도·규모 및 부속 건축물의 상황과 관련 법령에 따른 건폐율·용적률, 그 밖에 공법상 제한 등으로 보아 그 제시면적이 현저하게 과다하거나 과소한 것으로 인정되는 경우

5. 토지 보상평가의 기준 및 방법

5.1 객관적 기준 감정평가

토지 보상평가는 기준시점에서의 일반적인 이용방법에 따른 객관적 상황을 기준으로 감정평가하며, 토지소유자가 갖는 주관적 가치나 특별한 용도에 사용할 것을 전제로 한 것은 고려하지 아니한다.

5.2 현실적인 이용상황 기준 감정평가

토지 보상평가는 기준시점에서의 현실적인 이용상황을 기준으로 한다. 다만, 관련법령 및 이 기준에서 달리 규정하는 경우는 그러하지 아니하다.

5.3 개별 감정평가

① 토지 보상평가를 할 때에는 대상토지 및 소유권 외의 권리마다 개별로 하는 것을 원칙으로 한다. 다만, 개별로 보상액을 산정할 수 없는 등 특별한 사정이 있는 경우에는 소유권 외의 권리를 대상토지에 포함하여 감정평가할 수 있다.

② 제1항에도 불구하고 다음 각 호의 어느 하나에 해당하는 경우에는 그에 따른다.

1. 두 필지 이상의 토지가 일단지를 이루고 있는 경우에는 일괄감정평가한다. 다만, 이용상
   황 또는 용도지역등을 달리하여 가치가 명확히 구분되거나 소유자 등이 달라 이를 필지별
   로 감정평가할 이유나 조건이 있는 경우에는 그러하지 아니하다.

2. 한 필지의 토지가 둘 이상의 이용상황으로 이용되거나 용도지역등을 달리하는 경우에는
   이용상황 또는 용도지역등 별로 구분감정평가한다. 다만, 다른 이용상황으로 이용되거나
   용도지역등을 달리하는 부분이 주된 이용상황 또는 용도지역등과 가치가 비슷하거나 면적
   비율이 뚜렷하게 낮아 주된 이용상황 또는 용도지역등의 가치를 기준으로 거래될 것으로
   추정되는 경우에는 주된 이용상황 또는 용도지역등의 가치를 기준으로 감정평가할 수 있다.

③ 제2항제2호에서 사업시행자가 이용상황별로 면적을 구분하여 제시하지 아니한 경우에는 주
   된 이용상황을 기준으로 감정평가하고 다른 이용상황 및 단가를 감정평가서에 따로 기재한다.

④ 제2항에 따라 감정평가할 때에는 감정평가서에 그 이유를 기재하여야 한다.

5.4 건축물 등이 없는 상태 상정 감정평가

토지 보상평가는 건축물 등이 없는 상태를 상정하여 감정평가한다. 다만, 건축물 등이 토지와
함께 거래되는 사례나 관행이 있어 그 건축물 등과 토지를 일괄하여 감정평가하는 경우에는 그
러하지 아니하다.

5.5 해당 공익사업으로 인한 가격의 변동 배제 감정평가

① 토지 보상평가는 다음 각 호의 사항으로 인한 가치의 증감분을 배제한 가액으로 감정평가한다.

1. 해당 공익사업의 계획 또는 시행이 공고 또는 고시된 것에 따른 가치의 증감분

2. 해당 공익사업의 시행에 따른 절차로서 행한 토지이용계획의 설정·변경·해제 등에 따
   른 가치의 증감분

3. 그 밖에 해당 공익사업의 착수에서 준공까지 그 시행에 따른 가치의 증감분

② 제1항에서 해당 공익사업으로 인한 가치의 증감분을 배제할 때에는 [810-5.6.3]과 [810-
   5.6.4.1]을 따른다.

5.6 공시지가기준 감정평가

5.6.1 공시지가기준 감정평가방법

토지 보상평가는 표준지공시지가를 기준으로 하되, 그 공시기준일부터 기준시점까지의 관련
법령에 따른 해당 토지의 이용계획, 해당 공익사업으로 인한 지가의 영향을 받지 아니하는
지역의 토지보상법 시행령으로 정하는 지가변동률, 생산자물가상승률(「한국은행법」 제86조에
따라 한국은행이 조사·발표하는 생산자물가지수에 따라 산정된 비율을 말한다. 이하 같다),
그 밖에 해당 토지의 위치·형상·환경·이용상황 등을 고려한 적정가격으로 감정평가한다.

5.6.2 비교표준지의 선정

① 비교표준지의 선정은 [610-1.5.2.1]에 따른다.

② 택지개발사업·산업단지개발사업 등 공익사업시행지구 안에 있는 토지를 감정평가할 때
   에는 그 공익사업시행지구 안에 있는 표준지공시지가를 선정한다.

③ 제2항에도 불구하고 특별한 이유가 있는 경우에는 해당 공익사업시행지구 안에 있는 표
   준지 공시지가의 일부를 선정대상에서 제외하거나, 해당 공익사업시행지구 밖에 있는 표

준지공시지가를 선정할 수 있다. 이 경우에는 그 이유를 감정평가서에 기재하여야 한다.

④ 비교표준지를 선정한 때에는 선정이유를 감정평가서에 기재한다.

5.6.3 적용공시지가의 선택

① 적용공시지가는 [610-1.5.2.2]에 따르되, 다음 각 호의 경우 그에 따른다.

  1. 사업인정(다른 법률의 규정에 따라 사업인정으로 보는 경우를 포함한다. 이하 같다) 전의 협의에 의한 취득의 경우에는 해당 토지의 기준시점 당시에 공시된 공시지가 중에서 기준시점에 가장 가까운 시점의 것으로 한다.

  2. 사업인정 후의 취득의 경우에는 사업인정고시일 전의 시점을 공시기준일로 하는 공시지가로서, 해당 토지에 대한 협의 또는 재결 당시 공시된 공시지가 중에서 해당 사업인정고시일에 가장 가까운 시점의 것으로 한다.

  3. 제1호와 제2호에도 불구하고 해당 공익사업의 계획 또는 시행이 공고되거나 고시됨에 따라 취득하여야 할 토지의 가격이 변동되었다고 인정되는 경우에는 해당 공고일 또는 고시일 전의 시점을 공시기준일로 하는 공시지가로서 해당 토지의 기준시점 당시 공시된 공시지가 중에서 해당 공익사업의 공고일 또는 고시일에 가장 가까운 시점의 것으로 한다.

② 제1항제3호에서 "취득하여야 할 토지의 가격이 변동되었다고 인정되는 경우"란 도로, 철도 또는 하천 관련 사업을 제외한 사업으로서 다음 각 호를 모두 충족하는 경우를 말한다.

  1. 해당 공익사업의 면적이 20만 제곱미터 이상일 것

  2. 해당 공익사업시행지구 안에 있는 「부동산 가격공시에 관한 법률」 제3조제1항에 따른 표준지공시지가(해당 공익사업시행지구 안에 표준지가 없는 경우에는 비교표준지의 공시지가를 말하며, 이하 이 조에서 "표준지공시지가"라 한다)의 평균변동률과 평가대상토지가 소재하는 시(행정시를 포함한다. 이하 이 조에서 같다)·군 또는 구(자치구가 아닌 구를 포함한다. 이하 이 조에서 같다) 전체의 표준지공시지가 평균변동률과의 차이가 3퍼센트포인트 이상일 것

  3. 해당 공익사업시행지구 안에 있는 표준지공시지가의 평균변동률이 평가대상토지가 소재하는 시·군 또는 구 전체의 표준지공시지가 평균변동률보다 30퍼센트 이상 높거나 낮을 것

③ 제1항제2호 및 제3호에 따른 평균변동률은 해당 표준지별 변동률의 합을 표준지의 수로 나누어 산정하며, 공익사업시행지구가 둘 이상의 시·군 또는 구에 걸쳐 있는 경우 평가대상토지가 소재하는 시·군 또는 구 전체의 표준지공시지가 평균변동률은 시·군 또는 구별로 평균변동률을 산정한 후 이를 해당 시·군 또는 구에 속한 공익사업시행지구 면적 비율로 가중평균(加重平均)하여 산정한다. 이 경우 평균변동률의 산정기간은 해당 공익사업의 계획 또는 시행이 공고되거나 고시된 당시 공시된 표준지공시지가 중 그 공고일 또는 고시일에 가장 가까운 시점에 공시된 표준지공시지가의 공시기준일부터 법 제70조제3항 또는 제4항에 따른 표준지공시지가의 공시기준일까지의 기간으로 한다.

④ 사업인정의 고시가 있은 이후에 공익사업시행지구의 확장이나 변경 등으로 토지의 세목 등이 추가고시됨에 따라 그 추가고시된 토지를 감정평가하는 경우에는 그 토지의 세목

등이 추가고시된 날짜를 사업인정고시일로 본다. 다만, 공익사업시행지구의 확장이나 변경 등이 없이 지적 분할 등에 의해 토지의 세목 등이 변경고시된 경우에는 그러하지 아니하다.

5.6.4 시점수정

5.6.4.1 지가변동률의 적용

① 지가변동률의 적용에는 [610-1.5.2.3.1]을 준용한다.

② 제1항을 적용할 때 비교표준지가 소재하는 시·군·구의 지가가 해당 공익사업으로 인하여 변동된 경우에는 해당 공익사업과 관계없는 인근 시·군·구의 지가변동률을 적용한다. 다만, 비교표준지가 소재하는 시·군·구의 지가변동률이 인근 시·군·구 의 지가변동률보다 작은 경우에는 그러하지 아니하다.

③ 제2항 본문에 따른 비교표준지가 소재하는 시·군·구의 지가가 해당 공익사업으로 인하여 변동된 경우는 도로, 철도 또는 하천 관련 사업을 제외한 사업으로서 다음 각 호의 요건을 모두 충족하는 경우로 한다.

　1. 해당 공익사업의 면적이 20만 제곱미터 이상일 것

　2. 비교표준지가 소재하는 시·군·구의 사업인정고시일부터 기준시점까지의 지가변 동률이 3퍼센트 이상일 것. 다만, 해당 공익사업의 계획 또는 시행이 공고되거나 고시됨으로 인하여 비교표준지의 가격이 변동되었다고 인정되는 경우에는 그 계획 또는 시행이 공고되거나 고시된 날부터 기준시점까지의 지가변동률이 5퍼센트 이 상인 경우로 한다.

　3. 사업인정고시일부터 기준시점까지 비교표준지가 소재하는 시·군·구의 지가변동률이 비교표준지가 소재하는 시·도의 지가변동률보다 30퍼센트 이상 높거나 낮을 것

5.6.4.2 생산자물가상승률의 적용

생산자물가상승률의 적용은 [610-1.5.2.3.2]에 따른다.

5.6.5 지역요인과 개별요인의 비교

지역요인과 개별요인의 비교는 [610-1.5.2.4]에 따른다.

5.6.6 그 밖의 요인 보정

① 그 밖의 요인 보정은 [610-1.5.2.5]에 따른다.

② 그 밖의 요인 보정을 할 때에는 해당 공익사업의 시행에 따른 가격의 변동은 보정하여서는 아니 된다.

③ 그 밖의 요인을 보정하는 경우에는 대상토지의 인근지역 또는 동일수급권 안의 유사지역 (이하 "인근지역등"이라 한다)의 정상적인 거래사례나 보상사례(이하 이 조에서 "거래사 례등"이라 한다)를 참작할 수 있다. 다만, 이 경우에도 그 밖의 요인 보정에 대한 적정성 을 검토하여야 한다.

④ 제3항의 거래사례등(보상사례의 경우 해당 공익사업에 관한 것은 제외한다.)은 다음 각 호의 요건을 갖추어야 한다. 다만, 제4호는 해당 공익사업의 시행에 따른 가격의 변동이 반영되어 있지 아니하다고 인정되는 사례의 경우에는 적용하지 아니한다.

　1. 용도지역등 공법상 제한사항이 같거나 비슷할 것

2. 실제 이용상황 등이 같거나 비슷할 것

3. 주위환경 등이 같거나 비슷할 것

4. [810 - 5.6.3]에 따른 적용공시지가의 선택기준에 적합할 것

⑤ 제4항의 "해당 공익사업의 시행에 따른 가격의 변동이 반영되어 있지 아니하다고 인정되는 사례의 경우"에는 그 사유를 감정평가서에 기재하여야 한다.

5.7 기준시점의 결정

토지 보상평가의 기준시점은 협의에 의한 경우에는 협의성립 당시를, 재결에 의한 경우에는 수용재결 당시를 기준으로 한다.

6. 유형별 토지 보상평가기준

6.1 공법상 제한을 받는 토지의 감정평가

6.1.1 공법상 제한을 받는 토지의 감정평가방법

공법상 제한을 받는 토지는 제한받는 상태대로 감정평가한다. 다만, 그 공법상 제한이 해당 공익사업의 시행을 직접 목적으로 하여 가하여진 경우에는 제한이 없는 상태를 상정하여 평가한다.

6.1.2 용도지역등이 변경된 토지

용도지역등이 변경된 토지는 기준시점에서의 용도지역등을 기준으로 감정평가한다. 다만, 다음 각 호의 어느 하나에 해당하는 경우에는 변경 전 용도지역등을 기준으로 감정평가한다.

1. 용도지역등의 변경이 해당 공익사업의 시행을 직접 목적으로 하는 경우

2. 용도지역등의 변경이 해당 공익사업의 시행에 따른 절차로서 이루어진 경우

6.2 특수토지에 대한 감정평가

6.2.1 무허가건축물 등의 부지

① 무허가건축물 등의 부지에 대한 감정평가는 해당 토지에 무허가건축물 등이 건축될 당시의 이용상황을 기준하여 감정평가한다. 다만, 1989년 1월 24일 당시의 무허가건축물 등의 부지에 대한 감정평가는 기준시점에서의 현실적인 이용상황을 기준으로 한다.

② 제1항 단서의 1989년 1월 24일 당시의 무허가건축물 등의 부지면적은 해당 건축물 등의 적정한 사용에 제공되는 면적을 기준으로 하되, 관련 법령에 따른 건폐율을 적용하여 산정한 면적을 초과할 수 없다.

6.2.2 불법형질변경 토지

① 불법형질변경 토지는 그 토지의 형질변경이 될 당시의 이용상황을 기준으로 감정평가한다. 다만, 1995년 1월 7일 당시 공익사업시행지구에 편입된 토지는 기준시점에서의 현실적인 이용상황을 기준으로 감정평가한다.

② 제1항에도 불구하고 형질변경이 된 시점이 분명하지 아니하거나 불법형질변경 여부 등의 판단이 사실상 곤란한 경우에는 사업시행자가 제시한 기준에 따른다.

6.2.3 미지급용지

① 미지급용지는 종전의 공익사업에 편입될 당시의 이용상황을 기준으로 감정평가한다.

② 미지급용지의 비교표준지는 종전 및 해당 공익사업의 시행에 따른 가격의 변동이 포함되지 않은 표준지를 선정한다.

③ 주위환경변동이나 형질변경 등으로 종전의 공익사업에 편입될 당시의 이용상황과 비슷한 이용상황의 표준지공시지가가 인근지역등에 없어서 인근지역의 표준적인 이용상황의 표준지공시지가를 비교표준지로 선정한 경우에는 그 형질변경 등에 드는 비용 등을 고려하여야 한다.

6.2.4 사도법에 따른 사도부지

① 「사도법」에 따른 사도의 부지(이하 "사도부지"라 한다)에 대한 감정평가는 인근토지에 대한 감정평가액의 5분의 1 이내로 한다.

② 제1항에서 "인근토지"란 그 사도부지가 도로로 이용되지 아니하였을 경우에 예상되는 인근지역에 있는 표준적인 이용상황의 토지로서 지리적으로 가까운 것을 말한다.

6.2.5 사실상의 사도부지

① 사실상의 사도부지에 대한 감정평가는 인근토지에 대한 감정평가액의 3분의 1 이내로 한다.

② 제1항에서 "인근토지"란 [810-6.2.4-②]을 준용한다.

6.2.6 구거부지

① 구거부지(도수로부지는 제외한다. 이하 같다)에 대한 감정평가는 인근토지에 대한 감정평가액의 3분의 1 이내로 한다.

② 제1항에서 "인근토지"란 [810-6.2.4-②]을 준용한다.

6.2.7 소유권 외의 권리의 목적이 되고 있는 토지

① 소유권 외의 권리의 목적이 되고 있는 토지는 다음과 같이 감정평가하되, 그 내용을 감정평가서에 기재한다.

> 감정평가액 = 해당 토지의 감정평가액 − 해당 토지에 관한 소유권 외의 권리에 대한 감정평가액

② 지하 또는 지상공간에 송유관 또는 송전선로 등이 시설되어 있으나 보상이 이루어지지 않은 토지는 이에 구애됨이 없이 감정평가한다.

6.2.8 폐기물이 매립된 토지 〈신설 2019.10.23.〉

① 「폐기물관리법」 제2조제1호에 따른 폐기물이 매립된 토지나 「토양환경보전법」 제2조제2호에 따른 토양오염물질에 오염된 토지(이하 "폐기물이 매립된 토지 등"이라 한다)는 그 폐기물이 매립되기 전이나 그 토양오염물질에 오염되기 전의 이용상황과 비슷한 토지의 표준지공시지가를 기준으로 감정평가하되, 해당 토지의 이용저해 정도를 고려하여 감정평가한다.

② 감정평가업자는 실지조사 과정에서 폐기물의 매립이나 토양 오염 등이 의심되는 경우에는 사업시행자에게 폐기물 또는 토양오염물질의 종류, 매립규모 또는 오염정도, 오염정화비용 등에 대한 정밀조사를 요청할 수 있다. 정밀조사 결과 해당 토지가 폐기물이 매립된 토지 등이라고 확인될 때에는 제1항에 따라 감정평가한다.

6.3 그 밖의 토지에 관한 감정평가

6.3.1 개간비 등

① 개간비는 기준시점을 기준으로 개간에 통상 필요한 비용 상당액을 기준으로 감정평가한다. 이 경우 개간비는 개간 후의 토지가액에서 개간전의 토지가액을 뺀 금액을 초과하지 못한다.

② 제1항에 따른 개간비를 감정평가할 때에는 개간 전과 개간 후의 토지의 지세·지질·비옥도·이용상황 및 개간의 난이도 등을 종합적으로 고려하여야 한다.

③ 제1항에 따라 개간비를 보상하는 경우 취득하는 토지의 감정평가액은 개간 후의 토지가액에서 개간비를 뺀 금액으로 한다.

6.3.2 토지에 관한 소유권 외의 권리

① 취득하는 토지에 설정된 소유권 외의 권리는 해당 권리의 종류, 존속기간 및 기대이익 등을 종합적으로 고려하여 감정평가한다. 이 경우 점유는 권리로 보지 아니한다.

② 토지에 관한 소유권 외의 권리는 거래사례비교법에 따라 감정평가하는 것을 원칙으로 하되, 일반적으로 양도성이 없는 경우에는 다음 각 호의 방법에 따를 수 있다.

1. 해당 권리의 유무에 따른 토지가액의 차이로 감정평가하는 방법
2. 권리설정계약을 기준으로 감정평가하는 방법
3. 해당 권리를 통하여 획득할 수 있는 장래기대이익의 현재가치로 감정평가하는 방법

6.3.3 잔여지의 가치하락 등에 따른 손실

① 잔여지의 가치하락에 따른 손실액은 공익사업시행지구에 편입되기 전의 잔여지 가액(해당 토지가 공익사업시행지구에 편입됨으로 인하여 잔여지의 가치가 변동된 경우에는 변동되기 전의 가액을 말한다)에서 공익사업시행지구에 편입된 후의 잔여지의 가액을 뺀 금액으로 감정평가한다.

② 제1항에서의 공익사업시행지구에 편입되기 전의 잔여지 가액은 일단의 토지의 전체가액에서 공익사업시행지구에 편입되는 토지(이하 '편입토지'라 한다)의 가액을 뺀 금액으로 산정한다.

③ 공익사업시행지구에 편입되기 전의 잔여지의 가액 및 공익사업시행지구에 편입된 후의 잔여지의 가액의 감정평가를 위한 적용공시지가는 [810−5.6.3]을 준용한다.

④ 잔여지의 공법상의 제한사항 및 이용상황 등은 편입토지의 보상 당시를 기준으로 한다.

⑤ 잔여지의 가치하락에 따른 손실액은 해당 공익사업의 시행으로 인하여 잔여지의 가격이 증가하거나 그 밖의 이익이 발생한 경우에도 이를 고려하지 않고 감정평가한다.

⑥ 잔여지에 대한 시설의 설치 또는 공사로 인한 손실액은 그 시설의 설치나 공사에 통상 필요한 비용 상당액을 기준으로 산정한다.

6.3.4 잔여지의 매수

① 매수하는 잔여지는 일단의 토지의 전체가액에서 편입되는 토지의 가액을 뺀 금액으로 감정평가한다.

② 일단의 토지 전체가액 및 편입토지의 가액의 감정평가를 위한 적용공시지가는 [810−5.6.3]을 준용한다.

③ 일단의 토지 및 편입토지의 공법상의 제한사항 및 이용상황 등은 편입토지의 보상 당시를 기준으로 한다.

④ 기준시점 당시의 일단의 토지의 전체가액 및 편입토지의 가액을 감정평가할 때 해당 공익사업의 시행으로 인한 가치의 변동은 고려하지 아니한다.

6.3.5 환매토지

환매토지에 대한 환매당시의 가액은 다음 각 호의 기준에 따라 감정평가한다.

1. 적용공시지가는 환매 당시에 공시되어 있는 공시지가 중 환매 당시에 가장 가까운 시점의
   공시지가로 한다.
2. 해당 공익사업에 따른 공법상 제한이나 가격의 변동이 있는 경우에는 이를 고려한 가액으
   로 감정평가한다. 다만, 해당 사업의 폐지·변경 또는 그 밖의 사유로 인하여 그 공법상
   제한이나 가격의 변동이 없어지게 되는 경우에는 그러하지 아니하다.
3. 이용상황 등의 판단은 환매 당시를 기준으로 하되, 해당 공익사업의 시행 등으로 토지의
   형질변경 등이 이루어진 경우에는 그 형질변경 등이 된 상태를 기준으로 한다. 다만, 원
   상회복을 전제로 하는 등 의뢰인으로부터 다른 조건의 제시가 있는 경우에는 그에 따른다.
4. 환매토지가 다른 공익사업에 편입되는 경우에는 비교표준지의 선정, 적용공시지가의 선택,
   지가변동률의 적용, 그 밖의 감정평가기준은 다른 공익사업에 편입되는 경우와 같이 한다.

6.3.6 공익사업시행지구 밖 대지 등
① 공익사업시행지구 밖 토지의 비교표준지의 선정, 적용공시지가의 선택, 지가변동률의 적
   용, 그 밖의 감정평가기준은 해당 공익사업에 편입되는 경우와 같이 한다.
② 제1항에 따른 감정평가에서 해당 토지에 대한 공법상 제한이나 이용상황 등이 해당 공익
   사업의 시행 등으로 변경 또는 변동된 경우와 통로·도랑·담장 등의 신설, 그 밖에 공사
   가 필요하여 해당 토지의 가치가 변동된 경우에는 고려하지 아니한다.

820 사용하는 토지의 보상평가

1. 목적

이 절은 토지보상법 등 법령에 따라 공익사업을 목적으로 사용하는 토지에 대한 손실보상을 위한
감정평가를 수행할 때 준수하여야 할 구체적 기준을 정함으로써 감정평가의 공정성과 신뢰성을 제
고하는 것을 목적으로 한다.

2. 적용

토지보상법 등 법령에 따라 공익사업을 목적으로 사용하는 토지에 대한 손실보상을 위한 감정평가
(이하 "토지사용 보상평가"라 한다)를 수행할 때에는 토지보상법·「도시철도법」·「전기사업법」 등
감정평가관계법규에서 따로 정한 것을 제외하고는 이 절에서 정하는 바에 따르고, 이 절에서 정하
지 않은 사항은 [100 총칙]부터 [600 물건별 감정평가]까지의 규정을 준용한다.

3. 정의

이 절에서 사용하는 용어의 뜻은 다음 각 호와 같다.
1. "입체이용저해율"이란 토지의 지상 또는 지하 공간(이하 "지상공간 등"이라 한다)의 사용으로
   인하여 해당 토지의 이용이 저해되는 정도에 따른 적절한 율을 말한다.
2. "한계심도"란 토지소유자의 통상적인 이용행위가 예상되지 아니하고 지하시설물을 따로 설치하
   는 경우에도 일반적인 토지이용에 지장이 없을 것으로 판단되는 깊이를 말한다.

4. 토지사용 보상평가의 대상

① 토지사용 보상평가의 대상은 공익사업의 시행으로 인하여 사용할 토지로서 사업시행자가 사용료 보상평가를 목적으로 제시한 것으로 한다.

② 제1항의 공익사업의 시행으로 인하여 사용할 토지는 지표 이외에 해당 토지의 지상 또는 지하공간의 일부도 그 대상으로 할 수 있다.

5. 토지사용 보상평가의 방법

5.1 토지사용 보상평가

토지사용 보상평가는 임대사례비교법에 따른다. 다만, 다음 각 호의 어느 하나에 해당하는 경우에는 적산법으로 감정평가할 수 있다.

1. 적절한 임대사례가 없는 경우

2. 대상토지의 특성으로 보아 임대사례비교법으로 감정평가하는 것이 적절하지 아니한 경우

3. 미지급용지에 대한 사용료를 감정평가하는 경우

5.2 지상공간 등의 사용에 대한 보상평가

5.2.1 지상공간 등의 사용에 대한 보상평가방법

토지의 지상공간 등의 일부를 사용하는 경우 그 사용료는 사용기간에 따라 다음 각 호와 같이 감정평가한다.

1. 한시적으로 사용하는 경우 : [820-5.1]에 따른 사용료의 감정평가액에 입체이용저해율을 곱하여 감정평가한다.

2. 구분지상권을 설정하거나 임대차계약 등에 따라 사실상 영구적으로 사용하는 경우 : [810-5.6]에 따른 해당 토지의 감정평가액에 입체이용저해율을 곱하여 감정평가한다.

5.2.2 입체이용저해율의 산정

5.2.2.1 입체이용저해율

[820-5.2.1]에 따라 사용료 감정평가를 할 때에 적용할 입체이용저해율은 건축물 등 이용저해율, 지하부분 이용저해율 및 그 밖의 이용저해율을 더하여 산정한다.

> 입체이용저해율 = 건축물 등 이용저해율 + 지하부분 이용저해율 + 그 밖의 이용저해율

5.2.2.2 건축물 등 이용저해율

건축물 등 이용저해율은 건축물 등 이용률에 최유효건축물의 층별효용비율 합계 대비 저해층의 층별효용비율 합계의 비율을 곱하여 산정하되, 세부 산정기준은 별도로 정할 수 있다.

5.2.2.3 지하부분 이용저해율

지하부분 이용저해율은 지하이용률에 심도별지하이용효율을 곱하여 산정하되, 세부 산정기준은 별도로 정할 수 있다.

◢ 830   권리의 보상평가

1. 목적

이 절은 토지보상법 등 법령에 따라 공익사업의 시행으로 제한·정지 또는 취소되는 광업권·어업권 등 권리에 대한 손실보상을 위한 감정평가를 수행할 때 준수하여야 할 구체적 기준을 정함으로써 권리 보상평가의 공정성과 신뢰성을 제고하는 것을 목적으로 한다.

2. 적용

① 광업권의 보상평가는 토지보상법 시행규칙 제43조 및 「광업법 시행규칙」 제19조 등 감정평가 관계법규에서 따로 정한 것을 제외하고는 이 절에서 정하는 바에 따르고, 이 절에서 정하지 않은 사항은 [100 총칙]부터 [600 물건별 감정평가]까지의 규정을 준용한다.

② 어업권 보상평가는 토지보상법 시행규칙 제44조, 제63조 및 「수산업법 시행령」〈별표4〉 등 감정평가관계법규에서 따로 정한 것을 제외하고는 이 절이 정하는 바에 따른다.

③ 제2항의 어업권 보상평가에 관한 기준은 허가어업 및 신고어업(「내수면어업법」 제11조제2항에 따른 신고어업을 제외한다)의 손실보상을 위한 감정평가에 이를 준용한다.

3. 정의

이 절에서 사용하는 용어의 뜻은 다음 각 호와 같다.

1. "광업"이란 광물의 탐사 및 채굴과 이에 따르는 선광·제련이나 그 밖의 사업을 말한다.

2. "광업권"이란 탐사권과 채굴권을 말한다.

3. "탐사권"이란 등록을 한 일정한 토지의 구역(이하 "광구"라 한다)에서 등록을 한 광물과 이와 같은 광상에 묻혀 있는 다른 광물을 탐사하는 권리를 말한다.

4. "채굴권"이란 광구에서 등록을 한 광물과 이와 같은 광상에 묻혀 있는 다른 광물을 채굴하고 취득하는 권리를 말한다.

5. "광업손실"이란 공공사업의 시행으로 인하여 광업권의 취소 및 광구의 감소처분 또는 광산의 휴업으로 인한 손실과 기계장치·구축물(갱도포함)·건축물 등(이하 "시설물"이라 한다)에 관한 손실을 말한다.

6. "탐사"란 광산·탄전 등의 개발을 위하여 광상을 발견하고 그 성질·상태 및 규모 등을 알아내는 작업으로서 물리탐사·지화학탐사·시추탐사 및 굴진탐사를 말한다.

7. "채광"이란 목적광물의 채굴·선광·제련과 이를 위한 시설을 하는 것을 말한다.

8. "어업"이란 수산동식물을 포획·채취하거나 양식하는 사업을 말한다.

9. "어업권"이란 「수산업법」 제8조 및 「내수면어업법」 제6조에 따른 면허를 받아 어업을 경영할 수 있는 권리를 말한다.

10. "허가어업"이란 「수산업법」 제41조 및 「내수면어업법」 제9조에 따른 허가를 얻은 어업을 말한다.

11. "신고어업"이란 「수산업법」 제47조 및 「내수면어업법」 제11조에 따른 신고를 한 어업을 말한다.

12. "어업손실"이란 공익사업의 시행 등으로 인하여 어업권·허가어업·신고어업(이하 "어업권등"이라 한다)이 제한·정지 또는 취소되거나 「수산업법」 제14조 또는 「내수면어업법」 제13조에

따른 어업면허의 유효기간의 연장이 허가되지 아니하는 경우 해당 어업권등 및 어선·어구 또는 시설물(이하 "시설물등"이라 한다)에 대한 손실을 말한다.

13. "어업취소손실"이란 공익사업의 시행 등으로 인하여 어업권등의 효력이 상실되거나 「수산업법」 제14조 또는 「내수면어업법」 제13조에 따른 어업면허의 유효기간의 연장이 허가되지 아니하여 발생한 손실을 말한다.

14. "어업정지손실"이란 공익사업의 시행 등으로 인하여 어업권등이 정지되어 발생한 손실을 말한다.

15. "어업제한손실"이란 공익사업의 시행 등으로 인하여 어업권등이 제한되어 발생한 손실을 말한다.

16. "전문용역기관"이란 「수산업법」 시행령 제69조 관련 〈별표4〉의 해양수산부장관이 지정하는 수산에 관한 전문 조사·연구기관 또는 교육기관을 말한다.

4. 광업권 보상평가

4.1 광업권 보상평가의 대상

광업권 보상평가의 대상은 사업시행자가 보상평가를 목적으로 제시한 것으로 한다.

4.2 광업권의 소멸에 대한 감정평가

4.2.1 유형별 감정평가방법

① 광업권자가 조업 중이거나 정상적으로 생산 중에 휴업한 광산으로서 광물의 생산실적이 있는 경우에는 장래 수익성을 고려한 광산의 감정평가액을 기준으로 이전이나 전용이 가능한 시설물의 잔존가치를 뺀 금액에서 그 이전비를 더하여 감정평가한다.

② 다음 각 호의 어느 하나에 해당하는 경우에는 해당 광산개발에 투자된 비용과 현재시설의 감정평가액에서 이전이나 전용이 가능한 시설의 잔존가치를 뺀 금액에 이전비를 더하여 감정평가한다.

1. 탐사권자가 탐사를 시작한 경우
2. 탐사권자가 탐사실적을 인정받은 경우
3. 채굴권자가 채굴계획의 인가를 받은 후 광물생산실적이 없는 경우

③ 탐사권자가 등록을 한 후 탐사를 시작하지 아니하거나 채굴권자가 채굴계획인가를 받지 아니한 경우에는 등록에 든 비용으로 산정한다.

④ 다음 각 호의 어느 하나에 해당하는 경우에는 광업손실이 없는 것으로 본다.

1. 휴업 중인 광산으로서 광물의 매장량이 없는 경우
2. 채광으로 채산이 맞지 아니하는 정도로 매장량이 소량인 경우
3. 제1호 또는 제2호에 준하는 상태인 경우

4.2.2 광산의 감정평가방법

광산의 감정평가는 [620-2.3]을 준용한다.

4.2.3 시설물의 감정평가방법

이전 또는 전용이 가능한 시설물의 잔존가치 및 이전비는 시설물의 종류에 따라 토지보상법 등 감정평가관계법규에서 정하는 바에 따라 감정평가한다.

4.3 광산의 휴업에 대한 감정평가

조업 중인 광산이 토지등의 사용으로 휴업을 한 경우에는 휴업기간에 해당하는 영업이익을 기준으로 감정평가한다. 이 경우 영업이익은 최근 3년간의 연평균 영업이익을 기준으로 한다.

5. 어업권 보상평가

5.1 어업권 보상평가의 대상

① 어업권 보상평가의 대상은 사업시행자가 보상평가를 목적으로 제시한 것으로 한다.

② 어업권 보상평가를 할 때에는 피해범위, 어업피해손실의 구분, 피해정도 등은 전문용역기관의 조사결과를 참고할 수 있으며, 다만 조사결과가 불분명하거나 판단하기 어려운 경우에는 사업시행자와 협의 등을 거쳐 판단할 수 있다.

5.2 어업권 감정평가방법

어업권의 보상평가는 「수산업법 시행령」 별표 4에 따른다.

---

840 영업손실의 보상평가

1. 목적

이 절은 토지보상법 등 법령에 따라 공익사업의 시행으로 영업을 폐지 또는 휴업하는 경우에 손실보상을 위한 감정평가를 수행할 때 준수하여야 할 구체적 기준을 정함으로써 영업손실 보상평가의 공정성과 신뢰성을 제고하는 것을 목적으로 한다.

2. 적용

토지보상법 등 법령에 따라 공익사업의 시행으로 영업을 폐지 또는 휴업하는 경우에 손실보상을 위한 감정평가(이하 "영업손실의 보상평가"라 한다)를 수행할 때에는 토지보상법 시행규칙 제45조부터 제47조까지 등 감정평가관계법규에서 따로 정한 것을 제외하고는 이 절에서 정하는 바에 따르고, 이 절에서 정하지 않은 사항은 [100 총칙]부터 [600 물건별 감정평가]까지의 규정을 준용한다.

3. 정의

이 절에서 사용하는 용어의 뜻은 다음 각 호와 같다.

1. "영업이익"이란 기업의 영업활동에 따라 발생된 이익으로서 매출총액에서 매출원가와 판매비 및 일반관리비를 뺀 것을 말한다.

2. "소득"이란 개인의 주된 영업활동에 따라 발생된 이익으로서 자가노력비상당액(생계를 함께 하는 같은 세대안의 직계존속·비속 및 배우자의 것을 포함한다. 이하 같다)이 포함된 것을 말한다.

3. "영업의 폐지"란 공익사업시행지구에 편입된 영업이 다음 각 호의 어느 하나에 해당되어 영업을 폐지하는 것을 말한다.

   가. 영업장소 또는 배후지(해당 영업의 고객이 소재하는 지역을 말한다. 이하 같다)의 특수성으로 인하여 해당 영업소가 소재하고 있는 시·군·구(자치구를 말한다. 이하 같다) 또는 인접하고 있는 시·군·구 지역 안의 다른 장소에 이전하여서는 해당 영업을 할 수 없는 경우

   나. 해당 영업소가 소재하고 있는 시·군·구 또는 인접하고 있는 시·군·구 지역 안의 다른 장소에서는 해당 영업의 허가등을 받을 수 없는 경우

   다. 도축장 등 악취 등이 심하여 인근주민에게 혐오감을 주는 영업시설로서 해당 영업소가 소재하고 있는 시·군·구 또는 인접하고 있는 시·군·구 지역 안의 다른 장소로 이전하는 것

이 현저히 곤란하다고 특별자치도지사·시장·군수 또는 구청장(자치구의 구청장을 말한다)
이 객관적인 사실에 근거하여 인정하는 경우

4. "영업의 휴업등"이란 공익사업시행지구에 편입된 영업이 다음 각 호의 어느 하나에 해당되는
경우를 말한다.

가. 공익사업의 시행으로 영업장소를 이전하여야 하는 경우

나. 공익사업에 영업시설의 일부가 편입됨에 따라 잔여시설에 그 시설을 새로 설치하거나 잔여
시설을 보수하지 아니하고는 해당 영업을 계속할 수 없는 경우

다. 그 밖에 영업을 휴업하지 아니하고 임시영업소를 설치하여 영업을 계속하는 경우

4. 영업손실 보상평가의 대상

① 영업손실 보상평가의 대상은 사업시행자가 보상평가를 목적으로 제시한 것으로 한다.

② 영업의 폐지 또는 영업의 휴업등에 대한 구분은 사업시행자의 의뢰내용에 의하되, 의뢰내용이
불분명하거나 그 구분에 이의가 있는 경우에는 사업시행자의 확인을 받아 처리한다.

5. 영업의 폐지에 대한 손실의 감정평가

5.1 영업의 폐지에 대한 손실 감정평가방법

① 영업의 폐지에 대한 손실은 2년간의 영업이익(개인영업인 경우에는 소득을 말한다. 이하 같
다)에 영업용 고정자산·원재료·제품 및 상품 등(이하 "영업용 고정자산 등"이라 한다)의
매각손실액을 더한 금액으로 감정평가한다.

② 임차인이 무허가건축물 등에서 사업인정고시일 등 1년 전부터 「부가가치세법」 제8조에 따
른 사업자등록을 하고 영업하고 있는 경우에는 영업용 고정자산 등의 매각손실액을 제외한
감정평가액은 1천만원을 초과하지 못한다.

5.2 영업이익의 산정

① 영업이익은 해당 영업의 기준시점 이전 최근 3년간(특별한 사정에 의하여 정상적인 영업이
이루어지지 아니한 연도를 제외한다. 이하 같다)의 평균 영업이익을 기준으로 산정한다. 다
만, 공익사업의 계획 또는 시행이 공고 또는 고시됨에 따라 영업이익이 감소된 경우에는 해
당 공고 또는 고시일 전 3년간의 평균 영업이익을 기준으로 산정한다.

② 해당 영업의 실제 영업기간이 3년 미만이거나 영업시설의 확장 또는 축소, 그 밖에 영업환경
의 변동 등으로 최근 3년간의 영업실적을 기준으로 영업이익을 산정하는 것이 곤란하거나
현저히 부적정한 경우에는 해당 영업의 실제 영업기간의 영업실적이나 그 영업시설규모 또
는 영업환경 변동 이후의 영업실적을 기준으로 산정할 수 있다.

③ 개인영업으로서 제1항과 제2항에 따라 산정된 영업이익이 다음 산식으로 산정된 금액에 미
달되는 경우에는 다음 산식으로 산정된 금액을 해당 영업의 영업이익으로 본다.

| 연간 영업이익 = 통계법 제3조제3호에 따른 통계작성기관이 같은 법 제18조에 따라 승인을 얻어 작성 ·공표한 제조부문 보통인부의 노임단가 × 25(일) × 12(월) |

6. 영업의 휴업 등에 대한 손실의 감정평가

6.1 영업의 휴업 등에 대한 손실의 감정평가방법

① 영업의 휴업에 대한 손실은 휴업기간에 해당하는 영업이익과 영업장소 이전 후 발생하는 영업이익감소액에 다음 각 호의 비용을 합한 금액으로 감정평가한다.

1. 휴업기간 중의 영업용 자산에 대한 감가상각비·유지관리비와 휴업기간 중에도 정상적으로 근무하여야 하는 최소인원에 대한 인건비 등 고정적 비용

2. 영업시설·원재료·제품 및 상품(이하 "영업시설 등"이라 한다)의 이전에 소요되는 비용 및 이전에 따른 감손상당액

3. 이전광고비 및 개업비 등 영업장소를 이전함으로 인하여 소요되는 부대비용

② 공익사업에 영업시설의 일부가 편입됨으로 인하여 잔여시설에 그 시설을 새로 설치하거나 잔여시설을 보수하지 아니하고는 그 영업을 계속할 수 없는 경우의 영업손실 및 영업규모의 축소에 따른 영업손실은 다음 각 호에 해당하는 금액을 더한 금액으로 감정평가한다. 이 경우 감정평가액은 제1항에 따른 감정평가액을 초과하지 못한다.

1. 해당 시설의 설치 등에 소요되는 기간의 영업이익

2. 해당 시설의 설치 등에 통상 소요되는 비용

3. 영업규모의 축소에 따른 영업용 고정자산·원재료·제품 및 상품 등의 매각손실액

③ 건축물의 일부가 공익사업에 편입되는 경우로서 그 건축물의 잔여부분에서 해당 영업을 계속할 수 없는 경우에는 제1항에 따라 감정평가할 수 있다.

④ 임차인이 무허가건축물 등에서 사업인정고시일 등 1년 전부터 「부가가치세법」 제8조에 따른 사업자등록을 하고 영업하고 있는 경우에는 영업시설 등의 이전에 드는 비용 및 이전에 따른 감손상당액을 제외한 감정평가액은 1천만원을 초과하지 못한다.

⑤ 제1항 각 호 외의 부분에서 영업장소 이전 후 발생하는 영업이익감소액은 제1항 각 호 외의 부분의 휴업기간에 해당하는 영업이익의 20/100으로 하되, 그 금액은 1천만원을 초과하지 못한다.

6.2 영업이익의 산정

① 영업의 휴업등에 대한 손실 감정평가를 위한 영업이익의 산정은 [840-5.2]를 준용한다.

② 제1항에 따른 영업이익을 산정하는 경우 개인영업으로서 휴업기간에 해당하는 영업이익이 「통계법」 제3조제3호에 따른 통계작성기관이 조사·발표하는 가계조사통계의 도시근로자 가구 월평균 가계지출비를 기준으로 산정한 3인 가구의 휴업기간의 가계지출비(휴업기간이 4개월을 초과하는 경우에는 4개월분의 가계지출비를 기준으로 한다)에 미달하는 경우에는 그 가계지출비를 휴업기간에 해당하는 영업이익으로 본다.

6.3 휴업기간 및 보수기간 등

① 영업장소를 이전하는 경우의 휴업기간은 사업시행자로부터 제시가 있을 때에는 이를 기준으로 하고, 제시가 없을 때에는 4개월 이내로 한다. 다만 다음 각 호의 어느 하나에 해당하는 경우에는 실제 휴업기간으로 하되 2년을 초과할 수 없다.

1. 해당 공익사업을 위한 영업의 금지 또는 제한으로 인하여 4개월 이상의 기간 동안 영업을 할 수 없는 경우

2. 영업시설의 규모가 크거나 이전에 고도의 정밀성을 요구하는 등 당해 영업의 고유한 특수성으로 인하여 4개월 이내에 다른 장소로 이전하는 것이 어렵다고 객관적으로 인정되는 경우

② 제1항 단서에 따른 휴업기간은 사업시행자의 제시에 의하며, 감정평가서에 그 내용을 기재한다.

③ 영업시설을 잔여시설에 새로 설치하거나 보수하는 경우에 사업시행자로부터 설치 또는 보수기간(이하 이 조에서 "보수기간 등"이라 한다)의 제시가 있을 때에는 이를 기준으로 하고, 보수기간 등의 제시가 없을 때에는 설치 또는 보수에 소요되는 기간으로 하되, 그 내용을 감정평가서에 기재한다.

6.4 인건비 등 고정적 비용의 산정

인건비 등 고정적 비용은 영업장소의 이전 등으로 휴업기간 중에도 해당 영업활동을 계속하기 위하여 지출이 예상되는 다음 각 호의 비용을 더한 금액으로 산정한다.

1. 인건비 : 휴업·보수기간 중에도 휴직하지 아니하고 정상적으로 근무하여야 할 최소인원(일반관리직 근로자 및 영업시설 등의 이전·설치 계획 등을 위하여 정상적인 근무가 필요한 근로자 등으로서 보상계획의 공고가 있은 날 현재 3개월 이상 근무한 자로 한정한다)에 대한 실제지출이 예상되는 인건비 상당액

2. 제세공과금 : 해당 영업과 직접 관련된 제세 및 공과금

3. 임차료 : 임대차계약에 따라 휴업 중에도 계속 지출되는 임차료

4. 감가상각비 등 : 고정자산의 감가상각비상당액. 다만, 이전이 사실상 곤란하거나 이전비가 취득비를 초과하여 취득하는 경우에는 제외한다.

5. 보험료 : 계약에 따라 휴업 중에도 계속 지출되는 화재보험료 등

6. 광고선전비 : 계약 등에 따라 휴업 중에도 계속 지출되는 광고비 등

7. 그 밖의 비용 : 비용항목 중 휴업기간 중에도 계속 지출하게 되는 위 각 호와 비슷한 성질의 것

6.5 영업시설 등의 이전에 드는 비용의 산정

① 영업시설등의 이전에 드는 비용(이하 "이전비"라 한다)은 해체·운반·재설치 및 시험가동 등에 드는 일체의 비용으로 하되, 개량 또는 개선비용은 포함하지 아니한다. 이 경우 이전비가 그 물건의 취득가액을 초과하는 경우에는 그 취득가액을 이전비로 본다.

② 이전 전에 가격에 영향을 받지 아니하고 현 영업장소에서 매각할 수 있는 것에 대한 이전비는 제외한다.

6.6 영업시설등의 이전에 따른 감손상당액의 산정

① 영업시설 등의 이전에 따른 감손상당액은 현재가액에서 이전 후의 가액을 뺀 금액으로 한다.

② 이전으로 인하여 본래의 용도로 사용할 수 없거나 현저히 곤란한 영업시설 등에 대해서는 제1항에 불구하고 [840-5]를 준용한다.

6.7 그 밖의 부대비용

영업장소의 이전에 따른 그 밖의 부대비용은 이전광고비 및 개업비 등 지출상당액으로 한다.

6.8 영업규모의 축소에 따른 매각손실액의 산정

영업규모의 축소에 따른 영업용 고정자산등의 매각손실액의 산정은 [840-5]를 준용한다.

6.9 임시영업소 설치비용의 산정

① 임시영업소를 임차하는 경우의 설치비용은 다음 각 호의 비용을 더한 금액으로 산정한다.

   1. 임시영업기간 중의 임차료 상당액과 설정비용 등 임차에 필요하다고 인정되는 그 밖의 부대비용을 더한 금액

   2. 영업시설 등의 이전에 드는 비용 및 영업시설 등의 이전에 따른 감손상당액

   3. 그 밖의 부대비용

② 임시영업소를 가설하는 경우의 설치비용은 다음 각 호의 비용을 더한 금액으로 산정한다.

   1. 임시영업소의 지료 상당액과 설정비용 등 임차에 필요하다고 인정되는 그 밖의 부대비용을 더한 금액

   2. 임시영업소 신축비용 및 해체·철거비를 더한 금액. 다만, 해체철거 시에 발생자재가 있을 때에는 그 가액을 뺀 금액

   3. 영업시설 등의 이전에 드는 비용 및 영업시설 등의 이전에 따른 감손상당액

   4. 그 밖의 부대비용

③ 제1항과 제2항에서 영업시설 등의 이전에 드는 비용 및 영업시설 등의 이전에 따른 감손상당액 및 그 밖의 부대비용은 [840-6.6]부터 [840-6.8]까지의 규정을 준용한다.

④ 제1항 및 제2항에 의한 보상액은 [840-6.1-①]에 따른 평가액을 초과하지 못한다.

900   행정사항

1. 재검토기한

국토교통부장관은 「훈령·예규 등의 발령 및 관리에 관한 규정」에 따라 이 고시에 대하여 2023년 1월 1일 기준으로 매 3년이 되는 시점(매 3년째의 12월 31일까지를 말한다)마다 그 타당성을 검토하여 개선 등의 조치를 하여야 한다.

부칙 〈제2019-594호, 2019.10.23.〉

이 고시는 발령한 날부터 시행한다.

부칙 〈제2022-653호, 2022.11.14.〉

이 고시는 발령한 날부터 시행한다.

부칙 〈제2023-522호, 2023.9.13.〉

이 고시는 발령한 날부터 시행한다.

PART

03

헌법 및 행정법 관련 법령

Chapter 01 대한민국헌법(발췌)

유구한 역사와 전통에 빛나는 우리 대한국민은 3·1운동으로 건립된 대한민국임시정부의 법통과 불의에 항거한 4·19민주이념을 계승하고, 조국의 민주개혁과 평화적 통일의 사명에 입각하여 정의·인도와 동포애로써 민족의 단결을 공고히 하고, 모든 사회적 폐습과 불의를 타파하며, 자율과 조화를 바탕으로 자유민주적 기본질서를 더욱 확고히 하여 정치·경제·사회·문화의 모든 영역에 있어서 각인의 기회를 균등히 하고, 능력을 최고도로 발휘하게 하며, 자유와 권리에 따르는 책임과 의무를 완수하게 하여, 안으로는 국민생활의 균등한 향상을 기하고 밖으로는 항구적인 세계평화와 인류공영에 이바지함으로써 우리들과 우리들의 자손의 안전과 자유와 행복을 영원히 확보할 것을 다짐하면서 1948년 7월 12일에 제정되고 8차에 걸쳐 개정된 헌법을 이제 국회의 의결을 거쳐 국민투표에 의하여 개정한다.

(* 헌법은 원래 각 조별 제목이 없으나, 이해와 편의를 위해 임의로 제목을 삽입하였습니다.)

제1장 총강

제1조(국가의 성격 및 주권) ① 대한민국은 민주공화국이다.
② 대한민국의 주권은 국민에게 있고, 모든 권력은 국민으로부터 나온다.

제2조 ① 대한민국의 국민이 되는 요건은 법률로 정한다.
② 국가는 법률이 정하는 바에 의하여 재외국민을 보호할 의무를 진다.

제3조 대한민국의 영토는 한반도와 그 부속도서로 한다.

제4조 대한민국은 통일을 지향하며, 자유민주적 기본질서에 입각한 평화적 통일 정책을 수립하고 이를 추진한다.

제2장 국민의 권리와 의무

제10조(행복추구권 및 기본권 보장) 모든 국민은 인간으로서의 존엄과 가치를 가지며, 행복을 추구할 권리를 가진다. 국가는 개인이 가지는 불가침의 기본적 인권을 확인하고 이를 보장할 의무를 진다.

제11조(법 앞의 평등) ① 모든 국민은 법 앞에 평등하다. 누구든지 성별·종교 또는 사회적 신분에 의하여 정치적·경제적·사회적·문화적 생활의 모든 영역에 있어서 차별을 받지 아니한다.
② 사회적 특수계급의 제도는 인정되지 아니하며, 어떠한 형태로도 이를 창설할 수 없다.
③ 훈장등의 영전은 이를 받은 자에게만 효력이 있고, 어떠한 특권도 이에 따르지 아니한다.

제12조(신체의 자유 등) ① 모든 국민은 신체의 자유를 가진다. 누구든지 법률에 의하지 아니하고는 체포·구속·압수·수색 또는 심문을 받지 아니하며, 법률과 적법한 절차에 의하지 아니하고는 처벌·보안처분 또는 강제노역을 받지 아니한다.

② 모든 국민은 고문을 받지 아니하며, 형사상 자기에게 불리한 진술을 강요당하지 아니한다.

③ 체포·구속·압수 또는 수색을 할 때에는 적법한 절차에 따라 검사의 신청에 의하여 법관이 발부한 영장을 제시하여야 한다. 다만, 현행범인인 경우와 장기 3년 이상의 형에 해당하는 죄를 범하고 도피 또는 증거인멸의 염려가 있을 때에는 사후에 영장을 청구할 수 있다.

④ 누구든지 체포 또는 구속을 당한 때에는 즉시 변호인의 조력을 받을 권리를 가진다. 다만, 형사피고인이 스스로 변호인을 구할 수 없을 때에는 법률이 정하는 바에 의하여 국가가 변호인을 붙인다.

⑤ 누구든지 체포 또는 구속의 이유와 변호인의 조력을 받을 권리가 있음을 고지받지 아니하고는 체포 또는 구속을 당하지 아니한다. 체포 또는 구속을 당한 자의 가족등 법률이 정하는 자에게는 그 이유와 일시·장소가 지체 없이 통지되어야 한다.

⑥ 누구든지 체포 또는 구속을 당한 때에는 적부의 심사를 법원에 청구할 권리를 가진다.

⑦ 피고인의 자백이 고문·폭행·협박·구속의 부당한 장기화 또는 기망 기타의 방법에 의하여 자의로 진술된 것이 아니라고 인정될 때 또는 정식재판에 있어서 피고인의 자백이 그에게 불리한 유일한 증거일 때에는 이를 유죄의 증거로 삼거나 이를 이유로 처벌할 수 없다.

제13조(형법불소급, 일사부재리, 소급입법 및 연좌제 금지) ① 모든 국민은 행위 시의 법률에 의하여 범죄를 구성하지 아니하는 행위로 소추되지 아니하며, 동일한 범죄에 대하여 거듭 처벌받지 아니한다.

② 모든 국민은 소급입법에 의하여 참정권의 제한을 받거나 재산권을 박탈당하지 아니한다.

③ 모든 국민은 자기의 행위가 아닌 친족의 행위로 인하여 불이익한 처우를 받지 아니한다.

제14조(거주·이전의 자유) 모든 국민은 거주·이전의 자유를 가진다.

제15조(직업선택의 자유) 모든 국민은 직업선택의 자유를 가진다.

제16조(주거의 자유) 모든 국민은 주거의 자유를 침해받지 아니한다. 주거에 대한 압수나 수색을 할 때에는 검사의 신청에 의하여 법관이 발부한 영장을 제시하여야 한다.

제17조 모든 국민은 사생활의 비밀과 자유를 침해받지 아니한다.

제18조 모든 국민은 통신의 비밀을 침해받지 아니한다.

제19조 모든 국민은 양심의 자유를 가진다.

제20조 ① 모든 국민은 종교의 자유를 가진다.

② 국교는 인정되지 아니하며, 종교와 정치는 분리된다.

제21조 ① 모든 국민은 언론·출판의 자유와 집회·결사의 자유를 가진다.

② 언론·출판에 대한 허가나 검열과 집회·결사에 대한 허가는 인정되지 아니한다.

③ 통신·방송의 시설기준과 신문의 기능을 보장하기 위하여 필요한 사항은 법률로 정한다.

④ 언론·출판은 타인의 명예나 권리 또는 공중도덕이나 사회윤리를 침해하여서는 아니된다. 언론·출판이 타인의 명예나 권리를 침해한 때에는 피해자는 이에 대한 피해의 배상을 청구할 수 있다.

제22조 ① 모든 국민은 학문과 예술의 자유를 가진다.
② 저작자·발명가·과학기술자와 예술가의 권리는 법률로써 보호한다.

제23조(재산권의 보장 및 제한) ① 모든 국민의 재산권은 보장된다. 그 내용과 한계는 법률로 정한다.
② 재산권의 행사는 공공복리에 적합하도록 하여야 한다.
③ 공공필요에 의한 재산권의 수용·사용 또는 제한 및 그에 대한 보상은 법률로써 하되, 정당한 보상을 지급하여야 한다.

제27조(재판을 받을 권리 등) ① 모든 국민은 헌법과 법률이 정한 법관에 의하여 법률에 의한 재판을 받을 권리를 가진다.
② 군인 또는 군무원이 아닌 국민은 대한민국의 영역안에서는 중대한 군사상 기밀·초병·초소·유독음식물공급·포로·군용물에 관한 죄중 법률이 정한 경우와 비상계엄이 선포된 경우를 제외하고는 군사법원의 재판을 받지 아니한다.
③ 모든 국민은 신속한 재판을 받을 권리를 가진다. 형사피고인은 상당한 이유가 없는 한 지체 없이 공개재판을 받을 권리를 가진다.
④ 형사피고인은 유죄의 판결이 확정될 때까지는 무죄로 추정된다.
⑤ 형사피해자는 법률이 정하는 바에 의하여 당해 사건의 재판절차에서 진술할 수 있다.

제28조 형사피의자 또는 형사피고인으로서 구금되었던 자가 법률이 정하는 불기소처분을 받거나 무죄판결을 받은 때에는 법률이 정하는 바에 의하여 국가에 정당한 보상을 청구할 수 있다.

제29조(국가배상책임) ① 공무원의 직무상 불법행위로 손해를 받은 국민은 법률이 정하는 바에 의하여 국가 또는 공공단체에 정당한 배상을 청구할 수 있다. 이 경우 공무원 자신의 책임은 면제되지 아니한다.
② 군인·군무원·경찰공무원 기타 법률이 정하는 자가 전투·훈련등 직무집행과 관련하여 받은 손해에 대하여는 법률이 정하는 보상 외에 국가 또는 공공단체에 공무원의 직무상 불법행위로 인한 배상은 청구할 수 없다.

제30조 타인의 범죄행위로 인하여 생명·신체에 대한 피해를 받은 국민은 법률이 정하는 바에 의하여 국가로부터 구조를 받을 수 있다.

제34조(사회권적 기본권) ① 모든 국민은 인간다운 생활을 할 권리를 가진다.
② 국가는 사회보장·사회복지의 증진에 노력할 의무를 진다.
③ 국가는 여자의 복지와 권익의 향상을 위하여 노력하여야 한다.
④ 국가는 노인과 청소년의 복지향상을 위한 정책을 실시할 의무를 진다.
⑤ 신체장애자 및 질병·노령 기타의 사유로 생활능력이 없는 국민은 법률이 정하는 바에 의하여 국가의 보호를 받는다.

⑥ 국가는 재해를 예방하고 그 위험으로부터 국민을 보호하기 위하여 노력하여야 한다.

제35조(환경권) ① 모든 국민은 건강하고 쾌적한 환경에서 생활할 권리를 가지며, 국가와 국민은 환경보전을 위하여 노력하여야 한다.

② 환경권의 내용과 행사에 관하여는 법률로 정한다.

③ 국가는 주택개발정책등을 통하여 모든 국민이 쾌적한 주거생활을 할 수 있도록 노력하여야 한다.

제37조(자유와 권리) ① 국민의 자유와 권리는 헌법에 열거되지 아니한 이유로 경시되지 아니한다.

② 국민의 모든 자유와 권리는 국가안전보장·질서유지 또는 공공복리를 위하여 필요한 경우에 한하여 법률로써 제한할 수 있으며, 제한하는 경우에도 자유와 권리의 본질적인 내용을 침해할 수 없다.

PART · 03

제3관 　행정각부

제94조 행정각부의 장은 국무위원 중에서 국무총리의 제청으로 대통령이 임명한다.

제95조(총리령 및 부령) 국무총리 또는 행정각부의 장은 소관사무에 관하여 법률이나 대통령령의 위임 또는 직권으로 총리령 또는 부령을 발할 수 있다.

제96조 행정각부의 설치·조직과 직무범위는 법률로 정한다.

제5장 　법원

제101조 ① 사법권은 법관으로 구성된 법원에 속한다.

② 법원은 최고법원인 대법원과 각급법원으로 조직된다.

③ 법관의 자격은 법률로 정한다.

제102조 ① 대법원에 부를 둘 수 있다.

② 대법원에 대법관을 둔다. 다만, 법률이 정하는 바에 의하여 대법관이 아닌 법관을 둘 수 있다.

③ 대법원과 각급법원의 조직은 법률로 정한다.

제103조 법관은 헌법과 법률에 의하여 그 양심에 따라 독립하여 심판한다.

제107조(위헌법률심사, 구체적 규범통제, 행정심판) ① 법률이 헌법에 위반되는 여부가 재판의 전제가 된 경우에는 법원은 헌법재판소에 제청하여 그 심판에 의하여 재판한다.

② 명령·규칙 또는 처분이 헌법이나 법률에 위반되는 여부가 재판의 전제가 된 경우에는 대법원은 이를 최종적으로 심사할 권한을 가진다.

③ 재판의 전심절차로서 행정심판을 할 수 있다. 행정심판의 절차는 법률로 정하되, 사법절차가 준용되어야 한다.

제108조 대법원은 법률에 저촉되지 아니하는 범위 안에서 소송에 관한 절차, 법원의 내부규율과 사무처리에 관한 규칙을 제정할 수 있다.

제6장 헌법재판소

제111조(관장 및 구성) ① 헌법재판소는 다음 사항을 관장한다.
1. 법원의 제청에 의한 법률의 위헌여부 심판
2. 탄핵의 심판
3. 정당의 해산 심판
4. 국가기관 상호 간, 국가기관과 지방자치단체간 및 지방자치단체 상호 간의 권한쟁의에 관한 심판
5. 법률이 정하는 헌법소원에 관한 심판
② 헌법재판소는 법관의 자격을 가진 9인의 재판관으로 구성하며, 재판관은 대통령이 임명한다.
③ 제2항의 재판관 중 3인은 국회에서 선출하는 자를, 3인은 대법원장이 지명하는 자를 임명한다.
④ 헌법재판소의 장은 국회의 동의를 얻어 재판관 중에서 대통령이 임명한다.

제112조 ① 헌법재판소 재판관의 임기는 6년으로 하며, 법률이 정하는 바에 의하여 연임할 수 있다.
② 헌법재판소 재판관은 정당에 가입하거나 정치에 관여할 수 없다.
③ 헌법재판소 재판관은 탄핵 또는 금고 이상의 형의 선고에 의하지 아니하고는 파면되지 아니한다.

제113조 ① 헌법재판소에서 법률의 위헌결정, 탄핵의 결정, 정당해산의 결정 또는 헌법소원에 관한 인용결정을 할 때에는 재판관 6인 이상의 찬성이 있어야 한다.
② 헌법재판소는 법률에 저촉되지 아니하는 범위 안에서 심판에 관한 절차, 내부규율과 사무처리에 관한 규칙을 제정할 수 있다.
③ 헌법재판소의 조직과 운영 기타 필요한 사항은 법률로 정한다.

제9장 경제

제119조(경제질서 존중 및 규제) ① 대한민국의 경제질서는 개인과 기업의 경제상의 자유와 창의를 존중함을 기본으로 한다.
② 국가는 균형 있는 국민경제의 성장 및 안정과 적정한 소득의 분배를 유지하고, 시장의 지배와 경제력의 남용을 방지하며, 경제주체 간의 조화를 통한 경제의 민주화를 위하여 경제에 관한 규제와 조정을 할 수 있다.

제120조(천연자원의 채취 등의 특허) ① 광물 기타 중요한 지하자원·수산자원·수력과 경제상 이용할 수 있는 자연력은 법률이 정하는 바에 의하여 일정한 기간 그 채취·개발 또는 이용을 특허할 수 있다.

② 국토와 자원은 국가의 보호를 받으며, 국가는 그 균형있는 개발과 이용을 위하여 필요한 계획을 수립한다.

제121조(농지 소작제도의 금지 및 임대차 등의 인정) ① 국가는 농지에 관하여 경자유전의 원칙이 달성될 수 있도록 노력하여야 하며, 농지의 소작제도는 금지된다.

② 농업생산성의 제고와 농지의 합리적인 이용을 위하거나 불가피한 사정으로 발생하는 농지의 임대차와 위탁경영은 법률이 정하는 바에 의하여 인정된다.

제122조(국토이용의 제한과 의무) 국가는 국민 모두의 생산 및 생활의 기반이 되는 국토의 효율적이고 균형 있는 이용·개발과 보전을 위하여 법률이 정하는 바에 의하여 그에 관한 필요한 제한과 의무를 과할 수 있다.

제123조(농·어촌 종합개발 및 중소기업 보호·육성) ① 국가는 농업 및 어업을 보호·육성하기 위하여 농·어촌종합개발과 그 지원등 필요한 계획을 수립·시행하여야 한다.

② 국가는 지역 간의 균형있는 발전을 위하여 지역경제를 육성할 의무를 진다.

③ 국가는 중소기업을 보호·육성하여야 한다.

④ 국가는 농수산물의 수급균형과 유통구조의 개선에 노력하여 가격안정을 도모함으로써 농·어민의 이익을 보호한다.

⑤ 국가는 농·어민과 중소기업의 자조조직을 육성하여야 하며, 그 자율적 활동과 발전을 보장한다.

부칙 〈제10호, 1987.10.29.〉

제1조 이 헌법은 1988년 2월 25일부터 시행한다. 다만, 이 헌법을 시행하기 위하여 필요한 법률의 제정·개정과 이 헌법에 의한 대통령 및 국회의원의 선거 기타 이 헌법 시행에 관한 준비는 이 헌법 시행 전에 할 수 있다.

이하 생략

Chapter 02 행정기본법

제1장 총칙

제1절 목적 및 정의 등

제1조(목적) 이 법은 행정의 원칙과 기본사항을 규정하여 행정의 민주성과 적법성을 확보하고 적정성과 효율성을 향상시킴으로써 국민의 권익 보호에 이바지함을 목적으로 한다.

제2조(정의) 이 법에서 사용하는 용어의 뜻은 다음과 같다.

1. "법령등"이란 다음 각 목의 것을 말한다.

　가. 법령 : 다음의 어느 하나에 해당하는 것

　　1) 법률 및 대통령령·총리령·부령

　　2) 국회규칙·대법원규칙·헌법재판소규칙·중앙선거관리위원회규칙 및 감사원규칙

　　3) 1) 또는 2)의 위임을 받아 중앙행정기관(「정부조직법」 및 그 밖의 법률에 따라 설치된 중앙행정기관을 말한다. 이하 같다)의 장이 정한 훈령·예규 및 고시 등 행정규칙

　나. 자치법규 : 지방자치단체의 조례 및 규칙

2. "행정청"이란 다음 각 목의 자를 말한다.

　가. 행정에 관한 의사를 결정하여 표시하는 국가 또는 지방자치단체의 기관

　나. 그 밖에 법령등에 따라 행정에 관한 의사를 결정하여 표시하는 권한을 가지고 있거나 그 권한을 위임 또는 위탁받은 공공단체 또는 그 기관이나 사인(私人)

3. "당사자"란 처분의 상대방을 말한다.

4. "처분"이란 행정청이 구체적 사실에 관하여 행하는 법 집행으로서 공권력의 행사 또는 그 거부와 그 밖에 이에 준하는 행정작용을 말한다.

5. "제재처분"이란 법령등에 따른 의무를 위반하거나 이행하지 아니하였음을 이유로 당사자에게 의무를 부과하거나 권익을 제한하는 처분을 말한다. 다만, 제30조제1항 각 호에 따른 행정상 강제는 제외한다.

제3조(국가와 지방자치단체의 책무) ① 국가와 지방자치단체는 국민의 삶의 질을 향상시키기 위하여 적법절차에 따라 공정하고 합리적인 행정을 수행할 책무를 진다.

② 국가와 지방자치단체는 행정의 능률과 실효성을 높이기 위하여 지속적으로 법령등과 제도를 정비·개선할 책무를 진다.

제4조(행정의 적극적 추진) ① 행정은 공공의 이익을 위하여 적극적으로 추진되어야 한다.

② 국가와 지방자치단체는 소속 공무원이 공공의 이익을 위하여 적극적으로 직무를 수행할 수 있도록 제반 여건을 조성하고, 이와 관련된 시책 및 조치를 추진하여야 한다.

③ 제1항 및 제2항에 따른 행정의 적극적 추진 및 적극행정 활성화를 위한 시책의 구체적인 사항 등은 대통령령으로 정한다.

제5조(다른 법률과의 관계) ① 행정에 관하여 다른 법률에 특별한 규정이 있는 경우를 제외하고는 이 법에서 정하는 바에 따른다.

② 행정에 관한 다른 법률을 제정하거나 개정하는 경우에는 이 법의 목적과 원칙, 기준 및 취지에 부합되도록 노력하여야 한다.

제2절　기간 및 나이의 계산 〈개정 2022.12.27.〉

제6조(행정에 관한 기간의 계산) ① 행정에 관한 기간의 계산에 관하여는 이 법 또는 다른 법령등에 특별한 규정이 있는 경우를 제외하고는 「민법」을 준용한다.

② 법령등 또는 처분에서 국민의 권익을 제한하거나 의무를 부과하는 경우 권익이 제한되거나 의무가 지속되는 기간의 계산은 다음 각 호의 기준에 따른다. 다만, 다음 각 호의 기준에 따르는 것이 국민에게 불리한 경우에는 그러하지 아니하다.

1. 기간을 일, 주, 월 또는 연으로 정한 경우에는 기간의 첫날을 산입한다.

2. 기간의 말일이 토요일 또는 공휴일인 경우에도 기간은 그 날로 만료한다.

제7조(법령등 시행일의 기간 계산) 법령등(훈령·예규·고시·지침 등을 포함한다. 이하 이 조에서 같다)의 시행일을 정하거나 계산할 때에는 다음 각 호의 기준에 따른다.

1. 법령등을 공포한 날부터 시행하는 경우에는 공포한 날을 시행일로 한다.

2. 법령등을 공포한 날부터 일정 기간이 경과한 날부터 시행하는 경우 법령등을 공포한 날을 첫날에 산입하지 아니한다.

3. 법령등을 공포한 날부터 일정 기간이 경과한 날부터 시행하는 경우 그 기간의 말일이 토요일 또는 공휴일인 때에는 그 말일로 기간이 만료한다.

제7조의2(행정에 관한 나이의 계산 및 표시) 행정에 관한 나이는 다른 법령등에 특별한 규정이 있는 경우를 제외하고는 출생일을 산입하여 만(滿) 나이로 계산하고, 연수(年數)로 표시한다. 다만, 1세에 이르지 아니한 경우에는 월수(月數)로 표시할 수 있다.

[본조신설 2022.12.27.]

제2장 행정의 법 원칙

제8조(법치행정의 원칙) 행정작용은 법률에 위반되어서는 아니 되며, 국민의 권리를 제한하거나 의무를 부과하는 경우와 그 밖에 국민생활에 중요한 영향을 미치는 경우에는 법률에 근거하여야 한다.

제9조(평등의 원칙) 행정청은 합리적 이유 없이 국민을 차별하여서는 아니 된다.

제10조(비례의 원칙) 행정작용은 다음 각 호의 원칙에 따라야 한다.
  1. 행정목적을 달성하는 데 유효하고 적절할 것
  2. 행정목적을 달성하는 데 필요한 최소한도에 그칠 것
  3. 행정작용으로 인한 국민의 이익 침해가 그 행정작용이 의도하는 공익보다 크지 아니할 것

제11조(성실의무 및 권한남용금지의 원칙) ① 행정청은 법령등에 따른 의무를 성실히 수행하여야 한다.
② 행정청은 행정권한을 남용하거나 그 권한의 범위를 넘어서는 아니 된다.

제12조(신뢰보호의 원칙) ① 행정청은 공익 또는 제3자의 이익을 현저히 해칠 우려가 있는 경우를 제외하고는 행정에 대한 국민의 정당하고 합리적인 신뢰를 보호하여야 한다.
② 행정청은 권한 행사의 기회가 있음에도 불구하고 장기간 권한을 행사하지 아니하여 국민이 그 권한이 행사되지 아니할 것으로 믿을 만한 정당한 사유가 있는 경우에는 그 권한을 행사해서는 아니 된다. 다만, 공익 또는 제3자의 이익을 현저히 해칠 우려가 있는 경우는 예외로 한다.

제13조(부당결부금지의 원칙) 행정청은 행정작용을 할 때 상대방에게 해당 행정작용과 실질적인 관련이 없는 의무를 부과해서는 아니 된다.

제3장 행정작용

제1절 처분

제14조(법 적용의 기준) ① 새로운 법령등은 법령등에 특별한 규정이 있는 경우를 제외하고는 그 법령등의 효력 발생 전에 완성되거나 종결된 사실관계 또는 법률관계에 대해서는 적용되지 아니한다.
② 당사자의 신청에 따른 처분은 법령등에 특별한 규정이 있거나 처분 당시의 법령등을 적용하기 곤란한 특별한 사정이 있는 경우를 제외하고는 처분 당시의 법령등에 따른다.
③ 법령등을 위반한 행위의 성립과 이에 대한 제재처분은 법령등에 특별한 규정이 있는 경우를 제외하고는 법령등을 위반한 행위 당시의 법령등에 따른다. 다만, 법령등을 위반한 행위 후 법령등의 변경에 의하여 그 행위가 법령등을 위반한 행위에 해당하지 아니하거나 제재처분 기준이 가벼워진 경우로서 해당 법령등에 특별한 규정이 없는 경우에는 변경된 법령등을 적용한다.

제15조(처분의 효력) 처분은 권한이 있는 기관이 취소 또는 철회하거나 기간의 경과 등으로 소멸되기 전까지는 유효한 것으로 통용된다. 다만, 무효인 처분은 처음부터 그 효력이 발생하지 아니한다.

제16조(결격사유) ① 자격이나 신분 등을 취득 또는 부여할 수 없거나 인가, 허가, 지정, 승인, 영업등록, 신고 수리 등(이하 "인허가"라 한다)을 필요로 하는 영업 또는 사업 등을 할 수 없는 사유(이하 이 조에서 "결격사유"라 한다)는 법률로 정한다.
② 결격사유를 규정할 때에는 다음 각 호의 기준에 따른다.
  1. 규정의 필요성이 분명할 것
  2. 필요한 항목만 최소한으로 규정할 것
  3. 대상이 되는 자격, 신분, 영업 또는 사업 등과 실질적인 관련이 있을 것
  4. 유사한 다른 제도와 균형을 이룰 것

제17조(부관) ① 행정청은 처분에 재량이 있는 경우에는 부관(조건, 기한, 부담, 철회권의 유보 등을 말한다. 이하 이 조에서 같다)을 붙일 수 있다.
② 행정청은 처분에 재량이 없는 경우에는 법률에 근거가 있는 경우에 부관을 붙일 수 있다.
③ 행정청은 부관을 붙일 수 있는 처분이 다음 각 호의 어느 하나에 해당하는 경우에는 그 처분을 한 후에도 부관을 새로 붙이거나 종전의 부관을 변경할 수 있다.
  1. 법률에 근거가 있는 경우
  2. 당사자의 동의가 있는 경우
  3. 사정이 변경되어 부관을 새로 붙이거나 종전의 부관을 변경하지 아니하면 해당 처분의 목적을 달성할 수 없다고 인정되는 경우
④ 부관은 다음 각 호의 요건에 적합하여야 한다.
  1. 해당 처분의 목적에 위배되지 아니할 것
  2. 해당 처분과 실질적인 관련이 있을 것
  3. 해당 처분의 목적을 달성하기 위하여 필요한 최소한의 범위일 것

제18조(위법 또는 부당한 처분의 취소) ① 행정청은 위법 또는 부당한 처분의 전부나 일부를 소급하여 취소할 수 있다. 다만, 당사자의 신뢰를 보호할 가치가 있는 등 정당한 사유가 있는 경우에는 장래를 향하여 취소할 수 있다.
② 행정청은 제1항에 따라 당사자에게 권리나 이익을 부여하는 처분을 취소하려는 경우에는 취소로 인하여 당사자가 입게 될 불이익을 취소로 달성되는 공익과 비교·형량(衡量)하여야 한다. 다만, 다음 각 호의 어느 하나에 해당하는 경우에는 그러하지 아니하다.
  1. 거짓이나 그 밖의 부정한 방법으로 처분을 받은 경우
  2. 당사자가 처분의 위법성을 알고 있었거나 중대한 과실로 알지 못한 경우

제19조(적법한 처분의 철회) ① 행정청은 적법한 처분이 다음 각 호의 어느 하나에 해당하는 경우에는 그 처분의 전부 또는 일부를 장래를 향하여 철회할 수 있다.
  1. 법률에서 정한 철회 사유에 해당하게 된 경우
  2. 법령등의 변경이나 사정변경으로 처분을 더 이상 존속시킬 필요가 없게 된 경우

3. 중대한 공익을 위하여 필요한 경우

② 행정청은 제1항에 따라 처분을 철회하려는 경우에는 철회로 인하여 당사자가 입게 될 불이익을 철회로 달성되는 공익과 비교·형량하여야 한다.

제20조(자동적 처분) 행정청은 법률로 정하는 바에 따라 완전히 자동화된 시스템(인공지능 기술을 적용한 시스템을 포함한다)으로 처분을 할 수 있다. 다만, 처분에 재량이 있는 경우는 그러하지 아니하다.

제21조(재량행사의 기준) 행정청은 재량이 있는 처분을 할 때에는 관련 이익을 정당하게 형량하여야 하며, 그 재량권의 범위를 넘어서는 아니 된다.

제22조(제재처분의 기준) ① 제재처분의 근거가 되는 법률에는 제재처분의 주체, 사유, 유형 및 상한을 명확하게 규정하여야 한다. 이 경우 제재처분의 유형 및 상한을 정할 때에는 해당 위반행위의 특수성 및 유사한 위반행위와의 형평성 등을 종합적으로 고려하여야 한다.

② 행정청은 재량이 있는 제재처분을 할 때에는 다음 각 호의 사항을 고려하여야 한다.

1. 위반행위의 동기, 목적 및 방법
2. 위반행위의 결과
3. 위반행위의 횟수
4. 그 밖에 제1호부터 제3호까지에 준하는 사항으로서 대통령령으로 정하는 사항

제23조(제재처분의 제척기간) ① 행정청은 법령등의 위반행위가 종료된 날부터 5년이 지나면 해당 위반행위에 대하여 제재처분(인허가의 정지·취소·철회, 등록 말소, 영업소 폐쇄와 정지를 갈음하는 과징금 부과를 말한다. 이하 이 조에서 같다)을 할 수 없다.

② 다음 각 호의 어느 하나에 해당하는 경우에는 제1항을 적용하지 아니한다.

1. 거짓이나 그 밖의 부정한 방법으로 인허가를 받거나 신고를 한 경우
2. 당사자가 인허가나 신고의 위법성을 알고 있었거나 중대한 과실로 알지 못한 경우
3. 정당한 사유 없이 행정청의 조사·출입·검사를 기피·방해·거부하여 제척기간이 지난 경우
4. 제재처분을 하지 아니하면 국민의 안전·생명 또는 환경을 심각하게 해치거나 해칠 우려가 있는 경우

③ 행정청은 제1항에도 불구하고 행정심판의 재결이나 법원의 판결에 따라 제재처분이 취소·철회된 경우에는 재결이나 판결이 확정된 날부터 1년(합의제행정기관은 2년)이 지나기 전까지는 그 취지에 따른 새로운 제재처분을 할 수 있다.

④ 다른 법률에서 제1항 및 제3항의 기간보다 짧거나 긴 기간을 규정하고 있으면 그 법률에서 정하는 바에 따른다.

제2절 인허가의제

제24조(인허가의제의 기준) ① 이 절에서 "인허가의제"란 하나의 인허가(이하 "주된 인허가"라 한다)를 받으면 법률로 정하는 바에 따라 그와 관련된 여러 인허가(이하 "관련 인허가"라 한다)를 받은 것으로 보는 것을 말한다.

② 인허가의제를 받으려면 주된 인허가를 신청할 때 관련 인허가에 필요한 서류를 함께 제출하여야 한다. 다만, 불가피한 사유로 함께 제출할 수 없는 경우에는 주된 인허가 행정청이 별도로 정하는 기한까지 제출할 수 있다.

③ 주된 인허가 행정청은 주된 인허가를 하기 전에 관련 인허가에 관하여 미리 관련 인허가 행정청과 협의하여야 한다.

④ 관련 인허가 행정청은 제3항에 따른 협의를 요청받으면 그 요청을 받은 날부터 20일 이내(제5항 단서에 따른 절차에 걸리는 기간은 제외한다)에 의견을 제출하여야 한다. 이 경우 전단에서 정한 기간(민원 처리 관련 법령에 따라 의견을 제출하여야 하는 기간을 연장한 경우에는 그 연장한 기간을 말한다) 내에 협의 여부에 관하여 의견을 제출하지 아니하면 협의가 된 것으로 본다.

⑤ 제3항에 따라 협의를 요청받은 관련 인허가 행정청은 해당 법령을 위반하여 협의에 응해서는 아니 된다. 다만, 관련 인허가에 필요한 심의, 의견 청취 등 절차에 관하여는 법률에 인허가의제 시에도 해당 절차를 거친다는 명시적인 규정이 있는 경우에만 이를 거친다.

제25조(인허가의제의 효과) ① 제24조제3항·제4항에 따라 협의가 된 사항에 대해서는 주된 인허가를 받았을 때 관련 인허가를 받은 것으로 본다.

② 인허가의제의 효과는 주된 인허가의 해당 법률에 규정된 관련 인허가에 한정된다.

제26조(인허가의제의 사후관리 등) ① 인허가의제의 경우 관련 인허가 행정청은 관련 인허가를 직접 한 것으로 보아 관계 법령에 따른 관리·감독 등 필요한 조치를 하여야 한다.

② 주된 인허가가 있은 후 이를 변경하는 경우에는 제24조·제25조 및 이 조 제1항을 준용한다.

③ 이 절에서 규정한 사항 외에 인허가의제의 방법, 그 밖에 필요한 세부 사항은 대통령령으로 정한다.

제3절 공법상 계약

제27조(공법상 계약의 체결) ① 행정청은 법령등을 위반하지 아니하는 범위에서 행정목적을 달성하기 위하여 필요한 경우에는 공법상 법률관계에 관한 계약(이하 "공법상 계약"이라 한다)을 체결할 수 있다. 이 경우 계약의 목적 및 내용을 명확하게 적은 계약서를 작성하여야 한다.

② 행정청은 공법상 계약의 상대방을 선정하고 계약 내용을 정할 때 공법상 계약의 공공성과 제3자의 이해관계를 고려하여야 한다.

제4절 과징금

제28조(과징금의 기준) ① 행정청은 법령등에 따른 의무를 위반한 자에 대하여 법률로 정하는 바에 따라 그 위반행위에 대한 제재로서 과징금을 부과할 수 있다.

② 과징금의 근거가 되는 법률에는 과징금에 관한 다음 각 호의 사항을 명확하게 규정하여야 한다.

　　1. 부과·징수 주체

    2. 부과 사유

    3. 상한액

    4. 가산금을 징수하려는 경우 그 사항

    5. 과징금 또는 가산금 체납 시 강제징수를 하려는 경우 그 사항

제29조(과징금의 납부기한 연기 및 분할 납부) 과징금은 한꺼번에 납부하는 것을 원칙으로 한다. 다만, 행정청은 과징금을 부과받은 자가 다음 각 호의 어느 하나에 해당하는 사유로 과징금 전액을 한꺼번에 내기 어렵다고 인정될 때에는 그 납부기한을 연기하거나 분할 납부하게 할 수 있으며, 이 경우 필요하다고 인정하면 담보를 제공하게 할 수 있다.

    1. 재해 등으로 재산에 현저한 손실을 입은 경우

    2. 사업 여건의 악화로 사업이 중대한 위기에 처한 경우

    3. 과징금을 한꺼번에 내면 자금 사정에 현저한 어려움이 예상되는 경우

    4. 그 밖에 제1호부터 제3호까지에 준하는 경우로서 대통령령으로 정하는 사유가 있는 경우

제5절 행정상 강제

제30조(행정상 강제) ① 행정청은 행정목적을 달성하기 위하여 필요한 경우에는 법률로 정하는 바에 따라 필요한 최소한의 범위에서 다음 각 호의 어느 하나에 해당하는 조치를 할 수 있다.

    1. 행정대집행 : 의무자가 행정상 의무(법령등에서 직접 부과하거나 행정청이 법령등에 따라 부과한 의무를 말한다. 이하 이 절에서 같다)로서 타인이 대신하여 행할 수 있는 의무를 이행하지 아니하는 경우 법률로 정하는 다른 수단으로는 그 이행을 확보하기 곤란하고 그 불이행을 방치하면 공익을 크게 해칠 것으로 인정될 때에 행정청이 의무자가 하여야 할 행위를 스스로 하거나 제3자에게 하게 하고 그 비용을 의무자로부터 징수하는 것

    2. 이행강제금의 부과 : 의무자가 행정상 의무를 이행하지 아니하는 경우 행정청이 적절한 이행기간을 부여하고, 그 기한까지 행정상 의무를 이행하지 아니하면 금전급부의무를 부과하는 것

    3. 직접강제 : 의무자가 행정상 의무를 이행하지 아니하는 경우 행정청이 의무자의 신체나 재산에 실력을 행사하여 그 행정상 의무의 이행이 있었던 것과 같은 상태를 실현하는 것

    4. 강제징수 : 의무자가 행정상 의무 중 금전급부의무를 이행하지 아니하는 경우 행정청이 의무자의 재산에 실력을 행사하여 그 행정상 의무가 실현된 것과 같은 상태를 실현하는 것

    5. 즉시강제 : 현재의 급박한 행정상의 장해를 제거하기 위한 경우로서 다음 각 목의 어느 하나에 해당하는 경우에 행정청이 곧바로 국민의 신체 또는 재산에 실력을 행사하여 행정목적을 달성하는 것

      가. 행정청이 미리 행정상 의무 이행을 명할 시간적 여유가 없는 경우

      나. 그 성질상 행정상 의무의 이행을 명하는 것만으로는 행정목적 달성이 곤란한 경우

② 행정상 강제 조치에 관하여 이 법에서 정한 사항 외에 필요한 사항은 따로 법률로 정한다.

③ 형사(刑事), 행형(行刑) 및 보안처분 관계 법령에 따라 행하는 사항이나 외국인의 출입국·난민인정·귀화·국적회복에 관한 사항에 관하여는 이 절을 적용하지 아니한다.

제31조(이행강제금의 부과) ① 이행강제금 부과의 근거가 되는 법률에는 이행강제금에 관한 다음 각 호의 사항을 명확하게 규정하여야 한다. 다만, 제4호 또는 제5호를 규정할 경우 입법목적이나 입법취지를 훼손할 우려가 크다고 인정되는 경우로서 대통령령으로 정하는 경우는 제외한다.

  1. 부과·징수 주체

  2. 부과 요건

  3. 부과 금액

  4. 부과 금액 산정기준

  5. 연간 부과 횟수나 횟수의 상한

② 행정청은 다음 각 호의 사항을 고려하여 이행강제금의 부과 금액을 가중하거나 감경할 수 있다.

  1. 의무 불이행의 동기, 목적 및 결과

  2. 의무 불이행의 정도 및 상습성

  3. 그 밖에 행정목적을 달성하는 데 필요하다고 인정되는 사유

③ 행정청은 이행강제금을 부과하기 전에 미리 의무자에게 적절한 이행기간을 정하여 그 기한까지 행정상 의무를 이행하지 아니하면 이행강제금을 부과한다는 뜻을 문서로 계고(戒告)하여야 한다.

④ 행정청은 의무자가 제3항에 따른 계고에서 정한 기한까지 행정상 의무를 이행하지 아니한 경우 이행강제금의 부과 금액·사유·시기를 문서로 명확하게 적어 의무자에게 통지하여야 한다.

⑤ 행정청은 의무자가 행정상 의무를 이행할 때까지 이행강제금을 반복하여 부과할 수 있다. 다만, 의무자가 의무를 이행하면 새로운 이행강제금의 부과를 즉시 중지하되, 이미 부과한 이행강제금은 징수하여야 한다.

⑥ 행정청은 이행강제금을 부과받은 자가 납부기한까지 이행강제금을 내지 아니하면 국세강제징수의 예 또는 「지방행정제재·부과금의 징수 등에 관한 법률」에 따라 징수한다.

제32조(직접강제) ① 직접강제는 행정대집행이나 이행강제금 부과의 방법으로는 행정상 의무 이행을 확보할 수 없거나 그 실현이 불가능한 경우에 실시하여야 한다.

② 직접강제를 실시하기 위하여 현장에 파견되는 집행책임자는 그가 집행책임자임을 표시하는 증표를 보여 주어야 한다.

③ 직접강제의 계고 및 통지에 관하여는 제31조제3항 및 제4항을 준용한다.

제33조(즉시강제) ① 즉시강제는 다른 수단으로는 행정목적을 달성할 수 없는 경우에만 허용되며, 이 경우에도 최소한으로만 실시하여야 한다.

② 즉시강제를 실시하기 위하여 현장에 파견되는 집행책임자는 그가 집행책임자임을 표시하는 증표를 보여 주어야 하며, 즉시강제의 이유와 내용을 고지하여야 한다.

③ 제2항에도 불구하고 집행책임자는 즉시강제를 하려는 재산의 소유자 또는 점유자를 알 수 없거나 현장에서 그 소재를 즉시 확인하기 어려운 경우에는 즉시강제를 실시한 후 집행책임자의 이름 및 그 이유와 내용을 고지할 수 있다. 다만, 다음 각 호에 해당하는 경우에는 게시판이나 인터넷 홈페이지에 게시하는 등 적절한 방법에 의한 공고로써 고지를 갈음할 수 있다. 〈신설 2024.1.16.〉

  1. 즉시강제를 실시한 후에도 재산의 소유자 또는 점유자를 알 수 없는 경우

2. 재산의 소유자 또는 점유자가 국외에 거주하거나 행방을 알 수 없는 경우

3. 그 밖에 대통령령으로 정하는 불가피한 사유로 고지할 수 없는 경우

제6절 그 밖의 행정작용

제34조(수리 여부에 따른 신고의 효력) 법령등으로 정하는 바에 따라 행정청에 일정한 사항을 통지하여야 하는 신고로서 법률에 신고의 수리가 필요하다고 명시되어 있는 경우(행정기관의 내부 업무 처리 절차로서 수리를 규정한 경우는 제외한다)에는 행정청이 수리하여야 효력이 발생한다.

제35조(수수료 및 사용료) ① 행정청은 특정인을 위한 행정서비스를 제공받는 자에게 법령으로 정하는 바에 따라 수수료를 받을 수 있다.

② 행정청은 공공시설 및 재산 등의 이용 또는 사용에 대하여 사전에 공개된 금액이나 기준에 따라 사용료를 받을 수 있다.

③ 제1항 및 제2항에도 불구하고 지방자치단체의 경우에는 「지방자치법」에 따른다.

제7절 처분에 대한 이의신청 및 재심사

제36조(처분에 대한 이의신청) ① 행정청의 처분(「행정심판법」 제3조에 따라 같은 법에 따른 행정심판의 대상이 되는 처분을 말한다. 이하 이 조에서 같다)에 이의가 있는 당사자는 처분을 받은 날부터 30일 이내에 해당 행정청에 이의신청을 할 수 있다.

② 행정청은 제1항에 따른 이의신청을 받으면 그 신청을 받은 날부터 14일 이내에 그 이의신청에 대한 결과를 신청인에게 통지하여야 한다. 다만, 부득이한 사유로 14일 이내에 통지할 수 없는 경우에는 그 기간을 만료일 다음 날부터 기산하여 10일의 범위에서 한 차례 연장할 수 있으며, 연장 사유를 신청인에게 통지하여야 한다.

③ 제1항에 따라 이의신청을 한 경우에도 그 이의신청과 관계없이 「행정심판법」에 따른 행정심판 또는 「행정소송법」에 따른 행정소송을 제기할 수 있다.

④ 이의신청에 대한 결과를 통지받은 후 행정심판 또는 행정소송을 제기하려는 자는 그 결과를 통지받은 날(제2항에 따른 통지기간 내에 결과를 통지받지 못한 경우에는 같은 항에 따른 통지기간이 만료되는 날의 다음 날을 말한다)부터 90일 이내에 행정심판 또는 행정소송을 제기할 수 있다.

⑤ 다른 법률에서 이의신청과 이에 준하는 절차에 대하여 정하고 있는 경우에도 그 법률에서 규정하지 아니한 사항에 관하여는 이 조에서 정하는 바에 따른다.

⑥ 제1항부터 제5항까지에서 규정한 사항 외에 이의신청의 방법 및 절차 등에 관한 사항은 대통령령으로 정한다.

⑦ 다음 각 호의 어느 하나에 해당하는 사항에 관하여는 이 조를 적용하지 아니한다.

1. 공무원 인사 관계 법령에 따른 징계 등 처분에 관한 사항

2. 「국가인권위원회법」 제30조에 따른 진정에 대한 국가인권위원회의 결정

3. 「노동위원회법」 제2조의2에 따라 노동위원회의 의결을 거쳐 행하는 사항

4. 형사, 행형 및 보안처분 관계 법령에 따라 행하는 사항

5. 외국인의 출입국·난민인정·귀화·국적회복에 관한 사항

6. 과태료 부과 및 징수에 관한 사항

제37조(처분의 재심사) ① 당사자는 처분(제재처분 및 행정상 강제는 제외한다. 이하 이 조에서 같다)이 행정심판, 행정소송 및 그 밖의 쟁송을 통하여 다툴 수 없게 된 경우(법원의 확정판결이 있는 경우는 제외한다)라도 다음 각 호의 어느 하나에 해당하는 경우에는 해당 처분을 한 행정청에 처분을 취소·철회하거나 변경하여 줄 것을 신청할 수 있다.

1. 처분의 근거가 된 사실관계 또는 법률관계가 추후에 당사자에게 유리하게 바뀐 경우

2. 당사자에게 유리한 결정을 가져다주었을 새로운 증거가 있는 경우

3. 「민사소송법」 제451조에 따른 재심사유에 준하는 사유가 발생한 경우 등 대통령령으로 정하는 경우

② 제1항에 따른 신청은 해당 처분의 절차, 행정심판, 행정소송 및 그 밖의 쟁송에서 당사자가 중대한 과실 없이 제1항 각 호의 사유를 주장하지 못한 경우에만 할 수 있다.

③ 제1항에 따른 신청은 당사자가 제1항 각 호의 사유를 안 날부터 60일 이내에 하여야 한다. 다만, 처분이 있은 날부터 5년이 지나면 신청할 수 없다.

④ 제1항에 따른 신청을 받은 행정청은 특별한 사정이 없으면 신청을 받은 날부터 90일(합의제행정기관은 180일) 이내에 처분의 재심사 결과(재심사 여부와 처분의 유지·취소·철회·변경 등에 대한 결정을 포함한다)를 신청인에게 통지하여야 한다. 다만, 부득이한 사유로 90일(합의제행정기관은 180일) 이내에 통지할 수 없는 경우에는 그 기간을 만료일 다음 날부터 기산하여 90일(합의제행정기관은 180일)의 범위에서 한 차례 연장할 수 있으며, 연장 사유를 신청인에게 통지하여야 한다.

⑤ 제4항에 따른 처분의 재심사 결과 중 처분을 유지하는 결과에 대해서는 행정심판, 행정소송 및 그 밖의 쟁송수단을 통하여 불복할 수 없다.

⑥ 행정청의 제18조에 따른 취소와 제19조에 따른 철회는 처분의 재심사에 의하여 영향을 받지 아니한다.

⑦ 제1항부터 제6항까지에서 규정한 사항 외에 처분의 재심사의 방법 및 절차 등에 관한 사항은 대통령령으로 정한다.

⑧ 다음 각 호의 어느 하나에 해당하는 사항에 관하여는 이 조를 적용하지 아니한다.

1. 공무원 인사 관계 법령에 따른 징계 등 처분에 관한 사항

2. 「노동위원회법」 제2조의2에 따라 노동위원회의 의결을 거쳐 행하는 사항

3. 형사, 행형 및 보안처분 관계 법령에 따라 행하는 사항

4. 외국인의 출입국·난민인정·귀화·국적회복에 관한 사항

5. 과태료 부과 및 징수에 관한 사항

6. 개별 법률에서 그 적용을 배제하고 있는 경우

제4장 행정의 입법활동 등

제38조(행정의 입법활동) ① 국가나 지방자치단체가 법령등을 제정·개정·폐지하고자 하거나 그와 관련된 활동(법률안의 국회 제출과 조례안의 지방의회 제출을 포함하며, 이하 이 장에서 "행정의 입법활동"이라 한다)을 할 때에는 헌법과 상위 법령을 위반해서는 아니 되며, 헌법과 법령등에서 정한 절차를 준수하여야 한다.

② 행정의 입법활동은 다음 각 호의 기준에 따라야 한다.

　　1. 일반 국민 및 이해관계자로부터 의견을 수렴하고 관계 기관과 충분한 협의를 거쳐 책임 있게 추진되어야 한다.

　　2. 법령등의 내용과 규정은 다른 법령등과 조화를 이루어야 하고, 법령등 상호 간에 중복되거나 상충되지 아니하여야 한다.

　　3. 법령등은 일반 국민이 그 내용을 쉽고 명확하게 이해할 수 있도록 알기 쉽게 만들어져야 한다.

③ 정부는 매년 해당 연도에 추진할 법령안 입법계획(이하 "정부입법계획"이라 한다)을 수립하여야 한다.

④ 행정의 입법활동의 절차 및 정부입법계획의 수립에 관하여 필요한 사항은 정부의 법제업무에 관한 사항을 규율하는 대통령령으로 정한다.

제39조(행정법제의 개선) ① 정부는 권한 있는 기관에 의하여 위헌으로 결정되어 법령이 헌법에 위반되거나 법률에 위반되는 것이 명백한 경우 등 대통령령으로 정하는 경우에는 해당 법령을 개선하여야 한다.

② 정부는 행정 분야의 법제도 개선 및 일관된 법 적용 기준 마련 등을 위하여 필요한 경우 대통령령으로 정하는 바에 따라 관계 기관 협의 및 관계 전문가 의견 수렴을 거쳐 개선조치를 할 수 있으며, 이를 위하여 현행 법령에 관한 분석을 실시할 수 있다.

제40조(법령해석) ① 누구든지 법령등의 내용에 의문이 있으면 법령을 소관하는 중앙행정기관의 장(이하 "법령소관기관"이라 한다)과 자치법규를 소관하는 지방자치단체의 장에게 법령해석을 요청할 수 있다.

② 법령소관기관과 자치법규를 소관하는 지방자치단체의 장은 각각 소관 법령등을 헌법과 해당 법령등의 취지에 부합되게 해석·집행할 책임을 진다.

③ 법령소관기관이나 법령소관기관의 해석에 이의가 있는 자는 대통령령으로 정하는 바에 따라 법령해석업무를 전문으로 하는 기관에 법령해석을 요청할 수 있다.

④ 법령해석의 절차에 관하여 필요한 사항은 대통령령으로 정한다.

부칙 〈법률 제17979호, 2021.3.23.〉

제1조(시행일) 이 법은 공포한 날부터 시행한다. 다만, 제22조, 제29조, 제38조부터 제40조까지는 공포 후 6개월이 경과한 날부터 시행하고, 제23조부터 제26조까지, 제30조부터 제34조까지, 제36조 및 제37조는 공포 후 2년이 경과한 날부터 시행한다.

제2조(제재처분에 관한 법령등 변경에 관한 적용례) 제14조 제3항 단서의 규정은 이 법 시행일 이후 제재처분에 관한 법령등이 변경된 경우부터 적용한다.

제3조(제재처분의 제척기간에 관한 적용례) 제23조는 부칙 제1조 단서에 따른 시행일 이후 발생하는 위반행위부터 적용한다.

제4조(공법상 계약에 관한 적용례) 제27조는 이 법 시행 이후 공법상 계약을 체결하는 경우부터 적용한다.

제5조(행정상 강제 조치에 관한 적용례) ① 제31조는 부칙 제1조 단서에 따른 시행일 이후 이행강제금을 부과하는 경우부터 적용한다.
② 제32조 및 제33조는 부칙 제1조 단서에 따른 시행일 이후 직접강제나 즉시강제를 하는 경우부터 적용한다.

제6조(처분에 대한 이의신청에 관한 적용례) 제36조는 부칙 제1조 단서에 따른 시행일 이후에 하는 처분부터 적용한다.

제7조(처분의 재심사에 관한 적용례) 제37조는 부칙 제1조 단서에 따른 시행일 이후에 하는 처분부터 적용한다.

부칙 〈법률 제19148호, 2022.12.27.〉

이 법은 공포 후 6개월이 경과한 날부터 시행한다.

부칙 〈법률 제20056호, 2024.1.16.〉

이 법은 공포한 날부터 시행한다.

Chapter 03 행정기본법 시행령

제1장 총칙

제1조(목적) 이 영은 「행정기본법」에서 위임된 사항과 그 시행에 필요한 사항을 규정함을 목적으로 한다.

제2조(행정의 적극적 추진) 「행정기본법」(이하 "법"이라 한다) 제4조에 따른 행정의 적극적 추진과 적극행정 활성화를 위한 시책의 구체적인 사항 등에 관하여는 「적극행정 운영규정」 및 「지방공무원 적극행정 운영규정」에서 정하는 바에 따른다.

제2장 행정작용

제3조(제재처분의 기준) 법 제22조 제2항 제4호에서 "대통령령으로 정하는 사항"이란 다음 각 호의 사항을 말한다.
1. 위반행위자의 귀책사유 유무와 그 정도
2. 위반행위자의 법 위반상태 시정·해소를 위한 노력 유무

제4조(인허가의제 관련 협의·조정) ① 법 제24조 제1항에 따른 주된 인허가(이하 "주된인허가"라 한다) 행정청은 같은 조 제3항에 따른 협의 과정에서 협의의 신속한 진행이나 이견 조정을 위하여 필요하다고 인정하는 경우에는 같은 조 제1항에 따른 관련 인허가(이하 "관련인허가"라 한다) 행정청과 협의·조정을 위한 회의를 개최할 수 있다. 〈개정 2022.5.24.〉

② 제1항에 따른 협의·조정을 위한 회의의 구성·운영 등에 필요한 사항은 주된인허가 행정청이 관련인허가 행정청과 협의하여 정한다. 〈신설 2022.5.24.〉

제5조(인허가의제 행정청 상호 간의 통지) ① 관련인허가 행정청은 법 제24조제5항 단서에 따라 관련인허가에 필요한 심의, 의견 청취 등의 절차(이하 이 조에서 "관련인허가절차"라 한다)를 거쳐야 하는 경우에는 다음 각 호의 사항을 구체적으로 밝혀 지체 없이 주된인허가 행정청에 통지해야 한다.
1. 관련인허가절차의 내용
2. 관련인허가절차에 걸리는 기간
3. 그 밖에 관련인허가절차의 이행에 필요한 사항

② 주된인허가 행정청은 법 제24조 및 제25조에 따라 주된인허가를 하거나 법 제26조제2항에 따라 주된인허가가 있은 후 이를 취소 또는 변경했을 때에는 지체 없이 관련인허가 행정청에 그 사실을 통지해야 한다. 〈개정 2025.1.7.〉

③ 주된인허가 행정청 또는 관련인허가 행정청은 제1항 및 제2항에서 규정한 사항 외에 주된인허가 또는 관련인허가의 관리·감독에 영향을 미치는 중요 사항이 발생한 경우에는 상호 간에 그 사실을 통지해야 한다.

제6조(공법상 계약) 행정청은 법 제27조에 따라 공법상 법률관계에 관한 계약을 체결할 때 법령등에 따른 관계 행정청의 동의, 승인 또는 협의 등이 필요한 경우에는 이를 모두 거쳐야 한다.

제7조(과징금의 납부기한 연기 및 분할 납부) ① 과징금 납부 의무자는 법 제29조 각 호 외의 부분 단서에 따라 과징금 납부기한을 연기하거나 과징금을 분할 납부하려는 경우에는 납부기한 10일 전까지 과징금 납부기한의 연기나 과징금의 분할 납부를 신청하는 문서에 같은 조 각 호의 사유를 증명하는 서류를 첨부하여 행정청에 신청해야 한다.

② 법 제29조 제4호에서 "대통령령으로 정하는 사유"란 같은 조 제1호부터 제3호까지에 준하는 것으로서 과징금 납부기한의 연기나 과징금의 분할 납부가 필요하다고 행정청이 인정하는 사유를 말한다.

③ 행정청은 법 제29조 각 호 외의 부분 단서에 따라 과징금 납부기한이 연기되거나 과징금의 분할 납부가 허용된 과징금 납부 의무자가 다음 각 호의 어느 하나에 해당하는 경우에는 그 즉시 과징금을 한꺼번에 징수할 수 있다.

1. 분할 납부하기로 한 과징금을 그 납부기한까지 내지 않은 경우
2. 담보 제공 요구에 따르지 않거나 제공된 담보의 가치를 훼손하는 행위를 한 경우
3. 강제집행, 경매의 개시, 파산선고, 법인의 해산, 국세 또는 지방세 강제징수 등의 사유로 과징금의 전부 또는 나머지를 징수할 수 없다고 인정되는 경우
4. 법 제29조 각 호의 사유가 해소되어 과징금을 한꺼번에 납부할 수 있다고 인정되는 경우
5. 그 밖에 제1호부터 제4호까지에 준하는 사유가 있는 경우

④ 과징금 납부기한 연기의 기간, 분할 납부의 횟수·간격 등 세부 사항은 대통령령, 총리령, 부령 또는 훈령·예규·고시 등 행정규칙으로 정한다. 〈신설 2022.5.24.〉

제8조(이행강제금의 부과 등) ① 법 제31조 제1항 각 호 외의 부분 단서에서 "대통령령으로 정하는 경우"란 다음 각 호의 경우를 말한다.

1. 이행강제금 부과 금액이 합의제행정기관의 의결을 거쳐 결정되는 경우
2. 1일당 이행강제금 부과 금액의 상한 등 법 제31조제1항제5호에 준하는 이행강제금 부과 상한을 이행강제금 부과의 근거가 되는 법률에서 정하는 경우

② 법 제31조 제3항에 따른 계고(戒告)에는 다음 각 호의 사항이 포함되어야 한다.

1. 의무자의 성명 및 주소(의무자가 법인이나 단체인 경우에는 그 명칭, 주사무소의 소재지와 그 대표자의 성명)
2. 이행하지 않은 행정상 의무의 내용과 법적 근거
3. 행정상 의무의 이행 기한
4. 행정상 의무를 이행하지 않을 경우 이행강제금을 부과한다는 뜻
5. 그 밖에 이의제기 방법 등 계고의 상대방에게 알릴 필요가 있다고 인정되는 사항

③ 제2항 제3호의 이행 기한은 행정상 의무의 성질 및 내용 등을 고려하여 사회통념상 그 의무 이행에 필요한 기간이 충분히 확보될 수 있도록 정해야 한다.

제9조(직접강제의 계고) 법 제32조 제3항에 따라 준용되는 법 제31조 제3항에 따른 계고에는 다음 각 호의 사항이 포함되어야 한다.

1. 의무자의 성명 및 주소(의무자가 법인이나 단체인 경우에는 그 명칭, 주사무소의 소재지와 그 대표자의 성명)
2. 이행하지 않은 행정상 의무의 내용과 법적 근거
3. 행정상 의무의 이행 기한
4. 행정상 의무를 이행하지 않을 경우 직접강제를 실시한다는 뜻
5. 그 밖에 이의제기 방법 등 계고의 상대방에게 알릴 필요가 있다고 인정되는 사항

제10조(직접강제 또는 즉시강제 집행책임자의 증표) 법 제32조 제2항 및 제33조 제2항에 따른 증표에는 다음 각 호의 사항이 포함되어야 한다.

1. 집행책임자의 성명 및 소속
2. 직접강제 또는 즉시강제의 법적 근거
3. 그 밖에 해당 증표의 소지자가 직접강제 또는 즉시강제의 집행책임자임을 표시하기 위하여 필요한 사항

제10조의2(공고에 의한 즉시강제의 고지) 법 제33조 제3항 제3호에서 "대통령령으로 정하는 불가피한 사유로 고지할 수 없는 경우"란 다음 각 호의 어느 하나에 해당하는 경우를 말한다.

1. 통상적인 방법으로는 재산의 소유자 또는 점유자의 주소·거소(居所)·영업소·사무소·전자우편주소 및 전화번호를 모두 확인할 수 없는 경우
2. 등기우편으로 재산의 소유자 또는 점유자에게 법 제33조 제3항 본문에 따라 고지했으나 2회 이상 반송되는 경우
3. 재산의 소유자 또는 점유자가 정당한 사유 없이 고지받기를 거부하는 경우
4. 그 밖에 제1호부터 제3호까지에 준하는 경우로서 재산의 소유자 또는 점유자에게 고지가 불가능한 경우

[본조신설 2025.1.7.]

제11조(이의신청의 방법 등) ① 법 제36조 제1항에 따라 이의신청을 하려는 자는 다음 각 호의 사항을 적은 문서를 해당 행정청에 제출해야 한다.

1. 신청인의 성명·생년월일·주소(신청인이 법인이나 단체인 경우에는 그 명칭, 주사무소의 소재지와 그 대표자의 성명)와 연락처
2. 이의신청 대상이 되는 처분의 내용과 처분을 받은 날
3. 이의신청 이유

② 행정청은 법 제36조 제2항 단서에 따라 이의신청 결과의 통지 기간을 연장하려는 경우에는 연장 통지서에 연장 사유와 연장 기간 등을 구체적으로 적어야 한다.

③ 제1항에 따른 이의신청을 받은 행정청은 그 내용에 보완이 필요하면 보완해야 할 내용을 명시하고 7일 이내에서 적절한 기간을 정해 보완을 요청할 수 있다. 〈신설 2025.1.7.〉

④ 제3항에 따른 보완기간은 법 제36조 제2항에 따른 이의신청 결과 통지 기간에 포함하지 않는다. 〈신설 2025.1.7.〉

⑤ 행정청은 법 제36조에 따른 이의신청에 대한 접수 및 처리 상황을 이의신청 처리대장에 기록하고 유지해야 한다. 〈개정 2025.1.7.〉

⑥ 법제처장은 이의신청 제도의 개선을 위하여 필요한 경우에는 행정청에 이의신청 처리 상황 등 이의신청 제도의 운영 현황을 점검하는 데 필요한 자료의 제공을 요청할 수 있다. 〈개정 2025.1.7.〉

제12조(처분의 재심사 신청 사유) 법 제37조 제1항 제3호에서 "「민사소송법」 제451조에 따른 재심사유에 준하는 사유가 발생한 경우 등 대통령령으로 정하는 경우"란 다음 각 호의 어느 하나에 해당하는 경우를 말한다.

1. 처분 업무를 직접 또는 간접적으로 처리한 공무원이 그 처분에 관한 직무상 죄를 범한 경우
2. 처분의 근거가 된 문서나 그 밖의 자료가 위조되거나 변조된 것인 경우
3. 제3자의 거짓 진술이 처분의 근거가 된 경우
4. 처분에 영향을 미칠 중요한 사항에 관하여 판단이 누락된 경우

제13조(처분의 재심사 신청 방법 등) ① 법 제37조 제1항에 따라 처분의 재심사를 신청하려는 자는 다음 각 호의 사항을 적은 문서에 처분의 재심사 신청 사유를 증명하는 서류를 첨부하여 해당 처분을 한 행정청에 제출해야 한다.

1. 신청인의 성명·생년월일·주소(신청인이 법인이나 단체인 경우에는 그 명칭, 주사무소의 소재지와 그 대표자의 성명)와 연락처
2. 재심사 대상이 되는 처분의 내용과 처분이 있은 날
3. 재심사 신청 사유

② 제1항에 따른 신청을 받은 행정청은 그 신청 내용에 보완이 필요하면 보완해야 할 내용을 명시하고 20일 이내에서 적절한 기간을 정하여 보완을 요청할 수 있다.

③ 제2항에 따른 보완 기간은 법 제37조 제4항에 따른 재심사 결과 통지 기간에 포함하지 않는다.

④ 행정청은 법 제37조 제4항 단서에 따라 처분의 재심사 결과의 통지 기간을 연장하려는 경우에는 연장 통지서에 연장 사유와 연장 기간 등을 구체적으로 적어야 한다.

제3장 행정의 입법활동 등

제14조(국가행정법제위원회의 설치 등) ① 법 제39조 제2항에 따른 행정 분야의 법제도 개선과 법 적용기준 마련 등에 관한 주요 사항의 자문을 위하여 법제처에 국가행정법제위원회(이하 "위원회"라 한다)를 둔다.

② 위원회는 다음 각 호의 사항에 관하여 법제처장의 자문에 응한다.

  1. 법령등에 공통으로 적용되는 기준의 도입·개선에 관한 사항

  2. 법령의 실태 조사 및 영향 분석에 관한 사항

  3. 그 밖에 제1호 및 제2호에 준하는 사항으로서 위원회의 위원장(이하 "위원장"이라 한다)이 법제에 필요하다고 인정하는 사항

③ 법제처장은 제2항에 따라 자문한 사항에 대하여 법 제39조 제2항에 따른 개선조치가 필요하다고 인정하는 경우에는 관계 기관과의 협의를 거쳐 소관 중앙행정기관의 장에게 개선조치를 권고할 수 있다.

제15조(위원회의 구성) ① 위원회는 위원장 2명을 포함하여 50명 이내의 위원으로 성별을 고려하여 구성한다.

② 위원장 1명은 법제처장이 되고, 다른 위원장 1명은 행정 분야의 법제도 등에 관한 전문지식과 경험이 풍부한 사람 중에서 국무총리가 위촉하는 사람(이하 "위촉위원장"이라 한다)이 된다. 이 경우 법제처장인 위원장은 필요한 경우 소속 직원으로 하여금 법제처장인 위원장의 직무를 대행하게 할 수 있다.

③ 위원회의 위원은 다음 각 호의 사람이 된다.

  1. 정부위원 : 다음 각 목의 중앙행정기관의 고위공무원단에 속하는 일반직공무원(이에 상당하는 특정직·별정직공무원을 포함한다) 중에서 소속 기관의 장이 지명하는 사람

    가. 법무부

    나. 행정안전부

    다. 국무조정실

    라. 인사혁신처

    마. 법제처

    바. 위원회에 상정된 안건과 관련되어 법제처장인 위원장이 정하는 중앙행정기관

  2. 위촉위원 : 행정 분야의 법제도 등에 관한 전문지식과 경험이 풍부한 사람으로서 국무총리가 위촉하는 사람

④ 위촉위원장 및 위촉위원의 임기는 2년으로 하며, 한 차례만 연임할 수 있다.

⑤ 위촉위원의 사임 등으로 새로 위촉된 위촉위원의 임기는 전임위원 임기의 남은 기간으로 한다.

제16조(위원회의 운영 등) ① 위원장은 각자 위원회를 대표하고, 위원회의 업무를 총괄한다.

② 위원장 모두가 부득이한 사유로 직무를 수행할 수 없을 때에는 법제처장인 위원장이 미리 지명한 위원이 위원장의 직무를 대행한다.

③ 위원회의 회의는 위원장이 필요하다고 인정할 때 공동으로 소집한다.

④ 위원장은 위원회의 안건과 관련하여 필요하다고 인정하는 경우에는 관계 공무원과 민간전문가 등을 위원회에 참석하게 하거나 관계 기관의 장에게 자료의 제공을 요청할 수 있다.

⑤ 위원회의 회의는 위원장 2명을 포함하여 재적위원 과반수의 출석으로 개의(開議)하고, 출석위원 과반수의 찬성으로 의결한다.

⑥ 위원회의 업무를 효율적으로 수행하기 위하여 위원회에 분과위원회를 둘 수 있다.

⑦ 이 영에서 규정한 사항 외에 위원회 및 제6항에 따른 분과위원회의 구성과 운영에 필요한 사항은 위원회의 의결을 거쳐 위원장이 정한다.

제17조(입법영향분석의 실시) ① 법제처장은 행정 분야의 법제도 개선을 위하여 필요한 경우에는 법 제39조 제2항에 따라 현행 법령을 대상으로 입법의 효과성, 입법이 미치는 각종 영향 등에 관한 체계적인 분석(이하 "입법영향분석"이라 한다)을 실시할 수 있다.

② 입법영향분석의 세부적인 내용은 다음 각 호와 같다.

1. 법령의 규범적 적정성과 실효성 분석
2. 법령의 효과성 및 효율성 분석
3. 그 밖에 법령이 미치는 각종 영향에 관한 분석

③ 법제처장은 중앙행정기관의 장을 대상으로 입법영향분석을 실시할 현행 법령에 대한 수요를 조사할 수 있다. 〈신설 2022.5.24.〉

④ 법제처장은 입법영향분석을 위해 필요하다고 인정하는 경우에는 관계 중앙행정기관의 장에게 관련 자료의 제공을 요청할 수 있다. 이 경우 요청받은 기관의 장은 정당한 사유가 없으면 이에 따라야 한다. 〈신설 2022.5.24.〉

⑤ 법제처장은 입법영향분석 결과 해당 법령의 정비가 필요하다고 인정되는 경우에는 소관 중앙행정기관의 장과 협의하여 법령정비계획을 수립하거나 입법계획에 반영하도록 하는 등 필요한 조치를 할 수 있다. 〈개정 2022.5.24.〉

⑥ 법제처장은 「정부출연연구기관 등의 설립·운영 및 육성에 관한 법률」 별표에 따른 정부출연연구기관으로서 입법영향분석에 전문성을 가진 기관으로 하여금 제1항, 제2항 및 제5항에 따른 업무를 수행하기 위하여 필요한 조사·연구를 수행하게 할 수 있다. 〈개정 2022.5.24.〉

⑦ 법제처장은 제6항에 따른 조사·연구를 수행하는 기관에 그 조사·연구 수행에 필요한 비용의 전부 또는 일부를 예산의 범위에서 지원할 수 있다. 〈개정 2022.5.24.〉

제18조(행정의 입법활동 등) 이 영에서 규정한 사항 외에 법 제38조부터 제40조까지에서 규정한 행정의 입법활동의 절차, 정부입법계획의 수립, 행정 분야의 법제도 개선과 법령해석의 절차에 관한 사항은 「법제업무 운영규정」에서 정하는 바에 따른다.

제19조(서식) 법 또는 이 영에 따른 신청서, 통지서, 처리대장, 그 밖의 서식은 법제처장이 정하여 고시할 수 있다.

부칙 〈대통령령 제32014호, 2021.9.24.〉

제1조(시행일) 이 영은 공포한 날부터 시행한다. 다만, 제4조, 제5조 및 제8조부터 제13조까지의 규정은 2023년 3월 24일부터 시행한다.

제2조(다른 법령의 개정)

이하 생략

부칙 〈대통령령 제32650호, 2022.5.24.〉

이 영은 공포한 날부터 시행한다. 다만, 제4조의 개정규정은 2023년 3월 24일부터 시행한다.

부칙 〈대통령령 제35194호, 2025.1.7.〉

이 영은 공포한 날부터 시행한다.

Chapter 04 행정소송법

제1장 총칙

제1조(목적) 이 법은 행정소송절차를 통하여 행정청의 위법한 처분 그 밖에 공권력의 행사·불행사등으로 인한 국민의 권리 또는 이익의 침해를 구제하고, 공법상의 권리관계 또는 법적용에 관한 다툼을 적정하게 해결함을 목적으로 한다.

제2조(정의) ① 이 법에서 사용하는 용어의 정의는 다음과 같다.
1. "처분등"이라 함은 행정청이 행하는 구체적 사실에 관한 법집행으로서의 공권력의 행사 또는 그 거부와 그 밖에 이에 준하는 행정작용(이하 "處分"이라 한다) 및 행정심판에 대한 재결을 말한다.
2. "부작위"라 함은 행정청이 당사자의 신청에 대하여 상당한 기간내에 일정한 처분을 하여야 할 법률상 의무가 있음에도 불구하고 이를 하지 아니하는 것을 말한다.
② 이 법을 적용함에 있어서 행정청에는 법령에 의하여 행정권한의 위임 또는 위탁을 받은 행정기관, 공공단체 및 그 기관 또는 사인이 포함된다.

제3조(행정소송의 종류) 행정소송은 다음의 네가지로 구분한다. 〈개정 1988.8.5.〉
1. 항고소송 : 행정청의 처분등이나 부작위에 대하여 제기하는 소송
2. 당사자소송 : 행정청의 처분등을 원인으로 하는 법률관계에 관한 소송 그 밖에 공법상의 법률관계에 관한 소송으로서 그 법률관계의 한쪽 당사자를 피고로 하는 소송
3. 민중소송 : 국가 또는 공공단체의 기관이 법률에 위반되는 행위를 한 때에 직접 자기의 법률상 이익과 관계없이 그 시정을 구하기 위하여 제기하는 소송
4. 기관소송 : 국가 또는 공공단체의 기관상호간에 있어서의 권한의 존부 또는 그 행사에 관한 다툼이 있을 때에 이에 대하여 제기하는 소송. 다만, 헌법재판소법 제2조의 규정에 의하여 헌법재판소의 관장사항으로 되는 소송은 제외한다.

제4조(항고소송) 항고소송은 다음과 같이 구분한다.
1. 취소소송 : 행정청의 위법한 처분등을 취소 또는 변경하는 소송
2. 무효등 확인소송 : 행정청의 처분등의 효력 유무 또는 존재여부를 확인하는 소송
3. 부작위위법확인소송 : 행정청의 부작위가 위법하다는 것을 확인하는 소송

제5조(국외에서의 기간) 이 법에 의한 기간의 계산에 있어서 국외에서의 소송행위추완에 있어서는 그 기간을 14일에서 30일로, 제3자에 의한 재심청구에 있어서는 그 기간을 30일에서 60일로, 소의 제기에 있어서는 그 기간을 60일에서 90일로 한다.

제6조(명령·규칙의 위헌판결등 공고) ① 행정소송에 대한 대법원판결에 의하여 명령·규칙이 헌법 또는 법률에 위반된다는 것이 확정된 경우에는 대법원은 지체없이 그 사유를 행정안전부장관에게 통보하여야 한다. 〈개정 2013.3.23, 2014.11.19, 2017.7.26.〉

② 제1항의 규정에 의한 통보를 받은 행정안전부장관은 지체 없이 이를 관보에 게재하여야 한다. 〈개정 2013.3.23, 2014.11.19, 2017.7.26.〉

제7조(사건의 이송) 민사소송법 제34조제1항의 규정은 원고의 고의 또는 중대한 과실 없이 행정소송이 심급을 달리하는 법원에 잘못 제기된 경우에도 적용한다. 〈개정 2002.1.26.〉

제8조(법적용예) ① 행정소송에 대하여는 다른 법률에 특별한 규정이 있는 경우를 제외하고는 이 법이 정하는 바에 의한다.

② 행정소송에 관하여 이 법에 특별한 규정이 없는 사항에 대하여는 법원조직법과 민사소송법 및 민사집행법의 규정을 준용한다. 〈개정 2002.1.26.〉

제2장 취소소송

제1절 재판관할

제9조(재판관할) ① 취소소송의 제1심관할법원은 피고의 소재지를 관할하는 행정법원으로 한다. 〈개정 2014.5.20.〉

② 제1항에도 불구하고 다음 각 호의 어느 하나에 해당하는 피고에 대하여 취소소송을 제기하는 경우에는 대법원소재지를 관할하는 행정법원에 제기할 수 있다. 〈신설 2014.5.20.〉

  1. 중앙행정기관, 중앙행정기관의 부속기관과 합의제행정기관 또는 그 장

  2. 국가의 사무를 위임 또는 위탁받은 공공단체 또는 그 장

③ 토지의 수용 기타 부동산 또는 특정의 장소에 관계되는 처분등에 대한 취소소송은 그 부동산 또는 장소의 소재지를 관할하는 행정법원에 이를 제기할 수 있다. 〈개정 2014.5.20.〉

  [전문개정 1994.7.27.]

  [제목개정 2014.5.20.]

제10조(관련청구소송의 이송 및 병합) ① 취소소송과 다음 각 호의 1에 해당하는 소송(이하 "關聯請求訴訟"이라 한다)이 각각 다른 법원에 계속되고 있는 경우에 관련청구소송이 계속된 법원이 상당하다고 인정하는 때에는 당사자의 신청 또는 직권에 의하여 이를 취소소송이 계속된 법원으로 이송할 수 있다.

  1. 당해 처분등과 관련되는 손해배상·부당이득반환·원상회복등 청구소송

  2. 당해 처분등과 관련되는 취소소송

② 취소소송에는 사실심의 변론종결 시까지 관련청구소송을 병합하거나 피고외의 자를 상대로 한 관련청구소송을 취소소송이 계속된 법원에 병합하여 제기할 수 있다.

제11조(선결문제) ① 처분등의 효력 유무 또는 존재 여부가 민사소송의 선결문제로 되어 당해 민사소송의 수소법원이 이를 심리·판단하는 경우에는 제17조, 제25조, 제26조 및 제33조의 규정을 준용한다.
② 제1항의 경우 당해 수소법원은 그 처분등을 행한 행정청에게 그 선결문제로 된 사실을 통지하여야 한다.

제2절 당사자

제12조(원고적격) 취소소송은 처분등의 취소를 구할 법률상 이익이 있는 자가 제기할 수 있다. 처분등의 효과가 기간의 경과, 처분등의 집행 그 밖의 사유로 인하여 소멸된 뒤에도 그 처분등의 취소로 인하여 회복되는 법률상 이익이 있는 자의 경우에는 또한 같다.

제13조(피고적격) ① 취소소송은 다른 법률에 특별한 규정이 없는 한 그 처분등을 행한 행정청을 피고로 한다. 다만, 처분등이 있은 뒤에 그 처분등에 관계되는 권한이 다른 행정청에 승계된 때에는 이를 승계한 행정청을 피고로 한다.
② 제1항의 규정에 의한 행정청이 없게 된 때에는 그 처분등에 관한 사무가 귀속되는 국가 또는 공공단체를 피고로 한다.

제14조(피고경정) ① 원고가 피고를 잘못 지정한 때에는 법원은 원고의 신청에 의하여 결정으로써 피고의 경정을 허가할 수 있다.
② 법원은 제1항의 규정에 의한 결정의 정본을 새로운 피고에게 송달하여야 한다.
③ 제1항의 규정에 의한 신청을 각하하는 결정에 대하여는 즉시항고할 수 있다.
④ 제1항의 규정에 의한 결정이 있은 때에는 새로운 피고에 대한 소송은 처음에 소를 제기한 때에 제기된 것으로 본다.
⑤ 제1항의 규정에 의한 결정이 있은 때에는 종전의 피고에 대한 소송은 취하된 것으로 본다.
⑥ 취소소송이 제기된 후에 제13조제1항 단서 또는 제13조제2항에 해당하는 사유가 생긴 때에는 법원은 당사자의 신청 또는 직권에 의하여 피고를 경정한다. 이 경우에는 제4항 및 제5항의 규정을 준용한다.

제15조(공동소송) 수인의 청구 또는 수인에 대한 청구가 처분등의 취소청구와 관련되는 청구인 경우에 한하여 그 수인은 공동소송인이 될 수 있다.

제16조(제3자의 소송참가) ① 법원은 소송의 결과에 따라 권리 또는 이익의 침해를 받을 제3자가 있는 경우에는 당사자 또는 제3자의 신청 또는 직권에 의하여 결정으로써 그 제3자를 소송에 참가시킬 수 있다.
② 법원이 제1항의 규정에 의한 결정을 하고자 할 때에는 미리 당사자 및 제3자의 의견을 들어야 한다.

③ 제1항의 규정에 의한 신청을 한 제3자는 그 신청을 각하한 결정에 대하여 즉시항고할 수 있다.

④ 제1항의 규정에 의하여 소송에 참가한 제3자에 대하여는 민사소송법 제67조의 규정을 준용한다. 〈개정 2002.1.26.〉

제17조(행정청의 소송참가) ① 법원은 다른 행정청을 소송에 참가시킬 필요가 있다고 인정할 때에는 당사자 또는 당해 행정청의 신청 또는 직권에 의하여 결정으로써 그 행정청을 소송에 참가시킬 수 있다.

② 법원은 제1항의 규정에 의한 결정을 하고자 할 때에는 당사자 및 당해 행정청의 의견을 들어야 한다.

③ 제1항의 규정에 의하여 소송에 참가한 행정청에 대하여는 민사소송법 제76조의 규정을 준용한다. 〈개정 2002.1.26.〉

제3절 소의 제기

제18조(행정심판과의 관계) ① 취소소송은 법령의 규정에 의하여 당해 처분에 대한 행정심판을 제기할 수 있는 경우에도 이를 거치지 아니하고 제기할 수 있다. 다만, 다른 법률에 당해 처분에 대한 행정심판의 재결을 거치지 아니하면 취소소송을 제기할 수 없다는 규정이 있는 때에는 그러하지 아니하다. 〈개정 1994.7.27.〉

② 제1항 단서의 경우에도 다음 각 호의 1에 해당하는 사유가 있는 때에는 행정심판의 재결을 거치지 아니하고 취소소송을 제기할 수 있다. 〈개정 1994.7.27.〉

1. 행정심판청구가 있은 날로부터 60일이 지나도 재결이 없는 때
2. 처분의 집행 또는 절차의 속행으로 생길 중대한 손해를 예방하여야 할 긴급한 필요가 있는 때
3. 법령의 규정에 의한 행정심판기관이 의결 또는 재결을 하지 못할 사유가 있는 때
4. 그 밖의 정당한 사유가 있는 때

③ 제1항 단서의 경우에 다음 각 호의 1에 해당하는 사유가 있는 때에는 행정심판을 제기함이 없이 취소소송을 제기할 수 있다. 〈개정 1994.7.27.〉

1. 동종사건에 관하여 이미 행정심판의 기각재결이 있은 때
2. 서로 내용상 관련되는 처분 또는 같은 목적을 위하여 단계적으로 진행되는 처분 중 어느 하나가 이미 행정심판의 재결을 거친 때
3. 행정청이 사실심의 변론종결 후 소송의 대상인 처분을 변경하여 당해 변경된 처분에 관하여 소를 제기하는 때
4. 처분을 행한 행정청이 행정심판을 거칠 필요가 없다고 잘못 알린 때

④ 제2항 및 제3항의 규정에 의한 사유는 이를 소명하여야 한다.

제19조(취소소송의 대상) 취소소송은 처분등을 대상으로 한다. 다만, 재결취소소송의 경우에는 재결 자체에 고유한 위법이 있음을 이유로 하는 경우에 한한다.

제20조(제소기간) ① 취소소송은 처분등이 있음을 안 날부터 90일 이내에 제기하여야 한다. 다만, 제18조제1항 단서에 규정한 경우와 그 밖에 행정심판청구를 할 수 있는 경우 또는 행정청이 행정심판청

구를 할 수 있다고 잘못 알린 경우에 행정심판청구가 있은 때의 기간은 재결서의 정본을 송달받은 날부터 기산한다.

② 취소소송은 처분등이 있은 날부터 1년(第1項 但書의 경우는 裁決이 있은 날부터 1年)을 경과하면 이를 제기하지 못한다. 다만, 정당한 사유가 있는 때에는 그러하지 아니하다.

③ 제1항의 규정에 의한 기간은 불변기간으로 한다.

[전문개정 1994.7.27.]

제21조(소의 변경) ① 법원은 취소소송을 당해 처분등에 관계되는 사무가 귀속하는 국가 또는 공공단체에 대한 당사자소송 또는 취소소송외의 항고소송으로 변경하는 것이 상당하다고 인정할 때에는 청구의 기초에 변경이 없는 한 사실심의 변론종결시까지 원고의 신청에 의하여 결정으로써 소의 변경을 허가할 수 있다.

② 제1항의 규정에 의한 허가를 하는 경우 피고를 달리하게 될 때에는 법원은 새로이 피고로 될 자의 의견을 들어야 한다.

③ 제1항의 규정에 의한 허가결정에 대하여는 즉시항고할 수 있다.

④ 제1항의 규정에 의한 허가결정에 대하여는 제14조제2항·제4항 및 제5항의 규정을 준용한다.

제22조(처분변경으로 인한 소의 변경) ① 법원은 행정청이 소송의 대상인 처분을 소가 제기된 후 변경한 때에는 원고의 신청에 의하여 결정으로써 청구의 취지 또는 원인의 변경을 허가할 수 있다.

② 제1항의 규정에 의한 신청은 처분의 변경이 있음을 안 날로부터 60일 이내에 하여야 한다.

③ 제1항의 규정에 의하여 변경되는 청구는 제18조제1항 단서의 규정에 의한 요건을 갖춘 것으로 본다.

〈개정 1994.7.27.〉

제23조(집행정지) ① 취소소송의 제기는 처분등의 효력이나 그 집행 또는 절차의 속행에 영향을 주지 아니한다.

② 취소소송이 제기된 경우에 처분등이나 그 집행 또는 절차의 속행으로 인하여 생길 회복하기 어려운 손해를 예방하기 위하여 긴급한 필요가 있다고 인정할 때에는 본안이 계속되고 있는 법원은 당사자의 신청 또는 직권에 의하여 처분등의 효력이나 그 집행 또는 절차의 속행의 전부 또는 일부의 정지(이하 "執行停止"라 한다)를 결정할 수 있다. 다만, 처분의 효력정지는 처분등의 집행 또는 절차의 속행을 정지함으로써 목적을 달성할 수 있는 경우에는 허용되지 아니한다.

③ 집행정지는 공공복리에 중대한 영향을 미칠 우려가 있을 때에는 허용되지 아니한다.

④ 제2항의 규정에 의한 집행정지의 결정을 신청함에 있어서는 그 이유에 대한 소명이 있어야 한다.

⑤ 제2항의 규정에 의한 집행정지의 결정 또는 기각의 결정에 대하여는 즉시항고할 수 있다. 이 경우 집행정지의 결정에 대한 즉시항고에는 결정의 집행을 정지하는 효력이 없다.

⑥ 제30조제1항의 규정은 제2항의 규정에 의한 집행정지의 결정에 이를 준용한다.

제24조(집행정지의 취소) ① 집행정지의 결정이 확정된 후 집행정지가 공공복리에 중대한 영향을 미치거나 그 정지사유가 없어진 때에는 당사자의 신청 또는 직권에 의하여 결정으로써 집행정지의 결정을 취소할 수 있다.

② 제1항의 규정에 의한 집행정지결정의 취소결정과 이에 대한 불복의 경우에는 제23조제4항 및 제5항의 규정을 준용한다.

제4절 심리

제25조(행정심판기록의 제출명령) ① 법원은 당사자의 신청이 있는 때에는 결정으로써 재결을 행한 행정청에 대하여 행정심판에 관한 기록의 제출을 명할 수 있다.
② 제1항의 규정에 의한 제출명령을 받은 행정청은 지체 없이 당해 행정심판에 관한 기록을 법원에 제출하여야 한다.

제26조(직권심리) 법원은 필요하다고 인정할 때에는 직권으로 증거조사를 할 수 있고, 당사자가 주장하지 아니한 사실에 대하여도 판단할 수 있다.

제5절 재판

제27조(재량처분의 취소) 행정청의 재량에 속하는 처분이라도 재량권의 한계를 넘거나 그 남용이 있는 때에는 법원은 이를 취소할 수 있다.

제28조(사정판결) ① 원고의 청구가 이유있다고 인정하는 경우에도 처분등을 취소하는 것이 현저히 공공복리에 적합하지 아니하다고 인정하는 때에는 법원은 원고의 청구를 기각할 수 있다. 이 경우 법원은 그 판결의 주문에서 그 처분등이 위법함을 명시하여야 한다.
② 법원이 제1항의 규정에 의한 판결을 함에 있어서는 미리 원고가 그로 인하여 입게 될 손해의 정도와 배상방법 그 밖의 사정을 조사하여야 한다.
③ 원고는 피고인 행정청이 속하는 국가 또는 공공단체를 상대로 손해배상, 제해시설의 설치 그 밖에 적당한 구제방법의 청구를 당해 취소소송등이 계속된 법원에 병합하여 제기할 수 있다.

제29조(취소판결등의 효력) ① 처분등을 취소하는 확정판결은 제3자에 대하여도 효력이 있다.
② 제1항의 규정은 제23조의 규정에 의한 집행정지의 결정 또는 제24조의 규정에 의한 그 집행정지결정의 취소결정에 준용한다.

제30조(취소판결등의 기속력) ① 처분등을 취소하는 확정판결은 그 사건에 관하여 당사자인 행정청과 그 밖의 관계행정청을 기속한다.
② 판결에 의하여 취소되는 처분이 당사자의 신청을 거부하는 것을 내용으로 하는 경우에는 그 처분을 행한 행정청은 판결의 취지에 따라 다시 이전의 신청에 대한 처분을 하여야 한다.
③ 제2항의 규정은 신청에 따른 처분이 절차의 위법을 이유로 취소되는 경우에 준용한다.

제6절　보칙

제31조(제3자에 의한 재심청구) ① 처분등을 취소하는 판결에 의하여 권리 또는 이익의 침해를 받은 제3자는 자기에게 책임 없는 사유로 소송에 참가하지 못함으로써 판결의 결과에 영향을 미칠 공격 또는 방어방법을 제출하지 못한 때에는 이를 이유로 확정된 종국판결에 대하여 재심의 청구를 할 수 있다.
② 제1항의 규정에 의한 청구는 확정판결이 있음을 안 날로부터 30일 이내, 판결이 확정된 날로부터 1년 이내에 제기하여야 한다.
③ 제2항의 규정에 의한 기간은 불변기간으로 한다.

제32조(소송비용의 부담) 취소청구가 제28조의 규정에 의하여 기각되거나 행정청이 처분등을 취소 또는 변경함으로 인하여 청구가 각하 또는 기각된 경우에는 소송비용은 피고의 부담으로 한다.

제33조(소송비용에 관한 재판의 효력) 소송비용에 관한 재판이 확정된 때에는 피고 또는 참가인이었던 행정청이 소속하는 국가 또는 공공단체에 그 효력을 미친다.

제34조(거부처분취소판결의 간접강제) ① 행정청이 제30조제2항의 규정에 의한 처분을 하지 아니하는 때에는 제1심수소법원은 당사자의 신청에 의하여 결정으로써 상당한 기간을 정하고 행정청이 그 기간 내에 이행하지 아니하는 때에는 그 지연기간에 따라 일정한 배상을 할 것을 명하거나 즉시 손해배상을 할 것을 명할 수 있다.
② 제33조와 민사집행법 제262조의 규정은 제1항의 경우에 준용한다. 〈개정 2002.1.26.〉

제3장　취소소송외의 항고소송

제35조(무효등 확인소송의 원고적격) 무효등 확인소송은 처분등의 효력 유무 또는 존재 여부의 확인을 구할 법률상 이익이 있는 자가 제기할 수 있다.

제36조(부작위위법확인소송의 원고적격) 부작위위법확인소송은 처분의 신청을 한 자로서 부작위의 위법의 확인을 구할 법률상 이익이 있는 자만이 제기할 수 있다.

제37조(소의 변경) 제21조의 규정은 무효등 확인소송이나 부작위위법확인소송을 취소소송 또는 당사자소송으로 변경하는 경우에 준용한다.

제38조(준용규정) ① 제9조, 제10조, 제13조 내지 제17조, 제19조, 제22조 내지 제26조, 제29조 내지 제31조 및 제33조의 규정은 무효등 확인소송의 경우에 준용한다.
② 제9조, 제10조, 제13조 내지 제19조, 제20조, 제25조 내지 제27조, 제29조 내지 제31조, 제33조 및 제34조의 규정은 부작위위법확인소송의 경우에 준용한다. 〈개정 1994.7.27.〉

제4장 당사자소송

제39조(피고적격) 당사자소송은 국가·공공단체 그 밖의 권리주체를 피고로 한다.

제40조(재판관할) 제9조의 규정은 당사자소송의 경우에 준용한다. 다만, 국가 또는 공공단체가 피고인 경우에는 관계행정청의 소재지를 피고의 소재지로 본다.

제41조(제소기간) 당사자소송에 관하여 법령에 제소기간이 정하여져 있는 때에는 그 기간은 불변기간으로 한다.

제42조(소의 변경) 제21조의 규정은 당사자소송을 항고소송으로 변경하는 경우에 준용한다.

제43조(가집행선고의 제한) 국가를 상대로 하는 당사자소송의 경우에는 가집행선고를 할 수 없다.
[단순위헌, 2020헌가12, 2022.2.24, 행정소송법(1984.12.15. 법률 제3754호로 전부개정된 것) 제43조는 헌법에 위반된다.]

제44조(준용규정) ① 제14조 내지 제17조, 제22조, 제25조, 제26조, 제30조제1항, 제32조 및 제33조의 규정은 당사자소송의 경우에 준용한다.
② 제10조의 규정은 당사자소송과 관련청구소송이 각각 다른 법원에 계속되고 있는 경우의 이송과 이들 소송의 병합의 경우에 준용한다.

제5장 민중소송 및 기관소송

제45조(소의 제기) 민중소송 및 기관소송은 법률이 정한 경우에 법률에 정한 자에 한하여 제기할 수 있다.

제46조(준용규정) ① 민중소송 또는 기관소송으로써 처분등의 취소를 구하는 소송에는 그 성질에 반하지 아니하는 한 취소소송에 관한 규정을 준용한다.
② 민중소송 또는 기관소송으로써 처분등의 효력 유무 또는 존재 여부나 부작위의 위법의 확인을 구하는 소송에는 그 성질에 반하지 아니하는 한 각각 무효등 확인소송 또는 부작위위법확인소송에 관한 규정을 준용한다.
③ 민중소송 또는 기관소송으로서 제1항 및 제2항에 규정된 소송외의 소송에는 그 성질에 반하지 아니하는 한 당사자소송에 관한 규정을 준용한다.

부칙 〈제14839호, 2017.7.26.〉 (정부조직법)

제1조(시행일) ① 이 법은 공포한 날부터 시행한다. 다만, 부칙 제5조에 따라 개정되는 법률 중 이 법 시행 전에 공포되었으나 시행일이 도래하지 아니한 법률을 개정한 부분은 각각 해당 법률의 시행일부터 시행한다.

제2조부터 제4조까지 생략

제5조(다른 법률의 개정) ①부터 ㊳까지 생략

㊴ 행정소송법 일부를 다음과 같이 개정한다.

　제6조제1항 및 제2항 중 "행정자치부장관"을 각각 "행정안전부장관"으로 한다.

㊵부터 ㉒까지 생략

제6조 생략

제1장 총칙

제1조(목적) 이 법은 행정심판 절차를 통하여 행정청의 위법 또는 부당한 처분(處分)이나 부작위(不作爲)로 침해된 국민의 권리 또는 이익을 구제하고, 아울러 행정의 적정한 운영을 꾀함을 목적으로 한다.

제2조(정의) 이 법에서 사용하는 용어의 뜻은 다음과 같다.

1. "처분"이란 행정청이 행하는 구체적 사실에 관한 법집행으로서의 공권력의 행사 또는 그 거부, 그 밖에 이에 준하는 행정작용을 말한다.
2. "부작위"란 행정청이 당사자의 신청에 대하여 상당한 기간 내에 일정한 처분을 하여야 할 법률상 의무가 있는데도 처분을 하지 아니하는 것을 말한다.
3. "재결(裁決)"이란 행정심판의 청구에 대하여 제6조에 따른 행정심판위원회가 행하는 판단을 말한다.
4. "행정청"이란 행정에 관한 의사를 결정하여 표시하는 국가 또는 지방자치단체의 기관, 그 밖에 법령 또는 자치법규에 따라 행정권한을 가지고 있거나 위탁을 받은 공공단체나 그 기관 또는 사인(私人)을 말한다.

제3조(행정심판의 대상) ① 행정청의 처분 또는 부작위에 대하여는 다른 법률에 특별한 규정이 있는 경우 외에는 이 법에 따라 행정심판을 청구할 수 있다.

② 대통령의 처분 또는 부작위에 대하여는 다른 법률에서 행정심판을 청구할 수 있도록 정한 경우 외에는 행정심판을 청구할 수 없다.

제4조(특별행정심판 등) ① 사안(事案)의 전문성과 특수성을 살리기 위하여 특히 필요한 경우 외에는 이 법에 따른 행정심판을 갈음하는 특별한 행정불복절차(이하 "특별행정심판"이라 한다)나 이 법에 따른 행정심판 절차에 대한 특례를 다른 법률로 정할 수 없다.

② 다른 법률에서 특별행정심판이나 이 법에 따른 행정심판 절차에 대한 특례를 정한 경우에도 그 법률에서 규정하지 아니한 사항에 관하여는 이 법에서 정하는 바에 따른다.

③ 관계 행정기관의 장이 특별행정심판 또는 이 법에 따른 행정심판 절차에 대한 특례를 신설하거나 변경하는 법령을 제정·개정할 때에는 미리 중앙행정심판위원회와 협의하여야 한다.

제5조(행정심판의 종류) 행정심판의 종류는 다음 각 호와 같다.

1. 취소심판 : 행정청의 위법 또는 부당한 처분을 취소하거나 변경하는 행정심판
2. 무효등확인심판 : 행정청의 처분의 효력 유무 또는 존재 여부를 확인하는 행정심판
3. 의무이행심판 : 당사자의 신청에 대한 행정청의 위법 또는 부당한 거부처분이나 부작위에 대하여 일정한 처분을 하도록 하는 행정심판

제2장 심판기관

제6조(행정심판위원회의 설치) ① 다음 각 호의 행정청 또는 그 소속 행정청(행정기관의 계층구조와 관계없이 그 감독을 받거나 위탁을 받은 모든 행정청을 말하되, 위탁을 받은 행정청은 그 위탁받은 사무에 관하여는 위탁한 행정청의 소속 행정청으로 본다. 이하 같다)의 처분 또는 부작위에 대한 행정심판의 청구(이하 "심판청구"라 한다)에 대하여는 다음 각 호의 행정청에 두는 행정심판위원회에서 심리·재결한다. 〈개정 2016.3.29.〉

1. 감사원, 국가정보원장, 그 밖에 대통령령으로 정하는 대통령 소속기관의 장
2. 국회사무총장·법원행정처장·헌법재판소사무처장 및 중앙선거관리위원회사무총장
3. 국가인권위원회, 그 밖에 지위·성격의 독립성과 특수성 등이 인정되어 대통령령으로 정하는 행정청

② 다음 각 호의 행정청의 처분 또는 부작위에 대한 심판청구에 대하여는 「부패방지 및 국민권익위원회의 설치와 운영에 관한 법률」에 따른 국민권익위원회(이하 "국민권익위원회"라 한다)에 두는 중앙행정심판위원회에서 심리·재결한다. 〈개정 2012.2.17.〉

1. 제1항에 따른 행정청 외의 국가행정기관의 장 또는 그 소속 행정청
2. 특별시장·광역시장·특별자치시장·도지사·특별자치도지사(특별시·광역시·특별자치시·도 또는 특별자치도의 교육감을 포함한다. 이하 "시·도지사"라 한다) 또는 특별시·광역시·특별자치시·도·특별자치도(이하 "시·도"라 한다)의 의회(의장, 위원회의 위원장, 사무처장 등 의회 소속 모든 행정청을 포함한다)
3. 「지방자치법」에 따른 지방자치단체조합 등 관계 법률에 따라 국가·지방자치단체·공공법인 등이 공동으로 설립한 행정청. 다만, 제3항제3호에 해당하는 행정청은 제외한다.

③ 다음 각 호의 행정청의 처분 또는 부작위에 대한 심판청구에 대하여는 시·도지사 소속으로 두는 행정심판위원회에서 심리·재결한다.

1. 시·도 소속 행정청
2. 시·도의 관할구역에 있는 시·군·자치구의 장, 소속 행정청 또는 시·군·자치구의 의회(의장, 위원회의 위원장, 사무국장, 사무과장 등 의회 소속 모든 행정청을 포함한다)
3. 시·도의 관할구역에 있는 둘 이상의 지방자치단체(시·군·자치구를 말한다)·공공법인 등이 공동으로 설립한 행정청

④ 제2항제1호에도 불구하고 대통령령으로 정하는 국가행정기관 소속 특별지방행정기관의 장의 처분 또는 부작위에 대한 심판청구에 대하여는 해당 행정청의 직근 상급행정기관에 두는 행정심판위원회에서 심리·재결한다.

제7조(행정심판위원회의 구성) ① 행정심판위원회(중앙행정심판위원회는 제외한다. 이하 이 조에서 같다)는 위원장 1명을 포함하여 50명 이내의 위원으로 구성한다. 〈개정 2016.3.29.〉

② 행정심판위원회의 위원장은 그 행정심판위원회가 소속된 행정청이 되며, 위원장이 없거나 부득이한 사유로 직무를 수행할 수 없거나 위원장이 필요하다고 인정하는 경우에는 다음 각 호의 순서에 따라 위원이 위원장의 직무를 대행한다.

1. 위원장이 사전에 지명한 위원

2. 제4항에 따라 지명된 공무원인 위원(2명 이상인 경우에는 직급 또는 고위공무원단에 속하는 공무원의 직무등급이 높은 위원 순서로, 직급 또는 직무등급도 같은 경우에는 위원 재직기간이 긴 위원 순서로, 재직기간도 같은 경우에는 연장자 순서로 한다)

③ 제2항에도 불구하고 제6조제3항에 따라 시 · 도지사 소속으로 두는 행정심판위원회의 경우에는 해당 지방자치단체의 조례로 정하는 바에 따라 공무원이 아닌 위원을 위원장으로 정할 수 있다. 이 경우 위원장은 비상임으로 한다.

④ 행정심판위원회의 위원은 해당 행정심판위원회가 소속된 행정청이 다음 각 호의 어느 하나에 해당하는 사람 중에서 성별을 고려하여 위촉하거나 그 소속 공무원 중에서 지명한다. 〈개정 2016.3.29.〉

1. 변호사 자격을 취득한 후 5년 이상의 실무 경험이 있는 사람

2. 「고등교육법」 제2조제1호부터 제6호까지의 규정에 따른 학교에서 조교수 이상으로 재직하거나 재직하였던 사람

3. 행정기관의 4급 이상 공무원이었거나 고위공무원단에 속하는 공무원이었던 사람

4. 박사학위를 취득한 후 해당 분야에서 5년 이상 근무한 경험이 있는 사람

5. 그 밖에 행정심판과 관련된 분야의 지식과 경험이 풍부한 사람

⑤ 행정심판위원회의 회의는 위원장과 위원장이 회의마다 지정하는 8명의 위원(그중 제4항에 따른 위촉위원은 6명 이상으로 하되, 제3항에 따라 위원장이 공무원이 아닌 경우에는 5명 이상으로 한다)으로 구성한다. 다만, 국회규칙, 대법원규칙, 헌법재판소규칙, 중앙선거관리위원회규칙 또는 대통령령(제6조제3항에 따라 시 · 도지사 소속으로 두는 행정심판위원회의 경우에는 해당 지방자치단체의 조례)으로 정하는 바에 따라 위원장과 위원장이 회의마다 지정하는 6명의 위원(그중 제4항에 따른 위촉위원은 5명 이상으로 하되, 제3항에 따라 공무원이 아닌 위원이 위원장인 경우에는 4명 이상으로 한다)으로 구성할 수 있다.

⑥ 행정심판위원회는 제5항에 따른 구성원 과반수의 출석과 출석위원 과반수의 찬성으로 의결한다.

⑦ 행정심판위원회의 조직과 운영, 그 밖에 필요한 사항은 국회규칙, 대법원규칙, 헌법재판소규칙, 중앙선거관리위원회규칙 또는 대통령령으로 정한다.

제8조(중앙행정심판위원회의 구성) ① 중앙행정심판위원회는 위원장 1명을 포함하여 70명 이내의 위원으로 구성하되, 위원 중 상임위원은 4명 이내로 한다. 〈개정 2016.3.29.〉

② 중앙행정심판위원회의 위원장은 국민권익위원회의 부위원장 중 1명이 되며, 위원장이 없거나 부득이한 사유로 직무를 수행할 수 없거나 위원장이 필요하다고 인정하는 경우에는 상임위원(상임으로 재직한 기간이 긴 위원 순서로, 재직기간이 같은 경우에는 연장자 순서로 한다)이 위원장의 직무를 대행한다.

③ 중앙행정심판위원회의 상임위원은 일반직공무원으로서 「국가공무원법」 제26조의5에 따른 임기제 공무원으로 임명하되, 3급 이상 공무원 또는 고위공무원단에 속하는 일반직공무원으로 3년 이상 근무한 사람이나 그 밖에 행정심판에 관한 지식과 경험이 풍부한 사람 중에서 중앙행정심판위원회 위원장의 제청으로 국무총리를 거쳐 대통령이 임명한다. 〈개정 2014.5.28.〉

④ 중앙행정심판위원회의 비상임위원은 제7조제4항 각 호의 어느 하나에 해당하는 사람 중에서 중앙행정심판위원회 위원장의 제청으로 국무총리가 성별을 고려하여 위촉한다. 〈개정 2016.3.29.〉

⑤ 중앙행정심판위원회의 회의(제6항에 따른 소위원회 회의는 제외한다)는 위원장, 상임위원 및 위원장이 회의마다 지정하는 비상임위원을 포함하여 총 9명으로 구성한다.

⑥ 중앙행정심판위원회는 심판청구사건(이하 "사건"이라 한다) 중 「도로교통법」에 따른 자동차운전면허 행정처분에 관한 사건(소위원회가 중앙행정심판위원회에서 심리·의결하도록 결정한 사건은 제외한다)을 심리·의결하게 하기 위하여 4명의 위원으로 구성하는 소위원회를 둘 수 있다.

⑦ 중앙행정심판위원회 및 소위원회는 각각 제5항 및 제6항에 따른 구성원 과반수의 출석과 출석위원 과반수의 찬성으로 의결한다.

⑧ 중앙행정심판위원회는 위원장이 지정하는 사건을 미리 검토하도록 필요한 경우에는 전문위원회를 둘 수 있다.

⑨ 중앙행정심판위원회, 소위원회 및 전문위원회의 조직과 운영 등에 필요한 사항은 대통령령으로 정한다.

제9조(위원의 임기 및 신분보장 등) ① 제7조제4항에 따라 지명된 위원은 그 직에 재직하는 동안 재임한다.

② 제8조제3항에 따라 임명된 중앙행정심판위원회 상임위원의 임기는 3년으로 하며, 1차에 한하여 연임할 수 있다.

③ 제7조제4항 및 제8조제4항에 따라 위촉된 위원의 임기는 2년으로 하되, 2차에 한하여 연임할 수 있다. 다만, 제6조제1항제2호에 규정된 기관에 두는 행정심판위원회의 위촉위원의 경우에는 각각 국회규칙, 대법원규칙, 헌법재판소규칙 또는 중앙선거관리위원회규칙으로 정하는 바에 따른다.

④ 다음 각 호의 어느 하나에 해당하는 사람은 제6조에 따른 행정심판위원회(이하 "위원회"라 한다)의 위원이 될 수 없으며, 위원이 이에 해당하게 된 때에는 당연히 퇴직한다.

1. 대한민국 국민이 아닌 사람
2. 「국가공무원법」 제33조 각 호의 어느 하나에 해당하는 사람

⑤ 제7조제4항 및 제8조제4항에 따라 위촉된 위원은 금고(禁錮) 이상의 형을 선고받거나 부득이한 사유로 장기간 직무를 수행할 수 없게 되는 경우 외에는 임기 중 그의 의사와 다르게 해촉(解囑)되지 아니한다.

제10조(위원의 제척·기피·회피) ① 위원회의 위원은 다음 각 호의 어느 하나에 해당하는 경우에는 그 사건의 심리·의결에서 제척(除斥)된다. 이 경우 제척결정은 위원회의 위원장(이하 "위원장"이라 한다)이 직권으로 또는 당사자의 신청에 의하여 한다.

1. 위원 또는 그 배우자나 배우자이었던 사람이 사건의 당사자이거나 사건에 관하여 공동 권리자 또는 의무자인 경우
2. 위원이 사건의 당사자와 친족이거나 친족이었던 경우
3. 위원이 사건에 관하여 증언이나 감정(鑑定)을 한 경우
4. 위원이 당사자의 대리인으로서 사건에 관여하거나 관여하였던 경우
5. 위원이 사건의 대상이 된 처분 또는 부작위에 관여한 경우

② 당사자는 위원에게 공정한 심리·의결을 기대하기 어려운 사정이 있으면 위원장에게 기피신청을 할 수 있다.

③ 위원에 대한 제척신청이나 기피신청은 그 사유를 소명(疏明)한 문서로 하여야 한다. 다만, 불가피한 경우에는 신청한 날부터 3일 이내에 신청 사유를 소명할 수 있는 자료를 제출하여야 한다. 〈개정 2016.3.29.〉

④ 제척신청이나 기피신청이 제3항을 위반하였을 때에는 위원장은 결정으로 이를 각하한다. 〈신설 2016.3.29.〉

⑤ 위원장은 제척신청이나 기피신청의 대상이 된 위원에게서 그에 대한 의견을 받을 수 있다. 〈개정 2016.3.29.〉

⑥ 위원장은 제척신청이나 기피신청을 받으면 제척 또는 기피 여부에 대한 결정을 하고, 지체 없이 신청인에게 결정서 정본(正本)을 송달하여야 한다. 〈개정 2016.3.29.〉

⑦ 위원회의 회의에 참석하는 위원이 제척사유 또는 기피사유에 해당되는 것을 알게 되었을 때에는 스스로 그 사건의 심리·의결에서 회피할 수 있다. 이 경우 회피하고자 하는 위원은 위원장에게 그 사유를 소명하여야 한다. 〈개정 2016.3.29.〉

⑧ 사건의 심리·의결에 관한 사무에 관여하는 위원 아닌 직원에게도 제1항부터 제7항까지의 규정을 준용한다. 〈개정 2016.3.29.〉

제11조(벌칙 적용 시의 공무원 의제) 위원 중 공무원이 아닌 위원은 「형법」과 그 밖의 법률에 따른 벌칙을 적용할 때에는 공무원으로 본다.

제12조(위원회의 권한 승계) ① 당사자의 심판청구 후 위원회가 법령의 개정·폐지 또는 제17조제5항에 따른 피청구인의 경정 결정에 따라 그 심판청구에 대하여 재결할 권한을 잃게 된 경우에는 해당 위원회는 심판청구서와 관계 서류, 그 밖의 자료를 새로 재결할 권한을 갖게 된 위원회에 보내야 한다.

② 제1항의 경우 송부를 받은 위원회는 지체 없이 그 사실을 다음 각 호의 자에게 알려야 한다.
  1. 행정심판 청구인(이하 "청구인"이라 한다)
  2. 행정심판 피청구인(이하 "피청구인"이라 한다)
  3. 제20조 또는 제21조에 따라 심판참가를 하는 자(이하 "참가인"이라 한다)

제3장 당사자와 관계인

제13조(청구인 적격) ① 취소심판은 처분의 취소 또는 변경을 구할 법률상 이익이 있는 자가 청구할 수 있다. 처분의 효과가 기간의 경과, 처분의 집행, 그 밖의 사유로 소멸된 뒤에도 그 처분의 취소로 회복되는 법률상 이익이 있는 자의 경우에도 또한 같다.

② 무효등확인심판은 처분의 효력 유무 또는 존재 여부의 확인을 구할 법률상 이익이 있는 자가 청구할 수 있다.

③ 의무이행심판은 처분을 신청한 자로서 행정청의 거부처분 또는 부작위에 대하여 일정한 처분을 구할 법률상 이익이 있는 자가 청구할 수 있다.

제14조(법인이 아닌 사단 또는 재단의 청구인 능력) 법인이 아닌 사단 또는 재단으로서 대표자나 관리인이 정하여져 있는 경우에는 그 사단이나 재단의 이름으로 심판청구를 할 수 있다.

제15조(선정대표자) ① 여러 명의 청구인이 공동으로 심판청구를 할 때에는 청구인들 중에서 3명 이하의 선정대표자를 선정할 수 있다.

② 청구인들이 제1항에 따라 선정대표자를 선정하지 아니한 경우에 위원회는 필요하다고 인정하면 청구인들에게 선정대표자를 선정할 것을 권고할 수 있다.

③ 선정대표자는 다른 청구인들을 위하여 그 사건에 관한 모든 행위를 할 수 있다. 다만, 심판청구를 취하하려면 다른 청구인들의 동의를 받아야 하며, 이 경우 동의받은 사실을 서면으로 소명하여야 한다.

④ 선정대표자가 선정되면 다른 청구인들은 그 선정대표자를 통해서만 그 사건에 관한 행위를 할 수 있다.

⑤ 선정대표자를 선정한 청구인들은 필요하다고 인정하면 선정대표자를 해임하거나 변경할 수 있다. 이 경우 청구인들은 그 사실을 지체 없이 위원회에 서면으로 알려야 한다.

제16조(청구인의 지위 승계) ① 청구인이 사망한 경우에는 상속인이나 그 밖에 법령에 따라 심판청구의 대상에 관계되는 권리나 이익을 승계한 자가 청구인의 지위를 승계한다.

② 법인인 청구인이 합병(合倂)에 따라 소멸하였을 때에는 합병 후 존속하는 법인이나 합병에 따라 설립된 법인이 청구인의 지위를 승계한다.

③ 제1항과 제2항에 따라 청구인의 지위를 승계한 자는 위원회에 서면으로 그 사유를 신고하여야 한다. 이 경우 신고서에는 사망 등에 의한 권리·이익의 승계 또는 합병 사실을 증명하는 서면을 함께 제출하여야 한다.

④ 제1항 또는 제2항의 경우에 제3항에 따른 신고가 있을 때까지 사망자나 합병 전의 법인에 대하여 한 통지 또는 그 밖의 행위가 청구인의 지위를 승계한 자에게 도달하면 지위를 승계한 자에 대한 통지 또는 그 밖의 행위로서의 효력이 있다.

⑤ 심판청구의 대상과 관계되는 권리나 이익을 양수한 자는 위원회의 허가를 받아 청구인의 지위를 승계할 수 있다.

⑥ 위원회는 제5항의 지위 승계 신청을 받으면 기간을 정하여 당사자와 참가인에게 의견을 제출하도록 할 수 있으며, 당사자와 참가인이 그 기간에 의견을 제출하지 아니하면 의견이 없는 것으로 본다.

⑦ 위원회는 제5항의 지위 승계 신청에 대하여 허가 여부를 결정하고, 지체 없이 신청인에게는 결정서 정본을, 당사자와 참가인에게는 결정서 등본을 송달하여야 한다.

⑧ 신청인은 위원회가 제5항의 지위 승계를 허가하지 아니하면 결정서 정본을 받은 날부터 7일 이내에 위원회에 이의신청을 할 수 있다.

제17조(피청구인의 적격 및 경정) ① 행정심판은 처분을 한 행정청(의무이행심판의 경우에는 청구인의 신청을 받은 행정청)을 피청구인으로 하여 청구하여야 한다. 다만, 심판청구의 대상과 관계되는 권한이 다른 행정청에 승계된 경우에는 권한을 승계한 행정청을 피청구인으로 하여야 한다.

② 청구인이 피청구인을 잘못 지정한 경우에는 위원회는 직권으로 또는 당사자의 신청에 의하여 결정으로써 피청구인을 경정(更正)할 수 있다.

③ 위원회는 제2항에 따라 피청구인을 경정하는 결정을 하면 결정서 정본을 당사자(종전의 피청구인과 새로운 피청구인을 포함한다. 이하 제6항에서 같다)에게 송달하여야 한다.

④ 제2항에 따른 결정이 있으면 종전의 피청구인에 대한 심판청구는 취하되고 종전의 피청구인에 대한 행정심판이 청구된 때에 새로운 피청구인에 대한 행정심판이 청구된 것으로 본다.

⑤ 위원회는 행정심판이 청구된 후에 제1항 단서의 사유가 발생하면 직권으로 또는 당사자의 신청에 의하여 결정으로써 피청구인을 경정한다. 이 경우에는 제3항과 제4항을 준용한다.

⑥ 당사자는 제2항 또는 제5항에 따른 위원회의 결정에 대하여 결정서 정본을 받은 날부터 7일 이내에 위원회에 이의신청을 할 수 있다.

제18조(대리인의 선임) ① 청구인은 법정대리인 외에 다음 각 호의 어느 하나에 해당하는 자를 대리인으로 선임할 수 있다.

1. 청구인의 배우자, 청구인 또는 배우자의 사촌 이내의 혈족
2. 청구인이 법인이거나 제14조에 따른 청구인 능력이 있는 법인이 아닌 사단 또는 재단인 경우 그 소속 임직원
3. 변호사
4. 다른 법률에 따라 심판청구를 대리할 수 있는 자
5. 그 밖에 위원회의 허가를 받은 자

② 피청구인은 그 소속 직원 또는 제1항제3호부터 제5호까지의 어느 하나에 해당하는 자를 대리인으로 선임할 수 있다.

③ 제1항과 제2항에 따른 대리인에 관하여는 제15조제3항 및 제5항을 준용한다.

제18조의2(국선대리인) ① 청구인이 경제적 능력으로 인해 대리인을 선임할 수 없는 경우에는 위원회에 국선대리인을 선임하여 줄 것을 신청할 수 있다.

② 위원회는 제1항의 신청에 따른 국선대리인 선정 여부에 대한 결정을 하고, 지체 없이 청구인에게 그 결과를 통지하여야 한다. 이 경우 위원회는 심판청구가 명백히 부적법하거나 이유 없는 경우 또는 권리의 남용이라고 인정되는 경우에는 국선대리인을 선정하지 아니할 수 있다.

③ 국선대리인 신청절차, 국선대리인 지원 요건, 국선대리인의 자격·보수 등 국선대리인 운영에 필요한 사항은 국회규칙, 대법원규칙, 헌법재판소규칙, 중앙선거관리위원회규칙 또는 대통령령으로 정한다.

[본조신설 2017.10.31.]

제19조(대표자 등의 자격) ① 대표자·관리인·선정대표자 또는 대리인의 자격은 서면으로 소명하여야 한다.

② 청구인이나 피청구인은 대표자·관리인·선정대표자 또는 대리인이 그 자격을 잃으면 그 사실을 서면으로 위원회에 신고하여야 한다. 이 경우 소명 자료를 함께 제출하여야 한다.

제20조(심판참가) ① 행정심판의 결과에 이해관계가 있는 제3자나 행정청은 해당 심판청구에 대한 제7조제6항 또는 제8조제7항에 따른 위원회나 소위원회의 의결이 있기 전까지 그 사건에 대하여 심판참가를 할 수 있다.

② 제1항에 따른 심판참가를 하려는 자는 참가의 취지와 이유를 적은 참가신청서를 위원회에 제출하여야 한다. 이 경우 당사자의 수만큼 참가신청서 부본을 함께 제출하여야 한다.

③ 위원회는 제2항에 따라 참가신청서를 받으면 참가신청서 부본을 당사자에게 송달하여야 한다.

④ 제3항의 경우 위원회는 기간을 정하여 당사자와 다른 참가인에게 제3자의 참가신청에 대한 의견을 제출하도록 할 수 있으며, 당사자와 다른 참가인이 그 기간에 의견을 제출하지 아니하면 의견이 없는 것으로 본다.

⑤ 위원회는 제2항에 따라 참가신청을 받으면 허가 여부를 결정하고, 지체 없이 신청인에게는 결정서 정본을, 당사자와 다른 참가인에게는 결정서 등본을 송달하여야 한다.

⑥ 신청인은 제5항에 따라 송달을 받은 날부터 7일 이내에 위원회에 이의신청을 할 수 있다.

제21조(심판참가의 요구) ① 위원회는 필요하다고 인정하면 그 행정심판 결과에 이해관계가 있는 제3자나 행정청에 그 사건 심판에 참가할 것을 요구할 수 있다.

② 제1항의 요구를 받은 제3자나 행정청은 지체 없이 그 사건 심판에 참가할 것인지 여부를 위원회에 통지하여야 한다.

제22조(참가인의 지위) ① 참가인은 행정심판 절차에서 당사자가 할 수 있는 심판절차상의 행위를 할 수 있다.

② 이 법에 따라 당사자가 위원회에 서류를 제출할 때에는 참가인의 수만큼 부본을 제출하여야 하고, 위원회가 당사자에게 통지를 하거나 서류를 송달할 때에는 참가인에게도 통지하거나 송달하여야 한다.

③ 참가인의 대리인 선임과 대표자 자격 및 서류 제출에 관하여는 제18조, 제19조 및 이 조 제2항을 준용한다.

제4장 행정심판 청구

제23조(심판청구서의 제출) ① 행정심판을 청구하려는 자는 제28조에 따라 심판청구서를 작성하여 피청구인이나 위원회에 제출하여야 한다. 이 경우 피청구인의 수만큼 심판청구서 부본을 함께 제출하여야 한다.

② 행정청이 제58조에 따른 고지를 하지 아니하거나 잘못 고지하여 청구인이 심판청구서를 다른 행정기관에 제출한 경우에는 그 행정기관은 그 심판청구서를 지체 없이 정당한 권한이 있는 피청구인에게 보내야 한다.

③ 제2항에 따라 심판청구서를 보낸 행정기관은 지체 없이 그 사실을 청구인에게 알려야 한다.

④ 제27조에 따른 심판청구 기간을 계산할 때에는 제1항에 따른 피청구인이나 위원회 또는 제2항에 따른 행정기관에 심판청구서가 제출되었을 때에 행정심판이 청구된 것으로 본다.

제24조(피청구인의 심판청구서 등의 접수ㆍ처리) ① 피청구인이 제23조제1항ㆍ제2항 또는 제26조제1항에 따라 심판청구서를 접수하거나 송부받으면 10일 이내에 심판청구서(제23조제1항ㆍ제2항의 경우만 해당된다)와 답변서를 위원회에 보내야 한다. 다만, 청구인이 심판청구를 취하한 경우에는 그러하지 아니하다.

② 제1항에도 불구하고 심판청구가 그 내용이 특정되지 아니하는 등 명백히 부적법하다고 판단되는 경우에 피청구인은 답변서를 위원회에 보내지 아니할 수 있다. 이 경우 심판청구서를 접수하거나 송부받은 날부터 10일 이내에 그 사유를 위원회에 문서로 통보하여야 한다. 〈신설 2023.3.21.〉

③ 제2항에도 불구하고 위원장이 심판청구에 대하여 답변서 제출을 요구하면 피청구인은 위원장으로부터 답변서 제출을 요구받은 날부터 10일 이내에 위원회에 답변서를 제출하여야 한다. 〈신설 2023.3.21.〉

④ 피청구인은 처분의 상대방이 아닌 제3자가 심판청구를 한 경우에는 지체 없이 처분의 상대방에게 그 사실을 알려야 한다. 이 경우 심판청구서 사본을 함께 송달하여야 한다. 〈개정 2023.3.21.〉

⑤ 피청구인이 제1항 본문에 따라 심판청구서를 보낼 때에는 심판청구서에 위원회가 표시되지 아니하였거나 잘못 표시된 경우에도 정당한 권한이 있는 위원회에 보내야 한다. 〈개정 2023.3.21.〉

⑥ 피청구인은 제1항 본문 또는 제3항에 따라 답변서를 보낼 때에는 청구인의 수만큼 답변서 부본을 함께 보내되, 답변서에는 다음 각 호의 사항을 명확하게 적어야 한다. 〈개정 2023.3.21.〉

1. 처분이나 부작위의 근거와 이유

2. 심판청구의 취지와 이유에 대응하는 답변

3. 제4항에 해당하는 경우에는 처분의 상대방의 이름ㆍ주소ㆍ연락처와 제4항의 의무 이행 여부

⑦ 제4항과 제5항의 경우에 피청구인은 송부 사실을 지체 없이 청구인에게 알려야 한다. 〈개정 2023.3.21.〉

⑧ 중앙행정심판위원회에서 심리ㆍ재결하는 사건인 경우 피청구인은 제1항 또는 제3항에 따라 위원회에 심판청구서 또는 답변서를 보낼 때에는 소관 중앙행정기관의 장에게도 그 심판청구ㆍ답변의 내용을 알려야 한다. 〈개정 2023.3.21.〉

제25조(피청구인의 직권취소등) ① 제23조제1항ㆍ제2항 또는 제26조제1항에 따라 심판청구서를 받은 피청구인은 그 심판청구가 이유 있다고 인정하면 심판청구의 취지에 따라 직권으로 처분을 취소ㆍ변경하거나 확인을 하거나 신청에 따른 처분(이하 이 조에서 "직권취소등"이라 한다)을 할 수 있다. 이 경우 서면으로 청구인에게 알려야 한다.

② 피청구인은 제1항에 따라 직권취소등을 하였을 때에는 청구인이 심판청구를 취하한 경우가 아니면 제24조제1항 본문에 따라 심판청구서ㆍ답변서를 보내거나 같은 조 제3항에 따라 답변서를 보낼 때 직권취소등의 사실을 증명하는 서류를 위원회에 함께 제출하여야 한다. 〈개정 2023.3.21.〉

제26조(위원회의 심판청구서 등의 접수·처리) ① 위원회는 제23조제1항에 따라 심판청구서를 받으면 지체 없이 피청구인에게 심판청구서 부본을 보내야 한다.

② 위원회는 제24조제1항 본문 또는 제3항에 따라 피청구인으로부터 답변서가 제출된 경우 답변서 부본을 청구인에게 송달하여야 한다. 〈개정 2023.3.21.〉

제27조(심판청구의 기간) ① 행정심판은 처분이 있음을 알게 된 날부터 90일 이내에 청구하여야 한다.

② 청구인이 천재지변, 전쟁, 사변(事變), 그 밖의 불가항력으로 인하여 제1항에서 정한 기간에 심판청구를 할 수 없었을 때에는 그 사유가 소멸한 날부터 14일 이내에 행정심판을 청구할 수 있다. 다만, 국외에서 행정심판을 청구하는 경우에는 그 기간을 30일로 한다.

③ 행정심판은 처분이 있었던 날부터 180일이 지나면 청구하지 못한다. 다만, 정당한 사유가 있는 경우에는 그러하지 아니하다.

④ 제1항과 제2항의 기간은 불변기간(不變期間)으로 한다.

⑤ 행정청이 심판청구 기간을 제1항에 규정된 기간보다 긴 기간으로 잘못 알린 경우 그 잘못 알린 기간에 심판청구가 있으면 그 행정심판은 제1항에 규정된 기간에 청구된 것으로 본다.

⑥ 행정청이 심판청구 기간을 알리지 아니한 경우에는 제3항에 규정된 기간에 심판청구를 할 수 있다.

⑦ 제1항부터 제6항까지의 규정은 무효등확인심판청구와 부작위에 대한 의무이행심판청구에는 적용하지 아니한다.

제28조(심판청구의 방식) ① 심판청구는 서면으로 하여야 한다.

② 처분에 대한 심판청구의 경우에는 심판청구서에 다음 각 호의 사항이 포함되어야 한다.

　　1. 청구인의 이름과 주소 또는 사무소(주소 또는 사무소 외의 장소에서 송달받기를 원하면 송달장소를 추가로 적어야 한다)

　　2. 피청구인과 위원회

　　3. 심판청구의 대상이 되는 처분의 내용

　　4. 처분이 있음을 알게 된 날

　　5. 심판청구의 취지와 이유

　　6. 피청구인의 행정심판 고지 유무와 그 내용

③ 부작위에 대한 심판청구의 경우에는 제2항제1호·제2호·제5호의 사항과 그 부작위의 전제가 되는 신청의 내용과 날짜를 적어야 한다.

④ 청구인이 법인이거나 제14조에 따른 청구인 능력이 있는 법인이 아닌 사단 또는 재단이거나 행정심판이 선정대표자나 대리인에 의하여 청구되는 것일 때에는 제2항 또는 제3항의 사항과 함께 그 대표자·관리인·선정대표자 또는 대리인의 이름과 주소를 적어야 한다.

⑤ 심판청구서에는 청구인·대표자·관리인·선정대표자 또는 대리인이 서명하거나 날인하여야 한다.

제29조(청구의 변경) ① 청구인은 청구의 기초에 변경이 없는 범위에서 청구의 취지나 이유를 변경할 수 있다.

② 행정심판이 청구된 후에 피청구인이 새로운 처분을 하거나 심판청구의 대상인 처분을 변경한 경우에는 청구인은 새로운 처분이나 변경된 처분에 맞추어 청구의 취지나 이유를 변경할 수 있다.

③ 제1항 또는 제2항에 따른 청구의 변경은 서면으로 신청하여야 한다. 이 경우 피청구인과 참가인의 수만큼 청구변경신청서 부본을 함께 제출하여야 한다.

④ 위원회는 제3항에 따른 청구변경신청서 부본을 피청구인과 참가인에게 송달하여야 한다.

⑤ 제4항의 경우 위원회는 기간을 정하여 피청구인과 참가인에게 청구변경 신청에 대한 의견을 제출하도록 할 수 있으며, 피청구인과 참가인이 그 기간에 의견을 제출하지 아니하면 의견이 없는 것으로 본다.

⑥ 위원회는 제1항 또는 제2항의 청구변경 신청에 대하여 허가할 것인지 여부를 결정하고, 지체 없이 신청인에게는 결정서 정본을, 당사자 및 참가인에게는 결정서 등본을 송달하여야 한다.

⑦ 신청인은 제6항에 따라 송달을 받은 날부터 7일 이내에 위원회에 이의신청을 할 수 있다.

⑧ 청구의 변경결정이 있으면 처음 행정심판이 청구되었을 때부터 변경된 청구의 취지나 이유로 행정심판이 청구된 것으로 본다.

제30조(집행정지) ① 심판청구는 처분의 효력이나 그 집행 또는 절차의 속행(續行)에 영향을 주지 아니한다.

② 위원회는 처분, 처분의 집행 또는 절차의 속행 때문에 중대한 손해가 생기는 것을 예방할 필요성이 긴급하다고 인정할 때에는 직권으로 또는 당사자의 신청에 의하여 처분의 효력, 처분의 집행 또는 절차의 속행의 전부 또는 일부의 정지(이하 "집행정지"라 한다)를 결정할 수 있다. 다만, 처분의 효력정지는 처분의 집행 또는 절차의 속행을 정지함으로써 그 목적을 달성할 수 있을 때에는 허용되지 아니한다.

③ 집행정지는 공공복리에 중대한 영향을 미칠 우려가 있을 때에는 허용되지 아니한다.

④ 위원회는 집행정지를 결정한 후에 집행정지가 공공복리에 중대한 영향을 미치거나 그 정지사유가 없어진 경우에는 직권으로 또는 당사자의 신청에 의하여 집행정지 결정을 취소할 수 있다.

⑤ 집행정지 신청은 심판청구와 동시에 또는 심판청구에 대한 제7조제6항 또는 제8조제7항에 따른 위원회나 소위원회의 의결이 있기 전까지, 집행정지 결정의 취소신청은 심판청구에 대한 제7조제6항 또는 제8조제7항에 따른 위원회나 소위원회의 의결이 있기 전까지 신청의 취지와 원인을 적은 서면을 위원회에 제출하여야 한다. 다만, 심판청구서를 피청구인에게 제출한 경우로서 심판청구와 동시에 집행정지 신청을 할 때에는 심판청구서 사본과 접수증명서를 함께 제출하여야 한다.

⑥ 제2항과 제4항에도 불구하고 위원회의 심리·결정을 기다릴 경우 중대한 손해가 생길 우려가 있다고 인정되면 위원장은 직권으로 위원회의 심리·결정을 갈음하는 결정을 할 수 있다. 이 경우 위원장은 지체 없이 위원회에 그 사실을 보고하고 추인(追認)을 받아야 하며, 위원회의 추인을 받지 못하면 위원장은 집행정지 또는 집행정지 취소에 관한 결정을 취소하여야 한다.

⑦ 위원회는 집행정지 또는 집행정지의 취소에 관하여 심리·결정하면 지체 없이 당사자에게 결정서 정본을 송달하여야 한다.

제31조(임시처분) ① 위원회는 처분 또는 부작위가 위법·부당하다고 상당히 의심되는 경우로서 처분 또는 부작위 때문에 당사자가 받을 우려가 있는 중대한 불이익이나 당사자에게 생길 급박한 위험을 막기 위하여 임시지위를 정하여야 할 필요가 있는 경우에는 직권으로 또는 당사자의 신청에 의하여 임시처분을 결정할 수 있다.

② 제1항에 따른 임시처분에 관하여는 제30조제3항부터 제7항까지를 준용한다. 이 경우 같은 조 제6항 전단 중 "중대한 손해가 생길 우려"는 "중대한 불이익이나 급박한 위험이 생길 우려"로 본다.

③ 제1항에 따른 임시처분은 제30조제2항에 따른 집행정지로 목적을 달성할 수 있는 경우에는 허용되지 아니한다.

제5장 심리

제32조(보정) ① 위원회는 심판청구가 적법하지 아니하나 보정(補正)할 수 있다고 인정하면 기간을 정하여 청구인에게 보정할 것을 요구할 수 있다. 다만, 경미한 사항은 직권으로 보정할 수 있다.

② 청구인은 제1항의 요구를 받으면 서면으로 보정하여야 한다. 이 경우 다른 당사자의 수만큼 보정서 부본을 함께 제출하여야 한다.

③ 위원회는 제2항에 따라 제출된 보정서 부본을 지체 없이 다른 당사자에게 송달하여야 한다.

④ 제1항에 따른 보정을 한 경우에는 처음부터 적법하게 행정심판이 청구된 것으로 본다.

⑤ 제1항에 따른 보정기간은 제45조에 따른 재결 기간에 산입하지 아니한다.

⑥ 위원회는 청구인이 제1항에 따른 보정기간 내에 그 흠을 보정하지 아니한 경우에는 그 심판청구를 각하할 수 있다. 〈신설 2023.3.21.〉

제32조의2(보정할 수 없는 심판청구의 각하) 위원회는 심판청구서에 타인을 비방하거나 모욕하는 내용 등이 기재되어 청구 내용을 특정할 수 없고 그 흠을 보정할 수 없다고 인정되는 경우에는 제32조제1항에 따른 보정요구 없이 그 심판청구를 각하할 수 있다.

[본조신설 2023.3.21.]

제33조(주장의 보충) ① 당사자는 심판청구서 · 보정서 · 답변서 · 참가신청서 등에서 주장한 사실을 보충하고 다른 당사자의 주장을 다시 반박하기 위하여 필요하면 위원회에 보충서면을 제출할 수 있다. 이 경우 다른 당사자의 수만큼 보충서면 부본을 함께 제출하여야 한다.

② 위원회는 필요하다고 인정하면 보충서면의 제출기한을 정할 수 있다.

③ 위원회는 제1항에 따라 보충서면을 받으면 지체 없이 다른 당사자에게 그 부본을 송달하여야 한다.

제34조(증거서류 등의 제출) ① 당사자는 심판청구서 · 보정서 · 답변서 · 참가신청서 · 보충서면 등에 덧붙여 그 주장을 뒷받침하는 증거서류나 증거물을 제출할 수 있다.

② 제1항의 증거서류에는 다른 당사자의 수만큼 증거서류 부본을 함께 제출하여야 한다.

③ 위원회는 당사자가 제출한 증거서류의 부본을 지체 없이 다른 당사자에게 송달하여야 한다.

제35조(자료의 제출 요구 등) ① 위원회는 사건 심리에 필요하면 관계 행정기관이 보관 중인 관련 문서, 장부, 그 밖에 필요한 자료를 제출할 것을 요구할 수 있다.

② 위원회는 필요하다고 인정하면 사건과 관련된 법령을 주관하는 행정기관이나 그 밖의 관계 행정기관의 장 또는 그 소속 공무원에게 위원회 회의에 참석하여 의견을 진술할 것을 요구하거나 의견서를 제출할 것을 요구할 수 있다.

③ 관계 행정기관의 장은 특별한 사정이 없으면 제1항과 제2항에 따른 위원회의 요구에 따라야 한다.

④ 중앙행정심판위원회에서 심리·재결하는 심판청구의 경우 소관 중앙행정기관의 장은 의견서를 제출하거나 위원회에 출석하여 의견을 진술할 수 있다.

제36조(증거조사) ① 위원회는 사건을 심리하기 위하여 필요하면 직권으로 또는 당사자의 신청에 의하여 다음 각 호의 방법에 따라 증거조사를 할 수 있다.

1. 당사자나 관계인(관계 행정기관 소속 공무원을 포함한다. 이하 같다)을 위원회의 회의에 출석하게 하여 신문(訊問)하는 방법

2. 당사자나 관계인이 가지고 있는 문서·장부·물건 또는 그 밖의 증거자료의 제출을 요구하고 영치(領置)하는 방법

3. 특별한 학식과 경험을 가진 제3자에게 감정을 요구하는 방법

4. 당사자 또는 관계인의 주소·거소·사업장이나 그 밖의 필요한 장소에 출입하여 당사자 또는 관계인에게 질문하거나 서류·물건 등을 조사·검증하는 방법

② 위원회는 필요하면 위원회가 소속된 행정청의 직원이나 다른 행정기관에 촉탁하여 제1항의 증거조사를 하게 할 수 있다.

③ 제1항에 따른 증거조사를 수행하는 사람은 그 신분을 나타내는 증표를 지니고 이를 당사자나 관계인에게 내보여야 한다.

④ 제1항에 따른 당사자 등은 위원회의 조사나 요구 등에 성실하게 협조하여야 한다.

제37조(절차의 병합 또는 분리) 위원회는 필요하면 관련되는 심판청구를 병합하여 심리하거나 병합된 관련 청구를 분리하여 심리할 수 있다.

제38조(심리기일의 지정과 변경) ① 심리기일은 위원회가 직권으로 지정한다.

② 심리기일의 변경은 직권으로 또는 당사자의 신청에 의하여 한다.

③ 위원회는 심리기일이 변경되면 지체 없이 그 사실과 사유를 당사자에게 알려야 한다.

④ 심리기일의 통지나 심리기일 변경의 통지는 서면으로 하거나 심판청구서에 적힌 전화, 휴대전화를 이용한 문자전송, 팩시밀리 또는 전자우편 등 간편한 통지 방법(이하 "간이통지방법"이라 한다)으로 할 수 있다.

제39조(직권심리) 위원회는 필요하면 당사자가 주장하지 아니한 사실에 대하여도 심리할 수 있다.

제40조(심리의 방식) ① 행정심판의 심리는 구술심리나 서면심리로 한다. 다만, 당사자가 구술심리를 신청한 경우에는 서면심리만으로 결정할 수 있다고 인정되는 경우 외에는 구술심리를 하여야 한다.

② 위원회는 제1항 단서에 따라 구술심리 신청을 받으면 그 허가 여부를 결정하여 신청인에게 알려야 한다.

③ 제2항의 통지는 간이통지방법으로 할 수 있다.

제41조(발언 내용 등의 비공개) 위원회에서 위원이 발언한 내용이나 그 밖에 공개되면 위원회의 심리·재결의 공정성을 해칠 우려가 있는 사항으로서 대통령령으로 정하는 사항은 공개하지 아니한다.

제42조(심판청구 등의 취하) ① 청구인은 심판청구에 대하여 제7조제6항 또는 제8조제7항에 따른 의결이 있을 때까지 서면으로 심판청구를 취하할 수 있다.

② 참가인은 심판청구에 대하여 제7조제6항 또는 제8조제7항에 따른 의결이 있을 때까지 서면으로 참가신청을 취하할 수 있다.

③ 제1항 또는 제2항에 따른 취하서에는 청구인이나 참가인이 서명하거나 날인하여야 한다.

④ 청구인 또는 참가인은 취하서를 피청구인 또는 위원회에 제출하여야 한다. 이 경우 제23조제2항부터 제4항까지의 규정을 준용한다.

⑤ 피청구인 또는 위원회는 계속 중인 사건에 대하여 제1항 또는 제2항에 따른 취하서를 받으면 지체 없이 다른 관계 기관, 청구인, 참가인에게 취하 사실을 알려야 한다.

제6장 재결

제43조(재결의 구분) ① 위원회는 심판청구가 적법하지 아니하면 그 심판청구를 각하(却下)한다.

② 위원회는 심판청구가 이유가 없다고 인정하면 그 심판청구를 기각(棄却)한다.

③ 위원회는 취소심판의 청구가 이유가 있다고 인정하면 처분을 취소 또는 다른 처분으로 변경하거나 처분을 다른 처분으로 변경할 것을 피청구인에게 명한다.

④ 위원회는 무효등확인심판의 청구가 이유가 있다고 인정하면 처분의 효력 유무 또는 처분의 존재 여부를 확인한다.

⑤ 위원회는 의무이행심판의 청구가 이유가 있다고 인정하면 지체 없이 신청에 따른 처분을 하거나 처분을 할 것을 피청구인에게 명한다.

제43조의2(조정) ① 위원회는 당사자의 권리 및 권한의 범위에서 당사자의 동의를 받아 심판청구의 신속하고 공정한 해결을 위하여 조정을 할 수 있다. 다만, 그 조정이 공공복리에 적합하지 아니하거나 해당 처분의 성질에 반하는 경우에는 그러하지 아니하다.

② 위원회는 제1항의 조정을 함에 있어서 심판청구된 사건의 법적·사실적 상태와 당사자 및 이해관계자의 이익 등 모든 사정을 참작하고, 조정의 이유와 취지를 설명하여야 한다.

③ 조정은 당사자가 합의한 사항을 조정서에 기재한 후 당사자가 서명 또는 날인하고 위원회가 이를 확인함으로써 성립한다.

④ 제3항에 따른 조정에 대하여는 제48조부터 제50조까지, 제50조의2, 제51조의 규정을 준용한다.
[본조신설 2017.10.31.]

제44조(사정재결) ① 위원회는 심판청구가 이유가 있다고 인정하는 경우에도 이를 인용(認容)하는 것이 공공복리에 크게 위배된다고 인정하면 그 심판청구를 기각하는 재결을 할 수 있다. 이 경우 위원회는 재결의 주문(主文)에서 그 처분 또는 부작위가 위법하거나 부당하다는 것을 구체적으로 밝혀야 한다.

② 위원회는 제1항에 따른 재결을 할 때에는 청구인에 대하여 상당한 구제방법을 취하거나 상당한 구제방법을 취할 것을 피청구인에게 명할 수 있다.

③ 제1항과 제2항은 무효등확인심판에는 적용하지 아니한다.

제45조(재결 기간) ① 재결은 제23조에 따라 피청구인 또는 위원회가 심판청구서를 받은 날부터 60일 이내에 하여야 한다. 다만, 부득이한 사정이 있는 경우에는 위원장이 직권으로 30일을 연장할 수 있다.

② 위원장은 제1항 단서에 따라 재결 기간을 연장할 경우에는 재결 기간이 끝나기 7일 전까지 당사자에게 알려야 한다.

제46조(재결의 방식) ① 재결은 서면으로 한다.

② 제1항에 따른 재결서에는 다음 각 호의 사항이 포함되어야 한다.

　　1. 사건번호와 사건명

　　2. 당사자·대표자 또는 대리인의 이름과 주소

　　3. 주문

　　4. 청구의 취지

　　5. 이유

　　6. 재결한 날짜

③ 재결서에 적는 이유에는 주문 내용이 정당하다는 것을 인정할 수 있는 정도의 판단을 표시하여야 한다.

제47조(재결의 범위) ① 위원회는 심판청구의 대상이 되는 처분 또는 부작위 외의 사항에 대하여는 재결하지 못한다.

② 위원회는 심판청구의 대상이 되는 처분보다 청구인에게 불리한 재결을 하지 못한다.

제48조(재결의 송달과 효력 발생) ① 위원회는 지체 없이 당사자에게 재결서의 정본을 송달하여야 한다. 이 경우 중앙행정심판위원회는 재결 결과를 소관 중앙행정기관의 장에게도 알려야 한다.

② 재결은 청구인에게 제1항 전단에 따라 송달되었을 때에 그 효력이 생긴다.

③ 위원회는 재결서의 등본을 지체 없이 참가인에게 송달하여야 한다.

④ 처분의 상대방이 아닌 제3자가 심판청구를 한 경우 위원회는 재결서의 등본을 지체 없이 피청구인을 거쳐 처분의 상대방에게 송달하여야 한다.

제49조(재결의 기속력 등) ① 심판청구를 인용하는 재결은 피청구인과 그 밖의 관계 행정청을 기속(羈束)한다.

② 재결에 의하여 취소되거나 무효 또는 부존재로 확인되는 처분이 당사자의 신청을 거부하는 것을 내용으로 하는 경우에는 그 처분을 한 행정청은 재결의 취지에 따라 다시 이전의 신청에 대한 처분을 하여야 한다. 〈신설 2017.4.18.〉

③ 당사자의 신청을 거부하거나 부작위로 방치한 처분의 이행을 명하는 재결이 있으면 행정청은 지체 없이 이전의 신청에 대하여 재결의 취지에 따라 처분을 하여야 한다. 〈개정 2017.4.18.〉

④ 신청에 따른 처분이 절차의 위법 또는 부당을 이유로 재결로써 취소된 경우에는 제2항을 준용한다. 〈개정 2017.4.18.〉

⑤ 법령의 규정에 따라 공고하거나 고시한 처분이 재결로써 취소되거나 변경되면 처분을 한 행정청은 지체 없이 그 처분이 취소 또는 변경되었다는 것을 공고하거나 고시하여야 한다. 〈개정 2017.4.18.〉

⑥ 법령의 규정에 따라 처분의 상대방 외의 이해관계인에게 통지된 처분이 재결로써 취소되거나 변경되면 처분을 한 행정청은 지체 없이 그 이해관계인에게 그 처분이 취소 또는 변경되었다는 것을 알려야 한다. 〈개정 2017.4.18.〉

제50조(위원회의 직접 처분) ① 위원회는 피청구인이 제49조제3항에도 불구하고 처분을 하지 아니하는 경우에는 당사자가 신청하면 기간을 정하여 서면으로 시정을 명하고 그 기간에 이행하지 아니하면 직접 처분을 할 수 있다. 다만, 그 처분의 성질이나 그 밖의 불가피한 사유로 위원회가 직접 처분을 할 수 없는 경우에는 그러하지 아니하다. 〈개정 2017.4.18.〉

② 위원회는 제1항 본문에 따라 직접 처분을 하였을 때에는 그 사실을 해당 행정청에 통보하여야 하며, 그 통보를 받은 행정청은 위원회가 한 처분을 자기가 한 처분으로 보아 관계 법령에 따라 관리·감독 등 필요한 조치를 하여야 한다.

제50조의2(위원회의 간접강제) ① 위원회는 피청구인이 제49조제2항(제49조제4항에서 준용하는 경우를 포함한다) 또는 제3항에 따른 처분을 하지 아니하면 청구인의 신청에 의하여 결정으로 상당한 기간을 정하고 피청구인이 그 기간 내에 이행하지 아니하는 경우에는 그 지연기간에 따라 일정한 배상을 하도록 명하거나 즉시 배상을 할 것을 명할 수 있다.

② 위원회는 사정의 변경이 있는 경우에는 당사자의 신청에 의하여 제1항에 따른 결정의 내용을 변경할 수 있다.

③ 위원회는 제1항 또는 제2항에 따른 결정을 하기 전에 신청 상대방의 의견을 들어야 한다.

④ 청구인은 제1항 또는 제2항에 따른 결정에 불복하는 경우 그 결정에 대하여 행정소송을 제기할 수 있다.

⑤ 제1항 또는 제2항에 따른 결정의 효력은 피청구인인 행정청이 소속된 국가·지방자치단체 또는 공공단체에 미치며, 결정서 정본은 제4항에 따른 소송제기와 관계없이 「민사집행법」에 따른 강제집행에 관하여는 집행권원과 같은 효력을 가진다. 이 경우 집행문은 위원장의 명에 따라 위원회가 소속된 행정청 소속 공무원이 부여한다.

⑥ 간접강제 결정에 기초한 강제집행에 관하여 이 법에 특별한 규정이 없는 사항에 대하여는 「민사집행법」의 규정을 준용한다. 다만, 「민사집행법」 제33조(집행문부여의 소), 제34조(집행문부여 등에 관한 이의신청), 제44조(청구에 관한 이의의 소) 및 제45조(집행문부여에 대한 이의의 소)에서 관할 법원은 피청구인의 소재지를 관할하는 행정법원으로 한다.
[본조신설 2017.4.18.]

제51조(행정심판 재청구의 금지) 심판청구에 대한 재결이 있으면 그 재결 및 같은 처분 또는 부작위에 대하여 다시 행정심판을 청구할 수 없다.

제7장 전자정보처리조직을 통한 행정심판 절차의 수행

제52조(전자정보처리조직을 통한 심판청구 등) ① 이 법에 따른 행정심판 절차를 밟는 자는 심판청구서와 그 밖의 서류를 전자문서화하고 이를 정보통신망을 이용하여 위원회에서 지정·운영하는 전자정보 처리조직(행정심판 절차에 필요한 전자문서를 작성·제출·송달할 수 있도록 하는 하드웨어, 소프 트웨어, 데이터베이스, 네트워크, 보안요소 등을 결합하여 구축한 정보처리능력을 갖춘 전자적 장 치를 말한다. 이하 같다)을 통하여 제출할 수 있다.

② 제1항에 따라 제출된 전자문서는 이 법에 따라 제출된 것으로 보며, 부본을 제출할 의무는 면제된다.

③ 제1항에 따라 제출된 전자문서는 그 문서를 제출한 사람이 정보통신망을 통하여 전자정보처리조직에 서 제공하는 접수번호를 확인하였을 때에 전자정보처리조직에 기록된 내용으로 접수된 것으로 본다.

④ 전자정보처리조직을 통하여 접수된 심판청구의 경우 제27조에 따른 심판청구 기간을 계산할 때에 는 제3항에 따른 접수가 되었을 때 행정심판이 청구된 것으로 본다.

⑤ 전자정보처리조직의 지정내용, 전자정보처리조직을 이용한 심판청구서 등의 접수와 처리 등에 관 하여 필요한 사항은 국회규칙, 대법원규칙, 헌법재판소규칙, 중앙선거관리위원회규칙 또는 대통령 령으로 정한다.

제53조(전자서명등) ① 위원회는 전자정보처리조직을 통하여 행정심판 절차를 밟으려는 자에게 본인(本 人)임을 확인할 수 있는 「전자서명법」 제2조제2호에 따른 전자서명(서명자의 실지명의를 확인할 수 있는 것을 말한다)이나 그 밖의 인증(이하 이 조에서 "전자서명등"이라 한다)을 요구할 수 있다. 〈개정 2020.6.9.〉

② 제1항에 따라 전자서명등을 한 자는 이 법에 따른 서명 또는 날인을 한 것으로 본다.

③ 전자서명등에 필요한 사항은 국회규칙, 대법원규칙, 헌법재판소규칙, 중앙선거관리위원회규칙 또 는 대통령령으로 정한다.

제54조(전자정보처리조직을 이용한 송달 등) ① 피청구인 또는 위원회는 제52조제1항에 따라 행정심판을 청구하거나 심판참가를 한 자에게 전자정보처리조직과 그와 연계된 정보통신망을 이용하여 재결서 나 이 법에 따른 각종 서류를 송달할 수 있다. 다만, 청구인이나 참가인이 동의하지 아니하는 경우 에는 그러하지 아니하다.

② 제1항 본문의 경우 위원회는 송달하여야 하는 재결서 등 서류를 전자정보처리조직에 입력하여 등 재한 다음 그 등재 사실을 국회규칙, 대법원규칙, 헌법재판소규칙, 중앙선거관리위원회규칙 또는 대통령령으로 정하는 방법에 따라 전자우편 등으로 알려야 한다.

③ 제1항에 따른 전자정보처리조직을 이용한 서류 송달은 서면으로 한 것과 같은 효력을 가진다.

④ 제1항에 따른 서류의 송달은 청구인이 제2항에 따라 등재된 전자문서를 확인한 때에 전자정보처리 조직에 기록된 내용으로 도달한 것으로 본다. 다만, 제2항에 따라 그 등재사실을 통지한 날부터 2주 이내(재결서 외의 서류는 7일 이내)에 확인하지 아니하였을 때에는 등재사실을 통지한 날부터 2주가 지난 날(재결서 외의 서류는 7일이 지난 날)에 도달한 것으로 본다.

⑤ 서면으로 심판청구 또는 심판참가를 한 자가 전자정보처리조직의 이용을 신청한 경우에는 제52조·제53조 및 이 조를 준용한다.

⑥ 위원회, 피청구인, 그 밖의 관계 행정기관 간의 서류의 송달 등에 관하여는 제52조·제53조 및 이 조를 준용한다.

⑦ 제1항 본문에 따른 송달의 방법이나 그 밖에 필요한 사항은 국회규칙, 대법원규칙, 헌법재판소규칙, 중앙선거관리위원회규칙 또는 대통령령으로 정한다.

제8장   보칙

제55조(증거서류 등의 반환) 위원회는 재결을 한 후 증거서류 등의 반환 신청을 받으면 신청인이 제출한 문서·장부·물건이나 그 밖의 증거자료의 원본(原本)을 지체 없이 제출자에게 반환하여야 한다.

제56조(주소 등 송달장소 변경의 신고의무) 당사자, 대리인, 참가인 등은 주소나 사무소 또는 송달장소를 바꾸면 그 사실을 바로 위원회에 서면으로 또는 전자정보처리조직을 통하여 신고하여야 한다. 제54조제2항에 따른 전자우편주소 등을 바꾼 경우에도 또한 같다.

제57조(서류의 송달) 이 법에 따른 서류의 송달에 관하여는 「민사소송법」 중 송달에 관한 규정을 준용한다.

제58조(행정심판의 고지) ① 행정청이 처분을 할 때에는 처분의 상대방에게 다음 각 호의 사항을 알려야 한다.
1. 해당 처분에 대하여 행정심판을 청구할 수 있는지
2. 행정심판을 청구하는 경우의 심판청구 절차 및 심판청구 기간

② 행정청은 이해관계인이 요구하면 다음 각 호의 사항을 지체 없이 알려 주어야 한다. 이 경우 서면으로 알려 줄 것을 요구받으면 서면으로 알려 주어야 한다.
1. 해당 처분이 행정심판의 대상이 되는 처분인지
2. 행정심판의 대상이 되는 경우 소관 위원회 및 심판청구 기간

제59조(불합리한 법령 등의 개선) ① 중앙행정심판위원회는 심판청구를 심리·재결할 때에 처분 또는 부작위의 근거가 되는 명령 등(대통령령·총리령·부령·훈령·예규·고시·조례·규칙 등을 말한다. 이하 같다)이 법령에 근거가 없거나 상위 법령에 위배되거나 국민에게 과도한 부담을 주는 등 크게 불합리하면 관계 행정기관에 그 명령 등의 개정·폐지 등 적절한 시정조치를 요청할 수 있다. 이 경우 중앙행정심판위원회는 시정조치를 요청한 사실을 법제처장에게 통보하여야 한다. 〈개정 2016.3.29.〉

② 제1항에 따른 요청을 받은 관계 행정기관은 정당한 사유가 없으면 이에 따라야 한다.

제60조(조사 · 지도 등) ① 중앙행정심판위원회는 행정청에 대하여 다음 각 호의 사항 등을 조사하고, 필요한 지도를 할 수 있다.

1. 위원회 운영 실태
2. 재결 이행 상황
3. 행정심판의 운영 현황

② 행정청은 이 법에 따른 행정심판을 거쳐 「행정소송법」에 따른 항고소송이 제기된 사건에 대하여 그 내용이나 결과 등 대통령령으로 정하는 사항을 반기마다 그 다음 달 15일까지 해당 심판청구에 대한 재결을 한 중앙행정심판위원회 또는 제6조제3항에 따라 시 · 도지사 소속으로 두는 행정심판위원회에 알려야 한다.

③ 제6조제3항에 따라 시 · 도지사 소속으로 두는 행정심판위원회는 중앙행정심판위원회가 요청하면 제2항에 따라 수집한 자료를 제출하여야 한다.

제61조(권한의 위임) 이 법에 따른 위원회의 권한 중 일부를 국회규칙, 대법원규칙, 헌법재판소규칙, 중앙선거관리위원회규칙 또는 대통령령으로 정하는 바에 따라 위원장에게 위임할 수 있다.

부칙 〈법률 제17354호, 2020.6.9.〉 (전자서명법)

제1조(시행일) 이 법은 공포 후 6개월이 경과한 날부터 시행한다. 〈단서 생략〉

제2조부터 제6조까지 생략

제7조(다른 법률의 개정) ①부터 ㉑까지 생략

㉒ 행정심판법 일부를 다음과 같이 개정한다.

제53조제1항 중 "「전자서명법」 제2조제3호에 따른 공인전자서명"을 "「전자서명법」 제2조제2호에 따른 전자서명(서명자의 실지명의를 확인할 수 있는 것을 말한다)"으로 한다.

제8조 생략

부칙 〈법률 제19269호, 2023.3.21.〉

제1조(시행일) 이 법은 공포한 날부터 시행한다.

제2조(행정심판 청구 사건에 대한 적용례) 이 법은 이 법 시행 이후 청구되는 행정심판부터 적용한다.

Chapter 06 행정심판법 시행령

제1장 총칙

제1조(목적) 이 영은 「행정심판법」에서 위임된 사항과 그 시행에 필요한 사항을 규정함을 목적으로 한다.

제2장 심판기간

제2조(행정심판위원회의 소관 등) ① 「행정심판법」(이하 "법"이라 한다) 제6조제1항제1호에서 "대통령령으로 정하는 대통령 소속기관의 장"이란 대통령비서실장, 국가안보실장, 대통령경호처장 및 방송통신위원회를 말한다. 〈개정 2013.3.23, 2017.7.26, 2020.7.14.〉

② 법 제6조제1항제3호에서 "대통령령으로 정하는 행정청"이란 고위공직자범죄수사처장을 말한다. 〈신설 2020.7.14.〉

제3조(중앙행정심판위원회에서 심리하지 아니하는 특별지방행정기관의 처분 등) 법 제6조제4항에서 "대통령령으로 정하는 국가행정기관 소속 특별지방행정기관"이란 법무부 및 대검찰청 소속 특별지방행정기관(직근 상급행정기관이나 소관 감독행정기관이 중앙행정기관인 경우는 제외한다)을 말한다.

제4조(위원장의 직무 등) ① 법 제6조에 따른 행정심판위원회 및 중앙행정심판위원회(이하 "위원회"라 한다)의 위원장(이하 "위원장"이라 한다)은 위원회를 대표하고, 위원회의 업무를 총괄한다.

② 위원장은 위원회의 원활한 운영을 위하여 필요하다고 인정할 때에는 위원 중 특정 위원을 지정하여 미리 안건을 검토하여 위원회에 보고하게 할 수 있다.

③ 위원장은 위원회의 회의를 소집하고 그 의장이 된다.

제5조(일부 행정심판위원회의 회의 구성) 다음 각 호의 행정청에 두는 행정심판위원회의 회의는 법 제7조제5항 단서에 따라 위원장과 위원장이 회의마다 지정하는 6명의 위원으로 구성한다. 〈개정 2013.3.23, 2017.7.26.〉

1. 대통령비서실장
2. 국가안보실장
3. 대통령경호처장
4. 방송통신위원회
5. 국가정보원장
6. 제3조에 따른 대검찰청 소속 특별지방행정기관의 장

제6조(중앙행정심판위원회의 운영 등) ① 법 제8조제5항에 따라 구성되는 중앙행정심판위원회의 회의에는 2명 이상의 상임위원이 포함되어야 한다.

② 제1항에서 규정한 사항 외에 중앙행정심판위원회의 운영에 필요한 세부적인 사항은 중앙행정심판위원회의 의결을 거쳐 위원장이 정한다.

제7조(소위원회) ① 법 제8조제6항에 따른 소위원회의 위원장은 중앙행정심판위원회의 위원장이 상임위원 중에서 지정한다.

② 소위원회는 중앙행정심판위원회의 상임위원 2명(소위원회의 위원장 1명을 포함한다)과 중앙행정심판위원회의 위원장이 지정하는 2명의 비상임위원으로 구성한다.

제8조(전문위원회) ① 법 제8조제8항에 따른 전문위원회는 중앙행정심판위원회의 위원장이 지정하는 행정심판의 청구(이하 "심판청구"라 한다) 사건을 미리 검토하여 그 결과를 중앙행정심판위원회에 보고한다.

② 전문위원회는 중앙행정심판위원회의 상임위원을 포함하여 중앙행정심판위원회의 위원장이 지정하는 5명 이내의 위원으로 구성한다.

③ 전문위원회의 위원장은 중앙행정심판위원회의 위원장이 지정하는 위원이 된다.

제9조(간사장과 간사) ① 위원회의 사무 처리를 위하여 위원회에 간사장과 간사를 둔다.

② 간사장과 간사는 해당 위원회가 소속된 행정청이 소속 공무원 중에서 임명한다.

③ 간사장과 간사는 위원장의 명을 받아 다음 각 호의 업무를 수행한다. 〈개정 2018.4.17.〉
  1. 위원장의 위원회 운영 보좌
  2. 위원이 요청하는 자료 협조
  3. 위원회의 의사일정 수립 및 위원회 상정 안건의 종합 관리
  4. 증거조사
  4의2. 제30조의2에 따른 조정절차의 운영 보좌
  5. 재결서(裁決書)의 작성에 관한 사무처리
  6. 위원회 회의록의 작성 및 보존
  7. 제1호부터 제4호까지, 제4호의2, 제5호 및 제6호의 업무 외에 위원회의 운영에 필요한 사무의 처리

④ 간사장은 위원회에 참석하여 발언할 수 있다.

제10조(위원회의 회의 통지) 위원장은 회의를 소집하려면 회의 개최 5일 전까지 회의의 일시, 장소 및 안건을 각 위원에게 서면으로 알려야 한다. 다만, 긴급한 사정이 있을 때에는 그러하지 아니하다.

제11조(수당 등의 지급) 위원회(소위원회 또는 전문위원회를 포함한다)의 회의에 출석하거나 안건을 검토한 위원에게는 예산의 범위에서 출석수당, 안건검토수당 및 여비를 지급한다. 다만, 공무원인 위원이 소관 업무와 직접 관련되어 출석하거나 안건을 검토한 경우에는 그러하지 아니하다.

제12조(제척·기피 신청의 처리 등) ① 삭제 〈2016.10.4.〉

② 법 제10조제1항에 따른 제척신청 또는 같은 조 제2항에 따른 기피신청의 대상이 된 위원은 위원장이 요구하는 경우에는 지체 없이 그에 대한 의견서를 위원장에게 제출하여야 한다. 〈개정 2016.10.4.〉

③ 삭제 〈2016.10.4.〉

④ 위원장은 제척 또는 기피의 신청이 이유 없다고 인정하는 경우에는 법 제10조제6항에 따라 결정으로 이를 기각한다. 〈개정 2016.10.4.〉

⑤ 위원장은 제척 또는 기피의 신청이 이유 있다고 인정하는 경우에는 법 제10조제6항에 따라 결정으로 이를 인용(認容)하여야 한다. 〈개정 2016.10.4.〉

⑥ 법 제10조제4항 및 제6항에 따른 결정에 대해서는 불복신청을 하지 못한다. 〈개정 2016.10.4.〉

제13조(심판절차의 정지) 법 제10조제1항 및 제2항에 따른 제척 또는 기피의 신청이 있을 때에는 그에 대한 결정이 있을 때까지 해당 심판청구 사건에 대한 심판절차를 정지한다.

제3장 당사자와 관계인

제14조(행정심판 청구인의 지위 승계에 대한 이의신청의 처리) ① 법 제16조제8항에 따른 이의신청은 그 사유를 소명하는 서면으로 하여야 한다.

② 위원회가 법 제16조제8항에 따라 이의신청을 받았을 때에는 지체 없이 위원회의 회의에 부쳐야 한다.

③ 위원회는 제2항에 따른 이의신청에 대한 결정을 한 후 그 결과를 신청인, 당사자 및 법 제20조 또는 제21조에 따라 심판참가를 하는 자(이하 "참가인"이라 한다)에게 각각 알려야 한다.

제15조(피청구인의 경정) ① 당사자가 법 제17조제2항 및 제5항에 따라 행정심판 피청구인(이하 "피청구인"이라 한다)의 경정(更正)을 신청할 때에는 그 뜻을 적은 서면을 위원회에 제출하여야 한다.

② 위원회가 제1항에 따른 신청을 받았을 때에는 지체 없이 이를 심사하여 허가 여부를 결정하여야 한다.

③ 법 제17조제6항에 따른 이의신청의 처리에 관하여는 제14조를 준용한다.

제16조(대리인 선임의 허가) ① 행정심판 청구인(이하 "청구인"이라 한다) 또는 피청구인이 법 제18조제1항 및 제2항에 따라 위원회의 허가를 받아 대리인을 선임하려면 다음 각 호의 사항을 적은 서면으로 위원회에 허가를 신청하여야 한다.

1. 대리인이 될 자의 인적사항
2. 대리인을 선임하려는 이유
3. 청구인 또는 피청구인과 대리인의 관계

② 위원회가 제1항의 신청을 받았을 때에는 지체 없이 이를 심사하여 허가 여부를 결정하고 그 결과를 신청인에게 알려야 한다.

제16조의2(국선대리인 선임 신청 요건 및 절차) ① 법 제18조의2제1항에 따라 위원회에 국선대리인을 선임하여 줄 것을 신청할 수 있는 청구인은 다음 각 호의 어느 하나에 해당하는 사람으로 한다.

1. 「국민기초생활 보장법」 제2조제2호에 따른 수급자
2. 「한부모가족지원법」 제5조 및 제5조의2에 따른 지원대상자
3. 「기초연금법」 제2조제3호에 따른 기초연금 수급자
4. 「장애인연금법」 제2조제4호에 따른 수급자
5. 「북한이탈주민의 보호 및 정착지원에 관한 법률」 제2조제2호에 따른 보호대상자
6. 그 밖에 위원장이 경제적 능력으로 인하여 대리인을 선임할 수 없다고 인정하는 사람

② 제1항에 따라 국선대리인의 선임을 신청할 수 있는 청구인은 법 제38조제1항에 따른 심리기일 전까지 신청하여야 하며, 제1항 각 호의 어느 하나에 해당하는 사람이라는 사실을 소명하는 서류를 함께 제출하여야 한다.

[본조신설 2018.10.30.]

제16조의3(국선대리인의 자격) 위원회는 법 제18조의2제2항에 따라 국선대리인 선정 결정을 하는 경우에는 다음 각 호의 어느 하나에 해당하는 사람 중에서 국선대리인을 선정하여야 한다.

1. 「변호사법」 제7조에 따라 등록한 변호사
2. 「공인노무사법」 제5조에 따라 등록한 공인노무사

[본조신설 2018.10.30.]

제16조의4(국선대리인의 선정 취소 등) ① 위원회는 다음 각 호의 어느 하나에 해당하는 경우에는 국선대리인의 선정을 취소할 수 있다. 다만, 제1호부터 제3호까지의 규정에 해당하는 경우에는 선정을 취소하여야 한다.

1. 청구인에게 법 제18조제1항제3호 또는 제4호에 따른 대리인이 선임된 경우
2. 국선대리인이 제16조의3 각 호에 해당하지 아니하게 된 경우
3. 국선대리인이 해당 사건과 이해관계가 있는 등 해당 심판청구를 대리하는 것이 적절하지 아니한 경우
4. 국선대리인이 그 업무를 성실하게 수행하지 아니하는 경우
5. 그 밖에 위원장이 국선대리인의 선정을 취소할 만한 상당한 이유가 있다고 인정하는 경우

② 국선대리인은 다음 각 호의 어느 하나에 해당하는 경우에는 위원회의 허가를 받아 사임할 수 있다.

1. 질병 또는 장기 여행으로 인하여 국선대리인의 직무를 수행하기 어려운 경우
2. 청구인, 그 밖의 관계인으로부터 부당한 대우나 요구를 받아 국선대리인으로서 공정한 업무를 수행하기 어려운 경우
3. 그 밖에 국선대리인으로서의 직무를 수행할 수 없다고 인정할 만한 상당한 사유가 있는 경우

③ 위원회는 제1항제2호부터 제5호까지의 규정에 따라 국선대리인의 선정이 취소되거나 제2항에 따라 국선대리인이 사임한 경우 다른 국선대리인을 선정할 수 있다.

[본조신설 2018.10.30.]

제16조의5(국선대리인의 보수) ① 위원회는 선정된 국선대리인이 대리하는 사건 1건당 50만원 이하의 금액을 예산의 범위에서 그 보수로 지급할 수 있다.

② 제1항에 따른 보수 지급의 세부기준은 국선대리인이 해당 사건에 관여한 정도, 관련 사건의 병합 여부 등을 고려하여 위원장이 정한다.

[본조신설 2018.10.30.]

제16조의6(국선대리인 선정 예정자 명부 관리) ① 위원장은 법 제18조의2에 따른 국선대리인 제도의 효율적인 운영을 위하여 필요한 경우 제16조의3 각 호의 어느 하나에 해당하는 사람 중에서 국선대리인 선정 예정자를 위촉하는 방법으로 국선대리인 선정 예정자 명부를 관리할 수 있다.

② 국선대리인 선정 예정자의 임기는 2년으로 하고, 한 차례만 연임할 수 있다.

③ 제1항 및 제2항에서 규정한 사항 외에 국선대리인 선정 예정자 위촉 및 명부 관리에 필요한 사항은 위원장이 정한다.

[본조신설 2018.10.30.]

제17조(심판참가에 대한 이의신청의 처리) 법 제20조제6항에 따른 이의신청의 처리에 관하여는 제14조를 준용한다.

제18조(심판참가의 요구) 법 제21조제1항에 따른 위원회의 심판참가 요구는 서면으로 하여야 한다. 이 경우 위원회는 그 사실을 당사자와 다른 참가인에게 알려야 한다.

제4장　행정심판 청구

제19조(제3자의 심판청구의 통지) 법 제24조제2항에 따른 심판청구 사실의 통지는 다음 각 호의 사항을 적은 서면으로 하여야 한다.

1. 청구인의 이름, 주소 및 심판청구일
2. 심판청구의 대상이 되는 처분의 내용
3. 심판청구의 취지 및 이유

제20조(심판청구서의 첨부서류) 법 제28조제1항에 따른 심판청구서에는 법 제19조제1항에 따른 대표자·관리인·선정대표자 또는 대리인의 자격을 소명하는 서면과 법 제34조제1항에 따른 증거서류 또는 증거물을 첨부할 수 있다.

제21조(청구의 변경에 대한 이의신청의 처리) 법 제29조제7항에 따른 이의신청의 처리에 관하여는 제14조를 준용한다.

제22조(집행정지) ① 법 제30조제5항에 따른 서면에는 신청의 이유를 소명하는 서류 또는 자료를 첨부할 수 있다.

② 당사자가 피청구인인 행정청에 집행정지신청서를 제출한 경우에는 피청구인인 행정청은 이를 지체 없이 위원회에 송부하여야 한다.

③ 집행정지의 신청에 대한 위원회의 심리·결정에 관하여는 심판청구에 대한 위원회의 심리·재결에 관한 절차를 준용한다.

제23조(임시처분) 법 제31조제1항에 따른 임시처분에 대한 위원회의 심리·결정에 관하여는 제22조를 준용한다.

제5장 심리

제24조(심판청구의 보정) ① 법 제32조제1항에 따른 보정(補正)의 요구는 다음 각 호의 사항을 적은 서면으로 하여야 한다.

1. 보정할 사항
2. 보정이 필요한 이유
3. 보정할 기간
4. 제1호부터 제3호까지에서 규정한 사항 외에 보정에 필요한 사항

② 위원회는 법 제32조제1항 단서에 따라 직권으로 보정하였을 때에는 보정한 사항, 보정한 이유 등을 당사자에게 알려야 한다.

제25조(증거조사) ① 당사자가 법 제36조제1항에 따른 증거조사를 신청하려면 위원회에 증명할 사실과 증거방법을 구체적으로 밝힌 서면을 제출하여야 한다.

② 위원회가 법 제36조제1항에 따라 증거조사를 하는 경우에는 위원회에 출석한 참고인과 감정(鑑定)을 하는 자에게 예산의 범위에서 실비(實費)를 지급할 수 있다.

③ 위원회가 법 제36조제1항제4호에 따른 방법으로 증거조사를 하였을 때에는 증거조사조서를 작성하여야 한다.

④ 제3항의 증거조사조서에는 다음 각 호의 사항을 적고, 위원장이 기명날인하거나 서명하여야 한다.

1. 심판청구사건의 표시
2. 증거조사의 일시와 장소
3. 증거조사에 참여한 위원의 이름
4. 출석한 당사자·대표자·대리인 등의 이름
5. 증거조사의 방법 및 대상
6. 증거조사의 결과

⑤ 위원회가 법 제36조제2항에 따라 위원회가 소속된 행정청의 직원이나 다른 행정기관에 촉탁하여 증거조사를 하게 하는 경우에는 그 조사자로 하여금 증거조사조서를 작성하게 할 수 있다. 이 경우 제3항 및 제4항을 준용한다.

제26조(심리기일의 통지) 위원회는 심리기일 7일 전까지 당사자와 참가인에게 서면 또는 법 제38조제4항에 따른 간이통지방법으로 심리기일을 알려야 한다.

제27조(구술심리) 당사자가 법 제40조제1항 단서에 따라 구술심리를 신청하려면 심리기일 3일 전까지 위원회에 서면 또는 구술로 신청하여야 한다.

제28조(회의록의 작성) 위원회(소위원회를 포함한다. 이하 이 조에서 같다)는 위원회의 회의를 개최하였을 때에는 회의록을 작성하여야 하며, 회의록에는 회의에 출석한 당사자 등의 구술 내용 등을 적어야 한다.

제29조(비공개 정보) 법 제41조에서 "대통령령으로 정하는 사항"이란 다음 각 호의 어느 하나에 해당하는 사항을 말한다.
1. 위원회(소위원회와 전문위원회를 포함한다)의 회의에서 위원이 발언한 내용이 적힌 문서
2. 심리 중인 심판청구사건의 재결에 참여할 위원의 명단
3. 제1호 및 제2호에서 규정한 사항 외에 공개할 경우 위원회의 심리·재결의 공정성을 해칠 우려가 있다고 인정되는 사항으로서 총리령으로 정하는 사항

제30조(심판청구 등의 취하) ① 법 제42조제1항 및 제2항에 따라 청구인 또는 참가인이 심판청구 또는 참가신청을 취하하는 경우에는 그 청구 또는 신청의 전부 또는 일부를 취하할 수 있다.
② 제1항에 따라 심판청구 또는 참가신청을 취하하는 경우에는 상대방의 동의 없이도 취하할 수 있다.
③ 제1항에 따른 심판청구 또는 참가신청의 취하가 있으면 그 취하된 부분에 대해서는 처음부터 심판청구 또는 참가신청이 없었던 것으로 본다.

제6장 재결

제30조의2(조정절차 등) ① 위원회는 법 제43조의2에 따라 조정을 하려는 경우에는 결정으로써 조정을 개시한다. 이 경우 위원회는 조정개시 결정을 당사자와 참가인에게 서면 또는 법 제38조제4항에 따른 간이통지방법으로 알려야 한다.
② 위원회는 제1항 전단에 따라 조정을 개시한 경우 조정을 위한 회의를 개최할 수 있다.
③ 위원장은 조정의 원활한 운영을 위하여 필요한 경우 위원 중 특정 위원을 지정하여 조정안을 작성하여 위원회에 보고하게 할 수 있다.
④ 위원회는 조정이 성립하지 아니한 경우에는 법 제38조제1항에 따라 심리기일을 지정한다.
[본조신설 2018.4.17.]

제31조(재결의 경정) ① 법 제46조에 따른 재결서에 오기(誤記), 계산착오 또는 그 밖에 이와 비슷한 잘못이 있는 것이 명백한 경우에는 위원장은 직권으로 또는 당사자의 신청에 의하여 경정 결정을 할 수 있다.

② 제1항에 따른 경정 결정의 원본은 재결서의 원본에 첨부하고, 경정 결정의 정본(正本) 및 등본은 법 제48조에 준하여 각각 당사자 및 참가인에게 송달한다.

제32조(처분취소 등의 공고 및 통지) ① 처분을 한 행정청이 법 제49조제5항에 따라 처분이 취소 또는 변경되었다는 것을 공고하거나 고시하는 경우에는 다음 각 호의 사항을 분명하게 밝혀야 한다. 〈개정 2017.10.17.〉

1. 원처분(原處分)이 공고 또는 고시된 날짜와 내용
2. 취소 또는 변경된 경위와 내용
3. 공고 또는 고시의 날짜

② 처분을 한 행정청이 법 제49조제6항에 따라 처분의 상대방 외의 이해관계인에게 처분이 취소 또는 변경되었다는 것을 알리는 경우에는 제1항을 준용한다. 〈개정 2017.10.17.〉

제33조(재결 불이행에 대한 위원회의 직접 처분 등) 위원회가 법 제50조제1항 본문에 따라 직접 처분을 할 경우에는 재결의 취지에 따라야 하며, 같은 항 단서에 따라 직접 처분할 수 없는 경우에는 지체 없이 당사자에게 그 사실 및 사유를 알려야 한다.

제33조의2(간접강제의 신청 및 결정) ① 청구인이 법 제50조의2제1항에 따라 간접강제를 신청하거나 당사자가 같은 조 제2항에 따라 간접강제 결정내용의 변경을 신청할 때에는 신청의 취지와 이유를 적은 서면을 위원회에 제출하여야 한다. 이 경우 신청 상대방(이하 "피신청인"이라 한다)의 수만큼 부본을 함께 제출하여야 한다.

② 위원회는 제1항에 따라 간접강제 신청 또는 간접강제 결정내용의 변경신청에 관한 서면을 받으면 그 부본을 피신청인에게 송달하여야 한다.

③ 제2항의 경우 위원회는 피신청인에게 7일 이상 15일 이내의 기간을 정하여 간접강제 신청 또는 간접강제 결정내용의 변경신청에 대한 의견을 제출하도록 하여야 한다.

④ 위원회는 제1항의 간접강제 신청 또는 간접강제 결정내용의 변경신청에 관하여 심리·결정하면 지체 없이 당사자에게 결정서 정본을 송달하여야 한다.

[본조신설 2017.10.17.]

제7장 전자정보처리조직을 통한 행정심판 절차의 수행

제34조(전자정보처리조직의 지정·운영) 법 제52조제1항에 따라 위원회에서 지정·운영하는 전자정보처리조직(이하 "전자정보처리조직"이라 한다)은 다음 각 호와 같이 구분한다.

1. 법 제6조제2항에 따른 중앙행정심판위원회 : 온라인행정심판시스템
2. 법 제6조제1항·제3항 및 제4항에 따른 행정심판위원회(전자정보처리조직을 갖춘 행정심판위원회만 해당한다) : 해당 행정심판위원회에서 지정하는 시스템

제35조(사용자등록) ① 전자정보처리조직을 이용하려는 자는 위원회가 지정하는 방식으로 다음 각 호의 사항을 기재하여 사용자등록을 하여야 한다. 〈개정 2015.12.30.〉

1. 사용자의 이름
2. 사용자의 생년월일
3. 사용자의 주소
4. 사용자의 전화번호
5. 사용자의 아이디(전자정보처리조직의 사용자를 식별하기 위한 식별부호를 말한다. 이하 같다)
6. 사용자의 전자우편주소

② 전자정보처리조직을 이용한 행정심판 절차의 수행을 위하여 위원회가 필요하다고 인정하는 경우 피청구인은 위원회가 지정하는 방식으로 전자정보처리조직에 다음 각 호의 사항을 기재하여 등록하여야 한다.

1. 피청구인의 명칭
2. 피청구인의 주소
3. 피청구인의 아이디
4. 전자정보처리조직을 사용할 담당부서 및 담당자

제36조(다른 행정기관에 제출된 전자문서의 처리) ① 청구인 또는 참가인이 피청구인 또는 위원회를 잘못 지정하여 전자문서를 제출한 경우 해당 행정기관은 전자정보처리조직을 통하여 이를 정당한 권한이 있는 피청구인에게 보내야 하며, 청구인 또는 참가인에게 그 사실을 알려야 한다.

② 제1항에 따라 전자정보처리조직을 통하여 정당한 권한이 있는 피청구인에게 보낼 수 없는 경우에 해당 행정기관은 이를 서면으로 출력하여 보내야 한다.

제37조(전자서명 등) ① 전자정보처리조직을 통하여 행정심판 절차를 밟으려는 자는 「전자서명법」 제2조제2호에 따른 전자서명(서명자의 실지명의를 확인할 수 있는 것으로 한정한다)이나 다른 법령에 따라 본인임을 확인하기 위하여 인정되는 전자적 수단에 의한 서명을 하여야 한다. 〈개정 2020.12.8.〉

② 전자정보처리조직을 통하여 행정심판 절차를 밟으려는 대표자·관리인·선정대표자 또는 대리인은 법 제19조에 따른 서면을 전자적인 이미지형태로 변환하여 전자정보처리조직을 통하여 제출할 수 있다. 다만, 위원회가 필요하다고 인정하여 그 원본의 제출을 요청하면 이에 따라야 한다.

제38조(전자정보처리조직을 이용한 송달 등) ① 법 제54조제1항 본문 및 제5항에 따라 전자정보처리조직과 그와 연계된 정보통신망을 통하여 서류를 송달받은 청구인 또는 참가인은 송달된 문서를 출력할 수 있다. 이 경우 출력한 문서 중 정본 전자파일에 의하여 출력된 재결서 또는 결정서를 정본으로 본다.

② 청구인 또는 참가인이 전자정보처리조직과 그와 연계된 정보통신망을 이용한 송달에 동의하지 않는 경우에는 전자정보처리조직을 통하여 그 뜻을 밝혀야 한다.

③ 피청구인 또는 위원회는 전자정보처리조직과 그와 연계된 정보통신망의 장애 등의 사유로 송달할 수 없거나, 청구인 또는 참가인이 본인의 책임이 없는 사유로 송달된 서류를 확인할 수 없는 경우에는 법 제57조에 따라 송달하여야 한다.

제39조(등재 사실의 통지) 법 제54조제2항에 따라 재결서 등 서류의 등재 사실을 알릴 때에는 청구인 또는 참가인이 전자정보처리조직에 기재한 전자우편주소나 휴대전화번호를 이용하는 등 간편한 통지방법으로 할 수 있다.

제40조(전자정보처리조직의 운영 등 지원) 중앙행정심판위원회는 다른 행정심판위원회 전자정보처리조직의 적정한 운영을 위하여 전자정보처리조직의 구축과 운영에 필요한 지도 및 지원을 할 수 있다.

제8장 보칙

제41조(증거서류 등의 반환) 위원회는 법 제55조에 따라 증거서류 등의 원본을 제출자에게 반환하는 경우 필요하다고 인정할 때에는 그 사본을 작성하여 사건기록에 철할 수 있다.

제42조(행정소송 결과 등의 통지) 법 제60조제2항에서 "그 내용이나 결과 등 대통령령으로 정하는 사항"이란 다음 각 호의 사항을 말한다.
1. 행정소송이 제기된 사건 목록과 해당 사건의 처리 상황 및 결과
2. 행정소송 결과 원고의 승소판결이 확정된 경우 그 판결문 사본

제43조(권한의 위임) 위원회는 법 제61조에 따라 다음 각 호의 권한을 위원장에게 위임한다. 〈개정 2018.4.17, 2018.10.30.〉
1. 법 제15조제2항에 따른 선정대표자 선정권고
2. 법 제16조제5항에 따른 지위 승계 허가
3. 법 제17조제2항 및 제5항에 따른 피청구인의 경정 결정
4. 법 제18조제1항제5호에 따른 대리인 선임허가
4의2. 법 제18조의2제2항에 따른 국선대리인의 선정 여부 결정 및 통지
5. 법 제20조제5항에 따른 심판참가 허가 및 법 제21조제1항에 따른 심판참가 요구
6. 법 제29조제6항에 따른 청구의 취지 또는 이유의 변경허가 여부 결정
7. 법 제32조제1항에 따른 보정 요구 및 직권보정
8. 법 제40조제2항에 따른 구술심리 신청의 허가 여부 결정
8의2. 제16조의4에 따른 국선대리인의 선정 취소, 사임 허가 및 재선정
9. 제30조의2제1항 전단에 따른 조정개시 결정

제44조(고유식별정보의 처리) ① 위원회(제43조에 따라 위원회의 권한을 위임받은 위원장을 포함한다)는 다음 각 호의 사무를 수행하기 위하여 불가피한 경우 「개인정보 보호법 시행령」 제19조에 따른 주민등록번호, 여권번호, 운전면허의 면허번호 또는 외국인등록번호가 포함된 자료를 처리할 수 있다. 〈개정 2017.10.17, 2018.10.30.〉
1. 법 제16조에 따른 청구인의 지위 승계에 관한 사무
2. 법 제18조에 따른 대리인의 선임에 관한 사무

2의2. 법 제18조의2에 따른 국선대리인 선정에 관한 사무

3. 법 제20조에 따른 심판참가에 관한 사무

4. 법 제26조에 따른 심판청구서 등의 접수·처리에 관한 사무

5. 법 제50조의2제5항 후단에 따른 집행문 부여에 관한 사무

② 피청구인은 법 제24조에 따른 심판청구서 등의 접수·처리에 관한 사무를 수행하기 위하여 불가피한 경우 「개인정보 보호법 시행령」 제19조에 따른 주민등록번호, 여권번호, 운전면허의 면허번호 또는 외국인등록번호가 포함된 자료를 처리할 수 있다.

[본조신설 2017.3.27.]

부칙 〈대통령령 제31222호, 2020.12.8.〉 (전자서명법 시행령)

제1조(시행일) 이 영은 2020년 12월 10일부터 시행한다.

제2조(다른 법령의 개정) ①부터 ㊱까지 생략

㊲ 행정심판법 시행령 일부를 다음과 같이 개정한다.

제37조제1항 중 "「전자서명법」 제2조제3호에 따른 공인전자서명"을 "「전자서명법」 제2조제2호에 따른 전자서명(서명자의 실지명의를 확인할 수 있는 것으로 한정한다)"으로 한다.

제3조 생략

행정심판법 시행규칙

제1조(목적) 이 규칙은 「행정심판법」 및 「행정심판법 시행령」에서 위임된 사항과 그 시행에 필요한 사항을 규정함을 목적으로 한다.

제2조(서류의 송달 등) ① 행정심판에 관한 서류의 송달은 별지 제1호서식에 따르고, 통지는 별지 제2호서식에 따르되, 「행정심판법」(이하 "법"이라 한다) 제38조제4항 및 제40조제3항에 따라 간이통지 방법으로 통지하는 경우는 제외한다.

② 제1항에도 불구하고 행정청 또는 행정심판위원회(이하 "위원회"라 한다)가 행정심판 청구인(이하 "청구인"이라 한다) 또는 참가인 등에게 우편으로 송달 또는 통지를 할 때에는 별지 제3호서식의 우편송달 통지서를 첨부하여 「우편법」에 따른 특별송달을 의뢰하거나, 등기우편으로 발송하여야 한다.

③ 심판청구서, 보충서면, 그 밖에 위원회에 제출된 증거서류 및 증거물 등에 대한 접수증은 별지 제4호서식에 따른다.

제3조(출석의 통지) 법 제36조에 따른 증거조사나 법 제40조제1항의 구술심리를 위한 출석 통지는 별지 제5호서식의 출석통지서를 당사자와 관계인에게 송달함으로써 한다. 다만, 해당 사건으로 위원회에 출석한 사람에게는 기일을 고지함으로써 한다.

제4조(위원회 처분서의 기재사항) 위원회가 법 제50조제1항 본문에 따라 직접 처분을 하는 경우 그 처분서에는 법 제50조제1항 본문에 따라 처분을 한다는 취지와 해당 처분에 관하여 관계 법령에서 정하고 있는 허가증 등 처분증명서에 적혀 있는 사항이 포함되어야 한다.

제5조(문서의 서식) ① 위원회 및 위원회 위원장의 결정은 별지 제6호서식 및 별지 제7호서식에 따른다.

② 제1항, 제2조 및 제3조에 따른 서식 외에 위원회 또는 법 제36조제2항에 따라 증거조사를 하는 자가 행정심판에 관하여 사용하는 문서의 서식은 다음 각 호와 같다. 〈개정 2017.10.19.〉

1. 법 제21조제1항 및 「행정심판법 시행령」(이하 "영"이라 한다) 제18조에 따른 심판참가 요구서 : 별지 제8호서식

2. 법 제32조제1항 및 영 제24조제1항에 따른 보정요구서 : 별지 제9호서식

3. 법 제36조 및 영 제25조제3항부터 제5항까지의 규정에 따른 증거조사조서 : 별지 제10호서식

4. 법 제36조제1항에 따른 증거자료 영치증명서 : 별지 제11호서식

5. 법 제36조제1항에 따른 감정의뢰서 : 별지 제12호서식

6. 법 제36조제1항에 따른 감정통지서 : 별지 제13호서식

7. 법 제36조제2항 및 영 제25조제5항에 따른 증거조사 촉탁서 : 별지 제14호서식

8. 법 제40조제2항에 따른 서면심리 통지서 : 별지 제15호서식

9. 법 제46조에 따른 재결서 : 별지 제16호서식

9의2. 법 제50조의2제5항에 따른 집행문 : 별지 제16호의2서식

10. 영 제28조에 따른 회의록 : 별지 제17호서식

③ 청구인, 행정심판 피청구인(이하 "피청구인"이라 한다), 참가인 또는 관계인이 행정심판에 관하여 사용하는 문서의 서식은 다음 각 호와 같다. 〈개정 2012.9.20, 2017.10.19, 2018.11.1.〉

1. 법 제10조 및 영 제12조에 따른 제척·기피 신청서 : 별지 제18호서식

2. 법 제15조제1항에 따른 선정대표자 선정서 : 별지 제19호서식

3. 법 제15조제5항에 따른 선정대표자 해임서 : 별지 제20호서식

4. 법 제16조제3항에 따른 청구인 지위 승계 신고서 : 별지 제21호서식

5. 법 제16조제5항에 따른 청구인 지위 승계 허가신청서 : 별지 제22호서식

6. 법 제16조제8항 및 영 제14조제1항, 법 제17조제6항 및 영 제15조제3항, 법 제20조제6항 및 영 제17조, 법 제29조제7항 및 영 제21조 등에 따른 위원회 결정에 대한 이의신청서 : 별지 제23호서식

7. 법 제17조제2항·제5항 및 영 제15조에 따른 피청구인 경정신청서 : 별지 제24호서식

8. 법 제18조에 따른 대리인 선임서(위임장) : 별지 제25호서식

9. 법 제18조제1항·제2항 및 영 제16조에 따른 대리인 선임 허가신청서 : 별지 제26호서식

10. 법 제18조제3항에 따른 대리인 해임서 : 별지 제27호서식

10의2. 법 제18조의2제1항 및 영 제16조의2제2항에 따른 국선대리인 선임 신청서 : 별지 제27호의2서식

11. 법 제19조제2항에 따른 대표자 등의 자격상실 신고서 : 별지 제28호서식

12. 법 제20조제2항에 따른 심판참가 허가신청서 : 별지 제29호서식

13. 법 제28조 및 영 제20조에 따른 행정심판 청구서 : 별지 제30호서식

14. 법 제29조에 따른 청구변경신청서 : 별지 제31호서식

15. 법 제30조제5항에 따른 집행정지결정 취소신청서 : 별지 제32호서식

16. 법 제30조제5항 및 영 제22조제1항에 따른 집행정지신청서 : 별지 제33호서식

17. 법 제31조제2항에 따른 임시처분 신청서 : 별지 제34호서식

18. 법 제31조제2항에 따른 임시처분 취소신청서 : 별지 제35호서식

19. 법 제32조제2항에 따른 심판청구 보정서 : 별지 제36호서식

20. 법 제34조제1항 및 제2항에 따른 증거서류 등 제출서 : 별지 제37호서식

21. 법 제36조제1항 및 영 제25조제1항에 따른 증거조사 신청서 : 별지 제38호서식

22. 법 제40조제1항 단서 및 영 제27조에 따른 구술심리 신청서 : 별지 제39호서식

23. 법 제42조제1항·제3항 및 영 제30조, 법 제15조제3항에 따른 심판청구 취하서 : 별지 제40호서식

24. 법 제42조제2항·제3항 및 영 제30조에 따른 심판참가신청 취하서 : 별지 제41호서식

25. 법 제50조제1항에 따른 의무이행심판 인용재결 이행신청서 : 별지 제42호서식

25의2. 법 제50조의2제1항 및 영 제33조의2제1항에 따른 간접강제신청서 : 별지 제42호의2서식

25의3. 법 제50조의2제2항 및 영 제33조의2제1항에 따른 간접강제결정 변경신청서 : 별지 제42
호의3서식

25의4. 법 제50조의2제5항에 따른 집행문부여 신청서 : 별지 제42호의4서식

25의5. 법 제50조의2제6항에 따라 준용되는 「민사집행법」 제31조에 따른 승계집행문부여 신청서
: 별지 제42호의5서식

26. 법 제55조에 따른 증거서류 등 반환신청서 : 별지 제43호서식

27. 영 제31조제1항에 따른 재결경정신청서 : 별지 제44호서식

제6조(문서와 장부의 종류) 위원회는 다음 각 호의 문서와 장부를 작성하여 갖춰 두어야 한다.

1. 별지 제45호서식에 따른 행정심판 청구사건 접수·처리부

2. 별지 제46호서식에 따른 증거물 대장

3. 별지 제47호서식에 따른 의무이행심판 인용재결 직접 처분 대장

4. 별지 제48호서식에 따른 행정심판 후 소 제기 현황표

제7조(행정정보의 공동이용) 영 제16조의2제2항에 따라 청구인으로부터 국선대리인 선임 신청을 받은
위원회는 「전자정부법」 제36조제1항에 따른 행정정보의 공동이용을 통하여 청구인이 영 제16조의
2제1항제1호·제2호·제4호 및 제6호의 어느 하나에 해당하는 사람이라는 사실을 소명하는 서류
를 확인할 수 있다. 다만, 청구인이 확인에 동의하지 않는 경우에는 청구인이 그 서류를 제출해야
한다.

[본조신설 2020.6.19.]

부칙 〈총리령 제1623호, 2020.6.19.〉

이 규칙은 2020년 7월 1일부터 시행한다.

Chapter 08 행정절차법

제1장 총칙

제1절 목적, 정의 및 적용 범위 등 〈개정 2012.10.22.〉

제1조(목적) 이 법은 행정절차에 관한 공통적인 사항을 규정하여 국민의 행정 참여를 도모함으로써 행정의 공정성·투명성 및 신뢰성을 확보하고 국민의 권익을 보호함을 목적으로 한다.

[전문개정 2012.10.22.]

제2조(정의) 이 법에서 사용하는 용어의 뜻은 다음과 같다.

1. "행정청"이란 다음 각 목의 자를 말한다.

   가. 행정에 관한 의사를 결정하여 표시하는 국가 또는 지방자치단체의 기관

   나. 그 밖에 법령 또는 자치법규(이하 "법령등"이라 한다)에 따라 행정권한을 가지고 있거나 위임 또는 위탁받은 공공단체 또는 그 기관이나 사인(私人)

2. "처분"이란 행정청이 행하는 구체적 사실에 관한 법 집행으로서의 공권력의 행사 또는 그 거부와 그 밖에 이에 준하는 행정작용(行政作用)을 말한다.

3. "행정지도"란 행정기관이 그 소관 사무의 범위에서 일정한 행정목적을 실현하기 위하여 특정인에게 일정한 행위를 하거나 하지 아니하도록 지도, 권고, 조언 등을 하는 행정작용을 말한다.

4. "당사자등"이란 다음 각 목의 자를 말한다.

   가. 행정청의 처분에 대하여 직접 그 상대가 되는 당사자

   나. 행정청이 직권으로 또는 신청에 따라 행정절차에 참여하게 한 이해관계인

5. "청문"이란 행정청이 어떠한 처분을 하기 전에 당사자등의 의견을 직접 듣고 증거를 조사하는 절차를 말한다.

6. "공청회"란 행정청이 공개적인 토론을 통하여 어떠한 행정작용에 대하여 당사자등, 전문지식과 경험을 가진 사람, 그 밖의 일반인으로부터 의견을 널리 수렴하는 절차를 말한다.

7. "의견제출"이란 행정청이 어떠한 행정작용을 하기 전에 당사자등이 의견을 제시하는 절차로서 청문이나 공청회에 해당하지 아니하는 절차를 말한다.

8. "전자문서"란 컴퓨터 등 정보처리능력을 가진 장치에 의하여 전자적인 형태로 작성되어 송신·수신 또는 저장된 정보를 말한다.

9. "정보통신망"이란 전기통신설비를 활용하거나 전기통신설비와 컴퓨터 및 컴퓨터 이용기술을 활용하여 정보를 수집·가공·저장·검색·송신 또는 수신하는 정보통신체제를 말한다.

[전문개정 2012.10.22.]

제3조(적용 범위) ① 처분, 신고, 확약, 위반사실 등의 공표, 행정계획, 행정상 입법예고, 행정예고 및 행정지도의 절차(이하 "행정절차"라 한다)에 관하여 다른 법률에 특별한 규정이 있는 경우를 제외하고는 이 법에서 정하는 바에 따른다. 〈개정 2022.1.11.〉

② 이 법은 다음 각 호의 어느 하나에 해당하는 사항에 대하여는 적용하지 아니한다.

1. 국회 또는 지방의회의 의결을 거치거나 동의 또는 승인을 받아 행하는 사항
2. 법원 또는 군사법원의 재판에 의하거나 그 집행으로 행하는 사항
3. 헌법재판소의 심판을 거쳐 행하는 사항
4. 각급 선거관리위원회의 의결을 거쳐 행하는 사항
5. 감사원이 감사위원회의의 결정을 거쳐 행하는 사항
6. 형사(刑事), 행형(行刑) 및 보안처분 관계 법령에 따라 행하는 사항
7. 국가안전보장·국방·외교 또는 통일에 관한 사항 중 행정절차를 거칠 경우 국가의 중대한 이익을 현저히 해칠 우려가 있는 사항
8. 심사청구, 해양안전심판, 조세심판, 특허심판, 행정심판, 그 밖의 불복절차에 따른 사항
9. 「병역법」에 따른 징집·소집, 외국인의 출입국·난민인정·귀화, 공무원 인사 관계 법령에 따른 징계와 그 밖의 처분, 이해 조정을 목적으로 하는 법령에 따른 알선·조정·중재(仲裁)·재정(裁定) 또는 그 밖의 처분 등 해당 행정작용의 성질상 행정절차를 거치기 곤란하거나 거칠 필요가 없다고 인정되는 사항과 행정절차에 준하는 절차를 거친 사항으로서 대통령령으로 정하는 사항

[전문개정 2012.10.22.]

제4조(신의성실 및 신뢰보호) ① 행정청은 직무를 수행할 때 신의(信義)에 따라 성실히 하여야 한다.

② 행정청은 법령등의 해석 또는 행정청의 관행이 일반적으로 국민들에게 받아들여졌을 때에는 공익 또는 제3자의 정당한 이익을 현저히 해칠 우려가 있는 경우를 제외하고는 새로운 해석 또는 관행에 따라 소급하여 불리하게 처리하여서는 아니 된다.

[전문개정 2012.10.22.]

제5조(투명성) ① 행정청이 행하는 행정작용은 그 내용이 구체적이고 명확하여야 한다.

② 행정작용의 근거가 되는 법령등의 내용이 명확하지 아니한 경우 상대방은 해당 행정청에 그 해석을 요청할 수 있으며, 해당 행정청은 특별한 사유가 없으면 그 요청에 따라야 한다.

③ 행정청은 상대방에게 행정작용과 관련된 정보를 충분히 제공하여야 한다.

[전문개정 2019.12.10.]

제5조의2(행정업무 혁신) ① 행정청은 모든 국민이 균등하고 질 높은 행정서비스를 누릴 수 있도록 노력하여야 한다.

② 행정청은 정보통신기술을 활용하여 행정절차를 적극적으로 혁신하도록 노력하여야 한다. 이 경우 행정청은 국민이 경제적·사회적·지역적 여건 등으로 인하여 불이익을 받지 아니하도록 하여야 한다.

③ 행정청은 행정청이 생성하거나 취득하여 관리하고 있는 데이터(정보처리능력을 갖춘 장치를 통하여 생성 또는 처리되어 기계에 의한 판독이 가능한 형태로 존재하는 정형 또는 비정형의 정보를 말한다)를 행정과정에 활용하도록 노력하여야 한다.

④ 행정청은 행정업무 혁신 추진에 필요한 행정적·재정적·기술적 지원방안을 마련하여야 한다.

[본조신설 2022.1.11.]

제2절 행정청의 관할 및 협조

제6조(관할) ① 행정청이 그 관할에 속하지 아니하는 사안을 접수하였거나 이송받은 경우에는 지체 없이 이를 관할 행정청에 이송하여야 하고 그 사실을 신청인에게 통지하여야 한다. 행정청이 접수하거나 이송받은 후 관할이 변경된 경우에도 또한 같다.

② 행정청의 관할이 분명하지 아니한 경우에는 해당 행정청을 공통으로 감독하는 상급 행정청이 그 관할을 결정하며, 공통으로 감독하는 상급 행정청이 없는 경우에는 각 상급 행정청이 협의하여 그 관할을 결정한다.

[전문개정 2012.10.22.]

제7조(행정청 간의 협조) ① 행정청은 행정의 원활한 수행을 위하여 서로 협조하여야 한다.

② 행정청은 업무의 효율성을 높이고 행정서비스에 대한 국민의 만족도를 높이기 위하여 필요한 경우 행정협업(다른 행정청과 공동의 목표를 설정하고 행정청 상호 간의 기능을 연계하거나 시설·장비 및 정보 등을 공동으로 활용하는 것을 말한다. 이하 같다)의 방식으로 적극적으로 협조하여야 한다.

③ 행정청은 행정협업을 활성화하기 위한 시책을 마련하고 그 추진에 필요한 행정적·재정적 지원방안을 마련하여야 한다.

④ 행정협업의 촉진 등에 필요한 사항은 대통령령으로 정한다.

[전문개정 2022.1.11.]

제8조(행정응원) ① 행정청은 다음 각 호의 어느 하나에 해당하는 경우에는 다른 행정청에 행정응원(行政應援)을 요청할 수 있다.

1. 법령등의 이유로 독자적인 직무 수행이 어려운 경우
2. 인원·장비의 부족 등 사실상의 이유로 독자적인 직무 수행이 어려운 경우
3. 다른 행정청에 소속되어 있는 전문기관의 협조가 필요한 경우
4. 다른 행정청이 관리하고 있는 문서(전자문서를 포함한다. 이하 같다)·통계 등 행정자료가 직무 수행을 위하여 필요한 경우
5. 다른 행정청의 응원을 받아 처리하는 것이 보다 능률적이고 경제적인 경우

② 제1항에 따라 행정응원을 요청받은 행정청은 다음 각 호의 어느 하나에 해당하는 경우에는 응원을 거부할 수 있다.

1. 다른 행정청이 보다 능률적이거나 경제적으로 응원할 수 있는 명백한 이유가 있는 경우
2. 행정응원으로 인하여 고유의 직무 수행이 현저히 지장받을 것으로 인정되는 명백한 이유가 있는 경우

③ 행정응원은 해당 직무를 직접 응원할 수 있는 행정청에 요청하여야 한다.

④ 행정응원을 요청받은 행정청은 응원을 거부하는 경우 그 사유를 응원을 요청한 행정청에 통지하여 야 한다.

⑤ 행정응원을 위하여 파견된 직원은 응원을 요청한 행정청의 지휘·감독을 받는다. 다만, 해당 직원 의 복무에 관하여 다른 법령등에 특별한 규정이 있는 경우에는 그에 따른다.

⑥ 행정응원에 드는 비용은 응원을 요청한 행정청이 부담하며, 그 부담금액 및 부담방법은 응원을 요 청한 행정청과 응원을 하는 행정청이 협의하여 결정한다.

[전문개정 2012.10.22.]

제3절 당사자등

제9조(당사자등의 자격) 다음 각 호의 어느 하나에 해당하는 자는 행정절차에서 당사자등이 될 수 있다.

1. 자연인
2. 법인, 법인이 아닌 사단 또는 재단(이하 "법인등"이라 한다)
3. 그 밖에 다른 법령등에 따라 권리·의무의 주체가 될 수 있는 자

[전문개정 2012.10.22.]

제10조(지위의 승계) ① 당사자등이 사망하였을 때의 상속인과 다른 법령등에 따라 당사자등의 권리 또는 이익을 승계한 자는 당사자등의 지위를 승계한다.

② 당사자등인 법인등이 합병하였을 때에는 합병 후 존속하는 법인등이나 합병 후 새로 설립된 법인등 이 당사자등의 지위를 승계한다.

③ 제1항 및 제2항에 따라 당사자등의 지위를 승계한 자는 행정청에 그 사실을 통지하여야 한다.

④ 처분에 관한 권리 또는 이익을 사실상 양수한 자는 행정청의 승인을 받아 당사자등의 지위를 승계 할 수 있다.

⑤ 제3항에 따른 통지가 있을 때까지 사망자 또는 합병 전의 법인등에 대하여 행정청이 한 통지는 제1항 또는 제2항에 따라 당사자등의 지위를 승계한 자에게도 효력이 있다.

[전문개정 2012.10.22.]

제11조(대표자) ① 다수의 당사자등이 공동으로 행정절차에 관한 행위를 할 때에는 대표자를 선정할 수 있다.

② 행정청은 제1항에 따라 당사자등이 대표자를 선정하지 아니하거나 대표자가 지나치게 많아 행정절 차가 지연될 우려가 있는 경우에는 그 이유를 들어 상당한 기간 내에 3인 이내의 대표자를 선정할 것을 요청할 수 있다. 이 경우 당사자등이 그 요청에 따르지 아니하였을 때에는 행정청이 직접 대 표자를 선정할 수 있다.

③ 당사자등은 대표자를 변경하거나 해임할 수 있다.

④ 대표자는 각자 그를 대표자로 선정한 당사자등을 위하여 행정절차에 관한 모든 행위를 할 수 있다. 다만, 행정절차를 끝맺는 행위에 대하여는 당사자등의 동의를 받아야 한다.

⑤ 대표자가 있는 경우에는 당사자등은 그 대표자를 통하여서만 행정절차에 관한 행위를 할 수 있다.

⑥ 다수의 대표자가 있는 경우 그중 1인에 대한 행정청의 행위는 모든 당사자등에게 효력이 있다. 다만, 행정청의 통지는 대표자 모두에게 하여야 그 효력이 있다.
[전문개정 2012.10.22.]

제12조(대리인) ① 당사자등은 다음 각 호의 어느 하나에 해당하는 자를 대리인으로 선임할 수 있다.

1. 당사자등의 배우자, 직계 존속·비속 또는 형제자매
2. 당사자등이 법인등인 경우 그 임원 또는 직원
3. 변호사
4. 행정청 또는 청문 주재자(청문의 경우만 해당한다)의 허가를 받은 자
5. 법령등에 따라 해당 사안에 대하여 대리인이 될 수 있는 자

② 대리인에 관하여는 제11조제3항·제4항 및 제6항을 준용한다.
[전문개정 2012.10.22.]

제13조(대표자·대리인의 통지) ① 당사자등이 대표자 또는 대리인을 선정하거나 선임하였을 때에는 지체 없이 그 사실을 행정청에 통지하여야 한다. 대표자 또는 대리인을 변경하거나 해임하였을 때에도 또한 같다. 〈개정 2014.1.28.〉

② 제1항에도 불구하고 제12조제1항제4호에 따라 청문 주재자가 대리인의 선임을 허가한 경우에는 청문 주재자가 그 사실을 행정청에 통지하여야 한다. 〈신설 2014.1.28.〉
[전문개정 2012.10.22.]

제4절 송달 및 기간·기한의 특례

제14조(송달) ① 송달은 우편, 교부 또는 정보통신망 이용 등의 방법으로 하되, 송달받을 자(대표자 또는 대리인을 포함한다. 이하 같다)의 주소·거소(居所)·영업소·사무소 또는 전자우편주소(이하 "주소등"이라 한다)로 한다. 다만, 송달받을 자가 동의하는 경우에는 그를 만나는 장소에서 송달할 수 있다.

② 교부에 의한 송달은 수령확인서를 받고 문서를 교부함으로써 하며, 송달하는 장소에서 송달받을 자를 만나지 못한 경우에는 그 사무원·피용자(被傭者) 또는 동거인으로서 사리를 분별할 지능이 있는 사람(이하 이 조에서 "사무원등"이라 한다)에게 문서를 교부할 수 있다. 다만, 문서를 송달받을 자 또는 그 사무원등이 정당한 사유 없이 송달받기를 거부하는 때에는 그 사실을 수령확인서에 적고, 문서를 송달할 장소에 놓아둘 수 있다. 〈개정 2014.1.28.〉

③ 정보통신망을 이용한 송달은 송달받을 자가 동의하는 경우에만 한다. 이 경우 송달받을 자는 송달받을 전자우편주소 등을 지정하여야 한다.

④ 다음 각 호의 어느 하나에 해당하는 경우에는 송달받을 자가 알기 쉽도록 관보, 공보, 게시판, 일간신문 중 하나 이상에 공고하고 인터넷에도 공고하여야 한다.

1. 송달받을 자의 주소등을 통상적인 방법으로 확인할 수 없는 경우
2. 송달이 불가능한 경우

⑤ 제4항에 따른 공고를 할 때에는 민감정보 및 고유식별정보 등 송달받을 자의 개인정보를 「개인정보 보호법」에 따라 보호하여야 한다. 〈신설 2022.1.11.〉

⑥ 행정청은 송달하는 문서의 명칭, 송달받는 자의 성명 또는 명칭, 발송방법 및 발송 연월일을 확인할 수 있는 기록을 보존하여야 한다. 〈개정 2022.1.11.〉

[전문개정 2012.10.22.]

제15조(송달의 효력 발생) ① 송달은 다른 법령등에 특별한 규정이 있는 경우를 제외하고는 해당 문서가 송달받을 자에게 도달됨으로써 그 효력이 발생한다.

② 제14조제3항에 따라 정보통신망을 이용하여 전자문서로 송달하는 경우에는 송달받을 자가 지정한 컴퓨터 등에 입력된 때에 도달된 것으로 본다.

③ 제14조제4항의 경우에는 다른 법령등에 특별한 규정이 있는 경우를 제외하고는 공고일부터 14일이 지난 때에 그 효력이 발생한다. 다만, 긴급히 시행하여야 할 특별한 사유가 있어 효력 발생 시기를 달리 정하여 공고한 경우에는 그에 따른다.

[전문개정 2012.10.22.]

제16조(기간 및 기한의 특례) ① 천재지변이나 그 밖에 당사자등에게 책임이 없는 사유로 기간 및 기한을 지킬 수 없는 경우에는 그 사유가 끝나는 날까지 기간의 진행이 정지된다.

② 외국에 거주하거나 체류하는 자에 대한 기간 및 기한은 행정청이 그 우편이나 통신에 걸리는 일수(日數)를 고려하여 정하여야 한다.

[전문개정 2012.10.22.]

제2장　처분 〈개정 2012.10.22.〉

제1절　통칙 〈개정 2012.10.22.〉

제17조(처분의 신청) ① 행정청에 처분을 구하는 신청은 문서로 하여야 한다. 다만, 다른 법령등에 특별한 규정이 있는 경우와 행정청이 미리 다른 방법을 정하여 공시한 경우에는 그러하지 아니하다.

② 제1항에 따라 처분을 신청할 때 전자문서로 하는 경우에는 행정청의 컴퓨터 등에 입력된 때에 신청한 것으로 본다.

③ 행정청은 신청에 필요한 구비서류, 접수기관, 처리기간, 그 밖에 필요한 사항을 게시(인터넷 등을 통한 게시를 포함한다)하거나 이에 대한 편람을 갖추어 두고 누구나 열람할 수 있도록 하여야 한다.

④ 행정청은 신청을 받았을 때에는 다른 법령등에 특별한 규정이 있는 경우를 제외하고는 그 접수를 보류 또는 거부하거나 부당하게 되돌려 보내서는 아니 되며, 신청을 접수한 경우에는 신청인에게 접수증을 주어야 한다. 다만, 대통령령으로 정하는 경우에는 접수증을 주지 아니할 수 있다.

⑤ 행정청은 신청에 구비서류의 미비 등 흠이 있는 경우에는 보완에 필요한 상당한 기간을 정하여 지체 없이 신청인에게 보완을 요구하여야 한다.

⑥ 행정청은 신청인이 제5항에 따른 기간 내에 보완을 하지 아니하였을 때에는 그 이유를 구체적으로 밝혀 접수된 신청을 되돌려 보낼 수 있다.

⑦ 행정청은 신청인의 편의를 위하여 다른 행정청에 신청을 접수하게 할 수 있다. 이 경우 행정청은 다른 행정청에 접수할 수 있는 신청의 종류를 미리 정하여 공시하여야 한다.

⑧ 신청인은 처분이 있기 전에는 그 신청의 내용을 보완·변경하거나 취하(取下)할 수 있다. 다만, 다른 법령등에 특별한 규정이 있거나 그 신청의 성질상 보완·변경하거나 취하할 수 없는 경우에는 그러하지 아니하다.

[전문개정 2012.10.22.]

제18조(다수의 행정청이 관여하는 처분) 행정청은 다수의 행정청이 관여하는 처분을 구하는 신청을 접수한 경우에는 관계 행정청과의 신속한 협조를 통하여 그 처분이 지연되지 아니하도록 하여야 한다.

[전문개정 2012.10.22.]

제19조(처리기간의 설정·공표) ① 행정청은 신청인의 편의를 위하여 처분의 처리기간을 종류별로 미리 정하여 공표하여야 한다.

② 행정청은 부득이한 사유로 제1항에 따른 처리기간 내에 처분을 처리하기 곤란한 경우에는 해당 처분의 처리기간의 범위에서 한 번만 그 기간을 연장할 수 있다.

③ 행정청은 제2항에 따라 처리기간을 연장할 때에는 처리기간의 연장 사유와 처리 예정 기한을 지체 없이 신청인에게 통지하여야 한다.

④ 행정청이 정당한 처리기간 내에 처리하지 아니하였을 때에는 신청인은 해당 행정청 또는 그 감독 행정청에 신속한 처리를 요청할 수 있다.

⑤ 제1항에 따른 처리기간에 산입하지 아니하는 기간에 관하여는 대통령령으로 정한다.

[전문개정 2012.10.22.]

제20조(처분기준의 설정·공표) ① 행정청은 필요한 처분기준을 해당 처분의 성질에 비추어 되도록 구체적으로 정하여 공표하여야 한다. 처분기준을 변경하는 경우에도 또한 같다.

② 「행정기본법」 제24조에 따른 인허가의제의 경우 관련 인허가 행정청은 관련 인허가의 처분기준을 주된 인허가 행정청에 제출하여야 하고, 주된 인허가 행정청은 제출받은 관련 인허가의 처분기준을 통합하여 공표하여야 한다. 처분기준을 변경하는 경우에도 또한 같다. 〈신설 2022.1.11.〉

③ 제1항에 따른 처분기준을 공표하는 것이 해당 처분의 성질상 현저히 곤란하거나 공공의 안전 또는 복리를 현저히 해치는 것으로 인정될 만한 상당한 이유가 있는 경우에는 처분기준을 공표하지 아니할 수 있다. 〈개정 2022.1.11.〉

④ 당사자등은 공표된 처분기준이 명확하지 아니한 경우 해당 행정청에 그 해석 또는 설명을 요청할 수 있다. 이 경우 해당 행정청은 특별한 사정이 없으면 그 요청에 따라야 한다. 〈개정 2022.1.11.〉

[전문개정 2012.10.22.]

제21조(처분의 사전 통지) ① 행정청은 당사자에게 의무를 부과하거나 권익을 제한하는 처분을 하는 경우에는 미리 다음 각 호의 사항을 당사자등에게 통지하여야 한다.

1. 처분의 제목
2. 당사자의 성명 또는 명칭과 주소
3. 처분하려는 원인이 되는 사실과 처분의 내용 및 법적 근거
4. 제3호에 대하여 의견을 제출할 수 있다는 뜻과 의견을 제출하지 아니하는 경우의 처리방법
5. 의견제출기관의 명칭과 주소
6. 의견제출기한
7. 그 밖에 필요한 사항

② 행정청은 청문을 하려면 청문이 시작되는 날부터 10일 전까지 제1항 각 호의 사항을 당사자등에게 통지하여야 한다. 이 경우 제1항제4호부터 제6호까지의 사항은 청문 주재자의 소속·직위 및 성명, 청문의 일시 및 장소, 청문에 응하지 아니하는 경우의 처리방법 등 청문에 필요한 사항으로 갈음한다.

③ 제1항제6호에 따른 기한은 의견제출에 필요한 기간을 10일 이상으로 고려하여 정하여야 한다. 〈개정 2019.12.10.〉

④ 다음 각 호의 어느 하나에 해당하는 경우에는 제1항에 따른 통지를 하지 아니할 수 있다.
1. 공공의 안전 또는 복리를 위하여 긴급히 처분을 할 필요가 있는 경우
2. 법령등에서 요구된 자격이 없거나 없어지게 되면 반드시 일정한 처분을 하여야 하는 경우에 그 자격이 없거나 없어지게 된 사실이 법원의 재판 등에 의하여 객관적으로 증명된 경우
3. 해당 처분의 성질상 의견청취가 현저히 곤란하거나 명백히 불필요하다고 인정될 만한 상당한 이유가 있는 경우

⑤ 처분의 전제가 되는 사실이 법원의 재판 등에 의하여 객관적으로 증명된 경우 등 제4항에 따른 사전 통지를 하지 아니할 수 있는 구체적인 사항은 대통령령으로 정한다. 〈신설 2014.1.28.〉

⑥ 제4항에 따라 사전 통지를 하지 아니하는 경우 행정청은 처분을 할 때 당사자등에게 통지를 하지 아니한 사유를 알려야 한다. 다만, 신속한 처분이 필요한 경우에는 처분 후 그 사유를 알릴 수 있다. 〈신설 2014.12.30.〉

⑦ 제6항에 따라 당사자등에게 알리는 경우에는 제24조를 준용한다. 〈신설 2014.12.30.〉
[전문개정 2012.10.22.]

제22조(의견청취) ① 행정청이 처분을 할 때 다음 각 호의 어느 하나에 해당하는 경우에는 청문을 한다. 〈개정 2014.1.28., 2022.1.11.〉
1. 다른 법령등에서 청문을 하도록 규정하고 있는 경우
2. 행정청이 필요하다고 인정하는 경우
3. 다음 각 목의 처분을 하는 경우
   가. 인허가 등의 취소
   나. 신분·자격의 박탈
   다. 법인이나 조합 등의 설립허가의 취소

② 행정청이 처분을 할 때 다음 각 호의 어느 하나에 해당하는 경우에는 공청회를 개최한다. 〈개정 2019.12.10.〉
1. 다른 법령등에서 공청회를 개최하도록 규정하고 있는 경우

2. 해당 처분의 영향이 광범위하여 널리 의견을 수렴할 필요가 있다고 행정청이 인정하는 경우

3. 국민생활에 큰 영향을 미치는 처분으로서 대통령령으로 정하는 처분에 대하여 대통령령으로 정하는 수 이상의 당사자등이 공청회 개최를 요구하는 경우

③ 행정청이 당사자에게 의무를 부과하거나 권익을 제한하는 처분을 할 때 제1항 또는 제2항의 경우 외에는 당사자등에게 의견제출의 기회를 주어야 한다.

④ 제1항부터 제3항까지의 규정에도 불구하고 제21조제4항 각 호의 어느 하나에 해당하는 경우와 당사자가 의견진술의 기회를 포기한다는 뜻을 명백히 표시한 경우에는 의견청취를 하지 아니할 수 있다.

⑤ 행정청은 청문·공청회 또는 의견제출을 거쳤을 때에는 신속히 처분하여 해당 처분이 지연되지 아니하도록 하여야 한다.

⑥ 행정청은 처분 후 1년 이내에 당사자등이 요청하는 경우에는 청문·공청회 또는 의견제출을 위하여 제출받은 서류나 그 밖의 물건을 반환하여야 한다.

[전문개정 2012.10.22.]

제23조(처분의 이유 제시) ① 행정청은 처분을 할 때에는 다음 각 호의 어느 하나에 해당하는 경우를 제외하고는 당사자에게 그 근거와 이유를 제시하여야 한다.

1. 신청 내용을 모두 그대로 인정하는 처분인 경우

2. 단순·반복적인 처분 또는 경미한 처분으로서 당사자가 그 이유를 명백히 알 수 있는 경우

3. 긴급히 처분을 할 필요가 있는 경우

② 행정청은 제1항제2호 및 제3호의 경우에 처분 후 당사자가 요청하는 경우에는 그 근거와 이유를 제시하여야 한다.

[전문개정 2012.10.22.]

제24조(처분의 방식) ① 행정청이 처분을 할 때에는 다른 법령등에 특별한 규정이 있는 경우를 제외하고는 문서로 하여야 하며, 다음 각 호의 어느 하나에 해당하는 경우에는 전자문서로 할 수 있다. 〈개정 2022.1.11.〉

1. 당사자등의 동의가 있는 경우

2. 당사자가 전자문서로 처분을 신청한 경우

② 제1항에도 불구하고 공공의 안전 또는 복리를 위하여 긴급히 처분을 할 필요가 있거나 사안이 경미한 경우에는 말, 전화, 휴대전화를 이용한 문자 전송, 팩스 또는 전자우편 등 문서가 아닌 방법으로 처분을 할 수 있다. 이 경우 당사자가 요청하면 지체 없이 처분에 관한 문서를 주어야 한다. 〈신설 2022.1.11.〉

③ 처분을 하는 문서에는 그 처분 행정청과 담당자의 소속·성명 및 연락처(전화번호, 팩스번호, 전자우편주소 등을 말한다)를 적어야 한다. 〈개정 2022.1.11.〉

[전문개정 2012.10.22.]

제25조(처분의 정정) 행정청은 처분에 오기(誤記), 오산(誤算) 또는 그 밖에 이에 준하는 명백한 잘못이 있을 때에는 직권으로 또는 신청에 따라 지체 없이 정정하고 그 사실을 당사자에게 통지하여야 한다.

[전문개정 2012.10.22.]

제26조(고지) 행정청이 처분을 할 때에는 당사자에게 그 처분에 관하여 행정심판 및 행정소송을 제기할 수 있는지 여부, 그 밖에 불복을 할 수 있는지 여부, 청구절차 및 청구기간, 그 밖에 필요한 사항을 알려야 한다.

[전문개정 2012.10.22.]

제2절 의견제출 및 청문

제27조(의견제출) ① 당사자등은 처분 전에 그 처분의 관할 행정청에 서면이나 말로 또는 정보통신망을 이용하여 의견제출을 할 수 있다.

② 당사자등은 제1항에 따라 의견제출을 하는 경우 그 주장을 입증하기 위한 증거자료 등을 첨부할 수 있다.

③ 행정청은 당사자등이 말로 의견제출을 하였을 때에는 서면으로 그 진술의 요지와 진술자를 기록하여야 한다.

④ 당사자등이 정당한 이유 없이 의견제출기한까지 의견제출을 하지 아니한 경우에는 의견이 없는 것으로 본다.

[전문개정 2012.10.22.]

제27조의2(제출 의견의 반영 등) ① 행정청은 처분을 할 때에 당사자등이 제출한 의견이 상당한 이유가 있다고 인정하는 경우에는 이를 반영하여야 한다. 〈개정 2019.12.10.〉

② 행정청은 당사자등이 제출한 의견을 반영하지 아니하고 처분을 한 경우 당사자등이 처분이 있음을 안 날부터 90일 이내에 그 이유의 설명을 요청하면 서면으로 그 이유를 알려야 한다. 다만, 당사자 등이 동의하면 말, 정보통신망 또는 그 밖의 방법으로 알릴 수 있다. 〈신설 2019.12.10.〉

[전문개정 2012.10.22.]

[제목개정 2019.12.10.]

제28조(청문 주재자) ① 행정청은 소속 직원 또는 대통령령으로 정하는 자격을 가진 사람 중에서 청문 주재자를 공정하게 선정하여야 한다. 〈개정 2019.12.10.〉

② 행정청은 다음 각 호의 어느 하나에 해당하는 처분을 하려는 경우에는 청문 주재자를 2명 이상으로 선정할 수 있다. 이 경우 선정된 청문 주재자 중 1명이 청문 주재자를 대표한다. 〈신설 2022.1.11.〉

 1. 다수 국민의 이해가 상충되는 처분

 2. 다수 국민에게 불편이나 부담을 주는 처분

 3. 그 밖에 전문적이고 공정한 청문을 위하여 행정청이 청문 주재자를 2명 이상으로 선정할 필요가 있다고 인정하는 처분

③ 행정청은 청문이 시작되는 날부터 7일 전까지 청문 주재자에게 청문과 관련한 필요한 자료를 미리 통지하여야 한다. 〈신설 2014.1.28., 2022.1.11.〉

④ 청문 주재자는 독립하여 공정하게 직무를 수행하며, 그 직무 수행을 이유로 본인의 의사에 반하여 신분상 어떠한 불이익도 받지 아니한다. 〈개정 2014.1.28., 2022.1.11.〉

⑤ 제1항 또는 제2항에 따라 선정된 청문 주재자는 「형법」이나 그 밖의 다른 법률에 따른 벌칙을 적용할 때에는 공무원으로 본다. 〈개정 2014.1.28., 2022.1.11.〉

⑥ 제1항부터 제5항까지에서 규정한 사항 외에 청문 주재자의 선정 등에 필요한 사항은 대통령령으로 정한다. 〈신설 2022.1.11.〉

[전문개정 2012.10.22.]

제29조(청문 주재자의 제척·기피·회피) ① 청문 주재자가 다음 각 호의 어느 하나에 해당하는 경우에는 청문을 주재할 수 없다. 〈개정 2019.12.10.〉

 1. 자신이 당사자등이거나 당사자등과 「민법」 제777조 각 호의 어느 하나에 해당하는 친족관계에 있거나 있었던 경우

 2. 자신이 해당 처분과 관련하여 증언이나 감정(鑑定)을 한 경우

 3. 자신이 해당 처분의 당사자등의 대리인으로 관여하거나 관여하였던 경우

 4. 자신이 해당 처분업무를 직접 처리하거나 처리하였던 경우

 5. 자신이 해당 처분업무를 처리하는 부서에 근무하는 경우. 이 경우 부서의 구체적인 범위는 대통령령으로 정한다.

② 청문 주재자에게 공정한 청문 진행을 할 수 없는 사정이 있는 경우 당사자등은 행정청에 기피신청을 할 수 있다. 이 경우 행정청은 청문을 정지하고 그 신청이 이유가 있다고 인정할 때에는 해당 청문 주재자를 지체 없이 교체하여야 한다.

③ 청문 주재자는 제1항 또는 제2항의 사유에 해당하는 경우에는 행정청의 승인을 받아 스스로 청문의 주재를 회피할 수 있다.

[전문개정 2012.10.22.]

제30조(청문의 공개) 청문은 당사자가 공개를 신청하거나 청문 주재자가 필요하다고 인정하는 경우 공개할 수 있다. 다만, 공익 또는 제3자의 정당한 이익을 현저히 해칠 우려가 있는 경우에는 공개하여서는 아니 된다.

[전문개정 2012.10.22.]

제31조(청문의 진행) ① 청문 주재자가 청문을 시작할 때에는 먼저 예정된 처분의 내용, 그 원인이 되는 사실 및 법적 근거 등을 설명하여야 한다.

② 당사자등은 의견을 진술하고 증거를 제출할 수 있으며, 참고인이나 감정인 등에게 질문할 수 있다.

③ 당사자등이 의견서를 제출한 경우에는 그 내용을 출석하여 진술한 것으로 본다.

④ 청문 주재자는 청문의 신속한 진행과 질서유지를 위하여 필요한 조치를 할 수 있다.

⑤ 청문을 계속할 경우에는 행정청은 당사자등에게 다음 청문의 일시 및 장소를 서면으로 통지하여야 하며, 당사자등이 동의하는 경우에는 전자문서로 통지할 수 있다. 다만, 청문에 출석한 당사자등에게는 그 청문일에 청문 주재자가 말로 통지할 수 있다.

[전문개정 2012.10.22.]

제32조(청문의 병합·분리) 행정청은 직권으로 또는 당사자의 신청에 따라 여러 개의 사안을 병합하거나 분리하여 청문을 할 수 있다.

[전문개정 2012.10.22.]

제33조(증거조사) ① 청문 주재자는 직권으로 또는 당사자의 신청에 따라 필요한 조사를 할 수 있으며, 당사자등이 주장하지 아니한 사실에 대하여도 조사할 수 있다.

② 증거조사는 다음 각 호의 어느 하나에 해당하는 방법으로 한다.

1. 문서·장부·물건 등 증거자료의 수집

2. 참고인·감정인 등에 대한 질문

3. 검증 또는 감정·평가

4. 그 밖에 필요한 조사

③ 청문 주재자는 필요하다고 인정할 때에는 관계 행정청에 필요한 문서의 제출 또는 의견의 진술을 요구할 수 있다. 이 경우 관계 행정청은 직무 수행에 특별한 지장이 없으면 그 요구에 따라야 한다.

[전문개정 2012.10.22.]

제34조(청문조서) ① 청문 주재자는 다음 각 호의 사항이 적힌 청문조서(聽聞調書)를 작성하여야 한다.

1. 제목

2. 청문 주재자의 소속, 성명 등 인적사항

3. 당사자등의 주소, 성명 또는 명칭 및 출석 여부

4. 청문의 일시 및 장소

5. 당사자등의 진술의 요지 및 제출된 증거

6. 청문의 공개 여부 및 공개하거나 제30조 단서에 따라 공개하지 아니한 이유

7. 증거조사를 한 경우에는 그 요지 및 첨부된 증거

8. 그 밖에 필요한 사항

② 당사자등은 청문조서의 내용을 열람·확인할 수 있으며, 이의가 있을 때에는 그 정정을 요구할 수 있다.

[전문개정 2012.10.22.]

제34조의2(청문 주재자의 의견서) 청문 주재자는 다음 각 호의 사항이 적힌 청문 주재자의 의견서를 작성하여야 한다.

1. 청문의 제목

2. 처분의 내용, 주요 사실 또는 증거

3. 종합의견

4. 그 밖에 필요한 사항

[전문개정 2012.10.22.]

제35조(청문의 종결) ① 청문 주재자는 해당 사안에 대하여 당사자등의 의견진술, 증거조사가 충분히 이루어졌다고 인정하는 경우에는 청문을 마칠 수 있다.

② 청문 주재자는 당사자등의 전부 또는 일부가 정당한 사유 없이 청문기일에 출석하지 아니하거나 제31조제3항에 따른 의견서를 제출하지 아니한 경우에는 이들에게 다시 의견진술 및 증거제출의 기회를 주지 아니하고 청문을 마칠 수 있다.

③ 청문 주재자는 당사자등의 전부 또는 일부가 정당한 사유로 청문기일에 출석하지 못하거나 제31조 제3항에 따른 의견서를 제출하지 못한 경우에는 10일 이상의 기간을 정하여 이들에게 의견진술 및 증거제출을 요구하여야 하며, 해당 기간이 지났을 때에 청문을 마칠 수 있다. 〈개정 2019.12.10.〉

④ 청문 주재자는 청문을 마쳤을 때에는 청문조서, 청문 주재자의 의견서, 그 밖의 관계 서류 등을 행정청에 지체 없이 제출하여야 한다.

[전문개정 2012.10.22.]

제35조의2(청문결과의 반영) 행정청은 처분을 할 때에 제35조제4항에 따라 받은 청문조서, 청문 주재자 의 의견서, 그 밖의 관계 서류 등을 충분히 검토하고 상당한 이유가 있다고 인정하는 경우에는 청 문결과를 반영하여야 한다.

[전문개정 2012.10.22.]

제36조(청문의 재개) 행정청은 청문을 마친 후 처분을 할 때까지 새로운 사정이 발견되어 청문을 재개 (再開)할 필요가 있다고 인정할 때에는 제35조제4항에 따라 받은 청문조서 등을 되돌려 보내고 청 문의 재개를 명할 수 있다. 이 경우 제31조제5항을 준용한다.

[전문개정 2012.10.22.]

제37조(문서의 열람 및 비밀유지) ① 당사자등은 의견제출의 경우에는 처분의 사전 통지가 있는 날부터 의견제출기한까지, 청문의 경우에는 청문의 통지가 있는 날부터 청문이 끝날 때까지 행정청에 해당 사안의 조사결과에 관한 문서와 그 밖에 해당 처분과 관련되는 문서의 열람 또는 복사를 요청할 수 있다. 이 경우 행정청은 다른 법령에 따라 공개가 제한되는 경우를 제외하고는 그 요청을 거부 할 수 없다. 〈개정 2022.1.11.〉

② 행정청은 제1항의 열람 또는 복사의 요청에 따르는 경우 그 일시 및 장소를 지정할 수 있다.

③ 행정청은 제1항 후단에 따라 열람 또는 복사의 요청을 거부하는 경우에는 그 이유를 소명(疎明)하 여야 한다.

④ 제1항에 따라 열람 또는 복사를 요청할 수 있는 문서의 범위는 대통령령으로 정한다.

⑤ 행정청은 제1항에 따른 복사에 드는 비용을 복사를 요청한 자에게 부담시킬 수 있다.

⑥ 누구든지 의견제출 또는 청문을 통하여 알게 된 사생활이나 경영상 또는 거래상의 비밀을 정당한 이유 없이 누설하거나 다른 목적으로 사용하여서는 아니 된다. 〈개정 2022.1.11.〉

[전문개정 2012.10.22.]

제3절 공청회

제38조(공청회 개최의 알림) 행정청은 공청회를 개최하려는 경우에는 공청회 개최 14일 전까지 다음 각 호의 사항을 당사자등에게 통지하고 관보, 공보, 인터넷 홈페이지 또는 일간신문 등에 공고하는 등의 방법으로 널리 알려야 한다. 다만, 공청회 개최를 알린 후 예정대로 개최하지 못하여 새로 일시 및 장소 등을 정한 경우에는 공청회 개최 7일 전까지 알려야 한다. 〈개정 2019.12.10.〉

1. 제목

2. 일시 및 장소

3. 주요 내용

4. 발표자에 관한 사항

5. 발표신청 방법 및 신청기한

6. 정보통신망을 통한 의견제출

7. 그 밖에 공청회 개최에 필요한 사항

[전문개정 2012.10.22.]

제38조의2(온라인공청회) ① 행정청은 제38조에 따른 공청회와 병행하여서만 정보통신망을 이용한 공청회(이하 "온라인공청회"라 한다)를 실시할 수 있다. 〈개정 2022.1.11.〉

② 제1항에도 불구하고 다음 각 호의 어느 하나에 해당하는 경우에는 온라인공청회를 단독으로 개최할 수 있다. 〈신설 2022.1.11.〉

1. 국민의 생명·신체·재산의 보호 등 국민의 안전 또는 권익보호 등의 이유로 제38조에 따른 공청회를 개최하기 어려운 경우

2. 제38조에 따른 공청회가 행정청이 책임질 수 없는 사유로 개최되지 못하거나 개최는 되었으나 정상적으로 진행되지 못하고 무산된 횟수가 3회 이상인 경우

3. 행정청이 널리 의견을 수렴하기 위하여 온라인공청회를 단독으로 개최할 필요가 있다고 인정하는 경우. 다만, 제22조 제2항 제1호 또는 제3호에 따라 공청회를 실시하는 경우는 제외한다.

③ 행정청은 온라인공청회를 실시하는 경우 의견제출 및 토론 참여가 가능하도록 적절한 전자적 처리 능력을 갖춘 정보통신망을 구축·운영하여야 한다. 〈개정 2022.1.11.〉

④ 온라인공청회를 실시하는 경우에는 누구든지 정보통신망을 이용하여 의견을 제출하거나 제출된 의견 등에 대한 토론에 참여할 수 있다. 〈개정 2022.1.11.〉

⑤ 제1항부터 제4항까지에서 규정한 사항 외에 온라인공청회의 실시 방법 및 절차에 관하여 필요한 사항은 대통령령으로 정한다. 〈개정 2022.1.11.〉

[전문개정 2012.10.22.]

[제목개정 2022.1.11.]

제38조의3(공청회의 주재자 및 발표자의 선정) ① 행정청은 해당 공청회의 사안과 관련된 분야에 전문적 지식이 있거나 그 분야에 종사한 경험이 있는 사람으로서 대통령령으로 정하는 자격을 가진 사람 중에서 공청회의 주재자를 선정한다. 〈개정 2019.12.10.〉

② 공청회의 발표자는 발표를 신청한 사람 중에서 행정청이 선정한다. 다만, 발표를 신청한 사람이 없거나 공청회의 공정성을 확보하기 위하여 필요하다고 인정하는 경우에는 다음 각 호의 사람 중에서 지명하거나 위촉할 수 있다.

1. 해당 공청회의 사안과 관련된 당사자등

2. 해당 공청회의 사안과 관련된 분야에 전문적 지식이 있는 사람

3. 해당 공청회의 사안과 관련된 분야에 종사한 경험이 있는 사람

③ 행정청은 공청회의 주재자 및 발표자를 지명 또는 위촉하거나 선정할 때 공정성이 확보될 수 있도록 하여야 한다.

④ 공청회의 주재자, 발표자, 그 밖에 자료를 제출한 전문가 등에게는 예산의 범위에서 수당 및 여비
와 그 밖에 필요한 경비를 지급할 수 있다.
[전문개정 2012.10.22.]

제39조(공청회의 진행) ① 공청회의 주재자는 공청회를 공정하게 진행하여야 하며, 공청회의 원활한 진
행을 위하여 발표 내용을 제한할 수 있고, 질서유지를 위하여 발언 중지 및 퇴장 명령 등 행정안전
부장관이 정하는 필요한 조치를 할 수 있다. 〈개정 2013.3.23, 2014.11.19, 2017.7.26.〉
② 발표자는 공청회의 내용과 직접 관련된 사항에 대하여만 발표하여야 한다.
③ 공청회의 주재자는 발표자의 발표가 끝난 후에는 발표자 상호 간에 질의 및 답변을 할 수 있도록
하여야 하며, 방청인에게도 의견을 제시할 기회를 주어야 한다.
[전문개정 2012.10.22.]

제39조의2(공청회 및 온라인공청회 결과의 반영) 행정청은 처분을 할 때에 공청회, 온라인공청회 및 정보
통신망 등을 통하여 제시된 사실 및 의견이 상당한 이유가 있다고 인정하는 경우에는 이를 반영하
여야 한다. 〈개정 2022.1.11.〉
[전문개정 2012.10.22.]
[제목개정 2022.1.11.]

제39조의3(공청회의 재개최) 행정청은 공청회를 마친 후 처분을 할 때까지 새로운 사정이 발견되어 공청
회를 다시 개최할 필요가 있다고 인정할 때에는 공청회를 다시 개최할 수 있다.
[본조신설 2019.12.10.]

제3장　신고, 확약 및 위반사실 등의 공표 등 〈개정 2022.1.11.〉

제40조(신고) ① 법령등에서 행정청에 일정한 사항을 통지함으로써 의무가 끝나는 신고를 규정하고 있
는 경우 신고를 관장하는 행정청은 신고에 필요한 구비서류, 접수기관, 그 밖에 법령등에 따른 신
고에 필요한 사항을 게시(인터넷 등을 통한 게시를 포함한다)하거나 이에 대한 편람을 갖추어 두고
누구나 열람할 수 있도록 하여야 한다.
② 제1항에 따른 신고가 다음 각 호의 요건을 갖춘 경우에는 신고서가 접수기관에 도달된 때에 신고
의무가 이행된 것으로 본다.
1. 신고서의 기재사항에 흠이 없을 것
2. 필요한 구비서류가 첨부되어 있을 것
3. 그 밖에 법령등에 규정된 형식상의 요건에 적합할 것
③ 행정청은 제2항 각 호의 요건을 갖추지 못한 신고서가 제출된 경우에는 지체 없이 상당한 기간을
정하여 신고인에게 보완을 요구하여야 한다.
④ 행정청은 신고인이 제3항에 따른 기간 내에 보완을 하지 아니하였을 때에는 그 이유를 구체적으로
밝혀 해당 신고서를 되돌려 보내야 한다.
[전문개정 2012.10.22.]

제40조의2(확약) ① 법령등에서 당사자가 신청할 수 있는 처분을 규정하고 있는 경우 행정청은 당사자의 신청에 따라 장래에 어떤 처분을 하거나 하지 아니할 것을 내용으로 하는 의사표시(이하 "확약"이라 한다)를 할 수 있다.

② 확약은 문서로 하여야 한다.

③ 행정청은 다른 행정청과의 협의 등의 절차를 거쳐야 하는 처분에 대하여 확약을 하려는 경우에는 확약을 하기 전에 그 절차를 거쳐야 한다.

④ 행정청은 다음 각 호의 어느 하나에 해당하는 경우에는 확약에 기속되지 아니한다.

  1. 확약을 한 후에 확약의 내용을 이행할 수 없을 정도로 법령등이나 사정이 변경된 경우

  2. 확약이 위법한 경우

⑤ 행정청은 확약이 제4항 각 호의 어느 하나에 해당하여 확약을 이행할 수 없는 경우에는 지체 없이 당사자에게 그 사실을 통지하여야 한다.

[본조신설 2022.1.11.]

제40조의3(위반사실 등의 공표) ① 행정청은 법령에 따른 의무를 위반한 자의 성명·법인명, 위반사실, 의무 위반을 이유로 한 처분사실 등(이하 "위반사실등"이라 한다)을 법률로 정하는 바에 따라 일반에게 공표할 수 있다.

② 행정청은 위반사실등의 공표를 하기 전에 사실과 다른 공표로 인하여 당사자의 명예·신용 등이 훼손되지 아니하도록 객관적이고 타당한 증거와 근거가 있는지를 확인하여야 한다.

③ 행정청은 위반사실등의 공표를 할 때에는 미리 당사자에게 그 사실을 통지하고 의견제출의 기회를 주어야 한다. 다만, 다음 각 호의 어느 하나에 해당하는 경우에는 그러하지 아니하다.

  1. 공공의 안전 또는 복리를 위하여 긴급히 공표를 할 필요가 있는 경우

  2. 해당 공표의 성질상 의견청취가 현저히 곤란하거나 명백히 불필요하다고 인정될 만한 타당한 이유가 있는 경우

  3. 당사자가 의견진술의 기회를 포기한다는 뜻을 명백히 밝힌 경우

④ 제3항에 따라 의견제출의 기회를 받은 당사자는 공표 전에 관할 행정청에 서면이나 말 또는 정보통신망을 이용하여 의견을 제출할 수 있다.

⑤ 제4항에 따른 의견제출의 방법과 제출 의견의 반영 등에 관하여는 제27조 및 제27조의2를 준용한다. 이 경우 "처분"은 "위반사실등의 공표"로 본다.

⑥ 위반사실등의 공표는 관보, 공보 또는 인터넷 홈페이지 등을 통하여 한다.

⑦ 행정청은 위반사실등의 공표를 하기 전에 당사자가 공표와 관련된 의무의 이행, 원상회복, 손해배상 등의 조치를 마친 경우에는 위반사실등의 공표를 하지 아니할 수 있다.

⑧ 행정청은 공표된 내용이 사실과 다른 것으로 밝혀지거나 공표에 포함된 처분이 취소된 경우에는 그 내용을 정정하여, 정정한 내용을 지체 없이 해당 공표와 같은 방법으로 공표된 기간 이상 공표하여야 한다. 다만, 당사자가 원하지 아니하면 공표하지 아니할 수 있다.

[본조신설 2022.1.11.]

제40조의4(행정계획) 행정청은 행정청이 수립하는 계획 중 국민의 권리·의무에 직접 영향을 미치는 계획을 수립하거나 변경·폐지할 때에는 관련된 여러 이익을 정당하게 형량하여야 한다.

[본조신설 2022.1.11.]

제4장 행정상 입법예고

제41조(행정상 입법예고) ① 법령등을 제정·개정 또는 폐지(이하 "입법"이라 한다)하려는 경우에는 해당 입법안을 마련한 행정청은 이를 예고하여야 한다. 다만, 다음 각 호의 어느 하나에 해당하는 경우에는 예고를 하지 아니할 수 있다. 〈개정 2012.10.22.〉

1. 신속한 국민의 권리 보호 또는 예측 곤란한 특별한 사정의 발생 등으로 입법이 긴급을 요하는 경우
2. 상위 법령등의 단순한 집행을 위한 경우
3. 입법내용이 국민의 권리·의무 또는 일상생활과 관련이 없는 경우
4. 단순한 표현·자구를 변경하는 경우 등 입법내용의 성질상 예고의 필요가 없거나 곤란하다고 판단되는 경우
5. 예고함이 공공의 안전 또는 복리를 현저히 해칠 우려가 있는 경우

② 삭제 〈2002.12.30.〉

③ 법제처장은 입법예고를 하지 아니한 법령안의 심사 요청을 받은 경우에 입법예고를 하는 것이 적당하다고 판단할 때에는 해당 행정청에 입법예고를 권고하거나 직접 예고할 수 있다. 〈개정 2012.10.22.〉

④ 입법안을 마련한 행정청은 입법예고 후 예고내용에 국민생활과 직접 관련된 내용이 추가되는 등 대통령령으로 정하는 중요한 변경이 발생하는 경우에는 해당 부분에 대한 입법예고를 다시 하여야 한다. 다만, 제1항 각 호의 어느 하나에 해당하는 경우에는 예고를 하지 아니할 수 있다. 〈신설 2012.10.22.〉

⑤ 입법예고의 기준·절차 등에 관하여 필요한 사항은 대통령령으로 정한다. 〈개정 2012.10.22.〉

제42조(예고방법) ① 행정청은 입법안의 취지, 주요 내용 또는 전문(全文)을 다음 각 호의 구분에 따른 방법으로 공고하여야 하며, 추가로 인터넷, 신문 또는 방송 등을 통하여 공고할 수 있다. 〈개정 2019.12.10.〉

1. 법령의 입법안을 입법예고하는 경우 : 관보 및 법제처장이 구축·제공하는 정보시스템을 통한 공고
2. 자치법규의 입법안을 입법예고하는 경우 : 공보를 통한 공고

② 행정청은 대통령령을 입법예고하는 경우 국회 소관 상임위원회에 이를 제출하여야 한다.

③ 행정청은 입법예고를 할 때에 입법안과 관련이 있다고 인정되는 중앙행정기관, 지방자치단체, 그 밖의 단체 등이 예고사항을 알 수 있도록 예고사항을 통지하거나 그 밖의 방법으로 알려야 한다.

④ 행정청은 제1항에 따라 예고된 입법안에 대하여 온라인공청회 등을 통하여 널리 의견을 수렴할 수 있다. 이 경우 제38조의2제3항부터 제5항까지의 규정을 준용한다. 〈개정 2022.1.11.〉

⑤ 행정청은 예고된 입법안의 전문에 대한 열람 또는 복사를 요청받았을 때에는 특별한 사유가 없으면 그 요청에 따라야 한다.

⑥ 행정청은 제5항에 따른 복사에 드는 비용을 복사를 요청한 자에게 부담시킬 수 있다.
[전문개정 2012.10.22.]

제43조(예고기간) 입법예고기간은 예고할 때 정하되, 특별한 사정이 없으면 40일(자치법규는 20일) 이상으로 한다.
[전문개정 2012.10.22.]

제44조(의견제출 및 처리) ① 누구든지 예고된 입법안에 대하여 의견을 제출할 수 있다.

② 행정청은 의견접수기관, 의견제출기간, 그 밖에 필요한 사항을 해당 입법안을 예고할 때 함께 공고하여야 한다.

③ 행정청은 해당 입법안에 대한 의견이 제출된 경우 특별한 사유가 없으면 이를 존중하여 처리하여야 한다.

④ 행정청은 의견을 제출한 자에게 그 제출된 의견의 처리결과를 통지하여야 한다.

⑤ 제출된 의견의 처리방법 및 처리결과의 통지에 관하여는 대통령령으로 정한다.
[전문개정 2012.10.22.]

제45조(공청회) ① 행정청은 입법안에 관하여 공청회를 개최할 수 있다.

② 공청회에 관하여는 제38조, 제38조의2, 제38조의3, 제39조 및 제39조의2를 준용한다.
[전문개정 2012.10.22.]

제5장 행정예고

제46조(행정예고) ① 행정청은 정책, 제도 및 계획(이하 "정책등"이라 한다)을 수립·시행하거나 변경하려는 경우에는 이를 예고하여야 한다. 다만, 다음 각 호의 어느 하나에 해당하는 경우에는 예고를 하지 아니할 수 있다. 〈개정 2019.12.10.〉

1. 신속하게 국민의 권리를 보호하여야 하거나 예측이 어려운 특별한 사정이 발생하는 등 긴급한 사유로 예고가 현저히 곤란한 경우
2. 법령등의 단순한 집행을 위한 경우
3. 정책등의 내용이 국민의 권리·의무 또는 일상생활과 관련이 없는 경우
4. 정책등의 예고가 공공의 안전 또는 복리를 현저히 해칠 우려가 상당한 경우

② 제1항에도 불구하고 법령등의 입법을 포함하는 행정예고는 입법예고로 갈음할 수 있다.

③ 행정예고기간은 예고 내용의 성격 등을 고려하여 정하되, 20일 이상으로 한다. 〈개정 2022.1.11.〉

④ 제3항에도 불구하고 행정목적을 달성하기 위하여 긴급한 필요가 있는 경우에는 행정예고기간을 단축할 수 있다. 이 경우 단축된 행정예고기간은 10일 이상으로 한다. 〈신설 2022.1.11.〉
[전문개정 2012.10.22.]

제46조의2(행정예고 통계 작성 및 공고) 행정청은 매년 자신이 행한 행정예고의 실시 현황과 그 결과에 관한 통계를 작성하고, 이를 관보·공보 또는 인터넷 등의 방법으로 널리 공고하여야 한다.
[본조신설 2014.1.28.]

제47조(예고방법 등) ① 행정청은 정책등안(案)의 취지, 주요 내용 등을 관보·공보나 인터넷·신문·방송 등을 통하여 공고하여야 한다.

② 행정예고의 방법, 의견제출 및 처리, 공청회 및 온라인공청회에 관하여는 제38조, 제38조의2, 제38조의3, 제39조, 제39조의2, 제39조의3, 제42조(제1항·제2항 및 제4항은 제외한다), 제44조 제1항부터 제3항까지 및 제45조 제1항을 준용한다. 이 경우 "입법안"은 "정책등안"으로, "입법예고"는 "행정예고"로, "처분을 할 때"는 "정책등을 수립·시행하거나 변경할 때"로 본다. 〈개정 2022.1.11.〉
[전문개정 2019.12.10.]

제6장 행정지도

제48조(행정지도의 원칙) ① 행정지도는 그 목적 달성에 필요한 최소한도에 그쳐야 하며, 행정지도의 상대방의 의사에 반하여 부당하게 강요하여서는 아니 된다.

② 행정기관은 행정지도의 상대방이 행정지도에 따르지 아니하였다는 것을 이유로 불이익한 조치를 하여서는 아니 된다.
[전문개정 2012.10.22.]

제49조(행정지도의 방식) ① 행정지도를 하는 자는 그 상대방에게 그 행정지도의 취지 및 내용과 신분을 밝혀야 한다.

② 행정지도가 말로 이루어지는 경우에 상대방이 제1항의 사항을 적은 서면의 교부를 요구하면 그 행정지도를 하는 자는 직무 수행에 특별한 지장이 없으면 이를 교부하여야 한다.
[전문개정 2012.10.22.]

제50조(의견제출) 행정지도의 상대방은 해당 행정지도의 방식·내용 등에 관하여 행정기관에 의견제출을 할 수 있다.
[전문개정 2012.10.22.]

제51조(다수인을 대상으로 하는 행정지도) 행정기관이 같은 행정목적을 실현하기 위하여 많은 상대방에게 행정지도를 하려는 경우에는 특별한 사정이 없으면 행정지도에 공통적인 내용이 되는 사항을 공표하여야 한다.
[전문개정 2012.10.22.]

제7장 국민참여의 확대 〈신설 2024.1.28.〉

제52조(국민참여 활성화) ① 행정청은 행정과정에서 국민의 의견을 적극적으로 청취하고 이를 반영하도록 노력하여야 한다.

② 행정청은 국민에게 다양한 참여방법과 협력의 기회를 제공하도록 노력하여야 하며, 구체적인 참여방법을 공표하여야 한다.

③ 행정청은 국민참여 수준을 향상시키기 위하여 노력하여야 하며 필요한 경우 국민참여 수준에 대한 자체진단을 실시하고, 그 결과를 행정안전부장관에게 제출하여야 한다.

④ 행정청은 제3항에 따라 자체진단을 실시한 경우 그 결과를 공개할 수 있다.

⑤ 행정청은 국민참여를 활성화하기 위하여 교육·홍보, 예산·인력 확보 등 필요한 조치를 할 수 있다.

⑥ 행정안전부장관은 국민참여 확대를 위하여 행정청에 교육·홍보, 포상, 예산·인력 확보 등을 지원할 수 있다.

[전문개정 2022.1.11.]

제52조의2(국민제안의 처리) ① 행정청(국회사무총장·법원행정처장·헌법재판소사무처장 및 중앙선거관리위원회사무총장은 제외한다)은 정부시책이나 행정제도 및 그 운영의 개선에 관한 국민의 창의적인 의견이나 고안(이하 "국민제안"이라 한다)을 접수·처리하여야 한다.

② 제1항에 따른 국민제안의 운영 및 절차 등에 필요한 사항은 대통령령으로 정한다.

[본조신설 2022.1.11.]

제52조의3(국민참여 창구) 행정청은 주요 정책 등에 관한 국민과 전문가의 의견을 듣거나 국민이 참여할 수 있는 온라인 또는 오프라인 창구를 설치·운영할 수 있다.

[본조신설 2022.1.11.]

제53조(온라인 정책토론) ① 행정청은 국민에게 영향을 미치는 주요 정책 등에 대하여 국민의 다양하고 창의적인 의견을 널리 수렴하기 위하여 정보통신망을 이용한 정책토론(이하 이 조에서 "온라인 정책토론"이라 한다)을 실시할 수 있다. 〈개정 2022.1.11.〉

② 행정청은 효율적인 온라인 정책토론을 위하여 과제별로 한시적인 토론 패널을 구성하여 해당 토론에 참여시킬 수 있다. 이 경우 패널의 구성에 있어서는 공정성 및 객관성이 확보될 수 있도록 노력하여야 한다. 〈개정 2022.1.11.〉

③ 행정청은 온라인 정책토론이 공정하고 중립적으로 운영되도록 하기 위하여 필요한 조치를 할 수 있다. 〈개정 2022.1.11.〉

④ 토론 패널의 구성, 운영방법, 그 밖에 온라인 정책토론의 운영을 위하여 필요한 사항은 대통령령으로 정한다. 〈개정 2022.1.11.〉

[본조신설 2014.1.28.]

[제목개정 2022.1.11.]

[종전 제53조는 제55조로 이동 〈2014.1.28.〉]

제8장 보칙 〈개정 2014.1.28.〉

제54조(비용의 부담) 행정절차에 드는 비용은 행정청이 부담한다. 다만, 당사자등이 자기를 위하여 스스로 지출한 비용은 그러하지 아니하다.

[전문개정 2012.10.22.]

[제52조에서 이동, 종전 제54조는 제56조로 이동 〈2014.1.28.〉]

제55조(참고인 등에 대한 비용 지급) ① 행정청은 행정절차의 진행에 필요한 참고인이나 감정인 등에게 예산의 범위에서 여비와 일당을 지급할 수 있다.

② 제1항에 따른 비용의 지급기준 등에 관하여는 대통령령으로 정한다.

[전문개정 2012.10.22.]

[제53조에서 이동 〈2014.1.28.〉]

제56조(협조 요청 등) 행정안전부장관(제4장의 경우에는 법제처장을 말한다)은 이 법의 효율적인 운영을 위하여 노력하여야 하며, 필요한 경우에는 그 운영 상황과 실태를 확인할 수 있고, 관계 행정청에 관련 자료의 제출 등 협조를 요청할 수 있다. 〈개정 2013.3.23, 2014.11.19, 2017.7.26.〉

[전문개정 2012.10.22.]

[제54조에서 이동 〈2014.1.28.〉]

부칙 〈법률 제18748호, 2022.1.11.〉

제1조(시행일) 이 법은 공포 후 6개월이 경과한 날부터 시행한다. 다만, 제20조 제2항부터 제4항까지의 개정규정은 2023년 3월 24일부터 시행한다.

제2조(청문에 관한 적용례) 제22조 제1항 제3호의 개정규정은 이 법 시행 이후 같은 호 각 목의 처분에 관하여 제21조에 따라 사전 통지를 하는 처분부터 적용한다.

제3조(온라인공청회에 관한 적용례) 제38조의2 제2항 제2호의 개정규정은 이 법 시행 이후 공청회가 행정청이 책임질 수 없는 사유로 개최되지 못하거나 개최는 되었으나 정상적으로 진행되지 못하고 무산된 횟수가 3회 이상인 경우부터 적용한다.

제4조(확약에 관한 적용례) 제40조의2의 개정규정은 이 법 시행 이후 확약을 신청하는 경우부터 적용한다.

제5조(위반사실등의 공표에 관한 적용례) 제40조의3의 개정규정은 이 법 시행 이후 위반사실등의 공표를 하는 경우부터 적용한다.

제6조(행정예고에 관한 적용례) 제46조 제3항 및 제4항의 개정규정은 이 법 시행 이후 행정예고를 하는 경우부터 적용한다.

제7조(다른 법률의 개정) 민원처리에 관한 법률 일부를 다음과 같이 개정한다.

제45조를 삭제한다.

Chapter

09 행정절차법 시행령

제1장 목적 및 적용범위

제1조(목적) 이 영은 행정절차법(이하 "법"이라 한다)에서 위임된 사항과 그 시행에 관하여 필요한 사항을 규정함을 목적으로 한다.

제2조(적용제외) 법 제3조제2항제9호에서 "대통령령으로 정하는 사항"이라 함은 다음 각 호의 어느 하나에 해당하는 사항을 말한다. 〈개정 2002.12.30, 2005.6.30, 2007.11.13, 2011.3.2, 2016.11.29, 2020.6.30.〉

1. 「병역법」, 「예비군법」, 「민방위기본법」, 「비상대비자원 관리법」, 「대체역의 편입 및 복무 등에 관한 법률」에 따른 징집·소집·동원·훈련에 관한 사항
2. 외국인의 출입국·난민인정·귀화·국적회복에 관한 사항
3. 공무원 인사관계법령에 의한 징계 기타 처분에 관한 사항
4. 이해조정을 목적으로 법령에 의한 알선·조정·중재·재정 기타 처분에 관한 사항
5. 조세관계법령에 의한 조세의 부과·징수에 관한 사항
6. 「독점규제 및 공정거래에 관한 법률」, 「하도급거래 공정화에 관한 법률」, 「약관의 규제에 관한 법률」에 따라 공정거래위원회의 의결·결정을 거쳐 행하는 사항
7. 「국가배상법」, 「공익사업을 위한 토지 등의 취득 및 보상에 관한 법률」에 따른 재결·결정에 관한 사항
8. 학교·연수원등에서 교육·훈련의 목적을 달성하기 위하여 학생·연수생등을 대상으로 행하는 사항
9. 사람의 학식·기능에 관한 시험·검정의 결과에 따라 행하는 사항
10. 「배타적 경제수역에서의 외국인어업 등에 대한 주권적 권리의 행사에 관한 법률」에 따라 행하는 사항
11. 「특허법」, 「실용신안법」, 「디자인보호법」, 「상표법」에 따른 사정·결정·심결, 그 밖의 처분에 관한 사항

제2장 당사자등

제3조(이해관계인의 참여) ① 행정절차에 참여하고자 하는 이해관계인은 행정청에게 참여대상인 절차와 참여이유를 기재한 문서(전자문서를 포함한다. 이하 같다)로 참여를 신청하여야 한다. 〈개정 2003.6.23.〉
② 행정청은 제1항의 규정에 의한 신청을 받은 때에는 지체 없이 참여 여부를 결정하여 신청인에게 통지하여야 한다.

제4조(지위승계의 승인신청 및 통지) ① 법 제10조제4항의 규정에 의하여 당사자등의 지위를 승계하고자 하는 자는 행정청에 문서로 지위승계의 승인을 신청하여야 한다. 〈개정 2003.6.23.〉

② 행정청은 제1항의 규정에 의한 신청을 받은 때에는 지체 없이 승인여부를 결정하여 신청인에게 통지하여야 한다.

제5조(대표자에 의한 행정절차의 종료) 대표자는 법 제11조제4항 단서의 규정에 의하여 행정절차를 끝맺고자 하는 경우에 다른 당사자등의 동의를 입증하는 서류를 첨부하여 행정청에 문서로 통지하여야 한다. 〈개정 2003.6.23.〉

제6조(대리인의 선임허가등) ① 법 제12조제1항제4호의 규정에 의하여 대리인의 선임허가를 받고자 하는 당사자등은 행정청 또는 청문주재자(청문의 경우에 한한다)에게 문서로 선임허가를 신청하여야 한다. 〈개정 2003.6.23.〉

② 제5조의 규정은 대리인이 행정절차를 끝맺고자 하는 경우에 이를 준용한다.

제7조(대표자·대리인의 통지) 법 제13조의 규정에 의한 대표자 또는 대리인의 선정·선임·변경·해임통지는 문서로 하여야 한다. 〈개정 2003.6.23.〉

제3장 송달

제8조 삭제 〈2003.6.23.〉

제4장 처분

제9조(접수증) 법 제17조제4항 단서에서 "대통령령이 정하는 경우"라 함은 다음 각 호의 1에 해당하는 신청의 경우를 말한다. 〈개정 2003.6.23.〉

1. 구술·우편 또는 정보통신망에 의한 신청
2. 처리기간이 "즉시"로 되어 있는 신청
3. 접수증에 갈음하는 문서를 주는 신청

제10조(신청의 종결처리) 행정청은 신청인의 소재지가 분명하지 아니하여 법 제17조제5항의 규정에 의한 보완의 요구가 2회에 걸쳐 반송된 때에는 신청을 취하한 것으로 보아 이를 종결처리할 수 있다. 〈개정 2003.6.23.〉

제11조(처리기간에 산입하지 아니하는 기간) 법 제19조제5항의 규정에 의하여 처리기간에 산입하지 아니하는 기간은 다음 각 호의 1에 해당하는 기간을 말한다. 〈개정 2003.6.23, 2008.2.29, 2013.3.23, 2014.11.19, 2017.7.26.〉

1. 신청서의 보완에 소요되는 기간(보완을 위하여 신청서를 신청인에게 발송한 날과 보완되어 행정청에 도달한 날을 포함한다)
2. 접수·경유·협의 및 처리하는 기관이 각각 상당히 떨어져 있는 경우 문서의 이송에 소요되는 기간
3. 법 제11조제2항의 규정에 의하여 대표자를 선정하는 데 소요되는 기간
4. 당해처분과 관련하여 의견청취가 실시되는 경우 그에 소요되는 기간
5. 실험·검사·감정, 전문적인 기술검토등 특별한 추가절차를 거치기 위하여 부득이하게 소요되는 기간
6. 행정안전부령이 정하는 선행사무의 완결을 조건으로 하는 경우 그에 소요되는 기간

제12조(처분기준의 공표) 행정청은 법 제20조제1항 및 제2항에 따른 처분기준을 당사자등이 알기 쉽도록 편람을 만들어 비치하거나 게시판·관보·공보·일간신문 또는 소관 행정청의 인터넷 홈페이지 등에 공고해야 한다. 〈개정 2003.6.23, 2022.7.11.〉

제13조(처분의 사전 통지 생략사유) 법 제21조제4항 및 제5항에 따라 사전 통지를 하지 아니할 수 있는 경우는 다음 각 호의 어느 하나에 해당하는 경우로 한다.
1. 급박한 위해의 방지 및 제거 등 공공의 안전 또는 복리를 위하여 긴급한 처분이 필요한 경우
2. 법원의 재판 또는 준사법적 절차를 거치는 행정기관의 결정 등에 따라 처분의 전제가 되는 사실이 객관적으로 증명되어 처분에 따른 의견청취가 불필요하다고 인정되는 경우
3. 의견청취의 기회를 줌으로써 처분의 내용이 미리 알려져 현저히 공익을 해치는 행위를 유발할 우려가 예상되는 등 해당 처분의 성질상 의견청취가 현저하게 곤란한 경우
4. 법령 또는 자치법규(이하 "법령등"이라 한다)에서 준수하여야 할 기술적 기준이 명확하게 규정되고, 그 기준에 현저히 미치지 못하는 사실을 이유로 처분을 하려는 경우로서 그 사실이 실험, 계측, 그 밖에 객관적인 방법에 의하여 명확히 입증된 경우
5. 법령등에서 일정한 요건에 해당하는 자에 대하여 점용료·사용료 등 금전급부를 명하는 경우 법령등에서 규정하는 요건에 해당함이 명백하고, 행정청의 금액산정에 재량의 여지가 없거나 요율이 명확하게 정하여져 있는 경우 등 해당 처분의 성질상 의견청취가 명백히 불필요하다고 인정될 만한 상당한 이유가 있는 경우
[본조신설 2014.7.28.]

제13조의2(청문실시 노력) 행정청이 법 제22조제1항제2호에 따라 처분에 대한 청문의 필요 여부를 결정할 때 당사자 등의 권익을 심히 침해하거나 이해관계에 중대한 영향을 미치는 처분인 경우에는 청문을 실시하도록 적극 노력해야 한다. 〈개정 2022.7.11.〉
[본조신설 2008.12.24.]

제13조의3(공청회의 개최 요건 등) ① 법 제22조제2항제3호에서 "대통령령으로 정하는 처분"이란 다음 각 호의 어느 하나에 해당하는 처분을 말한다. 다만, 행정청이 해당 처분과 관련하여 이미 공청회를 개최한 경우는 제외한다.
1. 국민 다수의 생명, 안전 및 건강에 큰 영향을 미치는 처분

2. 소음 및 악취 등 국민의 일상생활과 관계되는 환경에 큰 영향을 미치는 처분

② 제1항에 따른 처분에 대하여 당사자등은 그 처분 전(해당 처분에 대하여 행정청이 의견제출 기한을 정한 경우에는 그 기한까지를 말한다)에 행정청에 공청회의 개최를 요구할 수 있다.

③ 법 제22조제2항제3호에서 "대통령령으로 정하는 수"란 30명을 말한다.

[본조신설 2020.6.9.]

제14조(의견진술의 포기) 당사자는 법 제22조제4항의 규정에 의하여 의견진술의 기회를 포기한 때에는 의견진술포기서 또는 이에 준하는 문서를 행정청에 제출하여야 한다. 〈개정 2003.6.23.〉

제14조의2(처분의 이유제시) 행정청은 법 제23조의 규정에 의하여 처분의 이유를 제시하는 경우에는 처분의 원인이 되는 사실과 근거가 되는 법령 또는 자치법규의 내용을 구체적으로 명시하여야 한다. 〈개정 2008.12.24.〉

[본조신설 2003.6.23.]

제5장 청문 및 공청회

제15조(청문주재자) ① 법 제28조제1항에서 "대통령령이 정하는 자격을 가진 자"라 함은 다음 각 호의 1에 해당하는 자를 말한다.

1. 교수·변호사·공인회계사 등 관련분야의 전문직 종사자
2. 청문사안과 관련되는 분야에 근무한 경험이 있는 전직 공무원
3. 그 밖의 업무경험을 통하여 청문사안과 관련되는 분야에 전문지식이 있는 자

② 법 제28조의 규정에 의한 청문주재자에 대하여는 예산의 범위안에서 수당이나 여비 그 밖의 필요한 경비를 지급할 수 있다. 다만, 청문주재를 소관업무로 하는 공무원이 청문을 주재하는 경우에는 그러하지 아니하다.

[전문개정 2003.6.23.]

제15조의2(2명 이상의 청문 주재자) ① 행정청은 법 제28조제2항에 따라 2명 이상의 청문 주재자를 선정하는 경우 전체 청문 주재자의 2분의 1 이상을 제15조제1항 각 호의 어느 하나에 해당하는 사람으로 선정해야 한다.

② 행정청은 법 제28조제2항 각 호 외의 부분 후단에 따라 2명 이상의 청문 주재자 중에서 청문사안에 대한 중립성·전문성 등을 고려하여 청문 주재자를 대표하는 청문 주재자(이하 이 조에서 "대표주재자"라 한다) 1명을 선정해야 한다.

③ 대표주재자는 청문 주재자를 대표하여 법 제31조에 따라 청문을 진행하고, 법 제35조에 따라 청문을 종결한다.

④ 대표주재자는 청문 주재자의 의견을 반영하여 법 제34조에 따른 청문조서 및 법 제34조의2에 따른 청문 주재자의 의견서를 대표로 작성한다. 이 경우 청문 주재자 전원이 그 청문조서 및 청문 주재자의 의견서에 서명 또는 날인해야 한다.

⑤ 대표주재자는 제4항에 따라 청문 주재자의 의견서를 작성할 때 청문 주재자 사이에 의견이 일치하

지 않는 경우에는 그 내용을 청문 주재자의 의견서에 모두 기록해야 한다.

[본조신설 2022.7.11.]

[종전 제15조의2는 제15조의3으로 이동 〈2022.7.11.〉]

제15조의3(청문 주재자의 제척·기피·회피) 법 제29조제1항제5호에 따른 부서는 해당 처분업무의 처리를 주관하는 과·담당관 또는 이에 준하는 조직 단위로 한다.

[본조신설 2020.6.9.]

[종전 제15조의2에서 이동 〈2022.7.11.〉]

제16조(청문의 공개) ① 당사자는 법 제30조의 규정에 의하여 청문의 공개를 신청하고자 하는 때에는 청문일 전까지 청문주재자에게 공개신청서를 제출하여야 한다.

② 청문주재자는 제1항의 규정에 의하여 당사자가 제출한 공개신청서를 지체 없이 검토하여 공개여부를 당사자등에게 알려야 한다.

제17조(의견서 제출) 법 제31조제3항의 규정에 의하여 청문에 출석하여 진술한 것으로 보는 의견서는 법 제35조제1항 및 제2항의 규정에 의하여 청문이 종결될 때까지(법 제35조제3항의 규정에 의하여 기간이 연장된 경우에는 그 기간이 종료될 때까지)청문주재자에게 제출된 것에 한한다.

제18조(증거조사) 당사자등은 법 제33조제1항의 규정에 의하여 증거조사를 신청하고자 하는 때에는 청문주재자에게 증명할 사실과 증거조사의 방법을 구체적으로 명시한 문서를 제출하여야 한다. 〈개정 2003.6.23.〉

제19조(청문조서의 열람등) ① 청문주재자는 청문조서를 작성한 후 지체없이 청문조서의 열람·확인의 장소 및 기간을 정하여 당사자등에게 통지하여야 한다. 이 경우 열람·확인의 기간은 청문조서를 행정청에 제출하기 전까지의 기간의 범위 내에서 정하여야 한다. 〈개정 2003.6.23.〉

② 법 제34조제2항의 규정에 의한 정정요구는 문서 또는 구술로 할 수 있으며, 구술로 정정요구를 하는 경우 청문주재자는 정정요구의 내용을 기록하여야 한다. 〈신설 2003.6.23.〉

③ 청문주재자는 당사자등이 청문조서의 정정요구를 한 경우 그 사실관계를 확인한 후 청문조서의 내용을 정정하여야 한다. 〈개정 2003.6.23.〉

제20조(문서의 열람등) ① 당사자등은 법 제37조제1항의 규정에 의하여 열람 또는 복사를 요청하고자 하는 때에는 문서로 하여야 하며, 전자적 형태로 열람을 요청하는 경우 행정청은 당사자등의 요청에 응하는 것이 현저히 곤란한 경우가 아닌 한 전자적 형태로 열람할 수 있도록 하여야 한다. 다만, 청문일에 필요에 의하여 문서를 열람 또는 복사하고자 하는 경우에는 구술로 요청할 수 있다. 〈개정 2003.6.23.〉

② 행정청은 법 제37조제2항의 규정에 의하여 문서의 열람 또는 복사의 일시 및 장소를 지정한 때에는 요청자에게 그 사실을 통지하여야 한다.

③ 법 제37조제4항의 규정에 의하여 열람 또는 복사를 요청할 수 있는 문서는 「행정업무의 운영 및 혁신에 관한 규정」 제3조제1호의 공문서를 말한다. 〈개정 2011.12.21, 2016.4.26, 2023.6.27.〉

④ 법 제37조제5항에 따른 문서의 복사에 드는 비용에 관하여는 「공공기관의 정보공개에 관한 법률 시행령」 제17조제1항·제2항 및 제6항을 준용한다. 〈개정 2022.7.11.〉

제20조의2(온라인공청회의 개최 통지 등) 행정청은 법 제38조의2에 따라 정보통신망을 이용한 공청회 (이하 "온라인공청회"라 한다)를 개최하려는 때에는 온라인공청회 개최 14일 전까지 다음 각 호의 사항을 당사자등에게 통지하고, 관보·공보·일간신문 또는 인터넷 홈페이지 등에 공고하는 등의 방법으로 널리 알려야 한다. 다만, 온라인공청회 개최를 알린 후 예정대로 개최하지 못하여 새로 일시 및 온라인공청회를 개최하는 인터넷 주소(이하 "온라인공청회주소"라 한다) 등을 정한 경우에 는 온라인공청회 개최 7일 전까지 알릴 수 있다. 〈개정 2022.7.11.〉

1. 제목
2. 실시기간 및 온라인공청회주소
3. 주요내용
4. 발표자에 관한 사항
5. 발표신청 방법 및 신청기한
6. 정보통신망을 활용한 의견제출
7. 그 밖에 온라인공청회 개최와 관련하여 필요한 사항

[본조신설 2007.11.13.]

[제목개정 2022.7.11.]

제20조의3(온라인공청회 의제 등의 게시) ① 온라인공청회를 개최하는 행정청은 온라인공청회를 실시하 는 기간 동안 해당 온라인공청회주소에 제20조의2 각 호의 사항을 게시해야 한다. 〈개정 2022.7.11.〉

② 행정청은 온라인공청회를 실시하는 기간 동안 서면으로 제출된 의견이 있는 경우에는 그 의견을 해당 온라인공청회주소에 게시할 수 있다. 〈개정 2022.7.11.〉

[본조신설 2007.11.13.]

[제목개정 2022.7.11.]

제21조(공청회의 주재자 및 발표자의 선정) ① 법 제38조의3제1항에서 "대통령령으로 정하는 자격을 가 진 사람"이란 다음 각 호의 어느 하나에 해당하는 사람을 말한다. 〈신설 2020.6.9.〉

1. 교수·변호사·공인회계사 등 관련 분야의 전문직 종사자
2. 공청회 사안과 관련되는 분야에 근무한 경험이 있는 전직 공무원
3. 그 밖의 업무경험을 통하여 공청회 사안과 관련되는 분야에 전문지식이 있는 사람

② 행정청은 법 제38조의3제2항에 따라 발표자를 선정한 경우 그 결과를 발표를 신청한 사람 모두에 게 통지해야 한다. 〈개정 2007.11.13, 2020.6.9.〉

[제목개정 2020.6.9.]

제22조(공청회 및 온라인공청회 결과의 알림) ① 행정청은 공청회에서 제출된 의견의 반영결과를 발표자 와 의견제출자 등에게 통지하거나 인터넷 홈페이지에 게시하는 등의 방법으로 널리 알려야 한다.

② 행정청은 온라인공청회에서 제출된 의견의 반영결과를 해당 온라인공청회주소에 게시해야 한다. 〈개정 2022.7.11.〉

[전문개정 2007.11.13.]

[제목개정 2022.7.11.]

제22조의2(온라인공청회 운영 지원) 행정안전부장관은 온라인공청회의 효율적 운영을 위하여 통합 온라인공청회주소를 마련하여 행정청에 제공하는 등 필요한 지원을 할 수 있다. 〈개정 2008.2.29, 2013.3.23, 2014.11.19, 2017.7.26, 2022.7.11.〉

[본조신설 2007.11.13.]

[제목개정 2022.7.11.]

제6장 행정상 입법예고 · 행정예고 및 행정지도

제23조(행정상 입법예고) 행정상 입법예고에 관하여는 법제업무운영규정이 정하는 바에 따른다.

제24조 삭제 〈2020.6.9.〉

제24조의2(관계기관의 의견청취) ① 행정청이 법 제46조제1항 각 호 외의 부분 본문에 따라 행정예고를 하는 경우에는 이에 앞서 해당 정책·제도 및 계획의 내용을 관계기관의 장에게 송부하여 그 의견을 들어야 한다. 다만, 해당 정책·제도 및 계획의 내용이 의견을 듣기에 곤란한 특별한 사유가 있는 때에는 의견을 듣지 않고 행정예고를 할 수 있다. 〈개정 2020.6.9.〉

② 제1항의 규정에 의한 정책·제도 및 계획에 대한 의견회신기간은 10일 이상이 되도록 하여야 한다. 다만, 정책·제도 및 계획을 긴급하게 추진하여야 할 사유가 발생하는 등 특별한 사정이 있는 때에는 의견회신기간을 10일 미만으로 단축할 수 있다.

③ 삭제 〈2020.6.9.〉

[본조신설 2004.11.11.]

제24조의3(예고내용 등) 행정청은 행정예고를 하는 경우 행정예고안의 주요내용, 진행절차, 담당자 및 홈페이지 주소 등을 명시하고, 홈페이지에는 예고내용의 구체적인 사항을 게재하여야 한다.

[본조신설 2004.11.11.]

제24조의4(행정예고에 따른 제출의견의 처리) ① 행정청은 행정예고 결과 제출된 의견을 검토하여 정책·제도 및 계획에의 반영여부를 결정하고, 그 처리결과 및 처리이유 등을 지체 없이 의견제출자에게 통지하거나 공표하여야 한다.

② 제1항의 규정에 의한 처리결과에 대하여는 특별한 사정이 없는 한 인터넷에 게시하는 등의 방법으로 널리 알려야 한다.

③ 행정예고된 내용이 국무회의의 심의사항인 경우 행정예고를 한 행정청의 장은 제출된 의견을 내용별로 분석하여 국무회의 상정안에 첨부하여야 한다.

[본조신설 2004.11.11.]

제24조의5(행정예고안의 복사비용) 행정예고된 내용의 복사에 드는 비용에 관하여는 「공공기관의 정보공개에 관한 법률 시행령」 제17조제1항부터 제6항까지를 준용한다. 〈개정 2008.12.24, 2022.7.11.〉

[본조신설 2004.11.11.]

제25조(다수인을 대상으로 하는 행정지도) 행정기관이 법 제51조의 규정에 의하여 다수인을 대상으로 하는 행정지도의 내용을 공표할 때에는 공표사항에 당해행정지도의 취지·주요내용·주관행정기관과 당해행정지도에 관하여 의견을 제출할 수 있다는 뜻을 포함하여야 한다.

제7장 국민참여의 확대 〈개정 2017.4.18.〉

제25조의2(국민참여 활성화를 위한 참여방법과 협력의 기회 제공) ① 행정청은 법 제52조에 따라 다음 각 호의 참여방법과 협력의 기회 제공을 통하여 행정과정에 국민의 참여를 확대할 수 있도록 노력해야 한다. 〈개정 2022.7.11, 2023.8.1.〉

1. 법 제22조에 따른 청문, 공청회, 의견제출과 그 밖의 토론회, 간담회, 설명회
2. 법 제53조에 따른 온라인 정책토론
3. 「국민 제안 규정」 제2조제1호에 따른 국민제안
4. 온라인 투표, 설문조사 등 여론 조사
5. 정책의 이해관계인, 일반인, 전문가 등이 참여하는 민관 협의체
6. 자원봉사활동 또는 사회공헌활동
7. 그 밖에 국민이 참여할 수 있는 방법 및 협력의 기회 제공

② 행정청은 국민의 의사나 수요를 행정과정에 반영하기 위하여 다음 각 호의 기법을 활용할 수 있다. 〈개정 2022.7.11.〉

1. 일반인, 전문가가 직접 참여하여 국민의 수요를 관찰·분석함으로써 공공정책 및 서비스를 개발·개선하는 공공서비스디자인 기법
2. 빅데이터(대용량의 정형 또는 비정형의 데이터세트를 말한다) 분석 기법
3. 일반인, 전문가 등이 직접 참여하여 충분한 심의, 토론 등의 과정을 거쳐 정책으로 발전시키는 정책숙의(政策熟議) 기법
4. 그 밖에 국민의 의사나 수요를 확인하여 행정과정에 반영할 수 있는 기법

③ 행정청은 제1항에 따른 참여방법과 협력의 기회 제공 또는 제2항에 따른 기법의 활용을 위하여 국민과 전문가의 의견을 듣거나 정책에 대하여 제안, 토론, 투표 및 평가를 할 수 있는 온라인 또는 오프라인 국민참여 플랫폼을 설치·운영할 수 있으며, 행정과정에 국민참여가 활성화 되도록 온라인 또는 오프라인 국민참여 플랫폼을 적극 활용해야 한다. 〈개정 2020.6.9.〉

④ 행정청이 법 제52조제2항에 따라 제1항 각 호의 참여방법을 공표하는 경우에는 참여의 자격, 기간, 창구 등 참여에 필요한 세부적인 사항을 함께 공표해야 한다. 〈신설 2022.7.11.〉

⑤ 행정청이 제4항에 따라 공표하는 경우에는 인터넷 홈페이지 등 다양한 매체를 활용해야 한다. 〈신설 2022.7.11.〉

⑥ 행정청은 제1항에 따른 참여방법과 협력의 기회 제공을 통하여 국민의 의견이 제출되거나 제2항에 따른 기법의 활용을 통하여 국민의 의사 또는 수요가 확인된 경우 국민의 의견에 성실히 답변하고 국민의 의사나 수요를 행정과정에 반영할 수 있도록 노력해야 한다. 〈개정 2020.6.9, 2022.7.11.〉

⑦ 행정청은 제3항에 따른 국민참여 플랫폼의 운영에 필요한 사항을 정할 수 있다. 〈신설 2020.6.9, 2022.7.11.〉

⑧ 행정청은 제3항에 따른 국민참여 플랫폼의 활성화를 위하여 예산 및 인력을 확보하는 등 필요한 조치를 할 수 있다. 〈신설 2020.6.9, 2022.7.11.〉

[본조신설 2017.4.18.]

[제목개정 2022.7.11.]

제25조의3 삭제 〈2022.7.11.〉

제26조(온라인 정책토론의 운영) ① 행정청은 법 제53조제1항에 따른 온라인 정책토론(이하 "온라인 정책토론"이라 한다)을 실시하는 경우 토론 참여자 간의 이해를 돕고 합리적인 대안을 찾을 필요가 있다고 판단되는 경우에는 동일한 토론 과제에 대하여 반복하여 토론을 실시할 수 있다. 〈개정 2017.4.18, 2022.7.11.〉

② 행정청은 온라인 정책토론을 실시할 때에는 토론 개최계획, 토론 과제 및 토론 결과 등을 단계별로 정보통신망 등을 통하여 공개해야 한다. 〈개정 2022.7.11.〉

③ 온라인 정책토론에 참여하는 행정청과 그 밖의 참여자는 합리적인 토론을 위하여 필요한 자료를 공유하도록 노력해야 한다. 〈개정 2022.7.11.〉

④ 행정청은 법 제53조제2항에 따라 토론 패널을 구성할 때에는 공정성 및 객관성이 확보될 수 있도록 토론 과제와 관련된 이해관계자의 대표성, 전문성 및 주요 예상되는 입장 등을 고려하여야 한다. 〈신설 2017.4.18.〉

⑤ 행정청은 제4항에 따라 토론 패널을 구성한 경우에는 토론 참가 전에 토론 패널 명단을 정보통신망 등을 통하여 공개하여야 한다. 〈신설 2017.4.18.〉

⑥ 이 영에서 규정한 사항 외에 온라인 정책토론의 운영을 위하여 필요한 세부 사항은 행정안전부장관이 정한다. 〈신설 2017.4.18, 2017.7.26, 2022.7.11.〉

[본조신설 2014.7.28.]

[제목개정 2017.4.18, 2022.7.11.]

[종전 제26조는 제28조로 이동 〈2014.7.28.〉]

제27조 삭제 〈2017.4.18.〉

제8장 보칙 〈개정 2014.7.28.〉

제28조(참고인등에 대한 비용지급) 법 제55조의 규정에 의한 참고인·감정인등에 대한 일당은 참고인·감정인등이 공무원이 아닌 경우에만 지급하되, 국가공무원 6급 5호봉상당의 월봉급액을 일할계산한 금액으로 하고, 여비는 참고인·감정인등이 공무원인 경우에는 공무원여비규정 별표1의 소정액으로 하며, 참고인·감정인등이 공무원이 아닌 경우에는 공무원여비규정 별표1의 제4호 해당자 소정액으로 한다. 〈개정 1998.2.24, 2014.7.28.〉

[제26조에서 이동 〈2014.7.28.〉]

부칙 〈대통령령 제32786호, 2022.7.11.〉

제1조(시행일) 이 영은 2022년 7월 12일부터 시행한다. 다만, 제12조의 개정규정은 2023년 3월 24일부터 시행한다.

제2조(온라인공청회의 개최 통지 등에 관한 경과조치) 이 영 시행 전에 종전의 규정에 따라 전자공청회의 개최를 통지하거나 공고한 경우의 통지의 절차 등에 관하여는 제20조의2의 개정규정에도 불구하고 종전의 규정에 따른다.

부칙 〈대통령령 제33575호, 2023.6.27.〉 (행정업무의 운영 및 혁신에 관한 규정)

제1조(시행일) 이 영은 공포한 날부터 시행한다. 〈단서 생략〉

제2조 생략

제3조(다른 법령의 개정) ①부터 ⑬까지 생략
⑭ 행정절차법 시행령 일부를 다음과 같이 개정한다.
    제20조제3항 중 "「행정 효율과 협업 촉진에 관한 규정」"을 "「행정업무의 운영 및 혁신에 관한 규정」"으로 한다.
⑮ 생략

부칙 〈대통령령 제33649호, 2023.8.1.〉 (국민 제안 규정)

제1조(시행일) 이 영은 공포한 날부터 시행한다. 〈단서 생략〉

제2조 및 제3조 생략

제4조(다른 법령의 개정) 행정절차법 시행령 일부를 다음과 같이 개정한다.
    제25조의2제1항제3호 중 "국민제안 및 같은 조 제2호에 따른 공모제안"을 "국민제안"으로 한다.

Chapter 10 행정절차법 시행규칙

제1조(목적) 이 규칙은 「행정절차법」(이하 "법"이라 한다) 및 같은 법 시행령(이하 "영"이라 한다)에서 위임된 사항과 그 시행에 관하여 필요한 사항을 규정함을 목적으로 한다. 〈개정 2007.11.16.〉

제2조(이해관계인의 행정절차참여신청의 서식) 영 제3조의 규정에 의한 행정절차참여신청은 별지 제1호서식에 의한다.

제3조(지위승계통지등의 서식) 법 제10조제3항 및 제4항과 영 제4조제1항의 규정에 의한 지위승계통지 및 지위승계승인신청은 별지 제2호서식에 의한다.

제4조(대표자 · 대리인 관련 서식) ① 법 제12조제1항제4호 및 영 제6조제1항의 규정에 의한 대리인선임 허가신청은 별지 제3호서식에 의한다.

② 법 제13조 및 영 제7조의 규정에 의한 대표자선정 또는 대리인선임통지는 별지 제4호서식에 의한다.

③ 법 제13조 및 영 제7조의 규정에 의한 대표자 또는 대리인의 변경 · 해임통지는 별지 제5호서식에 의한다.

제5조(수령확인서의 서식) 법 제14조제2항의 규정에 의한 수령확인서는 별지 제6호서식에 의한다. 〈개정 2003.6.30.〉

제6조(처리기간에 산입하지 아니하는 기간) 영 제11조제6호에서 "행정안전부령이 정하는 선행사무의 완결을 조건으로 하는 경우 그에 소요되는 기간"이라 함은 다음 각 호의 1에 해당하는 기간을 말한다. 〈개정 2003.6.30, 2008.3.4, 2013.3.23, 2014.11.19, 2017.7.26.〉

1. 국회 또는 지방의회의 동의가 필요한 사항으로서 국회 또는 지방의회의 심의에 소요되는 기간
2. 국가안보 또는 외교상 특별한 선행조치가 필요한 사항으로서 이에 소요되는 기간
3. 정부의 예산사정으로 인하여 처리가 지연되는 기간
4. 외국기관 및 재외공관에의 조회에 소요되는 기간
5. 탈세조사 · 가격조사 · 수요조사 · 원가계산 · 경영분석 · 감정실시 및 기업진단에 소요되는 기간
6. 시험 · 신원조회 또는 신체검사에 소요되는 기간
7. 신청인의 불출석등 처리단계에 있어 신청인의 귀책사유로 인하여 지연되는 기간

제7조(처리기간연장통지의 서식) 법 제19조제3항의 규정에 의한 처리기간연장통지는 별지 제7호서식에 의한다.

제8조(처분의 사전통지의 서식) ① 법 제21조제1항의 규정에 의한 처분의 사전통지는 별지 제8호서식에 의한다.

② 법 제21조제2항의 규정에 의한 처분의 사전통지는 별지 제9호서식에 의한다. 〈개정 2003.6.30.〉

제8조의2(공청회의 개최 요구 서식) 당사자등이 법 제22조제2항제3호 및 영 제13조의3에 따라 행정청에 공청회의 개최를 요구하려는 경우에는 별지 제9호의2서식의 공청회 개최 요구서를 제출해야 한다.

[본조신설 2020.6.11.]

제9조(서류등의 반환요청의 서식) 법 제22조제6항의 규정에 의한 서류 기타 물건의 반환요청은 별지 제10호서식에 의한다.

제10조(의견제출관련서식) ① 법 제27조제1항·제31조제3항 및 제40조의3제4항에 따른 의견제출은 별지 제11호서식에 따른다. 〈개정 2022.7.11.〉

② 행정청 또는 청문주재자는 법 제27조제2항 및 법 제31조제2항의 규정에 의하여 증거자료등이 제출된 경우에는 별지 제12호서식에 기록하여야 한다.

③ 법 제27조제3항의 규정에 의한 진술요지등의 기록은 별지 제13호서식에 의한다.

제11조(청문 관련 서식) ① 법 제29조제2항의 규정에 의한 기피신청은 별지 제14호서식에 의한다.

② 법 제30조 및 영 제16조의 규정에 의한 청문공개신청은 별지 제15호서식에 의한다.

③ 법 제32조의 규정에 의한 청문의 병합·분리신청은 별지 제16호서식에 의한다.

④ 법 제33조제1항 및 영 제18조의 규정에 의한 증거조사신청은 별지 제17호서식에 의한다.

⑤ 법 제34조제1항에 따른 청문조서는 별지 제18호서식에 따른다. 다만, 법 제28조제2항 및 영 제15조의2에 따라 청문 주재자를 2명 이상으로 선정하는 경우 청문조서는 별지 제18호의2서식에 따른다. 〈개정 2022.7.11.〉

⑥ 법 제34조제2항 및 영 제19조제2항에 따른 청문조서의 정정요구는 별지 제18호의3서식에 따른다. 〈개정 2022.7.11.〉

⑦ 법 제34조의2에 따른 청문주재자의 의견서는 별지 제18호의4서식에 따른다. 다만, 법 제28조제2항 및 영 제15조의2에 따라 청문주재자를 2명 이상으로 선정하는 경우 청문주재자의 의견서는 별지 제18호의5서식에 따른다. 〈개정 2022.7.11.〉

⑧ 삭제 〈2022.7.11.〉

제11조의2(문서의 열람 등 관련 서식) 법 제37조제1항 및 영 제20조제1항에 따른 문서의 열람 또는 복사 요청은 별지 제19호서식에 따르고, 법 제37조제2항·제3항 및 영 제20조제2항에 따른 문서의 열람 또는 복사 요청에 대한 결정 등의 통지는 별지 제20호서식에 따른다.

[본조신설 2022.7.11.]

제12조(공청회개최의 통지) ① 법 제38조의 규정에 의한 공청회개최의 통지는 별지 제21호서식에 의한다. 〈개정 2022.7.11.〉

② 법 제38조의2제2항 및 영 제20조의2에 따라 온라인공청회를 단독으로 개최하는 경우 공청회 개최의 통지는 별지 제21호의2서식에 따른다. 〈신설 2022.7.11.〉

제12조의2(공청회의 질서유지) ① 법 제39조제1항에 따라 공청회의 주재자는 발표자 또는 방청인이 다음 각 호의 어느 하나에 해당하는 경우에는 주의를 주거나 발언의 중지를 명할 수 있다.

1. 함부로 발언하거나 소란한 행위를 하여 다른 사람의 발언을 방해하는 경우
2. 폭력을 행사하거나 그 밖의 방법으로 공청회의 진행을 방해하는 경우로서 공청회 주재자가 질서유지를 위하여 필요하다고 인정하는 경우

② 공청회 주재자는 제1항에 따른 주의나 발언중지명령에 따르지 아니하는 자에 대하여는 공청회장에서 퇴장할 것을 명할 수 있다.

[본조신설 2007.11.16.]

제12조의3(위반사실 등의 공표의 사전통지) 법 제40조의3제3항에 따른 위반사실 등의 공표의 사전통지는 별지 제21호의3서식에 따른다.

[본조신설 2022.7.11.]

제13조(행정예고 통계의 공고) ① 행정청은 법 제46조의2에 따라 다음 각 호의 사항이 포함된 전년도 행정예고 통계를 다음 연도 3월말까지 공고하여야 한다.

1. 총 예고 건수
2. 고시, 훈령, 예규 등 예고 대상별 건수
3. 관보·공보, 인터넷, 신문·방송 등 예고 매체별 건수
4. 예고 기간별 건수

② 제1항에 따른 행정예고 통계의 공고는 별지 제22호서식을 참고하여 행정기관의 장이 정한 서식에 의한다.

[본조신설 2014.7.28.]

[종전 제13조는 제14조로 이동 〈2014.7.28.〉]

제14조(행정지도의 서면교부) 법 제49조제2항의 규정에 의한 행정지도서면의 교부는 별지 제23호서식에 의한다. 〈개정 2014.7.28.〉

[제13조에서 이동 〈2014.7.28.〉]

부칙 〈행정안전부령 제184호, 2020.6.11.〉

이 규칙은 2020년 6월 11일부터 시행한다.

부칙 〈행정안전부령 제274호, 2021.9.7.〉 (어려운 법령용어 정비를 위한 29개 법령의 일부개정에 관한 행정안전부령)

이 규칙은 공포한 날부터 시행한다.

부칙 〈행정안전부령 제343호, 2022.7.11.〉

이 규칙은 2022년 7월 12일부터 시행한다.

Chapter 11 행정대집행법

제1조(목적) 행정의무의 이행확보에 관하여서는 따로 법률로써 정하는 것을 제외하고는 본법의 정하는 바에 의한다.

제2조(대집행과 그 비용징수) 법률(법률의 위임에 의한 명령, 지방자치단체의 조례를 포함한다. 이하 같다)에 의하여 직접명령되었거나 또는 법률에 의거한 행정청의 명령에 의한 행위로서 타인이 대신하여 행할 수 있는 행위를 의무자가 이행하지 아니하는 경우 다른 수단으로써 그 이행을 확보하기 곤란하고 또한 그 불이행을 방치함이 심히 공익을 해할 것으로 인정될 때에는 당해 행정청은 스스로 의무자가 하여야 할 행위를 하거나 또는 제삼자로 하여금 이를 하게 하여 그 비용을 의무자로부터 징수할 수 있다.

제3조(대집행의 절차) ① 전조의 규정에 의한 처분(이하 대집행이라 한다)을 하려함에 있어서는 상당한 이행기한을 정하여 그 기한까지 이행되지 아니할 때에는 대집행을 한다는 뜻을 미리 문서로써 계고하여야 한다. 이 경우 행정청은 상당한 이행기한을 정함에 있어 의무의 성질·내용 등을 고려하여 사회통념상 해당 의무를 이행하는 데 필요한 기간이 확보되도록 하여야 한다. 〈개정 2015.5.18.〉

② 의무자가 전항의 계고를 받고 지정기한까지 그 의무를 이행하지 아니할 때에는 당해 행정청은 대집행영장으로써 대집행을 할 시기, 대집행을 시키기 위하여 파견하는 집행책임자의 성명과 대집행에 요하는 비용의 개산에 의한 견적액을 의무자에게 통지하여야 한다.

③ 비상시 또는 위험이 절박한 경우에 있어서 당해 행위의 급속한 실시를 요하여 전2항에 규정한 수속을 취할 여유가 없을 때에는 그 수속을 거치지 아니하고 대집행을 할 수 있다.

제4조(대집행의 실행 등) ① 행정청(제2조에 따라 대집행을 실행하는 제3자를 포함한다. 이하 이 조에서 같다)은 해가 뜨기 전이나 해가 진 후에는 대집행을 하여서는 아니 된다. 다만, 다음 각 호의 어느 하나에 해당하는 경우에는 그러하지 아니하다. 〈신설 2015.5.18.〉

1. 의무자가 동의한 경우
2. 해가 지기 전에 대집행을 착수한 경우
3. 해가 뜬 후부터 해가 지기 전까지 대집행을 하는 경우에는 대집행의 목적 달성이 불가능한 경우
4. 그 밖에 비상시 또는 위험이 절박한 경우

② 행정청은 대집행을 할 때 대집행 과정에서의 안전 확보를 위하여 필요하다고 인정하는 경우 현장에 긴급 의료장비나 시설을 갖추는 등 필요한 조치를 하여야 한다. 〈신설 2015.5.18.〉

③ 대집행을 하기 위하여 현장에 파견되는 집행책임자는 그가 집행책임자라는 것을 표시한 증표를 휴대하여 대집행시에 이해관계인에게 제시하여야 한다. 〈개정 2015.5.18.〉

[제목개정 2015.5.18.]

제5조(비용납부명령서) 대집행에 요한 비용의 징수에 있어서는 실제에 요한 비용액과 그 납기일을 정하여 의무자에게 문서로써 그 납부를 명하여야 한다.

제6조(비용징수) ① 대집행에 요한 비용은 국세징수법의 예에 의하여 징수할 수 있다.

② 대집행에 요한 비용에 대하여서는 행정청은 사무비의 소속에 따라 국세에 다음가는 순위의 선취득권을 가진다.

③ 대집행에 요한 비용을 징수하였을 때에는 그 징수금은 사무비의 소속에 따라 국고 또는 지방자치단체의 수입으로 한다.

제7조(행정심판) 대집행에 대하여는 행정심판을 제기할 수 있다.

[전문개정 2010.1.25.]

제8조(출소권리의 보장) 전조의 규정은 법원에 대한 출소의 권리를 방해하지 아니한다.

제9조(시행령) 본법 시행에 관하여 필요한 사항은 대통령령으로 정한다.

부칙 〈제13295호, 2015.5.18.〉

제1조(시행일) 이 법은 공포 후 6개월이 경과한 날부터 시행한다.

제2조(대집행 절차에 관한 적용례) 제3조의 개정규정은 이 법 시행 후 최초로 계고하는 분부터 적용한다.

제3조(대집행 실행 시간에 관한 적용례) 제4조제1항의 개정규정은 이 법 시행 후 의무자에게 최초로 대집행영장을 통지하는 분부터 적용한다.

제4조(대집행 시 안전 확보에 관한 적용례) 제4조제2항의 개정규정은 이 법 시행 후 최초로 실행하는 대집행부터 적용한다.

Chapter 12 행정대집행법 시행령

제1조(목적) 이 영은 「행정대집행법」에서 위임된 사항과 그 시행에 필요한 사항을 규정함을 목적으로 한다.

제2조(계고서 등) 「행정대집행법」(이하 "법"이라 한다) 제3조에 따른 계고서(戒告書)는 별지 제1호서식, 대집행 영장은 별지 제2호서식에 따른다.

제3조(집행책임자의 증표) 법 제4조에 따른 집행책임자의 증표는 별지 제3호서식에 따른다.

제4조(비용납부명령서) 법 제5조에 따른 비용납부명령서는 별지 제4호서식에 따른다.

제5조(서류의 송달) ① 행정대집행과 관련된 서류의 송달은 「행정절차법」에서 정하는 바에 따르되, 교부에 의한 송달을 원칙으로 한다. 다만, 교부에 의한 송달을 할 수 없을 때에는 등기우편 또는 정보통신망을 이용하여 송달할 수 있다.
② 제1항 본문에 따라 서류를 교부하였을 때에는 별지 제5호서식의 교부송달 확인서에 수령인이 서명 또는 날인하게 하여야 한다.
③ 제2항의 경우에 수령인이 서명 또는 날인을 거부하거나, 정당한 사유 없이 서류를 송달받기를 거부할 때에는 그 사실을 교부송달 확인서에 적고, 서류는 교부할 장소에 놓아둘 수 있다.
④ 제1항 및 제2항에 따른 송달이 불가능한 경우에는 「행정절차법」 제14조제4항에 따른다.

제6조(행정대집행 현황 보고) 행정대집행 관서(官署)의 장은 매월 대집행 현황을 다음 달 5일까지 별지 제6호서식에 따라 그 상급관청에 보고하여야 한다.

제7조(대집행 시의 준수사항) 행정대집행 시에 행정대집행 관서의 장은 대집행을 하는 것이 적합한지 신중하게 판단하고, 그 집행책임자는 집행을 당하는 의무자의 재산상 손실과 비용부담을 줄이도록 노력하여야 하며, 의무자가 차지할 물건(物件)이 있을 때에는 지체 없이 인도(引渡)하여야 한다.

부칙 〈제26641호, 2015.11.18.〉

이 영은 2015년 11월 19일부터 시행한다.

제1조(목적) 이 법은 국가나 지방자치단체의 손해배상(損害賠償)의 책임과 배상절차를 규정함을 목적으로 한다.

[전문개정 2008.3.14.]

제2조(배상책임) ① 국가나 지방자치단체는 공무원 또는 공무를 위탁받은 사인(이하 "공무원"이라 한다)이 직무를 집행하면서 고의 또는 과실로 법령을 위반하여 타인에게 손해를 입히거나, 「자동차손해배상 보장법」에 따라 손해배상의 책임이 있을 때에는 이 법에 따라 그 손해를 배상하여야 한다. 다만, 군인·군무원·경찰공무원 또는 예비군대원이 전투·훈련 등 직무 집행과 관련하여 전사(戰死)·순직(殉職)하거나 공상(公傷)을 입은 경우에 본인이나 그 유족이 다른 법령에 따라 재해보상금·유족연금·상이연금 등의 보상을 지급받을 수 있을 때에는 이 법 및 「민법」에 따른 손해배상을 청구할 수 없다. 〈개정 2009.10.21, 2016.5.29.〉

② 제1항 본문의 경우에 공무원에게 고의 또는 중대한 과실이 있으면 국가나 지방자치단체는 그 공무원에게 구상(求償)할 수 있다.

③ 제1항 단서에도 불구하고 전사하거나 순직한 군인·군무원·경찰공무원 또는 예비군대원의 유족은 자신의 정신적 고통에 대한 위자료를 청구할 수 있다. 〈신설 2025.1.7.〉

[전문개정 2008.3.14.]

제3조(배상기준) ① 제2조제1항을 적용할 때 타인을 사망하게 한 경우(타인의 신체에 해를 입혀 그로 인하여 사망하게 한 경우를 포함한다) 피해자의 상속인(이하 "유족"이라 한다)에게 다음 각 호의 기준에 따라 배상한다.

　1. 사망 당시(신체에 해를 입고 그로 인하여 사망한 경우에는 신체에 해를 입은 당시를 말한다)의 월급액이나 월실수입액(月實收入額) 또는 평균임금에 장래의 취업가능기간을 곱한 금액의 유족배상(遺族賠償)

　2. 대통령령으로 정하는 장례비

② 제2조제1항을 적용할 때 타인의 신체에 해를 입힌 경우에는 피해자에게 다음 각 호의 기준에 따라 배상한다.

　1. 필요한 요양을 하거나 이를 대신할 요양비

　2. 제1호의 요양으로 인하여 월급액이나 월실수입액 또는 평균임금의 수입에 손실이 있는 경우에는 요양기간 중 그 손실액의 휴업배상(休業賠償)

　3. 피해자가 완치 후 신체에 장해(障害)가 있는 경우에는 그 장해로 인한 노동력 상실 정도에 따라 피해를 입은 당시의 월급액이나 월실수입액 또는 평균임금에 장래의 취업가능기간을 곱한 금액의 장해배상(障害賠償)

③ 제2조제1항을 적용할 때 타인의 물건을 멸실·훼손한 경우에는 피해자에게 다음 각 호의 기준에 따라 배상한다.

1. 피해를 입은 당시의 그 물건의 교환가액 또는 필요한 수리를 하거나 이를 대신할 수리비

2. 제1호의 수리로 인하여 수입에 손실이 있는 경우에는 수리기간 중 그 손실액의 휴업배상

④ 생명·신체에 대한 침해와 물건의 멸실·훼손으로 인한 손해 외의 손해는 불법행위와 상당한 인과관계가 있는 범위에서 배상한다.

⑤ 사망하거나 신체의 해를 입은 피해자의 직계존속(直系尊屬)·직계비속(直系卑屬) 및 배우자, 신체의 해나 그 밖의 해를 입은 피해자에게는 대통령령으로 정하는 기준 내에서 피해자의 사회적 지위, 과실(過失)의 정도, 생계 상태, 손해배상액 등을 고려하여 그 정신적 고통에 대한 위자료를 배상하여야 한다.

⑥ 제1항제1호 및 제2항제3호에 따른 취업가능기간과 장해의 등급 및 노동력 상실률은 대통령령으로 정한다.

⑦ 제1항부터 제3항까지의 규정에 따른 월급액이나 월실수입액 또는 평균임금 등은 피해자의 주소지를 관할하는 세무서장 또는 시장·군수·구청장(자치구의 구청장을 말한다)과 피해자의 근무처의 장의 증명이나 그 밖의 공신력 있는 증명에 의하고, 이를 증명할 수 없을 때에는 대통령령으로 정하는 바에 따른다.

[전문개정 2008.3.14.]

제3조의2(공제액) ① 제2조제1항을 적용할 때 피해자가 손해를 입은 동시에 이익을 얻은 경우에는 손해배상액에서 그 이익에 상당하는 금액을 빼야 한다.

② 제3조제1항의 유족배상과 같은 조 제2항의 장해배상 및 장래에 필요한 요양비 등을 한꺼번에 신청하는 경우에는 중간이자를 빼야 한다.

③ 제2항의 중간이자를 빼는 방식은 대통령령으로 정한다.

[전문개정 2008.3.14.]

제4조(양도 등 금지) 생명·신체의 침해로 인한 국가배상을 받을 권리는 양도하거나 압류하지 못한다.

[전문개정 2008.3.14.]

제5조(공공시설 등의 하자로 인한 책임) ① 도로·하천, 그 밖의 공공의 영조물(營造物)의 설치나 관리에 하자(瑕疵)가 있기 때문에 타인에게 손해를 발생하게 하였을 때에는 국가나 지방자치단체는 그 손해를 배상하여야 한다. 이 경우 제2조제1항 단서, 제3조 및 제3조의2를 준용한다.

② 제1항을 적용할 때 손해의 원인에 대하여 책임을 질 자가 따로 있으면 국가나 지방자치단체는 그 자에게 구상할 수 있다.

[전문개정 2008.3.14.]

제6조(비용부담자 등의 책임) ① 제2조·제3조 및 제5조에 따라 국가나 지방자치단체가 손해를 배상할 책임이 있는 경우에 공무원의 선임·감독 또는 영조물의 설치·관리를 맡은 자와 공무원의 봉급·급여, 그 밖의 비용 또는 영조물의 설치·관리 비용을 부담하는 자가 동일하지 아니하면 그 비용을 부담하는 자도 손해를 배상하여야 한다.

② 제1항의 경우에 손해를 배상한 자는 내부관계에서 그 손해를 배상할 책임이 있는 자에게 구상할 수 있다.

[전문개정 2008.3.14.]

제7조(외국인에 대한 책임) 이 법은 외국인이 피해자인 경우에는 해당 국가와 상호 보증이 있을 때에만 적용한다.
[전문개정 2008.3.14.]

제8조(다른 법률과의 관계) 국가나 지방자치단체의 손해배상 책임에 관하여는 이 법에 규정된 사항 외에는 「민법」에 따른다. 다만, 「민법」 외의 법률에 다른 규정이 있을 때에는 그 규정에 따른다.
[전문개정 2008.3.14.]

제9조(소송과 배상신청의 관계) 이 법에 따른 손해배상의 소송은 배상심의회(이하 "심의회"라 한다)에 배상신청을 하지 아니하고도 제기할 수 있다.
[전문개정 2008.3.14.]

제10조(배상심의회) ① 국가나 지방자치단체에 대한 배상신청사건을 심의하기 위하여 법무부에 본부심의회를 둔다. 다만, 군인이나 군무원이 타인에게 입힌 손해에 대한 배상신청사건을 심의하기 위하여 국방부에 특별심의회를 둔다.
② 본부심의회와 특별심의회는 대통령령으로 정하는 바에 따라 지구심의회(地區審議會)를 둔다.
③ 본부심의회와 특별심의회와 지구심의회는 법무부장관의 지휘를 받아야 한다.
④ 각 심의회에는 위원장을 두며, 위원장은 심의회의 업무를 총괄하고 심의회를 대표한다.
⑤ 각 심의회의 위원 중 공무원이 아닌 위원은 「형법」 제127조 및 제129조부터 제132조까지의 규정을 적용할 때에는 공무원으로 본다. 〈신설 2017.10.31.〉
⑥ 각 심의회의 관할·구성·운영과 그 밖에 필요한 사항은 대통령령으로 정한다. 〈개정 2017.10.31.〉
[전문개정 2008.3.14.]

제11조(각급 심의회의 권한) ① 본부심의회와 특별심의회는 다음 각 호의 사항을 심의·처리한다.
  1. 제13조제6항에 따라 지구심의회로부터 송부받은 사건
  2. 제15조의2에 따른 재심신청사건
  3. 그 밖에 법령에 따라 그 소관에 속하는 사항
② 각 지구심의회는 그 관할에 속하는 국가나 지방자치단체에 대한 배상신청사건을 심의·처리한다.
[전문개정 2008.3.14.]

제12조(배상신청) ① 이 법에 따라 배상금을 지급받으려는 자는 그 주소지·소재지 또는 배상원인 발생지를 관할하는 지구심의회에 배상신청을 하여야 한다.
② 손해배상의 원인을 발생하게 한 공무원의 소속 기관의 장은 피해자나 유족을 위하여 제1항의 신청을 권장하여야 한다.
③ 심의회의 위원장은 배상신청이 부적법하지만 보정(補正)할 수 있다고 인정하는 경우에는 상당한 기간을 정하여 보정을 요구하여야 한다.
④ 제3항에 따른 보정을 하였을 때에는 처음부터 적법하게 배상신청을 한 것으로 본다.
⑤ 제3항에 따른 보정기간은 제13조제1항에 따른 배상결정 기간에 산입하지 아니한다.
[전문개정 2008.3.14.]

제13조(심의와 결정) ① 지구심의회는 배상신청을 받으면 지체 없이 증인신문(證人訊問)·감정(鑑定)·검증(檢證) 등 증거조사를 한 후 그 심의를 거쳐 4주일 이내에 배상금 지급결정, 기각결정 또는 각하결정(이하 "배상결정"이라 한다)을 하여야 한다.

② 지구심의회는 긴급한 사유가 있다고 인정할 때에는 제3조제1항제2호, 같은 조 제2항제1호 및 같은 조 제3항제1호에 따른 장례비·요양비 및 수리비의 일부를 사전에 지급하도록 결정할 수 있다. 사전에 지급을 한 경우에는 배상결정 후 배상금을 지급할 때에 그 금액을 빼야 한다.

③ 제2항 전단에 따른 사전 지급의 기준·방법 및 절차 등에 관하여 필요한 사항은 대통령령으로 정한다.

④ 제2항에도 불구하고 지구심의회의 회의를 소집할 시간적 여유가 없거나 그 밖의 부득이한 사유가 있으면 지구심의회의 위원장은 직권으로 사전 지급을 결정할 수 있다. 이 경우 위원장은 지구심의회에 그 사실을 보고하고 추인(追認)을 받아야 하며, 지구심의회의 추인을 받지 못하면 그 결정은 효력을 잃는다.

⑤ 심의회는 제3조와 제3조의2의 기준에 따라 배상금 지급을 심의·결정하여야 한다.

⑥ 지구심의회는 배상신청사건을 심의한 결과 그 사건이 다음 각 호의 어느 하나에 해당한다고 인정되면 지체 없이 사건기록에 심의 결과를 첨부하여 본부심의회나 특별심의회에 송부하여야 한다.
　1. 배상금의 개산액(槪算額)이 대통령령으로 정하는 금액 이상인 사건
　2. 그 밖에 대통령령으로 본부심의회나 특별심의회에서 심의·결정하도록 한 사건

⑦ 본부심의회나 특별심의회는 제6항에 따라 사건기록을 송부받으면 4주일 이내에 배상결정을 하여야 한다.

⑧ 심의회는 다음 각 호의 어느 하나에 해당하면 배상신청을 각하(却下)한다.
　1. 신청인이 이전에 동일한 신청원인으로 배상신청을 하여 배상금 지급(賠償金 支給) 또는 기각(棄却)의 결정을 받은 경우. 다만, 기각결정을 받은 신청인이 중요한 증거가 새로 발견되었음을 소명(疏明)하는 경우에는 그러하지 아니하다.
　2. 신청인이 이전에 동일한 청구원인으로 이 법에 따른 손해배상의 소송을 제기하여 배상금지급 또는 기각의 확정판결을 받은 경우
　3. 그 밖에 배상신청이 부적법하고 그 잘못된 부분을 보정할 수 없거나 제12조제3항에 따른 보정 요구에 응하지 아니한 경우
　[전문개정 2008.3.14.]

제14조(결정서의 송달) ① 심의회는 배상결정을 하면 그 결정을 한 날부터 1주일 이내에 그 결정정본(決定正本)을 신청인에게 송달하여야 한다.

② 제1항의 송달에 관하여는 「민사소송법」의 송달에 관한 규정을 준용한다.
　[전문개정 2008.3.14.]

제15조(신청인의 동의와 배상금 지급) ① 배상결정을 받은 신청인은 지체 없이 그 결정에 대한 동의서를 첨부하여 국가나 지방자치단체에 배상금 지급을 청구하여야 한다.

② 배상금 지급에 관한 절차, 지급기관, 지급시기, 그 밖에 필요한 사항은 대통령령으로 정한다.

③ 배상결정을 받은 신청인이 배상금 지급을 청구하지 아니하거나 지방자치단체가 대통령령으로 정하는 기간 내에 배상금을 지급하지 아니하면 그 결정에 동의하지 아니한 것으로 본다.
　[전문개정 2008.3.14.]

제15조의2(재심신청) ① 지구심의회에서 배상신청이 기각(일부기각된 경우를 포함한다) 또는 각하된 신청인은 결정정본이 송달된 날부터 2주일 이내에 그 심의회를 거쳐 본부심의회나 특별심의회에 재심(再審)을 신청할 수 있다.

② 재심신청을 받은 지구심의회는 1주일 이내에 배상신청기록 일체를 본부심의회나 특별심의회에 송부하여야 한다.

③ 본부심의회나 특별심의회는 제1항의 신청에 대하여 심의를 거쳐 4주일 이내에 다시 배상결정을 하여야 한다.

④ 본부심의회나 특별심의회는 배상신청을 각하한 지구심의회의 결정이 법령에 위반되면 사건을 그 지구심의회에 환송(還送)할 수 있다.

⑤ 본부심의회나 특별심의회는 배상신청이 각하된 신청인이 잘못된 부분을 보정하여 재심신청을 하면 사건을 해당 지구심의회에 환송할 수 있다.

⑥ 재심신청사건에 대한 본부심의회나 특별심의회의 배상결정에는 제14조와 제15조를 준용한다.
[전문개정 2008.3.14.]

제16조 삭제 〈1997.12.13.〉

제17조 삭제 〈2008.3.14.〉

부칙 〈제14964호, 2017.10.31.〉

이 법은 공포한 날부터 시행한다.

부칙 〈법률 제20635호, 2025.1.7.〉

제1조(시행일) 이 법은 공포한 날부터 시행한다.

제2조(유족의 위자료에 관한 적용례) ① 제2조 제3항의 개정규정은 이 법 시행 이후 군인·군무원·경찰공무원 또는 예비군대원이 전투·훈련 등 직무 집행과 관련하여 전사하거나 순직한 것으로 인정되는 경우부터 적용한다.

② 제1항에도 불구하고 이 법 시행 당시 본부심의회, 특별심의회 또는 지구심의회에 계속 중인 사건과 법원에 계속 중인 소송사건에 대해서는 제2조 제3항의 개정규정을 적용한다.

Chapter 14

국가배상법 시행령

제1조(목적) 이 영은 국가배상법(이하 "법"이라 한다)에서 위임된 사항과 그 시행에 관하여 필요한 사항을 규정함을 목적으로 한다.

제2조(취업가능기간과 신체장해의 등급 및 노동력상실률등) ① 법 제3조제6항에 따른 취업가능기간은 다음 각 호의 사항을 종합적으로 고려한 기간으로 하되, 피해자가 군 복무 가능성이 있는 경우에도 군 복무 기간을 취업가능기간에 전부 산입하고, 신체장해의 등급과 노동력상실률은 별표 2와 같다. 〈개정 2023.10.31.〉

1. 피해자의 연령, 직업, 경력, 건강상태 등 피해자의 주관적 요소
2. 국민의 평균여명, 경제수준, 고용조건 등 사회적·경제적 여건

② 신체장해의 부위가 2개인 경우에는 별표2에 의한 부위별 등급을 정한후 별표3에 의하여 종합평가등급을 정한다.

③ 신체장해의 부위가 3개 이상인 경우에는 먼저 최상급 부위 2개에 대하여 별표3에 의한 종합평가등급을 정한 후 나머지 부위 중 최상급 부위 1개와 위 종합평가등급을 별표3에 의하여 다시 종합평가하여 등급을 정한다.

④ 신체장해의 가장 중한 부위가 별표2에 의한 신체장해등급 제14급에 해당하는 것이 3개 이상인 경우에는 제13급으로 한다.

제3조(장례비) 법 제3조제1항제2호에 따른 장례비는 제4조에 따른 평균임금(임금통계를 남자 또는 여자로 구분하여 공표하는 경우에는 남자 평균임금으로 한다)의 100일분으로 한다. 〈개정 2016.11.15, 2019.11.5.〉

제3조의2(간병비) 피해자가 완치 후에도 신체에 장해가 있어 다른 사람의 보호 없이는 활동이 어려운 것으로 인정되는 경우에는 제4조에 따른 보통 인부의 일용노동임금을 기준으로 하여 피해자의 기대여명기간의 범위에서 간병비를 지급한다. 〈개정 1993.12.2, 2019.11.5.〉

[본조신설 1987.10.24.]

[제목개정 2019.11.5.]

제4조(평균임금의 기준) 법 제3조제7항에 따른 평균임금은 매년 주기적으로 임금통계를 공표하는 공신력 있는 임금조사기관이 조사한 보통 인부의 일용노동임금에 따른다.

[전문개정 2019.11.5.]

제5조(위자료) 법 제3조제5항의 규정에 의한 위자료의 기준은 별표4 내지 별표6 및 별표6의2와 같다. 〈개정 1987.10.24.〉

제6조(손익상계) ① 유족배상액을 산정함에 있어서는 월급액이나 월실수액 또는 평균임금에서 별표7에 의한 생활비를 공제하여야 한다.

② 물건의 훼손으로 인한 휴업배상액을 산정함에 있어서는 수리기간 중의 수입손실액에서 수리로 인하여 지출이 불필요하게된 비용 상당의 이익을 공제하여야 한다.

③ 법 제3조의2제3항의 규정에 의한 중간이자 공제방식은 법정이율에 의한 단할인법인 호프만방식에 의한다. 〈개정 1998.2.19, 2006.12.29.〉

제7조(본부배상심의회와 특별배상심의회의 구성 등) ① 법무부에 두는 본부배상심의회(이하 "배상심의회"를 "심의회"라 한다)는 법무부차관을 위원장으로 하고, 법무부소속 공무원·법관·변호사·의사 및 국가배상업무에 관한 경험과 식견을 갖춘 자중에서 법무부장관이 임명 또는 위촉하는 위원 6인으로 구성한다. 〈개정 2006.5.30.〉

② 국방부에 두는 특별심의회는 국방부차관을 위원장으로 하고, 국방부소속 공무원·군의관·법관·변호사 및 국가배상업무에 관한 경험과 식견을 갖춘 자중에서 국방부장관이 임명 또는 위촉하는 위원 6인으로 구성한다. 〈개정 2006.5.30.〉

③ 제1항 및 제2항의 본부심의회와 특별심의회에는 적어도 소속공무원·법관·변호사·의사(군의관을 포함한다) 각 1인을 위원으로 두어야 한다. 〈개정 2006.5.30.〉

④ 제1항 및 제2항에 따라 위촉되는 위원의 임기는 2년으로 하되, 두 차례만 연임할 수 있다. 〈신설 2016.11.15.〉

⑤ 다음 각 호의 어느 하나에 해당하는 사람은 제1항 및 제2항에 따른 위원(이하 이 조에서 "위원"이라 한다)이 될 수 없다. 〈신설 2016.11.15.〉

1. 「국가공무원법」 제33조 각 호의 어느 하나에 해당하는 사람

2. 「공직선거법」에 따라 실시하는 선거에 후보자로 등록한 사람

⑥ 위원이 다음 각 호의 어느 하나에 해당하는 경우에는 각 심의회의 심의·의결에서 제척(除斥)된다. 〈신설 2016.11.15.〉

1. 위원이나 그 배우자 또는 배우자였던 사람이 해당 사건의 당사자(당사자가 법인·단체 등인 경우에는 그 임원을 포함한다. 이하 이 호 및 제2호에서 같다)가 되거나, 그 사건의 당사자와 공동권리자·공동의무자 또는 상환의무자인 경우

2. 위원이 해당 사건의 당사자와 친족이거나 친족이었던 경우

3. 위원이 해당 사건에 관하여 증언·자문 또는 감정을 한 경우

4. 위원이나 위원이 속한 법인·단체 등이 해당 사건 당사자의 대리인이거나 대리인이었던 경우

⑦ 해당 사건의 당사자는 위원에게 공정한 심의·의결을 기대하기 어려운 사정이 있는 경우에는 심의회에 기피 신청을 할 수 있고, 심의회는 의결로 이를 결정한다. 이 경우 기피 신청의 대상인 위원은 그 의결에 참여하지 못한다. 〈신설 2016.11.15.〉

⑧ 위원은 제6항 각 호의 제척 사유 또는 제7항의 기피 사유에 해당하는 경우에는 스스로 해당 사건의 심의·의결에서 회피(回避)하여야 한다. 〈신설 2016.11.15.〉

⑨ 법무부장관 및 국방부장관은 위원이 다음 각 호의 어느 하나에 해당하는 경우에는 해당 위원을 해임하거나 해촉(解囑)할 수 있다. 〈신설 2016.11.15.〉

1. 심신장애로 인하여 직무를 수행할 수 없게 된 경우

2. 직무와 관련된 비위사실이 있는 경우

3. 직무태만, 품위손상이나 그 밖의 사유로 인하여 위원으로 적합하지 아니하다고 인정되는 경우

4. 제6항 각 호의 어느 하나에 해당함에도 불구하고 회피하지 아니한 경우

5. 위원 스스로 직무를 수행하는 것이 곤란하다고 의사를 밝히는 경우

[제목개정 2016.11.15.]

제8조(지구심의회의 설치와 관할) ① 본부심의회 소속 지구심의회는 고등검찰청 소재지에는 고등검찰청에, 그 외의 지역에는 지방검찰청에 두되, 그 관할구역은 각 지구심의회가 소속되는 고등검찰청 또는 지방검찰청 소재지 지방법원의 관할구역(동 지방법원 지원의 관할구역을 포함한다)으로 하고, 그 명칭은 별표8과 같다. 〈개정 1998.2.19.〉

② 특별심의회 소속 지구심의회는 각 군부대에 두되, 그 명칭 및 관할구역은 별표9와 같다.

③ 제2항의 지구심의회는 가해자인 군인(군무원을 포함한다. 이하같다)이 당해 군 소속인 경우에 한하여 관할한다. 다만, 제9해병여단 지구심의회는 가해자인 군인이 당해군 소속이 아닌 경우에도 이를 관할한다. 〈개정 1987.10.24, 2016.11.15.〉

④ 가해자인 군무원이 육군·해군 및 공군소속이 아닌 경우에는 육군의 부대에 두는 지구심의회에서 이를 관할한다. 〈신설 1989.7.26.〉

제9조(지구심의회의 구성 등) ① 제8조제1항의 지구심의회는 당해고등검찰청 또는 지방검찰청의 차장검사를 각각 그 위원장으로 하고, 그 소속공무원·법관·의사 및 국가배상업무에 관한 경험과 식견을 갖춘 자 중에서 법무부장관이 임명 또는 위촉한 위원 4인으로 구성한다. 〈개정 1998.2.19, 2006.5.30.〉

② 제8조제2항의 지구심의회는 당해 군부대 법무참모부서의 장 또는 영관급이상의 장교를 위원장으로 하고, 군 법무관·군의관·법관 및 국가배상업무에 관한 경험과 식견을 갖춘 자 중에서 그 군부대의 장이 임명 또는 위촉한 위원 4인으로 구성한다. 〈개정 2006.5.30.〉

③ 제1항 및 제2항의 지구심의회에는 적어도 소속공무원(군 법무관을 포함한다)·법관·의사(군의관을 포함한다) 각 1인을 위원으로 두어야 한다. 〈개정 2006.5.30.〉

④ 제1항 및 제2항에 따른 위원의 임기, 결격사유, 제척·기피·회피, 해임·해촉에 관하여는 제7조 제4항부터 제9항까지의 규정을 준용한다. 〈신설 2016.11.15.〉

[제목개정 2016.11.15.]

제10조(관할의 지정등) ① 배상신청(이하 "신청"이라 한다)이 신청인의 주소지관할 지구심의회를 포함하여 2중으로 접수된 사건은 신청인의 주소지 관할 지구심의회에서 처리한다. 〈개정 1998.2.19.〉

② 관할이 불명확한 사건은 신청인이나 심의회의 청구에 의하여 또는 직권으로 법무부장관 또는 국방부장관이 관할 심의회를 지정하고, 본부심의회(소속지구심의회를 포함한다)와 특별심의회(소속지구심의회를 포함한다) 사이에 관할이 불명확한 경우에는 법무부장관이 국방부장관의 의견을 들어 관할심의회를 지정한다.

③ 심의회는 제1항 및 제2항의 규정에 의하여 사건을 처리할 수 없게 되거나 사건이 그 관할에 속하지 아니한다고 인정될 때에는 그 사건을 관할심의회로 이송하여야 한다.

④ 심의회는 그 관할에 속하는 사건에 관하여 현저한 손해 또는 지연을 방지하기 위하여 필요하다고 인정될 때에는 그 사건을 다른 관할 심의회로 이송할 수 있다.

⑤ 제1항 내지 제4항의 규정에 의하여 사건을 관할 심의회로 이송한 심의회는 신청인에게 지체 없이 그 사실을 통지하여야 한다.

제11조(심의회위원장) ① 삭제 〈2000.12.30.〉
② 심의회 위원장(이하 "위원장"이라 한다)이 부득이한 사유로 직무를 수행할 수 없을 때에는 위원장이 지명한 위원이 그 직무를 대행하고, 지명이 없는 경우에는 심의회가 설치된 기관의 소속공무원인 위원중에서 선임자가 대행한다. 〈개정 2000.12.30.〉

제12조(심의회의 의사) ① 위원장은 심의회의 회의(이하 "회의"라 한다)를 소집하고, 그 의장이 된다.
② 회의는 위원장을 포함한 재적위원 과반수의 출석과 출석위원 3분의2 이상의 찬성으로 의결한다.
③ 액수에 관한 의견이 세가지 이상으로 나누어져 각각 3분의2에 달하지 못한 때에는 3분의2에 달하기까지 최소액의 의견수에 순차로 다액의 의견수를 더하여 그중 최다액의 의견에 의한다.

제13조(사무직원) ① 심의회에 그 사무를 담당하게 하기 위하여 간사와 서기 약간인을 둔다.
② 간사와 서기는 위원장의 추천으로 소속공무원 및 배치된 공익법무관 중에서 심의회가 설치된 기관의 장이 임명한다. 〈개정 1998.2.19.〉
③ 간사는 위원장의 명에 의하여 심의회의 사무를 처리하고 심의회에 출석하여 발언할 수 있다.
④ 서기는 간사를 보조한다.

제14조(위원수당) 회의에 출석한 위원에 대하여는 예산의 범위 안에서 수당을 지급한다.

제15조(법무부장관의 지휘·감독) ① 법무부장관은 각 심의회를 지휘·감독하기 위하여 필요한 명령이나 조치를 할 수 있다.
② 법무부장관은 제1항의 직무를 행하기 위하여 필요하다고 인정할 때에는 소속직원 또는 각급 검찰청의 검사로 하여금 각 심의회의 업무처리를 감사하게 할 수 있다.
③ 법무부장관은 각 심의회의 위원이나 사무직원이 위법 부당하게 업무를 처리하였거나 직무수행에 부적당한 점이 있는 때에는 그 징계나 교체를 징계권자나 임용권자에게 요청할 수 있다.
④ 제3항의 규정에 의한 요청을 받은 징계권자나 임용권자는 정당한 사유가 없는 한 이에 응하여야 한다.

제16조(보고등) ① 지구심의회는 사회의 이목을 끄는 사건 또는 배상책임의 성립여부나 그 범위에 관련하여 중요하다고 인정되는 사건은 배상결정을 하기 전에 법무부장관 또는 국방부장관에게 보고하여야 한다.
② 지구심의회는 매월 10일까지 지난달의 배상 신청의 접수 및 결정상황을 법무부장관 또는 국방부장관에게 보고하고, 국방부장관은 보고받은 내용을 매월 15일까지 법무부장관에게 통보하여야 한다.
③ 지방자치단체 또는 특별회계 소관의 배상금 지급기관의 장은 제24조제1항 또는 제2항의 규정에 의하여 배상금을 지급하거나 신청인으로부터 부동의서를 받은 때, 배상금을 법정기간 내에 지급하지 아니하거나 배상결정통보서를 받은날로부터 2월이 경과하도록 신청인의 배상금 지급청구(이하 "청구"라 한다)가 없는 때 또는 지방자치단체가 배상금 지급을 부동의한 때에는 그 결과를 지체 없이 관할지구심의회에 통보하여야 한다.

제17조(신청서) ① 배상신청서(이하 "신청서"라 한다)에는 다음 각 호의 사항을 적고 신청인이 기명날 인하여야 한다. 〈개정 1998.2.19, 2012.4.23.〉

1. 신청인의 성명·주소·생년월일 및 직업
2. 신청의 취지와 이유
3. 신청연월일

② 신청서에는 신청이유를 소명할 수 있는 증거자료를 첨부할 수 있다. 이 경우 지구심의회는 「전자정 부법」 제36조제1항에 따른 행정정보의 공동이용을 통하여 주민등록번호가 포함된 주민등록표 초본 을 확인하여야 하며, 신청인이 확인에 동의하지 아니하는 경우에는 이를 첨부하도록 하여야 한다. 〈개정 2010.11.2, 2018.9.28.〉

제17조의2(보정요구) 법 제12조제3항의 규정에 의한 보정요구는 다음 각호의 사항을 기재한 서면으로 하여야 한다.

1. 보정할 사항
2. 보정을 요하는 이유
3. 보정할 기간
4. 그밖에 필요한 사항

[본조신설 2000.12.30.]

제18조(배상원인의 발생과 필요한 조사) ① 배상신청을 받은 심의회의 위원장 또는 위원장의 명을 받은 자는 배상결정에 필요한 조사를 할 수 있고 관계기관에 사실을 조회하거나 필요한 자료의 제출을 요청할 수 있다. 〈개정 1998.2.19.〉

② 배상신청을 받은 심의회의 위원장 또는 위원장의 명을 받은 자는 가해공무원(군인·군무원을 포함 한다)이 소속하는 기관(군부대를 포함한다)의 장에게 배상의 원인이 되는 사실발생에 관한 조회를 하여 그 확인을 받아야 하고 조회를 받은 기관의 장은 그 사실을 확인한 후 문서로 회보하여야 한 다. 〈개정 1998.2.19.〉

③ 제1항의 조사를 함에 있어서는 당해 사건과 관련된 기관이나 다른 법령에 의하여 당해 사건을 수사 하는 공무원 또는 그 기관의 장에게 필요한 협조를 요청할 수 있다.

④ 제1항 또는 제3항의 요청을 받은 공무원이나 관계기관의 장은 정당한 사유없이 이에 응하지 아니 하거나 회보를 지체하여서는 아니된다.

⑤ 제1항 내지 제4항의 규정은 국가 또는 지방자치단체를 위하여 국가배상청구소송을 수행하는 자가 소송수행에 필요한 자료를 조사하는 경우에 이를 준용한다.

제19조(요양비 등의 사전지급) ① 피해자 또는 유족은 법 제13조제2항의 규정에 의하여 긴급한 사유를 소명하고 관할 심의회에 요양비·장례비 또는 수리비의 사전지급을 신청할 수 있다. 〈개정 2000.12.30.〉

② 제1항의 신청을 받은 심의회는 지체 없이 그 지급여부를 결정하여야 한다. 법 제13조제4항 전단의 규정에 의하여 위원장이 사전지급결정을 하는 경우에도 또한 같다. 〈개정 2000.12.30.〉

③ 제2항의 경우 요양비 및 수리비는 배상액의 2분의1 이내의 금액을, 장례비는 전액을 지급할 수 있다. 〈개정 2000.12.30.〉

④ 제22조의 규정에 의한 배상금지급기관의 장은 심의회의 배상금지급결정액이 제3항의 규정에 의하여 지급된 사전지급금액보다 적은 경우에는 그 차액을 회수하여야 하며, 심의회에서 배상신청을 기각·각하하거나 위원장의 사전지급결정이 심의회의 추인을 받지 못한 경우에는 그 사전지급금액을 회수하여야 한다. 〈신설 2000.12.30.〉

⑤ 제16조제3항, 제21조제2항·제3항 및 제22조 내지 제24조의 규정은 제1항 및 제2항의 규정에 의한 사전지급결정에 관하여 이를 준용한다. 〈신설 2000.12.30.〉

제20조(본부심의회 또는 특별심의회의 배상결정사건) 법 제13조제6항의 규정에 의하여 본부심의회 또는 특별심의회가 지구심의회로부터 송부받아 배상결정을 하여야 할 사건은 다음과 같다. 〈개정 1987.10.24, 1990.12.4, 1993.12.2, 2000.12.30, 2006.12.29.〉

1. 지구심의회의 심의결과 배상금의 개산액이 5천만원 이상인 사건
2. 피해자가 직업선수, 예능인, 임기의 정함이 있는 자 기타 월평균 실수액이 일용근로자에게 통상 인정되는 취업가능기간의 전기간에 걸쳐 계속된다고 인정되지 아니하는 자의 사건으로서 지구심의회가 본부심의회 또는 특별심의회에서 결정함이 타당하다고 인정한 사건

제21조(결정 및 통지) ① 배상결정은 믿을 수 있는 증거자료에 의하여 이루어져야 하며, 배상금을 지급하는 결정을 함에 있어 피해자 측의 과실이 있을 때에는 법과 이 영에 정한 기준에 따라 산정한 금액에 대하여 그 과실의 정도에 따른 과실상계를 하여야 한다.

② 배상결정서에는 다음 각 호의 사항을 기재하고 회의에 출석한 위원이 기명날인하여야 한다. 〈개정 1987.10.24.〉

1. 신청인의 성명·주소 및 생년월일
2. 결정주문
3. 이유
4. 결정 연월일

③ 심의회가 배상결정을 한 때에는 배상결정서 원본을 보관하고 신청인에게 배상결정통지서 및 배상결정서 정본 1통을 송달하여야 하며, 신청인의 대리인이 있을 경우에는 대리인에게 이를 송달하되, 신청인에게는 배상결정서 등본 1통을 송달하여야 한다. 이 경우 특별회계 또는 지방자치단체가 배상금을 지급할 사건에 있어서는 신청인등에의 송달과 동시에 배상금 지급기관의 장에게 배상결정통보서 및 배상결정서 등본 1통을 송부하여야 한다.

④ 본부심의회 또는 특별심의회가 배상결정을 한 때에는 제3항의 규정에 의한 조치외에 지구심의회에 사건기록 및 배상결정서 등본 1통을 송부하여야 한다.

제22조(지급기관) ① 특별심의회 및 그 소속 지구심의회에서 결정한 국가배상금은 국방부 세출예산으로 지구심의회 해당 군부대의 장이 지급한다.

② 심의회에서 결정한 각 특별회계 소관 국가 배상금은 각 특별회계 세출예산으로 배상금 지급 해당기관의 장이 지급한다.

③ 심의회에서 결정한 제1항 및 제2항 외의 국가 배상금은 법무부 세출 예산으로 본부심의회 소속 각 지구심의회 해당 고등검찰청 또는 지방검찰청 검사장이 지급한다. 〈개정 1998.2.19.〉

④ 심의회에서 결정한 지방자치단체 소관 배상금은 각 지방자치단체 세출 예산으로 배상금 지급 해당 기관의 장이 지급한다.

제23조(동의와 지급청구) ① 배상결정통지서를 송달받은 신청인은 배상금의 지급을 받고자 할 때에는 다음 각 호의 사항을 기재한 동의 및 청구서에 배상결정서 정본 1통과 법무부장관이 정하는 서류를 첨부하여 이를 배상금 지급기관의 장에게 제출하여야 한다.
  1. 신청인의 성명·주소 및 생년월일
  2. 배상결정 사건번호 및 결정주문
  3. 배상결정에 동의하고 배상금의 지급을 청구한다는 취지
  4. 청구 연월일
② 신청인이 심의회의 배상결정에 동의하지 아니할 때에는 부동의서를 배상금 지급기관의 장에게 제출하여야 한다.
③ 제1항의 규정에 의하여 동의 및 청구서를 받은 배상금 지급기관의 장은 지체 없이 가해 공무원 소속기관 기타 관계기관에 배상금 지급에 관한 사항을 통보하여야 한다.
④ 제1항의 규정에 의하여 배상금 지급청구를 한 신청인이 동일한 내용으로 손해배상의 소송을 제기하여 배상금 지급의 확정판결을 받거나 이에 준하는 화해·인낙·조정 등이 있는 경우에는 제1항의 규정에 의한 서류 외에 확정판결 정본이나 화해·인낙·조정조서 정본 등을 제출하여야 한다. 〈신설 2000.12.30.〉

제24조(지급시기) ① 지방자치단체의 배상금 지급기관의 장은 배상결정에 대한 동의를 하고 신청인으로부터 배상금 지급청구를 받은 때에는 2주일 이내에 배상금을 지급하여야 한다.
② 특별회계의 배상금 지급기관의 장은 배상금 지급청구를 받은 때에는 2주일 이내에 배상금을 지급하여야 한다.
③ 본부심의회 및 특별심의회소속 지구심의회의 배상금 지급기관의 장은 배상금 지급청구를 받은 때에는 1주일 이내에 배상금을 지급하여야 한다.

제25조(가해공무원등에 대한 조치) ① 행정기관의 장은 소속공무원의 가해행위 또는 영조물의 설치·관리의 하자로 인하여 국가 또는 지방자치단체가 배상금을 지급한 때에는 법 제2조제2항, 법 제5조제2항 또는 법 제6조제2항의 규정에 의하여 구상권 행사를 위한 조치를 할 수 있다.
② 법무부장관 또는 지구심의회 해당 고등검찰청 또는 지방검찰청 검사장은 제1항의 규정에 의한 가해공무원에 대한 구상조치 또는 그 징계를 관계기관의 장에게 요청할 수 있다. 〈개정 1998.2.19.〉
③ 제15조제4항의 규정은 제2항의 경우에 이를 준용한다.

제26조(집행문 부여) ① 배상금을 지급받지 못한 청구인은 당해 심의회의 소재지를 관할하는 지방법원(이하 "관할법원"이라 한다)에 배상결정서 정본을 제출하여 집행문 부여를 신청할 수 있다.
② 제1항의 규정에 의한 신청을 받은 관할법원은 배상결정서등본 송부촉탁서에 의하여 그 결정을 한 심의회에 촉탁하여 그 사건에 관한 결정서 등본을 송부받아야 한다.
③ 심의회는 제2항의 규정에 의하여 관할법원으로부터 집행문 부여를 위한 배상결정서등본 송부촉탁을 받은 때에는 배상결정서 원본과 대조·확인한 후 결정서 등본을 송부하고, 지체 없이 법무부장관 또는 국방부장관에게 보고하여야 하며, 국방부장관은 법무부장관에게 통보하여야 한다.

④ 관할법원은 제2항 및 제3항의 규정에 의하여 송부받은 결정서 등본을 민사소송법 제486조의 규정에 의한 판결 원본으로 보고 이를 제1항의 결정서 정본과 대조·확인한 후 집행문을 부여하여야 한다.

⑤ 관할법원은 결정서 정본에 집행문을 부여한 때에는 지체 없이 집행문 부여 통지서에 의하여 집행문을 부여한 사실을 법무부장관 및 배상결정을 한 심의회에 통보하여야 한다.

⑥ 특별심의회 소속 지구심의회는 제5항의 규정에 의한 집행문 부여사실 통보를 받은 때에는 지체 없이 국방부장관에게 보고하여야 한다.

⑦ 제2항의 규정에 의한 결정서 등본의 촉탁·송부 및 제5항의 규정에 의한 집행문 부여 사실의 통보는 등기우편으로 하여야 한다.

제27조(증거서류의 송부) 배상원인에 관한 증거서류를 보관 또는 소지하고 있는 심의회위원장이나 관계기관의 장은 법무부장관으로부터 법 제9조의 규정에 의한 제소사실의 통보를 받은 때에는 5일 이내에 그 서류를 법무부장관에게 송부하여야한다.

제28조(민감정보 및 고유식별정보의 처리) ① 법무부장관 및 국방부장관은 다음 각 호의 사무(국방부장관의 경우에는 제1호의 사무만 해당한다)를 수행하기 위하여 불가피한 경우 「개인정보 보호법」 제23조에 따른 민감정보(이하 이 조에서 "민감정보"라 한다)나 같은 법 시행령 제19조에 따른 주민등록번호, 여권번호, 운전면허의 면허번호 또는 외국인등록번호(이하 이 조에서 "주민등록번호등"이라 한다)가 포함된 자료를 처리할 수 있다.

1. 제10조에 따른 관할의 지정에 관한 사무
2. 제15조에 따른 지휘·감독에 관한 사무
3. 제25조에 따른 가해공무원 등에 대한 조치에 관한 사무

② 심의회는 다음 각 호의 사무를 수행하기 위하여 불가피한 경우 민감정보나 주민등록번호등이 포함된 자료를 처리할 수 있다.

1. 법 제12조에 따른 배상신청에 관한 사무
2. 법 제13조에 따른 심의와 결정에 관한 사무
3. 법 제15조의2에 따른 재심에 관한 사무
4. 제10조에 따른 관할의 지정 등에 관한 사무
5. 제16조에 따른 보고 등에 관한 사무
6. 제26조에 따른 집행문 부여에 관한 사무
7. 제27조에 따른 증거서류의 송부에 관한 사무

③ 심의회의 위원장 또는 위원장의 명을 받은 자는 제18조에 따라 필요한 조사나 사실조회 또는 자료 제출 요청에 관한 사무를 수행하기 위하여 불가피한 경우 민감정보나 주민등록번호등이 포함된 자료를 처리할 수 있다.

④ 제22조에 따른 배상금 지급기관의 장은 제23조에 따른 동의와 지급청구에 관한 사무를 수행하기 위하여 불가피한 경우 민감정보나 주민등록번호등이 포함된 자료를 처리할 수 있다.

[본조신설 2016.11.15.]

부칙 〈제30183호, 2019.11.5.〉

제1조(시행일) 이 영은 공포한 날부터 시행한다.

제2조(간병비 및 위자료 산정 기준에 관한 적용례) 제3조의2, 별표 4 및 별표 5의 개정규정은 이 영 시행 당시 본부심의회, 특별심의회 또는 지구심의회에 계속 중인 사건에 대해서도 적용한다.

부칙 〈대통령령 제31380호, 2021.1.5.〉 〈어려운 법령용어 정비를 위한 473개 법령의 일부개정에 관한 대통령령〉

이 영은 공포한 날부터 시행한다. 〈단서 생략〉

부칙 〈대통령령 제33834호, 2023.10.31.〉

제1조(시행일) 이 영은 공포한 날부터 시행한다. 다만, 별표 9의 개정규정 중 육군제35사단사령부지구 배상심의회의 관할구역 부분은 2024년 1월 18일부터 시행한다.

제2조(취업가능기간의 산정에 관한 적용례) 제2조제1항의 개정규정은 이 영 시행 당시 본부심의회, 특별 심의회 또는 지구심의회에 계속 중인 사건과 법원에 계속 중인 소송사건에 대해서도 적용한다.

제3조(특별배상심의회 소속 지구배상심의회의 관할에 관한 경과조치) 이 영 시행 당시 육군제6군단사령부 지구배상심의회에 계속 중인 사건은 육군제5군단사령부지구배상심의회에, 육군제8군단사령부지구 배상심의회에 계속 중인 사건은 육군제3군단사령부지구배상심의회에 각각 계속된 것으로 본다.

Chapter

15

국가배상법 시행규칙

제1조(목적) 이 규칙은 국가배상법(이하 "법"이라 한다) 및 국가배상법 시행령(이하 "영"이라 한다)의 시행에 관하여 필요한 사항을 규정함을 목적으로 한다.

제2조(관할의 지정) ① 영 제10조제2항의 규정에 의하여 관할이 불명확한 사건에 대하여 관할의 지정을 받고자 하는 신청인이나 배상심의회(이하 "심의회"라 한다)는 별지 제1호서식에 의한 관할지정 청구서를 법무부장관 또는 국방부장관에게 제출하여야 한다.

② 영 제10조의 규정에 의하여 배상사건의 관할이송결정을 한 심의회는 별지 제2호서식에 의한 이송결정서를 작성하여야 하며, 신청인에게는 별지 제3호서식에 의한 이송결정통지서를 송달하여야 한다.

제3조(보고) ① 영 제16조제1항의 규정에 의한 사전보고서에는 사건의 개요를 기재하고 의견을 붙여야 한다.

② 영 제16조제2항의 규정에 의한 월례보고서는 별지 제4호서식에 의하며, 그 보고서에는 별지 제5호서식에 의한 피해자색인카드와 배상결정서 등본 각 1통을 첨부하여야 한다. 〈개정 1988.11.29, 1998.2.28.〉

③ 영 제16조제3항의 규정에 의한 배상금지급 또는 미지급통보서는 별지 제7호서식에 의한다.

제4조(신청서) ① 영 제17조제1항의 규정에 의한 배상신청서는 별지 제8호서식에 의하고, 신청인이 2인이상일 때에는 당해신청서에 별지 제8호의2서식에 의한 신청인 표시표를 첨부하여야 한다. 〈개정 1998.2.28.〉

② 제1항의 배상신청서에는 별지 제9호서식에 의한 재산피해내역서, 별지 제10호서식에 의한 급여액증명서 또는 별지 제11호서식에 의한 소득금액증명서를 첨부할 수 있다. 〈개정 1998.2.28.〉

제4조의2(보정요구) 영 제17조의2의 규정에 의한 보정요구는 별지 제8호의3서식에 의한다.

[본조신설 2001.2.20.]

제5조(조사보고) ① 심의회로부터 영 제18조의 규정에 의하여 배상신청사건에 관한 필요한 사항의 조사 또는 협조요청을 받은 공무원은 별지 제12호서식에 의한 진술서 또는 별지 제13호서식에 의한 사실조사보고서를 작성하여야 한다. 〈개정 1998.2.28.〉

② 심의회의 간사가 심의회의 위원장에게 작성·보고하는 조사결과 보고서는 별지 제14호서식 또는 별지 제14호의2서식에 의한다. 〈개정 1998.2.28.〉

제6조(요양비등의 사전지급) ① 영 제19조제1항의 규정에 의한 요양비·장례비 또는 수리비(이하 "요양비등"이라 한다)의 사전지급신청서는 별지 제15호서식에 의한다. 〈개정 2001.2.20.〉

② 영 제13조제3항의 규정에 의하여 요양비등의 사전지급조사에 관하여 심의회의 위원장의 명을 받은 심의회의 간사가 작성·보고하는 조사결과보고서는 별지 제15호의2서식에 의한다. 〈신설 2001.2.20.〉

③ 영 제19조제2항의 규정에 의하여 심의회 및 심의회의 위원장이 행하는 요양비등의 사전지급결정서는 별지 제15호의3서식 및 별지 제15호의4서식에 의한다. 〈신설 2001.2.20.〉

④ 특별회계 또는 지방자치단체의 배상금지급 해당기관의 장에게 통보하는 사전지급결정통보서는 인용결정의 경우에는 별지 제16호서식, 기각결정의 경우에는 별지 제16호의2서식에 의하고, 신청인

에게 통지하는 사전지급결정통지서는 인용결정의 경우에는 별지 제17호서식, 기각결정의 경우에는 별지 제17호의2서식에 의한다. 〈개정 2001.2.20.〉

⑤ 제4항의 규정에 의하여 사전지급통지서를 송달받은 신청인이 그 지급을 받고자 할 때의 요양비등의 사전지급청구서는 별지 제18호서식에 의한다. 〈개정 2001.2.20.〉

제7조(심의결과보고) 법 제13조제6항의 규정에 의하여 지구심의회가 본부심의회 또는 특별심의회에 송부하는 심의결과 보고서는 별지 제19호서식에 의한다. 〈개정 2001.2.20.〉

제8조(결정 및 통지) ① 영 제21조제2항의 규정에 의한 배상결정서는 본부심의회 및 특별심의회의 경우에는 별지 제20호서식, 지구심의회의 경우에는 별지 제20호의2서식에 의한다. 〈개정 2001.2.20.〉

② 영 제21조제3항의 규정에 의하여 신청인에게 통지하는 배상결정통지서는 심의회가 배상금 지급결정을 한 때에는 별지 제21호서식, 기각결정 또는 각하결정을 한 때에는 별지 제21호의2서식에 의하고, 특별회계 또는 지방자치단체의 배상금지급 해당기관의 장에게 통보하는 배상결정통보서는 심의회가 배상금 지급결정을 한 때에는 별지 제22호서식, 기각결정 또는 각하결정을 한 때에는 별지 제22호의2서식에 의한다. 〈개정 2001.2.20.〉

제9조(동의 또는 부동의) 영 제23조의 규정에 의한 동의 및 청구서는 별지 제23호서식에 의하고, 배상결정에 대한 부동의는 별지 제24호서식에 의한다.

제10조(재심신청) 법 제15조의2제1항의 규정에 의한 재심신청은 별지 제25호서식에 의한다.

제10조의2(환송결정) 법 제15조의2제4항 및 제5항의 규정에 의한 환송결정서는 별지 제25호의2서식에 의하고, 신청인에게 통지하는 환송결정통지서는 별지 제25호의3서식에 의한다.
[본조신설 2001.2.20.]

제11조(집행문부여) ① 영 제26조제2항의 규정에 의한 배상결정서등본 송부촉탁서는 별지 제26호서식에 의한다.

② 영 제26조제5항의 규정에 의한 집행문부여 통지서는 별지 제27호서식에 의한다.

제12조(비치 서류) ① 심의회는 다음의 장부를 비치하여야 한다. 〈개정 1998.2.28, 2001.2.20.〉

1. 배상신청사건처리대장(별지 제28호서식)
2. 배상심의회회의록(본부심의회 및 특별심의회는 별지 제29호서식, 지구심의회는 별지 제29호의2서식에 의한다)
3. 피해자색인카드철(별지 제5호서식)

② 본부심의회 및 특별심의회는 제1항의 장부에 별지 제30호서식에 의한 배상결정사건부와 별지 제31호서식에 의한 재심신청사건처리대장을 비치하여야 한다. 〈개정 1998.2.28.〉

③ 제1항의 장부와 제2항의 배상결정사건부 및 재심신청사건처리대장은 전자적으로 처리할 수 없는 특별한 사유가 있는 경우를 제외하고는 전자적 방법으로 작성·관리하여야 한다. 〈신설 2007.10.19.〉

부칙 〈법무부령 제1022호, 2022.2.7.〉 (어려운 법령용어 정비를 위한 32개 법령의 일부개정에 관한 법무부령)

이 규칙은 공포한 날부터 시행한다.

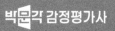 감정평가사

PART

04

부동산 가격
공시업무 관련 지침

표준지의 선정 및 관리지침

제1장 총칙

제1조(목적) 이 지침은 「부동산 가격공시에 관한 법률」 제3조제3항 및 같은 법 시행령 제2조제2항에 따라 표준지의 선정 및 관리 등에 관하여 필요한 사항을 정함을 목적으로 한다.

제2조(정의) 이 지침에서 사용하는 용어의 뜻은 다음과 같다.

1. "지역분석"이란 지역의 지가수준에 전반적인 영향을 미치는 가격형성요인을 일정한 지역범위별로 조사·분석함으로써 지역 내 토지의 표준적인 이용과 지가수준 및 그 변동추이를 판정하는 것을 말한다.
2. "가격형성요인"이란 토지의 객관적인 가치에 영향을 미치는 지역요인 및 개별요인을 말한다.
3. "지역요인"이란 그 지역의 지가수준에 영향을 미치는 자연적·사회적·경제적·행정적 요인을 말한다.
4. "개별요인"이란 해당 토지의 가격에 직접 영향을 미치는 위치·면적·형상·이용상황 등의 개별적인 요인을 말한다.
5. "용도지대"란 토지의 실제용도에 따른 구분으로서 「국토의 계획 및 이용에 관한 법률」상의 용도지역에도 불구하고 토지의 지역적 특성이 동일하거나 유사한 지역의 일단을 말하며, 상업지대·주택지대·공업지대·농경지대·임야지대·후보지지대·기타지대 등으로 구분한다.
6. "해당지역"이란 「부동산 가격공시에 관한 법률」(이하 "법"이라 한다) 제3조제5항에 따라 표준지 조사·평가의 의뢰 대상이 되는 각각의 시·군·구 또는 이를 구분한 지역을 말한다.
7. "표준지선정단위구역"이란 동일한 용도지역 내에서 가격수준 및 토지이용상황 등을 고려하여 표준지의 선정범위를 구획한 구역을 말한다.

제2장 지역분석

제3조(지역분석의 실시) 국토교통부장관으로부터 표준지의 선정·교체·조사 등을 의뢰받은 자(이하 "표준지 선정자"라 한다)가 일단의 토지 중에서 표준지의 선정·교체 등을 하고자 할 때에는 지역분석을 실시하여야 한다.

제4조(지역분석의 방법) ① 제3조에 따른 지역분석은 가격형성요인에 따라 해당지역의 용도지역이나 용도지대를 적절하게 세분하여 실시하며, 인접한 지역과 상호 연계성이 유지될 수 있도록 한다.

② 지역분석은 다음 각 호의 순서에 따라 실시한다.

1. 해당지역의 전반적인 지역요인의 분석
2. 지역특성을 고려하여 해당지역을 용도지역이나 용도지대별로 구분하여 이를 지역적 특성에 따라 적절하게 세분
3. 제2호에 따라 세분된 지역(이하 "세분된 지역"이라 한다)에 대한 지역요인의 변동추이 및 주요 변동원인과 지가수준에 미치는 영향을 분석
4. 세분된 지역 내 토지의 표준적인 이용 및 가격수준을 다음 각목에 따라 판정
   가. 표준적인 이용의 판정은 감정평가의 일반원칙에 따르되 개발현황, 토지수급의 변동현황, 인접지역 간의 대체관계 등을 고려
   나. 가격수준의 판정 시에는 객관적인 가격자료를 검토·분석하여 상급지, 중급지 및 하급지로 구분하여 가격수준을 판정
5. 기존 표준지의 활용실적을 분석하고 지역요인 등의 변화를 고려하여 인근지역별로 표준지의 분포를 적절하게 조정

제5조(지역분석조서의 작성) ① 표준지 선정자는 지역분석결과를 인접한 지역의 지역분석결과와 비교·검토하고 가격수준을 협의하여 이를 지역분석조서로 작성한다.

② 제1항에 따른 지역분석조서를 작성할 때에는 지역개황, 세분된 지역의 지역요인 분석내용, 표준적인 이용 및 가격수준의 판정과 가격수준 검토결과, 표준지의 교체 및 분포조정 등에 관한 사항을 기재하여야 한다.

③ 제2항에 따른 지역개황에 관한 사항에는 다음 각 호의 사항을 포함하여야 한다.

1. 해당지역의 전반적인 지역요인의 분석내용과 전반적인 지가수준의 현황 및 변동추이
2. 토지용도별 수급의 변화 및 대표적이고 특징적인 지가변동원인
3. 지역의 세분에 관한 사항

제6조(가격수준 협의) ① 표준지 선정자는 제5조에 따른 지역분석조서를 작성하는 경우에는 세분된 지역별로 가격수준을 상급지, 중급지 및 하급지로 분류하고, 인접한 지역의 표준지 선정자와 지역분석내용을 비교·검토하여 지역간의 적정한 가격수준을 협의하여야 한다.

② 표준지 선정자가 제1항에 따른 가격수준을 협의하는 경우에는 인접한 지역의 표준지 선정자와 사전 및 수시협의를 통하여 적정한 가격수준을 판정하되, 협의 시에는 평가선례·거래사례 등 객관적인 가격자료와 지역분석 자료를 활용하여 용도지역별·토지용도별·유형별로 가격수준을 협의한다.

제3장　표준지의 선정 및 관리

제7조(표준지 선정 및 관리의 기본원칙) ① 토지의 감정평가 및 개별공시지가의 산정 등에 효율적으로 활용되고 일반적인 지가정보를 제공할 수 있도록 표준지를 선정·관리한다.

② 다양한 토지유형별로 일반적이고 평균적인 토지이용상황, 가격수준 및 그 변화를 나타낼 수 있도록 표준지를 선정·관리한다.

③ 표준지 상호 간 연계성을 고려하여 용도지역·용도지대별 또는 토지이용상황별로 표준지를 균형 있게 분포시키고, 인근토지의 가격비교기준이 되는 토지로서 연도별로 일관성을 유지할 수 있도록 표준지를 선정·관리한다.

제8조(표준지의 분포기준) ① 지역별·용도지역별 및 토지이용상황별로 전체적인 표준지 수를 배분하기 위한 표준지의 일반적인 분포기준은 별표 1과 같다. 다만, 다른 토지의 가격산정에의 비교가능성 및 활용도를 높이기 위하여 필요하다고 인정되는 경우에는 표준지의 분포기준을 조정할 수 있다.

② 표준지 선정자는 지역분석을 토대로 용도지역·용도지대별 또는 토지이용상황별 표준지 분포 및 활용의 적절성을 판단하여 지가분포가 다양하고 변화가 많은 지역에 대해서는 상대적으로 많은 표준지가 분포될 수 있도록 한다.

제9조(표준지 분포의 조정) ① 지역요인의 변동현황 또는 가격층화의 적정한 반영이 필요한 지역, 조세 부과 등의 행정목적을 위하여 필요한 지역에 대해서는 표준지의 분포를 조정할 수 있다.

② 기존 표준지의 활용실적을 분석하여 과소 또는 과다하게 활용한 필지가 있는 경우에는 표준지가 적절하게 활용될 수 있도록 지역간 표준지의 분포를 조정할 수 있다.

제10조(표준지의 선정기준) ① 표준지를 선정하기 위한 일반적인 기준은 다음과 같다.

1. 지가의 대표성 : 표준지선정단위구역 내에서 지가수준을 대표할 수 있는 토지 중 인근지역 내 가격의 층화를 반영할 수 있는 표준적인 토지

2. 토지특성의 중용성 : 표준지선정단위구역 내에서 개별토지의 토지이용상황·면적·지형지세· 도로조건·주위환경 및 공적규제 등이 동일 또는 유사한 토지 중 토지특성빈도가 가장 높은 표준적인 토지

3. 토지용도의 안정성 : 표준지선정단위구역 내에서 개별토지의 주변이용상황으로 보아 그 이용상 황이 안정적이고 장래 상당기간 동일 용도로 활용될 수 있는 표준적인 토지

4. 토지구별의 확정성 : 표준지선정단위구역 내에서 다른 토지와 구분이 용이하고 위치를 쉽게 확인할 수 있는 표준적인 토지

② 특수토지 또는 용도상 불가분의 관계를 형성하고 있는 비교적 대규모의 필지를 일단지로 평가할 필요가 있는 경우에는 표준지로 선정하여 개별공시지가의 산정기준으로 활용될 수 있도록 하되, 토지형상· 위치 등이 표준적인 토지를 선정한다.

③ 국가 및 지방자치단체에서 행정목적상 필요하여 표준지를 선정하여 줄 것을 요청한 특정지역이나 토지에 대해서는 지역특성을 고려하여 타당하다고 인정하는 경우에는 표준지를 선정할 수 있다.

제11조(표준지의 교체 등) ① 기존 표준지는 특별한 사유가 없는 한 교체하지 아니한다.

② 표준지가 다음 각 호의 어느 하나에 해당되는 경우에는 이를 인근의 다른 토지로 교체하거나 삭제 할 수 있다.

1. 도시·군계획사항의 변경, 토지이용상황의 변경, 개발사업의 시행 등으로 인하여 제10조제1항 의 선정기준에 부합되지 아니하는 경우

2. 형질변경이나 지번, 지목, 면적 등 지적사항 등의 변경

3. 개별공시지가의 산정 시에 비교표준지로의 활용성이 낮아 실질적으로 기준성을 상실한 경우

③ 제9조제2항에 따라 해당 지역의 표준지 수가 증가 또는 감소되는 경우에는 다음 각 호의 사항을 고려하여 표준지가 인근토지의 가격비교기준으로 효율적으로 활용될 수 있도록 교체하거나 삭제할 수 있다.

1. 개별공시지가의 산정 시에 비교표준지로의 활용실적 분석결과

2. 지역분석에 의한 표준지 분포조정 검토결과

3. 택지개발사업, 도시개발사업 또는 재개발사업 등의 시행으로 인한 토지형질의 변경 등

제12조(표준지 선정의 제외대상) ① 국·공유의 토지는 표준지로 선정하지 아니한다. 다만, 「국유재산법」상 일반재산인 경우와 국·공유의 토지가 여러 필지로서 일단의 넓은 지역을 이루고 있어 그 지역의 지가수준을 대표할 표준지가 필요한 경우에는 국·공유의 토지를 표준지로 선정할 수 있다.

② 한 필지가 둘 이상의 용도로 이용되고 있는 토지는 표준지로 선정하지 아니한다. 다만, 부수적인 용도의 면적과 토지의 효용가치가 경미한 경우에는 비교표준지로의 활용목적을 고려하여 표준지로 선정할 수 있다.

제13조(표준지의 선정 등에 관한 협의) ① 표준지 선정자는 표준지 선정 등에 관하여 해당지역을 관할하는 시장·군수 또는 구청장과 협의를 하여야 하며, 필요한 경우 특별시장·광역시장 또는 도지사와 협의할 수 있다.

② 표준지의 선정에 관하여 협의할 때에는 지역분석의 결과에 따른 표준지 분포조정의 필요성, 표준지의 활용도 및 신규 표준지의 표준지선정단위구역 등을 검토한다.

제4장 표준지의 선정 심사

제14조(표준지 선정에 대한 심사) ① 표준지 선정자는 표준지 선정 등에 대하여 국토교통부장관의 심사를 받아야 한다.

② 표준지 선정에 대한 심사는 지역분석조서, 별지 제1호부터 제5호까지의 서식을 제출받아 다음 각 호의 사항을 심사한다.

1. 지역분석내용

2. 현장조사의 성실한 이행여부 및 표준지의 조사사항

3. 표준지 과소·과다 활용의 원인 분석 및 분포조정의 내용

4. 표준지 선정협의 여부

5. 표준지 선정(안) 위치 표시 도면의 작성내용

6. 표준지의 선정, 교체(삭제·신규를 포함한다) 및 분포조정의 타당성

7. 그 밖의 가격층화 반영의 적정성

제15조(표준지 선정심사 결과 처리) ① 표준지 선정자는 표준지 선정 등과 관련하여 조사한 사항을 국토교통부장관이 정하는 바에 따라 전산입력하여야 하며, 제14조에 따른 심사 결과 표준지 내역의 변경 등의 보완사항이 있는 경우에는 이를 해당 시·군·구에 통보하여야 한다.

② 한국부동산원은 제14조에 따른 표준지 선정심사가 종결된 때에는 즉시 그 결과를 취합하여 이를 전산입력하고 국토교통부장관에게 제출한다.

제16조(표준지의 확정) 제14조에 따른 표준지 선정 심사가 완료된 때에 표준지는 확정된다. 다만, 표준지 선정심사 이후 공시일 전까지 표준지의 교체 또는 삭제가 필요하다고 인정되는 경우에는 표준지의 선정을 재심사할 수 있으며, 이 경우에 제14조 및 제15조의 규정을 준용한다.

제17조(표준지의 위치 표시) 표준지의 위치는 「부동산 가격공시에 관한 법률 시행규칙」 제3조제2항제4호에 따른 도면(전자도면을 포함한다)에 별표 2에서 정한 기호로 표시하고 기호 밑에 일련번호를 기재한다. 다만, 전자도면일 경우 별표 2에서 정한 기호 외의 방법으로 위치를 표시할 수 있다.

제18조(재검토기한) 국토교통부장관은 「훈령·예규 등의 발령 및 관리에 관한 규정」에 따라 이 훈령에 대하여 2017년 1월 1일을 기준으로 매 3년이 되는 시점(매 3년째의 12월 31일까지를 말한다)마다 그 타당성을 검토하여 개선 등의 조치를 하여야 한다.

부칙 〈제1357호, 2021.1.6.〉

이 훈령은 발령한 날부터 시행한다.

부칙 〈제2023-34호, 2023.1.30.〉

이 훈령은 발령한 날부터 시행한다.

Chapter 02 표준지공시지가 조사·평가기준

제1장 총칙

제1조(목적) 이 기준은「부동산 가격공시에 관한 법률」제3조에서 규정하고 있는 표준지공시지가의 공시를 위하여 같은 법 제3조제4항 및 같은 법 시행령 제6조제3항에 따라 표준지의 적정가격 조사·평가에 필요한 세부기준과 절차 등을 정함을 목적으로 한다.

제2조(정의) 이 기준에서 사용하는 용어의 뜻은 다음과 같다.

1. "공익사업"이란「공익사업을 위한 토지 등의 취득 및 보상에 관한 법률」제4조 각 호의 어느 하나에 해당하는 사업을 말한다.

2. "개발이익"이란 공익사업의 계획 또는 시행이 공고 또는 고시되거나 공익사업의 시행, 그 밖에 공익사업의 시행에 따른 절차로서 행하여진 토지이용계획의 설정·변경·해제 등으로 인하여 토지소유자가 자기의 노력에 관계없이 지가가 상승되어 현저하게 받은 이익으로서 정상지가 상승분을 초과하여 증가된 부분을 말한다.

3. "일시적 이용상황"이란 관련 법령에 따라 국가나 지방자치단체의 계획이나 명령 등으로 해당 토지를 본래의 용도로 이용하는 것이 일시적으로 금지되거나 제한되어 다른 용도로 이용하고 있거나 해당 토지의 주위 환경 등으로 보아 현재의 이용이 임시적인 것으로 인정되는 이용을 말한다.

4. "나지"란 토지에 건물이나 그 밖의 정착물이 없고 지상권 등 토지의 사용·수익을 제한하는 사법상의 권리가 설정되어 있지 아니한 토지를 말한다.

5. "특수토지"란 토지용도가 특수하고 거래사례가 희소하여 시장가치의 측정이 어려운 토지를 말한다.

6. "택지"란 주거·상업·공업용지 등의 용도로 이용되고 있거나 해당 용도로 이용할 목적으로 조성된 토지를 말한다.

7. "후보지"란 인근지역의 주위환경 등의 사정으로 보아 현재의 용도에서 장래 택지 등 다른 용도로의 전환이 객관적으로 예상되는 토지를 말한다.

8. "인근지역"이란 해당 토지가 속한 지역으로서 토지의 이용이 동질적이고 가격형성요인 중 지역요인을 공유하는 지역을 말한다.

9. "유사지역"이란 해당 토지가 속하지 아니하는 지역으로서 인근지역과 유사한 특성을 갖는 지역을 말한다.

10. "동일수급권"이란 일반적으로 해당 토지와 대체·경쟁관계가 성립하고 가격형성에 서로 영향을 미치는 관계에 있는 다른 토지가 존재하는 권역을 말하며, 인근지역과 유사지역을 포함한다.

11. (삭제)

제3조(적용 범위) 표준지의 적정가격 조사·평가는 부동산 가격공시에 관한 법령과 감정평가 및 감정평가사에 관한 법령에서 정한 것을 제외하고는 이 기준에서 정하는 바에 따르고, 이 기준에서 정하지 아니한 사항은 표준지공시지가 조사·평가 업무요령 및 감정평가의 일반이론에 따른다.

제2장 조사·평가절차

제4조(조사·평가절차) 표준지의 적정가격 조사·평가는 「부동산 가격공시에 관한 법률 시행령」(이하 "영"이라 한다) 제2조제2항에 따른 『표준지의 선정 및 관리지침』에서 정한 지역분석 등을 실시한 후에 일반적으로 다음 각 호의 절차에 따라 실시한다.

1. 공부조사
2. 실지조사
3. 가격자료의 수집 및 정리
4. 사정보정 및 시점수정
5. 지역요인 및 개별요인의 비교
6. 평가가격의 결정 및 표시
7. 경계지역 간 가격균형 여부 검토
8. 표준지 소유자의 의견청취
9. 특별시장·광역시장·특별자치시장·도지사 또는 특별자치도지사(이하 "시·도지사"라 한다) 및 시장·군수·구청장(자치구의 구청장을 말한다. 이하 같다)의 의견청취
10. 조사·평가보고서의 작성

제5조(공부조사) 표준지의 적정가격을 조사·평가할 때에는 토지·임야대장, 지적·임야도, 토지이용계획확인서, 건축물대장, 환지계획·환지처분 등 환지 관련서류 및 도면 등을 통해 공시기준일 현재의 다음 각 호의 사항을 조사한다.

1. 소재지·지번·지목·면적
2. 공법상 제한사항의 내용 및 그 제한의 정도
3. 그 밖의 공부(公簿) 조사사항

제6조(실지조사) 표준지의 적정가격을 조사·평가할 때에는 공시기준일 현재의 다음 각 호의 사항을 실지조사한다.

1. 소재지·지번·지목·면적
2. 위치 및 주위 환경
3. 토지 이용 상황·효용성 및 공법상 제한사항과의 부합 여부
4. 도로 및 교통 환경
5. 형상·지세·지반·지질 등의 상태
6. 편익시설의 접근성 및 편의성

7. 유해시설의 접근성 및 재해·소음 등 유해정도

8. 그 밖에 가격형성에 영향을 미치는 요인

제7조(가격자료의 수집 및 정리) ① 표준지의 적정가격을 조사·평가할 때에는 인근지역 및 동일수급권 안의 유사지역에 있는 거래사례, 평가선례, 보상선례, 조성사례, 분양사례, 수익사례 등과 세평가 격 등 가격결정에 참고가 되는 자료(이하 "가격자료"라 한다)를 수집하여 이를 정리한다.

② 제1항에 따른 가격자료는 다음 각 호의 요건을 갖춘 것으로 한다.

1. 최근 3년 이내의 자료인 것

2. 사정보정이 가능한 것

3. 지역요인 및 개별요인의 비교가 가능한 것

4. 위법 또는 부당한 거래 등이 아닌 것

5. 토지 및 그 지상건물이 일체로 거래된 경우에는 배분법의 적용이 합리적으로 가능한 것

제8조(사정보정 및 시점수정) ① 수집된 거래사례 등에 거래당사자의 특수한 사정 또는 개별적인 동기가 개재되어 있거나 평가선례 등에 특수한 평가조건 등이 반영되어 있는 경우에는 그러한 사정이나 조건 등이 없는 상태로 이를 적정하게 보정(이하 "사정보정"이라 한다)한다.

② 가격자료의 거래시점 등이 공시기준일과 다른 경우에는 「부동산 거래신고 등에 관한 법률」 제19조 에 따라 국토교통부장관이 조사한 지가변동률로서 가격자료가 소재한 시·군·구의 같은 용도지역 지가변동률로 시점수정을 행한다. 다만, 다음 각 호의 경우에는 그러하지 아니하다.

1. 같은 용도지역의 지가변동률을 적용하는 것이 불가능하거나 적절하지 아니하다고 판단되는 경 우에는 공법상 제한이 같거나 비슷한 용도지역의 지가변동률, 이용상황별 지가변동률 또는 해 당 시·군·구의 평균지가변동률로 시점수정

2. 지가변동률을 적용하는 것이 불가능하거나 적절하지 아니한 경우에는 「한국은행법」 제86조에 따라 한국은행이 조사·발표하는 생산자물가지수에 따라 산정된 생산자물가상승률 등으로 시점 수정

3. 〈삭제〉

4. 〈삭제〉

제9조(지역요인 및 개별요인의 비교) ① 수집·정리된 거래사례 등의 토지가 표준지의 인근지역에 있는 경우에는 개별요인만을 비교하고, 동일수급권 안의 유사지역에 있는 경우에는 지역요인 및 개별요 인을 비교한다.

② 지역요인 및 개별요인의 비교는 표준지의 공법상 용도지역과 실제이용상황 등을 기준으로 그 용도 적 특성에 따라 다음과 같이 용도지대를 분류하고, 가로조건·접근조건·환경조건·획지조건·행 정적조건·기타조건 등에 관한 사항을 비교한다.

1. 상업지대 : 고밀도상업지대·중밀도상업지대·저밀도상업지대

2. 주택지대 : 고급주택지대·보통주택지대·농어촌주택지대

3. 공업지대 : 전용공업지대·일반공업지대

4. 농경지대 : 전작농경지대·답작농경지대

5. 임야지대 : 도시근교임야지대・농촌임야지대・산간임야지대

6. 후보지지대 : 택지후보지지대・농경지후보지지대

③ 각 용도지대별 지역요인 및 개별요인의 비교항목(조건・항목・세항목)은 별표 1부터 별표 7까지에서 정하는 내용을 참고로 하여 정한다.

④ 지역요인 및 개별요인의 비교를 위한 인근지역의 판단은 토지의 용도적 관점에 있어서의 동질성을 기준으로 하되, 일반적으로 지형・지물 등 다음 각 호의 사항을 확인하여 인근지역의 범위를 정한다.

1. 지반・지세・지질

2. 하천・수로・철도・공원・도로・광장・구릉 등

3. 토지의 이용상황

4. 공법상 용도지역・지구・구역 등

5. 역세권, 통학권 및 통작권역

제10조(평가가격의 결정 및 표시) ① 거래사례비교법 등에 따라 표준지의 가격을 산정한 때에는 인근지역 또는 동일수급권 안의 유사지역에 있는 유사용도 표준지의 평가가격과 비교하여 그 적정여부를 검토한 후 평가가격을 결정하되, 유사용도 표준지의 평가가격과 균형이 유지되도록 하여야 한다.

② 표준지로 선정된 1필지의 토지가 둘 이상의 용도로 이용되는 경우에는 용도별 면적비율에 의한 평균가격으로 평가가격을 결정한다. 다만, 다음 각 호의 어느 하나에 해당되는 경우에는 주된 용도의 가격으로 평가가격을 결정할 수 있다.

1. 다른 용도로 이용되는 부분이 일시적인 이용상황으로 인정되는 경우

2. 다른 용도로 이용되는 부분이 주된 용도와 가치가 유사하거나 면적비율이 현저하게 낮아 주된 용도의 가격을 기준으로 거래되는 관행이 있는 경우

③ 표준지의 평가가격은 제곱미터당 가격으로 표시하되, 유효숫자 세 자리로 표시함을 원칙으로 한다. 다만, 그 평가가격이 10만원 이상인 경우에는 유효숫자 네 자리까지 표시할 수 있다.

④ 제3항에도 불구하고 표준지 이의신청에 따른 평가가격 또는「부동산 가격공시에 관한 법률」제3조 제5항 단서에 따라 하나의 감정평가법인등에게 의뢰하여 표준지공시지가를 평가하는 경우의 평가가격의 유효숫자 제한은 국토교통부장관이 별도로 정할 수 있다.

제11조(경계지역간 가격균형 여부 검토) ① 제10조에 따라 표준지의 평가가격을 결정한 때에는 인근 시・군・구의 유사용도 표준지의 평가가격과 비교하여 그 가격의 균형여부를 검토하여야 한다.

② 제1항의 가격균형여부의 검토는 용도지역・용도지대 및 토지이용상황별 지가수준을 비교하는 것 외에 특수토지 및 경계지역 부분에 있는 유사용도 표준지에 대하여 개별필지별로 행하되, 필요한 경우에는 인근 시・군・구의 가격자료 등을 활용하여 평가가격을 조정함으로써 상호 균형이 유지되도록 하여야 한다.

제12조(표준지 소유자의 의견청취) 영 제5조제3항에 따라 표준지 소유자가 표준지의 평가가격에 대하여 의견을 제시한 때에는 그 평가가격의 적정여부를 재검토하고 표준지 소유자가 제시한 의견이 객관적으로 타당하다고 인정되는 경우에는 이를 반영하여 평가가격을 조정하여야 한다.

제13조(시장·군수·구청장의 의견청취) ① 「부동산 가격공시에 관한 법률 시행령」제8조제2항에 따라 시·도지사 및 시장·군수·구청장(필요한 경우 특별시장·광역시장 또는 도지사를 포함한다. 이하 이 조에서 같다)의 의견을 듣고자 할 때에는 표준지의 필지별 가격 및 가격변동률, 용도지역별·지목별 최고·최저지가, 전년대비 가격변동이 현저한 표준지의 내역 및 변동사유, 표준지 위치 표시도면 등 표준지의 평가가격 검토에 필요한 자료를 제출하여야 한다.

② 시·도지사 및 시장·군수·구청장으로부터 특정한 표준지에 대하여 평가가격의 조정의견이 제시된 때에는 그 평가가격의 적정여부를 재검토하고 그 의견이 객관적으로 타당하다고 인정되는 경우에는 이를 반영하여 평가가격을 조정하여야 한다.

제14조(조사·평가보고서의 작성) 표준지에 대한 조사·평가가 완료된 때에는 표준지 조사평가보고서를 작성하여 「부동산 가격공시에 관한 법률 시행규칙」제3조제2항에 따른 서류(전자처리된 전자기록을 포함한다)와 함께 국토교통부장관에게 제출하여야 한다.

제3장 평가기준

제15조(적정가격 기준 평가) ① 표준지의 평가가격은 일반적으로 해당 토지에 대하여 통상적인 시장에서 정상적인 거래가 이루어지는 경우 성립될 가능성이 가장 높다고 인정되는 가격(이를 "적정가격"이라 한다)으로 결정하되, 시장에서 형성되는 가격자료를 충분히 조사하여 표준지의 객관적인 시장가치를 평가한다.

② 특수토지 등 시장성이 없거나 거래사례 등을 구하기가 곤란한 토지는 해당 토지와 유사한 이용가치를 지닌다고 인정되는 토지의 조성에 필요한 비용추정액 또는 임료 등을 고려한 가격으로 평가하거나, 해당 토지를 인근지역의 주된 용도의 토지로 보고 제1항에 따라 평가한 가격에 그 용도적 제한이나 거래제한의 상태 등을 고려한 가격으로 평가한다.

제16조(실제용도 기준 평가) 표준지의 평가는 공부상의 지목에도 불구하고 공시기준일 현재의 이용상황을 기준으로 평가하되, 일시적인 이용상황은 이를 고려하지 아니한다.

제17조(나지상정 평가) 표준지의 평가에 있어서 그 토지에 건물이나 그 밖의 정착물이 있거나 지상권 등 토지의 사용·수익을 제한하는 사법상의 권리가 설정되어 있는 경우에는 그 정착물 등이 없는 토지의 나지상태를 상정하여 평가한다.

제18조(공법상 제한상태 기준 평가) 표준지의 평가에 있어서 공법상 용도지역·지구·구역 등 일반적인 계획제한사항뿐만 아니라 도시계획시설 결정 등 공익사업의 시행을 직접목적으로 하는 개별적인 계획제한사항이 있는 경우에는 그 공법상 제한을 받는 상태를 기준으로 평가한다.

제19조(개발이익 반영 평가) ① 표준지의 평가에 있어서 다음 각 호의 개발이익은 이를 반영하여 평가한다. 다만, 그 개발이익이 주위환경 등의 사정으로 보아 공시기준일 현재 현실화·구체화되지 아니하였다고 인정되는 경우에는 그러하지 아니하다.

1. 공익사업의 계획 또는 시행이 공고 또는 고시됨으로 인한 지가의 증가분
2. 공익사업의 시행에 따른 절차로서 행하여진 토지이용계획의 설정·변경·해제 등으로 인한 지가의 증가분
3. 그 밖에 공익사업의 착수에서 준공까지 그 시행으로 인한 지가의 증가분

② 제1항에 따라 개발이익을 반영함에 있어서 공익사업시행지구 안에 있는 토지는 해당 공익사업의 단계별 성숙도 등을 고려하여 평가하되, 인근지역 또는 동일수급권 안의 유사지역에 있는 유사용도 토지의 지가수준과 비교하여 균형이 유지되도록 하여야 한다.

제20조(일단지의 평가) ① 용도상 불가분의 관계에 있는 2필지 이상의 일단의 토지(이하 "일단지"라 한다) 중에서 대표성이 있는 1필지가 표준지로 선정된 때에는 그 일단지를 1필지의 토지로 보고 평가한다.

② 제1항에서 "용도상 불가분의 관계"란 일단지로 이용되고 있는 상황이 사회적·경제적·행정적 측면에서 합리적이고 해당 토지의 가치형성측면에서도 타당하다고 인정되는 관계에 있는 경우를 말한다.

③ 개발사업시행예정지는 공시기준일 현재 관계 법령에 따른 해당 사업계획의 승인이나 「공익사업을 위한 토지 등의 취득 및 보상에 관한 법률」 제20조에 따른 사업인정(다른 법률에 따라 사업인정으로 보는 경우를 포함한다. 이하 같다)이 있기 전에는 이를 일단지로 보지 아니한다.

④ 2필지 이상의 토지에 하나의 건축물(부속건축물을 포함한다)이 건립되어 있거나 건축 중에 있는 토지와 공시기준일 현재 나지상태이나 건축허가 등을 받고 공사를 착수한 때에는 토지소유자가 다른 경우에도 이를 일단지로 본다.

⑤ 2필지 이상의 일단의 토지가 조경수목재배지, 조경자재제조장, 골재야적장, 간이창고, 간이체육시설용지(테니스장, 골프연습장, 야구연습장 등) 등으로 이용되고 있는 경우로서 주위환경 등의 사정으로 보아 현재의 이용이 일시적인 이용상황으로 인정되는 경우에는 이를 일단지로 보지 아니한다.

⑥ 일단으로 이용되고 있는 토지의 일부가 용도지역 등을 달리하는 등 가치가 명확히 구분되어 둘 이상의 표준지가 선정된 때에는 그 구분된 부분을 각각 일단지로 보고 평가한다.

제21조(평가방식의 적용) ① 표준지의 평가는 거래사례비교법, 원가법 또는 수익환원법의 3방식 중에서 해당 표준지의 특성에 가장 적합한 평가방식 하나를 선택하여 행하되, 다른 평가방식에 따라 산정한 가격과 비교하여 그 적정여부를 검토한 후 평가가격을 결정한다. 다만, 해당 표준지의 특성 등으로 인하여 다른 평가방식을 적용하는 것이 현저히 곤란하거나 불필요한 경우에는 하나의 평가방식으로 결정할 수 있으며, 이 경우 제14조에 따른 조사·평가보고서에 그 사유를 기재하여야 한다.

② 일반적으로 시장성이 있는 토지는 거래사례비교법으로 평가한다. 다만, 새로이 조성 또는 매립된 토지는 원가법으로 평가할 수 있으며, 상업용지 등 수익성이 있는 토지는 수익환원법으로 평가할 수 있다.

③ 시장성이 없거나 토지의 용도 등이 특수하여 거래사례 등을 구하기가 현저히 곤란한 토지는 원가법에 따라 평가하거나, 해당 토지를 인근지역의 주된 용도의 토지로 보고 거래사례비교법에 따라 평가한 가격에 그 용도적 제한이나 거래제한의 상태 등을 고려한 가격으로 평가한다. 다만, 그 토지가 수익성이 있는 경우에는 수익환원법으로 평가할 수 있다.

④ 표준지의 평가가격을 원가법에 따라 결정할 경우에는 다음과 같이 한다. 다만, 특수한 공법을 사용하여 토지를 조성한 경우 등 해당 토지의 조성공사비가 평가가격 산출시 적용하기에 적정하지 아니한 경우에는 인근 유사토지의 조성공사비를 참작하여 적용할 수 있다.

> [조성 전 토지의 소지가격 + (조성공사비 및 그 부대비용 + 취득세 등 제세공과금 + 적정이윤)] ÷ 해당 토지의 면적 ≒ 평가가격

⑤ 〈삭제〉
⑥ 〈삭제〉

제4장 용도별 토지의 평가

제22조(주거용지) ① 주거용지(주상복합용지를 포함한다)는 토지의 일반적인 조사사항 이외에 주거의 쾌적성 및 편의성에 중점을 두고 다음 각 호의 사항 등을 고려하여 평가하되, 인근지역 또는 동일수급권 안의 유사지역에 있는 토지의 거래사례 등 가격자료를 활용하여 거래사례비교법으로 평가한다. 다만, 새로이 조성 또는 매립된 토지로서 거래사례비교법으로 평가하는 것이 현저히 곤란하거나 적정하지 아니하다고 인정되는 경우에는 원가법으로 평가할 수 있다.
1. 도심과의 거리 및 교통시설의 상태
2. 상가와의 거리 및 배치상태
3. 학교, 공원, 병원 등의 배치상태
4. 거주자의 직업·계층 등 지역의 사회적 환경
5. 조망, 풍치, 경관 등 지역의 자연적 환경
6. 변전소, 폐수처리장 등 위험·혐오시설 등의 유무
7. 소음, 대기오염 등 공해발생의 상태
8. 홍수, 사태 등 재해발생의 위험성
9. 각 획지의 면적과 배치 및 이용 등의 상태

② 아파트 등 공동주택용지는 그 지상에 있는 건물과 유사한 규모(층수·용적률·건폐율 등)의 건축물을 건축할 수 있는 토지의 나지상태를 상정하여 평가한다. 다만, 공시기준일 현재 해당 토지의 현실적인 이용상황이 인근지역에 있는 유사용도 토지의 표준적인 이용상황에 현저히 미달되는 경우에는 인근지역에 있는 유사용도 토지의 표준적인 이용상황을 기준으로 한다.

제23조(상업·업무용지) ① 상업·업무용지(공공용지를 제외한다)는 토지의 일반적인 조사사항 이외에 다음 각 호의 사항 등을 고려하여 평가하되, 인근지역 또는 동일수급권 안의 유사지역에 있는 토지의 거래사례 등 가격자료를 활용하여 거래사례비교법으로 평가한다. 다만, 수익사례의 수집이 가능한 경우에는 수익환원법으로 평가할 수 있으며(이 경우 거래사례비교법으로 평가한 가격과 비교하여 그 합리성을 검토하여야 한다), 새로이 조성 또는 매립된 토지는 원가법으로 평가할 수 있다.

1. 배후지의 상태 및 고객의 질과 양
2. 영업의 종류 및 경쟁의 상태
3. 고객의 교통수단의 상태 및 통행 패턴
4. 번영의 정도 및 성쇠의 상태
5. 해당 지역 경영자의 창의와 자력의 정도
6. 번화가에의 접근성

② 상업·업무용지의 인근지역 또는 동일수급권 안의 유사지역에 임대동향표본(국토교통부장관이 매년 임대동향조사를 위하여 선정한 오피스빌딩 및 매장용 빌딩을 말한다)이 소재하는 경우 상업·업무용지는 임대동향표본을 활용하여 수익환원법으로 평가하여야 한다(이 경우 거래사례비교법으로 평가한 가격과 비교하여 그 합리성을 검토하여야 한다). 다만, 인근지역 또는 동일수급권 안의 유사지역에 비교가능한 적정 거래사례가 충분하여 거래사례비교법으로 평가하는 것이 합리적인 것으로 인정되는 경우나 음(−)의 수익가격이 산출되는 등 임대동향표본을 활용한 수익환원법의 적용이 불합리한 경우에는 예외로 한다.

제24조(공업용지) ① 공업용지는 토지의 일반적인 조사사항 이외에 제품생산 및 수송·판매에 관한 경제성에 중점을 두고 다음 각 호의 사항 등을 고려하여 평가하되, 인근지역 또는 동일수급권 안의 유사지역에 있는 토지의 거래사례 등 가격자료를 활용하여 거래사례비교법으로 평가한다. 다만, 새로이 조성 또는 매립된 토지로서 거래사례비교법으로 평가하는 것이 현저히 곤란하거나 적정하지 아니하다고 인정되는 경우에는 원가법으로 평가할 수 있다.

1. 제품의 판매시장 및 원재료 구입시장과의 위치관계
2. 항만, 철도, 간선도로 등 수송시설의 정비상태
3. 동력자원 및 용수·배수 등 공급처리시설의 상태
4. 노동력 확보의 난이
5. 관련산업과의 위치관계
6. 수질오염, 대기오염 등 공해발생의 위험성
7. 온도, 습도, 강우 등 기상의 상태

② 「산업입지 및 개발에 관한 법률」에 따른 국가산업단지·지방산업단지·농공단지 등 산업단지 안에 있는 공업용지는 해당 토지 등의 분양가격자료를 기준으로 평가하되, 「산업집적활성화 및 공장설립에 관한 법률 시행령」 제52조에서 정한 이자 및 비용상당액과 해당 산업단지의 성숙도 등을 고려한 가격으로 평가한다. 다만, 분양이 완료된 후에 상당기간 시일이 경과되어 해당 토지 등의 분양가격자료에 따른 평가가 현저히 곤란하거나 적정하지 아니하다고 인정되는 경우에는 인근지역 또는 동일수급권의 다른 산업단지 안에 있는 공업용지의 분양가격자료를 기준으로 평가할 수 있다.

제25조(농경지) ① 전·답·과수원 등 농경지는 토지의 일반적인 조사사항 이외에 다음 각 호의 사항 등을 고려하여 평가하되, 인근지역 또는 동일수급권 안의 유사지역에 있는 농경지의 거래사례 등 가격자료를 활용하여 거래사례비교법으로 평가한다. 다만, 간척지 등 새로이 조성 또는 매립된 토지로서 거래사례비교법으로 평가하는 것이 현저히 곤란하거나 적정하지 아니하다고 인정되는 경우에는 원가법으로 평가할 수 있다.

1. 토질의 종류 및 비옥도
2. 관개·배수의 설비상태
3. 한·수해의 유무와 그 정도
4. 관리 또는 경작의 편리성
5. 단위면적당 평균수확량
6. 마을 및 출하지와의 접근성

② 과수원은 그 지상에 있는 과수목의 상황을 고려하지 아니한 상태를 기준으로 평가하되, 제26조제2항 단서의 규정을 준용한다.

제26조(임야지) ① 임야지는 토지의 일반적인 조사사항 이외에 다음 각 호의 사항 등을 고려하여 평가하되, 인근지역 또는 동일수급권 안의 유사지역에 있는 임야지의 거래사례 등 가격자료를 활용하여 거래사례비교법으로 평가한다.

1. 표고, 지세 등의 자연상태
2. 지층의 상태
3. 일조·온도·습도 등의 상태
4. 임도 등의 상태
5. 노동력 확보의 난이

② 임야지는 그 지상입목의 상황을 고려하지 아니한 상태를 기준으로 평가한다. 다만, 다음 각 호의 어느 하나에 해당되는 경우에는 그 지상입목을 임야지에 포함한 가격으로 평가할 수 있다. 이 경우에 그 지상입목은 따로 경제적인 가치가 없는 것으로 본다.

1. 입목가격이 임야지가격에 비하여 경미한 경우
2. 자연림으로서 입목도가 30퍼센트 이하인 경우

③ 「초지법」 제5조에 따라 허가를 받아 조성된 목장용지는 인근지역 또는 유사용도 토지의 거래사례 등 가격자료를 활용하여 거래사례비교법으로 평가한다. 다만, 인근지역 및 동일 수급권 안의 유사지역에서 유사용도 토지의 거래사례 등 가격자료를 구하기가 현저히 곤란한 경우에는 원가법에 따라 다음과 같이 평가할 수 있다.

1. 초지는 조성 전 토지의 소지가격에 해당 초지의 조성에 소요되는 통상의 비용(개량비를 포함한다) 상당액 및 적정이윤 등을 고려한 가격으로 평가
2. 축사 및 부대시설의 부지는 조성 전 토지의 소지가격에 해당 토지의 조성에 소요되는 통상의 비용 상당액 및 적정이윤 등을 고려한 가격으로 평가
3. 목장용지 내의 주거용 "대" 부분은 목장용지로 보지 아니하며, 실제 이용상황 등을 고려하여 평가

제27조(후보지) ① 택지후보지는 토지의 일반적인 조사사항 이외에 다음 각 호의 사항 등을 고려하여 평가하되, 인근지역 또는 동일수급권 안의 유사지역에 있는 토지의 거래사례 등 가격자료를 활용하여 거래사례비교법으로 평가한다. 다만, 인근지역 및 동일수급권 안의 유사지역에서 유사용도 토지의 거래사례 등 가격자료를 구하기가 현저히 곤란한 경우에는 택지조성 후의 토지가격에서 택지조성에 필요한 통상의 비용 상당액 및 적정이윤 등을 뺀 가격에 성숙도 등을 고려한 가격으로 평가할 수 있다.

1. 택지화 등을 조장하거나 저해하는 행정상의 조치 및 규제정도
2. 인근지역의 공공시설의 정비동향
3. 인근에 있어서의 주택·점포·공장 등의 건설동향
4. 조성의 난이 및 그 정도
5. 조성 후 택지로서의 유효이용도

② 제1항의 규정은 농경지후보지의 평가시에 이를 준용한다.

제5장 공법상 제한을 받는 토지의 평가

제28조(도시·군계획시설 등 저촉토지) ① 「국토의 계획 및 이용에 관한 법률」 제2조제7호에 따른 도시·군계획시설에 저촉되는 토지는 그 도시·군계획시설에 저촉된 상태대로의 가격이 형성되어 있는 경우에는 그 가격을 기준으로 평가하고, 저촉된 상태대로의 가격이 형성되어 있지 아니한 경우에는 저촉되지 아니한 상태를 기준으로 한 가격에 그 도시·군계획시설의 저촉으로 인한 제한정도에 따른 적정한 감가율 등을 고려하여 평가한다.

② 토지의 일부면적이 도시·군계획시설에 저촉되는 경우에는 저촉부분과 잔여부분의 면적비율에 따른 평균가격으로 평가한다. 다만, 도시·군계획시설에 저촉되는 부분의 면적비율이 현저하게 낮아 토지의 사용수익에 지장이 없다고 인정되는 경우에는 도시·군계획시설에 저촉되지 아니한 것으로 보며, 잔여부분의 면적비율이 현저하게 낮아 단독으로 효용가치가 없다고 인정되는 경우에는 전체 면적이 도시·군계획시설에 저촉된 것으로 본다.

③ 표준지가 도시·군계획시설에 저촉되었으나 공시기준일 현재 해당 도시·군계획시설사업이 완료된 경우에는 도시·군계획시설에 저촉되지 아니한 것으로 보고 평가한다.

④ 〈삭제〉

제29조(둘 이상의 용도지역에 속한 토지) 둘 이상의 용도지역에 걸쳐있는 토지는 각 용도지역 부분의 위치, 형상, 이용상황 및 그 밖에 다른 용도지역 부분에 미치는 영향 등을 고려하여 면적 비율에 따른 평균가격으로 평가한다. 다만, 용도지역을 달리하는 부분의 면적비율이 현저하게 낮아 가격형성에 미치는 영향이 별로 없거나 관계 법령에 따라 주된 용도지역을 기준으로 이용할 수 있는 경우에는 주된 용도지역의 가격을 기준으로 평가할 수 있다.

제30조(도시·군계획시설도로에 접한 토지) 도시·군계획시설도로에 접한 토지는 그 도시·군계획시설도로에 접하지 아니한 상태를 기준으로 평가한다. 다만, 공시기준일 현재 건설공사 중에 있는 경우에는 이를 현황도로로 보며, 건설공사는 착수하지 아니하였으나 「국토의 계획 및 이용에 관한 법률」 제91조에 따른 도시·군계획시설사업의 실시계획의 고시 및 「도시개발법」 제18조에 따른 도시개발사업의 실시계획의 고시가 된 경우에는 이를 반영하여 평가한다.

제31조(개발제한구역 안의 토지) 개발제한구역 안에 있는 토지는 그 공법상 제한을 받는 상태를 기준으로 평가하되, 실제용도 또는 지목이 대인 경우에는 다음 각 호의 기준에 따라 평가한다.

1. 건축물이 있는 토지는 「개발제한구역의 지정 및 관리에 관한 특별조치법 시행령」 제13조제1항에서 규정하는 범위 안에서의 건축물의 개축·재축·증축·대수선·용도변경 등이 가능한 토지의 나지상태를 상정하여 평가

2. 개발제한구역 지정 당시부터 지목이 대인 건축물이 없는 토지(이축된 건축물이 있었던 지목이 대인 토지로서 개발제한구역 지정 당시부터 해당 토지의 소유자와 건축물의 소유자가 다른 경우의 토지를 포함하며, 형질변경허가가 불가능한 토지를 제외한다)는 건축이 가능한 상태를 기준으로 평가

3. 제2호 이외의 건축이 불가능한 지목이 대인 토지는 현실의 이용상황을 고려하여 평가

제32조(재개발구역 등 안의 토지) ① 「도시 및 주거환경정비법」 제8조에 따라 지정된 주거환경개선구역·재개발구역 안의 토지는 그 공법상 제한을 받는 상태를 기준으로 평가한다. 다만, 공시기준일이 「도시 및 주거환경정비법」 제50조에 따른 사업시행인가 등의 고시 전으로서 해당 공익사업의 시행으로 인한 개발이익이 현실화·구체화되지 아니하였다고 인정되는 경우에는 이를 반영하지 아니한다.
② 삭제

제33조(환지방식에 의한 사업시행지구 안의 토지) ① 「도시개발법」 제28조부터 제49조까지에서 규정하는 환지방식에 따른 사업시행지구 안에 있는 토지는 다음과 같이 평가한다.

1. 환지처분 이전에 환지예정지로 지정된 경우에는 청산금의 납부여부에 관계없이 환지예정지의 위치, 확정예정지번(블록·롯트), 면적, 형상, 도로접면상태와 그 성숙도 등을 고려하여 평가

2. 환지예정지의 지정 전인 경우에는 종전 토지의 위치, 지목, 면적, 형상, 이용상황 등을 기준으로 평가
② 「농어촌정비법」에 따른 농업생산기반 정비사업 시행지구 안에 있는 토지를 평가할 때에는 제1항을 준용한다.

제34조(택지개발사업시행지구 안의 토지) 「택지개발 촉진법」에 따른 택지개발사업시행지구 안에 있는 토지는 그 공법상 제한사항 등을 고려하여 다음과 같이 평가한다.

1. 택지개발사업 실시계획의 승인고시일 이후에 택지로서의 확정예정지번이 부여된 경우에는 제33조제1항제1호를 준용하되, 「택지개발촉진법 시행령」 제13조의2에 따른 해당 택지의 지정용도 등을 고려하여 평가

2. 택지로서의 확정예정지번이 부여되기 전인 경우에는 종전 토지의 이용상황 등을 기준으로 그 공사의 시행정도 등을 고려하여 평가하되, 「택지개발촉진법」 제11조제1항에 따라 공법상 용도지역이 변경된 경우에는 변경된 용도지역을 기준으로 평가

제35조(특정시설의 보호 등을 목적으로 지정된 구역 등 안의 토지) ① 「문화재보호법」 제27조에 따른 문화재보호구역 등 관계 법령에 따라 특정시설의 보호 등을 목적으로 지정된 구역 등 안에 있는 토지는 그 공법상 제한을 받는 상태대로의 가격이 형성되어 있는 경우에는 그 가격을 기준으로 평가하고, 제한을 받는 상태대로의 가격이 형성되어 있지 아니한 경우에는 그 공법상 제한을 받지 아니한 상태를 기준으로 한 가격에 그 공법상 제한정도에 따른 적정한 감가율 등을 고려하여 평가한다.
② 〈삭제〉

제6장 특수토지의 평가

제36조(광천지) 지하에서 온수·약수·석유류 등이 용출되는 용출구와 그 유지에 사용되는 부지(온수·약수·석유류 등을 일정한 장소로 운송하는 송수관·송유관 및 저장시설의 부지를 제외한다. 이하 이 조에서 "광천지"라 한다)는 그 광천의 종류, 질 및 양의 상태, 부근의 개발상태 및 편익시설의 종류·규모, 사회적 명성 및 수익성 등을 고려하여 거래사례비교법에 따라 다음과 같이 평가하되, 공구당 총가격은 광천지에 화체되지 아니한 건물, 구축물, 기계·기구 등의 가격 상당액을 뺀 것으로 한다. 다만, 인근지역 및 동일수급권 안의 유사지역에서 유사용도 토지의 거래사례 등 가격자료를 구하기가 현저히 곤란한 경우에는 원가법 또는 수익환원법으로 평가할 수 있다.

제37조(광업용지) ① 광산 및 오석, 대리석 등 특수채석장의 용지(이하 이 조에서 "광업용지"라 한다)는 광물의 종류와 매장량, 질 등을 고려하여 거래사례비교법으로 평가한다. 다만, 인근지역 및 동일수급권 안의 유사지역에서 유사용도 토지의 거래사례 등 가격자료를 구하기가 현저히 곤란한 경우에는 수익환원법에 따라 평가할 수 있다.

② 광업용지를 제1항 단서에 따라 수익환원법으로 평가할 경우에는 해당 광산전체의 평가가격에서 토지에 화체되지 아니한 건물, 구축물, 기계·기구 등의 시설 및 광업권의 평가가격 상당액을 뺀 것으로 한다.

③ 용도폐지된 광업용지는 인근지역 또는 동일수급권 안의 유사지역에 있는 용도폐지된 광업용지의 거래사례 등 가격자료를 활용하여 거래사례비교법으로 평가한다. 다만, 용도폐지된 광업용지의 거래사례 등 가격자료를 구하기가 곤란한 경우에는 인근지역 또는 동일수급권 안의 유사지역에 있는 주된 용도 토지의 가격자료에 따라 평가하되, 다른 용도로의 전환가능성 및 용도전환에 소요되는 통상비용 등을 고려한 가격으로 평가한다.

제38조(염전부지) 염전시설의 부지(이를 "염전부지"라 한다)는 입지조건, 규모 및 시설 등의 상태, 염생산가능면적과 부대시설면적의 비율, 주위환경 변동에 따른 다른 용도로의 전환가능성 및 수익성 등을 고려하여 거래사례비교법으로 평가하되, 거래사례 등 가격자료에 토지에 화체되지 아니한 건물 및 구축물 등의 가격상당액이 포함되어 있는 경우에는 이를 뺀 것으로 한다.

제39조(유원지) ① 유원지는 인근지역 또는 동일수급권 안의 유사지역에 있는 유사용도 토지의 거래사례 등 가격자료를 활용하여 거래사례비교법으로 평가한다. 다만, 거래사례비교법으로 평가하는 것이 현저히 곤란하거나 적정하지 아니하다고 인정되는 경우에는 원가법 또는 수익환원법으로 평가할 수 있다.

② 유원지를 평가할 때에는 다음 각 호의 사항 등을 고려하되 거래사례 등 가격자료에 토지에 화체되지 아니한 건물 등 관리시설과 공작물 등의 가격상당액이 포함되어 있는 경우에는 이를 뺀 것으로 한다.
1. 시설의 종류·규모 및 그 시설물의 상태
2. 조망, 경관 등 자연환경조건
3. 도시지역 및 교통시설과의 접근성

4. 시설이용의 편리성 및 쾌적성

5. 공법상 제한사항 및 그 내용

6. 그 밖에 사회적 명성 및 수익성

제40조(묘지) ① 묘지(공설묘지를 제외한다. 이하 이 조에서 같다)는 그 묘지가 위치한 인근지역의 주된 용도 토지의 거래사례 등 가격자료를 활용하여 거래사례비교법으로 평가하되, 해당 분묘 등이 없는 상태를 상정하여 평가한다.

② 「장사 등에 관한 법률」 제14조제1항제3호 및 제4호에 따라 설치된 종중·문중묘지 및 법인묘지로서 제1항에 따라 거래사례비교법으로 평가하는 것이 현저히 곤란하거나 적정하지 아니하다고 인정되는 경우에는 원가법으로 평가하되, 조성공사비 및 그 부대비용은 토지에 화체(공작물 등이 토지에서 분리할 수 없는 일부분으로서 토지의 가치 자체를 형성하는 것을 말한다. 이하 같다.)되지 아니한 관리시설 및 분묘 등의 설치에 소요되는 금액 상당액을 뺀 것으로 한다. 다만, 특수한 공법을 사용하여 토지를 조성한 경우 등 해당 토지의 조성공사비가 평가가격 산출 시 적용하기에 적정하지 아니한 경우에는 인근 유사토지의 조성공사비를 참작하여 적용할 수 있다.

제41조(골프장용지 등) ① 골프장용지는 원가법에 따라 평가하되, 조성공사비 및 그 부대비용은 토지에 화체되지 아니한 골프장 안의 관리시설(클럽하우스·창고·오수처리시설 등 골프장 안의 모든 건축물을 말한다. 이하 이 조에서 같다)의 설치에 소요되는 금액 상당액을 뺀 것으로 하고, 골프장의 면적은 「체육시설의 설치·이용에 관한 법률 시행령」 제20조제1항에 따라 등록된 면적(조성공사 중에 있는 골프장용지는 같은 법 제12조에 따라 사업계획의 승인을 얻은 면적을 말한다. 이하 이 조에서 같다)으로 한다. 다만, 특수한 공법을 사용하여 토지를 조성한 경우 등 해당 토지의 조성공사비가 평가가격 산출 시 적용하기에 적정하지 아니한 경우에는 인근 유사토지의 조성공사비를 참작하여 적용할수 있다.

② 골프장용지는 골프장의 등록된 면적 전체를 일단지로 보고 평가한다. 다만, 하나의 골프장이 회원제골프장과 대중골프장 등으로 구분되어 있어 둘 이상의 표준지가 선정된 때에는 그 구분된 부분을 각각 일단지로 보고 평가한다.

③ 제1항에 따라 원가법으로 평가한 가격이 인근지역 및 동일수급권의 유사지역에 있는 유사규모 골프장용지의 표준지공시지가 수준과 현저한 차이가 있는 경우에는 수익환원법 또는 거래사례비교법으로 평가한 가격과 비교하여 그 적정 여부를 확인하되, 필요한 경우에는 평가가격을 조정하여 유사용도 표준지의 평가가격과 균형이 유지되도록 할 수 있다.

④ 제1항부터 제3항까지의 규정은 경마장 및 스키장시설 등 이와 유사한 체육시설용지의 평가 시에 준용한다.

제42조(종교용지 등) 종교용지 또는 사적지(이하 이 조에서 "종교용지등"이라 한다)는 그 토지가 위치한 인근지역의 주된 용도 토지의 거래가격을 활용하여 거래사례비교법으로 평가하되, 그 용도 제한 및 거래제한의 상태 등을 고려하여 평가한다. 다만, 그 종교용지등이 농경지대 또는 임야지대 등에 소재하여 해당 토지의 가격이 인근지역의 주된 용도 토지의 가격수준에 비하여 일반적으로 높게 형성되는 것으로 인정되는 경우에는 원가법에 따르되, 조성공사비 및 그 부대비용은 토지에 화체되

지 아니한 공작물 등의 설치에 소요되는 금액 상당액을 **뺀** 것으로 한다. 다만, 특수한 공법을 사용하여 토지를 조성한 경우 등 해당 토지의 조성공사비가 평가가격 산출 시 적용하기에 적정하지 아니한 경우에는 인근 유사토지의 조성공사비를 참작하여 적용할 수 있다.

제43조(여객자동차·물류터미널 부지) ① 여객자동차·물류 터미널 부지는 인근지역의 주된 용도 토지의 표준적인 획지의 적정가격에 여객자동차·물류 터미널 부지의 용도제한이나 거래제한 등에 따른 적정한 감가율 등을 고려하여 거래사례법으로 평가한다. 다만, 거래사례비교법으로 평가하는 것이 현저히 곤란하거나 적정하지 아니하다고 인정되는 경우에는 원가법 또는 수익환원법으로 평가할 수 있다.

② 제1항에 따라 적정한 감가율 등을 고려하는 경우에는 여객자동차·물류 터미널의 구조 및 부대·편익시설의 현황, 여객자동차·물류 터미널 사업자의 면허(또는 등록, 허가, 신고 등)내용 및 해당 여객자동차·물류 터미널을 이용하는 여객자동차·물류운송사업자 현황 등을 참작하여야 한다.

제44조(공공용지 등) ① 공공청사, 학교, 도서관, 시장, 도로, 공원, 운동장, 체육시설, 철도, 하천, 위험·혐오시설의 부지 및 그 밖에 이와 유사한 용도의 토지(이를 "공공용지 등"이라 한다. 이하 이 조에서 같다)는 다음과 같이 평가한다.

1. 공공청사, 학교, 도서관, 시장의 부지 및 그 밖에 이와 유사한 용도의 토지는 인근지역의 주된 용도 토지의 거래사례 등 가격자료를 활용하여 거래사례비교법으로 평가. 다만, 토지의 용도에 따른 감가율은 없는 것으로 본다.

2. 도로, 공원, 운동장, 체육시설, 철도, 하천, 위험·혐오시설의 부지 및 그 밖에 이와 유사한 용도의 토지는 인근지역에 있는 주된 용도 토지의 표준적인 획지의 적정가격에 그 용도의 제한이나 거래제한 등에 따른 적정한 감가율 등을 고려하여 평가

② 공공용지 등이 새로이 조성 또는 매립 등이 되어 제1항 각 호에 따라 평가하는 것이 현저히 곤란하거나 적정하지 아니하다고 인정되는 경우에는 원가법으로 평가할 수 있다.

제45조(재검토기한) 국토교통부장관은 이 훈령에 대하여 「훈령·예규 등의 발령 및 관리에 관한 규정」에 따라 2023년 1월 1일을 기준으로 매 3년이 되는 시점(매 3년째의 12월 31일까지를 말한다)마다 그 타당성을 검토하여 개선 등의 조치를 하여야 한다.

부칙 〈제1424호, 2021.8.13.〉

이 훈령은 발령한 날부터 시행한다.

부칙 〈제1594호, 2023.1.30.〉

이 훈령은 발령한 날부터 시행한다.

[별표 1] 상업지대의 지역요인 및 개별요인

지역요인			개별요인		
조건	항목	세항목	조건	항목	세항목
가로 조건	가로의 폭, 구조 등의 상태	폭	가로 조건	가로의 폭, 구조 등의 상태	폭
		포장			포장
		보도			보도
		계통 및 연속성			계통 및 연속성
	가구(block)의 상태	가구의 정연성			
		가구시설의 상태			
접근 조건	교통수단 및 공공시설과의 접근성	인근교통시설의 편의성	접근 조건	상업지역중심 및 교통시설과의 편의성	상업지역중심과의 접근성
		인근교통시설의 이용 승객수			
		주차시설의 정비			
		교통규제의 정도(일방통행, 주정차 금지 등)			인근교통시설과의 거리 및 편의성
		관공서 등 공공시설과의 접근성			
환경 조건	상업 및 업무시설의 배치상태	백화점, 대형상가의 수와 연면적	환경 조건	고객의 유동성과의 적합성	고객의 유동성과의 적합성
		전국규모의 상가 및 사무소의 수와 연면적		인근환경	인근토지의 이용상황
		관람집회시설의 상태			인근토지의 이용상황과의 적합성
		부적합한 시설의 상태(공장, 창고, 주택 등)		자연환경	지반, 지질 등
		기타 고객유인시설 등	획지 조건	면적, 접면, 너비, 깊이, 형상 등	면적
		배후지의 인구			접면너비
		배후지의 범위			깊이
		고객의 구매력 등			부정형지
	경쟁의 정도 및 경영자의 능력	상가의 전문화와 집단화			삼각지
					자루형 획지
		고층화 이용정도			맹지
	번화성 정도	고객의 통행량		방위, 고저 등	방위
		상가의 연립성			고저
		영업시간의 장단			경사지
		범죄의 발생정도		접면도로 상태	각지
	자연환경	지반, 지질 등			2면획지
					3면획지
행정적 조건	행정상의 규제정도	용도지역, 지구, 구역 등	행정적 조건	행정상의 규제정도	용도지역, 지구, 구역 등
		용적제한			용적제한
		고도제한			고도제한
		기타규제			기타규제(입체이용제한 등)
기타 조건	기타	장래의 동향	기타 조건	기타	장래의 동향
		기타			기타

[별표 2] 주택지대의 지역요인 및 개별요인

지역요인			개별요인		
조건	항목	세항목	조건	항목	세항목
가로 조건	가로의 폭, 구조 등의 상태	폭	가로 조건	가로의 폭, 구조 등의 상태	폭
		포장			포장
		보도			보도
		계통 및 연속성			계통 및 연속성
접근 조건	도심과의 거리 및 교통시설의 상태	인근교통시설의 편의성	접근 조건	교통시설과의 접근성	인근대중교통시설과의 거리 및 편의성
		인근교통시설의 도시중심 접근성		상가와의 접근성	인근상가와의 거리 및 편의성
	상가의 배치상태	인근상가의 편의성		공공 및 편익시설과의 접근성	유치원, 초등학교, 공원, 병원, 관공서 등과의 거리 및 편의성
		인근상가의 품격			
	공공 및 편익시설의 배치상태	유치원, 초등학교, 공원, 병원, 관공서 등			
환경 조건	기상조건	일조, 습도, 온도, 통풍 등	환경 조건	일조 등	일조, 통풍 등
	자연환경	조망, 경관, 지반, 지질 등		자연환경	조망, 경관, 지반, 지질 등
	사회환경	거주자의 직업, 연령 등		인근환경	인근토지의 이용상황
		학군 등			인근토지의 이용상황과의 적합성
	획지의 상태	획지의 표준적인 면적		공급시설 및 처리시설의 상태	상수도
		획지의 정연성			하수도
		건물의 소밀도			도시가스
		주변의 이용상황		위험 및 혐오시설 등	변전소, 가스탱크, 오수처리장 등의 유무
	공급 및 처리 시설의 상태	상수도			
		하수도			특별고압선 등과의 거리
		도시가스 등	획지 조건	면적, 접면 너비, 깊이, 형상 등	면적
	위험 및 혐오시설	변전소, 가스탱크, 오수처리장 등의 유무			접면너비
					깊이
		특별고압선 등의 통과 유무			부정형지
					삼각지
	재해발생의 위험성	홍수, 사태, 절벽붕괴 등			자루형획지
					맹지
				방위, 고저 등	방위
	공해발생의 정도	소음, 진동, 대기오염 등			고저
					경사지
				접면도로 상태	각지
					2면획지
					3면획지
행정적 조건	행정상의 규제정도	용도지역, 지구, 구역 등	행정적 조건	행정상의 규제정도	용도지역, 지구, 구역 등
		기타규제			기타규제(입체이용제한 등)
기타 조건	기타	장래의 동향	기타 조건	기타	장래의 동향
		기타			기타

[별표 3] 공업지대의 지역요인 및 개별요인

지역요인			개별요인		
조건	항목	세항목	조건	항목	세항목
가로 조건	가로의 폭, 구조 등의 상태	폭	가로 조건	가로의 폭, 구조 등의 상태	폭
		포장			포장
		계통 및 연속성			계통의 연속성
접근 조건	판매 및 원료 구입시장과의 위치관계	도심과의 접근성	접근 조건	교통시설과의 거리	인근교통시설과의 거리 및 접근성
		항만, 공항, 철도, 고속도로, 산업도로 등과의 접근성			철도전용인입선
	노동력확보의 난이	인근교통시설과의 접근성			전용부두
	관련 산업과의 관계	관련 산업 및 협력 업체 간의 위치관계			
환경 조건	공공 및 처리 시설의 상태	동력자원	환경 조건	공급 및 처리 시설의 상태	동력자원
		공업용수			공업용수
		공장배수			공장배수
	공해발생의 위험성	수질, 대기오염 등		자연환경	지반, 지질 등
	자연환경	지반, 지질 등	획지 조건	면적, 형상 등	면적
					형상
					고저
행정적 조건	행정상의 조장 및 규제정도	조장의 정도	행정적 조건	행정상의 조장 및 규제정도	조장의 정도
		규제의 정도			규제의 정도
		기타규제			기타규제
기타 조건	기타	공장진출의 동향	기타 조건	기타	장래의 동향
		장래의 동향			기타
		기타			

[별표 4] 농경지대(전 지대)의 지역요인 및 개별요인

지역요인			개별요인		
조건	항목	세항목	조건	항목	세항목
접근 조건	교통의 편부	취락과의 접근성	접근 조건	교통의 편부	취락과의 접근성
		출하집적지와의 접근성			
		농로의 상태			농로의 상태
자연 조건	기상조건	일조, 습도, 온도, 통풍, 강우량 등	자연 조건	일조 등	일조, 통풍 등
	지세	경사의 방향		토양, 토질	토양, 토질의 양부
		경사도		관개, 배수	관개의 양부
	토양, 토질	토양, 토질의 양부			배수의 양부
	관개, 배수	관개의 양부		재해의 위험성	수해의 위험성
		배수의 양부			기타 재해의 위험성
	재해의 위험성	수해의 위험성	획지 조건	면적, 경사 등	면적
					경사도
		기타 재해의 위험성			경사의 방향
				경작의 편부	형상부정 및 장애물에 의한 장애의 정도
행정적 조건	행정상의 조장 및 규제정도	보조금, 융자금 등 조장의 정도	행정적 조건	행정상의 조장 및 규제정도	보조금, 융자금 등 조장의 정도
		규제의 정도			규제의 정도
기타 조건	기타	장래의 동향	기타 조건	기타	장래의 동향
		기타			기타

[별표 5] 농경지대(답 지대)의 지역요인 및 개별요인

지역요인			개별요인		
조건	항목	세항목	조건	항목	세항목
접근 조건	교통의 편부	취락과의 접근성	접근 조건	교통의 편부	취락과의 접근성
		출하집적지와의 접근성			
		농로의 상태			농로의 상태
자연 조건	기상조건	일조, 습도, 온도, 통풍, 강우량 등	자연 조건	일조 등	일조, 통풍 등
	지세	경사의 방향		토양, 토질	토양, 토질의 양부
		경사도		관개, 배수	관개의 양부
	토양, 토질	토양, 토질의 양부			배수의 양부
	관개, 배수	관개의 양부		재해의 위험성	수해의 위험성
		배수의 양부			기타 재해의 위험성
	재해의 위험성	수해의 위험성	획지 조건	면적 등	면적
					경사
		기타 재해의 위험성		경작의 편부	형상부정 및 장애물에 의한 장애의 정도
행정적 조건	행정상의 조장 및 규제정도	보조금, 융자금 등 조장의 정도	행정적 조건	행정상의 조장 및 규제정도	보조금, 융자금 등 조장의 정도
		규제의 정도			규제의 정도
기타 조건	기타	장래의 동향	기타 조건	기타	장래의 동향
		기타			기타

[별표 6] 임야지대의 지역요인 및 개별요인

지역요인			개별요인		
조건	항목	세항목	조건	항목	세항목
접근 조건	교통의 편부 등	인근역과의 접근성	접근 조건	교통의 편부 등	인근역과의 접근성
		인근취락과의 접근성			인근취락과의 접근성
		인도의 배치, 폭, 구조 등			인도의 배치, 폭, 구조 등
		인근시장과의 접근성			반출지점까지의 거리
					반출지점에서 시장까지의 거리
자연 조건	기상조건	일조, 기온, 강우량, 안개, 적설량 등	자연 조건	일조 등	일조, 통풍 등
	지세 등	표고		지세, 방위 등	표고
		경사도			방위
		경사의 굴곡			경사
	토양, 토질	토양, 토질의 양부			경사면의 위치
					경사의 굴곡
				토양, 토질	토양, 토질의 양부
행정적 조건	행정상의 조장 및 규제정도	행정상의 조장의 정도	행정적 조건	행정상의 조장 및 규제정도	조장의 정도
		국·도립공원, 보안림, 사방지지정 등의 규제			국·도립공원, 보안림, 사방지지정 등의 규제
		기타규제			기타규제
기타 조건	기타	장래의 동향	기타 조건	기타	장래의 동향
		기타			기타

[별표 7] 후보지지대의 지역요인 및 개별요인

지역요인			개별요인		
조건	항목	세항목	조건	항목	세항목
접근조건	도심과의 거리 및 교통시설의 상태	인근교통시설과의 접근성	접근조건	교통시설과의 접근성	인근상가와의 거리 및 편의성
		인근교통시설의 성격			인근교통시설과의 거리 및 편의성
		인근교통시설의 도시중심 접근성		공공 및 편익시설과의 접근성	유치원, 초등학교, 공원, 병원, 관공서 등과의 거리 및 편의성
	상가의 배치 상태	인근상가와의 접근성			
		인근상가의 품격			
	공공 및 편익시설의 배치 상태	유치원, 초등학교, 공원, 병원, 관공서 등		주변가로의 상태	주변간선도로와의 거리 및 가로의 종류 등
	주변가로의 상태	주변간선도로와의 접근성 및 가로의 종류 등			
환경조건	기상조건	일조, 습도, 온도, 통풍 등	환경조건	일조 등	일조, 통풍 등
	자연환경	조망, 경관, 지반, 지질 등		자연환경	조망, 경관, 지반, 지질 등
	공공 및 처리시설의 상태	상하수도, 가스, 전기 등 설치의 난이		공급 및 처리시설의 상태	상하수도, 가스, 전기 등 설치의 난이
	인근환경	주변기존지역의 성격 및 규모		위험 및 혐오시설	변전소, 가스탱크, 오수처리장 등의 유무
	시가화 정도	시가화 진행의 정도			특별고압선 등과의 거리
	도시의 규모 및 성격 등	도시의 인구, 재정, 사회, 복지, 문화, 교육시설 등	획지조건	면적, 형상 등	면적
					형상
	위험 및 혐오시설	변전소, 가스탱크, 오수처리장 등의 유무			접면도로상태
		특별고압선 등의 통과유무		방위, 고저 등	방위
	재해발생의 위험성	홍수, 사태, 절벽붕괴 등			경사
	공해발생의 정도	소음, 진동, 대기오염 등			고저
택지조성조건	택지조성의 난이 및 유용성	택지조성의 난이 및 필요정도	택지조성조건	택지조성의 난이 및 유용성	택지조성의 난이도 및 필요정도
		택지로서의 유효 이용도			택지로서의 유효 이용도
행정적조건	행정상의 조장 및 규제정도	조장의 정도	행정적조건	행정상의 조장 및 규제정도	조장의 정도
		용도지역, 지구, 구역 등			용도지역, 지구, 구역 등
		기타규제			기타규제
기타조건	기타	장래의 동향	기타조건	기타	장래의 동향
		기타			기타

표준주택의 선정 및 관리지침

제1장 총칙

제1조(목적) 이 지침은 「부동산 가격공시에 관한 법률」 제16조제1항 및 같은 법 시행령 제26조제2항에 따라 표준주택의 선정 및 관리 등에 관하여 필요한 사항을 정함을 목적으로 한다.

제2조(정의) 이 지침에서 사용하는 용어의 뜻은 다음과 같다.

1. "지역분석"이란 지역의 주택가격수준에 전반적인 영향을 미치는 가격형성요인을 일정한 지역범위별로 조사·분석함으로써 지역 내 단독주택에 대한 건물의 표준적인 구조와 가격수준 및 그 변동추이를 판정하는 것을 말한다.
2. "가격형성요인"이란 단독주택의 객관적인 가치에 영향을 미치는 지역요인 및 개별요인을 말한다.
3. "지역요인"이란 그 지역의 단독주택 가격수준에 영향을 미치는 자연적·사회적·경제적·행정적 요인을 말한다.
4. "개별요인"이란 해당 단독주택의 가격에 직접 영향을 미치는 형상·위치, 건물의 구조·경과연수 등의 개별적인 요인을 말한다.
5. "용도지대"란 토지의 실제용도에 따른 구분으로서 「국토의 계획 및 이용에 관한 법률」상의 용도지역에도 불구하고 토지의 지역적 특성이 동일하거나 유사한 지역의 일단을 말하며, 상업지대, 상업지대·주택지대·공업지대·농경지대·임야지대·후보지지대·기타지대 등으로 구분한다.
6. "해당지역"이란 「부동산 가격공시에 관한 법률」(이하 "법"이라 한다) 제16조제4항에 따라 표준주택 조사·산정의 의뢰 대상이 되는 각각의 시·군·구 또는 이를 구분한 지역을 말한다.
7. "표준주택선정단위구역"이란 동일한 용도지역 내에서 주택가격수준 및 건물구조 등을 고려하여 표준주택의 선정범위를 구획한 구역을 말한다.

제2장 지역분석

제3조(지역분석의 실시) 국토교통부장관으로부터 표준주택의 선정·교체·조사 등을 의뢰받은 자(이하 "표준주택 선정자"라 한다)가 일단의 단독주택 중에서 표준주택의 선정·교체 등을 하고자 할 때에는 지역분석을 실시하여야 한다.

제4조(지역분석의 방법) ① 제3조에 따른 지역분석은 가격형성요인에 따라 해당지역의 용도지역이나 용도지대를 적절하게 세분(이하 "세분된 지역"이라 한다)하여 실시하며, 인접한 지역과 상호 연계성이 유지될 수 있도록 한다.

② 지역분석은 다음 각호의 순서에 따라 실시한다.
1. 해당지역의 전반적인 지역요인의 분석
2. 지역특성을 고려하여 해당지역을 용도지역으로 구분하고 주택가격에 대한 주요 변동원인과 가격수준에 미치는 영향을 분석
3. 제2호에 따라 구분된 용도지역의 단독주택 가격수준 및 표준적 건물구조 등을 다음 각 목에 따라 판정
   가. 해당지역의 토지의 용도지역 또는 건물의 구조 등을 고려
   나. 가격수준의 판정 시에는 객관적인 가격자료를 검토·분석하여 상급주택, 중급주택 및 하급주택으로 구분하여 가격수준을 판정
4. 기존 표준주택의 개별주택가격 산정에 대한 활용실적을 분석하고 지역요인 등의 변화를 고려하여 인근지역별로 표준주택의 분포를 적절하게 조정

제5조(지역분석조서의 작성) ① 표준주택 선정자는 지역분석결과를 인접한 지역의 지역분석결과와 비교·검토하고 가격수준을 협의하여 이를 지역분석조서로 작성한다.
② 제1항에 따른 지역분석조서를 작성할 때에는 지역개황, 세분된 지역별 가격형성요인 분석내용, 단독주택의 가격수준 검토협의, 표준주택의 선정 및 분포조정 등에 관한 사항을 기재하여야 한다.
③ 제2항에 따른 지역개황에 관한 사항에는 다음 각호의 사항을 포함하여야 한다.
1. 해당지역의 전반적인 지역요인의 분석내용
2. 용도지역별 단독주택 현황 및 표준적 건물구조의 현황
3. 전반적인 단독주택 가격수준의 현황 및 변동추이
4. 용도지역별 단독주택 가격수준의 현황 및 변동추이

제6조(가격수준 협의) ① 표준주택 선정자는 제5조에 따른 지역분석조서를 작성하는 경우에는 세분된 지역별로 단독주택 가격수준을 상급주택, 중급주택 및 하급주택으로 분류하고 해당 가격수준별로 주택거래유형을 파악한 후, 인접한 지역의 표준주택 선정자와 지역분석내용을 비교·검토하여 지역간의 적정한 단독주택 가격수준을 협의하여야 한다.
② 표준주택 선정자가 제1항에 따른 단독주택 가격수준을 협의하는 경우에는 인접한 지역의 표준주택 선정자와 사전 및 수시협의를 통하여 적정한 단독주택 가격수준을 판정하되, 협의 시에는 평가선례·거래사례 등 객관적인 가격자료와 지역분석 자료를 활용하여 용도지역별로 가격수준을 협의한다.

제3장 표준주택의 선정 및 관리

제7조(표준주택 선정 및 관리의 기본원칙) ① 표준주택은 국가·지방자치단체 등의 기관이 개별주택가격의 산정 등에 효율적으로 활용할 수 있도록 선정·관리한다.
② 해당지역의 일반적이고 평균적인 단독주택 가격수준 및 그 변화를 나타낼 수 있도록 표준주택을 선정·관리한다.

③ 표준주택 상호 간 연계성을 고려하여 세분된 지역 또는 건물구조별로 표준주택을 균형 있게 분포시키고, 인근주택의 가격비교기준이 되는 단독주택으로서 연도별로 일관성을 유지할 수 있도록 표준주택을 선정·관리한다.

제8조(표준주택의 분포기준) ① 지역별·용도지역별·건물용도별·주건물구조별로 전체적인 표준주택 수를 배분하기 위한 표준주택의 일반적인 분포기준은 별표 1과 같다. 다만, 다른 단독주택의 가격 산정에의 비교가능성 및 활용도를 높이기 위하여 필요하다고 인정되는 경우에는 표준주택의 분포기준을 조정할 수 있다.

② 표준주택 선정자는 지역분석을 토대로 세분된 지역의 표준주택 분포 및 활용의 적절성을 판단하여 단독주택 가격분포가 다양하고 변화가 많은 지역에 대해서는 상대적으로 많은 표준주택이 분포될 수 있도록 한다.

제9조(표준주택 분포의 조정) ① 지역요인의 변동이 현저한 지역에 대해서는 표준주택의 분포를 조정할 수 있다.

② 기존 표준주택의 활용실적을 분석하여 과소 또는 과다하게 활용한 표준주택이 있는 경우에는 표준주택이 적절하게 활용될 수 있도록 지역간 표준주택의 분포를 조정할 수 있다.

제10조(표준주택의 선정기준) ① 표준주택은 다음 각 호의 일반적인 기준을 종합적으로 반영하여 선정하여야 한다.

1. 토지
   가. 지가의 대표성 : 표준주택선정단위구역 내에서 지가수준을 대표할 수 있는 토지 중 인근지역 내 가격의 충화를 반영할 수 있는 표준적인 토지
   나. 토지특성의 중용성 : 표준주택선정단위구역 내에서 개별토지의 토지이용상황·대지면적·지형지세·도로조건·주위환경 및 공적규제 등이 동일 또는 유사한 토지 중 토지특성빈도가 가장 높은 표준적인 토지
   다. 토지용도의 안정성 : 표준주택선정단위구역 내에서 개별토지의 주변이용상황으로 보아 그 이용상황이 안정적이고 장래 상당기간 동일 용도로 활용될 수 있는 표준적인 토지
   라. 토지구별의 확정성 : 표준주택선정단위구역 내에서 다른 토지와 구분이 용이하고 위치를 쉽게 확인할 수 있는 표준적인 토지

2. 건물
   가. 건물가격의 대표성 : 표준주택선정단위구역 내에서 건물가격수준을 대표할 수 있는 건물 중 인근지역 내 가격의 충화를 반영할 수 있는 표준적인 건물
   나. 건물특성의 중용성 : 표준주택선정단위구역 내에서 개별건물의 구조·용도·연면적 등이 동일 또는 유사한 건물 중 건물특성빈도가 가장 높은 표준적인 건물
   다. 건물용도의 안정성 : 표준주택선정단위구역 내에서 개별건물의 주변이용상황으로 보아 건물로서의 용도가 안정적이고 장래 상당기간 동일 용도로 활용될 수 있는 표준적인 건물
   라. 외관구별의 확정성 : 표준주택선정단위구역 내에서 다른 건물과 외관구분이 용이하고 위치를 쉽게 확인할 수 있는 표준적인 건물

② 국가 및 지방자치단체에서 행정목적상 필요하여 표준주택을 선정하여 줄 것을 요청한 특정지역이나 단독주택에 대해서는 지역특성을 고려하여 타당하다고 인정하는 경우에는 표준주택을 선정할 수 있다.

제11조(표준주택의 선정 제외기준) ① 표준주택은 다음 각호의 선정 제외기준을 고려하여 선정하여야 한다.

　1. 필수적 제외

　　가. 공시지가 표준지

　　나. 무허가건물(다만, 개별주택가격산정을 위하여 시·군·구에서 요청한 경우는 제외한다)

　　다. 개·보수, 파손 등으로 감가수정시 관찰감가를 요하는 단독주택

　2. 임의적 제외

　　가. 토지·건물 소유자가 상이한 주택

　　나. 주택부지가 둘 이상의 용도지역으로 구분되어 있는 경우

　　다. 2개동 이상의 건물을 주건물로 이용 중인 주택

② 제1항제2호가목의 토지·건물 소유자가 상이한 주택을 표준주택으로 선정한 경우에는 토지·건물 소유자가 동일한 것을 전제로 하여 산정가격을 결정하여야 한다.

제12조(표준주택의 교체 등) ① 기존의 표준주택은 특별한 사유가 없는 한 교체하지 아니한다.

② 표준주택이 다음 각호의 어느 하나에 해당되는 경우에는 이를 인근의 다른 단독주택으로 교체하거나 삭제할 수 있다.

　1. 도시계획사항의 변경, 단독주택의 이용상황 변경, 주택개발사업의 시행 등으로 인하여 제10조 제1항의 선정기준에 부합되지 아니하는 경우

　2. 개별주택가격의 산정 시에 비교표준주택으로서의 활용성이 낮아 실질적으로 기준성을 상실한 경우

③ 제9조제2항에 따라 해당지역의 표준주택 수가 증가 또는 감소되는 경우에는 다음 각 호의 사항을 고려하여 표준주택이 인근 단독주택의 가격비교기준으로 효율적으로 활용될 수 있도록 교체하거나 삭제할 수 있다.

　1. 개별주택가격의 산정 시에 비교표준주택으로의 활용실적 분석결과

　2. 지역분석에 따른 표준주택 분포조정 검토결과

　3. 도시개발사업 또는 재개발사업 등의 시행으로 인한 주택수급의 변경 등

제13조(표준주택의 선정 등에 관한 협의) ① 표준주택 선정자는 표준주택 선정 등에 관하여 해당지역을 관할하는 시장·군수 또는 구청장과 협의를 하여야 하며, 필요한 경우 특별시장·광역시장 또는 도지사와 협의할 수 있다.

② 표준주택의 선정에 관하여 협의할 때에는 지역분석의 결과에 따른 표준주택 분포조정의 필요성과 표준주택의 활용도 등을 검토한다.

제4장 표준주택의 선정 심사

제14조(표준주택 선정에 대한 심사) ① 표준주택 선정자는 표준주택 선정 등에 대하여 국토교통부장관의 심사를 받아야 한다.

② 표준주택 선정에 대한 심사는 지역분석조서, 별지 제1호부터 제5호까지의 서식을 제출받아 다음 각호의 사항을 심사한다.

1. 지역분석내용

2. 현장조사의 성실한 이행여부 및 표준주택의 조사사항

3. 표준주택 과소·과다 활용의 원인 분석 및 분포조정의 내용

4. 표준주택 선정협의 여부

5. 표준주택 선정(안) 위치 표시 도면의 작성내용

6. 표준주택의 선정, 교체(삭제·신규를 포함한다) 및 분포조정의 타당성

제15조(표준주택 선정심사 결과 처리) ① 표준주택 선정자는 표준주택 선정 등과 관련하여 조사한 사항을 국토교통부장관이 정하는 바에 따라 전산입력하여야 하며, 제14조에 따른 심사 결과 표준주택 내역의 변경 등의 보완사항이 있는 경우에는 이를 해당 시·군·구에 통보하여야 한다.

② 한국부동산원은 제14조에 따른 표준주택 선정심사가 종결된 때에는 즉시 그 결과를 국토교통부장관에게 보고한다.

제16조(표준주택의 확정) 제14조에 따른 표준주택 선정 심사가 완료된 때에 표준주택은 확정된다. 다만, 표준주택 선정심사 이후 공시기준일까지 발생한 사유로 인하여 표준주택의 교체 또는 삭제가 필요하다고 인정되는 경우에는 표준주택의 선정을 재심사할 수 있으며, 이 경우에 제14조 및 제15조의 규정을 준용한다.

제17조(표준주택의 위치 표시) 표준주택의 위치는 「부동산 가격공시에 관한 법률 시행규칙」 제11조제2항 제4호에 따른 도면(전자도면을 포함한다)에 별표 2에서 정한 기호로 표시하고 기호 밑에 일련번호를 기재한다. 다만, 전자도면일 경우 별표 2에서 정한 기호 외의 방법으로 위치를 표시할 수 있다.

제18조(재검토기한) 국토교통부장관은 「훈령·예규 등의 발령 및 관리에 관한 규정」에 따라 이 훈령에 대하여 2017년 1월 1일을 기준으로 매 3년이 되는 시점(매 3년째의 12월 31일까지를 말한다)마다 그 타당성을 검토하여 개선 등의 조치를 하여야 한다.

부칙 〈제1360호, 2021.1.14.〉

이 훈령은 발령한 날부터 시행한다.

부칙 〈제1595호, 2023.1.30.〉

이 훈령은 발령한 날부터 시행한다.

Chapter 04 표준주택가격 조사 · 산정기준

제1장 총칙

제1조(목적) 이 기준은 「부동산 가격공시에 관한 법률」 제16조 및 같은 법 시행령 제31조에 따른 표준주택가격의 조사·산정을 위한 세부기준과 절차 등을 정함을 목적으로 한다.

제2조(정의) 이 기준에서 사용하는 용어의 뜻은 다음과 같다.

1. "일시적인 이용상황"이란 관련 법령에 따라 국가나 지방자치단체의 계획이나 명령 등으로 주택 전체 또는 일부를 본래의 용도로 이용하는 것이 일시적으로 금지되거나 제한되어 다른 용도로 이용하고 있거나 주위 환경 등으로 보아 현재의 이용이 임시적인 것으로 인정되는 이용을 말한다.
2. "인근지역"이란 해당 주택이 속한 지역으로서 주택의 이용이 동질적이고 가격형성요인 중 지역요인을 공유하는 지역을 말한다.
3. "유사지역"이란 해당 주택이 속하지 아니하는 지역으로서 인근지역과 유사한 특성을 갖는 지역을 말한다.
4. "동일수급권"이란 일반적으로 해당 주택과 대체·경쟁관계가 성립하고 가격형성에 서로 영향을 미치는 관계에 있는 다른 주택이 존재하는 권역을 말하며, 인근지역과 유사지역을 포함한다.
5. "용도지대"란 토지의 실제용도에 따른 구분으로서 「국토의 계획 및 이용에 관한 법률」(이하 "국토계획법"이라 한다)상의 용도지역에도 불구하고 토지의 지역적 특성이 동일하거나 유사한 지역의 일단을 말하며, 상업지대·주택지대·공업지대·농경지대·임야지대·후보지지대·기타지대 등으로 구분한다.

제3조(적용 범위) 표준주택가격의 조사·산정은 법령에서 따로 정한 것을 제외하고는 이 기준에서 정하는 바에 따르고, 이 기준에서 정하지 아니한 사항은 표준주택가격 조사·산정 업무요령에 따른다.

제2장 산정기준

제4조(적정가격 기준 산정) 표준주택의 산정가격은 해당 표준주택에 대하여 통상적인 시장에서 정상적인 거래가 이루어지는 경우 성립될 가능성이 가장 높다고 인정되는 적정가격으로 결정하되, 시장에서 형성되는 가격자료를 충분히 조사하여 표준주택의 객관적인 시장가치를 산정한다.

제5조(실제용도 기준 산정) 표준주택가격의 산정은 공부상의 용도에도 불구하고 공시기준일 현재의 실제용도를 기준으로 산정하되, 일시적인 이용상황은 고려하지 아니한다.

제6조(사법상 제한상태 배제 상정 산정) 표준주택가격의 산정에서 전세권 등 그 표준주택의 사용·수익을 제한하는 사법상의 권리가 설정되어 있는 경우에는 그 사법상의 권리가 설정되어 있지 아니한 상태를 상정하여 산정한다.

제7조(공법상 제한상태 기준 산정) 표준주택가격의 산정은 국토계획법 등에 따른 제한이 있는 경우에는 제한받는 상태를 기준으로 산정한다.

제8조(두 필지 이상에 걸쳐 있는 주택가격의 산정) ① 두 필지 이상에 걸쳐 있는 주택(부속건물 포함)은 대지면적을 합산하여 하나의 주택부지로 산정한다.
② 주택 부속토지가 인접토지와 용도상 불가분의 관계에 있는 경우에는 인접토지를 포함하여 하나의 주택부지로 산정한다.
③ 제2항의 "용도상 불가분의 관계"란 주택 부속토지가 이용되고 있는 상황이 사회적·경제적·행정적 측면에서 합리적이고 해당 주택의 가치형성측면에서도 타당하다고 인정되는 관계에 있는 경우를 말한다.

제9조(필지의 일부가 대지인 주택가격의 산정) 필지의 일부가 대지인 주택은 그 대지면적만을 주택부지로 산정한다. 다만, 대지면적 이외의 토지의 이용상황을 고려하여 산정한다.

제10조(산정방식의 적용) ① 시장성이 있는 표준주택은 별표 1의 거래유형에 따른 인근 유사 단독주택의 거래가격 등을 고려하여 토지와 건물 일체의 가격으로 산정한다.
② 시장성이 없거나 주택의 용도 등이 특수하여 인근 유사단독주택의 거래가격을 고려하는 것이 곤란한 주택은 유사 단독주택의 건설에 필요한 비용추정액 또는 임대료 등을 고려하여 가격을 산정한다.
③ 제2항에 따른 비용추정액은 공시기준일 현재 해당 표준주택과 유사한 이용가치를 지닌다고 인정되는 단독주택의 건설에 필요한 표준적인 건축비와 일반적인 부대비용 및 부속토지가격 수준으로 한다.
④ 표준주택가격을 제1항 또는 제2항에 따라 산정한 경우에는 다른 하나 이상의 산정방법으로 산출한 가액과 비교하여 합리성을 검토하여야 한다. 다만, 대상주택의 특성 등으로 인하여 다른 산정방법을 적용하는 것이 곤란한 경우에는 제21조에 따른 조사·산정보고서에 그 사유를 기재하여야 한다.

제11조(사정보정 및 시점수정) ① 수집된 거래사례 등이 거래당사자의 특수한 사정 또는 개별적인 동기가 내재되어 있거나 평가선례 등에 특수한 평가조건 등이 반영되어 있는 경우에는 그러한 사정이나 조건 등이 없는 상태로 적정하게 보정(이하 "사정보정"이라 한다)하여야 한다.
② 가격자료의 거래시점 등이 공시기준일과 다른 경우에는 다음 각 호에서 타당한 것을 선택하여 시점수정을 행한다.
　1. 「부동산 거래신고 등에 관한 법률」 제19조에 따라 국토교통부장관이 조사한 지가변동률로서 가격자료가 소재한 시·군·구의 같은 이용상황의 지가변동률
　2. 「한국은행법」 제86조에 따라 한국은행이 조사·발표하는 생산자물가지수 또는 「통계법」 제18조에 따라 한국건설기술연구원이 통계작성 승인을 받아 발표하는 월별 건설공사비지수
　3. 「통계법」 제18조에 따라 한국부동산원이 조사·발표하는 전국주택가격동향조사 단독주택 매매가격지수 등

제12조(지역요인 및 개별요인의 비교) ① 수집된 거래사례 등의 주택이 표준주택의 인근지역에 있는 경우에는 개별요인만을 비교하고, 동일수급권 안의 유사지역에 있는 경우에는 지역요인 및 개별요인을 비교한다.

② 지역요인 및 개별요인 비교는 용도지대별로 다음 각 호를 종합적으로 고려하여 행한다.

　1. 토지조건 : 가로조건·접근조건·환경조건·획지조건·행정적조건·기타조건

　2. 건물조건 : 건물구조조건·건물이용상태조건·면적조건·내구연한조건·기타조건

③ 각 용도지대별 지역요인 및 개별요인 비교항목은 별표에 따른다.

제13조(용도혼합 주택가격의 산정) 건물내부 용도가 주거용 부문과 비주거용 부문으로 혼재된 주택의 가격을 산정할 때에는 건물의 크기, 층별 세부용도, 층별 효용 정도, 건물 내 주거용 부분이 차지하는 비중, 비주거용의 유형 등을 종합적으로 고려하여야 한다.

제3장　조사·산정절차

제14조(조사·산정절차) 표준주택가격의 조사·산정은 「부동산 가격공시에 관한 법률」(이하 "법"이라 한다) 제16조제1항 및 같은 법 시행령 제26조제2항에 따른 『표준주택의 선정 및 관리지침』에서 정한 지역분석 등을 실시한 후에 다음 각 호의 절차에 따라 수행한다.

　1. 공부조사

　2. 실지조사

　3. 가격자료의 수집 및 정리

　4. 가격균형 여부 검토

　5. 산정가격의 결정 및 표시

　6. 표준주택 소유자의 의견청취

　7. 특별시장·광역시장·특별자치시장·도지사 또는 특별자치도지사(이하 "시·도지사"라 한다) 및 시장·군수·구청장(자치구의 구청장을 말한다. 이하 같다)의 의견청취

　8. 조사·산정보고서의 작성

제15조(공부조사) 표준주택가격을 조사·산정할 때에는 일반건축물대장, 재산세(주택) 과세대장, 토지·임야대장, 지적·임야도, 토지이용계획확인서, 환지계획·환지처분 등 환지 관련 서류 및 도면 등에 따라 공시기준일 현재의 다음 각 호의 사항을 조사 한다.

　1. 소재지(지번 포함), 지목, 면적

　2. 공법상 제한사항의 내용 및 그 제한의 정도

　3. 그 밖의 공부(公簿) 조사사항

제16조(실지조사) 표준주택가격을 조사·산정할 때에는 공시기준일 현재의 다음 각 호의 사항을 실지조사한다.

1. 소재지(지번 포함), 지목, 면적
2. 하나의 주택이 둘 이상의 필지에 걸쳐 있는지 여부
3. 위치 및 주위 환경
4. 공법상 제한사항과의 부합 여부
5. 도로 및 교통 환경
6. 형상·지세 등의 상태
7. 편의시설의 접근성 및 편의성
8. 유해시설 접근성 및 재해·소음 등 유해정도
9. 건물 기본현황(건물구조·지붕구조·건축연면적·건축연도 등)
10. 증축·개축·대수선 여부
11. 층별 건물 용도·특수부대설비 유무
12. 거래유형
13. 그 밖에 가격형성에 영향을 미치는 요인 등

제17조(가격자료의 수집 및 정리) ① 표준주택가격을 조사·산정할 때에는 인근지역 및 동일수급권 안의 유사지역에 있는 거래사례 및 평가선례 등 가격결정에 참고가 되는 자료(이하 "가격자료"라 한다)를 수집하여 정리한다.

② 제1항에 따른 가격자료는 다음 각 호의 요건을 갖추어야 한다.

1. 최근 3년 이내의 자료인 것
2. 사정보정이 가능한 것
3. 지역요인 및 개별요인의 비교가 가능한 것

제18조(가격균형 여부 검토) ① 거래사례비교법 등에 따라 표준주택의 가격을 산정한 때에는 인근지역 또는 동일수급권 안의 유사지역에 있는 표준주택의 가격과 가격균형 여부를 검토하여야 한다.

② 제1항의 가격균형여부 검토는 시·군·구내, 시·군·구간, 시도간, 전국 순으로 검토한다.

제19조(산정가격의 결정 및 표시) 표준주택가격은 호별가격으로 표시하되 유효숫자 세 자리로 표시함을 원칙으로 한다. 다만, 표준주택가격이 10억 원 이상인 경우에는 유효숫자 네 자리로 표시한다.

제20조(표준주택 소유자의 의견청취) 법 16조제7항에 따라 해당 소유자가 표준주택의 산정가격에 대하여 의견을 제시한 때에는 그 산정가격의 적정여부를 재검토하고, 표준주택 소유자가 제시한 의견이 객관적으로 타당하다고 인정되는 경우에는 반영하여 산정가격을 조정하여야 한다.

제21조(시장·군수·구청장의 의견청취) ①「부동산 가격공시에 관한 법률 시행령」제30조제2항에 따라 시·도지사 및 시장·군수·구청장(필요한 경우 특별시장·광역시장 또는 도지사를 포함한다. 이하 이 조에서 같다)의 의견을 듣고자 할 때에는 표준주택의 호별 가격 및 가격변동률, 용도지역·건물구조별 최고·최저가격, 전년대비 가격변동이 현저한 표준주택의 내역 및 변동사유 등 표준주택의 산정가격 검토에 필요한 자료를 제출하여야 한다.

② 시·도지사 및 시장·군수·구청장으로부터 특정한 표준주택에 대하여 산정가격의 조정의견이 제시된 때에는 그 산정가격의 적정여부를 재검토하고 그 의견이 객관적으로 타당하다고 인정되는 경우에는 반영하여 산정가격을 조정하여야 한다.

제22조(조사·산정보고서의 작성) 표준주택가격에 대한 조사·산정이 완료된 때에는 표준주택가격 조사·산정보고서를 작성하여 「부동산 가격공시에 관한 법률 시행규칙」 제11조제2항에서 정하는 서류(전산자료를 포함한다)와 함께 국토교통부장관에게 제출하여야 한다.

제23조(재검토기한) 국토교통부장관은 이 훈령에 대하여 「훈령·예규 등의 발령 및 관리에 관한 규정」에 따라 2023년 1월 1일을 기준으로 매 3년이 되는 시점(매 3년째의 12월 31일까지를 말한다)마다 그 타당성을 검토하여 개선 등의 조치를 하여야 한다.

부칙 〈제1356호, 2021.1.6.〉

이 훈령은 발령한 날부터 시행한다.

부칙 〈제1423호, 2021.8.13.〉

이 훈령은 발령한 날부터 시행한다.

부칙 〈제1596호, 2023.1.30.〉

이 훈령은 발령한 날부터 시행한다.

[별표] 지역요인 및 개별요인

지역요인			개별요인		
조건	항목	세항목	조건	항목	세항목
가로 조건	가로 폭/ 구조 등의 상태	폭, 포장, 보도	가로 조건	가로 폭/ 구조 등의 상태	폭, 포장, 보도
		계통 및 연속성			계통 및 연속성
	가구(block)의 상태	가구의 정연성			
		가구시설의 상태			
접근 조건	도심과의 거리 및 교통시설 접근성	도심과의 접근성	접근 조건	교통시설 접근성	인접 교통시설의 유형/접근성
		인접 교통시설의 유형/접근성			
	상가 수준 및 접근성	인근상가의 수준(대형상가 등)		상가와의 접근성	인근상가의 수준(대형상가 등)
		인근상가의 접근성			인근상가의 접근성
	공공 및 편익시설의 접근성	학교 접근성			
		병원, 관공서 등 접근성			
		공원, 휴양시설 접근성			
환경 조건	주거환경	일조, 통풍 등	환경 조건	주거환경	일조, 통풍 등
		조망, 경관 등			조망, 경관 등
	사회환경	인접지역 거주자의 직업, 연령, 학력수준 등			
		범죄의 발생정도 치안 및 보안 유지 정도			
		인구변화		공급시설 및 처리시설의 상태	상수도
		학군 등			하수도
					도시가스
	공급 및 처리 시설의 상태	상수도, 하수도			
		도시가스 등			
	위험 및 혐오시설 유무	변전소, 가스탱크, 오수처리장 등의 유무		위험 및 혐오시설 등	변전소, 가스탱크, 오수처리장 등의 유무
		특별고압선 등의 통과 유무			특별고압선 등과의 거리
	재해발생 위험성	홍수, 산사태, 붕괴 등			
	공해발생 정도	소음, 진동, 대기오염 등			
			획지 조건	면적	면적
				지형지세	방위, 고저, 경사
				접면도로 상태	각지, 2면획지, 3면획지
행정 조건	행정상의 규제정도	용도지역, 지구, 구역 등	행정 조건	행정상의 규제정도	공적규제(용도지역, 지구, 구역 등)
		용적률 및 고도제한			용적률 및 고도제한
		기타규제			기타규제

지역요인			개별요인		
조건	항목	세항목	조건	항목	세항목
			건물조건	건물의 성격	단독, 전원, 별장 등
					임대가능 유무
				건물구조	건물구조
					지붕구조
				내구연한	건축연도(사용승인일)
					증/개축 및 대수선
				건물상태	건축자재, 마감재, 담장, 정원, 조형물 등
				면적	건축면적
					건물연면적
				건물의 배치	조망, 일조, 형상 등을 고려한 배치
				주차	주차대수
					주차시설(기계식 여부 등)
				부대설비	엘리베이터
					냉난방설비
					기타
기타조건	기타	장래의 동향	기타조건	기타	장래의 동향
		기타			기타

Chapter 05 공동주택가격 조사·산정기준

제1장 총칙

제1조(목적) 이 기준은 「부동산 가격공시에 관한 법률」 제18조 및 같은 법 시행령 제45조제3항에 따라 공동주택가격을 조사·산정하기 위한 세부적인 기준과 절차 등을 정함을 목적으로 한다.

제2조(정의) 이 기준에서 사용하는 용어의 뜻은 다음과 같다.

1. "가격형성요인"이란 공동주택의 객관적인 가치에 영향을 미치는 외부요인·건물요인 및 개별요인을 말한다.

   가. "외부요인"이란 공동주택단지를 하나의 부동산으로 보고 공동주택단지의 가격수준에 영향을 미치는 요인을 말한다.

   나. "건물요인"이란 해당 공동주택이 속한 건물 전체를 기준으로 공동주택의 가격수준에 영향을 미치는 요인을 말한다.

   다. "개별요인"이란 호별 공동주택가격에 직접적인 영향을 미치는 층별·위치별·향별 효용 등의 요인을 말한다.

2. "공동주택단지"란 「주택법」 제2조제12호에 따른 주택단지 중 공동주택을 건설하는 데 사용된 일단의 토지를 말한다.

3. "임대주택"이란 「주택법」 제2조제8호에 따른 임대주택을 말한다.

4. "전환율"이란 임대형태에 있어서 월세조건을 전세조건으로 변경하는 경우에 적용되는 이율을 말한다.

제3조(적용 범위) 공동주택가격의 조사·산정은 법령에서 따로 정한 것을 제외하고는 이 기준에서 정하는 바에 따르고, 이 기준에서 정하지 아니한 사항은 공동주택가격 조사·산정 업무요령에 따른다.

제2장 조사·산정대상

제4조(조사·산정의 대상) 집합건축물대장의 전유부분의 용도가 「부동산 가격공시에 관한 법률」 제2조제2호에 따른 공동주택에 해당하고 실제용도가 공동주택인 경우를 조사·산정대상으로 한다.

제5조(조사·산정의 제외대상) 공동주택가격을 조사·산정하지 아니하는 경우는 다음 각 호와 같다. 다만, 관계법령에 따라 공동주택가격을 적용하도록 규정되어 있는 공동주택과 국토교통부장관이 관계행정기관의 장과 협의하여 공동주택가격을 결정·공시하기로 한 경우는 제외한다.

1. 집합건축물대장에 등재되지 아니한 경우
2. 국·공유재산인 경우
3. 물리적 멸실 또는 공부상 멸실이 이루어진 경우
4. 전유부분의 실제용도가 공동주택이 아닌 경우
5. 전유부분의 실제용도가 공동주택 외의 용도에 50%를 초과하여 겸용되는 경우

제3장 조사·산정절차

제6조(조사·산정절차) 공동주택가격의 조사·산정은 다음 각 호의 절차에 따라 수행한다.
1. 공부조사
2. 현장조사
3. 가격자료의 수집 및 정리
4. 사정보정 및 시점수정
5. 가격형성요인의 검토
6. 공동주택가격의 산정
7. 공동주택가격의 적정성 검토
8. 조사·산정보고서의 작성

제7조(공부조사) 공동주택가격을 조사·산정할 때에는 집합건축물대장, 재산세(주택)과세대장, 대지권 등록부 등에 의하여 공시기준일 현재의 다음 각 호의 사항을 조사한다.
1. 소재지, 지번, 명칭, 동호수, 면적
2. 구조, 용도, 층, 사용승인일
3. 대지지분
4. 그 밖의 공부(公簿) 조사사항

제8조(실지조사) 공동주택가격을 조사·산정할 때에는 공시기준일 현재의 다음 각 호의 사항에 대해 실지조사를 실시한다.
1. 소재지, 지번, 명칭, 동호수, 면적
2. 구조, 용도, 층, (임시)사용승인일
3. 승강기 등의 설비상태 및 건물의 현황
4. 층별·위치별·향별 효용
5. 멸실된 공동주택의 멸실일자 및 사유
6. 임대주택 여부
7. 그 밖에 가격형성에 영향을 미치는 요인

제9조(가격자료의 수집 및 정리) ① 공동주택가격을 조사·산정할 때에는 인근지역 및 동일수급권 안의 유사지역의 거래사례, 평가선례, 분양사례 및 세평가격 등 가격결정에 참고가 되는 자료(이하 "가격자료"라 한다)를 수집하여 이를 정리한다.

② 제1항에 따른 가격자료를 수집할 때에는 대규모 아파트단지와 같이 거래사례 등의 수집이 용이한 경우에는 해당 공동주택단지를 기준으로 하고 거래사례 등의 수집이 용이하지 않은 경우에는 인근지역 및 동일수급권 안의 유사지역의 가격자료를 수집할 수 있다.

③ 제1항에 따른 가격자료는 다음 각 호의 요건을 갖춘 것으로 한다.

    1. 최근 1년 이내의 자료인 것

    2. 사정보정이 가능한 것

    3. 가격형성요인의 비교가 가능한 것

    4. 위법 또는 부당한 거래 등이 아닌 것

제10조(사정보정 및 시점수정) ① 수집된 거래사례 등에 거래당사자의 특수한 사정 또는 개별적인 동기가 개재되어 있거나 평가선례 등에 특수한 평가조건 등이 반영되어 있는 경우에는 그러한 사정이나 조건 등이 없는 상태로 이를 적정하게 보정(이하 "사정보정"이라 한다)하여야 한다.

② 가격자료의 거래시점 또는 가격시점 등이 공시기준일과 다른 경우에는 다음 각 호의 것 중에서 타당한 것을 선택하여 시점수정을 행한다.

    1. 주택가격동향조사에 따른 인근 유사 공동주택의 가격변동률

    2. 인근 유사 공동주택의 실거래가격 변동

    3. 그 밖에 생산자물가지수 또는 건축비지수

제11조(가격형성요인의 검토) ① 공동주택에 대하여 수집·정리된 가격자료를 기준으로 해당 공동주택의 외부요인·건물요인 및 개별요인을 검토한다.

② 제1항에 따라 가격형성요인을 검토할 때에는 해당 공동주택단지에 소재하고, 용도, 규모, 층별·위치별 효용 등의 가격형성요인이 유사한 공동주택을 우선적으로 선정하여 검토대상으로 한다.

③ 제1항에 따른 외부요인의 검토항목은 다음 각 호의 항목을 참고하여 정한다.

    1. 가로의 폭 및 구조 등의 상태

    2. 도심과의 거리 및 교통시설의 상태

    3. 공공시설 및 편익시설과의 접근성

    4. 조망·풍치·경관 등 자연적 환경

    5. 변전소·오수처리장 등 위험 및 혐오시설의 유무

    6. 그 밖의 사회적·경제적·행정적 요인

④ 제1항에 따른 건물요인의 검토항목은 다음 각 호의 항목을 참고하여 정한다.

    1. 시공의 상태

    2. 통로구조

    3. 승강기 등의 설비상태

    4. 건물의 층수, 세대수 등의 규모

    5. 경과연수 및 관리체계 등에 따른 노후도

6. 그 밖의 공동주택의 가격수준에 영향을 미치는 요인

⑤ 제1항에 따른 개별요인의 검토항목은 다음 각 호의 항목을 참고하여 정한다.

1. 방범, 승강기 및 계단을 이용한 접근성 등의 층별 효용
2. 조망, 개방감 등의 위치별 효용
3. 일조, 채광 등의 향별 효용
4. 간선도로, 철도 등에 의한 소음의 정도
5. 1층 전용정원 및 최상층의 추가공간 유무
6. 전유부분의 면적 및 대지지분
7. 그 밖의 공동주택가격에 직접적인 영향을 미치는 요인

제12조(공동주택가격의 산정) ① 거래사례 등을 참작하여 공동주택가격을 산정한 때에는 공동주택단지 별·공동주택단지 내 동별·호별 공동주택가격의 적정성 및 균형이 유지되도록 산정하여야 한다.
② 공동주택가격은 호별가격으로 표시하되, 유효숫자 세 자리로 표시함을 원칙으로 한다. 다만, 공동 주택가격이 10억 원 이상인 경우에는 유효숫자 네 자리로 표시한다.

제13조(공동주택가격의 적정성 검토) ① 제12조에 따라 공동주택가격을 산정한 때에는 시·군·구 단 위, 시·도 단위, 전국 단위로 공동주택가격의 적정성을 검토하여야 한다.
② 제1항에 따른 적정성 검토를 위해서는 다음 각 호의 사항을 검토해야 한다.

1. 공동주택가격의 수준에 관한 사항
2. 인근 공동주택가격과의 균형유지에 관한 사항
3. 공동주택가격의 기초통계에 관한 사항
4. 그 밖에 공동주택가격의 적정성 검토를 위해 필요한 사항

제14조(조사·산정보고서의 작성) 조사·산정을 의뢰받은 기관은 공동주택에 대한 조사·산정이 완료되 면 공동주택가격 조사·산정보고서를 작성하여 공동주택가격 전산자료와 함께 국토교통부장관에 게 제출한다.

제4장 조사·산정기준 및 방법

제15조(적정가격기준 조사·산정) 공동주택의 적정가격은 해당 공동주택에 대하여 통상적인 시장에서 정상적인 거래가 이루어지는 경우 성립될 가능성이 가장 높다고 인정되는 가격(이하 "적정가격"이 라 한다.)을 기준으로 조사·산정한다.

제16조(가격산정방법) ① 공동주택가격의 산정은 유사 공동주택의 가격자료를 기준으로 가격형성요인 을 검토하여 「집합건물의 소유 및 관리에 관한 법률」에 따른 구분소유권의 대상이 되는 건물부분과 그 대지사용권을 일괄하여 산정하되, 인근 유사 공동주택의 거래가격·임대료 및 해당 공동주택과

유사한 이용가치를 지닌다고 인정되는 공동주택의 건설에 필요한 비용추정액, 인근지역 및 다른 지역과의 형평성·특수성, 공동주택가격 변동의 예측 가능성 등 제반사항을 종합적으로 참작하여 산정한다.

② 제1항에 따른 비용추정액은 공시기준일 현재 해당 공동주택과 유사한 이용가치를 지닌다고 인정되는 공동주택의 건설에 필요한 표준적인 건축비와 일반적인 부대비용 및 택지비 수준으로 한다.

제17조(실제용도 기준 산정) 공동주택가격의 산정은 공부상의 용도에 불구하고 공시기준일 현재의 실제 용도를 기준으로 조사·산정하되, 일시적인 이용상황은 이를 고려하지 아니한다.

제18조(사법상 제한상태 배제 상정 산정) 공동주택가격의 산정에 있어서 전세권 등 그 공동주택의 사용·수익을 제한하는 사법상의 권리가 설정되어 있는 경우에는 그 사법상의 권리가 설정되어 있지 아니한 상태를 상정하여 산정한다.

제19조(공법상 제한상태 기준 산정) 공동주택가격의 산정에 있어서 공법상 용도지역·지구·구역 등 일반적 계획제한사항뿐만 아니라 도시계획시설 결정 등 공익사업을 직접목적으로 하는 개별적인 계획제한사항이 있는 경우에는 그 공법상의 제한을 받는 상태를 기준으로 조사·산정한다.

제20조(물적사항의 조사) 공동주택의 면적 및 구조 등의 물적사항의 조사는 집합건축물대장을 기준으로 한다. 다만, 집합건축물대장의 기재내용에 명백한 오류가 있는 경우에는 해당 공동주택이 소재하는 시·군 또는 구의 확인을 거쳐 재산세(주택)과세대장이나 등기사항전부증명서를 기준으로 할 수 있다.

제21조(대지권이 등재되어 있지 아니한 공동주택가격의 산정) ① 대지권등록부에 대지권이 등재되어 있지 아니한 공동주택은 해당 지방자치단체로부터 호별 대지지분을 제시받아 조사·산정한다. 다만, 대지지분이 없거나 대지가 국·공유재산인 경우에는 건물부분만의 적정가격을 조사·산정한다.

② 공시기준일 현재 지적정리가 완료되지 아니하여 대지권이 등재되지 아니한 경우로서 택지개발지구 등과 같이 추후 대지지분이 이전·취득될 것을 전제로 가격이 형성되는 경우에는 그 가격을 기준으로 조사·산정한다.

제22조(임대주택가격의 산정) ① 임대주택가격은 인근 시·군·구에 소재하는 유사 공동주택의 거래가격을 기준으로 산정한 가격에 거래제한의 상태 등을 고려한 가격으로 산정하거나 임대료 및 유사 공동주택의 전세금 대비 거래가격의 비율 등을 종합적으로 참작하여 산정한다.

② 제1항에 따라 임대주택가격을 임대료 및 유사 공동주택의 전세금 대비 거래가격의 비율을 참작하여 산정하는 경우에는 다음의 산식에 따른다.

> 임대주택가격 산정금액 = 임대주택의 전세금환산액 × (유사공동주택의 거래가격 / 전세금)
> * 전세금환산액 = 보증금 + 월세 × 12 / 전환율

③ 제2항에 따른 전환율은 지역별로 다르므로 부동산시장에서 직접 조사하여 적용한다.

제23조(재검토기한) 국토교통부장관은 이 훈령에 대하여「훈령·예규 등의 발령 및 관리에 관한 규정」에 따라 2022년 1월 1일을 기준으로 매 3년이 되는 시점(매 3년째의 12월 31일까지를 말한다)마다 그 타당성을 검토하여 개선 등의 조치를 하여야 한다.

부칙 〈제1232호, 2019.10.23.〉

이 훈령은 발령한 날부터 시행한다.

부칙 〈제1422호, 2021.8.13.〉

이 훈령은 발령한 날부터 시행한다.

Chapter 06 지가변동률 조사 · 산정에 관한 규정

제1장 총칙

제1조(목적) 이 규정은 「부동산 거래신고 등에 관한 법률」 제19조 및 같은 법 시행령 제17조에 따라 지가변동률을 조사·산정하기 위하여 필요한 방법 및 절차 등 세부적인 기준을 정함을 목적으로 한다.

제2조(정의) 이 규정에서 사용하는 용어의 뜻은 다음과 같다.

1. "표본지"란 지가변동률 조사·산정대상 지역에서 행정구역별·용도지역별·이용상황별로 지가변동을 측정하기 위하여 선정한 대표적인 필지를 말한다.
2. "지가변동률"이란 이 규정에 따라 조사·산정한 표본지의 시장가치를 기초로 산정된 기준시점의 지가지수와 비교시점의 지가지수의 비율을 말한다.
3. "인근지역"이란 해당 표본지가 속한 지역으로서 부동산의 이용이 동질적이고 가치형성요인 중 지역요인을 공유하는 지역을 말한다.
4. "유사지역"이란 해당 표본지가 속하지 아니하는 지역으로서 인근지역과 유사한 특성을 갖는 지역을 말한다.
5. "동일수급권(同一需給圈)"이란 대상부동산과 대체·경쟁 관계가 성립하고 가치 형성에 서로 영향을 미치는 관계에 있는 다른 부동산이 존재하는 권역(圈域)을 말하며, 인근지역과 유사지역을 포함한다.
6. "지역요인"이란 그 지역의 지가수준에 영향을 미치는 자연적·사회적·경제적·행정적 요인을 말한다.
7. "개별요인"이란 해당 토지의 가격에 직접 영향을 미치는 위치·면적·형상·이용상황 등의 개별적인 요인을 말한다.
8. "시장가치"란 조사·산정의 대상이 되는 표본지가 통상적인 시장에서 충분한 기간 동안 거래를 위하여 공개된 후 그 대상물건의 내용에 정통한 당사자 사이에 신중하고 자발적인 거래가 있을 경우 성립될 가능성이 가장 높다고 인정되는 대상 토지의 가액(價額)을 말한다.
9. "지가지수"란 표본지의 시장가치를 조사·산정하여 일정시점을 기준으로 라스파이레스산식에 따라 용도지역별·이용상황별 지가총액 구성비를 가중치로 적용하여 산정한 지표를 말한다.

제3조(적용 범위) 지가변동률 조사·산정업무는 「부동산 거래신고 등에 관한 법률」, 「감정평가 및 감정평가사에 관한 법률」 및 「감정평가에 관한 규칙」에서 정하는 것을 제외하고는 이 규정이 정하는 바에 따르고, 이 규정에서 정하지 아니한 사항은 감정평가의 일반이론에 따른다.

제2장　조사 · 산정 방법 및 공표

제4조(조사 · 산정 주기 및 기준일) 지가변동률의 조사 · 산정은 매월 실시해야 하며, 조사기준일은 해당 월의 다음 달 1일로 한다.

제5조(조사 · 산정 의뢰) ① 국토교통부장관은 지가변동률의 조사 · 산정을 「한국부동산원법」에 따른 한국부동산원(이하 "한국부동산원"이라 한다)의 원장에게 의뢰할 수 있으며, 이 경우 한국부동산원장은 지역특성, 업무수행의 효율성 등을 고려하여 「감정평가 및 감정평가사에 관한 법률」 제2조제4호에 따른 감정평가법인등에게 지가변동률 조사 · 산정의 일부를 재의뢰할 수 있다.

② 국토교통부장관은 제1항에 따라 한국부동산원장에게 표본지에 대한 지가변동률의 조사 · 산정을 의뢰하는 경우에는 다음 각 호의 사항이 포함된 계약을 체결해야 한다.

1. 조사 · 산정의 방법 및 절차
2. 조사 · 산정에 대한 심사 · 검증
3. 조사 · 산정 결과의 보고
4. 조사 · 산정에 대한 비용
5. 그 밖에 조사 · 산정 및 정보의 관리에 관하여 필요한 사항

제6조(자료 공급 및 제출 등) ① 국토교통부장관은 제5조에 따라 한국부동산원장에게 조사 · 산정을 의뢰할 때에는 매월 기준시점의 전산공부자료(토지대장, 토지이용계획) 등 조사 · 산정에 필요한 자료를 제공해야 한다.

② 한국부동산원장은 제5조에 따라 지가변동률의 조사 · 산정을 의뢰받은 경우에는 월별 지가변동률 조사 · 산정보고서를 다음 달 20일까지 작성하여 보고해야 한다. 단, 공휴일 등 사정발생으로 국토교통부장관의 승인을 받은 경우에는 그렇지 아니하다.

제7조(조사 · 산정결과 공표) 국토교통부장관과 한국부동산원장은 이 규정에 따른 월별 지가변동률 조사 · 산정결과를 다음 달 25일경에 한국부동산원 부동산통계정보시스템(R_ONE)에 공표해야 한다.

제8조(지가변동률심사 · 검수위원회) ① 한국부동산원장은 다음 각 호에 관한 사항을 심의 · 검토하기 위하여 한국부동산원에 지가변동률심사 · 검수위원회(이하 "위원회"라 한다)를 구성 · 운영해야 한다.

1. 연도별 지가변동률 조사계획
2. 표본지의 선정 및 재설계
3. 지가변동률 조사 · 산정보고서에 대한 심사 및 검수
4. 그 밖에 지가변동률 심사 · 검수위원회의 구성 · 운영을 위하여 필요한 사항

② 위원회는 한국부동산원장이 지명하는 위원장을 포함하여 총 7명 이하의 위원으로 구성하되, 부동산, 지가동향 및 통계 등에 관한 전문지식이 있는 국토교통부 또는 한국부동산원 소속이 아닌 위원을 4명 이상 포함해야 한다.

③ 한국부동산원장은 위원회의 심의를 거쳐 월별 지가변동률 조사 · 산정보고서에 대한 심사 및 검수를 위하여 지가변동률 심사 · 검수실무위원회를 구성 · 운영할 수 있다.

제3장 조사·산정절차

제9조(조사·산정절차) 지가변동률의 조사·산정은 다음 각 호의 절차에 따른다.

1. 공부조사
2. 실지조사 및 시장동향조사
3. 가격자료의 수집 및 정리
4. 표본지의 교체 및 용도지역·이용상황별 수 조정
5. 표본지 가격의 산정·표시
6. 경계 지역 간 균형협의
7. 조사·산정보고서의 작성
8. 조사·산정보고서의 심사
9. 조사·산정보고서 제출
10. 지가변동률의 산정 및 공표

제10조(공부조사) 표본지 가격을 조사·산정하는 경우에는 조사기준일 현재의 토지·임야대장, 지적·임야도, 토지이용계획확인서, 부동산종합증명서 등의 공부(公簿)를 확인하고, 다음 각 호의 사항을 조사한다.

1. 소재지·지번·면적·지목
2. 공법상 제한사항의 내용 및 그 제한의 정도
3. 그 밖의 공부(公簿) 조사사항

제11조(실지조사) 표본지의 가격을 조사·산정하는 경우에는 조사기준일 현재의 다음 각 호의 사항을 연 2회 이상 실지조사를 해야 한다. 다만, 이용상태 또는 공법상 제한 등이 변경된 경우에는 해당 월에 실지조사를 통해 확인해야 한다.

1. 표본지의 위치 및 주위환경
2. 표본지의 이용상태 및 공법상 제한사항과의 부합 여부
3. 그 밖에 표본지 가격형성에 영향을 미치는 요인

제11조의2(시장동향조사) 표본지의 가격 및 지가변동률을 조사·산정하는 경우에는 다음 각 호의 사항을 포함하는 시장동향조사를 실시한다.

1. 인근지역의 지가 및 토지시장 동향
2. 인근지역의 제반 경제·사회적 여건
3. 주요 개발사업 현황
4. 그 밖에 지가동향에 영향을 미치는 요인

제12조(가격자료의 수집 및 정리) ① 표본지의 가격과 지가변동률을 조사·산정하는 경우에는 인근지역(자료가 충분하지 못한 경우에는 유사지역 및 동일수급권의 자료를 사용한다)의 최근 지가동향 및

제반 경제·사회동향을 종합적으로 판단하여 거래사례, 평가선례, 보상선례, 조성사례, 분양사례, 수익사례 등 가격산정에 참고가 되는 자료(이하 "가격자료"라 한다)를 수집하여 이를 정리한다.

② 제1항의 가격자료는 다음 각 호의 요건을 갖춘 것으로 한다.

1. 최근 1년 이내의 자료인 것
2. 사정보정이 가능한 것
3. 지역요인 및 개별요인의 비교가 가능한 것
4. 토지와 해당 토지에 부속된 건물이 일체로 거래된 경우에는 배분법의 적용이 합리적으로 가능한 것

제13조(표본지의 선정 및 교체) ① 용도지역 및 이용상황별로 지가변화를 조사·산정할 수 있도록 국토교통부장관의 승인을 받아 표본지를 선정·관리해야 한다.

② 표본지는 행정구역 개편, 토지의 분할·합병, 용도지역·구역의 변화, 공법상 제한의 변경 및 개발사업 등 사회적·물리적 변화를 반영할 수 있도록 3년의 범위 내에서 국토교통부장관의 승인을 받아 재설계해야 한다.

③ 조사기준일 현재 행정구역 개편, 지적사항 변경, 이용상황변경 등의 사유로 표본지의 대표성이 상실된 경우에는 국토교통부장관의 승인을 받아 지가변동률의 공표단위별 표본지 수 범위 내에서 표본지를 교체해야 한다.

④ 조사기준일 현재 대규모 개발사업 등의 사유로 표본지의 용도지역 또는 이용상황이 당초 설계된 표본지의 용도지역 또는 이용상황과 일치하지 않는 경우에는 국토교통부장관의 승인을 받아 표본지 수를 조정하여야 한다.

⑤ 제4항에 따른 표본지 수 조정으로 모집단의 특성을 반영하기 어려운 경우에는 국토교통부장관의 승인을 받아 표본지를 교체할 수 있다.

제14조(표본지 가격의 선정 및 표시) ① 표본지 가격은 인근 유사토지의 거래가격, 임대료 및 해당 토지와 이용가치가 유사하다고 인정되는 토지의 조성에 필요한 비용추정액 등을 종합적으로 참작하여 산정해야 한다.

② 표본지 가격은 제곱미터당 가격으로 표시하되, 유효숫자 네 자리까지 표시할 수 있다.

제15조(경계지역간 균형협의) ① 한국부동산원장은 제14조에 따라 표본지 가격과 지가변동률을 조사·산정하는 때에는 인근 시·군·구 및 읍·면·동간 지가수준의 변동에 대한 균형협의를 실시해야 한다.

② 제1항에 따른 균형여부의 검토는 용도지역별, 이용상황별 지가수준을 비교하고 필요한 경우에는 인근 시·군·구 및 읍·면·동의 가격자료 등을 활용하여 지가수준을 조정함으로써 상호 균형이 유지되도록 해야 한다.

제16조(조사·산정보고서의 작성 등) 한국부동산원장이 지가변동률의 조사·산정을 완료한 때에는 별지 제1호부터 제4호까지의 서식에 따라 지가변동률 조사·산정보고서를 작성하여 국토교통부장관에게 제출(온라인 제출을 포함한다)해야 한다.

제17조(표준지공시지가 조사·평가 기준의 준용) 표본지 가격의 조사·산정과 관련하여 이 규정에서 정하지 않은 사항은 「표준지공시지가 조사·평가 기준」 제16조부터 제18조까지와 제20조부터 제35조까지를 준용하며, 개발사업 등으로 인해 지가변동이 발생한 경우에는 주위환경 등 시장상황을 고려하여 이를 반영하여야 한다.

제18조(재검토기한) 국토교통부장관은 이 훈령에 대하여 「훈령·예규 등의 발령 및 관리에 관한 규정」에 따라 2024년 1월 1일 기준으로 매 3년이 되는 시점(매 3년째의 12월 31일까지를 말한다)마다 그 타당성을 검토하여 개선 등의 조치를 해야 한다.

부칙 〈제1345호, 2020.12.18.〉

이 훈령은 발령한 날부터 시행한다.

부칙 〈제1696호, 2023.12.26.〉

이 훈령은 발령한 날부터 시행한다.

부칙 〈제1707호, 2024.01.17.〉

이 훈령은 발령한 날부터 시행한다.

[별지 제1호서식] 지가변동률 조사·산정에 관한 규정

지가변동률 조사·산정 내역서

○ 시·군·구:

(1) 일련 번호	(2) 층화	(3) 소재지	(4) 면적 (㎡)	(5) 지목	(6) 용도 지역	(7) 이용 상황	산정가격		(10) 증감률 (%)	(11) 기타 사항
							(8) 전월 기준	(9) 당월 기준		

210mm×297mm[백상지(80g/㎡) 또는 중질지(80g/㎡)]

[별지 제2호서식] 지가변동률 조사·산정에 관한 규정

표본지현황(증감률, 표본지 수)

○ 시·군·구:

읍·면·동	계	주거 지역	상업 지역	공업 지역	녹지 지역	관리 지역	농림 지역	자연 환경	용도 미지정	전	답	주거 용	상업 용	임야	공업 용	기타
표본지수 (증감률)																

210mm×297mm[백상지 80g/㎡]

[별지 제3호서식] 지가변동률 조사·산정에 관한 규정

지가변동률 조사사항

1. 조사지역의 표본지 현황
가. 표본지 현황
(1) 용도지역별

(단위 : 필지수)

읍·면·동	표본지수	용도지역별													
		주거지역		상업지역		공업지역		녹지지역		관리지역		농림지역		자연환경보전지역	
		현행표본지수	교체표본지수	현행표본지수	교체표본지수	현행표본지수	교체표본지수	현행표본지수	교체표본지수	현행표본지수	교체표본지수	현행표본지수	교체표본지수	현행표본지수	교체표본지수

(2) 이용상황별

(단위 : 필지수)

읍·면·동	표본지수	이용상황별													
		전		답		주거용		상업용		임야		공업용		기타	
		현행표본지수	교체표본지수	현행표본지수	교체표본지수	현행표본지수	교체표본지수	현행표본지수	교체표본지수	현행표본지수	교체표본지수	현행표본지수	교체표본지수	현행표본지수	교체표본지수

210mm×297mm[백상지(80g/㎡) 또는 중질지(80g/㎡)]

나. 전월대비 변경현황

표 본 지 일련번호	변경항목	변경내용		변경사유	비 고
		전월	당월		

2. **일반현황**

가. 용도지역별

(단위 : 필지수, %, ㎡)

구분	용도지역별								
	합계	주거 지역	상업 지역	공업 지역	녹지지역	용도 미지정	관리 지역	농림 지역	자연 환경 보전 지역
필지수									
필지 구성비									
면적									
면적 구성비									

나. 이용상황별

(단위 : 필지수, %, ㎡)

구분	이용상황별							
	합계	전	답	주거용	상업용	임야	공업용	기타
필지수								
필지 구성비								
면적								
면적 구성비								

3. 지가변동률 추이(누적)

가. 전년도

(단위 : %)

구분	1월	2월	3월	4월	5월	6월	7월	8월	9월	10월	11월	12월
전국												
시도												
시군구												

나. 해당 연도

(단위 : %)

구분	1월	2월	3월	4월	5월	6월	7월	8월	9월	10월	11월	12월
전국												
시도												
시군구												

4. 지가동향 종합분석

가. 토지이용계획의 변경현황

명칭	변경 내역	대상지역	면적(㎢)	추진현황	비고

나. 각종 개발사업현황 및 분석

사업종류		사 업 명		
사업기간(년, 월)		사업규모/비용		
영향권				
당월 진척현황				
전월 진척현황				
편입 표본지		해당사업 영향권 내 표본지		
지가에 미치는 영향				
개발사업문의 연락처				

다. 표본지별 가격변동 사유 분석

구 분	표 본 지 일련번호	코 드	전월가격	당월가격	가격 변동률	세부변동사유	비 고
상 승							
하 락							
보 합							
상승필지 수			필지 (%)				
하락필지 수			필지 (%)				
보합필지 수			필지 (%)				
합계			필지 (%)				

5. 종합분석

구분		분석의견
가. 지역개황		
나. 실거래 분석 및 시장(현장) 동향	1) 거래현황	
	2) 시장(현장) 동향	
다. 종합의견	1) 지가변동률 추이	
	2) 용도지역별 분석	
	3) 이용상황별 분석	
	4) 읍면동별 분석	

6. 실거래 분석

가. 시·군·구별 실거래분석

(1) 기간별 분석

(단위 : 억원, 신고건수)

시·군·구	분류	전년 월평균	1월	2월	...	12월
	거래금액					
	거래건수					
	거래금액					
	거래건수					
	거래금액					
	거래건수					

(2) 물건별 분석

(단위 : 억원, 신고건수)

시군구	분류	합계	토지 +단독 +기타 (일반)	토지만 거래	단독 주택	공동 주택	건물 만 거래	기타			종전 토지	혼합 거래	미분류
								일반	집합	계			
	거래금액												
	거래건수												
	거래금액												
	거래건수												

(3) 유입유출별 분석

(단위 : 억원, 신고건수)

시·도	분류	합계	지역내 거래	지역외 거래	유입거래	유출거래	미분류
	거래금액						
	거래건수						
	거래금액						
	거래건수						

나. 읍·면·동별 실거래분석

(1) 기간별 분석

(단위 : 억원, 신고건수)

시·군·구	분류	전년 월평균	1월	2월	...	12월
	거래금액					
	거래건수					
	거래금액					
	거래건수					
	거래금액					
	거래건수					

(2) 물건별 분석

(단위 : 억원, 신고건수)

시군구	분류	합계	토지+단독+기타 (일반)	토지만 거래	단독주택	공동주택	건물만 거래	기타			종전토지	혼합거래	미분류
								일반	집합	계			
	거래금액												
	거래건수												
	거래금액												
	거래건수												

(3) 유입유출별 분석

(단위 : 억원, 신고건수)

시·도	분류	합계	지역내 거래	지역외 거래	유입거래	유출거래	미분류
	거래금액						
	거래건수						
	거래금액						
	거래건수						

⑷ 용도지역별 분석

읍면동	분류	주거지역	상업지역	공업지역	녹지지역	개발제한구역	용도미지정	관리지역	계획관리지역	생산관리지역	보전관리지역	농림지역	자연환경보전	기타	복합	미분류
	거래금액															
	거래건수															
	거래금액															
	거래건수															
	거래금액															
	거래건수															
	거래금액															
	거래건수															
	거래금액															
	거래건수															
	거래금액															
	거래건수															
	거래금액															
	거래건수															
	거래금액															
	거래건수															
	거래금액															
	거래건수															

[별지 제4호서식] 지가변동률 조사·산정에 관한 규정

표본지별 조사사항 및 가격산정의견서

표본지일련번호 :　　　　　　　한국부동산원　　　　　　조사·산정자 :

1. 표본지 가격산정의견

소 재 지		
지역요인 및 개별요인 분석	지목	
	면적	m²
	일 단 지	
	공법상 제한사항	용도지역 :
		용도지구 :
		도시계획시설 :　　　　　　　　저촉률 :　　　%
		기타제한 :
	토지이용상황	
		기타 (　　　　　　　)
	고저	
	형상	
	도 로 접 면	
	지대	
	보 조 지 표	
산 정 의 견		
산 정 가 격		원/m²

210mm×297mm[백상지(80g/㎡) 또는 중질지(80g/㎡)]

2. 참고가격

거래사례1	거래일자	소재지		지번
	지목	면적(m²)	용도지역	거래가격(원/m²)
거래사례2	거래일자	소재지		지번
	지목	면적(m²)	용도지역	거래가격(원/m²)
평가선례1	기준시점		평가목적	
	소재지			지번
	지목	면적(m²)	용도지역	평가금액(원/m²)
평가선례2	기준시점		평가목적	
	소재지			지번
	지목	면적(m²)	용도지역	평가금액(원/m²)

3. 표본지가격 산정

가. 거래사례비교법

소재지	지번	거래시점	거래가격	토지단가(원/㎡)

사정보정	시점수정	지역요인 비교	개별요인 비교	그 밖의 요인 보정	시산가격 (원/㎡)

구분	세부의견
1. 거래사례 선정	
2. 사정보정	
3. 시점수정	
4. 지역요인 비교	
5. 개별요인 비교	
6. 그 밖의 요인 보정	
7. 표본지 가격결정	

나. 원가법

소재지		지번		사례토지면적	㎡
사례지 완공시의 총 투입비용				유효택지화율 보정	시점수정
소지취득가격(원/㎡)	사정보정	시점수정	합계(원/㎡)		
조성공사비(원/㎡)	사정보정	시점수정			
부대비용(원/㎡)	사정보정	시점수정			
지역요인 비교	개별요인 비교	재조달원가(원/㎡)	성숙도 수정	시산가격(원/㎡)	

다. 수익환원법

	연임대 수익(원)	임대 보증금	운용이율 (%)	기타수익	총수익(원)	총비용(원)	순수익(원)
직접법							
	건물귀속 순수익						
	재조달원가(원)		내용연수		경제적 잔존내용연수		건물평가가격(원)
	소득수익률 (%)		임대료변동률 (g)(%)		종합수익률 (y)(%)		건물귀속 순수익(원)
	토지귀속 순수익(원)		사정보정		시점수정		토지면적(㎡)
	시산가격(원/㎡)						

	임대동향표본번호			임대동향표본의 소재 및 지번			
간접법							
	임대동향표본의 총수익(원)			임대동향표본의 총비용(원)			
	임대동향표본의 순수익(원)		임대동향표본의 소득수익률(%)		임대료변동률 (g)(%)		임대동향표본의 종합수익률(y)(%)
	임대동향표본의 건물귀속 순수익(원)			임대동향표본의 토지귀속 순수익(원/㎡)			
	요인비교						
	시점수정		지역요인		개별요인		그 밖의 요인
	대상 표본지의 토지귀속 순수익(원/㎡)			대상 표본지의 소득수익률(%)			
	시산가격(원/㎡)						

4. 해당 연도 지가변동추이

(단위 : 원/㎡)

12월	1월	2월	3월	4월	5월	6월
	7월	8월	9월	10월	11월	12월

5. 기타

1) 표본사진

2) 토지이용계획확인서

3) 지적도

4) 토지(임야)대장

5) 기타

PART

05

보상평가 관련 법령 및 지침 등

토지보상평가지침

제1장   총칙

제1조(목적) 이 지침은 「공익사업을 위한 토지 등의 취득 및 보상에 관한 법률」(이하 "법"이라 한다), 같은 법 시행령(이하 "법 시행령"이라 한다) 및 시행규칙(이하 "법 시행규칙"이라 한다), 그 밖에 다른 법령에 따라 공익사업을 목적으로 취득 또는 사용하는 토지에 대한 손실보상을 위한 감정평가(이하 "토지 보상평가"라 한다)에 관하여 세부적인 기준과 절차 등을 정함으로써 감정평가의 적정성과 공정성을 확보하는 것을 목적으로 한다.

제2조(적용) 토지 보상평가는 관계법령 및 「감정평가 실무기준」에서 따로 정한 것 외에는 이 지침이 정하는 바에 따르고, 이 지침에서 정하지 아니한 사항은 감정평가의 일반이론에 따른다.

제3조(정의) 이 지침에서 사용하는 용어의 정의는 다음과 같다.
1. "비교표준지"란 「부동산 가격공시에 관한 법률」(이하 "부동산공시법"이라 한다) 제3조제1항에 따른 표준지 중에서 대상토지와 가치형성요인이 같거나 비슷하여 유사한 이용가치를 지닌다고 인정되는 표준지를 말한다.
2. "토지의 형질변경"이란 절토·성토 또는 정지 등으로 토지의 형상을 변경하는 행위(조성이 완료된 기존 대지 안에서 건축물과 그 밖에 공작물 설치를 위한 토지의 굴착행위는 제외한다)와 공유수면의 매립을 말한다.
3. "최유효이용"이란 객관적으로 보아 양식과 통상의 이용능력을 가진 사람이 대상토지를 합법적이고 합리적이며 최고·최선의 방법으로 이용하는 것을 말한다.
4. "인근지역"이란 대상토지가 속한 지역으로서 부동산의 이용이 동질적이고 가치형성요인 중 지역요인을 공유하는 지역을 말한다.
5. "유사지역"이란 대상토지가 속하지 아니하는 지역으로서 인근지역과 비슷한 특성을 갖는 지역을 말한다.
6. "동일수급권"이란 일반적으로 대상토지와 대체·경쟁관계가 성립하고 가치형성에 서로 영향을 미치는 관계에 있는 다른 부동산이 존재하는 권역을 말하며, 인근지역과 유사지역을 포함한다.
7. "표준적인 이용상황"이란 대상토지의 인근지역에 있는 주된 용도의 토지로서 표준적인 획지의 최유효이용에 따른 이용상황을 말한다.

제2장　감정평가기준 및 감정평가방법

제4조(객관적 기준 감정평가) 토지 보상평가는 가격시점에서의 일반적인 이용방법에 따른 객관적 상황을 기준으로 감정평가하며, 토지소유자가 갖는 주관적 가치나 특별한 용도에 사용할 것을 전제로 한 것은 고려하지 아니한다.

제5조(현실적인 이용상황 기준 감정평가) ① 토지 보상평가는 가격시점에서의 현실적인 이용상황을 기준으로 한다. 다만, 다음 각 호의 어느 하나에 해당하는 경우에는 그러하지 아니하다.

1. 법 시행령 제38조에서 규정한 "일시적인 이용상황"으로 인정되는 경우
2. 법 시행규칙 제24조(무허가건축물 등의 부지 또는 불법형질변경된 토지의 평가)와 제25조(미지급용지의 평가)에 따른 감정평가의 경우
3. 그 밖에 관계법령 등에서 달리 규정하는 경우

② 제1항에서 "현실적인 이용상황"이란 지적공부상의 지목에 불구하고 가격시점에서의 실제 이용상황으로서, 주위환경이나 대상토지의 공법상 규제 정도 등으로 보아 인정 가능한 범위의 이용상황을 말한다.

제5조의2(개별 감정평가) ① 토지 보상평가는 대상토지 및 소유권 외의 권리마다 개별로 하는 것을 원칙으로 한다. 다만, 개별로 보상가액을 산정할 수 없는 등 특별한 사정이 있는 경우에는 소유권 외의 권리를 대상토지에 포함하여 감정평가할 수 있다.

② 제1항에도 불구하고 제20조부터 제22조의 어느 하나에 해당하는 경우에는 그에 따른다.

제6조(건축물등이 없는 상태를 상정한 감정평가) ① 토지 보상평가는 그 토지에 있는 건축물·입목·공작물, 그 밖에 토지에 정착한 물건(이하 "건축물등"이라 한다)이 있는 경우에도 그 건축물등이 없는 상태를 상정하여 감정평가한다.

② 제1항에도 불구하고 다음 각 호의 어느 하나에 해당하는 경우에는 그에 따른다.

1. 「집합건물의 소유 및 관리에 관한 법률」에 따른 구분소유권의 대상이 되는 건물부분과 그 대지사용권이 일체로 거래되는 경우 또는 건축물등이 토지와 함께 거래되는 사례나 관행이 있는 경우에는 그 건축물등과 토지를 일괄하여 감정평가한다.
2. 개발제한구역 안의 건축물이 있는 토지의 경우 등과 같이 관계법령에 따른 가치의 증가요인이 있는 경우에는 그 건축물등이 있는 상태를 기준으로 감정평가한다.

③ 제2항에 따라 감정평가할 경우에는 그 이유를 감정평가서에 기재한다.

제7조(해당 공익사업에 따른 가치의 변동분 배제 감정평가) ① 토지 보상평가는 다음 각 호에 따른 가치의 변동분을 배제한 가액으로 감정평가한다.

1. 해당 공익사업의 계획 또는 시행이 공고 또는 고시된 것에 따른 가치의 변동분
2. 해당 공익사업의 시행에 따른 절차로서 행한 토지이용계획의 설정·변경 등에 따른 가치의 변동분

3. 그 밖에 해당 공익사업의 착수에서 준공까지 그 시행에 따른 가치의 변동분

② 제1항에 따른 가치의 변동분의 배제는 제10조 및 제11조 등에 따르되, 제9조에 따라 선정된 비교표준지의 적용공시지가에 제1항제1호 및 제2호에서 규정한 가치의 변동분이 포함되어 있는 경우에는 이를 배제한 가액으로 감정평가한다.

제8조(공시지가기준 감정평가) 토지 보상평가는 부동산공시법에 따른 표준지공시지가를 기준으로 하되, 그 공시기준일부터 가격시점까지의 관계법령에 따른 해당 토지의 이용계획, 해당 공익사업으로 인한 지가의 영향을 받지 아니하는 지역의 법 시행령 제37조에서 정하는 지가변동률, 생산자물가상승률(「한국은행법」 제86조에 따라 한국은행이 조사·발표하는 생산자물가지수에 따라 산정된 비율을 말한다. 이하 같다), 그 밖에 해당 토지의 위치·형상·환경·이용상황 등을 고려한 적정가격으로 감정평가한다.

제9조(비교표준지의 선정) ① 비교표준지는 다음 각 호의 선정기준에 맞는 표준지 중에서 대상토지의 감정평가에 가장 적절하다고 인정되는 표준지를 선정한다. 다만, 한 필지의 토지가 둘 이상의 용도로 이용되고 있거나 적절한 감정평가액의 산정을 위하여 필요하다고 인정되는 경우에는 둘 이상의 비교표준지를 선정할 수 있다.

1. 「국토의 계획 및 이용에 관한 법률」상의 용도지역·지구·구역 등(이하 "용도지역등"이라 한다) 공법상 제한이 같거나 비슷할 것

2. 이용상황이 같거나 비슷할 것

3. 주변환경 등이 같거나 비슷할 것

4. 인근지역에 위치하여 지리적으로 가능한 한 가까이 있을 것

② 제1항 각 호의 선정기준에 맞는 표준지가 없는 경우에는 인근지역과 비슷한 지역적 특성을 갖는 동일수급권 안의 유사지역에 위치하고 제1항제1호부터 제3호까지의 기준에 맞는 표준지 중 가장 적절하다고 인정되는 표준지를 비교표준지로 선정할 수 있다.

③ 택지개발사업·산업단지개발사업 등 공익사업시행지구 안에 있는 토지를 감정평가할 때에는 그 공익사업시행지구 안에 있는 표준지를 선정한다.

④ 제3항에도 불구하고 특별한 이유가 있는 경우에는 해당 공익사업시행지구 안에 있는 표준지의 일부를 선정대상에서 제외하거나, 해당 공익사업시행지구 밖에 있는 표준지를 선정할 수 있다. 이 경우에는 그 이유를 감정평가서에 기재하여야 한다.

⑤ 도로·구거 등 특수용도의 토지에 관한 감정평가로서 제1항의 선정기준에 적합한 표준지가 인근지역에 없는 경우에는 인근지역의 표준적인 이용상황과 비슷한 표준지를 비교표준지로 선정할 수 있다.

⑥ 삭제 〈2009.10.28.〉

⑦ 비교표준지를 선정한 때에는 그 선정이유를 감정평가서에 기재한다.

제10조(적용공시지가의 선택) ① 토지 보상평가 시 적용할 공시지가는 다음 각 호에서 정하는 기준에 따른다.

1. 법 제20조에 따른 사업인정(다른 법률에 따라 사업인정으로 보는 경우를 포함한다. 이하 "사업인정"이라 한다) 전의 협의에 따른 취득의 경우에는 법 제70조제3항에 따라 해당 토지의 가격시점 당시에 공시된 공시지가 중에서 가격시점에 가장 가까운 시점의 것으로 한다. 다만, 감정평가시점이 공시지가 공고일 이후이고 가격시점이 공시기준일과 공시지가 공고일 사이인 경우에는 가격시점 해당 연도의 공시지가를 기준으로 한다.

2. 사업인정 후의 취득의 경우에는 법 제70조제4항에 따라 사업인정고시일 전의 시점을 공시기준일로 하는 공시지가로서, 해당 토지에 관한 협의 또는 재결 당시 공시된 공시지가 중에서 해당 사업인정고시일에 가장 가까운 시점의 것으로 한다.

3. 제1호와 제2호에도 불구하고 해당 공익사업의 계획 또는 시행이 공고 또는 고시됨에 따라 취득하여야 할 토지의 가치가 변동되었다고 인정되는 경우에는 법 제70조제5항에 따라 해당 공고일 또는 고시일 전의 시점을 공시기준일로 하는 공시지가로서 해당 토지의 가격시점 당시 공시된 공시지가 중에서 해당 공익사업의 공고일 또는 고시일에 가장 가까운 시점의 것으로 한다.

② 제1항제3호에서 "해당 공익사업의 계획 또는 시행이 공고 또는 고시"란 해당 공익사업의 사업인정고시일 전에 국가·지방자치단체 또는 사업시행자 등이 관계법령 등에 따라 해당 공익사업에 관한 계획 또는 시행을 일반 국민에게 공고 또는 고시한 것을 말한다.

③ 제1항제3호에서 "취득하여야 할 토지의 가치가 변동되었다고 인정되는 경우"란 도로, 철도 또는 하천 관련 사업을 제외한 사업으로서 다음 각 호의 요건을 모두 갖춘 경우를 말한다.

1. 해당 공익사업의 면적이 20만 제곱미터 이상일 것

2. 해당 공익사업시행지구 안에 있는 부동산공시법 제3조제1항에 따른 표준지공시지가(해당 공익사업시행지구 안에 표준지가 없는 경우에는 비교표준지의 공시지가를 말하며, 이하 이 조에서 "표준지공시지가"라 한다)의 평균변동률과 대상토지가 소재하는 시(행정시를 포함한다. 이하 같다)·군 또는 구(자치구가 아닌 구를 포함한다. 이하 같다) 전체의 표준지공시지가 평균변동률과의 차이가 3퍼센트포인트 이상일 것

3. 해당 공익사업시행지구 안에 있는 표준지공시지가의 평균변동률이 대상토지가 소재하는 시·군 또는 구 전체의 표준지공시지가 평균변동률보다 30퍼센트 이상 높거나 낮을 것

④ 제3항제2호 및 제3호에 따른 평균변동률은 해당 표준지별 변동률의 합을 표준지의 수로 나누어 산정하며, 공익사업시행지구가 둘 이상의 시·군 또는 구에 걸쳐 있는 경우에서 대상토지가 소재하는 시·군 또는 구 전체의 표준지공시지가 평균변동률은 시·군 또는 구별로 평균변동률을 산정한 후 이를 해당 시·군 또는 구에 속한 공익사업시행지구 면적 비율로 가중평균(加重平均)하여 산정한다. 이 경우 평균변동률의 산정기간은 해당 공익사업의 계획 또는 시행이 공고되거나 고시된 당시에 공시된 표준지공시지가 중 그 공고일 또는 고시일에 가장 가까운 시점에 공시된 표준지공시지가의 공시기준일부터 법 제70조제3항 또는 제4항에 따른 표준지공시지가의 공시기준일까지의 기간으로 한다.

⑤ 사업인정의 고시가 있은 이후에 공익사업시행지구의 확장이나 변경 등으로 토지의 세목 등이 추가로 고시됨에 따라 그 추가로 고시된 토지를 감정평가하는 경우에는 그 토지의 세목 등이 추가로 고시된 날짜를 사업인정고시일로 본다. 다만, 공익사업시행지구의 확장이나 변경 등이 없이 지적분할 등에 따라 토지의 세목 등이 변경고시된 경우에는 그러하지 아니하다.

제10조의2(가격시점의 결정) 토지 보상평가 시 가격시점은 협의에 따른 경우에는 협의성립 당시를, 재결에 따른 경우에는 수용 또는 사용의 재결(이하 "재결"이라 한다) 당시를 기준으로 한다. 이 경우 감정평가 의뢰자(이하 "의뢰자"라 한다)가 가격시점을 정하여 의뢰한 경우에는 그 날짜로 하고, 가격시점을 정하지 아니하여 감정평가 의뢰한 경우에는 의뢰자와 협의하여 정하되, 대상토지에 대한 보상계약의 체결 또는 재결의 예정일자로 한다.

제11조(지가변동률의 적용) ① 시점수정을 위한 지가변동률의 적용은 「부동산 거래신고 등에 관한 법률」 제19조에 따라 국토교통부장관이 월별로 조사·발표한 지가변동률로서 비교표준지가 있는 시·군 또는 구의 같은 용도지역의 지가변동률로 한다.

② 제1항에도 불구하고 다음 각 호의 경우에는 그 기준에 따른다.

1. 비교표준지와 같은 용도지역의 지가변동률이 조사·발표되지 아니한 경우에는 공법상 제한이 비슷한 용도지역의 지가변동률, 이용상황별 지가변동률(지가변동률 조사·평가기준일이 1998년 1월 1일 이전인 경우에는 지목별 지가변동률을 말한다. 이하 같다) 또는 해당 시·군 또는 구의 평균지가변동률 중 어느 하나를 적용할 수 있다.

2. 비교표준지가 도시지역의 개발제한구역 안에 있는 경우 또는 용도지역이 미지정된 경우에는 녹지지역의 지가변동률을 적용한다. 다만, 비교표준지가 도시지역의 개발제한구역 안에 있는 경우로서 2013년 5월 28일 자 법 시행령 제37조제1항 개정 전에 공익사업의 시행에 따른 보상계획을 공고하고 토지 소유자 및 관계인에게 이를 통지한 경우에는 이용상황별 지가변동률을 우선 적용한다.

3. 표준지공시지가의 공시기준일이 1997년 1월 1일 이전인 경우로서 비교표준지가 도시지역 밖에 있는 경우와 도시지역의 개발제한구역 안에 있는 경우 또는 용도지역이 미지정된 경우에는 이용상황별 지가변동률을 적용한다. 다만, 비교표준지와 같은 이용상황의 지가변동률이 조사·발표되지 아니한 경우에는 비교표준지와 비슷한 이용상황의 지가변동률 또는 해당 시·군 또는 구의 평균 지가변동률을 적용할 수 있다.

4. 비교표준지의 용도지역은 세분화된 관리지역(계획관리지역·생산관리지역 또는 보전관리지역을 말한다. 이하 이 조에서 같다)이나 비교표준지가 있는 시·군 또는 구의 지가변동률이 세분화되지 아니한 관리지역으로 조사·발표되어 있는 경우와 비교표준지의 용도지역은 세분화되지 아니한 관리지역이나 비교표준지가 있는 시·군 또는 구의 지가변동률이 세분화된 관리지역으로 조사·발표되어 있는 경우에는 비교표준지와 같은 용도지역의 지가변동률이 조사·발표되지 아니한 것으로 본다. 이 경우에는 비교표준지와 비슷한 용도지역(세분화되거나 세분화되지 아니한 관리지역을 말한다)의 지가변동률, 이용상황별 지가변동률 또는 해당 시·군 또는 구의 평균 지가변동률 중 어느 하나를 적용할 수 있다.

③ 제1항 및 제2항을 적용할 때 비교표준지가 소재하는 시·군 또는 구의 지가가 해당 공익사업으로 변동된 경우에는 해당 공익사업과 관계없는 인근 시·군 또는 구의 용도지역별 지가변동률을 적용한다. 다만, 비교표준지가 소재하는 시·군 또는 구의 평균 지가변동률이 인근 시·군 또는 구의 평균 지가변동률보다 작은 경우에는 그러하지 아니하다.

④ 제3항에서 "비교표준지가 소재하는 시·군 또는 구의 지가가 해당 공익사업으로 변동된 경우"란 도로, 철도 또는 하천 관련 사업을 제외한 사업으로서 다음 각 호의 요건을 모두 갖춘 경우를 말한다.

1. 해당 공익사업의 면적이 20만 제곱미터 이상일 것
2. 비교표준지가 소재하는 시·군 또는 구의 사업인정고시일부터 가격시점까지의 평균 지가변동률이 3퍼센트 이상일 것. 다만, 해당 공익사업의 계획 또는 시행이 공고되거나 고시됨에 따라 비교표준지의 가격이 변동되었다고 인정되는 경우에는 그 계획 또는 시행이 공고되거나 고시된 날부터 가격시점까지의 평균 지가변동률이 5퍼센트 이상인 경우로 한다.
3. 사업인정고시일부터 가격시점까지 비교표준지가 소재하는 시·군 또는 구의 평균 지가변동률이 비교표준지가 소재하는 특별시, 광역시, 특별자치시, 도 또는 특별자치도(이하 "시·도"라 한다)의 평균 지가변동률보다 30퍼센트 이상 높거나 낮을 것

⑤ 제2항 및 제3항에 따라 지가변동률을 적용하는 경우에는 그 내용을 감정평가서에 기재한다.

제12조(지가변동률의 추정) ① 가격시점 당시에 조사·발표되지 아니한 월의 지가변동률 추정은 조사·발표된 월별 지가변동률 중 가격시점에 가장 가까운 월의 지가변동률을 기준으로 하되, 월 단위로 구분하지 아니하고 일괄추정방식에 따른다. 다만, 지가변동추이로 보아 조사·발표된 월별 지가변동률 중 가격시점에 가장 가까운 월의 지가변동률로 추정하는 것이 적정하지 못하다고 인정되는 경우에는 조사·발표된 최근 3개월의 지가변동률을 기준으로 추정하거나 조사·발표되지 아니한 월의 지가변동추이를 분석·검토한 후 지가변동률을 따로 추정할 수 있다.

② 가격시점 당시에는 해당 월의 지가변동률이 조사·발표되지 아니하였으나 감정평가시점 당시에 조사·발표된 경우에는 해당 월의 지가변동률을 적용한다.

제13조(지가변동률의 산정) ① 지가변동률의 산정은 가격시점 직전 월까지의 지가변동률 누계에 해당 월의 경과일수 상당의 지가변동률을 곱하는 방법으로 구하며, 그 율은 백분율로서 소수점 이하 셋째 자리까지 표시하되 반올림한다.

② 해당 월의 경과일수 상당의 지가변동률 산정은 해당 월의 총일수를 기준으로 하고, 해당 월의 지가변동률이 조사·발표되지 아니하여 지가변동률을 추정할 때에는 그 추정기준이 되는 월의 총일수를 기준으로 한다.

③ 지가변동률의 산정을 위한 경과일수는 해당 월의 첫날과 가격시점일을 넣어 계산한 것으로 한다.

제14조(생산자물가상승률의 적용) ① 다음 각 호의 어느 하나에 해당하는 경우에는 생산자물가상승률을 적용하여 시점수정을 할 수 있다.

1. 조성비용 등을 기준으로 감정평가하는 경우
2. 그 밖에 특별한 이유가 있다고 인정되는 경우

② 제1항의 생산자물가상승률은 공시기준일과 가격시점의 각 직전 월의 생산자물가지수를 비교하여 산정한다. 다만, 가격시점이 그 월의 15일 이후이고, 감정평가시점 당시에 가격시점이 속한 월의 생산자물가지수가 조사·발표된 경우에는 가격시점이 속하는 월의 지수로 비교한다.

③ 토지 보상평가에서 생산자물가상승률을 시점수정 자료로 활용하지 아니한 경우에도 이를 지가변동률과 비교하여 감정평가서에 그 내용을 기재한다.

제15조(지역요인 및 개별요인의 비교) ① 인근지역에 적정한 비교표준지가 없어서 동일수급권 안의 유사지역에서 비교표준지를 선정한 경우에는 대상토지와 지역요인 및 개별요인을 비교하고, 인근지역에서 비교표준지를 선정한 경우에는 개별요인만을 비교하되, 이 경우에도 지역요인이 같다는 것을 감정평가서에 기재한다.

② 지역요인 및 개별요인의 비교는 대상토지의 용도지역등과 현실적인 이용상황 등을 기준으로 그 용도적 특성에 따라 다음 각 호와 같이 용도지대를 분류하고 가로조건·접근조건·환경조건·획지조건·행정적조건·기타조건 등에 관한 사항을 비교한다.

1. 상업지대 : 고밀도상업지대·중밀도상업지대·저밀도상업지대
2. 주택지대 : 고급주택지대·보통주택지대·농어촌주택지대
3. 공업지대 : 전용공업지대·일반공업지대
4. 농경지대 : 전작농경지대·답작농경지대
5. 임야지대 : 도시근교임야지대·농촌임야지대·산간임야지대
6. 후보지지대 : 택지후보지지대·농경지후보지지대

③ 각 용도지대별 지역요인 및 개별요인의 비교항목(조건·항목·세항목)의 내용은 별표1부터 별표7까지에서 정하는 바에 따른다.

④ 지역요인 및 개별요인의 비교에서 지역요인의 비교는 비교표준지가 있는 지역의 표준적인 획지의 최유효이용과 대상토지가 있는 지역의 표준적인 획지의 최유효이용을 판정하여 비교하고, 개별요인의 비교는 비교표준지의 최유효이용과 대상토지의 최유효이용을 판정하여 비교한다. 이 경우 지역요인의 비교는 비교표준지가 있는 지역과 대상토지가 있는 지역 모두 가격시점을 기준으로 하고, 개별요인의 비교는 비교표준지는 공시기준일을 기준으로 하고 대상토지는 가격시점을 기준으로 한다.

⑤ 지역요인 및 개별요인의 비교를 위한 인근지역의 판단은 토지의 용도적 관점에서의 동질성을 기준으로 하되, 일반적으로 지형·지물 등 다음 각 호의 사항을 확인하여 인근지역의 범위를 정한다.

1. 지반·지세·지질
2. 하천·수로·철도·공원·도로·광장·구릉 등
3. 토지의 이용상황
4. 용도지역등 공법상 제한
5. 역세권·통학권·통작권역

제15조의2(격차율의 산정) ① 비교표준지와 대상토지의 지역요인 및 개별요인의 비교치 결정을 위한 격차율은 별표1부터 별표7까지에서 정한 용도지대별 비교항목(조건·항목·세항목)을 기준으로 지역요인과 개별요인별로 구분하여 다음 각 호와 같이 산정하되, 소수점 이하 셋째 자리까지 표시하고 반올림한다.

1. 지역요인 및 개별요인별 격차율은 제2호에 따라 산정된 각 "조건" 단위의 격차율을 곱한 것으로 한다.

  2. 각 "조건" 단위의 격차율은 비교가 필요한 "항목·세항목"만을 추출하여 산정하되 각 "항목·세항목" 단위의 우세·열세 등 격차율을 더한 것으로 한다.

② 제1항에도 불구하고 "조건" 단위의 격차율을 "항목·세항목" 단위로 세분하여 산정하는 것이 곤란하거나 합리적이고 능률적인 감정평가를 위하여 필요하다고 인정되는 경우에는 "조건" 단위로 종합적으로 비교하여 산정할 수 있으며, 대상토지가 속한 지역의 여건 등에 맞게 용도지대별 비교항목(조건·항목·세항목)을 증감 설정하여 산정할 수 있다.

③ 제1항 및 제2항의 격차율은 개별필지별로 산정함을 원칙으로 하되, 산정된 격차율의 내용을 감정평가서에 기재한다.

제16조(그 밖의 요인 보정) ① 토지 보상평가에 있어서 시점수정·지역요인 및 개별요인의 비교 외에 대상토지의 가치에 영향을 미치는 사항이 있는 경우에는 그 밖의 요인 보정을 할 수 있다.

② 그 밖의 요인 보정을 하는 경우에는 해당 공익사업의 시행에 따른 가치의 변동은 고려하지 아니한다.

③ 그 밖의 요인 보정을 하는 경우에는 대상토지의 인근지역 또는 동일수급권 안의 유사지역(이하 "인근지역등"이라 한다)의 정상적인 거래사례나 보상사례(이하 "거래사례등"이라 한다)를 참작할 수 있다.

④ 그 밖의 요인 보정은 다음 각 호의 순서에 따라 행한다.

  1. 그 밖의 요인 보정의 필요성 및 근거

  2. 거래사례등 기준 격차율 산정

  3. 실거래가 분석 등을 통한 검증

  4. 그 밖의 요인 보정치의 결정

⑤ 제4항제4호의 그 밖의 요인 보정치는 거래사례등을 기준으로 산정한 격차율과 실거래가 분석 등을 통한 검증 결과 등을 종합적으로 고려하여 적정한 수치로 결정하되, 소수점 이하 둘째 자리까지 표시함을 원칙으로 한다.

⑥ 그 밖의 요인 보정을 한 경우에는 그 산출근거를 감정평가서에 구체적이고 명확하게 기재한다.

제17조(거래사례등의 요건) ① 제16조제3항의 거래사례등(보상사례의 경우 해당 공익사업에 관한 것을 제외한다. 이하 같다)은 다음 각 호의 요건을 갖추어야 한다. 다만, 해당 공익사업의 시행에 따른 가치의 변동이 반영되어 있지 아니하다고 인정되는 사례의 경우에는 제4호는 적용하지 아니한다.

  1. 용도지역등 공법상 제한이 같거나 비슷할 것

  2. 현실적인 이용상황 등이 같거나 비슷할 것

  3. 주위환경 등이 같거나 비슷할 것

  4. 제10조제1항에 따른 적용공시지가의 선택기준에 적합할 것

  5. 거래사례는 「부동산 거래신고 등에 관한 법률」에 따라 신고된 것으로서 정상적인 거래로 인정되거나 사정보정이 가능한 것일 것

② 제1항의 규정에 의하여 보상사례를 참작하는 경우에는 그 감정평가기준 등의 적정성을 검토하여야 한다.

제17조의2(거래사례등 기준 격차율 산정방법) ① 그 밖의 요인의 보정치의 결정을 위한 제16조제4항제2호에 따른 거래사례등 기준 격차율 산정은 대상토지 기준 산정방식 또는 표준지 기준 산정방식 중 어느 하나로 할 수 있다.

② 제1항의 격차율 산정방식 중 대상토지 기준 산정방식은 다음과 같다.

$$\frac{\text{거래사례등 토지단가} \times \text{사정보정} \times \text{시점수정} \times \text{지역요인의 비교} \times \text{개별요인의 비교}}{\text{표준지공시지가} \times \text{시점수정} \times \text{지역요인의 비교} \times \text{개별요인의 비교}}$$

③ 제1항의 격차율 산정방식 중 표준지 기준 산정방식은 다음과 같다.

$$\frac{\text{거래사례등 토지단가} \times \text{사정보정} \times \text{시점수정} \times \text{지역요인의 비교} \times \text{개별요인의 비교}}{\text{표준지공시지가} \times \text{시점수정}}$$

④ 제2항과 제3항에 따른 시점수정에서 거래사례등 또는 비교표준지와 대상토지의 시·군 또는 구가 다른 경우에는 거래사례등 또는 비교표준지가 소재하는 시·군 또는 구의 지가변동률을 적용하되, 지가변동률 산정의 기산일은 거래사례의 경우 계약일자로 하고 보상사례의 경우 그 보상평가의 가격시점으로 한다.

제18조(현실적인 이용상황의 판단 및 면적사정) 대상토지의 현실적인 이용상황의 판단 및 면적사정은 의뢰자가 제시한 기준에 따르되, 다음 각 호의 어느 하나에 해당하는 경우에는 의뢰자에게 그 내용을 조회한 후 목록을 다시 받아 감정평가하는 것을 원칙으로 한다. 다만, 수정된 목록의 제시가 없을 때에는 당초 제시된 목록을 기준으로 감정평가하되, 감정평가서의 토지평가조서 비고란에 현실적인 이용상황을 기준으로 한 단가 또는 면적을 따로 기재한다.

1. 실지조사 결과 제시된 목록상의 이용상황과 현실적인 이용상황이 다른 것으로 인정되는 경우
2. 한 필지 토지의 현실적인 이용상황이 둘 이상인 경우로서 이용상황별로 면적을 구분하지 아니하고 감정평가 의뢰된 경우(다른 이용상황인 부분이 주된 이용상황과 비슷하거나 면적비율이 뚜렷하게 낮아 주된 이용상황의 가치를 기준으로 거래될 것으로 추정되는 경우는 제외한다)
3. 지적공부상 지목이 "대(공장용지 등 비슷한 지목을 포함한다. 이하 이 조에서 같다)"가 아닌 토지가 현실적인 이용상황에 따라 "대"로 감정평가 의뢰된 경우로서 다음 각 목의 어느 하나에 해당하는 경우(토지형질변경허가 관계 서류 등 신빙성 있는 자료가 있거나 주위환경의 사정 등으로 보아 "대"로 인정될 수 있는 경우는 제외한다)
   가. 제시된 면적이 인근지역에 있는 "대"의 표준적인 획지의 면적 기준을 뚜렷이 초과하거나 미달되는 경우
   나. 지상 건축물의 용도·규모 및 부속건축물의 상황과 관계법령에 따른 건폐율·용적률, 그 밖에 공법상 제한 등으로 보아 제시된 면적이 뚜렷이 과다하거나 과소한 것으로 인정되는 경우

제19조(토지단가의 표시) 다음 산식에 따라 산정된 대상토지의 단위면적 당 적정가격(이하 "토지단가"라 한다)은 제곱미터(㎡) 당 100,000원 미만인 경우에는 유효숫자 둘째 자리까지 표시하고, 100,000원 이상인 경우에는 유효숫자 셋째 자리까지 표시하는 것을 원칙으로 하되 반올림한다. 다만, 의뢰

자로부터 다른 요청이 있거나 적정한 보상가액의 산정을 위하여 필요하다고 인정하는 경우에는 유효숫자를 늘릴 수 있다.

> 토지단가 = 표준지공시지가 × 지가변동률(생산자물가상승률) × 지역요인의 비교 × 개별요인의 비교 × 그 밖의 요인 보정

제20조(일괄감정평가) ① 두 필지 이상의 토지가 일단지를 이루어 용도상 불가분의 관계에 있는 경우에는 일괄감정평가하는 것을 원칙으로 하되 감정평가서에 그 내용을 기재한다. 다만, 지목·용도지역등을 달리하여 가치가 명확히 구분되거나 소유자 등이 달라 이를 필지별로 감정평가할 사유나 조건이 있는 경우에는 그러하지 아니하다.

② 제1항에서 "용도상 불가분의 관계에 있는 경우"란 일단지로 이용되고 있는 상황이 사회적·경제적·행정적 측면에서 합리적이고 해당 토지의 가치형성 측면에서도 타당하여 서로 불가분성이 인정되는 관계에 있는 경우를 말한다.

③ 두 필지 이상 토지의 소유자가 서로 다른 경우에는 일단지로 보지 아니한다. 다만, 하나의 건축물(부속건축물을 포함한다)의 부지로 이용되고 있거나 건축 중에 있는 토지 등과 같이 사실상 공유관계가 성립되어 있는 경우에는 이를 일단지로 보고 일괄감정평가할 수 있다.

제21조(부분감정평가) 한 필지 토지의 일부만이 공익사업시행지구에 편입되는 경우에는 편입 당시 토지 전체의 상황을 기준으로 감정평가한다. 다만, 그 편입부분과 잔여부분의 가치가 다른 경우에는 편입부분의 가치를 기준으로 감정평가할 수 있다. 이 경우에는 그 내용을 감정평가서에 기재한다.

제22조(구분감정평가) ① 한 필지의 토지가 둘 이상의 용도로 이용되는 경우에는 실제용도별로 구분하여 감정평가하는 것을 원칙으로 한다. 다만, 의뢰자가 실제용도별로 면적을 구분하여 제시하지 아니한 경우에는 주된 용도의 가치를 기준으로 감정평가하고 다른 용도의 지목 및 단가를 토지평가조서의 비고란에 표시할 수 있다.

② 제1항에도 불구하고 다른 용도로 이용되는 부분이 주된 용도와 가치가 비슷하거나 면적비율이 뚜렷하게 낮아 주된 용도의 가치를 기준으로 거래되는 관행이 있는 경우에는 주된 용도의 가치를 기준으로 감정평가할 수 있다. 이 경우에는 그 내용을 감정평가서에 기재한다.

제3장 공법상 제한을 받는 토지의 평가

제23조(공법상 제한의 구분 및 감정평가 기준) ① "공법상 제한을 받는 토지"라 함은 관계법령의 규정에 따라 토지의 이용규제나 제한을 받는 토지를 말하며, 그 제한은 일반적인 계획제한과 개별적인 계획제한으로 구분한다.

② 다음 각 호의 어느 하나에 해당하는 공법상 제한은 제한 그 자체로 목적이 완성되고 구체적인 사업의 시행이 필요하지 아니한 일반적인 계획제한으로서 그 제한을 받는 상태를 기준으로 감정평가한다. 다만, 제1호의 경우로서 해당 공익사업의 시행을 직접 목적으로 하여 용도지역등이 지정 및 변경

(이하 "지정·변경"이라 한다)된 토지에 대한 감정평가는 그 지정·변경이 되기 전의 용도지역등을 기준으로 하며, 제2호부터 제5호의 경우로서 해당 법령에서 정한 공익사업의 시행을 직접 목적으로 하여 해당 구역 등 안 토지를 취득 또는 사용하는 경우에는 이를 개별적인 계획제한으로 본다.

1. 용도지역등의 지정·변경
2. 「군사기지 및 군사시설보호법」에 따른 군사시설보호구역의 지정·변경
3. 「수도법」에 따른 상수원보호구역의 지정·변경
4. 「자연공원법」에 따른 자연공원 및 공원보호구역의 지정·변경
5. 그 밖에 관계법령에 따른 위 제2호부터 제4호와 비슷한 토지이용계획의 제한

③ 다음 각 호의 어느 하나에 해당하는 공법상 제한은 그 제한이 구체적인 사업의 시행이 필요한 개별적인 계획제한으로서 그 공법상 제한이 해당 공익사업의 시행을 직접목적으로 하여 가하여진 경우에는 그 제한을 받지 아니한 상태를 기준으로 감정평가한다.

1. 「국토의 계획 및 이용에 관한 법률」 제2조제7호에서 정한 도시·군계획시설 및 제2조제11호에서 정한 도시·군계획사업에 관한 같은 법 제30조제6항에 따른 도시·군관리계획의 결정고시
2. 법 제4조에 따른 공익사업을 위한 사업인정의 고시
3. 그 밖에 관계법령에 따른 공익사업의 계획 또는 시행의 공고 또는 고시 및 공익사업의 시행을 목적으로 한 사업구역·지구·단지 등의 지정고시

④ 제3항에서 "해당 공익사업의 시행을 직접목적으로 하여 가하여진 경우"에는 당초의 목적사업과 다른 목적의 공익사업에 취득 또는 사용되는 경우를 포함한다.

제24조(공원구역 등 안 토지의 감정평가) ① 「자연공원법」 제4조에 따른 자연공원으로 지정된 구역 안에 있는 토지에 대한 감정평가는 그 공원 등의 지정에 따른 제한과 같은 법 제18조에 따른 공원구역의 용도지구 결정에 따른 제한이 일반적인 계획제한으로서 그 제한을 받는 상태를 기준으로 한다. 다만, 같은 법 시행령 제2조에서 정한 공원시설의 설치를 위한 공원사업시행계획의 결정고시 등에 따른 제한은 그 제한이 구체적인 사업의 시행이 필요한 개별적인 계획제한으로서 그 제한을 받지 아니한 상태를 기준으로 감정평가한다.

② 「도시공원 및 녹지 등에 관한 법률」 제2조제3호에 따른 도시공원(도시자연공원구역을 제외한다. 이 경우에도 제1항 단서를 준용한다)과 같은 법 제2조제5호에 따른 녹지로 결정된 지역 안에 있는 토지에 대한 감정평가는 그 도시공원 및 녹지 등의 결정이 「국토의 계획 및 이용에 관한 법률」 제2조제7호에서 정한 도시·군계획시설의 설치를 목적으로 하는 개별적인 계획제한으로서 그 공법상 제한을 받지 아니한 상태를 기준으로 한다.

제25조(용도지역 사이에 있는 토지의 감정평가) ① 양측 용도지역의 사이에 있는 토지가 용도지역이 지정되지 아니한 경우에 그 토지에 대한 감정평가는 그 위치·면적·이용상황 등을 고려하여 양측 용도지역의 평균적인 제한상태를 기준으로 한다.

② 양측 용도지역의 경계에 있는 도로(도시·군계획시설(도로)를 포함한다. 이하 이 조에서 같다)에 대한 용도지역 지정 여부의 확인이 사실상 곤란한 경우에는 「도시·군관리계획수립지침」에서 정하는 기준에 따라 다음 각 호와 같이 대상토지의 용도지역을 확인할 수 있다.

1. 주거·상업·공업지역 중 2개 지역을 경계하고 있는 도로는 도로의 중심선을 용도지역의 경계로 본다.
2. 주거·상업·공업지역과 녹지지역의 경계에 있는 도로가 지역 간 통과도로인 경우에는 중심선을 용도지역 경계로 보며, 일반도로인 경우에는 녹지지역이 아닌 지역으로 본다.

제26조(둘 이상의 용도지역에 속한 토지의 감정평가) ① 둘 이상의 용도지역에 걸쳐 있는 토지에 대한 감정평가는 각 용도지역 부분의 위치·형상·이용상황, 그 밖에 다른 용도지역 부분에 미치는 영향 등을 고려하여 면적비율에 따른 평균가액으로 한다.
② 제1항에도 불구하고 다음 각 호의 어느 하나에 해당하는 경우에는 주된 용도지역의 가격을 기준으로 감정평가할 수 있다. 이 경우에는 감정평가서에 그 내용을 기재한다.
1. 용도지역을 달리하는 부분의 면적이 과소하여 가격형성에 미치는 영향이 별로 없는 경우
2. 관계법령의 규정에 따라 주된 용도지역을 기준으로 이용할 수 있어 주된 용도지역의 가격으로 거래되는 관행이 있는 경우

제27조(용도지역등이 변경된 토지의 감정평가) 용도지역등이 지정·변경된 토지에 대한 감정평가는 가격시점 당시의 용도지역등을 기준으로 한다. 다만, 다음 각 호의 어느 하나에 해당하는 경우에는 지정·변경 전 용도지역등을 기준으로 한다.
1. 용도지역등의 지정·변경이 해당 공익사업의 시행을 직접 목적으로 하는 경우
2. 용도지역등의 지정·변경이 해당 공익사업의 시행에 따른 절차로서 이루어진 경우

제28조(도시·군계획시설(도로)에 접한 토지의 감정평가) 해당 공익사업과 직접 관계없이 「국토의 계획 및 이용에 관한 법률」 제32조에 따른 도시·군관리계획에 관한 지형도면(이하 "지형도면"이라 한다)이 고시된 도시·군계획시설(도로)에 접한 토지에 대한 감정평가는 그 도시·군계획시설(도로)의 폭·기능·개설시기 등과 대상토지의 위치·형상·이용상황·환경·용도지역등을 고려한 가액으로 한다.

제29조(도시·군계획시설(도로)에 저촉된 토지의 감정평가) ① 도시·군계획시설(도로)에 저촉된 토지에 대한 감정평가는 저촉되지 아니한 상태를 기준으로 한다.
② 제1항에도 불구하고 해당 공익사업과 직접 관계없이 지형도면이 고시된 도시·군계획시설(도로)에 저촉된 부분과 저촉되지 아니한 부분이 함께 감정평가 의뢰된 경우에는 저촉되지 아니한 부분에 대하여는 제28조를 준용할 수 있다. 이 경우에는 면적비율에 따른 평균가액으로 토지단가를 결정하되 감정평가서에 그 내용을 기재한다.

제30조(정비구역 안 토지의 감정평가) ① 「도시 및 주거환경정비법」 제4조에 따라 지정된 정비구역 안의 토지에 대한 감정평가는 정비구역의 지정이 해당 구역의 개발·정비를 직접목적으로 하여 가하여진 개별적인 계획제한으로서 그 공법상 제한을 받지 아니한 상태를 기준으로 한다.
② 삭제 〈2007.2.14.〉
③ 삭제 〈2007.2.14.〉

제30조의2(「문화유산의 보존 및 활용에 관한 법률」에 따른 보호구역 안 토지의 감정평가) 「문화유산의 보존 및 활용에 관한 법률」 제27조에 따른 보호구역 안에 있는 토지를 문화유산의 보존 및 활용에 관한 법률 제83조제1항에 따라 취득 또는 사용하는 경우에 그 보호구역 안 토지에 대한 감정평가는 그 보호구역의 지정이 해당 문화재의 보존·관리를 직접목적으로 하여 가하여진 개별적인 계획제한으로서 그 공법상 제한을 받지 아니한 상태를 기준으로 한다.

제31조(개발제한구역 안 토지의 감정평가) ① 개발제한구역 안의 토지에 대한 감정평가는 개발제한구역의 지정이 일반적인 계획제한으로서 그 공법상 제한을 받는 상태를 기준으로 한다.

② 개발제한구역 지정 당시부터 공부상 지목이 "대"인 토지(이축된 건축물이 있었던 토지의 경우에는 개발제한구역 지정 당시부터 해당 토지의 소유자와 이축된 건축물의 소유자가 다른 경우에 한한다)로서 「개발제한구역의 지정 및 관리에 관한 특별조치법 시행령」 제24조에 따른 개발제한구역 건축물관리대장에 등재된 건축물(이하 이 조에서 "건축물"이라 한다)이 없는 토지(이하 이 조에서 "건축물이 없는 토지"라 한다)에 대한 감정평가는 다음 각 호와 같이 한다.

1. 토지의 형질변경허가 절차 등의 이행이 필요하지 아니하는 건축물이 없는 토지는 인근지역에 있는 건축물이 없는 토지의 표준지공시지가를 기준으로 감정평가한다. 다만, 건축물이 없는 토지의 표준지공시지가가 인근지역에 없는 경우에는 인근지역에 있는 건축물이 있는 토지의 표준지공시지가를 기준으로 하거나, 동일수급권 안의 유사지역에 있는 건축물이 없는 토지의 표준지공시지가를 기준으로 감정평가할 수 있다.

2. 농경지 등 다른 용도로 이용되고 있어 토지의 형질변경절차 등의 이행이 필요한 토지는 제1호의 기준에 따른 감정평가액에 형질변경 등 대지조성에 통상 필요한 비용 상당액 등을 고려한 가액으로 감정평가한다. 다만, 주위환경이나 해당 토지의 상황 등에 비추어 "대"로 이용되는 것이 사실상 곤란하다고 인정되는 경우에는 현실적인 이용상황을 기준으로 감정평가하되, 인근지역 또는 동일수급권 안의 유사지역에 있는 현실적인 이용상황이 비슷한 토지의 표준지공시지가를 기준으로 한다.

③ 개발제한구역 안에 있는 건축물이 있는 토지에 대한 감정평가는 인근지역에 있는 건축물이 있는 토지의 표준지공시지가를 기준으로 하고, 건축물이 있는 토지의 표준지공시지가가 인근지역에 없는 경우에는 동일수급권 안의 유사지역에 있는 건축물이 있는 토지의 표준지공시지가를 기준으로 하거나 인근지역에 있는 건축물이 없는 토지의 표준지공시지가를 기준으로 감정평가한다. 다만, 대상토지의 면적이 인근지역에 있는 '대'의 표준적인 획지면적을 뚜렷이 초과하거나 지상 건축물의 용도·규모 및 부속건축물의 상황과 관계법령에 따른 용도지역별 건폐율·용적률, 그 밖에 공법상 제한 등으로 보아 그 면적이 뚜렷이 과다한 것으로 인정되는 경우에는 그 초과부분에 대하여는 제2항을 준용할 수 있다.

④ 제2항제1호 단서에 따라 건축물이 없는 토지를 인근지역에 있는 건축물이 있는 토지의 표준지공시지가를 기준으로 감정평가하거나, 제3항 단서에 따라 건축물이 있는 토지를 인근지역에 있는 건축물이 없는 토지의 표준지공시지가를 기준으로 감정평가하는 경우에는 개발제한구역 안에서의 건축물의 규모·높이·건폐율·용적률·용도변경 등의 제한과 토지의 분할 및 형질변경 등의 제한, 그 밖에 인근지역의 유통·공급시설(수도·전기·가스공급설비·통신시설·공동구 등)등 기반시설

(도시·군계획시설)의 미비 등에 따른 건축물이 있는 토지와 건축물이 없는 토지의 가격격차율 수준을 조사하고 이를 개별요인의 비교 시에 고려하여야 한다. 다만, 주위환경이나 해당 토지의 상황 등에 비추어 인근지역의 건축물이 있는 토지와 건축물이 없는 토지의 가치격차율 수준이 차이가 없다고 인정되는 경우에는 그러하지 아니하다.

⑤ 「개발제한구역의 지정 및 관리에 관한 특별조치법」 제17조제3항에 따른 매수대상토지에 대한 감정평가는 같은 법 시행령 제30조에 따르되 다음 각 호의 기준에 따른다.

1. 매수청구일 당시에 공시되어 있는 표준지공시지가 중 매수청구일에 가장 근접한 시점의 표준지공시지가를 기준으로 하되, 그 공시기준일부터 가격시점까지의 지가변동률·생산자물가상승률, 그 밖에 해당 토지의 위치·형상·환경·이용상황 등을 고려한 적정가격으로 감정평가한다.

2. 이용상황의 판단은 개발제한구역의 지정으로 해당 토지의 효용이 뚜렷하게 감소되기 전 또는 사용·수익이 사실상 불가능하게 되기 전의 토지의 상황(이하 이 조에서 "종전토지의 상황"이라 한다)을 기준으로 하되, 의뢰자가 제시한 기준에 따른다. 다만, 그 제시가 없는 때에는 개발제한구역 지정 이전의 공부상 지목을 기준으로 한다.

3. 비교표준지의 선정은 인근지역에 있는 종전토지의 상황과 비슷한 이용상황의 것으로 하되, 공부상 지목이 "대"인 토지(의뢰자가 개발제한구역 지정 이전의 실제용도를 "대"로 본 다른 지목의 토지를 포함한다)는 인근지역에 있는 건축물이 없는 토지로서 실제용도가 "대"인 공시지가 표준지를 선정한다.

제31조의2(개발제한구역이 해제된 토지의 감정평가) 개발제한구역 안의 토지가 「개발제한구역의 조정을 위한 도시관리계획 변경안 수립지침」(국토교통부훈령 제840호, 2017.4.28.) 제4절 3-4-1 각 호의 사업으로서 관계법령에 따른 공익사업 목적의 개발수요를 충족하기 위하여 이 수립지침에 따른 도시·군관리계획의 변경 절차 등을 거쳐 개발제한구역에서 해제된 것임을 명시하여 감정평가 의뢰된 경우 해당 토지에 대한 감정평가는 법 시행규칙 제23조제1항에 따라 개발제한구역이 해제되기 전의 공법상 제한을 기준으로 한다.

제31조의3(개발제한구역의 우선해제대상지역 안 토지의 감정평가) ① 개발제한구역 안에 있는 토지가 종전에 시행된 「집단취락등의 개발제한구역 해제를 위한 도시관리계획 변경(안) 수립지침」(건설교통부 관리 51400-1365, 2003.10.9. 이하 이 조에서 "우선해제지침"이라 한다)에 따른 조정대상에 해당하는 지역(이하 "우선해제대상지역"이라 한다) 중 집단취락·경계선관통취락·산업단지·개발제한구역지정의 고유목적 외의 특수한 목적이 소멸된 지역, 그 밖에 개발제한구역의 지정 이후에 개발제한구역 안에서 공익사업의 시행 등으로 인한 소규모 단절토지에 해당하는 경우로서 다음 각 호의 어느 하나에 해당하는 경우에는 개발제한구역의 우선해제가 예정된 것에 따른 정상적인 지가의 상승요인을 고려하여 감정평가하되, 개발제한구역이 해제된 것에 준한 가격으로 감정평가가액을 결정할 수 있다. 이 경우에는 그 내용을 감정평가서에 기재한다.

1. 특별시장·광역시장·시장 또는 군수(이하 이 조에서 "시장등"이라 한다)가 우선해제지침에서 정하는 절차에 따라 도시관리계획안(이하 이 조에서 "도시관리계획안"이라 한다)의 주요내용을 공고한 경우

2. 우선해제지침에서 정하는 절차에 따라 도시관리계획안의 주요내용이 수립되었으나 해당 공익사업의

시행을 직접 목적으로 하여 개발제한구역이 해제됨으로써 그 주요내용이 공고되지 아니한 경우

3. 해당 공익사업의 시행을 직접 목적으로 하여 개발제한구역이 해제되지 아니하였을 경우에 시장 등이 우선해제지침에서 정하는 절차에 따라 도시관리계획안의 주요내용을 수립·공고하였을 것으로 예상되는 경우로서 시장등이 그 내용을 확인하는 경우

② 제1항에 따라 감정평가하는 경우에서 우선해제지침에서 정하는 기준에 따라 개발제한구역의 해제에 따른 동시조치사항으로 용도지역·지구의 변경이 이루어졌을 것으로 예상되는 경우로서 시장등이 그 내용을 확인하는 경우에는 이를 고려한 가액으로 감정평가할 수 있다.

③ 제1항과 제2항에 따라 감정평가하는 경우에서 비교표준지의 선정은 대상토지의 인근지역 또는 동일수급권 안의 유사지역에 있는 것으로서 우선해제대상지역 안에 있는 표준지로 함을 원칙으로 하되, 개발제한구역의 해제가 예정된 것 등에 따른 정상적인 지가상승요인은 제16조에 따른 그 밖의 요인으로 보정한다. 다만, 그 상승요인이 비교표준지의 공시지가에 이미 반영되어 있거나, 비교표준지의 공시지가가 개발제한구역이 해제된 상태로 공시된 경우에는 그러하지 아니하다.

④ 제1항 본문에서 적시한 우선해제대상지역 외의 토지가 국민임대주택단지조성사업, 경부고속철도 운영활성화를 위한 광명역세권 개발사업 및 시급한 지역현안사업의 부지로서 우선해제대상지역으로 된 경우에서 해당 토지가 종전의 「광역도시계획수립지침(건설교통부, 제정 2002.12.30.)」의 "제3장제5절 3-5-2. 조정가능지역의 설정"에서 정하는 조정가능지역에 해당하는 것으로 인정되는 경우에는 개발제한구역의 해제 가능성에 따른 정상적인 지가의 상승요인을 고려하여 감정평가할 수 있다. 다만, 의뢰자가 시장등으로부터 해당 토지가 위 조정가능지역의 ⑤(국가정책사업 및 지역현안사업에 필요한 지역)에 해당하는 것으로 확인받아 감정평가 의뢰하는 경우에는 그러하지 아니하다.

제4장 특수토지에 대한 감정평가

제32조(미지급용지의 감정평가) ① 종전에 시행된 공익사업의 부지로서 보상금이 지급되지 아니한 토지(이하 "미지급용지"라 한다)에 대한 감정평가는 법 시행규칙 제25조에 따라 종전의 공익사업에 편입될 당시의 이용상황을 기준으로 한다. 다만, 종전의 공익사업에 편입될 당시의 이용상황을 알 수 없는 경우에는 편입될 당시의 지목과 가격시점 당시의 인근토지의 이용상황 등을 고려하여 감정평가한다.

② 제1항에서 "종전의 공익사업에 편입될 당시의 이용상황"을 상정하는 때에는 편입당시의 지목·실제용도·지형·지세·면적 등의 개별요인을 고려하여야 하며, 가격시점은 계약체결 당시를 기준으로 하고 공법상 제한이나 주위환경, 그 밖에 공공시설 등과의 접근성 등은 종전의 공익사업(그 미지급용지가 새로운 공익사업에 편입되는 경우에는 그 사업을 포함한다)의 시행을 직접 목적으로 하거나 해당 공익사업의 시행에 따른 절차 등으로 변경 또는 변동이 된 경우를 제외하고는 가격시점 당시를 기준으로 한다.

③ 미지급용지의 비교표준지는 종전 및 해당 공익사업의 시행에 따른 가치의 변동이 포함되지 아니한 표준지를 선정한다.

④ 주위환경 변동이나 형질변경 등으로 대상토지의 종전의 공익사업에 편입될 당시의 이용상황과 비슷한 표준지가 인근지역에 없어서 제9조제5항에 따라 인근지역의 표준적인 이용상황과 비슷한 표준지를 비교표준지로 선정한 경우에는 그 형질변경 등에 소요되는 비용 등을 고려하여야 한다.

⑤ 제36조제1항에서 규정한 공도 안에 있는 사유토지가 미지급용지로 감정평가 의뢰된 경우에는 의뢰자에게 그 토지가 도로로 편입당시 이전부터 법 시행규칙 제26조제2항에서 규정한 '사실상의 사도' 등으로 이용되었는지 여부 등을 조회한 후 그 제시된 의견에 따라 감정평가한다. 이 경우 의견의 제시가 없는 때에는 객관적인 판단기준에 따라 감정평가하고 그 내용을 감정평가서에 기재한다.

⑥ 법 제4조에서 규정한 공익사업의 기존 시설 안에 있는 사유토지에 대하여 그 공익시설의 관리청 등으로부터 보상금의 지급을 목적으로 감정평가 의뢰가 있는 경우에는 그 공익사업의 종류, 사업시행기간, 편입시점, 그 밖에 공익사업의 시행을 목적으로 한 사업인정의 고시 등 절차 이행 여부의 확인이 곤란한 경우에도 이를 제1항에서 규정한 미지급용지로 보고 감정평가할 수 있다.

제33조(무허가건축물 등 부지의 감정평가) ① 의뢰자가 공익사업을 목적으로 취득 또는 사용하는 토지 위에 있는 건축물이 「건축법」 등 관계법령에 따라 허가를 받거나 신고를 하고 건축 또는 용도변경을 하여야 하는 건축물을 허가를 받지 아니하거나 신고를 하지 아니하고 건축 또는 용도변경한 건축물(이하 "무허가건축물 등"이라 한다)의 부지에 대한 감정평가는 법 시행규칙 제24조에 따라 그 무허가건축물 등이 건축 또는 용도변경될 당시의 이용상황을 기준으로 한다. 다만, 1989년 1월 24일 당시의 무허가건축물 등의 부지에 대한 감정평가는 법 시행규칙(건설교통부령 제344호, 2002.12.31.) 부칙 제5조에 따라 가격시점 당시의 현실적인 이용상황을 기준으로 한다.

② 제1항 단서는「건축법」제20조제2항의 가설건축물, 그 밖에 이와 비슷한 건축물이 있는 토지의 경우에는 적용하지 아니하며, 무허가건축물 등의 건축시점 및 무허가건축물 등에 해당하는지 여부는 의뢰자가 제시한 기준에 따른다.

③ 제1항 단서에 따라 무허가건축물 등의 부지를 가격시점 당시의 현실적인 이용상황을 기준으로 감정평가하는 경우에는 「농지법」제38조에 따른 농지보전부담금이나 「산지관리법」제19조에 따른 대체산림자원조성비 상당액은 따로 고려하지 아니한다.

제34조(불법형질변경토지의 감정평가) ① 「국토의 계획 및 이용에 관한 법률」등 관계법령에 따라 허가를 받거나 신고를 하고 형질변경을 하여야 하는 토지를 허가를 받지 아니하거나 신고를 하지 아니하고 형질변경한 토지(이하 "불법형질변경토지"라 한다)에 대한 감정평가는 법 시행규칙 제24조에 따라 그 토지의 형질변경이 될 당시의 이용상황을 기준으로 한다. 다만, 1995년 1월 7일 당시에 공익사업시행지구(공익사업의 계획 또는 시행이 공고 또는 고시된 지역을 말한다) 안에 있는 토지에 대한 감정평가는 법 시행규칙(건설교통부령 제344호, 2002.12.31.) 부칙 제6조에 따라 불법형질변경 여부에 불구하고 가격시점 당시의 현실적인 이용상황을 기준으로 한다.

② 제1항 단서는 다음 각 호의 어느 하나에 해당하는 경우에는 이를 일시적인 이용상황으로 보아 적용하지 아니하며, 형질변경이 된 시점 및 불법형질변경 여부 등은 의뢰자가 제시한 기준에 따른다.

1. 해당 토지의 형질변경이 된 상태가 일시적인 이용상황으로 인정되는 경우

2. 해당 공익사업의 계획 또는 시행이 공고 또는 고시되거나 공익사업의 시행을 목적으로 한 사업구역·지구·단지 등이 관계법령에 따라 지정·고시된 이후에 해당 법령에서 금지된 형질변경을 하거나 허가를 받아야 할 것을 허가없이 형질변경한 경우

③ 제1항 단서에 따라 불법형질변경토지를 현실적인 이용상황을 기준으로 하는 경우에서 그 현실적인 이용상황이 건축물등이 없는 상태의 토지(농경지로 된 토지는 제외한다)인 때에는 공부상 지목을 기준으로 하되, 토지의 형질변경으로 성토 등이 된 상황을 고려하여 감정평가한다.

④ 전·답·과수원 등의 농경지 지목 외의 토지(「산지관리법」 제2조제1호 각 목의 어느 하나에 해당하는 산지를 제외한다. 이하 이 조에서 같다)가 「농지법」 제2조 및 같은 법 시행령 제2조의 규정 등에 따라 농지로 감정평가 의뢰된 경우에는 이를 제1항에서 규정한 불법형질변경토지로 보지 아니한다. 다만, 대상토지가 개발제한구역 안에 있는 경우로서 영농을 위한 토지의 형질변경 등이 허가 또는 신고없이 이루어진 경우에는 그러하지 아니하다.

⑤ 지적공부상 지목이 임야인 토지 등 「산지관리법」 제2조제1호 각 목의 어느 하나에 해당하는 산지가 「산지관리법」 제14조에 따른 산지전용허가를 받지 아니하고 농지로 이용되는 경우에는 제1항에서 규정한 불법형질변경토지로 본다. 다만, 대상토지가 다음 각 호의 어느 하나에 해당하는 경우에는 그러하지 아니하다.

1. 「산지관리법」(제10331호, 2010.5.31. 및 제14361호, 2016.12.2.) 부칙의 불법전용산지에 관한 임시특례(이하 이 조에서 "임시특례"라 한다)에서 정한 절차에 따라 불법전용산지 신고 및 심사를 거쳐 농지로 지목이 변경된 경우

2. 임시특례에서 정한 절차에 따른 적용대상 토지임에도 해당 공익사업을 위한 관계법령에 따른 산지전용허가 의제협의(「택지개발촉진법」 제11조제1항제10호, 「도시개발법」 제19조제1항제9호 등) 사유로 임시특례의 적용에서 배제된 경우로서 해당 시장·군수·구청장이 임시특례 적용대상 토지임을 확인한 경우

제34조의2(폐기물이 매립된 토지의 감정평가) ① 「폐기물관리법」 제2조제1호에서 규정한 "폐기물"이 매립된 토지가 「폐기물관리법」 제48조에 따른 폐기물 처리에 대한 조치명령이 있거나 예상되는 경우 등으로서 의뢰자가 해당 토지의 이용을 저해하는 정도를 고려하는 조건으로 감정평가 의뢰한 경우에는 그 폐기물이 매립될 당시의 이용상황과 비슷한 토지의 표준지공시지가를 기준으로 감정평가하되, 다음 각 호의 기준에 따른다. 이 경우에는 그 내용을 감정평가서에 기재한다.

1. 폐기물의 종류, 성질 및 그 양 등에 비추어 해당 토지의 토사와 물리적으로 분리할 수 없을 정도로 혼합되어 토지의 일부를 구성하는 등 그 폐기물이 매립된 것에 따른 토지이용의 저해정도가 경미한 것으로 의뢰자가 인정하는 경우에는 비교표준지와 해당 토지의 개별요인의 비교 시에 기타조건(장래 동향 등) 등 항목에서 그 불리한 정도 등을 고려한 가액으로 감정평가한다.

2. 폐기물 매립이 된 것에 따른 토지이용의 저해정도가 심한 것으로 의뢰자가 인정하는 경우에는 의뢰자의 승인을 얻어 폐기물 처리업체 등의 자문 또는 용역절차를 거친 후 그 용역보고서 등에서

제시한 폐기물처리비용 상당액을 근거로 한 해당 토지의 가치 감가요인을 비교표준지와 해당 토지의 개별요인의 비교 시에 기타조건(장래 동향 등) 등 항목에서 고려한 가액으로 감정평가한다.

② 제1항제2호에 따른 폐기물 처리업체 등의 자문 또는 용역결과 폐기물처리비용 상당액이 해당 토지가 폐기물이 매립되지 아니한 상태를 기준으로 한 가액 상당액을 뚜렷이 초과하는 것으로 인정되는 경우에는 감정평가액란에 실질적 가치가 없는 것으로 표시하되, 이 경우에는 감정평가서에 추후 사업시행자가 실제로 지출한 폐기물 처리비용 상당액이 용역보고서 등에서 제시된 폐기물 처리비용 상당액과 비교하여 뚜렷이 낮아지게 되는 경우에는 감정평가액이 변동될 수 있다는 내용을 기재한다.

③ 해당 토지에 매립된 폐기물이 환경오염물질과 섞인 상태 등으로서 「토양환경보전법」 제2조제2호에서 규정한 "토양오염물질"에 해당하는 경우에는 제34조의3에 따르되, 이 경우에는 폐기물처리비용과 오염토양 정화비용 등 상당액을 함께 고려한다.

④ 제1항에도 불구하고 해당 토지의 소유자 및 관계인이 「폐기물관리법」 제48조 각 호의 어느 하나에 해당하는 자가 아닌 것으로 명시하여 감정평가 의뢰되었거나 감정평가 진행과정에서 그 사실이 밝혀진 경우에는 의뢰자와 협의를 한 후 그 폐기물이 매립될 당시의 이용상황을 기준으로 감정평가할 수 있다. 이 경우에는 감정평가서에 그 내용을 기재한다.

제34조의3(토양오염물질에 토양오염이 된 토지의 감정평가) ① 「토양환경보전법」 제2조제2호에서 규정한 "토양오염물질"에 토양오염된 토지가 「토양환경보전법」 제15조에 따른 토양오염방지 조치명령 등이 있거나 예상되는 경우로서 의뢰자가 해당 토지의 이용을 저해하는 정도를 고려하는 조건으로 감정평가 의뢰한 경우에는 그 토양오염이 될 당시의 이용상황과 비슷한 토지의 표준지공시지가를 기준으로 감정평가하되, 다음 각 호의 기준에 따른다. 이 경우에는 감정평가서에 그 내용을 기재한다.

1. 「토양환경보전법」 제10조의2에 따른 토양환경평가 등 결과 그 오염의 정도가 허용기준 이내인 것으로 의뢰자가 인정하는 경우에는 비교표준지와 해당 토지의 개별요인의 비교 시에 기타조건(장래 동향 등) 등 항목에서 그 불리한 정도 등을 고려한 가액으로 감정평가한다.

2. 「토양환경보전법」 제2조제6호에 따른 토양정밀조사 등 결과 토양정화의 대상이 되었거나 예상이 되는 것으로 의뢰자가 인정하는 경우에는 의뢰자의 승인을 얻어 토양오염 정화업체 등의 자문 또는 용역절차를 거친 후 그 용역보고서 등에서 제시한 오염토양 정화비용(사업시행자가 지출한 토양정밀조사비용을 포함한다. 이하 이 조에서 같다) 상당액을 근거로 한 해당 토지의 가치 감가요인을 비교표준지와 해당 토지의 개별요인의 비교 시에 기타조건(장래 동향 등) 등 항목에서 고려한 가액으로 감정평가한다.

② 제1항제2호에 따른 토양오염 정화업체 등의 자문 또는 용역결과 오염토양 정화비용 상당액이 해당 토지가 오염 등이 되지 아니한 상태를 기준으로 한 가액 상당액을 뚜렷이 초과하는 것으로 인정되는 경우에는 감정평가액란에 실질적 가치가 없는 것으로 표시하되, 이 경우에는 감정평가서에 추후 사업시행자가 실제로 지출한 오염토양 정화비용 상당액이 당초 용역보고서 등에서 제시된 오염토양 정화비용 상당액과 비교하여 뚜렷이 낮아지게 되는 경우에는 감정평가액이 변동될 수 있다는 내용을 기재한다.

③ 제34조의2제3항은 이 조에서 준용한다.

④ 제1항에도 불구하고 해당 토지의 소유자 및 관계인이 「토양환경보전법」 제10조의4에 따른 오염토양의 정화책임자가 아닌 것으로 명시하여 감정평가 의뢰되었거나 감정평가 진행과정에서 그 사실이 밝혀진 경우에는 의뢰자와 협의를 한 후 그 토양오염이 될 당시의 이용상황을 기준으로 감정평가할 수 있다. 이 경우에는 감정평가서에 그 내용을 기재한다.

제35조(사도부지의 감정평가) ① 「사도법」에 따른 사도의 부지(이하 "사도부지"라 한다)에 대한 감정평가는 법 시행규칙 제26조제1항제1호에 따라 인근토지에 대한 감정평가액의 5분의1 이내로 한다.
② 제1항에서 "인근토지"란 그 사도부지가 도로로 이용되지 아니하였을 경우에 예상되는 표준적인 이용상황과 비슷한 토지로서 해당 토지와 위치상 가까운 것을 말한다.

제35조의2(사실상의 사도부지의 감정평가) ① 제35조에 따른 사도 외의 도로로서 사도와 비슷한 용도적 기능을 갖는 다음 각 호의 어느 하나에 해당하는 도로의 부지(「국토의 계획 및 이용에 관한 법률」에 따른 도시・군관리계획에 따라 도로로 결정된 후부터 도로로 사용되고 있는 것은 제외한다. 이하 "사실상의 사도부지"라 한다)에 대한 감정평가는 법 시행규칙 제26조 제1항제2호에 따라 인근토지에 대한 감정평가액의 3분의 1 이내로 한다.
1. 도로개설 당시의 토지소유자가 자기토지의 편익을 위하여 스스로 설치한 도로
2. 토지소유자가 그 의사에 따라 타인의 통행을 제한할 수 없는 도로
3. 「건축법」 제45조에 따라 건축허가권자가 그 위치를 지정・공고한 도로
4. 도로개설 당시의 토지소유자가 대지 또는 공장용지 등을 조성하기 위하여 설치한 도로
② 다음 각 호의 어느 하나에 해당하는 것은 사실상의 사도부지로 보지 아니한다. 다만, 「국토의 계획 및 이용에 관한 법률」 제56조제1항 등 관계법령에 따른 토지의 개발행위허가 등을 받지 아니하고 지적공부상으로만 택지부분과 도로부분(지목이 변경되지 아니한 경우를 포함한다. 이하 이 조에서 같다)으로 구분된 경우에서 그 택지부분을 일반거래관행에 따라 대지예정지로 보고 개별필지별로 감정평가하는 경우에는 그 도로부분에 대한 감정평가는 제1항을 준용한다.
  1. 지적공부상으로 도로로 구분되어 있으나 가격시점 현재 도로로 이용되고 있지 아니하거나 사실상 용도폐지된 상태에 있는 것
  2. 지적공부상으로 도로로 구분되어 있지 아니한 상태에서 가격시점 현재 사실상 통행에 이용되고 있으나 소유자의 의사에 따라 법률적・사실적으로 통행을 제한할 수 있는 것
③ 제1항에서 "인근토지"란 그 사실상의 사도부지가 도로로 이용되지 아니하였을 경우에 예상되는 표준적인 이용상황과 비슷한 토지로서 해당 토지와 위치상 가까운 것을 말한다.

제36조(공도 등 부지의 감정평가) ① 「도로법」 제2조에 따른 도로, 「국토의 계획 및 이용에 관한 법률」에 따른 도시・군관리계획사업으로 설치된 도로, 그 밖에 「농어촌도로정비법」 제2조에 따른 농어촌도로(이하 "공도"라 한다)의 부지에 대한 감정평가는 법 시행규칙 제26조제1항제3호에 따르되, 그 공도의 부지가 도로로 이용되지 아니하였을 경우에 예상되는 인근지역에 있는 표준적인 이용상황과 비슷한 토지의 표준지공시지가를 기준으로 한다. 이 경우에 인근지역에 있는 표준적인 이용상황과 비슷한 토지의 표준지공시지가에 해당 도로의 개설에 따른 가치변동이 포함되어 있는 경우에는 이를 배제한 가액으로 감정평가한다. 다만, 그 공도의 부지가 미지급용지인 경우에는 제32조에 따른다.

② 제1항에 따라 공도의 부지를 인근지역에 있는 표준적인 이용상황과 비슷한 토지의 표준지공시지가를 기준으로 감정평가하는 경우에는 해당 도로의 위치·면적·형상·지세, 도로의 폭·구조·기능·계통 및 연속성, 편입당시의 지목 및 이용상황, 용도지역등 공법상 제한, 인근토지의 이용상황, 그 밖의 가격형성에 영향을 미치는 요인을 고려하되, 다음 각 호와 같이 감정평가액을 결정할 수 있다. 이 경우 공작물 등 도로시설물의 가액은 그 공도부지의 감정평가액에 포함하지 아니하며, 해당 토지가 도로부지인 것에 따른 용도적 제한은 고려하지 아니한다.

1. 인근지역의 표준적인 이용상황이 전, 답 등 농경지 또는 산지인 경우에는 그 표준적인 이용상황과 비슷한 토지의 표준지공시지가를 기준으로 한 적정가격에 도로의 지반조성 등에 통상 필요한 비용 상당액과 위치조건 등을 고려한 가격수준으로 결정한다. 다만, 인근지역의 표준적인 이용상황과 비슷한 토지가 경지정리사업지구 안에 있는 전·답 등 농경지인 경우에는 도로의 지반조성 등에 통상 필요한 비용 상당액은 고려하지 아니한다.

2. 인근지역의 표준적인 이용상황이 "대" 또는 이와 비슷한 용도의 것인 경우에는 그 표준적인 이용상황과 비슷한 토지의 표준지공시지가를 기준으로 한 적정가격에 위치조건 등을 고려한 가격수준으로 결정한다. 이 경우 도로의 지반조성 등에 통상 필요한 비용 상당액은 고려하지 아니한다.

③ 도시·군계획시설(도로)로 결정된 이후에 해당 도시·군계획시설사업이 시행되지 아니한 상태에서 사실상 불특정 다수인의 통행에 이용되고 있는 토지(이를 "예정공도"라 한다)에 대한 감정평가는 제1항을 준용한다.

④ 토지소유자가 자기 토지의 편익을 위하여 스스로 설치한 이후에 도시·군 관리계획에 따른 도시·군계획시설(도로)로 결정된 경우 등과 같이 공도부지가 도시·군계획시설(도로)로 결정될 당시에 법 시행규칙 제26조제2항에서 규정한 "사실상의 사도"에 해당하는 경우로서 그 공도부지가 제32조의 미지급용지에 해당하는 경우에는 제1항에도 불구하고 제35조의2를 준용한다.

⑤ 제2항에서 "인근토지"란 그 공도의 부지가 도로로 이용되지 아니하였을 경우에 예상되는 표준적인 이용상황과 비슷한 토지로서 해당 토지와 위치상 가까운 것을 말한다.

제37조(그 밖의 도로부지의 감정평가) 다음 각 호의 어느 하나에 해당하는 사업 등 관계법령에 따른 공익사업의 시행으로 설치된 도로(제36조제1항에서 규정한 도로로 지정된 것은 제외한다)의 부지에 대한 감정평가는 제36조를 준용한다.

1. 「택지개발촉진법」에 따른 택지개발사업
2. 종전의 「농촌근대화촉진법」에 따른 농지개량사업
3. 종전의 「농어촌발전 특별조치법」에 따른 정주생활권개발사업
4. 「농어촌정비법」에 따른 농어촌정비사업

제37조의2(도수로부지의 감정평가) ① 관행용수권과 관련하여 용수·배수를 목적으로 설치된 것으로서 일정한 형태를 갖춘 인공적인 수로·둑 및 그 부속시설물의 부지(개설 당시의 토지소유자가 자기 토지의 편익을 위하여 스스로 설치한 것은 제외한다. 이하 이 조에서 "도수로부지"라 한다)에 대한 감정평가는 법 시행규칙 제26조제3항 단서에 따르되, 그 도수로부지가 도수로로 이용되지 아니하였을 경우에 예상되는 인근지역에 있는 표준적인 이용상황과 비슷한 토지의 표준지공시지가를 기준으로 한다. 다만, 그 도수로부지가 미지급용지인 경우에는 제32조에 따른다.

② 제1항에 따라 도수로부지를 인근지역에 있는 표준적인 이용상황과 비슷한 토지의 표준지공시지가를 기준으로 감정평가하는 경우에는 해당 도수로의 위치·면적·형상·지세, 도수로의 폭·구조·기능·계통 및 연속성, 편입당시의 지목 및 이용상황, 용도지역등 공법상 제한, 인근토지의 이용상황, 그 밖의 가격형성에 영향을 미치는 요인을 고려하되, 다음 각 호와 같이 감정평가액을 결정할 수 있다. 다만, 공작물 등 도수로 시설물의 가액은 도수로부지의 감정평가액에 포함하지 아니하며, 해당 토지가 도수로부지인 것에 따른 용도적 제한은 고려하지 아니한다.

1. 인근지역의 표준적인 이용상황이 전, 답 등 농경지인 경우에는 그 표준적인 이용상황과 비슷한 토지의 표준지공시지가를 기준으로 한 적정가격에 도수로의 지반조성 등에 통상 필요한 비용 상당액과 위치조건 등을 고려한 가격수준으로 결정한다. 다만, 인근지역의 표준적인 이용상황의 토지가 경지정리사업지구 안에 있는 전·답 등 농경지인 경우에는 도수로의 지반조성 등에 통상 필요한 비용 상당액은 고려하지 아니한다.

2. 인근지역의 표준적인 이용상황이 "대" 또는 이와 비슷한 용도의 것인 경우에는 그 표준적인 이용상황과 비슷한 토지의 표준지공시지가를 기준으로 한 적정가격에 위치조건 등을 고려한 가격수준으로 결정한다. 이 경우 도수로의 지반조성 등에 통상 필요한 비용 상당액은 고려하지 아니한다.

③ 제1항과 제2항에도 불구하고 도수로로서의 기능이 사실상 상실되었거나 용도폐지된 도수로부지의 경우에는 그 도수로부지의 다른 용도로의 전환가능성, 전환 후의 용도, 용도전환에 통상 필요한 비용 상당액 등을 고려한 가격수준으로 결정할 수 있다. 이 경우에는 인근지역에 있는 것으로서 일반적으로 전환 가능한 용도와 비슷한 토지의 표준지공시지가를 기준으로 감정평가한다.

④ 종전의 「농촌근대화촉진법」에 따른 농지개량사업, 「농어촌정비법」에 따른 농어촌정비사업 등 관계법령에 따른 공익사업의 시행으로 설치된 도수로의 부지에 대한 감정평가는 제1항 및 제2항에 따른다.

⑤ 수도용지의 감정평가 시에는 제1항부터 제3항까지를 준용할 수 있다.

⑥ 제2항에서 "인근토지"란 그 도수로부지가 도수로로 이용되지 아니하였을 경우에 예상되는 표준적인 이용상황과 비슷한 토지로서 위치상 가까운 것을 말한다.

제38조(구거부지의 감정평가) ① 구거부지(제37조의2에서 규정한 도수로부지는 제외한다. 이하 같다)에 대한 감정평가는 법 시행규칙 제26조제3항 본문에 따라 인근토지에 대한 감정평가액의 3분의1 이내로 한다.

② 제1항에서 "인근토지"란 그 구거부지가 구거로 이용되지 아니하였을 경우에 예상되는 표준적인 이용상황과 비슷한 토지로서 위치상 가까운 것을 말한다.

③ 제35조의2제2항제1호 및 제2호의 규정은 이 조에서 준용한다.

제39조(특별조치법에 따른 하천편입토지의 감정평가) ① 「하천편입 토지보상 등에 관한 특별조치법」(법률 제9543호 2009.3.25. 이하 이 조 및 제39조의2에서 '특별조치법'이라 한다) 제2조 각 호의 어느 하나에 해당하는 토지에 대한 감정평가는 그 하천구역(특별조치법 제2조 각 호의 어느 하나에 해당하는 경우를 말한다. 이하 이 조에서 같다) 편입당시의 지목 및 토지이용상황, 해당 토지에 대한

공법상 제한, 현재의 토지이용상황 및 비슷한 인근토지의 적정가격 등을 고려하여 감정평가하되, 다음 각 호에서 정하는 기준에 따른다.

1. 가격시점은 특별조치법 제5조에 따라 보상청구절차를 통지 또는 공고한 날짜로 하되, 의뢰자가 제시한 바에 따른다.

2. 편입당시의 지목 및 토지이용상황의 판단은 의뢰자가 제시한 내용에 따르되, 하천구역으로 된 시점 당시를 기준으로 하며, 하천구역으로 된 시점 당시의 해당 토지에 대한 공부상 지목과 현실적인 이용상황이 다른 경우에는 현실적인 이용상황을 기준으로 한다. 다만, 하천관리청의 하천공사에 따라 하천구역으로 된 경우에는 그 하천공사 시행 직전의 이용상황을 기준으로 한다.

3. 하천구역으로 된 시점 당시의 이용상황의 판단을 위한 편입시점의 확인은 하천관리청이 제시한 기준에 따르되, 법률 제2292호 「하천법」 시행일(1971년 7월 19일) 전에는 당시의 「하천법」 제2조제1항제2호가목 및 다목에 해당되는 시점이 아니고 당시의 「하천법」의 규정에 따라 하천구역으로 공고된 시점을 편입시점으로 보며, 하천구역으로 공고되지 아니하였거나 공고시점이 불분명한 경우에는 법률 제2292호 「하천법」 시행일 (1971년 7월 19일)을 편입시점으로 본다.

4. 해당 토지에 대한 공법상 제한은 편입당시를 기준(편입당시의 공법상 제한을 알 수 없을 경우에는 가격시점 당시를 기준으로 할 수 있다)으로 하되, 해당 토지가 하천구역으로 된 것에 따른 「하천법」에서 정한 공법상 제한은 하천의 정비·보전 등을 직접 목적으로 가하여진 경우로서 그 제한을 받지 아니한 상태를 기준으로 감정평가한다.

5. 현재의 토지이용상황은 가격시점 당시의 현실적인 이용상황을 뜻하는 것으로서 원칙적으로 고려하지 아니하나, 편입당시의 이용상황을 알 수 없거나 하천관리청으로부터 편입당시의 이용상황의 제시가 없는 경우에 편입당시의 이용상황을 확인할 때 기초자료로 활용한다.

6. 비슷한 인근토지의 적정가격은 하천구역으로 된 당시의 토지이용상황(하천관리청의 하천공사에 따라 하천구역으로 된 토지의 경우에는 공사시행 직전의 이용상황)과 비슷한 것으로서 대상토지의 인근지역에 있는 토지에 대한 표준지공시지가를 기준으로 한 감정평가액을 말하며, 인근지역 또는 동일수급권 안의 유사지역에 이용상황이 비슷한 토지의 표준지공시지가가 없을 경우에는 인근지역 또는 동일수급권 안의 유사지역에 있는 표준적인 이용상황과 비슷한 토지의 표준지공시지가를 기준으로 하여 구한다.

② 특별조치법 제2조에 따른 대상토지에 대한 편입당시의 지목 및 토지이용상황(하천관리청의 하천공사에 따라 하천구역으로 된 경우에는 하천공사 직전의 이용상황) 또는 비슷한 인근토지의 적정가격을 알 수 없거나, 인근지역 또는 동일수급권 안의 유사지역에 있는 표준적인 이용상황과 비슷한 토지의 표준지공시지가를 기준으로 감정평가하는 경우에서 그 용도가 다른 것에 따른 개별요인의 비교 등이 사실상 곤란한 경우 등에는 가격시점 당시의 현실적인 이용상황을 기준으로 다음 표에서 정하는 기준에 따라 감정평가할 수 있다. 다만, 하천구역으로 된 이후에 하천관리청의 하천공사나 하천점용허가에 따라 현상변경이 이루어져 가격시점 당시의 현실적인 이용상황이 하천구역으로 된 당시보다 뚜렷하게 변동된 것으로 인정되는 경우에는 이용상황의 판단이나 일정비율을 적용할 때 고려할 수 있으며, 대상토지가 도시지역 안에 있는 경우로서 인근토지가 순수농경지로 인정되는 경우에는 도시지역 밖의 일정비율을 적용할 수 있다.

구분 이용상황별		일정비율	
		도시지역 안	도시지역 밖
농경지 (전, 답 등)		인근토지에 대한 적정가격의 2분의 1 이내	인근토지에 대한 적정가격의 10분의 7 이내
제방	제외지 측과 접한 부분이 농경지인 경우	인근토지에 대한 적정가격의 2분의 1 이내	인근토지에 대한 적정가격의 10분의 7 이내
	제외지 측과 접한 부분이 농경지가 아닌 경우	인근토지에 대한 적정가격의 4분의 1 이내	인근토지에 대한 적정가격의 3분의 1 이내
둔치		인근토지에 대한 적정가격의 4분의 1 이내	인근토지에 대한 적정가격의 3분의 1 이내
모래밭·개펄		인근토지에 대한 적정가격의 7분의 1 이내	인근토지에 대한 적정가격의 5분의 1 이내
물이 계속 흐르는 토지		인근토지에 대한 적정가격의 10분의 1 이내	인근토지에 대한 적정가격의 7분의 1 이내

③ 제1항 및 제2항에서 "인근토지"란 해당 토지가 하천구역으로 되지 아니하였을 경우에 예상되는 하천구역 밖 주변지역에 있는 표준적인 이용상황과 비슷한 것으로서 용도지역등이 같은 토지를 말한다. 다만, 대상토지가 도시지역 안에 있는 경우로서 하천구역 밖 주변지역에 있는 표준적인 이용상황과 비슷한 토지가 용도지역등을 달리하거나 용도지역등이 같은 경우에도 주위환경 사정 등에 비추어 인근지역으로 볼 수 없는 경우에는 동일수계권역 등 동일수급권안의 유사지역에 있는 표준적인 이용상황과 비슷한 토지를 인근토지로 본다. 이때에는 인근토지의 적정가격 결정 시에 지역요인의 비교를 통하여 지역격차를 고려하여야 한다.

④ 대상토지가 하천구역으로 되었으나 하천관리청의 하천공사 또는 홍수 그 밖의 자연현상으로 하천의 유로가 변경되어 하천구역에서 제외된 토지로서 보상이 되지 아니한 등기부상 사유토지는 제1항에 따른 감정평가 대상에서 제외한다. 다만, 해당 토지와 관련된 보상금 청구소송이 법원에 계속 중인 사유 등으로 의뢰자로부터 감정평가 요청이 있는 경우에는 그러하지 아니하다. 이 경우 농경지 등으로 매립·조성 등 하천관리청의 개발행위 등에 따른 가치변동의 배제 등 특별한 조건의 제시가 있는 경우를 제외하고는 제1항부터 제3항까지의 규정을 준용하여 감정평가할 수 있다.

⑤ 삭제 〈2008.2.12.〉

⑥ 삭제 〈2008.2.12.〉

⑦ 삭제 〈2008.2.12.〉

⑧ 삭제 〈2008.2.12.〉

제39조의2(하천구역으로 된 토지 중 미보상토지의 감정평가) ① 특별조치법 제2조에 따른 대상토지 외의 것으로서 구「하천법」(법률 제5893호, 1999.2.2.) 제74조제1항에 따라 보상대상이 된 하천구역(국가하천 및 지방1급 하천의 하천구역을 말한다)안 토지 중 보상이 되지 아니한 토지에 대한 감정평가는 제39조를 준용한다. 다만, 구「하천법」제2조제1항제2호라목에 따라 하천구역으로 지정된 토지의 경우에는 그 지정시점 당시를 하천구역으로 된 당시로 보며, 가격시점은 제10조의2에 따른다.

② 제1항에도 불구하고 하천의 신설, 그 밖에 하천공사로 하천구역 밖에 있는 토지가 하천구역으로 된 경우로서 보상이 되지 아니한 토지에 대한 감정평가는 제32조에 따른다.

③ 구「하천법」 제3조에 따라 하천구역으로 되었으나 하천관리청의 하천공사 또는 홍수 그 밖에 자연현상으로 하천의 유로가 변경되어 하천구역에서 제외된 토지로서 보상이 되지 아니한 등기부상 사유토지의 경우에는 제39조제4항을 준용한다.

제39조의3(하천구역 안의 매수대상토지의 감정평가) ① 법률 제8338호(2007년 4월 6일)「하천법」시행일 이후에 이 법에 따른 하천구역(지방하천의 하천구역을 제외한다)으로 결정 또는 변경된 토지 중「하천법」제79조에 따른 매수대상 토지에 대한 감정평가는 법 시행규칙 제22조에 따라 가격시점 당시의 현실적인 이용상황을 기준으로 하며, 하천구역으로 결정 또는 변경에 따른「하천법」에서 정한 공법상 제한은 고려하지 아니한다. 다만, 하천관리청의 하천공사로 현상변경이 이루어진 경우에는 그 하천공사 시행 직전의 이용상황을 기준으로 감정평가하되, 이 경우에는 제32조를 준용한다.

② 제39조제2항 및 제3항은「하천법」제79조에 따른 매수대상 토지의 감정평가 시에 준용할 수 있다.

제39조의4(지방하천의 하천구역 등 안 토지의 감정평가) ①「하천법」에 따른 지방하천의 하천구역 및「소하천정비법」에 따른 소하천구역 안에 있는 사유토지가 하천정비공사 등 공익사업시행지구에 편입되어 감정평가 의뢰가 있는 경우에 그 토지에 대한 감정평가는 제39조의3을 준용한다.

②「소하천정비법」에 따른 소하천 외의 것으로서 자연의 유수 등이 있는 소규모 하천의 부지에 대한 감정평가는 제39조의3을 준용한다. 다만, 지적공부상 지목이 하천으로 되어 있으나 그 규모·기능 등이 구거와 사실상 비슷한 것은 제38조를 준용할 수 있으며, 소규모 하천으로서의 기능이 사실상 상실되거나 용도폐지된 경우에는 그 하천부지의 다른 용도로의 전환가능성, 전환후의 용도, 용도전환에 통상 필요한 비용 상당액 등을 고려한 가액으로 감정평가할 수 있다. 이 경우에는 인근지역에 있는 것으로서 일반적으로 전환 가능한 용도와 비슷한 토지의 표준지공시지가를 기준으로 감정평가한다.

③ 삭제 〈2009.10.28.〉

④ 제39조제2항 및 제3항은 이 조의 규정에 따른 지방하천과 소하천구역안에 있는 토지, 그 밖에 소규모 하천의 부지에 대한 감정평가 시에 준용할 수 있다.

제39조의5(홍수관리구역 안 토지의 감정평가)「하천법」제12조제3항에 따라 고시된 홍수관리구역 안의 토지에 대한 감정평가는 법 시행규칙 제22조에 따라 가격시점 당시의 현실적인 이용상황을 기준으로 하며, 홍수관리구역으로 고시된 것에 따른「하천법」에서 정한 공법상 제한은 고려하지 아니한다.

제40조(저수지부지의 감정평가) ①「농어촌정비법」에 따른 농업생산기반시설인 저수지(제방 등 부대시설을 포함한다. 이하 이 조에서 같다)의 부지에 대한 감정평가는 법 시행규칙 제22조에 따르되, 다음 각 호의 사항을 고려하여 감정평가한다. 다만, 저수지부지의 일부가 공익사업시행지구에 편입되는 경우에는 그 편입부분의 가치를 기준으로 감정평가할 수 있으며, 그 저수지부지가 미지급용지인 경우에는 제32조에 따른다.

1. 위치·면적·지형·지세
2. 저수지의 규모·기능·유용성
3. 용도지역등 공법상 제한
4. 저수지 조성 당시 편입토지의 주된 이용상황
5. 전, 답 등 인근토지의 이용상황
6. 그 밖에 가치형성에 영향을 미치는 요인

② 대상토지와 이용상황이 비슷한 토지의 표준지공시지가가 인근지역에 없을 경우에는 인근지역의 전, 답 등 표준적인 이용상황과 비슷한 토지의 표준지공시지가를 기준으로 감정평가할 수 있으며, 용도가 다른 것에 따른 개별요인의 비교 등이 사실상 곤란한 경우에는 다음 각 호와 같이 감정평가액을 결정할 수 있다. 이 경우 공작물 등 저수지 시설물의 가액은 저수지부지의 감정평가액에 포함하지 아니한다.

1. 인근지역의 표준적인 이용상황이 전, 답 등 농경지 또는 산지인 경우에는 그 표준적인 이용상황과 비슷한 토지의 표준지공시지가를 기준으로 한 적정가격에 저수지의 지반조성에 통상 필요한 비용 상당액과 위치, 규모, 지형·지세, 용도지역등을 고려한 가격수준으로 결정한다. 다만, 인근지역의 표준적인 이용상황이 경지정리사업지구 안에 있는 전·답 등 농경지이거나 인근지역의 지형·지세 등으로 보아 저수지의 지반조성이 따로 필요하지 아니하다고 인정되는 경우에는 저수지의 지반조성에 통상 필요한 비용 상당액은 고려하지 아니한다.

2. 인근지역의 표준적인 이용상황이 "대" 또는 이와 비슷한 용도의 것인 경우에는 그 표준적인 이용상황과 비슷한 토지의 표준지공시지가를 기준으로 한 적정가격에 위치, 규모, 지형·지세, 용도지역등을 고려한 가격수준으로 결정한다.

③ 제1항과 제2항에도 불구하고 농업생산기반시설로서의 기능이 사실상 상실되었거나 용도폐지된 저수지부지의 경우에는 그 저수지부지의 다른 용도의 전환 가능성, 전환 후의 용도, 용도전환에 통상 필요한 비용 상당액 등을 고려한 가액으로 감정평가할 수 있다. 이 경우에는 인근지역에 있는 것으로서 일반적으로 전환 가능한 용도와 비슷한 토지의 표준지공시지가를 기준으로 감정평가한다.

④ 농업기반시설이 아닌 것으로서 소류지, 호수, 연못 등(이하 이 조에서 "소류지 등"이라 한다)의 부지에 대한 감정평가는 제1항부터 제3항까지를 준용하는 것 외에 그 소류지 등의 용도·수익성 등을 고려한 가액으로 감정평가한다.

제40조의2(양어장시설 부지의 감정평가) ① 농경지 등을 「농지법」 등 관계법령에 따라 전용하여 양어장으로 조성한 것으로서 그 수익성 등에 비추어 양어장으로서의 기능이 계속 유지될 것으로 일반적으로 예상되는 경우에는 가격시점을 기준으로 한 조성 전 토지의 적정가격에 양어장으로 조성하는데 통상 필요한 비용 상당액(공작물 등 시설물의 가액은 제외한다. 이하 이 조에서 같다)등을 고려한 가액으로 감정평가할 수 있다. 이 경우에는 양어장으로 조성되기 전의 이용상황과 비슷한 토지의 표준지공시지가를 기준으로 감정평가하되, 양어장으로 조성하는데 통상 필요한 비용 상당액 및 성숙도 등을 개별요인의 비교 시에 고려한다.

② 제1항에도 불구하고 양어장시설로서의 기능이 사실상 상실되었거나 용도폐지된 양어장시설 부지의 경우에는 그 양어장시설 부지의 다른 용도의 전환 가능성, 전환 후의 용도, 용도전환에 통상 필요한 비용 상당액 등을 고려한 가액으로 감정평가할 수 있다. 이 경우에는 인근지역에 있는 것으로서 일반적으로 전환 가능한 용도와 비슷한 토지의 표준지공시지가를 기준으로 감정평가한다.

제41조(염전부지의 감정평가) ① 「소금산업 진흥법」에 따른 염전시설의 부지(이하 "염전부지"라 한다)에 대한 감정평가는 법 시행규칙 제22조에 따라 대상토지와 이용상황이 비슷한 토지의 표준지공시지가를 기준으로 감정평가하되, 다음 각 호의 사항을 개별요인의 비교 시에 고려한다.

1. 위치·면적·형상·지세
2. 염 생산 가능면적과 부대시설 면적
3. 용도지역등 공법상 제한
4. 주위환경과 인근토지의 이용상황
5. 그 밖에 가치형성에 영향을 미치는 요인

② 제1항에 따른 염전부지의 감정평가 시에는 이용상황이 비슷한 토지의 표준지공시지가가 염 생산에 있어서 용도상 불가분의 관계에 있는 염전·유지·잡종지·구거 등(염 생산용도로 이용되지 아니하여 방치되고 있는 부분은 제외한다)을 일단지의 개념으로 보고 조사·평가된 것을 고려하여 일괄감정 평가하는 것을 원칙으로 한다. 다만, 염생산용도로 이용되지 아니하여 방치된 부분과 염전시설을 외곽에서 보호하고 있는 제방시설의 부지, 그 밖에 염전시설의 용도로 전용적으로 이용되지 아니하고 불특정 다수인의 통행에 이용되고 있는 도로 등의 부지는 일괄감정평가의 대상에서 제외하며, 의뢰 자가 염전시설 안에 있는 도로·구거 등의 부지를 주된 용도와 구분하여 감정평가 의뢰한 경우 또는 대상물건의 상황 등으로 보아 용도별로 구분하여 감정평가하는 것이 적정가격의 결정에 있어서 타당 하다고 인정되는 경우 등에는 용도별로 구분하여 감정평가할 수 있으며, 염전부지의 일부가 공익사업 시행지구에 편입되는 경우에는 그 편입부분의 이용상황을 기준으로 감정평가액을 결정할 수 있다.

③ 대상토지의 인근지역 또는 동일수급권 안의 유사지역에 이용상황이 비슷한 토지의 표준지공시지가 가 없는 경우 또는 염전으로서의 기능이 사실상 상실되거나 용도 폐지된 경우로서 인근지역 또는 동일수급권 안의 유사지역에 있는 이용상황이 비슷한 토지의 표준지공시지가를 적용하는 것이 적 정하지 아니하다고 인정되는 경우에는 인근지역에 있는 표준적인 이용상황 또는 전환 후의 용도와 비슷한 토지의 표준지공시지가를 기준으로 감정평가할 수 있다. 이 경우에는 다른 용도로의 전환가 능성, 전환 후의 용도, 용도전환에 통상 필요한 비용 상당액 등을 개별요인의 비교 시에 고려한다.

제42조(목장용지의 감정평가) ① 「초지법」 제5조에 따른 허가를 받아 조성된 목장용지에 대한 감정평가 는 법 시행규칙 제22조에 따르되, 대상토지와 이용상황이 비슷한 토지의 표준지공시지가가 인근지 역에 없는 경우에는 다음 각 호와 같이 감정평가할 수 있다.

1. 초지는 조성 전 토지와 이용상황이 비슷한 토지의 표준지공시지가를 기준으로 한 적정가격에 해당 초지의 조성에 통상 소요되는 비용(개량비를 포함한다) 상당액을 더한 가액으로 감정평가한다.
2. 주거용건물의 부지는 "대"를 기준으로 감정평가하되, 면적의 사정은 제18조에 따른다.
3. 축사 및 부대시설의 부지는 조성 전 토지의 적정가격에 조성비용 상당액을 더한 가액으로 감정 평가한다. 다만, 그 가액이 적정하지 아니한 경우에는 제43조를 준용할 수 있다.

② 「초지법」에 따라 조성된 초지가 아닌 기존 전·답에 사료작물을 재배하는 경우에는 농경지로 감정 평가한다.

제43조(잡종지의 감정평가) ① 잡종지에 대한 감정평가는 법 시행규칙 제22조에 따르되, 대상토지와 이 용상황이 비슷한 토지의 표준지공시지가가 인근지역에 없는 경우에는 인근지역에 있는 표준적인 이용상황과 비슷한 토지의 표준지공시지가를 기준으로 감정평가할 수 있다.

② 제1항 후단에 따라 인근지역에 있는 표준적인 이용상황과 비슷한 토지의 표준지공시지가를 기준으로 감정평가하는 경우에는 용도전환의 가능성, 전환 후의 용도, 용도전환에 통상 필요한 비용 상당액 등을 개별요인의 비교 시에 고려한다.

제44조(종교용지등의 감정평가) ① 종교용지 또는 사적지(이하 이 조에서 "종교용지등" 이라 한다)에 대한 감정평가는 제43조를 준용하되, 관계법령에 따라 용도적 제한이나 거래제한 등이 있는 경우에는 개별요인의 비교 시에 고려한다. 다만, 그 제한이 해당 공익사업의 시행을 직접목적으로 한 개별적인 계획제한에 해당하는 경우에는 그러하지 아니하다.

② 종교용지등을 인근지역에 있는 표준적인 이용상황과 비슷한 토지의 표준지공시지가를 기준으로 감정평가하는 경우에서 그 종교용지등이 농경지대 또는 임야지대 등에 소재하여 해당 토지의 가치가 인근지역에 있는 표준적인 이용상황과 비슷한 토지의 가치에 비하여 일반적으로 높은 것으로 인정되는 경우에는 조성 전 토지의 적정가격에 그 종교용지등의 조성에 통상 필요한 비용 상당액(공작물 등 시설물의 가격은 제외한다. 이하 이 조에서 같다) 등을 고려한 가액으로 감정평가할 수 있다. 이 경우에는 종교용지등으로 조성되기 전의 토지와 이용상황이 비슷한 토지의 표준지공시지가를 기준으로 감정평가하되, 종교용지등으로 조성하는데 통상 필요한 비용 상당액 및 성숙도 등을 개별요인의 비교 시에 고려한다.

③ 「전통사찰의 보존 및 지원에 관한 법률」 제2조제3호에 따른 전통사찰보존지(「개발제한구역의 지정 및 관리에 관한 특별조치법 시행령」 제14조제9의2호 등에 따라 설치된 진입로를 포함한다) 등 관계법령에 따라 지정·관리 등을 하는 종교용지가 임야지대 또는 농경지대 등에 소재하여 해당 토지의 가치가 인근지역에 있는 표준적인 이용상황과 비슷한 토지의 가치에 비하여 일반적으로 높은 것으로 인정되는 경우에는 현실적인 이용상황을 기준으로 감정평가한다.

제45조(묘지의 감정평가) ① 묘지로 이용되고 있는 토지에 대한 감정평가는 인근지역에 있는 표준적인 이용상황과 비슷한 토지의 적정가격을 기준으로 하되, 해당 분묘가 없는 상태를 상정하여 감정평가한다.

② 다음 각 호의 어느 하나에 해당하는 묘지를 인근지역에 있는 표준적인 이용상황과 비슷한 토지의 표준지공시지가를 기준으로 감정평가하는 경우에는 조성 전 토지의 적정가격에 묘지의 조성에 통상 필요한 비용 상당액(석물 등 분묘시설의 설치비용은 제외한다)등을 개별요인의 비교 시에 고려한 가액으로 감정평가한다.

1. 지적공부상 묘지로 등재되어 있는 소규모의 토지(다른 지목의 자기 소유 토지 일부분에 묘지가 설치된 경우로서 그 묘지부분의 면적을 구분하여 감정평가 의뢰한 것을 포함한다)
2. 「장사 등에 관한 법률」 제14조에 따라 설치된 묘지

제46조(전주·철탑 등의 설치를 위한 토지의 감정평가) ① 전주·철탑 등의 설치를 위하여 소규모로 분할하여 취득·수용하는 토지에 대한 감정평가는 그 설치부분(선하지 부분은 제외한다. 이하 같다)의 위치·지형·지세·면적·이용상황 등을 고려하여 한다.

② 제1항은 전주·철탑 등의 설치를 위하여 토지를 사용하는 경우에서 해당 토지의 적정가격의 감정평가 시에 준용한다.

제46조의2(선하지 등의 감정평가) ① 토지의 지상공간에 고압선이 통과하고 있는 토지(이하 "선하지"라 한다)에 대한 감정평가는 그 제한을 받지 아니한 상태를 기준으로 한다.

② 제1항에도 불구하고 선하지에 해당 고압선의 설치를 목적으로 「민법」 제289조의2에 따른 구분지상권이 설정되어 있는 경우에는 제47조(제5항은 제외한다)를 준용한다.

③ 제2항은 토지의 지하공간에 「도시철도법」 제2조제2호에 따른 도시철도와 「송유관안전관리법」 제2조제2호에 따른 송유관 등 공익시설의 설치를 목적으로 「민법」 제289조의2에 따른 구분지상권이 설정되어 있는 토지에 대한 감정평가의 경우에 준용한다.

제47조(소유권 외의 권리의 목적이 되고 있는 토지의 감정평가) ① 소유권 외의 권리의 목적이 되고 있는 토지에 대한 감정평가는 다음 각 호와 같이 한다.

1. 의뢰자가 토지에 관한 소유권 외의 권리를 따로 감정평가할 것을 요청한 경우에는 다음과 같이 하되, 그 내용을 감정평가서에 기재한다.

> 감정평가액 = 해당 토지의 소유권 외의 권리가 없는 상태의 감정평가액 - 해당 토지의 소유권 외의 권리에 대한 감정평가액

2. 의뢰자가 토지에 관한 소유권 외의 권리를 따로 감정평가할 것을 요청하지 아니한 경우에는 토지의 소유권 외의 권리가 없는 상태를 기준으로 한다. 다만, 제46조의2제2항과 제3항에 따른 감정평가의 경우에는 제1호에 따른다.

② 제1항의 해당 토지의 소유권 외의 권리는 해당 권리의 종류, 존속기간 및 기대이익 등을 종합적으로 고려하여 감정평가한다. 이 경우 점유는 권리로 보지 아니한다.

③ 토지의 소유권 외의 권리는 거래사례비교법에 따라 감정평가하는 것을 원칙으로 하되, 일반적으로 양도성이 없는 경우에는 다음 각 호의 방법에 따를 수 있다.

1. 해당 권리의 유무에 따른 토지가액의 차이로 감정평가하는 방법
2. 권리설정계약을 기준으로 감정평가하는 방법
3. 해당 권리를 통하여 획득할 수 있는 장래기대이익의 현재가치로 감정평가하는 방법

④ 토지의 소유권 외의 권리가 「민법」 제289조의2에 따른 구분지상권인 경우에는 제3항에 따른 방법 외에도 제50조와 제51조를 준용하여 감정평가할 수 있다.

⑤ 지하 또는 지상 공간에 송유관 또는 송전선로 등이 시설되어 있으나 보상이 이루어지지 아니한 토지에 대한 감정평가는 그 시설물이 없는 상태를 기준으로 한다.

제48조(토지소유자와 지상건축물의 소유자가 다른 경우의 토지평가) 삭제 〈2018.2.28.〉

제5장 그 밖에 토지에 관한 감정평가

제49조(토지사용료의 감정평가) ① 공익사업의 시행에 따라 토지를 사용하는 경우에 그 사용료의 감정평가는 임대사례비교법에 따른다. 다만, 적정한 임대사례가 없거나 대상토지의 특성으로 보아 임대사례비교법으로 감정평가하는 것이 적정하지 아니한 경우에는 적산법으로 감정평가할 수 있다.

② 임대사례비교법에 따라 사용료를 감정평가하는 경우에 임대보증금 등 일시금에 대한 운용이율은 일시금의 성격 및 그 비중과 유형별 특성 및 지역시장의 특성 등을 고려한 적정이자율로 정한다. 다만, 적정이자율의 조사가 곤란한 경우에는 연 5퍼센트 이내로 한다.

③ 미지급용지에 대한 사용료의 감정평가는 적산법에 따른다. 이 경우에 기초가액은 제32조를 준용하여 구한다.

④ 적산법에 따른 적산임료를 구하는 경우에 적용할 기대이율은 해당 지역 및 대상토지의 특성을 반영하는 이율로 정하되, 이의 산정이 사실상 곤란한 경우에는 별표7의2(기대이율 적용기준율표)에서 정하는 율과 「국유재산법 시행령」 및 「공유재산 및 물품관리법 시행령」에 따른 국유재산 또는 공유재산의 사용료율(대부료율) 등을 참고하여 실현 가능한 율로 정할 수 있다.

⑤ 토지의 지하부분 또는 지상공간을 한시적으로 사용하는 경우에 그 사용료의 감정평가는 제1항부터 제4항까지에 따른 사용료의 감정평가액에 토지의 이용이 저해되는 정도에 따른 적정한 비율(이하 "입체이용저해율"이라 한다)을 곱하여 구한 금액으로 한다.

⑥ 토지의 지하부분 또는 지상공간을 「민법」 제289조의2에 따른 구분지상권을 설정하여 사실상 영구적으로 사용하는 경우에 사용료의 감정평가는 표준지공시지가를 기준으로 한 해당 토지의 적정가격에 입체이용저해율을 곱한 금액으로 한다. 다만, 「전기사업법」 제89조에 따른 전기사업자 또는 「전원개발촉진법」 제6조의2에 따른 전원개발사업자가 토지의 지상공간 또는 지하부분을 사실상 영구적으로 사용하는 것에 따른 손실보상을 위한 사용료의 감정평가는 따로 정하는 기준에 따르고, 「도시철도법」 제9조 및 「철도건설법」 제12조의2에 따른 토지의 지하부분 보상을 위한 지하사용료의 감정평가는 제50조와 제51조에 따르며, 그 밖에 다른 법령 등에 따라 토지의 지하부분 또는 지상공간의 사용료를 감정평가하는 경우에도 제50조와 제51조의 관련 규정을 준용할 수 있다.

제50조(「도시철도법」 등에 따른 지하사용료의 감정평가) ① 「도시철도법」에 따른 도시철도 및 「철도건설법」에 따른 철도의 건설을 위하여 토지의 지하부분 또는 지상부분을 「민법」 제289조의2에 따른 구분지상권을 설정하여 사실상 영구적으로 사용하는 경우에 그 사용료의 감정평가는 「도시철도법」 제9조와 같은 법 시행령 제10조 및 별표1에 따라 해당 토지가 속한 시·도에서 조례로 정한 도시철도 건설을 위한 지하부분 토지사용에 관한 보상기준 (이하 이 조에서 "조례"라 한다) 또는 「철도건설법」 제12조의2 및 같은 법 시행령 제14조의2에 따라 국토교통부장관이 정한 「철도건설을 위한 지하부분 토지사용 보상기준」 등에서 정한 기준에 따르되, 해당 토지가 속한 시·도의 조례에서 정한 것을 우선 적용하여 다음 각 호에서 정한 기준에 따른다.

1. 토지의 한계심도 이내의 지하부분을 사용하는 경우에는 토지의 단위면적당 적정가격에 입체이용저해율과 구분지상권 설정면적을 곱하여 산정한다.

> 지하사용료 = 토지의 단위면적당 적정가격 × 입체이용저해율 × 구분지상권 설정면적

2. 토지의 한계심도를 초과하는 지하부분을 사용하는 경우에는 토지의 단위면적당 적정가격에 다음 율을 적용하여 산정한다. 다만, 해당 토지의 여건상 지하의 광천수를 이용하는 등 특별한 사유가 인정되는 경우에는 따로 지하사용료를 산정할 수 있다.

토피	한계심도 초과		
	20미터 이내	20미터 ~ 40미터	40미터 이상
적용률(퍼센트)	1.0 ~ 0.5	0.5 ~ 0.2	0.2 이하

② 제1항에서 "한계심도"란 토지소유자의 통상적인 이용행위가 예상되지 아니하고 지하시설물을 따로 설치하는 경우에도 일반적인 토지이용에 지장이 없을 것으로 판단되는 깊이를 말하며, 고층시가지는 40미터, 중층시가지는 35미터, 저층시가지 및 주택지는 30미터, 농지·임지는 20미터로 한다.

③ 제1항에 따른 지하사용료의 감정평가를 위한 토지의 단위면적당 적정가격은 인근지역에 있는 이용상황이 비슷한 토지의 표준지공시지가를 기준으로 한 해당 토지의 단위면적당 감정평가액으로 한다.

④ 토지의 지하사용료의 감정평가를 위한 대상토지의 용도지역은 현황여건·개발잠재력 등 객관적인 상황을 고려하여 다음 각 호와 같이 분류한다.

1. 고층시가지

   16층 이상의 고층건물이 최유효이용으로 판단되는 지역으로서 중심상업지역과 일반상업지역 등을 말한다.

2. 중층시가지

   11~15층 건물이 최유효이용으로 판단되는 지역으로서 고층시가지로 변화되고 있는 일반상업지역·근린상업지역·준주거지역 등을 말한다.

3. 저층시가지

   4~10층 건물이 최유효이용으로 판단되는 지역으로서 주택·공장·상가 등이 혼재된 일반상업지역·근린상업지역·준주거지역·일반주거지역 등을 말한다. 〈개정 2003.2.14.〉

4. 주택지

   3층 이하 건물이 최유효이용으로 판단되는 지역으로서 일반주거지역·녹지지역·공업지역 등을 말하며, 가까운 장래에 택지화가 예상되는 지역을 포함한다.

5. 농지·임지

   농지·임지가 최유효이용으로 판단되는 지역으로서 사회, 경제 및 행정적 측면에서 가까운 장래에 택지화가 예상되지 아니하는 녹지지역 등을 말한다.

제51조(입체이용저해율의 산정) ① 제50조제1항제1호에서 규정한 입체이용저해율은 별표 7의3에서 정한 기준에 따르되, 다음과 같이 산정한다.

> **입체이용저해율 = 건물의 이용저해율 + 지하부분의 이용저해율 + 그 밖의 이용저해율**

② 제1항에서 규정한 건물의 이용저해율은 건물의 지상층 및 지하층의 이용가치가 저해되는 정도를 나타내는 율로서 다음 각 호에서 정하는 기준에 따라 산정한다.

1. 건물의 이용저해율 ≒ 건물의 이용률(α) × $\dfrac{저해층수의\ 층별효용비율(B)합계}{최유효건물층수의\ 층별효용비율(A)합계}$

2. 건물의 이용률(α)은 별표8의 "입체이용률배분표"에서 정하는 기준에 따른다.

3. 저해층수의 층별효용비율(B) 및 최유효건물층수의 층별효용비율(A) 합계의 산정은 별표9의 "층별효용비율표"에 따른다.

4. 저해층수는 최유효건물층수에서 건축가능한 층수를 뺀 것으로 한다.

5. 최유효건물층수는 해당 토지에 건물을 건축하여 가장 효율적으로 이용할 경우의 층수로서 다음 각 호의 사항을 고려하여 결정한다.

　　가. 인근토지의 이용상황·지가수준·성숙도·잠재력 등을 고려한 경제적인 층수

　　나. 토지의 입지조건·형태·지질 등을 고려한 건축가능한 층수

　　다. 「건축법」 또는 「국토의 계획 및 이용에 관한 법률」 등 관계법령에서 규제하고 있는 범위 내의 층수 〈개정 2003.2.14, 2007.2.14.〉

6. 건축가능층수는 토지의 지하부분 사용 시에 해당 토지의 지반상태·건축시설물의 구조·형식, 그 밖에 공법상으로 건축이 가능한 층수를 말하며, 이의 판정은 별표10의 "건축가능층수기준표"에 따른다.

7. 지질 및 토피는 의뢰자가 제시한 기준에 따르되, 지질은 토사 또는 암석으로 분류되며, 토피는 지하시설물의 최상단에서 지표까지의 수직거리로 한다.

③ 제1항에서 규정한 지하부분의 이용저해율은 건물의 지하층을 제외한 지하부분의 이용가치가 저해되는 정도를 나타내는 율로서 다음 각 호에서 정하는 기준에 따라 산정한다.

1. 지하부분의 이용저해율 ＝ 지하이용률(β) × 심도별지하이용효율(P)

2. 지하이용률은 별표8의 "입체이용률배분표"에서 정한 기준에 따른다.

3. 심도별지하이용효율(P)은 별표11의 "심도별지하이용저해율표"의 기준에 따른다.

④ 제1항에서 규정한 그 밖의 이용저해율은 지상부분의 통신시설·광고탑 또는 굴뚝 등 이용가치와 지하부분의 지하수 사용시설 또는 특수물 매설 등 이용가치가 저해되는 정도를 나타내는 율로서 다음 각 호에서 정하는 기준에 따라 산정한다.

1. 지상 및 지하부분 모두의 그 밖의 이용을 저해하는 경우에는 별표8의 "입체이용률배분표"에서의 "γ"로 한다.

2. 지상 또는 지하 어느 한쪽의 그 밖의 이용을 저해하는 경우에는 별표8의 "입체이용률배분표"의 "γ"에서 지상 또는 지하의 배분비율을 곱하여 산정한다.

⑤ 최유효건물층수 및 규모로 이용(이하 이 조에서 "최유효이용"이라 한다)하거나 이와 비슷한 이용상태의 기존 건물이 있는 경우에는 입체이용저해율을 다음과 같이 산정한다. 다만, 기존건물이 최유효이용에 뚜렷하게 미달되거나 노후정도와 관리상태 등으로 보아 관행상 토지부분의 가격만으로 거래가 예상되는 경우에는 제1항에 따른다.

1. 입체이용저해율 ＝ [최유효이용의 토지로 본 건물의 이용저해율 + 지하부분의 이용저해율] × 노후율 + 그 밖의 이용저해율

2. 노후율 ＝ $\dfrac{\text{해당 건물의 유효경과연수}}{\text{해당 건물의 경제적내용연수}}$

⑥ 해당 건물의 경제적내용연수는 별표12 의 "건물내용연수표"를 기준으로 산정하고 유효경과연수는 실제경과연수·이용 및 관리상태, 그 밖에 수리 및 보수정도 등을 고려하여 산정한다.

제52조(개간비의 감정평가 등) ① 국유지 또는 공유지를 관계법령에 따라 적법하게 개간(매립·간척을 포함한다. 이하 이 조에서 같다) 한 자가 개간 당시부터 보상 당시까지 계속하여 적법하게 해당

토지를 점유하고 있는 경우(개간한 자가 사망한 경우에는 그 상속인이 개간한 자가 사망한 때부터 계속하여 적법하게 해당 토지를 점유하고 있는 경우를 포함한다)로서 의뢰자로부터 개간에 소요된 비용 (이하 "개간비"라 한다)의 감정평가 의뢰가 있는 경우에 그 개간비의 감정평가는 법 시행규칙 제27조에 따라 가격시점 당시를 기준으로 한 개간에 통상 필요한 비용 상당액(개량비를 포함한다. 이하 이 조에서 같다)으로 한다. 이때에는 그 감정평가액이 개간 후의 토지에 대한 감정평가액에서 개간 전의 토지에 대한 감정평가액을 뺀 금액을 초과하지 못하며, 개간 후의 토지에 대한 감정평가액의 결정에서 일시적인 이용상황은 고려하지 아니한다. 다만, 그 개간에 통상 필요한 비용 상당액을 산정하기 곤란한 경우에는 인근지역에 있는 이용상황이 비슷한 토지의 표준지공시지가를 기준으로 한 개간 후의 토지에 대한 감정평가액의 3분의 1(도시지역의 녹지지역 안에 있는 경우에는 5분의 1, 도시지역의 그 밖의 용도지역 안에 있는 경우에는 10분의 1) 이내로 한다.

② 제1항에 따른 개간비의 감정평가 시에는 개간 전·후 토지의 위치·지형·지세·지질·비옥도 및 이용상태와 개간의 난이도 등을 고려하여야 한다.

③ 의뢰자로부터 1995년 1월 7일 당시에 공익사업시행지구에 편입된 무허가개간토지(관계법령에 따라 허가·인가 등을 받고 개간하여야 하는 토지를 허가·인가 등을 받지 아니하고 개간한 토지를 말한다)에 대한 개간비의 감정평가 의뢰가 있는 경우에는 법 시행규칙(건설교통부령 제344호, 2002.12.31.) 부칙 제6조에 따라 제1항 전단의 규정에도 불구하고 이를 감정평가할 수 있다.

④ 제1항에 따른 개간비의 감정평가를 한 국유지 또는 공유지에 대하여 협의 또는 수용을 위한 감정평가 의뢰가 있는 경우에 해당 토지에 대한 감정평가는 법 시행규칙 제27조제3항에 따라 개간 후 토지의 적정가격에서 개간비 상당액을 뺀 금액으로 감정평가액을 결정한다. 이 경우에는 감정평가서에 그 내용을 기재한다.

제53조(잔여지의 감정평가) ① 법 제73조제1항 단서 또는 법 제74조에 따라 잔여지의 협의 또는 수용을 위한 감정평가 의뢰가 있는 경우에 그 잔여지에 대한 감정평가는 법 시행규칙 제32조제3항에 따라 다음과 같이 한다.

잔여지의 감정평가액 ≒ (일단의 토지 전체면적 − 공익사업편입면적) × 단위면적당 적정가격

② 제1항에서 잔여지의 단위면적당 적정가격의 결정은 공익사업시행지구에 편입된 부분을 포함한 일단의 토지 전체의 적정가격을 기준으로 한다. 다만, 공익사업시행지구에 편입된 부분과 잔여부분이 용도지역등을 달리하여 가치가 다른 경우(해당 공익사업과 관련되어 용도지역등이 변경된 경우는 제외한다)에는 잔여지부분의 적정가격을 기준으로 결정할 수 있다.

③ 제1항에 따른 잔여지의 감정평가 시에 가격시점은 그 잔여지를 협의 또는 수용하는 시점으로 하되, 비교표준지의 선정, 적용공시지가의 선택, 지가변동률의 적용, 그 밖의 감정평가기준은 해당 공익사업시행지구에 편입된 경우와 같이 하며, 잔여지의 공법상 제한 및 이용상황 등은 공익사업시행지구에 편입되는 토지(이하 이 조에서 "편입토지"라 한다)의 협의취득 또는 재결 당시를 기준으로 한다.

④ 가격시점 당시의 일단의 토지 전체 및 편입토지의 단위면적당 적정가격을 결정할 때 해당 공익사업의 시행에 따른 가치의 변동은 고려하지 아니한다.

제54조(잔여지의 가치하락 등에 따른 손실액의 감정평가) ① 법 제73조제1항에 따라 잔여지의 가치하락에 따른 손실액의 결정을 위한 감정평가 의뢰가 있는 경우에 그 손실액의 감정평가는 법 시행규칙 제32조제1항에 따라 제53조에 따른 잔여지의 감정평가액에서 해당 공익사업의 시행으로 가치가 하락된 잔여지의 감정평가액을 뺀 금액으로 한다.

② 제1항에 따라 가치가 하락된 잔여지의 감정평가액을 결정할 때에는 다음 각 호의 사항을 조사하여 개별요인의 비교 시에 반영한다.

1. 잔여지의 위치·면적·형상 및 지세·이용상황
2. 잔여지 용도지역등 공법상 제한
3. 잔여지와 인접한 동일인 소유토지의 유·무 및 이용상황
4. 잔여지의 용도변경 등이 필요한 경우에는 주위토지의 상황
5. 해당 공익사업으로 설치되는 시설의 형태·구조·사용 등
6. 잔여지에 도로·구거·담장·울 등 시설의 설치 또는 성토·절토 등 공사의 필요성 유·무 및 공사가 필요한 경우에 그 공사방법 등

③ 제1항의 잔여지 가치하락에 따른 손실액의 감정평가 시에 해당 공익사업의 시행으로 발생한 소음·진동·악취·일조침해 또는 환경오염 등(이하 이 조에서 "소음등"이라 한다)에 따른 손실은 관계 법령에 따른 소음등의 허용기준, 원상회복비용 및 스티그마(STIGMA) 등을 개별요인의 비교 시에 환경조건 등에서 고려한다. 다만, 해당 공익사업이 완료되기 전으로 소음등에 따른 가치하락 여부의 확인이 사실상 곤란한 경우에는 그 사유를 감정평가서에 기재하고 가치하락에 따른 손실액의 감정평가 시에 소음등을 제외할 수 있다.

④ 제1항의 잔여지 가치하락에 따른 손실액의 감정평가 시에 가격시점은 그 손실액의 협의 또는 재결하는 시점으로 하되, 잔여지의 공법상 제한 및 이용상황 등은 공익사업시행지구에 편입되는 토지의 협의취득 또는 재결 당시를 기준으로 한다.

⑤ 제1항의 잔여지 가치하락에 따른 손실액의 감정평가 시에는 가격시점 당시의 현실적인 이용상황 등의 변경에 따른 것 외에도 장래 이용 가능성이나 거래의 용이성 등에 따른 이용가치 및 교환가치 등의 하락요인(제2항에 따른 사업손실을 환경조건 등에서 따로 고려한 경우에는 그 부분은 제외한다)을 개별요인의 비교 시에 기타조건(장래 동향 등) 등에서 고려할 수 있으나, 해당 공익사업의 시행에 따른 잔여지의 이용가치 및 교환가치 등의 증가요인은 고려하지 아니한다.

⑥ 법 제73조에 따라 잔여지에 대한 시설의 설치 또는 공사에 따른 손실액의 결정을 위하여 감정평가 의뢰가 있는 경우에 그 손실액의 감정평가는 법 시행규칙 제32조제2항에 따라 그 시설의 설치나 공사에 통상 필요한 비용 상당액으로 한다.

제55조(환매토지에 관한 감정평가) ① 법 제91조에 따른 환매권의 행사와 관련하여 의뢰자로부터 환매 토지에 관한 감정평가 의뢰가 있는 경우에서 환매 당시의 적정가격 결정은 다음 각 호의 기준에 따른다.

1. 환매 당시에 공시되어 있는 표준지공시지가 중 환매 당시에 가장 근접한 시점의 표준지공시지 가를 기준으로 하되, 그 공시기준일부터 가격시점까지의 해당 시·군·구의 지가변동률, 생산 자물가상승률, 그 밖에 해당 토지의 위치·형상·환경·이용상황 등을 고려한 가액으로 결정한

다. 이 경우 해당 공익사업에 따른 공법상 제한이나 가치의 변동(이하 이 조에서 "공법상 제한등" 이라 한다)이 있는 경우에는 이를 고려한 가액으로 결정한다. 다만, 그 공법상 제한등이 해당 공익사업의 폐지·변경 또는 그 밖의 사유에 따른 환매권의 행사로 그 공법상 제한등이 없어지게 되는 경우에는 그러하지 아니하다.

2. 환매토지가 다른 공익사업시행지구에 편입되는 경우에는 제1호에도 불구하고 비교표준지의 선정, 적용공시지가의 선택, 지가변동률의 적용, 그 밖의 감정평가 기준은 그 다른 공익사업시행지구에 편입되는 경우와 같이 한다.

3. 비교표준지의 선정은 환매토지의 인근지역에 있는 것으로서 그 공부상 지목 및 이용상황 등이 비슷한 것으로 하되, 제1호 단서에 따라 그 공법상 제한등이 없는 상태를 기준으로 감정평가하는 경우에는 인근지역에 있는 것으로서 그 공법상 제한등이 없는 상태로 공시된 표준지를 선정한다. 다만, 인근지역에 그 공법상 제한등이 없는 상태로 공시된 표준지가 없는 경우에는 인근지역에 있는 그 공법상 제한등이 있는 상태로 공시된 표준지를 선정하거나 동일수급권 안의 유사지역에 있는 그 공법상 제한등이 없는 상태로 공시된 표준지를 선정할 수 있다.

4. 이용상황 등의 판단은 환매 당시를 기준으로 하되, 해당 공익사업의 시행 등으로 토지의 형질변경 등이 이루어진 경우에는 그 형질변경 등이 된 상태를 기준으로 한다. 다만, 원상회복을 전제로 하는 등 의뢰자로부터 다른 조건의 제시가 있는 경우에는 그에 따른다.

② 환매금액의 결정에 따른 법 시행령 제48조에 따른 "인근 유사토지의 지가변동률"의 산정은 환매토지의 인근지역에 있는 것으로서 그 공부상 지목 및 이용상황 등이 비슷한 토지(이하 이 조에서 "표본지"라 한다)의 취득 당시부터 환매 당시까지의 가격변동률로 하되 다음 각 호의 기준에 따른다.

1. 인근 유사토지의 지가변동률 산정을 위한 표본지의 선정은 해당 공익사업과 직접 관계가 없는 것으로서 인근지역에 있는 공시지가 표준지로 함을 원칙으로 한다. 다만, 해당 공익사업과 직접 관계가 없는 것으로서 환매토지와 그 공부상 지목 및 이용상황 등이 비슷한 공시지가 표준지가 인근지역에 없는 경우에는 인근지역에 있는 공시지가 표준지가 아닌 것으로서 그 공부상 지목 및 이용상황 등이 비슷한 토지를 표본지로 선정할 수 있다.

2. 제1호에 따른 표본지를 선정하는 경우에서 그 환매토지가 취득 이후 환매 당시까지 해당 공익사업과 직접 관계없이 용도지역등이 변경된 경우에는 그 환매토지와 용도지역등의 변경과정이 같거나 비슷한 인근지역에 있는 공시지가 표준지 등을 표본지로 선정하는 것을 원칙으로 한다.

3. 취득 당시와 환매 당시의 표본지의 단위면적당 적정가격 결정은 해당 표본지의 표준지공시지가를 기준으로 하되 다음 산식에 따른다. 다만, 다음 연도의 표준지공시지가가 공시되어 있지 아니한 경우에는 해당 표본지의 취득 당시 또는 환매 당시 연도의 표준지공시지가에 그 공시기준일부터 가격시점까지의 해당 시·군 또는 구의 용도지역별 지가변동률을 고려한 가액으로 결정하며, 취득 당시의 시점이 1989년 12월 31일 이전인 경우에서 취득 당시 표본지의 단위면적당 적정가격 결정은 해당 표본지의 1990년 1월 1일자 표준지공시지가에 취득 당시부터 1989년 12월 31일까지의 해당 시·군 또는 구의 이용상황별 지가변동률을 고려한 가액으로 한다.

> 취득(환매) 당시의 표본지 단위면적당 적정가격 ≒ 취득(환매) 당시 연도의 표준지공시지가 +
> [(다음연도의 표준지공시지가 − 취득(환매) 당시 연도의 표준지공시지가) × 경과일수/해당 연도 총일수]

4. 제2호에 따른 취득 당시와 환매 당시의 표본지의 단위면적당 적정가격을 결정하는 경우에서 제 1호에 따라 선정된 표본지가 공시지가 표준지가 아니거나 취득 당시 또는 환매 당시 중 어느 한 시점에만 공시지가 표준지인 경우에는 인근지역 또는 동일수급권 안의 유사지역에 있는 것 으로서 그 공부상 지목 및 이용상황 등이 비슷한 다른 공시지가 표준지와 해당 표본지의 지역요 인 및 개별요인 등을 비교하여 환매 당시 연도 또는 다음 연도의 1월 1일자를 기준으로 하여 각각 산정된 지가를 해당 표본지의 취득 당시 또는 환매 당시 연도의 표준지공시지가로 본다.

③ 의뢰자로부터 적정한 환매금액의 제시요청이 있는 경우에는 다음 각 호의 기준에 따른다.

1. 환매 당시의 감정평가액이 지급한 보상금액에 제2항에 따라 산정된 인근 유사토지의 지가변동 률을 고려한 가격보다 적거나 같을 경우에는 지급한 보상금액으로 결정한다.

2. 환매 당시의 감정평가액이 지급한 보상금액에 제2항에 따라 산정된 인근 유사토지의 지가변동 률을 고려한 금액보다 많을 경우에는 다음 산식에 따라 산정된 금액으로 한다.

> 환매금액 = 보상금액 + [환매 당시의 감정평가액 − (보상금액 × (1 + 인근 유사토지의 지가변동률))]

제56조(공익사업시행지구 밖 대지 등의 감정평가) ① 법 제79조제1항 단서에 따라 공익사업시행지구 밖 토지에 대한 협의 또는 수용을 위한 감정평가 의뢰가 있는 경우에 그 토지에 대한 감정평가는 협의 또는 재결 당시를 기준으로 하되 비교표준지의 선정, 적용공시지가의 선택, 지가변동률의 적용, 그 밖의 감정평가 기준은 해당 공익사업시행지구에 편입되는 경우와 같이 한다.

② 제1항에 따른 감정평가에서 해당 토지에 대한 공법상 제한이나 이용상황 등이 해당 공익사업의 시 행 등으로 변경 또는 변동된 경우와 통로·도랑·담장 등의 신설, 그 밖의 공사가 필요하여 해당 토지의 가치가 변동된 경우에는 고려하지 아니한다.

③ 법 제79조제2항에 따라 공익사업시행지구 밖 대지 등이 공익사업의 시행으로 본래의 기능을 다할 수 없게 되어 법 시행규칙 제59조 또는 제61조에 따라 감정평가 의뢰가 있는 경우에 그 토지에 대한 감정평가는 협의 또는 재결 당시를 기준으로 하되, 다음 각 호와 같이 한다.

1. 공익사업시행지구 밖의 대지(조성된 대지를 말한다) 또는 농경지(계획적으로 조성된 유실수 단 지 및 죽림 단지를 포함한다)가 공익사업의 시행으로 산지나 하천 등에 둘러싸여 교통이 두절되 거나 경작이 불가능하게 된 경우에는 해당 토지가 공익사업시행지구에 편입되는 것으로 보고 감정평가하되, 비교표준지의 선정, 적용공시지가의 선택, 지가변동률의 적용, 그 밖의 감정평가 기준 등은 해당 공익사업시행지구에 편입되는 경우와 같이 한다.

2. 한 마을의 주거용 건축물이 대부분 공익사업시행지구에 편입되어 잔여 주거용 건축물 거주자의 생활환경이 뚜렷이 불편하여 이주가 부득이한 경우에 해당 토지의 감정평가는 제1호에 따른다.

④ 제3항에 따른 감정평가에서 해당 토지에 대한 공법상 제한이나 이용상황 등이 해당 공익사업의 시 행으로 변경 또는 변동된 경우에는 고려하지 아니한다.

부칙 〈2020.2.19.〉

이 기준은 2020년 3월 1일부터 시행한다.

[별표 1] 상업지대의 지역요인 및 개별요인

지역요인			개별요인		
조건	항목	세항목	조건	항목	세항목
가로 조건	가로의 폭, 구조 등의 상태	폭	가로 조건	가로의 폭, 구조 등의 상태	폭
		포장			포장
		보도			보도
		계통 및 연속성			계통 및 연속성
	가구(block)의 상태	가구의 정연성			
		가구시설의 상태			
접근 조건	교통수단 및 공공시설과의 접근성	인근교통시설의 편의성	접근 조건	상업지역중심 및 교통시설과의 편의성	상업지역중심과의 접근성
		인근교통시설의 이용 승객수			
		주차시설의 정비			
		교통규제의 정도 (일방통행, 주정차 금지 등)			인근교통시설과의 거리 및 편의성
		관공서 등 공공시설과의 접근성			
환경 조건	상업 및 업무시설의 배치상태	백화점, 대형상가의 수와 연면적	환경 조건	고객의 유동성과의 적합성	고객의 유동성과의 적합성
		전국규모의 상가 및 사무소의 수와 연면적		인근환경	인근토지의 이용상황
		관람집회시설의 상태			인근토지의 이용상황과의 적합성
		부적합한 시설의 상태 (공장, 창고, 주택 등)		자연환경	지반, 지질 등
		기타 고객유인시설 등	획지 조건	면적, 접면, 너비, 깊이, 형상 등	면적
		배후지의 인구			접면너비
		배후지의 범위			깊이
		고객의 구매력 등			부정형지
	경쟁의 정도 및 경영자의 능력	상가의 전문화와 집단화			삼각지
		고층화 이용정도			자루형 획지
	번화성 정도	고객의 통행량		방위, 고저 등	방위
		상가의 연립성			고저
		영업시간의 장단			경사지
		범죄의 발생정도		접면도로 상태	각지
	자연환경	지반, 지질 등			2면획지
					3면획지
행정적 조건	행정상의 규제정도	용도지역, 지구, 구역 등	행정적 조건	행정상의 규제정도	용도지역, 지구, 구역 등
		용적제한			용적제한
		고도제한			고도제한
		기타규제			기타규제(입체이용제한 등)
기타 조건	기타	장래의 동향	기타 조건	기타	장래의 동향
		기타			기타

PART · 05

[별표 2] 주택지대의 지역요인 및 개별요인

지역요인			개별요인		
조건	항목	세항목	조건	항목	세항목
가로 조건	가로의 폭, 구조 등의 상태	폭	가로 조건	가로의 폭, 구조 등의 상태	폭
		포장			포장
		보도			보도
		계통 및 연속성			계통 및 연속성
접근 조건	도심과의 거리 및 교통시설의 상태	인근교통시설의 편익성	접근 조건	교통시설과의 접근성	인근대중교통시설과의 거리 및 편의성
		인근교통시설의 도시중심 접근성		상가와의 접근성	인근상가와의 거리 및 편의성
	상가의 배치상태	인근상가의 편익성		공공 및 편익시설과의 접근성	유치원, 초등학교, 공원, 병원, 관공서 등과의 거리 및 편의성
		인근상가의 품격			
	공공 및 편익시설의 배치상태	관공서 등 공공시설과의 접근성			
환경 조건	기상조건	일조, 습도, 온도, 통풍 등	환경 조건	일조 등	일조, 통풍 등
	자연환경	조망, 경관, 지반, 지질 등		자연환경	조망, 경관, 지반, 지질 등
	사회환경	거주자의 직업, 연령 등		인근환경	인근토지의 이용상황
		학군 등			인근토지의 이용상황과의 적합성
	획지의 상태	획지의 표준적인 면적		공급 및 처리시설의 상태	상수도
		획지의 정연성			하수도
		건물의 소밀도			도시가스 등
		주변의 이용상태		위험 및 혐오시설 등	변전소, 가스탱크, 오수처리장 등의 유무
	공급 및 처리시설의 상태	상수도			
		하수도			
		도시가스 등			특별고압선 등과의 거리
	위험 및 혐오시설	변전소, 가스탱크, 오수처리장 등의 유무	획지 조건	면적, 접면너비, 깊이, 형상 등	면적
					접면너비
		특별고압선 등의 통과 여부			깊이
					부정형지
	재해발생의 위험성	홍수, 사태, 절벽붕괴 등			삼각지
					자루형획지
	공해발생의 정도	소음, 진동, 대기오염 등		방위, 고저 등	방위
					고저
					경사지
				접면도로 상태	각지
					2면획지
					3면획지
행정적 조건	행정상의 규제정도	용도지역, 지구, 구역	행정적 조건	행정상의 규제정도	용도지역, 지구, 구역
		기타규제			기타규제(입체이용제한 등)
기타 조건	기타	장래의 동향	기타 조건	기타	장래의 동향
		기타			기타

[별표 3] 공업지대의 지역요인 및 개별요인

지역요인			개별요인		
조건	항목	세항목	조건	항목	세항목
가로 조건	가로의 폭, 구조 등의 상태	폭	가로 조건	가로의 폭, 구조 등의 상태	폭
		포장			포장
		계통 및 연속성			계통 및 연속성
접근 조건	판매 및 원료구입 시장과의 위치관계	도심과의 접근성	접근 조건	교통시설과의 거리	인근교통시설과의 거리 및 편의성
		항만, 공항, 철도, 고속도로, 산업도 로 등과의 접근성			철도전용인입선
	노동력확보의 난이	인근교통시설과의 접근성			전용부두
	관련산업과의 관계	관련산업 및 협력업체 간의 위치관계			
환경 조건	공급 및 처리시설의 상태	동력자원	환경 조건	공급 및 처리시설의 상태	동력자원
		공업용수			공업용수
		공장배수			공장배수
	공해발생의 위험성	수질, 대기오염 등		자연환경	지반, 지질 등
			획지 조건	면적, 형상 등	면적
	자연환경	지반, 지질 등			형상
					고저
행정적 조건	행정상의 조장 및 규제정도	조장의 정도	행정적 조건	행정상의 조장 및 규제정도	조장의 정도
		규제의 정도			규제의 정도
		기타규제			기타규제
기타 조건	기타	공장진출의 동향	기타 조건	기타	장래의 동향
		장래의 동향			기타
		기타			

[별표 4] 농경지대(전지대)의 지역요인 및 개별요인

지역요인			개별요인		
조건	항목	세항목	조건	항목	세항목
접근조건	교통의 편부	취락과의 접근성	접근조건	교통의 편부	취락과의 접근성
		출하집적지와의 접근성			
		농로의 상태			농로의 상태
자연조건	기상조건	일조, 습도, 온도, 통풍, 강우량 등	자연조건	일조 등	일조, 통풍 등
	지세	경사의 방향		토양, 토질	토양, 토질의 양부
		경사도		관개, 배수	관개의 양부
	토양, 토질	토양, 토질의 양부			
	관개, 배수	관개의 양부			배수의 양부
		배수의 양부			
	재해의 위험성	수해의 위험성	획지조건	면적, 경사 등	면적
					경사도
					경사의 방향
		기타 재해의 위험성		경작의 편부	형상부정 및 장애물에 의한 장애의 정도
행정적조건	행정상의 조장 및 규제정도	보조금, 융자금 등 조장의 정도	행정적조건	행정상의 조장 및 규제정도	보조금, 융자금 등 조장의 정도
		규제의 정도			규제의 정도
기타조건	기타	장래의 동향	기타조건	기타	장래의 동향
		기타			기타

[별표 5] 농경지대(답지대)의 지역요인 및 개별요인

지역요인			개별요인		
조건	항목	세항목	조건	항목	세항목
접근 조건	교통의 편부	취락과의 접근성	접근 조건	교통의 편부	취락과의 접근성
		출하집적지와의 접근성			농로의 상태
		농로의 상태			
자연 조건	기상조건	일조, 습도, 온도, 통풍, 강우량 등	자연 조건	일조 등	일조, 통풍 등
	지세	경사의 방향		토양, 토질	토양, 토질의 양부
		경사도		관개, 배수	관개의 양부
	토양, 토질	토양, 토질의 양부			배수의 양부
	관개, 배수	관개의 양부		재해의 위험성	수해의 위험성
		배수의 양부			기타 재해의 위험성
	재해의 위험성	수해의 위험성	획지 조건	면적, 경사 등	면적
					경사
		기타 재해의 위험성		경작의 편부	형상부정 및 장애물에 의한 장애의 정도
행정적 조건	행정상의 조장 및 규제정도	보조금, 융자금 등 조장의 정도	행정적 조건	행정상의 조장 및 규제정도	보조금, 융자금 등 조장의 정도
		규제의 정도			규제의 정도
기타 조건	기타	장래의 동향	기타 조건	기타	장래의 동향
		기타			기타

[별표 6] 임야지대의 지역요인 및 개별요인

지역요인			개별요인		
조건	항목	세항목	조건	항목	세항목
접근 조건	교통의 편부 등	인근역과의 접근성	접근 조건	교통의 편부 등	인근역과의 접근성
		인근취락과의 접근성			인근취락과의 접근성
		임도의 배치, 폭, 구조 등			임도의 배치, 폭, 구조 등
		인근시장과의 접근성			반출지점까지의 거리
					반출지점에서 시장까지의 거리
자연 조건	기상조건	일조, 기온, 강우량, 안개, 적설량 등	자연 조건	일조 등	일조, 통풍 등
	지세 등	표고		지세, 방위 등	표고
		경사도			방위
		경사의 굴곡			경사
	토양, 토질	토양, 토질의 양부			경사면의 위치
					경사의 굴곡
				토양, 토질	토양, 토질의 양부
행정적 조건	행정상의 조장 및 규제정도	행정상의 조장의 정도	행정적 조건	행정상의 조장 및 규제정도	조장의 정도
		국·도립공원, 보안림 사방지 지정 등의 규제			국·도립공원, 보안림 사방지 지정 등의 규제
		기타규제			기타규제
기타 조건	기타	장래의 동향	기타 조건	기타	장래의 동향
		기타			기타

[별표 7] 택지후보지지대의 지역요인 및 개별요인

지역요인			개별요인		
조건	항목	세항목	조건	항목	세항목
접근조건	도심과의 거리 및 교통시설의 상태	인근교통시설과의 접근성	접근조건	교통시설과의 접근성	인근상가와의 거리 및 편의성
		인근교통시설의 성격			인근교통시설과의 거리 및 편의성
		인근교통시설의 도시중심 접근성		공공 및 편의시설과의 접근성	유치원, 초등학교, 공원, 병원, 관공서 등과의 거리 및 편의성
	상가의 배치상태	인근시장과의 접근성			
		인근상가의 품격			
	공공 및 편익시설의 배치상태	유치원, 초등학교, 공원, 병원, 관공서 등		주변가로의 상태	주변간선도로와의 거리 및 가로의 종류 등
	주변가로의 상태	주변간선도로와의 접근성 및 가로의 종류 등			
환경조건	기상조건	일조, 습도, 온도, 통풍 등	환경조건	일조 등	일조, 통풍 등
	자연환경	조망, 경관, 지반, 지질 등		자연환경	조망, 경관, 지반, 지질 등
	공급 및 처리시설의 상태	상하수도, 가스, 전기 등 설치의 난이		공급 및 처리시설의 상태	상하수도, 가스, 전기 등 설치의 난이
	인근환경	주변기존지역의 성격 및 규모		위험 및 혐오시설	변전소, 가스탱크, 오수처리장 등의 유무
	시가화 정도	시가화 진행의 정도			특별고압선 등과의 거리
	도시의 규모 및 성격 등	도시의 인구, 재정, 사회, 복지, 문화, 교육시설 등	획지조건	면적, 형상 등	면적
	위험 및 혐오시설	변전소, 가스탱크, 오수처리장 등의 유무			형상
					접면도로 상태
		특별고압선 등의 통과유무		방위, 고저 등	방위
	재해발생의 위험성	홍수, 사태, 절벽붕괴 등			경사
	공해발생의 정도	소음, 진동, 대기오염 등			고저
택지조성조건	택지조성의 난이 및 유용성	택지조성의 난이 및 필요정도	택지조성조건	택지조성의 난이 및 유용성	택지조성의 난이도 및 필요정도
		택지로서의 유효 이용도			택지로서의 유효 이용도
행정적조건	행정상의 조장 및 규제정도	조장의 정도	행정적조건	행정상의 조장 및 규제정도	조장의 정도
		용도지역, 지구, 구역 등			용도지역, 지구, 구역 등
		기타규제			기타규제
기타조건	기타	장래의 동향	기타조건	기타	장래의 동향
		기타			기타

[별표 7의2] 기대이율 적용기준율표⟨제49조제4항 관련⟩

대분류	소분류		실제 이용상황	
			표준적 이용	임시적 이용
I	주거용	아파트 · 수도권 및 광역시	1.5~3.5%	0.5~2.5%
		아파트 · 기타 시도	2.0~5.0%	1.0~3.0%
		연립·다세대 · 수도권 및 광역시	1.5~5.0%	0.5~3.0%
		연립·다세대 · 기타 시도	2.5~6.5%	1.0~4.0%
		다가구 · 수도권 및 광역시	2.0~6.0%	1.0~3.0%
		다가구 · 기타 시도	3.0~7.0%	1.0~4.0%
		단독주택 · 수도권 및 광역시	1.0~4.0%	0.5~2.0%
		단독주택 · 기타 시도	1.0~5.0%	0.5~3.0%
	상업용	업무용	1.5~5.0%	0.5~3.0%
		매장용	3.0~6.0%	1.0~4.0%
	공업용	산업단지	2.5~5.5%	1.0~3.0%
		기타 공업용	1.5~4.5%	0.5~2.5%
II	농지	도시근교농지	1.0% 이내	
		기타농지	1.0~3.0%	
	임지	유실수 단지 등 수익성이 있는 임지	1.5% 이내	
		자연임지	1.0% 이내	

주) 1. 이 표의 기대이율은 부동산 유형별 및 실제 이용상황에 따른 일반적인 기대이율의 범위를 정한 것이므로 실제 적용 시에는 지역여건이나 해당 토지의 상황 등을 고려하여 그 율을 증감 조정할 수 있다.

2. "표준적 이용"은 인근지역 내 일반적이고 평균적인 이용을 의미하고, "임시적 이용"은 인근지역 내 표준적인 이용에 비해 그 이용이 임시적인 것을 의미하며, 해당 토지에 모델하우스, 가설건축물 등 일시적 이용, 상업용지의 주차장 이용 또는 주거용지의 텃밭 이용 및 건축물이 없는 상태의 이용(주거용, 상업용, 공업용에 한정)을 포함하는 이용이다.

[별표 7의3] 입체이용저해율의 산정기준〈제51조제1항 관련〉

1. 입체이용저해율은 건물의 이용저해율, 지하부분의 이용저해율, 건물 및 지하부분을 제외한 그 밖의 이용저해율을 합산하여 산정한다.

2. 제1호에 따른 건물의 이용저해율, 지하부분의 이용저해율, 건물 및 지하부분을 제외한 그 밖의 이용저해율은 다음 각 목의 산식에 따라 산정한다.

   가. 건물의 이용저해율 = α×이용이 저해되는 지상층 및 지하층의 이용률
   나. 지하부분의 이용저해율 = β×이용이 저해되는 지하 심도(深度)의 이용률
   다. 그 밖의 이용저해율
   　1) 지상·지하부분 양쪽의 그 밖의 이용을 저해하는 경우 = γ
   　2) 지상·지하부분 어느 한쪽의 그 밖의 이용을 저해하는 경우

   $$= \gamma \times \frac{V_{12}}{V_{12} + V_{22}} \text{ 또는 } \gamma \times \frac{V_{22}}{V_{12} + V_{22}}$$

3. 제2호 각 목의 α, β, γ는 각각 다음 산식에 따라 산정한다.

   〈토지의 입체이용 분포도〉

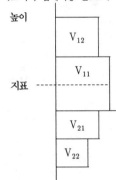

   V_{11} : 건물 지상층 및 지하층의 이용가치(건물의 이용가치)
   V_{12} : 통신시설·광고탑 또는 굴뚝 등 이용가치(그 밖의 이용가치)
   V_{21} : 건물 지하층을 제외한 지하부분의 이용가치(지하부분의 이용가치)
   V_{22} : 지하수 사용시설 또는 특수물의 매설 등 이용가치(그 밖의 이용가치)

   가. 입체이용가치(A) = 건물의 이용가치(V_{11}) + 지하부분의 이용가치(V_{21}) + 그 밖의 이용가치($V_{12} + V_{22}$)

   나. 건물의 이용에 따른 이용률(α) = $\dfrac{V_{11}}{A}$

   다. 지하부분의 이용에 따른 이용률(β) = $\dfrac{V_{21}}{A}$

   라. 그 밖의 이용에 따른 이용률(γ) = $\dfrac{V_{12} + V_{22}}{A}$

   마. 토지의 입체이용률 : $\alpha + \beta + \gamma = 1$

4. 제3호 각 목의 입체이용가치 및 입체이용률 등의 구체적인 산정기준은 이 지침 제50조 및 제51조의 규정에 따른다.

[별표 8] 입체이용률배분표

해당지역	고층시가지	중층시가지	저층시가지	주택지	농지·임지
용적률 이용률구분	800% 이상	550~750%	200~500%	100% 내외	100% 이하
건물의 이용률 (α)	0.8	0.75	0.75	0.7	0.8
지하 부분의 이용률 (β)	0.15	0.10	0.10	0.15	0.10
그 밖의 이용률 (γ)	0.05	0.15	0.15	0.15	0.10
(γ)의 상하배분비율	1 : 1 -2 : 1	1 : 1 -3 : 1	1 : 1 -3 : 1	1 : 1 -3 : 1	1 : 1 -4 : 1

주) 1. 이 표의 이용률 및 배분비율은 통상적인 기준을 표시한 것이므로 여건에 따라 약간의 보정을 할 수 있다.
    2. 이용저해심도가 높은 터널 토피 20m 이하의 경우에는 (γ)의 상하배분비율을 최고치를 적용한다.

[별표 9] 층별효용비율표

층별	고층 및 중층시가지		저층시가지				주택지
	A형	B형	A형	B형	A형	B형	
20	35	43					
19	35	43					
18	35	43					
17	35	43					
16	35	43					
15	35	43					
14	35	43					
13	35	43					
12	35	43					
11	35	43					
10	35	43					
9	35	43	42	51			
8	35	43	42	51			
7	35	43	42	51			
6	35	43	42	51			
5	35	43	42	51	36	100	
4	40	43	45	51	38	100	
3	46	43	50	51	42	100	
2	58	43	60	51	54	100	100
지상1	100	100	100	100	100	100	100
지하1	44	43	44	44	46	48	-
2	35	35	-	-	-	-	-

주) 1. 이 표의 지수는 건물가격의 입체분포와 토지가격의 입체분포가 같은 것을 전제로 한 것이다.
   2. 이 표에 없는 층의 지수는 이 표의 경향과 주위환경 등을 고려하여 결정한다.
   3. 이 표의 지수는 각 용도지역별 유형의 개략적인 표준을 표시한 것이므로 여건에 따라 보정할 수 있다.
   4. A형은 상층부 일정층까지 임료수준에 차이를 보이는 유형이며, B형은 2층 이상이 동일한 임료수준을 나타내는 유형이다.

[별표 10] 건축가능층수기준표

1. 터널 : 패턴별 구분 판단

　가. 풍화토(PD-2) 패턴

(단위 : 층)

건축구분 \ 토피(m)	10	15	20	25
지상	12	15	18	22
지하	1	2	2	3

　나. 풍화암(PD-3) 패턴

(단위 : 층)

건축구분 \ 토피(m)	10	15	20	25	30
지상	17	19	21	23	25
지하	1	2	2	3	4

　다. 연암(PD-4) 패턴

(단위 : 층)

건축구분 \ 토피(m)	10	15	20	25	30	35
지상	19	24	28	30	30	30
지하	1	2	3	3	4	4

　라. 경암(PD-5) 패턴

(단위 : 층)

건축구분 \ 토피(m)	10	15	20	25	30	35	40
지상	30	30	30	30	30	30	30
지하	1	2	3	4	5	6	7

2. 개착

(단위 : 층)

건축구분 \ 토피(m)	5	10	15	20
지상	7	12	19	19
지하	1	2	2	2

[별표 11] 심도별 지하이용저해율표

한계심도(M)	40m		35m		30m			20m	
체감률 (%) 토피심도 (m)	P	β × P 0.15×P	P	β × P 0.10×P	P	β × P 0.10×P	0.15×P	P	β × P 0.10×P
0~5 미만	1.000	0.150	1.000	0.100	1.000	0.100	0.150	1.000	0.100
5~10 미만	0.875	0.131	0.857	0.086	0.833	0.083	0.125	0.750	0.075
10~15 미만	0.750	0.113	0.714	0.071	0.667	0.067	0.100	0.500	0.050
15~20 미만	0.625	0.094	0571	0.057	0.500	0.050	0.075	0.250	0.025
20~25 미만	0.500	0.075	0.429	0.043	0.333	0.033	0.050		
25~30 미만	0.375	0.056	0.286	0.029	0.167	0.017	0.025		
30~35 미만	0.250	0.038	0.143	0.014					
35~40 미만	0.125	0.019							

주) 1. 지가형성에 잠재적 영향을 미치는 토지이용의 한계심도는 토지이용의 상황, 지질, 지표면하중의 영향 등을 고려하여 40m, 35m, 30m, 20m로 구분한다.

2. 토피심도의 구분은 5m로 하고, 심도별 지하이용효율은 일정한 것으로 본다.

3. 지하이용저해율 = 지하이용률(β) × 심도별 지하이용효율(P)

[별표 12] 건물내용연수표

용도 \ 구조	철근 및 철골콘크리트	벽돌조석조	철골조
• 사무실, 청사, 은행, 학교, 유치원, 교회, 공회당, 사찰, 도서관, 미술관, 박물관, 과학관, 방송국, 역사, 연구소, 실험실, 슈퍼마켓, 공항터미널, 체육관, 경기장, 기타 이와 유사한 건물			
(1) 지붕이 철근콘크리트인 것	60	55	
(2) 지붕틀이 목재 또는 철재인 것	60/55	55/50	
(3) 벽이 콘크리트, 벽돌, 블록, 돌 등으로 된 것			50
(4) 벽이 기타인 것			50/45
• 주택, 별장, 아파트, 점포, 여관, 호텔, 목욕탕, 요리점, 극장, 연주장, 무도장, 카바레, 오락장, 구락부, 영화제작소, 병원, 진료소, 기숙사, 요양소, 변전소, 발전소, 정유장, 차고, 송수신소, 실내스케이트장, 시장, 기타 이와 유사한 건물			
(1) 지붕이 철근콘크리트인 것	55	50	
(2) 지붕틀이 목재 또는 철재인 것	55/50	50/45	
(3) 벽이 콘크리트, 벽돌, 블록, 돌 등으로 된 것			45
(4) 벽이 기타인 것			45/40
• 공중목욕탕 이와 유사한 건물			
(1) 지붕이 철근콘크리트인 것	50	45	
(2) 지붕틀이 목재 또는 철재인 것	50/45	45/40	
(3) 벽이 콘크리트, 벽돌, 블록, 돌 등으로 된 것			40
(4) 벽이 기타인 것			40/35
• 간이주택, 간이점포, 기타 이와 유사한 건물			
(1) 지붕이 철근콘크리트인 것		40	
(2) 지붕틀이 목재 또는 철재인 것		40/35	
(3) 지붕이 기타인 것		35/30	

Chapter 02 영업손실보상평가지침

제1장 총칙

제1조(목적) 이 지침은 「공익사업을 위한 토지 등의 취득 및 보상에 관한 법률」(이하 "법"이라 한다) 및 같은 법 시행규칙(이하 "법 시행규칙"이라 한다)에 따른 영업의 폐지 및 영업의 휴업 등에 대한 손실(이하 "영업손실"이라 한다)의 감정평가에 관한 세부적인 기준과 절차 등을 정함으로써 감정평가의 적정성과 공정성을 확보함을 목적으로 한다.

제2조(적용) 영업손실의 감정평가는 관계법령이나 「감정평가 실무기준」에서 따로 정하는 것을 제외하고는 이 지침에서 정하는 바에 따른다.

제3조(정의) 이 지침에서 사용하는 용어의 정의는 다음과 같다.
1. "영업이익"이란 기업의 영업활동에 따라 발생된 이익으로서 매출총액에서 매출원가와 판매비 및 일반관리비를 뺀 것을 말한다.
2. "소득"이란 개인의 주된 영업활동에 따라 발생된 이익으로서 자가노력비 상당액(생계를 함께하는 같은 세대안의 직계존속·비속 및 배우자의 것을 포함한다. 이하 같다)이 포함된 것을 말한다.

제4조(영업의 분류) 이 지침에서 영업은 관계법령에 따른 허가·면허 또는 신고 등 여부에 따라 허가업·면허업·신고업·그 밖의 영업으로 분류한다.

제5조(영업손실의 감정평가대상) ① 영업손실에 대한 감정평가는 감정평가 의뢰자(이하 "의뢰자"라 한다)가 법 시행규칙 제45조에서 정한 다음 각 호 모두에 해당하는 영업을 법 시행규칙 제16조에 따라 감정평가 의뢰한 경우에 행한다.
1. 법 제15조제1항 본문에 따른 보상계획의 공고(같은 조 제1항 단서에 따르는 경우에는 토지소유자 및 관계인에 대한 보상계획의 통지를 말한다) 또는 법 제22조에 따른 사업인정의 고시가 있는 날(이하 "사업인정고시일등"이라 한다) 전부터 적법한 장소(무허가건축물등, 불법형질변경토지, 그 밖에 다른 법령에서 물건을 쌓아놓는 행위가 금지되는 장소가 아닌 곳을 말한다)에서 인적·물적 시설을 갖추고 계속적으로 행하고 있는 영업(사업인정고시일등 이후에 제3자가 사업인정고시일등 전부터 계속적으로 행한 영업을 적법하게 승계한 경우를 포함한다) 다만, 무허가건축물등에서 임차인이 영업하는 경우에는 그 임차인이 사업인정고시일등 1년 이전부터 「부가가치세법」 제8조에 따른 사업자등록을 하고 행하고 있는 영업을 말한다.
2. 영업을 행함에 있어서 관계법령에 따른 허가·면허·신고 등(이하 "허가등"이라 한다)을 필요로 하는 경우에는 사업인정고시일등 전에 허가등을 받아 그 내용대로 행하고 있는 영업. 이 경우에 「소득세법」 제168조 또는 「부가가치세법」 제8조에 따른 사업자등록은 이 조에서 규정한 허가등으로 보지 아니한다.

② 사업인정고시일등 전부터 허가등을 받아야 행할 수 있는 영업을 허가등이 없이 행해 온 자에 대하여 법 시행규칙 제52조에 따라 해당 영업에 대한 영업손실의 감정평가 의뢰가 있는 경우에는 제1항제2호에 불구하고 이를 감정평가의 대상으로 할 수 있다.

제6조(영업손실의 구분) ① 영업손실은 영업의 폐지에 대한 손실과 영업의 휴업 등에 대한 손실로 구분하되, 법 시행규칙 제16조제1항제6호에 따라 의뢰자가 공익사업의 종류·사업기간·사업규모·영업의 종류·배후지의 상실정도 그 밖에 관계법령에 따른 영업의 규제상태 등을 고려하여 결정한 내용에 따른다.

② 의뢰자가 영업손실의 보상과 관련하여 영업의 폐지 또는 영업의 휴업 등을 구분하지 아니하고 감정평가 의뢰한 경우에는 이를 구분 요청하여 그 내용에 따라 감정평가한다. 다만, 영업의 폐지 또는 영업의 휴업 등의 구분이 명확한 경우에는 그러하지 아니하다.

제7조(조사사항) ① 영업손실의 감정평가 시에 조사할 사항은 다음 각 호와 같다.

1. 영업장소의 소재지·업종·규모
2. 수입 및 지출 등에 관한 사항
3. 과세표준액 및 납세실적
4. 영업용 고정자산 및 재고자산의 내용
5. 종업원 현황 및 인건비 등 지출내용
6. 그 밖의 필요한 사항

② 영업손실의 감정평가 시에는 별지 제1호서식 또는 제2호서식 등을 활용하여 제1항 각 호의 사항 중 필요한 사항을 조사한다.

제8조(자료의 수집) 영업손실의 감정평가 시에는 다음 각 호의 자료 중 해당 영업의 감정평가에 필요한 자료를 수집한다.

1. 법인 등기사항전부증명서 및 정관
2. 최근 3년간의 재무제표(재무상태표·손익계산서·잉여금처분계산서 또는 결손금처리계산서·현금흐름표 등) 및 부속명세서(제조원가명세서·잉여금명세서 등)
3. 회계감사보고서
4. 법인세과세표준 및 세액신고서(세액조정계산서) 또는 종합소득과세표준확정신고서
5. 영업용 고정자산 및 재고자산 목록
6. 취업규칙·급여대장·근로소득세원천징수영수증 등
7. 부가가치세과세표준증명원
8. 그 밖에 필요한 자료

제2장 영업의 폐지에 대한 손실의 감정평가

제9조(영업의 폐지 감정평가대상) ① 영업의 폐지에 대한 영업손실의 감정평가는 다음 각 호의 어느 하나에 해당하는 것으로서 의뢰자가 법 시행규칙 제16조에 따라 감정평가 의뢰한 경우에 행한다.

1. 영업장소 또는 배후지(해당 영업의 고객이 소재하는 지역을 말한다. 이하 같다)의 특수성으로 해당 영업소가 소재하고 있는 시·군·구(자치구를 말한다. 이하 이 조에서 같다) 또는 인접하여 있는 시·군·구의 지역 안의 다른 장소에 이전하여서는 해당 영업을 할 수 없는 경우

2. 해당 영업소가 소재하고 있는 시·군·구 또는 인접하고 있는 시·군·구의 지역 안의 다른 장소에서는 해당 영업의 허가등을 받을 수 없는 경우

3. 도축장 등 악취 등이 심하여 인근 주민에게 혐오감을 주는 영업시설로서 해당 영업소가 소재하고 있는 시·군·구 또는 인접하고 있는 시·군·구의 지역 안의 다른 장소로 이전하는 것이 뚜렷이 곤란하다고 특별자치도지사·시장·군수 또는 구청장(자치구의 구청장을 말한다)이 객관적인 사실에 근거하여 인정하는 경우

② 제1항제1호에서 "배후지의 특수성"이란 제품원료 및 취급품목 등의 지역적 특수성으로 배후지가 상실될 때에는 해당 영업을 계속할 수 없는 경우 등으로서 배후지가 해당 영업에 갖는 특수한 성격을 말한다.

제10조(감정평가방법) ① 영업을 폐지하는 경우의 영업손실의 감정평가는 2년간의 영업이익(개인영업인 경우에는 소득을 말한다. 이하 같다)에 영업용 고정자산 및 원재료·제품·상품 등(이하 "영업용 고정자산등"이라 한다)의 매각손실액을 더한 금액으로 한다.

② 제1항에도 불구하고 임차인이 무허가건축물등에서 사업인정고시일등 1년 이전부터 「부가가치세법」 제8조에 따른 사업자등록을 하고 행하는 영업의 경우에는 영업용 고정자산등의 매각손실액을 제외한 해당 영업의 영업손실 감정평가액(2년간의 영업이익)은 1천만원을 초과하지 못한다.

제11조(영업이익) ① 영업의 폐지에 대한 영업손실의 감정평가 시에 연간 영업이익의 산정은 해당 영업의 가격시점 이전 최근 3년간 (특별한 사정으로 정상적인 영업이 이루어지지 아니한 연도를 제외한다. 이하 같다)의 평균 영업이익을 기준으로 한다. 다만, 공익사업의 계획 또는 시행이 공고 또는 고시됨에 따라 영업이익이 감소된 경우에는 해당 공고 또는 고시일 전 최근 3년간의 평균 영업이익을 기준으로 한다.

② 해당 영업의 실제 영업기간이 3년 미만이거나 영업시설의 확장 또는 축소 그 밖에 영업환경의 변동 등으로 가격시점 이전 최근 3년간의 영업실적을 기준으로 연간 영업이익을 산정하는 것이 곤란하거나 뚜렷이 부적정한 경우에는 해당 영업의 실제 영업기간 동안의 영업실적이나 그 영업시설규모 또는 영업환경 변동 이후의 영업실적을 기준으로 산정할 수 있다.

③ 제1항과 제2항에 따른 연간 영업이익의 산정은 의뢰자 또는 영업행위자가 제시한 자료 등에 따른다. 다만, 다음 각 호의 어느 하나에 해당하는 경우에는 해당 영업의 가격시점 이전 최근 3년간의 평균 추정매출액 등에 인근지역 또는 동일수급권 안의 유사지역에 있는 같은 업종 비슷한 규모 영업의 일반적인 영업이익률을 적용하거나 국세청장이 고시한 표준소득률 등을 적용하여 해당 영

의 연간 영업이익을 산정할 수 있다. 이 경우에 추정매출액 등은 해당 영업의 종류·성격·영업규모·영업상태·영업연수·배후지상태 그 밖에 인근지역 또는 동일수급권 안의 유사지역에 있는 같은 업종 비슷한 규모 영업의 가격시점 이전 최근 3년간의 평균매출액 등을 고려하여 결정한다.

1. 영업이익 등 관련자료의 제시가 없는 경우
2. 제시된 영업이익 등 관련자료가 불충분하거나 신빙성이 부족하여 영업이익의 산정이 사실상 곤란한 경우
3. 그 밖에 제시된 영업이익 등 관련자료에 따라 산정된 연간 영업이익이 같은 공익사업시행지구 등 해당 영업의 인근지역 또는 동일수급권 안의 유사지역에 있는 같은 업종 비슷한 규모 영업의 연간 영업이익과 비교하여 뚜렷이 균형을 이루지 못한다고 인정되는 경우

④ 제1항부터 제3항에 따른 연간 영업이익의 산정 시에 해당 영업의 영업활동과 직접 관계없이 발생되는 영업외손익 또는 특별손익은 고려하지 아니하며, 개인영업의 경우에는 자가노력비상당액을 비용으로 계상하지 아니한다.

⑤ 개인영업으로서 제1항부터 제4항에 따라 산정된 연간 영업이익이 다음 산식으로 산정된 금액에 미달하는 경우에는 다음 산식으로 산정된 금액을 해당 영업의 연간 영업이익으로 본다. 이 경우에 둘 이상 업종의 영업이 하나의 사업장에서 공동계산으로 행하여진 경우에는 이를 하나의 영업으로 본다.

> 연간 영업이익 = 「통계법」 제3조제3호 따른 통계작성기관이 같은 법 제18조에 따른 승인을 받아 작성·공표한 제조부문 보통인부의 노임단가 × 25(일) × 12(월)

제12조(매각손실액) 영업의 폐지에 따른 영업용 고정자산등에 대한 매각손실액의 산정은 다음 각 호와 같이 한다.

1. 영업용 고정자산 중에서 기계·기구, 집기·비품 등과 같이 영업시설에서 분리하여 매각이 가능한 자산은 감정평가액 또는 장부가액(이하 "현재가액"이라 한다)에서 매각가능가액을 뺀 금액으로 한다. 다만, 매각가능가액의 산정이 사실상 곤란한 경우에는 현재가액의 60퍼센트 상당액 이내로 매각손실액을 결정할 수 있다.
2. 영업용 고정자산 중에서 건축물·공작물 등의 경우와 같이 영업시설에서 분리하여 매각하는 것이 불가능하거나 뚜렷이 곤란한 자산은 건축물 등의 감정평가방식에 따르되, 따로 감정평가가 이루어진 경우에는 매각손실액의 산정에서 제외한다.
3. 원재료·제품 및 상품 등은 현재가액에서 처분가액을 뺀 금액으로 한다. 다만, 이의 산정이 사실상 곤란한 경우에는 현재가액을 기준으로 다음과 같이 결정할 수 있다.
   가. 제품·상품으로서 일반적인 수요성이 있는 것 : 20퍼센트 이내
   나. 제품·상품으로서 일반적인 수요성이 없는 것 : 50퍼센트 이내
   다. 반제품·재공품, 저장품 : 60퍼센트 이내
   라. 원재료로서 신품인 것 : 20퍼센트 이내
   마. 원재료로서 사용 중인 것 : 50퍼센트 이내

제13조(영업용 고정자산등의 확인) ① 제12조에 따른 매각손실액의 산정기준이 되는 영업용 고정자산등에 대한 종류·규격·수량·장부가액 등의 확인은 의뢰자가 제시한 목록을 기준으로 함을 원칙으

로 한다. 다만, 의뢰자가 제시한 목록의 내용이 가격시점 당시의 실제내용과 뚜렷한 차이가 있다고 인정되거나 목록의 제시가 없는 때에는 실지조사한 내용을 기준으로 할 수 있다.

② 제1항 단서에 해당되는 경우로서 가격시점 당시의 실제내용의 확인이 사실상 곤란한 경우에는 단위수량 당 매각손실액의 단가를 표시할 수 있다. 이 경우에는 감정평가서에 그 내용을 기재한다.

제3장 영업의 휴업 등에 대한 손실의 감정평가

제1절 영업의 휴업 등 감정평가 구분

제14조(영업의 휴업 등 감정평가 구분) 영업의 휴업 등에 대한 영업손실의 감정평가는 다음 각 호의 어느 하나에 해당하는 것으로서 의뢰자가 법 시행규칙 제16조에 따라 감정평가 의뢰한 경우에 행한다.

1. 공익사업의 시행으로 영업장소를 이전하여야 하는 경우
2. 공익사업시행지구에 영업시설의 일부가 편입됨에 따라 잔여시설에 그 시설을 새로이 설치하거나 잔여시설을 보수하지 아니하고는 해당 영업을 계속할 수 없는 경우
3. 그 밖에 영업을 휴업하지 아니하고 임시영업소를 설치하여 영업을 계속하는 경우

제2절 영업장소의 이전에 따른 손실의 감정평가

제15조(감정평가방법) ① 영업장소를 이전하여야 하는 경우의 영업손실의 감정평가는 휴업기간에 해당하는 영업이익과 영업장소 이전 후 발생하는 영업이익 감소액에 다음 각 호의 비용을 더한 금액으로 한다.

1. 휴업기간 중의 영업용 자산에 대한 감가상각비·유지관리비와 휴업기간 중에도 정상적으로 근무하여야 하는 최소인원에 대한 인건비 등 고정적 비용
2. 영업시설·원재료·제품 및 상품 등(이하 "영업시설등"이라 한다)의 이전에 드는 비용과 그 이전에 따른 감손상당액
3. 이전광고비 및 개업비 등 영업장소의 이전에 따른 부대비용

② 제1항에도 불구하고 임차인이 무허가건축물 등에서 사업인정고시일등 1년 이전부터 「부가가치세법」 제8조에 따른 사업자등록을 하고 행하는 영업의 경우에는 제1항제2호의 비용을 제외한 해당 영업의 영업손실 감정평가액은 1천만원을 초과하지 못한다.

제16조(영업이익) ① 영업장소의 이전에 따른 영업손실의 감정평가 시에 영업이익의 산정은 제11조제1항부터 제4항까지를 준용한다. 다만, 계절영업 등으로서 최근 3년간의 평균영업이익을 기준으로 산정하는 것이 뚜렷이 부적정한 경우에는 실제 이전하게 되는 기간에 해당하는 월의 최근 3년간의 평균영업이익을 기준으로 산정할 수 있다. 이 경우에는 감정평가서에 그 내용을 기재한다.

② 제1항에 따른 영업이익을 산정하는 경우 개인영업으로서 휴업기간에 해당하는 영업이익이 「통계법」

제3조제3호에 따른 통계작성기관이 조사·발표하는 가계조사통계의 도시근로자가구 월평균 가계지출비를 기준으로 산정한 3인 가구의 휴업기간 동안의 가계지출비(휴업기간이 4개월을 초과하는 경우에는 4개월분의 가계지출비를 기준으로 한다)에 미달하는 경우에는 그 가계지출비를 휴업기간에 해당하는 영업이익으로 본다. 이 경우에 둘 이상 업종의 영업이 하나의 사업장에서 공동계산으로 행하여진 경우에는 이를 하나의 영업으로 본다.

제17조(휴업기간) ① 영업장소를 이전하는 경우에 의뢰자로부터 해당 영업에 대한 휴업기간의 제시가 있는 때에는 이를 기준으로 하고, 휴업기간의 제시가 없는 때에는 특별한 경우를 제외하고는 4개월로 하되 감정평가서에 그 내용을 기재한다.

② 제1항에서 "특별한 경우"란 다음 각 호의 어느 하나에 해당하는 경우를 말하며, 해당 영업이 다음 각 호의 어느 하나에 해당되는 때에는 의뢰자로부터 휴업기간을 제시받아 해당 영업의 휴업기간을 정하되, 제1호 및 제2호의 경우 2년을 초과하지 못한다.

1. 해당 공익사업을 위한 영업의 금지 또는 제한으로 인하여 4개월 초과하는 기간 동안 영업을 할 수 없는 경우

2. 영업시설의 규모가 크거나 이전에 고도의 정밀성을 요하는 등 해당 영업의 고유한 특수성으로 4개월 이내의 기간 동안에 다른 장소로 이전하는 것이 어렵다고 객관적으로 인정되는 경우

3. 해당 영업의 종류·규모·특성 등으로 보아 4개월 미만의 기간 동안에 다른 장소로 이전하는 것이 가능하다고 객관적으로 인정되는 경우

제18조(영업이익 감소액) 제15조제1항 각 호 외의 부분에서 영업장소 이전 후 발생하는 영업이익 감소액의 산정은 제16조에 따라 산정된 영업이익의 100분의 20으로 하되, 그 금액은 1천만원을 초과하지 못한다.

제19조(인건비 등 고정적 비용) 영업장소의 이전에 따른 휴업기간 중에도 영업활동을 계속하기 위하여 지출이 예상되는 인건비 등 고정적 비용의 산정은 다음 각 호의 비용을 더한 금액으로 한다.

1. 인건비 : 휴업기간 중에도 휴직하지 아니하고 정상적으로 근무하여야 할 최소인원(일반관리직 근로자 및 영업시설 등의 이전·설치계획 등을 위하여 정상적인 근무가 필요한 근로자 등으로서 법 제15조에 따른 보상계획의 공고 또는 통지가 있는 날 현재 3월 이상 근무한 자로 한정한다)에 대한 실제지출이 예상되는 인건비 상당액. 이 경우에 법 시행규칙 제51조제1호에 따른 휴직보상을 하는 자에 대한 인건비 상당액은 제외한다.

2. 제세공과금 : 해당 영업과 직접 관련된 제세 및 공과금

3. 임차료 : 임대차계약에 따라 계속 지출되는 임차료

4. 감가상각비 : 영업용 고정자산의 감가상각비 상당액. 다만, 이전이 사실상 곤란하거나 이전비가 그 물건의 가액을 초과하여 취득하는 경우에는 제외한다.

5. 보험료 : 해당 영업과 직접 관련된 것으로서 계약에 따라 계속 지출되는 보험료

6. 광고선전비 : 계약 등에 따라 계속 지출되는 광고비 등

7. 그 밖의 비용 : 비용항목 중 휴업기간 중에도 계속 지출하게 되는 위 각 호와 비슷한 성질의 것

제20조(이전비 및 감손상당액) ① 영업시설등의 이전에 드는 비용(이하 이 조에서 "이전비"라 한다)의 산정은 영업용 고정자산등의 이전비용을 더한 금액으로 하되 다음과 같이 산정한다.

1. 영업시설은 건축물·공작물 등 지장물로서 평가한 것을 제외한 동력시설, 기계·기구, 집기·비품 그 밖의 진열시설 등으로서 그 시설의 해체·운반·재설치 및 시험가동 등에 소요되는 일체의 비용(점포영업 등의 경우에는 영업행위자가 영업시설 이전시에 통상적으로 부담하게 되는 실내장식 등에 소요되는 비용을 포함한다)으로 하되 개량 또는 개선비용을 포함하지 아니한다.

2. 원재료·제품 및 상품 등은 해체·운반·재적치 등에 소요되는 일체의 비용으로 하되, 정상적인 영업활동에 따라 이전 전에 감소가 예상되거나 가격에 영향을 받지 아니하고 현 영업장소에서 이전 전에 매각할 수 있는 것에 대한 이전비는 제외한다.

② 영업시설등의 이전에 따른 감손상당액의 산정은 현재가액에서 이전 후의 가액을 뺀 금액으로 하되 특수한 물건의 경우에는 전문가의 의견이나 운송전문업체의 견적서 등을 참고한다. 다만, 감손상당액의 산정이 사실상 곤란한 경우에는 원재료·제품 및 상품 등의 종류·성질·파손가능성 유무·계절성 등을 고려하여 현재가액의 10퍼센트 상당액 이내로 결정하거나, 이전에 따른 보험료 상당액으로 결정할 수 있다.

③ 영업장소의 이전으로 본래의 용도로 사용할 수 없거나 뚜렷이 곤란한 영업시설등에 대하여는 제2항에 불구하고 제12조를 준용한다.

④ 제1항에 따른 이전비와 제2항 또는 제3항에 따른 감손상당액을 합한 금액이 그 물건의 가액을 초과하는 경우에는 그 가액으로 감정평가한다.

제21조(이전거리) 영업시설등의 이전에 따른 이전거리의 산정은 같은 또는 인근 시·군·구에 이전장소가 정하여져 있거나 해당 영업의 성격이나 특수성 그 밖에 행정적 규제 등으로 이전가능한 지역이 한정되어 있는 경우에는 그 거리를 기준으로 하고, 이전장소가 정하여져 있지 아니한 경우에는 30킬로미터 이내로 한다.

제22조(그 밖의 부대비용) 영업장소의 이전에 따른 그 밖의 부대비용은 이전광고비 및 개업비 등 상당액으로 한다.

제3절 영업시설의 일부 편입에 따른 손실의 감정평가

제23조(감정평가방법) ① 공익사업시행지구에 영업시설의 일부가 편입됨에 따라 잔여시설에 그 시설을 새로이 설치하거나 잔여시설을 보수하지 아니하고는 그 영업을 계속할 수 없는 경우의 영업손실의 감정평가는 다음 각 호에 해당하는 것을 더한 금액으로 한다. 이 경우 감정평가액은 제15조제1항에 따른 감정평가액을 초과하지 못한다.

1. 해당 영업시설을 새로이 설치하거나 잔여시설을 보수하는데 소요되는 기간(이하 "보수기간"이라 한다)의 영업이익

2. 보수기간 중의 영업용 자산에 대한 감가상각비·유지관리비와 보수기간 중에도 정상적으로 근무하여야 하는 최소인원에 대한 인건비 등 고정적 비용

3. 해당 영업시설을 새로이 설치하거나 잔여시설을 보수하는데 통상 소요되는 비용(이하 "보수비등"이라 한다)
4. 영업규모의 축소에 따른 영업용 고정자산등의 매각손실액

② 제1항에도 불구하고 건축물의 일부가 공익사업시행지구에 편입되는 경우로서 그 건축물의 잔여부분이 관계법령에 따른 해당 영업의 영업시설기준에 미달되는 등의 사유로 그 건축물의 잔여부분에서 해당 영업을 계속할 수 없어 영업장소의 이전이 불가피한 경우에는 제15조제1항에 따라 감정평가할 수 있다.

제24조(영업이익) 보수기간 동안의 영업이익의 산정은 제16조를 준용한다.

제25조(보수기간) 보수기간은 의뢰자가 제시한 기준에 따르되, 그 보수기간의 제시가 없는 때에는 제17조를 준용할 수 있다.

제26조(인건비 등 고정적 비용) 영업시설의 일부 편입에 따른 보수기간 중에도 영업활동을 계속하기 위하여 지출이 예상되는 인건비 등 고정적 비용의 산정은 제19조를 준용한다.

제27조(보수비등) 보수비등의 산정은 제20조제1항제1호를 준용한다. 이 경우 그 보수비등이 그 영업시설의 가액을 초과하는 경우 그 가액을 보수비등으로 본다.

제28조(매각손실액) 공익사업시행지구에 영업시설의 일부가 편입되어 영업규모가 축소됨에 따라 일부 영업용 고정자산등의 매각이 불가피한 경우 그 영업용 고정자산등에 대한 매각손실액의 산정은 제12조를 준용한다.

제4절 임시영업소의 설치에 따른 손실의 감정평가

제29조(감정평가방법) 영업을 휴업하지 아니하고 임시영업소를 설치하여 영업을 계속하는 경우의 영업손실의 감정평가는 임시영업소의 설치비용으로 한다. 이 경우 감정평가액은 제15조제1항에 따른 감정평가액을 초과하지 못한다.

제30조(임시영업소 설치비용) ① 임시영업소를 임차하는 경우 설치비용의 산정은 다음 각 호의 비용을 더한 금액으로 한다.
1. 임시영업기간 중의 임차료 상당액과 설정비용 등 임차에 필요하다고 인정되는 비용
2. 영업시설등의 이전에 드는 비용 및 영업시설등의 이전에 따른 감손상당액
3. 그 박의 부대비용

② 임시영업소를 가설하는 경우 설치비용의 산정은 다음 각 호의 비용을 더한 금액으로 한다.
1. 임시영업소의 지료 상당액과 설정비용 등 임차에 필요하다고 인정되는 비용
2. 임시영업소의 설치비용 및 해체·철거비 상당액을 더한 금액. 이 경우 해체·철거 시에 발생자재가 있을 때에는 그 가액을 뺀 금액으로 한다.
3. 영업시설등의 이전에 드는 비용 및 영업시설등의 이전에 따른 감손상당액

4. 그 밖의 부대비용

③ 제1항과 제2항에서 영업시설등의 이전에 드는 비용 및 영업시설등의 이전에 따른 감손상당액과 그 밖의 부대비용은 제20조부터 제22조를 준용한다.

제4장 허가등을 받지 아니한 영업에 대한 감정평가 특례

제31조(감정평가방법) ① 의뢰자로부터 허가등을 받지 아니한 영업에 대하여 법 시행규칙 제52조의 손실보상 관한 특례에 따른 감정평가 의뢰가 있는 경우에 해당 영업에 대한 영업손실의 감정평가는 다음 각 호에 따라 산정한 금액을 더한 것으로 한다. 이 경우 본인 또는 생계를 같이 하는 같은 세대안의 직계존속·비속 및 배우자가 해당 공익사업으로 다른 영업에 대한 보상을 받은 경우에는 제1호에 따라 산정한 금액은 제외한다.

1. 「통계법」 제3조제3호에 따른 통계작성기관이 조사·발표하는 가계조사통계의 도시근로자가구 월평균 가계지출비를 기준으로 산정한 3인 가구 3개월분 가계지출비에 해당하는 금액
2. 영업시설등의 이전에 드는 비용 및 그 이전에 따른 감손상당액

② 제1항제2호에서 영업시설등의 이전에 드는 비용 및 그 이전에 따른 감손상당액의 산정은 제20조부터 제22조를 준용한다.

부칙 〈2018.8.30.〉

제1조(시행일) 이 지침은 2018년 8월 30일부터 시행한다.

제2조(영업의 휴업에 대한 손실의 감정평가에 관한 적용례) 이 지침 제15조제1항, 제16조제2항, 제17조 제1항 및 제2항과 제18조 개정 규정은 법 시행규칙(국토교통부령 제131호, 2014.10.22.) 시행일 이후 법 제15조제1항(법 제26조제1항에 따라 준용되는 경우를 포함한다)에 따라 최초로 보상계획을 공고하고 토지소유자 및 관계인에게 보상계획을 통지하는 공익사업부터 적용한다.

[별지 1호 서식] 영업상황조사표

회사명(상호명) :   작성일자 :

대표자명 :	사업자등록번호 :	전화번호 :
업 종 :	자 본 금 :	개업일자 :
면 적 :	종 업 원 수 :	소 재 지 :

부가가치세	연 도	년	년	년	평 균
	과 세 표준액				

영업현황	구 분	년	년	년	평 균
	매 출 액 기초재고액 당기매입액 기말재고액 매출이익 판매비 및 일반관리비 영업이익				

영업용 고정자산			재고자산		
항 목	현재가액	매각가능가액	항 목	현재가액	처분가액
구 축 물 차 량 운 반 구 기 계 장 치 공구, 기구 비 품			제 품·상 품 반 제 품· 재 공 품 원 재 료 저 장 품		
합 계			합 계		

[별지 2호 서식] 영업상황조사표

1. 기본적 사항

상 호 :	개 업 일 자 :	소 재 지 :
대표자명 :	사업자등록번호 :	전화번호 :

2. 영업종류 및 상황

업 종 :		면 적 :			종업원수 :	
보 증 금 :		월 세 :			기타사항 :	

	구 분	년	년	년	평균		종류	규격	수량	현재가액
영업현황	매 출 액					고정자산및재고자산				
	매출원가									
	매출이익									
	판매비 및 일반관리비									
	영업이익									
	영업이익률 :									

3. 영업비용 및 생활상태

	항 목	금 액			영업수입 :		과세표준액	
영업비용명세	인 건 비 수도광열비 광고선전비 복리후생비 제세공과금 감가상각비 기 타 비 용			수입	기타수입 :		연도	금액
			생활상태		계 :			
					생 활 비 :			
					학 비 :			
				지출	이 자 :			
					저 축 :			
					기 타 :			
	계				계 :		평균	

Chapter

03 광업권보상평가지침

제1장 총칙

제1조(목적) 이 지침은 공익사업을 위한 토지 등의 취득 및 보상에 관한 법률(이하 "법"이라 한다)시행 규칙 제43조의 규정에 의한 광업권의 소멸 및 광구의 감소처분 또는 광산의 휴업 등의 손실의 평가 에 관한 세부적인 기준과 절차 등을 정함으로써 평가의 적정성과 공정성을 확보함을 목적으로 한 다. 〈개정 2003.7.2.〉

제2조(용어의 정의) 이 지침에서 사용하는 용어의 정의는 다음 각 호와 같다.

1. "광업"이라 함은 광물을 탐광·채굴(채광)하고 유용광물과 폐석을 선광(선별)하여 정광을 제련 하는 산업 및 기타 사업을 말한다. 〈개정 2003.7.2.〉
2. "광업권"이라 함은 광업법 제33조의 규정에 의하여 등록을 한 일정한 토지의 구역(이하 "광구" 라 한다)에서 등록을 한 광물과 이와 동일광상중에 부존하는 다른 광물을 채굴 및 취득하는 권 리를 말한다.
3. "광업의 손실"이라 함은 공공사업의 시행으로 인하여 광업권의 소멸 및 광구의 감소처분 또는 광산의 휴업으로 인한 손실과 기계장치·구축물(갱도포함)·건물 등(이하 "시설물"이라 한다)에 관한 손실을 말한다.
4. "탐광"이라 함은 광산·탄전 등의 개발을 위하여 광상을 발견하고 그 성질, 상태, 규모 등을 알 아내는 작업으로서 물리탐광, 지화학탐광, 시추탐광, 굴진탐광을 말한다. 〈개정 2003.7.2.〉
5. "채광"이라 함은 목적광물의 채굴·선광·제련과 이를 위한 시설을 하는 것을 말한다.

제3조(적용원칙) 광업손실의 평가는 관계법령에서 따로 정하는 경우를 제외하고는 이 지침이 정하는 바에 의한다.

제4조(자료의 수집) ① 광업손실을 평가할 때에는 다음 각 호의 자료 중 필요한 자료를 수집한다.

1. 광업등록원부에 의한 "광업권"에 관한 다음 각 목에 관한 사항
   가. 소재지·광종·광구·면적
   나. 등록번호, 등록연·월·일, 존속기간
   다. 광업권의 권리관계, 부대조건
   라. 연혁 등 기타 필요한 사항
2. 광업등기부등본에 의거 "광업재단"에 관한 다음 각 목에 관한 사항
   가. 토지·건물
   나. 시설의 종류·용도·용량·성능·규격
   다. 토지사용권의 목적·기간·면적 등 기타 필요한 사항

3. 광업법 제46조의 규정에 의한 "탐광계획 및 탐광실적"에 관한 사항

4. 광업법 제47조의 규정에 의한 "채광계획 및 채광실적"에 관한 사항

5. 광업법 제99조의 규정에 의한 "광물생산보고서"에 관한 사항

6. 기타 필요한 사항

② 광업손실을 평가할 때에 조사할 사항은 다음 각 호와 같다.

1. 입지조건 : 교통·수송·용수·동력·노동력·갱목상태 등에 관한 사항

2. 지질 및 광상 : 암층·구조·노두 및 광상의 형태, 품위, 매장량 등에 관한 사항

3. 채광 : 채굴·지주·배수·통기·운반방법 등에 관한 사항

4. 광석처리 : 선광의 수단·제련의 방법 등에 관한 사항

5. 광산설비 : 시설의 성능·용량·수량 등에 관한 사항

6. 광물의 시장성 : 매광조건·수요관계·운반비·가격 등에 관한 사항

7. 기타 필요한 사항

제2장　광업권 소멸에 대한 평가

제5조(광업권 소멸에 대한 평가) 광업권자가 조업 중이거나 정상적으로 생산 중에 휴업한 광산으로서 광물생산실적이 있는 경우에는 장래 수익성을 참작한 광산평가액을 기준으로 이전 또는 전용이 가능한 시설물의 잔존가치를 뺀 금액에서 그 이전비를 더한다.

제6조(광산의 평가방법) ① 제5조의 규정에 의한 "광산평가액"은 광상의 상태·광산의 입지조건 또는 광산물의 시장성 등을 참작하여 가장 적정한 규모의 생산시설을 전제로 한 생산규모 가행연수와 연수익을 정하고 이를 기초로 하여 다음 산식(이하 "산식"이라 한다)에 의하여 산정한다.

$$\text{광산평가액} = a \times \cfrac{1}{S + \cfrac{r}{(1+r)^n - 1}} - E$$

a : 연수익
S : 배당이율(A : 환원이율)
r : 축적이율
n : 가행연수
E : 투자비(장래소요기업비)

② 광산평가액을 산정하는데 필요한 광산의 "매장량"은 한국공업규격매장량산출기준에서 정한 확정광량과 추정광량을 더한다.

1. KS E 2001(일반광량계산기준)

2. KS E 2801(석회석광량계산기준)

3. KS E 2002(탄량계산기준)

③ 제1항의 규정에 의한 산식의 "단위 요소별"은 다음 각 호와 같이 산정한다.

1. "연수익"(a)은 장차 지속할 수 있는 월간생산량과 연간가행월수를 정하고 이를 기초로 한 사업수익에서 소요경비를 뺀 금액으로 한다.

2. "배당이율"(S)은 유사업종 상장법인의 배당률 및 세율(법인세·주민세)에 따라 다음과 같이 산정하되 은행 1년만기 정기예금이자율 이상으로 한다. 〈개정 2003.7.2.〉

$$배당이율(S) = \frac{S}{1-X}$$

s : 유사업종 상장법인의 배당률 〈개정 2003.7.2〉

x : 세율(법인세·주민세)

3. "축적이율"(r)은 평가 당시 1년만기 정기예금이자율에 준한다.

4. "가행연수"(n)는 제2항의 매장량에 가채율을 곱한 가채광량을 연간생산량으로 나누어 결정하며 가채율은 다음 각 목과 같다.

   가. 석탄광 확정광량 : 70퍼센트

   나. 석탄광 추정광량 : 42퍼센트

   다. 일반광 확정광량 : 90퍼센트

   라. 일반광 추정광량 : 70퍼센트

5. "투자비"(E)는 적정생산량을 가행종말연도까지 유지하기 위하여 장차 소요될 다음 각 목의 여러 광산설비에 대한 총투자소요액의 현가로 정하되 기존시설 중 생산규모의 가행조건에 비추어 필요한 이미 투자한 시설내역(시설명, 규격, 수량, 구입연도 등)을 표시하여야 한다.

   가. 기계장치

   나. 차량 및 운반구

   다. 건물 및 구축물(갱도포함)

④ 광산의 연수익을 산정하는데 필요한 "월간생산량"은 광산물의 시장성·광산개발여건, 생산실적 및 투자시설의 생산능력 등을 참작하여 정한다.

⑤ 광산의 연수익을 산정하는 필요한 광물의 가격은 다음 각 호의 1을 참작하여 정한다.

1. 물가안정 및 공정거래에 관한 법령에 의하여 정부가 지정한 고시가격. 다만, 석탄광의 경우 정부가 고시한 석탄가격안정지원금을 포함시킬 수 있다.

2. 국내제철소 및 제련소 공급광물은 매광약정에 의한 가격

3. 제1호 및 제2호에 의하지 않는 광물은 최근 1년간의 평균판매가격을 원칙으로 하고 계속적인 상승 또는 하락추세가 있는 때에는 최근 3개월간의 평균판매가격

4. 제1호 내지 제3호에서 규정한 가격을 적용할 수 없는 경우에는 당해 광산 평균품위광물과 유사한 광물을 판매하는 2개 이상 업체의 평균판매가격

⑥ 광산의 연수익을 산정하는데 필요한 "소요경비"는 다음 각 호의 비용으로 하되 비용을 산정하기 위한 적용단가 등은 당해광산 최근 3월의 평균실적치를 적용함을 원칙으로 하고 휴광 등으로 실적치의 적용이 곤란한 경우에는 생산규모·조건 등이 유사한 2개 이상 광산의 평균실적을 적용한다.

1. 채광비

2. 선광제련비

3. 일반관리비, 경비 및 판매비

4. 운영자금이자

⑦ 제6항제4호에 규정된 운영자금이자는 제6항제1호 내지 제3호에 의한 각 비목을 더하고, 운영자금의 1회전 기간은 3월로 하며 운영자금에 대한 이자계산에 적용할 이율은 은행의 1년만기 정기예금이자율로 한다.

제7조(탐광실적을 인정받거나 생산실적이 없는 광업권의 평가) 광업법 제46조제2항의 규정에 의하여 탐광에 착수하였거나 탐광실적을 인정받은 경우와 광업법 제47조제11항의 규정에 의하여 채광계획인가를 받은 후 광물생산실적이 없는 광산의 평가에는 당해광산개발에 투자된 비용 및 현재시설의 평가액에서 이전 또는 전용이 가능한 시설의 잔존가치를 뺀 금액에서 이전비를 더한 금액으로 한다.

제8조(탐광미착수광산의 평가) 평가 당시 광업권자가 등록을 한 후 탐광에 착수하지 아니하였거나 채광계획인가를 받지 아니한 경우에는 등록에 소요된 비용으로 한다.

제3장 광산 휴업에 대한 평가

제9조(광산 휴업에 대한 평가) ① 조업 중인 광산이 토지 등의 사용으로 인하여 휴업을 한 경우에는 최근 3년간의 연평균 순수익을 자본환원한 액을 기준으로 하되 휴업기간을 고려하여 평가한다.

② 제1항의 규정에 의한 자본환원이율은 은행 1년만기 정기예금이자율 이상으로 한다.

제10조(광업권 보상의 제외) 휴업 중인 광산으로서 광물의 매장량이 없거나 또는 채광으로 채산이 맞지 아니하는 정도로 매장량이 소량이거나 이에 준하는 상태인 경우에는 광업손실이 없는 것으로 본다.

제4장 시설물의 평가

제11조(시설물의 잔존가치ㆍ이전비) 시설물의 이전 또는 전용이 가능한 시설의 잔존가치 및 이전비는 시설물의 종별에 따라 법령 등 관계법령에서 정하는 바에 따라 평가한다. 〈개정 2003.7.2.〉

제12조(내용연수 및 잔존내용연수) ① 시설물 중 건물의 장래보존연수는 광산의 가행연수가 장래보존연수보다 짧을 경우에는 가행연수를 기준으로 하여야 한다. 다만, 다음 각 호의 경우에는 장래보존연수 범위 내에서 가행연수 이상으로 할 수 있다.

1. 추정광량의 연장이나 예상광량이 있다고 인정되는 경우

2. 다른 광산과 인접하여 다른 용도로 전용이 가능한 경우

3. 시가지 및 농경지와 인접한 건물인 경우

② 시설물 중 구축물의 내용연수는 당해 구축물의 내용연수 범위 내에서 경과연수에 장래보존연수(가행연수)를 더하여 정할 수 있다.

[전면개정 2003.7.2.]

제5장 기타

제13조(감정평가서의 기재사항) 광업권의 감정평가서에는 다음 각 호의 사항을 기재하거나 첨부한다.
  1. 광업권의 등록번호, 소재지, 광종, 존속기간, 면적
  2. 지질 및 광황
  3. 매장량 및 품위
  4. 위치 및 연혁
  5. 광산개발계획(개발현황, 개발계획, 생산 및 판매계획, 시설투자계획, 추정생산원가)
  6. 평가액
  7. 결론
  8. 기존시설명세(건물 및 구축물명세서, 기계장치 및 기구명세서, 차량 및 운반구명세서)
  9. 매장량산출도 및 개발계도 각 1부

[전면개정 2003.7.2.]

제14조(용역의뢰) ① 감정평가업자가 광업손실을 평가함에 있어서 제4조의 규정에 의한 자료 및 제5조의 규정에 의한 조사사항을 기준으로 평가하는 경우 적정하지 못하다고 인정될 때에는 다음 각 호의 지정기관 등의 용역보고서를 기준으로 평가할 수 있다.
  1. 광업법 시행령 제8조제3항제1호의 규정에 의하여 통상산업부장관이 인정하는 기관
  2. 엔지니어링기술진흥법에 의하여 엔지니어링 활동을 행하는 자(기업 내의 전담부서를 포함한다. 이하 같다)
  3. 기술사법에 의하여 기술사무소의 개설등록을 한 기술사로서 광업자원부분 또는 지질(응용지질에 한한다)분야의 엔지니어링 활동을 행하는 자 또는 기술사

② 감정평가업자가 제1항의 규정에 의하여 용역을 의뢰하는 경우에는 감정평가업자의 보수에 관한 기준 제2조제3항의 규정에 의한다. 〈개정 2003.7.2.〉

부칙 〈2003.7.2.〉

이 지침은 2003년 8월 1일부터 시행한다.

Chapter 04

어업보상에 대한 손실액의 산출방법·산출기준 및 손실액산출기관 등(수산업법 시행령 제55조 관련 별표 10)

어업보상에 대한 손실액의 산출방법, 산출기준 및 손실액산출기관 등(제55조 관련)

1. 어업별 손실액 산출방법

가. 법 제33조제1항제1호부터 제6호까지 및 법 제34조제6호(법 제33조제1항제1호부터 제6호까지의 규정에 해당하는 경우로 한정한다)에 해당하는 사유로 어업권이 제한·정지 또는 취소되었거나 그 사유로 법 제14조에 따른 어업면허 유효기간의 연장이 허가되지 않은 경우

1) 어업권이 제한된 경우 : 평년수익액과 제한기간이나 제한 정도 등을 고려해서 산출한 손실액. 다만, 3)에 따른 보상액을 초과할 수 없다.

2) 어업권이 정지된 경우 : 평년수익액 × 어업의 정지기간 + 시설물 등 또는 양식물의 이전·수거 등에 드는 손실액 + 어업의 정지기간 중에 발생하는 통상의 고정적 경비. 다만, 3)에 따른 보상액을 초과할 수 없다.

3) 어업권이 취소되었거나 어업권 유효기간의 연장이 허가되지 않은 경우 : 평년수익액 ÷ 연리(12퍼센트) + 어선·어구 또는 시설물의 잔존가액

나. 법 제33조제1항제1호부터 제6호까지 및 법 제34조제6호(법 제33조제1항제1호부터 제6호까지의 규정에 해당하는 경우로 한정한다)에 해당하는 사유로 허가어업 또는 신고어업이 제한·정지 또는 취소된 경우. 다만, 법 제50조제1항 및 제3항에 따라 준용되는 법 제33조제1항제1호부터 제3호까지의 규정에 해당하는 사유로 허가어업 또는 신고어업이 제한된 경우는 제외한다.

1) 허가어업 또는 신고어업이 제한되는 경우 : 어업의 제한기간 또는 제한 정도 등을 고려하여 산출한 손실액. 다만, 3)에 따른 보상액을 초과할 수 없다.

2) 허가어업 및 신고어업이 정지된 경우(어선의 계류를 포함한다) : 평년수익액 × 어업의 정지기간 또는 어선의 계류기간 + 어업의 정지기간 또는 어선의 계류기간 중에 발생하는 통상의 고정적 경비. 다만, 3)에 따른 보상액을 초과할 수 없다.

3) 허가어업 또는 신고어업이 취소된 경우 : 3년분 평년수익액 + 어선·어구 또는 시설물의 잔존가액

다. 법 제69조제2항에 따라 측량·검사에 장애가 되는 물건에 대한 이전 또는 제거 명령을 받고 이전 또는 제거를 한 경우와 「수산자원관리법」 제43조제2항에 따라 소하성어류의 통로에 방해가 되는 물건에 대한 제거 명령을 받고 제거 공사를 한 경우 : 물건의 이전 또는 제거 공사에 드는 비용과 이전 또는 제거로 인하여 통상적으로 발생하는 손실

2. 어업별 손실액 산출방법에 관련된 용어의 정의 및 산출기준

가. 면허어업, 허가어업 및 신고어업의 손실액 산출방법에서 "평년수익액"이란 평균 연간어획량을 평균 연간판매단가로 환산한 금액에서 평년어업경비를 뺀 금액을 말한다. 이 경우 평균 연간어

획량, 평균 연간판매단가 및 평년어업경비의 산출기준은 다음과 같다.

1) 평균 연간어획량의 산출기준

가) 3년 이상의 어획실적이 있는 경우 : 법 제104조제2항 및 「수산자원관리법」 제12조제4항에 따라 보고된 어획실적, 양륙량(선박으로부터 수산물 등을 육상으로 옮긴 양을 말한다) 또는 판매실적(보상의 원인이 되는 처분을 받은 자가 보고된 실적 이상의 어획실적 등이 있었음을 증거서류로 증명한 경우에는 그 증명된 실적을 말한다)을 기준으로 산출한 최근 3년 동안의 평균어획량으로 하되, 최근 3년 동안의 어획량은 보상의 원인이 되는 처분일이 속하는 연도의 전년도를 기준연도로 하여 소급 기산(起算)한 3년 동안(소급 기산한 3년의 기간 동안 일시적인 해양환경의 변화로 연평균어획실적의 변동폭이 전년도에 비하여 1.5배 이상이 되거나 휴업·어장정비 등으로 어획실적이 없어 해당 연도를 포함하여 3년 동안의 평균어획량을 산정하는 것이 불합리한 경우에는 해당 연도만큼 소급하여 기산한 3년 동안을 말한다)의 어획량을 연평균한 어획량으로 한다.

나) 3년 미만의 어획실적이 있는 경우 : 다음의 계산식에 따라 계산한 추정 평균어획량

(1) 면허어업 : 해당 어장의 실적기간 중의 어획량 × 인근 같은 종류의 어업의 어장(통상 2개소)의 3년 평균어획량 ÷ 인근 같은 종류의 어업의 어장의 해당 실적기간 중의 어획량

(2) 허가어업 또는 신고어업 : 해당 어업의 실적기간 중의 어획량 × 같은 규모의 같은 종류의 어업(통상 2건)의 3년 평균어획량 ÷ 같은 규모의 같은 종류의 어업의 해당 실적기간 중의 어획량. 다만, 같은 규모의 같은 종류의 어업의 어획량이 없으면 비슷한 규모의 같은 종류의 어업의 어획량을 기준으로 3년 평균어획량을 계산한다.

[비고]

1. (1) 및 (2)의 계산식에서 실적기간은 실제 어획실적이 있는 기간으로 하되, 같은 규모 또는 비슷한 규모의 같은 종류의 어업의 경우에는 손실을 입은 자의 실제 어획실적이 있는 기간과 같은 기간의 실제 어획실적을 말한다.

2. 어획량의 기본단위는 킬로그램을 원칙으로 하되, 어획물의 특성에 따라 생물(生物)의 중량 또는 건중량(乾重量)을 기준으로 한다. 다만, 김은 마른 김 1속을 기준으로 한다.

2) 평균 연간판매단가의 산출기준

가) 평균 연간판매단가는 보상액 산정을 위한 평가시점 현재를 기준으로 소급하여 기산한 1년 동안의 수산물별 평균 판매단가[해당 수산물이 계통출하(系統出荷)된 주된 위판장의 수산물별·품질등급별 판매량을 수산물별로 가중평균하여 산출한 평균 판매단가를 말한다]로 한다.

나) 계통출하된 판매실적이 없는 경우 등의 평균 연간판매단가는 가)의 평균 연간판매단가에도 불구하고 다음과 같이 계산한다.

(1) 계통출하된 판매실적이 없는 경우 : 다음의 우선순위에 따른 가격을 기준으로 평균 연간판매단가를 계산한다.

(가) 해당 지역 인근의 수산업협동조합의 위판가격

(나) 해당 지역 인근의 수산물도매시장의 경락가격

(2) 소급 기산한 1년의 기간 동안 어획물의 일시적인 흉작·풍작 등으로 어가(魚價)의 연평균 변동폭이 전년도에 비하여 1.5배 이상이 되어 가)의 평균 연간판매단가를 적용하는 것이 불합리한 경우 : 소급 기산한 최초의 1년이 되는 날부터 다시 소급하여 기산한 1년 동안의 평균 판매단가에 소급하여 기산한 최초의 1년 동안의 수산물 계통출하 판매가격의 전국 평균 변동률을 곱한 금액으로 한다.

3) 평년어업경비의 산출기준

평년어업경비는 보상액 산정을 위한 평가시점 현재를 기준으로 1년 동안 소급하여 기산한 해당 어업의 연간 어업경영에 필요한 경비로 하되, 경비항목 및 산출방법은 다음과 같다.

가) 경비항목

구분	경비항목
1. 생산관리비	① 어미고기 및 수산종자 구입비 ② 미끼구입비 ③ 사료비 ④ 유지보수비 ⑤ 연료 및 유류비 ⑥ 전기료 ⑦ 약품비 ⑧ 소모품비 ⑨ 어장관리비[어장 청소, 해적생물(害敵生物) 구제(驅除) 및 표지시설 설치 등] ⑩ 자원조성비 ⑪ 용선료(傭船料)
2. 인건비	① 어업자 본인의 인건비 ② 본인 외의 사람에 대한 인건비
3. 감가상각비	① 시설물 ② 어선 또는 관리선(선체, 기관 및 어선에 장치된 설비품 등을 포함한다) ③ 어구 ④ 그 밖의 장비 및 도구
4. 판매관리비	① 가공비 ② 보관비 ③ 용기대 ④ 판매수수료 ⑤ 판매경비(운반·포장 등)
5. 그 밖의 경비	① 각종 세금과 공과금 ② 어장행사료 ③ 주식·부식비 ④ 복리후생비 ⑤ 보험료 및 공제료 ⑥ 그 밖의 경비

나) 산출방법

(1) 평년어업경비는 가)에서 규정하고 있는 경비항목별로 계산하되, 규정된 경비항목 외의 경비가 있으면 그 밖의 경비항목에 포함시켜 전체 평년어업경비가 산출되도록 해야 한다.

(2) 경비항목별 경비 산출은 어선의 입항 및 출항에 관한 신고사항, 포획·채취물의 판매실적, 유류 사용량, 임금정산서, 보험료 및 공제료, 세금납부실적, 「건설기술 진흥법」 제45조에 따른 건설공사 표준품셈 등 수집 가능한 자료를 확보하여 분석하고 현지조사를 통해 객관적이고 공정하게 해야 한다. 다만, 인건비, 감가상각비 및 판매관리비 중 판매수수료의 산출은 다음과 같이 한다.

(가) 인건비 중 어업자 본인의 인건비는 본인 외의 사람의 인건비의 평균단가를 적용하고, 본인 외의 사람의 인건비는 현실단가를 적용하되, 어업자가 직접 경영하여 본인 외의 자의 인건비가 없으면 「통계법」 제18조에 따른 승인을 받아 작성·공포한 제조부문 보통인부의 임금단가를 적용한다. 이 경우 제26조제1항에 따른 신고어업에 대한 인건비는 투입된 노동시간을 고려하여 계산해야 한다.

(나) 감가상각비는 신규 취득가격을 기준으로 하여 해당 자산의 내용연수(耐用年數)에 따른 상각률을 적용하여 계산한 상각액이 매년 균등하게 되도록 계산해야 한다. 이 경우 어선의 내용연수 및 잔존가치율은 다음과 같이 하되, 어선의

유지·관리 상태를 고려하여 이를 단축·축소할 수 있다.

선질별	내용연수(년)	잔존가치율(%)
강선	25	20
강화플라스틱(FRP)선	20	10
목선	15	10

(다) 판매관리비 중 판매수수료는 해당 어선의 주된 양륙지 또는 어업장이 속한 지역에 있는 수산업협동조합의 위판수수료율을 적용한다.

(3) 생산관리비 중 소모품비와 감가상각비의 적용대상 구분은 내용연수를 기준으로 하여 내용연수가 1년 이상인 것은 감가상각비로, 1년 미만인 것은 소모품비로 한다.

(4) 수산 관련 법령에서 규정하고 있는 수산종자 살포, 시설물의 철거 등 어업자의 의무사항은 어장면적 및 경영규모 등을 고려하여 적정하게 계산해야 한다.

(5) 산출된 경비가 일시적인 요인으로 통상적인 경우보다 변동폭이 1.5배 이상이 되어 이를 적용하는 것이 불합리하다고 판단되면 인근 비슷한 규모의 같은 종류의 어업(같은 종류의 어업이 없는 경우에는 비슷한 어업) 2개 이상을 조사하여 평균치를 적용할 수 있다.

(6) 어업생산주기가 1년 이상 걸리는 경우 수산종자 구입비, 사료비, 어장관리비 및 판매관리비 등 생산주기와 연계되는 경비항목에 대해서는 생산주기로 나누어 연간 평균 어업경비를 계산해야 한다. 이 경우 생산주기는 국립수산과학원의 관할 연구소와 협의해서 정한다.

나. 면허어업, 허가어업 및 신고어업의 손실액 산출방법에서 "어선·어구 또는 시설물의 잔존가액"이란 보상액의 산정을 위한 평가시점 현재를 기준으로 하여 「감정평가 및 감정평가사에 관한 법률」에 따른 감정평가방법 및 기준에 따라 평가한 어선·어구 또는 시설물의 잔존가액을 말한다. 다만, 해당 잔존가액은 보상을 받으려는 자가 어선·어구 또는 시설물을 재사용하는 등의 사유로 보상을 신청하지 않으면 손실액 산출에서 제외한다.

다. 면허어업, 허가어업 및 신고어업의 손실액산출방법에서 "통상의 고정적 경비"란 어업의 정지기간 중 또는 어선의 계류기간 중에 해당 시설물 또는 어선·어구를 유지·관리하기 위하여 통상적으로 발생하는 경비를 말한다.

3. **어업별 손실액의 산출에 관한 예외**

다음 각 목의 어느 하나에 해당하는 사유가 없음에도 불구하고 어업실적이 없어 제1호 및 제2호의 어업별 손실액의 산출방법 및 산출기준 등에 따라 어업별 손실액을 산출할 수 없는 경우의 어업별 손실액은 어업의 면허·허가 또는 신고에 드는 인지세·등록세 등의 모든 경비와 해당 어업의 어선·어구 또는 시설물의 매각이나 이전에 따른 손실액으로 한다.

가. 법 제33조제1항제1호부터 제6호까지 및 제34조제6호(법 제33조제1항제1호부터 제6호까지의 규정에 해당하는 경우로 한정한다)에 해당하는 사유로 면허·허가를 받거나 신고한 어업을 처분하여 어업실적이 없는 경우. 다만, 법 제88조제1항제1호 단서에 따라 보상대상에서 제외되는 법 제33조제1항제1호부터 제3호까지의 규정(법 제50조제1항 및 제3항에 따라 준용되는 경

우를 포함한다)에 해당하는 사유로 허가를 받거나 신고한 어업이 제한되는 경우는 제외한다.

나. 그 밖에 법 제29조에 따른 휴업, 재해복구 등 정당한 사유가 있는 경우

4. 어업별 손실액의 산출기관 등

가. 어업별 손실액의 산출기관

1) 보상의 원인이 되는 처분을 한 행정기관 : 제52조제1항에 따라 보상을 받으려는 자가 제출한 서류로 어업별 손실액을 계산할 수 있는 경우

2) 전문기관 : 제52조제1항에 따라 보상을 받으려는 자가 제출한 서류로 어업별 손실액을 계산할 수 없는 경우

나. 전문기관에 의한 손실액의 산출 등

1) 행정관청은 제52조제1항에 따른 서류로 손실액을 계산할 수 없으면 피해의 범위와 정도에 대하여 해양수산부장관이 지정하는 수산 관련 전문조사·연구기관 또는 교육기관으로 하여금 손실액 산출을 위한 용역조사를 하게 한 후 그 조사결과를 토대로 「감정평가 및 감정평가사에 관한 법률」 제2조제4호에 따른 감정평가법인등(이하 "감정평가법인등"이라 한다) 2인 이상에게 손실액의 평가를 의뢰하되, 법 제88조제2항에 따라 보상액을 부담할 수익자가 있으면 수익자에게 용역조사 및 손실액 평가를 의뢰하게 할 수 있다. 다만, 지정된 손실액조사기관으로부터 조사 신청이 없는 경우 등 용역조사를 할 수 없는 부득이한 경우에는 감정평가법인등에게 용역조사 및 손실액 평가를 함께 의뢰할 수 있다.

2) 1)에 따라 용역조사나 손실액 평가를 의뢰받은 자(이하 "조사평가자"라 한다)는 신뢰성 있는 어업경영에 관한 증거자료나 인근 같은 종류의 어업의 생산실적 등을 조사하거나 평가하여 손실액을 계산해야 한다.

3) 조사·평가를 의뢰한 행정관청 또는 수익자는 손실액 산정의 적정성을 확인하기 위하여 필요하면 조사평가자에게 조사 또는 평가에 관련된 증거자료 및 보완자료의 제출을 요구할 수 있다. 이 경우 조사평가자는 요구한 자료를 지체 없이 제출해야 한다.

4) 조사·평가를 의뢰한 행정관청 또는 수익자는 조사평가자의 조사 또는 평가 결과가 관계 법령을 위반하여 조사 또는 평가되었거나 부당하게 조사 또는 평가되었다고 인정하면 해당 조사평가자에게 그 사유를 밝혀 다시 조사 또는 평가를 의뢰할 수 있으며, 조사평가자의 조사 또는 평가 결과가 적정한 것으로 인정할 수 없는 특별한 사유가 있으면 다른 조사평가자에게 손실액의 조사 또는 평가를 다시 의뢰할 수 있다. 이 경우 보상액의 산정은 다시 평가한 손실액의 산술평균치를 기준으로 한다.

5) 1) 및 4)에 따른 용역조사 및 평가에 드는 경비는 법 제88조에 따라 보상의 책임이 있는 자가 부담해야 한다.

6) 해양수산부장관은 1)에 따라 지정한 수산 관련 전문조사·연구기관 또는 교육기관이 다음의 어느 하나에 해당하면 그 지정을 취소할 수 있다. 이 경우 지정이 취소된 기관은 그 취소된 날부터 3년 이내에는 다시 손실액 산출을 위한 용역기관으로 지정받을 수 없다.

가) 거짓이나 그 밖의 부정한 방법으로 지정을 받았거나 조사를 한 경우

나) 조사자료를 제출하지 않았거나 그 내용이 부실한 경우

7) 해양수산부장관은 1) 또는 6)에 따라 용역조사기관을 지정하거나 그 지정을 취소한 경우에는 그 사실을 관보에 고시해야 한다.

8) 1) 및 4)에 따라 손실액 산출에 관한 조사 또는 평가를 의뢰받은 조사평가자나 조사평가를 의뢰한 수익자는 조사 및 평가에 필요한 범위에서 행정관청, 어선의 입항·출항 신고기관, 수산업협동조합 등에 관련 서류의 열람·발급을 요청할 수 있으며, 요청을 받은 행정관청 등은 특별한 사유가 없으면 그 요청에 협조해야 한다.

9) 8)에 따라 조사평가자 또는 수익자가 행정관청에 서류의 열람·발급을 의뢰할 때에는 다음 각 호의 사항을 적은 의뢰서를 제출해야 한다.

가) 의뢰자의 주소·성명 또는 명칭

나) 열람하거나 발급받으려는 목적

다) 열람하거나 발급받으려는 내용

라) 열람·발급이 필요한 서류 또는 공문서의 종류 및 수량

10) 1)부터 7)까지에서 규정한 사항 외에 용역조사 및 손실액 평가의 의뢰절차 등에 관하여 필요한 사항은 해양수산부장관이 정하여 고시한다.

Chapter
05

농작물실제소득인정기준

제1조(목적) 이 기준은 공익사업을 위한 토지 등의 취득 및 보상에 관한 법률 시행규칙 제48조제2항의 규정에 의하여 영농손실액의 보상기준이 되는 농작물의 실제소득을 입증하는 방법을 정함을 목적으로 한다.

제2조(용어의 정의) 이 기준에서 사용하는 용어의 정의는 다음 각호와 같다.

1. "농작물 총수입"이라 함은 전체 편입농지 중 영농손실액의 보상대상자가 실제소득을 입증하고 자 하는 편입농지에서 실제로 재배한 농작물(다년생식물을 포함한다. 이하 같다)과 같은 종류의 농작물을 재배한 경작농지의 총수입으로서, 공익사업을 위한 토지 등의 취득 및 보상에 관한 법률(이하 "법"이라 한다) 제15조제1항 본문의 규정에 의한 보상계획의 공고(동항 단서의 규정 에 의하는 경우에는 토지소유자 및 관계인에 대한 보상계획의 통지를 말한다) 또는 법 제22조의 규정에 의한 사업인정의 고시가 있은 날(이하 "사업인정고시일등"이라 한다) 이전 3년간의 연간 평균총수입(당해 농작물의 경작자가 경작을 한 기간이 3년 미만인 경우에는 그 경작기간에 한 하여 실제소득을 기준으로 산정한다)을 말한다.
2. "경작농지 전체면적"이라 함은 제1호의 규정에 의한 농작물 총수입의 산정대상이 되는 경작농 지의 면적을 말한다.

제3조(실제소득의 산정방법) 연간 단위경작면적당 실제소득은 다음의 산식에 의하여 산정한다.

$$연간\ 단위경작면적당\ 실제소득 = 농작물\ 총수입 \div 경작농지\ 전체면적 \times 소득률$$

제4조(농작물 총수입의 입증자료) 농작물 총수입은 다음 각호의 입증자료에 의하여 산정하되, 위탁수수 료 등 판매경비를 제외한 실제수입액을 기준으로 한다.

1. 농수산물유통 및 가격안정에 관한 법률(이하 이 조에서 "농안법"이라 한다) 제21조제1항의 규정 에 의한 도매시장관리사무소·시장관리자, 동법 제22조의 규정에 의한 도매시장법인·시장도 매인, 동법 제24조의 규정에 의한 공공출자법인 또는 동법 제48조의 규정에 의한 민영도매시장 의 개설자·시장도매인이 발급한 표준정산서(농안법 제41조제2항의 규정에 의한 표준정산서를 말한다) 또는 거래실적을 증명하는 서류(출하자의 성명·주소, 출하일, 출하품목, 수량, 판매금 액, 판매경비, 정산액 및 대금지급일 등을 기재한 계산서·거래계약서 또는 거래명세서 등으로 서 당해 대표자가 거래사실과 같다는 것을 증명한 서류를 말한다. 이하 이 조에서 같다)
2. 농안법 제43조의 규정에 의한 농수산물공판장·동법 제51조의 규정에 의한 농수산물산지유통 센터 또는 동법 제69조의 규정에 의한 종합유통센터가 발급한 거래실적을 증명하는 서류
3. 유통산업발전법 별표의 규정에 의한 대규모점포 중 대형마트, 전문점, 백화점이 발급한 거래실 적을 증명하는 서류

4. 관광진흥법 제3조제1항제2호가목의 규정에 의한 호텔업을 영위하는 업체가 발급한 거래실적을 증명하는 서류

5. 식품위생법 시행령 제21조제1호의 규정에 의한 식품제조·가공업을 영위하는 업체가 발급한 거래실적을 증명하는 서류

6. 관세법 제248조제1항의 규정에 의하여 세관장이 교부한 수출신고필증

7. 국가·지방자치단체·공공단체 또는 농안법 제43조의 규정에 의하여 농수산물공판장을 개설할 수 있는 생산자단체와 공익법인이 발급한 거래실적을 증명하는 서류

8. 어업재해보험법 제8조제1항에 의한 보험사업자가 발행한 보험료 산정을 위한 서류

9. 세무서 등 관계기관에 신고·납부한 과세자료

제5조(소득률의 적용기준) ① 제3조의 규정에 의한 소득률은 다음 각호의 우선순위에 의하여 적용한다.

1. 농촌진흥청장이 매년 조사·발표하는 농축산물소득자료집(이하 "소득자료집"이라 한다)의 도별 작물별 소득률

2. 제1호의 도별 작물별 소득률에 포함되어 있지 아니한 농작물에 대하여는 유사작목군의 평균소득률, 이 경우 유사작목군은 식량작물·노지채소·시설채소·노지과수·시설과수·특용약용작물·화훼·통계청조사작목 등으로 구분한다.

② 제1항 각 호의 규정에 의한 소득자료집은 사업인정고시일등이 속한 연도에 발간된 소득자료집을 말한다. 다만, 사업인정고시일등이 속한 연도에 소득자료집이 발간되지 않은 경우에는 사업인정고시일등 전년도에 발간된 소득자료집을 말한다.

제6조(실제소득금액 산정특례) ① 사업시행자는 제3조에 의하여 산정된 실제소득이 소득자료집의 작목별 평균소득(동일 작물이 없는 경우에는 유사작물군의 평균소득)의 2.0배를 초과할 경우에는 단위면적당 평균생산량의 2배를 판매한 금액으로 한다. 다만, 생산량을 확인할 수 없는 경우에는 평균소득의 2.0배로 한다.

② 별지 1에서 규정하는 단위면적당 평균생산량의 2배를 초과하는 작물과 재배방식에 해당하는 경우에는 제1항에도 불구하고 최대생산량 및 평균생산량을 적용하여 산정한다.

③ 직접 농지의 지력(地力)을 이용하지 아니하고 재배중인 작물을 이전하여 중단 없이 계속 영농이 가능하여 단위면적당 실제소득의 4개월분에 해당하는 농업손실보상을 하는 작물 및 재배방식은 별지 2와 같다.

제7조(유의사항) 사업시행자 또는 영농손실액 보상대상자는 법 제93조에 의거 사위 그 밖에 부정한 방법으로 보상금을 받은 자 또는 그 사실을 알면서 보상금을 교부한 자는 5년 이하의 징역 또는 3천만원 이하의 벌금에 처하고 그 미수범도 처벌하도록 규정되어 있음을 유의하여야 한다.

제8조(재검토기한) 국토교통부장관은 「훈령·예규 등의 발령 및 관리에 관한 규정」에 따라 이 기준에 대하여 2021년 7월 1일을 기준으로 매 3년이 되는 시점(매 3년째의 6월 30일까지를 말한다)마다 그 타당성을 검토하여 개선 등의 조치를 하여야 한다.

부칙 〈제2021-212호, 2021.3.3.〉

이 기준은 고시한 날부터 시행한다.

〈별지 1〉 단위면적당 평균 생산량의 2배를 초과하는 작물과 재배방식

가. 공통사항 : 시설채소 등의 다(多)기작 재배의 경우에는 1기작 평년생산량에 재배횟수를 곱한 생산
   량을 평균생산량으로 본다.
나. 화훼류 : 세부내용 생략
다. 수목류(관상수류 및 화목류) : 세부내용 생략
라. 버섯류 : 세부내용 생략
마. 화훼류 단위면적당 기준 생산량 : 세부내용 생략

〈별지 2〉 이전하여 중단없이 계속 영농이 가능한 작목 및 재배방식

① (버섯) 원목에 버섯종균 파종하여 재배하는 버섯
② (화훼) 화분에 재배하는 화훼작물
③ (육묘) 용기(트레이)에 재배하는 어린묘

수목정상식(正常植) 판정 세부기준

[제정 2010.2.22.]

제1조(목적) 이 기준은 「공익사업을 위한 토지 등의 취득 및 보상에 관한 법률 시행규칙」(이하 "법 시행규칙"이라 한다) 제40조제2항에 따라 수목의 손실보상을 위한 평가를 함에 있어 정상식 판정에 필요한 세부적인 기준을 정함으로써 평가의 적정성과 공정성 확보를 목적으로 한다.

제2조(적용원칙) ① 수목의 손실보상 평가를 위한 정상식은 관계법령에서 따로 정하는 경우를 제외하고는 이 기준에서 정하는 바에 따른다.

② 이 기준에서 정하는 정상식은 수익수 및 입목(용재목을 포함한다. 이하 같다)을 물건의 가격으로 평가할 때 적용한다.

제3조(용어의 정의) 이 기준에서 사용하는 용어의 정의는 다음과 같다.

1. '정상식(正常植)'이라 함은 경제적으로 식재목적에 부합되고 정상적인 생육이 가능한 수목의 식재상태에 도달한 것으로서, 적정한 수익을 실현하고 있는 상태를 말한다.

2. '정상식의 상한선(上限線)'이라 함은 수목의 식물학적 특성과 과수재배농가 및 임업농가의 경제성 확보 등을 고려하여, 밀식이 허용될 수 있는 식재거리와 식재주수에 있어서의 상한선을 의미한다.

3. '식재거리'라 함은 열(列)간 거리와 주(株)간 거리로서 형성되는 식재공간을 말한다. 식재거리를 기준으로 하여 [별표 1], [별표 2] 및 [별표 3]의 정상식으로서의 식재주수가 도출되는 것으로 한다.

제4조(과수의 정상식) ① 과수의 정상식은 [별표 1] 및 [별표 2]를 기준으로 하여 판정한다.

② 과수의 정상식의 상한선은 [별표 1]에서 정한 수종별 적정 식재주수에서 150퍼센트를 추가로 가산(加算)하는 범위 이내로 한다. 다만, 와이(Y)형 밀식재배 배, 웨이크만식재배 포도, 감귤 및 왜성사과의 경우에는 [별표 1] 및 [별표 2]에서 정한 수종별 적정 식재주수에서 25퍼센트를 추가로 가산하는 범위 이내로서 상한선을 정한다.

③ 평가대상 과수의 수종, 규격, 수령, 재배방식 및 실제수익 등을 종합적으로 고려하여, 수량만을 기준으로 한 정상식 판정이 불합리할 경우에는 별도의 기준을 정하여 평가할 수 있다. 이때에는 그 기준을 감정평가서에 기재하여야 한다.

제5조(입목의 정상식) ① 장기용재림의 간벌 이전의 정상식은 [별표 3]에 기재된 1,000주 내외로 하고, 간벌 이후에는 300주 내외로 하되, 수종과 수령을 고려한다.

② 단기 용재림의 경우에는 간벌하지 아니하는 경우가 대부분임을 고려하여 그 정상식을 [별표 3]에 기재된 1,000~2,000주 내외로 하되, 수종과 수령을 고려한다.

③ 용재목의 장기 또는 단기의 구분은 사업시행자가 제시한 기준에 따른다. 다만, 사업시행자가 물건목록 등에서 별도로 구분하지 아니한 경우에는 사업시행자에게 그 내용을 조회한 후 평가하되 구분제시가 없는 때에는 감정평가사의 판단에 따른다.

④ 입목을 평가할 경우에는 산림청에서 발행하는 '재적·중량표 및 임분수확표'를 활용하여 별도로 수익 등을 기준으로 하여 평가 대상 수목들의 정상식 여부를 판정할 수 있다. 이러한 경우에는 감정평가서에 그 판정이유와 산출근거 등을 각각 기재한다.

부칙 ⟨2010.2.22.⟩

이 기준은 2010년 2월 22일부터 시행한다.

[별표 1] 10a당 과수별 적정 식재거리 및 적정 식재주수

(단위 : m, 주)

구분	식재거리	식재주수
일반사과	7.0 × 4.3	33
일반 배	7.0 × 4.3	33
Y자 밀식재배 배	6.0 × 1.25	133
복숭아	6.0 × 5.0	33
포도	웨이크만 2.7 × 2.7 평덕식 5.0 × 4.0	137 50
앵두	5.0 × 3.0	67
단감	5.0 × 3.0 ~ 6.0	67 ~ 33
감귤	3.0 × 3.0	111
대추	6.0 × 3.0 ~ 4.0	56 ~ 42
살구	6.0 × 6.0	28
자두	6.0 × 6.0	28
참다래(키위)	6.0 × 5.0	30
유자(접목)	6.0 × 5.0	30

[별표 2] 10a당 왜성사과의 적정 식재거리 및 적정 식재주수

(단위 : m, 주)

수종	지력	대목	세력이 왕성한 품종		세력이 약한 품종	
			식재거리	식재주수	식재거리	식재주수
왜성사과	고	M9	3.8 × 1.8	146	3.8 × 1.8	190
		M26	4.5 × 2.5	89	4.5 × 2.0	125
		M7	3.0 × 5.0	67	3.0 × 5.0	67
		MM106	3.0 × 5.0	67	3.0 × 5.0	67
		스퍼타입	3.0 × 5.0	67	3.0 × 5.0	67
		MMI11	3.0 × 5.0	42	4.0 × 6.0	42
	중	중간대목(M8,9)	3.5 × 1.5	190	3.2 × 1.2	260
		M26	4.0 × 2.0	125	3.8 × 1.8	146
		M7	3.0 × 5.0	67	3.0 × 5.0	67
		MM106	3.0 × 5.0	67	3.0 × 5.0	67
		스퍼타입	3.0 × 5.0	67	3.0 × 5.0	67
		MMI11	4.0 × 6.0	42	4.0 × 6.0	42

[별표 3] 10a당 입목(용재림)의 적정 식재거리 및 적정 식재주수

(단위 : m, 주)

구 분	간벌 이전	간벌 이후
장기 용재림	1,000 내외(1.0 × 1.0)	300 내외(1.8 × 1.8)
단기 용재림	1,000(1.0 × 1.0) ~ 2,000 내외(0.71 × 0.71)	

Chapter
07

분묘에 대한 보상액의 산정지침

제1조(목적) 이 지침은 공익사업을 위한 토지 등의 취득 및 보상에 관한 법률(이하 "법"이라 한다) 시행규칙(이하 "법 시행규칙"이라 한다) 제42조의 규정에 의한 분묘에 대한 보상액(석물이전비를 포함한다. 이하 같다)의 산정에 관한 세부적인 기준과 방법 등을 정함으로써 산정의 적정성과 공정성을 확보함을 목적으로 한다. 〈개정 2003.2.14, 2003.7.2.〉

제2조(적용원칙) ① 분묘에 대한 보상액의 산정은 관계법령에서 따로 정한 것을 제외하고는 이 지침이 정하는 바에 의한다. 〈개정 2003.7.2.〉

② 분묘에 대한 보상액의 산정은 사업시행자 등의 의뢰조서에 의하여 산정하되 의뢰조서에 다음 사항이 빠진 경우에는 의뢰자의 의견을 들어 처리한다. 〈개정 2003.7.2.〉

1. 분묘 및 석물의 규격, 수량
2. 유연·무연의 구분
3. 단장, 합장, 아장의 구분
4. 기타 필요한 사항

제3조(분묘에 대한 보상액의 산정기준) 사업시행자 등으로부터 분묘에 대한 보상액의 산정의뢰가 있는 경우 감정평가업자가 직접 산정하거나 회장이 따로 정하여 제시한 기준에 의하여 산정할 수 있다. 이 경우에는 다음 각 호의 사항을 고려하여 산정한다. 〈개정 2000.2.17, 2003.7.2.〉

1. 분묘 및 석물의 위치 및 규모
2. 지형·지세 등 작업의 난이도
3. 탈육 및 미탈육의 구분
4. 석물의 좌향표시
5. 기타 필요한 사항

제4조(유연단장분묘에 대한 보상액의 산정) ① 유연단장분묘에 대한 보상액은 다음 각 호에 의하여 산정한다. 〈개정 2003.7.2.〉

1. 분묘이전비 : 4분판 1매, 마포 2필, 전지 5권, 제례비, 인부임 5인분 및 운구 차량비 〈개정 2003.7.2.〉
2. 석물이전비 : 비석, 상석 및 망주석 등의 이전실비(좌향이 표시되어 있거나 기타 사유로 이전사용이 불가능한 경우에는 제작·운반비를 말한다)
3. 잡비 : 제1호 및 제2호에 의하여 산정한 액의 30퍼센트에 해당하는 액

② 제3조의 규정에 의하여 감정평가업자가 직접 산정하는 경우에 제1항제1호의 규정에 의한 분묘이전비(석물이전비를 제외한다. 이하 같다)의 산정기준은 다음 각 호와 같다. 〈개정 1998.2.17, 2001.6.15, 2003.7.2.〉

1. 분묘의 면적, 봉분의 크기는 장사 등에 관한 법률 제16조, 동법 시행령 제11조에서 정한 범위를 기준으로 한다.

2. 분묘이전비의 품은 건설표준품셈, 노임은 통계법 제3조제4호의 규정에 의한 통계작성기관이 동법 제8조의 규정에 의한 승인을 얻어 작성·공표한 공사부문 보통 인부의 노임단가를 기준으로 하되 기준이 없는 경우는 관계기관의 협정요금에 의한다. 〈개정 2003.7.2.〉

3. 제1항제1호의 규정에 의한 인부임 5인분 중 1인은 염사인건비로 하며 잔여인부 4인은 보통인부노임단가에 의하되 도서 벽지 등의 지역에 있어서는 50퍼센트를 가산할 수 있다.

③ 제1항제1호의 운구차량비는 자동차운수사업법 시행령 제3조제2호나목의 특수여객자동차운송사업에 적용되는 운임·요금 중 그 지역에 적용되는 운임·요금을 기준으로 산정한다. 〈개정 1998.2.17, 2003.2.14.〉

④ 복수의 분묘를 동일연고자 또는 관리인이 동일 이장지로 일시에 이장하는 경우에는 운구차량절감비용 등을 참작하여 적정하게 감가하여 산정할 수 있다. 〈신설 1998.2.17.〉

제4조의2(유연납골묘 등에 대한 보상액의 산정) 납골묘, 납골당 및 납골탑(이하 "납골묘 등"이라 한다)에 수장된 납골묘 등에 대한 보상액은 다음 각 호에 의하여 산정한다. 〈개정 2003.7.2.〉

1. 납골묘 등의 이전 : 납골당의 이축비는 법 시행규칙 제33조(건축물의 평가) 납골묘 및 납골탑의 이전비는 같은 법 시행규칙 제36조(공작물 등의 평가)의 규정에 따라 이전비를 평가한다. 〈개정 2003.2.14.〉

2. 이전비 : 광목2마, 특별인부2인, 제례비 〈개정 2003.7.2.〉

3. 가안치비 : 개인 및 가족 납골묘 등의 이설기간 중 특별한 경우를 제외하고는 7일간에 소요되는 가안치소의 이용료

4. 운구차량비 : 개인 및 가족납골묘 등에 수장된 납골의 운구차량비는 2회분의 운임을 산정한다. 다만, 동일연고자가 관리하는 납골묘 등에 수장된 10구까지는 1대의 운구차로 이장한다.

5. 석물이전비 : 지침 제8조에 따라 산정한다.

6. 잡비 : 제1호 내지 제5호에 의하여 산정한 액의 30%에 해당하는 금액

[본조신설 2001.6.15.]

제4조의3(무연납골묘에 대한 보상액의 산정) ① 제4조의2에서 산정된 제2호의 이전비 및 제4호의 운구차량비와 잡비 30%를 가산한 합계액의 50% 이내의 가액을 산정한다.

② 납골묘 등에 수장된 10구까지는 1대의 운구차로 이장한다.

③ 납골의 이전은 그 지역에 설치된 공설 납골당의 이용료를 산정한다.

[본조신설 2001.6.15, 개정 2003.7.2.]

제5조(유연합장분묘에 대한 보상액의 산정) 유연합장분묘에 대한 보상액은 유연단장분묘의 분묘이전비(잡비 및 운구차량비 제외)의 150퍼센트에 운구차량비를 가산한 후 1.3배에 해당하는 금액에 석물이전비를 가산하여 산정한다. 〈개정 2001.6.15, 2003.7.2.〉

제5조의2(유연3합장 이상의 분묘에 대한 보상액의 산정) 유연3합장 이상의 분묘에 대한 보상액은 합장별로 다음 각 호에 의하여 산정한 금액으로 한다.

1. 유연3합장 : 유연단장분묘의 분묘이전비(잡비 및 운구차량비 제외)의 190퍼센트에 운구차량비를 가산한 후 1.3배에 해당하는 금액에 석물이전비를 가산하여 산정한다.

2. 유연4합장 : 유연단장분묘의 분묘이전비(잡비 및 운구차량비 제외)의 220퍼센트에 운구차량비를 가산한 후 1.3배에 해당하는 금액에 석물이전비를 가산하여 산정한다.

3. 유연5합장 : 유연단장분묘의 분묘이전비(잡비 및 운구차량비 제외)의 240퍼센트에 운구차량비를 가산한 후 1.3배에 해당하는 금액에 석물이전비를 가산하여 산정한다.

4. 유연6합장 이상 : 유연단장분묘의 분묘이전비(잡비 및 운구차량비 제외)의 250퍼센트에 운구차량비를 가산한 후 1.3배에 해당하는 금액에 석물이전비를 가산하여 산정한다.

[본조신설 2003.2.14, 개정 2003.7.2.]

제6조(유연아장분묘에 대한 보상액의 산정) 유연아장분묘에 대한 보상액은 유연단장분묘의 분묘이전비(잡비 및 운구차량비 제외)의 40퍼센트에 운구차량비를 가산한 후 1.3배에 해당하는 금액에 석물이전비를 가산하여 산정한다. 〈개정 2001.6.15, 2003.7.2.〉

제7조(무연분묘에 대한 보상액의 산정) 제4조 내지 제6조의 규정에 의한 분묘가 무연인 경우에는 각각의 유연단장분묘의 분묘이전비(잡비 및 운구차량비 제외)의 50퍼센트에 차량운반비를 가산한 후 1.3배에 해당하는 금액에 석물이전비를 가산하여 산정하되 분묘의 수량 및 분묘이전비를 참작하여야 한다. 〈개정 1998.2.17, 2001.6.15, 2003.2.14, 2003.7.2.〉

제8조(석물이전비의 산정) ① 제4조제1항제2호의 규정에 의한 석물이전비는 석물해체 및 설치비, 운반비(차량운반비 포함), 손상비, 각자비로 한다. 〈개정 2001.6.15.〉

② 제1항의 규정에 의한 석물이전비의 산정기준은 다음 각 호와 같다. 〈개정 1998.2.17, 2001.6.15.〉

1. 석물의 크기 및 수량은 다음 각 목에서 정하여진 범위 이내로 하되 1981.4.25 전에 설치한 것은 예외로 하며, 묘지 이외의 구역에 설치한 석물은 산정에서 제외한다.

가. 비석은 1개(그 높이는 지면으로부터 2미터 이내, 그 표면적은 3평방미터 이내로 한다)

나. 상석은 1개

다. 기타 석물(인물상을 제외한다)은 1개 또는 1쌍(그 높이는 지면으로부터 2미터 이내로 한다)으로 하되 그 종류는 망주석, 등석, 묘둘레석, 묘태석, 탑석, 병풍석, 장대석, 석수(양마호), 기타의 석물 등으로 한다.

2. 석물이전비의 품은 건설표준품셈, 노임은 통계법 제3조제4호의 규정에 의한 통계작성기관이 동법 제8조의 규정에 의한 승인을 얻어 작성·공표한 공사부문 보통인부의 노임단가를 기준으로 하되 기준이 없는 경우는 관계기관의 협정요금에 의한다.

③ 제3조의 규정에 의하여 감정평가업자가 석물이전비를 직접 산정하는 경우에는 회장이 따로 정하여 제시한 기준을 참고하여 산정할 수 있다. 〈개정 2000.2.17.〉

제9조(기타물건의 산정) 분묘구역 안에 있는 잔디·석축 등은 분묘에 대한 보상액과는 별도로 산정한다. 〈개정 2003.7.2.〉

제10조(이전보조비의 산정) ① 이전보조비는 장사 등에 관한 법률 제16조제1항의 규정에 의한 1기당 묘지면적에 당해 묘지가 소재하고 있는 시·군·구(자치구를 말한다. 이하 같다) 또는 인근 시·군·구에 소재한 법인묘지의 단위면적당 사용료를 곱한 금액으로 산정하되 100만원을 초과할 수 없다. 〈개정 2001.6.15, 2003.2.14, 2003.7.2.〉

② 제1항에 의한 사용료는 분묘의 사용료를 말하는 것으로서 관리비 등은 이에 포함되지 아니하며 사용기간은 15년을 기준으로 한다. 〈개정 2003.7.2.〉

③ 제1항의 규정에 의한 이전보조비의 산정은 사업시행자로부터 별도의 요청이 있는 경우에 한한다. 〈개정 2003.7.2.〉

제11조(특수분묘에 대한 보상액의 산정) 장사 등에 관한 법률 제3조에 의한 국가가 설치·운영하는 묘지 또는 동법 제29조 동법 시행령 제25조 및 제26조의 규정에 의하여 국가 또는 시·도 지정 보존묘지 등으로 지정된 묘지 등 특수한 분묘 및 부속시설 등에 대한 보상액은 관계 전문가의 용역보고서에 의하여 산정할 수 있다. 〈개정 2001.6.15, 2003.7.2.〉

[별표 1] [별표 13] 삭제

부칙 〈2003.7.2.〉

제1조(시행일) 이 지침은 2003년 8월 1일부터 시행한다.

제2조(다른 지침의 폐지) 이 지침의 시행과 동시에 종전의 "분묘이장비산정지침"은 이를 폐지한다.

Chapter 08 송·변전설비 주변지역의 보상 및 지원에 관한 법률 [송전설비주변법]

송·변전설비 주변지역의 보상 및 지원에 관한 법률

제1장 총칙

제1조(목적) 이 법은 송·변전설비 주변지역에 대한 보상 및 지원사업을 추진함으로써 전력 수급의 안정을 도모하고 국민경제와 지역사회 발전에 기여함을 목적으로 한다.

제2조(정의) 이 법에서 사용하는 용어의 뜻은 다음과 같다. 〈개정 2020.2.4, 2021.1.12, 2023.1.3, 2024.1.30.〉

1. "송·변전설비"란 송전철탑, 송전선로와 변전소 등 송전(送電) 및 변전(變電)을 위한 전기설비를 말한다.

2. "송·변전설비 주변지역"이란 다음 각 목의 지역을 말한다. 다만, 산업통상자원부장관은 송·변전설비 주변지역의 경계가 「지방자치법」 제7조 제4항에 따른 행정 운영상 리(里) 등 일정한 주거지역을 통과하는 경우에는 지리적 상황과 생활여건 등을 고려한 범위에서 「발전소주변지역지원에 관한 법률」 제3조 제1항에 따른 주변지역지원사업심의위원회(이하 "심의위원회"라 한다)의 심의를 거쳐 송·변전설비 주변지역의 범위를 결정할 수 있다.

   가. "송전선로 주변지역"이란 전압이 34만 5천 볼트 이상인 지상 송전선로가 지나가는 선하(線下)지역 인근으로서, 그 범위는 다음과 같다.

   1) 76만 5천 볼트 송전선로 : 송전선로 양측 가장 바깥선으로부터 각각 1,000미터 이내의 지역

   2) 50만 볼트 송전선로 : 송전선로 양측 가장 바깥선으로부터 각각 800미터 이내의 지역

   3) 34만 5천 볼트 송전선로 : 송전선로 양측 가장 바깥선으로부터 각각 700미터 이내의 지역

   나. "변전소 주변지역"이란 전압이 34만 5천 볼트 이상인 옥외변전소가 위치하는 인근지역으로서, 그 범위는 다음과 같다.

   1) 76만 5천 볼트 변전소 : 외곽경계로부터 사방 850미터 이내의 지역

   2) 50만 볼트 변전소 : 외곽경계로부터 사방 800미터 이내의 지역

   3) 34만 5천 볼트 변전소 : 외곽경계로부터 사방 600미터 이내의 지역

3. "재산적 보상지역"이란 지상 송전선로의 건설로 인하여 재산상의 영향을 받는 지역으로서, 그 범위는 다음과 같다. 다만, 「전기사업법」 제90조의2에 따른 보상이 적용되는 지역과 「국유재산법」 제5조 및 「공유재산 및 물품 관리법」 제4조에 따른 부동산은 제외한다.

   가. 76만 5천 볼트 송전선로 : 송전선로 양측 가장 바깥선으로부터 각각 33미터 이내의 지역

   나. 50만 볼트 송전선로 : 송전선로 양측 가장 바깥선으로부터 각각 20미터 이내의 지역

다. 34만 5천 볼트 송전선로 : 송전선로 양측 가장 바깥선으로부터 각각 13미터 이내의 지역

4. "주택매수 등 청구지역"이란 지상 송전선로 건설로 인하여 주거상·경관상의 영향을 받는 지역으로서, 그 범위는 다음과 같다. 이 경우 "주택"은 「주택법」 제2조 제1호에 따른 주택을 말한다.

가. 76만 5천 볼트 송전선로 : 송전선로 양측 가장 바깥선으로부터 각각 180미터 이내의 지역

나. 50만 볼트 송전선로 : 송전선로 양측 가장 바깥선으로부터 각각 100미터 이내의 지역

다. 34만 5천 볼트 송전선로 : 송전선로 양측 가장 바깥선으로부터 각각 60미터 이내의 지역

5. "사업자"란 「전기사업법」 제2조에 따른 발전사업자, 송전사업자 및 같은 조 제19호에 따른 자가용전기설비 중 34만 5천 볼트 이상의 송·변전설비를 소유한 자를 말한다.

6. "주거환경개선"이란 주택의 노후화 억제 또는 기능향상 등을 위하여 증축, 개축, 대수선하는 행위 등을 말한다.

제3조(협력의무) 국가·지방자치단체 및 사업자는 송·변전설비 주변지역에 대한 보상 및 지원사업을 효율적으로 추진하기 위하여 상호 협력하여야 한다.

제2장 재산적 보상 및 주택매수 등 청구 〈개정 2023.1.3.〉

제4조(토지에 대한 재산적 보상 청구) ① 토지소유자는 자신이 소유하고 있는 토지가 재산적 보상지역에 속한 경우에는 사업자에게 재산적 보상을 청구할 수 있다.

② 재산적 보상금액은 토지소유자와 사업자가 협의하여 정한다. 이 경우 협의를 위한 보상기준과 범위 등은 「전기사업법」 제90조의2에 따른 보상수준을 고려하여 대통령령으로 정한다.

③ 제1항에 따른 청구기간은 「전원개발촉진법」 제5조에 따른 전원개발사업 실시계획 승인일부터 해당 사업의 공사완료일(「전기사업법」 제63조에 따른 사용전검사가 완료된 때를 말한다) 이후 2년까지로 한다. 이 경우 사업자는 해당 토지소유자에게 공사가 완료되었음을 알려야 한다.

④ 제2항에 따른 협의가 성립되지 아니한 경우에 사업자 또는 토지소유자는 「공익사업을 위한 토지 등의 취득 및 보상에 관한 법률」 제51조에 따른 관할 토지수용위원회에 재결을 신청할 수 있다.

⑤ 제1항부터 제3항까지에 따른 보상에 관하여 이 법에서 정한 경우를 제외하고는 「공익사업을 위한 토지 등의 취득 및 보상에 관한 법률」 제8조, 제17조, 제63조, 제64조, 제75조 및 제83조부터 제85조까지의 규정을 준용한다.

제5조(주택매수 등의 청구) ① 주택소유자는 자신이 소유하고 있는 주택이 주택매수 등 청구지역에 속한 경우에는 사업자에게 다음 각 호의 어느 하나를 청구할 수 있다. 다만, 제1호를 청구하려는 주택소유자와 대지소유자가 다른 경우에는 공동으로 매수를 청구하여야 한다. 〈개정 2014.6.3, 2023.1.3.〉

1. 해당 주택 및 그 대지[「공간정보의 구축 및 관리 등에 관한 법률」 제67조제1항에 따른 지목이 대(垈)인 토지를 말한다]의 매수

2. 해당 주택에 대한 주거환경개선비용의 지원

② 제1항제1호에 따른 매수의 청구가 있는 경우 사업자는 해당 주택 및 그 대지가 「전원개발촉진법」 제5조제3항제2호의 전원개발사업구역에 편입된 것으로 보아 이를 매수하여야 한다. 이 경우 매수한 주택 및 대지는 「소득세법」 또는 「법인세법」 적용 시 「공익사업을 위한 토지 등의 취득 및 보상에 관한 법률」에 따른 수용에 의하여 취득한 것으로 본다. 〈개정 2023.1.3.〉

③ 제1항제1호에 따른 주택매수의 가액 및 범위는 주택소유자와 사업자가 협의하여 정한다. 이 경우 협의를 위한 매수 청구 범위, 대상 및 매수가액 산정기준 등 구체적인 사항은 대통령령으로 정한다. 〈개정 2023.1.3.〉

④ 제1항제2호에 따른 주거환경개선비용 지원액의 산정기준 등에 관한 구체적인 사항은 대통령령으로 정한다. 〈신설 2023.1.3.〉

⑤ 제1항에 따른 청구의 청구기간, 불복절차 및 그 밖의 절차는 제4조제3항부터 제5항까지를 준용한다. 〈개정 2023.1.3.〉

[제목개정 2023.1.3.]

제3장 송·변전설비 주변지역에 대한 지원 청구

제6조(주변지역 지원에 관한 심의) 산업통상자원부장관은 송·변전설비 주변지역의 지원에 관한 다음 각 호의 사항에 관하여 심의위원회의 심의를 거쳐야 한다.

1. 제2조 제2호 각 목 외의 부분 단서에 따른 송·변전설비 주변지역의 범위 결정에 관한 사항
2. 제7조에 따른 지원사업계획의 승인에 관한 사항
3. 제9조 제3항에 따른 송·변전설비 주변지역에 대한 지원사업의 중단에 관한 사항
4. 송·변전설비 주변지역에 대한 지원 관련 협의 및 이행 촉진에 관한 사항
5. 그 밖에 송·변전설비 주변지역에 대한 지원을 위하여 필요한 사항으로서 대통령령으로 정하는 사항

[전문개정 2024.1.30.]

제7조(지원사업계획) ① 사업자는 매년 주민의 의견을 수렴하여 송·변전설비 주변지역에 대한 지원사업계획(이하 "지원사업계획"이라 한다)을 수립하여야 한다.

② 사업자는 지원사업계획에 대하여 심의위원회의 심의를 거친 후 산업통상자원부장관의 승인을 받아야 한다.

③ 지원사업계획의 내용, 수립 절차 등에 필요한 사항은 대통령령으로 정한다.

제8조(지원사업의 종류) ① 송·변전설비 주변지역에 대한 지원사업의 종류는 다음 각 호와 같다.

1. 주민지원사업 : 주택용 전기요금 중 일정액을 보조하는 등 주민에게 직접 지원하는 사업
2. 주민복지사업 : 편의증진시설 설치 및 주거 환경 개선 등을 지원하는 사업
3. 소득증대사업 : 주민의 소득 증대를 위하여 주민이 공동으로 운영하는 기업 및 조합, 주민 생산물의 저장·판매 시설 등을 지원하는 사업

4. 육영사업 : 장학기금 적립, 기숙사 제공 등의 사업

5. 그 밖에 송·변전설비 주변지역의 발전, 환경 개선, 안전 관리, 주민의 건강 및 전원 개발의 촉진을 위하여 필요한 사업

② 제1항 제1호에 따른 주민지원사업은 제10조 제3항 제2호에 따른 지역별 지원금 총액의 100분의 50 범위에서 시행한다. 다만, 주민지원사업의 대상이 되는 주민 전체가 합의한 경우에는 대통령령으로 정하는 바에 따라 달리 정할 수 있다. 〈신설 2021.8.17.〉

③ 제1항에 따른 지원사업의 종류별 지원내용, 대상지역, 시행기간 및 지원방법 등에 필요한 사항은 대통령령으로 정한다.

제9조(지원사업의 시행 및 중단) ① 지원사업은 대통령령으로 정하는 바에 따라 다음 각 호의 어느 하나에 해당하는 자(이하 "지원사업의 시행자"라 한다)가 시행한다.

1. 사업자

2. 송·변전설비 주변지역을 관할하는 특별자치도지사·특별자치시장·시장·군수 또는 구청장 (자치구의 구청장을 말한다)

② 지원사업은 사업자가 지원사업계획을 산업통상자원부장관에게 승인받은 날부터 시행한다.

③ 산업통상자원부장관은 송·변전설비의 운영이 3년 이상 중단되어 지원사업을 계속할 필요가 없다고 인정하는 경우에는 심의위원회의 심의를 거쳐 해당 지원사업을 중단하게 할 수 있다.

제10조(재원과 지원금의 결정) ① 지원사업에 소요되는 비용은 사업자의 재원으로 부담한다. 다만, 송·변전설비를 소유·운영하는 사업자와 이를 이용하는 사업자가 다른 경우에는 송·변전설비를 이용하는 사업자의 재원으로 해당 송·변전설비 주변지역의 지원사업에 소요되는 비용을 부담한다.

② 사업자의 재원만으로 지원사업의 안정성과 지속성 등을 담보하기 어려운 경우에는 대통령령으로 정하는 바에 따라 「전기사업법」 제48조에 따른 전력산업기반기금(이하 이 조에서 "기금"이라 한다)으로 지원사업에 드는 비용의 일부를 부담할 수 있다.

③ 제1항 및 제2항에 따라 사업자의 재원 또는 기금에서 지원사업을 위하여 지원하는 금액(이하 "지원금"이라 한다)은 다음 각 호와 같이 구분한다. 〈개정 2021.8.17.〉

1. 사업자별 지원금 : 송·변전설비 주변지역에 대한 각 사업자의 전체 지원금액

2. 지역별 지원금 : 사업자별 지원금의 총합계 금액을 해당 송·변전설비 주변지역으로서 대통령령으로 정하는 구역 단위로 배분한 금액

④ 지원금의 결정기준은 송·변전설비와 주변지역의 특성, 지원사업의 종류 및 성격 등을 고려하여 대통령령으로 정한다. 〈신설 2021.8.17.〉

제11조(지원금의 관리 및 회수) ① 지원사업의 시행자는 지원금을 다른 자금과 구분하여 관리하여야 한다.

② 산업통상자원부장관 또는 사업자는 제9조제3항에 따라 지원사업이 중단된 경우에는 이미 지원한 지원금 중 집행되지 아니한 지원금을 회수하거나 집행되지 아니한 지원금과 같은 금액을 지원사업이 재개된 경우에 지원하지 아니할 수 있다.

③ 산업통상자원부장관 또는 사업자는 제9조제1항제2호에 따른 지원사업의 시행자가 해당 지원금을 해당 회계연도에 집행하지 아니한 경우 이를 회수할 수 있다.

④ 제1항에 따른 지원금의 관리로 발생한 이자는 매 회계연도 결산 후 다음 연도에 이월하여 사용한다.

⑤ 제1항부터 제4항까지에 따른 지원금의 관리 및 회수 절차 등에 관한 구체적인 사항은 대통령령으로 정한다.

제4장 보칙

제12조(결산 보고) 지원사업의 시행자는 매년 지원사업에 관한 결산보고서를 작성하여 다음 해 2월 10일까지 산업통상자원부장관에게 제출하여야 한다.

제13조(보고 및 검사 등) 산업통상자원부장관은 이 법 시행에 필요한 경우에는 지원사업의 시행자에 대하여 보고를 하게 하거나 자료의 제출을 명할 수 있으며 소속 공무원으로 하여금 지원사업에 관한 업무를 검사하게 할 수 있다.

제14조(과태료) ① 지원사업의 시행자가 다음 각 호의 어느 하나에 해당하면 500만원 이하의 과태료를 부과한다.

1. 제13조에 따른 보고를 하지 아니하거나 거짓 보고를 한 때
2. 제13조에 따른 자료의 제출을 하지 아니하거나 거짓 자료를 제출한 때
3. 제13조에 따른 검사를 거부·방해하거나 기피한 때

② 제1항에 따른 과태료는 대통령령으로 정하는 바에 따라 산업통상자원부장관이 부과·징수한다.

부칙 〈법률 제17893호, 2021.1.12.〉

제1조(시행일) 이 법은 공포 후 1년이 경과한 날부터 시행한다.

제2조부터 제21조까지 생략

제22조(다른 법률의 개정) ①부터 ㊲까지 생략

㊳ 송·변전설비 주변지역의 보상 및 지원에 관한 법률 일부를 다음과 같이 개정한다.

제2조제2호 각 목 외의 부분 단서 중 "「지방자치법」 제4조의2제4항"을 "「지방자치법」 제7조제4항"으로 한다.

㊴부터 〈69〉까지 생략

제23조 생략

부칙 〈법률 제18407호, 2021.8.17.〉

이 법은 공포 후 6개월이 경과한 날부터 시행한다.

부칙 〈법률 제19167호, 2023.1.3.〉

제1조(시행일) 이 법은 공포 후 6개월이 경과한 날부터 시행한다.

제2조(주거환경개선비용에 관한 적용례) 제5조제1항제2호의 개정규정은 이 법 시행 이후 「전원개발촉진법」 제5조에 따른 전원개발사업 실시계획을 승인받은 사업부터 적용한다.

부칙 〈법률 제20169호, 2024.1.30.〉(행정기관 소속 위원회 정비를 위한 반도체집적회로의 배치설계에 관한 법률 등 9개 법률의 일부개정에 관한 법률)

제1조(시행일) 이 법은 공포 후 6개월이 경과한 날부터 시행한다.

제2조 생략

제3조(「송·변전설비 주변지역의 보상 및 지원에 관한 법률」의 개정에 관한 경과조치) 이 법 시행 당시 종전의 「송·변전설비 주변지역의 보상 및 지원에 관한 법률」 제6조 제1항에 따른 주변지역 지원 심의위원회에 심의 요청된 사항은 같은 법 제6조의 개정규정에 따라 「발전소주변지역 지원에 관한 법률」 제3조 제1항의 개정규정에 따른 주변지역지원사업심의위원회에 심의 요청된 것으로 본다.

송·변전설비 주변지역의 보상 및 지원에 관한 법률 시행령 〈2024.12.10. 일부개정〉

제2조(송·변전설비 주변지역 등의 범위) ① 「송·변전설비 주변지역의 보상 및 지원에 관한 법률」(이하 "법"이라 한다) 제2조제2호부터 제4호까지의 규정에 따른 송·변전설비 주변지역 등의 범위는 「공간정보의 구축 및 관리 등에 관한 법률」 제2조제10호에 따른 지도의 평면도상 직선거리를 기준으로 한다. 〈개정 2015.6.1.〉

② 산업통상자원부장관은 법 제2조제2호 각 목 외의 부분 단서에 따라 송·변전설비 주변지역의 범위를 결정하는 경우 다음 각 호의 구분에 따른 여건 및 상황을 모두 고려하여야 한다.

1. 생활여건 : 송·변전설비 주변지역의 경계 밖에 위치하는 주거지역이 그 경계 안에 위치하는 주거지역과 마을 등의 공동생활권역을 구성하고 있을 것
2. 지리적 상황 : 제1호에 따른 공동생활권역 내에 도로 또는 하천의 구분이 있는 경우로서 송·변전설비 주변지역의 경계 밖에 위치하는 주거지역이 그 도로 또는 하천과 송·변전설비 주변지역의 경계 사이에 속할 것
3. 행정적 여건 : 송·변전설비 주변지역의 경계 밖에 위치하는 주거지역과 그 경계 안에 위치하는 주거지역이 동일한 리(里) 또는 통(統)(이하 "기초행정지역"이라 한다)에 속할 것

③ 사업자는 법 제8조제1항에 따른 송·변전설비 주변지역에 대한 지원사업(이하 "지원사업"이라 한다)을 시행하기 위하여 필요하다고 인정하는 경우에는 산업통상자원부장관에게 법 제2조제2호 각 목 외의 부분 단서에 따라 송·변전설비 주변지역의 범위를 결정하여 줄 것을 요청할 수 있다.

④ 송·변전설비 주변지역의 경계 밖에 거주하는 주민은 사업자를 거쳐 산업통상자원부장관에게 법 제2조제2호 각 목 외의 부분 단서에 따른 송·변전설비 주변지역의 범위 결정에 관한 의견을 제출할 수 있다.

제7조(재산적 보상의 기준 등) ① 법 제4조 제2항에 따른 재산적 보상금액(이하 "보상금액"이라 한다)을 산정하기 위한 보상기준은 「전기사업법」 제90조의2에 따른 보상수준을 넘지 아니하는 범위에서 다음 각 호의 사항을 고려하여 정한다. 〈개정 2022.1.21.〉

1. 지상 송전선로 건설로 인한 재산상 영향의 정도
2. 2인 이상의 감정평가법인등이 평가한 토지의 가액. 이 경우 평가 가액은 협의가 성립되는 시점을 기준으로 한다.

② 제1항에서 규정한 사항 외에 보상금액 산정을 위한 토지의 평가 절차 및 산정기준, 감정평가법인등의 선정 방법 등에 관하여 필요한 사항은 산업통상자원부령으로 정한다. 〈개정 2022.1.21.〉

제9조(주택매수 등 청구지역) 법 제5조제1항에 따라 주택 및 그 대지의 매수 또는 주거환경개선비용의 지원을 청구할 수 있는 경우는 다음 각 호의 어느 하나에 해당하는 경우로 한다. 〈개정 2016.8.11, 2023.6.27.〉

1. 「주택법」 제2조제1호에 따른 주택(단독주택에 한정하며, 이하 "단독주택"이라 한다)의 전부 또는 일부가 주택매수 등 청구지역에 포함된 경우
2. 단독주택 대지의 일부가 주택매수 등 청구지역에 포함된 경우로서 해당 단독주택이 주택매수 등 청구지역 경계선부터 단독주택의 대지와 접하는 주택매수 등 청구지역 경계선의 폭 등을 고려하여 산업통상자원부장관이 정하여 고시한 방법에 따라 산정한 거리 안에서 다음 계산식에 따라 산정된 면적에 해당하는 지역에 포함된 경우

> 단독주택의 바닥면적 × 다음 각 목의 구분에 따른 배율
> 가. 「국토의 계획 및 이용에 관한 법률」 제6조제1호에 따른 도시지역 내의 토지: 5배
> 나. 가목 외의 토지: 10배

3. 「주택법」 제2조제3호에 따른 공동주택(주거용에 한정하며, 이하 "공동주택"이라 한다)의 전용면적의 전부 또는 일부가 주택매수 등 청구지역에 포함된 경우

[제목개정 2023.6.27.]

제10조(주택매수 또는 주거환경개선비용의 지원 청구 대상 등) ① 법 제5조제1항에 따라 주택매수 또는 주거환경개선비용의 지원을 청구할 수 있는 대상은 다음 각 호와 같다. 다만, 주거환경개선비용의 지원 청구 대상은 제1호가목의 단독주택 또는 공동주택으로 한정한다. 〈개정 2023.6.27.〉

1. 다음 각 목의 요건을 모두 갖춘 주택
    가. 단독주택 또는 공동주택(공동주택 전용면적의 전부 또는 일부가 주택매수 등 청구지역에 포함된 경우 그 포함된 공동주택에 한정한다)일 것
    나. 승인등완료일 당시 「건축법」 제11조 및 제14조에 따른 건축허가 또는 건축신고가 완료되었을 것

2. 제1호에 따른 주택과 경제적 일체(一體)를 이루어 사회통념상 주거생활공간으로 인정되는 주택의 대지 및 그 부속토지. 이 경우 주택의 대지와 그 부속토지의 경계가 불분명한 경우로서 제9조제2호에 따른 계산식을 적용하여 산정한 면적 이내의 토지로 한다.

3. 제2호에 따른 주택의 대지 또는 그 부속토지에 정착되어 있는 건축물[컨테이너 등 가설건축물(假設建築物)은 제외한다]

4. 주택 및 주택의 대지 또는 그 부속토지에 정착된 인공구조물(이전이 불가능한 인공구조물에 한정한다)

5. 그 밖에 주택매수 등 청구지역에 속하는 주거용 무허가 건축물로서 산업통상자원부령으로 정하는 기준에 해당하는 주거용 무허가 건축물

② 제1항제2호 후단에도 불구하고 전체 토지의 활용가치와 토지의 분필(分筆)로 인한 경제성 하락의 정도 등을 고려하여 사업자와 토지소유자가 합의하는 경우에는 주택의 대지 및 그 부속토지 전체를 매수대상으로 할 수 있다.

③ 사업자는 법 제5조제2항 전단에 따라 주택 및 그 대지를 매수한 경우에는 산업통상자원부령으로 정하는 바에 따라 주거이전비와 동산이전비 등을 지급할 수 있다.

④ 법 제5조제2항 후단에 따라 매수한 주택 및 그 대지에 대하여 「소득세법」 또는 「법인세법」을 적용할 경우 제4조제7항에 따른 관보 고시일은 「공익사업을 위한 토지 등의 취득 및 보상에 관한 법률」 제22조에 따른 사업인정고시일로 본다.

[제목개정 2023.6.27.]

제11조(주택매수 가액의 산정기준) ① 법 제5조 제3항에 따른 주택매수의 가액(價額)은 「부동산 가격공시에 관한 법률」 제3조에 따른 표준지공시지가를 기준으로 한다. 이 경우 다음 각 호의 사항을 고려하되, 주택의 일시적 이용 상황, 주택소유자가 갖는 주관적 가치 및 주택소유자의 개별적 용도는 고려하지 아니한다. 〈개정 2016.8.31, 2022.1.21.〉

1. 표준지공시지가 공시기준일부터 주택매수 협의의 성립 시점까지의 관계 법령에 따른 해당 주택의 이용계획

2. 해당 지상 송전선로 건설로 인한 지가(地價)의 영향을 받지 아니하는 지역의 지가변동률

3. 생산자물가상승률(「한국은행법」 제86조에 따라 한국은행이 조사·발표하는 생산자물가지수에 따라 산정된 비율을 말한다)

4. 2인 이상의 감정평가법인등이 평가한 주택의 가액. 이 경우 평가 가액은 협의가 성립되는 시점을 기준으로 한다.

5. 그 밖에 해당 주택의 위치, 형상, 환경 및 이용 상황

② 제1항에 따른 표준지공시지가는 승인등완료일 전의 시점을 공시기준일로 하는 표준지공시지가로서 그 주택 매수의 협의 성립 당시 공시된 표준지공시지가 중 그 승인등완료일과 가장 가까운 시점에 공시된 표준지공시지가로 한다.

③ 제2항에도 불구하고 승인등완료일 전에 제4조제1항 각 호의 사업에 대한 공고 등(이하 이 항에서 "사업공고"라 한다)으로 주택매수의 청구 대상 주택의 가격이 변동되었다고 인정되는 경우에는 해당 사업공고 전의 시점을 공시기준일로 하는 표준지공시지가로서 그 주택 매수의 협의 성립 당시 공시

된 표준지공시지가 중 사업공고 시점과 가장 가까운 시점에 공시된 표준지공시지가로 할 수 있다.

④ 제1항제2호에 따른 지가변동률 및 제1항 각 호 외의 부분 후단에 따른 주택의 일시적 이용 상황에 관하여는 「공익사업을 위한 토지 등의 취득 및 보상에 관한 법률 시행령」 제37조 및 제38조를 준용한다.

⑤ 사업자는 재산적 보상지역 및 「전기사업법」 제90조의2에 따른 보상이 적용되는 지역에서의 주택 매수 청구가 있는 경우에는 제1항부터 제4항까지의 규정에 따라 산정된 주택매수 가액에서 제7조에 따른 보상금액 및 「전기사업법」 제90조의2에 따른 보상액을 공제할 수 있다.

⑥ 제1항부터 제5항까지에서 규정한 사항 외에 주택매수 가액의 산정 및 평가에 필요한 사항은 투자비용, 예상수익 및 거래가격 등을 고려하여 산업통상자원부령으로 정한다.

제11조의2(주거환경개선비용 지원액의 산정기준) ① 법 제5조제4항에 따른 주거환경개선비용의 지원액은 「부동산 가격공시에 관한 법률」 제17조제1항에 따른 개별주택가격 또는 같은 법 제18조제1항에 따른 공동주택가격(이하 "개별주택가격등"이라 한다)에 산업통상자원부령으로 정하는 비율을 곱하여 산정하는 금액으로 한다. 이 경우 그 금액이 1천2백만원 미만인 경우에는 1천2백만원으로 하고, 2천4백만원을 초과하는 경우에는 2천4백만원으로 한다.

② 제1항에 따른 개별주택가격등은 해당 주택의 주거환경개선비용의 지원 청구 당시 그 직전에 공시된 개별주택가격등으로 한다.

[본조신설 2023.6.27.]

송·변전설비 주변지역의 보상 및 지원에 관한 법률 시행규칙 〈2024.7.30, 타법개정〉

제7조(토지의 평가 절차 및 방법) ① 사업자는 영 제7조제1항제2호에 따른 토지 가액(價額)의 평가를 위하여 평가 대상 토지가 소재하는 특별시·광역시·특별자치시·도 또는 특별자치도의 특별시장·광역시장·특별자치시장·도지사 또는 특별자치도지사로부터 감정평가업자(「부동산 가격공시 및 감정평가에 관한 법률」 제2조제9호에 따른 감정평가업자를 말하며, 이하 "감정평가업자"라 한다)를 추천받을 수 있다.

② 영 제7조제2항에 따른 재산적 보상금액 산정을 위한 토지의 평가 절차 및 산정기준 등에 관하여는 「공익사업을 위한 토지 등의 취득 및 보상에 관한 법률 시행규칙」 제16조, 제17조제1항·제2항·제4항 및 제5항, 제18조부터 제20조까지 및 제22조부터 제24조까지의 규정을 준용한다.

③ 제1항에서 규정한 사항 외에 감정평가업자의 추천 및 선정 등에 필요한 세부 사항은 산업통상자원부장관이 정하여 고시한다.

제8조(주택매수의 청구 대상) 영 제10조제1항제5호에서 "산업통상자원부령으로 정하는 기준에 해당하는 주거용 무허가 건축물"이란 건설교통부령 제344호 공익사업을 위한 토지 등의 취득 및 보상에 관한 법률 시행규칙 일부개정령 부칙 제5조제1항 및 제2항에 따라 적법한 건축물로 보는 무허가 건축물(주거용인 경우로 한정한다)을 말한다.

제9조(주거이전비 및 동산이전비의 보상) 영 제10조제3항에 따른 주거이전비 및 동산이전비의 보상에 관하여는 「공익사업을 위한 토지 등의 취득 및 보상에 관한 법률 시행규칙」 제54조 및 제55조를 준용한다. 이 경우 「공익사업을 위한 토지 등의 취득 및 보상에 관한 법률 시행규칙」 제54조제2항 본문 및 단서에서 "사업인정고시일등 당시 또는 공익사업을 위한 관계법령에 의한 고시 등이 있은 당시"는 각각 "영 제4조제7항에 따른 보상계획의 관보 고시일 당시"로 본다.

제10조(주택매수 또는 주거환경개선비용 가액의 산정 및 평가) ① 영 제11조제1항제4호에 따른 주택매수 가액의 평가를 위한 감정평가업자의 추천 및 선정 등에 관하여는 제7조제2항 및 제3항을 준용한다.

② 영 제11조제6항에 따른 주택매수 가액의 산정을 위한 토지 등의 산정기준 및 평가 절차 등에 관하여는 「공익사업을 위한 토지 등의 취득 및 보상에 관한 법률 시행규칙」 제22조부터 제29조까지, 제34조, 제36조부터 제40조까지 및 제58조제1항을 준용한다.

③ 영 제11조의2제1항 전단에서 "산업통상자원부령으로 정하는 비율"이란 100분의 30을 말한다.

〈신설 2023.7.4.〉

[제목개정 2023.7.4.]

[제정 2019.10.30, 개정 2019.12.23.]

Chapter 09

송전선로부지 등 보상평가지침

제1장 총칙

제1조(목적) 이 지침은 「전기사업법」 제89조에 따라 송전선로의 건설을 위하여 토지의 지상 또는 지하 공간을 사용하는 경우에 있어 「전기사업법」 제90조의2 또는 「전원개발촉진법」 제6조의2에 따른 손실보상을 하기 위한 감정평가, 「송·변전설비 주변지역의 보상 및 지원에 관한 법률」(이하 "송전설비주변법"이라 한다) 제4조에 따른 재산적 보상지역에 속한 토지의 재산적 보상을 위한 감정평가 및 같은 법 제5조에 따른 주택매수 청구지역에 속한 주택의 매수가액산정을 위한 감정평가 등에 관하여 세부적인 기준과 절차 등을 정함으로써 감정평가의 공정성과 신뢰성을 제고하는 것을 목적으로 한다.

제2조(정의) 이 지침에서 사용하는 용어의 정의는 다음과 같다.

1. "송전선로"란 발전소 상호 간, 변전소 상호 간 및 발전소와 변전소 간을 연결하는 전선로(통신용으로 전용하는 것은 제외한다)와 이에 속하는 전기설비를 말한다.

2. "송전선로부지"란 토지의 지상 또는 지하 공간으로 송전선로가 통과하는 토지를 말한다.

3. "입체이용저해율"이란 토지의 지상 또는 지하 공간의 사용으로 인하여 해당 토지의 이용이 저해되는 정도에 따른 적정한 율을 말한다.

4. "추가보정률"이란 입체이용저해율 외에 송전선로를 설치함으로써 해당 토지의 경제적 가치가 감소되는 정도를 나타내는 비율을 말한다.

5. "감가율"이란 송전선로부지 또는 재산적 보상토지의 가치하락의 정도를 나타내는 비율을 말한다. 감가율은 다음 각 목과 같이 구분된다.
   가. 송전선로부지의 감가율
   나. 재산적 보상토지의 감가율

6. "재산적 보상지역"이란 지상 송전선로의 건설로 인하여 재산상의 영향을 받는 지역으로서, 76만 5천 볼트 송전선로의 경우에는 송전선로 양측 가장 바깥선으로부터 각각 33미터 이내의 지역, 34만 5천 볼트 송전선로의 경우에는 송전선로 양측 가장 바깥선으로부터 각각 13미터 이내의 지역을 말한다. 다만, 「전기사업법」 제90조의2 또는 「전원개발촉진법」 제6조의2에 따른 보상이 적용되는 지역과 「국유재산법」 제5조 및 「공유재산 및 물품 관리법」 제4조에 따른 부동산은 제외한다.

7. "재산적 보상토지"란 송전설비주변법 제2조제3호에 따른 재산적 보상지역에 속한 토지로서 같은 법 제4조제1항에 따라 재산적 보상이 청구된 토지를 말한다. 다만, 「공익사업을 위한 토지 등의 취득 및 보상에 관한 법률」(이하 "토지보상법"이라 한다) 제73조에 따른 잔여지 보상을 받은 토지는 제외한다.

8. "주택매수 청구지역"이란 지상 송전선로 건설로 인하여 주거상·경관상의 영향을 받는 지역으로서, 76만 5천 볼트 송전선로의 경우에는 송전선로 양측 가장 바깥선으로부터 각각 180미터

이내의 지역, 34만 5천 볼트 송전선로의 경우에는 송전선로 양측 가장 바깥선으로부터 각각 60미터 이내의 지역을 말한다. 이 경우 "주택"은 「주택법」 제2조제1호에 따른 주택을 말한다.

9. "택지"란 주거·상업·공업용지 등으로 이용되고 있거나 그 이용을 목적으로 조성된 토지를 말하며, 택지예정지를 포함한다.

10. "농지"란 경작 또는 다년성식물의 재배지로 이용되고 있거나 이용되는 것이 합리적인 것으로 판단되는 토지를 말한다.

11. "임지"란 입목·죽의 생산에 이용되고 있거나 제공되는 것이 합리적인 이용으로 판단되는 토지를 말한다.

12. "의뢰인"이란 송전설비주변법 제2조제5호에 따른 사업자, 「전기사업법」 제2조제2호에 따른 전기사업자, 그 외 감정평가를 의뢰한 자를 말한다.

제3조(적용) 의뢰인이 송전선로의 건설을 위하여 토지의 지상 또는 지하 공간을 사용하는 경우에 있어서 손실보상을 위한 감정평가 및 송전설비주변법상 재산적 보상지역에 속한 토지소유자의 보상 청구에 대한 감정평가와 주택매수 청구지역에 속한 주택의 매수가액 산정을 위한 감정평가 등은 관계법령에서 따로 정하고 있는 것을 제외하고는 이 지침이 정하는 바에 따른다.

제2장 송전선로부지의 지상 또는 공간의 사용에 따른 손실보상평가

제4조(목적) 이 장은 「전기사업법」 제89조에 따라 의뢰인이 송전선로의 건설을 위하여 토지의 지상 또는 지하 공간을 사용하는 경우에 있어서 같은 법 제90조의2 또는 「전원개발촉진법」 제6조의2에 따른 손실보상을 위한 감정평가에 관하여 세부적인 기준과 절차 등을 정함을 목적으로 한다.

제5조(적용) 의뢰인이 3만 5천 볼트를 넘는 송전선로의 건설을 위하여 토지의 지상 또는 지하 공간을 사용하는 경우에 있어서 손실보상을 위한 감정평가는 관계법령에서 따로 정하고 있는 것을 제외하고는 이 장이 정하는 바에 따른다.

제6조(손실보상을 위한 감정평가의 기준) ① 「전기사업법」 제90조의2 또는 「전원개발촉진법」 제6조의2에 따른 토지의 지상 또는 지하 공간을 사용하는 경우에 있어서 그 손실보상을 위한 감정평가는 토지의 지상 또는 지하 공간의 사용료를 감정평가하는 것으로 한다.

② 제1항의 규정에 의한 사용료의 감정평가는 토지의 지상 또는 지하 공간을 일정한 기간 동안 한시적으로 사용하는 것에 따른 감정평가와 구분지상권(등기된 임차권을 포함한다. 이하 같다)을 설정하여 사실상 영구적으로 사용하는 것에 따른 감정평가로 구분한다.

제7조(지상 공간의 한시적 사용을 위한 감정평가) ① 송전선로의 건설을 위하여 송전선로부지의 지상 공간을 한시적으로 사용하는 경우에 있어서 사용료의 감정평가액은 다음과 같이 결정한다.

사용료의 감정평가액 ≒ [해당 토지의 단위면적당 토지사용료 × 감가율 × 지상 공간의 사용면적]

② 제1항에서 해당 토지의 단위면적당 토지사용료는 「토지보상평가지침」 제49조제1항부터 제4항까지를 준용하여 감정평가한다.

제8조(지상 또는 지하 공간의 사실상 영구적 사용을 위한 감정평가) ① 송전선로의 건설을 위하여 해당 토지의 지상 공간에 구분지상권을 설정하는 등 사실상 영구적으로 사용하는 경우에 있어서 사용료의 감정평가액은 다음과 같이 결정한다.

> 사용료의 감정평가액 ≒ [해당 토지의 단위면적당 토지가액 × 감가율 × 지상 공간의 사용면적]

② 송전선로의 건설을 위하여 해당 토지의 지하 공간에 구분지상권을 설정하는 등 사실상 영구적으로 사용하는 경우에 있어서 사용료의 감정평가액은 다음과 같이 결정한다.

> 사용료의 감정평가액 ≒ [해당 토지의 단위면적당 토지가액 × 감가율 × 지하 공간의 사용면적]

③ 제1항 및 제2항의 해당 토지의 단위면적당 토지가액은 해당 송전선로의 건설로 인한 지가의 영향을 받지 아니하는 토지로서 인근지역에 있는 유사한 이용상황의 표준지를 기준으로 감정평가한다.
④ 적용공시지가의 선정은 토지보상법 제70조제3항 또는 제4항을 준용한다.

제9조(감가율의 산정) ① 해당 토지의 지상 또는 지하 공간 사용에 따른 사용료의 감정평가 시에 적용되는 감가율은 송전선로의 건설에 따른 토지이용상의 제한 등이 해당 토지의 면적에 미치는 영향 정도 등을 고려하여 정한 율로서 입체이용저해율과 추가보정률로 구분되며, 다음과 같이 해당 토지의 사용료 감정평가 시에 적용할 감가율을 산정한다.

> 감가율 ≒ 입체이용저해율 + 추가보정률

② 제1항에도 불구하고 지하 공간 사용에 따른 사용료의 감정평가 시에는 입체이용저해율만을 감가율로 본다.
③ 제1항의 입체이용저해율은 「토지보상평가지침」 제51조에 따른 입체이용저해율의 산정방법을 준용한다.
④ 제1항의 추가보정률은 송전선로요인, 개별요인, 그 밖의 요인 등을 고려한 율로서, 별표1에서 정하는 기준에 따라 통과전압의 종별이 76만 5천 볼트, 34만 5천 볼트, 15만 4천 볼트인 경우로 나누어 산정한다.
⑤ 별표1에서 정하는 기준에 따라 추가보정률을 산정하는 경우에는 다음 각 호의 요인을 고려한 적정한 율로 하되, 각 요인별로 그 저해정도를 고려하여 산정한다. 다만, 한시적으로 사용하는 경우에 있어서 사용료의 감정평가 시에는 제2호의 구분지상권설정 여부는 적용하지 아니한다.
1. 송전선로요인 : 통과전압의 종별 및 송전선의 높이, 회선 수, 해당 토지의 철탑건립여부, 주변 철탑 수, 철탑거리, 철탑으로 인한 일조 장애, 송전선 통과 위치 등
2. 개별요인 : 용도지역, 고저, 경사도, 형상, 필지면적, 도로접면, 간선도로 거리, 구분지상권 설정 여부 등
3. 그 밖의 요인 : 인구수준(인구수, 인구 순유입), 경제 활성화 정도, 장래의 동향 등

⑥ 유효이용면적 또는 그 이하의 소규모 택지의 지상 공간에 구분지상권을 설정하여 사실상 영구적으로 사용하는 경우 등에 있어 별표1에서 정하는 기준에 따른 추가보정률을 적용하여 산정된 감정평가액이 그 송전선로부지의 지상 공간 사용에 따른 해당 토지의 현실적인 경제적 가치 감소상당액 수준에 현저히 못 미친다고 인정되는 경우에는 따로 추가보정률의 산정기준 등을 정하여 감정평가할 수 있다. 이 경우에는 송전선로부지의 위치 및 면적, 송전선로 전압의 종별, 송전선로의 높이, 송전선로의 통과위치, 인근 철탑의 존재여부 및 그 거리, 송전선로의 이전가능성 및 그 난이도 등과 주위토지 상황 등을 종합적으로 고려하여 추가보정률 등을 정하여야 한다.

제10조(지상 또는 지하 공간의 사용면적) 송전선로의 건설을 위한 토지의 지상 또는 지하 공간의 사용에 따른 사용료의 감정평가 시에 적용할 사용면적은 의뢰인이 다음에서 정하는 기준에 따라 산정하여 제시한 면적으로 한다.

1. "지상 공간의 사용면적"이란 「전기사업법」 제90조의2제2항제1호에 따라 송전선로의 양측 가장 바깥선으로부터 수평으로 3미터를 더한 범위에서 수직으로 대응하는 토지의 면적을 말한다. 이 경우 건축물 등의 보호가 필요한 경우에는 기술기준에 따른 전선과 건축물 간의 전압별 이격거리까지 확장할 수 있다.

2. "지하 공간의 사용면적"이란 송전선로 시설물의 설치 또는 보호를 위하여 사용되는 토지의 지하 부분에서 수직으로 대응하는 토지의 면적을 말한다.

제11조(그 밖의 감정평가 기준) 「전원개발촉진법」, 「국토의 계획 및 이용에 관한 법률」 또는 토지보상법의 규정에 따라 공익사업으로 3만 5천 볼트를 넘는 송전선로 등의 건설을 하는 경우에 있어서 토지의 지상 공간 사용에 따른 사용료의 감정평가 시 이 지침 제6조부터 제10조까지를 준용할 수 있다.

제3장 전선로 주변지역 토지의 재산적 보상 등을 위한 감정평가

제12조(목적) 이 장은 송전설비주변법 제4조제2항 및 같은 법 시행령 제7조제1항에 따라 송·변전설비 주변지역 내 재산적 보상지역에 속한 토지의 재산적 보상을 위한 감정평가 및 같은 법 제5조에 따른 주택매수 청구지역에 속한 주택의 매수가액 산정을 위한 감정평가 등에 관하여 세부적인 기준과 절차 등을 정함을 목적으로 한다.

제13조(적용) 재산적 보상지역에 속한 토지의 재산적 보상을 위한 감정평가 및 주택매수 청구지역에 속한 주택의 매수가액 산정을 위한 감정평가 등은 관계법령에서 따로 정하고 있는 것을 제외하고는 이장이 정하는 바에 따른다.

제14조(재산적 보상을 위한 감정평가) ① 송전설비주변법 제4조에 따른 재산적 보상토지의 경제적 가치 감소분에 대한 감정평가액은 지상송전선로 건설로 인한 해당 토지의 경제적 가치 감소정도, 토지활용제한 정도, 재산권행사의 제약정도 등을 고려하여 감정평가하되 다음과 같이 결정한다.

감정평가액 ≒ [해당 토지의 단위면적당 토지가액 × 감가율 × 재산적 보상토지의 면적]

② 제1항의 해당 토지의 단위면적당 토지가액은 해당 송전선로의 건설로 인한 지가의 영향을 받지 아니하는 토지로서 인근 지역에 있는 유사한 이용상황의 표준지를 기준으로 감정평가한다.

③ 제1항에 따른 재산적 보상평가액은 「전기사업법」 제90조의2 또는 「전원개발촉진법」 제6조의2에 따른 보상수준을 초과할 수 없다.

제15조(감가율의 산정) ① 송전선로의 건설로 인하여 발생하는 재산적 보상토지의 감정평가 시에 적용되는 감가율은 별표2에서 정하는 기준에 따라 통과전압의 종별이 76만 5천 볼트, 34만 5천 볼트인 경우로 나누어 산정한다.

② 별표2에서 정하는 기준에 따라 감가율을 산정하는 경우에는 다음 각 호의 요인을 고려한 적정한 율로 하되, 각 요인별로 그 저해 정도를 고려하여 산정한다.

1. 송전선로요인 : 통과전압의 종별 및 송전선의 높이, 회선수, 해당 토지의 철탑건립여부, 주변 철탑 수, 철탑거리, 철탑으로 인한 일조 장애, 송전선 통과 위치 등

2. 개별요인 : 용도지역, 고저, 경사도, 형상, 필지면적, 도로접면, 간선도로 거리, 구분지상권 설정 여부 등

3. 그 밖의 요인 : 인구수준(인구수, 인구 순유입), 경제 활성화 정도, 장래의 동향 등

제16조(재산적 보상토지의 면적) 재산적 보상의 감정평가에 적용하는 토지면적은 의뢰인이 다음 각 호에서 정하는 기준에 따라 산정하여 제시한 면적으로 한다.

1. 76만 5천 볼트 송전선로의 경우에는 송전선로 양측 가장 바깥선으로부터의 거리가 각각 3미터 이상 33미터 이하, 34만 5천 볼트 송전선로의 경우에는 송전선로 양측 가장 바깥선으로부터의 거리가 각각 3미터 이상 13미터 이하 범위의 직하 토지의 면적을 원칙으로 한다.

2. 송전선로가 그 지상을 통과하는 택지로서 건축물 등의 보호가 필요한 경우에는 송전선로 양측 가장 바깥선으로부터의 거리(3미터)를 기술기준에 따른 전선과 건축물 간의 전압별 이격거리까지 확장할 수 있고 송전선로의 양측 가장 바깥선으로부터의 거리가 76만 5천 볼트 송전선로의 경우에는 각각 그 이격거리 이상 33미터 이하, 34만 5천 볼트 송전선로의 경우에는 그 이격거리 이상 13미터 이하 범위 안에서 정한 직하 토지의 면적으로 한다.

제17조(주택매수의 청구 대상 토지의 감정평가 기준) ① 송전설비주변법 제5조제3항에 따른 주택매수의 가액(價額)은 「부동산 가격공시에 관한 법률」 제3조에 따른 표준지공시지가를 기준으로 한다. 이 경우 다음 각 호의 사항을 고려하되, 주택의 일시적 이용 상황, 주택소유자가 갖는 주관적 가치 및 주택소유자의 개별적 용도는 고려하지 아니한다.

1. 표준지공시지가 공시기준일부터 주택매수 협의의 성립 시점까지 의 관계 법령에 따른 해당 주택의 이용계획

2. 해당 지상 송전선로 건설로 인한 지가(地價)의 영향을 받지 아니하는 지역의 지가변동률

3. 생산자물가상승률(「한국은행법」 제86조에 따라 한국은행이 조사·발표하는 생산자물가지수에 따라 산정된 비율을 말한다)

4. 그 밖에 해당 주택의 위치, 형상, 환경 및 이용상황

② 제1항에 따른 표준지공시지가는 송전설비주변법 시행령 제3조에 따라 주택매수 청구지역의 보상
　계획을 수립한 경우에는 지상 송전선로 건설에 관한 다음 각 호의 승인, 지정 또는 인·허가(이하
　"승인 등"이라 한다) 중 최초 승인 등이 있은 날(이하 "승인등완료일"이라 한다) 전의 시점을 공시기
　준일로 하는 표준지공시지가로서 그 주택 매수의 협의 성립 당시 공시된 표준지공시지가 중 그 승
　인등완료일과 가장 가까운 시점에 공시된 표준지공시지가로 한다.
　1. 「전원개발촉진법」 제5조에 따른 전원개발사업 실시계획의 승인
　2. 「국토의 계획 및 이용에 관한 법률」 제86조에 따른 도시·군계획시설사업의 시행자 지정
　3. 「국토의 계획 및 이용에 관한 법률」 제88조에 따른 도시·군계획시설사업에 관한 실시계획의 인가
　4. 「산업입지 및 개발에 관한 법률」 제18조에 따른 일반산업단지개발실시계획의 승인
　5. 「택지개발촉진법」 제9조에 따른 택지개발사업 실시계획의 승인
　6. 그 밖에 지상 송전선로 건설을 위한 다른 법령에 따른 승인등
③ 제2항에도 불구하고 승인등완료일 전에 송전설비주변법 시행령 제4조제1항 각 호의 사업에 대한
　공고 등(이하 이 항에서 "사업공고"라 한다)으로 주택매수의 청구 대상 주택의 가격이 변동되었다
　고 인정되는 경우에는 해당 사업공고 전의 시점을 공시기준일로 하는 표준지공시지가로서 그 주택
　매수의 협의 성립 당시 공시된 표준지공시지가 중 사업공고 시점과 가장 가까운 시점에 공시된 표
　준지공시지가로 할 수 있다.
④ 제1항제2호에 따른 지가변동률 및 제1항 각 호 외의 부분 후단에 따른 주택의 일시적 이용 상황에
　관하여는 토지보상법 시행령 제37조 및 제38조를 준용한다.

부칙 〈2019.10.30.〉

제1조(시행일) 이 지침은 2020년 1월 1일부터 시행한다.

제2조(적용례) 이 지침은 시행 이후 토지보상법 제15조제1항(동법 제26조제1항에 따라 준용하는 경우
　를 포함한다)에 따라 최초 보상계획을 공고하거나 토지소유자 및 관계인에게 보상계획을 통지하는
　경우 부터 적용한다.

제3조(다른 지침의 폐지) 「선하지의 공중부분 사용에 따른 손실보상평가지침」은 이를 폐지한다.

제4조(일반적 경과조치) 제1조에도 불구하고 이 지침 시행 당시 의뢰되었거나 절차가 진행 중인(보상
　및 소송을 포함한다) 물건에 대한 감정평가 원칙과 기준 등의 적용에 관하여는 종전의 규정에 따른다.

부칙 (2019.12.23.)

이 규정은 2020년 1월 1일부터 시행한다.

[별표 1] 추가보정률 산정기준표

• 154kV

감가요인 항목		택지	농지	임지
송전선로 요인 (a)	회선 수	8~21%	5~15%	5~10%
	송전선 높이			
	해당 토지의 철탑 건립 여부			
	주변 철탑 수			
	철탑 거리			
	철탑으로 인한 일조 장애			
	송전선 통과 위치			
개별요인 (b)	용도지역, 고저, 경사도, 형상	8~17%*	6~13%*	6~8%*
	필지면적			
	도로접면			
	간선도로 거리			
	구분지상권 설정여부*			
그 밖의 요인 (c)	인구수준(인구수, 인구 순유입), 경제 활성화 정도, 장래의 동향 등	0~5%	0~3%	0~3%
추가보정률 합계		16~43%	11~31%	11~21%

•**345kV**

감가요인 항목		택지	농지	임지
송전선로 요인 (a)	회선 수	9~22%	6~16%	6~11%
	송전선 높이			
	해당 토지의 철탑 건립 여부			
	주변 철탑 수			
	철탑 거리			
	철탑으로 인한 일조 장애			
	송전선 통과 위치			
개별요인 (b)	용도지역, 고저, 경사도, 형상	8~18%*	6~14%*	6~9%*
	필지면적			
	도로접면			
	간선도로 거리			
	구분지상권 설정여부*			
그 밖의 요인 (c)	인구수준(인구수, 인구 순유입), 경제 활성화 정도, 장래의 동향 등	0~5%	0~3%	0~3%
추가보정률 합계		17~45%	12~33%	12~23%

· 765kV

감가요인 항목		택지	농지	임지
송전선로 요인 (a)	회선 수	20~30%	8~18%	8~13%
	송전선 높이			
	해당 토지의 철탑 건립 여부			
	주변 철탑 수			
	철탑 거리			
	철탑으로 인한 일조 장애			
	송전선 통과 위치			
개별요인 (b)	용도지역, 고저, 경사도, 형상	17~20%*	9~17%*	9~12%*
	필지면적			
	도로접면			
	간선도로 거리			
	구분지상권 설정여부*			
그 밖의 요인 (c)	인구수준(인구수, 인구 순유입), 경제 활성화 정도, 장래의 동향 등	0~5%	0~5%	0~5%
추가보정률 합계		37~55%	17~40%	17~30%

〈공통유의사항〉
1. 이 표는 추가보정률의 일반적인 적용범위 및 구분기준 등을 정한 것이므로 대상물건의 상황이나 지역여건 등에 따라 이를 증·감 조정할 수 있다.
2. 구분지상권이 설정되는 경우(5%)를 기준으로 한 범위이며, 미설정 시 해당 범위에서 -5%를 일괄 적용한다.
3. 이 표에서 정하지 아니한 용도 토지의 경우에는 이 표에서 정한 유사한 용도 토지의 율을 적용할 수 있다.

[별표 2] 재산적 보상토지 감가율 산정기준표

·345kV

감가요인 항목		택지	농지	임지
송전선로 요인 (a)	회선 수	8~20%	4~15%	4~10%
	송전선 높이			
	해당 토지의 철탑 건립 여부			
	주변 철탑 수			
	철탑 거리			
	철탑으로 인한 일조 장애			
	송전선 통과 위치			
개별요인 (b)	용도지역, 고저, 경사도, 형상	7~17%*	6~13%*	6~8%*
	필지면적			
	도로접면			
	간선도로 거리			
	구분지상권 설정여부*			
그 밖의 요인 (c)	인구수준(인구수, 인구 순유입), 경제 활성화 정도, 장래의 동향 등	0~5%	0~3%	0~3%
추가보정률 합계		15~42%	10~31%	10~21%

• 765kV

감가요인 항목		택지	농지	임지
송전선로 요인 (a)	회선 수	17~27%	6~17%	6~12%
	송전선 높이			
	해당 토지의 철탑 건립 여부			
	주변 철탑 수			
	철탑 거리			
	철탑으로 인한 일조 장애			
	송전선 통과 위치			
개별요인 (b)	용도지역, 고저, 경사도, 형상	15~18%*	7~14%*	7~10%*
	필지면적			
	도로접면			
	간선도로 거리			
	구분지상권 설정여부*			
그 밖의 요인 (c)	인구수준(인구수, 인구 순유입), 경제 활성화 정도, 장래의 동향 등	0~5%	0~5%	0~5%
추가보정률 합계		32~50%	13~36%	13~27%

〈공통유의사항〉
1. 이 표는 감가율의 일반적인 적용범위 및 구분기준 등을 정한 것이므로 대상물건의 상황이나 지역여건 등에 따라 증·감 조정할 수 있다.
2. 구분지상권이 설정되는 경우(5%)를 기준으로 한 범위이며, 미설정 시 해당 범위에서 -5%를 일괄 적용한다.
3. 이 표에서 정하지 아니한 용도 토지의 경우에는 이 표에서 정한 유사한 용도 토지의 율을 적용할 수 있다.

PART · 05

Chapter 10

[시행 2020.12.31.] [서울특별시조례 제7782호, 2020.12.31, 타법개정]

서울특별시 도시철도의 건설을 위한 지하부분 토지의 사용에 따른 보상기준에 관한 조례

제1조(목적) 이 조례는「도시철도법」제9조 및 동법 시행령 제10조의 규정에서 위임된 사항 및 그 시행에 관하여 필요한 사항을 규정함으로써 감정평가 및 보상의 적정을 도모함을 그 목적으로 한다. 〈개정 2006.10.4, 2015.5.14.〉

제2조(용어의 정의) 이 조례에서 사용하는 용어의 정의는 다음 각 호와 같다. 〈개정 2018.3.22, 2019.12.31.〉

1. "토피"라 함은 도시철도 지하시설물(이하 "지하시설물"이라 함) 최상단에서 지표까지의 수직거리를 말한다.

2. "최소여유폭"이라 함은 천공 등 그 밖의 행위로부터 지하시설물의 손상을 방지하기 위하여 지하시설물과 수평방향으로 최소한의 여유폭을 말한다.

3. "보호층"이라 함은 굴착 등 그 밖의 행위로부터 지하시설물을 보호하기 위하여 필요한 구조물 상·하의 범위를 말한다.

4. "한계심도"라 함은 토지소유자의 통상적 이용행위가 예상되지 않으며 지하시설물설치로 인하여 일반적인 토지이용에 지장이 없는 것으로 판단되는 깊이를 말한다.

제3조(보상대상 지역의 분류) 보상대상 지역을 현황여건, 개발잠재력 등 객관적인 상황을 고려 다음 각 호와 같이 고층시가지, 중층시가지, 저층시가지, 주택지 및 농지 임지로 분류한다. 〈개정 2015.5.14, 2018.3.22.〉

1. "고층시가지"라 함은 16층 이상 고층건물이 최유효이용으로 예상되는 지역으로 중심상업과 일반 상업지역 등을 말한다(예상 용적률 : 800퍼센트 이상).

2. "중층시가지"라 함은 11~15층 건물이 최유효이용으로 판단되는 지역으로 고층시가지로 변화하고 있는 일반상업, 근린상업, 준주거지역 등을 말한다(예상 용적률 : 550~750퍼센트).

3. "저층시가지"라 함은 4~10층 건물이 최유효이용으로 판단되는 지역으로 일반상업, 근린상업, 준주거, 주거지역 등 상가로서 성숙도가 낮은 주거지역·공업지역·상업지역이 혼재된 지역을 말한다(예상 용적률 : 200~500퍼센트).

4. "주택지"라 함은 3층 이하 건물의 순수주택가인 주거, 녹지, 공업지역 등으로 가까운 장래에 택지화가 예상되는 지역을 포함한다(예상 용적률 : 100퍼센트 내외).

5. "농지·임지"라 함은 농지·임지가 유효 이용인 녹지지역 등으로 사회, 경제 및 행정적 측면에서 가까운 장래에 택지화가 어려운 지역을 말한다.

제4조(보상대상 범위) ① 지하부분 사용에 대한 보상(이하 "지하보상"이라 함) 대상범위는 지하시설물의 점유면적 및 유지관리 등과 관련 최소한의 범위로 정하되 평면적 범위와 입체적 범위는 다음 각 호와 같다. 〈개정 2015.5.14, 2018.3.22.〉

1. "평면적 범위"는 지하시설물 폭에 최소여유폭(양측 0.5미터)을 합한 폭과 시설물 연장에 수직으로 대응하는 면적으로 한다.

2. "입체적 범위"는 제1호 규정의 평면적 범위로부터 지하시설물 상단·하단 높이에 보호층을 포함한 범위까지로 정하되 보호층은 터널구조물인 경우 각 6미터, 개착구조물인 경우 각 0.5미터로 한다.

② 병렬터널 등과 같이 지하시설물과 지하시설물 사이의 토지가 종래 목적대로 사용함이 크게 곤란하다고 인정된 때에는 토지소유자 및 이해관계자의 청구에 따라 보상심의위원회의 심의를 거쳐 일정 범위를 보상대상에 포함할 수 있다. 〈개정 2015.5.14.〉

제5조(최유효 건물층수의 결정) 최유효 건물층수의 결정은 다음 각 호의 사항을 고려하여 결정한다. 〈개정 2003.7.25., 2015.5.14., 2018.3.22., 2019.12.31.〉

1. 인근토지의 이용상황, 토지가격 수준, 성숙도, 잠재력 등을 고려할 때의 경제적인 층수의 규모
2. 토지가 갖는 입지조건, 형태, 지질 등을 고려할 경우 건축 가능한 층수
3. 제1호 및 제2호 규정의 층수가 해당 지역에서 「건축법」이나 「국토의 계획 및 이용에 관한 법률」 등에서 규제하고 있는 제한범위 내의 층수

제6조(건축가능 층수) ① 건축가능 층수는 구조형식, 지반상태, 토피 등에 따라 [별표1]에 따른다. 〈개정 2015.5.14.〉

② 제1항 규정에 따른 건축가능 층수는 보상기준을 설정하기 위하여 대표단면에 의거 산정한 것으로 건축 등 행위 시에는 해당토지의 지반여건, 건축 등 시설물의 특성 및 공법 등에 맞도록 시행하여야 한다. 〈개정 2015.5.14.〉

제7조(입체이용 저해율의 산정) ① 토지의 입체이용 저해율은 건물 등 이용에 대한 저해율과 지하부분 이용에 대한 저해율 및 그 밖의 이용에 대한 저해율을 합한 값으로 한다. 〈개정 2019.12.31.〉

② 건물 등 이용에 대한 저해율은 다음방식에 따라 산정한다. 〈개정 2015.5.14.〉

$$\left[\alpha \times \frac{(가)}{(나)} \right]$$

1. "α"는 건물 등 이용에 따른 이용률로서 [별표2]에서 계산한다.
2. "가"는 저해층에 따른 층별 효율비율로서 [별표3]에서 계산한다.
3. "나"는 최유효 건물층에 따른 층별 효율비율로서 [별표3]에서 계산한다.

③ 지하부분 이용에 대한 저해율은 [별표2]에서 지하 이용률(β)에 [별표4]에서의 심도별 지하이용 효율(p)을 곱하여 구한다.

④ 그 밖의 이용 저해율은 지상 및 지하부분 모두의 그 밖의 이용을 저해하는 경우는 [별표2]에서 그 밖의 이용률(γ)로 하고 지상 또는 지하 어느 한쪽의 그 밖의 이용을 저해하는 경우에는 그 밖의 이용률(γ)에 지상 또는 지하의 배분비율을 곱하여 계산한다. 〈개정 2015.5.14., 2015.10.8., 2019.12.31.〉

⑤ 최유효 건물층 및 규모로 사용(이하 "최유효 사용"이라 함)하거나 이에 유사한 기존 건물이 있는 경우는 다음과 같이 입체이용 저해율을 산정한다. 〈개정 2019.12.31.〉

입체이용저해율 = 최유효상태의 나지로 본 건물 및 지하이용저해율×*노후율+그 밖의 이용에 대한 저해율

$$*노후율 = \frac{해당 건물의 유효 경과연수}{해당 건물의 경제적 내용연수}$$

단, 기존 건물이 최유효 사용에 크게 미달되거나 노후 정도 및 관리상태 등으로 판단할 때 관행상 토지만의 가격으로 거래가 예상되는 경우에는 나지에 준하여 산정한다. 〈개정 1996.10.5, 2015.5.14.〉

제8조(한계심도) 한계심도는 고층시가지는 40미터, 중층시가지는 35미터, 저층시가지 및 주택지는 30미터, 농지·임지는 20미터로 한다. 〈개정 2015.5.14.〉

제9조(지하보상비 산정 및 지급) ① 지하보상비는 「도시철도법 시행령」 제10조의 규정에 의하여 산정하되 「감정평가 및 감정평가사에 관한 법률」 제29조의 규정에 따른 감정평가법인에 의뢰하여 평가한다. 〈개정 2006.10.4, 2015.5.14, 2020.12.31.〉

보상비 = 토지의 단위면적당 적정가격×입체이용 저해율×구분지상권 설정면적

② 한계심도를 초과하여 지하시설물을 설치하는 경우에는 다음 보상 비율을 기준으로 보상비를 산정한다. 단, 토지여건상 지하의 광천수를 이용하는 특별한 사유가 인정되는 경우에는 따로 보상비를 산정할 수 있다. 〈개정 2015.5.14.〉

토피(m)	한계심도 초과		
	20 이내	**20~40**	**40 이상**
보상비율(%)	1.0~0.5	0.5~0.2	0.2 이하

③ 제1항 및 제2항 규정에 의거 계산된 지하보상비가 1,000,000원에 미달되는 경우에는 필지당 1,000,000원 또는 토지가 공동소유로 되어 있는 공동주택의 경우에는 토지소유자당 100,000원을 지급할 수 있다. 다만, 토지소유자별로 지급하는 경우소유자별 지급액의 합계액이 해당 저촉되는 토지부분에 대한 감정평가 가격의 50퍼센트를 초과할 수 없으며 두 명 이상 공동 소유자가 있는 가구에 있어서는 한 명 보상에 한한다. 〈개정 1996.10.5, 2015.5.14, 2019.12.31.〉

④ 보상비는 현금보상으로 한다.

제10조(지하시설물의 유지관리) 지하시설물로부터 시설물폭의 2배 이내에서 건축 등 행위를 하려는 경우 지하시설물 관리자(부서)와 사전 협의하여야 한다. 단, 제4조의 규정에 따른 지하보상 대상범위 밖의 토지에 건축 등 행위를 제한하려는 때에는 따로 보상하여야 한다. 〈개정 2006.10.4, 2015.5.14.〉

제11조(준용) 이 조례에서 정하지 아니한 것은 「공익사업을 위한 토지 등의 취득 및 보상에 관한 법률」에 따른다. 〈개정 2006.10.4.〉

제12조(시행규칙) 이 조례 시행에 필요한 사항은 규칙으로 정할 수 있다.

부칙 〈제7782호, 2020.12.31.〉

이 조례는 공포한 날부터 시행한다.

PART

06

기타 감정평가 관련 지침

Chapter 01 공동주택 분양가격의 산정 등에 관한 규칙

제1장 총칙

제1조(목적) 이 규칙은 「주택법」 제54조제1항제2호나목 및 제57조에 따라 분양가상한제 적용주택의 선택품목제도, 분양가격 산정방식, 분양가격 공시의 방법 및 절차 등에 관한 사항을 규정함을 목적으로 한다. 〈개정 2011.4.14, 2016.8.12.〉

제2조(적용대상) 이 규칙은 사업주체(「건축법」 제11조에 따른 건축허가를 받아 주택 외의 시설과 주택을 동일건축물로 「주택법」(이하 "법"이라 한다) 제15조제1항에 따른 호수 이상으로 건설·공급하는 건축주를 포함한다. 이하 같다)가 법 제54조제1항에 따라 입주자모집승인(사업주체가 다음 각 호에 해당하는 경우에는 입주자모집공고를 말한다)을 얻어 일반에게 공급하는 공동주택에 적용한다. 〈개정 2010.3.4, 2014.10.30, 2016.8.12.〉

1. 국가, 지방자치단체, 「한국토지주택공사법」에 따른 한국토지주택공사(이하 "한국토지주택공사"라 한다) 또는 「지방공기업법」 제49조에 따라 주택건설사업을 목적으로 설립된 지방공사(이하 "지방공사"라 한다)
2. 제1호에 해당하는 자가 단독 또는 공동으로 총지분의 100분의 50을 초과하여 출자한 부동산투자회사

제2장 선택품목 등

제3조(기본선택품목 등) ① 법 제54조제1항제2호나목에 따라 제7조제1항에 따른 분양가격에 포함되는 품목으로서 입주자가 직접 선택하여 시공·설치할 수 있는 품목(이하 "기본선택품목"이라 한다)은 다음 각 호의 품목 외의 품목으로서 벽지, 바닥재, 주방용구, 조명기구 등 국토교통부장관이 정하여 고시하는 품목으로 한다. 〈개정 2008.3.14, 2013.3.23, 2016.8.12.〉

1. 소방시설과 관련된 품목
2. 단열공사, 방수공사, 미장공사 등 기초마감과 관련된 품목
3. 전기공사, 설비공사 등에 필요한 전선, 통신선 및 배관
4. 그 밖에 건물의 구조에 영향을 줄 수 있는 품목

② 국토교통부장관은 법 제57조제4항에 따른 기본형건축비(이하 "기본형건축비"라 한다) 중 기본선택품목을 제외한 부분의 금액을 고시하여야 한다. 〈개정 2008.3.14, 2013.3.23, 2016.8.12.〉

③ 사업주체는 「주택공급에 관한 규칙」 제21조제1항에 따른 입주자모집공고(이하 "입주자모집공고"라 한다)에 다음 각 호의 사항을 포함하여 공고하여야 한다. 〈개정 2015.12.29.〉

1. 기본선택품목의 종류
2. 제7조제1항에 따른 분양가격 중 기본선택품목을 제외한 부분의 분양가격

제4조(입주자모집공고에 제시되는 선택품목) ① 제7조제1항에 따른 분양가격에 포함되지 아니하는 품목으로서 사업주체가 입주자모집공고에 제시하여 입주자에게 추가로 선택할 수 있도록 하는 품목(이하 "추가선택품목"이라 한다)은 다음 각 호로 한다. 〈개정 2011.11.14, 2012.3.9, 2013.3.23, 2014.10.30, 2019.8.22.〉

1. 발코니 확장
2. 시스템 에어컨(천장에 매립하는 형태를 말한다) 설치
3. 다음 각 목의 어느 하나에 해당하는 붙박이 가전제품의 설치
   가. 오븐, 쿡탑, 식기세척기, 냉장고(냉동고를 포함한다), 김치냉장고, 세탁기 및 주방 텔레비전
   나. 홈오토메이션, 홈시어터 시스템
   다. 그 밖에 사업주체가 입주자모집승인 신청 전에 승인권자의 의견을 들어 정하는 품목
4. 다음 각 목의 어느 하나에 해당하는 붙박이 가구의 설치
   가. 옷장, 수납장, 신발장
   나. 그 밖에 사업주체가 입주자모집승인 신청 전에 승인권자의 의견을 들어 정하는 품목
5. 기술의 진보나 주거생활의 변화에 따라 국토교통부장관이 필요하다고 인정하여 관련 업계의 의견을 들어 고시하는 품목의 설치

② 사업주체는 제1항 각 호를 추가선택품목으로 하는 경우에는 입주자모집공고에 그에 따른 비용을 해당 주택의 분양가격과 구분하여 표시하여야 한다. 〈개정 2011.11.14.〉

③ 추가선택품목의 설치 및 공급에 관한 세부적인 사항은 국토교통부장관이 정하여 고시한다. 〈신설 2011.11.14, 2013.3.23.〉

[제목개정 2014.10.30.]

제5조(기본선택품목을 직접 시공·설치하는 자에 대한 주택 배정 등) ① 사업주체는 입주자모집공고에 기본선택품목을 개별적으로 시공·설치하려는 자에게 우선적으로 공급할 주택의 동별 배정순서를 정하여 공고할 수 있다.

② 사업주체는 제1항에 따라 주택을 공급하는 경우 입주자 중 기본선택품목을 시공·설치하려는 자에게 제1항에 따른 동별 배정순서에 따라 우선적으로 동 및 세대를 추첨하여 배정하여야 한다.

제6조(기본선택품목의 시공·설치 기간 등) 기본선택품목의 시공·설치 기간, 입주자 유의사항 등 필요한 사항은 국토교통부장관이 정하여 고시한다. 〈개정 2008.3.14, 2011.11.14, 2013.3.23.〉

제3장 분양가격 산정방식 등

제7조(분양가상한제 적용주택의 분양가격 산정방식 등) ① 법 제57조제1항에 따른 분양가상한제 적용주택의 분양가격 산정방식은 다음과 같다. 〈개정 2016.8.12.〉

PART · 06

분양가격 = 기본형건축비 + 건축비 가산비용 + 택지비

② 기본형건축비는 지상층건축비와 지하층건축비로 구분한다.

③ 국토교통부장관은 공동주택 건설공사비지수(주택건설에 투입되는 건설자재 등의 가격변동을 고려하여 산정한 지수로서 주택건축비의 등락을 나타내는 지수를 말한다. 이하 같다)와 이를 반영한 기본형건축비(이하 이 조에서 "건설공사비지수등"이라 한다)를 매년 3월 1일과 9월 15일을 기준으로 고시해야 한다. 〈개정 2008.3.14, 2008.6.30, 2013.3.23, 2017.8.29, 2022.7.15.〉

④ 국토교통부장관은 제3항에도 불구하고 별표 1의 주택건설에 투입되는 주요 건설자재의 가격이 제3항에 따라 건설공사비지수등을 고시한 후 3개월이 지난 시점에 15퍼센트 이상 변동한 경우에는 해당 자재의 가격변동을 고려하여 건설공사비지수등을 조정하여 고시해야 한다. 〈개정 2008.6.30, 2010.3.4, 2013.3.23, 2022.7.15.〉

⑤ 국토교통부장관은 제3항 및 제4항에도 불구하고 같은 항에 따라 건설공사비지수등을 고시한 경우로서 다음 각 호에 해당하는 경우에는 같은 항에 따라 고시한 건설공사비지수등을 조정하여 고시할 수 있다. 이 항에 따라 건설공사비지수등을 고시한 후에도 또한 같다. 〈신설 2022.7.15.〉

1. 별표 1에 따른 건설자재 중 레미콘 및 고강도 철근 각각의 가격 변동률(제3항·제4항 및 이 항에 따라 고시한 건설공사비지수등을 산정할 당시의 가격을 기준으로 산정한 것을 말한다. 이하 제2호에서 같다)의 합이 15퍼센트 이상인 경우

2. 별표 1에 따른 건설자재 중 창호유리, 강화합판 마루 및 알루미늄 거푸집 각각의 가격 변동률의 합이 30퍼센트 이상인 경우

제8조(공공택지의 택지 공급가격에 가산하는 비용) ① 법 제57조제3항제1호에 따라 공공택지의 공급가격에 가산되는 택지와 관련된 비용은 다음 각 호의 비용으로 하고, 「학교용지 확보 등에 관한 특례법」 제2조제3호에 따른 학교용지부담금은 제외한다. 〈개정 2008.3.14, 2008.12.18, 2009.5.4, 2010.3.4, 2016.8.12, 2019.10.29, 2020.2.28.〉

1. 다음 각 목의 공사비

   가. 말뚝박기 공사비 : 건축물의 기초공사인 말뚝박기 공사에 드는 비용

   나. 암석지반 공사비 : 사업지구 택지에 암석지반이 있어 기본형건축비에 반영되어 있는 기초공사비로는 지하터파기가 곤란한 경우에 암석지반의 굴착을 위하여 추가로 소요되는 비용

   다. 흙막이 및 차수벽(遮水壁) 공사비 : 건축물의 기초공사로 시공하는 흙막이 공사비용과 지하수, 하천 등으로 해당 택지의 토질조건이 특별하여 흙막이 공사 외에 이를 보강하기 위하여 추가로 차수벽을 설치하는데 소요되는 비용

   라. 지하공사에서 특수공법 사용에 따른 공사비 : 지하층 공사를 지표면으로부터 20미터 이상의 깊이로 시행하는 경우에 사업지구 택지가 협소하거나 사업지구가 주변 구조물 등에 매우 근접하는 등의 사유로 주변 구조물 등의 침하와 변형이 우려되어 특별자치시장, 특별자치도지사, 시장, 군수 또는 구청장(구청장은 자치구의 구청장을 말하며, 이하 "시장·군수 또는 구청장"이라 한다)이 역타공법(逆打工法) 등 특수한 공법 사용이 필요하다고 인정하는 경우 특수공법 사용에 소요되는 비용. 이 경우 가목부터 다목까지의 공사비, 기본형건축비 중 지하

충건축비 등 다른 공사비에 반영되어 있는 비용과 중복하여 산정할 수 없다.

2. 방음시설 설치비 : 주택의 입지, 주변 환경 등 제반여건을 고려하여 소음도를 저감하기 위하여 소요되는 비용. 다만, 택지조성원가에 포함되어 있지 아니한 경우로 한정한다.

3. 택지를 공급받기 위하여 선수금, 중도금 등 택지비의 일부 또는 전부를 납부한 경우에는 그 납부일부터 별표 1의2에 따라 산정한 택지대금에 대한 기간이자. 다만, 택지를 조성한 사업주체가 택지를 자체 공급하는 경우에는 주택건설사업 착공일을 납부일로, 택지공급가격을 택지대금으로 보아 기간이자를 계산하되, 해당 택지의 택지조성원가에 포함되는 자본비용의 산정기간은 택지조성사업의 착수일(「공익사업을 위한 토지 등의 취득 및 보상에 관한 법률」에 따라 토지 등을 협의 또는 수용에 의하여 취득하거나 사용하는 경우에는 같은 법 제15조에 따른 보상계획 공고일을 말한다)부터 주택건설사업 착공일까지로 한다.

4. 택지의 공급에 따른 제세공과금, 등기수수료 등 필요적 경비 및 택지의 명의변경(검인계약서 등 공공기관이 인정하는 서류를 제출한 경우에 한한다)에 따른 추가비용

5. 그 밖에 시장·군수 또는 구청장이 법 제59조에 따른 분양가심사위원회(이하 "분양가심사위원회"라 한다)의 심의를 거쳐 필요하다고 인정하는 택지와 관련된 경비로서 증명서류에 의하여 확인되는 경비

② 제1항제1호의 공사비는 다음 각 호 중에서 시장·군수 또는 구청장(사업주체가 국가, 지방자치단체, 한국토지주택공사 또는 지방공사인 경우에는 해당 기관의 장을 말한다)이 선정한 기관이나 업체가 산정한 것을 말한다. 〈신설 2008.12.18, 2010.3.4, 2013.3.23, 2020.2.28.〉

1. 국가
2. 한국토지주택공사
3. 지방공사
4. 「엔지니어링산업 진흥법」에 따라 해당 부문의 기술용역업체로 신고된 업체(해당 사업주체의 「독점규제 및 공정거래에 관한 법률」에 따른 계열회사인 업체는 제외한다)
5. 그 밖에 국토교통부장관이 정하여 고시하는 공공기관

③ 분양가심사위원회는 「주택법 시행령」 제63조제3호에 따라 제1항제1호에 따른 공사비의 적정성을 검토하기 위해 필요한 경우 공공택지를 공급한 자에게 지반조사에 관한 자료를 요청할 수 있다. 이 경우 요청을 받은 자는 요청을 받은 날부터 5일 이내에 해당 자료를 제출해야 한다. 〈신설 2019.8.22.〉

제9조(공공택지 외의 택지의 감정평가 가액에 가산하는 비용) ① 법 제57조제3항제2호 각 목 외의 부분 본문에 따라 공공택지 외의 택지를 감정평가한 가액에 가산되는 택지와 관련된 비용은 다음 각 호의 비용으로 한다. 〈개정 2008.12.18, 2009.5.4, 2011.11.14, 2016.8.12, 2019.10.29, 2022.7.15〉

1. 제8조제1항제1호 및 제2호에 따른 비용
2. 법 제28조에 따라 사업주체가 부담하는 간선시설의 설치비용
2의2. 「도시공원 및 녹지 등에 관한 법률」 제2조에 따른 도시공원의 설치비용
3. 지장물 철거비용 : 택지 안의 구조물 등의 철거·이설이 불가피한 경우에 그 소요되는 비용
4. 진입도로의 개설로 편입되는 사유지의 가액(감정평가한 가액을 말한다)

5. 제13조제1항제1호에 따른 감정평가수수료. 다만, 제12조제2항제2호에 따른 감정평가수수료는 제외한다.

5의2. 제13조제1항제2호에 따른 검토수수료

5의3. 「도시 및 주거환경정비법」에 따른 정비사업 등 공동주택을 건설하는 사업의 시행에 드는 비용으로서 다음 각 목에 해당하는 비용. 이 경우 비용의 구체적인 산정기준 및 방법은 국토교통부장관이 정하여 고시한다.

　　가. 「공익사업을 위한 토지 등의 취득 및 보상에 관한 법률」 제77조제1항에 따른 영업손실에 대한 보상비용과 같은 법 제78조제5항에 따른 주거 이전에 필요한 비용 및 동산의 운반에 필요한 비용

　　나. 택지의 취득 및 관리와 관련된 명도소송비용

　　다. 택지조성으로 인하여 이주하는 자의 이주비용에 대하여 발생하는 이자비용

　　라. 「도시 및 주거환경정비법」에 따른 조합 등이 정비사업 등의 시행(다른 사업주체와 공동으로 시행하는 경우를 포함한다) 과정에서 택지의 취득 및 관리와 관련된 의사결정을 하는 조합 총회 등의 개최에 드는 비용

6. 그 밖에 시장·군수 또는 구청장이 분양가심사위원회의 심의를 거쳐 필요하다고 인정하는 택지와 관련된 경비로서 증빙서류에 의하여 확인되는 경비

② 제1항제1호에 따른 비용(제8조제1항제1호의 경우에 한한다)을 산정할 경우에는 제8조제2항을 준용한다. 〈신설 2008.12.18.〉

제9조의2(공공택지 외의 택지 매입가격에 가산하는 비용) ① 법 제57조제3항제2호 각 목 외의 부분 단서에 따라 공공택지 외의 택지 매입가격에 가산되는 택지와 관련된 비용은 다음 각 호의 비용으로 한다. 〈개정 2010.3.4, 2011.11.14, 2016.8.12, 2019.10.29, 2022.7.15.〉

1. 제8조제1항제1호 및 제2호에 따른 비용

1의2. 제9조제1항제5호의3에 따른 비용

2. 법 제28조에 따라 사업주체가 부담하는 간선시설의 설치비용

2의2. 「도시공원 및 녹지 등에 관한 법률」 제2조에 따른 도시공원의 설치비용

3. 지장물 철거비용(택지 안의 구조물 등을 철거하거나 이설하는 것이 불가피한 경우 그 철거나 이설에 소요되는 비용을 말한다)

4. 진입도로의 개설로 편입되는 사유지의 가액(감정평가한 가액의 100분의 120에 상당하는 금액 이내의 매입가격을 말한다)

5. 제13조제1항제1호에 따른 감정평가수수료. 다만, 제12조제2항제2호에 따른 감정평가수수료는 제외한다.

5의2. 제13조제1항제2호에 따른 검토수수료

6. 제세공과금(보유에 따른 제세공과금의 경우에는 입주자모집승인 신청 시까지 부과된 것으로 한정하며, 최초로 부과된 때부터 3년분까지만 합산한다), 등기수수료 등 필요적 경비

7. 그 밖에 시장·군수 또는 구청장이 분양가심사위원회의 심의를 거쳐 필요하다고 인정하는 택지와 관련된 경비로서 증명서류로 확인되는 경비

② 제1항제1호에 따른 비용(제8조제1항제1호에 따른 비용만 해당한다)을 산정하는 경우에는 제8조제2항을 준용한다.

[본조신설 2009.5.4.]

제10조(공공택지 외의 택지의 감정평가 절차) ① 사업주체는 공공택지 외의 택지에서 주택건설 사업계획 승인을 신청한 후 입주자모집승인 신청일 이전에 시장·군수 또는 구청장에게 택지가격의 감정평가를 신청하여야 한다. 이 경우 감정평가에 필요한 자료를 제출하여야 한다.

② 시장·군수 또는 구청장(국가·지방자치단체·한국토지주택공사 또는 지방공사인 사업주체는 해당 기관의 장을 말하며, 이하 이 조 및 제12조에서 같다)은 「부동산 가격공시에 관한 법률」 제3조제5항 및 같은 법 시행령 제7조 제5항에 따라 국토교통부장관이 고시하는 기준을 충족하는 감정평가법인등(이하 "감정평가기관"이라 한다) 2인에게 택지가격의 감정평가를 의뢰하여야 한다. 이 경우 다음 각 호의 어느 하나에 해당하는 경우에는 해당 호에서 정한 자가 추천한 감정평가기관 1인을 포함해야 한다. 〈개정 2008.3.14, 2010.3.4, 2013.3.23, 2016.8.31, 2019.10.29, 2022.1.21.〉

1. 시장·군수 또는 구청장(특별자치시장 및 특별자치도지사는 제외한다)의 경우 : 특별시장·광역시장 또는 도지사

2. 국가·지방자치단체·한국토지주택공사 또는 지방공사의 경우 : 해당 택지를 관할하는 특별시장·광역시장·특별자치시장·도지사 또는 특별자치도지사

③ 제2항에 따라 감정평가를 의뢰받은 감정평가기관은 공공택지 외의 택지에 대하여 사업주체가 제1항에 따라 택지가격의 감정평가를 신청한 날(국가·지방자치단체·한국토지주택공사 또는 지방공사인 사업주체의 경우에는 해당 기관의 장이 택지가격의 감정평가를 의뢰한 날을 말하며, 이하 이 조 및 제11조에서 "신청일"이라 한다)을 기준으로 평가하여야 한다. 〈개정 2010.3.4.〉

④ 감정평가기관은 제2항에 따라 감정평가를 의뢰받은 날부터 20일 이내에 감정평가를 완료하여 「감정평가에 관한 규칙」에 따른 감정평가서를 제출해야 한다. 다만, 시장·군수 또는 구청장이 인정하는 부득이한 사유가 있는 경우에는 10일의 범위 내에서 이를 연장할 수 있다. 〈개정 2019.10.29.〉

⑤ 시장·군수 또는 구청장은 한국부동산원(「한국부동산원법」에 따른 한국부동산원을 말한다. 이하 같다)에 제4항에 따라 제출된 감정평가가 법 제57조 및 이 규칙에 부합하게 이뤄졌는지 검토를 의뢰해야 한다. 〈신설 2019.10.29, 2020.12.11.〉

⑥ 제5항에 따라 감정평가서의 검토를 의뢰받은 한국부동산원은 감정평가서를 검토한 결과를 검토 의뢰를 받은 날로부터 15일 이내에 시장·군수 또는 구청장에게 제출해야 한다. 다만, 시장·군수 또는 구청장이 인정하는 부득이한 사유가 있는 경우에는 5일의 범위 내에서 이를 연장할 수 있다.

〈신설 2019.10.29, 2020.12.11.〉

제11조(공공택지 외의 택지의 감정평가기준 등) ① 제10조에 따른 감정평가는 「부동산 가격공시에 관한 법률」에 따른 표준지공시지가(이하 "표준지공시지가"라 한다)를 기준으로 「감정평가에 관한 규칙」 제2조제9호에 따른 공시지가기준법에 따라 평가해야 한다. 이 경우 표준지공시지가는 해당 토지의 신청일 당시 공시된 표준지공시지가 중 신청일에 가장 가까운 시점의 표준지공시지가를 기준으로 한다. 〈개정 2019.10.29.〉

② 감정평가기관은 제1항에 따라 감정평가한 가액을 다음 각 호에 해당하는 토지의 조성에 필요한 비용 추정액을 고려하여 각각 감정평가한 가액과 비교하여 합리성을 검토해야 한다. 〈신설 2019.10.29.〉

　　1. 해당 토지

　　2. 해당 토지와 유사한 이용가치를 지닌다고 인정되는 토지

③ 택지조성이 완료되지 않은 소지(素地)상태인 토지는 택지조성이 완료된 상태를 상정하고, 이용상황은 대지를 기준으로 하여 평가해야 한다. 이 경우 신청일 현재 현실화 또는 구체화되지 않은 개발이익을 반영해서는 안 된다. 〈개정 2019.10.29.〉

④ 법 제57조제3항제2호 각 목 외의 부분 본문에 따른 공공택지 외의 택지를 감정평가한 가액은 감정평가기관이 평가한 택지에 대한 감정평가액을 산술평균하여 정한다. 〈개정 2009.5.4., 2016.8.12., 2019.10.29.〉

⑤ 사업주체는 감정평가기관이 평가한 택지에 대한 감정평가액과 해당 감정평가기관을 입주자모집공고에 포함하여 공고하여야 한다. 〈개정 2019.10.29.〉

제12조(공공택지 외의 택지에 대한 재평가) ① 시장·군수 또는 구청장은 제10조제5항에 따라 한국부동산원이 검토한 결과 같은 조 제4항에 따라 제출된 감정평가서가 관계 법령에 위반하여 평가되었거나 합리적 근거 없이 비교 대상이 되는 표준지공시지가와 현저하게 차이가 나는 등 부당하게 평가되었다고 인정하는 경우에는 해당 감정평가기관에 그 사유를 명시하여 다시 평가할 것을 요구해야 한다. 〈신설 2019.10.29., 2020.12.11.〉

② 시장·군수 또는 구청장은 다음 각 호의 어느 하나에 해당하는 경우에는 택지가격의 재평가를 다른 감정평가기관 2인에게 의뢰해야 한다. 이 경우 감정평가기관 선정에 관하여는 제10조제2항 후단을 적용한다. 〈개정 2019.10.29.〉

　　1. 감정평가기관이 평가한 택지의 감정평가액(제1항에 따라 다시 평가한 결과를 포함한다) 중 최고평가액이 최저평가액의 100분의 110을 초과하는 경우

　　2. 사업주체가 감정평가 결과(제1항에 따라 다시 평가한 결과를 포함한다)에 대해 이의를 제기하는 경우

　　3. 제1항의 사유에 해당하는 경우로서 해당 감정평가기관에 평가를 다시 요구할 수 없는 특별한 사유가 있는 경우

③ 제2항제2호의 사유에 해당하는 택지가격의 재평가는 한 차례에 한정한다. 〈개정 2019.10.29.〉

④ 제1항 및 제2항에 따른 감정평가의 절차 및 기준에 관하여는 제10조 및 제11조를 준용한다. 〈개정 2019.10.29.〉

⑤ 제1항 및 제2항에 따라 택지가격의 재평가를 한 경우에는 재평가한 감정평가액을 최종적인 감정평가액으로 본다. 〈개정 2019.10.29.〉

제13조(감정평가에 관한 비용) ① 택지가격의 감정평가에 관한 다음 각 호의 비용은 모두 사업주체가 부담해야 한다.

　　1. 제10조제2항, 제12조제2항에 따른 감정평가에 필요한 감정평가수수료

　　2. 제10조제5항에 따른 검토수수료

② 제1항에 따른 수수료는 다음 각 호에 따른다.

1. 제1항제1호에 따른 감정평가수수료 : 「감정평가 및 감정평가사에 관한 법률」 제23조 및 같은 법 시행령 제22조에 따라 국토교통부장관이 공고하는 기준에 따른 금액으로 실비를 포함한다.
2. 제2호에 따른 검토수수료 : 제1호에 따른 금액의 100분의 10

[전문개정 2019.10.29.]

제14조(기본형건축비와 기본형건축비에 가산되는 비용 등) ① 법 제57조제4항에 따라 건축비를 산정할 때의 기본형건축비는 입주자모집승인 신청일(사업주체가 국가·지방자치단체·한국토지주택공사 또는 지방공사인 경우에는 입주자모집공고일을 말한다)에 가장 가까운 시점에 고시된 기본형건축비를 말한다. 〈개정 2010.3.4, 2016.8.12.〉

② 법 제57조제4항 전단에서 "국토교통부령으로 정하는 금액을 더한 금액"이란 기본형건축비에 가산하는 비용으로서 별표 1의3에 따른 항목별 내용 및 산정방법에 따라 산정된 금액을 말한다. 〈개정 2008.3.14, 2010.3.4, 2013.3.23, 2016.8.12.〉

③ 시장·군수 또는 구청장은 법 제57조 제4항 후단에 따라 해당 지역의 특성을 고려하여 기본형건축비의 100분의 95 이상 100분의 105 이하의 범위에서 기본형건축비를 따로 정하여 고시할 수 있다. 〈개정 2016.8.12, 2021.8.27.〉

④ 시장·군수 또는 구청장은 법 제57조제4항 후단에 따라 기본형 건축비를 따로 정하여 고시하려는 경우에는 분양가심사위원회의 심의를 거쳐야 한다. 이 경우 국토교통부장관이 고시하는 주요 자재별 기준단가와 해당 지역 자재가격과의 차이 등에 관한 객관적인 자료를 제출하여야 한다. 〈개정 2008.3.14, 2013.3.23, 2016.8.12.〉

제5장 분양가격의 공시

제15조(공공택지에서 공급되는 주택의 분양가격 공시) ① 법 제57조제5항에서 "국토교통부령으로 정하는 세분류"란 별표 2에 따른 분류를 말한다. 〈개정 2008.3.14, 2013.3.23, 2016.8.12.〉

② 법 제57조제5항제4호에서 "국토교통부령으로 정하는 비용"이란 제14조제2항에 따라 기본형건축비에 가산되는 비용을 말한다. 〈개정 2008.3.14, 2013.3.23, 2016.8.12.〉

제16조(공공택지 외의 택지에서 공급되는 주택의 분양가격 공시) ① 법 제57조제6항제1호부터 제7호까지의 규정에 따라 공공택지 외의 택지에서 공급되는 주택의 분양가격의 항목별 공시내용은 별표 3과 같다. 〈개정 2016.8.12.〉

② 법 제57조제6항제7호에서 "국토교통부령으로 정하는 비용"이란 제14조제2항에 따라 기본형건축비에 가산되는 비용을 말한다. 〈개정 2008.3.14, 2013.3.23, 2016.8.12.〉

부칙 〈국토교통부령 제1099호, 2022.1.21.〉 (감정평가 및 감정평가사에 관한 법률 시행규칙)

제1조(시행일) 이 규칙은 2022년 1월 21일부터 시행한다.

제2조(다른 법령의 개정) ① 공동주택 분양가격의 산정 등에 관한 규칙 일부를 다음과 같이 개정한다.

제10조 제2항 각 호 외의 부분 전단 중 "감정평가업자"를 "감정평가법인등"으로 한다.

②부터 ⑫까지 생략

부칙 〈국토교통부령 제1135호, 2022.7.15.〉

제1조(시행일) 이 규칙은 공포한 날부터 시행한다.

제2조(공공택지 외의 택지를 감정평가한 가액에 가산되는 택지와 관련된 비용에 관한 적용례) 제9조제1항제 5호의3의 개정규정은 이 규칙 시행 이후 입주자 모집공고(이 규칙 시행 전에 입주자 모집공고를 한 경우로서 이 규칙 시행 이후 입주자 모집 재공고를 하는 경우는 제외한다)를 하는 경우부터 적 용한다.

제3조(공공택지 외의 택지 매입가격에 가산되는 택지와 관련된 비용에 관한 적용례) 제9조의2제1항제1호의 2의 개정규정은 이 규칙 시행 이후 입주자 모집공고(이 규칙 시행 전에 입주자 모집공고를 한 경우 로서 이 규칙 시행 이후 입주자 모집 재공고를 하는 경우는 제외한다)를 하는 경우부터 적용한다.

[별표 1] 주택건설에 투입되는 주요 건설자재(제7조제4항 관련) 〈개정 2022.7.15.〉

연번	건설자재	단위
1	레미콘	㎥
2	고강도 철근	ton
3	창호유리	㎥
4	강화합판 마루	㎥
5	알루미늄 거푸집	㎥

[별표 1의2] 공공택지의 택지 공급가격에 가산하는 기간이자 산정방법(제8조제1항제3호 관련) 〈개정 2019.8.22.〉

> 기간이자 = 납부한 택지대금 × 납부일부터 제1호에 따른 기간이자 인정기간(공급하려는 주택에 대한 사용검사 후 입주자모집공고를 하는 경우에는 납부일부터 사용검사일까지의 기간) × 금리

1. 기간이자 인정기간

구분		인정기간
택지비 비중	30퍼센트 이하	입주자모집공고일 이후 6개월
	30퍼센트 초과 ~ 40퍼센트 이하	입주자모집공고일 이후 9개월
	40퍼센트 초과	입주자모집공고일 이후 14개월

가. 위 표에서 "택지비 비중''이란 다음 계산식에 따라 산정한 비율(백분율)을 말한다.

$$\frac{택지\ 공급가격}{총분양가격(택지비에\ 대한\ 기간이자는\ 제외한다)} \times 100$$

나. 인정기간은 위 표에도 불구하고 다음의 구분에 따른 날을 초과할 수 없다.
  1) 「주택도시기금법 시행규칙」 제10조제1항에 따른 주택 건축공정률이 60퍼센트 이상 도달한 이후 입주자모집공고를 하는 경우 : 사용검사 예정일
  2) 그 밖의 경우 : 택지의 사용승낙일 또는 택지의 소유권을 확보한 날 중 빠른 날부터 18개월이 되는 날. 이 경우 대지의 사용승낙일 이후 문화재가 발굴되는 등 사업자에게 책임 없는 사유로 지연되는 기간으로서 사업승인권자가 승인하는 기간은 포함하지 않는다.

2. 금리

> 예금은행 가중평균 1년 만기 정기예금금리 × 0.2 + (「주택도시기금법 시행령」 제21조제1항제7호에 따른 주택사업금융보증을 받은 주택사업에 대한 금융기관의 대출금리 + 해당 금융보증의 심사등급 1등급의 보증료율) × 0.8

※ 정기예금금리 및 양도성예금증서 유통수익률은 납부일이 속하는 달의 한국은행 통화금융통계 금리를 기준으로 한다.

[별표 1의3] 건축비 가산비용의 항목별 내용 및 산정방법(제14조제2항 관련) 〈개정 2019.8.22.〉

1. 철근콘크리트 라멘구조(무량판구조를 포함한다), 철골철근콘크리트구조 또는 철골구조로 건축함에 따라 추가로 소요되는 비용으로서 국토교통부장관이 정하여 고시하는 산정기준 및 가산비율 등에 따라 산정하는 비용
2. 「건축법 시행령」 별표 1 제2호가목에 해당하는 아파트 외의 형태로 건설·공급되는 공동주택에 테라스 등을 설치함에 따라 추가로 소요되는 비용으로서 국토교통부장관이 정하여 고시하는 산정

기준 및 가산비율 등에 따라 산정하는 비용. 다만, 시장·군수 또는 구청장이 필요하다고 인정하는 금액으로 한정한다.

3. 법 제39조에 따라 공동주택성능에 대한 등급을 발급받은 경우나 소비자만족도 우수업체로 선정된 경우 추가로 인정되는 비용으로서 국토교통부장관이 정하여 고시하는 산정기준 및 가산비율 등에 따라 산정하는 비용

4. 주택건설사업계획의 승인에 부가되는 조건을 충족하기 위하여 추가되는 비용(사업계획승인권자로부터 사업계획에 포함하여 승인을 받은 비용으로 한정한다) 및 법정 최소 기준면적을 초과하여 설치한 복리시설(분양을 목적으로 건설하는 복리시설을 제외한다)의 설치비용

5. 인텔리전트설비(홈네트워크, 에어컨냉매배관, 집진청소시스템, 초고속통신특등급, 기계환기설비, 쓰레기이송설비, 「스마트도시 조성 및 산업진흥 등에 관한 법률」 제12조에 따른 사업시행자가 설치하는 같은 법 제2조제3호가목 및 나목에 따른 스마트도시기반시설로 한정한다)의 설치에 따라 추가로 소요되는 비용

6. 국토교통부장관이 층수, 높이 등을 고려하여 따로 정하여 고시하는 초고층주택으로서 시장·군수 또는 구청장이 설계의 특수성과 구조물의 안정성 확보를 위하여 필요하다고 인정하는 특수자재·설비 및 그 설치 등에 소요되는 비용

7. 임해(臨海)·매립지 등 입지특성으로 인하여 시장·군수 또는 구청장이 구조물의 방염 등에 필요하다고 인정하는 특수자재·설비 및 그 설치 등에 소요되는 비용

8. 사업주체가 해당 주택의 시공 및 분양에 필요하여 납부한 보증수수료

9. 공사비에 대한 다음 산식에 따라 산정한 기간이자. 다만, 「주택공급에 관한 규칙」 제15조에 따라 사업주체가 의무적으로 건축공정이 전체 공정의 일정비율(이하 "공정률"이라 한다)에 달한 후 입주자를 모집하여야 하는 주택의 경우로 한정한다.

$$\text{기간}\atop\text{이자} = {기본형 \atop 건축비} \times 공정률 \times \frac{1}{2} \times \begin{matrix}\text{착공일부터}\\\text{입주자모집공고일(공급하려는}\\\text{주택에 대한 사용검사 후}\\\text{입주자모집공고를 하는 경우에는}\\\text{사용검사일)까지의 기간}\end{matrix} \times \begin{matrix}\text{「은행법」에 따라 설립된}\\\text{금융기관의 1년 만기}\\\text{정기예금 평균이자율로서}\\\text{착공일이 속하는 달의 금리}\end{matrix}$$

10. 법 제2조제21호에 따른 에너지절약형 친환경주택의 건설에 따라 추가로 드는 비용

11. 다음 각 목의 어느 하나에 해당하는 사람을 위한 주택의 건설에 따라 추가로 드는 비용
    가. 65세 이상인 사람
    나. 「장애인복지법」 제32조에 따라 장애인등록증이 발급된 사람

12. 「주택건설기준 등에 관한 규칙」 제6조의2제2호 단서에 따라 주차장 차로의 높이를 주차바닥면으로부터 2.7미터 이상으로 함에 따라 추가로 드는 비용

13. 그 밖에 주택건설과 관련된 법령, 조례 등의 제정 또는 개정으로 인하여 주택건설에 추가로 소요되는 비용

[별표 2] 공공택지 공급주택 분양가격 공시항목(제15조제1항 관련) 〈개정 2019.3.21.〉

항목		세분류(62)
택지비(4)		택지공급가격
		기간이자
		필요적 경비
		그 밖의 비용
공사비 (51)	토목(13)	토공사, 흙막이공사, 비탈면보호공사, 옹벽공사, 석축공사, 우수(雨水)·오수(汚水)공사, 공동구 공사, 지하저수조 및 급수공사, 도로포장공사, 교통안전 시설물 공사, 정화조시설공사, 조경공사, 부대시설공사
	건축(23)	공통가설공사, 가시설물공사, 지정 및 기초공사, 철골공사, 철근콘크리트 공사, 용접공사, 조적공사, 미장공사, 단열공사, 방수·방습공사, 목공사, 가구공사, 금속공사, 지붕 및 홈통공사, 창호공사, 유리공사, 타일공사, 돌공사, 도장공사, 도배공사, 수장(修粧)공사, 주방용구공사, 그 밖의 건축공사
	기계설비(9)	급수설비공사, 급탕설비공사, 오수·배수설비공사, 위생기구설비공사, 난방설비공사, 가스설비공사, 자동제어설비공사, 특수설비공사, 공조설비공사
	그 밖의 공종(4)	전기설비공사, 정보통신공사, 소방설비공사, 승강기공사
	그 밖의 공사비(2)	일반관리비, 이윤
간접비(6)		설계비, 감리비, 일반분양시설 경비, 분담금 및 부담금, 보상비, 그 밖의 사업비성 경비
그 밖의 비용(1)		제14조제2항에 따라 기본형건축비에 더해지는 비용

비고
1. 택지비 중 "택지공급가격"이란 택지개발사업자로부터 실제로 택지를 공급받은 가격을 말한다.
2. 택지비 중 "기간이자"란 택지를 공급받기 위하여 택지비의 일부 또는 전부를 납부한 경우 그 납부일부터 별표 1의2에 따라 산정한 택지대금에 대한 이자를 말한다.
3. 택지비 중 "필요적 경비"란 제세공과금 등 택지 공급에 따른 필요적 경비를 말한다.
4. 택지비 중 "그 밖의 비용"이란 그 밖에 택지 공급가격에 더하는 비용을 말한다.

[별표 3] 공공택지 외의 택지의 공급주택 분양가격 공시항목(제16조제1항 관련) 〈개정 2016.8.12.〉

항목	공시내용
1. 택지비	법 제57조제3항에 따른 택지비
2. 직접공사비	주택건설공사를 시행하여 사용검사를 받을 때까지 발생되는 비용 중 주택단지에 설치되는 제반시설물의 시공을 위하여 투입되는 재료비, 직접노무비, 직접공사경비에 관한 비용
3. 간접공사비	주택건설공사를 시행하여 사용검사를 받을 때까지 발생하는 공사투입비용 중 공사현장관리비용, 법정경비, 일반관리에 관한 비용 및 이윤
4. 설계비	주택건설을 위하여 소요되는 설계에 관한 비용
5. 감리비	주택건설을 위하여 소요되는 감리에 관한 비용
6. 부대비	주택건설공사에 소요되는 총 비용 중 제2호부터 제5호까지의 비용 및 제7호에 따른 비용을 제외한 비용으로서 분양관련비용, 수도·가스·전기시설 인입비용, 건물보존 등기비 등을 합한 비용
7. 그 밖의 비용	제14조제2항에 따라 기본형건축비에 가산되는 비용

[시행 2024.9.13.] [국토교통부고시 제2024-496호, 2024.9.13. 일부개정]

공동주택 분양가격의 산정 등에 관한 시행지침

제1조(목적) 이 고시는 「주택법」(이하 "법"이라 한다) 제54조제1항제2호나목, 제57조제1항·제6항, 제59조 및 「공동주택 분양가격의 산정 등에 관한 규칙」(이하 "규칙"이라 한다) 제4조, 제6조에 따른 분양가상한제 적용주택의 기본선택품목의 시공·설치기간, 추가선택품목의 공급, 공공택지 외의 택지의 감정평가, 공공택지 외의 택지에서 공급되는 주택의 분양가격 공시 및 분양가심사위원회의 운영 등에 관하여 필요한 사항을 정함을 목적으로 한다.

제2조(적용 범위) 이 고시는 사업주체(「건축법」 제11조에 따른 건축허가를 받아 주택 외의 시설과 주택을 동일건축물로 법 제15조제1항에 따른 호수 이상으로 건설·공급하는 건축주를 포함한다. 이하 같다)가 법 제54조제1항에 따라 입주자모집승인(사업주체가 국가, 지방자치단체, 「한국토지주택공사법」에 따른 한국토지주택공사 또는 「지방공기업법」 제49조에 따라 주택건설사업을 목적으로 설립된 지방공사인 경우에는 입주자모집 공고를 말하며, 이하 "입주자모집승인"이라 한다)을 얻어 일반인에게 공동주택을 공급하는 경우에 적용한다.

제3조(기본선택품목 시공·설치와 관련한 준수사항) ① 시장·군수 또는 구청장은 입주자로 하여금 법 제61조제2항의 입주가능일부터 60일 이내에 기본선택품목의 시공·설치를 완료하도록 하여야 한다.

② 시장·군수 또는 구청장은 입주자로 하여금 기본선택품목을 시공·설치하는 자가 기본선택품목 시공·설치 시 「건축법」 제52조, 「건축법 시행령」 제61조 및 「건축물의 피난·방화구조 등의 기준에 관한 규칙」 제24조에 적합한 자재를 사용하도록 하여야 한다.

③ 시장·군수 또는 구청장은 사업주체로 하여금 당해 시·군 또는 구내에서 「건설산업기본법」 제9조에 따라 실내건축공사업 등록을 한 자의 현황, 기본선택품목의 시공·설치 시 하자담보책임기간·담보방법 및 규칙 제3조제1항 각 호에 해당하는 품목의 훼손금지의무를 입주자에게 알리도록 하여야 한다.

④ 시장·군수 또는 구청장은 사업주체와 입주자로 하여금 제1항부터 제3항까지의 규정에 따른 준수사항에 대해 별지 제1호서식에 따른 확약서를 작성하도록 하여야 한다.

제4조(추가선택품목의 공급) ① 사업주체는 규칙 제4조에 따른 추가선택품목의 설치여부에 대하여 입주자모집 공고 시 입주자의 의견을 들을 수 있으며, 입주자와 주택공급계약 체결 시 추가선택품목의 구입의사가 있는 입주자와 추가선택품목 공급계약을 체결할 수 있다.

② 사업주체는 추가선택품목을 입주자에게 제시할 때 둘 이상의 품목(붙박이 가전제품의 경우는 둘 이상의 제품을 말한다)을 일괄하여 선택하도록 하여서는 아니 된다.

③ 사업주체는 제1항에 따라 시스템 에어컨 및 붙박이 가전제품(이하 "에어컨 등"이라 한다)에 대해 입주자의 의견을 듣고자 하는 경우 유형 및 가격이 서로 다른 복수의 제품을 제시하여야 한다. 다만, 시장·군수 또는 구청장(사업주체가 국가, 지방자치단체, 한국토지주택공사 또는 지방공사인 경우에는 해당 기관의 장을 말한다. 이하 같다)이 필요하다고 인정하는 경우 시스템 에어컨에 대해서는 단수의 제품을 제시할 수 있다.

④ 사업주체는 에어컨 등을 법 제60조 및 「주택공급에 관한 규칙」 제22조에 따라 견본주택에 설치·전시할 수 있으며, 이 경우 제3항에 따라 복수의 제품을 설치하여야 한다. 다만, 견본주택 운영상 불가피한 경우에는 단수의 제품을 전시할 수 있으며, 이 경우에도 사업주체는 입주자가 전시하지 못한 에어컨 등을 비교·확인할 수 있도록 사진 등을 제시하여야 한다. 또한 에어컨 등의 유형, 가격 등은 확정된 것이 아니고 입주자의 선택에 따라 변경될 수 있다는 점을 표기하여야 한다.

⑤ 사업주체는 건축공정이 100분의 40에 달한 이후에 붙박이 가전제품의 교체·변경여부에 대하여 입주자의 의견을 들어야 한다.

제4조의2 삭제 〈2014.10.30.〉

제4조의3 삭제 〈2014.10.30.〉

제5조(공공택지 외의 택지의 감정평가) ① 시장·군수 또는 구청장은 법 제57조제3항 및 규칙 제10조제2항에 따른 감정평가기관 선정을 위하여 객관적 기준을 마련하여 이를 공고하여야 한다.

② 시장·군수 또는 구청장은 제1항에 따라 선정된 감정평가기관이 합리적인 사유 없이 감정평가 참여를 거부하는 경우에는 이에 대한 별도의 조치계획을 마련하여 이를 공고하여야 한다.

제6조(공공택지 외의 택지에서 공급되는 주택의 분양가격 공시) ① 시장·군수 또는 구청장은 법 제57조제6항에 따른 기본형건축비(시·군·구별 기본형건축비가 따로 있는 경우에는 시·군·구별 기본형건축비)의 항목별 가액을 별표 1의 기준에 따라 작성하여 공시하여야 한다.

② 시장·군수 또는 구청장은 법 제57조제6항에 따라 분양가격을 공시하는 경우 사업주체로 하여금 입주자모집공고안에 제1항에 따라 작성된 기본형건축비의 항목별 가액을 포함하도록 하여야 한다.

제7조(분양가심사위원회의 운영) ① 시장·군수 또는 구청장은 「주택공급에 관한 규칙」 제20조제4항의 기간 내에 법 제54조제1항에 따른 입주자모집승인을 완료하여야 하며, 정당한 사유 없이 추가자료의 제출이나 제출된 서류의 수정·보완을 요구하여서는 아니 된다.

② 시장·군수 또는 구청장은 법 제59조제2항에 따라 입주자모집승인 전까지 분양가심사위원회의 심사가 완료되도록 운영하여야 한다.

③ 분양가심사위원회는 분양가격 산정의 적정성을 심사할 때 법령에 따라 인정되는 분양가격의 구성항목별 비용이 과다 또는 축소 계상되지 않도록 철저히 심사하여 합리적인 비용이 분양가격에 반영되도록 하여야 한다.

④ 시장·군수 또는 구청장은 법 제59조 및 같은 법 시행령 제62조부터 제70조까지에 따른 분양가심사위원회의 심의결과를 분기별로 작성하여 별지 제2호서식에 따라 특별시장·광역시장 또는 도지사(이하 "시·도지사"라 한다)에게 제출하여야 하고, 시·도지사는 분기가 끝나는 달의 다음 달 15일까지 국토교통부장관에게 이를 보고하여야 한다.

⑤ 국가·지방자치단체·한국토지주택공사 또는 지방공사인 사업주체가 법 제59조 및 같은 법 시행령 제62조에 따라 분양가심사위원회를 설치·운영하는 경우에는 위원회의 민간위원은 시민단체, 협회·학회 등 외부단체의 추천을 통해 위촉하여야 한다.

부칙 〈제2023-75호, 2023.2.10.〉

제1조(시행일) 이 고시는 2023년 2월 10일부터 시행한다.

제2조(적용례) 이 고시는 시행일 이후 사업주체가 입주자모집승인을 신청(「공동주택 분양가격의 산정 등에 관한 규칙」 제2조 각 호의 어느 하나에 해당하는 사업주체의 경우에는 입주자모집공고를 말한다)하는 경우부터 적용한다.

부칙 〈제2023-110호, 2023.3.1.〉

제1조(시행일) 이 고시는 2023년 3월 1일부터 시행한다.

제2조(적용례) 이 고시는 시행일 이후 사업주체가 입주자모집승인을 신청(「공동주택 분양가격의 산정 등에 관한 규칙」 제2조 각 호의 어느 하나에 해당하는 사업주체의 경우에는 입주자모집공고를 말한다)하는 경우부터 적용한다.

부칙 〈제2023-534호, 2023.9.15.〉

제1조(시행일) 이 고시는 2023년 9월 15일부터 시행한다.

제2조(적용례) 이 고시는 시행일 이후 사업주체가 입주자모집승인을 신청(「공동주택 분양가격의 산정 등에 관한 규칙」 제2조 각 호의 어느 하나에 해당하는 사업주체의 경우에는 입주자모집공고를 말한다)하는 경우부터 적용한다.

부칙 〈제2024-117호, 2024.03.01.〉

제1조(시행일) 이 고시는 2024년 3월 1일부터 시행한다.

제2조(적용례) 이 고시는 시행일 이후 사업주체가 입주자모집승인을 신청(「공동주택 분양가격의 산정 등에 관한 규칙」 제2조 각 호의 어느 하나에 해당하는 사업주체의 경우에는 입주자모집공고를 말한다)하는 경우부터 적용한다.

부칙 〈제2024-496호, 2024.09.13.〉

제1조(시행일) 이 고시는 2024년 9월 13일부터 시행한다.

제2조(적용례) 이 고시는 시행일 이후 사업주체가 입주자모집승인을 신청(「공동주택 분양가격의 산정 등에 관한 규칙」 제2조 각 호의 어느 하나에 해당하는 사업주체의 경우에는 입주자모집공고를 말한다)하는 경우부터 적용한다.

[별표 1] 기본형건축비 세부 공시내역

기본형건축비 세부 공시내역

(단위 : 천원/㎡)

항 목	지상층건축비 (주택공급면적기준)	지하층건축비 (지하층면적기준)
직접공사비	1,375	728
간접공사비	537	281
설계비	46	
감리비	18	
부대비	130	

주1) 지상층건축비는 16~25층 이하, 주거전용면적 60㎡ 초과~85㎡ 이하를 기준으로 함.
주2) 층수 및 세대면적에 따라 지상층건축비 중 직접공사비 및 간접공사비는 다음과 같이 산출함.
　　- 직접공사비＝[해당 지상층건축비 - (설계·감리비 및 부대비)] × 72.1%
　　- 간접공사비＝[해당 지상층건축비 - (설계·감리비 및 부대비)] × 27.9%

[별지 제1호서식] 기본선택품목 시공ㆍ설치 관련 확약서

<table>
<tr><td colspan="9" align="center">**기본선택품목 시공 · 설치 관련 확약서**</td></tr>
<tr><td rowspan="4">공
사
개
요</td><td>사업주체</td><td>상 호</td><td colspan="3"></td><td>대표자</td><td colspan="3"></td></tr>
<tr><td rowspan="3">사업내용</td><td>위 치</td><td colspan="4"></td><td>대지면적</td><td>㎡</td></tr>
<tr><td rowspan="2">사업내용</td><td>규 모</td><td>연면적</td><td colspan="2">착공일</td><td colspan="2">준공일</td></tr>
<tr><td>층, 동,
세대</td><td>㎡</td><td colspan="2"></td><td colspan="2"></td></tr>
<tr><td rowspan="3">입
주
자</td><td>이 름</td><td colspan="3"></td><td>생년월일</td><td colspan="3"></td></tr>
<tr><td>주 소</td><td colspan="3"></td><td colspan="4">(전화번호 :   )</td></tr>
<tr><td>입주예정
동 · 호</td><td colspan="7"></td></tr>
<tr><td>확
약
내
용</td><td colspan="8">

　　주택공급계약을 체결함에 있어 기본선택품목의 시공·설치와 관련하여 아래 사항을 인지하고, 분쟁에 있어서 각 위반사실은 그 위반자의 과실로 추정할 것을 확약합니다.

(1) 입주자는 「주택법」 제61조제2항의 입주가능일부터 60일 이내에 기본선택품목의 시공·설치를 완료하여야 한다.

(2) 입주자는 기본선택품목을 시공·설치하는 자로 하여금 「건축법」 제52조, 「건축법 시행령」 제61조 및 「건축물의 피난·방화구조 등의 기준에 관한 규칙」 제24조에 적합한 자재를 사용하도록 하여야 한다.

(3) 사업주체는 당해 시·군 또는 구내의 실내건축공사업 등록을 한 자의 현황 및 입주자가 기본선택품목의 시공·설치 시에 하자담보책임 기간과 담보방법에 대하여 입주자에게 알리도록 하여야 하며, 입주자는 기본선택품목의 시공·설치 시 「공동주택 분양가격의 산정 등에 관한 규칙」 제3조제1항 각 호에 해당하는 품목에 대한 훼손행위를 하여서는 아니 된다.

년 　　　월 　　　일

입주자 　　　(서명 또는 인)　　주택건설사업자 　　　(서명 또는 인)

</td></tr>
</table>

210㎜×297㎜[일반용지 60g/㎡(재활용품)]

[별지 제2호서식] 분양가심사위원회 심사결과

(앞 면)

분양가심사위원회 심사결과표(○○년 ○○분기)

1. 총괄표(시·도)

(단위 : 건수)

구 분	○○분기 누계	○○월	○○월	○○월
심사건수				
원인통과				
조정후 통과				
재심사 결정				

2. 분양가심사위원회 사업장별 현황

(단위 : 백만원)

개최시점	사업규모 소재지 시군구	총공급호수	총공급면적 (m²)	총대지면적 (m²)	구분	택지비 ① 공급택지 감정가격 적용 계	감정가격 가격	가산비용	민간택지 실매입가격 인정 계 ⓐ+ⓑ	실매입가격	감정가격 가격 ×120% ⓐ	인정매입가격 ⓐ	가산비용 ⓑ	건축비 ② 계	지상층 건축비	지하층 건축비	가산비용	분양가격 총액 ①+②
○○년 ○○월																		
	○○년 ○○구				신청금액													
					심사결과													
					신청금액													
					심사결과													

1) 사업규모 : 상한제 적용주택의 총 공급호수, 총 공급면적(주거전용면적+주거공용면적), 총 대지면적(상한제 적용주택의 대지지분)을 기재
2) 민간택지 실매입가격 인정란 : 주택법 제57조제3항제2호 각 목 외의 부분 단서에 따라 실매입가로 인정받는 경우에 한하여 작성

297㎜×210㎜[인반용지 60g/㎡(재활용품)]

3. 사업장별 감정평가현황

(단위 : 천원)

평가시점	시군구	소재지	대지면적 (m²)	사업주체	감정평가 총액				m²당 단가	m²당 공시지가	재평가시 직전 감정평가 총액		
					평가자 1	평가자 2	최고액/최저액(%)	산술평균금액			평가자 1	평가자 2	재평가사유
○○년 ○○월	○○구				명칭: 금액:	명칭: 금액:					명칭: 금액:	명칭: 금액:	
					명칭: 금액:	명칭: 금액:					명칭: 금액:	명칭: 금액:	

1) 작성대상 : 당해 분기에 분양가심사위원회 심사를 완료한 지구 (당해 분기에 감정평가는 완료하였으나 당해 분기에 분양가심사위원회 심사를 받지 못한 지구는 추후 분양가심사위원회의 심사를 완료한 분기에 포함하여 제출)
2) 평가시점 : 감정평가 완료된 시점이 해당하는 월
3) 최고액/최저액(%) : 감정평가 2인의 평가총액 비율
4) 산술평균금액 : 감정평가 2인의 평가합계액÷2
5) m²당 단가 : 산술평균금액÷대지면적
6) m²당 공시지가 : 감정평가 신청일 당시 해당 토지의 공시된 공시지가 중 신청일에 가장 가까운 시점에 공시된 공시지가
7) 재평가 시 직전 감정평가 총액 : 재평가가 실시된 지구에 한해 재평가 직전의 최초 평가금액 기재
8) 재평가사유 : 평가자 간 감정평가에 차이가 10% 초과 또는 사업주체 이의제기 등 사유 간략히 기재

공동주택 분양가격 산정을 위한 택지평가지침

제1장 총칙

제1조(목적) 이 지침은 「주택법」 및 「공동주택 분양가격의 산정 등에 관한 규칙」(이하 "공동주택분양가규칙"이라 한다)에 따라 분양가상한제 적용주택의 분양가격 산정을 위한 공공택지 외의 택지가격의 감정평가(이하 "택지평가"라 한다)에 관하여 세부적인 기준과 절차 등을 정함으로써 택지평가의 적정성과 공정성을 확보함을 목적으로 한다.

제2조(정의) 이 지침에서 사용하는 용어의 정의는 다음과 같다.

1. "대상택지"란 관계 법령이 정하는 바에 따라 개발·공급되는 주택건설용지로서 공공택지 외의 택지 중 감정평가의 대상이 되는 것을 말한다.
2. "공공택지 외의 택지"란 「주택법」 제2조제24호 각 목의 어느 하나에 해당하는 공공사업에 의하여 개발·조성되는 공동주택이 건설되는 용지(이하 "공공택지"라 한다) 외의 택지를 말한다.
3. "감정평가기관"이란 「부동산 가격공시에 관한 법률」 제3조제5항 및 같은 법 시행령 제7조제5항에 따라 국토교통부장관이 고시하는 기준을 충족하는 감정평가업자로서 시장·군수 또는 구청장(국가·지방자치단체·한국토지주택공사 또는 지방공사인 사업주체는 해당 기관의 장을 말한다. 이하 이 지침에서 같다)에게 택지평가를 의뢰받은 감정평가업자를 말한다.

제3조(적용) 택지평가는 관계 법령에서 따로 정한 것을 제외하고는 이 지침이 정하는 바에 따르고, 이 지침에서 정하지 아니한 사항은 「감정평가에 관한 규칙」, 「감정평가 실무기준」 및 감정평가의 일반이론에 따른다.

제2장 감정평가절차 및 방법

제4조(택지평가 의뢰의 접수 및 검토) 감정평가기관은 택지평가 의뢰를 받은 때에는 다음 각 호의 사항을 검토한다.

1. 의뢰인
2. 대상택지의 표시(소재지·지목·면적 등)
3. 기준시점
4. 감정평가조건
5. 기준가치

6. 사업계획승인의 내용

7. 감정평가서 제출기한

8. 그 밖에 참고할 사항

제5조(기준시점) 택지평가의 기준시점은 사업주체가 시장·군수 또는 구청장에게 택지가격의 감정평가를 신청한 날(국가·지방자치단체·한국토지주택공사 또는 지방공사인 사업주체의 경우에는 해당 기관의 장이 택지가격의 감정평가를 의뢰한 날을 말하며, 이하 "신청일"이라 한다)로 한다.

제6조(면적) 대상택지의 면적은 사업계획승인 면적 중 주택분양대상이 되는 토지의 면적으로 한다.

제7조(감정평가완료기한) ① 감정평가기관은 공동주택분양가규칙 제10조제4항의 규정에 따라 택지평가를 의뢰받은 날부터 20일 이내에 감정평가를 완료하여 감정평가서를 제출해야 한다. 다만, 시장·군수 또는 구청장이 인정하는 부득이한 사유가 있는 경우에는 10일의 범위 내에서 이를 연장할 수 있다.

② 제1항에 따른 감정평가 완료기한 중 감정평가에 필요한 자료 징구 또는 서류 보완 등에 소요되는 기간은 의뢰인과 협의하여 제외할 수 있다.

제8조(택지평가방법의 적용) ① 택지평가는 공동주택분양가규칙 제11조제1항의 규정에 따라 공시지가기준법으로 감정평가해야 한다.

② 감정평가기관은 제1항에 따라 감정평가한 가액을 다음 각 호에 해당하는 토지의 조성에 필요한 비용추정액을 고려하여 각각 감정평가한 가액과 비교하여 합리성을 검토하여야 한다.

1. 해당 토지

2. 해당 토지와 유사한 이용가치를 지닌다고 인정되는 토지

제9조(택지평가 기준) ① 택지조성이 완료되지 않은 소지상태인 토지는 택지조성이 완료된 상태를 상정하고, 이용상황은 대지를 기준으로 하여 감정평가해야 한다. 이 경우 신청일 현재 현실화 또는 구체화되지 아니한 개발이익을 반영해서는 안 된다.

② 감정평가기관은 제8조제1항에 따른 택지평가 및 제8조제2항에 따른 감정평가액의 합리성 검토 시 공동주택분양가규칙 제9조의 규정에 따른 공공택지 외의 택지의 감정평가 가액에 가산하는 비용 또는 동 규칙 제9조의2의 규정에 따른 공공택지 외의 택지 매입가격에 가산하는 비용(이하 이 조에서 "택지와 관련된 가산비"라 한다)의 포함 여부를 판단하여 감정평가서에 기재하여야 한다. 다만, 제1항의 규정에 따라 택지조성이 완료되지 않은 소지상태인 토지를 택지조성이 완료된 상태를 상정하여 감정평가하는 경우 대상택지의 지형, 지질조건 등이 특수하여 택지와 관련된 가산비 중 일부 항목의 투입 여부를 판단하기 어려운 경우에는 그 비용이 투입되지 아니한 상태를 기준으로 감정평가한다.

제3장 공시지가기준법

제10조(비교표준지의 선정) 비교표준지의 선정은 「감정평가에 관한 규칙」 제14조제2항제1호 및 「감정평가 실무기준」[610-1.5.2.1]의 규정을 준용하되, 인근지역 및 동일수급권 안의 유사지역에 있는 동종·유사규모인 공동주택 표준지를 선정함을 원칙으로 한다.

제11조(적용공시지가의 선택) 택지를 공시지가기준법으로 감정평가하는 경우 적용공시지가는 대상택지의 기준시점 당시 공시된 공시지가 중 기준시점에 가장 가까운 시점에 공시된 공시지가를 기준으로 한다. 다만, 감정평가시점이 공시지가 공고일 이후이고 기준시점이 공시기준일과 공시지가 공고일 사이인 경우에는 기준시점 해당 연도의 공시지가를 기준으로 한다.

제12조(그 밖의 요인 보정을 위한 사례 선정) ① 그 밖의 요인을 보정하는 경우에는 대상택지의 인근지역 또는 동일수급권 안의 유사지역의 정상적인 거래사례나 감정평가사례 등(이하 이 조에서 "거래사례 등"이라 한다)을 참작할 수 있다.

② 제1항의 거래사례 등은 다음 각 호의 선정기준을 모두 충족하는 사례 중에서 대상택지의 감정평가에 가장 적절하다고 인정되는 사례를 선정한다. 다만, 제1호 및 제4호는 거래사례를 선정하는 경우에만 적용된다.

1. 「부동산 거래신고 등에 관한 법률」에 따라 신고된 실제 거래사례일 것
2. 거래 또는 감정평가가 정상적이라고 인정되는 사례나 정상적인 것으로 보정이 가능한 사례일 것
3. 기준시점으로부터 도시지역(「국토의 계획 및 이용에 관한 법률」 제36조제1항제1호에 따른 도시지역을 말한다.)은 3년 이내, 그 밖의 지역은 5년 이내에 거래 또는 감정평가된 사례일 것. 다만, 특별한 사유가 있는 경우에는 그 기간을 초과할 수 있다.
4. 토지 및 그 지상건물이 일체로 거래된 복합부동산의 경우에는 배분법의 적용이 합리적으로 가능한 사례일 것
5. 「감정평가 실무기준」[610-1.5.2.1]에 따른 비교표준지의 선정기준에 적합할 것

③ 제2항제3호 단서의 경우에는 그 이유를 감정평가서에 기재하여야 한다.

제4장 감정평가액의 합리성 검토 방법

제13조(토지의 조성에 필요한 비용추정액을 고려한 감정평가액 산정) ① 제8조제2항에 따른 토지의 조성에 필요한 비용추정액을 고려한 감정평가가액은 다음 각 호의 비용을 합산하여 산정한다.

1. 조성 전 토지의 취득가액
2. 토지의 조성에 필요한 비용추정액

② 감정평가기관은 제8조제2항에 따라 감정평가액의 합리성을 검토하여야 하나, 해당 토지의 특성 및 주위환경 등에 따라 제8조제2항 각 호에 따른 비용추정액을 각각 검토하는 것이 불가능하거나 부적절하다고 판단되는 경우 해당 호에 대하여 검토를 생략할 수 있다. 이 경우 감정평가서에 그 사유를 충분히 기재하여야 한다.

제14조(조성 전 토지의 취득가액 산정) ① 제13조제1항제1호에 따른 조성 전 토지의 취득가액은 실제 취득가격을 원칙으로 하되, 그 가격을 알 수 없는 경우 또는 그 가격이 적정하지 아니하다고 판단되는 경우에는 대상택지의 조성 전 상태를 기준으로 하는 감정평가액(이하 "종전평가액 등"이라 한다)을 기준으로 산정할 수 있다.

② 취득시점(종전평가액 등의 기준시점을 포함한다)과 택지평가의 기준시점간 기간 차이가 발생하는 경우 이에 따른 기간보정을 별도로 할 수 있으며, 기간보정에 따른 이율은 1년만기 정기예금금리 등 시중금리를 참작하여 결정할 수 있다.

제15조(토지의 조성에 필요한 비용추정액 산정) ① 제13조제1항제2호 토지의 조성에 필요한 비용추정액은 해당 토지의 조성에 필요한 직·간접비용을 포함한다.

② 제1항에 따른 비용추정액은 사업주체로부터 제시받은 자료를 기준으로 산정하되, 제시받은 비용 항목의 적정성을 검토하여야 한다.

③ 사업주체로부터 제시받은 비용이 표준적인 비용 수준과 현저히 부합하지 않는다고 판단되는 경우 이를 합리적인 수준으로 조정하여 산정할 수 있다.

부칙 〈2020.4.28.〉

이 지침은 2020.5.1일부터 시행한다.

[시행 2020.1.28, 국토교통부고시 제2020-1275호, 2020.1.28, 일부개정]

공공택지 조성원가 산정기준 및 적용방법

1. 택지 조성원가 산정원칙

가. 택지조성원가는 택지개발계획 및 실시계획에 의거 이해관계자가 신뢰할 수 있도록 객관적인 자료와 근거에 의하여 산정하여야 한다.

나. 세부 항목별 택지조성원가(이하 "조성원가"라 한다)는 그 특성에 따라 원가집계 및 배부방법(배부율)에 의하여 산정한다. 다만 사전적 조성원가와 사후적 조성원가(실제 발생원가)와의 차이가 예상되므로 가능한 실제 발생원가에 근접하도록 객관성과 공정성 있게 산정하여야 한다.

다. 최초 조성원가 산정 후 택지개발계획 및 실시계획이 변경되거나 사정변경(수용재결에 의한 변동, 천재지변 등)으로 조성원가가 증감되는 경우 조성원가를 재산정할 수 있으며, 이후에 공급되는 택지는 변경된 조성원가를 적용한다.

라. 조성원가는 택지개발지구별로 산정하여 공개하며, 배부율 적용은 최근 3년간 운용실적(결산기준)을 기준으로 한다.

마. 『1.-라.』에 불구하고 동일 택지개발지구의 조성공사를 단계적으로 시행하거나 택지와 산업시설용지 등을 복합적으로 조성하면서 단계별 시행구역의 경계선 또는 산업시설용지 등과의 경계선이 도로·하천 등에 의해 객관적으로 구분될 수 있는 경우에는 이를 구분하여 산출할 수 있다.

2. 택지 조성원가 개념

조성원가는 「택지개발촉진법」(이하 "법"이라 한다)에 따라 공급하는 국민주택 등의 건설용지를 조성하는데 소요되는 직·간접비와 투자비에 대한 자본비용을 사전적으로 산출한 추정원가로서 확정된 공급 기준가격을 말한다.

3. 택지 조성원가 산정 및 적용시기

가. 조성원가 산정시기

1) 조성원가는 당해 택지개발지구에 설치하는 간선시설(택지개발지구와 외부기반시설을 직접 연결하는 확정된 기반시설 포함)의 기본설계를 종료한 이후에 법 제18조에 따라 최초로 택지를 공급하고자 할 때 산정한다. 다만, 기본설계 종료시점이 실시계획 승인일로부터 1년을 초과하는 경우 그 시점에서 산정할 수 있다.

2) 전항에 의한 조성원가 산정시기 이전에 부득이 택지를 조기에 공급해야 하는 경우(법 제20조의 규정에 의거 선수금을 받는 경우 등)에는 사후 조정을 전제로 산정할 수 있다.

나. 조성원가 재산정

1) 최초 조성원가를 산정한 후 수용재결금액의 변경 등 특별한 사정변경으로 인하여 조성원가의 증감이 발생한 경우에는 조성원가를 재산정할 수 있다. 다만, 택지개발계획 및 실시계획의 변경에 의거한 간선시설계획의 변경 등으로 용지비, 용지부담금, 조성비, 기반시설설치비의 합계액이 3퍼센트 이상 증감한 경우에는 조성원가를 재산정하여야 한다.

2) 간선시설의 추가 등으로 인하여 사업비가 변경되어 조성원가를 재산정하고자 할 때는 택지개발계획 및 실시계획의 변경에 의거 하여야 한다. 다만, 「택지개발촉진법 시행령」 제8조 제5항의 경우에는 그러하지 아니할 수 있다.

다. 조성원가 공개시기 및 공개횟수

1) 조성원가는 최초로 택지를 공급하고자 공고하는 때 공개하며, 1회 공개하는 것을 원칙으로 한다.

2) 택지개발계획 및 실시계획의 변경 등 특별한 사정변경으로 인하여 조성원가의 증감이 발생된 경우에는 그 내용을 사업시행자의 홈페이지에 게재한다.

3) 조기에 택지를 공급할 필요가 있어 조성원가 산정시기 이전에 택지를 공급하는 경우에는 조성원가 산정시기 이후에 공개한다.

라. 제비용률의 적용

1) 동일한 택지개발지구에 있어 직접인건비, 판매비, 일반관리비, 자본비용, 그 밖의 비용 산정 시 적용하는 제비용률은 실시계획승인 고시일이 속한 연도의 제비용률을 계속 적용한다.

2) 다만, 결산 미확정 등의 사유로 당해연도 제비용률이 확정되지 아니한 경우에는 전년도 제비용률을 적용한다.

3) 직접인건비, 판매비, 일반관리비와 같이 배부율의 상한이 설정된 경우 상한액을 초과하는 금액은 조성원가에 포함하지 아니한다.

4. 택지 조성원가 구성요소

가. 조성원가는 법 제18조의2에 의거 택지개발·조성 과정에 직·간접적으로 관련되어 투입된 총비용으로서 직접비와 간접비로 구성한다.

나. 직접비는 용지취득 및 조성공사를 위하여 직접 소요된 비용으로 용지비·조성비·직접인건비·이주대책비·용지부담금·기반시설설치비로 구성하고, 간접비는 사업시행자의 영업활동과 관련하여 발생하는 판매비·일반관리비·자본비용·그 밖의 비용으로 구성한다.

다. 사업시행자는 조성원가의 구성요소 중 조성원가에서 차지하는 비중이 상당하고, 내용이 중요하다고 판단되는 경우 항목을 세분할 수 있다.

5. 택지 조성원가 산정방법

가. 단위면적당 조성원가 산정

1) 단위면적당 조성원가(원/㎡) = 총사업비 / 총유상공급대상면적

2) 총사업비 = 용지비 + 조성비 + 직접인건비 + 이주대책비 + 판매비 + 일반관리비 + 용지부담금 + 기반시설설치비 + 자본비용 + 그 밖의 비용

3) 총사업면적 = 실시계획상 해당 택지개발지구의 면적. 다만, 실시계획이 변경된 경우에는 변경된 해당 택지개발지구의 면적

4) 총유상공급대상면적 = 총사업면적 − 총무상공급대상면적

나. 무상공급대상면적 산정

1) 무상공급대상면적은 관련법령의 규정에 의하여 무상으로 공급하는 면적과 공공시설 용지 중 조성원가 이하로 공급하는 토지의 조성원가 이하 부분 면적(예「학교용지의 확보에 관한 특

례법」에 의거 조성원가의 70%로 공급하는 고등학교용지의 경우 공급면적 중 30%는 무상공급대상면적으로 간주)을 합한 것으로 한다.

2) 존치부지, 현황보존지 등 택지개발지구에 편입되나 공급대상이 아닌 토지면적은 무상공급대상면적에 포함하여 산정하며, 시설부담금 등은 총사업비에서 제외하고 조성원가를 산정한다.

3) 택지개발촉진법령의 규정에 의하여 조성원가 이하로 공급하는 공공시설 용지 이외의 토지는 조성원가 이하로 공급(예, 임대주택지, 공동주택지, 이주자택지)하더라도 무상공급면적에 포함시킬 수 없다.

4) 「학교용지 확보 등에 관한 특례법」 제4조의2에 따라 학교시설 설치를 위해 녹지를 조정하여 택지를 공급하는 경우, 이에 해당하는 면적은 1)부터 3)까지의 규정에도 불구하고 총 유상공급 대상면적에서 제외하여 조성원가를 산정한다.

다. 용지비 산정

1) 용지비는 해당 택지개발지구의 실시계획에 따른 용지매수와 관련된 직접비로서 용지매입비, 지장물 등 보상비, 영업·영농·축산·어업 등에 관한 권리 보상비, 취득세, 재산세 및 종합부동산세, 보상관련 용역비, 조사비, 등기비, 사업시행과 관련하여 집행한 임차비용 등 제반 부대비용을 포함하여 산정한다.

2) 취득세, 재산세 및 종합부동산세에는 본세에 부가(附加)되는 세금이 있을 경우 이를 포함하며, 재산세 및 종합부동산세는 취득 이후 개발사업이 진행되는 기간에 부과된 세금에 한정한다.

라. 조성비 산정

조성비는 해당 택지개발지구의 조성에 소요된 직접비로서 부지조성공사비, 특수구조물 공사비, 가로등공사비, 전기통신 공사비, 가스·난방시설 공사비, 조경 공사비, 정보화시설 공사비(U-City 공사비 포함), 문화재 조사 및 발굴비, 설계비, 측량비, 시공감리비, 조성관련 용역비 및 기타 부대비용을 포함하여 산정한다. 다만, 해당 조성비용을 부담한 자가 따로 있을 경우에는 제외한다.

마. 직접인건비 산정

1) 직접인건비는 해당 조성사업을 직접 수행하는 직원의 인건비로서 다음의 산식에 의하여 산정한다.

2) 직접인건비 = 해당 택지개발지구의 투입비(용지비 + 용지부담비 + 조성비 + 기반시설설치비 + 이주대책비) × 직접인건비율

3) 직접인건비율 = 최근 3년간 조성사업관련부서 인건비의 연평균액/최근 3년간 직접비 중 (용지비 + 조성비 + 이주대책비 + 용지부담금+기반시설설치비)의 연평균액. 단, 인건비 연평균액은 해당 연도 제조원가명세서상 제조원가부문의 직접노무비를 기준으로 산정한다.

4) 직접인건비율은 2%를 초과할 수 없다.

바. 이주대책비 산정

이주대책비는 이주정착금 등 이주대책에 소요된 비용 및 손실액을 산정한다.

사. 판매비 산정

1) 판매비는 광고선전비, 판매촉진비, 그 밖에 판매활동에 소요된 비용(조성사업과 관련이 없는 부분 제외)으로 다음의 산식에 의해서 산정한다.

2) 판매비 = 해당 택지개발지구의 직접비 (용지비 + 조성비 + 직접인건비 + 이주대책비 + 용지부담금 + 기반시설설치비) × 판매비율

3) 판매비율 = 최근 3년간 판매비 집행액의 연평균액 / 최근 3년간 직접비 (용지비 + 조성비 + 직접인건비 + 이주대책비 + 용지부담금 + 기반시설설치비)의 연평균액. 단, 판매비 집행액의 연평균액은 해당 연도 포괄손익계산서상 판매비와 관리비 금액을 기준으로 산정한다.

4) 판매비율은 직전 5개년 산정 비율의 평균을 초과할 수 없다.

아. 일반관리비 산정

1) 일반관리비는 인건비·임차료·연구개발비·훈련비·그 밖에 사업시행과 관련한 일반관리에 소요된 비용으로, 직접인건비에 포함된 금액은 제외하고 다음의 산식에 의해서 산정한다.

2) 일반관리비 = 해당 택지개발지구의 직접비 (용지비 + 조성비 + 직접인건비 + 이주대책비 + 용지부담금 + 기반시설설치비) × 일반관리비율

3) 일반관리비율 = 최근 3년간 일반관리비 집행액의 연평균액 / 최근 3년간 직접비(용지비 + 조성비 + 직접인건비 + 이주대책비 + 용지부담금 + 기반시설설치비)의 연평균액

단, 일반관리비 집행액의 연평균액은 해당 연도 포괄손익계산서상 판매비와 관리비 금액을 기준으로 산정하며, 판매비 집행액과 일반관리비 집행액의 합은 포괄손익계산서상 판매비와 관리비 금액과 일치해야 한다.

4) 판매비율과 일반관리비율의 합은 「국가를 당사자로 하는 계약에 관한 법률 시행규칙」 제8조 제1항제1호의 비율을 초과할 수 없으며, 직전 5개년 산정 비율의 평균을 초과할 수 없다.

자. 용지부담금 산정

용지부담금은 해당 택지개발지구의 실시계획에 의거 토지 등의 취득과 관련하여 용지의 형질변경 등을 원인으로 법령에 따라 부과되는 농지보전부담금, 대체산림자원조성비, 대체초지조성비 등 각종 부담금을 포함하여 산정한다.

차. 기반시설설치비 산정

1) 기반시설설치비는 해당 택지개발지구의 조성에 필요한 도로, 상·하수처리 관련시설, 에너지·통신시설 등 기반시설설치 소요비용, 각종 부담금(타 법령이나 인·허가조건에 의하여 국가 또는 지방자치단체에 납부하는 광역교통시설부담금, 생태보전협력금, 하수도시설원인자부담금, 폐기물처리시설설치부담금 등 각종 부담금 포함), 공공시설설치비 및 기타 부대비용을 포함하여 산정한다. 단, 법령에 근거가 없거나 해당 공사비 부담자가 따로 있는 경우 또는 택지개발사업과 관련이 없는 인·허가 조건 등에 의한 기반시설설치비는 조성원가에 포함시킬 수 없다.

2) 기반시설설치비에 포함되는 공공시설 설치비 등은 택지개발계획 및 실시계획에 근거하여야 하며, 택지개발계획 및 실시계획에 반영되지 않은 공공시설설치비 등은 조성원가에 포함시킬 수 없다.

카. 자본비용 산정

1) 자본비용은 택지개발사업을 시행하는데 필요한 사업비의 조달에 소요되는 비용으로 다음과 같이 산정하며, 조성원가 공시내용에는 자본비용률을 표시하여야 한다.

2) 자본비용 = 순투입액의 누적액 × 자본비용률

3) 순투입액의 누적액은 자본비용 산정기간 동안 매기간별(매월 또는 매분기별) 해당 택지개발지구에 대한 투입(예상)액에서 회수(예상)액을 차감한 순투입금액을 자본비용 산정기간 동안 누적한 금액임

4) 자본비용률 = 자기자본비용률 + 타인자본비용률

5) 자기자본비용률 = 5년만기 국고채 이자율 × 최근 5년간 총자본분의 자기자본 비율 평균

6) 타인자본비용률 = (최근 5년간 차입이자의 연평균액 / 최근 5년간 타인자본금액의 연평균액) × 최근 5년간 총자본분의 타인자본 비율 평균

  * 총자본(금액) = 자기자본(금액) + 타인자본(금액)

7) 자본비용 산정기간 = 조성사업 착수일(보상계획 공고일)로부터 조성사업 준공일까지로 한다.

8) 순투입액은 복리를 적용하여 산정하며, 자기자본은 납입자본금과 자본잉여금 및 이익잉여금의 합계액으로 하며, 타인자본은 회계상 부채가 아니라 금융비용을 부담하는 부채만으로 산정한다.

타. 그 밖의 비용 산정

1) 그 밖의 비용은 「산업재해보상보험법」에 따른 보험료, 천재지변으로 인하여 발생하는 피해액 및 조성사업과 관련한 기부채납금을 더한 금액으로 다음의 산식에 의해서 산정한다.

2) 그 밖의 비용 = 해당 택지개발지구의 직접비 (용지비 + 조성비 + 직접인건비 + 이주대책비 + 용지부담금 + 기반시설설치비) × 그 밖의 비용률

3) 그 밖의 비용률 = 최근 3년간 그 밖의 비용 집행액의 연평균액 / 최근 3년간 직접비(용지비 + 조성비 + 직접인건비 + 이주대책비 + 용지부담금 + 기반시설설치비)의 연평균액

4) 그 밖의 비용 산정시에는 일반관리비 등과 이중계산되지 않도록 해야 한다.

6. 택지 조성원가의 신뢰성 확보 노력

가. 사업시행자는 조성원가 담당직원에 대한 교육, 전산시스템개발, 내부업무지침 수립 등을 통해 조성원가가 신뢰성 있게 산정될 수 있도록 하여야 한다.

나. 사업시행자는 사업완료지구의 준공 조성원가를 분석하여 사전적으로 추정한 조성원가의 신뢰성을 높일 수 있는 방안을 지속적으로 강구하여야 한다.

다. 사업시행자는 사업비 지출의 택지개발지구별 구분이 가능하도록 회계시스템을 정비하여야 한다. 원칙적으로 직접비와 간접비 모두 지구별 회계코드를 부여하여 비용을 집계하고, 구분이 곤란한 간접비의 경우 합리적인 지구별 배분비율을 설정해야 한다.

7. 「택지 조성원가 심의위원회」 운영

　가. 사업시행자는 공개대상 택지개발지구의 사전적으로 산정된 조성원가의 신뢰성을 높이고 산정과 정의 객관성, 공정성 등을 검증하기 위하여 '택지조성원가 심의위원회'(이하 "심의위원회"라 한다)를 구성·운영하여야 한다.

　나. 심의위원회는 다음 중 어느 하나에 해당하는 자 중에서 사업시행자가 위촉하는 위원장 1인을 포함한 10인 이내의 위원으로 구성하되, 시민단체(「비영리민간단체 지원법」 제2조의 규정에 의한 비영리 민간단체를 말한다)가 추천하는 민간위원이 포함되어야 한다.

　　1) 사업시행자의 소속 공무원 또는 임직원

　　2) 국토교통부장관 및 실시계획승인권자가 소속 공무원 중에서 추천한 자(1인 이상 위원에 포함하여야 한다)

　　3) 회계사, 감정평가사, 변호사

　　4) 대학·연구기관 등에 재직 중인 토지·주택관련 전문적 지식과 경험이 있는 자

　다. 심의위원회는 택지개발지구의 실시계획 승인 후 최초로 조성원가를 산정하거나 위원장이 필요하다고 인정하는 경우에 개최하고, 부득이한 경우를 제외하고는 심의위원회 개최 7일 전까지 위원장은 부의안건을 첨부한 개최통지서를 위원 전원에게 송부하여야 하며, 이 경우 적절한 보안대책을 강구하여야 한다.

　라. 심의위원회의 구성과 운영에 관하여 기타 필요한 사항은 사업시행자 및 심의위원회에서 정한다.

8. 재검토기한

　국토교통부장관은 「훈령·예규 등의 발령 및 관리에 관한 규정」에 따라 이 고시에 대하여 2016년 1월 1일 기준으로 매 3년이 되는 시점(매 3년째의 12월 31일까지를 말한다)마다 그 타당성을 검토하여 개선 등의 조치를 하여야 한다.

부칙 〈제2020-1275호, 2020.1.28.〉

제1조(시행일) 이 고시는 발령한 날부터 시행한다.

Chapter 05 감정평가법인등의 보수에 관한 기준

제1조(목적) 이 기준은 「감정평가 및 감정평가사에 관한 법률」 제23조에 따라 감정평가법인등이 업무수행에 관하여 감정평가 의뢰인으로부터 받는 수수료의 요율 및 실비의 범위와 적용방법을 정함을 목적으로 한다.

제2조(감정평가법인등의 책무) ① 감정평가법인등은 이 기준에서 정하는 것 외에 다른 이유로 보수나 금품을 감정평가 의뢰인(이하 "의뢰인"이라 한다)에게 요구할 수 없다.

② 감정평가 의뢰를 받은 감정평가법인등은 업무수행 개시 전 가격산출 근거자료, 가치형성요인 분석, 적용 감정평가기법 등 감정평가에 관한 개략적인 사항에 대해 의뢰인에게 고지하여야 한다.

③ 감정평가법인등은 감정평가를 착수하기 이전에 제4조제1항 별표의 감정평가수수료 체계에 따라 적용하는 수수료 요율을 의뢰인과 협의하고, 제5조와 제6조에 따라 감정평가수수료에 할증률 또는 할인율을 적용하는 경우에는 이를 의뢰인에게 고지하여야 한다. 다만, 평가물건의 의뢰내용이 현지조사결과와 다른 경우에는 수수료 요율을 재협의할 수 있다.

④ 감정평가법인등은 본인의 사정에 따라 감정평가 의뢰를 반려하는 경우 지급받은 착수금의 1.5배에 해당하는 금액을 의뢰인에게 반환하여야 한다.

⑤ 감정평가법인등은 공정하고 객관적인 평가를 위하여 이 기준에서 정하는 사항을 준수하여야 한다.

제3조(감정평가법인등의 보수) 감정평가법인등의 보수는 이 기준에서 정한 감정평가수수료와 제10조에 따른 실비를 합산하여 산출한다.

제4조(감정평가수수료) ① 감정평가수수료는 건당 감정평가액을 기준으로 가격산출 근거자료, 가치형성요인 분석, 적용 감정평가기법 등을 고려하여 별표에 따라 감정평가액 구간별로 계산된 금액으로 산정한다.

② 제1항에도 불구하고 다음 각 호의 감정평가수수료 산정에 대하여는 각 호에서 규정한 금액을 제1항의 감정평가액으로 본다.

1. 「공익사업을 위한 토지 등의 취득 및 보상에 관한 법률」에 따라 취득하는 토지등의 보상을 위한 감정평가
   가. 기준시점으로부터 2년 이내에 공시되어 있는 개별공시지가(해당 공익사업으로 인하여 필지가 분할된 경우 분할되기 전의 개별공시지가를 해당 토지의 개별공시지가로 본다. 이하 같다)로 산정한 전체 토지의 가액에 지상물의 감정평가액을 합하여 산정한 가액
   나. 기준시점으로부터 2년 이내에 공시되어 있는 개별공시지가가 없는 경우에는 감정평가액
   다. 「공익사업을 위한 토지 등의 취득 및 보상에 관한 법률 시행규칙」 제23조에 따라 공법상 제한이 없는 상태로 토지를 감정평가하는 경우로서 개별공시지가에 따라 산정한 지가의 총액이 감정평가액의 50%에 못 미치는 경우에는 감정평가액의 50%에 상당하는 금액

2. 임대료(賃貸料) 또는 사용료에 대한 감정평가

가. 적산법에 따라 감정평가를 하는 경우 : 임차물건 또는 사용대상물건(구분지상권의 경우는 해당 토지를 말한다)의 기초가액

나. 임대사례비교법 또는 수익분석법에 따라 감정평가를 하는 경우 : 연간임대료 합계액 또는 사용료 합계액의 10배에 해당하는 가액

다. 여러 해의 임대료 또는 사용료를 감정평가하는 경우 : 가목 또는 나목의 연도별 가액의 합계액

3. 광업권 및 어업권 : 광산 또는 어장의 감정평가액

4. 비상장주식 : 수정 후 대차대조표상의 자산가치

5. 권리금 : 권리금 감정평가액의 5배에 해당하는 가액

6. 자산의 가치변동 : 자산의 가치가 변동되기 전(前)과 후(後)를 각각 감정평가한 가액의 합계액

7. 환매 감정평가 : 환매 당시의 토지가격에 대한 감정평가액

③ 제5조에 따라 할증률을 적용하는 물건이 포함된 평가대상 물건의 감정평가수수료가 300,000원에 미달하는 경우에는 수수료를 300,000원으로 하고, 제6조에 따라 할인율을 적용하는 물건이 포함된 평가대상 물건의 감정평가수수료가 200,000원에 미달하는 경우에는 수수료를 200,000원으로 한다.

④ 평가대상 물건에 제5조 또는 제6조에 따른 할증률 또는 할인율 적용 물건이 포함된 경우에는 전체 물건의 감정평가액에 제1항과 제2항에 따른 요율체계를 적용하여 감정평가수수료를 산정한 후 그 감정평가수수료 중 전체 물건의 감정평가액에서 각각의 감정평가액이 차지하는 비율에 따라 감정평가수수료를 구분하고, 할증률 또는 할인율을 적용하여 전체 물건에 대한 감정평가수수료를 산정한다.

제5조(수수료의 할증) ① 일반적인 평가대상 물건의 감정평가에 비해 평가 난이도가 높고, 시간이 많이 소요되는 감정평가에 대해서는 감정평가수수료에 할증률을 적용한다.

② 제1항에 따라 다음의 각 호에 대해서는 제4조에 따른 감정평가수수료에 100분의 150의 할증률을 적용하여 산정한다. 다만, 하나의 물건(토지, 건물, 특수용도의 구축물, 입목, 도로, 광산 등)이 둘 이상의 특수평가 대상에 해당하면 하나의 특수평가에 해당하는 것으로 보아 할증률을 적용한다.

1. 감정평가 의뢰일로부터 6개월 이상 기준시점을 소급하는 감정평가(제6조제2항제1호에 해당하는 경우는 제외한다)

2. 특수용도의 구축물(교량, 댐, 선거(船渠) 및 이에 준하는 물건)의 감정평가

3. 입목, 묘포(苗圃), 화훼 및 관상용 식물의 감정평가

4. 육로 또는 공공도로로 통행이 불가능한 도서지역에 소재하는 물건 및 산림(임야를 포함한다)의 감정평가

5. 손실보상을 위한 공장 등 산업체 시설의 감정평가

6. 해체 처분 가격으로의 감정평가

7. 도로, 구거(溝渠), 철도용지, 수도용지, 묘지, 유지(溜地), 하천, 제방과 이에 편입되는 토지의 감정평가

8. 광산 또는 광업권, 온천의 감정평가

9. 어장 또는 어업권(신고어업 및 허가어업을 포함한다)의 감정평가

10. 토지수용위원회가 의뢰하는 수용 또는 이의신청 재결을 위한 감정평가

11. 법원의 소송평가

12. 선하지(線下地)와 이에 편입되는 토지의 감정평가

③ 제2항 각 호의 특수평가를 행함에 있어 감정평가법인등이 제9조에 따른 특별용역 또는 이와 유사한 용역(의뢰인이 필요에 의해 전문기관에 의뢰한 용역을 말한다)의 결과를 이용하여 감정평가한 경우에는 제1항에서 정한 할증률을 감정평가수수료에 적용하지 아니한다.

④ 토지등의 일정 지분에 대해 의뢰된 감정평가(이하 "지분감정평가"라 한다)로서 지분감정평가를 위해 전체 토지등에 대한 감정평가가 필요한 경우에는 제4조에 따른 감정평가수수료에 100분의 150 이내의 범위에서 의뢰인과 협의한 할증률을 적용한다. 다만, 이 경우 지분감정평가의 수수료는 전체 토지등의 감정평가액을 기준으로 산정한 수수료를 초과할 수 없다.

제6조(수수료의 할인) ① 평가대상 물건의 감정평가를 반복하는 등의 사유로 평가에 소요되는 시간 등이 줄어드는 감정평가에 대해서는 감정평가수수료에 할인율을 적용한다.

② 제1항에 따라 다음 각 호의 감정평가를 하는 경우에는 제4조에 따른 감정평가수수료에 해당 할인율의 금액을 감하여 산정한다. 다만, 하나의 물건이 둘 이상의 할인 적용 대상에 해당하는 경우에는 할인액이 큰 하나만 적용한다.

1. 같은 의뢰인(같은 소유자를 포함한다. 이하 이 항에서 같다)으로부터 같은 물건을 다시 의뢰받은 경우(여러 건으로 나누어 의뢰받은 경우를 포함한다) 아래의 할인율을 적용. 이 경우 재의뢰일은 당초 감정평가서 발급일로부터 기간을 계산하고, 기준시점은 당초 기준시점부터 기간을 계산하며, 재의뢰일과 기준시점으로 계산한 기간이 다른 경우에는 기간이 긴 것을 기준으로 하되, 당초 감정평가보다 기준시점을 소급하는 감정평가에는 적용하지 아니할 것

재의뢰일	기준시점	할인율
3개월 이내	동일	100분의 90
3개월 이내	3개월 이내	100분의 70
6개월 이내	6개월 이내	100분의 50
1년 이내	1년 이내	100분의 30
2년 이내	2년 이내	100분의 10

2. 제4조 제2항 제6호에 따른 감정평가 및 「개발이익환수에 관한 법률 시행규칙」 제8조에 따라 개시시점과 종료시점 지가를 동시에 의뢰하는 감정평가는 100분의 50의 범위에서 의뢰인과 협의한 할인율을 적용

3. 가치형성요인이 유사한 10호 이상의 공동주택에 대한 감정평가는 100분의 20의 할인율을 적용

4. 「공익사업을 위한 토지 등의 취득 및 보상에 관한 법률」 제4조제5호에 따른 공익사업으로 조성하여 공급하는 토지에 대한 감정평가는 100분의 20의 할인율을 적용

5. 다음 각 목에 해당하는 감정평가로서 같은 감정평가법인등이 같은 기업의 자산에 대한 감정평가를 반복하거나 반복할 것이 예정된 경우에는 감정평가의 반복 주기, 자산 상태의 변동 정도 등을 고려하여 100분의 40 이내의 할인율 적용 가능

   가. 「주식회사의 외부감사에 관한 법률」에 따른 재무제표 작성에 필요한 감정평가

   나. 「자본시장과 금융투자업에 관한 법률」에 따른 집합투자기구의 편입재산에 대한 감정평가

   다. 「부동산투자회사법」에 따른 부동산투자회사의 투자·운용자산에 대한 감정평가

제7조(보상을 위한 감정평가수수료의 특례) ① 제4조에도 불구하고 「공익사업을 위한 토지 등의 취득 및 보상에 관한 법률」에 따라 보상을 위하여 감정평가를 하는 경우 토지와 건물(「건축법」 제2조제1항 제2호에 따른 건축물을 말한다)에 대해서는 제4조에 따라 산출한 감정평가수수료의 100분의 70과 이 조에 따라 산출한 감정평가수수료의 100분의 30을 합하여 산정한다. 다만, 산정된 감정평가수 수료가 200,000원에 미달하는 경우 수수료는 200,000원으로 한다.

② 토지에 대한 감정평가수수료는 기본료 100,000원에 필지별 가산료를 모두 합산한 금액으로 한다. 이 경우 필지별 가산료는 100,000원에 다음 각 호에 따른 할증률과 할인율을 적용하여 산출한다.

1. 기본유형 할증률 : 개별 필지의 토지이용현황이 다음 각 목에 해당하는 경우 해당 할증률을 적 용할 것. 다만, 동시에 둘 이상의 토지이용현황에 해당하는 경우에는 제4조제4항을 준용한다.

토지이용현황	할증률
가. 공장용지, 학교용지, 주차장, 주유소용지, 창고용지	100분의 110
나. 유지(溜地), 양어장, 수도용지, 공원, 체육용지, 유원지, 종교용지, 사적지, 묘지	100분의 130
다. 임야, 광천지, 염전, 매립지와 토지이용현황이 도로, 철도용지, 제방, 하천, 구거(構渠)이거나 이에 편입되는 토지	100분의 140

2. 특수유형 할증률 : 개별 필지가 다음 각 목의 특수유형에 해당하는 경우 해당 할증률을 적용할 것. 다만, 동시에 둘 이상의 특수유형에 해당하는 경우에는 가장 높은 할증률을 적용한다. 다만, 동시에 둘 이상의 토지이용현황에 해당하는 경우에는 제4조제4항을 준용한다.

특수유형	할증률
가. 표준지 2개 이상 사용 또는 불법형질변경 토지	100분의 130
나. 미지급용지	100분의 140
다. 사용료	100분의 150

3. 수량 할인율 : 다음 각 목에 따른 구간별 필지수와 할인율을 곱하여 계산된 필지수를 모두 합하여 전체 필지수로 나누어 산출할 것

필지수	할인율
가. 1필지부터 20필지까지	100분의 0
나. 21필지부터 150필지까지	100분의 10
다. 151필지부터 250필지까지	100분의 20
라. 251필지부터 500필지까지	100분의 30
마. 501필지부터	100분의 40

③ 건물에 대한 감정평가수수료는 기본료 30,000원에 건물별 가산료를 모두 합산한 금액으로 한다. 이 경우 건물별 가산료는 30,000원에 다음 각 호에 따른 할증률을 곱하여 산출한다.

1. 특수용도 할증률 : 개별 건물이 다음 각 목의 특수용도에 해당하는 경우 해당 할증률을 적용할 것

특수용도	할증률
가. 주유소, 유류 및 가스 저장소, 냉동창고	100분의 130
나. 레저 및 위락시설, 쇼핑시설	100분의 140
다. 문화재, 고건물	100분의 170

2. 면적 할증률 : 개별 건물의 바닥 면적이 다음 각 목에 해당하는 경우 해당 할증률을 적용할 것

면적	할증률
가. 500㎡ 초과 1,500㎡ 이하	100분의 110
나. 1,500㎡ 초과 3,000㎡ 이하	100분의 120
다. 3,000㎡ 초과	100분의 130

3. 기타 할증률 : 개별 건물이 다음 각 목에 해당하는 경우 해당 할증률을 적용할 것

사유	할증률
가. 건물이 복수구조 또는 복수용도이거나 6층 이상인 경우	100분의 120
나. 건물 일부의 수용으로 보수비를 감정평가하는 경우	100분의 150

제8조(여러 개 물건에 대한 수수료) ① 같은 사람이 여러 개의 물건에 대한 감정평가를 일괄하여 의뢰한 때에는 여러 개의 물건 모두의 감정평가액 총액을 기준으로 하여 감정평가수수료를 산정한다. 다만, 다음 각 호의 어느 하나에 해당하는 경우에는 제외한다.

1. 「공익사업을 위한 토지 등의 취득 및 보상에 관한 법률」에 따른 보상을 위한 감정평가 : 다른 공익사업(같은 공익사업이지만 사업인정고시일이 다른 경우를 포함한다)인 경우
2. 국·공유재산의 교환 또는 처분을 위한 감정평가 : 교환 또는 처분을 위한 공고를 달리한 경우
3. 「주식회사의 외부감사에 관한 법률」에 따른 재무제표 작성에 필요한 감정평가 : 다른 회사인 경우
4. 법원에 계속 중인 소송 또는 경매를 위한 토지등의 감정평가 : 사건번호 또는 경매번호를 달리하는 경우
5. 금융기관 등에서 대출금에 대한 담보를 설정하기 위하여 의뢰하는 감정평가 : 다른 대출 건으로 취급되는 경우
6. 그 밖에 사회의 거래 관행상 1건으로 보기 어려운 경우

② 제1항 각 호 외의 본문에도 불구하고 여러 개의 물건이 서로 다른 행정구역에 소재하는 경우에는 감정평가수수료를 시·군·구(지방자치법 제3조제3항의 구를 포함한다)별로 산출할 수 있다.

③ 제1항 각 호의 본문에도 불구하고 다음 각 호는 각각의 권리를 1건으로 보고 감정평가수수료를 산정한다.

1. 「광업법」에 따른 광업권
2. 「수산업법」에 따른 어업권(신고어업 및 허가어업을 포함한다)
3. 영업권 또는 「공익사업을 위한 토지 등의 취득 및 보상에 관한 법률」에 따른 영업손실 보상평가

제9조(특별용역) ① 감정평가법인등이 감정평가를 시행하면서 특별한 용역이 필요한 때에는 의뢰인에게 그 용역의 시행을 요청하거나, 의뢰인의 승낙을 받고 그 용역을 시행할 수 있다.

② 제1항에 따른 특별한 용역은 다음의 각 호와 같다.

1. 「수산업법」에 따른 어업보상의 손실 범위 등을 산출하는 용역
2. 「광업법」에 따른 광업보상의 손실 범위 또는 광물매장량 등을 산출하는 용역

3. 「온천법」에 따른 온천원의 영향 등에 관한 용역

4. 그 밖에 감정평가의 시행을 위해 전문기관의 조사·검토 등을 필요로 하는 용역

③ 제1항에 따라 용역에 소요된 경비는 의뢰인이 지급하고, 의뢰인을 대신하여 감정평가법인등이 그 용역을 시행한 경우에는 소요 경비에 대한 증빙서류를 갖추어 의뢰인에게 청구할 수 있다.

제10조(실비) ① 실비는 여비, 물건조사비, 공부발급비 및 그 밖의 실비 등으로 구분하여 산정한다.

② 여비는 한국감정평가사협회의 장이 제안하여 국토교통부장관이 승인한 금액을 기준으로 산정한다.

③ 물건조사비는 건물의 경우 1동당 1만원으로 하고, 제4조제2항제1호에 따른 토지의 보상평가의 경우에는 「공간정보의 구축 및 관리 등에 관한 법률」상의 1필지당 1만원으로 한다.

④ 공부발급비는 대상물건의 지적공부, 등기사항 전부증명서, 도시계획사항 등 공법상의 제한 등의 확인을 위하여 필요한 공부 등의 발급에 따른 비용으로서 수입인지 또는 수입증지대의 합산액으로 한다.

⑤ 의뢰인의 요청에 따라 사진촬영, 임대차 확인, 감정평가서를 외국어로 작성하기 위한 번역 등 감정평가업무에 부수하여 발생하는 비용은 그 밖의 실비로 산정한다.

제11조(상담 및 자문에 대한 수수료) 감정평가법인등이 감정평가와 관련된 상담을 하거나 자문에 응한 경우에는 다음의 기준액 범위에서 의뢰인과 합의하여 보수를 결정할 수 있다.

1. 구두 또는 전화 상담 및 자문 : 1건당 3만원

2. 서면 상담 및 자문 : 1건당 10만원

제11조의2(감정평가서의 적정성 검토에 대한 수수료) 법 제7조 제3항에 따른 감정평가서의 적정성 검토에 대한 수수료는 적정성 검토의 대상이 되는 감정평가의 가액을 기준으로 산정한 수수료의 20% 이하의 범위에서 의뢰인과 협의하여 결정한 금액으로 한다. 다만, 최저 수수료는 200,000원, 최고 수수료는 10,000,000원으로 한다.

제12조(보수의 특약) ① 다음 각 호의 경우로서 제3조에 따라 보수를 산정하는 것이 현저하게 공정성을 잃어 부당할 때에는 당사자 사이의 합의에 따라 제3조에 따른 보수보다 높은 보수를 정할 수 있다.

1. 국외에 소재하는 물건을 현지 조사하여 감정평가하는 경우

2. 어업권(신고어업 및 허가어업을 포함한다), 광업권 또는 영업권 등의 무형자산을 감정평가하는 경우

3. 통상의 평가방식에 따르지 아니하고 특수한 평가목적이나 평가조건에 따라 감정평가하는 경우

② 다음 각 호의 경우로서 한국감정평가사협회의 장이 건의하고 국토교통부장관이 승인한 때에는 당사자 사이의 합의에 따라 제3조에 따른 보수보다 낮은 보수를 별도로 정할 수 있다.

1. 천재지변, 전시, 사변, 중대한 재정·경제상의 위기 등 비상사태가 발생한 경우

2. 공기업 또는 금융회사의 재정위기로 자산 또는 부실채권의 처분 등이 필요한 경우

3. 그 밖에 이에 준하는 경우

제13조(착수금) 감정평가법인등은 의뢰인으로부터 대상물건의 감정평가예정액을 기준으로 하여 산출한 감정평가수수료의 2분의 1을 착수금으로 받을 수 있으며, 출장여비 또는 특별용역비가 과다하게 소요될 것으로 예상되는 경우에는 이를 착수금에 추가하여 받을 수 있다.

제14조(감정평가 의뢰 철회 및 수임 철회 시의 보수) 의뢰인이 임의로 감정평가 의뢰를 철회하거나 감정평가법인등이 의뢰인의 귀책사유로 인하여 감정평가 수임을 철회하는 경우의 보수는 다음 각 호의 기준에 따른다.

1. 감정평가서 발급 전 : 제13조에 따른 감정평가예정액을 기준으로 하여 산출한 감정평가수수료의 2분의 1 이하의 범위에서 의뢰인과 협의하여 결정한 인건비와 출장여비 등 소요된 실비 및 특별용역에 소요된 경비
2. 감정평가서 발급 후 : 제4조에 따른 감정평가수수료의 2분의 1과 출장여비 등 소요된 실비 및 특별용역에 소요된 경비
3. 삭제

제15조(단수정리) 제2조에 따른 보수액 중에서 1,000원 미만인 부분은 절사한다.

제16조(재검토기한) 국토교통부장관은 「훈령·예규 등의 발령 및 관리에 관한 규정」에 따라 이 공고에 대하여 2022년 1월 1일 기준으로 매 3년이 되는 시점(매 3년째의 12월 31일까지를 말한다)마다 그 타당성을 검토하여 개선 등의 조치를 하여야 한다.

부칙 〈제2022-56호, 2022.1.21.〉

제1조(시행일) 이 공고는 2022년 1월 21일부터 시행한다.

제2조(수수료 산정에 관한 적용례) 제5조 및 제6조, 제10조, 제14조의 개정규정은 이 공고 시행 이후 최초로 계약이 체결된 분부터 적용한다.

부칙 〈제2023-1120호, 2023.9.11.〉

이 공고는 발령한 날부터 시행한다.

[별표] 감정평가수수료 체계

감정평가액	수수료 요율 체계		
	하한 수수료 (0.8배부터)	기준 수수료	상한 수수료 (1.2배까지)
5천만원 이하	200,000원		
5천만원 초과 5억원 이하	200,000원 + 5천만원 초과액의 11/10,000 × 0.8	200,000원 + 5천만원 초과액의 11/10,000	200,000원 + 5천만원 초과액의 11/10,000 × 1.2
5억원 초과 10억원 이하	596,000 + 5억원 초과액의 9/10,000 × 0.8	695,000 + 5억원 초과액의 9/10,000	794,000 + 5억원 초과액의 9/10,000 × 1.2
10억원 초과 50억원 이하	956,000 + 10억원 초과액의 8/10,000 × 0.8	1,145,000 + 10억원 초과액의 8/10,000	1,334,000 + 10억원 초과액의 8/10,000 × 1.2
50억원 초과 100억원 이하	3,516,000 + 50억원 초과액의 7/10,000 × 0.8	4,345,000 + 50억원 초과액의 7/10,000	5,174,000 + 50억원 초과액의 7/10,000 × 1.2
100억원 초과 500억원 이하	6,316,000 + 100억원 초과액의 6/10,000 × 0.8	7,845,000 + 100억원 초과액의 6/10,000	9,374,000 + 100억원 초과액의 6/10,000 × 1.2
500억원 초과 1,000억원 이하	25,516,000 + 500억원 초과액의 5/10,000 × 0.8	31,845,000 + 500억원 초과액의 5/10,000	38,174,000 + 500억원 초과액의 5/10,000 × 1.2
1,000억원 초과 3,000억원 이하	45,516,000 + 1,000억원 초과액의 4/10,000 × 0.8	56,845,000 + 1,000억원 초과액의 4/10,000	68,174,000 + 1,000억원 초과액의 4/10,000 × 1.2
3,000억원 초과 6,000억원 이하	109,516,000 + 3,000억원 초과액의 3/10,000 × 0.8	136,845,000 + 3,000억원 초과액의 3/10,000	164,174,000 + 3,000억원 초과액의 3/10,000 × 1.2
6,000억원 초과 1조원 이하	181,516,000 + 6,000억원 초과액의 2/10,000 × 0.8	226,845,000 + 6,000억원 초과액의 2/10,000	272,174,000 + 6,000억원 초과액의 2/10,000 × 1.2
1조원 초과	245,516,000 + 1조원 초과액의 1/10,000 × 0.8	306,845,000 + 1조원 초과액의 1/10,000	368,174,000 + 1조원 초과액의 1/10,000 × 1.2

Chapter 06 개별공시지가의 검증업무 처리지침

제1장 총칙

제1조(목적) 이 지침은 「부동산 가격공시에 관한 법률」 제10조제5항, 같은 법 시행령 제18조 및 같은 법 시행규칙 제6조에 따른 검증업무의 시행에 필요한 세부사항을 정함으로써 개별공시지가의 적정성 제고를 도모함을 목적으로 한다.

제2조(정의) 이 지침에서 "검증"이란 시장·군수·구청장이 표준지공시지가를 기준으로 토지가격비준표를 사용하여 산정한 지가에 대하여 감정평가법인등이 비교표준지의 선정, 토지특성조사의 내용 및 토지가격비준표 적용 등의 타당성을 검토하여 산정지가의 적정성을 판별하고, 표준지공시지가, 인근 개별공시지가와의 균형유지, 지가변동률 등을 종합적으로 참작하여 적정한 가격을 제시하는 것을 말한다.

제3조(검증의 구분) 검증은 다음 각 호와 같이 구분한다.
1. "산정지가검증"이란 시장·군수·구청장이 산정한 지가에 대하여 지가현황도면 및 지가조사자료를 기준으로 「부동산 가격공시에 관한 법률」(이하 "법"이라 한다) 제10조제5항 및 「부동산 가격공시에 관한 법률 시행령」(이하 "영"이라 한다) 제18조제1항·제2항에 따라 실시하는 검증을 말한다.
2. "의견제출지가검증"이란 시장·군수·구청장이 산정한 지가에 대하여 법 제10조제5항 및 영 제19조에 따른 토지소유자 및 그 밖의 이해관계인(이하 "개별토지소유자등"이라 한다)이 지가열람 및 의견제출기간 중에 의견을 제출한 경우에 실시하는 검증을 말한다.
3. "이의신청지가검증"이란 시장·군수·구청장이 개별공시지가를 결정·공시한 후 법 제11조 및 영 제22조에 따라 개별공시지가에 이의가 있는 자가 이의신청을 제기한 경우에 실시하는 검증을 말한다.

제2장 산정지가검증

제4조(산정지가검증의 범위) ① 시장·군수·구청장이 법 제10조제5항 단서 및 영 제18조제3항에 따라 검증을 생략하고자 하는 경우에는 개별토지의 지가변동률과 국토교통부장관이 조사·공표하는 해당 토지가 있는 읍·면·동의 연평균 지가변동률 간의 차이가 작은 순으로 대상 토지를 선정하여 검증을 생략한다. 다만, 다음 각 호의 경우는 예산의 범위 내에서 검증을 실시하여야 한다.
1. 「택지개발촉진법」, 「도시 및 주거환경정비법」, 「산업입지 및 개발에 관한 법률」 등의 규정에 의하여 시행되는 택지개발사업, 정비사업, 산업단지개발사업 등에 편입된 경우

2. 용도지역·지구, 이용상황, 접면도로, 형상, 지세 등 지가에 영향을 미치는 주요 특성이 이전 공시일 대비 변경된 경우

3. 비교표준지가 변경된 경우

4. 개별공시지가 변동률이 비교 표준지공시지가 변동률 대비 5%p 이상 차이나는 경우

5. 개별공시지가가 비교 표준지공시지가 대비 50% 이상 차이나는 경우(다만, 도로 하천 등 공공용지는 제외)

6. 비준표를 적용하지 않고 개별공시지가를 산정한 경우

7. 기타 시장·군수·구청장이 산정지가 균형유지를 위하여 필요하다고 인정하는 경우

② 제1항에도 불구하고 법 제10조제3항 및 영 제16조에 따라 공시기준일 이후에 분할·합병 등이 발생한 토지는 전체 필지에 대하여 검증을 실시하여야 한다.

제5조(감정평가법인등의 지정 등) ① 시장·군수·구청장이 검증을 실시할 감정평가법인등을 지정할 때에는 법 제10조제6항 및 영 제20조에 따른 감정평가법인등을 지정하여야 한다.

② 시장·군수·구청장은 제1항에 따라 지정된 감정평가법인등이 2인 이상일 경우에는 검증대상 필지를 각각의 감정평가법인등에게 균등하게 배분함을 원칙으로 한다. 다만, 특별한 사유가 있는 경우에는 그러하지 아니하다.

제6조(산정지가검증의 의뢰) ① 시장·군수·구청장이 산정지가검증을 의뢰하고자 할 경우에는 검증대상필지의 내역, 검증기간 및 그 밖에 검증에 필요한 사항을 기재한 별지 제1호서식의 개별공시지가 검증의뢰서를 제5조에 따라 지정된 감정평가법인등에게 통지하여야 한다.

② 감정평가법인등이 제1항에 따라 검증의뢰를 수락한 경우에는 별지 제2호서식의 승낙서를 지체 없이 시장·군수·구청장에게 제출하여야 한다.

제7조(검증자료의 준비 등) 시장·군수·구청장은 개별공시지가의 산정지가검증 등에 필요한 다음 각호의 자료를 미리 준비하고, 감정평가법인등에게 이를 제공하여야 한다. 단, 제2호의 자료는 제6조제1항에 따른 산정지가검증을 의뢰할 때 개별공시지가 검증의뢰서에 첨부하여 제출하여야 하며, 이 경우 「전자정부법」 제2조제7호의 전자문서 형태로 제출할 수 있다.

1. 지가현황도면(해당연도 산정지가, 해당연도 표준지공시지가 및 용도지역 등을 표시한 도면으로서, 전자도면을 포함한다)

2. 개별토지가격의 산정조서 및 전산자료

3. 토지특성조사표

4. 그 밖에 개별공시지가의 검증에 필요한 자료

제8조(산정지가검증의 장소) 산정지가검증은 시·군·구청에서 실시함을 원칙으로 한다. 다만, 검증업무를 효율적으로 수행하기 위하여 필요하다고 인정할 때에는 시장·군수·구청장과 제5조에 따라 지정된 감정평가법인등이 협의하여 당해 시군구의 읍·면·동 행정복지센터(읍·면 사무소, 동 주민센터)나 감정평가법인등의 사무소 등 별도의 장소에서 실시할 수 있으며, 이 경우에는 자료관리에 특히 유의하여야 한다.

제9조(산정지가검증 기간) 감정평가법인등은 시장·군수·구청장이 요구한 기간 내에 산정지가검증을 완료하여야 한다. 다만, 정당한 사유가 있는 경우에는 시장·군수·구청장의 동의를 얻어 이를 연장할 수 있다.

제10조(산정지가검증의 실시) ① 산정지가검증을 의뢰받은 감정평가법인등은 시장·군수·구청장이 작성하여 제공하는 지가현황도면 및 지가조사자료를 기준으로 개별토지가격 산정 등의 적정성 여부를 검토하여야 한다. 다만, 감정평가법인등이 필요하다고 인정하는 경우에는 현지조사를 실시할 수 있다.

② 지가현황도면을 작성한 공무원과 검증을 실시한 감정평가법인등은 지가현황도면의 여백에 그 작성과 검증의 정확성을 확인한 후 서명날인하여야 한다. 다만, 지가현황도면을 전자도면으로 제공하는 경우에는 서명날인을 생략할 수 있다.

제11조(산정지가검증 시 확인사항) ① 감정평가법인등이 제10조제1항에 따라 산정지가검증을 실시할 때에는 다음 각 호의 사항을 충실히 검토·확인하여야 한다.

1. 비교표준지의 선정에 관한 사항
2. 개별토지의 가격산정의 적정성에 관한 사항
3. 산정한 개별토지의 가격과 표준지공시지가의 균형유지에 관한 사항
4. 산정한 개별토지의 가격과 인근토지의 지가와의 균형유지에 관한 사항
5. 산정한 개별토지의 특성이 표준주택가격, 개별주택가격, 비주거용 표준부동산가격 및 비주거용 개별부동산가격 산정 시 고려된 토지특성과 일치하는지 여부
6. 개별토지가격 산정 시 적용된 용도지역, 토지이용상황 등 주요 특성이 공부(公簿)와 일치하는지 여부
7. 그 밖에 시장·군수·구청장이 검토를 의뢰한 사항

② 감정평가법인등이 제1항에 따라 지가의 적정성을 검토한 결과 산정된 개별토지의 가격이 인근지가 등과 균형을 이루고 있지 않다고 판단될 경우에는 적정한 가격과 이에 관한 의견을 제시하여야 한다.

제12조(산정지가검증 결과의 보고) 감정평가법인등은 산정지가검증을 완료한 날로부터 7일 이내에 시장·군수·구청장에게 제10조제2항에 따라 서명날인한 지가현황도면 및 별지 제3호서식의 산정지가검증 결과보고서를 제출하여야 한다. 다만, 지가현황도면이 전자도면 형태인 경우에는 제출을 생략할 수 있다.

제13조(검증지가의 조정) ① 감정평가법인등은 시장·군수·구청장으로부터 요청이 있을 경우에는 시·군·구부동산가격공시위원회에 출석하여 산정지가에 대한 검증결과를 설명하여야 한다.

② 시장·군수·구청장은 시·군·구부동산가격공시위원회에서 검증지가에 대하여 다른 의견이 있을 경우에는 해당 필지에 대하여 검증을 실시한 감정평가법인등의 의견을 들어 이를 조정할 수 있다.

제3장 의견제출지가검증

제14조(의견제출지가검증의 의뢰) 시장·군수·구청장이 법 제10조제5항 및 영 제19조제2항에 따라 개별토지소유자등이 제출한 의견에 대해 검증을 의뢰하고자 할 경우에는 제5조에 따라 지정된 감정평가법인등에게 별지 제1호서식으로 이를 통지하여야 한다.

제15조(의견제출지가검증의 실시) 의견제출지가검증 시에는 감정평가법인등이 현지조사 등을 실시하여 개별토지가격 산정 등의 적정성 여부를 검토하여야 한다.

제16조(의견제출지가검증 결과의 보고) 감정평가법인등은 제15조에 따른 의견제출지가검증을 완료한 날로부터 7일 이내에 그 결과를 별지 제4호서식에 따라 시장·군수·구청장에게 보고하여야 한다.

제17조(준용규정) 제6조제2항, 제9조, 제11조 및 제13조의 규정은 의견제출지가검증의 경우에 이를 준용한다.

제4장 이의신청지가검증

제18조(이의신청지가검증의 의뢰) 시장·군수·구청장이 법 제11조제1항 및 영 제22조제1항에 따라 개별공시지가에 이의가 있는 자가 제출한 이의신청에 대해 검증을 의뢰하고자 할 경우에는 제5조에 따라 지정된 감정평가법인등에게 별지 제1호서식으로 이를 통지하여야 한다. 다만, 해당 개별토지의 산정가격 및 의견제출가격 검증을 담당한 감정평가법인등은 제외한다.

제19조(이의신청지가검증 결과의 보고) 감정평가법인등은 이의신청지가검증을 완료한 날로부터 7일 이내에 그 결과를 별지 제5호서식에 따라 시장·군수·구청장에게 보고하여야 한다.

제20조(준용규정) 제6조제2항, 제9조, 제11조, 제13조 및 제15조의 규정은 이의신청지가검증의 경우에 이를 준용한다.

제5장 개별공시지가의 검증수수료 등

제21조(검증수수료) 개별공시지가의 검증수수료는 법 제29조제2항에 따라 국토교통부장관이 고시하는 「부동산 가격공시 등의 수수료에 관한 기준」에서 정하는 바에 따른다.

제22조(검증수수료 예산 등) ① 시장·군수·구청장은 해당연도 검증수수료를 포함한 개별공시지가 예산편성에 관한 내역을 매년 2월 말일까지 시·도지사를 경유하여 국토교통부장관에게 보고하여야 한다.

② 국토교통부장관은 합리적이고 효율적인 예산집행 등을 위하여 필요하다고 인정하는 경우에는 개별공시지가 관련 예산의 편성 및 집행과 관련하여 시장·군수·구청장에게 지방비 확보 및 국비의 목적외 사용금지 등을 권고하거나 협조를 요청할 수 있다.

제23조(성실의무 등) 감정평가법인등은 이 지침에서 정한 검증업무를 수행할 때에는 품위를 유지하고, 신의와 성실로써 공정하게 임하여야 하며, 고의로 진실을 숨기거나 허위의 검증을 하여서는 아니된다.

제24조(검증결과보고서의 보존기간) 감정평가법인등은 제12조, 제16조 및 제19조에 따른 검증결과보고서의 원본은 그 제출일로부터 5년 이상, 그 관련서류는 2년 이상 보존하여야 하며, 검증결과보고서 및 그 관련서류를 전산처리하여 전자기록 등 특수매체기록으로 보존할 수 있다.

제25조(기타사항) 이 지침에 규정한 것을 제외하고 검증업무처리에 관하여 필요한 사항은 시장·군수·구청장이 따로 정하여 시행할 수 있다.

제26조(재검토기한) 국토교통부장관은 이 훈령에 대하여 「훈령·예규 등의 발령 및 관리에 관한 규정」에 따라 2022년 1월 1일을 기준으로 매 3년이 되는 시점(매 3년째의 12월 31일까지를 말한다)마다 그 타당성을 검토하여 개선 등의 조치를 하여야 한다.

부칙 〈국토교통부훈령 제1420호, 2021.8.13.〉

이 훈령은 발령한 날부터 시행한다.

[별지 제1호서식] 개별공시지가의 검증업무 처리지침

기　관　명

분류번호 :　　　　　　　　　　　　　　　　년　월　일

받　음 :

제　목 : **개별공시지가 검증의뢰서**

　　　　개별공시지가의 검증업무 처리지침 제6조, 제14조, 제18조 및 제21조에 따라 아래와 같이 검증을 의뢰합니다.

검증의 구분	
검증대상필지수	필지 (내역 별첨)
검 증 기 간	
소 요 예 산 액	
기　타 (검증의뢰사유, 유의사항 등)	

○○시장 · 군수 · 구청장 ［직인］

첨　　　부 : 검증대상필지 내역 1부.　끝.

210mm×297mm(백상지 80g/㎡ 또는 중질지 80g/㎡)

[별지 제2호서식] 개별공시지가의 검증업무 처리지침

승 낙 서

1. 건　　　　명 :

2. 검 증 기 간 :

3. 검증대상필지수 :　　　　　필지

　귀 (시·군·구)에서　　년　　월　　일에 요청한 개별공시지가 검증의뢰를 승낙하고, 관련법
규와　　년도 적용 개별공시지가 조사·산정지침 등에 따라 개별공시지가에 대한 검증업무를 공정
하고 성실하게 수행하여 기한 내에 그 결과보고서 일체를 제출하겠습니다.

　　　　　　　　　　　　　　　　　　　　　　　　년　　　　월　　　　일

　　　　　　　　　　　　법 인 명 :

　　　　　　　　　　　　소 재 지 :

　　　　　　　　　　　　법인대표 :　　　　　　　(인)

　　　　○ ○ 시장 · 군수 · 구청장 귀하

210mm×297mm(백상지 80g/㎡ 또는 중질지 80g/㎡)

[별지 제3호서식] 개별공시지가의 검증업무 처리지침

산정지가검증 결과보고서

대 상 지 역	○○시·도 ○○시·군·구		
검증대상필지수		조정필지수	
종 합 의 견			

검증결과 조정내역

(단위 : 원/㎡)

일련번호	토지소재지	시·군·구 산정지가	비교표준지 공시지가	감정평가사 검증지가	조 정 사 유

※ 기재요령: 1) 검증결과 조정내역은 검증결과 산정지가가 조정된 필지만을 기재함
      2) 조정사유는 구체적인 내용을 기재

년   월   일

소   속 : _____

감정평가사 : _____ (서명 또는 인)

210mm×297mm(백상지 80g/㎡ 또는 중질지 80g/㎡)

의견제출지가검증 결과보고서

○○시·도   ○○시·군·구

(단위 : 원/㎡)

일련 번호	검 증 요 청 내 역				검 증 결 과	
	토지소재지	시·군·구 열람지가	비교표준지 공시지가	개별토지소유자 등 의견지가	감정평가사 검증지가	조정 사유

※ 기재요령: 1) 개별토지소유자 등 의견지가는 개별토지소유자등 이 열람지가에 대하여 의견을 제시한 지가와
　　　　　　　 그 사유를 간략히 기재
　　　　　　 2) 검증결과 조정사유는 구체적인 내용을 기재

년　　　월　　　일

소　　　속 : ＿＿＿＿＿＿＿＿＿＿＿

감정평가사 : ＿＿＿＿＿＿＿ (서명 또는 인)

210mm×297mm(백상지 80g/㎡ 또는 중질지 80g/㎡)

[별지 제5호서식] 개별공시지가의 검증업무 처리지침

이의신청지가검증 결과보고서

○○시·도   ○○시·군·구

(단위 : 원/㎡)

토 지 소 재 지		
시·군·구 결정지가		
비교표준지 공시지가		
검증 지가	산정지가 검 증	
	의견제출 지가검증	
이 의 신 청 내 용 (이의가 있는 자의 이의신청지가 포함)		
이의신청 검증지가		
조 정 사 유		

※ 기재요령: 이의신청내용 및 조정사유는 구체적인 내용을 기재

년   월   일

소   속 : _____

감정평가사 : _____ (서명 또는 인)

210mm×297mm(백상지 80g/㎡ 또는 중질지 80g/㎡)

Chapter 07

개별주택가격의 검증업무 처리지침

제1장 총칙

제1조(목적) 이 지침은 「부동산 가격공시에 관한 법률」 제17조제6항, 같은 법 시행령 제36조 및 같은 법 시행규칙 제14조에 따른 검증업무의 시행에 필요한 세부사항을 정함으로써 개별주택가격의 적정성 제고를 도모함을 목적으로 한다.

제2조(정의) 이 지침에서 "검증"이란 시장·군수·구청장이 표준주택가격을 기준으로 주택가격비준표를 사용하여 산정한 개별주택가격에 대하여 「한국부동산원법」에 따른 한국부동산원(이하 "부동산원"이라 한다)이 비교표준주택의 선정, 주택특성조사의 내용 및 주택가격비준표 적용 등의 타당성을 검토하여 산정가격의 적정성을 판별하고, 표준주택가격, 인근개별주택가격과의 균형유지, 주택가격의 변동현황 등을 종합적으로 참작하여 적정한 가격을 제시하는 것을 말한다.

제3조(검증의 구분) 검증은 다음 각 호와 같이 구분한다.
1. "산정가격검증"이란 시장·군수·구청장이 산정한 개별주택가격에 대하여 가격현황도면 및 가격조사자료를 기준으로 「부동산 가격공시에 관한 법률」(이하 "법"이라 한다.) 제17조제6항 및 「부동산 가격공시에 관한 법률 시행령」(이하 "영"이라 한다.) 제36조제1항·제2항에 따라 실시하는 검증을 말한다.
2. "의견제출가격검증"이란 시장·군수·구청장이 산정한 개별주택가격에 대하여 법 제17조제6항 및 영 제37조에 따른 개별주택 소유자 및 그 밖의 이해관계인이 주택가격열람 및 의견제출기간 중에 의견을 제출한 경우에 실시하는 검증을 말한다.
3. "이의신청가격검증"이란 시장·군수·구청장이 개별주택가격을 결정·공시한 후 법 제17조제8항에 따라 개별주택가격에 이의가 있는 자가 이의신청을 한 경우에 실시하는 검증을 말한다.

제2장 산정가격검증

제4조(산정가격 검증의 범위) ① 시장·군수·구청장이 법 제17조제6항에 따라 부동산원의 검증을 생략하고자 하는 경우에는 개별주택가격의 변동률과 국토교통부장관이 조사·공표하는 해당 주택이 소재하는 시·군 또는 구의 연평균 주택가격변동률의 차이가 작은 순으로 하되, 개발사업이 시행되거나 용도지역·지구의 변경, 시장·군수·구청장이 산정가격의 균형유지를 위하여 필요하다고 인정하는 경우 등은 예산의 범위 내에서 검증을 실시하여야 한다.

② 법 제17조제4항 및 영 제34조에 따라 공시기준일 이후에 토지의 분할·합병이나 건축물의 신축 등이 발생한 단독주택은 제1항에도 불구하고 해당주택 전체에 대하여 검증을 실시하여야 한다.

제5조 〈삭제〉

제6조(산정가격검증의 의뢰) ① 시장·군수·구청장이 산정가격을 검증하고자 할 경우에는 별지 제1호 서식의 개별주택가격 검증의뢰서에 검증대상주택의 내역, 검증기간 및 그 밖에 검증에 필요한 사항을 기재하여 부동산원에 의뢰하여야 한다.

② 부동산원이 제1항에 따른 검증의뢰를 수락한 경우에는 별지 제2호서식의 승낙서를 지체없이 시장·군수·구청장에게 제출하여야 한다.

제7조(검증자료의 준비 등) 시장·군수·구청장은 개별주택가격의 산정가격검증 등에 필요한 다음 각호의 자료를 미리 준비하고, 부동산원에 이를 제공하여야 한다. 단, 제2호의 자료는 제6조제1항에 따른 산정가격검증을 의뢰할 때 개별주택가격 검증의뢰서에 첨부하여 제출하여야 하며, 이 경우 「전자정부법」 제2조제7호의 전자문서 형태로 제출할 수 있다.

1. 가격현황도면(전년도 개별주택가격, 해당연도 산정가격, 해당연도 표준주택가격 및 용도지역·건물구조 등을 표시한 도면으로서, 전자도면을 포함한다)
2. 개별주택가격의 산정조서 및 전산자료
3. 주택특성조사표
4. 그 밖에 개별주택가격의 검증에 필요한 자료(재산세과세대장 등)

제8조(산정가격검증의 장소) 산정가격검증은 시·군·구청에서 실시함을 원칙으로 한다. 다만, 검증업무를 효율적으로 수행하기 위하여 필요하다고 인정할 때에는 시장·군수·구청장과 부동산원이 협의하여 당해 시군구의 읍·면·동 행정복지센터(읍·면 사무소, 동 주민센터)나 부동산원 사무소 등 별도의 장소에서 실시할 수 있으며, 이 경우에는 자료관리에 특히 유의하여야 한다.

제9조(산정가격 검증기간) 부동산원은 시장·군수·구청장이 요구한 기간 내에 산정가격검증을 완료하여야 한다. 다만, 정당한 사유가 있는 경우에는 시장·군수·구청장의 동의를 얻어 이를 연장할 수 있다.

제10조(산정가격검증의 실시) ① 산정가격검증을 의뢰받은 부동산원은 시장·군수·구청장이 작성하여 제공하는 가격현황도면 및 가격조사자료를 기준으로 개별주택가격 산정 등의 적정성 여부를 검토하여야 한다. 다만, 부동산원이 필요하다고 인정하는 경우에는 현지조사를 실시할 수 있다.

② 가격현황도면을 작성한 공무원과 검증을 실시한 부동산원 조사자는 가격현황도면의 여백에 그 작성과 검증의 정확성을 확인한 후 서명날인하여야 한다. 다만, 가격현황도면을 전자도면으로 제공하는 경우에는 서명날인을 생략할 수 있다.

제11조(산정가격검증 시 확인사항) ① 부동산원이 제10조제1항에 따라 산정가격검증을 실시할 때에는 다음 각 호의 사항을 충실히 검토·확인하여야 한다.

1. 비교표준주택의 선정에 관한 사항
2. 개별주택의 가격산정의 적정성에 관한 사항

3. 산정한 개별주택의 가격과 표준주택가격의 균형유지에 관한 사항

4. 산정한 개별주택의 가격과 인근주택의 가격과의 균형유지에 관한 사항

5. 산정한 개별주택의 토지특성이 표준지공시지가 및 개별공시지가 산정 시 고려된 토지 특성과 일치하는 여부

6. 개별주택가격 산정 시 적용된 용도지역, 토지이용상황 등 주요 특성이 공부(公簿)와 일치하는지 여부

7. 그 밖에 시장·군수·구청장이 검토를 의뢰한 사항

② 부동산원이 제1항에 따라 가격의 적정성을 검토한 결과, 산정된 개별주택의 가격이 인근가격 등과 균형을 이루고 있지 않다고 판단될 경우에는 적정한 가격과 이에 관한 의견을 제시하여야 한다.

제12조(산정가격검증 결과의 보고) 부동산원은 산정가격검증을 완료한 날로부터 7일 이내에 시장·군수·구청장에게 별지 제3호서식의 산정가격검증 결과보고서를 제출하여야 한다.

제13조(검증가격의 조정) ① 부동산원은 시장·군수·구청장으로부터 요청이 있을 경우에는 법 제25조에 따른 시·군·구부동산가격공시위원회에 출석하여 산정가격에 대한 검증결과를 설명하여야 한다.

② 시장·군수·구청장은 법 제25조에 따른 시·군·구부동산가격공시위원회에서 검증가격에 대하여 다른 의견이 있을 경우에는 해당 주택에 대하여 검증을 실시한 부동산원의 의견을 들어 이를 조정할 수 있다.

제3장 의견제출가격검증

제14조(의견제출가격검증의 의뢰) 시장·군수·구청장이 법 제17조제6항 및 영 제37조에 따라 개별주택 소유자 등이 제출한 의견에 대해 검증을 의뢰하고자 할 경우에는 별지 제1호서식에 검증에 필요한 사항을 기재하여 부동산원에 의뢰하여야 한다.

제15조(의견제출가격검증의 실시) 의견제출가격검증을 하는 경우 부동산원은 현지조사 등을 실시하여 개별주택가격 산정 등의 적정성 여부를 검토하여야 한다.

제16조(의견제출가격검증 결과의 보고) 부동산원은 제15조에 따른 의견제출가격검증을 완료한 날로부터 7일 이내에 시장·군수·구청장에게 별지 제4호서식의 의견제출가격검증 결과보고서를 제출하여야 한다.

제17조(준용규정) 제6조제2항, 제9조, 제11조 및 제13조의 규정은 의견제출가격검증의 경우에 이를 준용한다.

제4장 이의신청가격검증

제18조(이의신청가격검증의 의뢰) 시장·군수·구청장이 법 제17조제8항에 따라 개별주택가격에 이의가 있는 자가 제출한 이의신청에 대해 검증을 의뢰하고자 할 경우에는 별지 제1호서식에 검증에 필요한 사항을 기재하여 부동산원에 의뢰하여야 한다. 다만, 해당 개별주택의 산정가격 및 의견제출가격 검증을 담당한 부동산원 조사자는 제외한다.

제19조(이의신청가격검증 결과의 보고) 부동산원은 이의신청가격검증을 완료한 날로부터 7일 이내에 시장·군수·구청장에게 별지 제5호서식의 이의신청가격검증 결과보고서를 제출하여야 한다.

제20조(준용규정) 제6조제2항, 제9조, 제11조, 제13조 및 제15조의 규정은 이의신청가격검증의 경우에 이를 준용한다.

제5장 개별주택가격의 검증수수료 등

제21조(검증수수료) 개별주택가격의 검증수수료는 법 제29조제2항에 따라 국토교통부장관이 고시하는 『부동산 가격공시 등의 수수료에 관한 기준』에서 정하는 바에 따른다.

제22조(검증수수료 예산 등) ① 시장·군수·구청장은 해당연도 검증수수료를 포함한 개별주택가격 예산편성에 관한 내역을 매년 2월 말일까지 시·도지사를 경유하여 국토교통부장관에게 보고하여야 한다.

② 국토교통부장관은 합리적이고 효율적인 예산집행 등을 위하여 필요하다고 인정하는 경우에는 개별주택가격 관련 예산의 편성 및 집행과 관련하여 시장·군수·구청장에게 지방비 확보 및 국비의 목적외 사용금지 등을 권고하거나 협조를 요청할 수 있다.

제23조(성실의무 등) 부동산원은 이 지침에서 정한 검증업무를 수행할 때에는 품위를 유지하고, 신의와 성실로써 공정하게 임하여야 하며, 고의로 진실을 숨기거나 허위의 검증을 하여서는 아니된다.

제24조(검증결과보고서의 보존기간) 부동산원은 제12조, 제16조 및 제19조에 따른 검증결과보고서의 원본은 그 제출일로부터 5년 이상, 그 관련서류는 2년 이상 보존하여야 하며, 검증결과보고서 및 그 관련서류를 전산처리하여 전자기록 등 특수매체기록으로 보존할 수 있다.

제25조(기타사항) 이 지침에 규정한 것을 제외하고 검증업무처리에 관하여 필요한 사항은 시장·군수·구청장이 따로 정하여 시행할 수 있다.

제26조(재검토기한) 국토교통부장관은 이 훈령에 대하여「훈령・예규 등의 발령 및 관리에 관한 규정」
에 따라 2022년 1월 1일을 기준으로 매 3년이 되는 시점(매 3년째의 12월 31일까지를 말한다)마
다 그 타당성을 검토하여 개선 등의 조치를 하여야 한다.

부칙 〈제1355호, 2021.1.6.〉

이 훈령은 발령한 날부터 시행한다.

부칙 〈제1421호, 2021.8.13.〉

이 훈령은 발령한 날부터 시행한다.

[별지 제1호서식] 개별주택가격의 검증업무 처리지침

<table>
<tr><td colspan="2" align="center"># 기   관   명</td></tr>
<tr><td colspan="2">분류번호 :   년   월   일

받   음 :

제   목 : **개별주택가격 검증의뢰서**

       개별주택가격의 검증업무 처리지침 제6조, 제14조, 제18조 및 제21조에 따라 아래와 같이 검증을 의뢰합니다.</td></tr>
<tr><td align="center">검증의 구분</td><td></td></tr>
<tr><td align="center">검증대상주택수</td><td>호 (건물: 동, 토지: 필지) (내역 별첨)</td></tr>
<tr><td align="center">검 증 기 간</td><td></td></tr>
<tr><td align="center">소 요 예 산 액</td><td></td></tr>
<tr><td align="center">기   타
(검증의뢰사유,
유의사항 등)</td><td></td></tr>
<tr><td colspan="2" align="center">**○○시장 · 군수 · 구청장**   직인</td></tr>
<tr><td colspan="2">첨   부 : 검증대상주택 내역 1부.   끝.</td></tr>
</table>

210mm×297mm(백상지 80g/㎡ 또는 중질지 80g/㎡)

[별지 제2호서식] 개별주택가격의 검증업무 처리지침

승   낙   서

1. 건   명 :

2. 검 증 기 간 :

3. 검증대상주택수 :   호 (건물: 동, 토지: 필지)

　귀 (시·군·구)에서   년   월   일에 요청한 개별공시지가 검증의뢰를 승낙하고, 관련법규와   년도 적용 개별공시지가 조사·산정지침 등에 따라 개별공시지가에 대한 검증업무를 공정하고 성실하게 수행하여 기한 내에 그 결과보고서 일체를 제출하겠습니다.

년   월   일

기 관 명 :

소 재 지 :

대 표 자 :   (인)

○ ○ 시장·군수·구청장 귀하

210mm×297mm(백상지 80g/㎡ 또는 중질지 80g/㎡)

PART · 06

[별지 제3호서식] 개별주택가격의 검증업무 처리지침

산정가격검증 결과보고서

대 상 지 역	○○시·도 ○○시·군·구		
검증대상주택수	호 (건물: 동, 토지: 필지)	조정주택수	
종 합 의 견			

검증결과 조정내역

(단위 : 원/㎡)

일련번호	주택소재지	시·군·구 산정가격	비교표준 주택가격	검증가격	조 정 사 유

※ 기재요령: 1) 검증결과 조정내역은 검증결과 산정가격이 조정된 주택만을 기재함
　　　　　　 2) 조정사유는 구체적인 내용을 기재

년　　　월　　　일

소속(지사) : ＿＿＿＿＿＿＿＿＿＿＿＿＿

성　　　명 : ＿＿＿＿＿＿＿＿＿ (서명 또는 인)

210mm×297mm(백상지 80g/㎡ 또는 중질지 80g/㎡)

의견제출가격검증 결과보고서

○○시·도   ○○시·군·구

(단위 : 원/㎡)

일련 번호	검 증 요 청 내 역				검 증 결 과	
	주택소재지	시·군·구 열람가격	비교표준 주택가격	개별주택 소유자 등 의견가격	검증가격	조정 사유

※ 기재요령: 1) 개별주택 소유자 등 의견가격은 개별주택 소유자 등이 열람가격에 대하여 의견을 제시한 가격과 그 사유를 간략히 기재
2) 검증결과 조정사유는 구체적인 내용을 기재

년   월   일

소속(지사) : _____

성   명 : _____ (서명 또는 인)

210mm×297mm(백상지 80g/㎡ 또는 중질지 80g/㎡)

[별지 제5호서식] 개별주택가격의 검증업무 처리지침

이의신청가격검증 결과보고서

○○시·도   ○○시·군·구

(단위 : 원/㎡)

주 택 소 재 지		
시·군·구 결정가격		
비교표준주택가격		
검증 가격	산정가격 검　증	
	의견제출 가격검증	
이 의 신 청 내 용 (이의가 있는 자의 이의신청가격 포함)		
이의신청 검증가격		
조 정 사 유		

※ 기재요령: 이의신청내용 및 조정사유는 구체적인 내용을 기재

년　　　월　　　일

소속(지사) : ＿＿＿＿＿＿＿＿＿＿＿＿

성　　　명 : ＿＿＿＿＿＿＿(서명 또는 인)

210mm×297mm(백상지 80g/㎡ 또는 중질지 80g/㎡)

Chapter
08

표준지공시지가 조사·평가를 위한 감정평가법인등 선정에 관한 기준

제1조(목적) 이 기준은 「부동산 가격공시에 관한 법률」 제3조제5항 및 같은 법 시행령 제7조제5항에 따라 표준지 적정가격의 조사·평가를 의뢰하는 감정평가법인등을 선정하기 위한 세부사항을 규정하는 것을 목적으로 한다.

제2조(적용범위) 이 기준은 국토교통부장관이 표준지공시지가 조사·평가를 의뢰하는 감정평가법인등을 선정하는 경우에 적용한다.

제3조(표준지공시지가 조사·평가의 의뢰) ① 국토교통부장관은 「부동산 가격공시에 관한 법률」(이하 "법"이라 한다) 제3조제5항에 따라 표준지공시지가 조사·평가를 의뢰하고자 할 때에는 「부동산 가격공시에 관한 법률 시행령」(이하 "영"이라 한다) 제7조제1항에 따른 감정평가법인등으로서, 다음 각 호의 요건을 모두 충족하는 감정평가법인등에게 의뢰한다.

1. 선정기준일 직전 1년 전에 「감정평가 및 감정평가사에 관한 법률」(이하 "감정평가법"이라 한다) 제21조에 따라 사무소를 개설한 감정평가사 및 같은 법 제29조에 따라 인가를 받은 감정평가법인
2. 「주식회사의 외부감사에 관한 법률」 제18조에 따른 감사보고서(적정의견이 표명된 감사보고서에 한한다) 또는 표준재무제표증명(감정평가법 제21조에 따라 사무소를 개설한 감정평가사로서, 최근 3년간 연속하여 결손이 발생하지 않은 경우에 한한다)을 선정기준일 이전에 국토교통부장관에게 제출하는 감정평가법인등
3. 심사부서를 독립적으로 설치·운영하고, 심사부서에서 모든 감정평가서의 심사를 수행하는 감정평가법인등. 다만, 감정평가법 제21조에 따라 사무소를 개설한 감정평가사는 한국감정평가사협회(감정평가사가 참여하는 심사체계를 구축한 경우에 한한다) 또는 다른 감정평가법인등에게 의뢰하여 심사를 수행하는 경우를 포함한다.

② 제1항에 따른 표준지공시지가 조사·평가는 2인의 감정평가법인등에게 의뢰하는 것을 원칙으로 한다. 다만, 감정평가법 제21조에 따라 사무소를 개설한 감정평가사 중 제1항의 요건을 충족하는 감정평가사는 전체를 하나의 법인으로 간주하여 의뢰한다.

③ 표준지공시지가 조사·평가를 의뢰할 때에는 표준지 등이 소재하는 시·도지역에 사무소를 둔 감정평가법인등에게 해당지역의 표준지공시지가 조사·평가를 우선 의뢰할 수 있으며, 감정평가법인등의 업무수행능력과 징계 여부 등을 고려할 수 있다.

④ 제2항에도 불구하고 법 제3조제5항 단서 및 영 제7조제4항에 따른 표준지는 다음 각 호의 경우를 제외하고는 하나의 감정평가법인등에게 의뢰할 수 있다.

1. 개발사업 시행 또는 변경으로 가격변동이 예상되는 표준지
2. 「국토의 계획 및 이용에 관한 법률」에서 도시·군관리계획의 변경으로 가격변동이 예상되는 표준지
3. 골프장 등 업무난이도가 현저히 높은 표준지

4. 하나의 감정평가법인등에게 의뢰하는 표준지가 시·군·구별 표준지 수의 90% 이상인 경우로
표준지공시지가 조사·평가를 안정적으로 수행하기 위해 국토교통부장관이 지정한 읍·면·동
의 표준지

제4조(공시전문평가법인) ① 제3조제1항에 따른 감정평가법인 중에서 다음 각 호를 모두 충족하는 감정
평가법인(이하 "공시전문평가법인"이라 한다)에게는 「표준지공시지가 조사·평가 기준」 제2조제5
호에 해당하는 특수토지, 7개 시·도(서울·부산·대구·인천·광주·대전·경기)의 조사·평가
의 업무배정에 있어 우선 의뢰할 수 있다.

1. 주·분사무소별로 별표에서 정한 최소 주재 감정평가사를 확보하고 있는 감정평가법인
2. 제1호에 따른 최소 주재 감정평가사의 인원을 두고 있는 분사무소를 5개 이상 설치한 감정평가
법인으로서 수도권 이외의 지역에 4개 이상 사무소(수도권 이외의 1개 광역시·도에 2개 이상
의 사무소가 설치된 경우에도 1개 사무소로 인정)를 설치하여 전국적인 조직망을 확보한 감정
평가법인

② 제1항에 따라 우선 의뢰를 받은 공시전문평가법인은 표준지공시지가 조사·평가 경력이 3년 이상
인 감정평가사를 참여시켜야 한다. 다만, 「표준지공시지가 조사·평가 기준」 제2조제5호에 해당하
는 특수토지는 표준지공시지가 조사·평가 경력이 5년 이상인 감정평가사를 참여시켜야 한다.

③ 제1항에 따른 공시전문평가법인이 표준지공시지가 조사·평가에 참여하지 않거나 제5조에 따른
업무수행능력평가 결과 70점(100점 기준)에 미달하는 경우에는 다음 업무수행능력평가에서 70점
이상을 확보할 때까지 공시전문평가법인으로 인정하지 아니한다.

제5조(감정평가법인등의 업무수행능력 평가) ① 국토교통부장관은 감정평가법인등의 업무수행능력을 평
가하고, 그 결과에 따라 표준지공시지가 조사·평가의 업무 배정에 차등을 둘 수 있다. 다만, 감정
평가법 제21조에 따라 사무소를 개설한 감정평가사는 전체 감정평가사를 하나의 법인으로 간주하
여 업무수행능력을 평가한다.

② 제1항의 업무수행능력 평가 항목은 다음 각 호를 기준으로 하며 세부 평가 기준은 국토교통부장관
이 따로 정한다.

1. 감정평가 실적 및 수행능력
2. 가격공시 성과 및 기여정도
3. 그 밖에 감정평가법인등의 업무수행능력을 평가할 수 있는 기준

제6조(감정평가사 선정기준) ① 표준지공시지가 조사·평가에 참여할 수 있는 감정평가사는 선정기준일
을 기준으로 감정평가법 시행령 제33조에 따른 감정평가 업무경력이 3년 이상이어야 한다. 다만,
제3조제4항에 따라 하나의 감정평가법인등에게 의뢰하는 표준지공시지가 조사·평가에 참여할 수
있는 감정평가사는 표준지공시지가 조사·평가경력이 3년 이상이어야 한다.

② 제1항에도 불구하고 다음 각 호의 어느 하나에 해당하는 감정평가사는 표준지공시지가 조사·평가
를 수행할 수 없다.

1. 감정평가법 제49조와 같은 법 제50조에서 정한 징역(집행유예 포함) 또는 벌금형을 선고받은
사람

2. 감정평가법 제39조제2항 각 호에 따른 징계를 3회 이상 받은 사람
3. 자격의 취소 또는 등록의 취소 처분을 받은 후 선정기준일까지 6년이 지나지 않은 사람
4. 1년 6개월 이상의 업무정지 처분을 받은 후 선정기준일까지 5년이 지나지 않은 사람
5. 1년 이상 1년 6개월 미만의 업무정지 처분을 받은 후 선정기준일까지 4년이 지나지 않은 사람
6. 6개월 이상 1년 미만의 업무정지 처분을 받은 후 선정기준일까지 3년이 지나지 않은 사람
7. 6개월 미만의 업무정지 처분을 받은 후 선정기준일까지 2년이 지나지 않은 사람
8. 감정평가법 제39조제2항제4호에 따른 견책 또는 같은 법 제52조에 따른 과태료 처분을 받은 후 선정기준일까지 1년이 지나지 않은 사람
9. 선정기준일 이전 3년간 국토교통부장관으로부터 3회 이상의 주의를 받은 사람. 다만, 경고 1회는 주의 2회로 본다.
10. 법인의 대표자
11. 그 밖에 질병, 형사 기소(불구속 포함), 감정평가관리·징계위원회에 징계의결 요구 중인 사람 및 감정평가관리·징계위원회의 징계의결에 불복 중인 사람 등 표준지공시지가 조사·평가를 수행하기에 부적합한 사람

제7조(수탁기관의 세부 선정기준 마련) ① 법 제28조제1항제1호가목 및 영 제76조제2항에 따라 해당 업무를 위탁받은 한국부동산원장은 위탁받은 업무를 효과적으로 수행하기 위하여 필요하다고 인정되는 경우에 제3조부터 제6조까지에 따른 감정평가법인등 및 감정평가사의 선정과 영 제7조제3항에 따른 표준지공시지가 조사·평가 물량 배정업무에 필요한 사항을 세부적으로 정하여 운영할 수 있다.
② 한국부동산원장이 제1항에 따른 세부사항을 정하는 경우에는 미리 국토교통부장관의 승인을 받아야 한다.

제8조(재검토기한) 국토교통부장관은 이 고시에 대하여 「훈령·예규 등의 발령 및 관리에 관한 규정」에 따라 2022년 1월 1일을 기준으로 매 3년이 되는 시점(매 3년째의 12월 31일까지를 말한다)마다 그 타당성을 검토하여 개선 등의 조치를 하여야 한다.

부칙 〈제2021-13호, 2021.1.6.〉

이 고시는 발령한 날부터 시행한다.

부칙 〈2021.8.13.〉

이 훈령은 발령한 날부터 시행한다.

부칙 〈제2023-475호, 2023.8.18.〉

이 고시는 발령한 날부터 시행한다. 다만, 제3조제1항제1호의 개정규정은 2026년 표준지공시지가 조사·평가 의뢰부터 적용한다.

[별표] 공시전문평가법인의 최소 주재 감정평가사 요건

구분		최소 주재 감정평가사
주사무소		20명 이상 (표준지공시지가 조사·평가 경력이 5년 이상인 감정평가사 5명 이상 포함)
분사무소	서울, 부산, 대구, 인천, 광주, 대전, 경기	7명 이상 (표준지공시지가 조사·평가 경력이 5년 이상인 감정평가사 2명 이상 포함)
	울산, 충남, 전남, 경북, 경남, 세종, 충북, 전북, 강원, 제주	5명 이상 (표준지공시지가 조사·평가 경력이 5년 이상인 감정평가사 1명 이상 포함)

※ 주 : 최소 주재 감정평가사는 「감정평가법」 제10조에 따른 감정평가업자의 업무와 다른 업무를 겸업(타업종에서 4대 보험을 납부하며 실질적으로 감정평가업무에 종사하지 않는 경우)하지 아니하면서 최근 1년간 감정평가실적이 있는 사람을 말한다. 다만, 법인 임원, 주사무소 심사 전담 평가사, 출산·질병 등 법령상 허용자, 유학 및 한국감정평가사협회와 한국부동산연구원 파견자는 최근 1년간 감정평가실적이 없어도 주재인원에 포함할 수 있다.

별표정리

[별표 1] 건폐율 및 용적률

용도지역		국토의 계획 및 이용에 관한 법률 시행령		서울특별시 도시계획 조례	
		건폐율(%) (제84조)	용적률(%) (제85조)	건폐율(%) (제44조)	용적률(%) (제48조)
주거지역	제1종전용주거지역	50 이하	50 이상 100 이하	50 이하	100 이하
	제2종전용주거지역	50 이하	50 이상 150 이하	40 이하	120 이하
	제1종일반주거지역	60 이하	100 이상 200 이하	60 이하	150 이하
	제2종일반주거지역	60 이하	100 이상 250 이하	60 이하	200 이하
	제3종일반주거지역	50 이하	100 이상 300 이하	50 이하	250 이하
	준주거지역	70 이하	200 이상 500 이하	60 이하	400 이하
상업지역	중심상업지역	90 이하	200 이상 1,500 이하	60 이하	1,000 이하 (단, 서울도심 800 이하)
	일반상업지역	80 이하	200 이상 1,300 이하	60 이하	800 이하 (단, 서울도심 600 이하)
	근린상업지역	70 이하	200 이상 900 이하	60 이하	600 이하 (단, 서울도심 500 이하)
	유통상업지역	80 이하	200 이상 1,100 이하	60 이하	600 이하 (단, 서울도심 500 이하)
공업지역	전용공업지역	70 이하	150 이상 300 이하	60 이하	200 이하
	일반공업지역	70 이하	150 이상 350 이하	60 이하	200 이하
	준공업지역	70 이하	150 이상 400 이하	60 이하	400 이하
녹지지역	보전녹지지역	20 이하	50 이상 80 이하	20 이하	50 이하
	생산녹지지역	20 이하	50 이상 100 이하	20 이하	50 이하
	자연녹지지역	20 이하	50 이상 100 이하	20 이하	50 이하
관리지역	보전관리지역	20 이하	50 이상 80 이하	-	-
	생산관리지역	20 이하	50 이상 80 이하	-	-
	계획관리지역	40 이하	50 이상 100 이하	-	-
농림지역		20 이하	50 이상 80 이하	-	-
자연환경보전지역		20 이하	50 이상 80 이하	-	-

[별표 2] 공동주택의 구분평가시 토지·건물 배분비율[1]

최종 공동주택 토지·건물 배분비율표(아파트)

구분			5년 이하		6~10년		11~15년		16~20년		21~25년		26~30년		30년 초과	
			토지	건물	토지	건물	토지	건물	토지	건물	토지	건물	토지	건물	토지	건물
전국			5	5	5	5	6	4	6	4	6	4	7	3	8	2
서울		5층 이내	7	3	7	3	7	3	7	3	7	3	8	2	9	1
		6~15층	6	4	7	3	7	3	7	3	7	3	8	2	9	1
		16~20층	6	4	7	3	7	3	7	3	7	3	8	2	9	1
		21~25층	6	4	7	3	7	3	7	3	7	3	7	3	8	2
		26~30층	6	4	6	4	6	4	6	4	6	4	7	3	8	2
		30층 초과	5	5	5	5	5	5	5	5	5	5	6	4	7	3
	도심권	5층 이내	7	3	7	3	7	3	7	3	7	3	8	2	9	1
		6~15층	7	3	7	3	7	3	7	3	7	3	8	2	9	1
		16~20층	7	3	7	3	7	3	7	3	7	3	8	2	9	1
		21~25층	6	4	6	4	6	4	7	3	7	3	7	3	8	2
		26~30층	6	4	6	4	6	4	6	4	6	4	7	3	8	2
		30층 초과	5	5	5	5	5	5	5	5	5	5	6	4	7	3
	동북권	5층 이내	6	4	6	4	6	4	6	4	7	3	8	2	8	2
		6~15층	6	4	6	4	6	4	6	4	6	4	7	3	8	2
		16~20층	6	4	6	4	6	4	6	4	6	4	7	3	8	2
		21~25층	6	4	6	4	6	4	6	4	6	4	7	3	8	2
		26~30층	5	5	5	5	5	5	5	5	5	5	6	4	7	3
		30층 초과	4	6	4	6	4	6	4	6	4	6	5	5	6	4
	동남권	5층 이내	7	3	7	3	7	3	7	3	8	2	8	2	9	1
		6~15층	7	3	7	3	7	3	7	3	8	2	8	2	9	1
		16~20층	7	3	7	3	7	3	7	3	8	2	8	2	9	1
		21~25층	7	3	7	3	7	3	7	3	7	3	8	2	8	2
		26~30층	6	4	7	3	7	3	7	3	7	3	8	2	8	2
		30층 초과	5	5	6	4	6	4	6	4	6	4	7	3	7	3
	서남권	5층 이내	6	4	6	4	6	4	6	4	6	4	7	3	8	2
		6~15층	6	4	6	4	6	4	6	4	6	4	7	3	8	2
		16~20층	6	4	6	4	6	4	6	4	6	4	7	3	7	3
		21~25층	6	4	6	4	6	4	6	4	6	4	7	3	7	3
		26~30층	6	4	6	4	6	4	6	4	6	4	7	3	7	3
		30층 초과	5	5	5	5	5	5	5	5	5	5	6	4	6	4
	서북권	5층 이내	6	4	6	4	6	4	6	4	7	3	8	2	8	2
		6~15층	6	4	6	4	6	4	6	4	7	3	8	2	8	2
		16~20층	6	4	6	4	6	4	6	4	7	3	7	3	8	2
		21~25층	6	4	6	4	6	4	6	4	7	3	7	3	7	3
		26~30층	6	4	6	4	6	4	6	4	7	3	7	3	7	3
		30층 초과	5	5	5	5	5	5	5	5	6	4	6	4	6	4

---

1) 공동주택 토지·건물 배분비율 작성 연구(주용범, 2021, 한국부동산연구원)

구분		층수	1	2	3	4	5	6	7	8	9	10	11	12	13	14
수도권		5층 이내	5	5	5	5	5	5	5	5	5	5	6	4	7	3
		6~15층	4	6	4	6	5	5	5	5	5	5	6	4	7	3
		16~20층	4	6	4	6	5	5	5	5	5	5	6	4	6	4
		21~25층	4	6	4	6	5	5	5	5	5	5	6	4	6	4
		26~30층	4	6	4	6	4	6	4	6	4	6	5	5	5	5
		30층 초과	3	7	3	7	3	7	3	7	3	7	4	6	4	6
	경기도	5층 이내	5	5	5	5	5	5	5	5	6	4	6	4	7	3
		6~15층	4	6	5	5	5	5	5	5	6	4	6	4	7	3
		16~20층	4	6	4	6	4	6	5	5	6	4	6	4	7	3
		21~25층	4	6	4	6	4	6	5	5	6	4	6	4	7	3
		26~30층	4	6	4	6	4	6	5	5	6	4	6	4	7	3
		30층 초과	3	7	3	7	3	7	4	6	5	5	5	5	6	4
	경부권역	5층 이내	5	5	5	5	6	4	6	4	6	4	7	3	8	2
		6~15층	5	5	5	5	6	4	6	4	6	4	7	3	8	2
		16~20층	5	5	5	5	6	4	6	4	6	4	7	3	7	3
		21~25층	4	6	5	5	6	4	6	4	6	4	7	3	7	3
		26~30층	4	6	5	5	6	4	6	4	6	4	7	3	7	3
		30층 초과	3	7	4	6	5	5	5	5	5	5	6	4	6	4
	서해안권역	5층 이내	5	5	5	5	5	5	5	5	5	5	6	4	7	3
		6~15층	4	6	4	6	4	6	5	5	5	5	6	4	7	3
		16~20층	4	6	4	6	4	6	5	5	5	5	5	5	6	4
		21~25층	4	6	4	6	4	6	5	5	5	5	5	5	6	4
		26~30층	4	6	4	6	4	6	4	6	4	6	4	6	5	5
		30층 초과	3	7	3	7	3	7	3	7	3	7	3	7	4	6
	경의권역	5층 이내	5	5	5	5	5	5	5	5	6	4	7	3	7	3
		6~15층	5	5	5	5	5	5	5	5	5	5	6	4	6	4
		16~20층	5	5	5	5	5	5	5	5	5	5	6	4	6	4
		21~25층	5	5	5	5	5	5	5	5	5	5	6	4	6	4
		26~30층	4	6	5	5	5	5	5	5	5	5	5	5	6	4
		30층 초과	3	7	4	6	4	6	4	6	4	6	4	6	5	5
	경원권역	5층 이내	4	6	4	6	4	6	4	6	4	6	5	5	6	4
		6~15층	3	7	3	7	4	6	4	6	4	6	4	6	5	5
		16~20층	3	7	3	7	4	6	4	6	4	6	4	6	5	5
		21~25층	3	7	3	7	4	6	4	6	4	6	4	6	5	5
		26~30층	3	7	3	7	4	6	4	6	4	6	4	6	5	5
		30층 초과	2	8	2	8	3	7	3	7	3	7	3	7	4	6
	동부권역	5층 이내	5	5	5	5	5	5	5	5	5	5	5	5	6	4
		6~15층	5	5	5	5	5	5	5	5	5	5	5	5	6	4
		16~20층	5	5	5	5	5	5	5	5	5	5	5	5	6	4
		21~25층	5	5	5	5	5	5	5	5	5	5	5	5	6	4
		26~30층	5	5	5	5	5	5	5	5	5	5	5	5	6	4
		30층 초과	4	6	4	6	4	6	4	6	4	6	4	6	5	5

PART · 06

		5층 이내	4	6	4	6	4	6	5	5	6	4	6	4	7	3
		6~15층	4	6	4	6	4	6	5	5	5	5	6	4	6	4
	인천	16~20층	4	6	4	6	4	6	5	5	5	5	5	5	5	5
		21~25층	4	6	4	6	4	6	4	6	5	5	5	5	5	5
		26~30층	4	6	4	6	4	6	4	6	4	6	4	6	5	5
		30층 초과	3	7	3	7	3	7	3	7	3	7	3	7	4	6
		5층 이내	4	6	4	6	4	6	5	5	6	4	6	4	7	3
		6~15층	4	6	4	6	4	6	4	6	5	5	5	5	6	4
5대 광역시		16~20층	4	6	4	6	4	6	4	6	4	6	5	5	5	5
		21~25층	3	7	4	6	4	6	4	6	4	6	5	5	5	5
		26~30층	3	7	4	6	4	6	4	6	4	6	5	5	5	5
		30층 초과	2	8	3	7	3	7	3	7	3	7	4	6	4	6
		5층 이내	3	7	3	7	4	6	4	6	4	6	4	6	5	5
		6~15층	2	8	3	7	3	7	3	7	3	7	3	7	4	6
기타 도지역		16~20층	2	8	3	7	3	7	3	7	3	7	3	7	4	6
		21~25층	2	8	3	7	3	7	3	7	3	7	3	7	4	6
		26~30층	2	8	3	7	3	7	3	7	3	7	3	7	4	6
		30층 초과	1	9	2	8	2	8	2	8	2	8	2	8	3	7

주 1 : 본 배분비율표는 토지와 건물가격의 합산가액에서 토지와 건물가격 비율을 산출하는 구분합산법을 적용하였음

주 2 : 본 배분비율표는 공동주택의 각 동(棟)별 1층의 1개 호를 기준으로 산정하였음

주 3 : 제시된 배분비율은 셀 구간별 평균비율이며, 분석자료의 한계로 인한 오류가 포함될 가능성 있음

주 4 : 분석결과 일부 평가경향과 일치하지 않은 구간은 전후(前後) 구간의 배분비율, 상위권역의 배분비율, 기존비율 등을 고려하여 배분비율을 제시하였음

주 5 : 음영처리된 셀 구간은 표본이 존재하지 않은 구간으로 전문가의 자문을 받아 배분비율을 제시하였음

주 6 : 공동주택의 토지・건물 배분비율은 상기 제시된 배분비율을 참조하되, 당해 상황을 고려하여 각각의 사례에 따라 적의 조정할 수 있음

주 7 : 서울, 경기지역의 세부 지역구분은 다음과 같음

구분		상세 지역
서울	도심권	종로구, 중구, 용산구
	동북권	도봉구, 노원구, 강북구, 성북구, 중랑구, 동대문구, 성동구, 광진구
	동남권	서초구, 강남구, 송파구, 강동구
	서남권	동작구, 관악구, 금천구, 영등포구, 구로구, 양천구, 강서구
	서북권	은평구, 서대문구, 마포구
경기도	경부권	수원시, 성남시, 용인시, 과천시, 안양시, 군포시, 의왕시, 안성시
	서해안권	안산시, 부천시, 광명시, 시흥시, 화성시, 오산시, 평택시
	경의권	고양시, 김포시, 파주시
	경원권	의정부시, 양주시, 동두천시, 포천시, 연천군
	동부권	남양주시, 광주시, 이천시, 구리시, 하남시, 양평군, 여주군, 가평군

최종 공동주택 토지·건물 배분비율표(연립/다세대주택)

구분			5년 이하		6~10년		11~15년		16~20년		21~25년		26~30년		30년 초과	
			토지	건물	토지	건물	토지	건물	토지	건물	토지	건물	토지	건물	토지	건물
전국			3	7	4	6	4	6	5	5	5	5	5	5	6	4
	서울		7	3	7	3	7	3	7	3	7	3	8	2	9	1
		도심권	7	3	7	3	7	3	7	3	8	2	9	1	9	1
		동북권	6	4	7	3	7	3	7	3	7	3	8	2	9	1
		동남권	7	3	8	2	8	2	8	2	8	2	9	1	9	1
		서남권	7	3	7	3	7	3	7	3	7	3	8	2	9	1
		서북권	7	3	7	3	7	3	7	3	7	3	8	2	9	1
	수도권		4	6	4	6	5	5	5	5	6	4	7	3	8	2
		경기	4	6	4	6	5	5	5	5	6	4	7	3	8	2
		경부권역	5	5	5	5	6	4	6	4	6	4	7	3	8	2
		서해안권역	4	6	5	5	5	5	6	4	6	4	7	3	8	2
		경의권역	4	6	4	6	5	5	5	5	6	4	7	3	8	2
		경원권역	3	7	3	7	4	6	5	5	5	5	6	4	7	3
		동부권역	4	6	4	6	4	6	5	5	5	5	6	4	7	3
	인천		4	6	5	5	5	5	5	5	6	4	7	3	8	2
	5대 광역시		4	6	4	6	5	5	5	5	5	5	6	4	7	3
	기타 도지역		3	7	3	7	3	7	4	6	4	6	5	5	6	4

주 1 : 본 배분비율표는 토지와 건물가격의 합산가액에서 토지와 건물가격 비율을 산출하는 구분합산법을 적용하였음
주 2 : 본 배분비율표는 공동주택의 각 동(棟)별 1층의 1개 호를 기준으로 산정하였음
주 3 : 제시된 배분비율은 셀 구간별 평균비율이며, 분석자료의 한계로 인한 오류가 포함될 가능성 있음
주 4 : 분석결과 일부 평가경향과 일치하지 않은 구간은 전후(前後) 구간의 배분비율, 상위권역의 배분비율, 기존비율 등을 고려하여 배분비율을 제시하였음
주 5 : 공동주택의 토지·건물 배분비율은 상기 제시된 배분비율을 참조하되, 당해 상황을 고려하여 각각의 사례에 따라 적의 조정할 수 있음
주 6 : 서울, 경기지역의 세부 지역구분은 다음과 같음

구분		상세 지역
서울	도심권	종로구, 중구, 용산구
	동북권	도봉구, 노원구, 강북구, 성북구, 중랑구, 동대문구, 성동구, 광진구
	동남권	서초구, 강남구, 송파구, 강동구
	서남권	동작구, 관악구, 금천구, 영등포구, 구로구, 양천구, 강서구
	서북권	은평구, 서대문구, 마포구
경기도	경부권	수원시, 성남시, 용인시, 과천시, 안양시, 군포시, 의왕시, 안성시
	서해안권	안산시, 부천시, 광명시, 시흥시, 화성시, 오산시, 평택시
	경의권	고양시, 김포시, 파주시
	경원권	의정부시, 양주시, 동두천시, 포천시, 연천군
	동부권	남양주시, 광주시, 이천시, 구리시, 하남시, 양평군, 여주군, 가평군

PART · 06

[별표 3] 비주거용 집합건물 토지·건물 배분비율표[2]

구분			해당층											
			지하		1층		2층		3~5층		6~10층		11층 이상	
			토지	건물	토지	건물	토지	건물	토지	건물	토지	건물	토지	건물
오피스텔	서울	10층 이하	3.9	6.1	2.6	7.4	3.5	6.5	3.7	6.3	3.6	6.4		
		11층 이상	3.8	6.2	2.5	7.5	3.2	6.8	3.4	6.6	3.5	6.5	3.4	6.6
	부산	10층 이하	4.1	5.9	2.0	8.0	2.8	7.2	3.5	6.5	3.6	6.4		
		11층 이상	4.0	6.0	2.0	8.0	2.5	7.5	3.1	6.9	3.2	6.8	3.1	6.9
	대도시	10층 이하	3.8	6.2	2.0	8.0	2.8	7.2	3.2	6.8	3.0	7.0		
		11층 이상	3.5	6.5	1.8	8.2	2.5	7.5	2.9	7.1	2.8	7.2	2.8	7.2
매장용빌딩	서울	5층 이하	3.7~4.7	6.3~5.3	2.1~3.1	7.9~6.9	3.4~4.4	6.6~5.6	3.7~4.7	6.3~5.3				
		6층 이상	3.5~4.5	6.5~5.5	1.8~2.8	8.2~7.2	3.0~4.0	7.0~6.0	3.6~4.6	6.4~5.4	3.6~4.6	6.4~5.4		
	부산	5층 이하	3.5~4.5	6.5~5.5	1.8~2.8	8.2~7.2	3.2~4.2	6.8~5.8	3.6~4.6	6.4~5.4				
		6층 이상	3.3~4.3	6.7~5.7	1.4~2.4	8.6~7.6	2.6~3.6	7.4~8.4	3.5~4.5	6.5~5.5	3.6~4.6	6.4~5.4		
	대도시	5층 이하	3.1~4.1	6.9~5.9	1.5~2.5	8.5~7.5	2.6~3.6	7.4~6.4	2.9~3.9	7.1~6.1				
		6층 이상	2.5~3.5	7.5~6.5	1.2~2.2	8.8~7.8	2.0~3.0	8.0~7.0	2.6~3.6	7.4~6.4	2.5~3.5	7.5~6.5		
오피스텔	서울	5층 이하	5.2	4.8	5.2	4.8	5.2	4.8	5.2	4.8	5.2	4.8	5.2	4.8
		6~10층	4.4	5.6	4.4	5.6	4.4	5.6	4.4	5.6	4.4	5.6	4.4	5.6
		11층 이상	4.1	5.9	4.1	5.9	4.1	5.9	4.1	5.9	4.1	5.9	4.1	5.9
	수도권	5층 이하	3.9	6.1	3.9	6.1	3.9	6.1	3.9	6.1	3.9	6.1	3.9	6.1
		6~10층	3.9	6.1	3.9	6.1	3.9	6.1	3.9	6.1	3.9	6.1	3.9	6.1
		11층 이상	3.0	7.0	3.0	7.0	3.0	7.0	3.0	7.0	3.0	7.0	3.0	7.0
	광역시	5층 이하	3.0	7.0	3.0	7.0	3.0	7.0	3.0	7.0	3.0	7.0	3.0	7.0
		6~10층	2.8	7.2	2.8	7.2	2.8	7.2	2.8	7.2	2.8	7.2	2.8	7.2
		11층 이상	2.8	7.2	2.8	7.2	2.8	7.2	2.8	7.2	2.8	7.2	2.8	7.2

---

2) 경매감정평가실무(한국감정평가협회, 2017)

[별표 4] 용도별 건축물의 종류(제3조의5 관련)(건축법 시행령) 〈개정 2025.1.21.〉

1. 단독주택[단독주택의 형태를 갖춘 가정어린이집·공동생활가정·지역아동센터·공동육아나눔터(「아이돌봄지원법」 제19조에 따른 공동육아나눔터를 말한다. 이하 같다)·작은도서관(「도서관법」 제4조제2항제1호가목에 따른 작은도서관을 말하며, 해당 주택의 1층에 설치한 경우만 해당한다. 이하 같다) 및 노인복지시설(노인복지주택은 제외한다)을 포함한다]

   가. 단독주택

   나. 다중주택 : 다음의 요건을 모두 갖춘 주택을 말한다.

      1) 학생 또는 직장인 등 여러 사람이 장기간 거주할 수 있는 구조로 되어 있는 것

      2) 독립된 주거의 형태를 갖추지 않은 것(각 실별로 욕실은 설치할 수 있으나, 취사시설은 설치하지 않은 것을 말한다)

      3) 1개 동의 주택으로 쓰이는 바닥면적(부설 주차장 면적은 제외한다. 이하 같다)의 합계가 660제곱미터 이하이고 주택으로 쓰는 층수(지하층은 제외한다)가 3개 층 이하일 것. 다만, 1층의 전부 또는 일부를 필로티 구조로 하여 주차장으로 사용하고 나머지 부분을 주택(주거 목적으로 한정한다) 외의 용도로 쓰는 경우에는 해당 층을 주택의 층수에서 제외한다.

      4) 적정한 주거환경을 조성하기 위하여 건축조례로 정하는 실별 최소 면적, 창문의 설치 및 크기 등의 기준에 적합할 것

   다. 다가구주택 : 다음의 요건을 모두 갖춘 주택으로서 공동주택에 해당하지 아니하는 것을 말한다.

      1) 주택으로 쓰는 층수(지하층은 제외한다)가 3개 층 이하일 것. 다만, 1층의 전부 또는 일부를 필로티 구조로 하여 주차장으로 사용하고 나머지 부분을 주택(주거 목적으로 한정한다) 외의 용도로 쓰는 경우에는 해당 층을 주택의 층수에서 제외한다.

      2) 1개 동의 주택으로 쓰이는 바닥면적의 합계가 660제곱미터 이하일 것

      3) 19세대(대지 내 동별 세대수를 합한 세대를 말한다) 이하가 거주할 수 있을 것

   라. 공관(公館)

2. 공동주택[공동주택의 형태를 갖춘 가정어린이집·공동생활가정·지역아동센터·공동육아나눔터·작은도서관·노인복지시설(노인복지주택은 제외한다) 및 「주택법 시행령」 제10조제1항제1호에 따른 아파트형 주택을 포함한다]. 다만, 가목이나 나목에서 층수를 산정할 때 1층 전부를 필로티 구조로 하여 주차장으로 사용하는 경우에는 필로티 부분을 층수에서 제외하고, 다목에서 층수를 산정할 때 1층의 전부 또는 일부를 필로티 구조로 하여 주차장으로 사용하고 나머지 부분을 주택(주거 목적으로 한정한다) 외의 용도로 쓰는 경우에는 해당 층을 주택의 층수에서 제외하며, 가목부터 라목까지의 규정에서 층수를 산정할 때 지하층을 주택의 층수에서 제외한다.

   가. 아파트 : 주택으로 쓰는 층수가 5개 층 이상인 주택

   나. 연립주택 : 주택으로 쓰는 1개 동의 바닥면적(2개 이상의 동을 지하주차장으로 연결하는 경우에는 각각의 동으로 본다) 합계가 660제곱미터를 초과하고, 층수가 4개 층 이하인 주택

   다. 다세대주택 : 주택으로 쓰는 1개 동의 바닥면적 합계가 660제곱미터 이하이고, 층수가 4개 층 이하인 주택 (2개 이상의 동을 지하주차장으로 연결하는 경우에는 각각의 동으로 본다)

   라. 기숙사 : 다음의 어느 하나에 해당하는 건축물로서 공간의 구성과 규모 등에 관하여 국토교통부장관이 정하여 고시하는 기준에 적합한 것. 다만, 구분소유된 개별 실(室)은 제외한다.

      1) 일반기숙사 : 학교 또는 공장 등의 학생 또는 종업원 등을 위하여 사용하는 것으로서 해당 기숙사의 공동취사시설 이용 세대 수가 전체 세대 수(건축물의 일부를 기숙사로 사용하는 경우에는 기숙사로 사용하는 세대 수로 한다. 이하 같다)의 50퍼센트 이상인 것(「교육기본법」 제27조제2항에 따른 학생복지주택을 포함한다)

2) 임대형기숙사 : 「공공주택 특별법」 제4조에 따른 공공주택사업자 또는 「민간임대주택에 관한 특별법」 제2조제7호에 따른 임대사업자가 임대사업에 사용하는 것으로서 임대 목적으로 제공하는 실이 20실 이상이고 해당 기숙사의 공동취사시설 이용 세대 수가 전체 세대 수의 50퍼센트 이상인 것

3. 제1종 근린생활시설

가. 식품·잡화·의류·완구·서적·건축자재·의약품·의료기기 등 일용품을 판매하는 소매점으로서 같은 건축물(하나의 대지에 두 동 이상의 건축물이 있는 경우에는 이를 같은 건축물로 본다. 이하 같다)에 해당 용도로 쓰는 바닥면적의 합계가 1천 제곱미터 미만인 것

나. 휴게음식점, 제과점 등 음료·차(茶)·음식·빵·떡·과자 등을 조리하거나 제조하여 판매하는 시설(제4호너목 또는 제17호에 해당하는 것은 제외한다)로서 같은 건축물에 해당 용도로 쓰는 바닥면적의 합계가 300제곱미터 미만인 것

다. 이용원, 미용원, 목욕장, 세탁소 등 사람의 위생관리나 의류 등을 세탁·수선하는 시설(세탁소의 경우 공장에 부설되는 것과 「대기환경보전법」, 「물환경보전법」 또는 「소음·진동관리법」에 따른 배출시설의 설치 허가 또는 신고의 대상인 것은 제외한다)

라. 의원, 치과의원, 한의원, 침술원, 접골원(接骨院), 조산원, 안마원, 산후조리원 등 주민의 진료·치료 등을 위한 시설

마. 탁구장, 체육도장으로서 같은 건축물에 해당 용도로 쓰는 바닥면적의 합계가 500제곱미터 미만인 것

바. 지역자치센터, 파출소, 지구대, 소방서, 우체국, 방송국, 보건소, 공공도서관, 건강보험공단 사무소 등 주민의 편의를 위하여 공공업무를 수행하는 시설로서 같은 건축물에 해당 용도로 쓰는 바닥면적의 합계가 1천 제곱미터 미만인 것

사. 마을회관, 마을공동작업소, 마을공동구판장, 공중화장실, 대피소, 지역아동센터(단독주택과 공동주택에 해당하는 것은 제외한다) 등 주민이 공동으로 이용하는 시설

아. 변전소, 도시가스배관시설, 통신용 시설(해당 용도로 쓰는 바닥면적의 합계가 1천제곱미터 미만인 것에 한정한다), 정수장, 양수장 등 주민의 생활에 필요한 에너지공급·통신서비스제공이나 급수·배수와 관련된 시설

자. 금융업소, 사무소, 부동산중개사무소, 결혼상담소 등 소개업소, 출판사 등 일반업무시설로서 같은 건축물에 해당 용도로 쓰는 바닥면적의 합계가 30제곱미터 미만인 것

차. 전기자동차 충전소(해당 용도로 쓰는 바닥면적의 합계가 1천제곱미터 미만인 것으로 한정한다)

카. 동물병원, 동물미용실 및 「동물보호법」 제73조제1항제2호에 따른 동물위탁관리업을 위한 시설로서 같은 건축물에 해당 용도로 쓰는 바닥면적의 합계가 300제곱미터 미만인 것

4. 제2종 근린생활시설

가. 공연장(극장, 영화관, 연예장, 음악당, 서커스장, 비디오물감상실, 비디오물소극장, 그 밖에 이와 비슷한 것을 말한다. 이하 같다)으로서 같은 건축물에 해당 용도로 쓰는 바닥면적의 합계가 500제곱미터 미만인 것

나. 종교집회장[교회, 성당, 사찰, 기도원, 수도원, 수녀원, 제실(祭室), 사당, 그 밖에 이와 비슷한 것을 말한다. 이하 같다]으로서 같은 건축물에 해당 용도로 쓰는 바닥면적의 합계가 500제곱미터 미만인 것

다. 자동차영업소로서 같은 건축물에 해당 용도로 쓰는 바닥면적의 합계가 1천제곱미터 미만인 것

라. 서점(제1종 근린생활시설에 해당하지 않는 것)

마. 총포판매소

바. 사진관, 표구점

사. 청소년게임제공업소, 복합유통게임제공업소, 인터넷컴퓨터게임시설제공업소, 가상현실체험 제공업소, 그 밖에 이와 비슷한 게임 및 체험 관련 시설로서 같은 건축물에 해당 용도로 쓰는 바닥면적의 합계가 500제곱미터 미만인 것

아. 휴게음식점, 제과점 등 음료·차(茶)·음식·빵·떡·과자 등을 조리하거나 제조하여 판매하는 시설(너목 또는 제17호에 해당하는 것은 제외한다)로서 같은 건축물에 해당 용도로 쓰는 바닥면적의 합계가 300제곱미터 이상인 것

자. 일반음식점

차. 장의사, 동물병원, 동물미용실, 「동물보호법」 제73조제1항제2호에 따른 동물위탁관리업을 위한 시설, 그 밖에 이와 유사한 것(제1종 근린생활시설에 해당하는 것은 제외한다)

카. 학원(자동차학원·무도학원 및 정보통신기술을 활용하여 원격으로 교습하는 것은 제외한다), 교습소(자동차교습·무도교습 및 정보통신기술을 활용하여 원격으로 교습하는 것은 제외한다), 직업훈련소(운전·정비 관련 직업훈련소는 제외한다)로서 같은 건축물에 해당 용도로 쓰는 바닥면적의 합계가 500제곱미터 미만인 것

타. 독서실, 기원

파. 테니스장, 체력단련장, 에어로빅장, 볼링장, 당구장, 실내낚시터, 골프연습장, 놀이형시설(「관광진흥법」에 따른 기타유원시설업의 시설을 말한다. 이하 같다) 등 주민의 체육 활동을 위한 시설(제3호마목의 시설은 제외한다)로서 같은 건축물에 해당 용도로 쓰는 바닥면적의 합계가 500제곱미터 미만인 것

하. 금융업소, 사무소, 부동산중개사무소, 결혼상담소 등 소개업소, 출판사 등 일반업무시설로서 같은 건축물에 해당 용도로 쓰는 바닥면적의 합계가 500제곱미터 미만인 것(제1종 근린생활시설에 해당하는 것은 제외한다)

거. 다중생활시설(「다중이용업소의 안전관리에 관한 특별법」에 따른 다중이용업 중 고시원업의 시설로서 국토교통부장관이 고시하는 기준과 그 기준에 위배되지 않는 범위에서 적정한 주거환경을 조성하기 위하여 건축조례로 정하는 실별 최소 면적, 창문의 설치 및 크기 등의 기준에 적합한 것을 말한다. 이하 같다)로서 같은 건축물에 해당 용도로 쓰는 바닥면적의 합계가 500제곱미터 미만인 것

너. 제조업, 수리점 등 물품의 제조·가공·수리 등을 위한 시설로서 같은 건축물에 해당 용도로 쓰는 바닥면적의 합계가 500제곱미터 미만이고, 다음 요건 중 어느 하나에 해당하는 것

  1) 「대기환경보전법」, 「물환경보전법」 또는 「소음·진동관리법」에 따른 배출시설의 설치 허가 또는 신고의 대상이 아닌 것

  2) 「물환경보전법」 제33조제1항 본문에 따라 폐수배출시설의 설치 허가를 받거나 신고해야 하는 시설로서 발생되는 폐수를 전량 위탁처리하는 것

더. 단란주점으로서 같은 건축물에 해당 용도로 쓰는 바닥면적의 합계가 150제곱미터 미만인 것

러. 안마시술소, 노래연습장

머. 「물류시설의 개발 및 운영에 관한 법률」 제2조제5호의2에 따른 주문배송시설로서 같은 건축물에 해당 용도로 쓰는 바닥면적의 합계가 500제곱미터 미만인 것(같은 법 제21조의2제1항에 따라 물류창고업 등록을 해야 하는 시설을 말한다)

5. 문화 및 집회시설

가. 공연장으로서 제2종 근린생활시설에 해당하지 아니하는 것

나. 집회장[예식장, 공회당, 회의장, 마권(馬券) 장외 발매소, 마권 전화투표소, 그 밖에 이와 비슷한 것을 말한다]으로서 제2종 근린생활시설에 해당하지 아니하는 것

다. 관람장(경마장, 경륜장, 경정장, 자동차 경기장, 그 밖에 이와 비슷한 것과 체육관 및 운동장으로서 관람석의 바닥면적의 합계가 1천 제곱미터 이상인 것을 말한다)

라. 전시장(박물관, 미술관, 과학관, 문화관, 체험관, 기념관, 산업전시장, 박람회장, 그 밖에 이와 비슷한 것을 말한다)

마. 동·식물원(동물원, 식물원, 수족관, 그 밖에 이와 비슷한 것을 말한다)

6. 종교시설

　가. 종교집회장으로서 제2종 근린생활시설에 해당하지 아니하는 것

　나. 종교집회장(제2종 근린생활시설에 해당하지 아니하는 것을 말한다)에 설치하는 봉안당(奉安堂)

7. 판매시설

　가. 도매시장(「농수산물유통 및 가격안정에 관한 법률」에 따른 농수산물도매시장, 농수산물공판장, 그 밖에 이와 비슷한 것을 말하며, 그 안에 있는 근린생활시설을 포함한다)

　나. 소매시장(「유통산업발전법」 제2조제3호에 따른 대규모 점포, 그 밖에 이와 비슷한 것을 말하며, 그 안에 있는 근린생활시설을 포함한다)

　다. 상점(그 안에 있는 근린생활시설을 포함한다)으로서 다음의 요건 중 어느 하나에 해당하는 것

　　　1) 제3호가목에 해당하는 용도(서점은 제외한다)로서 제1종 근린생활시설에 해당하지 아니하는 것

　　　2) 「게임산업진흥에 관한 법률」 제2조제6호의2가목에 따른 청소년게임제공업의 시설, 같은 호 나목에 따른 일반게임제공업의 시설, 같은 조 제7호에 따른 인터넷컴퓨터게임시설제공업의 시설 및 같은 조 제8호에 따른 복합유통게임제공업의 시설로서 제2종 근린생활시설에 해당하지 아니하는 것

8. 운수시설

　가. 여객자동차터미널

　나. 철도시설

　다. 공항시설

　라. 항만시설

　마. 그 밖에 가목부터 라목까지의 규정에 따른 시설과 비슷한 시설

9. 의료시설

　가. 병원(종합병원, 병원, 치과병원, 한방병원, 정신병원 및 요양병원을 말한다)

　나. 격리병원(전염병원, 마약진료소, 그 밖에 이와 비슷한 것을 말한다)

10. 교육연구시설(제2종 근린생활시설에 해당하는 것은 제외한다)

　가. 학교(유치원, 초등학교, 중학교, 고등학교, 전문대학, 대학, 대학교, 그 밖에 이에 준하는 각종 학교를 말한다)

　나. 교육원(연수원, 그 밖에 이와 비슷한 것을 포함한다)

　다. 직업훈련소(운전 및 정비 관련 직업훈련소는 제외한다)

　라. 학원(자동차학원·무도학원 및 정보통신기술을 활용하여 원격으로 교습하는 것은 제외한다), 교습소(자동차교습·무도교습 및 정보통신기술을 활용하여 원격으로 교습하는 것은 제외한다)

　마. 연구소(연구소에 준하는 시험소와 계측계량소를 포함한다)

　바. 도서관

11. 노유자시설

　가. 아동 관련 시설(어린이집, 아동복지시설, 그 밖에 이와 비슷한 것으로서 단독주택, 공동주택 및 제1종 근린생활시설에 해당하지 아니하는 것을 말한다)

　나. 노인복지시설(단독주택과 공동주택에 해당하지 아니하는 것을 말한다)

　다. 그 밖에 다른 용도로 분류되지 아니한 사회복지시설 및 근로복지시설

12. 수련시설

　가. 생활권 수련시설(「청소년활동진흥법」에 따른 청소년수련관, 청소년문화의집, 청소년특화시설, 그 밖에 이와 비슷한 것을 말한다)

나. 자연권 수련시설(「청소년활동진흥법」에 따른 청소년수련원, 청소년야영장, 그 밖에 이와 비슷한 것을 말한다)

다. 「청소년활동진흥법」에 따른 유스호스텔

라. 「관광진흥법」에 따른 야영장 시설로서 제29호에 해당하지 아니하는 시설

13. 운동시설

가. 탁구장, 체육도장, 테니스장, 체력단련장, 에어로빅장, 볼링장, 당구장, 실내낚시터, 골프연습장, 놀이형시설, 그 밖에 이와 비슷한 것으로서 제1종 근린생활시설 및 제2종 근린생활시설에 해당하지 아니하는 것

나. 체육관으로서 관람석이 없거나 관람석의 바닥면적이 1천제곱미터 미만인 것

다. 운동장(육상장, 구기장, 볼링장, 수영장, 스케이트장, 롤러스케이트장, 승마장, 사격장, 궁도장, 골프장 등과 이에 딸린 건축물을 말한다)으로서 관람석이 없거나 관람석의 바닥면적이 1천 제곱미터 미만인 것

14. 업무시설

가. 공공업무시설 : 국가 또는 지방자치단체의 청사와 외국공관의 건축물로서 제1종 근린생활시설에 해당하지 아니하는 것

나. 일반업무시설 : 다음 요건을 갖춘 업무시설을 말한다.

　1) 금융업소, 사무소, 결혼상담소 등 소개업소, 출판사, 신문사, 그 밖에 이와 비슷한 것으로서 제1종 근린생활시설 및 제2종 근린생활시설에 해당하지 않는 것

　2) 오피스텔(업무를 주로 하며, 분양하거나 임대하는 구획 중 일부 구획에서 숙식을 할 수 있도록 한 건축물로서 국토교통부장관이 고시하는 기준에 적합한 것을 말한다)

15. 숙박시설

가. 일반숙박시설 및 생활숙박시설(「공중위생관리법」 제3조제1항 전단에 따라 숙박업 신고를 해야 하는 시설로서 국토교통부장관이 정하여 고시하는 요건을 갖춘 시설을 말한다)

나. 관광숙박시설(관광호텔, 수상관광호텔, 한국전통호텔, 가족호텔, 호스텔, 소형호텔, 의료관광호텔 및 휴양콘도미니엄)

다. 다중생활시설(제2종 근린생활시설에 해당하지 아니하는 것을 말한다)

라. 그 밖에 가목부터 다목까지의 시설과 비슷한 것

16. 위락시설

가. 단란주점으로서 제2종 근린생활시설에 해당하지 아니하는 것

나. 유흥주점이나 그 밖에 이와 비슷한 것

다. 「관광진흥법」에 따른 유원시설업의 시설, 그 밖에 이와 비슷한 시설(제2종 근린생활시설과 운동시설에 해당하는 것은 제외한다)

라. 삭제 <2010.2.18>

마. 무도장, 무도학원

바. 카지노영업소

17. 공장

물품의 제조·가공[염색·도장(塗裝)·표백·재봉·건조·인쇄 등을 포함한다] 또는 수리에 계속적으로 이용되는 건축물로서 제1종 근린생활시설, 제2종 근린생활시설, 위험물저장 및 처리시설, 자동차 관련 시설, 자원순환 관련 시설 등으로 따로 분류되지 아니한 것

18. 창고시설(제2종 근린생활시설에 해당하는 것과 위험물 저장 및 처리 시설 또는 그 부속용도에 해당하는 것은 제외한다)

가. 창고(물품저장시설로서 「물류정책기본법」에 따른 일반창고와 냉장 및 냉동 창고를 포함한다)

나. 하역장

다. 「물류시설의 개발 및 운영에 관한 법률」에 따른 물류터미널

라. 집배송 시설

19. 위험물 저장 및 처리 시설

「위험물안전관리법」, 「석유 및 석유대체연료 사업법」, 「도시가스사업법」, 「고압가스 안전관리법」, 「액화석유가스의 안전관리 및 사업법」, 「총포·도검·화약류 등 단속법」, 「화학물질 관리법」 등에 따라 설치 또는 영업의 허가를 받아야 하는 건축물로서 다음 각 목의 어느 하나에 해당하는 것. 다만, 자가난방, 자가발전, 그 밖에 이와 비슷한 목적으로 쓰는 저장시설은 제외한다.

가. 주유소(기계식 세차설비를 포함한다) 및 석유 판매소

나. 액화석유가스 충전소·판매소·저장소(기계식 세차설비를 포함한다)

다. 위험물 제조소·저장소·취급소

라. 액화가스 취급소·판매소

마. 유독물 보관·저장·판매시설

바. 고압가스 충전소·판매소·저장소

사. 도료류 판매소

아. 도시가스 제조시설

자. 화약류 저장소

차. 그 밖에 가목부터 자목까지의 시설과 비슷한 것

20. 자동차 관련 시설(건설기계 관련 시설을 포함한다)

가. 주차장

나. 세차장

다. 폐차장

라. 검사장

마. 매매장

바. 정비공장

사. 운전학원 및 정비학원(운전 및 정비 관련 직업훈련시설을 포함한다)

아. 「여객자동차 운수사업법」, 「화물자동차 운수사업법」 및 「건설기계관리법」에 따른 차고 및 주기장(駐機場)

자. 전기자동차 충전소로서 제1종 근린생활시설에 해당하지 않는 것

21. 동물 및 식물 관련 시설

가. 축사(양잠·양봉·양어·양돈·양계·곤충사육 시설 및 부화장 등을 포함한다)

나. 가축시설[가축용 운동시설, 인공수정센터, 관리사(管理舍), 가축용 창고, 가축시장, 동물검역소, 실험동물 사육시설, 그 밖에 이와 비슷한 것을 말한다]

다. 도축장

라. 도계장

마. 작물 재배사

바. 종묘배양시설

사. 화초 및 분재 등의 온실

아. 동물 또는 식물과 관련된 가목부터 사목까지의 시설과 비슷한 것(동·식물원은 제외한다)

22. 자원순환 관련 시설
　　가. 하수 등 처리시설
　　나. 고물상
　　다. 폐기물재활용시설
　　라. 폐기물 처분시설
　　마. 폐기물감량화시설

23. 교정시설(제1종 근린생활시설에 해당하는 것은 제외한다)
　　가. 교정시설(보호감호소, 구치소 및 교도소를 말한다)
　　나. 갱생보호시설, 그 밖에 범죄자의 갱생·보육·교육·보건 등의 용도로 쓰는 시설
　　다. 소년원 및 소년분류심사원
　　라. 삭제 <2023. 5. 15.>

23의2. 국방·군사시설(제1종 근린생활시설에 해당하는 것은 제외한다)
　　「국방·군사시설 사업에 관한 법률」에 따른 국방·군사시설

24. 방송통신시설(제1종 근린생활시설에 해당하는 것은 제외한다)
　　가. 방송국(방송프로그램 제작시설 및 송신·수신·중계시설을 포함한다)
　　나. 전신전화국
　　다. 촬영소
　　라. 통신용 시설
　　마. 데이터센터
　　바. 그 밖에 가목부터 마목까지의 시설과 비슷한 것

25. 발전시설
　　발전소(집단에너지 공급시설을 포함한다)로 사용되는 건축물로서 제1종 근린생활시설에 해당하지 아니하는 것

26. 묘지 관련 시설
　　가. 화장시설
　　나. 봉안당(종교시설에 해당하는 것은 제외한다)
　　다. 묘지와 자연장지에 부수되는 건축물
　　라. 동물화장시설, 동물건조장(乾燥葬)시설 및 동물 전용의 납골시설

27. 관광 휴게시설
　　가. 야외음악당
　　나. 야외극장
　　다. 어린이회관
　　라. 관망탑
　　마. 휴게소
　　바. 공원·유원지 또는 관광지에 부수되는 시설

28. 장례시설
　　가. 장례식장[의료시설의 부수시설(「의료법」 제36조제1호에 따른 의료기관의 종류에 따른 시설을 말한다)에
　　　　해당하는 것은 제외한다]
　　나. 동물 전용의 장례식장

29. 야영장 시설

「관광진흥법」에 따른 야영장 시설로서 관리동, 화장실, 샤워실, 대피소, 취사시설 등의 용도로 쓰는 바닥면적의 합계가 300제곱미터 미만인 것

비고
1. 제3호 및 제4호에서 "해당 용도로 쓰는 바닥면적"이란 부설 주차장 면적을 제외한 실(實) 사용면적에 공용부분 면적(복도, 계단, 화장실 등의 면적을 말한다)을 비례 배분한 면적을 합한 면적을 말한다.
2. 비고 제1호에 따라 "해당 용도로 쓰는 바닥면적"을 산정할 때 건축물의 내부를 여러 개의 부분으로 구분하여 독립한 건축물로 사용하는 경우에는 그 구분된 면적 단위로 바닥면적을 산정한다. 다만, 다음 각 목에 해당하는 경우에는 각 목에서 정한 기준에 따른다.
   가. 제4호더목에 해당하는 건축물의 경우에는 내부가 여러 개의 부분으로 구분되어 있더라도 해당 용도로 쓰는 바닥면적을 모두 합산하여 산정한다.
   나. 동일인이 둘 이상의 구분된 건축물을 같은 세부 용도로 사용하는 경우에는 연접되어 있지 않더라도 이를 모두 합산하여 산정한다.
   다. 구분 소유자(임차인을 포함한다)가 다른 경우에도 구분된 건축물을 같은 세부 용도로 연계하여 함께 사용하는 경우(통로, 창고 등을 공동으로 활용하는 경우 또는 명칭의 일부를 동일하게 사용하여 홍보하거나 관리하는 경우 등을 말한다)에는 연접되어 있지 않더라도 연계하여 함께 사용하는 바닥면적을 모두 합산하여 산정한다.
3. 「청소년 보호법」 제2조제5호가목8) 및 9)에 따라 여성가족부장관이 고시하는 청소년 출입·고용금지업의 영업을 위한 시설은 제1종 근린생활시설 및 제2종 근린생활시설에서 제외하되, 위 표에 따른 다른 용도의 시설로 분류되지 않는 경우에는 제16호에 따른 위락시설로 분류한다.
4. 국토교통부장관은 별표 1 각 호의 용도별 건축물의 종류에 관한 구체적인 범위를 정하여 고시할 수 있다.

[별표 5] 집합건물 개별요인 비교표[3]

① 주거용

요인구분	세부항목(주거용)	격차율
단지외부요인	대중교통의 편의성, 교육시설 등의 배치, 도심지 및 상업·업무시설과의 접근성, 차량이용의 편리성, 공공시설 및 편익시설과의 배치, 자연환경(조망, 풍치, 경관 등) 등	
단지내부요인	시공업체의 브랜드, 단지 내 총세대수 및 최고층수, 건물의 구조 및 마감상태, 경과연수에 따른 노후도, 단지 내 면적구성(대형, 중형, 소형), 단지 내 통로구조(복도식/계단식) 등	
호별 요인	층별 효용, 향별 효용, 위치별 효용(동별 및 라인별), 전유부분의 면적 및 대지사용권의 크기, 내부 평면방식(베이), 간선도로 및 철도 등에 의한 소음 등	
기타 요인	기타 가치에 영향을 미치는 요인	

② 상업용

요인구분	세부항목(상업용)	격차율
단지외부요인	고객 유동성과의 적합성, 도심지 및 상업, 업무시설과의 접근성, 대중교통의 편의성(지하철, 버스정류장), 배후지의 크기, 상가의 성숙도, 차량이용의 편의성(가로의 폭, 구조 등) 등	
단지내부요인	단지 내 주차의 편리성, 건물 전체의 공실률, 건물 관리상태 및 각종 설비의 유무, 건물 전체의 임대료 수준 및 임대비율, 건물의 구조 및 마감상태, 건물의 규모 및 최고층수 등	
호별 요인	층별 효용, 위치별 효용(동별 및 라인별), 주출입구와의 거리, 에스컬레이터 및 엘리베이터와의 거리, 향별 효용, 전유부분의 면적 및 대지권의 크기 등	
기타 요인	기타 가치에 영향을 미치는 요인	

③ 업무용

요인구분	세부항목(업무용)	격차율
단지외부요인	도심지 및 상업·업무시설과의 접근성, 대중교통의 편의성, 차량이용의 편리성, 생산자서비스 종사자 밀도, 공공시설 및 편익시설 등의 배치, 공급 및 처리시설의 상태 등	
단지내부요인	건물의 상태 및 각종설비의 유무, 경과연수에 따른 노후도, 단지 내 주차의 편리성 정도, 건물의 구조 및 마감상태, 건물의 규모 및 최고층수, 건물 전체의 임대료 수준 및 임대비율 등	
호별 요인	층별 효용, 위치별 효용(동별 및 라인별), 향별 효용, 전유부분의 면적 및 대지권의 크기, 내부 평면방식, 주출입구와의 거리 등	
기타 요인	기타 가치에 영향을 미치는 요인	

④ 공업용

요인구분	세부항목(공업용)	격차율
단지외부요인	외부진출이 용이성, 차량이용의 편리성(가로의 폭, 구조 등), 동력자원 및 노동력 확보의 용이성, 대중교통의 편의성, 도심지 및 상업, 업무시설과의 접근성, 공급 및 처리시설의 상태 등	
단지내부요인	건물의 관리상태 및 각종 설비의 유무, 입주업체의 용도 및 지원시설의 규모, 단지 내 화물용 및 승객용 승강기의 편의성, 단지 내 주차의 편리성 유무, 건물의 구조 및 마감상태, 경과연수에 따른 노후도 등	
호별 요인	층별 효용, 위치별 효용(동별 및 라인별), 전유부분의 면적 및 대지권의 크기, 내부 평면방식, 전유면적의 비율, 향별 효용 등	
기타 요인	기타 가치에 영향을 미치는 요인	

---

3) 집합건물 개별요인 비교에 관한 연구(한국부동산원, 2014.02.)

PART · 06

[별표 6] 공익사업별 사업인정고시 의제일 및 사전 공고 또는 고시 절차를 규정하고 있는 관련 법령4)

1. 공익사업별 사업인정고시 의제일

법률명	사업명	사업인정 (사업인정 및 의제 근거조항)
공공주택특별법(공공주택건설사업만)	공공주택건설사업	공공주택지구 지정·고시 또는 주택건설사업계획 승인·고시(제27조)
	도심 공공주택복합사업	복합지구의 지정·고시(제40조의10)
국방·군사시설사업에 관한 법률	국방·군사시설사업	국방·군사시설 사업계획 승인 및 승인의 고시 및 통보(제5조)
국토의 계획 및 이용에 관한 법률	도시·군계획시설사업	실시계획인가·고시(제96조)
농어촌도로 정비법	농어촌도로 정비공사	도로노선 지정·공고(제13조)
도로법	도로공사	도로구역 결정·고시(제82조)
도시 및 주거환경정비법	정비사업	사업시행인가의 고시(제65조)
도시개발법	도시개발사업	토지세목이 포함된 개발계획의 수립·고시(제22조)
빈집 및 소규모주택 정비에 관한 특례법	빈집정비사업	토지 등 세목이 포함된 사업시행계획고시 등 (제11조의4)
	소규모재개발사업 또는 가로주택정비사업	토지등 세목이 포함된 사업시행계획 고시 (제35조의2)
산업입지 및 개발에 관한 법률 (산업단지개발사업 부분만 포함)	산업단지개발사업	산업단지의 지정·고시(토지 등의 세목고시 포함) (제22조)
자연공원법	공원사업	공원사업 시행계획 결정·고시(제22조)
전원개발촉진법	전원개발사업	전원개발사업 실시계획 승인·고시(제6조의2)
주택법	국가 등의 사업주체가 국민주택을 건설하는 등의 사업	사업계획의 승인(제27조)
철도건설법	철도건설사업	실시계획 승인·고시(제12조)
친수구역 활용에 관한 특별법	친수구역조성사업	친수구역 지정·고시(제19조)
택지개발촉진법	택지개발사업	택지개발지구의 지정·고시(제12조)
하천법	하천공사	하천공사 시행계획 수립·고시(제78조)
학교시설사업 촉진법	학교시설사업	학교시설사업 시행계획 승인·고시(제10조)

---

4) 2025 토지수용 업무편람, 국토교통부 중앙토지수용위원회, 2024. 11.

2. 사전 공고 또는 고시 절차를 규정하고 있는 관련 법령

법률명	공익사업명	절차	내용
농어촌정비법	농어촌정비사업	농어촌 관광휴양단지(제82조), 한계농지 등 정비지구(제94조 및 제95조), 마을정비구역(제101조) 등의 지정(제104조)	주민의견 청취
도시개발법	도시개발사업	도시개발구역 지정(제7조)	주민 등 의견 청취, 공청회
도시철도법	도시철도건설사업	기본계획 수립(제6조)	공청회
도시 및 주거환경정비법	제38조에 따라 토지 등을 수용하거나 사용할 수 있는 사업	도시·주거환경정비 기본계획 수립(제3조)	주민공람
항만법	항만재개발사업	항만재개발 사업계획 수립(제54조)	공청회

[별표 7] 토지가격비준표(공통비준표)[5]

	1전	2전	1주	2주	3주	준주	중상	일상	근상	유상	전공	일공	준공	보전	생산	자연	개제	미정	관리	보관	생관	계관	농림	자보
1전	1.00	1.01	1.03	1.08	1.15	1.19	1.65	1.63	1.41	1.34	0.95	1.00	1.09	0.52	0.53	0.59	0.39	0.61	0.53	0.47	0.53	0.60	0.44	0.43
2전	0.99	1.00	1.02	1.07	1.14	1.18	1.63	1.61	1.40	1.33	0.94	0.99	1.08	0.51	0.52	0.58	0.39	0.60	0.52	0.47	0.52	0.59	0.44	0.43
1주	0.97	0.98	1.00	1.05	1.12	1.16	1.60	1.58	1.37	1.30	0.92	0.97	1.06	0.50	0.51	0.57	0.38	0.59	0.51	0.46	0.51	0.58	0.43	0.42
2주	0.93	0.94	0.95	1.00	1.06	1.10	1.53	1.51	1.31	1.24	0.88	0.93	1.01	0.48	0.49	0.55	0.36	0.56	0.49	0.44	0.49	0.56	0.41	0.40
3주	0.87	0.88	0.90	0.94	1.00	1.03	1.43	1.42	1.23	1.17	0.83	0.87	0.95	0.45	0.46	0.51	0.34	0.53	0.46	0.41	0.46	0.52	0.38	0.37
준주	0.84	0.85	0.87	0.91	0.97	1.00	1.39	1.37	1.18	1.13	0.80	0.84	0.92	0.44	0.45	0.50	0.33	0.51	0.45	0.39	0.45	0.50	0.37	0.36
중상	0.61	0.61	0.62	0.65	0.70	0.72	1.00	0.99	0.85	0.81	0.58	0.61	0.66	0.32	0.32	0.36	0.24	0.37	0.32	0.28	0.32	0.36	0.27	0.26
일상	0.61	0.62	0.63	0.66	0.71	0.73	1.01	1.00	0.87	0.82	0.58	0.61	0.67	0.32	0.33	0.36	0.24	0.37	0.33	0.29	0.33	0.37	0.27	0.26
근상	0.71	0.72	0.73	0.77	0.82	0.84	1.17	1.16	1.00	0.95	0.67	0.71	0.77	0.37	0.38	0.42	0.28	0.43	0.38	0.33	0.38	0.43	0.31	0.30
유상	0.75	0.75	0.77	0.81	0.86	0.89	1.23	1.22	1.05	1.00	0.71	0.75	0.81	0.39	0.40	0.44	0.29	0.46	0.40	0.35	0.40	0.45	0.33	0.32
전공	1.05	1.06	1.08	1.14	1.21	1.25	1.74	1.72	1.48	1.41	1.00	1.05	1.15	0.55	0.56	0.62	0.41	0.64	0.56	0.49	0.56	0.63	0.46	0.45
일공	1.00	1.01	1.03	1.08	1.15	1.19	1.65	1.63	1.41	1.34	0.95	1.00	1.09	0.52	0.53	0.59	0.39	0.61	0.53	0.47	0.53	0.60	0.44	0.43
준공	0.92	0.93	0.94	0.99	1.06	1.09	1.51	1.50	1.29	1.23	0.87	0.92	1.00	0.48	0.49	0.54	0.36	0.56	0.49	0.43	0.49	0.55	0.40	0.39
보전	1.92	1.94	1.98	2.08	2.21	2.29	3.17	3.13	2.71	2.58	1.83	1.92	2.10	1.00	1.02	1.13	0.75	1.17	1.02	0.90	1.02	1.15	0.85	0.83
생산	1.89	1.91	1.94	2.04	2.17	2.25	3.11	3.08	2.66	2.53	1.79	1.89	2.06	0.98	1.00	1.11	0.74	1.15	1.00	0.89	1.00	1.13	0.83	0.81
자연	1.69	1.71	1.75	1.83	1.95	2.02	2.80	2.76	2.39	2.27	1.61	1.69	1.85	0.88	0.90	1.00	0.66	1.03	0.90	0.80	0.90	1.02	0.75	0.73
개제	2.56	2.59	2.64	2.77	2.95	3.05	4.23	4.18	3.62	3.44	2.44	2.56	2.79	1.33	1.36	1.51	1.00	1.56	1.36	1.21	1.36	1.54	1.13	1.10
미정	1.64	1.66	1.69	1.77	1.89	1.95	2.70	2.67	2.31	2.20	1.56	1.64	1.79	0.85	0.87	0.97	0.64	1.00	0.87	0.77	0.87	0.98	0.72	0.70
관리	1.89	1.91	1.94	2.04	2.17	2.25	3.11	3.08	2.66	2.53	1.79	1.89	2.06	0.98	1.00	1.11	0.74	1.15	1.00	0.89	1.00	1.13	0.83	0.81
보관	2.13	2.15	2.19	2.30	2.45	2.53	3.51	3.47	3.00	2.85	2.02	2.13	2.32	1.11	1.13	1.26	0.83	1.30	1.13	1.00	1.13	1.28	0.94	0.91
생관	1.89	1.91	1.94	2.04	2.17	2.25	3.11	3.08	2.66	2.53	1.79	1.89	2.06	0.98	1.00	1.11	0.74	1.15	1.00	0.89	1.00	1.13	0.83	0.81
계관	1.67	1.68	1.72	1.80	1.92	1.98	2.75	2.72	2.35	2.23	1.58	1.67	1.82	0.87	0.88	0.98	0.65	1.02	0.88	0.78	0.88	1.00	0.73	0.72
농림	2.27	2.30	2.34	2.45	2.61	2.70	3.75	3.70	3.20	3.05	2.16	2.27	2.48	1.18	1.20	1.34	0.89	1.39	1.20	1.07	1.20	1.36	1.00	0.98
자보	2.33	2.35	2.40	2.51	2.67	2.77	3.84	3.79	3.28	3.12	2.21	2.33	2.53	1.21	1.23	1.37	0.91	1.42	1.23	1.09	1.23	1.40	1.02	1.00

---

5) 2025년도, 대도시지역, 서울특별시 기준(출처 : https://sct.reb.or.kr)

박문각 감정평가사

2025~2026
감정평가사 법전

제6판 인쇄 2025. 3. 20. | **제6판 발행** 2025. 3. 25. | **편저자** 서울법학원 감정평가사연구회

발행인 박 용 | **발행처** (주)박문각출판 | **등록** 2015년 4월 29일 제2019-0000137호

주소 06654 서울시 서초구 효령로 283 서경 B/D 4층 | **팩스** (02)584-2927

전화 교재 문의 (02)6466-7202

저자와의
협의하에
인지생략

정가 42,000원
ISBN 979-11-7262-566-5

MEMO

MEMO

MEMO